INSCRIPTIONES GRAECAE
AD RES ROMANAS PERTINENTES

ACADEMIAE INSCRIPTIONUM ET
LITTERARUM HUMANIORUM (LUTETIAE
PARISIORUM) COLLECTAE ET EDITAE

EDENDUM CURAVIT
R. CAGNAT
AUXILIANTIBUS
J. TOUTAIN, P. JOVGVET
ET **G. LAFAYE**

TOMUS III
PARIS   1906

THE SCHOLAR'S REFERENCE EDITION
CHICAGO   MCMLXXV

INSCRIPTIONES GRAECAE
AD RES ROMANAS PERTINENTES

INSCRIPTIONES ASIAE I

BITHYNIAE, PONTI, CAPPADOCIAE,
ARMENIAE MAJORIS, GALATIAE,
LYCIAE, PAMPHYLIAE, CILICIAE, CYPRI,
SYRIAE, PALAESTINAE, ARABIAE

TOMUS III
EDENDUM CURAVIT
R. CAGNAT
AUXILIANTE
G. LAFAYE

ARES PUBLISHERS INC.
CHICAGO   MCMLXXV

THE SCHOLAR'S REFERENCE EDITION
Reduced Reprint of the Paris 1906 to 1927 Edition
ARES PUBLISHERS INC.
150 E. Huron Street
Chicago, Illinois 60611
Printed in the United States of America
International Standard Book Number:
0-89005-074-0
Library of Congress Catalog Card Number:
75-7902

Hoc tertium totius operis volumen inscriptiones graecas continet ad res romanas pertinentes quotquot in asiaticis provinciis repertae sunt, exceptis iis quae in Asia proconsulari prodierunt, quippe ad aliud volumen reservatis. Earum autem provinciarum fines statuere non promptum erat; quarum et numerum et amplitudinem aetate romana non semel aut crevisse aut contra decrevisse omnibus notum est. Praemonendum ergo videtur nos imperii divisionem recepisse qualem temporibus Trajani et Hadriani exstitisse verisimile est, ita ut auctoribus *Corporis inscriptionum latinarum* rem ordinare placuit.

Liceat quoque hic omnibus gratias agere qui benigne nos in conficiendo libro adjuverunt, sive titulos communicaverunt a se repertos nec hactenus editos, sive omissos designaverunt, sive supplementa nova suppeditaverunt aut etiam plagulas emendationibus auxerunt : eorum nomina loco suo memoravisse non satis esse arbitramur. In primis id ad officium nostrum pertinet ut profiteamur quam impensa voluntate nobis adfuerit Institutum Vindobonense archaeologicum; favente enim illius doctissimo praeside O. Benndorf, schedas, in quibus tituli Asiae graeci colliguntur, potuimus Vindobonae ipsi inspicere et describere; unde titulos antea notos emendavimus, plurimos etiam, qui recentius reperti erant, primum edidimus. In Lyciis maxime apparebit quantam utilitatem ex illo auxilio perceperimus. Quod tam grato animo acceptum est quam liberaliter datum.

Lutetiae Parisiorum, kal. Dec., anno p. C. n. 1906.

CONSPECTUS OPERIS

RECENSUS LOCORUM

TAM VETERUM QUAM RECENTIORUM

ADDITAMENTA

Adde Ponticis inscriptionibus has duas, quas a nobis omissas esse benigne admonuit von Domaszewski :

1545. Nicaeae. — Henzen, *Bull. dell' Ist. di corrispondenza arch. di Roma*, 1848, p. 74.

..... ο. δήμου .....|..... Πατροκλέα τὸν ἐκ προγόνων ...|..... [ἔπαρχο]ν
σπείρης β' Σπανῶν Εὐσεβοῦς Πιστῆς .....|.. [ἔπαρχον σ]πεί[ρ]ης πρώτης
Οὐλπίας Ἄφρων ἱππικῆς ἐν Ἀλεξανδρείᾳ | [ἐπίτροπον Τρ]άιανοῦ Ἁδριανοῦ
Σεβαστοῦ καὶ πρῶτον ἄρχοντα καὶ κοσ[[μήτη]ν? καὶ πανηγυριάρχην καὶ ἀργυ-
ροταμίαν ἔνδικον... | [ἐπιμελητὴν] τῶν ἔργων κατὰ τὸ τοῦ κυρίου αὐτοκράτορος
ἀπόκριμα [1] | .... Διονυσιάδος.........

1. Curator operum ab imperatore datus.

1546. Heracleae. — Hommaire de Hell, *Voyage en Turquie et en Perse*, IV (1860), *Inscr. gr. et lat.* expliquées par Ph. Le Bas, p. 339, pl. IX.

Τύχᾳ ἀγαθᾷ. | Κατὰ τὸ κρίμα τοῦ κοινοβουλίου | καὶ τᾶς πατρίδος τὰν
ε[ὐμ]ενῆ | καὶ μεγαλόψυχον ἀρχι[έρε]ιαν | Θεοῦ Ἀντωνείνου [1] καὶ[] φιλόδη[μον |
βασίλισσαν [2] καὶ Ἑστίαν τᾶς πόλιος [3] | Κλ. Σατο[ρνεῖ]ν[αν] Κλ. [Βασι]λείου |
θυγατέρα, τὰν ἑαυτ[ῶ]ν θείαν, | Κλ. Λικιννία καὶ Κλ. Σατορνεῖνα | κατὰ
διαθήκας τοῦ πατρὸς | Κλ. Δομιτίου.

1. Post annum 161 p. C. n. — 2. Sacerdos maxima aut uxor regis sacrorum in illa urbe ; cf. Liebenam, *Städteverwaltung*, p. 347, n. 2. — 3. De hoc titulo honoris causa mulieribus quibusdam, praesertim Spartae, concesso, cf. *C. I. Gr.*, I, p. 610 et nn. 1253, 1435, 1439, 1440, etc., item Roscher, *Lexik. der Mythol.*, col. 2639.

BITHYNIA

ET

PONTUS

BITHYNIA ET PONTUS

BITHYNIA

1. Dacibyzae. — Mordtmann, *Sitzungsber. der Acad. zu München*, 1863, p. 241, n. 32.

Ἀγαθῇ τύχη. | Θεῷ Σεβαστῷ Καίσα[ρι] | Ἀντωνίνῳ [1] τὸν βωμὸν ἀνέ|στησα Μάξιμος Μο[νι]‖μιανοῦ εὐχαριστή[ριον · | ἔτ]ους [2] θ' Σεουήρου καὶ | Ἀντωνείνου Σεβαστῶν [3].

1. Caracalla. — 2. Traditur ΕΥΧΑΡΙΣΤΗΝ.. | ..ΝΟΥΣ. — 3. Anno p. C. n. 206-207.

---

2. Prope Dacibyzam. — Soderidès, *Constant. hellen. philol. syllog.*, 1900, p. 283, n. 4.

Ἀγαθῇ τύχη. Μᾶρκος Στάτιος Ἰουλιανὸς καὶ Σ[ιχ]|ίν[ι]ος? Ῥῦφος στρατιῶται σπείρης ἕκτης ἱππιχ[ῆς [1] | οἱ ἐπὶ τῶν............ καὶ νουμέρων κατοι|κούν- [τ]ων .... ἐκ συνωρίας εὐχαριστοῦσιν [Λ]ευ‖κάλῳ Ἥδυος ἐπιμελητῇ κτηνῶν Καίσαρος [2].

1. Cohors vi equestris in Bithynia tendebat; memoratur a Plinio (*Epist.*, X, 106, 107). — 2. Curator jumentorum, praepositus uni ex equitiis Caesaris quae in Asia florebant. . Cf. Lafaye, s. v. Equitium, in Saglio, *Dict. des antiquités*, II, p. 792.

Quum titulus non satis perite descriptus sit, transcribenda censuimus quae traduntur :

ΑΓΑΘΗΤΥΧΗΜΑΡΚΟССΤΑΤΙΟCΙΟΥΛΙΑΝΟCΚΑΙC | ΙΝΟCΙΡΥΦΟССΤΡΑΤΙΩΤΑΙСΠΕ-
ΙΡΗСΕΚΙΗΚΙΠΠΙΚ | ΟΙΕΠΙΤΩΝΚΙΑΝΕΩΝΩΝΤΩΝΤΩΝΚΑΙΝΟΥΜΕΡΩΝΚΑΙΟΙ | ΚΟΥ-
ΝΩΝΕСΟΗΣΠΕСΤΩΝΕΚϹΥΝΩΡΙΑСΕΥΧΑΡΙϹΤΟΥСΙΝΑΕΥ | ΚΑΛΩΗΔΥΟСΕΠΙΜΕΛΗΤΗ
ΚΤΗΝΩΝΚΑΙϹΑΡΟϹ

---

3. In vico Hamidiè. — Invenit G. Mendel qui benigne nobiscum communicavit.

[Τύχη] | ἀγαθῇ. | Ἔτους ἐνάτου [1]. | Αὐτοκράτορι Καί‖[σ]αρι Θεοῦ Τραια|νοῦ

Παρθικοῦ [υἱῶι, | Θεοῦ Νέρουα υ[ἰωνῶι, | [Τραιανῶι Ἀδρια]νῶι | Σεβαστῶι..
10 πασ...ρα? ‖ ...ωτε?.... | πριν δε ανω........ | ... τους ους....

1. Anno p. C. n. 125-126.

---

4. Nicomediae. — Pogodin et Wulf, *Bull. de l'Instit. arch. russe de Constantinople*, II (1897), p. 104.

[Αὐτοκράτορι Οὐ]εσπασια[ν]ῷ Καίσαρι Σε[βαστῷ] | .... [τέ]με[ν]ος καὶ
ο[ἴ]κον ναυκλη[ρικὸν οἱ..| ..... ναύ]κληροι, Μάρ[κ]ου Πλανκίου Ο[ὐάρου ¹ |
5 ἀνθυπ(άτου) κατασκευ]ασθῆ[ν]αι [ἀ]πο[φ]ηναμένου ², ‖ Κα ³..... |........ ος ἀνθύ-
πατος καθιέρωσε..... | ..... ⁴.

1. M. Plancius Varus, procos. Bithyniae annis 70/71 p. C. n. (cf. *Prosop. imp. rom.*, III, p. 42, n. 334 et infra, n. 37). — 2. Supplementum suppeditavit Am. Hauvette. — 3. Kɪ aut Κλ. — 4. ΔΟΥΩΥΙΟΥΟ, traditur.

---

5. Nicomediae. — Mordtmann, *Sitzungsber. der Acad. zu München*, 1863, p. 232, n. 32.

[Ἀγαθ]ῇ τύχῃ. | Αὐτοκράτορα Καίσαρα Μ. Αὐρήλι[ον] | Ἀντωνεῖνον Αὔγ[ουσ-
5 τ]ον Εὐσεβῆ Σ[ε|β]αστὸν ¹, δημαρχικῆς ἐ[ξ]ουσίας τ[ὸ] ια´ ², ὑπ[α‖τ]ο[ν τὸ] γ´,
Αὐτοκράτορος Καίσαρος Λ. Σ[επ]|τιμίου Σεο[υ]ήρου Εὐσεβοῦς Περτίν[ακος |
Παρθικο]ῦ Ἀραβικοῦ Ἀδιαβηνικ[οῦ υἱὸν]........

1. Nota conjunctos titulos Αὔγουστος et Σεβαστὸς. — 2. ΙΛ lapis. Mordtmann censuit scribendum esse ΙΓ (trib. pot. xvi), ut titulus ad annum 212 referatur, quod Septimius Severus et ipse Geta videantur jam defuncti. Quum vero ille *Imperator Caesar* (v. 5) non *Divus* audiat, argumentum probabilitate caret. Numerum ΙΑ, ut voluit Böckh, retinere placet et titulum ad annum 208 referre. Sub terra latet lapidis ima pars.

---

6. Nicomediae. — *C. I. Gr.*, 3771.

[Ἀγ]αθῆ[ι] τύ[χηι]. | Ἰουλίαν Αὐγούσταν Σεβ(αστὴν) | μητέρα στρατοπέδων ¹
5 ἡ με[γίστη] | μητρόπολις καὶ πρώτ, ‖ Βειθυνίας τε καὶ Πόντου | Ἀδριανὴ Σεουη-
ριανὴ δὶς | νεωκόρος Ν[ει]κομήδεια | ἱερὰ καὶ ἄσυλος, φίλη, πιστὴ | καὶ σύμμαχος
10 ἄνωθε τ[ῷ] δήμῳ ‖ τῷ Ῥωμαίων, διέποντος τὴν | ἐπαρχείαν Μ. Κλ. Δημητρίου |

τοῦ λαμπροτάτου ὑπατικοῦ ¹, | πρεσβευτοῦ καὶ ἀντιστρατήγου | τῶν Σεβαστ[ῶ]ν ², ‖
15 λογιστεύοντος Καισερνίου | Στατιανοῦ τοῦ κρατίστου ³.

1. M. Claudius Demetrius cos. suffectus anno incerto fuerat. De eo cf. *Prosop. imp. rom.*, I, p. 364, n. 681 et 682. — 2. Severus et Antoninus, qui Augustus creatus est initio anni 198. — 3. Caesernius Statianus, curator reipublicae (*Prosop. imp. rom.*, I, p. 266, n. 143).

---

7. Nicomediae. — *C. I. Gr.*, 3773; cf. Mordtmann, *Athen. Mittheil.*, XII (1887), p. 173, n. 6.

... ιατοις | .... [το]ῦ λαμπρ(οτάτου) ὑπα[τ(ικοῦ)] πρεσ[.....] κ(αὶ) | ....
5 [ἄρχ]ον[τ]ος τὸν α΄ τόπον ¹. | .... ος κ(αὶ) ἀρχιμ[ύ]σ[τ]ου διὰ βίου, ‖ [ἀγορα-
ν]ομή[σ]αν[τ]ος κ(αὶ) κοινο[6]ούλου [διὰ | βίο]υ, παι[δο]νομήσαντος..... | .. οἱ
[φ]ύλαρχοι. |
... [Σ]ευῆρος ὁ καὶ..... [τ]ῶν φυλάρχ[ω]ν | .... ανο[ῦ] ? γραμμ(ατεὺς) τ[ῶ]ν
10 φυλάρχ[ω]ν ‖ .... ἀργυροταμίας τῶν φυλάρχ[ω]ν | .... ων τῶν φυλάρχ[ω]ν. | ....
νος ὁ κ(αὶ) Πίπερας? ὁ φιλό[τ]ειμος.

1. Ἄρχων τὸν πρῶτον τόπον = πρῶτος ἄρχων; cf. στρ(α)τηγήσαντα πρῶτον τόπον τὸ δεύτερον (*Bull. de corr. hellén.*, X, 1886, p. 416, n. 25 et Mordtmann, *loc. cit.*, n. 6).

---

8. Nicomediae. — Legrand, *Bull. de corr. hellén.*, XVII (1893), p. 536, n. 7.

Φλαουια[νοῦ] | ἀγορανόμου, | ἱερέως τῶν Σε|βαστῶν.

---

9. Nicomediae. — Pogodin et Wulf, *Bull. de l'Inst. arch. russe de Constantinople*, II (1897), p. 109.

5 Μ. Ἰούλιο[ς] | Θεόδοτο[ς], | στρατευσάμενο[ς] | ἐπιτείμω[ς] ¹, ‖ τὸν ἀνδριάντ[α] |
ζῶν ἑαυτῷ | [κ]ατεσκεύασα · | χαῖρε.

1. Postquam militavit honeste i. e. forsitan ab equestribus militiis (cf. supra titulum neapolitanum : I, n. 430). Vide tamen infra, n. 57.

---

10. Nicomediae. — Legrand, *Bull. de corr. hellén.*, XVII (1893), p. 538, n. 11.

.. ου πρωτήκτορος.

Militia protectorum Augusti non multo ante a. 250 instituta est. Cf. Mommsen, *Eph. epigr.*, V, p. 126.

11. Nicomediae. — *C. I. Gr.*, 3785.

Αἴλιος Σεπτίμ[ι]ος | Σεουῆρος | ἀν[ενε]ωσάμην τῶν συγγενῶν μου τὴν πύε-
5 λον ἐμαυτῷ | καὶ τῇ γλυκυτάτῃ μου συνβίῳ Αἰλίᾳ ‖ Ἱεροκλείῃ | καὶ βούλο-
μαι, μετὰ τὸ κατατεθῆναι ἡμᾶς, μηδένα ἕτερον | κατατεθῆνε, εἰ μὴ ἂν ἐπείξῃ
τέχνοις ἡμῶν · ὃς δ' ἂν παρὰ ταῦτα | πο[ι]ήσ[η], δώσει προστείμου τῷ ταμείῳ
δηνάρια ͵γ, καὶ τῇ πόλει δηνάρια ͵β, καὶ Ἀρβειλανοῖς [1] δηνάρια [α] [2].

1. Arbila vicus fuit inter Nicomediam et Nicaeam situs. Cf. quae de eo annotavit Böckh;
adde : Mordtmann, *Athen. Mittheil.*, XII (1887), p. 172. — 2. De multis funeralibus inter
ceteros accuratissime tractaverunt Gustav Hirschfeld, *Ueber die griech. Grabschriften
welche Geldstrafen anordnen* (*Königsberger Studien*, I, 1887, p. 114 et 116); W. Liebenam,
Städteverwaltung im römischen Kaiserreiche, Leipzig, 1900, p. 37. Cum illae multae sex-
centies in titulis Asiaticis inscriptae sint, satis fuerit semel admonere τὸ ἱερώτατον ταμεῖον
aetate imperatoria nihil aliud esse nisi fiscum Caesaris, quod videtur planum fecisse
Hirschfeld, *op. cit.*, p. 114. Itaque ταμεῖον de fisco est intellegendum etiam in provinciis
senatoriis. Cf. titulum Aphrodisiacum (*C. I. Gr.*, 2830, 2832) : ἱερώτατον ταμεῖον τοῦ κυρίου
αὐτοκράτορος Καίσαρος :

Ejusmodi tituli, multis funeralibus insignes, non semel Nicomediae reperti sunt; inter
quos memorare satis erit.

a) *C. I. Gr.*, 3774 : τῷ ἱερωτάτῳ τα|μείῳ δηνάρια ͵ε, καὶ τῇ πόλει δηνάρια ͵γ, ·
χαίρετε.

b) *C. I. Gr.*, 3777 : δώσει [π]ροστείμου εἰς [τ]ὴν | [π]ό[λι]ν δηνάρια ͵βφ' καὶ τῷ
ταμεί[ῳ] δηνάρια ͵β[φ'] |.

c) *C. I. Gr.*, 3785 : δώσει προστείμου τῷ ταμείῳ δηνάρια ͵γ καὶ τῇ πόλει
δηνάρια ͵β καὶ Ἀρβειλανοῖς δηνάρια [α] · χαίρετε.

d) *C. I. Gr.*, 3788 : δώσει προσ[τείμου τῷ τα]|μεί[ῳ δηνάρια] ͵αφ', καὶ τῇ [πόλει
δηνάρια... καὶ Ἀρβειλ]|αν[οῖς δηνάρια]...

e) Pogodin et Wulf, *Bull. de l'Inst. arch. russe de Constantinople*, II, 1897, p. 131 :
δώσει εἰς τὸ ταμεῖον | τῶν [κυ]ρίων αὐτοκρατό[ρων] δην[άρια] δισχείλια πεντα-
κόσια.

f) Legrand, *Bull. de corr. hellén.*, XVII (1893), p. 538, n. 10 : δώσει προστείμου τῷ
φίσκῳ δηναρίων μ(υριάδας) ε'.

12. Nicomediae. — *C. I. L.*, III, 330.

Socrates uiuus sibi et Aeliae | maritae hoc monumentum fecit.

Σωκράτης [ζ]ῶν [ἑ]αυτῷ καὶ Αἰλίαι | μαρίται τοῦτο [τὸ] μν[η]μεῖον | κατεσκεύασεν.

---

13. Nicomediae. — Mordtmann, *Sitzungsber. der Acad. zu München*, 1863, p. 234, n. 35.

5   Δεῖος Δείου | ζήσας ἔτη κε′ | τελευτήσας | ἐν Ποτιω...‖λοις ¹....

1. Ποτιώλοις (Böckh, *C. I. Gr.*, 3780), Puteolis?

---

14. In vico Kandrah prope Nicomediam, in sarcophago Asclepiodoti cujusdam. — Le Bas-Waddington, 1171.

Post 6 versus :

[E]ἰ [δ]έ τις [παρ]ὰ | τ[α]ῦ[τα ποι]ήσ[ει, δ]ότ[ω] τῷ ταμείῳ δηνάρια ͵ε [καὶ τ]ῇ [κώ]μῃ Λησαν[ῶ]ν ¹ δηνάρια ͵α.

1. Lesa, fortasse Desa, vicus ceterum ignotus.

---

15. Prope Sarikaïa, in australi Ascanii lacus ripa. — *C. I. L.*, III, 346.

[Nero C]laudius, Diui | [Claudi filius,] Germanici Caesaris n[e]pos, | [Ti. Caesaris Aug.] pronepos, Diui Aug. abnepos, Caesar | [Augustus Germanicus, p]on[t.
5 max.], trib. pot. IIII, [imp. V.], cos. III, ‖ [uiam Apamea Nicae]a[m collapsa]m uetustate restituit, muniendam | curauit [per C. Julium] Aquilam proc. suum. |

Νέρων Κλαύδι[ος], Θεοῦ Κλαυδίου υἱὸς, Γερμανικοῦ | Καίσαρος υἱων[ὸς], Τιβερίου Καίσαρος Σεβαστοῦ [ἔγ]γονος, | Θεοῦ Σεβαστοῦ ἀ[πόγονος], Καῖσαρ Σεβαστὸς
10 Γερμανικὸς, ἀρχιερεὺς ‖ μέγιστος, δ[η]μαρχι[κῆς ἐξου]σίας τὸ δ′, αὐτοκράτωρ τὸ ε′, ὕπατος τὸ γ′ ¹ [τὴν] | ὁδὸν ἀπὸ Ἀπαμε[ίας πρ]ὸς Νείκαιαν, κατεφθαρμένην τῇ ἀρχαιότη[τι], | ἀποκαθέστησε [καὶ κατασ]κευασθῆναι π[άλιν] προσ[έτα]ξεν [δ]ιὰ | Γαίου Ἰουλίο[υ Ἀκουίλα] τοῦ ἰδίου ἐπιτρόπου ².

1. Anno p. C. n. 58/59. — 2. « C. Julius Aquila, origine, ut videtur, Amastrianus ibique Divi Augusti perpetuus sacerdos, a. 58 fuit procurator Ponti et Bithyniae ». *Prosopogr. imp. rom.*, II, p. 163, n. 108.

16. In vico dicto Paladari. — Tryphon E. Evangelidis, in schedis Instituti archeol. Vindobonensis.

A. Seruilius Maximus | iurisprudens. |

Α. Σερβείλιος Μάξιμος | νομικός.

17. Tchelidjik. — Legrand, *Bull. de corr. hellén.*, XVII (1893), p. 540, n. 17.

Ἀγαθῆι τύχηι. | Διὶ Ὀλυμπίῳ καὶ ἀστρα|παίῳ καὶ Δήμητρι καρ|ποφόρῳ
5 Φίλητος εὐ‖χὴν ὑπὲρ τῶν δεσπο|τῶν. Καθιερώθη δὲ ὁ | θεὸς ὑπὸ Χαρμιδεανῶν |
10 τοῦ δήμου ¹ ἐν τῷ πρώτῳ | ἔτει ἐπὶ Τίτου Ἀντωνεί‖νου Καίσαρος ².

1. Vicus ignotus. — 2. Anno 138 p. C. n.

18. Tchelidjik. — Legrand, *Bull. de corr. hellén.*, XVII (1893), p. 540, n. 17.

Ἀγαθῆι τύχηι. | Ὁ δῆμος ὁ Χαρμιδεα|νῶν ¹ ἐτείμησεν | Αὐρή|λιον Διόδοτον,
5 Σεβασ‖τῶν ² ἀπελεύθερον, | καὶ ..... σίαν Οὐλπίαν | Φουλβίαν καὶ Λονγεῖναν, |
τὴν σύμβιον αὐτοῦ, | [μετὰ τῶν] τέκνων.

1. Cf. n. 17. — 2. M. Aurelius et L. Verus, ut vult Legrand.

19. In vico dicto Bazar-Keuï. Invenit G. Mendel qui dedit.

Ἔτους..... Αὐτο]κράτορος Καίσαρος | [Μάρκου Αὐρη]λίου Ἀντωνείνου |
[Εὐσεβοῦς] Εὐτυχοῦς Σεβαστοῦ | .... τω νυν....

20. Cii. — *C. I. Gr.*, 3725.

5 Αὐτοκράτορα | Καίσαρα Τραιανὸν | Ἀδριανὸν Σεβασ|τὸν Μ. Οὔλπιος ‖ Λοῦ-
πος ὁ δὶς | ἱερεὺς αὐτοῦ.

Hadrianus iter fecit per Bithyniam anno 124 p. C. n. (Dürr, *Die Reisen des Kaisers
Hadrian*, p. 54); tunc, ut videtur, urbi cognomen Ἀδριανή additum est (Eckhel, II, 437).
Nota cultum et sacerdotem vivo Hadriano a Cianis decretos esse.

21. Cii. — Le Bas-Waddington, n. 1142.

.... [Μ]όσχος.... |... Βιθυνιάρ[χης]... | .....γης τῆς λα[μπροτάτης.... | ....
Τραιαν]ὸν Ἀδρια[νὸν.... ❙ .... ο]ὶ συνγεί[τονες... | .....ιος τοῦ δια.... | ...ου
Γαίου...

22. Cii. — C. I. Gr., 3726.

Ἡ βουλὴ καὶ ὁ δῆμος | Τιβέριον Κλαύδιον Ἰουλιανὸν, τὸν | Σεβαστοφάντην [1]
5 καὶ εὐεργέ|την καὶ ἐπιστάτην [2] τῆς πόλεως, ❙ πάντα καὶ [λέγ]οντα καὶ πρά[τ-
τ]οντα | [τὰ συ]νφέροντα τῇ πατρίδι, καὶ διὰ τὸ [χ]|αρ[ί]εν παρὰ τῷ Σεβαστῷ
διὰ τῆς [πρ|ὸς αὐ]τὸ[ν] ἐκπε[μφθ]είσ[η]ς πρεσβεί[ας] [3]......

1. Flamen Augustalis. — 2. De hoc nomine, mere honorario, cf. Liebenam, *Städte-verwaltung*, p. 295. — 3. De supplementis v. 7 dubitare licet.

23. Cii. — Lechat et Radet, *Bull. de corr. hellén.*, XII (1888), p. 203, n. 18.

.... μαι..... [εὐ]|εργέτην.... ..| Ὀλυμ......|ρον καὶ...... | καὶ ἱερέα
5 ...... ❙ καὶ κτίσ[την τῆς πολέως, ἔτους] | πρώτο[υ ἐπὶ Αὐτοκράτορος] | Δομι-
τι[ανοῦ Καίσαρος Σεβασ]|τοῦ Γερ[μανικοῦ.... εὐερ|γέτου....

Supplementa non satis certa sunt.

24. Cii. — Körte, *Athen. Mitth.*, XXIV (1899), p. 415, n. 14.

Ἔτους αι΄ ἐπὶ Αὐτοκράτορος Νέρουα Τραι|ανοῦ Καίσαρος Σεβαστοῦ Γερμα-
νικοῦ | Δακικοῦ [1], στρατηγούντων τῆς πόλεως | Σωσικλέους Δαψιλέως, Γ. Ἰου-
5 λίου Κιανοῦ, ❙ Τι. Κλαυδίου Κλήμεντος, Δαψιλέους Σωκράτου, | Μοσχίωνος
Μοσχίωνος, γραμματεύοντος Σω|κράτους Σωκράτους.

*Sequuntur fasti collegii epheborum, scilicet primo honoratorum nomina, dein epheborum,
L VI numero* [2], *per classes et menses divisa.*

1. Annus undecimus Trajani imperantis congruit cum anno 106/107 p. C. n. —
2. Notandi sunt sex ephebi, tribus nominibus distincti, filii nempe civium romanorum
Cii consistentium, quorum ante nomina anni initium verbo καλάνδαις (Januariis) indicatur,
quum ante cetera inscribantur menses Bithynici.

25. Cii. — *C. I. L.*, III, 333.

Dis Manibus. | Flauiae Sopheni | [Ge]nialis, Caesaris Aug. | [se]ruos uerna, dis-
5 pen[sator ‖ ad] frumentum ¹, carae | [co]niugi et amanti | [be]ne merenti fecit. |
[Vix.] ann[os] XXXII, m[enses] VII. ‖

10 [Φλ]αβία Σοφὴ, γυνὴ Γενεᾶλ|[ις], Καίσαρος δούλου, οἰκο|[νό]μου ἐπὶ τοῦ
σείτου, | [ζή]σασα κοσμίως ἔτη [λβ΄, | μη]νὰς ζ΄. Χαῖρε.

1. l. e. qui annonam a provincialibus acceptam et in horreis publicis Bithyniae condi-
tam dispensabat. De iis dispensatoribus cf. G. Bloch, s. v. Dispensator, apud Saglio, *Dict.
des antiquités,* p. 284, col. 1.

---

26. Cii. — *C. I. Gr.*, 3735.

Ἰ[ο]υλιανὸς Ἐρασεί[ν]ου ζῶν ἑαυτῷ τοῦτο τὸ μνη|μεῖον κατεσκεύασα καὶ τῇ
γυναικί μου | Μαξίμῃ καὶ τῇ μητρί μου Τερτίᾳ καὶ [τ]οῖς τέ|κνοις μου Ἰου-
5 λιανῷ καὶ Μαρκιανῷ καὶ Ἰουλανίῳ ¹ ‖ καὶ τῷ ἀδελφῷ μου Μαρκιανῷ καὶ τῇ
γυναι|κὶ αὐτοῦ Χρήστῃ · εἰ δέ τις ἕτερον π[τ]ῶμα ἐ|πεμβάλῃ, δ[ώ]σει προστίμου
τῷ μὲν ταμεί|ῳ [δηνάρια] ͺα, τῇ δὲ πόλει δηνάρια φ΄ ².

1. Hoc nomen quomodo legendum sit, incertum. — 2. In alio lapide, Cii reperto,
multae funerales aliae sunt (Le Bas-Waddington, n. 1153) :

δώσι προστίμου | τῷ φίσκῳ δηνάρια ͺβρ΄ καὶ τῇ | πόλι δηνάρια ͺαφ΄.

---

27. Apameae Myrleanorum. — *C. I. Gr.*, 3710.

Ἀγαθῇ τύχῃ. | Τὸν [γ]ῆς καὶ θαλάσσης | καὶ παντὸς ἀνθρώπων | γένους
5 δεσπότην Αὐτοκρά‖τορα Καίσαρα Τ. Φ(ούλβιον) [Ἰ]ού(νιον) | Μακριανὸν ¹ Σεβασ-
τ[ὸν] ἡ πόλις.

1. Macrianus filius, unus ex triginta tyrannis, imperator in Asia creatus est anno
p. C. n. 261, periit una cum patre anno 262 (*Vit. trig. Tyr.*, 12). Cf. *Prosop. imp. rom.*,
II, p. 94, n. 371.

---

28. Apameae Myrleanorum. — *C. I. Gr.*, 3711.

Κ(αταχθονίοις) [Θ(εοῖς)]. | Ἀύρ. Φλαβών[ιον] | Ῥουφεῖνον | ἑκατόνταρχον ‖

5 δε[πο]τᾶτον [1] | πρειμ[ω]πειλάριον, | χειλίαρχον | οὐρβανιχιανὸν [2]. Π.? Αἰλία? [3]
0 Κορν[η]λία ‖ Νειχαρέτη | τὸν ἄνδρα.

1. Traditur **ΔΕΣΠΟΤΑΤΟΝ**, forsitan errore lapicidae. Δεξιώτατον corrigit Böckh; at centurionem δεξιώτατον quis novit? Non semel contra memorantur centuriones legionarii « deputati », i. e. ex provinciis Romam ad imperatorem missi; de quibus egerunt et Henzen et Mommsen, *Ephem. epigr.*, IV, p. 240 et V, p. 76, n. 207. — 2. Urbaniciani dicebantur qui in cohortibus urbanis merebant (*C. I. L.*, X, 5403). — 3. Nomen mulieris prave exceptum est; traditur ΠΑΙΛΙΑ. Recepimus Π. Αἰλία, quanquam feminae rarius praenomine usae sunt.

---

29. Apameae Myrleanorum. — Ramsay, *Bull. de corr. hellén.*, VII (1883), p. 308, n. 30.

[Π]ροχλιανὸς Τρύφων[ος.. | .. κ]ατεσκεύασα τὸν βω[μὸν καὶ τὴν σορὸ]|ν
5 τὴν ἐπικειμένην [τῷ βωμῷ ἐν [1] | ᾗ κ]ατεθέμην τὴν γενομένην [γυναῖκ]‖α μου
Κεκιλλίαν Ἀμμ[ί]α[ν · εἰς ὃ [ἕτε]|ρος οὐ τεθήσετ[αι] πλὴν ἐμοῦ [καὶ τῆς μ]|ετα-
γενεστέρας γυνεχός μου Αἰλ[ιαν]|ῆς · ὡς εἴ τις ἕτερος ἐπιτηδεύσει [παρὰ τ]|ὴν
0 ἐμὴν γνώμην, εἰσοίσει εἰς τὸ ἱερ‖ώτατον ταμεῖον ἀργυρίου [δηνάρι]|α δισχείλια
πεντακόσια.

1. Secundus versus post tertium lapidi incisus est.

---

30. Apameae Myrleanorum. — *C. I. L.*, III, 341.

Mollicia M. l. Olympias | uxor M. Mollici Macestis | salue.

[Μολλιχία] Μάρχου ἀπελευθέρα [Ὀλυμπι]ὰς χαῖρε.

---

31. Inter Apameam et Prusam. — Mordtmann, *Sitzungsber. der Acad. zu München*, 1863, p. 239, n. 48.

.... ἐὰν δέ τις ἕτερον | ἐνθάψῃ, δώσει προσ|τίμου τῷ ἱερωτά|τῳ ταμείῳ ‖
5 δηνάρια ͵βφ'.

---

32. Prusae. — Mordtmann, *Constant. hellen. philol. syllogos*, IX (1874-1875), *parart. arch.*, p. x, n. 16.

....Εὐσεβ[ὴς] Εὐ[τυχὴς] [1], | ὕπατος, πα[τὴρ πατρίδος], | ἐπὶ Γ..... ὑπατιχοῦ.

1. Quum primus imperatorum Commodus Pius (a. 183) Felix (a. 185) cognominatus sit, titulus non ante labens alterum p. C. n. saeculum exaratus est.

33. Prusae. — Domaszewski, *Arch. epigr. Mittheil.*, VII (1883), p. 171, n. 5.

Ἀγαθῆι τύχη[ι]. | Τὸν οἰκιστὴν τῆς πατρίδος ¹ Λ. Ἐγνάτιον Οὐίκτορα | Λολ-
5 λιανὸν, | πρεσβευτὴν Σεβαστοῦ ἀν∥τιστράτηγον Βειθυνίας | καὶ Πόντου ².

1. Οἰκιστής idem valet quod κτίστης, *conditor*, laus in illis titulis perquam vulgaris. Conditores dicuntur qui sua pecunia curaverunt opera publica aedificanda aut restauranda (Ruggiero, *Diz. epigr.*, s. v. Conditor; Liebenam, *Städteverwaltung*, p. 162, n. 2). — 2. L. Egnatius Victor Lollianus Pannoniam superiorem rexit anno 207, Galatiam anno 218, Bithyniam anno incerto. Cf. *Prosop. imp. rom.*, II, p. 33, n. 29.

---

34. Prusae, in tribus fragmentis, ex marmore albo. — Contoléon, *Athen. Mittheil.*, XII (1887), p. 259, n. 36. Cf. *Archäol. epigr. Mittheil.*, VII (1883), p. 170.

a) .....των ἱερῶν μ... | ...ιην τῷ λοιπῷ βίωι πρὸς ἅπαντας ἐπιειχ.... |
[τῇ πατρ]ίδι παρεχόμενος ἑατὸν εὔχρηστον ἐν προει.... | .... [τὸ]ν δῆμον οὐκ
5 ὀλίγα διὰ τῶν ἰδίων ἀναλωμάτ[ων.... ∥ ... μετὰ πάση]ς προθυμίας ἐπιδιδοὺς
ἑατὸν οὐδένα τω.... | ...[τὴ]ν πόλιν πρὸς τοὺς ξένους εὐσχημοσυν... | ...λη
πάντα ταῦτα τῆς καλλίστης καὶ ἐ[π]ισ.... | ....α[τ]ῶν ἐντυγχανόντων εἶχεν
εὐνοίαι α.... | ...[μετὰ τῶ]ν συνπρεσβευτῶν εἰς τὴν Ἰταλίαν ὁρμη[θεὶς.... ∥
10 ...κατὰ] τοῦτον [τ]ὸν [χ]αιρὸν σ[υ]ντελεσθέντ]ων....

b) ...ον καὶ μέγιστο[ν...... | .... σ]άμενος μετὰ τῶν στρατιωτῶν ἀν.... | ...ν
τοῦτον ὥστε τοὺς λοιποὺς εἰς φυ[γὴν].... | ...ν τῶν λαθραίως τὴν εἰς τὴν πόλιν
15 εἰσ[οδον]?.... ∥ ...ων καὶ πολλοὺς ἀπέκτεινεν καὶ τοὺς λοι[ποὺς] .... | τοῖς τε
κατὰ τὴν Βᾶριν καὶ τὸν Μόλπον τε.... | ... [στ]ρ[α]τιωτῶν οὐδεμιᾶς ἀ.... | ....ωι
συνκατελαβ....

c) ...ραχλεα..... | ... δε τὸν βασιλέα τὴν ὑπερβάλλουσαν ἀνδρείαν τὸ..... |
... [τ]ῶν ἡγουμένων ἀνδρῶν εὐβουλίᾳ τε καὶ ἀρετῇ ε.... | ....φυλαχθῆναι.
20 Μετὰ δε ταῦτα τῆς πολιορχίας λυ[θείσης].... ∥ ... το τῷ δήμωι εἴς τε τὰς
συνεχεῖς πρε(σ)βείας διδοὺς ἑ[αυτὸν].... | ἐνδοξοτάτοις ἀποχρίμασιν τὴν πατρίδα
ἐχόσμησε.... | ....[ο]υ αὐτοχράτορος προσφάτως τοὺς πρὸς βασιλέα Μιθρ[α-
δάτην]...| ... μετὰ μεγάλης προθυμίας [ὑ]π[ὸ τ]ῶν πολιτῶν πρ.....

Est decretum in honorem viri cujusdam Prusensis, cujus industria civitas frustra a
Mithridate obsessa fuit, quum de regno Bithyniae cum Romanis decertaret. Idem a civibus suis in Italiam missus est ut de publicis Prusae negotiis tractaret. Sed de ordine
fragmentorum non consentiunt qui ediderunt. Titulum anno a. C. n. 72 tribuit Th. Reinach (*Mithridate Eupator*, p. 466, n. 16).

35. In vico Beïdjè, non longe a Prusa. — Radet, *Bull. de corr. hellén.*, XVII (1893), p. 637.

....αιον Καίσαρα | Αὐτοκράτορος Ἀδ[ρι]|ανοῦ Σεβαστοῦ υἱὸν, | Θεοῦ Τραιανοῦ
5 υἱ[ω]νὸν, | Θεοῦ Νέρουα ἔκ[γ]ονον, ‖ δ[η]μαρχικῆς ἐξουσίας [τὸ β'], | ὕπατον τὸ
β' ¹ Ἀττινᾶς | Γ[λ]ύκωνος στρατη|[γ]ῶν ἐκ τῶν ἰδίων | ἀνέστησεν.

1. Anno 139 p. C. n.; anno 138 consul primum fuerat Pius, anno 140 tertium consulatum adeptus est.

---

36. In vico dicto Korkatchesm. — Domaszewski, *Arch. epigr. Mittheil.*, VII (1883), p. 174, n. 15.

Ἔτους ει' Μ. [Αὐ]ρηλίο[υ] | Ἀντωνίνου ¹, Δ[ήμητ]ρι | ὑπὲρ καρπῶν ἀνέστη|-
5 σαν Μᾶρκος Καλπουρν‖ίου κὲ Ἑρμῆς Δημητρίου.

1. Annus XV M. Aurelii = 161 p. C. n.

---

37. Nicaeae in porta orientali, auratis litteris quarum formae ex clavorum foraminibus agnoscuntur. — Körte, *Athen. Mittheil.*, XXIV (1899), p. 400, n. 1.

Extrinsecus, in zophoro :

Τῷ σεβαστῷ τῶν [α]ὐτοκρ[α]τόρων ¹ ο[ἴ]κωι καὶ [τῇ π]ρώ[τῃ τῆς ἐπαρχείας πόλε]ι ² Νεικαίᾳ | Μ. Πλά[γκ]ιο[ς Οὐᾶρ]ος ³ ἀν[θύπατος κ]αθιέρωσεν, π[ροστα-τ]ή[σα]ντος τῆς κατασκευῆς Γ. Κασσίου Χρήσ[τ]ου.

In epistylio :

Αὐτοκράτο[ρι Καίσαρι, Θεοῦ Τραια]νοῦ Παρ[θι]κοῦ [υἱῷ, Θεοῦ Νέρ]ου[α υ]ἱω[νῷ], Τραιανῷ Ἀ[δρια]νῷ Σεβασ[τῷ], δημαρχικῆς ἐξουσίας ⁴ | [τὸ] η' γ.σε .... [ἀ]πὸ [Δι]ο[ν]ύσο[υ] ⁵ .... σ.. [ἡ πρώτη τῆς ἐπαρ-χείας] πό[λ]ις κατὰ τὰ κρίματα τῶν αὐτοκρατόρων.

1. Vespasianus et Titus, ut vult Körte. Hic, sub fine anni 70 imperii consors factus est (Chambalu, *De magistratibus Flaviorum*, p. 10). — 2. Eo nomine urbs Nicaea in nummis quoque, imperantibus Flaviis, ornatur (Barclay V. Head, *Hist. num.*, p. 443 ; Babelon, *Inventaire sommaire de la coll. Waddington*, I, n. 395, 396); cf. Dio Chrys., *Or.*, 37 (II, p. 36 edit. Arnim). — 3. Proconsul annis p. C. n. 70-71 (cf. supra, n. 4), siquidem nomina recte restituit Körte. — 4. Anno 124 quo Hadrianus Nicaeam adiit (cf. Dürr, *Reise,*

des Kaisers Hadrian, p. 54, n. 266). — 5. Bacchum Nicaeae conditorem testantur Dio Cassius (XXXIX, 8), et nummi (Barclay V. Head, *loc. cit.*).

38. Nicaeae. — *C. I. Gr.*, 3744.

Αὐτοκράτορι Νέρουᾳ Τραιανῷ | Καίσαρι Σεβαστῷ Γερμανικῷ | Δακικῷ ¹ καὶ [ἱερᾷ] συνκλήτῳ καὶ δήμῳ Ῥωμαίων.

1. Titulus inter annos 102-116 p. C. n. exaratus est, quum Trajanus Dacicus, non Parthicus, dicatur.

39. Nicaeae, in porta occidentali. — Dittenberger, *Sylloge*, n. 292.

Αὐτοκράτωρ Καῖσαρ Μᾶρκος Αὐρ. Κλαύδιος ¹ Εὐσεβὴς Εὐτυχὴς Σεβ(αστὸς), | ἀρχιερεὺς μέγιστος, δημαρχικῆς ἐξουσίας τὸ δεύτερον ², ὕπατος, πατὴρ πατρίδος, | ἀνθύπατος τὰ τείχη τῇ λαμπροτάτῃ Νεικαίᾳ, ἐπὶ Οὐελλ(ηίου) Μακρείνου τοῦ λαμπρ(οτάτου) | ὑπατικοῦ, πρεσβ(ευτοῦ) καὶ ἀντιστρατήγου τοῦ Σεβ(α-στοῦ) ³ καὶ Σαλλίου Ἀντωνίνου τοῦ λαμπρ(οτάτου) λογιστοῦ ⁴.

1. Claudius II. Gothicus qui vocatur. — 2. Anno p. C. n. 269. — 3. Ab Hadriani imperio Bithynia, quae antea proconsules praetorios habuerat, ab legatis Augustorum administrata est (Dio, LXIX, 14, 4). De Velleio Macrino, aliunde non noto, cf. *Prosopogr. imp. rom.*, III, p. 394, n. 233 ; ejusdem familiae fuisse videtur C. Sedatius Velleius Priscus Macrinus, Palmyrae statua honoratus ab homine privato (*Papers of the American School at Athens*, III, p. 443, n. 642 ; *Prosopogr. imp. rom.*, III, p. 190, n. 233). — 4. Curator reipublicae.

40. Nicaeae, in porta meridionali. — *C. I. Gr.*, 3748.

Αὐτοκράτορι Καίσαρι Μ. Αὐρ. Κλαυδίῳ Εὐσεβεῖ Εὐτυχεῖ Σεβ(αστῷ), δημαρχικῆς ἐξουσίας τὸ δεύτερον ¹, ἀνθυπάτῳ, πατρὶ πατρίδος | καὶ τῇ ἱερᾷ συνκλήτῳ καὶ τῷ δήμῳ τῷ Ῥωμαίων ἡ λαμπροτάτη καὶ μεγίστη καὶ ἀρίστη Νεικαιέων πόλις τὸ τεῖχος ἐπὶ τοῦ λαμπρ(οτάτου) | ὑπατικοῦ Οὐελλείου Μακρείνου, πρεσβευτοῦ καὶ ἀντιστρατήγου τοῦ Σεβ(αστοῦ) καὶ Σαλλίου Ἀντωνίνου τοῦ λαμπρ(οτάτου) λογιστοῦ.

1. Anno 269 p. C. n. ; cf. supra n. 39.

41. Nicaeae. — Mordtmann, *Sitzungsber. der Acad. zu München,* 1863, p. 238, n. 46.

[Π. Αὐρήλιον Καλπουρνιανὸν Ἀπολλωνίδην] [1] | χιλίαρχον λεγ. ιδ´ Γεμίν(ης) |, χιλίαρχον λεγ. ιγ´ [2], ἐπίτρ(οπον) | τῶν Σεβ(αστῶν) ἐπαρχείας Γαλλίας ‖ Ἀκυιτανικῆς ἐπὶ κήνσ[ω]ν |, ἐπίτρ(οπον) ἐπαρχείας Μυσίας | τῆς κάτω, ἐπίτρ(οπον) ἐπαρχείας | [Θρ]άκης, ἐπίτρ(οπον) δουκ(ηνάριον) ἐπαρ|χείας Δαλματίας καὶ Ἰστρί‖ας [3], ἐπίτρ(οπον) δουκηνάριον | Ἀλεξανδρείας τοῦ ἰδίου | λόγου [4], | Γ. Λουκηνὸς Ἀρχέλαος τὸν | φίλον.

1. Nomen suppletum est ex titulo qui loco dicto Senbellaouin in Aegypto repertus est (Botti, *Rivista egiziana,* V, 1893, p. 243). Cf. *Prosop. imp. rom.,* I, p. 197, n. 1219. — 2. IE, in prioribus apographis, non recte. — 3. Ducenarius = ad sestertium ducenta milia.

---

42. Nicaeae. — Cichorius, *Athen. Mittheil.,* XIV (1889), p. 241, n. 2.

Ab altera parte monumenti legitur mutilum epitaphium, ab altera :

[Ἡ ἱερ?]ὰ γερουσία [1] τοὺς ἀνδρι[άν]τας | ..[Λ]ογγεινιανοῦ τοῦ κρατίσ[του] [2]...... | .....ου ὑπερβαλομένου .... | .... [π]ερὶ τὴν γερουσίαν ἀπο[δεδειγμένου] ‖ τε τὴν περὶ..... μαιουμαν? καὶ τὴν π[όλιν?.... | τ]αῖς μεγίσταις δωρεαῖς τιμήσαντος τοὺς ...... | αὐτὸς ἠξίωσεν ἐν ταῖς διαθήκαι[ς] | καὶ Ἀλ...... τὸν Αὐρ. Σαλλουστιανοῦ Παυλείνου κ[αὶ?] | ..... κοῦντος διὰ βίου Μ. Αὐ[ρηλίου] ‖ ἐπὶ Α.... ἐκ δ[ιαθήκης.....] Ἀσκληπ...... | ...κο.....[ν]τος.

1. Quid fuerit γερουσία in Graecis civitatibus hactenus parum liquet; certe a βουλή discernenda est; cf. Liebenam, *Städteverwaltung,* p. 267 et 565. — 2. Vir egregius, equestris ordinis. Ex titulo Aeclanensi notus est quidam M. Pomponius Bassulus Longinianus, eques romanus (*Prosop. imp. rom.,* III, p. 74, n. 524).

---

43. Nicaeae. — *C. I. Gr.,* 3765; Kaibel, *Epigr. gr.,* 350.

Τὸν θρασὺν ἐν σταδίοις ἐσο|[ρᾷ]ς με νέκυν, παροδεῖτα, | Τα[ρσέ]α ῥητιάριν, δεύτερον πάλον [1] | [Μ]ελάνιππον. Οὐκέτι χαλκε[λ]‖άτου φωνὴν σάλπιγγος ἀκο[ύων] | οὐ]δ᾿ ἀνίσων αὐλῶν, κέλαδον λ[α]ῶν ἀνεγείρω [2] · φασὶν δ᾿ Ἡρα[κ|λ]έα δύο καὶ δέκα ἆθλα τελέσσ[αι ·] | αὐτὰ[ρ] ἐγὼ τελέσας τρισκαίδεκα τὸ ‖ τέλος ἔσχον.

Θάλλος καὶ Ζώη Μελανίππ[ῳ] | μνείας χάριν ἐκ τῶν ἰδίων | ἐποίησαν.

1. Secundus palus. De palo cf. hujus operis vol. I, n. 207; adde. G. Lafaye, s. v. Gladiator apud Saglio, *Dict. des antiquités*, II, p. 1590. — 2. « Olim Melanippus dato tuba certaminis signo et accinentibus pugnae tibiis populi excitaverat plausum et tumultum. » Böckh.

---

44. Nicaeae. — Kaibel, *Epigr. gr.*, n. 331.

Τὸν θρασὺν ἐν σταδίοις ἰσορᾷς με [νέκ]υν, [παροδῖτα,] |
Χρυσόμαλλον ῥητιάριον, τὸν πρὶν δὲ κυ[ν]ηγὸν, |
θήρας ἐν σταδίοις πάσα[ι]σ[ι] πλάνη[ς ¹ τ]έχν(αι)ς ἀρ[ίδηλο]ν. |
Ἐκ[τ]εινεν δέ [μ]ε Ὑ[λ]εὺς ², ὃν οὐκ ἤσχυσα [πλ]ανῆσ[αι] · ‖
5   μοῖραν δὲ οὐκ ἔφυγον, ἐπεὶ ἦν μίτος οὗτος ὁ μοιρῶν.
Ἡλιόδωρος....... ³ Χρυσομάλλῳ ἐκ τῶν αὐτ[ο]ῦ, | μνείας χάριν. Χαῖρε
παροδῖτα.

1. Si verbum recte restituit Kaibel, intelligendum est de simulata fuga qua venato feras fallebat. — 2. Myrmillo quocum pugnaverat. — 3. [Πελταστικός] dubitans suppl. Kaibel « quod graece dictum sit pro *velite* » gladiatore.

---

45. Nicaeae. — Cichorius, *Athen. Mittheil.*, XIV (1889), p. 243, n. 5.

[Asclepi]odore | [c]are, salue. [Ἀσκλη]πιόδωρε | [φίλε], χαῖρε.

---

46. Nicaeae. — *C. I. L.*, III, *Suppl.*, 6990.

P. Clodio Antho f. | e[t l]ib[e]ris [ei]us. | Π. Κλω[δ]ίῳ Ἄ[ν]θωι [υἱ]ῶι | κ.
5 τοῖς τέχνοις ‖ Σκαφῆα. |
C[l]o[d]ia[e] Ca[ll]is[te], | [Q]ui[r]i[n]a ¹, m[at]ri. | [Κλωδί]αι Καλλίστ[η,
10 Κυ]ρρείνᾳ, τῇ [μη]τρὶ ‖ Σκαφῆα.

1. « Notabile est feminam tribu adscribi, sed similia etiam ex Dalmatia Africaq innotuerunt ». Mommsen.

---

47. Nicaeae. — *C. I. Gr.*, 3757.

In fine epitaphii Severi cujusdam, Clementis filii, post quatuor versus legitur :

ΕΙ τις δὲ ἂν σκυλῇ, δώσει τῷ ἱερ[ω]τάτῳ ταμείῳ [δηνάρια] ,α, [x]αὶ
πόλ[ε]ι δηνάρια ,α.

48. Bechik-tach. — Körte, *Athen. Mittheil.*, XXIV (1899), p. 439, n. 30.

Post tres versus legitur :

Ὃς [δ᾽ ἂν ἐπεμϐά]|λῃ, ἀποδώσει πρ[οστίμου] | τῷ φίσκῳ δηναρίων μ(υριάδα)
α΄ | ζήσασα ἔτη.....

---

49. Tchaltik. — Körte, *Athen. Mittheil.*, XXIV (1899), p. 444, n. 40.

Ἀγαθῇ τύχῃ · | Π. Πουστούμιος Φιλίσ|κος, ὑπὲρ τῆς ἑαυτοῦ | καὶ τῶν ἰδίων
πάντω|ν καὶ Π. Πουστουμίου | Σεουηρεανοῦ ¹ Ἀπολλοθέμιδος|, | τοῦ ἰδίου
πάτρωνος, ὁλοκλη|ρίας καὶ διαμονῆς, Διὶ Σωτῆρι | εὐχήν.

1. Dubitat Körte an conjunctus fuerit cum illo Postumio Severo, quem Septimius Seve-
rus jussit occidi (*Vita Sev.* 13, 2).

---

50. Gueul-bazar. — Dedit G. Mendel a se descriptum.

Ἔτους [.. Α]ὐτοκρά|τορος Νέ[ρο]υα Τραιανοῦ | Καίσαρος [Σ]εϐαστοῦ Γερ|μα-
νικοῦ Δακικοῦ ¹, [μ]η|νὸς Ἡρακλήου, [ἡ] ... οτα | . ατηνων γειτοσ[ύ]νη, ἐτεί|μησεν
Δημοσθένην | Λουκίου τὸν εὐε[ργέ]την | καὶ ἔγδικον καὶ .... | ὄντα διὰ παντός.

1. Post annum 102, ante annum 114 quo **Trajanus Optimus** cognominatus est.

---

51. Inter Geïvè et Gueul-Bazar. — Invenit G. Mendel.

Ἔτους ἐνάτου | ἐπὶ Νέρωνος Κλ|αυδίου Καίσαρος | Σεϐαστοῦ Γερμα|νικοῦ ¹
Γάιος Ὀστίλ[λ]ιος Πωλλίων ² ὑ|πὲρ ἑαυτοῦ καὶ τῶν | ἰδίων ανα....ενη | .....ζω.... |
...ρον.

1. Anno p. C. n. 62-63. — 2. OCTIΛΛΙΟC, Mendel.

---

52. Prusiade ad Hypium. — Körte, *Athen. Mittheil.*, XXIV, 1899, p. 426.

[Ἀ]γαθῇ τύχῃ · | [Διὶ] Ὀλυμπίῳ [καὶ κτί|στ]η ¹ Αὐτο[κράτορι | Τ]ραιανῷ
Ἀδ[ριανῷ] | Καίσαρι Σεϐ[αστῷ].

1. Quae cognomina Hadrianus accepit post Olympeion Athenis dedicatum sub fine
anni 129 (cf. Goyau, *Chronol. de l'empire romain*, p. 198); Prusiadem antea. anno 124,
adiisse videtur (Dürr, *Reisen des Kaisers Hadrian*, p. 53).

53. Prusiade. — Le Bas-Waddington, n. 1174.

Τὸν γῆς καὶ θαλάσσης δεσπότην, | τὸν ἀήττητον ¹ Αὐτοκράτορα | Καίσαρα,
Θεοῦ μεγάλου Ἀντωνίνο[υ] | υἱὸν, Θεοῦ Σεουήρου ἔγγονο[ν], Μ. Αὐρήλιον
5 Σεουῆρον ‖ [Ἀλέξανδρον Εὐσεβῆ Εὐτυχῆ Σεβαστὸν ὁ δῆμος].

1. Severus Alexander, ut Elagabalus, statim imperio accepto Invictus appellatus est.

---

54. Prusiade ad Hypium. — Invenit et nobiscum communicavit G. Mendel.

[Ἀγαθῇ τύχῃ]. | Αὐτοκράτορα Καίσαρα, | [Θ]εοῦ Ἀντωνίνου Ε[ὐσεβοῦ]ς |
5 Μεγάλου υἱὸν, Θεοῦ ‖ Σεουήρου ἔγγονον, | Μᾶρκον Αὐρήλιον | [Σεουῆρον
10 Ἀλέξανδρον | Εὐ]σεβῆ Εὐτυχῆ Σεβαστὸν, | [δ]ημαρχικῆς ἐξουσίας, ‖ [ὕ]πατον,
πατέρα πατρίδος, | ἀνθύπατον | [ἡ] λαμπροτάτη Προυσιέων | πόλις δ........
15 ...[ἐπὶ] | τῶν περὶ Μ. Αὐρήλιον ‖ Μαρ.... [ἀρχόντων].

---

55. Prusiade ad Hypium. — Perrot, *Explor. de la Bithynie*, n. 20.

5 Ἀγαθῇ τύχῃ. | Μ. Αὐρήλιον | Ἀντωνεῖνον | τὸν κράτιστον ¹ ‖ πρειμιπειλάριν |
10 καὶ ἐπίτροπον | τοῦ Σεβαστοῦ, | φιλόπατριν, | ἀνδρεῖον, κόσμιον, ‖ φιλόξενον,
ἀληθῆ, | ἰσότειμον ², σπουδαῖον, | πάσῃ ἀρετῇ | κεκοσμημένον ³, | φυλὴ Ἀντω-
15 νιανὴ ‖ τὸν ἴδιον εὐεργέτην | καὶ τῆς πατρίδος.

1. Vir egregius. — 2. Par honoribus suis. — 3. De eo viro cf. *Prosopogr. imp. rom.*,
I, p. 196, n. 1205. Aurelius ille, de quo nihil aliud ad nos pervenit, vixit profecto saeculo
III, aut II exeunte.

---

56. Prusiade ad Hypium. — Dedit G. Mendel a se descriptum.

5 [Λ]ούκιον Δομί|[τιον Πρόκλον | ἔ]παρχον σπείρ[ας | ἔ]χτης Λουσιτανώρ(ουμ) ‖ ἐν
Ῥαιτίᾳ ¹ | [κ]αὶ πρώτης Χουβερ[ν(ώρουμ)] ², | [χ]ειλιάρχην λεγεῶ[νος | δ]ευτέρας
10 Αὐγούστ[ης | ἐ]ν Βρεταννίᾳ ³ [καὶ ‖ λ]εγεῶνος ἑϐδόμ[ης | ἐν] Ἱσπανίᾳ ⁴, καθὼς
α[ὐτὸς | ἐ]ν ταῖς διαθήκα[ις] ἐκέλευσεν.

1. Cohors VII Lusitanorum equitata in Africa tendebat saeculo primo, altero in
Raetiam transiit et tertio iterum in Africam rediisse videtur. Cf. R. Cagnat, *Armée
d'Afrique*, p. 250. — 2. Cugerni, seu Guberni (Plin., *H. N.*, IV, 31), populi Germaniae.

Non semel memoratur cohors I Cugernorum (*C. I. L.*, III, p. 864 et 873), quae altero p. C. n. saeculo in Britannia tendebat. — 3. Legio II Augusta inde a Claudio imperante Britanniam obtinuit. — 4. Legio VII Gemina castra habuit in Hispania post Vespasianum.

57. Prusiade ad Hypium. — Perrot, *Explor. de la Bithynie*, n. 19. Iterum plenius descripsit Mendel.

Σεμ..ος Ξυντ....ωνος | Προυσιεὺς [ἀ]πὸ Ὑπίου στρατευσάμεν[ος] | ἐπισήμως
ἔ[τ]η κε´ [ἐ]ν ἄλῃ τρίτηι Θρᾳκων Αὐγούστῃ ' σημεαφόρο[ς] ² | .... η.... αρα......
5 ἑαυτῶι κα[τεσκεύασεν] · ‖ χαίρετε.

1. Ala ɪɪɪ Thracum Augusta altero ˙p. C. n. saeculo in Pannonia tendebat; antea fortasse in Syria fuerat (Keil, *De Thracum auxiliis*, p. 36). — 2. Vexillarius.

58. Prusiade ad Hypium. — Mordtmann, *Athen. Mittheil.*, XII (1887), p. 179, n. 9.

Κρίματι τ[ῆς] | χρατίστ[ης πόλεως] | Μᾶρκον Οὐαλέρι[ο]ν Ῥουλλιανὸν ' |
5 Ἀγρίππαν, ‖ τὸν κράτιστον | ἀπὸ στρατειῶν ἱππιχ[ῶ]ν | καὶ ἐπίτροπ[ο]ν ², | Τιτία
10 Στατειλία | Οὐαλερία Ἀγριππιανὴ ‖ Φα[δ]ίλλα | τὸν γλυκύτατον καὶ | φιλοστοργότατον | πατέρα.

1. Cf. de eo *Prosopogr. imp. rom.*, III, p. 377, n. 127. Ἰουλιανόν Mordtmann. — 2. A militiis equestribus et procuratorem; **ΙΠΠΙΚΟΝ, ΕΠΙΤΡΟΠΩΝ** lapis.

59. Prusiade ad Hypium. — Kaibel, *Epigr. gr.*, n. 353.

Ἀττίου Λιβια|νοῦ παῖδα χορ|νοχλαρίου ',
Ἄττιον Λιβια|νὸν σῆμ' ἔχι | τόδε ἐξ ἐτῶν.

1. Cornicularii.

60. Prusiade ad Hypium. — Mordtmann, *Athen. Mittheil.*, XII (1887), p. 177, n. 8.

[Τὸν ἐν πᾶσιν ἄν]δρα φ[ιλ]ό[π]ολιν | [καὶ προήγορον,] δεκάπρωτον, ἄρ[χ]οντα
χαὶ ἱε[ρέα | χαὶ ἀγων]οθέτην τοῦ Ὀλυ[μ]π[ί]ου Διὸ[ς, | ἀγων]οθ[έ]την, ἀγο-
5 .ρανομήσαν[τα ‖ λαμ]πρῶς χ[αὶ] ἐπιφανῶς ἐν ἐπε[ί]γοντι χαι)ρῷ, ταμίαν τῦ

ἐλαιωνικῶ[ν | χρ]ημάτων, παραπέμψαντα τὸν κύριο[ν | ἡμῶ]ν αὐτοκράτορα Μ.

10 Αὐρήλιο[ν | Ἀν]τωνε[ῖνο]ν ¹ [κ]αὶ Θεῖον Λ. Σεπτίμιο[ν] ‖ Σεουῆρ[ο]ν ² καὶ [τ]ὰ [ἱε]ρὰ αὐτῶν στρατεύματ[α] | ἐν τῷ τῆ[ς] ἀρχῆς καιρῷ ἐπὶ τὴν ἀνατολὴ[ν], | πρεσβεύ[σαντα] παρὰ Θεῖον Λ. Σεπτίμιο[ν] | Σεουῆ[ρον], τιμητεύσαντα κα[ὶ] |

15 εἰσ[εν]εγκόντα ἀργύριον ‖ ἐν τῷ καιρ[ῷ | τ]ῆ[ς τ]ιμητείας εἰς πλατείας κα[τα]|σ-κ[ευ]ὴν, κοινόδουλον διὰ βίο[υ] ³, | ἄρξαντα τοῦ κοινοῦ τῶν ἐν Βειθυνί[ᾳ] |

20 Ἑλλήνων, ἐπιδόντα καὶ διαδόσει[ς], ‖ καὶ τὰς λοιπὰς ἀρχὰς καὶ λειτουργία[ς] | ἐκτελέσαντα τῇ πατρίδι ἐνδόξως | καὶ ἐπιφανῶς Μ. Αὐρήλιον Φιλιππιανὸν |

25 Ἰάσονα | οἱ ἡρημένοι τῆς ὁμονοίας | εἰς τὴν ἀρχὴν αὐτοῦ ⁴ φύλαρχοι ‖ Χρῆστος Χρήστου, | Γάιος Πρόκλου, | Ἄριστος Ἐπιγένους.

1. Anno 215 (Dio Cass., LXXIV, 6); cf. Waddington, *Bull. de corr. hellén.*, X, p. 405 et suiv. — 2. Septimius Severus Prusiadem venisse videtur, quum adversus Pescennium Nigrum ageret (Herodian., III, 3). — 3. Senator Prusiacus. — 4. Phylarchi, qui ideo electi sunt ut, illo archonte, tuerentur concordiam civium urbem incolentium (Waddington), aut rusticorum cum civibus (Körte, cf. Le Bas-Waddington, 1178).

---

61. Prusiade ad Hypium. — Körte, *Athen. Mittheil.*, XXIV (1899), p. 433, n. 25.

Τὸν ἐκ προγόνων ἀγωνο|θετῶν ἀγωνοθέτην τῶν | μεγάλων πενταετηρικῶν |

5 Αὐγουστείων Ἀντωνινίων ‖ [ἀ]γώνων, δεκάπρωτον κ[αὶ | κοι]νόδουλον διὰ βίο[υ], |

10 ἄρξαντα τὴν μεγίστην | ἀρχὴν, ἀγορανομήσαν[τα,] | ὑπέρ τε ἑαυτοῦ καὶ ὑπὲρ ‖ .. μεταγη ὑπὸ τῆς | .. ν καὶ [π]ολυσχ[ήμονα] | ἀνύσαντα..... | καὶ τὰ]ς λο[ιπὰς

15 ....]|ίας α..... ‖ ..... | ...... [ἐκτελέσαντα] | τῇ πα[τ]ρ[ί]δ[ι] .... |

20 Καλ[λ]ικλεανὸ[ν] | Κα[λ]λικλέα, ‖ ἀναστάντος το[ῦ] | ἀνδρι[ά]ντος κρίμα[τι] | τῶν

25 ἱερ[ῶν] συνόδ[ων] | οἰκο[υμ]ενικῶν πε[ρι]|πολισ[τικ]ῶν, τῆς [τε] ‖ ξυστικῆς καὶ τῆς θυμελι[κῆς] ¹.

1. Collegium athletarum cum collegio artificum consentit ut Callicles statua honoretur. Saeculo III ineunte extitisse athletarum etiam collegia oecumenica et peripolistica hoc titulo facti sumus certiores. Cf. etiam infra n. 81.

---

62. Prusiade ad Hypium. — Körte, *Athen. Mittheil.*, XXIV (1899), p. 426, n. 23.

[Κλαύ]διον Ἰουλιανὸν | [Ἀσκ]ληπιόδοτον, | [τὸν ἄρ]χοντα καὶ πρῶτον

5 ἄρχον[τα | καὶ ἱ]ερέα καὶ ἀγωνοθέτην τοῦ ‖ [Ὀλυμ]πίου Διὸς καὶ ἀγωνοθέτην |

[Σωτῆ]ρος Ἀσκληπιοῦ, ἀγορανο|[μήσ]αντα ἐπιφανῶς, πρεσβεύσα[ν]τ[α | παρ]ὰ
10 τοὺς Σεβαστοὺς καὶ παραπέμ|[ψαντ]α τόν τε κύριον ἡμῶν αὐτο‖[κράτ]ορα τὸν
θεοφιλέστατον Μ. | [Αὐρ]ήλιον ['Αντωνεῖνον] ¹ καὶ τοὺς | [θει]οτάτους προ-
γόνους αὐτοῦ, Λ. | [Σεπ]τίμι[ον Σεουῆρον] καὶ Μ. Αὐ‖[ρήλιον Ἀντωνεῖνον
Εὐσεβῆ... ²]

1. Nomen erasum. Elagabalus, quum ex Syria Romam reverteretur, per Bithyniam iter
fecit hieme anni 218/219. (Herodian., V, 3; Dio Cass., LXXIX, 3.) — 2. Caracalla.

---

63. Prusiade ad Hypium. — Körte, *Athen. Mittheil.*, XXIV (1899), p. 428, n. 24.

[Τὸν ἀσύγκρι]τον καὶ 'Ολύμπιον'¹ [καὶ | πρῶτον] ἐπαρχείας δόγματι | [κοιν]ο-
5 6ουλίου καὶ προή[γορον | τοῦ ἔθ]νους καὶ δεκάπρωτον ‖ [καὶ π]ολειτογράφον
καὶ ἄρχοντα | τ[ῆς] πατρίδος καὶ τῆς ἐπαρχεί[ας, ² | καὶ δι]καστὴν ἐν 'Ρώμ[ῃ ³
10 καὶ | ἀ]γ[ω]νοθέτην καὶ ἐπὶ τ[ῆς πα|τρίδος] καὶ ἐπὶ τῆς μητροπόλ[εως, ‖ κ]αὶ
Βειθυ[νιά]ρχην καὶ Ἑλλαδάρ[χην, | κα]ὶ Σ[ε]6[α]στοφάντην, | [καὶ] τοῦ μεγάλου
καὶ κοινοῦ τῆς Βειθυ[νίας | να]οῦ τῶν μυστηρίων ἱεροφάντ[ην, | συ]νκλητικοῦ
15 πάππον, ‖ [λ]ογιστὴν τῆς λαμπροτάτης | [μη]τροπόλεως Νεικομηδείας, | [Τ]ι6.
20 Κλ. Πείσωνα, | [τὸ ?] μέγα ὄνομα τοῦ γένους, | [Τ. Οὔλ]πιος Παπιανὸς ⁴‖ τὸν
φίλον.

1. Origo hujus nominis privato homini inditi incerta est. — 2. Quid intersit inter
archontem Bithyniae et Bithyniarcham parum liquet. Cf. quae de Bithyniarchis nuper
congessit Brandis in Pauly-Wissowa, *Realencyclopädie*, s. v. : Bithyniarcham censet non
uno eodemque tempore Pontarcham fuisse, et constitisse Nicaeae, non Nicomediae, addit-
que contra multorum opinionem eum ab sacerdote maximo Bithyniae esse discernendum.
— 3. Raro graecarum provinciarum incolas albo romanorum judicum fuisse inscriptos
notat Mommsen (*Droit public*, VI, 2, p. 142). — 4. De Ulpiis Papianis patre et filio cf. Le
Bas-Waddington, 1178. Vixerunt exeunte saeculo ii aut incipiente iii, ambo etiam
Bithyniarchae et Pontarchae.

---

64. Prusiade ad Hypium. — Le Bas-Waddington, n. 1176; Mordtmann, *Sitzungsber.*
der Acad. zu München, 1863, p. 221, n. 27.

[Τύχ]ῃ ἀγαθῇ. | Τὸν δὶς ἄρχοντα καὶ πρῶτον | ἄρχοντα, ἱερέα, ἀγωνοθέτην |
5 Διὸς 'Ολυμπίου, δεκάπρωτον, ‖ κοινόβουλον διὰ βίου, | τιμητεύσαντα, ἀγορανο-
μήσαντα, | ἐκδικήσαντα ¹, γραμματεύσαντα, | συνδικήσαντα ¹ πολλάκις, | ἐν πᾶσιν

10 εὔνοιαν διαδειξάμενον ‖ περὶ τὴν ἑαυτοῦ πατρίδα, | Δομίτιον Ἀστέρος, | οἱ ἡρημένοι εἰς τὴν ἀρχὴν | αὐτοῦ φύλαρχοι².|

Sequuntur nomina phylarchorum binorum per tribus disposita; octo tribuum nomina supersunt.

1. Σύνδικος, ἔκδικος, defensores civitatis; hic vero justus magistratus, ille ad tempus et ad certam tantummodo causam agendam electus. Cf. Liebenam, *Städteverwaltung*, p. 303. — 2. Cf. n. 60, not. 4.

---

65. Prusiade ad Hypium. — Körte, *Athen. Mittheil.*, XXIV (1899), p. 435, n. 26.

Τὸ ν ἐκ πρ[ο]γόν[ω]ν φιλότειμον καὶ [φι]|λόπ[ο]λιν [κ]αὶ προήγορον δεκάπρω-
τον καὶ κοινόβο[υ]λ[ο]ν καὶ πολειτογράφον¹ | διὰ β[ί]ου, ἀγορανομήσαντα ἐπι-
5 φα|νῶς, [σ]υνδικήσαντα² πιστῶς, γραμ‖ματεύσαντα ἐννόμως, ἐν πάσαις | ταῖς
πολιτείαις ἐξητασμένον, | ἄρξαντα τοῦ κοινοῦ τῶν ἐν Βειθυνίᾳ | Ἑλλήνων καὶ
λ[ο]γιστὴν³ τῆς ἱερ[ᾶ]ς γερουσίας, ἀποδεδειγμένον εὐτυ|χῶς πρῶτον ἄρχοντα καὶ
10 ἱερέα καὶ | ἀγωνοθέτην Διὸς Ὀλυμπίου, Δο[μ(ίτιον)] ‖ Αὐρήλιον Διογενιανὸν |
Καλλικλέα, | οἱ τῆς ὁμονοίας ἡρημένοι εἰς | τὴν ἀρχὴν αὐτοῦ φύλαρχοι⁴.

Sequuntur nomina duodecim tribuum et in quaque nomina binorum phylarchorum.

1. Censor. — 2. Cf. supra n. 64, not. 1. — 3. Arcarius, dispensator. — 4. Ex nominibus phylarchorum patet titulum recentiorem esse anno 212.

---

66. Prusiade ad Hypium. — G. Hirschfeld, *Sitzungsber. der Acad. zu Berlin*, 1888, II, p. 867; Mordtmann, *Athen. Mittheil.*, XIV, (1889), p. 315, n. 14.

Ἀγαθῇ τύχῃ. | Τὸν ἱερέα τῶν Σεβαστῶν καὶ φιλό|πατριν καὶ φιλότ[ι]μον, δὶς
5 ἄρξαντα | καὶ πρῶτον ἄρχοντα καὶ ἱερέα ‖ καὶ ἀγωνοθετοῦντα Διὸς Ὀλυμπίου |
καὶ πατέρα δὶς χειλιάρχου | καὶ τιμητὴν, ἀγορανομ[ή]σαντα | ὑπὲρ τοῦ υἱοῦ
10 μῆνας τρεῖς | ἐπιφανῶς, δόν[τα] καὶ ὑπὲρ ἰδίας‖ ἀγορανομίας ἀργύριον εἰς ἀνά|-
ληψιν τοῦ Δομιτείου βαλανείου, | παρ[απ]έμψαντα τοὺς μεγίστους | καὶ θειοτά-
15 τους αὐτοκράτορας¹ | καὶ τὰ ἱερὰ αὐτῶν στρατεύματα², ‖ πολλάκις πρεσβεύσαντα
ὑπὲρ τῆς | πατρίδος, δόντα καὶ εἰς ἐπι|σκευὴν τῆς ἀγορᾶς ὑπὲρ τῆς | [ἱ]ερεωσύ-
20 νης³ δηναρίων μυριάδας πέντε | καὶ τὴν ἐπὶ τῇ προόδῳ⁴ διάδοσιν ‖ εἰς κατα-
σκευὴν τοῦ καινοῦ ὅλκου⁵ | καὶ τὰς λοιπὰς φιλοτειμίας | καὶ λειτουργίας μεγα-
λοπρεπῶς | ἐκτελέσαντα τῇ ἑαυτοῦ πατρίδι, | Μάρχον Ἰούλιον Γαουείνιον ‖

25 Σαχέρδωτα [6] | κρίματι τῆς λαμπροτάτης πόλεως, | Ὀλύμπιος Ὀλυμπίου | τὸν ἑαυτοῦ θεῖον.

1. Septimius Severus et Caracalla (198/211 p. C.), si verum vidit G. Hirschfeld. Cf. not. 6. — 2. Cf. supra, n. 60, v. 10. — 3. V. 9 et 17 de summa honoraria intelligendos esse monet G. Hirschfeld. — 4. Pompam solemnem (πρόοδον) celebrabant Bithyniarchae quum munus suum capessebant (*Rescr. Valentiniani et Valentis* in *Act. conciliorum*, Harduin, II, p. 569). Ideo G. Hirschfeld δὶς ἄρξαντα (I, 3) refert ad Bithyniarchiam; satius tamen videtur, auctore Brandis (*Bithyniarches*, ap. Pauly-Wissowa, *Realencyclopädie*, col. 541, v. 6) pompam intelligere quam celebravit Gavinius ἐν τῇ ἱερωσύνῃ, ut sacerdos Augusti. — 5. Ὀλκός = aquaeductus (Mordtmann, collato Dethier, *Epigraphik von Byzantion*, p. 66, n. 44.) — 6. G. Hirschfeld putat illi viro suum cognomen venisse a Q. Tineio Sacerdote Clemente, cos. a. 158 (*Prosopogr. imp. rom.*, III, p. 323, n. 172), quem conjicit praefuisse Bithyniae.

---

67. Prusiade ad Hypium. — Mordtmann, *Athen. Mittheil.*, XII (1887), p. 174, n. 7.

[Τ]ὸν ἐκ [πρ]ογόνων Βειθυνιαρχῶν κα[ὶ | ἀ]πὸ γένους ἀσύνκριτον καὶ Ὀλύμπιον [1] | [κα]ὶ δημοσώστην [2] καὶ πολειτογράφο[ν] κα[ὶ | δ]εκάπρωτον καὶ κοινό-
5 βουλον διὰ βίο[υ, ‖ ἀ]γωνοθέτην τῶν μεγάλων Αὐγουστε[ίων] | πενταετηρικῶν ἀγώνων, γραμματε[ύ]σα[ντα | ἐκτ]ενῶς, ἐκδικήσαν[τα] ὑπὲρ τῆς πατρίδος | [ἀ]συνκρίτως, ἀγορανομήσ[αν]τα ἐνδόξ[ως, | ἄ]ρξαντα τοῦ κοινοῦ τῶν ἐν Βει-
10 θυν[ίᾳ ‖ Ἑ]λλήνων καὶ πρῶτον ἄρ[χο]ντα τῆς πατρίδο[ς | καὶ ἱερέα καὶ ἀγωνο-θέτην Δι[ὸς Ὀλυμπίου, | ἐ]πιδόντα καὶ διαδόσεις πολλὰς πολλάκι[ς, | τ]ὸν
15 ἀληθῶς ἀγαθὸν κ[αὶ ἐν πᾶσι | τ]έλειον Τ. Φλ. Πομπώνιον Δομιτιανὸν ‖ Τιμο-κράτη | οἱ ἡρημένοι τῆς ὁμονοίας εἰς τὴν | ἀρχὴν αὐτοῦ [3] φύλαρχοι · | [φ]υλῆς Σεβαστηνῆς | Φλάβιος Θαλῆς, ‖ Λ. Δέκμος Εὐκλείδης · | [φ]υλῆς Θηβαίδος | [Σα]νκτιανὸς Ἀσκληπιόδοτος, | Φίλιππος Χρησίμου · [φ]υλῆς Γερμανικῆς | Λ.
20 Ἰουλιανὸς Ἀριστοτέλης, ‖ Αὐρήλιος Ἡδύλος | τοῦ ..... · | [φ]υλῆς [Ἀντω]-νια[νῆς] Πα........ | .... · | φυλῆς Τιβερ[ιανῆς] ‖ Λόγγος Μεν[ίσκου], | Ζωΐλος..... · | φυλῆς... | Ῥουφο..... Ἀσκλη........ ‖ φυλ[ῆς]............

1. Cf. supra, n. 63, not. 1. — 2. Cf. βουλὴν φιλορώμαιον καὶ [ὃτ,]μοσώστιν, *Sitzungsber. der Acad. zu München*, 1863, p. 220, n. 25. — 3. Cf. supra, n. 60, not. 4.

---

68. Prusiade ad Hypium. — Le Bas-Waddington, 1177; Mordtmann, *Sitzunsgber. der Acad. zu München* (1863), p. 224, n. 28. Cf. G. Hirschfeld, *Sitzunsgber. der Acad. zu Berlin*, 1888, p. 869, not. 1.

[Τύχ]ῃ ἀγαθῇι. | Τὸν φιλόπατριν καὶ ἐν πᾶσιν ἀληθῆ, | γυμνασιαρχήσαν[

5 μεγαλοπρεπῶς, | ἀγορανομήσαντα ἐπιφανῶς, γραμμα‖τεύσαντα ἐπισήμως, ἀργυ-
ροταμίαν | τῶν ἐλαιονικῶν χρημάτων¹, ἄρξαντα | τὴν μεγίστην ἀρχὴν ἐνδόξως,
παραπ|έμψαντα τοὺς κυρίους αὐτοκράτορας | καὶ τὰ ἱερὰ αὐτῶν στρατεύματα
10 πολλάκις ², ‖ καὶ ἄλλας ἀρχὰς καὶ λειτουργίας | ἐκτελέσαντα τῇ πατρίδι, Κλ.
Τίνειο[ν] | Ἀσκληπιόδοτον, | ἀποδεδειγμένον πρῶτον ἄρχοντα | καὶ ἱερέα καὶ
15 ἀγωνοθέτην Διὸς ‖ Ὀλυμπίου, οἱ τῆς ὁμονοίας εἰς τ[ὴν] | ἀρχὴν αὐτοῦ ἀποδε-
δειγμένοι φύλαρχο[ι] ³. |

Sequuntur nomina phylarchorum binorum per duodecim tribus disposita.

1. Curator olei ad ludos emendi. — 2. Caracalla, ut videtur, aut Elagabalus. —
3. Cf. supra, n. 60, not. 4.

---

69. Prusiade ad Hypium. — Le Bas-Waddington, n. 1178.

Ἡ κρατίστη φυλὴ | Σεβαστηνὴ | καὶ ἐν τούτῳ τὴν μεγαλοψυχίαν τ' ἐπιδειξα-
5 μ‖[έ]νου τοῦ Παπιανοῦ, καὶ τὸν ἀνδριάντ[α ‖ κ]α[τ]' ἐπαγγελίαν ἐκ τῶν ἰδίων |
[ἀ]ναστήσαντος, | [τ]ὸν ἐκ προγό[νω]ν συνκλη[τικῶν | κ]αὶ ὑπατικῶν Τεῖτον Οὔλ-
10 πιο[ν] | Αἰλιανὲ[ν] ‖ Παπιανὸν ¹, | [Β]ειθυν[ι]άρχην καὶ Ποντάρχην, | τοῦ κοινοῦ
ναοῦ τῶν μυστηρίων | ἱεροφάντην καὶ Σεβαστοφάντη[ν] ², | μόνον καὶ πρῶτον
15 μετὰ τὴν ἐν τῇ ‖ [μ]ητροπόλει Νεικομηδείᾳ φιλο[δωρ]ία[ν | παντ]οίαν? λειφάνων
φιλοτειμησάμενο[ν] | καὶ ἐν τῇ πατρίδι ἐν τῷ σχήματι ³, ἱερέ[α] | διὰ βίου τοῦ
20 σωτῆρος Ἀσκληπιο[ῦ κ]α[ὶ | ὀ]όντα νομὴν πᾶσιν τοῖς ἐνκεκριμ[ένοις ‖ κ]αὶ τοῖς
τὴν ἀγρ[ο]ικίαν κατοικοῦσιν, | [π]ολειτογρά[φο]ν διὰ βίου ⁴, κοινόβουλον, |
[δ]εκάπρωτον, ἀγορανομήσαντα | [ἐ]ν σειτο[δ]είᾳ, γραμματεύσαντα, | [ἄ]ρξαντα
25 τὴν μεγίστην ἀρχὴν ⁵, ὄντα ‖ δύο νομὰς ἐκ τῶν ἰδίων πᾶσιν τοῖς | ἐνκεκριμένοις
καὶ τοῖς τὴν ἀγροικίαν | [π]αρ[ο]ικοῦσι[ν], υἱὸν Τίτου Οὐλπίου Αἰλιανο[ῦ | Ἀ]ντω-
νίνου, Βειθυνιάρχου καὶ Ποντάρχου | [κ]αὶ λογιστοῦ τῆς λαμπρο[τάτης] Κιανῶν
30 πόλεως, ‖ [καὶ] τὰς λοιπὰς πολειτείας πάσας πληρώσαντος.

1. De T. Ulpio Aeliano Antonino patre, curatore reipublicae Cianorum, et de Papiano
filio cf. *Prosopogr. imp. rom.*, III, p. 458, n. 537, 538. — 2. Hierophanta et sacerdos
Augusti in templo totius provinciae communi, Nicomediae exstructo. Nota sacerdotem
non eodem officio, quo Bithyniarcham, et eumdem virum duobus officiis non eodem
tempore functum esse. — 3. Papianus, quum sacerdos Augusti esset, ex pecunia sua,
quam Nicomediae in gerendo officio (ἐν σχήματι) expenderat, partem reliquam (λείψανα)
Prusiadi suae dedit, solus et primus omnium Prusiacorum. — 4. Πολειτογράφος perpetuus

non solum populum cum τιμηταῖς censebat, sed senatum quoque legebat; cf. Liebenam, *Städteverwaltung*, p. 260, n. 1. — 5. Ἡ μεγίστη ἀρχὴ officium est τοῦ πρώτου ἄρχοντος, qui in sua civitate praeerat collegio τῶν ἀρχόντων. Cf. Liebenam, *op. cit.*, p. 281, note 5 et 286, note 1.

---

70. Dusis. — Mordtmann, *Ath. Mittheil.*, XII (1887), p. 181, n. 12; Mommsen, *Korrespondenzblatt der Westd. Zeitschr.*, V (1886), p. 260, n. 197.

.... [ἐπίτροπον .... | .... Σεβαστ]οῦ [1] χώρας Σ[ου]|μελοκεννησίας [2] καὶ |
5 [ὑπ]ερλιμιτανῆς [3], ἐπί[τροπον ‖ τ]οῦ αὐτοῦ Σεβαστοῦ ἐπα[ρ]|χείας Γαλατίας καὶ
10 τ[ῶν] | σύνεγγυς ἐθνῶν [4], | Πομπηία ᾿Αντίπατρις ‖ τὸν ἑαυτῆς εὐεργέτην.

1. Nomina illius Augusti necesse est in lacuna scripta fuerint (cf. v. 5), fortasse Domitiani aut Trajani, ut Mommsen arbitratur (cf. not. 4). — 2. Tractus Sumelocennensis. Sumelocennam vocatam nunc Rottenburg (Wurtemberg), sitam in ripa fluminis Nicri (Neckar), jam a principio caput fuisse Agrorum Decumatium hoc titulo confirmatur; cf. Herzog und Kallee, *Westd. Zeitschr.*, III (1884), p. 326. — 3. ΚΑΙⅭ////ΓΕΡ traditur. Correxit Mommsen addens : (Tractus) translimitanus, *trans limitem* Germanicum situs. Mordtmann autem scripsit : ἐ[παρχ(είας)] Γερ[μανίας] Λιμιτανῆς. Fieri potest ut tractus aliquis trans limitem imperio adjunctus fuerit Domitiano aut Trajano principe (Gsell, *Essai sur le règne de Domitien*, p. 190). Procuratorem quidem fuisse Agris Decumatibus, non procuratorem Germaniae superioris, sed suum, notatione dignum est. — 4. Lycaonia, Isauria, Pisidia saeculo I exeunte nondum distractae fuerant a Galatia ; unde Mommsen conjecit titulum fuisse ea aetate scriptum.

---

71. Claudiopoli. — Perrot, *Explor. de la Bithynie*, n. 24.

᾿Αγαθῇ τύχῃ. | Τὸν Αὐτοκράτορα Καί|σαρα Θεοῦ Τραιανοῦ | Παρθικοῦ υἱὸν,
5 Θεοῦ ‖ Νέρουα υἱωνὸν, Τραι|ανὸν ᾿Αδριανὸν Σεβασ|τὸν, ἀρχιερέα μέγισ|τον,
10. δημαρχικῆς ἐ|ξουσίας τὸ ιε', ὕπα‖τον τὸ γ' [1], πατέρα πατρί|δος, ἡ βουλὴ καὶ ὁ δῆμος.

1. Anno p. C. n. 131.

---

72. Claudiopoli. — Le Bas-Waddington, n. 1183.

5 ᾿Αγαθῇ τύχῃ. | Αὐτοκράτορα Καί|σαρα, Θεοῦ Τραια|νοῦ Παρθικοῦ υἱ‖ὸν, Θεοῦ
Νέρουα | υἱωνὸν, Τραιανὸν | ᾿Αδριανὸν Σεβασ|τὸν, ἀρχιερέα μέ|γιστον, δημαρ-

10 χ[φ]κῆς ἐξουσίας τὸ | ηι' [1], ὕπατον τὸ γ', | πατέρα πατρίδος, | φυλὴ α'[2] Ἀπολλωνὶς | ἀνέθηκεν.

1. HI, *C. I. Gr.*, 3802 et Perrot, *Explor. de la Bithynie*, p. 46; H, Waddington. Hadrianus tribuniciam potestatem XVIII (HI) gessit a. 134. Iter fecerat per Bithyniam a. 124. Boli autem, ubi repertus est titulus, non ejus civitatis loco sita est, ut voluit Waddington, quam veteres nominabant Hadrianopolim, sed loco urbis dictae Claudiopolis. Ibi natus erat Antinoüs, qui vita decessit a. 130. Claudiopolis ergo (Bithynium), cognominata Ἀδριανή, gratiam principi refert, a quo etiam post mortuum Antinoum multa beneficia eam accepisse verisimile est. Cf. Dürr, *Reisen des Kaisers Hadrian*, p. 53, n. 259, 260. — 2. Tribus prima. Claudiopoli, ut Ancyrae, non cognominibus solum sed numeris etiam tribus distinguere solebant.

---

73. Claudiopoli. — *C. I. Gr.*, 3803. Iterum descripsit G. Mendel et quaedam correxit.

5 Ἀγαθῆι τ[ύ]χῃ. | Μᾶρκον Δομίτιον | Εὔφημον, | τὸν λαμπρότατον ‖ ὑπατικὸν
10 καὶ θυη|κόον τῶν τῇδε | μυστηρίων [1], | Μᾶρκος Δομίτιος | Τειμολέων, ‖ ὁ κρ(ά-
τιστος) μυστάρχης [2], | τὸν γλυκύτατον | ἀδελφόν.

1. Haec mysteria conjecit Böckh celebrata fuisse in honorem Antinoi. De Domitio Euphemo nihil amplius accepimus; cf. *Prosopogr. imp. rom.*, II, p. 22, n. 126. — 2. Mustarches ut mystagogus videtur mystas duxisse.

---

74. Claudiopoli. — Perrot, *Explor. de la Bithynie*, n. 25.

Ἀγαθῇ τύχῃ. | Κατὰ τὸ κρίμα τῆς | βουλῆς καὶ τοῦ δή|μου, Μ. Δομ(ίτιον)
5 Βάρβα‖ρον, υἱὸν Μ. Δομ(ιτίου) | Κυιντιανοῦ, ἑκα|[τ]οντάρχου λεγ(εῶνος) αι' |
10 [Κλ]αυδίας [Ε]ὐσε|[βο]ῦς Πιστῆς [1], ‖ [ἀρετ]ῆς ἕνεκεν.

1. Legio XI Claudia Pia Fidelis.

---

75. Claudiopoli. — Le Bas-Waddington, n. 1184.

Κατὰ τὸ δόγμα τῆς βουλῆς | καὶ τοῦ δήμου, | ...., Σεβαστοῦ | ἀπελεύ-
5 θερον, Εὔφημον, ‖ ἐπὶ τοῦ κοιτῶνος [1], | Μ. Οὔλπιος Ἀρισταῖος.

1. A cubiculo.

76. Claudiopoli. — Mordtmann, *Sitzungsber. der Acad. zu München,* 1863, p. 215, n. 20.

Κοίντῳ Παχριλίῳ | Λόγγῳ Κόιντος | Παχρίλιος Θάμυρις | τῷ ἰδίῳ πάτρωνι, |
5 μνήμης χάριν.

---

77. Prope Claudiopolim. — Kaibel, *Epigr. gr.*, n. 352; Perrot, *Explorat. de la Bithynie,* n. 27.

Ἀχείλιον Θεόδω[ρον], | ἰατρῶν πρό[μον], |
σπουδαῖον, εὐ[προσήγορον] | καὶ εὐσγή[μονα], ▌
5 ὑὸς Θεόδωρος [θάψε | χ]ῆδος συντε[λῶν,] |
Θεόδωρος ἀρχί[ατρος ¹] | ἐπιλείβων [δάκρυ ·] |
10 γυνὴ δὲ Φιλοχρά[τεια] ▌ ἐν δόμοις μ[ένει,] |
τρέφουσα παῖδα [παιδὶ] | καὶ πόθους [πόσει.]

1. Archiatri populares, Neronis aetate instituti, non nisi volente imperatore creabantur : saepe etiam ex fisco accipiebant stipendia. Cf. Pauly-Wissowa, *Realencyclopädie*, s. v.

PONTUS

78. Heracleae. — G. Hirschfeld, *Sitzungsber. der Acad. zu Berlin*, 1888, II, p. 884, n. 47.

..... Αὐτοκράτορι Τ[ρ]αι[αν]ῶι | Ἀδριανῶι Ἀντω[νείνωι | κτ]ισθεῖσαν ὑπὸ αὐτ(ᾶ)ς.

---

79. Heracleae. — Pargoire, *Bull. de corr. hellén.*, XXII (1898), p. 492.

Ἀγαθῇ τύχῃ. | Ἀ βουλὰ καὶ ὁ δῆμος καὶ τὸ κοινὸν | τῶν ἐν Πόντῳ πόλιων ι´¹,
5 ἐτείμασαν τὸν αὐθαί|ρετον καὶ μεγαλόψυχον ἀρχιερέα τοῦ Πόν‖του Αὐρήλιον
Ἀλέξανδρον Τειμόθεον.

1. Pontum Bithynicum ex undecim civitatibus constitisse testatur Strabo (XII, 3, 1).
Cf. Brandis, s. v. Bithynia, in Pauly-Wissowa, *Realencyclopädie*. Sed cum conditio
earum civitatium postea non semel mutata sit, verisimile est eo tempore quo hic titulus
exaratus est, secundo scilicet aut tertio p. C. n. saeculo, unam ex illis undecim civita-
tibus a provincia distractam fuisse.

---

80. Heracleae. — *Bull. de corr. hellén.*, XIII (1889), p. 317, n. 27.

Ἰοῦστος Βικτωρίῳ | Σαβίνῳ, τῷ πάτρωνι | ἑαυτοῦ, κατεσκεύασα | τὸ λατόμιν
5 ἐκ τῶν | ἑαυτοῦ, λεγεῶνος ‖ πρώτης Μεινέρβα[ς] | φρουμεντάρις Αὐ|γούστο[υ] ¹,
10 χώρας Λουγ|δούνου · χαῖρε πολεῖτα | πόλεως Οὐλοκασ‖σείνου ².

1. Miles legionis I Minerviae, frumentarius Augusti. De frumentariis, ex diversis
legionibus Romam ad imperatorem deputatis, cf. Marquardt, *Organisation militaire*,
p. 219, et Cagnat apud Saglio, *Dict. des Antiquités*, s. v. — 2. Civitas Velocassium (hodie
Rouen) in provincia Lugdunensi.

---

81. Heracleae. — G. Hirschfeld, *Sitzunsgber. der Acad. zu Berlin*, 1888, II, p. 882, n. 44;
Mordtmann, *Athen. Mittheil.*, XIV, 1889, p. 316.

*In antica scriptum est decretum artificum dionysiacorum in honorem Marcii cujusdam
Xenocratis. Post versus 19 haec leguntur :*

Ἔδοξεν τῇ ἱερᾷ ἡμῶν Ἀδριανῇ Ἀντω[ν]ει[νιανῇ] | περι[πολι]στικῇ [θ]υ[μ]ε-

[λ]ικῇ μεγάλη νεοκόρῳ ἐπὶ Ῥώ|μῃ συνόδῳ ψηφίσμα[τι τιμᾶν] τὸν [ἄνδ]ρα |
5 [καὶ] εἰκ[ό]ν[ων] καὶ ἀ[ν]δριάντ[ων] ‖ ἀναστάσε[σιν]..

In postica :

Ἀνέστη [ὁ ἀνδριὰς] | ἐπὶ ὑπάτων Κυ. | Φαβίου Κατυλλεί|νου, Μ. Φ(λ)αβίου
5 Ἅ‖περος ¹, ἐπὶ δὲ βα|σιλείας ² Ἡρακλείδου | Ἡρακλείτου.

1. Anno 130 p. C. n. — 2. Archonte eponymo. Cf. Liebenam, *Städteverwaltung*, p. 347.

---

82. Bartin. — Dedit G. Mendel a se descriptum.

Αὐτοκράτωρ Καῖσαρ | Λ. Σεπτίμιος Σεουῆρος | Περτίναξ Σεβαστὸς Ἀ[ρα]|-
5 βικὸς Ἀδιαβηνικὸς [Παρ]‖θικὸς Μέγιστος, ἀρχ[ιερεὺς] | μέγιστος, δημαρχι[κῆς
ἐξου]|σίας τὸ [ζ'] ¹, αὐτοκράτ[ωρ] τὸ | αι', ὕπατος τὸ β', π(ατὴρ) π(ατρίδος), ἀνθύ|-
10 πατ[ος καὶ Αὐτοκράτωρ] ‖ Καῖσ[αρ] Μ. Αὐρήλιος Ἀντω|νῖνος Σεβαστὸς, δημαρ-
χικῆς | ἐξουσίας τὸ β' καὶ Π. Σεπτίμιος | [Γέτας Καῖσαρ · αἱ ὁδοὶ] ἀπεκα-
15 τεσ|[τάθη]σαν ² διὰ Κ. Τινηίου Σακέρ‖[δω]τος ³ πρεσβευτοῦ καὶ ἀντι|στρατήγου.
Ἀπὸ Ἀμάστρεως |..... ⁴.

1. Traditur TO Ē = anno p. C. n. 197. At eo anno nondum tribuniciam potestatem
acceperat Caracalla qui v. 12 dicitur trib. pot ii = anno p. C. n. 199. Adde quod
eodem anno 199 Severus imp. viii (non xi) vocabatur. Corrigendum ergo τὸ [ζ']. — 2. Ita
Mendel pro ἀποκατεστάθη,σαν. — 3. Consul suffectus anno incerto sub Commodo, proconsul
Asiae extremis Severi temporibus. Cf. *Prosop. imp. rom.*, III, p. 322, n. 170. — 3. Periit
milium numerus.

---

83. Non longe ab Amastri. — *C. I. L.*, III, *Suppl.*, 6983.

Pro pace A[ug., i]n honorem Ti. Claudi | Germanic[i Au]g., diui Aug. perpe-
tuus sacer|dos, C. Iulius [Aquila ¹, pr]aef. fabr. bis in aerar. delatus ² | a cos.
5 A. Gabin[io Secundo ³, Ta]uro Statilio Coruino ⁴, mon‖tem cecidit et [uiam et
s]essionem d. s. p. f. |

Ὑπὲρ τῆς Σεβα[στῆς εἰρήνης, εἰς] τὴν τειμὴν Τιβερίου Κλαυ|δίου Γερμαν[ι-
κοῦ Σεβαστοῦ], τοῦ ἐπουρανίου θεοῦ | Σεβαστοῦ ἀρχ[ιερεὺς Γάιος] Ἰούλιος Ἀκυί-
10 λας, ἔπαρχος ⁵ | δὶς εἰς τὸ αἰρ[άριον φερόμεν]ος ὑπὸ ὑπάτων Ὤλου Γα‖βεινίου

Σεχο[ύνδου, Ταύρου Στα]τειλίου Κορουίνου, τὸν λόφον | χόψας, τὴν ὁδ[ὸν καὶ τὸ
βάθρον?] ἐκ τῶν ἰδίων ὑπαρχόντων ἐποίησεν.

1. Aquilam anno 49 in Thracia cohortibus praepositum copias duxisse adversus Mithridatem et Zorsinem narrat Tacitus (*Ann.*, XII, 15). — 2. Praefecti fabrum quem sibi eligebat consul praetorve nomen ad aerarium deferebat initio sui quisque anni, ut stipendium ei numerari posset. Cf. Mommsen, *Droit public romain*, III, p. 112, not. 1. — 3. Anno incerto ante 45. — 4. Anno 45. — 5. Scribendum erat : ἔπαρχος τεχνιτῶν.

---

84. Amastri. — G. Hirschfeld, *Sitzungsber. der Acad. zu Berlin*, 1888, II, p. 875, n. 26; Wilhelm, *Arch. epigr. Mittheil.* (XX), 1897, p. 86, n. 11.

.... [ὑπὲρ σωτηρίας καὶ νείκης καὶ αἰωνίας | διαμονῆς τῶν κυρίων Αὐτοκρατό-
ρων Καισάρων | Μ. Αὐρηλίου Ἀντωνείνου καὶ Λ. Αὐρηλίου Οὐήρου | Ἀρμενια-
5 κῶν, Παρθικῶν, Μηδικῶν καὶ τῶν τέ‖κνων αὐτῶν καὶ τοῦ σύμπαντος οἴκου το[ῦ
Σε]|βαστοῦ καὶ βουλῆς καὶ δήμου Ἀμαστριαν[ῶν, ἐπὶ Λ. | Λ]ολλιανοῦ Ἀουεί-
του [1] τοῦ πρεσβευτοῦ καὶ ἀντι[στρ(ατήγου), ἀγορανο|μ]ήσας? ἐν τῶι θκσ′ ἔτει [2]
10 τῶν περὶ Π..... | ἄρχοντα ἀρχόντων, ἀνέστησε|ν ἐκ τῶν ἰδίων τ[ὸν Ἡρα]‖κλέα
καὶ τῇ κατεπικειμένη λεο[ντῇ] | .....ισχας ἀποκατέστησεν [ἐπὶ τῶν περὶ τὸν....] |
ἀρχόντων πρὸ η′........

1. L. Lollianus Avitus, cos. anno 144 p. C. n., praefuit Bithyniae anno 165; cf. *Prosop. imp. rom.*, II, p. 293, n. 222. — 2. Anno 229 aerae Pompeianae = 165 p. C. n. — 3. V. 6-7 supplementa recepimus inventa a Wilhelm, qui existimat illius impensa cujus nomen periit restitutam esse statuam Herculis et pelli leoninae... ΛΙΣΧΑΣ = [τοὺς ὄνυ]χας, ungues esse refectos.

---

85. Amastri. — *C. I. Gr.*, 4151; cf. *Addenda*, p. 1113.

[Μ.] Οὔλπιον Ἀραβιανὸν [1] | τὸν λαμπρότατον | ὑπατικὸν πρεσβευτὴν | καὶ
5 ἀντιστράτηγον τοῦ ‖ Σεβαστοῦ Συρίας | Παλαιστείνης Αἴλιος | Αὐρήλιος Μαρ-
10 κιανὸς | ὁ πρῶτος ἄρχ[ω]ν τὸν | ἴ[δ]ιον εὐεργέτην‖ ὁ φίλος, | ἐν τῷ ξσ′ ἔτει [2].

1. De eo viro qui postea proconsulatum Africae adeptus est, Amastride profecto oriundo, cf. *Prosop. imp. rom.*, III, p. 459, n. 540 et Pallu de Lessert, *Fastes des provinces africaines*, I, p. 244. — 2. Anno incerto : traditur enim tum ΞΣ, tum ΕΣ, id est 260 vel 205 aerae Amastrianae. Illud respondet anno p. C. n. 196. (Cf. Marquardt, *Organisation de l'empire*, II, p. 370, not. 7.)

86. Amastri. — *C. I. L.*, III, 320.

....[ονα]χιανὸ[ς] Σε[ουῆρος | χειλίαρχος σπ]είρης [λγ´ πολ(ιτῶν) Ῥωμ(αίων) ¹, |
χειλίαρχος λ]εγιῶν[ος γ´ Γαλατικῆς, | ἔπαρχος ἄλη]ς οὐετραν[ῆς Γαλατῶν, |
ἑαυτῷ ζῶ]ν κατεσχ[ε]ύασε. |

...onacianus Seuerus | [trib. c]ohor XXXIII c. r., ¹ | [trib.] legionis III Gallicae, |
[praefect]us alae ueteranae Gallo[rum | ui]u. sibi fecit.

1. XXXII Mommsen, XXXIII Cichorius s. v. Cohors, apud Pauly-Wissowa, *Realency-clopädie*, col. 352 v. 22. Apographa non consentiunt : XXXIII unum, XXX.II secundum, XXX tertium.

---

87. Amastri. — Perrot, *Rev. arch.*, 1874, II, p. 8; G. Hirschfeld, *Sitzungsber. der Acad. zu Berlin*, 1888, II, p. 878, n. 30.

Ἀγαθῇ τύχῃ. | Ἡ βουλὴ καὶ ὁ δῆμος ἐτείμησεν | Καικίλιον Γαΐου υἱὸν
Κλουστου|μείνᾳ Πρόκλον τὸν Ποντάρχην καὶ | Λεσβάρχην ¹ καὶ υἱὸν τῆς
Λέσβου ², | πρωτεύοντα τῶν ἐπαρχειῶν, ³ | πάσης ἀρετῆς χάριν · ἀνέστησεν |
Λαίλιος Λουκανὸς τὸν ἑαυτοῦ | φίλον ὑπὲρ φυλῆς Διοσκουριάδος.

1. Insulae Lesbo, quanquam ad provinciam Asiam pertinebat, suum fuit κοινὸν Λεσβίων, saltem aetate M. Aurelii et Commodi (Barclay V. Head, *Hist. num.*, p. 488). Nota eumdem virum fuisse et Pontarcham et Lesbarcham. — 2. Apul., *Metam.*, IV, 26 : « Speciosus adolescens, inter suos principalis, quem filium publicum omnis civitas cooptavit. » De eo honore cf. Liebenam, *Städteverwaltung*, p. 131. — 3. Primus provincialium qui Pontum et Lesbum incolebant. Quibus verbis non certus honos intelligendus est; significant Caecilium Proculum inter omnes cives lectissimum esse. Cf. *ibid.*, p. 295.

---

88. Amastri. — G. Hirschfeld, *Sitzungsber. der Acad. zu Berlin*, 1888, II, p. 877, n. 28.

Ὁ δῆμος | Τιβ[έ]ριον Κλαύδιον Λέπιδον Λεπί|δου υἱὸν ¹ τὸν ἀρχιερέα τοῦ
Πόντου, | ἐπιστάτην δ[ὲ τῆ]ς πόλεως ² ....υ...|ταεωνωμ? ...[π]ο[λλά?]|κις
καὶ ἐπὶ τῷ τ[ῆς π]όλεω[ς ..] | ζήσαντα [παναρέτ?]ως [ἔτ]η....

1. Ti. Claudius Lepidus, summus sacerdos Ponti, citatur a Luciano, *Alex.* 25, inter Amastrianos primores ut Epicureus et superstitioni inimicus. Ad aetatem M. Aurelii referendus est. — 2. Ἐπιστάτης non, ut προστάτης, videtur patronum significare, sed civem conspicuum. Cf. Liebenam, *Städteverwaltung*, p. 295.

89. Amastri. — G. Hirschfeld, *Sitzungsber. der Acad. zu Berlin*, 1888, II, p. 876, n. 27.

Ὁ δῆμος | μαρτυρεῖ Παρμενίσ[x]ῳ | καὶ Φαρνάκη, τοῖς Δι[ο]μένους τοῦ τρὶς
5 ἀρχι|ερέ(ω)ς κατὰ τὸ ἑξῆς καὶ ‖ ἀγ(ω)νοθέτου υἱοῖς, ἀρ|χιε(ρε)ῦσιν καὶ εὐθη-
(ν)ιάρ|χαις ¹ καὶ ἐπιστάταις ² καὶ [....... καὶ ....]|νόμοις ἀγορανόμων, καὶ |
10 εὔχεται Διὶ Στρατηγῷ ³ ‖ καὶ Ἥρᾳ, τοῖς πατρίοις θε|οῖς καὶ προεστῶ(σ)ιν τῆς |
15 πόλεως, τοιούτους γεί|νεσθαι τοὺς ἀγορανό|μους πάν(τ)ας, ὁποῖοι ἐ‖γίνοντο Παρ-
μενίσκος καὶ | Φαρνάκης, οἱ τροφεῖς ⁴. | Ἔτους βλρ΄ ⁵.

1. Curatores annonae aderant duobus aedilibus civitatis (ἀγορανόμοις). Cf. Liebenam,
Städteverwaltung, p. 368, n. 5. — 2. Cf. n. 88. — 3. Deus patrius Amastrianorum cum
Junone in nummis fictus. (Barclay V. Head, *Hist. num.*, p. 433.) — 4. Ut σιτοδόται, profecto
quia auxerant ex suo pecuniam annonariam. Cf. Liebenam, *Städteverwaltung*, p. 112,
n. 1. — 5. Anno 132 aerae Pompeianae, 69 p. C. n.

---

90. Loco dicto Meïrèh. — Doublet, *Bull. de corr. hellén.*, XIII (1889), p. 312, n. 20;
cf. Hirschfeld, *Sitzungsber. der Akad. zu Berlin*, 1888, II, p. 888, n. 61.

Ἀγαθῇ τύχῃ. Θεῷ [π]ατρώῳ Διὶ Βονιτηνῷ ¹ | Μᾶ[ρκος Αὐ]ρήλιος Ἀλέξαν-
δρος Γαίου τοῦ | καὶ Λ....ιμίου, τοῦ προστάτου ² καὶ γενεάρχου ³ | ἐκ προ-
5 γόνων καὶ κτίστου τῶν ἱερῶν τόπων ‖ καὶ τροφέως ⁴ [ἀ]συνκρίτου καὶ πρώτου
ἄρχοντος, | καταρξαμένου τῶν θεμελίων τοῦ ναοῦ, | ὁ γενεάρχης ³ καὶ προστά-
της ² καὶ κτίστης καὶ τρο|φεὺς ⁴ καὶ ἀρχιερεὺς τοῦ Πόντου, ἄρξας τὴν μεγί[στην
10 ἀρχὴν τῆς λαμπροτάτης Ἀμαστριανῶν ‖ πόλεως, Βειθυνιάρχης καὶ Ποντάρ-
χης ⁵, τειμη|θεὶς ὑπὸ Θεοῦ Ἀντωνείνου πάσαις ταῖς τῆς | πολειτείας τειμαῖς,
διαπρέψας, κατασκευάσας | τὸν ναὸν μετὰ παντὸς τοῦ κόσμου | ἀφιέρωσεν [ἐν]
τῷ θοσ΄ ἔτει ⁶.

1. A vici vel loci cujusdam ignoti nomine cognominatus. — 2. Patronus. — 3. Pater
unius ex primoribus gentibus civitatis. — 4. Qui frumentum civibus suis sua pecunia
emendum curaverat. — 5. Nota eumdem ἀρχιερέα τοῦ Πόντου fuisse et Ποντάρχην, praeterea
Βειθυνιάρχην καὶ Ποντάρχην. — 6. Anno 279 aerae Pompeianae = 215 p. C. n.

---

91. Abonutichi. — G. Hirschfeld, *Sitzungsber. der Acad. zu Berlin*, 1888, II, p. 886, n. 58.

[Αὐτοκράτορα] ¹ | Καίσαρα Λούκιον Σεπτίμιον | Σεουῆρον Περτίνακα |
5 Σεβαστὸν Εὐσεβῆ Εὐτυχῆ ‖ οἱ περὶ Γάλλον Ἀουεῖτου | δὶς ἀρχιερέα καὶ τὸ β΄ |

10 πρῶτον ἄρχοντα ἀρ|χοντες ἀνέστησαν | ἐκ τῶν τῆς πόλεως ‖ χρημάτων, ἐν τῷ |
δοσ΄ ἔτει ².

1. Ante Καίσαρα hiatus non indicatur. — 2. A 274 aerae Pompeianae = 210 p. C. n.

---

92. Abonutichi. — G. Hirschfeld, *Sitzungsber. der Acad. zu Berlin*, 1888, II, p. 887, n. 59.

Τὸν μέγιστον καὶ | Θειότατον αὐτοκράτορα | Μάρκον Αὐρήλιον | Ἀντωνεῖνον
5 Εὐσεβῆ, ‖ Παρθικὸν Μέγιστον ¹, | Βρεταννικὸν Μέγιστον, | Γερμανικὸν Μέγιστον, |
10 Σεβαστὸν οἱ πε[ρὶ] | Σέξστον Οὐείβιο[ν] ‖ Διογένην πρῶτον ἄρ[χοντα] | ἄρχοντες
ἀνέστ[ησαν | ἐκ] τῶν τῆς πόλ[εως | ᾽ χρημάτων | ἐν τῷ.... ἔ τει.

1. A. 211/217 p. C. n.; nam Caracalla, non ante mortuum Septimium Severum 211, Parthicus cognominatus est.

---

93. Sinopae. — Mordtmann, *Constant. hellen. philol. syllog.*, XV, *parart.* 44, n. 1.

5 Θεῷ | Ἡλιοσα|ράπει | Ἀ(ο)υεῖτο[ς] ‖ φοράρι[ς] ¹ | εὐ[χήν.]

1. Φοράρι(ο)ς, forarius; verbum novum. Cf. Suidas s. v. : φόρος ὁ τόπος, τὸ πωλητήριον.

---

94. Sinopae. — Doublet, *Bull. de corr. hellén.* (XIII), 1889, p. 302, n. 3.

Ἀγριππεῖναν Γερ|μανικοῦ Καίσαρος | ὁ δῆμος.

A. 18 p. C. n. Germanicus, comitante Agrippina, cum « extrema Asiae » peteret, « Propontidis angustias et os Ponticum » intravit, « cupidine veteres locos et fama cele-bratos noscendi; pariterque provincias, internis certaminibus aut magistratuum injuriis fessas, refovebat. » (Tac., *Ann.*, II, 54.)

---

95. Sinopae. — *C. I. Gr.*, 4157.

[Κλαύδιον..... | ......σο.... | ...ος [γ]εν[όμ]ε[νον γυμ|ν]ασίαρχον, ἄρχο[ντα
5 τοῦ | πρ]εσβ[υτ]ικ[οῦ ¹, Πο]ντάρχη[ν, ἐπιτε]‖λέσαντα ταυροκα[θάψια] ² | καὶ κυνη-
γέσιον καὶ [....μα]|χίαν ³ μ[εγ]αλο[π]ρε[π]ῶς, ἔκγονον? | Κλαυδί[ου....] |
10 ἀδελφ[ὸν δ]ὲ [τῆ]ς κρα[τίστης] ‖ συνκλητικῆς Κ[λαυδίας] | Παύλης ⁴, ἱερείας

[Θεᾶς] | Εἶ[σ]ιδ[ος, ο]ἱ συνπροσ[τάται] [5] | καὶ ὁ συνέφορ(ος) [6] [ἐ]π' εὐ[νοίᾳ τῇ εἰς αὐ|τούς.......

1. Ἄρχοντα τοῦ πρεσβυτικοῦ, i. e. collegii τῶν πρεσβυτέρων. — 2. Taurocathapsiis' equites « tauros per spatia circi agebant insiliebantque defessos et ad terram cornibus detrahebant» (Suet., *Claud.*, 21). De iis ludis qui ex Thessalia in totam Graeciam, postea Romam migraverant cf. Friedländer, *Sittengesch. Roms*, ed. VI, t. II, p. 405; Beurlier, *Les courses de taureaux chez les Grecs et les Romains* (*Mém. de la Soc. des Antiquaires de France*, XLVIII, 1887, p. 57-84, 351); O. Liermann, *Dissert. philol. Halenses*, X, 1889, p. 27 et seq. — 3. [Μονομα]χίαν, vel [θηρομα]χίαν potius quam [ταυρομα]χίαν. — 4. Femina aliunde ignota: cf. *Prosop. imp. rom.*, I, p. 410, n. 873. — 5. Collegae in magistratibus gerendis. — 6. Ephori etiam Ancyrae fuerunt (cf. Barclay V. Head, *Hist. num.*, p. 557). Apud Sinopenses binos ephoros simul hunc magistratum egisse ex hoc titulo apparet.

---

96. Sinopae. — Kaibel, *Epigr. gr.*, n. 875.

Οὐδὲν ἀφαυρότερος χρυσοῦ | λίθος, εἰ πλέον ἀνθεῖ |
παρθενίης αἰδοῖ πεπυκασμέ|νος · εἰμὶ δὲ γείτων ‖
[Τ]ει[τι]ανὴ καθαροῖο Σαράπιδος, ἔνθα με βουλή |
θῆκε χαρισσαμένη ἀρετῇ πα|τρός, ὃν περὶ πάντων |
τίμησαν βασιλῆες [1], ἐλευθε[ρίη] | βιότοιο ‖
[μά]ρτυρι πιστεύσαντες ἐ|[λευθε]ρίην Ἀμίσοιο |
[εἴνεκ]α παιδείης [πινυτόφρονος | εὐδι]κίης τε [2]

. . . .

1. Kaibel opinatur titulum ad alterum fere saeculum pertinere et posse hic M. Aurelium et L. Verum intelligi. — 2. « Vitae liberalitate pignore usi, permiserunt ei liberam regendam civitatem. Amisenorum civitas libera et foederata suis legibus utebatur. » Kaibel. Potuit Titianae pater esse curator reipublicae Amisenorum.

---

97. Amisi. — Kalinka, *Arch. epigr. Mitth.* (1895), p. 230.

Ἀγαθῇ τύχῃ. | Τῷ σμα' ἔτει [1], | πονταρχούντων | M. Ἰουλίου Ἰουλια‖νοῦ καὶ Σηστυλ|λίας Κυρίλλης [2], | γυναικὸς αὐτοῦ, | φαμιλία μονο|μάχων [3] τῶν | περὶ Καλυδῶνα.

1. Anno 241 aerae Amisenorum = 209 p. C. n. De qua aera cf. Kubitschek s. v. Aera in Pauly-Wissowa, *Realencyclopädie*, col. 644, v. 9. Vide etiam titulum (*Rev. de Philol.*, XXII, 1898, p. 259) : Ἀγαθῇ τύχῃ. Ἀμίσου ἐλευθέρας καὶ αὐτονόμου καὶ ὁμοσπόνδου Ῥωμαίοις.....

"Ετους ρξγ' τῆς ἐλευθερίας. — 2. Sextilia. Pontarcharum nomina collegit G. Hirschfeld, *Sitzungsber. der Akad. zu Berlin*, 1888, 2, p. 889. Jam antea noveramus mulierem cum marito suo Asiarcham (*C. I. Gr.* 3342; cf. 2511, 3677); ἀρχιέρειαι provinciarum, ἀρχιερέων uxores, plures memorantur (*C. I. Gr.*, 2823, 3092, 3489; P. Paris, *Quatenus feminae res publicas in Asia Minore, Romanis imperantibus, attigerint*, 1896, p. 72, n. 6). Censuit Paris « aut propter maritorum merita merum honorem illas accepisse, aut illis, quae Augustorum cultum donis opibusque suis splendidiorem effecissent, praemium illud esse condonatum, ut summam provinciae dignitatem participarent. » (*Ibid.*, p. 112-114.) — 3. Familia gladiatoria.

---

98. Prope vicum Kavak, ab Amiso meridiem versus. — *C. I. L.*, III, *Suppl.*, 6976.

L. Casperius Aelianus | Apollini d. d.

Λ. Κασπέριος Αἰλιανὸ[ς] [1] | Ἀπόλλωνι Διδ[υμεῖ] εὐχήν.

1. « Forsan parentela conjunctus cum Casperio Aeliano, praefecto praetorio sub Domitiano et iterum sub Nerva; cf. *Prosop. imp. rom.*, I, p. 308, n. 392. » Héron de Villefosse.

CAPPADOCIA

(PONTUS GALATICUS, PONTUS POLEMONIACUS, CAPPADOCIA,
ARMENIA MINOR)

CAPPADOCIA

PONTUS· GALATICUS

99. In vico Aladjouk prope Mersivan. — Th. Reinach, *Rev. des ét. gr.*, VIII (1895), p. 78, n. 10.

5 ....|γις ν? Ἀπί|χιος Γε|ρμανὸς ‖ οὐε[τ]ρανὸς ἐνθ|άδε κεῖ|ται.

---

100. Amasiae. — Th. Reinach, *Rev. des étud. gr.*, VIII (1895), p. 85, n. 27; *C. I. Gr.*, 4168. — Fragmenta ejusdem lapidis contulit et conjunxit Fr. Cumont, qui etiam supplementa addidit.

[Αὐτοκράτορι Καίσαρι.... Μ. Αὐρηλίῳ Ἀντωνείνῳ Σεβαστῷ Γερμανικῷ
Σαρματικῷ, ἀρχιερεῖ μ]εγίστῳ, δημαρχικῆς ἐξ[ουσίας τὸ λ. ¹, ὑπάτῳ τὸ γ΄ καὶ
Αὐτοκράτορι Καίσαρι Λ. Αὐρηλίῳ Κομμόδῳ Σεβαστῷ Γερμανικῷ Σαρ]ματικῷ
δημαρχικῆς ἐξ[ουσίας τὸ. ², ὑπάτῳ καὶ τῷ] δήμῳ τῆς μητροπόλε[ως Ἀμασείας
......] ἐπὶ Ἀρρίου Ἀντωνε[ίνου] ³...

1. Suppl. XXXI, XXXII, XXXIII aut XXXIIII. — 2. Erat II, III, IIII aut V. —
3. C. Arrius Antoninus, cos. suff. circa annum 170, legatus Cappadociae inter annos 177
et 180. Cf. *Prosopogr. imp. rom.*, I, p. 139, n. 894.

---

101. Amasiae. — Ramsay, *Bull. de corr. hellén.*, III (1883), p. 28.

5 ....αιτου... | ἐφιππ[ίοις χ]|ρυσοῖς [τετει]|μημένο[ν καὶ π]ορφύρᾳ Κ[ορνήλιο?]|ν
Πρεῖσκ[ον...]|ος τὸν [αὐτοῦ] | υἱὸ[ν] | ...ξι...

102. Amasiae. — Benigne communicavit Fr. Cumont.

Λ. Κορνήλιος Κλύμενος | καὶ Κορνηλία Νείκη ἀπελεύ|θεροι Λ. Κορνηλίου | Κασπεριανοῦ πρειμοπ(ίλου).

---

103. Amasiae. — Th. Reinach, *Rev. des ét. gr.*, VIII (1895), p. 79 et 85, n. 29; cf. Kaibel, *Epigramm. gr.*, n. 395. Contulit Fr. Cumont.

Πέτ[ρ]ην [τ]ήνδ' ἐκόλαψε χάριν μνήμης ἔτι ζ[ῶ]ο[ς] |
   Ροῦφος ἐὼν προπάτωρ τῆς ἰδίης γενεῆς · |
ἐν νομικῇ [1] προύχοντα Κλεόμβροτον ἥρπασε μοῖρα, |
   πρῶτα συνεζόμενον βήματι Β[ει]θυνικῷ [2] · ||
5   ὄστεα δ' εἰς πάτρην ὁ πατὴρ ἠν[έγκ]ατο Ῥοῦφος, |
   καὶ κατέθηκ' ἔνδο[ν] ἔνθαπε[ρ ο]ἱ πρόγονοι · |
ἠρ[ώ]ῳ δ' ἐνὶ τῷδε καὶ ἄλλοι φίλτατοι κεῖνται, |
   τιμήεις Χρόνιος υἱός τε Πολυχρόνιος.

1. Jurisprudentia. — 2. Assessor tribunalis Bithynici, id est, ut videtur, praesidis Bithyniae jus dicentis, quo munere quum primum fungeretur mortuus est.

---

104. Amasiae. — Th. Reinach, *Rev. des ét. gr.*, VIII (1895), p. 84, n. 23. Iterum descripsit Fr. Cumont.

5   Ἀντ[ώ]νιος | Στρογγυλί|ων Ἀντω|νίᾳ Σουσου||νίδι τῇ γυ|ναικὶ μνή|μης χάριν. |
10   Μετὰ δὲ τὸ τεθῆ|ναι ἐμὲ, ὃς ἂν ἀ||νοίξῃ τὸ ἡρῷον | δώσ[ε]ι τῷ φίσκῳ | δηνάρια μυρία · | ἔ(τους) ρξθ' [1].

1. Anno 169 aerae Amasenorum, id est 168, 167 aut 166 p. C. n. Cf. Kubitschek in Pauly-Wissowa, *Realencyclopädie*, s. v. Aera, col. 644, v. 55.

Addatur et alius titulus multis funeralibus insignis ibidem repertus :

Rev. des ét. gr., VIII (1895), p. 85, n. 26 : ἐὰν δέ τις εὑρε|θῇ, δώσι τῷ φίσκῳ δηνάρια | τρισχίλια, ὁ δὲ μηνύ|σας λήψετε δηνάρια χίλια.

105. Comanis. — Ramsay, *Journ. of philol.*, XI (1882), p. 152, n. 13.

[Αὐτοκράτορα Καίσαρα Τραιανὸν ᾿Αδριανὸν Σεβαστὸν.... καὶ Λ. Αἴλι]ον Καίσαρα | [ἡ ᾿Ιερ]οκαισαρέω[ν | Κομ]ανέων πόλις | [ἔτ]ους ργ' [1].

1. Annus 103 aerae Comanensium respondet anno p. C. n. 136 aut 137. Cf. Kubitschek in Pauly-Wissowa, *Realencyclopädie*, s. v. Aera, col. 643, v. 67.

---

106. Comanis. — Ramsay, *Journ. of philol.*, XI (1882), p. 153, n. 14.

[Αὐτοκράτορσιν Μ. Αὐρ. ᾿Αντωνείνῳ Σεβαστῷ | Καίσαρι κ]αὶ Αὐρηλίῳ Οὐή[ρῳ Σ]εβ[α]σ[τ]ῷ Κα[ίσ(αρι) [1]] ἡ ᾿Ιερ[οκαι]σαρέων Κομανέ[ων νεωκόρος] καὶ ἄσυλ[ος | πόλις, ...]ος αὐτῆ[ς] ᾿Αθη[νίων]ος Κρισπείνου ἐ[πὶ ἀντιστ]ρα-[τήγου?] Αἰλίου Πρόκλου [2].

Lectio non satis certa.

1. Inter a. 161 et 169 p. C. n. — 2. Vir aliunde ignotus.

---

107. Comanis. — Th. Reinach, *Rev. des ét. gr.*, VIII (1895), p. 86, n° 31.

5 ... κατ' εὐγένεια[ν]..|. ἐπίσημον [ἐν τῷ] | Πόντῳ...|. καὶ τὸν ‖ [Κομ]ανέων δῆμον καὶ τὸ[ν | Νε]οκαισαρέων, υἱὸν Σκ(ρ)ε[[ιβω]νίου Πίου, [ἀρ]χιερέως [τοῦ] |
10 Πόντου, (φ)ιλ[ανθ]ρω|πίας (?).|.... [κα]ὶ φιλανδρίας καὶ φιλα[[τε]χνίας ὑπὲρ...|. ὁ Κομανέων δῆμος.

---

108. Zelae. — Perrot, *Explor. de la Bithynie*, p. 379, n° 162. — Iterum descripsit Cumont.

Καλουείνῳ | Θεῷ | Φίλων.

Illum Calvinum Perrot opinatur fuisse Cn. Domitium M. f. Calvinum, quem Julius Caesar, victo Pharnace, in Ponto reliquit ut provinciam componeret (Dio, XLII, 49) et postea magistrum equitum dictator sibi delegit (*Prosopogr. imp. rom.*, II, p. 20, n. 120). Res in incerto manet.

---

109. Zelae. — Perrot, *Explor. de la Bithynie*, p. 379, n. 163.

5 ῞Ηροι συνβίῳ | ᾿Ερωνίδι | Βηράτιος · | ὃς δ' ἂν κι|νήσῃ | τὴν στήλην ταύ|

10-15 τὴν δώ|σι τῷ ἰε‖ρωτάτῳ | ταμίῳ | σηστερ|τίως δου´ ¹ · | ὁ βίος ταῦ‖τα μνή|μης χάριν.

1. Sestertios 474, circa 118 denarios. Nullo alio titulo multae funerales sestertiis computantur; raro infra 200 denarios recidunt. G. Hirschfeld, *Griech. Grabschr.*, p. 89 n. 51 ; pp. 119 et 139.

110. Sebastopoli. — Damon, *Constant. hellen. philol. syllog.*, VII (1872-1873), p. 2, n. 1; Röhl, *Schedae epigraph.*, (1876), p. 17, n. 3. Melius descripsit Cumont qui benigne misit.

5 Ἀπόλωνι ἐπηχ|όῳ Δομίτιος Ο|υάλης, βενεφιχ(ιάριος) ¹ | Στατωρίου Σεχο‖ύν-δου ² ὑπατικοῦ.

1. Beneficiarius. — 2. Vir ignotus.

111. Sebastopoli. — Renier, *Journ. des Savants*, 1876, p. 442 ; *Rev. archéol.*, XXXIII (1877), p. 199. Cf. Ramsay, *Journ. of philol.*, XI (1882), p. 154.

Αὐτοκράτορι Καίσαρι, | Θεοῦ Τραιανοῦ Παρθικοῦ υἱῷ, | Θεοῦ Νέρουα υἱωνῷ, 5 Τραιανῷ | Ἀδριανῷ Σεβ(αστῷ), ἀρχιερεῖ μεγίστῳ, ‖ δημαρχικῆς ἐξουσίας τὸ κα΄, | αὐτοκράτ(ορι) τὸ β΄, ὑπάτῳ τὸ γ΄, π(ατρὶ) π(ατρίδος), | καὶ Αἰλίῳ Καίσαρι, δημαρχικῆς | ἐξουσίας, ἐπὶ Φλ. Ἀρριανοῦ | πρεσβευτοῦ καὶ ἀντιστρα-10 τήγου ‖ τοῦ Σεβαστοῦ ¹, | Σεβαστοπολειτῶν τῶν καὶ | Ἡρακλεοπολειτῶν | ἄρχοντες, βουλή, δῆμος · | ἔτους θλρ´ ².

1. Flavius Arrianus, historiarum scriptor nobilis, qui quum esset leg. Aug. pr. pr. Cappadociae, a. 134 minas Alanorum a provincia sua deterruit ; quomodo agmen contra eos instruxerit ipse tradidit in libello inscripto Ἔκταξις κατ' Ἀλανῶν. De eo, cf. *Prosopogr. imp. Rom.*, I, p. 64, n. 154. — 2. A. 139 aerae Sebastopolitanorum = 137 p. C. n.

112. Sebastopoli. — Invenit, supplevit et dedit Fr. Cumont.

Αὐτοκράτο[ρι Καίσαρι, Θεοῦ Τραιαν]οῦ Παρθικοῦ υἱῷ, Θεοῦ [Νέρουα | υἱωνῷ, Τρα[ιανῷ Ἀδριανῷ Σεβαστῷ], ἀρχιερεῖ μεγιστῳ, δη[μαρχικῆς] | ἐξουσίας [τὸ..., αὐτοκράτορι τὸ..,] ὑπάτῳ καὶ τῇ Σεβασ[τοπολει]|τῶν πόλει [..........]εῖνος 5 τὴν μὲν στοὰν [ἐκ τῆς πα]‖τρῴας ἐπ[ιμελείας..., τὰ δὲ] ἐργαστήρια ἐξ ἰδία[ς ἐτέλεσε].

113. Sebastopoli. — Invenit, supplevit et communicavit Fr. Cumont.

Αὐτοκράτορι Καίσαρι, Θ[εοῦ] Ἁδριανοῦ υἱῷ, | Θεοῦ] Τραιανοῦ Παρθικ[οῦ υἱωνῷ, Θεοῦ] | Νέρουα ἐγγόνῳ, Τίτῳ [Α]ἰλί[ῳ Ἁδριανῷ] | Ἁντωνίνῳ Σεβαστῷ
5 Εὐσεβ[εῖ, ἀρχιερεῖ] ‖ μεγίστῳ, δημαρχικῆς ἐξο[υσίας, ἡ Σεβασ]|τοπολιτῶν πόλις
ἐπὶ Σηδα[τίου ...|..]ανοῦ ¹ πρεσβευτοῦ Σεβα[στοῦ ἀντιστρα]|τήγου, ἐπὶ τῶν περὶ
10 Φλάουιον[.....]|ιον ἀρχόντων, ἐπιμεληθέντος δὲ.....‖..... γλαου τοῦ Σα....|....
ἔτους.....

1. M. Sedatium aliquem Severianum novimus, qui sub Pio legatus provinciam Daciam obtinuit (*Prosop. imp. rom.*, III, p. 189, n. 231). Fortasse hic restituendum [Σεουτ]ριανοῦ.

---

114. Sebastopoli. — Invenit, supplevit et misit Fr. Cumont.

[Αὐτοκράτορι Καίσαρι | M. Αὐρ]ηλίῳ Ἁν[τωνείνῳ] | Σ[εβ]αστῷ ἀρχιερ[εῖ
5 με]|γίστῳ, δημαρχικῆς ἐξουσίας τὸ ι[η'], ‖ ὑπάτῳ τὸ γ' ¹, | Θεοῦ Ἁντωνείνου
υἱῷ, | Θεοῦ Ἁδριανοῦ υ[ἱ]|ωνῷ, Θεοῦ Τρα|[ια]νοῦ Παρθικοῦ‖ [ἐγγόνῳ], Θεοῦ
Νέ|[ρουα ἀπογόνῳ, | .....κτίσ]τῃ τῆς οἰκουμέ[νης], | ἡ βουλὴ καὶ ὁ δῆμ[ος] |
5 ἐπὶ τῶν περὶ [Κ]λ. ² ‖ Μεσσαλε[ιν]ον ἀρχόντων. Ἔτους ρξϚ'.

1. Anno p. C. n. 164, = anno 166 aerae Sebastopolitanorum. — 2. Vel [Φ]λ.

---

115. Sebastopoli. — Anderson, *Journ. of hellen. studies*, XX (1900), p. 153. Ad ectypum
contulit Fr. Cumont.

M. Ἁντώνιον Σεργίᾳ Ῥοῦφον ἀπό τε τῶν [προ]|γόνων διασημότατον κα[ὶ ἀ]πὸ
τῶν ἰδίων αὐτοῦ | φιλοτειμιῶν λαμπρότατον, πάσας μὲν λειτουρ|γίας διεξελ-
θόντα, ἐν πάσαις δὲ φιλοτειμίαι[ς] ‖ εὐδοκιμήσαντα, ἄρξαντα καὶ θιασαρχήσαν|τα
πολλάκις, ἀγορανομήσαντα πλεονάκις, | Πονταρχήσαντα ἐν τῆι μητροπόλει τοῦ
Πό[ν]|του Νεοκαισαρεία ¹, πολλὰ μὲν καὶ μεγά|λα ἔργα κατασκευασάμενον δι'
ἐπιμε|λείας, πολὺ δὲ πλείονα ἀπὸ τῶν ἑαυτ[οῦ], | πρῶτον μὲν ἀνοίξαντα τὸ γυμ-
νάσιον, ἀρ|χιερασάμενον δὲ διὰ βίου τῶι θειοτάτωι | αὐτοκράτορι Ἁδριανῶι μετὰ
τῆς διασημο|τάτης [γ]υναικὸς αὐτοῦ Ἁντωνίας Στρατ[ο]|νείκης καὶ κυνηγέσια καὶ
μονομαχίας διαφερούσας παρεσχημένον, ἐπιμελη|θέντα δὲ καὶ τοῦ μετὰ τὴν
τελευτὴν ἑαυ|τοῦ χρόνου καὶ θέας ἐτησίους καὶ φιλοτει|μίας δαψιλεῖς διὰ βίου
καταλιπόντα | καὶ, ὃ μέγιστόν ἐστιν, διάδοχον καὶ τοῦ γένο[υς] ‖ καὶ τῶν φιλο-
τειμιῶν τ[ὴ]ν ἑαυτοῦ θυγατέρα | Ἁντωνίαν Μάξιμαν παρασχόμενον καὶ | ὁμώνυ-
μον θυγατριδοῦν ἐξ ἀνδρὸς πρω|τεύοντος ἐν τῆι μητροπόλει Ἁμασείᾳ καὶ | παρ'

25 ἡμεῖν Κορνηλιανοῦ Καπίτωνος ‖ καὶ ζῶντα πολλάκις ἡ Σεβαστοπολειτῶν | πόλις
   καὶ τελευτήσαντα ἐτείμησεν τῆι τῶν | ἀνδριάντων κατὰ φυλὴν ἀναθέσει · ἀνέ|θηκεν
   δὲ τοὺς ἀνδριάντας ἀπὸ τ[ῶ]ν ἑα[υ]|τῆς ἡ θυγάτηρ αὐτοῦ Ἀντωνία Μάξιμα.

1. Ille ut Pontarcha praefuit tantum concilio Ponti Galatici et Ponti Polemoniaci, qui
Hadriano principe jam fuerant Cappadociae juncti. Neocaesaream legatos suos mitte-
bant quinque aliae civitates, Amasia, Sebastopolis, Comana, Zela et Sebastea.

---

116. Sebastopoli. — Damon, *Const. hellen. philol. syllog.*, VII (1872-1873), p. 2, n. 6;
Röhl, *Schedae epigraph.* (1876), p. 18, n. 6.

5   [Τ]ῆς ἀρίσ[της] | μνήμης [ἕνε]κε ¹ | .... | .... ‖ .... | σελ[λ]ιαν Μάξι|μαν
10 [τ]ὴν καὶ Ἀμα|ζόνιν, τὴν σε|μνοτάτην ‖ ματρῶναν στο|λᾶταν ², ἀρχιερίαν φιλό-
15 τιμον, | Ἰούλ. Ποτεῖτος ³ | Ποντάρχης, | ὁ ἀνὴρ ⁴, μνή‖μης χάριν.

1. Ita Röhl, vix tamen recte; cf. l. 14, 15 : μνήμης χάριν. — 2. Matronam stolatam,
i. e. cui stolam habendi jus erat. In titulis latinis « stolata femina » non semel occurrit.
Cf. Marquardt, *Vie privée des Romains*, II, p. 217. — 3. ΟΙΥΛΠΟΤϹΠΟϹ traditur. —
4. Sacerdotis maximi uxorem fuisse et ipsam sacerdotem maximam in aliis quoque
provinciis apparuit. Cf. Beurlier, *Le Culte impérial*, p. 152, et supra n. 98, not. 2.

---

117. Sebastopoli. — Descripsit et communicavit Fr. Cumont.

Haue Irene. | Diis Manibu[s]. | Venuleia Iren[e] | domo Roma uix. ann. X... ‖
5 Valens Aug. lib. suei[s? et] | coniugi karissim[ae]. |

10 Χαῖρε Εἰρήν[η]. | Θεοῖς καταχθ[ονίοις]. | Οὐεινουλεία Ε[ἰρήνη] ‖ γένι Ῥώμ[η
    ἔζησεν] | ἐτῶ[ν.....

---

118. Sebastopoli. — Kaibel, *Epigr. gr.*, n. 402.

Γαιά με τίκ[τ]εν ἄφωνο[ν] ἐν οὔρεσιν παρθέν[ο]ν ἀγνὴν, |
ἡσύχιον τὸ [π]άροιθεν, νῦν αὐ[δήεσ]σαν ἅπασιν. |
Σμιλιγλύφοις τέχν[η]σιν κῆρ᾽ εἰποῦσα θανόντος · |
ἐνθάδε Μάξιμον γρ[α]μματικῆς ἐπιίστορα τέχ[νη]ς, ‖
5   ἀνέρα σεμνὸν γ[ῆ μ]ήτηρ ἐκάλυψε θανόντ[α] |
   .... γν[ό]ντος δὴ τέρμα βίο[ιο].

PONTUS POLEMONIACUS

119. Sebasteae. — Ramsay, *Journ. of philol.*, XI (1882), p. 150, n. 12.

.....ς [τ]ὸ ὅριον .... | .....ουσετ?.... | το ἂν τοῦ ὑρί[ου.... ...τ|ῶν ἐπανγε-
5 λιῶ[ν] ¹..... ▌ο τειμησαμεν[ο].. .... | ωσαν τάδε ἐπ[ὶ .... Κ|ρ]ισπείνου ² τη
...... | .... Σεβασ[τείας ἄρχοντες, β]|ο[υ]λὴ, δῆμος.

1. Summae promissae. — 2. Romanus praeses ignotus.

CAPPADOCIA

120. Comanis. — Waddington, *Bull. de corr. hellén.*, VII (1883), p. 132, n. 9.

'Ασκληπιῷ Σ[ωτῆρι] | κατ' εὐχὴν | Γ. Ἔλουιος Καπρέο[λος] | ἑκατόνταρχος
5 λεγιῶνος δωδεκ[άτης] ‖ Κεραυνοφόρου [1].

1. Legio XII Fulminata Melitenae tendebat.

---

121. Comanis. — Waddington, *Bull. de corr. hellén.*, VII (1883), p. 130, n. 4.

5 ...... Τρ]αιανὸν | Ἀδριανὸν Σεβασ|τὸν Ἱεροπολει|τῶν ἡ βουλὴ καὶ ‖ ὁ δῆμος
ἐπι|μελείᾳ Μαι|βουζάνου πρυτ[άνεως], | ἔτους δ' [2].

1. Hieropolim non diversam esse a Comanis probavit Waddington, *loc. cit.*, p. 128. —
2. Annus quartus Hadriani = 11 Aug. 120/10 Aug. 121; fuit autem ille trib. pot IV
anno 120.

---

122. Comanis. — Yorke, *Journ. of hell. studies*, XVIII (1898), p. 317, n. 27.

Πούβλ. Λικίνν(ιον) Κορνήλιον | Οὐαλεριανὸν, τὸν ἐπιφανέσ|τατον Καίσαρα [1],
Ἱεροπολει|τῶν ἡ βουλὴ καὶ ὁ δῆμος.

1. Filius major imperatoris.Gallieni, a Postumo in Gallia interfectus tempore incerto
circa annum 259.

---

123. Comanis. — Waddington, *Bull. de corr. hellén.*, VII (1883), p. 131, n. 7.

Αὐτοκράτορα Καίσαρα | Πού(π)λ. Ληκί[ν]νιον | Γαλῆνον [1] Εὐσεβ(ῆ) | Εὐ(τυ)χ(ῆ)
Μέγιστον.

1. P. Licinius Gallienus (253-268).

124. Comanis. — Sitlington Sterrett, *An epigr. journey*, p. 235, n. 264.

Αὐτοκράτορα | Καίσαρα Μ. Αὐρ. | Πρό[6]ον ¹ Εὐσε6(ῆ) | Εὐτυχ(ῆ) Σε6(αστὸν) Μέγ(ιστον).

1. Nomen detritum, non erasum, ut videtur.

---

125. Comanis. — Waddington, *Bull. de corr. hellén.*, VII (1883), p. 128, n. 3.

[Ἱ]εροπολι[τ]ῶν ἡ βουλὴ [κ]α[ὶ] ὁ [δῆ]μος | Μᾶρκον Ἱρριον [Φ]ρ[όντ]ωνα Νερά[τιον] | Πάνσαν, πρεσβευτὴν καὶ ἀν[τι]|στρ[ά]τηγον τοῦ Σε6αστοῦ ¹, τὸν
5 [πάτρωνα], ‖ ἐπιμεληθέντος τῆς ἀναστάσεως Ἰου(λίου) Ἀν[τωνίου]? Μίτρα ῞Αππα τοῦ πρυτάνεως, ἔτου[ς].....

1. M. Hirrium Frontonem Neratium Pansam memorant titulus Pessinuntius anni 79 (Perrot, *Expl. de la Bithynie,* p. 209) et nummi tum Ancyrani, tum Caesarienses anno Vespasiani decimo et post, imperante Tito, cusi (cf. Mionnet, IV, 377, 16; suppl., VII, 662, 18; Babelon, *Invent. sommaire de la collection Waddington,* 6594, 6749, 6750). De eo cf. *Prosop. imp. rom.*, II, p. 144, n. 129. Tunc (an. 78/80) Cappadocia cum Galatia sub uno eodemque praeside conjuncta erat.

---

126. Comanis. — Yorke, *Journ. of hellen. studies*, XVIII (1898), p. 318 n. 28.

5 Ἡδύ6ιος | Δαμᾶ οὐ|άρνα ¹ τῷ | πατρὶ μνή‖μης χάριν.

1. Verna?

---

127. Cocussi. — Sitlington Sterrett, *An epigr. journey*, p. 249, n. 281.

5 Ν.? Φ[λ]. Ἡλι|οδώρῳ | τῷ κυρίῳ | πάτρωνι ‖ Φλ. Ἡλίων | καὶ [Φλ.] Ἀσκλ[η]|πι[όδ]ωτος.

---

128. In vico Deïrmen-Deresi, prope Cocussum. — Sitlington Sterrett, *An epigr. journey*, p. 253, n. 287.

Ἐπὶ Νέρουα Τραια|νοῦ Καίσαρος Σε|6αστοῦ Γερμανι|κοῦ Δακικοῦ ἔτ(ους) θ', ‖ Διὶ Ἐπικαρπίῳ | Καπίτων Τιλ|λεὺς ἐκ τῶν ἰδίω|ν ἀνέθηκεν.

1. Anno p. C. n. 105, si annus nonus Trajani imperatoris idem est ac trib. pot. IX; si vero plenos imperii annos supputaveris, erit inter 27 oct. 105 et 26 oct. 106.

129. Tyanis. — Waddington, *Bull. de corr. hellén.*, VII (1883), p. 320, n. 49.

.... [ἀνέθη]κεν, Γ. Ἀρρίου Ἀντωνείν[ου πρεσβεύοντος] [1].

1. Cf. titulum Amasenum, supra, n. 100.

---

130. Tyanis. — M. Pridik, *Rev. de l'Inst. publique de Saint-Pétersbourg*, 1900 (mars-avril) pars philologica, p. 27; Smirnow, in schedis Instituti arch. Vindobonensis.

5   Κλ. Τορχυ[α]|τος, β [1] χώρ|της πρώτη|ς, ἐξ ὀφικίου [2] ‖ Κασσίου Ἀ|πολ-λειναρί|ου [3].

1. B. i. e. beneficiarius. — 2. Ex officio. — 3. M. Cassium Apollinarem novimus consulem suffectum anno p. C. n. 150. Cf. *Prosop. imp. rom.*, I, p. 312, n. 412. Num munus aliquod in Cappadocia sive ad provinciam administrandam sive in legionibus gesserit, nescimus.

Omnium miliariorum inscriptiones quae in Cappadocia prodierunt latinae sunt praeter unam. Numerum tantum in fine graece notare solebant (*C. I. L.*, III, 297 et seqq.; 6912, 6924 et seqq.; *Bull. de corr. hellén.*, VII (1883), pp. 140, 142, 143; Hogarth, *Royal geogr. Society, Supplem. papers*, III (1893), p. 687 à 705). Eum titulum qui graece conceptus est referre satis erit :

131. In vico Yalak, in via quae Melitena Comana ducebat. — *C. I. L.*, III, *Suppl.*, 6949.

... [δημαρχικῆς | ἐξου]σίας, ὕπατο[ς | τὸ |... πατὴρ πατρίδ]ος τὰς ὁδοὺς...|...

5   [διὰ.... πρεσβ(ευτοῦ) καὶ [1] ‖ ἀ]ντιστρατήγου. | ρμδ' [2].

1. //ΤΟΙΟΙ////ΟΥ// traditur. — 2. I. e. milia passuum 144.

ARMENIA MINOR

132. Nicopoli. — Cumont, *Rapport sur une mission archéologique en Asie-Mineure*, p. 12.

.. Ἰούλιον Πατρό|εινον [1], τὸν πρῶ|τον τῶν Ἑλλή|νων καὶ πρῶ]τον Ἀρμενι|άρ-χην [2], | ἡ πατρὶς, | ἐπιμεληθέν|τος Ἰουλίου ‖ ....

1. Patruinum. — 2. Armeniarcha hoc titulo primum innotuit.

ARMENIA MAJOR

ARMENIA MAJOR

133. Harmozicae. — *Athen. Mittheil.*, XXI (1896), p. 472 ; cf. *C. I. L.*, III, ad n. 6052.

[Αὐτοκράτωρ Καῖσα]ρ Οὐεσ[[πασιανὸς Σεβ]αστὸς, ἀρ[χιε[ρεὺς μέγιστο]ς,
5 δημαρχι(κ)ῆ]ς ἐξουσίας [τὸ] ζ΄, αὐτοκράτ[ω]ρ τὸ ‖ ιδ΄, ὕπατος τὸ Ϛ΄, ἀποδεδειγμέ|νος
τὸ ζ΄ ¹, πατὴρ πατρίδος, τ[ειμη]|τὴς καὶ Αὐτοκράτωρ Τίτος Καῖ[σαρ] | Σεβαστοῦ
10 υἱὸς, δημαρχι(κ)ῆς ἐ|ξουσίας τὸ ε΄, ὕπατος τὸ δ΄, ἀπο|δεδειγμένος τὸ ε΄, τειμ[η-
τὴ]|ς καὶ Δομιτιανὸς Καῖσαρ Σεβα|στοῦ υἱὸς, ὕπατος τὸ γ΄, ἀπο|δεδειγμένος
15 τὸ δ΄, βασιλεῖ | Ἰβήρων Μιθριδάτῃ βασιλέως Φ‖αρασμάνου ² καὶ Ἰαμάσδει τῷ
υἱῷ | φιλοκαίσαρι καὶ φιλορωμαίων τῷ ἔ|θν(ε)ι ³ τὰ τείχη ἐξωχύροσαν ⁴.

1. Anno p. C. n. 75. — 2. Pharasmanes est rex ille Iberorum qui Radamistum filium
incitavit ad pellendum regno Armeniae Mithridatem (Tac., *Ann.*, XII, 44 et sqq.) et
deinde interfecit, quasi proditorem (*ibid.*, XIII, 37). Alter filius, Mithridates, ei in regno
successit, ut ex eo titulo apparet. — 3. Expectares φιλορωμαίῳ καὶ τῶν Ἰβήρων τῷ ἔθνει. —
4. Ergo sub imperio Vespasiani Romani Iberiae, etsi in provinciae formam non redactae,
praesidia imposuerant.

GALATIA

(PAPHLAGONIAE PARS MEDITERRANEA, GALATIA, LYCAONIA, ISAURIA, PISIDIAE PARS SEPTENTRIONALIS)

GALATIA

PAPHLAGONIAE PARS MEDITERRANEA

134. Pompeiopoli. — Doublet, *Bull. de corr. hellén.*, XIII (1889). p. 307, n. 14.

....]ον Κλαύδ[ιον? πατρὸ|ς ὑ]πατικοῦ [υἱὸν]. | ..Κορνηλι[ανὸν? ... | ἀργι-
ρέα Σε[β(αστοῦ), τῶν δέκα ἀν||δ]ρῶν ἐπ[ὶ 'Ρώμης ¹, | χιλίαρχον [πλατύσημον
λεγ(εῶνος) γ' Κυρ[ηναικῆς ², | τα]μίαν τοῦ [Καίσαρ|ος] ἀποδεδ[ειγμένον, τὸ|ν
πάτρων[α καὶ σωτῆ|ρα καὶ εὐεργ[έ]την καὶ κτ[ίστην τῆς | πόλεως ἡ πατρὶς
[Παφλα|γονιά?]ρχην........

1. [Σεπτιμουί]ρων ἐπ[ουλώνουμ], Doublet. At ante quaesturam et tribunatum necesse est
Claudius ille munus aliquod vigintiviratus capessiverit. Videtur ergo fuisse x vir stilitibus
judicandis (cf. *C. I. Gr.*, 1133, 1327, 5793). De eo viro cf. *Prosop. imp. rom.*, I. p. 364.
n. 679. — **2.** Legio III Cyrenaïca Bostrae in Arabia tendebat.

---

135. Pompeiopoli. — Doublet, *Bull. de corr. hellén.*, XIII (1889), p. 305, n. 13.

'Αγαθῆι τύχηι. | Γν. Κλαύδιον | Σεβῆρον ¹ Καίσ[....] ² | .... ὕπατον, πον|τι-
φι[κα] καὶ γαμβρὸν | Αὐτοκράτορος Καίσαρος Μάρκου Αὐρη[λίου 'Αντωνείνου
Σεβ[ασ|τοῦ, π]άτρονα καὶ κτί|στην ἡ μητρόπολις || τῆς Παφλαγονίας | Πομπηιό-
πολις, διὰ | Π. Δομιτίου Αὐγορείνου | Κλωδίου Καλβείνου, | πρώτου ἄρχοντος, |
τῷ ροη' ἔτει ³.

1. Cn. Claudius Severus, maritus Fadillae, M. Aurelii imperatoris filiae, consul fuit suf-
fectus anno 162 aut 163, certe ante annum 164, ordinarius anno 173. — **2.** Cave suppleas
Καίσ[αρα] ut recte monuit Klebs (*Prosopogr. imp. rom.*, I, p. 398, n. 811). Priores legerant
δὶς ὕπατον quod abhorret ab aetate tituli. — **3.** Annus 178 aerae Pompeiopolitanae =
annus 171/172 p. C. n. Cf. Kubitschek s. v. Aera, in Pauly-Wissowa, *Realencyclopädie*,
I, col. 645.

136. Pompeiopoli. — *C. I. L.*, III, *Suppl.*, 6982.

L. Flauius Asclepiades | Petronianus hic situs | est.

5 Λούκιος Φλαούιος ᾿Ασκλη|πιάδης Πετρωνιανὸς ‖ ἐνθάδε κατοίχεται.

137. Neoclaudiopoli. — Cumont, *Comptes rendus de l'Acad. des Inscr.*, 1900, p. 687 et seqq.; *Rev. des ét. gr.*, 1901, p. 29 et seqq. cujus supplementa retinuimus.

᾿Απὸ Αὐτοκράτορος Καίσ[αρος] | Θεοῦ υἱοῦ Σεβαστοῦ ὑπατεύ[οντος τὸ] | δωδέκατον, ἔτους τρίτου, π[ροτέραι]¹ | νωνῶν Μαρτίων ἐν Γάγγροις ἐν .α..... ²,
5 [ὅρ]‖κος ὁ τελεσθ[εὶς ὑ]πὸ τῶ[ν] κατοικ[ούντων Πα]|φλαγονία[ν καὶ τῶν πραγ]ματευομ[ένων πα]|ρ᾿ αὐτοῖς ῾Ρ[ωμαίων]. |

᾿Ομνύω, Δία, Γῆν, ῞Ηλιον³, θεοὺς πάντα[ς καὶ πά]|σας καὶ αὐτὸν τὸν Σεβασ[τ]ὸν
10 εὐνοή[σειν Καί]‖σαρι Σεβαστῶι καὶ τοῖς τ[έκ]νοις ἐγγό[νοις τε] | αὐτοῦ πάν[τ]α
[τ]ὸν τοῦ [βίου?] χρόνον κ[αὶ λό]|γωι [κ]αὶ ἔργωι καὶ γνώμη[ι, φί]λους ἡγού[μενος] | οὓς ἂν ἐκεῖνοι ἡγῶντα[ι], ἐχθρούς τε ν[ομίζων] | οὓς ἂν αὐτοὶ κρίνωσιν ·
15 ὑπέρ τε τῶν τ[ούτοις] ‖ διαφερόντων μήτε σώματος φείσεσ[θαι μή]|τε ψυχῆς μήτε
βίου μήτε τέχνων, ἀλ[λὰ παν]|τὶ τρόπωι ὑπὲρ τῶ[ν] ἐκείνοις ἀνηκό[ντων] | πάντα
κίνδυνον ὑπομενεῖν · ὅ τί τε ἂ[ν αἴσ]|θωμαι ἢ ἀκούσω ὑπεναντίον τούτ[οις λε]‖-
20 γόμενον ἢ βουλευόμενον ἢ πρασσό[μενον,] | τοῦτο ἐγμηνύσειν τε καὶ ἐχθρὸν
ἔ[σεσθαι τῶι]| λέγοντι ἢ βουλευομένωι ἢ πράσσο[ντί τι τού]|των · οὕς τε ἂν
ἐχθροὺς αὐτ[οὶ] κρίν[ωσιν, τού]|τους κατὰ γῆν καὶ θάλασσαν ὅπλο[ις πᾶσιν?] ‖
25 καὶ σιδήρωι διώξειν καὶ ἀμυνεῖσ[θαι]. |

᾿Εὰν δὲ τι ὑπεναντίον τούτωι τ[ῶι ὅρκωι] | ποήσω ἢ μὴ στοιχούντως ⁴ καθὼ[ς
ὤμο]|σα, ἐπαρῶμαι αὐτός τε κατ᾿ ἐμ[οῦ καὶ σώμα]|τος τοῦ ἐμαυτοῦ καὶ ψυχῆς
30 καὶ βίου κα[ὶ τέ]‖κνων καὶ παντὸς τοῦ ἐμαυτοῦ γέν[ους] | καὶ συνφέροντος ἐξώλειαν καὶ παν[ώλει]|αν ⁵ μεχρὶ πάσης διαδοχῆς τῆς ἐ[μῆς καὶ] | τῶν ἐξ ἐμοῦ πάν-
35 των, καὶ μήτε σ[ώματα τὰ] | τῶν ἐμῶν ἢ ἐξ ἐμοῦ μήτε γῆ μ[ήτε θάλασ]‖σα
δέξαιτο μηδὲ καρποὺς ἐνέγ[κοι αὐτοῖς ⁶]. |

Κατὰ τὰ αὐτὰ ὤμοσαν καὶ οἱ ἐ[ν τῆι χώραι] | πάντες ἐν τοῖς κατὰ τὰς ὑ[παρ]χίας?⁷ Σε]|βαστήοις παρὰ τοῖς βωμοῖ[ς τοῦ Σεβαστοῦ.] |

40 ᾿Ομοίως τε Φαζιμωνεῖται οἱ [τὴν νῦν Νεάπο]‖λιν λεγομένην κατοικοῦν[τες
ὤμοσαν σύμ]|παντες ἐν Σεβαστήωι παρὰ τῶ[ι βωμῶι τοῦ] | Σεβαστοῦ.

Quum Gangris pridie nonas Martias anni 3 a. C. n. legati in concilio Paphlagoniae, nuper in provinciae formam redactae, fidem suam jurejurando obligavissent Augusto imperatori, juraverunt deinceps in eadem verba omnes civitates, inter quas Phazimon (postea Neoclaudiopolis). Similes formulas ab Aritiensibus et ab Assiis anno 37 post C. n. adhibitas vide apud Bruns, *Fontes juris romani*, ed. VI (1893), p. 234; cf. Mommsen, *Eph. epigr.*, V, p. 154 et seqq. Antiquiores autem habes apud Michel, *Recueil d'inscriptions grecques*, n. 15, 19, 23 B, 1316, 1317.

1. Aut πρὸ μιᾶς, *pridie*. Cf. Viereck, *Sermo graecus quo SPQR usi sunt*, p. 81. Pridie nonas Martias feriae agebantur quod eo die Imp. Augustus pontifex maximus factus erat. Cf. *C. I. L.* I, ed. II, p. 311. — 2. Supplementum incertum, forsitan ut proposuit Haussoullier [π]α[νηγόρει]. — 3. Cf. Michel, *Recueil*, n. 15, v. 24 et 52; n. 19, v. 62 et 71; n. 1316, v. 1 et 51. — 4. *Consequenter*, vocabulum novum, quanquam saepe occurrit στοιχεῖν, *consequi*. — 5. Frequentiori verbo παν[ωλεθρί]αν non sufficeret spatium. — 6. Exsecrationes hujus modi vide quum in documentis supra allatis, tum apud Demosth., *Contra Neaer*. 10; Lys., *Contra Eratosth.*, 10; Glotz, s. v. Jusjurandum (Saglio, *Dict. des Antiq.*), p. 752, n. 18; Alb. Martin, *Quomodo Graeci foedera jurejurando sanxerint*, 18, p. 29. — 7. Intellige : per diversas provinciae partes. De hyparchiis cf. quae congessit Haussoullier, *Rev. de philol.*, 1901, p. 22 et seqq.

---

138. Neoclaudiopoli. — Munro, *Journal of hellenic studies*, XX (1900), p. 163, n. 6.

5   Imp. | Cae. Diui Traiani | fil. Di. Ner. nepoti | Tra. Adriano Aug. ‖ pon. max. tri. pot. [VI cos. III] | ¹.

Αὐτ(οκράτορι) Καί(σαρι) Θεοῦ Τραι(ανοῦ) | υἱῷ, Θεοῦ Νέρ(ουα) υἱ(ωνῷ), | Τραι(ανῷ) Ἀδριανῷ [Σεβ(αστῷ)], | ἀρχι(ερεῖ) μεγ(ίστῳ), δημαρ(χικῆς) ‖ ἐξου(σίας) τὸ Ϛʹ, ὑπά(τῳ) τὸ γʹ. | Mi(lia) VII — ζʹ.

1. Anno p. C. n. 122.

---

139. Neoclaudiopoli. — Anderson, *Journal of hellen. studies*, XX (1900), p. 152.

5   Ἀγαθῇ τύχῃ. | Μ. Αὐρήλιον | Καρεῖνον τὸν | ἐπιφανέστατον ‖ Καίσαρα, παῖδα | τοῦ δεσπότου ἡ|μῶν Κάρου, | ἡ βουλὴ καὶ ὁ | δῆμος Νεοκλαυ‖διοπολειτῶν | ἐν τῷ [σ]πηʹ | ἔτει ¹.

1. ΕΠΗ traditur. Annus 288 aerae Paphlagonum respondet anno p. C. n. 282-283.

---

140. Neoclaudiopoli. — Perrot, *Explor. de la Galatie*, p. 242, n. 143.

5   Λ. Ἀντώνιος | Λόγγος οὐε|τερανὸς κὲ | Παυλῖνα γυ‖νὴ αὐτοῦ τοῖς | παράγουσι | χαίρειν.

141. Neoclaudiopoli. — Invenit et dedit Fr. Cumont.

Λ. Ἀντωνίῳ | Οὐάλεντι πα|τρὶ ἑκατοντάρχῳ λεγ(εῶνος) η´ Σε|6αστῆς χα[ὶ] ‖
5-10 Μ. Ἀντωνίῳ | Αἰλιανῷ ἀδελ|φῷ Ἀντώνιο[ι] | Κέσ[τι]ος καὶ | Καλουεῖνος.‖ μνή-
μης χάριν.

142. Neoclaudiopoli. — Benigne communicavit Fr. Cumont qui invenit.

5 ...ιος Ποῦλ|χερ οὐετρανός, | βουλευτής, | ζήσας καλῶς ‖ ἔτεσιν νε´ | ἐτελεύτα. |
Ἰουλία Πούλ|[χρα....

143. Neoclaudiopoli. — Descripsit et communicavit Fr. Cumont.

  Συγκλητοῖο | γένους ἀναβλα|στήσαντα Ταυρί|σχον,
5 ἐν βιότῳ ‖ γεραρῷ κῦδος ἀει|ράμενον,
  ἠδ᾽ ἔτ[ι] | Ἰουκούνδαν, πε|ριχαλλέα, σώφρονα, | κεδνήν,
10 κυδαλίμην, ‖ ἀρετῆς ἄνθεα στε|ψαμένην,
  καὶ νέ|ον εὐσεβέην ἱε|ροφάντην Πτολε|μαῖον,
15 εὐγενίη ‖ πρῶτον, θήραις | ἀγαλλόμενον, |
  δέξατο γῆ μήτηρ τρί|α σώματα ἀμφ᾽ ἑνὶ τύμ|6ῳ
20 ἄνδρα, γυναῖκα, παῖδα ‖ γεραροὺς ἐν βιότῳ.

144. Neoclaudiopoli. — Communicavit Fr. Cumont qui descripsit.

5 ... τον μνή|μης χάριν · | ὃς δ᾽ ἂν μετὰ | τὸ ἐμὲ τὸν ‖ Βασιλέα ἐν|κατατεθῆ|ναι
10 ἕτερον | ἐνκατ[ά]θητα|ι δώσει τῷ ‖ φίσκῳ δηνάρια ,βφ´.

145. Thermis Phazimoniacis. — Hogarth et Munro, *Modern and ancient roads in
eastern Asia Minor*, p. 97, n. 2.

5 Imp. | Caesa[ri] Diui | Traiani Par[t.] | fi[l.] Diui Nerua[e] ‖ nepoti Traiano |
Adriano Aug. pon. | maxi. trib. pot. | VI cos. III ¹ |.

10 Αὐτοχ(ράτορι) Καίσαρι ‖ Θεοῦ Τραιανοῦ | Παρ(θιχοῦ) υἱῷ, Θεοῦ | Νέρουα
15 υἱωνῷ, Τρα|ιανῷ Ἀδριανῷ Σεβ(αστῷ), | ἀρχι(ερεῖ) μεγ(ίστῳ), δημαρχ(ικῆς) ‖ ἐξου-
(σίας) τὸ Ϛ´, ὑπά(τῳ) | τὸ γ´. |

Mi(lia) XVI | — ιϚ´.

1. Anno p. C. n. 122; cf. supra n. 138.

146. Loco dicto Safranboli. — Legrand, *Bull. de corr. hellén.*, XXI (1897), p. 92.

[Τὸν βίον] οὐκ ἐδάην, στυγερὴ δέ με μοῖρ' ἀπένειχε |
[νήπι]ον εἰς Ἅιδην, φωτὸς ἀμερσαμένη · |
[γαῖα δ]έ μ' οἷς κόλπας κατέχει κόλπων ἄπο μητρὸς |
[δεξ]αμέ[ν]η Γλυκέρη[ν] σώφρονος Ἀρριανῆς, ‖
[ἣ μ' ἔ]τεχ' Ἑρμιανῷ ἀγα[θ]ῷ πατρί · σῆμα [δ]ὲ τοὐμὸν |
[οὐ] λίθος ἦν ὁρ[άᾳς], ἀλλ' ἀρετὴ τοκέων, |
[ὧν] ὁ μὲν ἐν δήμοις ἄρχων πέλεν ἐκ βασιλῆος |
[ἱ]ππικὸς, ἡ δ' ἄρ' ἔην ἄνθος ἀπ' εὐγενίης |.
['Ό]στις δ' ἂν νε[κρὸ]ν ἄλλον [ὑ]πὸ χθονὶ τῇδε καλύ[ψῃ, ‖
ἢ 'μ]πρόσθ' ἢ 'ξοπιθεν, δώσει θωὴν βασιλ[ῆι |
χρυ]σῶν τόνδ' ἀριθμὸν ὃν τόδε γράμμα λέ]γει ·

Φ

Pater Glycerae, Hermianus, vir equestris ordinis, « ἐν δήμοις ἄρχων ἐκ βασιλῆος », vide an fuerit ille Caecilius Hermianus, qui tertio saeculo fuit patronus Ancyrae, consiliarius Augusti ducenarius, pater et avus senatorum ; de quo cf. *Prosop. imp. rom.*, I, p. 249, n. 35 ; Hirschfeld, *Untersuch.*, p. 215.

---

147. Tchukur-Keuï. — Descripsit G. Mendel et dedit.

Αὐτοκράτορα Λ. Σεπτιμίῳ Σεου|ήρῳ ¹ Εὐσεβ(ῆ) Περτίνακα Σεβαστὸν Ἀρα-
βικὸν Ἀδιαθηνικὸν Παρθικὸν Βριτα|νικὸν Μέγιστον Τ. Δομίτιος Οὐαλερια|νὸς
τὸν ἴ[δ]ιον σωτῆρα καὶ εὐεργέτην.

1. Ita lapis.

---

148. Hadrianopoli. — Invenit G. Mendel qui dedit.

Θεῷ | Νέρουᾳ | Καισαρέων | Προσει‖[λ]ημμε|νειτῶν ¹ ἡ βουλὴ | καὶ ὁ δῆ|μος χάριν.

1. ΠΡΟΣΕΙΑΗΜΜΕΝΕΙΤΩΝ traditur. Intellige : separati a Bithynia et Galatiae attributi. Similiter vocabatur Προσειλημμένη pars quaedam Lycaoniae quam Pius Galatiae addidit (Ramsay, *Hist. geogr. of Asia Minor*, p. 251).

149. Hadrianopoli. — Invenit et communicavit G. Mendel.

Τύχηι τῆι ἀγαθῆι. | Αὐτοκράτορα Καίσαρα | Λούκιον Σεπτίμιον Σε|ουῆρο
5 Γερμανιχὸν ‖ Ἀδιαβηνιχὸν Παρθιχὸ[ν] | Σεβαστὸν Μέγιστον ἡ Και|σαρέων Ἀδρια-
νοπολει|τῶν πόλις.

150. Hadrianopoli. — Descripsit G. Mendel et nobiscum communicavit.

Ἀγαθῆ τύχῃ. | Τὸν γῆς καὶ θαλάσσης δεσπό|την Φλάουιον Οὐαλέριον
5 Κωνστάντιον τὸν ἐπι‖φανέστατον Καίσαρα¹ | ἡ βουλὴ καὶ ὁ δῆμος Και|σαρέων
Ἀδριανοπολειτῶν.

1. Inter annos 292 et 305 quo Constantius Augustus factus est.

151. Hadrianopoli. — Invenit G. Mendel qui dedit.

5 Ἀγαθῆ τύχῃ. | [Γ.]¹ Ἰούλιον Σκάπλαν | ......ονᾶτ[ον.......]νον | πρεσβευτὴ
καὶ ἀντιστράτη[γον] ‖ Αὐτοκράτορος Τραιανοῦ Ἀδρι|ανοῦ Σεβ(αστοῦ) πατρὸ
10 πατρίδος, | [ἀρ]χιερέως μεγίστου καὶ Αὐ|[το]κράτορος Τ. Αἴλ. Καίσα|[ρος
Ἀντωνείνου Εὐσε[βοῦς Σεβαστοῦ] ‖ [ὕπα]τον [ἀποδεδειγμένον..... ².

1. ΙΟΥΛΙΟΝ Mendel. — 2. Vir notus duobus titulis Ancyranis eodem anno positi
(*C. I. Gr.*, 4022, 4023) ubi dicitur quoque legatus imp. Hadriani et Antonini, cos
desig.; cf. *Prosop. imp. rom.*, II, p. 212, n. 361. Legatus fuit provinciae Galatiae ann
p. C. n. 138.

152. In vico Tchoroum. — *C. I. G.*, 4106.

5 Αὐρ. Κρισπινια|[ν]ῆ Κρίσ[π]ου, τῇ | γλυκυτάτῃ κὲ | ἀειμν[ή]στῳ [π]α‖τρω-
νίσ[σῃ], μεγίσ|την χάριν [ἔχ]ω[ν] | Αὐρ. Ἀ[λ]έξανδρος Σεν|[π]ρων[ί]ου
10 μνήμης | χάριν, ἀ[ν]έσ[τη]σα · ‖ ἔτους κ ¹.

1. Anno 20 aerae incertae.

GALATIA

153. Karalar. — *C. I. Gr.*, 4120.

Αὐρ[η]λι[α]|νοὶ] ' ὑπὲρ | νείκη[ς] | τῶν κυρί|ων [κ(αὶ)] ὑπὲρ ἑαυτῶν κ(αὶ) | τῶν ἰδίων τ[ε]τρα|πόδων Δ[ι]ὶ Μα|[σφαλατηνῷ] ² εὐχήν · | ἐπιμελησαμέ|νων Ὀ[φ]φ[ι]α[ν]οῦ ³ | Ἐπιχάρμου κ(αὶ) Φι|λονείκου | .... [καὶ] | Τειμοθέου β'.

1. Tribules unius ex tribubus (φυλαί) vicinae cujusdam civitatis. Cf. Röhl ad *C. I. Gr. Indices*, p. 14, B. — 2. Traditur **MA///ΛΚΗΝΤ**; restituit Böck collatis nn. 3438, 3439. — 3. I. e. Ὀππιανοῦ.

---

154. Girindi. — *C. I. L.*, III, 282.

Post 44 versus, ex quibus pauca admodum legi possunt, haec fere supersunt in parte postrema :

..... ὁ δὲ ἡγεμὼν οὕτως τοὺς δοθ[έντας]..▌..γραφ... τε ὑπ[ὸ] τῶν πρὸ ἐμοῦ ἡγησαμένων χρησ... | (quae est clausula epistulae legati provinciae Galatiae).

Haec sequuntur :

Καὶ ἀνετέθη ἡ στήλη ἐν τῷ μεσοκομίῳ, ἐπι[μελου|μ]ένου κατὰ [τὰ] κοινῇ δόξαντα Αὐρ. Εὐτύχ[ους] | Μερκουριαν[οῦ π]ολείτου καὶ προῖκα βουλευτ[οῦ], τῇ | π[ρὸ] ζ' εἰδ[ῶν] Ὀκτοβρίων, Αὐτοκράτορι Καίσαρι ▌ Ἀντων[είνῳ] Ἀδριανῷ Εὐσεβ[εῖ] Εὐτυχ[εῖ] Σεβ[αστῷ] καὶ Μ[άρκῳ] Α[ἰλ]ίῳ Κ[α]ί[σαρι | τέταρτον καὶ δεύτερ[ον ὑπάτοις '.

1. Ante diem vii idus = die nono Octobris anni 145.

---

155. Ancyrae. — *C. I. Gr.*, 4042; cf. *Add.*, p. 1110.

Διὶ Ἡλίῳ μεγάλῳ Σαράπιδι καὶ τοῖς συν|νάοις θεοῖς τοὺς σωτῆρας Διοσ-κούρ|ους ὑπὲρ τῆς τῶν Αὐτοκρατόρων σωτη|ρίας καὶ νείκης καὶ αἰωνίου διαμονῆς Μ. ▌ Αὐρηλίου Ἀντωνείνου καὶ Μ. Αὐρη|λίου Κομμόδου καὶ τοῦ σύμπαντος | αὐτῶν οἴκου καὶ ὑπὲρ βουλῆς καὶ | δήμου τῆς μητροπόλεως Ἀγκύρας | Ἀπολλώνιος Ἀπολλωνίου.

Incipiente mense Novembre anni 176 « M. Aurelius et Commodus Athenis Romam repetentes tempestatem in mari exortam feliciter effugerunt. » Franz. Cf. *Vit. Marci* 27, 2-3. Quam ab causam potuit Apollonius imaginem Dioscurorum dedicare.

---

156. Ancyrae. — *C. I. Gr.*, 4043.

[Θε]οῖς πατρίοις καὶ Αὐ[τοκράτορι].....

---

157. Ancyrae. — In facie antae sinistrae Augustei, una cum monumento quod vocatur Ancyrano (infra n. 159). — *C. I. Gr.*, 4039 et *Add.*, p. 1109.

Γαλατῶν [τ]ὸ [κοινὸν ἱε]ρασάμενον Θεῷ Σεβαστῷ καὶ Θεᾷ Ῥώμῃ.

Sequitur recensus ludorum quinquennalium, qui Ancyrae in Augusteo celebrati sunt ab anno 10 p. C. n., ut videtur, usque ad annum 30. Singulis annis in quos inciderunt solemnia praescriptum est nomen magistratus qui eis praesedit, nempe primo vir cujus nomen periit, secundo Metellus, tertio Fronto, quarto Silvanus, quinto Basilas. Inscripta sunt deinde nomina eorum qui solemnia liberalitatibus decorarunt, inter quas memorantur munera gladiatoria et venationes taurorum et ferarum. Cujus tituli versus 12-25 satis erit transcribere :

Ἐπὶ Μετέλ[λ]ου. | [Πυ]λαιμένης βασιλέως Ἀμύ[ν]|του υἱὸς δημοθοινί[ας] [1]
15 δὶς ἔδωκεν, θέας δὶς | ἔδωκεν, ἀγῶνα γυμνικὸ[ν] | καὶ ἁρμάτων καὶ κελ[ήτ]ων ἔ]δωκεν · ὁμοίως δὲ ταυρο[μα]χίαν καὶ κυνήγιον [ἔδωκεν δ]ὶς, ἔτ[ι] | πολλ[οὺς]
20 τόπους ἀν[έθηκ]ε ὅπο[υ] τὸ | Σεβαστῆόν ἐστιν καὶ ἡ παν[ή]γυ]ρις γείνεται καὶ ὁ ἱππόδρομος. | Ἀλβιόριξ Ἀτεπόρειγος [2] δημοθοι|νίαν ἔδωκεν, ἀνδριάντας
25 ἀνέ|θηκε Καίσαρος [Σεβαστοῦ] καὶ Ἰουλίας | Σεβαστῆς [3].

1. Epulae publicae. — 2. Ateporix ex regio genere Galatarum oriundus, videtur idem esse quem memorat Strabo (XII, 560). — 3. I. e (Tiberii) Caesaris Augusti et Liviae.

---

158. Ancyrae, in Augusteo. — Perrot, *Explor. de la Bithynie*, n. 144.

Οἱ ὑποσχόμενοι ἐν ταῖς | ἀρχιεροσύναις ὑπὲρ τῶν | ἐπιδωμάτων ἔργα ·
5 Κεῖος Σέλευκος ἀρχιερεὺς Θεοῦ | Σεβαστοῦ....... λευκόλιθον | ....

159. Ancyrae, in parietibus Augustei. — Hanc inscriptionem olim a doctis viris Tournefort (1717), Kinneir (1818), Texier (1839), Hamilton (1842) publici juris factam summa diligentia et industria tabulis delineatis G. Perrot et Edm. Guillaume suo libro insuerunt : *Exploration archéologique de la Bithynie et de la Galatie* (pl. 25, 26). Inde praesertim suam priorem Mommsen condidit editionem : *Res gestae Divi Augusti*, 1865; *C. I. L.*, III, pp. 773 et suiv. Postea matricibus gypsaceis usus quas Humann Ancyra in museum Berolinense retulerat, *Res gestas* iterum edidit Mommsen Berolini, anno 1883. Praeterea conferenda sunt : Editio Th. Bergk, Göttingen, 1873; Seeck (Otto), *Wochenschrift für klass. Philologie*, 1884, col. 1473-1481; Bormann (Ernst), *Bemerkungen zum schriftlichen Nachlasse des Kaisers Augustus*, Marburg, 1884, (*Universitäts Einladung*), p. 1-46; Hirschfeld (Otto), *Wiener Studien*, 1885, p. 170-174; Jung (J.), *Historische Zeitschrift*, 1885, p. 89; Wilamowitz-Möllendorff (Ulrich), *Hermes*, XXI (1886), p. 623-627; Wölfflin (E.), *Sitzungsber. der philosoph. Klasse der Akad. der Wissensch. zu München*, 1886, p. 253-282; Nissen (H.), *Rheinisches Museum*, XLI, 1886, p. 481-499; Schmidt (Joh.), *Philologus*, XLIV (1885), p. 442-470; XLV (1886), p. 393-410; XLVI (1887), p. 70-86; Nitsche (W.), *Berlin. philol. Wochenschr.*, IV, n. 40; Geppert (Paul), *Zum monumentum Ancyranum (Gymnas. Progr.)*, Berlin, 1887; Mommsen (Th.), *Historische Zeitschr.*, *Neue Folge*, XXI (1887), p. 385-397; Haug, in Iwan von Müller, *Jahresber. über die Alterthumswissensch.*, LVI (1890), p. 87-103; Bormann (Ernst) *Verhandlungen der XLII*[sten] *Versamml. deutsch. Philologen in Köln*, 1895, p. 180-191, Leipzig, 1896; Willing (K.), *Die Thaten des Kaisers Augustus von ihm selbst erzählt, übersetzt und erklärt*, Halle a. S. 1897; Beck (J. W.), *De monumento Ancyrano sententiae controversae*, *Mnemosyne*, XXV (1897), p. 349, XXVI (1898), p. 237; Fairley (Will.), *Translations and reprints from the original sources of European history*, vol. V, n° 1 (*Monumentum Ancyranum*), Philadelphia, 1898.

N. B. — In notulis criticis, *MO 1* editionem primam designat quam Mommsen publici juris fecit anno 1865; *Borm. 2*, Bormann, *Verhandlungen*..... (1896).

Fragmenta *Rerum gestarum Augusti* alia, inventa Apolloniae in Pisidia, quae Ancyrani tituli parti graecae respondent et edita a Lebas et Waddington, *Inscriptions d'Asie-Mineure*, III, n. 1194 (cf. Mommsen, *Ephem. epigraph.*, II, 1875, p. 482), hic non omnino omittenda erant. Ubi discrepant scripturae, monuimus his signis *Anc.*, *Apoll.* Errores scribae quadratariive sic notavimus : « aede, scr. (= scribe) aedem » (IV, 22).

Pars latina in lapide in sex paginas divisa est, graeca in undeviginti; paginas crassis numeris signavimus.

Pars utraque capita complectitur pariter quinque et triginta, non numerata quidem, sed distincta versu primo eminente; numeros tantum capitibus adjecimus.

§ significat comma in ipso lapide indicatum interpunctionibus 3 vel >.

[§] significat simile comma indicatum interstitio.

In commentatione exemplum latinum secuti sumus, ex quo graecum translatum est, exceptis paucis locis in quibus latina perierunt.

Rérum gestárum Diui Augusti, quibus orbem terra[*rum*] imperio populi Rom. subiécit, § et inpensarum, quas in rem publicam populumque Ro[*ma*]num fecit, incisarum in duabus aheneis pilis, quae su[*n*]t Romae positae, exemplar sub[*i*]ectum.

I. Annós undéuiginti natus exercitum priuáto consilio et priuatá impensá | C comparáui, [§] per quem rem publicam [*do*]minatione factionis oppressam | in libertátem uindicá[*ui*. *Propter* [1] *quae sen*]atus decretis honor[*ifi*]cis in | ordinem
5 suum m[*e adlegit C. Pansa A. Hirti*]o consulibu[*s, c*]on[*sula*]rem locum s[*imul dans sententiae ferendae* [2], *et im*]perium mihi dedit [§]. | Rés publica n[*e quid detrimenti caperet, me*] pro praetore simul cum | consulibus pro[*uidere iussit* [3]. *Populus*] autem eódem anno mé | consulem, cum [*consul uterque ceci*]disset [4], et trium uirum rei publi|cae constituend[*ae creauit*]. ‖

10 Qui parentem meum [*interfecer*]un[*t, eo*]s in exilium expuli iudiciis legi|ti- C mis ultus eórum [*fa*]cin[*us, e*]t posteá bellum inferentis rei publicae | uici b[*is* a]cie.

[*Be*]lla terra et mari c[*iuilia exter*]naque tóto in orbe terrarum s[*aepe gessi*] [5] | C
15 victorque omnibus [*superstitib*]us [6] ciuibus peperci. § Exte[*rnas*] ‖ gentes, quibus túto [*ignosci pot*]ui[*t, co*]nseruáre quam excídere m[*alui*]. | Millia ciuium Róma-[*norum adacta*] [7] sacrámento meo fuerunt circiter [*quingen*]ta. § Ex quibus dedú[*xi in coloni*]ás aut remisi in municipia sua stipen[*dis emeri*]tis millia aliquant[*o* [8] *plura qu*]am trecenta et iis omnibus agrós a[*dsignaui*] | aut pecuniam
20 pró p[*raemiis mili*]tiae dedi. § Naues cépi sescen[*tas praeter*] ‖ [9] eás, si quae minóre[*s quam trir*]emes fuerunt. § |
[*Bis*] ouáns triumpha[*ui, tris egi c*]urulis triumphós et appellá[*tus sum uiciens* | C *se*]mel imperátor. [*Cum deinde plú*]ris triumphos mihi se[*natus decreuisset* [10], | *eis su*]persedi §. L[*aurum de fascib*]us [11] deposui, § in Capi[*tolio uotis, quae*] | quóque
25 bello nuncu[*paueram solu*]tis. § Ob res á [*me aut per legatos*] ‖ meós auspicis meis terra m[*arique*] pr[*o*]spere gestás qu[*inquagiens et quin*]|quiens decreuit

---

1. Borm., Schm.; *ob* Mo., *quas ob res* Wölfl. — 2. s[*ententiae dicendae mihi dans*] Borm., Wölfl.; *tribuens* Mo. 1, Haug. — 3. *dedit, resp*..... *pro*[*uidere iubens*] Borm., Schm. — 4. Borm. 2; [*cos. uterque bello*] Mo. — 5. Borm. 2; s[*uscepi*] Mo. — 6. [*deprecantib*]*us* Bergk; [*ueniam petentib*]*us*, Hirschf., Schm.; [*arma ponentib*]us, [*pacem seruantib*]us, [*pacis amantib*]us Haug. — 7. Roma[*norum sub*] sacr., Haug. — 8. Borm., Schm., Wölfl.: aliquant[*um*] Mo. — 9. Bergk, Borm.. Schm., Wölfl.; a [*me emptos*].... p[*raediis a*] me, Mo. — 10. *aut dedisset* Mo.; *decerneret*, Schm. — 11. Wehofer apud Borm. 2; I[*tem saepe laur*]us, Mo.; L[*aurumque potij*]us Borm. I[*taque modo laur*]us, Schm.

Μεθηρμηνευμέναι ὑπεγράφησαν πράξεις τε καὶ δωρεαὶ Σεβαστοῦ Θεοῦ, ἃς ἀπέλιπεν ἐπὶ Ῥώμης ἐνκεχαραγμένας χαλκαῖς στήλαις δυσί.

I. Ἐτῶν δεκαε[ν]νέα ὢν τὸ στράτευμα ἐμῆι γνώμηι καὶ | ἐμοῖς ἀν[αλ]ώμασιν Cap. 1. ἠτοί[μασα], δι' οὗ τὰ κοινὰ πρά|γματα [ἐκ τῆ]ς τ[ῶ]ν συνο[μοσα]μένων δου- λήας | [ἠλευ]θέ[ρωσα. Ἐφ' ο]ῖς ἡ σύνκλητος ἐπαινέσασά ‖ [με ψηφίσμασι] προσ- κατέλεξε τῆι βουλῆι Γαίωι Πά[νσ]αι |, [Αὔλωι Ἱρτίωι ὑ]π[ά]το[ι]ς, ἐν τῆι τάξει τῶν ὑπατ[ικῶ]ν | [ἅμα ¹ τ]ὸ σ[υμβου]λεύειν δοῦσα, ῥάβδου[ς] τ' ἐμοὶ ἔδωκεν. | [Περ]ὶ τὰ δημόσια πράγματα μή τι βλαβῆι, ἐμοὶ με|[τὰ τῶν ὑπά]των προνοεῖν ἐπέτρεψεν ἀντὶ στρατηγο[ῦ ‖ ὄντι ². Ὁ δὲ δ[ῆ]μος τῶι αὐτῶι ἐνιαυτῶι, ἀμφοτέ- ρων | [τῶν ὑπάτων π]ολέμωι πεπτω[κ]ό[τ]ων, ἐμὲ ὕπα|[τον ἀπέδειξ]εν καὶ τὴν τῶν τριῶν ἀνδρῶν ἔχον|[τα ἀρχὴν ἐπὶ] τῇ καταστάσει τῶν δ[η]μοσίων πρα|[γ- μάτων] ε[ἱλ]ατ[ο. ‖

Τοὺς τὸν πατέρα τὸν ἐμὸν φονεύ]σ[αν]τ[α]ς ἐξώρισα κρί|[σεσιν ἐνδί]κοις Cap. 2. τειμω[ρ]ησάμε[ν]ος αὐτῶν τὸ | [ἀσέβημα κ]αὶ [με]τὰ ταῦτα αὐτοὺς πόλεμον ἐ[πι- φέροντας τῆι πα]τ[ρ]ίδι δὶς ἐνείκησα παρατάξει. |

[Πολέμους καὶ κατὰ γῆν] καὶ κατὰ θάλασσαν ἐμφυ‖[λίους καὶ ἐξωτικοὺς] ἐν Cap. 3. ὅληι τῆι οἰκουμένηι πολ|[λάκις ἐποίησα ³, νεικ]ήσας τε πάντων ἐφεισάμην | [τῶν περιόντων πολειτῶν τ]ὰ ἔθνη, οἷς ἀσφαλὲς ἦν συν|[γνώμην ἔχειν, ἔσωσα μ]ᾶλ- [λον] ἢ ἐξέκοψα. ⸹ Μυριάδες | ΙΙ Ῥωμαίων στρατ[εύ]σ[ασ]αι ὑπ[ὸ τὸ]ν ὅρκον τὸν ἐμὸν | ἐγένοντ[ο] ἐνγὺς π[εντήκ]ο[ντ]α · [ἐ]ξ ὧν κατή[γ]αγον εἰς | τὰ[ς] ἀπο[ι]- κίας ἢ ἀ[πέπεμψα εἰς τὰς] ἰδία[ς] πόλεις ἐκ|[λυομένους] ...στρατι.....σ‖........ |
.... | .... | .... | .... |

Δὶς ἐ[πὶ κέλητος ἐθριάμβευσα], τρὶς [ἐφ' ἄρματος. Εἰκο‖σά[κις καὶ ἅπαξ προση- Cap. 4. γορεύθην αὐτο]κράτωρ. Τῆς | [δὲ συνκλήτου ἐμοὶ πλείους θριάμβου]ς ψηφισσ[α- μένης, | ἀπὸ τῶν ῥάβδ]ων τὴν [δάφνην κατεθέμην ⁴ ....εὐχὰς.. | τω.......ουσ.. ‖
.... [Διὰ τὰ πράγ]μ[ατα, ἃ | αὐτὸς ἢ διὰ τῶν πρεσβευτῶν τῶν ⁵ ἐμῶν] κατώρθω]σα, π[εντ]ηχοντάκις [καὶ] πεντά[κις ἐψ]ηφίσατο ἡ | σύ[νκλητ]ος θεοῖς

---

1. μοι, aut ἐμοί, Borm. — 2. Domaszewski, Kaibel apud Mo., Borm. — 3. Borm. 2; πολ[λοὺς ἀνεδεξάμην] Mo. — 4. Borm. et Wehofer ap. Borm. 2. — 5. Wölfl.; πρεσβευτῶν ἐμῶν Mo.

senátus supp[*lica*]ndum esse dis immo[*rtalibus. Dies autem* | *pe*]r quós ex senátús consulto [*s*]upplicátum est fuere DC[*CCLXXXX. In triumphis* | *meis*] ducti sunt ante currum m[*e*]um regés aut r[*eg*]um lib[*eri novem. Consul* | *fuer*]am terdeciens,

30 c[*u*]m [*scribeb*]a[*m*] haec, [*et eram se*]p[*timum et trigensimum* ‖ *tribu*]uiciae potestatis [1].

[*Dictatura*]m et apsent[*i et praesenti mihi oblatam* [2] *a populo et senatu* [3], | *M. Marce*]llo e[*t*] L. Ar[*runtio consulibus, non accepi. Non recusaui in summa* | *frumenti* p]enuri[*a c*]uratio[*ne*]m an[*nonae, qu*]am ita ad[*ministraui, ut intra paucos die*]s [4]

35 metu et per[*i*]c[*lo praesenti* [5] *populu*]m uniu[*ersum meis inpen*‖*sis* [6] *liberarem*]. § Con[*sulatum mihi oblat*]um [7] annuum e[*t perpetuum non* | *accepi*].

Consulibus M. Vinucio et Q. Lucretio et postea P.] et Cn. L[*entulis et tertium* | *Paullo Fabio Maximo et Q. Tuberone senatu populoq*]u[*e Romano consen*|*tientibus*] . . . . ‖

40 . . . . |

. . . . |

. . . . |

. . . . | . . . . . *Princeps senatus fui usque ad eum diem, quo scrip-*

45 *s*]era[*m haec,* ‖ *per annos quadraginta. Pontifex maximus, augur, quindecimuiru*]m sacris [*faciundis,* | *septemuirum epulonum, frater arualis, sodalis Titius, fetiali*]s fui.

II. Patriciórum numerum auxi consul quintum iussú populi et senátús. § Sena|tum ter légi et in consulátú sexto cénsum populi conlegá M. Agrippá égi. § | Lústrum post annum alterum et quadragensimum féc[*i*]. § Quó lústro ciui|um

5 Romanórum censa sunt capita quadragiens centum millia et sexa‖g[*i*]nta tria millia. [§] [*Iteru*]m consulari cum imperio lústrum | [*s*]ólus féci C. Censorin[*o et C.*] Asinio cos. § Quó lústro censa sunt | ciuium Romanóru[*m capita*] quadragiens centum millia et ducen|ta triginta tria m[*illia. Tertiu*]m consulári cum imperio

---

1. Bergk, Borm. Schm.; *agebam..... trigensimum annum trib.*, Mo. — 2. Wölfl.; *datam...* Mo. — 3. *senatu romano*, Schm. — 4. Seeck, Schm., Wölfl.; [*paucis diebu*]s, Mo.; [*paucissimis diebu*]s. Borm. — 5. Mo. 1; Schm., Wölfl.; *quo erat*, Mo. — 6. *priuata inpensa,* Wölfl.; *meis sumptibus,* Schm. — 7. Haug, [*tum dat*]um, Mo.

δεῖ[ν] θύεσθαι. ['Ημ]έραι οὖν αὖ|[τα]ι ἐ[x συ]ν[xλήτου] δ[ό]γματ[ο]ς ἐγένοντο
20 ὀxτα[x]όσιαι ἐνενή‖[xοντα]. 'Εν [τ]οῖς ἐμοῖς [θριάμ]6οις [πρὸ το]ῦ ἐμοῦ ἄρ|μ[ατος
βασι]λεῖς ἢ [βασιλέων πατ]δες [παρήχθ]ησαν | ἐννέα. ₴ ['Υπάτ]ε[υ]ον τρὶς xαì
δέx[ατο]ν, ὅτε τ[αῦ]τα ἔγραφον, | xαì ἤμη[ν τρια]x[οστὸ]ν xαì ἕδδομ[ον δημαρ-
χ]ιxῆς **III** ἐξουσίας.

Αὐτεξούσιόν μοι ἀρχὴν xαì ἀπόντι xαì παρόντι | διδομένην [ὑ]πό τε τοῦ δήμου Cap.
xαì τῆς συνxλήτου, | Μ[άρx]ωι [Μ]αρxέλλωι xαì Λευxίωι 'Αρρουντίωι ὑπάτοις, ‖
5 ο[ὐx ἐδ]εξάμην. ₴ Οὐ παρητησάμην ἐν τῆι μεγίστηι | [τοῦ] σ[εῖτ]ου σπάνει τὴν
ἐπιμέλειαν τῆς ἀγορᾶς, ἣν οὕ|[τως ἐπετήδευ]σα, ὥστ' ἐν ὀλίγαις ἡμέρα[ις το]ῦ
παρόντος | φόδου xαì xι[νδ]ύνου ταῖς ἐμαῖς δαπάναις τὸν δῆμον | ἐλευθερῶσα[ι].
10 'Υπατείαν τέ μοι τότε δι[δ]ομένην xαì ‖ ἐ[ν]ιαύσιον xα[ì δ]ι[ὰ] βίου οὐx ἐδεξάμην.

'Υπάτοις Μάρxωι Οὐινουxίωι xαì Κοίντωι Λ[ουxρ]ητ[ίωι] | xαì μετὰ τα[ῦ]τα Cap.
Ποπλίωι xαì Ναίωι Λέντλοις xαì | τρίτον Παύλλωι Φαδίωι Μαξίμωι xαì Κοίν[τωι]
15 Του|δέρωνι, ₴ τῆς [τε σ]υνxλήτου xαì τοῦ δήμου τοῦ [1] ‖ 'Ρωμαίων ἐμολογ[ο]ύν-
των, ἵν[α ἐπιμε]λητὴς | τῶν τε νόμων xαì τῶν τρόπων ἐ[πὶ τῆι με]γίστηι |
[ἐξ]ουσ[ίαι μ]ό[νο]ς χειροτονηθῶι ₴, ἀρχὴν οὐδε|μ[ία]ν πα[ρὰ τὰ πά]τρ[ια] ἐ[θ]η
20 διδομένην ἀνεδε|ξάμην · § ἃ δὲ τότε δι' ἐμοῦ ἡ σύνxλητος οἰ‖xονομεῖσθαι ἐδού-
λετο, τῆς δημαρχιxῆς ἐξο[υ]σίας ὢν ἐτέλε[σα. Κ]αì ταύτης αὐτῆς τῆς ἀρχῆς |
συνάρχοντα [αὐτ]ὸς ἀπὸ τῆς συνxλήτου π[εν]|τάxις αἰτήσας [ἔλ]αδον. |

IV. Τριῶν ἀνδρῶν ἐγενόμην δημοσίων πραγμάτων | xατορθωτὴς συνεχέσιν Cap.
ἔτεσιν δέxα. § Πρῶτον | ἀξιώματος τόπον ἔσχον τῆς συνxλήτου ἄχρι | ταύτης
5 τῆς ἡμέρας, ἧς ταῦτα ἔγραφον, ἐπὶ ἔτη τεσ‖σαράxοντα. ₴ 'Αρχιερεὺς, ₴ αὔγουρ,
₴ τῶν δεxαπέντε ἀν|δρῶν τῶν ἱεροποιῶν, ₴ τῶν ἑπτὰ ἀνδρῶν ἱεροποι|ῶν,
₴ ἀ[δε]λφὸς ἀρουᾶλις, ₴ ἑταῖρος Τίτιος, § φητιᾶλις.

Τῶν [πατ]ριxίων τὸν ἀριθμὸν εὔξησα [2] πέμπτον | ὕπατ[ος ἐπιτ]αγῆι τοῦ Cap.
10 τε δήμου xαì τῆς συνxλή‖του. ₴ [Τὴν σύ]νxλητον τρὶς ἐπέλεξα. ₴ 'Εxτον
ὕπα|τος τὴν ἀπ[ο]τείμησιν τοῦ δήμου συνάρχον||[τ]α ἔχων Μάρxον 'Αγρίππαν
ἔλαδον, ἥτις ἀπο|[τείμη]σις μετὰ [δύο xαì] τεσσαραxοστὸν ἐνιαυ|τὸν [σ]υνε-
15 [x]λείσθη. 'Εν ἧι ἀποτειμήσει 'Ρωμαίων ‖ ἐτει[μήσ]α[ντο] xεφαλαì τετραxό[σιαι
ἑ]ξήxον[τα μυ[ριάδες xαì τρισχίλιαι. Δεύτερον ὑ]πατι[xῆι ἐξ[ουσίαι μόνος, Γαίωι
Κηνσωρίνωι xαì] | Γαίωι ['Ασινίωι ὑπάτοις, τὴν ἀποτείμησιν ἔλαδον ·] | ἐν [ἧι]
20 ἀπ[οτειμήσει ἐτειμήσαντο 'Ρωμαί‖ων τετ[ραxόσιαι εἴxοσι τρεῖς μυριάδες xαì

---

1. τοῦ Apoll., τῶν Anc. — 2. Scr. ἡύξησα.

lústrum | :onlega Tib. Cae[*sare filio feci*], § Sex. Pompeio et Sex. Appuleio cos. ‖

10 Quó lústro ce[*nsa sunt ciuium Ro*]mánórum capitum quadragiens | centum mill[*ia et nongenta tr*]iginta et septem millia. § | Legibus noui[*s latis et multa* [1] *e*]xempla maiorum exolescentia | iam ex nost[*ro usu reuocaui* [2] *et ipse*] múltárum rer[*um exe*]mpla imi|tanda pos[*teris tradidi*]. ‖

15 [*Vota pro ualetudine mea suscipere* [3] *per cons*]ulés et sacerdotes qu[*into*] | Ca‹ |quo*que anno senatus decreuit. Ex iis*] uotis s[*ae*]pe fecerunt uiuo | [*me ludos interdum sacerdotu*]m quattuor amplissima colle|[*gia, interdum consules* [4]. *Priua-t*]im etiam et múnicipatim úniuers[i | *ciues sacrificia concordite*]r apud omnia

20 puluinária pró uale[*tudine mea fecerunt*] [5].

[*Nomen meum senatus consulto inc*]lusum est in saliáre carmen et sacro- C‹ san|[*ctus ut essem...* [6] *et ut q*]uoa[*d*] uiuerem, tribunicia potestás mihi | [*esset, lege sanctum est. Pontif*]ex maximus ne fierem in uiui [c]onle|[*gae locum, populo

25 id sace*]rdotium deferente mihi, quod pater meu[*s* ‖ *habuerat, recusaui. Quod*] sacerdotium aliquod post annós eó mor|[*tuo suscepi, qui id tumultus* [7] *o*]ccasione occupauerat [§], cuncta ex Italia | [*ad comitia mea coeunte tanta mu*]ltitudine, quanta Romae nun[*quam*] | [*ante fuisse memoriae proditur* [8]], P. Sulpicio C. Valgio consulibu[*s*] §. |

30 [*Aram Fortunae reducis* [9] *iuxta? ae*]dés Honoris et Virtutis ad portam ‖ [*Cape-* C nam pro reditu meo se*]nátus consacrauit, in qua ponti|[*fices et uirgines Vestales anni*]uersárium sacrificium facere | [*iussit eo die* [10], *quo consulibus Q. Luc*]retio et [*M. Vinuci*]o in urbem ex | [*Syria redieram* [11], *et diem Augustali*]a ex [c]o[*gno-mine nost*]ro appellauit. |

35 [*Senatus consulto eodem tempor*]e pars [*praetorum et tri*]bunorum ‖ [*plebi cum • consule Q. Lucret*]io et princi[*pi*]bus [*uiris ob*]uiam mihi | mis[*s*]a e[*st in Campa-n*]ia[*m, qui*] honos [*ad hoc tempus*] nemini prae|ter [*m*]e es[*t decretus. Cu*]m ex H[*ispa*]nia Gal[*liaque, rebus in his p*]rouincis prosp[*e*]|re [*gest*]i[*s*], R[*omam redi*]

---

1. Mo. 1, Borm.; *complura* Mo. — 2. Bergk, Schm.; *reduxi*, Mo.; *sanxi*, Borm.; *res-titui*, Haug. — 3. Borm.; *suscipi*, Mo. — 4. Wölfl.; *aliquotiens*, Mo.; *ludos uotiuos modo.... modo consules eius anni*, Borm. — 5. Borm.; [*sacrificauerunt sempe*]r, Mo.; [*suppli-cauerunt unanimite*]r, Wölfl. — 6. Sacrosan[*cta ut esset persona mea*], Wölfl.; sacro-san[*ctus ut essem in perpetuum*], Bergk, Schm.; *perpetuo*, Nitsche. — 7. Borm.; *habuit, recusaui. Cepi id sac..... mortuo qui ciuilis motus*, Mo. — 8. Seeck, Schm.; *mea... tanta..... antea fuisse fertur, coeunte*, Mo.; *propter mea comitia*, aut *comitiorum caussa*, Borm. — 9. Borm.; *reduci*, Mo. — 10. Borm.; *iussit die*, Mo. — 11. Borm.; *redi*, Mo.

τ]ρι[σ]‖χίλιοι. Κ[αὶ τρίτον ὑπατικῆι ἐξουσίαι τὰς ἀποτειμή]‖σε[ι]ς ἔλα[6ο]ν,
[ἔχω]ν [συνάρχοντα Τιβέριον] | Καίσαρα, τὸν υἱόν μο[υ, Σέξτωι Πομπηίωι καὶ] | **V**
Σέξτωι Ἀππουληίωι ὑπάτοις · ἐν ἧι ἀποτειμήσει | ἐτειμήσαντο Ῥωμαίων τετρα-
κόσιαι ἐνενήκοντα | τρεῖς μυριάδες καὶ ἑπτακισχείλιοι. ⸎ Εἰσαγαγὼν και|νοὺς
5 νόμους πολλὰ ἤδη τῶν ἀρχαίων ἐθῶν κα‖ταλυόμενα διωρθωσάμην καὶ αὐτὸς
πολλῶν | πραγμάτων μείμημα ἐμαυτὸν τοῖς μετέπει|τα παρέδωκα.

    Εὐχὰς ὑπὲρ τῆς ἐμῆς σωτηρίας ἀναλαμβάνειν | διὰ τῶν ὑπάτων καὶ ἱερέων Cap. 9.
10 καθ᾽ ἑκάστην πεν‖τετηρίδα ἐψηφίσατο ἡ σύνκλητος. Ἐκ τού|των τῶν εὐχῶν
πλειστάκις ἐγένοντο θέαι, | τοτὲ μὲν ἐκ τῆς συναρχίας τῶν τεσσάρων ἱερέ|ων,
τοτὲ δὲ ὑπὸ τῶν ὑπάτων. Καὶ κατ᾽ ἰδίαν δὲ καὶ | κατὰ πόλεις σύνπαντες οἱ
15 πολεῖται ὁμοθυμα‖δ[ὸν] συνεχῶς ἔθυσαν ὑπὲρ τῆς ἐμῆς σω[τ]ηρίας. |

    Τὸ ὄν[ομ]ά μου συνκλήτου δόγματι ἐνπεριελή|φθη εἰ[ς τοὺ]ς Σαλίων ὕμνους, Cap. 10.
καὶ ἵνα ἱερὸς ὦι | διὰ [βίο]υ [τ]ε τὴν δημαρχικὴν ἔχωι ἐξουσίαν, | νό[μωι ἐκ]υ-
20 ρώθη. ⸎ Ἀρχιερωσύνην, ἣν ὁ πατήρ ‖ [μ]ου [ἐσχ]ήκει τοῦ δήμου μοι καταφέ-
ροντος | εἰς τὸν τοῦ ζῶντος τόπον, οὐ προσεδεξά|μ[η]ν · ⸎ [ἣ]ν ἀρχιερατείαν μετά
τινας ἐνιαυτούς, | **VI** ἀποθανόντος τοῦ προκατειληφότος αὐτὴν ἐν πολειτικαῖς
ταραχαῖς, ἀνείληφα, εἰς | τὰ ἐμὰ ἀρχαιρέσια ἐξ ὅλης τῆς Ἰταλίας τοσού|του
5 πλήθους συνεληλυθότος, ὅσον οὐδεὶς ‖ ἔνπροσθεν ἱστόρησεν [1] ἐπὶ Ῥώμης γεγο-
νέναι, Πο|πλίωι Σουλπικίωι καὶ Γαίωι Οὐαλγίωι ὑπάτοις.

    Βωμὸν Τύχης σωτηρίου ὑπὲρ τῆς ἐμῆς ἐπανόδου | πρὸς τῆι Καπήνηι πύληι ἡ Cap. 11.
10 σύνκλητος ἀφιέρωσεν · | πρὸς ὧι τοὺς ἱερεῖς καὶ τὰς ἱερείας ἐνιαύσιον θυ‖σίαν
ποιεῖν ἐκέλευσεν ἐν ἐκείνηι τῆι ἡμέραι, | ἐν ἧι ὑπάτοις Κοίντωι Λουκρητίωι καὶ
Μάρκωι | Οὐινουκίωι ἐκ Συρίας εἰς Ῥώμην ἐπανελήλυ|θει[ν], τήν τε ἡμέραν ἐκ
τῆς ἡμετέρας ἐπωνυ|μίας προσηγόρευσεν Αὐγουστάλια. ‖

    Δόγματι σ[υ]νκλήτου οἱ τὰς μεγίστας ἀρχὰς ἄρ[ξαντε[ς σ]ὺν μέρει στρατηγῶν Cap. 12.
καὶ δημάρχων | μετὰ ὑπ[ά]του Κοίντου Λουκρητίου ἐπέμφθη|σάν μοι ὑπαντήσον-
20 τες μέχρι Καμπανίας, ἥτις | τειμὴ μέχρι τούτου οὐδὲ ἑνὶ εἰ μὴ ἐμοὶ ἐψηφίσ‖θη.
§ Ὅτε ἐξ Ἰσπανίας καὶ Γαλατίας, τῶν ἐν ταύ|ταις ταῖς ἐπαρχείαις πραγμάτων
κατὰ τὰς εὐ|χὰς τελεσθέντων, εἰς Ῥώμην ἐπανῆλθον, § | Τιβερίωι [Νέ]ρωνι καὶ

---

1. Apoll.; ἱστόρησ᾽ Anc.

Ti. Ne[r]one P. Qui[*ntilio consulibu*]s [§], áram | [*Pácis A*]u[*g*]ust[*ae senatus pro*]
40 redi[*t*]ú meó *c*o[*nsacrari censuit*] ad cam‖[*pum Martium, in qua ma*]gistralús et
sac[*erdotes et uirgines*] V[*est*]á[*les* | *anniversarium sacrific*]ium facer[*e iussit*]. |

    [*Ianum*] Quirin[*um, quem cl*]aussum ess[*e maiores nostri uoluer*]unt, | [*cum* c
p]er totum i[*mperium po*]puli Roma[*ni terra marique es*]set parta uic|[*torii*]s pax,
45 cum pr[*ius quam*] náscerer [*a condita*] u[*rb*]e bis omnino clausum ‖ [*f*]uisse
prodátur m[*emori*]ae, ter me princi[*pe senat*]us claudendum esse censui[*t*].

    [*Fil*]ios meos, quós iuu[*enes mi*]hi eripuit for[*tuna*], Gaium et Lúcium Caesa- c
res, | **III** honoris mei caussá, senatus populusque Romanus annum quintum et
deci|mum agentis consulés designáuit, ut [*e*]um magistrátum inirent post quin|
quennium. Et ex eó die, quó deducti [*s*]unt in forum, ut interessent consiliis |
5 publicis decreuit sena[*t*]us. § Equites [*a*]utem Románi uniucrsi principem ‖ iuuen-
tútis utrumque eórum parm[*is*] et hastis argenteis donátum ap|pelláuerunt. § |

    Plebei Románae uiritim H̶S̶ trecenos numeraui ex testámento patris | mei, ℄
§ et nomine meo H̶S̶ quadringenos ex bellórum manibiis consul | quintum
10 dedi, iterum autem in consulátú decimo ex [*p*]atrimonio ‖ meo H̶S̶ quadringenos
congiári uiritim pernumer[*a*]ui, § et consul | undecimum duodecim frúmentá-
tiónes frúmento pr[*i*]uatim coémpto | emensus sum, [§] et tribuniciá potestáte
duodecimum quadringenós | nummós tertium uiritim dedi. Quae mea congiaria
p͏͏e͏ruenerunt | ad [*homi*]num millia nunquam minus quinquáginta et ducenta.
15 § ‖ Tribu[*nic*]iae potestátis duodeuicensimum consul XII trecentis et | uigint[*i*]
millibus plebis urbánae sexagenós denariós uiritim dedi. § | I[n] ¹ colon[*i*]s mili-
tum meórum consul quintum ex manibiis uiritim | millia nummum singula
dedi; acceperunt id triumphale congiárium | in colo[*n*]is hominum circiter cen-
20 tum et uiginti millia. § Consul ter‖tium dec[*i*]mum sexagenós denáriós plcbei,
quae tum frúmentum publicum | accipieba[*t*] dedi ; ea millia hominum paullo
plúra quam ducenta fuerunt. |

    Pecuniam [*pro*] agris, quós in consulátú meó quárto et posteá consulibus | ℄
M. Cr[*asso e*]t Cn. Lentulo augure adsignáui militibus, solui múnicipis. Ea |
25 [*s*]u[*mma sest*]ertium circiter sexsiens milliens fuit, quam [*p*]ró Italicis ‖ praed[*is*]
numeraui, § et ci[*r*]citer bis mill[*ie*]ns et sescentiens, quod pro agris | próuin[*c*]ia-

---

1. *et*, Wölfl.

Ποπλίωι Κοιντιλίωι ὑπάτοις, | **VII** βωμὸν Ε[ἰρ]ήνης Σεβαστῆς ὑπὲρ τῆς ἐμῆς
ἐπανό|δου ἀφιερωθῆναι ἐψηφίσατο ἡ σύγκλητος ἐν πε[δίωι Ἄρεως, πρὸς ὧι τούς τε
ἐν ταῖς ἀρχαῖς καὶ τοὺς | ἱερεῖς τάς τε ἱερείας ἐνιαυσίους θυσίας ἐκέλευσε ποιεῖν. |
5 Πύλην Ἐνυάλιον, ἣν κεκλῖσθαι οἱ πατέρες ἡμῶν ἠθέ|λησαν εἰρηνευομένης   Cap.
τῆς ὑπὸ Ῥωμάοις ¹ πάσης γῆς τε | καὶ θαλάσσης, πρὸ μὲν ἐμοῦ, ἐξ οὗ ἡ πόλις
ἐκτίσθη, | τῶι παντὶ αἰῶνι δὶς μόνον κεκλεῖσθαι ὁμολογεῖ|ται, ἐπὶ δὲ ἐμοῦ ἡγε-
10 μόνος τρὶς ἡ σύγκλητος ἐψη‖φίσατο κλεισθῆναι. |
Υἱούς μου Γάῖον καὶ Λεύκιον Καίσ[α]ρας, οὓς νεανίας ἀ|νήρπασεν ἡ τύχη, εἰς   Cap. 14.
τὴν ἐμὴν τειμ[ὴ]ν ἥ τ[ε] σύγκλη|τος καὶ ὁ δῆμος τῶν Ῥωμαίων πεντεκαιδεκαέτεις |
15 ὄντας ὑπάτους ἀπέδειξεν, ἵνα μετὰ πέντε ἔτη‖ εἰς τὴν ὑπάτον ² ἀρχὴν εἰσέλθωσιν ·
καὶ ἀφ' ἧς ἂν | ἡμέ[ρα]ς [εἰς τὴν ἀ]γορὰν [κατ]αχθ[ῶ]σιν, ἵνα [με]τέχω|σιν,
τῆς συ[ν]κλήτου ἐψηφίσατο. § Ἱππεῖς δὲ Ῥω|μαίων σύν[π]αντες ἡγεμόνα νεότητος
20 ἑκάτε|ρον αὐτῶν [πρ]οσηγόρευσαν, ἀσπίσιν ἀργυρέαις‖ καὶ δόρασιν [ἐτ]είμησαν. |
Δήμωι Ῥωμα[ίω]ν κατ' ἄνδρα ἑβδομήκοντα π[έντ]ε | δηνάρια ἑκάστωι ἠρίθ-   Cap. 15.
μησα κατὰ δια|θήκην τοῦ πατρός μου, καὶ τῶι ἐμῶι ὀνόματι | ἐκ λαφύρων [π]ο-
[λέ]μου ἀνὰ ἑκατὸν δηνάρια | **VIII** πέμπτον ὕπατος ἔδωκα, § πάλιν τέ δέ[κατο]ν |
ὑπατεύων ἐκ τ[ῆ]ς ἐμῆς ὑπάρξεως ἀνὰ δηνά|ρια ἑκατὸν ἠρίθ[μ]ησα, [§] καὶ ἐνδέ-
25 κατον ὕπατος | δώδεκα σειτομετρήσεις ἐκ τοῦ ἐμοῦ βίου ἀπε‖μέτρησα, [§] καὶ
δημαρχικῆς ἐξουσίας τὸ δωδέ|κατον ἑκατὸν δηνάρια κατ' ἄνδρα ἔδωκα · αἷς[ι]|νες
ἐμαὶ ἐπιδόσεις οὐδέποτε ἧσσον ἦλθο[ν] ε[ἰ]ς | ἄνδρας μυριάδων ³ εἴκοσι πέντε.
30 Δημα[ρ]χικῆς ἐ|ξουσίας ὀκτωκαιδέκατον, ὕπατ[ος] δ[ωδέκατον],‖ τριάκοντα τρισ[ὶ]
μυριάσιν ὄχλου πολειτικ[οῦ ἐ]ξή|κοντα δηνάρια κατ' ἄνδρα ἔδωκα, κα]ὶ ἀποίκοις
στρα[τιωτῶν ἐμῶν πέμπτον ὕπατος ἐ[κ] λαφύρων κατὰ | ἄνδρα ἀνὰ διακόσια πεν-
35 τήκοντα δηνάρια ἔδ[ωκα ·] | ἔλαβον ταύτην τὴν δωρεὰν ἐν ταῖς ἀποικίαις ἀν‖θρώ-
πων μυριάδες πλ[εῖ]ον δώδε[κα. Ὕ]πατος τ[ρι]σ|καιδέκατον ἀνὰ ἑξήκοντα δηνάρια
τῶι σειτομετ[ρου]|μένωι δήμωι ἔδω[κα · οὗτο]ς ⁴ ἀρ[ι]θμ[ὸς πλείων εἴκο]|[σ]ι
[μυ]ριάδων ὑπῆρχ[ε]ν.
40 Χρήματα ἐν ὑπ[ατείαι] τετ[άρτηι] ἐμῆ[ι καὶ μετὰ ταῦ]τα ὑ‖πάτοις Μάρκωι   Cap. 16.
Κράσσωι καὶ Ναίωι [Λέν]τλωι [αὔ]γου]ρι ταῖς πόλε[σιν ἠρίθμησα ὑπὲρ ἀ]γ[ρῶν],
οὓς [ἐμ]έ[ρισ]α | τοῖς στρατ[ιώταις. Κεφαλαίου ἐγένο]ντο ἐν Ἰτ[α]λία[ι] | μὲν
μύριαι π[εντακισχείλιαι μυρι]άδες, [τῶ]ν [δὲ ἐ]παρ]χειτικῶν ἀγρῶν [μ]υ[ριάδες
ἑξακισχίλ]ιαι πεν[τακό]σ[ιαι]. |

1. Scr. Ῥωμαίοις. — 2. Scr. ὑπάτων. — 3. Requiritur ἦλθον εἰς ἀνδρῶν μυριάδας. —
4. [σύνπα]ς, Wölfl.

libus solui. § Id primus et [s]ólus omnium, qui [d]edúxerunt | colonias militum
in Italiá aut in prouincis, ad memor[i]am aetátis | meae feci. Et postea Ti. Nerone
et Cn. Pisone consulibus, [§] item[q]ue C. Antistio | et D. Laelio cos., et C. Cal-
30 visio et L. Pasieno consulibus, et L. Le[ntulo et] M. Messalla || consulíbus, § et
L. Cáninio [§] et Q. Fabricio co[s.] milit[ibus, qu]ós eme|riteis stipendis in sua
municipi[a dedux]i ¹, praem[ia n]umerato | persolui, [§] quam in rem seste[r-
tium] q[uater m]illien[s li]b[ente]r | impendi.

35   Quater [pe]cuniá meá iuui aerárium, ita ut sestertium millien[s] et || quin- C
g[en]t[ien]s ad eos qui praerant aerário detulerim. Et M. Lep[i]do | et L.
Ar[r]untio cos. i[n] aerarium militare, quod ex consilio m[eo] | co[nstitut]um
est, ex [q]uo praemia darentur militibus, qui uicena | [aut plu]ra sti[pendi]a eme-
ruissent, [§] HS milliens et septing[e]nti|[ens ex pa]t[rim]onio [m]eo detuli. § ||

40   [Inde ² ab eo anno, q]uo Cn. et P. Lentuli c[ons]ules fuerunt, cum d[e]ficerent | C
[uecti]g[alia ³, tum] centum millibus h[omi]num tu[m pl]uribus [mul]to fru|-
[mentarias et n]umma[rid]s t[esseras ex aere] et pat[rimonio] m[e]o | [dedi] ⁴.

     IV. Cúriam et continens ei Chalcidicum, templumque Apollinis in | Palatio C
cum porticibus, aedem Diui Iuli, Lupercal, porticum ad cir|cum Fláminium,
quam sum appellári passus ex nómine eius qui pri|órem eódem in solo fecerat
5 Octauiam, puluinar ad circum maximum, || aedés in Capitolio Iouis Feretri et
Iouis Tonantis, [§] aedem Quirini, § | aedés Mineruae § et Iúnonis reginae § et
Iouis Libertatis in Auentino, § | aedem Larum in summá sacrá uiá, § aedem
deum Penátium in Velia, § aedem Iuuentátis, § aedem Mátris Magnae in Palátio
féci. § |

     Capitolium et Pompeium theatrum utrumque opus impensá grandi reféci || C
40 sine ullá inscriptione nominis mei. § Riuos aquarum complúribus locis | uetustáte
labentés reféci, [§] et aquam quae Márcia appellátur duplicaui | fonte nouo in
riuum eius inmisso. § Forum Iúlium et basilicam, | quae fuit inter aedem Castoris
et aedem Saturni, [§] coepta profligata|que opera á patre meó perféci § et eandem

---

     1. Haug; [remis]i, Mo. — **2.** *Iam inde,* Wölfl. — **3.** [publi]c[ani], Seeck; [publi]c[a...]
Schm. — **4.** Schm.; i[nl]ato fru[mento vel ad n]umma[rio]s t[ributus ex agro] et pat[ri-
monio] m[e]o [opem tuli], Mo; [atque n]umma[rii]s t[esseris divisis] ex pat[rimonio] m[e]o
[*subveni.*]. Wölfl.

IX. Τοῦτο πρῶτος καὶ μόνος ἁπάντων ἐπόησα τῶν | [κατα]γαγόντων ἀποικίας στρατιωτῶν ἐν Ἰτα|λίαι ἢ ἐν ἐπαρχείαις μέχρι τῆς ἐμῆς ἡλικίας. § Καὶ | μετέπειτα
5 Τιβερίωι Νέρωνι καὶ Ναίωι Πείσωνι ὑπά‖τοις καὶ πάλιν Γαίωι Ἀνθεστίωι καὶ Δέκμωι Λαι|λίωι [ὑ]πάτοις καὶ Γαίωι Καλουισίωι καὶ Λευκίωι | Πασσιήνωι [ὑ]πάτο[ι]ς [καὶ Λ]ευκίωι Λέντλωι καὶ Μάρ|κωι Μεσσάλ[α]ι ὑπάτοις κ[α]ὶ [Λ]ευκίωι Κανιν[ί]ωι
10 καὶ | [Κ]οίντωι Φα[6]ρικίωι ὑπάτοις στρατιώταις ἀπολυ‖ομένοις, οὓς κατήγαγον εἰς τὰς ἰδίας πόλ[εις], φιλαν|θρώπου ὀνόματι ἔδωκα μ[υρ]ιάδας ἐγγὺς [μυρία]ς.

Τετρά[κ]ις χρήμ[α]σιν ἐμοῖς [ἀν]έλαβον τὸ αἰράριον, [εἰς] ὃ | [κ]ατήνενκα [1] Cap. 17
[χ]ειλίας [ἐπτ]ακοσίας πεντήκοντα | μυριάδας. Κ[αὶ] Μ[ά]ρκωι [Λεπίδω]ι καὶ
15 Λευκίω[ι] Ἀρρουν‖τίω[ι] ὑ[πάτοις ε]ἰς τ[ὸ] στ[ρ]α[τιωτ]ικὸν αἰράριον, ὃ τῆι | [ἐμῆι] γ[ν]ώ[μηι] κατέστη, ἵνα [ἐξ] αὐτοῦ αἱ δωρ[ε]αὶ εἰσ|[έπειτα τοῖς ἐ]μοῖς σ[τρατι]ώταις δίδωνται, ο[ἳ εἴκο]‖[σι]ν ἐνιαυτο[ὺ]ς ἢ πλείονας ἐστρατεύσαντο, μ[υ]ρι|άδα[ς]
20 τετρά[κ]ις χειλίας διακοσίας πεντήκοντα ‖ [ἐκ τῆς ἐ]μ[ῆς] ὑπάρξεως κατήνενκα.

[Ἀπ’ ἐκ]είνου τ[ο]ῦ ἐνιαυτοῦ, ἐ[φ’] οὗ Ναῖος καὶ Πόπλιος | [Λ]έντλοι ὕπατοι Cap. 18 ἐγένοντο, ὅτε ὑπέλειπον αἱ δη‖[μό]σιαι πρόσοδοι, ἄλλοτε μὲν δέκα μυριάσιν, ἀλ‖[λοτε] δὲ πλείοσιν σειτικὰς καὶ ἀργυρικὰς συντάξεις | **X** ἐκ τῆς ἐμῆς ὑπάρ-ξεως ἔδωκα. |

Βουλευτήρ[ιο]ν καὶ τὸ πλησίον αὐτῷ χαλκιδικὸν, | ναόν τε Ἀπόλλωνος ἐν Cap. 19
5 Παλατίωι σὺν στοαῖς, | ναὸν Θεοῦ [Ἰ]ουλίου, Πανὸς ἱερὸν, στοὰν πρὸς ἱπ‖ποδρόμω[ι] τῶι προσαγορευομένωι Φλαμινίωι, ἣν | εἴασα προσαγορεύεσθαι ἐξ ὀνόματος ἐκείνου Ὀκτα|ουίαν, ὃ[ς] πρῶτος αὐτὴν ἀνέστησεν, ναὸν πρὸς τῶι | μεγάλωι ἱπποδρόμωι, [§] ναοὺς ἐν Καπιτωλίωι | Διὸς Τροπαιοφόρου καὶ Διὸς Βροντησίου, ναὸν ‖
10 Κυρείν[ο]υ, [§] ναοὺς Ἀθηνᾶς καὶ | Ἥρας βασιλίδος καὶ | Διὸς Ἐλευθερίου ἐν Ἀουεντίνωι, ἡρώων πρὸς τῆι | ἱερᾶι ὁδῶι, θεῶν κατοικιδίων ἐν Οὐελίαι, ναὸν Νεό|τητο[ς, να]ὸν Μητρὸς Θεῶν ἐν Παλατίωι ἐπόησα.

15 Καπιτώλ[ιο]ν καὶ τὸ Πομπηίου θέατρον ἑκάτερον ‖ τὸ ἔργον ἀναλώμασιν Cap. 20 μεγίστοις ἐπεσκεύασα ἄ|νευ ἐπιγραφῆς τοῦ ἐμοῦ ὀνόματος. § Ἀγωγοὺς ὑ|δάτω[ν] ἐν πλείστοις τόποις τῇ παλαιότητι ὀλισ|θάνον[τας ἐπ]εσκεύασα [2] καὶ ὕδωρ τὸ καλού-
20 μενον | Μάρ[κιον ἐδί]πλωσα πηγὴν νέαν εἰς τὸ ῥεῖθρον ‖ [αὐτοῦ ἐποχετεύσ]ας. [§] Ἀγορὰν Ἰουλίαν καὶ βασιλικὴν τὴν μεταξὺ τ]οῦ τε ναοῦ τῶν Διοσκό|[ρων καὶ τοῦ [3] Κρόνου κατα]βεβλημένα ἔργα ὑπὸ τοῦ | [πατρός μου [4] ἐτελείωσα κα]ὶ

---

1. Excidit τρίς. — 2. Scr. ἐπεσκεύασα. — 3. Schm.; καὶ Κρόνου, Mo. — 4. Schm.; πατρὸς ἐτελ., Mo.

15 basilicam consumptam in[]cendio ampliáto eius solo sub titulo nominis filiórum
m[*eorum* *i*]n|choaui [§] et, si uiuus nón perfecissem, perfici ab heredib[*us iussi*]. |
Duo et octoginta templa deum in urbe consul sext[*um ex decreto*] | senatus reféci,
nullo praetermisso quod e[*o*] templ[*ore refici debebat*]; con[*s*]ul septimum uiam
20 Flaminiam a[*b urbe*] Ari[*minum et pontes in ea* ¹] ❙ omnes praeter Muluium et
Minucium. |

In priuato solo Mártis Vltoris templum [*f*]orumque Augustum [*ex mani*]|biis ◆
feci. § Theatrum ad aede ² Apollinis in solo magná ex parte á p[*r*]i[*uatis*] | empto
féci, quod sub nomine M. Marcell[*i*] generi mei esset. § Don[*a e*]x | manibiis
25 in Capitolio et in aede Diui Iú[*l*]i et in aede Apollinis et in ae❙de Vestae et in
templo Martis Vltoris consacráui, § quae mihi consti|terunt HS circiter milliens.
§ Auri coronári pondo triginta et quin|que millia múnicipiis et colonis Italiae
conferentibus ad triumphó[*s*] | meós quintum consul remisi, et posteá, quotiens-
cumque imperátor a[*ppe*]l|látus sum, aurum coronárium nón accepi, decernentibus
30 municipii[*s*]❙ et colo[n]i[*s*] aequ[*e*] beni[*g*]ne adque antea decreuerant.

[*Te*]r [*mu*]nu[s] gladiátorium dedi meo nomine et quinquens ³ filiórum me[*o*]|rum
aut n[*e*]pótum nomine; quibus muneribus depugnauerunt homi|nu[*m*] ci[*rc*]iter
decem millia. [§] Bis [*at*]hletarum undique accitorum | spec[*ta*]c[*lum po*]pulo
35 pra[*ebui meo*] nómine et tertium nepo[*tis*] mei no❙mi[ne]. § L[*u*]dos feci m[*eo
no*]m[*ine*] quater [§], aliorum autem m[*agist*]rá|tu[*um*] uicem ter et uicie[*ns*] §.
[*Pr*]o conlegio XV uirorum magis[*ter con*|*l*]e[*gi*]i colleg[*a*] M. Ag[*ri*]ppa [§] lud[*os
s*]accl[*are*]s C. Furnio C. [*S*]ilano cos. [*feci* | *C*]on[*sul XIII*] ludos [M]ar[*tiales pri-
mus feci*], qu[*os*] p[*ost i*]d tempus deincep[*s*] | ins[*equen*]ti[*bus ann*]is... [*fecerunt
co*]n[*su*]les. [§] [*Ven*]ati[*o*]n[*es*] best[*ia*]❙rum Africanárum meo nómine aut filio[*ru*]m
meórum et nepotum in ci[*r*]|co aut [*i*]n foro aut in amphitheatris popul[*o d*]edi
sexiens et uiciens, quibus | confecta sunt bestiarum circiter tria m[*ill*]ia et
quingentae. |
Naualis proeli spectaclum populo de[*di tr*]ans Tiberim, in quo loco | nunc
45 nemus est Caesarum, cauato [*solo*] in longitudinem mille ❙ et octingentós pedés,
[§] in látitudine[*m mille*] e[*t*] ducenti ⁴. In quó tri|ginta rostrátae náues trirémes

---

1. Wölfl., Ari[*minvm feci et pontes*] omnes, Mo.— 2. *Scr.* aedem.— 3. *Scr.* quinquiens.
— 4. *Scr.* ducentos.

τὴν αὐτὴν βασιλικὴν | [καυθεῖσαν ἐπὶ αὐξηθέντι] ¹ ἐδάφει αὐτῆς ἐξ ἐπι|**XI**γραφῆς
ὀνόματος τῶν ἐμῶν υἱῶν [ὑπηρξάμη]ν | καὶ εἰ μὴ αὐτὸς τετελειώκ[ο]ι[μι,
τ]ελε[ι]ω[θῆναι ὑπὸ] | τῶν ἐμῶν κληρονόμων ἐπέταξα. § Δ[ύ]ο [καὶ ὀγδο]|ήκοντα
5 ναοὺς ἐν τῆι πόλ[ει ἕκτ]ον ὕπ[ατος δόγμα‖τι συνκ[λ]ήτου ἐπεσκεύασ[α], ο[ὐ]δένα
π[ε]ριλ[ιπὼν, ὅς] | ἐκείνωι τῶι χρόνωι ἐπισκευῆς ἐδεῖτο. § ['Υ]πα[τος ἔ]|[ὁδ[ο]μον
ὁδὸν Φ[λαμινίαν ἀπὸ] 'Ρώμης ['Αρίμινον] | γ[εφ]ύρας τε τὰς ἐν αὐτῇ πάσας, ἔξω
δυεῖν τῶν μὴ | ἐπ[ι]δεομένων ἐ[π]ισκευῆς, ἐπόησα. ‖
10 Ἐν ἰδιωτικῶι ἐδάφει Ἄρεως Ἀμύντορος ² ἀγοράν τε Σε|βαστὴν ἐκ λαφύρων Cap. 21.
ἐπόησα. [§] Θέατρον πρὸς τῶι | Ἀπόλλωνος ³ ναῶι ἐπὶ ἐδάφους ἐκ πλείστου
μέρους ἀγο|ρασθέντος ἀνήγειρα [§] ἐπὶ ὀνόματος ⁴ Μαρκέλλου | τοῦ γαμβροῦ μου.
15 Ἀναθέματα ἐκ λαφύρων ἐν Καπι‖τωλίωι καὶ ναῶι Ἰουλίωι καὶ ναῶι Ἀπόλ-
λωνος | καὶ Ἑστίας καὶ Ἄ[ρεω]ς ἀφιέρωσα ⁵, ἃ ἐμοὶ κατέστη | ἐνγὺς μυριάδω[ν
δι]σχε[ι]λίων πεντακ[οσίων.] | Εἰς χρυσοῦν στέφανον λειτρῶν τρισ[μυρίων] |
20 πεντακισχειλίων καταφερούσαις τα[ῖς ἐν Ἰ]ταλί‖αι πολειτείαις καὶ ἀποικίαις συνε-
χώρη[σ]α τὸ [πέμ]|πτον ὑπατεύων, καὶ ὕστερον ὁσάκις [αὐτ]οκράτωρ | προση-
γορεύθην, τὰς εἰς τὸν στέφανο[ν ἐ]παγγε|λίας οὐκ ἔλαβον, ψηφιζομένων τῶν
π[ολειτει]ῶν | καὶ ἀποικιῶν μετὰ τῆς αὐτῆς προθ[υμίας, κα]θ|**XII**ά[περ καὶ
ἐ]ψ[ήφι]σ[το π]ρό[τερον] | ⁶.

[Τρὶς μονο]μαχ[ίαν ἔδω]κα τῷ ἐμῷ ὀνόματι καὶ | [πεντάκις τῶν υἱῶν μου ἢ Cap. 22.
υἱ]ωνῶν · ἐν αἷς μονο‖[μαχίαις ἐμαχέσαντο ἐ]ν[γὺς μύ]ρι[ο]ι. Δὶς ἀθλητῶ[ν
5 παν‖τ[αχόθεν] με[ταπεμφθέντων γυμνικο]ῦ ἀγῶνος θέαν | [τῷ δήμῳ π]αρέ-
σχον τ[ῷ ἐ]μῷ ὀνόματι καὶ τρίτ[ον] | τ[οῦ υἱωνοῦ μου. Θέας ἐπόη]σα δι' ἐμοῦ
τετράκ[ις,] | διὰ δὲ τῶν ἄλλων ἀρχῶν ἐν μέρει τρὶς καὶ εἰκοσάκις. § Ὑπὲρ τῶν
10 δεκαπέντε [ἀνδρ]ῶν, ἔχων συνάρχοντα ‖ Μᾶρκον Ἀγρίππ[αν, τὰς θ]έας [δ]ιὰ
ἑκατὸν ἐτῶν γεινο|μένας, ὀν[ομαζομένα]ς σ[αι]χλάρεις, ἐπόησα, Γαίωι | Φουρνίωι
κ[αὶ] Γαίωι Σε[ι]λανῶι ὑπάτοις. [§] Ὕπατος τρισ|καιδέκατον [θέας Ἄρεως πρ]ῶτος
15 ἐπόησα, ἃς μετ' ἐ|κεῖνο[ν χ]ρόνον ἐξῆς [τοῖς μ]ετέπειτα ἐνιαυτοῖς ‖ δ.. μοι ἐπόη-
20 σαν οἱ ὑπα[τοι]... ν ... ης θηρίων ε . | .... | .... | .... ‖.........

Ν[αυμαχίας θέαν τῶι δήμωι ἔδω]κα πέ[ρ]αν τοῦ Τι|[βέριδος, ἐν ὧι τόπωι ἐστὶ Cap. 23.
νῦ]ν ἄλσος Καισά[ρω]ν, | ἐκκεχω[κὼς τὸ ἔδαφος ε[ἰ]ς μῆκ[ο]ς χειλίων ὀκτακο|-
σίων ποδ[ῶν, εἰς π]λάτ[ος] χιλίων διακο[σ]ίων. Ἐν ἧι | **XIII** τριάκο[ν]τα ναῦς

---

1. χαταφλεχθεῖσαν ἐν, Schm. — 2. ναὸν om. Anc. Apoll. — 3. Apoll.; ἀπλωνος Anc. —
4. Anc.; ὀνόματι Apoll. — 5. Anc.; [ἀ]φειέρωσα Apoll. — 6. Schm.; κα]θά[περ ἐψηφίσαντο, Mo.

a[*ut birem*]es, [§] plures autem | minóres inter se conflixérunt. Q[*uibus in*] classibus pugnaue|runt praeter rémigés millia ho[*minum tr*]ia circiter. § |

50   In templis omnium ciuitátium pr[*ouinci*]ae Asiae uictor orna‖menta reposui,   Cap. quae spoliátis tem[*plis is*] cum quó bellum gesseram | priuátim possederat §. Statuae [*mea*]e pedestrés et equestres et in | quadrigeis argenteae steterunt in urbe XXC circiter, quas ipse | sustuli [§] exque eá pecuniá dona aurea in áede Apol[*li*]nis meó nomi|ne et illorum, qui mihi statuárum honórem habuerunt, posui. §

       V. Mare pacáui á praedonib[u]s. Eó bello seruórum, qui fugerant á dominis | Cap suis et arma contrá rem publicam céperant, triginta fere millia capta § | dominis ad supplicium sumendum tradidi. § Iurauit in mea verba tóta | Italia

5   sponte suá et me be[*lli*], quó uici ad Actium, ducem depoposcit. § Iura‖uerunt in eadem uer[*ba proui*]nciae Galliae Hispaniae Africa Sicilia Sar|dinia. § Qui sub [*signis meis tum*] militauerint, fuerunt senátórés plúres | quam DCC, in ii[*s consulares et qui pos*]teá[1] consules facti sunt ad eum diem | quó scripta su]n*t haec*, *LXXXIII, sacerdo*]tés ci[*rc*]iter CLXX. §

10   Omnium próu[*inciarum populi Romani*], quibus finitimae fuerunt‖ gentés quae   Cap n[*on parerent imperio nos*]tro, fines auxi. Gallias et Hispa|niás próuinciá[*s, item Germaniam qua clau*]dit[2] Óccanus a Gádibus ad ósti|um Albis flúm[*inis*] pacaui. *Alpes a re*]gióne eá, quae proxima est Ha|driánó mari, [*ad Tuscum pacificau*]i[3] nulli genti bello per iniúriam | inláto. § Cla[*ssis mea per Oceanum*] ab óstió

15 Rhéni ad sólis orientis re‖gionem usque ad fi[*nes Cimbroru*]m nauigauit, [§] quó neque terra neque | mari quisquam Romanus ante id tempus adit, § Cimbrique et Charydes | et Semnones et eiusdem tractús alii Germánórum popu[*l*]i per legátós amici|tiam meam et populi Rómáni petierunt. § Meo iussú et auspicio ducti sunt | [*duo*] exercitús eódem fere tempore in Aethiopiam et in Ar[*a*]biam, quae appel‖-

20 [*latur*] eudaemón, [*maxim*]aeque hos[*t*]ium gentis utr[*iu*]sque cop[*iae*] | caesae sunt in acie et [*c*]om[*plur*]a oppida capta. In Aethiopi[*a*]m usque a[d] o[p]pi|dum Nabata peruent[*um*] est, cui proxima est Meroé. In Arabiam usque | in finés Sabaeorum pro[*cess*]it exerc[*it*]us ad oppidum Mariba. §

---

1. Schm.; ii[*s qui uel antea uel pos*]tea, Mo. — 2. Wölfl.; provincia[*s et G. qua inclu*]-dit, Mo. — 3. Wölfl.; [*pacari fec*]i, Mo.

ἔμβολα ἔχουσαι τριήρεις ἢ δί|κροτ[οι, αἱ] δὲ ἥσσονες πλείους ἐναυμάχησαν.
ξ | Ἐν τ[ούτῳ] τῷ στόλῳ ἠγωνίσαντο ἔξω τῶν ἐρετῶν | πρόσπ[ο]υ ἄνδρες τρ[ί]σ-
χ[ε]ί[λ]ιοι. ‖

5 ['Εν ναοῖ]ς π[ασ]ῶν πόλεω[ν] τῆς ['Α]σί[α]ς νεικήσας τὰ ἀναθέ|[ματα ἀπ]ο- Cap. 24
κατέστησα, [ἃ εἶχεν] ἰ[δίαι] ἱεροσυλήσας ὁ | ὑπ' [ἐμοῦ] δ[ι]αγωνισθεὶς πολέ[μιος].
Ἀνδριάντες πε|ζοὶ καὶ ἔφιπποί μου καὶ ἐφ' ἅρμασιν ἀργυροῖ εἱστήκει|σαν ἐν τῆι
10 πόλει ἐγγὺς ὀγδοήκοντα, οὓς αὐτὸς ἦρα, ‖ ἐκ τούτου τε τοῦ χρήματος ἀνα-
θέματα χρυσᾶ ἐν | τῶι ναῶι τοῦ Ἀπόλλωνος τῶι τε ἐμῶι ὀνόματι καὶ | ἐκείνων,
οἵτινές με [τ]ούτοις τοῖς ἀνδριᾶσιν ἐτείμη|σαν, ἀνέθηκα. |

15 Θάλασσα[ν] πειρατευομένην ὑπὸ ἀποστατῶν δού‖λων [εἰρήν]ευσα · ἐξ ὧν τρεῖς Cap. 25.
που μυριάδας τοῖς | δε[σπόται]ς εἰς. κόλασιν παρέδωκα. ξ Ὤμοσεν | [εἰς τοὺς
ἐμοὺ]ς λόγους ἅπασα ἡ Ἰταλία ἑκοῦσα κἀ|[μὲ πολέμου,] ὦ[ι] ἐπ' Ἀκτίωι ἐνε[ί]-
20 κησα, ἡγεμόνα ἐξη|[τήσατο · ὤ]μοσαν εἰς τοὺς [αὐτοὺ]ς λόγους ἐπα[ρ]‖χε[ῖαι
Γαλα]τία Ἰσπανία Λιβύη Σι[κελία Σαρ]δώ. Οἱ ὑπ' ἐ|μ[αῖς σημέαις τό]τε στρατευ-
[σάμενοι ἦσαν συνκλητι]‖[κοὶ πλείους ἑπτ]α[κοσί]ων · [ἐ]ν [αὐτοῖς ὑπατικοὶ καὶ
οἳ¹ | μετέπειτα] ἐγ[ένον]το [ὕπ]α[τοι εἰς ἐκ]ε[ί]ν[ην τὴν ἡ]μέ‖[ραν, ἐν ἧι ταῦτα
γέγραπτα]ι, ὀ[γδοήκο]ντα τρε[ῖ]ς, ἱερ[εῖ]ς | **XIV** πρόσπου ἑκατὸν ἑβδομή[κ]οντα. |

Πασῶν ἐπαρχειῶν δήμο[υ Ῥω]μαίων, αἷς ἔμορα | ἦν ἔθνη τὰ μὴ ὑποτασ- Cap. 26
σ[όμ]ενα τῆι ἡμετέραι ἡ|γεμονία(ι), τοὺς ὅρους ἐπεύξ[ησ]α ². [ξ] Γαλατίας καὶ
5 Ἰσ‖πανίας, ὁμοίως δὲ καὶ Γερμανίαν, καθὼς Ὠκεα|νὸς περικλείει ἀπ[ὸ] Γαδε[ίρ]ων
μέχρι στόματος | Ἄλβιος ποταμο[ῦ, ἐν] εἰρήνῃ κατέστησα. Ἄλπης ἀπὸ | κλί-
ματος τοῦ πλησίον Εἰονίου κόλπου μέχρι Τυρ|ρηνικῆς θαλάσσης εἰρηνεύεσθαι
10 πεπόηκα, [ξ] οὐδενὶ ‖ ἔθνει ἀδίκως ἐπενεχθέντος πολέμου. [ξ] Στόλος | ἐμὸς διὰ
Ὠκεανοῦ ἀπὸ στόματος Ῥήνου ὡς πρὸς | ἀνατολὰς μέχρι ἔθνους Κίμβρων διέ-
πλευσεν, οὗ οὔτε κατὰ γῆν οὔτε κατὰ θάλασσαν Ῥωμαίων τις πρὸ | τούτου τοῦ
15 χρόνου προσῆλθεν · καὶ Κίμβροι καὶ Χάλυ‖βες καὶ Σέμνονες ἄλλα τε πολλὰ ἔθνη
Γερμανῶν | διὰ πρεσβειῶν τὴν ἐμὴν φιλίαν καὶ τὴν δήμου Ῥω|μαίων ἠτήσαντο.
Ἐμῆι ἐπιταγῆι καὶ οἰωνοῖς αἰσί|οις δύο στρατεύματα ἐπέβη Αἰθιοπίαι καὶ Ἀρα-
20 βίαι | τῆι εὐδαίμονι καλουμένηι μεγάλας τε τῶν πο‖λεμίων δυνάμεις κατέκοψεν ἐν
παρατάξει καὶ | πλείστας πόλεις δοριαλώτους ἔλαβεν καὶ προ|έβη ἐν Αἰθιοπίαι
μέχρι πόλεως Ναβάτης, ἥτις | ἐστὶν ἔγγιστα Μερόη, ἐν Ἀραβίαι δὲ μέχρι
πόλε|ως Μαρίβας.

1. Schm.; οἱ ἢ πρότερον ἢ, Mo. — 2. Scr. ἐπηύξησα.

25 Aegyptum imperio populi [Ro]mani adieci. § Armeniam maiorem inter‖fecto C‹
rége eius Artaxe § c[u]m possem facere prouinciam, málui maiórum | nostró-
rum exemplo regn[u]m id Tigrani, regis Artauasdis filio, nepoti au|tem Tigrális
regis, per T[i. Ne]ronem trad[er]e, qui tum mihi priu[ig]nus erat. | Et eandem gen-
tem posteá d[esc]iscentem et rebellantem d[o]mit[a]m per Gai[u]m | filium meum
30 regi Ario[barz]ani, regis Medorum Artaba[zi] filio, r[ege]n‖dam tradidi [§] et post
e[ius] mortem filio eius Artauasdi. [§] Quo [inte]rfecto [Tigra]‖ne [1], qui erat ex
régió genere Armeniorum oriundus, in id re[gnum] misi. § Pro|uincias omnis,
quae trans Hadrianum mare uergun[t a]d Orien[te]m, Cyre|násque, iam ex parte
magná regibus eas possidentibus, e[t] [ante]a Siciliam et Sardiniam occu[pat]ás
bello seruili reciperáui. § ‖

35 Colonias in Áfri[ca Sicilia M]acedoniá utráque Hispániá Acha[ia A]s[i]a [Syria] | C‹
Galliá Narb[onensi Pi]sidia] militum dedúxi. § Italia autem [XXVIII colo]ni|ás,
quae uiu[o me celeberrima]e et frequentissimae fuerunt, m[eis auspicis] [2] | deductas
h[abet].

Signa militaria [complura per] aliós d[u]cés ámi[ssa] deuicti[s hostibu]s recipe- ‹
40 raui] ‖ ex His[pania et Gallia et a Dalm]ateis. § Parthos trium exercitum Roman-
n[o]|rum s[polia et signa reddere] mihi supplicesque amicitiam populi Romani |
petere [coegi. § Ea autem si]gn]a in penetráli, quod e[s]t in templo Martis Vltoris, |
reposui.

Pannonio[rum gentes, qua]s a]nte me principem populi Romani exercitus ‹
45 nun‖quam ad[i]t, [deuictas per Ti. Ne]ronem, qui tum erat priuignus et legátus
meus, | imperio po[puli Romani subie]ci, protulique finés Illyrici [ad rip]am
flúminis | Dan[u]i. Citr[a quod Da[cor]u[m tr]an[s]gressus exercitus meis a[u]s_
p[icis uict]us profliga|tusque [est, et postea tran]s Dan[u]uium ductus ex[ercitus
me]us [Dacor]um | gentes im[peria populi Romani perferre [3] coegit.] ‖

50 Ad me ex In[dia regum legationes saepe missae sunt, nunquam antea uisae] | ‹
apud qu[emquam] R[omanorum du]cem. § Nostram am[icitiam petierunt] | per
legat[os Bas]tarn[ae Scythae]que et Sarmatarum q[ui sunt citra flu]men | Tanaim
[et u]ltrá reg[es, Alba]norumque réx et Hibér[orum et Medorum.]

---

1. Scr. Tigranem. — 2. me[a auctoritate] Wölfl. — 3. accipere, Wölfl.

XV. Αἴγυπτον δήμου Ῥωμαίων ἡγεμονίαι προσέθηκα. | Ἀρμενίαν τὴν Cap. :
μ[εί]ζονα, ἀναιρεθέντος τοῦ βασιλέ|ως ¹, δυνάμενος ἐπαρχείαν ποῆσαι, μᾶλλον
ἐβου|λήθην κατὰ τὰ πάτρια ἡμῶν ἔθη βασιλείαν Τιγρά||νηι, Ἀρταουάσδου υἱῶι,
υἱωνῶι δὲ Τιγράνου βασι|λέως, δ[ο]ῦν[α]ι διὰ Τιβερίου Νέρωνος, ὅς τότ᾽ ἐμοῦ |
πρόγονος ἦν · καὶ τὸ αὐτὸ ἔθνος ἀφιστάμενον καὶ | ἀναπολεμοῦν δαμασθὲν ὑπὸ
Γαίου, τοῦ υἱοῦ | μου, βασιλεῖ Ἀριοβαρζάνει, βασιλέως Μήδων Ἀρτα||βάζου υἱῶι,
παρέδωκα καὶ μετὰ τὸν ἐκείνου θάνα|τον τῶι υἱῶι αὐτοῦ Ἀρταουάσδη(ι) · οὗ
ἀναιρεθέντος | Τιγράνην, ὅς ἦν ἐκ γένους Ἀρμενίου βασιλικοῦ, εἰς | τὴν βασιλείαν
ἔπεμψα. ℥ Ἐπαρχείας ἁπάσας, ὅσαι | πέραν τοῦ Εἰονίου κόλπου διατείνουσι πρὸς
ἀνα||τολὰς, καὶ Κυρήνην ἐκ μείσζονος ² μέρους ὑπὸ βασι|λέων κατεσχημένας καὶ
ἔμπροσθεν Σικελίαν καὶ Σαρ|δῶ προχατειλημένας ³ πολέμωι δουλικῶι ἀνέλαβον.

Ἀποικίας ἐν Λιβύηι, Σικελίαι, Μακεδονίαι, ἐν ἑκατέ|ρα(ι) τε Ἱσπανίαι, Ἀχαίαι, Cap. 28.
Ἀσίαι, Συρία(ι), Γαλατίαι τῆι πε||ρὶ Νάρβωνα, Πισιδίαι στρατιωτῶν κατήγαγον.
℥ Ἰτα|λία δὲ εἴκοσι ὀκτὼ ἀποικίας ἔχει ὑπ᾽ ἐμοῦ καταχθεί|σας, αἳ ἐμοῦ περιόντος
πληθύουσαι ἐτύνχανον.

Σημέας στρατιωτικὰς [πλείστας ⁴ ὑ]πὸ ἄλλων ἡγεμό|νων ἀποβεβλημένας Cap. 29.
[νικῶν τοὺ]ς πολεμίους | **XVI** ἀπέλαβον ℥ ἐξ Ἱσπανίας καὶ Γαλατίας καὶ παρὰ |
Δαλματῶν. Πάρθους τριῶν στρατευμάτων Ῥωμαί|ων σκῦλα καὶ σημέας ἀπο-
δοῦναι ἐμοὶ ἱκέτας τε φι|λίαν δήμου Ῥωμαίων ἀξιῶσαι ἠνάγκασα. [℥] Ταύτας ‖
δὲ τὰς σημέας ἐν τῷ Ἄρεως τοῦ Ἀμύντορος ναοῦ ἀ|δύτῳ ἀπεθέμην.

Παννονίων ἔθνη, οἷς πρὸ ἐμοῦ ἡγεμόνος στράτευ|μα Ῥωμαίων οὐκ ἤνγισεν, Cap. 30.
ἡσσηθέντα ὑπὸ Τιβερίου | Νέρωνος, ὅς τότ᾽ ἐμοῦ ἦν πρόγονος καὶ πρεσβευτής, ‖
ἡγεμονίαι δήμου Ῥωμαίων ὑπέταξα [§] τά τε Ἰλλυρι|κοῦ ὅρια μέχρι Ἴστρου
ποταμοῦ προήγαγον · οὗ ἐπει|τάδε ⁵ Δάκων διαβᾶσα πολλὴ δύναμις ἐμοῖς αἰσίοις
οἰω|νοῖς κατεκόπη. Καὶ ὕστερον μεταχθὲν τὸ ἐμὸν στρά|τευμα πέραν Ἴστρου τὰ
Δάκων ἔθνη προστάγματα ‖ δήμου Ῥωμαίων ὑπομένειν ἠνάγκασεν.

Πρὸς ἐμὲ ἐξ Ἰνδίας βασιλέων πρεσβεῖαι πολλάκις ἀπε|στάλησαν, οὐδέποτε Cap. 31.
πρὸ τούτου ⁶ χρόνου. ὀφθεῖσαι παρὰ | Ῥωμαίων ἡγεμόνι. ℥ Τὴν ἡμετέραν. φιλίαν
ἠξίωσαν | διὰ πρέσβεων ℥ Βαστάρναι καὶ Σκύθαι καὶ Σαρμα‖τῶν οἱ ἐπιτάδε
ὄντες τοῦ Τανάιδος ποταμοῦ καὶ | οἱ πέραν δὲ βασιλεῖς, καὶ Ἀλβανῶν δὲ καὶ
Ἰβήρων | καὶ Μήδων βασιλέες ⁷.

---

1. Ἀρτάξου excidit. — 2. Scr. μείζονος. — 3. Scr. κατειλημμένας. — 4. Schm., πλείους,
Mo. — 5. Scr. ἐπιτάδε. — 6. Scr. τούτου τοῦ, Wölfl. — 7. Scr. βασιλεῖς.

VI. Ad mé supp[lic]es confug[erunt] reges Parthorum· Tirida[tes et postea] ‖
Phrat[es], | regis Phrati[s filius] ; [§] Medorum [Artavasdes; Adiabenorum A]rtaxa|-
res § ; Britann[or]um Dumnobellau[nus et Tim..... ; Sugambr]orum | Maelo ;
§ Mar[c]omanórum Sueboru[m .....rus. Ad me rex Part]horum | Phrates, Orod[i]s
5 filius, filiós suós nepot[esque omnes misit in Ital]iam, non ‖ bello superátu[s], sed
amicitiam nostram per [liberorum suorum p]ignora | petens. § Plurimaeque aliae
gentes exper[tae sunt p. R. fide]m me prin|cipe, quibus anteá cum populo
Roman[o nullum fuera]t [1] legatiónum | et amicitiae [c]ommercium. § |

10 A me gentes Parthórum et Médóru[m per legatos] principes cárum gen‖tium
reges pet[i]tós accéperunt Par[thi Vononem, regis Phr]átis filium, | régis Oródis
nepótem: § Médi Ar[iobarzanem], regis Artavazdis fi|lium, regis Ariobarzanis
nep[otem]. |

In consulátú sexto et septimo, b[ella ubi ciuil]ia [2] exstinxeram, | per con-
15 sénsum úniuersórum [potitus rerum omni]um, rem publicam ‖ ex meá potes-
táte [§ in senát[us populique Romani a]rbitrium transtuli. | Quó pro merito
meó senatu[s consulto Aug. [3] appe]llátus sum et laureis | postés aedium meá-
rum u[estiti [4] publice coronaq]ue ciuica super | iánuam meam fixa est [§] [clu-
peusque aureu]s in [c]úriá Iúliá posi|tus, quem mihi senatum [populumque
20 Romanu]m dare uirtutis cle‖[mentiae] iustitia[e pietatis causa testatum] est pe[r
e]ius clúpei | [inscription]em. § Post id tem[pus praestiti omnibus dignitate, potes|-
t]atis au[tem n]ihilo ampliu[s habui quam qui fuerunt m]ihi quo|que in ma[gis]-
tra[t]u conlegae. |

Tertium dec[i]mum consulátu[m cum gerebam, senatus et equ]ester ordo ‖
25 populusq[ue] Románus úniuersus [appellauit me patrem p]atriae idque | in uesti-
bu[lo a]edium meárum inscriben[dum esse et in curia e]t in foró Aug. | sub
quadrig[i]s, quae mihi [ex] s. c. pos[itae sunt, decreuit. Cum scri]psi haec, |
annum agebam septuagensu[mum sextum]. |

---

1. Bergk, Schm.; [extitera]t, Mo. — 2. p[ostquam bella ciuil]ia, Mo. 1; Schm. — 3. Au-
gustus, Schm. — 4. u[estiti sunt p.] Schm.; u[elati], Wölfl.

Πρὸς ἐμὲ ἱκέται κατέφυγον βασιλεῖς Πάρθων μὲν | Τειριδάτης καὶ μετέπειτα Cap. 3:.
Φραάτης, βασιλέως § | XVII Φράτου [υἱός, Μ]ήδ[ων] δὲ Ἀρταο[υάσδ]ης, Ἀδια-
6[η]|νῶν [Ἀ]ρτα[ξάρης, Βριτα]ννῶν Δομνοελλαῦνος | καὶ Τ[ιμ..., Σο]υ[γ]άμβρων
[Μ]αίλων, Μαρκο|μάνων [Σουήβων]...ρος. § [Πρὸ]ς ἐμὲ βασιλεῖς ¹ || Πάρθων
Φρα[άτης, Ὠρώδο]υ υἱὸ[ς, υ]ἱοὺς [αὐτοῦ] υἱω|νούς τε πάντας ἔπεμψεν εἰς
Ἰταλίαν, οὐ πολέμωι | λειφθεὶς ἀλλὰ τὴν ἡμ[ε]τέραν φιλίαν ἀξιῶν ἐπὶ τέ|κνων
ἐνεχύροις, πλεῖστά τε ἄλλα ἔθνη πεῖραν ἔλ[α]6εν δήμου Ῥωμαίων πίστεως ἐπ'
ἐμοῦ ἡγεμόνος, || οἷς τὸ πρὶν οὐδεμία ἦν πρὸς δῆμον Ῥωμαίων π[ρε]σ6ειῶν καὶ
φιλίας κοινωνία.

Παρ' ἐμοῦ ἔθνη Πάρθων καὶ Μήδων, διὰ πρέσβεων τῶν | παρ' αὐτοῖς πρώτων Cap. 33.
βασιλεῖς αἰτησάμενοι, ἔλα6[ον] | Πάρθοι Οὐονώνην, βασιλέως Φράτου υ[ἱ]ὸν,
βασιλ[έω]ς || Ὠρώδου υἱωνόν · Μῆδοι Ἀριοβαρζάνην, βα[σ]ιλέως | Ἀρτα6άζου
υἱόν, βασιλέως Ἀριοβαρζάν[ου] υἱω]νόν. ·

Ἐν ὑπατείαι ἕκτηι καὶ ἑ6δόμηι μετὰ τὸ τοὺς ἐνφυ|λίους ζ6έσαι με πολέμους Cap. 34.
[χ]ατὰ τὰς εὐχὰς τῶν ἐ|μῶν πολε[ι]τῶν ἐνκρατὴς γενόμενος πάντων τῶν || πραγ-
μάτων, ἐκ τῆς ἐμῆς ἐξουσίας εἰς τὴν τῆς συν|κλήτου καὶ τοῦ δήμου τῶν Ῥω-
μαίων μετήνεγκα | κυρ́ιήαν · ἐξ ἧς αἰτίας δόγματι συνκλήτου Σεβαστὸς | προσ[η-
γορε]ύθην καὶ δάφναις δημοσίαι τὰ πρόπυ|λ[ά μου ἐστέφθ]η, ὅ τε δρύινος στέφανος
ὁ διδόμενος | XVIII ἐπὶ σωτηρία(ι) τῶν · πολειτῶν ὑπερά[ν]ω τοῦ πυλῶ|νος τῆς
ἐμῆς οἰκίας ἀνετέθη, § ὅπ[λ]ον τε χρυ|σοῦν ἐν τῷ βο[υ]λευτηρίωι ἀνατεθ[ὲ]ν ὑπό
τε τῆς | συνκλήτου καὶ τοῦ δήμου τῶν Ῥω[μα]ίων διὰ τῆς || ἐπιγραφῆς ἀρετὴν
καὶ ἐπείχειαν ² κα[ὶ] δ[ικαιοσύνην] | καὶ εὐσέβειαν ἐμοὶ μαρτυρεῖ. § Ἀξιώμ[α]τι [§]
πάντων | διήνεγκα, [§] ἐξουσίας δὲ οὐδέν τι πλεῖον ἔσχον | τῶν συναρξάντων
μοι. |

Τρισχαιδεκάτην ὑπατείαν ἄγοντός μου ἥ τε σύν||κλητος καὶ τὸ ἱππικὸν τάγμα Cap. 35.
ὅ τε σύνπας δῆμος τῶν | Ῥωμαίων προσηγόρευσέ με πατέρα πατρίδος καὶ τοῦτο |
ἐπὶ τοῦ προπύλου τῆς οἰκίας μου καὶ ἐν τῶι βουλευτη|ρίωι καὶ ἐν τῆι ἀγοραῖ
τῆι Σεβαστῆι ὑπὸ τῶι ἅρματι, ὅ μοι | δόγματι συνκλήτου ἀνετέθη, ἐπιγραφῆναι
ἐψηφίσα||το. [§] Ὅτε ἔγραφον ταῦτα, ἦγον ἔτος ἑ6δομηκοστὸν ἕκτον. §

---

1. Scr. βασιλεύς. — 2. Scr. ἐπιείκειαν.

*
* *

30 Summá pecún[i]ae, quam ded[it *in aerarium vel plebei Romanae vel di*]mis‖sis
militibus : denarium se[*xi*]e[*ns milliens*].

Opera fecit noua § aedem Martis, | *Iouis Tonantis et Feretri, Apollinis,* | Diui
Iuli, § Quirini, § Mineruae, [*Iunonis reginae, Iouis Libertatis*], | Larum, deum
Penátium, [§] Iuu[*entatis, Matris deum, Lupercal, puluina*]r | ad circum, [§]
35 cúriam cum ch[*alcidico, forum Augustum, basilica*]m ‖ Iuliam, theatrum Marcelli,
[§] [*p*]or[*ticus....., nemus trans T*]iberim | Caesarum. § |

Refécit Capito[*lium sacra*]sque ae[d]es [*nu*]m[*ero octoginta*] duas, thea[*t*]rum
Pom|pei, aqu[*arum rivos, ui*]am Flamin[*iam*]. |

40 Impensa p[*raestita*[1] *in spect*]acul[*a scaenica et munera*] gladiatorum at‖[*que*
athletas et uenationes et naum]ach[*iam*] et donata pe[*c*]unia a (?) | . . . .
. . .[*ter*]rae motu § incendioque consum|pt[*is*] a[*ut uiritim*] a[*micis senat*]oribusque,
quórum census expléuit, | in[*n*]umera[*bili*]s. §

1. Wölfl.

I, 1. Annum undevicesimum explevit Augustus die 23 Septembris anni 44 ante C. n. ;
mense autem Octobri exercitum comparavit : Cic., *ad Att.*, XVI, 8, 1 ; *Philipp.*, III, 2, 3 ;
Vell., II, 61.
3. *In libertatem uindicaui.* In nummis etiam post bellum Actiacum celebratur tanquam
libertatis p. R. uindex : Eckhel, *Doctr. num.*, VI, 83. Non modo Cassii et Bruti, sed
Antonii quoque factione oppressa fuisse ei videbatur respublica : Vell., II, 61. Cf. Bor-
mann, *Bemerkungen*, p. 13.
3-4. *Propter quae senatus... me adlegit.* Kalendis Ianuariis anni 43 : Cic., *Phil.*, V, 17,
46 ; Dio, XLVI, 29, 41 ; Liv., *Epit.*, 118 ; Appian., *Bell. civ.*, III, 51 ; Mommsen, *Droit
public*, II, p. 101-103.
5. *Imperium mihi dedit.* Cic., *Phil.*, XI, 8, 20 ; Tac., *Ann.*, I, 10 ; Liv., *Epit.*, 118.

*
* *

Συνκεφαλαίωσις [§] ἠριθμημένου χρήματος εἰς τὸ αἰρά|ριον ἢ εἰς τὸν δῆμον   App. 1.
τὸν Ῥω[μαί]ων ἢ εἰς τοὺς ἀπολε|λυμένους στρατιώτας [§] · ἑξ μυριάδες μυριά-
δων. § ‖

Ἔργα καινὰ ἐγένετο ὑπ' αὐτοῦ ναοὶ μὲν Ἄρεως, Διὸς | Βροντησίου καὶ Τρο-   App. 2.
παιοφόρου, Πανός, Ἀπόλλω|νος, [§] Θεοῦ Ἰουλίου, Κυρείνου, [§] Ἀ[θη]νᾶς,
[§] Ἥρας βασιλί|δος, [§] Διὸς Ἐλευθερίου, [§] ἡρώ[ων, θεῶν π]ατρίων [§], Νε|ό-
τητος, [§] Μητρὸς θεῶν, [§] β[ουλευτήριον] σὺν χαλκι|ΧΙΧδικῶι, [§] ἀγορᾶι
Σεβαστῆι¹ [§], θέατρον Μαρκέλλου, [§] β[α]σι|λικὴ Ἰουλία, [§] ἄλσος Καισάρων,
[§] στοαὶ ἐ[ν] Παλατ[ί]ωι, | στοὰ ἐν ἱπποδρόμωι Φλαμινίωι. §

Ἐπεσκευάσθ[η τὸ Κα]|πιτώλιον, [§] ναοὶ ὀγδοήκοντα δύο, [§] θέ[ατ]ρον   App. 3.
Π[ομ]‖πηίου, [§] ὁδὸς Φλαμινία, [§] ἀγωγοὶ ὑδάτων.

[Δαπ]άναι δὲ | εἰς θέας καὶ μονομάχους καὶ ἀθλητὰς καὶ ναυμα|χίαν καὶ   App. 4.
θηρομαχίαν δωρεαί [τε] ἀποικίαις πόλεσιν | ἐν Ἰταλίαι, πόλεσιν ἐν ἐπαρχείαις [§]
σεισμῶι κα[ὶ] ἐνπυ|ρισμοῖς πεπονηκυίαις ἢ κατ' ἄνδρα φίλοις καὶ συν‖κλητικοῖς,
ὧν τὰς τειμήσεις προσεξεπλήρωσεν, ἄ|πειρον πλῆθος.

---

1. Scr. ἀγορὰ Σεβαστή.

---

6. *Cum consulibus prouidere iussit.* Appian., III, 51 ; Vell., II, 61.

7-8. *Me consulem creauit* cum Q. Pedio, die 19 mensis Augusti anni 43, postquam
A. Hirtius et C. Vibius Pansa ceciderunt.

9. *Trium uirum...* creauit lege Titia, in unum quinquennium, eodem anno, die
27 Novembris. « Cum postea (*Graeca*, IV, 1) scribat triumviratum eum gessisse se decem
annis continuis, per alterum quinquennium eam potestatem continuasse se nulla lege
rogata ipso silentio suo confirmat. » Mommsen. (Cf. *Droit public*, IV, p. 431.)

10. *Interfecerunt.* Lege Pedia anno 43 quaestio constituta est extraordinaria in eos qui
Julium Caesarem interfecerant; aqua et igni illis interdixit : Liv., *Epit.* 120; Vell., II,
69 ; Suet., *Aug.*, 10; Appian., *Bell. civ.*; III, 95.

14. *Ciuibus peperci.* Vell., II, 86. Anno 27 corona querna civica Augusto decreta est

ciuibus seruateis, ut memorant nummi : Eckhel, VI, 88; Cohen, *Aug.* 30. Alia tradidit Dio, LI, 2.

19. *Naues cepi.* Appian., *Bell. civ.*, V, 108, 118; Plut., *Ant.* 68.

21. *Bis ouans triumphaui.* Suet., *Aug.* 22. Prior ovatio habita est anno 40 (Dio, XLVIII, 31; *Acta triumph. Capitol.* in *C. I. L.*, I, ed. II, p. 50), altera ex Sicilia idibus Novembribus anni 36 (Dio, XLIX, 15; *Acta triumph., l. c.*).

Curulis triumphos. Liv., *Epit.* 133; Suet., *Aug.* 22; Macrob., *Saturn.* I, 12, 35; Virg., *Aen.*, VIII, 714; Dio, LI, 21.

Appellatus sum uicies. Viginti acclamationes Augusti percensuit Mommsen, p. 11.

22-23. *Supersedi.* Flor., II, 33, 53; Borghesi, *Oeuv.*, II, p. 100; Dio, LV, 6; LVI, 17; Mommsen, p. 18.

23-24. *Votis solutis.* Cf. Liv., XLV, 39, 11; Obsequ. 61.

Laurum... deposui. Marquardt, *Organis. milit.*, p. 332; Dio, LIV, 25; LV, 5.

26. *Supplicandum esse.* Dio, LIV, 9; Cic. *Philipp.*, XIV, 11, 29.

28. *Reges aut regum liberi nouem.* Ex his tres tantum novimus, Alexandrum et Cleopatram, Cleopatrae liberos, et Alexandrum, fratrem Iamblichi, reguli Emesenorum : Dio, LI, 2 et 21.

30. *Cum scribebam haec.* Aestate anni 14 post C. n.; nam die 19 mensis Augusti vita decessit. Tribunicia illius potestas XXXVII coeperat die 27 Junii. Hunc tamen indicem rerum gestarum multo ante confectum esse et tum temporis tantummodo auctum contendit Mommsen, p. 2.

31. *Dictaturam... non accepi.* Anno 22 ante C. n.; Dio, LIV, 1; Vell., II, 89, 5; Suet., *Aug.* 52.

32. *Non recusaui curationem annonae.* Cf. III, 10 de frumentationibus, quas Augustus anno 23 emensus est. Fiscus autem ab anno 22 in locum aerarii erogavit frumentationes et « annonae cura, principi injuncta, pars fuit administrationis ei commissae. » Mommsen; (cf. *Droit public*, V, p. 336.)

35. *Consulatum... non accepi.* Vell., II, 89; Suet., 26. Cassio Dioni (LIV, 10), narranti ab Augusto sumptum esse consulatum perpetuum, contradicit ipse Augustus hoc loco et II, 5-8.

ἐπιμελητῆς τῶν τε νόμων καὶ τῶν τρόπων. De Augusti cura legum et morum vide Hor., *Carm.*, IV, 5, 22 (anno 14 ante C. n.) et 15, 9; *Epist.*, II, 1, 1; Ov., *Met.*, XV, 833; *Trist.*, II, 233; Suet., *Aug.* 27; Dio, LIV, 10 (anno 19 ante C. n.).

ἀρχὴν οὐδεμίαν... ἀνεδεξάμην. Curam illam, ut imperium extraordinarium, sibi oblatam (Dio, LIII, 24; LIV, 10; Vell., II, 91, 92; Suet., *Aug.* 19) ter repudiavit Augustus annis 19, 18, 11 ante C. n., quanquam alia tradiderunt Suet., *Aug.* 27; Dio, *l. c.* Cf. Mommsen, *Droit public*, IV, p. 429.

ἃ δὲ τότε... Tribunicia potestate contentus, leges *de ambitu, sumptuariam, de maritandis ordinibus*, a senatu anno 19 rogatus, tulit anno 18 : Dio, LIV, 16. Cf. Suet., *Tib.*, 42, 33; Tac., *Ann.*, II, 33.

πεντάκις αἰτήσας. Collegas in tribunicia potestate accepit anno 18 Agrippam in quinquennium (Dio, LIV, 12; Vell., II, 90; Tac., *Ann.*, III, 56); anno 13 iterum Agrippam in quinquennium (Dio, LIV, 12, 28); anno 6 Tiberium in quinquennium (Dio, LV, 9; Vell.,

II, 99; Suet., *Tib.*, 9, 10, 11); anno 4 post C. n., Tiberium in decennium (Dio, LV, 13; Vell., II, 103; Tac., *Ann.*, I, 3, 10; aliter Suet.; *Tib.* 16); anno 13, Tiberium tempore non praefinito (Dio, LVI, 28).

τριῶν ἀνδρῶν ἐγενόμην. Triumviratum priorem administravit a die 27 Novembris 43 ad diem 31 Decembris 38; posteriorem a die 1 Januarii 37 ad diem 31 Decembris 33 : Suet., *Aug.* 27; *Acta triumph. Capitol.* in *C. I. L.*, I, ed. ii, p. 50, *Fasti Colotiani, ibid.*, p. 64.

44. *Princeps senatus* factus est anno 28, unde ad aestatem anni 14 post C. n., qua haec scripsit, anni numerantur quadraginta, non computatis primo et extremo.

45. *Pontifex* creatus est a Caesare dictatore post pugnam Pharsalicam anno 48 : Cic., *Philipp.*, V, 17, 46 ; Vell., II, 59.

Augur anno 41 aut 40, si fidem adhibemus nummis.

Quindecimuirum inter annos 37 et 34 (Cohen, *Jul.*, 60).

Septemuirum ante annum 16 (nummi):

Arualis anno 14 p. C., die 14 Maii, inter Arvales sententiam tulit; die 15 Decembris in ejus defuncti locum alius creatus est (*C. I. L.*, VI, p. 461).

Sodalis Titius hic tantum appellatur.

Pro *Fetiali* bellum indixit Cleopatrae anno 32 (Dio, L, 4). Tria sacerdotia, quae in fine memorantur, aetate Ciceronis fere abolita, videtur Augustus instauravisse : Suet., *Aug.* 31.

II, 1. *Patriciorum numerum auxi.* Anno 29 ex lege Saenia (Tac., *Ann.*, XI, 25; Dio, LII, 42), quod nonnisi jussu populi et senatus facere illa aetate imperator poterat.

2. *Senatum ter legi*, cum ageret tres census, ut videtur, annorum 28, 8 ante C. n. et 14 post C. n., quanquam de hoc alia leguntur apud Dionem, LII, 42; LIII, 1 ; LIV, 13, 14, 26; 35 ; LV, 13. Senatum fuisse ab Augusto purgatum auctor est Suetonius, *Aug.* 35.

Censum populi. Suet., *Aug.* 27. Erravit autem in his etiam tradendis Dio, *l. c.;* Gardthausen, *Augustus und seine Zeit* (1891-1896), IX, cap. 3, p. 914.

3. *Lustrum feci* primum anno 28, altero et quadragesimo post quam L. Gellius et Cn. Lentulus censores fecerant (anno 69), si primum postremumque annum numero comprehenderis.

5. *Ciuium Romanorum censa sunt...* 4,063,000.

6. *Iterum consulari cum imperio* lustrum anni 8 fecit, item anni 14 p. C., cum primum fecisset, ut videtur, censoria cum potestate : Mommsen, *Droit public*, IV, p. 8.

7-8. *Et quo lustro censa sunt ciuium Romanorum* 4, 233,000; creverat igitur populus post primum lustrum centum et septuaginta milibus (170,000) civium.

8-4. *Tertium... censa sunt civium Romanorum* 4,937,000. Creverat populus post secundum lustrum septingentis et quattuor milibus (704,000) civium.

12. *Legibus nouis.* Suet., *Aug.* 24, 31, 34, 89; Liv., *Epit.* 59; Gell., I, 6; Gardthausen, IX, cap. 2, p. 897.

17. *Viuo me ludos.* Dio, LIII, 1, 2 ; LIV, 19; Plin., *Hist. nat.*, VII, 48, 158; Suet., *Aug.* 44.

17-18. *Interdum sacerdotum..., interdum consules.* Illos ludos pro valetudine Caesaris fecerunt anno 28 consules (Dio, LIII, 1), 24 pontifices, 20 augures, 16 xv viri, 12 vii viri epulones, 8 iterum pontifices ac deinde quatuor sacerdotum collegia per vices quinto quoque anno usque ad annum 13 post C. n. Mortuo autem Augusto non duraverunt.

18-19. *Vniuersi ciues.* Suet., *Aug.* 59, 98; Hor., *Carm.,* IV, 5, 31 ; Dio, LI, 19.

21. *In saliare carmen.* Dio, LI, 20 (anno 29).

22-23. *Tribunicia potestas* anno 36 Augusto ad exemplum Julii Caesaris data est in perpetuum : Oros., VI, 18, 34; Dio, XLIX, 15 (anno 36); LI, 18 (anno 30); LIII, 32 (anno 23); Appian., *Bell. civ.,* V, 132.

24-25. *Populo deferente mihi... occupauerat.* Pontificatum maximum occupaverat Lepidus anno 44 post Caesarem interfectum : Liv., *Epit.,* 117; Vell., II, 63; Dio, XLIV extr. Id autem sacerdotium saepius sibi a populo delatum (Dio, XLIX, 15; LIV, 15; LVI, 38; Suet. *Aug.,* 31; Appian., *Bell. civ.,* V, 131) Augustus vivo Lepido recusavit, mortuo demum recepit die 6 martis anni 12 ante C. n. (*Fasti Praenestini, C. I. L.,* I, ed. n, p. 223).

30. *Aram ... senatus consacrauit* postquam Augustus in urbem ex Syria rediit die 12 Octobris anni 19 (*C. I. L.,* I, p. 404; X, 8375), et nummi cusi sunt aurei argenteique, quibus Aram Fortunae reducis efficiam videmus : Cohen, *Aug.,* n. 102, 108. Dio, LIV, 10.

Ad portam Capenam, quia Augustus, cum in urbem rediit, ingressus est porta Capena. De Ara illa vide Gilbert, *Topogr. der Stadt Rom,* III, p. 119.

31. *Anniuersarium sacrificium.* Dio, LI, 19; Appian., II, 106.

36. *Obuiam mihi missa est.* Narrat Dio, LIV, 10, « senatum, propter comitiorum consularium turbas, legatos misisse ad Augustum, unum ex his Q. Lucretium ab Augusto consulem dictum esse. » Haec Mommsen ad legationem retulit, quam ait ipse Augustus sibi obviam venisse cum per Campaniam iter faceret. Existimat autem Bormann, *Bemerk.,* p. 29, duas fuisse legationes : priorem, quae principem supplicaret (Dio, *l. c.*), alteram aliquanto post a senatu decretam, quae redeuntem honoris causa comitaretur, ut ex hoc monumento constat. Vide etiam Schmidt, p. 461.

39. *Aram Pacis consacrari censuit* die 4 Julii anni 13 ante C. n., prope viam Flaminiam: *Fasti Amiterni, Praenestini* in *C. I. L.,* I (ed. n), p. 232, 244; *Acta Arval.,* anno 38, *ibid.,* VI, 1, p. 467; Ov., *Fast.,* I, 709, Dio, LIV, 23. Cf. Gilbert, III, p. 119.

42. *Ianum Quirinum.* Liv, I, 19; Varr., *Ling. lat.,* V, 165. Suet., *Aug.,* 22. *Bis clausum,* regnante Numa et post bellum Punicum primum, anno 235.

43. *Ter me principe :* 1° post bellum Actiacum, anno 29 (Liv., I, 19; Dio, LI, 20; Vell., II, 38; Oros., VI, 20, 8); 2° post bellum Cantabricum anno 25 (Dio, LIII, 26 ; Oros., VI, 21, 1; Hor., *Epist.,* II, 1, 255; *Carm.,* IV, 15) ; 3° fortasse inter annum 8, quo Germania a Druso et Tiberio debellata est (Dio, LV, 8; Vell., II, 94) et annum 1 ante C., quo C. Caesar exiit ad bellum Armeniacum. Sed certa deficiunt documenta de Jano tertium clauso. Gardthausen, *Augustus,* V, cap. 7, p. 478.

46. *Filios meos.* « Quoniam atrox fortuna Gaium et Lucium filios mihi eripuit » (*Augusti testamentum,* Suet., *Tib.,* 28).

Gaium et Lucium. C. et L. Caesares, natos priorem anno 20 (Dio, LIV, 8), posteriorem anno 17 (Dio, LIV, 18), adoptaverat avus maternus Augustus anno 17 (Dio, LIV, 18). **Togam virilem sumpserunt** C. anno 5, L. anno 2 (Suet., *Aug.,* 26).

III, 2. *Consules designauit,* C. anno 5, L. anno 2; Dio, LV, 9; Tac., *Ann.*, I, 3; consulatum gessit C. anno 1 post Chr.; L. autem, cum gesturus esset anno 4, decessit die 20 Augusti anni 2 : Eckhel, *Doctr. numm.*, VI, 171.

4. *Ut interessent consiliis.* Dio, LV, 9.

5. *Principem iuuentutis.* Dio, LV, 12. *C. I. L.*, XI, 1421. Cf. Mommsen, *Droit public,* V, p. 96.

7. *Plebei romanae.* Alia dona (Dio, XLVI, 6; XLIX, 14; LV, 6; Appian., *Bell. civ.*, V, 129, Suet., *Aug.*, 41) consulto praeteriit Augustus. Octo hae liberalitates enumerantur, praeter septimam, ordine temporis :

1ᵃ, anno 44 : Suet., *Caes.*, 83; *Aug.*, 41; Plut., *Ant.*, 16; *Brut.*, 28; Appian, II, 143; Dio, XLIV, 35. De errore Dionis cf. Wölflin, p. 271.

2ᵃ et 7ᵃ, anno 29 : Dio, LI, 17 et 21.

3ᵃ, anno 24, post bellum Cantabricum : Dio, LIII, 28.

4ᵃ, liberalitas frumentaria : V. I, 32.

5ᵃ, anno 12 : Dio, LIV, 29.

6ᵃ et 8ᵃ, annis 6 et 2, cum C. et L. Caesares togam virilem sumpserunt. Cf. Dio, LV, 10.

22. *Pecuniam pro agris* solvit in consulatu suo IV anno 29 (Dio, LI, 3, 4; Suet., *Aug.*, 17; Oros., VI, 19, 14) et postea anno 14 ante C. n. (Dio, LIV, 23).

Sexsiens milliens... pro Italicis (600,000,000).

Bis milliens et sescentiens... pro... prouincialibus (260,000,000).

28. *Et postea Ti. Nerone — Fabricio cos.,* annis 7, 6, 4, 3, 2.

34. *Quater..... iuui aerarium* : 1° anno 28, ludorum causa propter victoriam Actiacam edendorum : Dio, LIII, 2; 2° anno 16, viarum reficiendarum causa : Eckhel, VII, 103. Duae aliae inlationes ignorantur.

35. *Milliens et quingentiens,* 150,000,000.

Praerant aerario duo quaestores ante annum 28, duo praetorii ante annum 23, postea duo praetores.

36. *Aerarium militare* constitutum est anno 6 post C. n. : Dio, LV, 23-26; Suet., *Aug.*, 49; Plin., *Hist. nat.*, VII, 45, 119; Tac., *Ann.*, I, 17, 31; Mommsen, *Droit public,* V, p. 305; Marquardt, *Organis. financ.*, p. 387; Kubitschek ap. Pauly-Wissowa, *Realencyclopädie,* I, s. v., col. 672, 33. Silet Augustus de annuis largitionibus quas etiam post annum 6 in se recepit (Dio, *l. c.*).

40-43. *Inde ab anno* 18 ante C., cum deficerent reditus publici, tributa, quae possessores agri provincialis, alia frumento, alia pecunia solvere debebant (Tac., *Ann.*, IV, 6; *Agric.*, 19, 31), ipse princeps de suo praestitit (Dio, LIV, 30).

IV, 1. *Curiam...* Operum publicorum quae fecit Augustus laterculus tripertitus est : 1° v. 1-8, opera publica nova facta in solo publico; 2° v. 9-20, opera publica refecta in solo publico ; 3° v. 21-33, opera publica facta in solo privato. Ea « quorum sumptus subministravit, cum fierent sub nomine alieno, praetermisit, nisi quae dedicata sunt sub nomine defunctorum. » Mommsen; Gardthausen, *Augustus,* IX, cap. 6, p. 956. Curiam Juliam dedicavit anno 29 : Dio, XLIV, 5; XLV, 17, XLVII, 19, LV, 22; Gilbert, *Topogr. der Stadt Rom,* III, p. 167-170.

Chalcidicum. Dio, LI, 22, 1 ; Hülsen, *Röm. Mitth.*, VIII, 1893, p. 278.

2. *Templum Apollinis in Palatio* dedicatum anno 28 : Dio, XLIX, 15 ; LIII, 1 ; Vell., II, 81 ; Suet., *Aug.*, 29 ; *C. I. L.*, I (ed. п), p. 331 ; Gilbert, II, p. 107-109.

Aedem diui Iulii, dedicatam die 18 Augusti anni 29 : Dio, XLVII, 18 ; LI, 22 ; Gilbert, III, p. 117.

Lupercal. Dionys.; I, 31 ; Gilbert, III, p. 424.

2-3. *Porticum ad Circum Flaminium*, exstructam anno 33 : Fest., p. 178 ; Gilbert, III, p. 325.

4, 5. *Puluinar* unde Augustus ludos circenses spectavit anno 31 : Dio, L, 10 ; Suet., *Aug.*, 45 ; *Claud.*, 4 ; Gilbert, III, p. 318.

Aedes Iouis Feretri. Corn. Nep., *Attic.*, 20 ; Liv., IV, 20 ; Gilbert, III, p. 399.

6, 7. *Iouis Tonantis* aedes dedicata die 1 Sept. anni 22 : Suet., *Aug.*, 29 ; Dio, LIV, 4 ; Gilbert, III, p. 399.

6. *Quirini,* anno 16 in Quirinali : Dio, LIV, 19 ; Gilbert, I, p. 280-282.

6-7. *Aedes Mineruae...* in Aventino (Varr., *Ling. lat.*, V, 158) dedicata est anno incerto : Gilbert, III, p. 444.

7. *Aedem Larum* nemo novit : Gilbert, III, p. 424.

8. *Aedem Penatium* non eamdem vidit Dionys., I, 68 ; Gilbert, III, p. 360.

Aedem Iuuentatis in Circo Maximo (Liv., XXXVI, 36), anno 16 incendio consumptam, quando Augustus restituerit incertum est : Gilbert, III, p. 93.

Aedem Matris Magnae incensam anno 3 post C. n. (Val. Max. I, 8, 11 ; Dio, LV, 12 ; Suet., *Aug.*, 37) Augustus haud multo post restituit : Gilbert, III, p. 104-107.

9. *Capitolium et Pompeium theatrum.* Nihil amplius rescivimus de illa refectione : Gilbert, III, p. 322-327.

10. 11. *Riuos aquarum.* Anno 5-4 ante C. n. ; cf. *C. I. L.*, VI, 1244. De refectis rivis aquarum Juliae, Tepulae, Marciae, cf. *C. I. L.*, VI, 1249 ; Anienis veteris, *C. I. L.*, VI, 1243 : Frontin., *de aquis*, 125. Gilbert, III, p. 266-283.

11, 12. *Marcia.* Frontin., *de aquis*, 12. Gilbert, III, p. 268.

12, 13. *Forum Iulium* dedicatum a Caesare dictatore die 24 aut 25 Sept. a. 46 (Dio, XLIII, 22 ; Appian., *Bell. civ.*, III, 28) perfecit Augustus : Plin., *Hist. nat.*, XXXV, 12, 156. Gilbert, III, p. 224-228.

Basilicam (Juliam), quam Julius Caesar jusserat aedificari, mox igne corruptam denuo inchoavit Augustus sub nomine C. et L. Caesarum (Suet., *Aug.*, 29 ; Dio, LVI, 27), nondum autem perfecerat cum haec scripsit anno 14 p. C. n. : Gilbert, III, p. 222.

17. *Duo et octoginta templa.* Anno 28 : Dio, LIII, 2 ; LVI, 40 ; Suet., *Aug.*, XXIX, 30 ; Hor., *Carm.*, III, 6 ; Liv., IV, 20 ; Ov., *Fast.*, II, 59.

19. *Viam Flaminiam.* Anno 27 : Suet., *Aug.*, 30 ; Dio, LIII, 22, « Reliquas triumphalibus viris e manubiali pecunia sternendas distribuit » (Suet.); Gardthausen, *Augustus*, IX, cap. 7, p. 987.

20. *Praeter Muluium*, quem refecerat M. Scaurus censor anno 109 : Amm. Marcell, XXVII, 3, 9. De Minucio nihil constat.

21. *Martis Vltoris templum* voverat bello Philippensi (Suet., *Aug.* 29) anno 42, dedicavit anno 2 ante C. n. : Gilbert, III, p. 229-232.

Forumque Augustum. Suet., *Aug.* 56. Quadrigas in eo foro sibi dedicatas ipse memorat infra VI, 27 : Gilbert, *l. c.*

22. *Theatrum ad aede Apollinis,* a Caesare inchoatum perfecit, in honorem Marcelli, mortui anno 23, dedicavit die Maii 4 anni 11 : Plin., *Hist. nat.,* VIII, 17, 65. Gilbert, III, p. 227-229.

23. *Dona ex manibiis...* HS *circiter milliens,* sestertium 1,000,000, quam summam falso auxit Suetonius, *Aug.* 30. Cf. *Caes.* 54 ; Plin., *Hist. nat.,* XXXIII, 1, 14 ; Dio, LI, 22.

26. *Aurum coronarium,* quod contulerant municipia et coloni Italiae, anno 29 et postea recusavit; id autem accepit quod contulerant provinciae : Dio, LI, 21. Cf. Marquardt, *Organisation financière,* p. 372.

31. *Ter munus gladiatorium.* Filii Augusti adoptivi fuerunt Gaius, Lucius, Tiberius, Agrippa Postumus ; nepotes Germanicus et Drusus cum Tiberio patre adoptati. Illorum nomine munera dedit, quod jure Romano filii nepotesque nihil proprium habebant neque ludos edere poterant nisi patris et avi sumptibus : Suet., *Tib.* 15.

Haec munera data sunt :

Anno 29 ob dedicatam aedem divi Julii : Dio, LI, 22.

Anno 28 ob victoriam Actiacam : Dio, LIII, 1.

Anno 16 ex senatus consulto ab Augusto per Tiberium et Drusum : Dio, LIV, 19.

Anno 12 Quinquatribus, Gaii et Lucii nomine : Dio, LIV, 28-29.

Anno 7 munus funebre in honorem Agrippae : Dio, LV, 8.

Anno 2 ob dedicatam aedem Martis. Cf. infra, IV, 43.

Anno 6 post C. n. in honorem Drusi majoris a filiis ejus Germanico et Claudio : Dio, LV, 27 ; Plin., *Hist. nat.,* II, 26, 96 ; VIII, 2, 4.

Octavum munus fortasse datum est nomine Germanici et Drusi, Ti. f. : Suet., *Aug.* 43.

33. *Bis athletarum... spectaclum.* Anno 28 : Suet., *Aug.* 43 ; Dio, LIII, 1.

35. *Ludos feci;* circenses et scenicos suo nomine, cum minores magistratus non obisset, raro edidit, saepe autem « pro aliis magistratibus, qui aut abessent aut non sufficerent. » Suet., *Aug.* 43. Inter quos referendi sunt ludi Victoriae Caesaris anno 44 ab Augusto editi : Dio, XLV, 6; *C. I. L.,* I, p. 397.

36. *Pro conlegio XV virorum,* ad quos jure pertinebant, ludos saeculares fecit anno 17, collega Agrippa, quem noveramus fuisse et ipsum xv virum : Cohen, *Aug.* 461 ; Dio, LIV, 19 ; *C. I. L.,* IX, 262. Cf. ipsa acta ludorum saecularium Romae reperta : Mommsen, *Ephem. epigr.,* VIII, p. 225 ; Dressel, *ibid.,* p. 310 ; Gardthausen, *Augustus,* IX, cap. 8.

38. *Ludos Martiales,* non circenses qui die Maii 12, sed eos qui kalendis Augustis uno quoque anno celebrabantur : Dio, LX, 6 ; defuncto Augusto decretum est ut ederentur a consulibus ; Dio, LVI, 46.

39. *Venationes bestiarum.* Suet., *Aug.* 43. Anno 11, cum theatrum Marcelli dedicavit, confectae sunt bestiae 600 (Dio, LIV, 26) ; anno 2, leones 260 et crocodili 36 (Dio, LV, 10) ; anno 13 post C. n., edente Germanico, leones 200 (Dio, LVI, 27).

43. *Naualis proeli spectaclum.* Anno 2 : Vell. II, 100; Dio, LV, 10 ; LXVI, 25 ; Ov., *Ars am.,* I, 171 ; Suet., *Aug.* 43.

49. *In templis omnium ciuitatium.* Dio, LI, 17 ; Plin., *Hist. nat.,* XXXIV, 8, 58 ; Strab.,

XIII, 1, 30; **XIV**, 1, 14. Ea templa spoliaverat Antonius in Cleopatrae gratiam Sami, Ephesi, Pergami, Rhoetei : Plut., *Ant.* 58.

51. *Statuae meae.* Suet., *Aug.* 52; Dio, LIII, 22 ; Plin., *Hist. nat.*, XXXIII, 12, 151.

V, 1. *Mare pacaui a praedonibus.* Servitia fugitivosque, quos Sex. Pompeius in numerum exercitus sui receperat (Vell., II, 73 ; Lucan., VI, 422; Flor., II, 18; Appian., V, 77, 80; Dio, XLVIII, 19 ; Plin., *Hist. nat.*, XXVIII, 2, 13) victor Augustus anno 36 partim restituit dominis, partim jussit in crucem agi (Appian., V, 131; Oros., VI, 18, 33 ; Dio, XLIX, 12).

3-4. *Iurauit... tota Italia.* Anno 32, cum instaret bellum inter Antonium et Octavium (Dio, L, 6; Suet., *Aug.* 17). Illyricum, quod jurasse etiam ait Dio, non nisi anno 27 in provinciae formam redactum est. Cf. Dio, LIII, 12 ; Strab., XVII, 3, 35.

6-7. *Senatores plures quam DCC.* Suetonius plures quam mille eos fuisse putat (*Aug.* 35).

7-8. *Consules LXXXIII,* quem numerum testantur etiam fasti consulares; cf. Mommsen, p. 100.

8. *Sacerdotes circiter CLXX,* « senatoriae dignitatis, ut non solum quattuor collegia majora hic intellegantur, sed Arvalium quoque et similis dignitatis reliqua, » et omnino « ex septingentis senatoribus non solum qui tempore belli Actiaci sacerdotium habuissent, sed etiam postea sacerdotes creati » Mommsen.

10. *Fines auxi* Germaniae (Suet., *Aug.* 21), Illyrici et Macedoniae, Galatiae, Syriae (Marquardt, *Organis. de l'emp. rom.*, II, p. 171, 203, 276, 331). De victoriis in Africa relatis cf. *C. I. L.*, I, p. 461, 478 ; *Ephem. epigr.*, V, 640; Vell., II, 116 ; Flor., II, 31.

10-11. *Gallias* pacavit bello cum Morinis et Aquitanis (annis 28-27), *Hispanias* bello cum Cantabris.

12-13. *Alpes a regione ea...* Suet., *Aug.* 21 ; Plin., *Hist. nat.*, III, 20, 136. Pacificavit Salassos anno 25 (Strab., IV, 6, 7; Dio, LIII, 25 ; Liv., *Epit.*, 135; Suet., *Aug.* 21); Camonnes et Venostes anno 16 (Dio, LIV, 20); Raetos et Vindelicos anno 15 (Suet., *Aug.* 21); Ligures anno 14 (Dio, LIV, 24); Raetiam constituit annis 7-6.

14. *Classis mea... nauigauit* duce Ti. Caesare anno 5 post C. n.: Vell., II, 106 ; Plin., *Hist. nat.*, II, 67, 167.

16-17. *Cimbri* (Strab., VII, 2, 1) non inter Rhenum et Albim degebant (Strab., VII, 1, 3, p. 291; 2, 4, p. 294) sed in extrema Jutlandia (Ptolem., II, 11, 12) ;

Charydes in eadem paeninsula sub Cimbris (Ptolem., *l. c.*);

Semnones inter Albim et Viadrum.

19-20. *Exercitus in Arabiam* ductus est a C. Aelio Gallo, ut videtur, annis 25/24 : Dio, LIII, 29 ; Hor., *Carm.*, I, 29, 35 ; Strab., XVI, 4, 22;

in Aethiopiam a C. Petronio annis 24/22 : Strab., XVII, 1, 54; Dio, LIV, 5 ; Plin., *Hist. nat.*, VI, 29, 181-182. Joh. Schmidt, *Philologus*, 1885, p. 463-470.

22. *Ad oppidum Nabata.* Napata, Strab., Ptolem. ; *Nepata*, Plin. ; Τανάπη, Dio.

23. *Processit... ad... Mariba.* Mahrib : Plin., *Hist. nat.*, VI, 28, 159-160; Strab., XVI, 4, 24; Dio, LIII, 29. Gardthausen, *Augustus*, VIII, cap. 1, p. 795.

24. *Aegyptum adieci,* anno 30.

Interfecto Artaxe, anno 20. De rebus tum in Armenia gestis cf. Dio, LI, 16 ; LIV, 9 ; Tac., *Ann.,* II, 3 ; Vell., II, 94, 122 ; Suet., *Aug.* 21.

26. *Exemplo* maxime Pompeii, qui alteri Tigrani anno 66 regnum tradiderat. *Per Ti. Neronem.* Suet., *Tib.* 9 ; Vell., II, 95, 122.

28. *Eandem gentem rebellantem* ab anno 6 (Tac., *Ann.,* II, 3 ; Dio, LV, 9 ; Vell., II, 110) usque ad annum 1 (Dio, LV, 6 ; LXI, 2), quo C. Caesar ad eam domandam missus est (Tac., *l. c.;* Dio, LV, 10 ; Strab., XI, 3, 1 ; Suet., *Aug.* 41). Anno autem 4 post C. n. interfectus est Artavasdes ; Tac., *Ann.,* II, 4 ; Dio, *l. c.*

31. *Tigranes* filius erat Alexandri, regis Judaeorum. Illius vero aviam maternam Mommsen suspicatur ex domo regum Armeniorum originem duxisse (Tac., *Ann.,* VI, 40 ; XIV, 26 ; Joseph, *Ant. Jud.,* XVIII, 5, 4 ; *Bell. Jud.,* I, 28, 1). De Medis cf. Joseph., *Ant. Jud.,* XVIII, 2, 4 ; Tac., *Ann.,* II, 3, 6, 42.

32. *Prouincias omnis,* quas Antonius in Oriente ab imperio Romano abalienaverat : possidendas enim tradiderat Amyntae, regi Galatarum, Lycaoniam et Pamphyliam (Dio, XLIX, 32), Cleopatrae Cyprum (Plut., *Ant.,* 54 ; Dio, XLIX, 32, 41 ; Strab., XIV, 6, 6), Caesarioni Syriae littora et Arabiam (Joseph. *Ant. Iud.,* XV, 3, 8, 4, 1 ; 5, 3 ; *Bell. Jud.,* I, 18, 5 ; Plut., *Ant.,* 54 ; Dio, XLIX, 32) et partem Ciliciae (Strab., XIV, 5, 3), fortasse etiam Cretae (Dio, *l. c.*) et Cyrenas (Plut., *l. c.*), filiis suis Ptolemaeo Philadelpho Syriae regnum cum majore parte Ciliciae (Plut., *l. c.;* Dio, XLIX, 41), Alexandro Armeniam, Mediam et Parthiam (Liv., *Epit.,* 131 ; Plut., *l. c.*).

34. *Siciliam et Sardiniam occupatas bello seruili.* Cf. V, 1.

35. *Colonias in Africa — Pisidia.* Ruggiero, *Diz. epigr.,* II, p. 415-417 ; Kornemann ap. Pauly-Wissowa, *Realencyclopädie,* s. v. *Coloniae,* col. 539, v. 52 — col. 560, v. 54.

36. *Italia.* Cf. Mommsen, *Hermes,* XVIII (1883), p. 161 ; Ruggiero, *l. c.* ; Kornemann, *l. c.,* col. 535, v. 46. Quas ob causas omissae sint coloniae in Illyricum deductae (Kornemann, col. 529, v. 53 — col. 530, v. 30), parum liquet. De illis XXVIII coloniis cf. Marquardt, *Organis. de l'Emp. rom.,* I, p. 158-162.

39. *Signa militaria* Dalmatae, Gabinio anno 48, Vatinio anno 44 adempta, Augusto reddiderunt anno 33 (Appian., *Illyr.,* 12, 23, 28). De signis ex Hispania et Gallia recuperatis tacent auctores.

40. *Signa,* a Crasso anno 52, ab Antonio annis 40 et 36 amissa, Parthi anno 20 reddiderunt : Justin., XLII, 5, 11 ; Liv., *Epit.,* 141 ; Suet., *Aug.* 21, *Tib.,* 9 ; Vell., II, 91 ; Virg., *Aen.,* VII, 605 ; Hor., *Carm.,* I, 12, 56 ; III, 5, 4, 6 ; Dio, XLIX, 23, 24 ; LIII, 33 ; LIV, 8 ; Oros., VI, 21, 29 ; Flor., II, 34 ; Eutrop., VII, 19. Gardthausen, *Augustus,* III, cap. 5, p. 224 ; IV, cap. 2, p. 290.

42. *Amicitiam populi Romani.* Hor., *Epist.,* I, 12, 27 ; Oros., VI, 21, 29. Fictus est in nummo Parthus genibus nixus : Eckhel, VI, 95.

Reposita sunt ea signa primum in Capitolio, postea in templo Martis Ultoris, quod Augustus in foro dedicaverat anno 2 : Dio, LV, 10 ; Hor., *Carm.,* IV, 5, 16 ; *Epist.,* I, 18, 56 ; Prop., III, 10, 13 ; IV, 4, 6 ; 5, 48 ; Ov., *Trist.,* II, 295.

44. *Pannoniorum gentes* ab Augusto devictae sunt annis 35/34, a Tiberio annis 12/9.

47. *Fines Illyrici* nonnisi anno 6 post C. n. prolatos esse usque ad ripam Danubii tradit Suet., *Tib.,* 16.

47. *Dacorum transgressus exercitus.* Appian., *Illyr.*, 22, 23; Suet., *Aug.*, 63; Frontin, *Strat.*, I, 10, 4; Dio, L, 6; LI, 22; Virg., *Georg.*, II, 497; Hor., *Sat.*, II, 6, 53; *Carm.*, III, 6, 13.

Victus... est a M. Crasso post pugnam Actiacam : Dio, LI, 23; *Acta triumph.*, IV, non. Jul. anni 727 u. c. (27 ante C. n.).

48. *Postea,* anno 6 post C. n., trans Danubium ductus est exercitus romanus a Lentulo : Flor., II, 28; Dio, LIV, 20 et 36; LV, 30; Strab., VII, 3, 12 et 13; Suet., *Aug.*, 21; Flor., II, 28 et 29; Tac., *Ann.*, IV, 44.

50. *Ex India.* Suet., *Aug.*, 21; Flor., II, 34; Oros., VI, 21, 19; Dio, LIV, 9; Strab., XV, 1, 4; 1, 73; Virg., *Georg.*, II, 170; III, 26; *Aen.*, VI, 794; VIII, 705; Hor., *Carm. saec.*, 55, 56; *Carm.*, IV, 14, 41.

51. *Nostram amicitiam petierunt.* Suet., *Aug.*, 21.

Bastarnae. Liv., *Epit.*, 134; Dio, LI, 23, 24.

Scythae. Suet., Flor., Oros., *l. c.*

Sarmatae sive Gelones. Virg., *Aen.*, VIII, 725; Strab., II, 5, 30; Tac., *Ann.*, VI, 33; Plin., *Hist. nat.*, II, 108, 246; VI, 5, 16; 7, 19; 13, 40. Hor., *Carm.*, II, 9; III, 8, 23.

Albanorum et Iberorum. Dio, XLIX, 24.

Medorum. Cf. supra, V, 26.

54. *Tiridates et Phrates.* Justin., XLII, 5; Dio, LI, 18; LIII, 33.

VI, 2. *Artaxares.* Strab., XVI, 1, 19; Tac., *Ann.*, XII, 13; Joseph., *Ant. Jud.*, XX, 1, 2. *Britannis* bellum, quod paraverat annis 34 (Dio, XLIX, 38) et 27/26 (Dio, LIII, 22, 25; Virg., *Georg.*, I, 30; III, 25; Hor., *Epod.*, VII, 7; *Carm.*, I, 35; III, 5; I, 21, 15...) Augustus nunquam intulit. Sed legationes eorum accepit; Strab., IV, 5, 3. Quis alter Britannorum rex ad illum confugerit, plane incertum est.

Sugambri cum Usipetis et Tencteris Romanos profligaverant anno 16; Dio, LIV, 20; Vell., II, 97; Suet., *Aug.*, 23. Sed cum rebellassent anno 12, a Druso et Tiberio saepius victi (Dio, LIV, 32, 33, 36), tandem debellati anno 8 (Dio, LV, 6; Vell. II, 97) et in Galliam traducti sunt. Suet., *Aug.*, 21; Tib., 9; Tac., *Ann.*, II, 26; XII, 39; Strab., VII, 1, 3.

3. *Marcomani* erant ex gente Sueborum (Tac., *Ann.*, I, 44; II, 62) et eidem regi parebant cui ceteri. Quis autem eorum rex Augustum adierit ignoratur. Wölfflin dubitavit an restituendum esset [*Segime*]rŭs : Strab., VII, 1, 5.

4. *Filios suos* misit Seraspadem, Rhodaspem, Vononem et Phraatem (Strab., VI, 4, 2; XVI, 1, 28; Justin., XLII, 5, 12; Vell., II, 94; Tac., *Ann.*, II, 1; Oros., VI, 21, 29; Suet., *Aug.*, 21, 43); quorum duo primi Romae obierunt; Vononem Parthis petentibus Augustus remisit (cf. VI, 9), Phraatem Tiberius. Missi fuerant Romam circa annum 20.

6. *Plurimae aliae gentes.* « Certam hujus loci interpretationem rerum memoria non suppeditat. » Mommsen.

9. *Gentes Parthorum* regem acceperunt, ut justum erat, Vononem, quem antea Romam miserant obsidem; Suet., *Aug.*, 21. Mortuis Phraate, qui regnaverat annis 37/9, et Phraatace, Vonones, Phraatis filius, circa annum 7 post C. n. ad regnum accessit (Tac., *Ann.*, II, 1; Joseph., *Ant. Jud.*, XVIII, 2, 4); victus autem fuit et pulsus ab Artabane anno 12 post C. n.

11. *Medi Ariobarzanem.* Cf. V, 28.

14, 15. *Rempublicam... transtuli.* Ab Augusto vere redditam esse rempublicam testantur Ov., *Fast.*, I, 589; Vell., II, 89; Liv., *Epit.*, 134; Eckhel, VI, 83; *C. I. L.*, I, p. 384. Negant Strabo, XVII, 3, 25; Dio, LII, 1; Suet., *Aug.*, 28. De hac quaestione cf. Mommsen, *Droit public*, V, p. 1. Certe potestatem reipublicae constituendae extraordinariam, quam acceperat a. 43 (Appian., *Bell. civ.*, V, 95), reddidit anno 3/4 post C. n.; Dio, LIII, 1 et 2; Tac., *Ann.*, III, 28; provincias omnes cum suis exercitibus, praeter eas quae Caesaris dici coeptae sunt, restituit senatui anno 27; Ov., *Fast.*, I, 589; Dio, LIII, 9. Sed « potestates sibi mandatas nomine ordinarias ita crevit clausulis adjectis, ut legitimam potestatem haberet reliquis magistratibus omnino majorem et a potestate triumvirali eo tantum diversam, quod sine nomine esset. » Mommsen. Cf. graeca III, 19; Tac., *Ann.*, I, 1, 2.

16, 17. *Augustus appellatus sum* die 16 mensis Januarii, anno 27 : Liv., *Epit.*, 134; Oros., VI, 20, 8; Vell., II, 91; Suet., *Aug.*, 7; Dio, LIII, 16; *C. I. L.*, I, p. 384.

17, 18. *Laureis postes... uestiti coronaque ciuica super ianuam fixa* ob cives servatos in nummis ficta sunt post diem 13 mensis Januarii, anno 27 : Cohen, *Aug.*, 30, 43, 48, 50, 206, 207, 212, 301, 341, 356, 426, 476-478, 482; Dio, LIII, 16; Suet, *Claud.*, 17; Senec., *De Clem.*, I, 26, 5; Ov., *Trist.*, III, 1, 39, 41, 47; *Fast.*, III, 137; IV, 953; *Metam.*, I, 562; Plin., *Hist. nat.*, XVI, 4, 8.

18, 19. *De clupeo aureo*, quem S. P. Q. R. Augusto dedit anno 27, mentio est in titulo (*C. I. L.*, IX, 5809) et nummis : Cohen, *Aug.*, 50, 53, 213, 216, 253, 264-267, 283, 286-297, 332.

25. *Patrem patriae*, 5 Febr., anno 2 : Mommsen, *C. I. L.*, I, p. 386, II, n. 2107; Suet., *Aug.*, 58; Ov., *Fast.*, II, 128 « Trium autem inscriptionum alibi mentionem non inveni. » Mommsen. Cf. Hor., *Carm.*, IV, 14; Vell., II, 39.

27-28. *Annum agebam septuagensumum sextum*, qui coepit 23 Sept. anno 13 post C. n. Imo cum ipse trib. pot. XXXVII se tum temporis fuisse profiteatur (I, 30), quae coepit 27 Jun. anno 14, et vita decesserit 19 Aug. insequenti, videntur haec scripta esse Romae aestate anni 14, antequam extremo itinere in Campaniam se contulit; quanquam quaedam partes hujus indicis potuerunt prius esse confectae. Cf. Mommsen, p. 1; Bormann, *Bemerk.*, p. 11.

29. Quae sequuntur appendicis vice scripta sunt ab homine graeco, sive ab interprete legati Galatiae, sive a magistratu Ancyrano, neque suppeditant unde hiatus commentarii expleamus.

Denarium 600,000,000 = 2,400,000,000 sest. Cf. III, 7-42.

31. *Opera noua.* Cf. IV, 1.

37. *Refecit Capitolium;* nihil aliud epitomator nisi ordinem turbavit.

39. *Impensa... in spectacula.* Cf. IV, 31-48.

41. Δωρεαί... πόλεσιν. Haec non petita sunt ex commentario : Suet., *Aug.*, 47; Dio, LIV, 23, 30, LV, 10; Strab., XII, 8, 18; Suet., *Tib.*, 8; *C. I. L.*, X, 4842.

42. *Senatoribus.* Suet., *Aug.*, 41; Dio, LI, 17; LII, 19; LIII, 2; LIV, 17; LV, 13; LVI, 41.

160. Ancyrae. — *C. I. Gr.*, 4041.

Αὐτοκράτορι Νέρου[α] Τραιανῷ Καίσαρι Σεβασ[τῷ].

---

161. Ancyrae. — Domaszewski, *Arch. epigr. Mittheil.*, IX (1885), p. 116, n. 68.

5 .... [Σεβα]στὸν | [ἀρχιερέα] μέγισ|[τον, δημ]αρχι|κῆς [ἐξου]σίας, ‖ [ὕπατον ἀ]ποδε|[δειγμέν]ον τὸ | [δεύτερο]ν [1]....

1. Antoninus Pius, ut videtur, anno 138 p. C.

---

162. Ancyrae. — Domaszewski, *Arch. epigr. Mittheil.*, IX (1885), p. 119, n. 81.

['Επὶ Αὐτοκράτορος Καί|σαρος Τ. Αἰλίου 'Αντω|νίνου Εὐσεβοῦς, ἀρχι|ερέως 5 μεγίστου, δημ‖αρχικῆ]ς ἐξουσίας [τὸ., | ὑπάτ]ου τὸ δ' [1], ἀνέθηκαν | τὴν σ]τήλην καὶ τὰ ὀνόματα, ἡγε|[μον]εύοντος Π. 'Αλφίου Μαξίμο(υ) [2], | ἀρχιερωμένου 10 Μ. Παπιρίου Μον‖τάνου, σεβαστοφαντούσης Κλ. Β(α)λ|βείνης νεωτέρας [3], ἱερο-φαντοῦντος | διὰ βίου 'Ιουλίου Αἰλίου 'Ιουλιανοῦ.| Sequuntur nomina virorum 92. 15 Τὴν εἰκόνα τοῦ κυρίου Σεβα|στοῦ καὶ τὸν τίτλον σὺν ταῖς‖ γραφαῖς τοῖς ἱερουργοῖς | [Τ]ιδ. Κ. Στρατόνεικος ἐκ τῶν | ἰδίων ἀνέστησε.

1. Antoninus Pius, inter annos 143/161, si quidem nomina recte supplevit Domaszewski. — 2. De eo cf. *Prosop. imp. rom.*, I, p. 51, n. 390. — 3. Cl. Balbina junior fortasse filia fuit Cl. Balbinae et Cl. Arriani viri clarissimi, *Ibid.*, I, p. 350, n. 645, 646; p. 406, n. 856. Cf. titulum nostrum n. 191.

---

163. Ancyrae. — Kirchhoff, *Annali*, 1861, p. 182, n. 5. Correxit Mordtmann, *Marmora Ancyrana*, p. 8.

5 Θεοῖς 'Ολυμ[πί|ο]ις Σεουήρ[ῳ | Α]ὐγούστῳ | 'Α]ντωνείνῳ Αὐ‖τοκράτορι | [καὶ Γέτα [1]] Καί|σαρι.

1. Nomen Getae erasum videtur.

---

164. Ancyrae. — *C. I. Gr.*, 4046.

Αὐτοκράτορι Καίσαρι...|. [Σε]βαστῷ Εὐσεβεῖ Εὐτυ[χεῖ] [1]....

1. Caracalla, aut aliquis imperatorum qui post eum imperium obtinuerunt.

165. Inter Ancyram et Amisum. — Domaszewski, *Arch. epigr. Mittheil.*, IX (1883), p. 131, n. 99.

['A]γαθῇ τύχῃ. | M. 'Αντ[ω]νῖ[ν]ον [1] | θειότατον αὐτ[οκ]ράτορα τὸν ἐκ Θε|ῶν..... ‖ ..... [β]ουλὴ, δῆ|μος.

1. Aut Caracalla, aut Elagabalus.

---

166. Ancyrae. — Kirchhoff, *Annali*, 1861, p. 185, n. 24.

.... [Καίσ]αρι Σεβ[αστῷ]....

---

167. Ancyrae. — Perrot, *Explor. de la Bithynie*, n. 131.

Πόπλιον Αἴλ. | Σεμπρώνιον | Μητροφάνη [1], | τὸν πάσης ἀρίστης ‖ μνήμης ἄξιον συν|κλητικὸν, M. Αὐρ. | Μουσικὸς | τὸν εὐεργέτην διὰ πάντα.

1. Vir ignotus. Cf. *Prosop. imp. rom.*, I, p. 23, n. 178.

---

168. Ancyrae. — *C. I. Gr.*, 4037; Mordtmann, *Marmora Ancyrana*, p. 35.

'Αγαθῇ τύχῃ. | Αὐφίδιον | 'Ιουλιανὸν [1], | τὸν κράτ(ιστον) ἐπίτρο‖πον τῶν Σεβ(αστῶν τριῶν) [2] | τὸν ἐν πᾶσι ἁγνὸν | κ(αὶ) δίκαιον κ(αὶ) πάσῃ | ἀρετῇ κεκοσμη|μένον, ‖ Εὐτυχίδης Σεβ(αστῶν τριῶν) | ἀπελεύθ(ερος), ταβου|λάριος [3], τὸν ἑαυτοῦ | πάτρ[ω]να κ(αὶ) ἐν πᾶσιν | εὐεργέτην.

1. *Prosop. imp. rom.*, I, p. 183, n. 1134. Cf. infra, n. 169, 170. — 2. ΣΕΒΒΒ Gruter ex Dousa, Mordtmann; ΣΕΒΒ Dousa, Franz, imperfecte, fortasse erasa tertia littera B. Sine dubio Severus et filii. — 3. Tabularius in officio procuratoris.

---

169. Ancyrae. — Mordtmann, *Marmora Ancyrana*, p. 21, n. 9.

[Αὐ]φί[διον] | 'Ιουλιανὸ[ν [1], | τ]ὸν [κ]ράτ[ιστον] | ἐπί[τρ]οπον ‖ τ[ῶν Σ]εβ(αστῶν τριῶν), | Κυρ[ια]κὸ[ς | τ]ὸν [π]ά[τρωνα].

1. Cf. supra, n. 168.

170. Ancyrae. — *C. I. Gr.*, 4038.

5　Αὐφίδιον | ['Ι]ουλιανὸν, | τὸν κράτ(ιστον) | ἐπίτροπον ‖ τῶν Σεβ(αστῶν) ¹, |
10 Μαξιμεῖνος | ..... | τὸν πάτρω|να διὰ πάντα ‖ ....|τον κρατορι? ²

1. Traditur **ΣΕΒΒ**; cf. n. 168, not. 2. — 2. Haec male descripta sunt.

---

171. Ancyrae. — *C. I. Gr.*, 4013.

5　'Αγαθῆι τύχηι. | Ἡ μητρόπολις | 'Ιούλιον | Σατορνεῖνον ‖ τὸν ἡγεμόνα ¹.

1. Praeses Galatiae, ut videtur, aetate incerta. Cf. *Prosop. imp. rom.*, II, p. 212, n. 357.

---

172. Ancyrae. — *C. I. Gr.*, 4029.

5　Γ. 'Ιούλιον Γ. υἱ|ὸν Φαβίᾳ Σεου|ῆρον, γενόμε|νον πρῶτον μὲν ‖ πεντεκαιδέ-
κανδρον ¹ τῶν ἐκδικα|ζόντων τὰ πράγματα, | ἵππῳ δημοσίῳ τι|μηθέντα, χιλίαρ-
10 χον ‖ λεγιῶνος δ' Σκυ|θικῆς, ταμίαν καν|διδάτον, δήμαρχο[ν] | κανδιδάτον, ἱερέ[α] |
15 πεντεκαιδέκανδρον ἐπὶ τ[ῶν] ‖ ἱεροποιῶν, στρα|τηγὸν οὐρβανὸν, πρε|σβευτὴν
20 λεγιῶνος | λ' Οὐλπίας Νικηφό|ρου, ἐπιμελητὴν ὁ‖δοῦ 'Αππίας, ὕπατον ² |, πρεσ-
25 β(ευτὴν) ἀντιστράτη|γον Συρίας Παλαι|στείνης, Τρέβιος | Κοκκήιος 'Αλέξαν‖δρος ³
τὸν ἑαυτοῦ εὐ|εργέτην.

1. Errore ejus qui titulum graece vertit : scribere debuit δέκανδρον. — 2. Anno 155
post C. n. Cf. *Prosop. imp. rom.*, II, p. 214, n. 372. — 3. Cf. ñ. 186.

---

173. Ancyrae. — Homolle, *Comptes rendus de l'Acad. des inscr.*, 1900, p. 704; Momm-
sen, *Sitzungsber. der Acad. zu Berlin*, 1901, p. 24; cf. Th. Reinach, *Rev. des ét. gr.*,
1901, p. 1.

[Τι.? 'Ιού]λ(ιον) Σεουῆρον ¹, | [ἀπόγο]νον βασιλέως | [Δηι]ο[τ]άρου ² καὶ
5 'Αμύντου | τοῦ Βριγάτου καὶ 'Αμύντου ‖ τοῦ Δυριάλου? τετραρχῶν ³ | καὶ
βασιλέως 'Ασίας 'Αττάλου ⁴, | [ἀν]ε[ψ]ιὸν ⁵ ὑπατικῶν 'Ιουλίου | τε Κοδράτου ⁶
10 καὶ βασιλέως | 'Αλεξάνδρου ⁷ καὶ 'Ιουλίου 'Α‖κύλου ⁸ καὶ Κ[λ]. Σεουήρου ⁹ καὶ |
συγγενῆ συγκλητικῶν | πλείστων, ἀδελφὸν 'Ιου|λίου 'Αμυντιανοῦ, πρῶτον |
15 'Ελλήνων ¹⁰, ἀρχιερασάμενο[ν] ‖ καὶ ὑπερβαλόντα ἐπιδόσεσιν | καὶ ταῖς λοιπαῖς
φιλοτιμίαις το[ὺς] | πώποτε πεφιλοτιμημένους, καὶ | τῶι αὐτῶι ἔτει καὶ ἐλαιο-

θετήσαν|τα διηνεκῶς ἐν τῆι τῶν ὄχλων παρέ‖ϸωι ¹¹, καὶ σεβαστοφαντήσαντα ¹²,
χ(αὶ) μόνο[ν] | καὶ πρῶ[το]ν τὰ ἀπ᾽ αἰῶνος σεβαστοφαν|τικὰ χρήματα εἰς ἔργον
τῆι πόλει | χαρισάμενον καὶ μὴ συγχρησάμε|νον εἰς τὸ ἔλαιον τούτωι τῶι πόρ[ωι
ὡς ‖ οἱ] πρὸ αὐτοῦ πάντες ¹³, καὶ ἄρξαντα [καὶ | ἀ]γωνοθετήσαν[τα] καὶ ἀγορα-
νο[μήσ|α]ντα, καὶ τὴν γυναῖκα καταστή|σαντα ἀρχιέρειαν καὶ αὐτὴν ὑπερϸ[α]‖-
λοῦσαν ἐπιδό[σε]σιν, ἀποδεξάμεν[ό]ν ‖ τε στρατεύματα τὰ παραχειμήσαν|τα ἐν
τῆι πόλει καὶ προπέμψαντα [τὰ] | παροδεύοντα ἐπὶ [τὸ]ν πρὸς Πά[ρ]‖θους
πόλεμον ¹⁴, ζῶντά τε δικαί|ως καὶ ἰσοτείμως, φυλὴ Παρακα..‖λινη ἑϐ(δόμη) τὸν
ἴδιον εὐεργέτην, φυ|λαρχοῦντος Οὐάρου Λογίου, ἐ|τίμησεν.

1. De eo viro cf. *Prosop. imp. rom.*, II, p. 215, n. 375 et titulos Ancyranos sequentes.
— 2. Dejotarus I, tetrarcha Tolistoboiorum, postea rex Armeniae Minoris et Galatiae,
amicus Pompeii, Caesaris et aliorum. Cf. de eo Th. Reinach, *Rev. numism.*, 1891, p. 401.
— 3. Amyntae illi duo qui fuerint ignoratur; Amyntas, rex Galatiae, Pisidiae, Lycaoniae,
Pamphyliae (36/25 ante C. n.) nullam habuit cum Dejotaro necessitudinem; cf. de eo von
Rohden, apud Pauly-Wissowa, *Realencyclopädie*, I, col. 2007, v. 57 et *Prosop. imp. rom.*,
I, p. 53, n. 421. Δυριάλου correxit dubitans Th. Reinach in Δυμνιλάου. — 4. Attalus II Phi-
ladelphus (159-138 ante C. n.), si verum vidit Th. Reinach, qui ita stemma horum regum
conficere studuit :

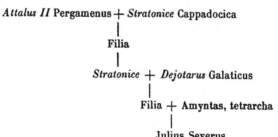

Attalus II Pergamenus + Stratonice Cappadocica
|
Filia
|
Stratonice + Dejotarus Galaticus
|
Filia + Amyntas, tetrarcha
|
Julius Severus

5. Aliorum consobrinus, aliorum cognatus et affinis. — 6. C. Antius A. Julius Quadratus
(*Prosop. imp. rom.*, II, p. 209, n. 338) origine Pergamenus, inter ceteros honores leg.
Aug. pr. pr. Cappadociae, Galatiae, Phrygiae, Pisidiae, Antiochiae, Armeniae Minoris, cos.
suff. mense Jul. anni 93, ordinarius anno 105, procos. Asiae circa annum 106, amicus
Trajani, « Pergamenae urbis quasi alter conditor » (Ael. Aristid., *Or.*, X, p. 116, ed. Din-
dorf). — 7. Fortasse filius Tigranis, regis Armeniae, a Vespasiano regulus insulae Sebastes
Elaioussae Cilicum anno 74 constitutus (*Prosop. imp. rom.*, I, p. 47, n. 362). De ejus
consulatu nihil traditum est. Fortasse etiam C. Julius Alexander Berenicianus ex stirpe
regum Judaeorum. — 8. Hunc vix credibile est fuisse Julium Aquilam Amastrianum, pro-
curatorem Ponti et Bithyniae anno 58 (*Prosop. imp. rom.*, II, p. 168, n. 108). —9. Claudius
Severus videtur inter avos fuisse illius quem labente saeculo II Pompeiopolis in Paphla-
gonia patronum et conditorem suum vocavit et qui filiam M. Aurelii sibi junxit matri-

monio (*Prosop. imp. rom.*, I, p. 398, n. 811. Cf. titulum nostrum n. 133). — 10. Πρῶτος Ἑλλήνων idem valere videtur ac πρῶτος τῆς ἐπαρχείας; ita virum designabant qui in festis provincialibus princeps incedebat. — 11. Intelligit Mommsen plebem ad accipiendum in largitionibus oleum concurrentem. — 12. Flamen Aug. municipalis. — 13. Pecuniam, quae flamini a civitate decernebatur, in publica opera insumpsit et oleum ad ludos, quod mos erat ex illo reditu emi, praestitit de suo. — 14. Excepit exercitus qui Ancyrae hibernaverunt et eos prosecutus est qui iter fecerunt per Galatiam cum Parthis pugnaturi, anno 114/115.

---

174. Ancyrae. — Domaszewski, *Arch. epigr. Mittheil.*, IX (1885), p. 118, n. 75.

5 Τι.? Σεουῆρον ¹, | βασιλέων καὶ | τετραρχῶν | ἀπόγονον ‖ μετὰ πασὰς τὰς ἐν | τῶι ἔθνει φιλοτιμία[ς] | καταταγέντα εἰς τοὺ[ς] | δημάρχους ² ὑπὸ Θεο[ῦ] |
10 Ἀδριανοῦ, πρεσβεύσα[ν]‖τα ἐν Ἀσίαι ἐξ ἐπιστολῆς [καὶ] | κωδικίλλων Θεοῦ Ἀδρια-[νοῦ] ³, | ἡγεμόνα λεγεῶνος δ´ Σκ[υ]|θικῆς, διοικήσαντα τὰ ἐν | Συρίᾳ πράγματα
15 ἡνίκα Πουβλί‖κιος Μάρκελλος διὰ τὴν κίνη|σιν τὴν Ἰουδαικὴν μεταβεβήκε[ι] | ἀπὸ Συρίας ⁴, ἀνθύπατον Ἀχα|ίας, πρὸς ε´ ῥάβδους πεμφθέν|τα εἰς Βειθυνίαν
20 διορθωτὴν ‖ καὶ λογιστὴν ὑπὸ Θεοῦ Ἀδρι[α]‖νοῦ ⁵, ἔπαρχον αἱραρίου τοῦ | Κρό-νου, ὕπατον ⁶, ποντίφικ[α], | ἐπιμελητὴν ἔργων δημ[ο]|σίων τῶν ἐν Ῥώμῃ, ἡγε-
25 μ[έ]‖να πρεσβευτὴν Αὐτοκράτο]|ρος Καίσαρος Τίτου Αἰλίου | Ἀδριανοῦ Ἀντωνεί-
30 νον Σε|βαστοῦ Εὐσεβοῦς Γερμανί|ας τῆς κάτω, Μ. Ἰούλιος ‖ Εὐσχήμων τὸν ἑαυτοῦ | εὐεργέτην.

1. Cf. titulum 173. — 2. Adlectus inter tribunicios. Legitur εἰς τοὺς δημαρχικοὺς in titulo insequenti. — 3. Legati a suo quisque proconsule legebantur, ex auctoritate Caesaris creabantur. Mommsen, *Droit public*, III, p. 292, not. 3. — 4. Vice legati Syriae tempore tumultus Judaici circa a. 132. De C. Publicio Marcello cf. *Prosop. imp. rom.*, II, p. 107, n. 779. — 5. Missus ab Hadriano in Bithyniam cum quinque fascibus corrector et logista. Qui quum urbes totius Bithyniae ut corrector administraret, ab imperatore ornatus fuit imperio, quo carebant curatores (*logistae*) ad singulas urbes administrandas missi, quamvis cujusque curator etiam fuerit. Mommsen, *Droit public*, V, p. 135, not. 2-3; p. 389-391. De administratione Severi Bithynica vide Dionem, LXIX, 14. — 6. Consul suffectus circa annum 140 aut 141.

---

175. Ancyrae. — *C. I. Gr.* 4034.

Τι. Σεουῆρον ¹ κα|ταταγέντα εἰ[ς] τοὺς δημαρχικοὺς ὑπὸ | [Θε]οῦ Ἀδριανοῦ,
5 πρεσβεύσαντα ἐν Ἀσίᾳ | [ἐξ] ἐπιστολῆς καὶ κωδικίλλων ‖ [Θε]οῦ Ἀδριανοῦ, ἡγε-

μόνα λεγιῶνος | τετάρτης Σκυθικῆς καὶ διοικήσαν|τα τὰ ἐν Συρίᾳ πράγματα,
ἡνίκα Που|6λίκιος Μάρκελλος διὰ τὴν κείνη|σιν τ[ὴ]ν Ἰουδαικὴν μεταβεβήκει
ἀπ[ὸ] | Συρίας, ἀνθύπατον Ἀχαίας, πρὸς πέ[ν]|τε ῥάβδους πεμφθέντα εἰς Βειθυ|-
νίαν διορθωτὴν καὶ λογιστὴν ὑπὸ | Θεοῦ Ἀδριανοῦ, [ἔπ]αρχον αἱραρίου το[ῦ] |
Κρόνου, ὕπατον, ποντίφικα, ἐπιμε|λητὴν ἔργων δημοσίων τῶν ἐν Ῥώ||μῃ, ἡγε-
μόνα πρεσβευτὴν Αὐτοκρά|τορος Καίσαρος Τίτου Αἰλίου Ἀδριαν[οῦ] Ἀντωνείνου
Σεβαστοῦ Εὐσεβοῦς Γερ|μανίας τῆς κάτω, ἀνθύπατον Ἀσίας, | Τάνταλος Ταν-
τάλου καὶ Σῶκος υἱὸ[ς] ‖ αὐτοῦ, Σαουατρεῖς², τὸν ἑαυτοῦ εὐ|εργέτην καὶ φίλον.

1. Cf. supra titulum n. 174, qui post annum 141 exaratus est. Hic titulus ad aetatem
paulo inferiorem referendus est, cum in fine (v. 19) additum sit ἀνθύπατον Ἀσίας. Julium
Severum proconsulatum Asiae egisse anno 153/154 voluit Waddington (*Fastes des pro-
vinces asiatiques*, p. 217 et seq.) non recte. Cf. *Prosop. imp. rom.*, II, p. 213, n. 375 et
Mommsen, *Sitzungsber. der Akad. zu Berlin*, 1901, p. 26. — 2. Ex Sabatra, oppido Isau-
riae, sive Lycaoniae.

---

176. Ancyrae. — *C. I. Gr.*, 4022.

Γ. Ἰούλιον Σκάπλαν ¹ | ὕπατον ἀποδεδει|γμένον, πρεσβ(ευτὴν) κ(αὶ) ἀντι|στρά-
τ[η]γον ² Αὐτοκράτο‖ρος Τραιαν[οῦ Ἀδρι]ανοῦ | Σεβαστοῦ, [πατρὸς] πατρί|δος,
ἀρχι[ερέως μεγί]στου, | κ(αὶ) Αὐτοκράτο[ρος Τ.] Αἰλίου [Ἀντωνείνου] | Καίσαρος
[Σεβαστοῦ] ³, ἀν‖θύπατον ⁴, [ἡγε]μό|να λεγ(εῶνος) δ' [Σκυθικῆς], στρα|τηγὸν,
δήμ[αρχον, ταμ]ίαν ⁵, | χειλίαρχον [πλατύσημο]ν λεγ(εῶνος) ζ' Διδ[ύμη]ς, |
φυ[λὴ] η', φυλ[αρχοῦντος.....

1. De C. Julio Scapula cf. *Prosop. imp. rom.*, II, p. 212, n. 361. — 2. Legatus pro pr.
(provinciae Galatiae). — 3. Anno 138. Designatus igitur consul fuit non multo post hunc
annum (v. 2, 3). — 4. Proconsul (Achaiae). Cf. n. 178. — 5. Quaestor (provinciae Baeti-
cae). Cf. n. 178.

---

177. Ancyrae. — Domaszewski, *Arch. epigr. Mittheil.*, IX (1885), p. 126, n. 88.

[Γ. Ἰούλιον Σκάπ]λαν [ὕπατον ἀποδεδειγ|μένον ¹, π]ρεσβευτὴν [ἀντιστράτηγον |
Αὐτοκράτ]ορος Τραιανοῦ [Ἀδριανοῦ Σε|βαστοῦ, πατ]ρὸς πατρίδος, [ἀρχιερέως
με‖γίστου, καὶ Αὐ]τοκράτορος [Τ. Αἰ]λίου Ἀν[τωνείνου Σεβαστοῦ, ἀνθύπα|τον,
ἡγεμό]να λεγεῶνος δ' [Σκυθικῆς, | στρατηγὸν, δήμαρ]χον, ταμίαν [ἐπαρχείας
Βαιτικῆς, | χειλία]ρχον πλατύ[σημον λεγεῶνος ζ' ‖ Διδύμ]ου Εὐτυχοῦς......

1. Cf. n. 176, 178.

178. Ancyrae. — Domaszewski, *Arch. epigr. Mittheil.*, IX (1885), p. 125, n. 87.

[Γ. Ἰουλίωι Σκάπλαι ὑπάτωι ἀποδεδειγμένωι ¹, | πρεσβευτῆι καὶ ἀντιστρα-
τήγωι Αὐτοκράτορος | Τραιανοῦ Ἀδριανοῦ Σεβαστοῦ, πατρὸς πατρίδος, | ἀρχιε-
5 ρέως μεγίστου, καὶ Αὐτοκρά‖τορος Τίτου | Αἰλίου Καίσαρος | Ἀντ[ω]νείνου,
ἀνθυπάτωι Ἀχαίας, | ἡγεμόνι λεγεῶνος δ′ Σκυθικῆς, | στρατηγῶι, δημάρχωι,
10 ταμίαι ἐπαρ‖χείας Βα[ι]τικῆς, χειλιάρχωι πλατυ|σήμωι λεγ(εῶνος) [ζ′ Δ]ιδύμο[υ]
Εὐτυχοῦς, | Κλ. Μά[ξ]ιμος.

1. Cf. n. 176.

---

179. Ancyrae. — *Bull. de corr. hellén.*, VII (1883), p. 16, n. 3 ; cf. Domaszewski, *Arch. epigr. Mittheil.*, IX (1885), p. 123, not.

Τὸν κράτ[ιστον] Καικίλ(ιον) Ἑρμιανὸν ¹, | τὸν πρῶτον τῆς ἐπαρχείου ², βου-
λομαρχή σαντα) τὸ β′, | πολειτογραφ(ήσαντα) τὸ ι′, Γαλ[ατ]άρχην, | κ[τί]στην,
5 [π ᾶσαν π ολει τ είαν ἐνδόξως ‖ καὶ μεγαλοπρεπῶς πολειτ[ευ]σάμενον, | προστάτην
τῆς μ η τροπόλεως β′ νεωκόρ[ου] | Ἀνκύρας ³, πατέρα καὶ πάππον συνκλ[η-
10 τ ι κῶν], | δουκηνά[ριο]ν ἐπὶ συμβουλίου τοῦ Σεβ(αστοῦ) ⁴, | φυλὴ α′ ‖ τὸν
πάτρωνα.

1. De eo vide *Prosop. imp. rom.*, I, p. 249, n. 35. — 2. Pro ἐπαρχίας, quod non semel occurrit. — 3. Ancyra δὶς νεωκόρος in nummis Valeriani (243-250) et Gallieni (243-258) primum appellata est. *Catalogue of the greek coins in the British Museum*, Wroth, *Galatia*, 1899, p. 15, 16, n. 39-47. — 4. I. e. consiliarius Augusti ad sestertium 200,000 nummum.

---

180. Ancyrae. — *C. I. Gr.*, 4011.

5 Καλπούρνιον | Πρόκλον ¹ ἐκ συν|κλητικῶν κ(αὶ) ὑπατι|κῶν, χειλίαρχον ‖ ἐν
Δακίᾳ λεγιῶνος | ιγ′ Γεμίνης ², δή|μαρ|χον, στρατηγὸν Ῥώ|μ[η]ς, ἐπιμελ εθέντα
10 ὁ|δῶν, ἡγεμόνα λεγιῶ‖νος α′ Ἀθηνᾶς ἐν Γερμα|νίᾳ, ἀνθύπατον Ἀχαίας, πρεσβευ-
15 τὴν καὶ ἀντιστράτ|ηγον Βελγικῆς, ἡ μητρόπο|λις τῆς Γαλατίας Σε‖βαστὴ Τεκτο-
σάγων Ἄγ|κυρα τὸν ἑαυτῆς σωτῆ|ρα κ(αὶ) εὐεργέτην.

1. De L. Calpurnio Proclo cf. *Prosop. imp. rom.*, I, p. 288, n. 251. Qua aetate vixerit non constat. — 2. « Quaestura omissa est sine dubio errore quadratarii » Klebs.

181. Ancyrae. — Mordtmann, *Marmora Ancyrana*, p. 14, n. 1.

Γ. Κλ. Φίρμον, | τὸν κράτιστον ἐπίτρο[πον] | τ[ῶ]ν Σεβαστ[ῶ]ν Γαλατί[ας], |
5 εἰκοστῆς κληρονομι[ῶν] ‖ ['Ι]σ[π]ανίας Βαι[τ]ικῆ[ς καὶ] Λου[σιτανί]α[ς ¹, ἔ]πα[ρ-
10 χο]ν ὀχημάτων ἐν ‖ [Γαλλί]αις Λου[γ]δουν[ησία] 'Ακου[ι]τανικῇ καὶ Ναρβω-
νησία ².....

1. (Proc. Augg.) XX hereditatium per Hispaniam Baeticam et Lusitaniam. — 2. Prae-
fectus vehiculorum per Gallias Lugdunensem, Aquitanicam et Narbonensem.

---

182. Ancyrae. — *C. I. Gr.*, 4049.

'Οκτάουιος Ροῦφος συν[κλητικὸς (?)..... σὺν] παντὶ τῷ λοιπῷ κόσμῳ ἐκ [τῶν
ἰδίων κα]τ[εσκε]ύ[ασεν....

---

183. Ancyrae. — Mordtmann, *Marmora Ancyrana*, p. 15, n. 2.

Τι. Οὐεντ(ίδιον) Σάλουιον | Γαιανὸν, τὸν κράτιστον | Μ. Αὐρη[λίου 'Αντω-
νείνου ἐπίτροπον? ¹.......

1. Vir ignotus aliunde.

---

184. Ancyrae. — *C. I. Gr.*, 4035; cf. Mordtmann, *Marmora Ancyrana*, p. 7.

Π. Πομπ[ώ]νιον Σε|κουνδιανὸν, πρεσ|βευτὴν Σεβ(αστοῦ) ἀντι|στράτηγον ¹, ‖
5 Π. Αἴλ[ιος] Μακεδών ².

1. Anno ignoto. De eo vide *Prosop. imp. rom.*, III, p. 79, n. 564. — 2. Cf. n. 195.

---

185. Ancyrac. — Mordtmann, *Marmora Ancyrana*, p. 23.

..δι. Μ. Σηδά[τιος ¹...

1. An hic fuerit M. Sedatius Severianus cos. suff. circa annum p. C. n. 150 (*Prosop
imp. rom.*, III, p. 189, n. 231), ut voluit Mordtmann, jure dubitaveris.

186. Ancyrae. — *C. I. Gr.*, 4012; Mordtmann, *Marmora Ancyrana*, p. 2.

Λ. Φούλουιον Ῥου|στικὸν Αἰμιλια|νὸν [1], πρεσ6(ευτὴν) Σε6(αστοῦ) ἀ[ν]|τιστρά-
5 τηγον, ὕπατον, ἡ βου‖λὴ x(αὶ) ὁ δῆμος τῆς μη|τροπόλεως Ἀγκύ|ρας τὸν ἑαυτῶν |
10 εὐεργέτην, ἐπιμε|λουμένου [2] ‖ Τρε6ίου Ἀλεξάνδρου [3].

1. L. Fulvius Aemilianus consul anno incerto. Cf. *Prosop. imp. rom.*, II, p. 98, n. 382 ;
Philologus, LI (1891), p. 703. — 2. Dittographiam commisit lapicida qui scripsit
ΛΟΥΜΕΛΟΥΜΕΝΟΥ. — 3. Idem ille Trebius [Cocceius] Alexander anno 155 p. C. n.
Ancyrae etiam alium titulum posuit (n. 172).

---

187. Ancyrae. — *C. I. Gr.*, 4036.

Ἀγαθῆι τύχηι. | Τορνειτοριανὸν [1], ἐπίτροπον τῶν κυρί|ων ἡμῶν ἐπὶ λού-
5 δων [2], | τὸν δίκαιον καὶ σεμνὸν, Κ. Αἴλιος ‖ Ἀγησίλαος τὸν ἑαυτοῦ φίλον καὶ |
εὐε[ργέτην].

1. Nomina viri aperte corrupta sunt. — 2. ΑΘΥΛΩΝ traditur. Correxit J. H. Mordt-
mann (*Constant. hellen. philol. syllog.*, XIII, *parart. arch.*, p. 36). Cf. titulum Thessalo-
nicensem apud Bayet et Duchesne, *Mission au mont Athos*, n. 62 : γυναικὶ Αἰλίου Ἰάχχου
ἐπιτρόπου λούδων. Latine : *procurator a muneribus* (*C. I. L.*, XI, 3612). De eis procurato-
ribus egit Hirschfeld, *Untersuchungen*, p. 178.

---

188. Ancyrae. — Domaszewski, *Arch. epigr. Mittheil.*, IX (1885), p. 123, n. 83.

.... | [δήμαρχ]ον δήμου Ῥωμαίων [1], πραί|τορα ἀποδεδειγμένον, |
5 Σεμπρωνία Ῥωμάνα, θυγατὴρ ‖ Σεμπρωνίου Ἀκύλου [2], γενομέ[ν]ου ἐπὶ ἐπιστο-
λῶν Ἑλληνικῶν | [Σε]6(αστοῦ) [3], τὸν γλυκύτατον ἄνδρα.

1. Cf. titulum Laodicensem infra edendum n. 249. — 2. Sempronius Aquila (*Prosop.
imp. rom.*, III, p. 194, n. 259). — 3. Ab epistulis Graecis Augusti.

---

189. Ancyrae. — Domaszewski, *Arch. epigr. Mittheil.*, IX (1885), p. 126, n. 89.

5 ..... σεμνό[τ|α]τον xὲ δικαιό|[τ]α[τ]ον ἡγεμό[να] | Λι6ινήιος ‖ Πομπών[ι]ο[ς]
ὁ κορνικουλάρι|ος | τὸν πάτρωνα.

190. Ancyrae. — *C. I. Gr.*, 4030.

5 Καραχυλαίαν ¹ | ἀρχιέρειαν, | ἀπόγονον βα|σιλέων, θυγα‖τέρα τῆς μητρο|πό-
10 λεως, γυναῖ|κα Ἰουλίου Σε|ουήρου, τοῦ πρώ|του τῶν Ἑλλή‖νων ².....

1. Caracylaea, nomen gallicum. Cf. L. Diefenbach, *Celtica*, II, p. 254. De nominibus
ejusdem originis quae in titulis Galaticis inventa sunt vide G. Perrot, *Mémoires d'archéo-
logie* (1875), p. 240. — 2. C. Julium Severum, consulem anni 153 (n. 172), intelligit Klebs
(*Prosop. imp. rom.*, I, p. 303, n. 353); at quum in titulo nuper invento (n. 173), Ti. ?
Julius Severus, ἀπόγονος βασιλέων dicatur et πρῶτος Ἑλλήνων et τὴν γυναῖκα καταστήσας ἀρχιέ-
ρειαν, propius vero est huic nuptam fuisse Caracylaeam, ipsam ἀπόγονον βασιλέων et
ἀρχιέρειαν.

---

191. Ancyrae. — Domaszewski, *Arch. epigr. Mittheil.*, IX (1885), p. 127, n. 92.

5 Κλ. Βαλβείναν ¹ | τὴν ἐκ προγό|νων βασίλισ|σαν ² κὲ πρώτην τῆς ‖ ἐπαρχίας,
γυναῖ|κα Κλ. Ἀρριανοῦ | συνκλητικοῦ ³, | μητέρα τῆς μη|τροπόλεως ⁴, ὑ[π]ερ-
10 [β]‖αλομένην [π]άν[τ]|ας τοὺς καθ' ἑ[α]|υτὴν ταῖς εἰς τ[ὴ]ν [πατ]|ρίδα φιλοτι-
15 μίαις, | φυλὴ ε' Δι[αγέζων? ‖ φ]υλαρχ(οῦντος) Μ. Φλ. Α.....

1. Cf. *Prosop. imp. rom.*, I, p. 406, n. 856. — 2. Oriunda ex stirpe regia Galatarum.
— 3. Cf. *Prosop. imp. rom.*, I, p. 350, n. 645. Potuit idem esse ac L. Claudius Arrianus
(n. 646), consul suffectus anno incerto. — 4. Ancyrae.

---

192. Ancyrae. — Domaszewski, *Arch. epigr. Mittheil.*, IX (1885), p. 128, n. 97.

5 Ἀγαθῆι τύχηι. | Τὴν [ἐ]κ βασιλέ|[ων] Σ[ερ]ουηνί|αν Κο[ρν]οῦταν ‖ Κορνηλίαν
Καλ|που[ρ]ν[ίαν] Οὐαλε[ρ]|ίαν Σεκοῦνδαν Κο|τίαν? Πρόκιλλαν.. | ... Λου[κ]οῦλ-
10 λαν ¹ ‖ .... θυγατέρα |........., | γυνα[ῖ]κ[α] δὲ γε[ν]ο[μέ]νην | Π. [Κα]λπουρ[ν]ίου
15 [Πρόκ]λ[ου]? | Κορ[ν]ηλιανοῦ [συνκλητι]‖κοῦ ², [τ]ειμηθεῖσαν [ἐ]ν | [ἐκ]κλησίᾳ
ὑπό τε βουλῆς | [κ(αὶ) δ]ή[μ]ου, [τ]ῆς ἀ[γνό]τη[τ]ος | [ἕ]νε[κεν], φυλὴ ζ' τῷ
20 ἀγάλ[μα]|τι ἐτ[είμη]σεν, φυλαρχο[ῦ]‖ντος Σεουηριανο[ῦ]....

1. Cf. *Prosop. imp. rom.*, III, p. 225, n. 403. — 2. Cf. *Ibid.*, I, p. 288, n. 253. Vir
ignotus aliunde.

---

193. Ancyrae. — *C. I. L.*, III, 299; cf. Mordtmann, *Monumenta Ancyrana*, p. 7.

.... a libellis et c[ensibus.....

.....[ἐπὶ βιβλειδίω]ν καὶ κήνσων Ἀν.....

194. Ancyrae. — Walenta, *Athen. Mittheil.*, XXI (1896), p. 468, n. 2.

Τι. Κλ. Προκιλλια|νὸν ¹ Γαλατάρχην | Τι. Κλ. Βόχχου ² Γαλα|τάρχου υἱὸν,
5 χειλι‖αρχήσαντος ζ′ ³, ἀρχι|ερέως β′, σεβαστοφά[ν]|του, ἀγωνοθέτου, | πάσας
10 ἀρχὰς κὲ λειτουρ|γί[ας] καὶ [ὲ]πι[δ]όσεις ἐκτελ[έ]‖σαντος τῇ πατρίδι, ὥστε
τοὺ[ς] | ἀπ᾽ αἰῶνος ὑπερβαλέσθαι, | νέαν ἐλπίδα τῆς πατρίδος, ἐτεί|[μησε] φυλὴ
α′ Μαρουραγηνὴ | τὸν [ἑα]υτῆς εὐεργέτην.

1. Hunc opinatur Haussoullier non diversum esse a Ti. Claudio Procilliano qui, Hadriano principe, inter ὑμνωδοὶ Θεοῦ Σεβαστοῦ καὶ Θεᾶς Ρώμης memoratur in titulo quodam Pergameno (*Inschr. von Pergamon*, II, n. 374, A, v. 28). — 2. Ti. Claudius Bocchus pater primus inscriptus est inter illos 92 viros, qui, quum P. Alfius Maximus legatus esset Galatiae, monumentum Ancyrae posuerunt, Antonino fortasse principe. Cf. titulum nostrum, n. 162, v. 8 et *C. I. Gr.*, 4027. — 3. Insolenter Bocchus septem tribunatibus exornatus est. Militias equestres tres numero fuisse notum est (Marquardt, *Organisation militaire*, p. 63 et seq.); at non semel quatuor vel etiam quinque uni viro creditae sunt. Cf. exempli gratia *C. I. L.*, II, 2029 : *trib. mil. IIII.*

---

195. Ancyrae. — *C. I. Gr.*, 4031.

Ἀγαθῇ τύχῃ. [Π.] ¹ Αἴλιον Μαχεδό|να ἀρ[χ]ιε[ρ]α[σάμενο]ν | τοῦ χοινοῦ τῶν
5 Γαλα|τῶν, Γαλα[τ]άρχην ², Σεβαστο‖ράντην διὰ | [βί]ου τῶν Θεῶν Σεβασ|τῶν,
ἄρξαντα ἀ[γ]νῶς [κ(αὶ) | ἰ]σο[τε]ίμως, ταμίαν ἀ[πο]δεδει[γ]μέν[ο]ν, [ἀγ]ων|ο-
10 [θέτην φ]υλῆς Σεβασ[τῆς], ‖ τὸν ἑαυτῶν εὐεργέτην, | κατὰ ἀναγό[ρ]ευσι[ν]
βου|[λῆ]ς καὶ δήμου..........

1. Cf. n. 184. — 2. Idem fuit summus sacerdos concilii Galatarum et Galatarches. Cf. ea quae de Bithyniarcha supra monuimus, n. 63, not. 2.

---

196. Ancyrae. — *C. I. Gr.*, 4075.

Γ. Αἰλ. Φλαουιανὸν | Σουλπίκιον δὶς Γα|λατάρχην, τὸν ἀ|γνότατον καὶ
5-10 δι‖καιότατον, | Φλαουιανὸς | Εὐτύχης | τὸν γλυκύ|τατον πά‖τρωνα | Δὶ Εὐτύχι.

---

197. Ancyrae. — *C. I. Gr.*, 4076 ; Mordtmann, *Marmora Ancyrana*, p. 7. Cf. S. Reinach, *Rev. des ét. gr.*, III (1890), p. 80.

Γ. Αἰλ. Φλαουιαν[ὸ]ν | Σουλπίκιον δὶς Γα|λατάρχην, τὸν | ἀγνότατον καὶ

5 δι‖καιότατον, τὸν | γλυ[x]ύτατον πά|τρωνα, | Φλαουιανὴ Σμαρα|γδὶς ἐξ ἐντο-
10 λῆ[ς] ‖ τοῦ ἀνδρός μου | Φλα(ουίου) Ἐπικτήτου | Δὶ Εὐτύχι ¹.

1. Edidit Mordtmann (ibid., p. 21) alium titulum eidem viro dedicatum a quodam Flaviano Athenodoro et iisdem fere verbis conceptum.

---

198. Ancyrae. — C. I. Gr., 4014.

5 Κλ. Αἰμίλιον | Φιλωνίδην | τοῦ Γαλατάρ|χου Αἰμιλίου ‖ Στατοριανοῦ | υἱὸν,
10 ἡ πατρὶς | ἀνέστησεν | ὑπόμνημ[α] | πάσης τῆς ‖ περὶ τὸν βίον ἀ[ρε]τῆς.

---

199. Ancyrae. — C. I. Gr., 4025 a.

......[ν Ἰοῦστον Ἰουστείνου, | ἀρχιερέ]α ¹, κτίστην τῆς μητρο|πόλεως, πορ-
5 φύρᾳ καὶ στε|φάνῳ διὰ βίου τετειμημέ‖νον, φιλόπατριν, πάσαις | διενεγκόντα
φιλοτειμί|αις καὶ ἐν τ(α)ῖς διανομαῖς τὴν | πατρίδα πλουτίσαντα ἔρ|γοις τε καὶ
10 περικαλλεστά‖τοις κοσμήσαντα καὶ μόνον | τῶν πρὸ αὐτοῦ δι᾽ ὅλης ἐλε|οθετή-
σαντα τῆς ἡμέρας, ἐ|πιμεληθέντα δὲ καὶ τῆς κατα|σκευῆς τοῦ βαλανείου, φυλὴ ‖
15 [α᾽] Μαρουραγηνὴ ἐτείμησεν.

1. Suppletum ex duobus aliis exemplis ejusdem tituli (C. I. Gr., 4025 b, c.).

---

200. Ancyrae. — C. I. Gr., 4058.

Τι. Κλ. Γεντιλια[νὸν] | Τι. Κλ. Σακέρδ[ωτος] υἱὸν, ἀπόγον[ον]..... | Ἀσκλη-
5 πιάδου..... [τε]‖τραρχῶν ¹, ἄν[δρα φι]λόλογον x[αὶ πάσῃ] | ἀρετῇ κεκο[σμημέ]|-
10 νον, εὐδα[ί]μ[ονα ἥ]|ρωα, γενόμ[ενον] | ἐτῶν xζ΄..... [Ἀλέ‖ξ]ανδρο[ς ...]|του
φιλο[τειμίας] | ἕνεκεν x[αὶ τῆς] | αὐτοῦ εὐ[νοίας] | ἀνδριάν[τα ἀνέστησεν].

1. De tetrarchis Galatarum vide Strab., XII, 5; Perrot, Explor. de la Bithynie, p. 181.

---

201. Ancyrae. — Mordtmann, Marmora Ancyrana, p. 15, n. 3.

[Ἀγαθῇ] τύχῃ. | ......ον Οὐᾶρον ἱππέα [Ῥωμαί]|ων, ἱερασάμενον...., [Γαλα-
5 τ]|άρχην, ἀρχ[ιερ]έ[α... ‖..., ἡγεμ]όνα τῶν......

---

202. Ancyrae. — C. I. Gr., 4021.

5 Οὔλπιον | Αἴλιον Πον[π|η]ιανὸν Ἑλλαδαρχ[ή]|σαντα ‖ φυλὴ γ᾽ | Μηνοριζειτῶν.

1. Is videtur praefuisse concilio Galatarum; ambigitur tamen an idem Galatarcha

fuerit. De aliarum etiam provinciarum Helladarchis pariter disputatur. Cf. Brandis ap. Pauly-Wissowa, *Realencyclopädie*, III, col. 533, 534, 539.

---

203. Ancyrae. — *C. I. Gr.*, 4020.

5 Ἀγαθῇ τύχῃ. | [Λ.] Παπείριο[ν | Ἀ]λέξανδρον | ἀρχιερέα καὶ ‖ τὸ β′ πρῶτον |
10 [ἄ]ρχοντα καὶ τὸ | … εἰρηνάρχην | [τῆ]ς μητροπόλε[ω]]ς Ἀνκύρας ‖ [x]αὶ διὰ βίου ἱε|[ρέα] τοῦ Διονύ|[σ]ου, φυλὴ ε′…. | …, φυλαρχοῦ|[ντ]ος Οὐαλερίου
15 Τειμολάου, ‖ ἐπιμελουμένων | Φ[λ.] Σουπέρστου [καὶ] | Οὐαλερίου [Ἀλ]ε[ξά]ν- [δρ]ου.

---

204. Ancyrae. — Mordtmann, *Marmora Ancyrana*, p. 2.

Ἀγαθῇ τύχῃ. | Τ. Φλ. Γαιανὸν ἱππέα Ῥωμαίων | καὶ δὶς τὴν πρώτην ἀρχὴν
5 ἄρξαν|τα καὶ πολειτογραφήσαντα καὶ γ′ ‖ πρεσβεύσαντα παρὰ Θεὸν Ἀντω|νεῖνον καὶ ἀγωνοθετήσαντα δὶς τοῦ | τε κοινοῦ τῶν Γαλατῶν x(αὶ) [δ]ὶς | τῶν ἱερῶν
10 ἀγώνων τῶν μεγάλων | Ἀσκληπιείων ἰσ[ο]πυθίων x(αὶ) ἀρχι|ερέα τοῦ κοινοῦ τῶν Γαλατῶν, Γαλα|τάρχην′, Σεβαστοφάντην x(αὶ) κτίστην | τῆς μητροπόλεως
15 Ἀγκύρας, | φυλὴ …… | τὸν [ἐν] πᾶσι πρῶτον x(αὶ) φιλότειμο‖ν ἑαυτῆς εὐεργέτην x(αὶ) πλου[τι]στὴ[ν], | φυλαρχοῦντος Αὐρ. Ἀγησιλάου | Σεκούνδου, ἐπιμελουμένων | Φλ. Ἀσκληπιοῦ x(αὶ) Αὐρ. Ἀσκληπιοῦ.

Tria alia exempla illius tituli inventa sunt, scripta in honorem ejusdem viri, nec inter se discrepantia nisi tribus et phylarchorum et curatorum nominibus, qui monumentum ponendum jusserunt. Mordtmann, p. 2-7.

1. Cf. n. 193.

---

205. Ancyrae. — Domaszewski, *Arch. epigr. Mittheil.*, IX (1885), p. 122, n. 82.

…… | … ἱππῇ Ῥωμαίω[ν…. | …. πα]ρὰ βασιλέων τει[μαῖς τε|τειμη]-
5 μένον διη[νεγ]x[έσιν….. ‖ ….]ια, ἱερέα διὰ βίου θεο[ῦ σωτῆ|ρος Ἀσ]κληπιοῦ, πατέρα κὲ π[άππον | συνκλη]τικῶν, προστάτην τῆς [μητρο|πόλεως], ἀρχιερέα
10 τοῦ κοιν[οῦ τῶν Γα]λατῶν], κτίστην πλου[τιστὴν τῆς πό|λεως?, σύντ]ροφον β[ασιλέων?, τὸν εὐ|εργέτη]ν κὲ πᾶσα[ν πολιτείαν ἐνδό|ξως καὶ μεγαλοπρεπῶς πολιτευ|σάμενον?] ′.

1. **Restituit** Domaszewski collato titulo Ancyrano, n. 179, v. 4-5. Idem hunc titulum **putat** scriptum esse inter annos 250-300.

206. Ancyrae. — *C. I. Gr.*, 4013.

... κ(αὶ) τὸ τοῦ Πολυείδου γυμνά|σιον καθηρημένον ἐπισκε[υ]|άσαντα κ(αὶ)
5 σύμπαν τὸ τ[ε]ῖχος | ἐν σειτοδεί[ᾳ] ' κ(αὶ) βαρβαρικα[ῖς] ‖ ἐφόδοις ² ἐ[x] θεμελίων
εἰς | τέλος ἀγαγόν[τ]α | κ(αὶ) τὴν βουλογραφίαν ἐκ πολλοῦ κατ[α|λελειμ]μένην
μετὰ [λό]γου ἀκριβώ|σαντα, [ἡ] βουλὴ κ(αὶ) ὁ δῆμος τῆ[ς] λαμπ(ροτάτης) ‖
10 μητροπόλ(εως) Ἀνκύρας κοινῷ δό[γ]ματι, | τὸν ἑαυτῶν ε[ὐεργέτην] κ(αὶ) τοῦ
ἔθνους | σωτῆρα.

1. Cf. Liebenam, *Städteverwaltung*, p. 369, n. 5. — 2. Confert Cavedoni (*C. I. Gr.*, *Suppl.*, p. 1108) locum Suetonii (*Vesp.* 8) : « *propter assiduos barbarorum incursus legiones* (Vespasianus Cappadociae) *addidit consularemque rectorem imposuit pro equite romano* ». Sed et aliis temporibus bàrbaros Cappadociam et Galatiam vexavisse quis dubitat?

---

207. Ancyrae. — Perrot, *Explor. de la Bithynie*, n. 133; Mordtmann, *Marmora Ancyrana*, p. 12.

Ἀντωνίαν Ἀκυλλί|αν Ἐπόνην Ἀκυλλια|νοῦ καὶ Πρόκλης θυ|γατέρα Ἀντι-
5 γονῆ‖δος γένους πρώτο[υ] | καὶ σεμνότητος | καὶ εὐνοίας, Φλ. Κρεισ|πεῖνος
10 κορνουκλά|ριος τῇ αὐτοῦ ἀδελφ[ῇ], ‖ μνήμης χάριν τῆς σ[ε]|μνότητος αὐτῆς.

---

208. Ancyrae. — Mordtmann, *Marmora Ancyrana*, p. 16, n. 5.

Τὴν ἐκ βασιλέων | Λατεινίαν Κλεοπά|τραν θυγατέρα Λατει|νίου Ἀλεξάνδρου ‖
5 ἀρχιερ[έως]... Οὐαλερι ... | λαμπρότατ.... | [δι'] ὅλ[ο]υ ἔτους ἐ[πὶ] μεγίστου |
10 αὐτοκράτορος Καίσαρος Τραιανοῦ ‖ Ἀδριανοῦ Σεβαστοῦ [παρ]όδῳ ' καὶ τῶν |
αὐτοῦ στρατευμάτων, [δ]ό[ντ]ος [δὲ καὶ] | διανομὰς τῇ πόλει, ἄρξαντος ὁμοῦ |
15 καὶ εἰρηναρχήσαντος ἁγνῶς καὶ ἐπι|στήμως, παιδείᾳ καὶ λόγῳ κοσμοῦν‖τος τὴν
μητρόπολιν, αἱ δώδεκα φυλαὶ | [τὴν ἡρ]ωίδα, φυλαρχούντων Κ[λ.] Ἀκύλου,
... | [ο]υ Δέκμου, Κλειτάρχου Βωκόηγος,..... | Ἀ[ρτ]έμωνος, Αἰλίου Μαξίμου,
20 .... | ου Ἀπολλοφάνους, ‖ Γαίου Δηιοτάρου Σαβινιανοῦ, ...|ωνος Βάσσου, Φιλω-
νίδο[υ] Σούρα.

1. Fortasse Hadrianus Galatiam adiit eodem anno 124 quo Bithyniam. Cf. Dürr, *Reisen Hadrians*, p. 53; Pauly-Wissowa, *Realencyclopädie*, I, col. 506, v. 14.

209. Ancyrae. — Domaszewski, *Arch. epigr. Mittheil.*, IX (1885), p. 130, n. 98.

Ἀγαθῇ τύχῃ. | Ψήφισμα τῶν ἀπὸ τῆς οἰκουμένης περὶ | τὸν Διόνυσον καὶ
5 Αὐτοκράτορα Τρα|ιανὸν Ἀδριανὸν Σεβαστὸν Καίσαρα, ‖ νέον Διόνυσον, τεχνειτῶν
ἱερο[νε]ι|κῶν στεφανειτῶν καὶ τ[ῶ]ν τούτ[ω]ν [συν]|αγωνιστῶν καὶ τῶν νεμόντων
τὴν ἱερὰν | θυμελικὴν σύνοδον [1]. Ἐπειδὴ προτα[χ]|θεὶς ὑπὸ τῆς ἱερωτάτης βου-
10 λῆς Οὔλπιος ‖ Αἴλιος Πομπ[η]ιανὸς, ἀγωνοθετήσας τὸν ἀ|γῶνα τ[ὸ]ν μυστικὸν,
δοθέντα ὑπὸ τοῦ αὐ|τοκράτορος ἐν ὀλίγαις τῇ πόλει τῇ τε χει|ροτονίᾳ ταχέως
15 ὑπήκουσεν καὶ τὸν ἀγῶ|να διαφανῶς ἐπετέλεσεν ἐκ τῶν ἑαυτο[ῦ], ‖ μηδεμιᾶς
ἀπολειφθεὶς λαμπρότητος καὶ μεγα|λοψυχίας, ἅμα τήν τε εὐσέβειαν τῆς πατρί-
δος | εἰς ἀμφοτέρους τοὺς θεοὺς ἐπεψήφισεν | καὶ τὰς ἐπιδόσεις πάσας δὲ ἀ[φ]ει-
20 δῶς ἐποιήσα|το, πρὸς μηδεμίαν δαπάνην ἀναδὺς καὶ τῷ τε ‖ τάχει τῆς σπουδῆς
ὁδεύοντας ἤδη τοὺς ἀγωνι|στὰς ἀνεκαλέσατο καὶ παντὶ μέρει τοῦ μυστηρί|ου.....

1. Sub Hadriano ex omnibus scenicorum collegiis unum conflatum esse notum est,
quod, Bacchi et imperatoris patrocinio consecratum, non uni provinciae addictum erat
sed totum terrarum orbem amplectebatur. Cf. Foucart, *De collegiis scenicor. artific.*,
p. 93 et seqq.

---

210. Ancyrae. — Mordtmann, *Marmora Ancyrana*, p. 8. Cf. Kirchhoff, *Annali*, XXXIII
(1861), p. 183, n. 18.

[Ψή]φισμα τῆς ἱερᾶ[ς | μουσι]κῆς συνόδου τ[ῆς] | περὶ τὸν Διό[νυσον | καὶ]
5 Τραιανὸν Ἀδρια[νὸν | νέ]ον Διόνυσον [τ]ε[χνειτῶν | ἱερονεικῶν στ]εφανε[ιτῶ]ν καὶ
συναγων|ιστῶν ἀγῶνος ....ου ἐν τῇ Κλαυδ[ιουπόλει?,| ἀγων]οθετοῦντος Ἀλα...|
10 .., [εἰσ]ηγησαμένου ‖ Μι[λτιά]δου κωμ[ῳ]δοῦ ἀν..|.. [σε]βαστονείκου, ἐ[πιψηφι-
σα|μέν]ου Ἰουλίου Σκιρτ[ῶντ]|ος χοροκιθαρ[ῳδοῦ | πλ]ειστονείκου .....εαλων..
15 [στεφάνῳ] ‖ κισ[σ]οῦ κατ[ὰ τὸν νόμο]ν?, | ἀρε[τῆς ἕνεκα | καὶ σωφροσύ]νη[ς].

---

211. Ancyrae. — Domaszewski, *Arch. epigr. Mittheil.*, IX (1885), p. 124, n. 85.

5 Ἀγαθῇι τύχηι. | Οἱ ἀπὸ τῆς οἰκου|μένης περὶ τὸν Δι|όνυσον καὶ Αὐτο‖κρά-
τορα Τραιανὸν Ἀδριανὸν Καί|σαρα Σεβαστὸν τε|χνεῖται ἱερονεῖ|και στεφανεῖται
10 καὶ οἱ τούτων συν‖αγωνισταὶ Οὔλπιον Αἴλιον Πομπηιανὸν [1] | τὸν Ἑλλαδάρχην
κα[ὶ] ἀρ|χι[ερ]έα ἀνέστησαν | Τύχηι ἀγαθῆι.

1. De eo cf. titulum nostrum n. 202.

212. Ancyrae. — Perrot, *Explor. de la Bithynie*, n. 143.

5 Λ. Ἀντώνιος | Λόγγος οὐε|τερανὸς κὲ | Παυλῖνα γυ‖νὴ αὐτοῦ τοῖς | παρά-
γουσι | χαίρειν.

213. Ancyrae. — *C. I. L.*, III, 6762.

5 D. [M.] | Aur. Ca[llisthe]|ne, ueter[ano] | leg. V. Ma[ced.], ‖ Aur. Vale[nti]|na
10 coiunx [et] | Aurel. Va[leria] | et Valent[ina] | filiae her[edes] ‖ fecer. |

Αὐρ. Καλλισθ[ένει πά]|λαι στρατιώτῃ [λεγ(εῶνος) ε'] | Μακεδονιχῆ[ς, Αὐρη-
5 λία] | Οὐαλεντίνα σ[ύμβιος] ‖ καὶ Αὐρηλία Οὐ[αλερία] | καὶ Οὐαλεντίν[α θυγα-
τέρες] | [κλ]ηρονό[μοι].

214. Ancyrae. — Domaszewski, *Arch. epigr. Mittheil.*, IX (1885), p. 114, n. 66.

[Α]ὐρήλιος | [Μ]ιθριδατικὸς | ἑκατόνταρχος λεγίονος γ' | Γαλλικῆς [1], ‖
5 Ἀλεξάνδρᾳ | τῇ ἰδίᾳ γυναικὶ, | εὐνοίας | καὶ μνήμης | χάριν.

1. Legionem III Gallicam in Syria tetendisse notum est.

215. Ancyrae. — Walenta, *Athen. Mittheil.*, XXI (1896), p. 466, n. 1.

Θεοῖ[ς καταχθονίοις] | ... Αἰλία.... | Π. Αἰλίῳ..... | Περγαμηνῷ ἐπιδόξωι
5 [σουμ]‖μαρούδῃ [1], κολλήγιον ἔχο[ν]|τι ἐν Ῥώμῃ τῶν σουμμαρούδ[ων] [2], | ἰδίῳ
10 ἀνδρὶ χρηστῶς μοι σ[υμ]|βιώσαντι, μνήμης χάριν, | ζήσαντι ἔτη λζ' · ‖ καὶ
πολείτης πόλεων τῶν [ὑπο]|τεταγμένων · | Θεσσαλο[νείκης], | Νεικομηδί[ας], |
15 Λαρίσης, ‖ Φιλιπποπ[ό]|λεως, | Ἄπρου?, | Βέργ[ης] [3], | Θάσσ[ου], ‖ Κουζ[ίκου] |
.... νω... | [Ἀ]6δ[ήρων?] |

    Ταύτην τὴν στήλην παριὼν, | φίλε, χαῖρε καὶ ἔνπης ‖
20   γει[γνώ]σκων σουμμαρούδην [κεί]μενον ἐν δαπέδῳ |
    .... ησκον αμυν.. | .... ριστον ..... | αὐτὸς ἐδω.......... | ριστος ἐγεν... ‖
30 ... ν..... | θεν αρωσα..... | υς.... | ὥστε καὶ α..... | ..... αρψε... ‖ πλη-
γει......... | ... εγυνηκα.... | .. πωδως .... | ρης μνημο... ‖ .. ν...

1. Gladiator summa rudis. Cf. G. Lafaye, s. v. *Gladiator* apud Saglio, *Dict. des ant.*,
p. 1590, col. 2, et titulum Mylaseum apud Hula et Szanto, *Sitzungsber. der Akad. in*

Wien, CXXXII (1895), p. 17, 12 : Λούκιος Βετώνιος Ἀλέξανδρος σουμμτροὐδης. — 2. Cf. *Bull. de corr. hellén.*, IX (1883), p. 128, v. 35 « τό τε κολλήγιον καλούμενον ἐκ τῶν αὐτοῦ πολειτῶν ἐν τῇ βατιλευούσῃ Ῥωμαίων πόλει συστησάμενος ». — 3. Berga, urbs Macedoniae.

216. Ancyrae. — *C. I. L.*, III, 277.

C. Salvius Gal[eria] Caen.....

Λ. Σάλουιος Οὐάλης ἐπ......

217. Ancyrae. — *C. I. L.*, III, 6768.

5   Dis M[a]nibus, | Amytidi | P. Statilius Moe|sicus conjugi ‖ sanctae [1] et erga [2] | se piae m(emoriae) gra[2](tia) l(ibens) a(nimo) m(emoriam) p(osuit) |.

10   Θεοῖς καταχθονί|οις. Ἀμύτιδι [4] Π. ‖ Στατείλιος Μυσικ(ὸς) | συμβίῳ γλυκυ-
15   τάτῃ [5] | κ(αὶ) περὶ ἑαυτὸν [6] εὐσε|6οῦς [7] μνήμης | χάριν · ‖ ὑγίαινε · κ(αὶ) σύ.

Faber utrumque titulum male corrupit.

1. SANCΓAE. — 2. EBOA. — 3. CRA. — 4. AMYTIΛI. — 5. ΙΛΥΚΥΤΑΤΗ. — 6. ΓAYΠN. — 7. EYIΓBOVΓ pro εὐσεβεῖ.

218. Ancyrae. — *C. I. Gr.*, 4077.

5   Φλαουίῳ Σαβεί|νῳ, γένει Νεικο'μηδεῖ, ἡ θυγάτηρ | τὴν στήλλην ‖ μνείας χάριν. | Ὅς ἂν δὲ σκυλῇ τὸ | μνῆμα δώσει εἰς | τὸν φίσκον ✻ β' [1].

1. Cf. alium titulum, Ancyrae repertum (*Arch. epigr. Mittheil.*, IX, 1883, p. 124, n. 84) : ἐὰν δέ τις τολμήσει τῷ ταμείῳ δώσει | δηνάρια μύρια πεντακισχίλια.

219. Inter Ancyram et Amisum. — Domaszewski, *Arch. epigr. Mittheil.*, IX (1883), p. 131, n. 101.

5   Π. Συλπί|κιος Γε|ρμανὸς | Vετραν‖ὸς ἐνθάδε κεῖ|ται.

220. Inter rudera vici cujusdam diruti, una et semi hora a loco dicto Kara-eyuk inter septentrionem et occidentem. — Anderson, *Journal of hellen. studies*, XIX (1899), p. 91, n. 72.

Ab una parte :

Θεοῖς | καταχθον[ίοις] | καὶ Αἴλ. Συμφ[ερού]|σηι τῆι σώφρονι ‖ καὶ φιλο-τέχ[νωι] | Αἴλιος Αὐκ[τιανὸς] | φιλοστοργίας | καὶ μνήμης ἕνεκεν.

Ab altera parte :

Μετέ[σ]τη εἰς τὸ χρεὼν ¹, | Μ. Γαουίῳ Ὀ[ρ]φίτῳ καὶ | Γ. Ἀρρίῳ Πούδεντι ὑπά|τοις, πρὸ ιζ΄ καλ(ανδῶν) Ἰουνί‖ων ².

1. Obiit fatum, mortem fatalem. Cf. Plut. *Consol. ad Apollon.*, 34, p. 119 D : « Νίοι μετέστησαν πρὸς τὸ χρεών ». — 2. A. d. 17 Kal. Jun. = die 16 Maii anni 165 p. C. n.

---

221. Germae. — Ramsay, *Bull. de corr. hellén.*, VII (1883), p. 23, n. 12.

..... λο[γ]ισάμε[νος.... | τ]ῳ ἀντιστρατηγῷ ¹ ... | παραδοὺς ἐνθάδε κ[εῖται] | Σωτήριχος ὁ τῆς με[γίστης?] .... ‖ μνήμης τῆς τε ἀρχ[.....] | του... τὸ δι[ά-ταγμα..... ἐν|ταῦθα ε[ὐ]ξά[μ]εν[ος?

1. Ἀρχιστρατηγῷ, Ramsay; corr. Larfeld ap. Iwan v. Müller, *Jahresber. über die Alter-thumswiss.*, LXVI (1892), p. 143; forsitan recte.

---

222. Sivri-Hissar prope Pessinuntem. — Ch. Michel, *Recueil d'inscriptions grecques* (1900), p. 58, n. 45 c.

Epistulae missae a regibus Pergamenorum Eumene II (197-159) et Attalo II (159-138) ad sacerdotem Pessinuntium, quarum unam, utpote rebus romanis non alienam, hic inserere satis erit.

Βασιλεὺς Ἄτταλος Ἄττιδι ¹ ἱερεῖ χαίρει]ν. [Εἰ ἔρρωσαι, εὖ ἔχοι] | ἂν ὡς ἐγὼ βούλομαι, ὑγίαινον δὲ καὶ αὐτός. Ἐλθόντων ἡμῶν | εἰς Πέργαμον καὶ συναγα-γόντος μου οὐ μόνον Ἀθήναιον ² | καὶ Σώσανδρον ³ καὶ Μηνογένην ἀλλὰ καὶ ἑτέρους πλείο‖νας τῶν ἀναγκαίων καὶ προτιθέντος περὶ ὧν ἐν Ἀπαμείαι ἐ|βου-λευόμεθα, λέγοντ[ό]ς τε περὶ ὧν ἔδοξεν ἡμῖν, πολλοὶ μὲν | ὑπεραγόντως ἐγίνοντο λόγοι, καὶ τὸ πρῶτον πάντες κατέρρε|πον ἐπὶ τὴν αὐτὴν ἡμῖν γνώμην · Χλωρὸς δ᾽ εὐτονώτατος ἦν | τὰ Ῥωμαικὰ προτείνων καὶ οὐθενὶ τρόπωι συμβουλεύων οὐ‖θὲν ἄνευ κείνων πράσσειν. Ὧι τὸ μὲν πρῶτον ὀλίοι μετεῖ|χον, μετὰ δὲ ταῦτα

ἐν ἄλλαις καὶ ἄλλαις ἡμέραις ἀεὶ δι|ασκοποῦσιν ἥπτετο μᾶλλον ἡμῶν. Καὶ
τὸ προπεσεῖν ἄ|νευ κείνων μέγαν ἐδόκει κίνδυνον ἔχειν, καὶ γὰρ ἐπιτυ|χοῦσιν
15 φθόνον καὶ ἀφαίρεσιν καὶ ὑφοψίαν μοχθηράν, ἥν ‖ καὶ περὶ τοῦ ἀδελφοῦ⁴ ἔσχοσαν,
καὶ ἀποτυχοῦσιν ἄρσιν | πρόδηλον⁵· οὐ γὰρ ἐπιστραφήσεσθ[αι]⁶ κείνους, ἀλλ'
ἡδέως ὄψεσ|θαι ὅτι ἄνευ ἑαυτῶν τηλικαῦτ' ἐκινούμεθα · νῦν δ' ἐὰν καὶ, ὁ | μὴ
γίνοιτ', ἐλασσωθῶμεν ἕν τισιν, μετὰ τῆς ἐκείνων | γνώμης ἕκαστα πεπραχότας
20 βοηθείας τεύξεσθαι καὶ ἀ‖ναμαχεῖσθαι μετὰ τῆς τῶν θεῶν εὐνοίας. Ἔκρινον οὖν
εἰς | μὲν τ[ὴ]ν Ῥώμην ἀεὶ πέμπειν τοὺς συνεχῶς ἀναγγελοῦν|[τας τὰ δισ]τ[α]ζό-
μενα⁷, αὐτοὺς δὲ παρασκευάζεσθα[ι | ἡμᾶς ἐπιμελῶς, ὡς εἰ δέοι βοηθήσοντας
ἑαυτο[ῖς...

Hanc epistulam, ut et alias, illustravit Mommsen (*Röm. Geschichte*, II, ed. vɪɪ, p. 52).
Inde docemur quid necessitudinis Pergamenorum reges cum Romanis eo tempore
haberent. Quum Attidi sacerdoti insidiae ab hoste aliquo paratae fuissent, ab Attalo
postulavisse videtur ut sibi missis militibus succurreret. Rex primum Apameae cum
sacerdote collocutus non negavit, postea vero necessariorum acto concilio et re iterum
examinata nihil inconsulto Romanorum decernendum esse censuit.

1. Rex sacerdos Pessinuntius quilibet, ut ferebat mos, Attis vocabatur. Cf. Polyb.,
XXII, 20, et XXI, 37. Rud. Hennig, *Symbolae ad Asiae Minoris reges sacerdotes* (diss.
inaug. Lips.) 1893, p. 49. — 2. Athenaeus, frater Eumenis et Attali, Romam non semel
missus. Cf. Wilcken, in Pauly-Wissowa *Realencyclopädie*, col. 2024, v. 6. — 3. Sosander,
σύντροφος, collactaneus Attali (Polyb., XXXII, 25, 10). — 4. Intellige Eumenem. —
5. Bene succedentibus invidia Romanorum sequetur, male autem succedentibus per-
nicies (ita ἄρσιν intelligendum opinatur Foucart) manifesta. — 6. Ἐπιστραφήσεσθε lapis. —
7. Ita Wilamowitz-Möllendorff, *Lectiones epigraphicae* (Index schol. Goetting.), 1885-
1886, p. 16; [ἐξε]τ[α]ζόμενα, Domaszewski, *Arch. epigr. Mittheil.*, VIII (1884), p. 100;
[ἀπαρ]τ[ι]ζόμενα, Hartel apud Domaszewski, *ibid.*

___

223. Sivri-Hissar. — Perrot, *Explor. de la Bithynie*, p. 209, n. 106.

[Ὑπὲρ σωτηρίας καὶ αἰωνίας διαμονῆς | Αὐτοκράτορος Καίσαρος Οὐεσπα-
σι]ανοῦ Σεβαστοῦ, | [ἀρχιερέως μεγίστου, δημαρχικ]ῆς ἐξουσίας τὸ | [δέκατον,
5 τειμητοῦ, ὑπάτου] τὸ ἔνατον¹, ἀποδε[[δειγμένου τὸ δέκατον, πατρὸς π]ατρίδος,
καὶ | [Αὐτοκράτορος Τίτου Οὐεσπασιαν]οῦ Καίσαρος, Σεβασ[[τοῦ υἱοῦ, ὑπάτου
τὸ ἕβδομον, ἀποδε]δειγμένου τὸ ὄγδο[ον, καὶ Δομιτιανοῦ Καίσαρος, Σεβα]στοῦ
10 υἱοῦ, ὑπάτου τὸ | [πέμπτον, ἀποδεδειγμένου τὸ ἑκ]τὸν, ἐπὶ Μ. Ἱρρίο[υ ‖ Φρόν-
τωνος Νερατίου Πάνσα πρεσβευτοῦ καὶ ἀντιστρατήγου²].

1. Anno p. C. n. 79, ante diem 23 Junii, quo obiit. — 2. Cf. supra, n. 125.

224. Sivri-Hissar. — Körte, *Athen. Mittheil.*, XXV (1900), p. 439, n. 64.

Α]ὐτοκράτορι Τίτῳ Ο[ὐε]σπασιανῷ Σεβαστῷ 'Αντί[γον]ος Νε...

---

225. Sivri-Hissar. — Körte, *Athen. Mittheil.*, XXV (1900), p. 437, n. 63.

Τιβέριον Κλαύδιον Ἄττειν [1] ἱερέα | Ἡρᾶ [2] υἱὸν Κυρείνᾳ Δηιόταρον, ἔνα|τον μετὰ
5 τὸν ἀρχιερέα, τέταρ|τον δὲ Γαλατῶν [3] καὶ δὶς ἀρχιε|ρέα τῶν Σεβαστῶν τοῦ κοι|νοῦ
τῶν Γαλατῶν καὶ σεβασ|τοφάντην, 'Ατταβοκαοὶ [4] οἱ | τῶν τῆς θεοῦ μυστηρίων |
10 συνμύσται τὸν ἑαυτῶν φί|λον καὶ εὐεργέτην, ἀρετῆς ἕ|νεκεν καὶ εὐνοίας τῆς εἰς
ἐ|αυτούς, ἐπιμεληθέντος Μάρ|κου Μαγίου Νεικηφόρου.

1. Nota hic non sacerdotem maximum Pessinuntium, ut in n° 222, sed unum ex aliis
sacerdotibus Attidis quoque nomine usum. — 2. Titulum ejus viri habes infra, n. 230. —
3. Hinc apparet quam artis legibus divisus esset ordo dignitatum in sacris Pessinuntiis.
Sacerdos maximus collegio decem, ut monuit Körte (*loc. cit.*), sacerdotum minorum
praeerat, quorum quinque priores inter Phryges, ceteri inter Galatas eligebantur. Ergo
Galatarum quartus, recte nonus post sacerdotem maximum dicebatur. — 4. Nomen
mystarum Magnae Matris, ex Attide ductum ; cf. infra n. 230.

---

226. Sivri-Hissar. — *C. I. Gr.*, 4085 ; Mordtmann, *Sitzungsber. zu München*, 1860,
p. 194, n. 7.

['Η βο]υλὴ καὶ ὁ δῆμο[ς | Σεβα]στηνῶν Τολιστοβω|[γίω]ν [1] Πεσσινουντίων
5 ἐ[τεί|μη]σεν Θεόδοτον Θε[ο]|δότου τοῦ Τυράννου, ἄρ|[ξ]αντα καὶ εἰρηναρχή-
σ|[αν]τα ἐνδόξως καὶ ἀγορ[ανο]|μήσαντα πλειστά[κ]ις [ἐν κατε|π]είγουσι καιροῖς
10 καὶ πά|σας λειτουρ[γ]ίας [ἀ]πὸ τ[ῶ]ν | ἑαυτοῦ π[ρ]ο[θύμ]ως τε[λέ]|σαντα ἀνεν-
15 δεῶς, πάσαις τ[ει]|μαῖς τειμηθέντα ἐν ἐκκλη|σίαις ὑπό τε βουλῆς καὶ ‖ δήμου
ἀνδριάντων ἀν[ασ]|τάσ[ε]σι καὶ εἰκόνων [ἀνα]θέσεσι, ἀρετῆς ἕνε[κε]|ν [κ(αὶ)]
εὐνοίας τῆς εἰς | [ἑαυτούς].

1. Pessinus vocabatur Sebaste Tolistobogiorum, quemadmodum Ancyra Sebaste Tecto-
sagorum, Tavium Sebaste Trocmorum. Cf. Barclay V. Head, *Hist. num.*, p. 629 et 630.

---

227. Sivri-Hissar. — *C. I. Gr.*, 4093.

5 Τ...... Δημήτρι[ος] | οὐ[ηξ]ιλλάριος | κατεσκευάσαμεν | μετὰ τῆς συνβί|ου
μ[ου θυγ]ατρ[ί]ῳ [ἡμῶν], | μνήμης χάριν.

228. Pessinunte. — Körte, *Athen. Mittheil.*, XXII (1897), p. 44, n. 25.

A

[Αὐτοκράτωρ Καῖσαρ Νέρ]ουας Τρα[ιανὸς | Γερμανικὸς Δακικὸ]ς ¹ Κλαυ-
5 δί[ῳ....... | ......χ]αίρειν · | ....[το]ὺς πάλαι ε..... ‖ ..... [x]αὶ σὲ καὶ τὸν
[υ]ἰὸ[ν] | .... σταμένους ..... | .... [κα]ὶ φειϐλατώρια ² δύο | .....α τέσσαρα
ἔλαϐον. | ['Ερρῶσθαι ὑμᾶς εὔχ]ομαι. Πρὸ καλανδῶν..... ἀπ' 'Αντίου ³.

B

[Αὐτοκράτωρ Καῖσαρ Νέρουας Τραια]νὸς Σεϐαστὸς Γερμαν[ικὸς | Δακικός].......

C

'Ερρῶσθαι εὔχ[ομαι ὑμᾶς.....] | καλανδῶν 'Οκτωϐρί[ων.....]

D

Αὐτοκράτωρ Καῖσαρ Νέρουας [Σεϐαστὸς Γερ]|μανικὸς Δακικὸς Κλαυδ[ίῳ
χαίρειν ·] | τὸ ἀπὸ τοῦ θεοῦ πατρὸς..... | σοῦ καὶ τὴν τῶν πεμπομ[ένων.....
5 δε]‖λ/όμενος ἔλαϐον ἠδέ[ως] ..... | ..... τριμίτων ⁴ ζεύγη δύο..... | 'Ερρῶσθαι
[εὔχομαι ὑμᾶς].

Fragmenta epistolarum quatuor, ex quibus tres Trajanus jussit ad Claudium quem-
dam artificem Pessinuntium mitti, qui imperatori vestes dono dederat in textrinis suis
confectas.

1. Post annum 102, ante annum 116, quo Trajanus Parthicus appellatus est. — 2. *Fibu-
latoria*, pallia lanea, quae in omni Phrygia texebantur, *Edict. Diocletian.*, XIX, 16; cf.
Blümner, *Der Maximaltarif des Diocletian* (1893), p. 151. — 3. Antii imperator aestate
degebat. — 4. Τρίμιτος, trilix, *Edict. Diocletian.*, XIX, 28; cf. Blümner, *op. cit.*, p. 152.

---

229. Pessinunte. — Körte, *Athen. Mittheil.*, XXII (1897), p. 47, n. 27.

Αὐ]τοκράτορι Καίσα[ρι Σεϐαστῷ....

---

230. Pessinunte. — Körte, *Athen. Mittheil.*, XXII (1897), p. 38, n. 23.

[Τιϐέριον Κλαύδιον] ...ου υἱ|[ὸν] Κυρείνᾳ 'Ηρᾶν, δέκατον μετὰ | [τ]ὸν

5 ἀρχιερέα, πέμπτον δὲ Γα|λατῶν διὰ βίου ἱερέα [1] Μητρὸς ‖ θεῶν μεγάλης τῆς ἐν
Πεσ|σιν<ν>οῦντι καὶ [Μ]ειδαείῳ [2], τῶν | τε Σεβαστῶν ἑξάκις, ἀρχιερέ|α τοῦ
10 κοινοῦ Σεβαστηνῶν Γα|λατῶν [3] καὶ ἀγωνοθέτην, σεβασ‖τοφάντην τοῦ ναοῦ τοῦ
ἐν Πεσ|σινοῦντι ἱερασάμενον πρῶτο[ν], | γυμνασιαρχήσαντα καὶ ἐπιδ[ό]|σεις
15 δόντα, ἔπαρχον σπείρης | Ἰτουραίων, δὶς χειλίαρχον λε[γε]‖[ώ]νων δύο, δωδεκάτης
Κεραυν[ο]|φόρου καὶ τρίτης Κυρηναικῆς [4], ὑ[πὸ] | τῶν Σεβαστῶν τετειμημέν[ον] |
20 δόρατι καθαρῷ καὶ στεφάνῳ τε[ι]|χικῷ [5], Ἀτταβοκαοὶ [6] οἱ τῶν τῆ[ς] ‖ Θεοῦ
μυστηρίων μύστ[αι ἐτεί]|μησαν τὸν [ἑαυτῶν φίλον καὶ εὐεργέτην....

1. Decimus post Sacerdotem maximum, quintus Galatarum sacerdos perpetuus Matris
deorum. — 2. Midaeum, urbs Phrygiae sita prope fines Galaticos. In lapide scriptum
est ΣΕΙΔΑΕΙΩ. — 3. Σεβαστηνοὶ vocantur Galatae omnes, quemadmodum nomen Sebaste
additum erat eorum urbibus Ancyrae, Tavio, Pessinunti. Cf. n. 226. — 4. Legionem
duodecimam e Syria, tertiam Alexandria Titus ad bellum Judaïcum adduxit; comi-
tabantur viginti sociae cohortes (Tac., *Hist.*, V, 1). Opinatur Körte Heram bello Judaïco
meruisse et titulum scriptum esse saeculo I exeunte. — 5. Donatus hasta pura et corona
murali. — 6. Cf. n. 225.

---

231. Pessinunte. — *C. I. Gr.*, 4081; Mordtmann, *Sitzungsber. zu München*, 1860,
p. 193, n. 1.

[Ἐπειδὴ τῇ ἱερᾷ μουσικῇ περ]ι[π]ολισ[τικῇ συνόδῳ τῶν περὶ τὸν Διόνυσον
τεχνειτῶν | .... ἔδοξ]εν δοθῆν[αι τειμὰς]......|....λῳ Ἰανουαρίῳ Λικινια[νῷ]
5 .....|....ιχινηλ Γαλατά[ρχῃ]...., ‖ εἰσηγη]σαμένου Τ. Ἀντωνίου Εὐτυχιανοῦ
Σ...|χι[ε]ως [1] καὶ Ἀθηναίου, κιθαρῳδοῦ περιοδο[νί|κο]υ πλειστονίκου παραδόξου,
ἐπιψηφισα[|μέ]νου Μ. Αὐρ. Γλυκωνιανοῦ Ἐφεσίου, κυκλί[ου | αὐ]λητοῦ, Πυθιο-
10 νείκου, Ἀκτιον[είκ]ου, πλει[σ|τ]ονείκου παραδόξου, καὶ πάσης τῆς συνό|[δου],
εὐχάριστος ὑπάρχουσα [ἡ]μῶν ἐς τού[ς Γ]α|[λά]τας, ἡ ἱερὰ μουσικὴ περιπο-
λιστικὴ [σύν|]οδος τῶν περὶ τὸν Διόνυσον τεχνειτῶν..|.... στεφαν[ο]τ [2] ..... [3]
15 καὶ.....‖..... [4].

1. Traditur ....ΚΙϹΩϹ. — 2. Traditur ϹΤΕΦΑΝΕΙ. — 3. ΤΩΝΩϹ, Mordtmann. —
4. ΑΤΑΧΤΑΝΥΤ, id.

---

232. Pessinunte. — Perrot, *Explor. de la Bithynie*, p. 214.

...ον Μ. Λυδια[νοῦ?].... Κλαυδίου, | ἀρχιε[ρέως τοῦ | κοιν]οῦ Γαλα[τῶν, ‖
5 Σεβασ]τοφάντ[ου, | ἀγωνο]θέτου | ...οφιλης.....

233. Pessinunte. — Körte, *Athen. Mittheil.*, XXII (1897), p. 46, n. 26.

...ου υἱὸς Κυρεί[να | Πεσσινουν]τίοις? τὸν προπάτορα α[ὐτοῦ | ἀνέσ]τησεν.

234. Pessinunte. — *C. I. L.*, III, 6771.

... Treboni T. f. C..... |

... [Τρ]εβωνίου Τίτου Κ.....

235. In vico Akardja, olim Cinna. — Anderson, *Journ. of hellen. studies*, XIX (1899), p. 114, n. 105. Cf. Ramsay, *Bull. de corr. hellén.*, XXII (1898), p. 234.

5 Ἀγαθῇ τύχῃ. | Μ. Ἀντώνιον | Γορδιανὸν, τὸν | θειότατον αὐτ(ο)‖κράτορα, τὸν ἐκ Θε|ῶν, [Κιν]νηνῶν ἄρ|χον[τ]ες, βουλὴ, δῆ|μος.

236. In coemeterio, prope Kazanli. — Anderson, *Journ. of hellen. studies*, XIX (1899), p. 123.

5 Π. Αἴλιος Νατά|λης στρατιώτης | Οἰνίδι συμβίῳ | καὶ Πλωτε(ί)νῃ θυ‖γατρὶ ἑαυ(τοῦ) μνήμης | ἕνεκε(ν).

237. In vico dicto Chedit-Eyuk, olim Aspona. — Anderson, *Journ. of hellen. studies*, XIX (1899), p. 107, n. 95.

5 Ἀγαθῇ τύχῃ. | Κορνηλίαν Σα|λωνεῖναν | Σεβ(αστὴν), μητέρα κάσ‖τρων, γυναῖκα | τοῦ Σεβ(αστοῦ) Γαλ|λιηνοῦ, | ἡ μητρ(όπολις) τῆς Γαλατίας | β' νεωκ(όρος) Ἄγκυρα.

238. Tavii. — Ramsay, *Bull. de corr. hellén.*, VII (1883), p. 26, n. 17.

Μ. Ἀντ(ώνιον) Μέ[μμιον] [1]......, | τὸν λαμπ[ρότατον ὑπατικὸν [2]], | χει-
5 λίαρχον [λεγεῶνος.....,] | κουαίστορα [ἐπαρχείας Λυκί‖ας Παμφυλ[ίας, πράξεις συν] | κλήτου εἰλη[ρότα [3], αἰδίλην] | κουρούλην, πρ[εσβευτὴν Ἀσίας], | στρατηγὸν
10 δή[μου Ῥωμαίων, ἔ]|παρχον αἰραρί[ου τοῦ Κρόνου [4], δι]‖ορθωτὴν [5] Γαλ[ατῶν

Τρόχμων, προσ]τατεύσαντ[α καὶ ἐπιμελησάμεν]|ον αὐτῶν καὶ..... | τόπῳ καὶ.....

1. *Prosop. imp. rom.*, I, p. 101, n. 678. Fortasse idem qui, Hiero etiam cognominatus, legatus Aug. pr. pr. Cappadociae fuit sub Philippis (*Prosop. imp. rom.*, *ibid.*, n. 679). — 2. Aut συγκλητικόν. — 3. Ab actis senatus. — 4. Aut αἰραρί[ου στρατιωτικοῦ], aerarii militaris. — 5. Aut [ἐπαν]ορθωτήν, correctorem.

LYCAONIA

239. Pisae. — Anderson, *Journ. of hellen. studies*, XVIII, 1898, p. 115, n. 56.

Αὐτοκράτορα Καίσαρα Λούκιο|ν Σεπτίμιον Σεουῆρον Περ|τίνακα Σεβαστὸν,
5 γῆς καὶ θα|λ[άσση]ς καὶ πάσης τῆς οἰκου‖μέ[νης] δεσπότην, Φίλαιος Μα|ρίωνος
Εὐμένη [1] τῷ Πεισεα|νῶ[ν] δήμῳ παρ᾽ ἑαυτοῦ | ἀνέστησεν.

1. Εὐμένη=Εὐμένης.

240. In vico Eldèch prope Tyriaeon. — Anderson, *Journ. of hellen. studies*, XVIII (1898), p. 123, n. 70.

Κοσμίων κυρίου Καίσα|[ρ]ος οὐέρνας εἰρη|νάρχης [1] Διὶ Με|γίστῳ εὐχήν.

1. Nota irenarcham servum Augusti : eum paci tuendae in aliquo Caesaris praedio praefectum fuisse verisimile est.

241. Loco dicto Mahmoud-Assar prope Tyriaeon. — Anderson, *Journ. of hellen. studies*, XVIII (1898), p. 124, n. 79.

(Ἔτους) ..πα᾽ [1] · Φλ. ᾽Αλκιβιάδη|[ς] στρατιώτης | [ἱπ]πεὺς Κυρίλλη | [τῇ]
5 συμβίῳ γ(λ)υκυ‖τάτῃ μνήμη<μη>ς | χάριν.

1. Annus incertus.

242. In vico Kirili-Kassaba. — Sitlington Sterrett, *An epigraph. journey*, p. 184, n. 187.

᾽Ιούλιος Μάρκος στατιωνάριος [1] | [Λο]λ[λ]ία [2] Ματρώνη τῇ καὶ ᾽Ελπίδι |
συνβίῳ γλυκυτάτῃ μνήμης | χάριν.

1. Stationarii dicebantur milites in diversis stationibus dispositi ad viarum custodiam et provincialium quietem tuendam. Cf. O. Hirschfeld, *Sitzungsber. der Akad. zu Berlin*, 1891, p. 20 et sq. — 2. ΑΕΛΛΙΑ Sitlington Sterrett; ΛΟΛΛΙΑ antea ediderat Ramsay, *Athen. Mittheil.*, VIII (1883), p. 77.

243. In vico Kirili-Kassaba. — Sitlington Sterrett, *An epigraph. journey*, p. 185, n. 188.

Θεόφιλος Σε|6αστοῦ ἀπελεύθερο[ς] ¹ | ἐπίτροπος ² Καλλιγένει θρε|πτῷ ³ τειμω-
5 τάτῳ ‖ μνήμης χάριν.

1. ΑΠΕΛΕΥΘΕΡΟΥ, lapis. — 2. Augusti libertus procurator. — 3. Verna.

244. In vico Kirili-Kassaba. — Sitlington Sterrett, *An epigr. journey*, p. 186, n. 189.

5 ....ουνους ἰδίαν | Οὐ[α]λέντιλλαν, | τὴν ἀξιολογωτά|την ματρώναν, συν‖[γενίδα
συνκλητι|κῶν, τὴν σεμνοτάτην | καὶ φιλότεκνον γυνα[ῖ]|κα Καλπουρνίου | Μαρ-
10 χέλλου τοῦ κρα‖τίστου ¹.

1. Vir aliunde ignotus. Cf. *Prosop. imp. rom.*, I, p. 279, n. 222.

245. Laodiceae. — Ramsay, *Athen. Mittheil.*, XIII (1888), p. 235, n. 1.

5 Μηνόδ[ω|ρ]ος ἀρχιε[ρ|ε]ὺς ¹ Διὶ Βρον|τῶντι ² καὶ ’Α‖στράπτο|ντι | [ε]ὐχή|ν.

1. Romae et Augusti? — 2. Deus maxime in Phrygia septentrionali cultus. Cf. *Journ. of hellen. studies*, 1882, p. 123.

246. Laodiceae. — Ramsay, *Athen. Mittheil.*, XIII, 1888, p. 237, n. 9.

5 Μητρὶ Ζιζιμηνῇ ¹ εὐχ[ὴν] | ’Αλέξανδρος | ’Αλεξάνδρου | Δοκιμεὺς ὁ ‖ [χ]αὶ
Κλαυδει|[χ]ονεύς ².

1. Mater (deorum) Dindymena. — 2. Iconium et titulis et nummis Claudia appella-
tur. Cf. ΚΛΑΥΔΕΙΚΟΝΙΕ&ΟΜεγα;Ν in nummis. (Barclay V. Head, *Hist. num.*, p. 593) et infra
n. 263.

247. Laodiceae. — *C. I. Gr.*, 3990 c.

Θεοῖς | Σεβαστοῖς | εὐεργέταις | Θησεύς.

248. Laodiceae. — *C. I. Gr.*, 3988; cf. Ramsay, *Athen. Mittheil.*, XIII (1888), p. 236, n. 6.

5 ’Επειδὴ ὁ ἱ[ερεὺς Διὸς?] | καὶ Βέστης ¹.... ἔ|δωκεν ἐν....|νη χρυσίου.... ‖ καὶ

ἱερὰ ἄγ[ειν].... | κωβλατια... | ἀπογραφὴν.... | τοῖς ἱεροῖς.... | δὲ καὶ τὸ
10 τρ[ίτον]..... ‖ θρον α.... | θηκα καὶ φα... | ιςϛ καὶ θ..[τε]λεῖν δὲ..... | ὑπὲρ
15 αὐτοῦ....... | τελεῖν δ[ὲ.... ὑπὲρ] ‖ αὐτοῦ ἐκ...... τοῦ μα[καρίτου].... ∟ μα]κα-
ρίτου.... | καὶ κτ[ισ]τ[ου]....

1. Prope fidem est Vestam cultam esse a Laodicensibus postquam eorum civitas jus
coloniae adepta est (a. 235 p. C. n.).

---

249. Laodiceae. — *C. I. Gr.*, 3990.

........ιον | ......υγει δέκα | [ἀνδρῶν τῶν ἐπὶ τοῖς] πράγμασι | [δικασθησο-
5 μέ]νοις, χε[ι]λίαρχον στρατ(ιωτῶν) πλ]α[τ]ύσημον | λεγ[εῶνος] ....ς, ταμίαν |
[καὶ ἀντιστράτηγ]ον ἐπαρχε[ί]ας...., πρ]εσβ(ευτὴν) καὶ ἀν|[τιστράτηγον ἐπαρ]-
10 χεί[ας] Μακε[[δονίας, δήμαρχ]ον δήμου | [Ῥωμαίων, πρε]σβ(ευτὴν) καὶ ἀν|[τι-
στράτηγον ἐπαρχ]ειῶν Πόν[τ]ο[υ] | [καὶ Βειθυνίας, στρ]ατ[ηγὸν] δήμου Ῥ[ω]|-
15 [μαίων, ἀνθύ]πατον Μακε[[δονίας, Πόπ]λιος Καλπούρ|[νιος........] ἀρχιερα-
σάμ|[ενος...... ἐν] Εἰκονίῳ ἐ|[τίμησε τὸν] ἑαυτοῦ [φ]ί|[λον καὶ εὐεργέτη]ν.

Vir aliunde non notus. Cf. *Prosop. imp. rom.*, III, p. 499, n. 31.

---

250. Laodiceae. — Ramsay, *Athen. Mittheil.*, XIII (1888), p. 242, n. 20.

5 [Τ? Αἴ]λιος | Τέ[ρ]τιος, | Σεβ(αστοῦ) ἀπελ(εύθερος), | [Ἑρ]μοφίλῳ ἀπελ‖ευ-
θέρῳ καὶ | θρεπτῷ, μνή|μης χάριν.

---

251. Laodiceae. — Ramsay, *Athen. Mittheil.*, XIII (1888), p. 243, n. 25.

5 Ἀσκληπιάδης, | οὐέρ[να] τοῦ | Σεβ(αστοῦ), Ἀσκληπι|άδῃ πατρὶ ‖ καὶ Μομίᾳ
μη|τρὶ σὺν τοῖς ἀ|δελφοῖς, | μνήμης χά|ριν.

---

252. Laodiceae. — Ramsay, *Athen. Mittheil.*, XIII (1888), p. 244, n. 28.

Κόμοδος, Λ. Κ(αλουεισίου) [1] | Πρόκλου ..... [2] | [δ]οῦλος, Ζωτικ[ῷ] [3] | [υ]ἱῷ
5 γλυκυτάτῳ ‖ καὶ Μίκκᾳ γυναικὶ | καὶ ἑαυτῷ ζῶν, μνήμης χάριν, | ζήσαντι ἔτη
αι', μῆ[νας....]

1. Cf. *Ibid.*, p. 237, n. 8 : [Πόπ]λιος Καλουείσιος Πρόκλος. — 2. Traditur HC. — 3. ΖѠΤΙΚΟ
traditur.

253. Laodiceae. — Ramsay, *Athen. Mittheil.*, XIII (1888), p. 242, n. 21.

5 Κόσμος | οὐέρνας | ἱππεὺς ¹ | καὶ Δόμνα ‖ ἡ σύμβιος | αὐτοῦ ἑαυτ[οῖς] | ζῶντες, | μνήμης χά[ριν].

1. Cf. *Ibid.*, n. 22 .... | οὐέρνα ἱπεὺς | Ζόη.....

254. Laodiceae. — Ramsay, *Athen. Mittheil.*, XIII (1888), p. 242, n. 23.

Μάρκος οὐέρνας | [Αὐ]ρ. Μαρκίᾳ γλυ[κυτάτη συμβίῳ]....

255. Laodiceae. — *C. I. L.*, III, 6778.

C. Rubrio C. f. Po. ¹ C. Rubrius Optatus | patrono pietatis causa.

Ὀπτᾶτος Γαίῳ Ῥοβρίωι τῶι πάτρωνη ² | φιλοστοργίας ἕνεκεν.

1. Po[l(lia) tribu]. — 2. I. e. πάτρωνι.

256. Laodiceae. — Ramsay, *Athen. Mittheil.*, XIII (1888), p. 243, n. 24.

5 Σέλευκος, | οὐέρνας τοῦ | Σεβαστοῦ καν|χελλάριος, Αὐρη(λίῳ) ‖ Χρυσάνθῳ
10 καὶ | Αὐγούστῃ, δού|λῃ τοῦ κυρίου ¹, | γλυκυτάτοις | γονεῖσι ², μνήμης ‖ χάριν ·
ὃς δὲ ἂν | πτῶμα ἕτερον | ἐπισ[ενέγκει, δώσει.....

1. Servae Augusti. — 2. Ita Ramsay.

257. Laodiceae. — Ramsay, *Athen. Mittheil.*, XIII (1888), p. 244, n. 29.

5 Λ. Σεπτίμιος | Ἀππιανὸς | Μενέᾳ πραγμα|τευτῇ ἀρέσαν‖τι, μνήμης χάριν.

258. Laodiceae. — *C. I. Gr.*, 3990 *i.*

Λ. Τιττιανὸς Κάβρων ¹ Λαφρηνὸς ² ἀρχιερεὺς Τ. Κάβρωνι.

1. Carbo. — 2. Oriundus ex aliquo pago Laodicensi, qui vocabatur Laphra.

259. Loco dicto Hadji-Hafiz-tchechmè, inter Iconium et Laodiceam. — Ex schedis Instituti Vindobonensis. Descripsit Heberdey.

Π. [Α]ίλιος, Σεβ(αστοῦ) ἀπελ(εύθερος), Φ[α]ῦστος | ἀνέστησε.

260. Iconii. — Ex schedis Instituti Vindobonensis. Descripsit Heberdey.

Ioui optimo m[aximo | Iunoni reginae e]t Mineruae, Zizi[menae¹ deae, Fortunae Aug.].

.... ἀπελεύθερος, Φήλι[ξ Διὶ Ὀλυμπίῳ καὶ Ἥρᾳ | καὶ Ἀθηνᾷ καὶ Θεᾷ Ζι]ζιμμηνῇ καὶ Τύχῃ Σ[εβαστῇ].

Supplementa non satis certa sunt.

1. l. e. Dindymenae, quod cognomen Cybeles deae notum est. Cf. supra, n. 246.

261. Iconii. — Sitlington Sterrett, *An epigraph. journey*, p. 210, n. 228.

.... [ἱερεὺς] | Διὸς με[γίστου] διὰ | βίου καὶ ἀρ[χιερεὺς] | Θε[ῶ]ν Σεβασ-[τῶν]....

262. Iconii. — Ex schedis Instituti Vindobonensis. Descripsit Heberdey.

[Αὐτοκράτωρ Κ]αῖσαρ Σεβαστὸς [Θεοῦ | υἱὸς, αὐτοκρά]τωρ, ἐποίησεν τ[ὴν σκην|ὴν καὶ τὸ ὑποσ]χήνιον τῇ πόλε[ι τῇ Ἰκο|νιέων ἐπὶ Πο]υπίου¹ πρεσβε[υτοῦ]².

Supplementa addidit qui invenit.

1. Vel .....ο]υ Π!ου. — 2. Legatus pro praetore Galatiae inter annos 7 a. C. n., quo Lycaonia in provinciae formam redacta est, et 14 p. C. n., quo Augustus mortuus est.

263. Iconii. — *C. I. Gr.*, 3991, cf. addit.

5 [Κ]λαυδ[εικονιέ|ω]ν ὁ δῆμος ἐτεί|μησεν | [Λε]ύκιον Πούπιον Λευ‖[κ]ίου υἱὸν Σαβατείνᾳ | [Π]ραίσεντα¹, χειλίαρχον, | [ἔ]παρχον ἱππέων ἀλη[ς | Π]εικεντεινῆς²,
10 ἐπίτρο|[π]ον Καίσαρος προς ὄ‖[χ]θαις Τιβέρεως³, ἐπίτρο[π]ον Τιβερίου Κλαυδίου | [Κ]αίσαρος Σεβαστοῦ Γερ|[μ]ανικοῦ καὶ Νέρωνος | [Κ]λαυδίου Καίσαρος
15 Σε[β]α[σ╫τ]οῦ Γερμανικοῦ [Γ]αλα‖[τ]ικῆς ἐ[π]αρχεία[ς⁴, τ]ὸν ἑ|[αυ]τοῦ εὐεργέτην καὶ | [κ]τίστην.

1. Idem vir nominatur procurator Neronis in titulo apud Sagalassum reperto (*American*

journ. of arch., 1886, p. 129). Cf. de eo *Prosop. imp. rom.*, III, p. 110, n. 806. — 2. Ala
Picentina. — 3. Procurator ad ripas Tiberis; cf. O. Hirschfeld, *Untersuchungen*, p. 153,
qui censet procuratorem illum munere extraordinario functum esse eo tempore quo,
jussu Claudii, portus Ostiensis ampliaretur. — 4. Ergo anno 54, quo Claudius decessit
mense Octobri et Nero imperium adeptus est.

264. Iconii. — Héron de Villefosse, *Comptes rendus de l'Acad. des Insc.*, 1890, p. 443,
n. 3; cf. Heberdey in schedis Instituti Vindobonensis. Nuper repetivit Pargoire, *Bull. de
corr. hellén.*, XXIII (1899), p. 418.

Ἀ[γ]αθῇ τύχῃ. | Ἰουλιον Πόπλιον | τὸν κράτιστον ἐπίτρο|πον [1], ἀγνείᾳ καὶ
δικαι‖οσύνῃ πάντας ὑπερβα|λόμενον τοὺς πρὸ αὐτοῦ, | Λ. Καλπ(ούρνιος) Ὀρέστης,
πρίνκεψ | καὶ λογιστὴς [2] τῆς λαμπρᾶς | Εἰκονιέων κολωνίας, τὸν ‖ ἑαυτοῦ καὶ
τῆς πατρί|δος εἰς πάντα εὐερ|γέτην.

1. Vir egregius, procurator, aliunde ignotus. Cf. *Prosop. imp. rom.*, II, p. 209, n. 337,
ubi eum pro curatore coloniae habent editores, non recte. — 2. Princeps et logista
civitatis.

265. Iconii. — Sitlington Sterrett, *An epigraph. journey*, p. 191, n. 196.

Ὀνήσιμος Καί|σαρος [1] Βαβτ γυνα|ικὶ τὴν στήλην | ἔστησε καὶ ἐπέ‖γραψε,
μνήμης | χάριν.

1. Onesimus, Caesaris servus.

266. Iconii. — Sitlington Sterrett, *An epigraph. journey*, p. 207, n. 238.

.....|..... [ἐ]ὰν δὲ ἕ|[τερ]ός τις ἐπισβιάσ|[η]ται, ὑποκείσε‖ται φίσκῳ δην|άρια
χείλια.

267. Iconii. — Sitlington Sterrett, *An epigraph. journey*, p. 188, n. 191.

Post tres versus :

Ἐὰν δέ τις εἰσβιάσηται, ὑποκείσεται τῷ ἱερωτάτῳ ταμείῳ δηναρίοις μυρίοις
πεντακισχειλίοις [1].

1. Cf. etiam alium titulum Iconii repertum (*C. I. Gr.*, 3996): τῷ φίσκῳ δηναρίοις δισχειλίοις
πεντακοσίοις.

268. In vico Almassoun. — Paris et Radet, *Bull. de corr. hellén.*, X (1886), p. 508, n. 15.

M. Αὐ(ρήλιον) Παπίαν οὐετρανὸν ἐ|νδόξως στρατευσάμενον ['A?]|μμα [1] θυγάτηρ αὐτοῦ τὸν ἐ|[αυ]τῆς εὐεργέτην.

1. Vel ['I]μμα.

---

269. In vico Almassoun. — Sitlington Sterrett, *The Wolfe expedition*, p. 32, n. 40.

Τιβέριος Κλαύδιος ο|ὐετρα(νὸς) πατὴρ καὶ 'Ατι[λί|α] 'Ι[ν]γενούα μήτη(ρ) 5 ἐ|κόσμησαν 'Ατιλίαν ‖ Μαρτίναν θυγατέρα | ἐτῶν ιε', | παρθέν[ο]ν ἀπὸ δα...|.οιας [1], τιμῆς χάριν.

1. An intelligendum sit ἀπὸ δ(ι)ανοίας, ex voluntate, dubitat Haussoullier.

---

270. In vico Zosta, olim Derbe. — Radet et Paris, *Bull. de corr. hellén.*, X (1886), p. 509, n. 19; cf. Sitlington Sterrett, *The Wolfe expedition*, p. 27, n. 28.

a) [Γάιο]ς 'Ιούλιος 'Ροῦφος οὐετρανὸς....

b) ...[σ]εμνὸν ἔχοντα βίον Αἴλιον Φλάουιον Δημήτριον....|... μνήμης χάριν ἐστεφάν[ω]σ[ε]ν.

---

271. In vico Zosta, olim Derbe. — Radet et Paris, *Bull. de corr. hellén.*, X (1886), p. 509, n. 20; cf. Sitlington Sterrett, *The Wolfe expedition*, p. 26, n. 25.

Τίτ[ῳ Σ]εξτειλίωι [Τ]ί[τ]ου υἱῶι [Φ]αβίᾳ | οὐετρανῷ λεγε|ῶνος τετάρτης [1], ‖ 5 Νόννος Νήσιος, | τειμῆς [2] χάριν.

1. Aut Macedonica aut Scythica. Nota et veteranum et legionem cognomine carentes : titulus ergo ad aetatem primorum imperatorum pertinere videtur. — 2. Vel μνήμης, ut volunt Radet et Paris.

---

272. In vico Bosola. — Sitlington Sterrett, *The Wolfe expedition*, p. 22, n. 19.

..... Λονγεῖνος καὶ [Γ.] Οὐέτ[τ]ιος 'Ακύλας ..... | [Λονγ]εῖνος, ἱππεὺς [εἴ]λης β' [Γ]αλλικῆς, ...|....ολιον Λονγεῖνον οὐετρανὸν πραιτώρι[ο]ν....| [τὸ]ν 5 κληρονομηθέντα ὑπ' αὐτῶν, καθὼς [ὁ? κλη]‖ρονομηθεὶς Λονγεῖνος διετέ[τ]α[χτο].

273. In vico Serpek, ubi fuit olim Sidamarium. — M. Pridik, *Rev. de l'Instr. publique de Saint-Pétersbourg*, 1900 (mars-avril), pars philologica, p. 19; Ramsay, *Revue des ét. anciennes*, 1901, p. 279.

[Αὐτοκράτορι Καίσαρι Τραιανῷ] Ἁδριανῷ Σεβ(αστῷ), | [Θεοῦ Τρα]ιανοῦ υἱοῦ,
Θεοῦ Νέρου[α υἱω]νοῦ[1], Σιδαμαρι|ωτῶν[2] ἡ [βουλὴ] καὶ ὁ δῆμος τὸ βαλανε[ῖον]
καθιέρωσαν | ἐπὶ [Βρουττίου Πρα]ίσεντος[3] πρεσβ(ευτοῦ) καὶ ἀν[τιστρ(ατήγου)
5 τ]οῦ [Σ]εβ(αστοῦ), ἐπιμ[μεληθέντος].....

1. Ita in lapide pro υἱῷ, υἱωνῷ. — 2. ΙΔΑΜΑΡΙΩΤΩΝ, Pridik. — 3. Consul suffectus anno incerto, consul II cum Antonino Pio anno 140. Cf. *Prosop. imp. rom.*, I, p. 241, n. 137.

---

274. In vico Sidivre, prope Larandam. — Sitlington Sterrett, *The Wolfe expedition*, p. 19, n. 15.

Post 3 versus :

Ὃς δὲ κα]ὶ τούτ[ου] καταφρονήσῃ | [τῷ ταμείῳ δη]νάρια μύρια δισχίλια
πεντακόσι[α ἀποδώσει].

ISAURIA

275. Prope vicum Tchaouch. — Sitlington Sterrett, *The Wolfe expedition*, p. 171, n. 280.

[Κ]ουατέρνιος Μουννιτηνὸς ουετρανὸς ἀπὸ κομενταρηνσίων ¹ | καὶ Οὐαλερία
Οὐαλεριανὴ ἡ σύνβιος αὐτοῦ ἀπήρτικαν τὸ ἡρῷον | καὶ τὸν παράδεισον ἑαυτοῖς
ζῶντες οἱ κτίσται. | Εὐτύ[χ]ει, Γρηγορι ².

1. A commentariensibus. — 2. Gregorius, signum defuncti.

---

276. In vico Aktchêlar. — Sitlington Sterrett, *The Wolfe expedition*, p. 181, n. 297.

5 Γ[ά]ιος Αἴλι|ος Ῥηγεῖνος | Ζμυρναῖος | [π]αιδοτρίβη[ς] ‖ ἀνέστησα Σωκ[ρά]|τη
ὑῷ, μνήμης | χάριν.

---

277. Loco dicto Tchiftlik. — Sitlington Sterrett, *The Wolfe expedition*, p. 185, n. 304.

5 ... Κλε[α]ρχία[ν]? | Κλεάρχο[υ], | ἀρχιερασά[με]|νον, πρῶ[τον] ‖ ἄρχοντα, |
τὸν ἑαυτ[ῶν] | δεκά[ρχην].

---

278. In vico Ak-kilisse. — Sitlington Sterrett, *The Wolfe expedition*, p. 126, n. 211.

5 .... | ....δι..ιν..|νις Γάιον Ἰούλι|ον Καπί[τ]ωνα, ἱπ‖[π]έα, τὸν πατέρα |
αὐτ[ῶ]ν, ἀνέστησαν | κατὰ διαθήκας καὶ εὐσεβείας εἵνε|κεν.

---

279. In vico Ak-kilisse. — Sitlington Sterrett, *The Wolfe expedition*, p. 127, n. 212.

Κάλλιστος ¹ οἰκο(ν)όμος? Οὐαλερίου [Λόν?]γου τριβού|νου ἀνέστησεν | τὸν
ἄνδρα αὐτῆς.

1. **Expectares** Καλλίστη.

280. In vico Orta-Kara-Viran. — Sitlinglon Sterrell, *The Wolfe expedition*, p. 129, n. 217.

Ὁ δῆμος Γοργ[ο?]|ρωμέων? ¹ ἐτείμ[η]|σεν Γάιον Ἰούλι|ον Ῥοῦφον, τὸν γε‖νόμενον ἑκατον|τάρχην καὶ ἀρχιε|ρέα τῶν Σεβαστῶν | διὰ βίου, ἀρετῆς | ἕνεκεν καὶ τῆς ‖ εἰς αὐτὸν εὐνοί[ας].

1. Gorgorome, urbs Isauriae hactenus ignota, quam Sterrett pulat non longe a Kara-Viran sitam, in loco hodie diclo *Goulgouroum*.

281. Loco diclo Yali-Eyuk. — Sitlinglon Sterrell, *The Wolfe expedition*, p. 133, n. 227.

.... ¹ Ἰούλιος Τερέντιος.... [λεγεῶνος | ιε΄ Ἀπο]λλιναρίας ἀποστρατευσά-[μενος ² | ἀν]έστησεν ἑαυτὸν καὶ ἐνόρ[κους].

1. Traditur ///_ΕΙΟΥΛΙΟC. — 2. Missus.

282. Loco dico Ali-lcharchi. — Sitlinglon Sterrell, *The Wolfe expedition*, p. 139, n. 238.

[Κ]ορνηλίου Νέπω[τος] | οὐετρανοῦ.

Lapidem fractum esse non indicat is qui edidit.

283. Loco dicto Ali-lcharchi. — Sitlington Sterrell, *The Wolfe expedition*, p. 138, n. 236.

[Λο]ν[γ]ετ[νον οὐε]|τρανὸν ἀδ[ελφ]ὸ[ν] ...|σεας καὶ Μουτάδ.. ¹ Λονγείνου υἱόν...

Tradilur **ΜΟΥΤΑΔΙ////**.

284. In vico Siristat. — Sitlinglon Sterrell, *The Wolfe expedition*, p. 99, n. 164.

....αρα....... | [Ἰούλ]ιον Κρίσπον [στρατι|ώτ]ην καὶ Γάιον Ἰού[λιον | ....]έρα στρατιώ[την.....] ‖ ......θανωτα | καὶ Γάιον Ἰούλιον Κρίσ|πον Ἔφιππον τοὺς υἱοὺς α[ἱ]|αυτῆς καὶ πατέρα αὐτῶν.

285. Isaurae. — Sitlington Sterrett, *The Wolfe expedition*, p. 116, n. 191.

Ὑπὲρ τῆς Αὐτοκράτορος Τραιανο[ῦ] | ᾿Αδριανοῦ Καίσαρος Σεβαστοῦ σω|τη-
5 ρίας καὶ αἰωνίου διαμονῆς με|τὰ τοῦ σύμπαντος αὐτοῦ οἴκου ‖ [᾿Ασ]κλ[ηπιῶ]ι
καὶ θεᾶι Ὑγγία[ι] [1] | ... νος δι...νος α..ιει | ...κλ π[α]ντὸς ἐν τῷ.. | .... τῇ
ἑαυτοῦ πατρίδι [2].

1. Nomina Aesculapii et Hygiae agnovit Haussoullier. — 2. Cf. titulum similem eo
loco inventum (*ibid.*, n. 192).

---

286. Isaurae. — Sitlington Sterrett, *The Wolfe expedition*, p. 113, n. 188.

Αὐτοκράτορι Καίσαρι Θεῶι ᾿Αδριανῶι Σεβαστῶι, Θεοῦ | Τραιανοῦ υἱῷ, Θεοῦ
Νερούα υἱωνῶι, | ᾿Ισαυρέων ἡ βουλὴ καὶ ὁ δῆμος.

---

287. Isaurae. — Sitlington Sterrett, *The Wolfe expedition*, p. 112, n. 187.

[᾿Α]γαθῇ [τύχῃ]. Ὑπὲρ τῆς [αἰωνίο]υ Αὐτοκράτορος Καί[σαρος] | Μ. Αὐρηλίου
᾿Αντωνείνου Σεβαστοῦ ᾿Αρμενι[ακοῦ] | Μηδικοῦ Παρθικοῦ [1], π(ατρὸς) π(ατρίδος),
5 τύχης τε καὶ νε[ίκης] | καὶ αἰωνίου διαμονῆς καὶ τοῦ σύμπαντο[ς] ‖ αὐτοῦ οἴκου
καὶ ἱερᾶς συνκλήτου καὶ δήμου [῾Ρω]|μαίων τῇ κυρίᾳ πατρίδι Μ. | Μάριος Μ.
Μαρίο[υ] | Πίου υἱὸς Φλαουιανὸς Πίος ἀρχιερασάμε|νος τὴν στοὰν χειόνων εἴκοσι
10 πέντε ‖ καὶ τὰ ἐν αὐτῇ ἐργαστήρια σὺν τῷ ψα[λ]ιδώματι ἐκ φιλοτειμίας κατε-
σκεύασεν ἐκ | τῶν ἰδίων, συναρχιερασαμένης αὐτῷ καὶ Αὐρη|[λί]ας ᾿Αθηναίδος
τῆς γυναικός.

1. Inter annum p. C. n. 166, quo M. Aurelius Parthici, et 172, quo Germanici cogno-
mine usus est.

---

288. Isaurae. — Sitlington Sterrett, *The Wolfe expedition*, p. 106, n. 180.

5 Αὐτοκράτορα Καίσα|ρα Μάρκον Αὐρήλι|ον ᾿Αντωνεῖνον | Σεβαστὸν Γερμα‖νι-
κὸν Σαρματικὸν [1] | ᾿Ισαυρέων ἡ βουλὴ | καὶ ὁ δῆμος, δι᾿ ἐπι|μελητοῦ ᾿Ορέστου |
Τιβερίου ἀρχιερέως.

1. Post annum 175, quo M. Aurelius Sarmaticus est appellatus, ante 180, quo mor-
tuus est.

289. Isaurae. — Sitlington Sterrett, *The Wolfe expedition*, p. 108, n. 182.

[Λ. Σεπτίμιον Σευῆρον | Περτίνακα Σεβαστὸν | Ἀραβικὸ]ν [Ἀ]δια|6ηνικὸν
5 Ἰσαυρέων ‖ ἡ βουλὴ καὶ ὁ δῆμος.

---

290. Isaurae. — Sitlington Sterrett, *The Wolfe expedition*, p. 113, n. 190.

Γ. Ἐτρείλιον Ῥ[ήγ]ιλλον | Λαβέριον Πρεῖσκον, πρεσ|6(ευτὴν) Αὐτοκράτορος
5 Κ[α]ίσα|ρος Τίτου Α[ἰλ]ίου Ἀδριανοῦ ‖ Ἀντωνείνου Εὐσεβοῦς, | π(ατρὸς) π(ατρί-
δος), [ἀν]τιστράτηγον ἐπαρ|χειῶν Κιλικίας Ἰσαυρί[ας] Λυκ[α]|ονίας ¹, ὕπατον,
10 Ἰσαυρέων | ἡ βουλὴ καὶ ὁ δῆμος τὸν ‖ ἑαυτῶν ε[ὐε]ργέτην, | διὰ ἐπιμελ[η]τοῦ
Πασίω|νος Καλλιμάχου ².

1. Inde sequitur Isauriam et Lycaoniam jam eo tempore a Galatia distractas et Cili-
ciae adjunctas fuisse. — 2. Alteram basim, omnino similiter inscriptam, eodem loco
inventam edidit idem (*op. cit.*, p. 114, n. 189).

---

291. Isaurae. — Sitlington Sterrett, *The Wolfe expedition*, p. 117, n. 194.

5 Αὐρ. Ὀρεστεῖναν | Λουκίου θυγατέρα | ἀρχιέρειαν, | γυναῖκα Κάστορος ‖ τοῦ
φιλοδόξου | [ὁ δ]ῆμος.

---

292. Isaurae. — Sitlington Sterrett, *The Wolfe expedition*, p. 107, n. 181.

Ἰσαυρέων ἡ βουλὴ καὶ | ὁ δῆμος οἵ τε συνπο|λειτευόμενοι Ῥω|μαῖοι ¹ Ταρ-
5 κυνδβέρ‖ραν Δημητρίου, ἀρχι|ερέα Θεῶν Σεβασ|τῶν, ἐκ προγόνων [εὐ]|ισχήμονα
καὶ φιλό[πα]|τριν ἕν τε ἀρχαῖς [πά]‖σαις καὶ ἐπιμε[λεί]|αις ταῖς παρη[κούσαις] |
καὶ πρεσβ[είαις... | ......] γαικι [.........].

1. Cf. n. 294.

---

293. Isaurae. — Sitlington Sterrett, *The Wolfe expedition*, p. 118, n. 193.

....ος Ὀρέστ[ης .... | .... κα]ὶ ἀρχιερε[ὺς .... | .... ἀρχιερ]ασάμενο[ς .... |
.... τῇ αὐτο]ῦ πατρίδι .... ‖ ... ... Τι .... | ...τορας υἱο .... | ....τῆς
ἐποί[ησ.....].

294. Isaurae. — Radet et Paris, *Bull. de corr. hellén.*, XI (1887), p. 67, n. 46.

[Ἰσα]υρέων ἡ βουλὴ καὶ ὁ δῆμος οἵ τε συμπολιτευόμενοι Ῥωμαῖοι [1].

1. Inde docemur colonos Isauram, victis Isauricis, a Romanis deductos, simulque urbis administrationem inter veteres cives novosque esse divisam (Radet et Paris, *loc. cit.*; E. Kornemann, *De civibus romanis in provinciis consistentibus*, p. 45). Cf. n. 292.

---

295. Loco dicto Almassoun. — Sitlington Sterrett, *The Wolfe expedition*, p. 37, n. 50.

[Αὐτοκράτορι Καίσαρι Γ. Αὐρ. | Οὐαλερίῳ Διοκλ]ητ˙|[ιανῷ] Εὐσεβ(εῖ) | [Ε]ὐτυ-
5 [χ]εῖ Σε||β(αστῷ) [κ]αὶ Α[ὐ]το|κράτο[ρι] | Καίσα[ρι] Μ. | Αὐ[ρ.] Οὐαλε|ρί[ῳ]
11 Μα[ξι]||μ[ιανῷ] Ε[ὐ]|σ[εβεῖ Εὐτυ]|χ[εῖ] Σ[ε]β(αστῷ).

Lectionem incertam esse monet editor.

GALATIA

PISIDIAE PARS SEPTENTRIONALIS

(PHRYGIA PISIDICA)

296. In vico Saghir. — Sitlington Sterrett, *The Wolfe expedition*, p. 239, n. 371.

Ἀγαθῇ τύχῃ. | ['Υπὲρ τῆς] τοῦ ἡμῶν Αὐτοκράτορος τύχης καὶ νείκης καὶ ἐωνίου διαμονῆς καὶ σύν|[παντος αὐτοῦ οἴ]κου σωτηρίας ἐποίησαν Ξένοι Τεκμόρειοι ¹ ἔφιππον Ἥλιον σὺν τῷ | [κόσμῳ καὶ κα]τασκευῇ πάσῃ ἐκ τῶν ἰδίων ἀναλωμάτων ‖ .....| .....| .....| .....| .....‖.....| .. [Μ]αρσιανὸς | [Μενν]έου?, Μαρσιανὸς | ...νος Τριγλεττηνές ².

1. Socii, auctore Ramsay, collegii cujusdam in honorem Artemidis instituti, qui ut alii alios agnoscerent signo aliquo arcano (τέκμωρ) utebantur. Res in incerto manet. Exstiterunt et alia similia collegia in aliis ejusdem regionis vicis, Ganzaeno et Limenia. *Hist. geogr. of Asia Minor*, p. 409 et seqq. Addit Ramsay (p. 411) : « The members have little or nothing of the graeco-roman tone, and they belong as a rule to districts wich are inhabited on the old Anatoliam system (κωμηδόν) and not on the graeco-roman system (κατὰ πόλεις) ». — 2. E vico Triglettia cujus situs ignoratur (Ramsay, *op. cit.*, p. 414).

297. In vico Saghir. — Sitlington Sterrett, *The Wolfe expedition*, p. 239, n. 370; cf. p. 430.

Α[γαθῇ τύχῃ]. Ὑπὲρ τ|[ῆ]ς τῶ[ν] κ[υρίων ἡμῶν] Α[ὐ|τ]οκρατόρων τύχης | καὶ νείκης καὶ ‖ [ἐ]ωνίου διαμονῆ[ς] | Ξένοι Τεκμόρειοι ¹ ἀνέστησαν | καὶ χαλκώμα[τα] ² | καὶ τὴν εἰκόνα [τῆς θ]‖εᾶς Ἀρτέμιδο[ς | τὴ]ν ἐν τῷ προνά[ῳ] | ἀπ[οκ]ειμένην.

1. Cf. n. 296. — 2. Traditur ΧΑΛΚΩΜΑΛ.

298. In vico dicto Saghir. — Sitlington Sterrett, *The Wolfe expedition*, p. 238, n. 369· cf. p. 430.

[Ὑπὲρ τῆς τῶν κυ]ρίων τύχης καὶ | νείκης καὶ αἰωνίου διαμονῆς | καὶ

5 σύμπαντος αὐτῶν οἴκου | σωτηρίας ἀνέστησαν Ξένοι ‖ Τεχμόρειοι ¹ Τύχην χάλ-
χεον ἐπ[ὶ | ἀν]αγραφέος Αὐρ. Παπᾶ δὶς Λετ[..]ηνοῦ. | [Δ]οὺς ἐπίδοσιν δηναρίων
γρα΄..... | [Μ]εννέας.

1. Cf. nn. 296 et 297.

299. Antiochiae. — Sillington Sterrett, *An epigr. journey*, p. 154, n. 139.

Λ. Καλπούρνιον | Ῥηγεινιανὸν, | τὸν λαμπρότατον συ[ν]|κλητικὸν, υἱὸν Καλ‖-
5 πουρνίου Ῥηγινιανοῦ ¹, τοῦ | λανπροτάτου ὑπατικοῦ, | Οὔλπιος Τατιανὸς Μάρ-
χελος | δυανδρικὸς, ἀρχιερεὺς διὰ | βίου τοῦ ἐπιφανεστάτου θεοῦ Διονύσ[ου].

1. L. Calpurnius Reginianus filius et Calpurnius Reginianus pater, ambo ignoti; de qui-
bus cf. *Prosop. imp. rom.*, I, p. 289, n. 235, 256.

300. Antiochiae. — Sillington Sterrett, *An epigr. journey*, p. 134, n. 108.

....αν Λουχί[ου θυ]|γατέρα Πα[ῦ]λλα[ν], | γυναῖκα Γαίου Κ[α]|ριστανίου
5 Φρόν‖τωνος ¹, πρεσβευ|τοῦ Αὐτοχράτορο[ς] | Καίσαρος [Δομ|ετιανοῦ] Σεβαστοῦ |
10 ἀντιστρατήγου Λυχ[ί]‖ας καὶ Παμφυλίας, | [Φρ]όντων γ[υναῖκα | καὶ τοὺς υἱοὺ]ς
τοὺς ἑαυτο[ῦ ἀνέστησεν].

1. De eo viro nihil amplius novimus; cf. *Prosop. imp. rom.*, I, p. 304, n. 358.

301. Antiochiae. — Sillington Sterrett, *An epigr. journey*, p. 121, n. 93.

5 Αὐρ. Διονύσι|ον τὸν ἀξιο|λογώτατον ἑ|κατόνταρχον ‖ [λ]εγεωνάριον | ἡ λαμ-
10 πρὰ τῶν Αν|τιοχέων μητρό|πολις ἐπ(ι)εικίας | τε κ[α]ὶ τῆ(ς) εἰρή‖νης ἕνεκα......

302. Antiochiae. — Sillington Sterrett, *The Wolfe expedition*, p. 218, n. 352.

Τὴν λαμπροτάτην | Ἀντιοχέων κολω|νίαν ἡ λαμπροτά|τη Λυστρέων κολω‖-
5 νία ¹ τὴν ἀδελφὴν | τῷ τῆς Ὁμονοίας | ἀγάλματι ἐτείμη|σεν.

1. Lystra, urbs Lycaoniae.

303. Antiochiae. — Sitlington Sterrett, *An epigr. journey*, p. 150, n. 135.

.... Κολονείας υ... | καὶ Γ. Φλαίου [1] Βα[ι]|6ιανοῦ ἱππ[έως] [2] | Ῥωμαίων,
5 ἀρχι[ε]|ρέων διὰ βίου | τοῦ πατρίου [ἠ|μῶν] θεοῦ Μηνὸ|ς, Ἰούλιον Δό[μ]|νον
Νό[ννον].

1. I. e. Φλαουίου; Φλα(6ίου) Ἰου(λίου) explicat Sterrett. — 2. ΙΠΠΟ traditur; ἱππό[του],
Sterrett.

---

304. Antiochiae. — Sitlington Sterrett, *An epigr. journey*, p. 123, n. 95; cf. *Bull. de
corr. hellén.*, 1898 (XXII), p. 237.

...χιανὸς | ..... [κα]ὶ λογιστὴς [1] | [τῆς τῶν Ἀ]ντιοχέων | [μητρ]οπόλεως ‖
5 [τὸ ζυγ]οστάσιον?

1. Curator urbis.

---

305. Antiochiae. — Sitlington Sterrett, *An epigr. journey*, p. 153, n. 137.

Λ. Μάλιος Φλάκος | καὶ Γ. Μάλιος Μάξιμος | ἀδελφοὶ ἑαυτοῖς καὶ | τοῖς
5 ἰδίοις καὶ Λ. Μαλίῳ ‖ Μαξίμῳ νομικῷ [1], τέκνῳ | γλυκυτάτῳ, καὶ τοῖς ἰδίοις |
γονεῦσι μνήμης χάριν.

1. Juris perito.

---

306. Antiochiae. — Sitlington Sterrett, *An epigr. journey*, p. 160, n. 147.

[Κ]οίντος Μο[υν]ή|[τι]ος [1] Εὐτυχ[ὴ]ς | Κοίντου Μουνη|τίου Πωλίωνος ‖ πραγ-
ματευτής.

1. Munatius.

---

307. Antiochiae. — *C. I. L.*, III, 6857.

V. u. [1] Petilia M. f. | Tertia sibi et | M. Petilio patri. |

Ζῶσα Πετιλία Τερτία ‖ ἑαυτῇ καὶ Μάρκῳ | Πετιλίῳ πατρί.

1. V(iva) v(ivo).

808. Antiochiae. — *C. I. L.*, III, 6838.

D. Polleni[us] | D. f. Scr. Proc[lus]. |

5   Δέχμος Πολλέν[ι]ος | Δέχμου υἱὸς Σεργίᾳ ‖ Πρόχλος.

---

809. Hissar prope Antiochiam. — Sitlington Sterrett, *An epigr. journey*, p. 124, n. 97.

5   Τύχην εὐ|μενῆ τῇ | χολωνείᾳ Τιβεριο|πολειτῶν Παπ‖ηνῶν Ὀρονδέ|ων [1]
βουλὴ, δῆμος.

1. Pappa civitas in Oroandensium territorio sita ab imperatore Tiberio nomen Tiberiopolim accepit. Cf. Ramsay, *Hist. geogr. of Asia Minor*, p. 398.

(PISIDIA GALATICA)

310. Kutchuk-Kabadja. — Sitlington Sterrett, *The Wolfe expedition*, p. 355, n. 504.

........|... εστε τόπου Ἀκενᾶ · εἰ δέ τις | ...ωσι, θήσι εἰς τὸν φίσκον δηνάρια |
πεντακόσια.

311. Tymandi. — Legrand et Chamonard, *Bull. de corr. hellén.*, XVII (1893),
p. 258, n. 40.

Αὐτοκράτορα Καί|σαρα Θεοῦ Ἀδρι|ανοῦ υἱὸν Θε|οῦ Τραιανοῦ Παρ‖θικοῦ υἱω-
νὸν | Θεοῦ Νέρουα ἔγ|γονον Τίτον Αἴλι|ον Ἀδριανὸν Ἀντω|νεῖνον Σεβαστὸν ‖
Εὐσεβῆ, ἀρχιερέα μέγιστον, δημαρ|χικῆς ἐξουσίας | τὸ γ΄, ὕπατον [1], πα|τέρα
πατρίδος, ‖ εὐεργέτην τοῦ | κόσμου, | Τυμανδεῖς, | ἐπιμεληθέν[τος] | τῆς ἀνα-
στάσε[ως Λι]‖κιννίου Νε.....|ου, ἐπὶ Λικ[ιννίου] | Τυμανδέων στρατ[ηγοῦ.]

1. Anno p. C. n. 140. Debuit esse ὕπατον τὸ γ΄.

312. Apolloniae. — Le Bas-Waddington, 1194.

[Τοὺς κοινοὺς σωτῆρας] καὶ ἰδίους θεοὺς Σεβαστοὺς καὶ τοὺς παῖδας αὐτ[ῶ]ν
[Ἀπολλωνιατῶν Λυκίων ὁ δῆμος].

[Γαΐῳ Καίσαρι, Γερμ]ανικῷ, Τιβερίῳ Καίσαρι, Θέῳ Σεβαστῷ, | Θεᾷ Ἰουλίᾳ,
Δρούσῳ, Λευκίῳ Καίσαρι.]

Probavit Waddington haec verba aedificio quondam inscripta fuisse in honorem Divi
Augusti et domus ejus exstructo, imperante Tiberio, et statuis decorato : « Je crois que
les statues étaient placées dans l'ordre suivant : à la droite d'Auguste, en regardant le
monument, Livie, faisant face à Tibère ; à la droite de Livie, Drusus, faisant face à Ger-
manicus et enfin, aux deux extrémités, les statues de Caius et de Lucius César. De cette
façon on obtient une ordonnance parfaitement symétrique ». Infra, exaratum fuerat *Rerum
Gestarum Divi Augusti* exemplar, cujus pars maxima periit ; quod superest hic repetere
supervacaneum nobis videtur. Cf. quae monuimus supra p. 65, ad n. 159.

T. III

313. Apolloniae. — Sitlington Sterrett, *The Wolfe expedition*, p. 358, n. 315 ; C. *I. L.*, III, 6868.

5 [Αὐτοκρ]άτορα | [Νέρο]υαν | [Τραι]ανὸν] | [Καίσ]αρα | [Σε6α]στὸν ‖ [Γερμα]-
νικὸν | [Δακι]κὸν [ὁ δῆμ]ος. | [Ex tes]tamento ¹.

1. ΓΑΜΕΝΙΟ Sterrett. Formulam latinam agnovit Mommsen ; quanquam ea verba in fine tituli a populo imperatori dedicati scripta fuisse a solito recedit.

---

314. Apolloniae. — Anderson, *Journ. of hellen. studies*, XVIII (1898), p. 95, n. 35.

5 Αὐτο[κ]ράτορα | Καίσα[ρ]α Μ. Αὐρή(λιον) | 'Αν[τωνεῖ]νον | Σε6α[σ]τὸν, υἱ‖ὸν
Αὐ[τ]οκράτο|ρος Καίσαρος Λ. | Σεπτιμίο[υ] Σευ|ουήρου Π[ε]ρτίνα|κος Σε6(αστοῦ),
10 ἡ βουλὴ ‖ καὶ ὁ δῆμος | 'Απολλωνιατῶν | Λυκίων Θρακῶν | κολωνῶν.

Collato loco Plinii (*Hist. nat.*, V, 95 : *Thracum soboles Milyae, quorum Arycanda oppidum*) docuit Waddingtpn (Le Bas-Waddington, III, ad n. 1195) Thracas quosdam olim in Lyciam migravisse et sedem collocavisse, unde rursus postea coloni Apolloniam deducti fuerint : recte ergo Apollonienses dici Lycios Thracas et in titulis et in nummis ; quod probat G. Hirschfeld (Pauly-Wissowa, *Realencyclopädie*, II, p. 116, v. 45). Cf. etiam Barclay V. Head, *Hist. num.*, p. 589.

---

315. Apolloniae. — Sitlington Sterrett, *The Wolfe expedition*, p. 368, n. 533.

[...... Λ]εύχιον Σερουήνι[ον Λευχίου υἱὸν | Αἰμιλίᾳ Κορνοῦ]τον...... ¹.

1. L. Servenius Cornutus, aequalis Flaviorum imperatorum, memoratur in quinque titulis Acmoniensibus. Cf. *Prosop. imp. rom.*, I, p. 225, n. 404.

---

316. Apolloniae. — Sitlington Sterrett, *The Wolfe expedition*, p. 367, n. 532; cf. Anderson, *Journ. of hellen. studies*, XVIII (1898), p. 100, n. 43.

.... [πρεσ6ευτὴν Σε6(αστοῦ) λε|γεῶν]ος τ[ρ]ιακο[στῆς] Ο[ὐλ]|πίας Νει-
χηφόρου, πρεσ|6ευτὴν Σεβαστοῦ ἀντι‖στράτηγον ἐπαρχείας | Γαλατίας Πισιδίας
5 Πα|φλαγονίας, ἀνθύπατον | Πόντου καὶ Βειθυνίας ¹.

1. Post Hadriani aetatem, fortasse sub Antoninis, eum Bithyniam administrasse credit Brandis (*Hermes*, 1896, p. 163).

---

317. Apolloniae. — Le Bas-Waddington, 747.

5 Τὸν ἀγνὸν | καὶ δίκαιον | ἐπίτροπον | τοῦ Σεβαστοῦ ‖ Αὐρήλιον 'Απολ|λώνιον ¹ ἡ

βουλ[ὴ] | καὶ ὁ δῆμος Ἀ[πολ]|λων[ια]τῶν Λυ[κί]|ων Θρᾳκῶν κ[ο]‖λωνῶν ² τὸν
[ἴδι]|ον εὐεργέ[την] | ἐτείμησαν [ἀν]|δριάντι.

1. Cf. *Prosop. imp. rom.*, I, p. 196, n. 1209. — 2. Cf. supra n. 314, not.

---

818. Apolloniae. — Sitlington Sterrett, *The Wolfe expedition*, p. 360, n. 517.

...... καὶ σεμνο[τά]|την Αἰλίαν Ἀν|τωνεῖναν, γυ|ναῖκα Αὐρ. Ἀπολ‖λωνίου,
τοῦ κρα|τίστου ἐπιτρό|που τοῦ Σεβαστοῦ, | ἡ βουλὴ καὶ ὁ δῆμος Ἀπολλωνιατῶν
Λυ‖κίων Θρᾳκῶν κολω|νῶν ¹, τῷ τῆς ἀρετῆς | ἐτείμησαν ἀν|δριάντι.

1. Cf. supra n. 314, not.

---

819. Apolloniae. — Legrand et Chamonard, *Bull. de corr. hellén.*, XVII (1893), p. 255.

Αὐρ. Εὔφημον τρὶς | ἐφήβαρχον καὶ ἰσα|γωγέα γενόμεν[ον] τῶν μεγάλων πεν‖-
ταετηρικῶν Και[σα]|ρήων ἀγώνων ¹, ἀγω|νισάμενον καὶ | τὴν σεβαστοδώρ[η]|τον
πρώτην θέμιν ² ‖ [Α]ἴλειαν Κορνούτε[ι]|αν.... | ε....

1. Cf. Suet., *Aug.*, 59 : « *Provinciarum pleraeque super templa et aras ludos quoque
quinquennales paene oppidatim constituerunt* (in honorem Augusti). » — 2. Themis sive
ἀγὼν θεμικός , ludus in quo victoribus non coronae tantum et vanus honor, sed praemia
pretiosa, pecuniae, etiam statuae honorariae proponebantur. Cf. Le Bas-Waddington,
1209. — Σεβαστοδώρητος, cujus imperator impensam praestiterat.

---

320. Apolloniae. — Anderson, *Journ. of hellen. studies*, XVIII (1898), p. 97.

[Ὁ δῆμος | ἐτείμ]ησεν Δ[η|μήτρι?]ον Ὀλυ[μ|πίχ]ου, ἱερέα Ῥώ‖[μη]ς γενόμε-
νο[ν |, πρ]εσβεύσαντα | [π]ρὸς τὸν Σεβασ|[τ]ὸν δὶς δωρεὰν κ[αὶ | ἀγ]ορανομήσαντα |
[καὶ] γυμνασιαρχίαν ‖ [τελ]έσαντα κατὰ | [δι]αθήκην Ὀλυμπ[ί|χ]ου [Δ]αμᾶ τοῦ
ἀνε[ψ|ι]οῦ λ[α]μπρῶς καὶ | [φιλ]οδόξως καὶ π[άσ|η]ς ἀρετῆς ἕνεκε[ν].

---

321. Apolloniae. — Sitlington Sterrett, *The Wolfe expedition*, p. 367, n. 531.

[Ὁ δῆμος ἐτείμησεν] | .... Ὀλύμπιχον Φιλ[όδο|ξο]ν, ἐπί τε τ[ῇ] εἰς τοὺς
Σεβα[στοὺς | ε]ὐσεβείᾳ καὶ ταῖς δ[....‖...α]ὐτοῦ ἀπὸ προγόν[ων καὶ | τοῦ] πατρὸς
εἰς τὴν [πόλιν ἐν | ἅπ]ασιν εὐεργεσί[αις | καὶ φ]ιλοδοξίαι[ς].

322. Apolloniae. — Sillington Sterrett, *The Wolfe expedition*, p. 376, n. 546.

5 ....|..... ['Αγαθό?]|πους [..... ἱερεὺς] | τῶν Σεβασ[τῶν .....] ‖ πόλιν ἐκ
τ[ῶν ἰδίων.....]|λον εὐε[ργέτην......] | καὶ πρεσ[βευτὴν.....]|νικον κ[........
10 νι]|κήσαντα.....]‖ας Ῥώμης .....|δος εἰς....... | πολυτε[ιμ......] | καὶ συμπ...
...|..........

---

323. Apolloniae. — Anderson, *Journ. of hellen. studies*, XVIII (1898), p. 100, n. 43.

.....ο..... | μου Γάιον Κ........|ηι εἰς τὴν ἐμ.....|.... [ἔτ]ων πέντε καὶ
5 δ[έκα]....‖..... πέντε ἔτη εἰς .....|..... εἰς τὴν ἀγορὰν κα[ὶ] ....|...οι, ἱππεῖς δὲ
ῥω[μαῖοι....|..... α]ὐτῶν προσηγ[ορευμένοι? .....|..... ἐκ τῶν ἰδ]ίων κατ[εσ-
10 κεύασαν] .....‖.....δι....·

---

324. In vico Tchapeli, in via quae Apameam Apollonia ducit. — Ramsay, *The histor. geogr. of Asia Minor.*, p. 172.

Ὑπὲρ τῆς Αὐτοκρά|τορος Καίσαρος Θε|οῦ Τραιανοῦ Παρθι|[κοῦ υἱοῦ Θε]οῦ
5 Ν[έρ]ουα υἱ‖[ων]οῦ Τραιανοῦ Ἀδρι[α|νοῦ Σεβ]αστοῦ, ἀρχιερέ|[ως] μεγίστου,
10 δημαρ‖[χικῆς ἐξ]ουσίας τὸ ιθ' ¹, ὑπάτου τὸ γ', πατρὸς πατ‖[ρίδ]ος, [σωτηρ]ίας
καὶ αἰων‖[ίου διαμονῆ]ς αὐτοῦ τε καὶ | [τοῦ σύμ]παντος οἴκου | [αὐτ]οῦ ἡ βουλὴ
15 καὶ ὁ | δῆμος ὁ Ἀπολλωνια‖[τῶν] Λυκίων καὶ Θρα‖[κῶν κολ]ώνων Θεοῖς |
['Ε]νορίοις ².

1. Anno p. C. n. 135. — 2. Ergo Tchapeli vicus situs erat in finibus provinciae Asiae proconsularis et Galatiae.

LYCIA

ET

PAMPHYLIA

LYCIA ET PAMPHYLIA

PISIDIAE PARS MERIDIONALIS

325. Conanae. — Sitlington Sterrett, *The Wolfe expedition*, p. 339, n. 493.

[Αὐτοκράτορα Κα]ίσαρα Λ. Σεπτίμιον Σευῆρο[ν Περτίνακα | Σεβαστὸν ἡ]
βουλὴ καὶ ὁ δῆμος καὶ οἱ κατ[οικοῦντες Ῥωμαῖοι].

326. Conanae. — Sitlington Sterrett, *The Wolfe expedition*, p. 340, n. 475.

Καὶ τόδ' ἄγαλμα θεᾶς Μενεκράτης εἴσατο πα[τὴρ], |
χειλίαρχος στρατίης κλυτοῦ τε ἐπίτροπος ἄνακτ[ος], |
οὔνεκεν Ἀντιόχης καὶ Μαρχιανῆς ἱερειῶ[ν] |
θυγατέρων θυγατρὸς Ἀπολλωνί[δος ε]ὑπατερε[ιῶν].

327. Agris. — Sitlington Sterrett, *The Wolfe expedition*, p. 335, n. 468.

Θεοῖς Σεβαστοῖς καὶ Διὶ Σ[ω]|τῆρι [χα]ὶ [τ]ῇ πόλει | [Μ]ενέ[μα]χος Μεν[ε]-
μάχου | .... ‖ [ἀν]έστησεν ἐκ τ[ῶ]ν ἰδίων ἀνα|λωμάτων καὶ καθιέρωσεν | σὺν
τῇ π[ρο]δω[μ]είδι (?) [1].

1. Supplevit Sterrett dubitans.

328. Seleuciae Siderae. — Sitlington Sterrett, *The Wolfe expedition*, p. 334, n. 466.

Τιβέριον Κλαύδιο[ν] | Καίσαρα Σεβαστὸ[ν] Γερμανικὸν | θεὸν ἐπιφανῆ.

329. In vico dicto Imrohor, olim Thymbriade (?). — Sitlington Sterrett, *The Wolfe expedition*, p. 280, n. 399.

...... [Αὐτ]οκράτορος Καίσαρος Τραι|[αν]οῦ Ἀδριανοῦ Σεβαστοῦ...να | .....
[κα[τατ[ε]ταγμένον..... | ὁ δῆμος.

330. In vico Seüir, ripae septentrionali lacus Ascanii adjacenti. — Sittlington Sterrett, *The Wolfe expedition*, p. 414, n. 609.

Αὐρ. Μάρκος Μάρκου δὶ[ς] | κεραμεὺς κατεσκεύασα | [τ]ὸ ἡρῷον ἐμαυτῷ καὶ
5 τῇ | [γυνα]ικί μου Αὐρ. Τατίᾳ Δι‖ρδώρου καὶ [τοῖ]ς [τ]|έ[κ]νοις μου.

331. In vico Yari-Keuï, inter Colossas et Sagalassum. — *C. I. Gr.*, 3956 e.

[Α]ὐτοκράτορα Κ[αίσαρα | Τραιαν]ὸν [Ἀδριανὸν.....

332. In vico Yari-Keuï. — Ramsay, *The cities of Phrygia*, I, p. 336, n. 166.

Αὐτοκράτορι Καίσαρι Μ. Αὐρηλίῳ Ἀντωνεί[νῳ] Σεβαστῷ Ἀρμενι[ακῷ] καὶ
Αὐτοκράτορι Καίσαρι Λουκίῳ Αὐρηλίῳ [Ο]ὐήρῳ Σεβαστῷ Ἀρμενιακῷ ἡ Σαγα-
λασσέων πόλις.

Versuum divisio non est notata.

333. In vico Yari-Keuï. — A. H. Smith, *Journ. of hellen. studies*, VIII (1887), p. 259.

5 [Λουκίῳ Σεπτι|μίῳ Σεουήρῳ | Εὐσεβεῖ Περτίνα|κι καὶ Μάρκῳ ‖ Αὐρηλίῳ
10 Ἀντωνείνῳ | Σεβαστοῖς Μεγίστοις | Ἀραβικοῖς [Ἀδι]αβην[ι|κ]οῖς Παρθι‖κοῖς
15 [καὶ Π. | Σεπτιμίῳ|Γέτα υἱῷ καὶ | ἀδελφῷ ¹] τῶν | μεγάλων ‖ βασι-
λέων | καὶ Ἰουλίᾳ | Δόμνῃ | μητρὶ κά|στρων.

1. Quatuor versus erasi.

334. Prope vicum Bouldour. — Contoleon, *Bull. de corr. hellén.*, XI (1887), p. 222, n. 18.

Γάιος Ἰού|νιος Ἰοῦσ|τος οὐ[ε|τρανὸς κατὰ ‖ διαθήκην.

335. In vico Deïr. — Ramsay, *Amer. journ. of arch.*, II (1886), p. 128 ; *The cities of Phrygia*, p. 336, n. 163; cf. add. p. 348.

Ἐξ ἐπιστολῆ[ς] Θε|οῦ Σεβασ[τ]οῦ ¹ | Γερμανι[χοῦ Κα]ίσαρος | Κοίντος Πετρώνι‖ος Οὔμβ[ερ] ² πρεσβευτὴς | καὶ ἀντιστράτηγος Νέρω|[ν]ος Κλαυδίου Καίσαρος | Σεβαστοῦ Γερμανιχοῦ | [χαὶ] Λο[ύχι]ος Πούπιος Πραί‖ση[νς ³ ἐπί]- τροπος Ν[έρ]ωνος | Κλα[υδ]ίου [Κ]αίσ[αρ]ος [Σε|[6αστ]οῦ Γε[ρ]μανιχοῦ ὡ|ρο- θέτησαν τὰ μὲ[ν ἐν] | δε[ξ]ιᾷ εἶν[αι Σαγα]λασσέων, ‖ τὰ δὲ ἐν ἀ[ρισ]τερᾷ [χώ|μης] Τυμβριανασσ[έων | [ἔτους.?] Νέρωνος] Κλαυ[δίου Κ]αίσαρ[ος | Σεβαστοῦ Γ]ερμανιχοῦ.

1. Erat Νέρωνος Κλαυδίου. Postea, Neronis nominibus erasis, ea in rasura inseruerunt quae hodie leguntur. — 2. Restituit *Umb[rinus]* de Rohden, *Prosop. imp. rom.*, III, p. 31; n. 238, eumque credit filium fuisse C. Petronii Umbrini, consulis circa annum 25 p. C. n. — 3. Procurator provinciae Galatiae circa annum 64. Cf. supra n. 263.

336. In vico Deïr. — A. H. Smith, *Journ. of hellen. studies*, VIII, (1887), p. 230, n. 11.

Αὐτοχράτορι Καίσαρι | Γαίῳ Αὐρ. Οὐαλερίῳ Διοχλη|τιανῷ Εὐσεβῖ Εὐτύχῖ Σε|6αστῷ καὶ Μάρχῳ Αὐρηλίῳ ‖ Οὐαλ. Μαξιμιανῷ Εὐσεβεῖ | Εὐτυχεῖ Σεβαστῷ καὶ | Φλαβίῳ Οὐαλερίῳ Κωσταντίῳ | καὶ Γαλ[ερ]ίῳ Κωσταντίῳ | ἐπιφανεστάτοις Καίσαρσι ‖ ἡ λανπρὰ Σαγαλασσίων | πόλις ¹.

1. Hic erant fines territorii Sagalassenorum. Cf. n. 355 et *C. I. L.*, III, 6872.

337. In vico El-Madjik, prope Lysiniam veterem. — Ramsay, *Amer. journ. of arch.*, IV (1888), p. 21.

Ἰουλίαν Δό|μναν Σεβασ|τὴν, μητέρα | χάστρων, ‖ ἡ βουλὴ καὶ | ὁ δῆμος.

338. Guldè-Tchitlik. — A. H. Smith, *Journ. of hellen. studies*, VIII (1887), p. 258.

.... ἀνέθη|χεν τὴν σορὸν | ταύτη[ν. Τοῖς χ]ληρονό|μοις ο[ὐχ ἀ]χολου‖θήσει ¹.

1. Heredes non sequetur.

339. Bari. — *C. I. Gr.*, 3976, b.

[Αὐτοχράτορα Καίσαρα......] Εὐσεβ[ῆ] Σεβαστ[ὸν...|.......|.... | διὰ Σω[σ]άν- [δρου..... καὶ..‖.... Ῥωμαίων.

340. Bari. — Doublet. *Bull. de corr. hellén.*, XVIII (1894), p. 199.

Post novem versus legitur :

5 Εἰ δέ | τις ἕτερος | ἐπιχ[ειρ]ήσει | [ἐμβαλ]εῖν τι[να], θήσει ‖ π[ροσ]τείμο[υ] εἰς |
10 τὸν φίσκον [τ]ῶν | κυρίων αὐ[το]κρατό|ρων δηνάρια αφ΄ | καὶ εἰς τὴν πό[λιν
δηνάρια α΄.

---

341. Prope Sagalassum, in septentrionem, trans montem, in columna. — *C. I. Gr.*, 4371.

5 Λουκίῳ [Σεπτι]|μίῳ [Σεουήρῳ] | Εὐσεβεῖ [Περτί]|νακι καὶ [Μάρκῳ] ‖ Αὐρη-
λίῳ [᾿Αντωνεί]|νῳ Σεβασ[τοῖς με]|γίστοις ᾿Α[ραβικοῖς] | ᾿Αδιαβηνικο[ῖς Παρθι]-|
10 κοῖς [καὶ Π. Σεπτιμίῳ Γέτᾳ ‖ υἱῷ καὶ ἀδελφῷ τῶν μεγ]άλων | βασιλέων καὶ
᾿Ιουλίᾳ Δόμνῃ, | μητρὶ κάστρων.

---

342. Sagalassi. — Lanckoronski, *Villes de Pamphylie et Pisidie*, II, n. 200.

᾿Απόλλωνι Κλαρίῳ καὶ Θεοῖς Σεβαστοῖς καὶ τῇ πατρίδι Τ. Φλ. Κολλήγας [1],
μετὰ Φλ. Δονίλλης τῆς γυναικὸς αὐτοῦ, τὸ περίπτερον · [τὸν δὲ ναὸν μετὰ.....
....καὶ.... ῾Ερμο]λάου τῶν Διομήδους καὶ ᾿Αδο.... [τῆς]..... | καὶ μητρὸς τοῦ
Κολλήγα ἐκ τῶν ἰδίων καὶ ἐκ δηναρίων μυρίων τῶν ἐπιδοθέντων ἐν χρόνῳ
τῆς ἀρχιερωσύνης τοῦ Κολλήγα κατασκευάσας ἀνέθηκε καὶ καθιέρωσε[ν αὐτὸς
διὰ....... ἐπὶ Κορνηλίου] Πρόκλου [2] τοῦ σεμνοτάτου ἡγεμόνο[ς.......] |, τὴν δὲ
σκούτλωσιν τῶν τοίχων [3] τ[ο]ῦ ναοῦ ὁ αὐτὸς Φλ. Κολλήγας καὶ Τ. Φλ. [Οὔ]ᾱ-
ρος Δαρεῖος αὐτοῦ, διὰ Φλ. Διομ[ήδους]....... καὶ......

1. Vide nonne is cognomen suum duxerit a Pompeio Collega, qui principe Vespasiano
Galatiae praefuit (*Prosop. imp. rom.*, III, p. 65, n. 458). — 2. Cn. Arrius Cornelius
Proculus, legatus Aug. pro pr. Lyciae sub Antonino Pio circa annos 140-142 : *Prosop.
imp. rom.*, I, p. 141, n. 901. — 3. Muros crustis marmoreis tegendos curaverunt Fl.
Collega et filius ejus Fl. Varus.

---

343. Sagalassi, bis in eodem monumento. — Lanckoronski, *Villes de Pamphylie et
Pisidie*, n. 215.

a) .... Κ]λαυδίου Δαρείου υἱὸς Καλλικῆς [1] το|.........πιου ἐκ τῶν ἰδίων
ἀνέθηκεν.

b) Θεοῖς Σεβαστοῖς καὶ πατρίοις καὶ τῶι δήμωι Τιβέ[ριος Κλαύδιος Κλαυδίου Δαρείου υἱὸς Κ]αλλικῆς το .....|........ ² .... [πιου ἐκ τῶν ἰδίων]... ἀνέθηκεν.

1. Ita traditur. — 2. Initio v. 2 traditur : ΑΠΟΟΡΟΝΤΟΥΟΙΟΥΣΥ▨⎯⎯ΣΓΙΑΓΛΩΝ-ΣΥΝΤΙΙΚΛ. Intelliguntur Ἀπὸ Ὀρόντου nisi erat, ut suspicatur Petersen : ἀπὸ... τοῦ Θ[ε]οῦ, deinde σὺν Τι[6.] Κλ[αυδίῳ].

---

344. Sagalassi. — *C. I. L.*, III, 6871.

[T]i. Claudio [Caes]ar[i] Au[g]. | Germanico im[p]., pon[t]. | ma[x]imo III, cos II ¹, p. [p.] |

[Τι. Κλ]αύδιον Καίσαρα Σεβασ[τόν|.

1. Rem perturbavit qui titulum exaravit vel qui descripsit. Erat aut esse debuit : *pont. max., imp. III, cos II.* Annus est 43 p. C. n.

---

345. Sagalassi. — Lanckoronski, *Villes de Pamphylie et Pisidie*, II, n. 221.

Νέωι Ἡλίωι Νέρωνι ¹ Τιβερίωι Κλαυδίωι | Καίσαρι Γερμανικῶι [Τι. Κ]λ. Δαρεῖος καὶ οἱ | υἱοὶ αὐτοῦ [ἀ]νέθηκαν.

1. Cf. *Bull. de corr. hellén.*, XII (1888), p. 514, v. 34 : νέος Ἥλιος ἐπιλάμψας τοῖς Ἕλλησιν.

---

346. Sagalassi. — Lanckoronski, *Villes de Pamphylie et Pisidie*, II, n. 199.

Αὐτοκράτορα | Καίσαρα Τραια|νὸν Σεβαστὸν | ἡ βουλὴ καὶ ὁ ‖ δῆμος.

---

347. Sagalassi. — Lanckoronski, *Villes de Pamphylie et Pisidie*, II, n. 215.

Αὐτοκράτορα | Καίσαρα Τραιανὸν | Ἁδριανὸν Σεβασ|τὸν Ἄτταλος ‖ Νέωνος Ἀντιό|χου φιλόπατρις | ἀνέθηκεν.

---

348. Sagalassi. — Lanckoronski, *Villes de Pamphylie et Pisidie*, II, n. 188.

[Αὐτοκράτορι Καίσαρι Τίτῳ Αἰλίῳ Ἁ]δριανῷ Ἀντων[είνῳ Σεβαστῷ Εὐσεβεῖ, Θεοῦ Ἁδ]ρια[νοῦ υἱῷ], καὶ τῷ σύνπαντι | [οἴκῳ καὶ πατρίοις θεοῖς ἡ λαμπρὰ Σαγα]λασσέων πό[λις, πρώτη τῆς Πισιδίας, φίλη καὶ σύμμαχος] Ῥω[μαί]ων ¹, καθιέρωσεν.

1. Cf. n. 350, 351, 352, 353 et nummos Sagalassi cusos cum eadem inscriptione : ΤΡΩΤΗΣ ΠΙΣΙΔΩΝ ΚΑΙ ΦΙΛΗΣ ϹΥΝΜΑΧΟΥ (Barclay V. Head, *Hist. num.*, p. 592).

349. Sagalassi. — Lanckoronski, *Villes de Pamphylie et Pisidie*, II, n. 190.

5 Μ. Αἰλι'ον Αὐ|ρήλιον | Καίσα∥ρα | ἡ βου[λὴ].....

---

350. Sagalassi — Lanckoronski, *Villes de Pamphylie et Pisidie*, II, n. 191.

5 [Μᾶρχ]ον [Αὐρή|λιον] Κώμ[μοδον | ... Ἀ]ντ[ωνεῖ|νον] Σεβ[αστὸν ∥ ἡ Σ]αγα-
λα[σσέ|ων π]όλις, [πρώ|τη τ]ῆς Πι[σιδί|ας, φ]ίλη χα[ὶ σύμμαχ]ος Ῥωμ[αίων].

---

351. Sagalassi, tribus exemplis. — Lanckoronski, *Villes de Pamphylie et Pisidie*, II, n. 210.

Ὑπὲρ νείχης τοῦ χυρίου Αὐτοχράτορος Καίσαρος Μάρχου [Αὐρ]ηλίου Κ[ομ-
μόδου Ἀντωνείνου χαὶ α|ἰωνίου διαμονῆς, τῇ λαμπρο]τάτῃ χαὶ γλυχυτάτῃ
πατρί[δι, πρώτῃ τῆς Πισιδίας, φίλ]ῃ χαὶ συμμ[άχῳ] Ῥωμαίων, Πό|πλιος Αἴλιος
Ἀ[ντίοχος Νέω]νος Ῥόδωνος δὶς Κόνωνος [Ἀ]χύλας, ἀρχιερασάμενος τῶ[ν
Σεβαστῶν, ἐπέδωχε, πρὸς ἄλλ|οις οἷς ἐφιλοτειμήσατο, χ]αὶ εἰς χατασχευὴν τοῦ
μαχέλ[λου, ὀηνάρια μύρια χαὶ τρισχείλια.

Supplementa addidit Petersen deprompta ex aliis titulis Sagalassenis.

---

352. Sagalassi. — Lanckoronski, *Villes de Pamphylie et Pisidie*, II, n. 198.

5 Αὐτοχράτορα | Καίσαρα Λούχι|ον Σεπτίμιον | Σεουῆρον Περ∥τίναχα Σεβα|στὸν |
10 Σαγαλασσέ[ων] | ἡ πόλις, πρώτη | τῆς Πισιδίας ∥ [φίλ]η χαὶ σύμμα|χος Ῥωμαίων.

---

353. Sagalassi. — Lanckoronski, *Villes de Pamphylie et Pisidie*, II, n. 203.

5 Αὐτοχράτορα | Καίσαρα | Μᾶρχον Αὐρή|λιον Ἀντωνεῖ∥νον Σεβαστὸν, | υἱὸν
10 τοῦ θειο|τάτου | Αὐτοχράτορος | Καίσαρος Λού∥χίου Σεπτιμίου | Σεουήρου Εὐ|σε-
15 βοῦς Περτί|ναχος Σεβα|στοῦ Ἀραβιχοῦ ∥ Παρθιχοῦ Με|γίστου [1] | ἡ Σαγαλασσέ|ων
20 πόλις, πρώ|τη τῆς Πισιδί∥ας, φίλη χαὶ | σύμμαχος Ῥω|μαίων.

1. Post annum 199.

---

354. Sagalassi. — Lanckoronski, *Villes de Pamphylie et Pisidie*, II, n. 196.

[Αὐτοχρ]άτορι Καίσαρι Μ. Αὐρ(ηλίῳ) Σεουήρῳ [Ἀλεξάνδρῳ] Εὐσεβεῖ |

Σεβαστῷ κα[ὶ Μαμαία] Σεβαστῇ μητρὶ τοῦ Σεβαστοῦ καὶ | τῷ σύμπαντι οἴκῳ
αὐτῶν Αὐρ. Με[ιδι]ανὸς Ἀτταλιανὸς | ὁ τάχιον χρηματίσας Ἀτταλιανὸς..... [1]

5 ... ‖ ἀρχιερασάμενος τῶν Σεβαστῶν..... [2]

1. Traditur ΜΕΙΝΟΣΙΛ·ΙΛΛΕΓ... — 2. Traditur : ΙΕΙΙΣΤΟΓΙΛΛ'ΣΙ⁻ΟΙ▨ᴌ Β▨|ΛΟΙ⁼
ΙΜΕΣΜΟ ΚΑΙ ΤΗΝ ΙΙΛΛΠΛΝΛΙΚΙΩΡΑΣΙΜ... | ΤΟΥΣ ΠΙΣΛΤΙΡΛΣ.

---

355. Sagalassi. — Lanckoronski, *Villes de Pamphylie et Pisidie*, II, n. 198.

Αὐτοκράτορι Καίσαρι Που[6λίῳ Λικιννίῳ Γαλλιηνῷ]..... | καὶ..... Σαλω-
νει... [1] |.......το λαμπροτατο | ..... συναγωγ(έ)ως.

1. Salonina Augusta conjux vel P. Cornelius Licinius Saloninus filius imperatoris.

---

356. Sagalassi. — Lanckoronski, *Villes de Pamphylie et Pisidie*, II, n. 212.

5 Κλ. Δομετιλλι|ανὸν Πρόχλον, [1] | τὸν κράτιστον | συνκλητικὸν, ‖ ἱερέα τοῦ
10 πατρώ|ου Διονύσου | ἡ πατρὶς | ἀρετῆς ἕνεκα, | ἣν ἐπεδείξατο ‖ παρὰ τὸν τῆς |
15 πολειτείας | χρόνον καὶ τῆς | διὰ παντὸς εἰς | τ[ὴ]ν πόλιν εὐνοί‖ας · τὸν δὲ
20 ἀνδρι|άντα παρὰ ἑαυτῆς | ἡ πόλις · | ἐπὶ προβούλου [2] | Τηλεμαχιανοῦ ‖ Τηλε-
μάχου, | ἐπιμελησαμέ|νου Νεωνιανοῦ | Μητροδώρου.

1. Vir aliunde ignotus. Cf. *Prosop. imp. rom.*, I, p. 365, n. 686. — 2. Dicebatur
πρόβουλος in aliquot civitatibus is qui senatui praeerat; cf. Liebenam, *Städteverw.*,
p. 294, n. 3.

---

357. Sagalassi. — Lanckoronski, *Villes de Pamphylie et Pisidie*, II, n. 204.

[Τὸν] κράτιστον | πρεσβευτὴν | καὶ ἀντιστρά|τηγον ‖ Κορέσνιον | Μάρχελλον [1] |
ἡ λαμπροτά|τη Σαγαλασ|σέων πόλις ‖ τὸν ἴδιον | βουλευτὴν | καὶ εὐεργέ|την · |
ἐγένετο ἀρ‖χῆς τῆς περὶ | Αὐρ. Διομηδι|ανὸν Μαχεδο|νιανὸν Ῥόδω|να.

1. Aufidius Coresnius Marcellus, legatus legionis I Minerviae anno 222; cf. Brambach,
Insc. Rhen., 464 et *Prosop. imp. rom.*, II, p. 183, n. 1149.

---

358. Sagalassi. — Contoléon, *Bull. de corr. hellén.*, XI (1887), p. 222, n. 17.

Τερέντιον Ἀφρικανὸν | τὸν διασημότατον | ἡγεμόνα [1], | δικαιοσύνῃ καὶ φι‖λαν-
θρωπίᾳ πάσῃ | πάντας ὑπερβαλ|όμενον, ἡ πατρὶς | τὸν εὐεργέτην.

1. Vir ignotus. Cf. *Prosop. imp. rom.*, III, p. 300, n. 49.

359. Sagalassi. — Lanckoronski, *Villes de Pamphylie et Pisidie*, II, n. 214.

5-10 Ἡ βουλὴ | καὶ ὁ δῆ|μος | ... ‖ ... | ... | ... | ... | Τ. Φλ. Οὐα‖λεριανὸ|ν] | Πα-
15 πειρίᾳ | Ἀλέξαν|δρο[ν], ἔπαρ|χο[ν] χώρ‖της τετά[ρ]|της Γάλ|λων, σω|φροσύνης |
20-25 ἕνεκεν ‖ καὶ [εὐνοί]|ας · τὴν δὲ ἀν|άστασιν τοῦ | ἀνδριάντος | ἐπ[οιήσατο] ‖ ... |
... | ... | ...

---

360. Sagalassi. — Lanckoronski, *Villes de Pamphylie et Pisidie*, II, n. 195.

Π. Αἴλ. Κουίντον Κλ(αύδιον) | Φιλιππιανὸν Οὐᾶρον, | ἀγωνοθέτην διὰ βίου |
5 ἀγώνων Κλαρείων καὶ ‖ Οὐαρείων [1], ἀρχιερέα | τοῦ Σεβαστοῦ καὶ φιλόδο|ξον
10 ἡμερῶν δ᾽ ὁλο|κλήρων ὀξέσι σιδη|ροῖς ἐπὶ ἀποτόμοις ‖ ἑκάστης ἡμέρας ε´ | καὶ
σιδηροχόντρᾳ [2], | συντεχνίᾳ βαφέων [3] | τὸν ἴδιον εὐεργέτην | βουλῆς καὶ δήμου ‖
15 δόγματι, | ἐπιμελησαμένου | Κλ. Μήνιδος.

1. Cf. Ibid., n. 201 : ἀ[γωνο]θέτης ἀγώνων Κλ[αρείων κ]αὶ ['Ροδ]ωνείων Οὐ[α]ρε[ίων]..... τείων.
— 2. Sensus obscurior. Aliquid luminis attulit Ad. Wilhelm, *Arch. epigr. Mittheil.*, XX
(1897), p. 86, collatis locis duobus : *Athen. Mittheil.*, XVIII (1894), p. 20 (ποιήσαντα
μονομαχιῶν ἡμέρας τρεῖς ἀποτόμους) et *C. I. Gr.*, 2880 (ποιησάντων μονομαχίας ἀποτόμους ἐπὶ
ἡμέρας δεκαδύο). Hoc fere intelligendum videtur : Qui munera edidit per quatuor dies
plenos in quibus gladiatores exacutis sive, ut dicebant, pugnatoriis armis certabant,
additis (ut monet Haussoullier) quoque die prolusionibus quinque virorum hebetes gla-
dios gerentium et praeterea ludo uno per quem hastis hamatis — si ita σιδηροχόντρα
interpretari decet — utebantur. — 3. Collegium offectorum.

---

361. Sagalassi. — Lanckoronski, *Villes de Pamphylie et Pisidie*, II, n. 217.

Ὁ δῆμος | Ἄτταλον Νέωνος Δημητρίου | πάλῃ νεικήσαντα | Κλάρεια ·
5 Τι‖βερίου Κλαυδίου, Κλαυδίου [Δαρεί]|ου υἱοῦ, Κυρείνᾳ πεσον.....

---

362. Sagalassi. — *C. I. Gr.*, 4377; Kaibel, *Epigr. gr.*, n. 407.

Πάντη μὲν κ[ῦ]δος Τερτύλλου [πρίν ποτ᾽ ἀγαστὸν] |
ἔκ τε σοφῶν ἔργων ἔκ τε ἀγαθῶν πατέρω[ν] · |
νῦν δ᾽ ἔτι που καὶ μᾶλλον, ἀρηιφίλων ὅτε φωτ[ῶν] |
τόσσην ἐν σταδίοις [1] ἐστό[ρ]εσεν στρατι[ὴν], ‖
5 ἄρκτ[ο]υς πορδά[λι]άς τε κατέ[κ]τανεν ἠ[δ]ὲ λέ[οντας, |

σ]φῶν κτεάνων πάτρην πρ[ε]σβυτέρην θέμενο[ς] · |
τῷ μετὰ [x]λεινὸν Ἄρην ἐνα[γ]ώνιός ἐστι xα[ὶ] Ἑρμ[ῆς], |
νείχην πορσύνων ἀνδράσιν ἀθλοφόροις. |
Τοὔνεχα καὶ βασιλῆες ἐπιστέλλειν ἐπένευ[σαν] ², ▮
αἰ δ᾿ ἀρεταὶ τούτου καὶ προ[γ]όνων πλέον[ες] ³. |
Σῆμα δὲ, xεὶ τέχν[α] Φρύ[γ]ι]ον λίθον ἔργῳ ἐλέ[γχει], |
ψεύδεται · ἐγγα[ί]ης τῆσδε πέφυκε λίθος. ⁴ |

« Titulus est honorarius idemque [fortasse] sepulcralis in Tertullum, civem Saga-
lassenum, propter virtutes opulentiamque, quam praesertim ludis gladiatorum et vena-
tionibus more Romanorum institutis praestiterat, celebratum. » Franz.

1. Stadium pro amphitheatro. — 2. Intellige : imperatores ad eum epistolam mittere
dignati sunt. — 3. « Virtutes autem plures hujus sunt quam majorum. » — 4. « Ad
monumentum quod attinet, licet ars phrygiam speciem lapidi induerit, tamen noli
phrygium putare lapidem. » Kaibel.

---

363. Prope Sagalassum. — *C. I. Gr.*, 4370 ; cf. Lanckoronski, *Villes de Pamphylie et
Pisidie*, n. 217 a.

[Αὐτοκράτορα Καίσαρα Μᾶρχον] | Αὐρήλιον Ἀντω|νεῖνον Σεβασ|τὸν ἡ βουλὴ ▮
καὶ ὁ δῆμος.

---

364. Adadae. — Sitlington Sterrett, *The Wolfe expedition*, p. 300, n. 421.

[Θεοῖς Σεβ]αστοῖς καὶ Διὶ [Μεγίσ]τῳ Σαράπιδι καὶ τῇ πατρίδι Ἀ[ντίοχος
Τλαμόου φιλόπατρις, | ἀρχιερεὺς τῶν Σε]βαστῶν τὸ β΄, κτίσ[της, υἱὸς π]όλεως
καὶ Ἄννα Ὅπλωνος, ἡ γυνὴ αὐτο[ῦ, ἀρχιέρεια καὶ | Τλαμόας καὶ Ἀντίοχος,
φιλοπάτριδες, κτίσται κα]ὶ υἱοὶ πόλεως, τὸν ναὸν | χα[ὶ τὰ ἀγάλμα]τα, σὺν ταῖς
περικειμέναις στοαῖς καὶ ἐργασ[τ]ηρίο(ι)ς καὶ [παντὶ κόσμῳ, καθιερώσαντες
ἀνέθηκαν].

Supplevit Sterrett collatis nn. 365 et 366.

---

365. Adadae. — Sitlington Sterrett, *The Wolfe expedition*, p. 288, n. 409.

Θεοῖς Σ[ε]βαστοῖς καὶ τῇ πατρίδι | Ἀντίοχος Τλ[αμό]ου φιλόπατρις, ἀρχιε-
ρεὺς τὸν | Σεβαστῶν τὸ [β΄?, x]τίστης, υἱὸς πόλεως, πρόβουλος ¹ | τὸ δ΄, καὶ
Ἄννα [Ὅ]πλωνος, ἡ γυνὴ αὐτοῦ, ἀρχιέρεια, ▮ καὶ Τλαμόας καὶ Ἀντίοχος, οἱ

υἱοὶ αὐτῶν, φιλοπάτρι|δες, τὸ ἄγαλμα τῆς Ἀφροδίτης καὶ τὸν ναὸν σὺν | τῷ περὶ αὐτὰ παντὶ κόσμῳ καὶ τῇ συστρ[ώ]σει κα|θιερώσαντες ἀνέθηκαν.

1. Cf. n. 356, n. 2.

---

366. Adadae. — Sitlington Sterrett, *The Wolfe expedition*, p. 304, n. 422.

Θεοῖς Σεβαστοῖς καὶ τῇ πατρίδι Θεόδωρος Νειχομάχου, φιλόπατρις, | ἀρχιερεὺς [τῶν Σεβαστῶν τὸ β΄?, κτίστης, υἱὸς πόλεως, πρόβουλος ¹ τὸ ..], | τὸν ναὸν ἐκ [θεμελίων], σὺν τῷ ξοάνῳ καὶ τοῖς ἀγάλμασι, ἐκ τῶν ἰδίων ἀνέθηκε καὶ | καθιέρωσε.

1. Cf. n. 356 n. 2.

---

367. Adadae. — Sitlington Sterrett, *The Wolfe expedition*, p. 298, n. 419.

5   Ζμινθί[ον?]. | Τὸν λαμπρότατον | πρεσβευτὴν καὶ | ἀντιστράτηγον ‖ Αὐφίδιον Κορέσνι|ον Μάρχελλον ¹ ἡ πόλις.

1. Cf. supra, n. 357.

---

368. Adadae. — Sitlington Sterrett, *The Wolfe expedition*, p. 306, n. 430.

........ον του σ... | [Μέ]μμιον Ἀλ|6ετ|[νον? ¹ τ]ὸν λαμπρότ|[ατον] ὑπατικὸν
5   Αὐρ. ‖ [Ἀν]τιοχιανὸς Ὀ|[λυμ]πικός.

1. Vir ignotus; cognomen incertum. Memmium quemdam Fidum Julium Albium novimus, legatum pro praetore provinciae Africae anno p. C. n. 175 vel 176 (*Prosop. imp. rom.*, II, p. 363, n. 340); sed lacuna trium litterarum potius quam duarum capax esse videtur.

---

369. Adadae. — Sitlington Sterrett, *The Wolfe expedition*, p. 296, n. 417.

5   Ἀντίοχον | Τλαμόου φιλό|πατριν, ἀρχιερέ|α τῶν Σεβαστῶν ‖ τὸ β΄, πρόβουλον ¹ |
10 τὸ δ΄, κτίστην, υἱ[ἱ]|ὸν πόλεως, | Καλλικλῆς Ἀ[ν]|τίοχου ὁ καὶ ‖ Δαρεῖος, ὁ θρέ|[ψ]ας τὸν νεώτε|ρον τοῦ πάτρω|νος υἱὸν Ἀντίο|χον, τὸν ἑαυτοῦ] [π]άτρωνα
15 καὶ εὐ‖εργέτην.

1. Cf. n. 356, 366, 367.

370. Adadae. — Sitlington Sterrett, *The Wolfe expedition*, p. 291, n. 413.

['Η βουλὴ καὶ ὁ δῆμος ἐτείμησεν] | Μ. Αὐρήλιον Ἄβαντα πολείτην | καὶ βου-
5 λευτήν, δρομέα ἱερονε[ίκ]|ην παράδοξον, δολιχ[ο]δρομέα ‖ [νεν]ικηκότα πρῶτον καὶ
[μ]όνο[ν | τῶν] ¹ ἀπὸ τοῦ αἰῶνος ἱ[ερ]οὺς ἱσ[ελ|α]στιχοὺς ἀγῶνας τοὺς ὑποτ[ε]|-
10 ταγμένους, | [Καπιτ]ώ[λια] ἐν Ῥώμῃ, ‖ [Εὐσέβ]εια ἐν Ποτιόλοις, | [Σεβ]αστὰ ἐν
15 Νεαπόλι, | [ἀκονι]τεὶ τὴν ἐξ Ἄργους | ἀσπίδα, | ....ερ... ἐν Λἴπι...?, ‖ Ὀλύμ-
πεια ...|... ἐν Λακεδαίμονι, | [χ]οινὸ[ν Β]ειθυνίας ἐν | Νεικομηδείᾳ, | Ἀρτεμείσια
20 ἐν Ἐφέ‖σῳ δόλιχον δίαυλον, | Ἀδριάνεια ἐν Ἐφέσῳ δὶς, | [Β]αλβί[λ]λ[η]α ἐν
5 Ἐφέσῳ, | κοιν(ὰ) Ἀσίας ἐν Κυζίκῳ |, Ἐπινείκια ‖ ἐν Ἐφέσῳ, | Πανελλήνε(ι)α |
ἐν Ἀθήναις ².

1. Traditur **ΑΕΑ**. — 2. De his ludis omnibus, cf. titulum urbanum supra relatum (I,
n. 153).

---

371. Adadae. — Sitlington Sterrett, *The Wolfe expedition*, p. 289, n. 410.

['Ε|τειμήθη | Αὐρ[ήλιος] Ἑρμογενιανὸς Ὅπλων, ἀνὴρ ἄρισ|τος καὶ ἀξιολο-
γώτατος διὰ πάσης ἑξῆς λει|τουργίας τε καὶ..... φιλότειμος σὺ[ν πρ]ο[θυμίᾳ
καὶ μεγαλο‖ψυχίᾳ, προ[θ]ύσας δὲ καὶ τῶν θείων εἰκόνων ¹ | καὶ ἀγῶνα ἐπιτελέσας,
οἴκοθεν πάντα τε τ[ὸν | βίον] ἐν σεμνότητι ζήσας καὶ ἀνδραγαθίᾳ · τὸν δὲ ἀνδρι|άντα
ἀνέστησε Αὐρ. Σοφιανὴ Σοφία τοῦ γλ|υκυτάτου ἀνδρὸς αὐτῆς καὶ τειμιωτάτου ‖
καὶ τ[ὸ]ν τῆς κοινῆς αὐτῶν θυγατρὸς Ὁπλωνίδος, συναν[α]|στήσασα καὶ τὸν
ἑαυτῆς, τειμῆ(ς) μὲν καὶ μν[ε]ί[ας | χάρ]ιτι π(ρ)ὸς ἐκείνους, ἰδίᾳ δ᾽ ἔτι τῶν
συμβά[ν]|των αὐτῇ παραμυθίᾳ.

1. Imagines imperatorum.

---

372. Adadae. — Sitlington Sterrett, *The Wolfe expedition*, p. 303, n. 425.

Βιάνορα Ἀντιόχου | πρεσβύτερον, | ἀρχιερέα τῶν Σεβασ|τῶν, φιλόπατριν, ‖
γυμνασίαρχον, ἡ | φαμιλία, τῆς εἰς | αὐτ[ὴ]ν εὐνοίας | χάριν.

---

373. Adadae. — Sitlington Sterrett, *The Wolfe expedition*, p. 284, n. 403.

Ἡ βουλὴ καὶ ὁ δῆμος | ἐτείμησεν Βιάνορ[α] | Ἀντιόχου πρεσβύτε|ρον φιλό-
τατριν, γυ‖μνασίαρχον, ἀρχιε|ρέα τῶν Σεβαστῶν, | κτίστην τῆς πόλεω[ς].

374. Adadae. — Sitlington Sterrett, *The Wolfe expedition*, p. 287, n. 407-408.

Ἡ βουλὴ καὶ ὁ δῆμος ἐτείμησεν |

5 Ὀρέστην Ἀντιόχου | παῖδα προελόμενον | τὴν ἰατρικὴν ἐπιστήμην ‖ ἐγμαθεῖν
καὶ τελευτήσαν|τα ἐν Ἀλεξανδρείᾳ · τὸν | δὲ ἀνδριάντα ἀνέστησεν | Ἰαὶς Βιάνορος
10 Μενεδή|μου, ἡ μήτηρ αὐτοῦ, κα‖τὰ ἐντολὴν Ἀντιόχου | Ὀρέστου, τοῦ ἀνδρὸς |
αὐτῆς · |
15 Ἀντίοχον Ὀρέστ[ου] |, ἄνδρα ἀγαθὸν καὶ ‖ εὐσχήμονα, ἱερο|μνήμονα διὰ
20 βίου | γενόμενον Θεοῦ | ἱερᾶς οἰκίας · τὸν | δὲ ἀνδριάντα κα‖τὰ ἐντολὴν τοῦ |
ἀνδρὸς Ἰαὶς Βιάνο|ρος Μενεδήμου.

---

375. Adadae. — Sitlington Sterrett, *The Wolfe expedition*, p. 290, n. 411-412.

[Ἡ βουλὴ καὶ ὁ δῆμος ἐτείμησεν | .... | Ὀλυ]μπιχοῦ, ἀρχιέρει|αν, γυναῖκα
5 Ἀντιό‖χου Βιάνορος φιλο|πάτριδος, ἀρχιερέ|ως τῶν Σεβαστῶν, | τῆς εἰς πάντα
ἀρετῆς ἕ|νεκεν. ‖
10 ...... | Βιάνορος Ἀντιόχο[υ] | πρεσβυτέρου, φιλοπά|τριδος καὶ ἀρχιερέως
15 τῶν Σεβαστῶν, φιλό‖πατριν καὶ ἀρχιερέα | τῶν Σεβαστῶν, τῆς | εἰς πάντα ἀρετῆς|
ἕ|νεκεν.

---

376. Adadae. — Sitlington Sterrett, *The Wolfe expedition*, p. 302, n. 424.

Αὐρ. [Ἀ]λ[εξ]άνδριαν | Ζ[ωσ]ίμην ἀπὸ ἐπι|σ[τή]μης ἰατ[ρι]χ[ῆ]ς Αὐρ. |
5 [Πονπω]νι[α]νὸ[ς Ἀ]σχ[λη]‖πι[άδ]ης, ὁ ἀν[ὴρ] αὐ[τ]ῆς, | καὶ | Αὐρ. [Μ]οντ[άνη]ν,
τὴν | γλυκυτάτην θυγατέ|ρα, ὁ αὐτὸς Ἀσκληπιάδης.

---

377. Adadae. — Sitlington Sterrett, *The Wolfe expedition*, p. 285, n. 404, 405.

[Ἡ βουλὴ καὶ ὁ δῆμος ἐτείμησεν] |

5 Ἰαίην Ἀντιόχου | Τλαμόου θυγατέ|ρα, ἀρχιέρειαν τῶν ‖ Σεβαστῶν · τὸν |
10 δὲ ἀνδριάντα ἀνέ|στησεν Ὅπλων | Τλαμόου, ὁ υἱὸς | αὐτῆς, φιλοστορ‖γίας τῆς
πρὸς αὐ|τὴν ἕνεκεν. |
15 Τ[λαμόαν Ὅπλω]|νος, [χτίστην], | υἱὸν πό[λεως, ἀρ]‖χιερέα [τῶν Σεβασ]|τῶν ·
τὸν [δὲ ἀνδρι]|άντα ἀν[έστησεν] | Ἰαίη Ἀντ[ιόχου Τλα]|μόου, [ἡ γυνὴ αὐτοῦ], ‖
20 φιλανδρ[ίας καὶ μνή]‖μης χάριν.

378. Selgae. — Lanckoronski, *Villes de Pamphylie et Pisidie*, II, n. 241.

[Θεο]ῖς Σεβαστοῖς | καὶ Ἀρτέμιδι καὶ τῇ | πόλει Ἀργαῖος? | [Νέ]ωνος Ἀργαίου || [φ]ιλόπατρις ἱε|[ρ]εὺς Ἀρτέμιδο[ς] | καὶ δημιουρ[γὸς] | ἐκ τῶν ἰδίων | [ἀνέστησεν].

379. Selgae. — Lanckoronski, *Villes de Pamphylie et Pisidie*, II, n. 256.

...... [1] ...... | Θεοῦ Τραιανοῦ Π[αρθικοῦ..... | ... Θ]εοῦ Νέρουα [2].....

1. Traditur : L'T.....IIKHΞΣLI. 2. — Hadrianus ut videtur, divi Trajani Parthici filius, divi Nervae nepos.

380. Selgae. — Lanckoronski, *Villes de Pamphylie et Pisidie*, II, n. 255.

[Α]ὐτοκράτορα | [Κ]αίσαρα [Μᾶ]ρκον | Αὐρήλιον Κόμμο|δον Ἀντωνεῖνον | ἡ βουλὴ καὶ ὁ δῆμος.

381. Selgae. — Lanckoronski, *Villes de Pamphylie et Pisidie*, II, n. 244.

Ὁ δῆμος ὁ Σελγέων ἐτείμ[ησ]εν πολλάκις Τι..... | Κολλεινᾳ Λόνγον φιλόπατριν καὶ παν[άρ]ετο[ν καὶ] | Φλαουίαν Ἄσσαν, τὴν γυναῖκα αὐτοῦ, [τῆς] | εἰς τὴν πόλιν διηνεκοῦς εὐνοίας.....

382. Selgae. — Lanckoronski, *Villes de Pamphylie et Pisidie*, II, n. 247 a.

Ἀρχιερασάμενον τοῦ οἴκου τῶν | Σεβαστῶν ἐπιφανῶς ἐπί τε δια|νομαῖς καὶ θεωρίαις καὶ μονομα|χίαις καὶ κυνηγεσίοις καὶ ἀγωνο||θέτην διὰ βίου καὶ γένους ἀγώνων | πολειτικῶν τε καὶ πενταετηρικοῦ, | [π]ρόεδ[ρ]ον, φιλόπατριν, ἀρχιερο|θύτην, ἱερέα Τύχης τῆς πόλεως | διὰ βίου, ἄνδρα ἐν πάσαις φιλοτει||μίαις καὶ λειτουργίαις χρήσιμον | τῇ πόλει..... [1].

1. ΠΕΡΙ ΠΠΜΑΓΚΙΛ · VΛΙΟΝ, traditur; forsitan Περικλέα Μενιανόν, cf. n. 383.

383. Selgae. — Lanckoronski, *Villes de Pamphylie et Pisidie*, II, n. 247 b.

Ἀρχιερασαμένην | τοῦ οἴκου τῶν Σεβασ|τῶν ἐπιφανῶς σὺν | τῷ ἀνδρὶ αὐτῆς

5 Μενήΐκνῷ Περικλεῖ καὶ ἀγω|νόθετιν, φιλόπα|τριν, θυγατέρα πόλε|ως, ἱέρειαν
10 Τύχης καὶ | Ἄρεως διὰ βίου, γένους ‖ συνκλητικοῦ καὶ ὑπα|τικοῦ Αὐρηλίαν |
Οὐολουσσίαν Κυρινί|αν Ἄτοσ[σ]αν, γυναῖκ[α]........¹.

1. Traditur, ΦΙΑΝΙΑΡ/ί/ | ΛΦΙ////.

384. Moulassae. — Radet et Paris, Bull. de corr. hellén., X (1886), p. 301, n. 3.

5 [Αὐτοκράτορα Καί]|σαρα Λούκιον | Σεπτούμιον | [Σεβῆρ]ον Περτίβναχα Σεβασ-
τὸν | σωτῆρα τῆς | οἰκουμένης | [Μ]ουλασσέων ὁ | δῆμος.

385. Milyade. — Bérard, Bull. de corr. hellén., XVI (1892), p. 437, n. 76.

Αὐτοκράτορι Καίσαρι [Μάρκῳ Αὐρ]ηλίῳ Ἀντωνείνῳ Σεβαστῷ Ε...... | ... [ἐκ]
τῶν ἰδίων καθιέρωσεν.

386. Milyade. — Bérard, Bull. de corr. hellén., XVI (1892), p. 436, n. 70.

5 Αὐτοκράτορι | Καίσαρι Τίτῳ | Αἰλίῳ Ἀδριανῷ | Ἀντωνείνῳ ‖ Σεβαστῷ,
Εὐ|σεβεῖ σωτῆρι | τῆς οἰκουμέ|νης ἡ βουλὴ καὶ | ὁ δῆμος.

387. Milyade. — Bérard, Bull. de corr. hellén., XVI (1892), p. 436, n. 71.

5 [Αὐτοκράτορα | Καίσαρα Μᾶρκον] | Αὐρήλιον Ἀντω|νεῖνον Σεβαστὸν ‖ σωτῆρα
τῆς οἰ|κουμένης | ἡ βουλὴ | καὶ ὁ δῆμος.

388. Milyade. — Bérard, Bull. de corr. hellén., XVI, 1892, p. 437, n. 73.

5 [Αὐτοκράτορα | Καίσαρα Μᾶρκον | Αὐρ. Κ]όμ[μοδον] | Ἀντωνεῖνον ‖ Εὐσεβῆ
10 Εὐτυ|χῆ Σεβαστὸν | σωτῆρα τῆς | οἰκουμένης | ἡ βουλὴ ‖ καὶ ὁ δῆμος.

389. Milyade. — Bérard, Bull. de corr. hellén., XVI (1892), p. 437, n. 74.

5 [Αὐτοκράτορα | Καίσαρα Λούκιον | Σεπτί]μιον Σευῆ|[ρον] Περτίνακ‖α Σεβασ-
τὸν | [σωτῆ]ρα τῆς οἰκου|[μέ]νης ἡ βουλὴ καὶ | ὁ δῆμος.

390. Milyade. — Bérard, *Bull. de corr. hellén.*, XVI (1892), p. 437, n. 72.

Αὐτοκράτορα | Καίσαρα Μᾶρ|κον Αὐρήλιον |.....

---

391. Milyade. — Bérard, *Bull. de corr. hellén.*, XVI (1892), p. 437, n. 75.

... | Σεβαστὸν, σω|τῆρα τῆς οἰκου|μένης, ‖ ἡ βουλὴ καὶ | ὁ δῆμος.

Fortasse conjungendus est hic titulus cum n. 390.

---

392. Milyade. — Bérard, *Bull. de corr. hellén.*, XVI (1892), p. 438, n. 77.

Παρὰ τῆς βουλῆς | καὶ τοῦ δήμου | Οὐλπίῳ Κυρινίῳ Κο|δρατιανῷ [1], συγκλη‖-τικῷ, ταχθέντι ἐν | δημαρχικοῖς, στρα|τηγῷ ἀναρηθέντι [2], στρα|τηγικῷ ἀπο-δειχθέν|τι πρεσβευτῇ καὶ ‖ ἀντιστρατήγῳ Κρή|της καὶ Λιβύας [3].

1. Cf. *Prosop. imp. rom.*, III, p. 462, n. 566. — 2. Praetor renuntiatus? — 3. « Praetorius creatus legatus pro praetore Cretae et Africae. Fortasse significatur praetorem designatum eum esse et statim, ut praetura functum, nominatum esse legatum provinciae ; nisi potius scriptor tituli aliquid turbavit ; praeterea possis conjicere Λιβύας vocabulum errore positum esse pro Κυρήνης. » Dessau, *loc. cit.*

---

393. Milyade. — Heberdey et Kalinka, *Denkschr. der Akad. in Wien*, XLV (1897), p. 9, n. 28.

Post tres versus :

......., ἐὰν δέ τις | ἐπιβουλεύσῃ τῷ κίονι καὶ τοῖς ἐκειμέ|νοις [1] θήσει τῷ φισκῷ ✱ ͵αφ'.

1. Pro ἐ(πι)κειμένοις.

---

394. Prope locum Sourt-Keuï. — *C. I. Gr.*, 4381 *b.*

Ἰούλιος Οὐαλέριος | στρατιώτης, ἱππεὺς | σινγλᾶρις [1] Αὐρή[λι]ον | Οὐαλέριον στρατιώ‖την πρινκιπᾶ[λιν] [2] | τὸν πατέρα καὶ ν|..... ιντ. | ... καὶ ... ‖ ... | ....

1. Singularis legati, ut videtur. — 2. Miles principalis.

395. Cremnae. — Sitlington Sterrett, *The Wolfe expedition*, p. 324, n. 449.

5   ....σανος | .....ρος. θε|..... τοῦ σὺν | .... [Πωλ?]λίωνι πρα⸨[τωρι Αὐτο-κρ]άτορας | .....ις τὴν οὐ|..... [ἐ]τέλεσ[α]ν.

396. Cremnae. — Sitlington Sterrett, *The Wolfe expedition*, p. 324, n. 448.

['Ο]ὐλπίῳ ['Α]κυλιαν[ῷ] | ...ωνι ἐπάρχῳ χώρ|[της] α΄ (?) 'Αχυιτ[α]ν[ῶ]ν |
5 .....¹ Βρε[ταννικ..] ‖ ....|..ν.....|νμθ... πι...| .....ηρ....

1. Traditur : //// ΙΓΝΑ///Ο///ΒΡΕΙΙ////.

397. Non longe a Kestel, inter orientem et septentrionem. — Ramsay, *Amer. journ. of arch.*, IV (1888), p. 271, n. 2.

5   Αὐτοκράτ|ορα Καίσα|[ρα] Μᾶρκον Αὐ|ρήλιον Σευῆ‖ρον 'Αντωνεῖ|νον Σεβαστὸν |
ἡ βουλὴ καὶ ὁ | δῆμος.

398. Non longe a Kestel inter orientem et septentrionem. — *C. I. Gr.*, 4367 k.

5   'Αριστίᾳ Κοίντο[υ] | θυγατρὶ Σεχού[ν]|δῃ σεμνοτάτη | μητρὶ ‖ Λούκιος Οὐπ|τού-
ριος ¹ 'Αγρίπ|πα 'Αριστιανὸς | [χιλίαρχος] ² λεγ(ιῶνος) ιε΄ 'Απολλινα|[ρ]ίας ³
10 τρισὶν ἀρι[σ]‖τε[ίο]ις τετειμημ[έ]νο[ς] ⁴.

1. Opstorius. — **2.** Aut ἑκατόνταρχος. — **3.** Legio XV Apollinaris. — **4.** Traditur ΑΡΙ | ΤΕΜΙΣ. Correxit Franz. Latine : donis militaribus donatus, i. e. armillis, torquibus et phaleris, quae militibus et centurionibus attribuere mos erat.

399. Comamae. — *C. I. L.*, III, 6886; cf. Bérard, *Bull. de corr. hellén.*, XVI (1892), p. 420.

Colonis s. c. Κολών[οις] | ἡ πρώτη καὶ πιστὴ Κομαμε[ν]ῶν ¹ κο|λωνία βουλῆς
5 καὶ δήμου δόγματι | Λούκιον Ἰούλιον Κορνηλιανὸν, τὸν ἀ‖ξιολογώτατον ἐκ προ-
γόνων υἱόν.

1. « ΚΟΜΑΜΕΩΝ, non ΚΟΜΑΜΕΝΩΝ » Bérard. At in nummis COMAMENORVM legunt periti (*C. I. L.*, III, p. 1250 ; Barclay V. Head, *Hist. num.*, p. 590 ; Babelon, *Inventaire de la collect. Waddington*, n. 3674).

400. Comamae. — Bérard, *Bull. de corr. hellén.*, XVI (1892), p. 419, n. 43.

Οὐαλερίας. | L. Pacciam Vale|riam Saturninam | honorauit col. ‖ Jul. Aug. Prima Fi|da Comama, statu|amque posuit Au|relia Valeria | Scriboniana Fron‖tina filia ejus.

401. Comamae. — Bérard, *Bull. de corr. hellén.*, XVI (1892), p. 419; cf. *C. I. L.*, III, 6887.

Σατορνείνης. | Col. Jul. Augusta I ¹ | Fida Comama | Paccian Saturninam ‖ pudicissimam feminam | defunctam honorau[it] | statuae omnia inpen|dia exhibente Luciae | Pacciae Valeriae Sa‖turninae filiae su|ae secundum uer|ba testamenti.

1. Lege : Prima.

402. Comamae. — Ramsay, *Amer. journ. of arch.*, IV (1888), p. 263, n. 4.

...... ¹ καὶ | παντὶ τ]ῷ οἴκῳ τῶν Σεβασ[τῶν | .... | καὶ αἱ σ]τοαὶ ἄμα τῆς ‖ [π]ύλης καὶ ὁ ναὸς ἀπηρ|τίσθη ἐξ ὑπαρχόν|των Ἀττικοῦ Δείου (?) | κατὰ διαθήκην.

1. Versus erasi.

403. Poglae. — Ramsay, *Americ. journ. of arch.*, IV (1888), p. 13, n. 12.

Αὐτοκράτορα Καίσαρα Τραιανὸν | Ἀδριανὸν Ὀλύμπιον Σεβαστὸν | Ὀσαεὶς Ἀττανωίου φιλόκαισαρ | καὶ φιλόπατρις ἀπὸ [πρ]ογόνων ‖ ὁ διὰ βίου ἱερεὺς ἐκ τ[ῶ]ν ἰδίων.

404. Poglae. — Bérard, *Bull. de corr. hellén.*, XVI (1892), p. 423, n. 49.

... [Γ]ε[ρμ]ανικὸν μέγιστον, ἀρχιερέα [.... καὶ] | ..... [μ]ητέρα κάστρων, ἡ βουλὴ καὶ ὁ [δῆμος].

Honorantur Caracalla et Julia Domna. Titulus post annum 213 exaratus est.

405. Poglae. — Bérard, *Bull. de corr. hellén.*, XVI (1892), p. 423, n. 50.

Αὐτοκρατόρων .... [καὶ Ἰ]ουλίας Δόμνης Σεβαστῶν [μητρὸς τῶν στρα-
τοπ]έδων.....

---

406. Poglae. — Bérard, *Bull. de corr. hellén.*, XVI (1892), p. 423, n. 52.

['Η βουλὴ [κα]ὶ [ὁ δῆ]μος | ἐτείμησεν Ἄττην Ἑρμαί|ου Ἀρτειμοῦ Τροχόνδου, |
5 ἄνδρα γένους ἀρχιερατι‖κοῦ καὶ δεκαπρωτικοῦ, ἀπ[ὸ] | προγόνων φιλοπατρε[ίδ]|ων
10 καὶ φιλοτείμων · τὸν | δὲ ἀνδριάντα ἀνέστη|σεν Ἑρμαῖος Ἄττη Ἑρμαί‖ου
Ἀρτειμοῦ ὁ υἱὸς αὐ|τοῦ, μνείας χάριν.

---

407. Poglae. — Ramsay, *Athen. Mittheil.*, XI (1885), p. 335; cf. Bérard, *Bull. de corr.
hellén.*, XVI (1892), p. 422.

Ἀκολούθ[ως τοῖς ψηφίσ]‖μασιν [Πωγλέων] | Αὐρήλιον ['Αρτειμιανὸν] | Διλιτρια-
5 νὸν Ἀρτ[ει]‖‖μοῦ, ἀρχιερέως καὶ | κτίστου, ἄνδρα νεαν[ί]|αν παιδείᾳ διαπρέψαν|τα,
10 ἄρξαντα τὴν ἐπώνυ|μον ἀρχὴν, καὶ δημ‖ουργήσαντα, ποιήσαντα καὶ προόδο[υς] |
καὶ δειπνήσαντα τούς | τε πολείτας πάντας | καὶ τοὺς ἐπιδημήσα[ν]|τας ξένους,
15 ἱερασ[ά]‖‖μενο[ν] καὶ Διὸς Ἐγα[ινέ]|του ¹ καὶ Τύχη[ς] Σεβαστῶ[ν], | ὁμοίως
20 δ(ε)ιπνήσαντα τούς | τε πολείτας καὶ ξένους | ἐπὶ ταῖς ἱερωσύναις, δόν‖των αὐτῶν
καὶ εἰς κατα|σκευὴν ἔργων δηνάρια ‚αψν', | (ε)ἰρηναρχήσαντα, παραπέμψ[αντα] |
25 τὸ δ' ἱερὰν ἀννῶναν ² · τὸ[ν] δ[ὲ] | ἀνδριάντα ἀνέστησε[ν] ἡ [γυνὴ] ‖ αὐτ[οῦ Αὐρ.
Ἀρ]τέμεις.

1. [Μ]εγ[ίσ]του Ramsay. Correxit Bérard, collato titulo Ormeleno apud Sittlington Ster-
rett, *An epigr. journey*, p. 91, n. 59, l. 13. — 2. Prosecutor annonae IV. De prosecu-
tione annonae, quae cum irenarchia numerabatur inter munera personalia cf. *Dig.*, I,
4, 18, 3.

---

408. Poglae. — Bérard, *Bull. de corr. hellén.*, XVI (1892), p. 421, n. 48.

Εὐχρωμίου | .... ιδήμου Ὀσαεὶ, ἀρχιερέα καὶ | [ἀγω]νοθέτην τῶ(ν) Σεβαστῶν
5 Αὐρ. Ἀρτει|μιανὸν Διλιτριανὸν Ἀρτειμᾶν καὶ Αὐρ. ‖ ...σενε..... Τρωίλου
Τροχόνδου Ἑρμαίου, δημι|ουργήσαντας καὶ κτίσαντας καὶ τὰς λοιπὰς | πάσας
ἀρχὰς καὶ λειτουργίας τελέσαντας | ἀκολούθως τοῖς ψηφίσμασιν. Τοὺς δὲ ἀν|δριάν-
10 τας ἀνέστησαν Αὐρ. Λονγεῖνος καὶ ‖ Ἀρτειμᾶς καὶ Ἑρμαῖος, οἱ υἱοὶ αὐτῶν.

409. Poglae. — Rostowzew, *Jahreshefte des Oester. Arch. Instituts*, 1901 (IV), Beiblatt, p. 38.

[Π]ό[πλι]ο[ν] Κατλ[ι]ον [Λ]ουκ[ιανὸν...] ο[.. ἀγω]|νοθετήσαντα ἀγῶνα πεντ[αε-
τηρικὸν σύν | τε] ἀνδριάσιν καὶ βραβείοις καὶ τειμη[θέντα β' (?), | δ]εδωκότα δια-
5 νομὰς ἔτεσιν πολ[ιτείας] ¹ ‖ βουλευταῖς τε καὶ ἐκλησιασταῖς [καὶ πᾶ]|σι πολείταις,
κτίζοντα ἔργα τῇ πόλει, κρεί|νοντα τοπικὰ δικαστήρια ἔτεσιν κοινω|ν[ίας],
0 πέμψαντα ἀννῶναν εἰς τὸ Ἀλεξαν|δρέων ἔθνος ², προη[γ]ορ[ήσαν]τα καὶ ‖ [πρεσ-
βεύσα]ντα ὑπὲ[ρ τῆς πό]λεως, | [γένους τ]οῦ πρω[τεύοντ]ος ἐν | [τῇ πα]τρίδι.

1. Opinatur Rostowzew (*loc. cit.*) territorium Poglense ad patrimonium imperatorum pertinuisse, agricolasque ibi consistentes, primum pagatim congregatos, commune quoddam (κοινόν), ut in saltibus imperatoriis mos erat, constituisse, deinde ad formam civitatis eorum societatem pervenisse. Anni ergo κοινωνίας sunt ii quibus nondum civitas exsistebat, anni πολιτείας ii qui natam civitatem consecuti sunt. — 2. Tempore quo, ut videtur, Aegyptii annona laborabant.

---

410. Olbasae. — *C. I. L.*, III, 6888.

Aurel. Nico, du[umuir col., sta]|tuam dei Mar[onis ¹ dul]|cissimae patr[iae de suo]|.

Αὐρήλιος Νίκων δυα(ν)δ[ρι]‖κὸς τῆς κολ(ωνίας) τὸν ἀνδρι|άντα τοῦ Μάρωνος ¹
τῇ γλυ|κυτάτῃ πατρίδι ἐκ τῶν | ἰδίων.

1. Filius Bacchi, ab Olbasenis praecipue culti.

---

411. Olbasae. — Ex schedis Instituti archaeologici Vindobonensis.

Αὐρ. Λικιννια[νὸν] ? ... | νεική[σα]ντα ἀν|δρῶν π[άλ]ην ἀγῶ|νος Σεο[υ]ηρείου ‖
Αὐγουστ[εί]ου [Κ]απε|τωλείου πεντε|τηρικοῦ πολειτικο[ῦ] ¹, | ἐπιτελεσθέντος
[ὑ]‖πὸ β ² ἀνδρικ[ῶ]ν πεν‖ταετηρι[κ]ῶν .... | Ἀρ[ου]ν[τί]ου ....|τρανίο[υ] ³
...... νου, | ἀγωνοθετοῦντος | Μ. Λιχ[ιννί]ου [Ἰο]υλ‖ιανοῦ.

1. Hunc agonem municipalem fuisse et Olbasenis proprium per se liquet quum edant duumviri, praesit agonotheta. Quis vero non miretur eum dictum fuisse « Capitolinum quinquennalem », quo nomine significari solet certamen illud urbanum, Romae a Domitiano anno 86 constitutum (Suet. *Domit.*, 4), quod usque ad extremam aetatem imperatorum viguit? Inde colligere licet Olbasenum ludum ad similitudinem Romani ordinatum fuisse. — 2. Lege δυανδρικῶν. — 3. ΛΑΣ|ΤΡΑΝΙΟ,.in schedis.

412. Olbasae. — Ex schedis Instituti archaeologici Vindobonensis.

5   Αὐρ. Λού|χιλλον | καὶ Αὐρ. Διο|νύσιον Ζω‖σίμου, | ἀγωνισαμένους ἐν|δόξως
10 καὶ συσστεφα|νωθέντας ἀνδρῶν πά|λην ἀγῶνος Αὐγουστεί|ου Καπετωλίου πεν|-
    ταετηρικοῦ πολειτικ[οῦ] |, ἐπιτελεσθέντ[ος] ¹ ὑπὸ | δυανδρῶν [πεντα]ετηρικῶν |
15 Οὐρσίου Ἀρουντ(ίου) Γαιανοῦ ‖ καὶ Ποπλιχιαν(οῦ) Μομμιανοῦ, | ἀγωνοθετοῦντος
    Σεπτιμ[ίου Ο]ὐρσ(ίου) ²) Ἀρουντίου Γαίου.

1. ΕΠΙΤΕΛΕΣΘΕΝΤΑ lapis. — 2. ΣΥΡΣ traditur.

---

413. Olbasae. — Ex schedis Instituti archaeologici Vindobonensis.

    Ἰούλ. Σεπτίμιον Σύ[μ]|μαχον νεικήσαντα | ἀνδρῶν πανκράτιον ἀ|γῶνος Αὐ-
5   γουστείου Κα‖πετολείου πενταετη|ρικοῦ πολειτικοῦ, ἐπιτε|λεσθέντος ὑπὸ δυανδρῶν |
10 πενταετηρικῶν Οὐρ(σίου) Ἀ|ρουντίου Γαιανοῦ .καὶ Πο‖πλιχιανοῦ Μομμιανοῦ, |
    ἀγωνοθετοῦντος Σεπτι|μίου Οὐρ(σίου) [Ἀρουντίου] Γαίου.

---

414. Olbasae. — Ex schedis Instituti archaeologici Vindobonensis.

    ...π...νορο...ον | νεικήσαντα ἀνδρῶν πάλην ἀγῶνος Σεουη|ρίου Αὐγουστείου
5   Καπετω|λείου πενταετηρικοῦ πο‖λειτικοῦ, ἐπιτελεσθέντος | ὑπὸ δυανδρῶν πενταε-
    τη|ρικῶν Μ. Αὐρ. Τερτυλλείνου καὶ | Μ. Γρανίου Ναιουίου, ἀγω|ν[ο]θετοῦντος
    Μ. Αὐρ. Τερ(τυλλείνου).

---

415. Olbasae. — Ramsay, *American journ. of arch.*, IV (1888), p. 18.

    Γ(αίας) Λιχιννίας Πρισχί[λ]|λης ἱερείας Διὸς Καπε[τω]|λίου καὶ Καπετω-
5   λί[ας] | Ἥρας ‖ τὸν ἀνδριάντα ἡ βο|[υλὴ] παρ᾽ ἑαυτῆς. |
        Τὴν Ζηνός σε ἱέρειαν | φίλη πατρὶς ἐνθάδε τ|ιμῆς |
10   στήσατο Πρίσχιλλαν ‖ μνημοσύνης ἕνε|κεν.

---

416. Olbasae. — *C. I. L.*, III, 6890.

    .....[ue]teranus et Val[eria E].... | sua pecunia patriae d[ulcissimae ....|
    ....o]ὐετρανὸς χ(αὶ) Οὐαλερία Η... [ἐκ τῶν ἰδίων τῇ πατρίδι γλυκυτάτῃ].

417. Andedae. — Ramsay, *Athen. Mittheil.*, X (1885), p. 338.

Ἡ βουλὴ | καὶ ὁ δῆμος | Μᾶρκον Πλάν|κιον Κορνηλί‖ανὸν Γάιον ἀρχι|ε[ρ]ασάμενον τῶν Σεβα|στῶν φιλόπατριν φιλό|τειμον, κτίστη[ν γ]ένους | τοῦ πρωτεύοντος πα‖ρ' ἡμεῖν, ἀρχιερασάμενον | δὲ καὶ ἐν τῇ Ὀυερβια|νῶν πόλει [1], εὐνοίας | ἕνεκεν τῆς εἰς τὴν | πατρίδα.

1. Verbe civitas Pisidiae, prope Andedam sita, nummis suis potissimum nota erat ante quam repertus est hic titulus : Babelon, *Inventaire sommaire de la collection Waddington*, n. 4035-4037.

---

418. In civitate Osienorum. — Bérard, *Bull. de corr. hellén.*, XVI (1892), p. 435, n. 66.

Αὐτοκράτορα Καί|σαρα Μᾶρκον Αὐρήλι|ον Ἀντωνεῖνον | Σεβαστὸν ‖ ὁ δῆμος Ὀσιηνῶν.

---

419. In civitate Osienorum. — Bérard, *Bull. de corr. hellén.*, XVI (1892), p. 435, n. 67.

Τὸν αὐτοκράτορα Καίσαρα Λού|κιον Σεπτίμιον Σευ|ῆρον Εὐσεβῆ Περτίνα|κα Σεβαστὸν Ἀραβικὸν ‖ Ἀδιαβηνικὸν Παρθικ(ὸν) | μέγιστον | ὁ δῆμος Ὀσιηνῶν.

---

420. In civitate Osienorum. — Bérard, *Bull. de corr. hellén.*, XVI (1892), p. 436, n. 69.

Αὐτοκράτορα Καί|σαρα Μᾶρκον [Αὐρή|λιον Ἀντωνεῖνον..... [1]

1. Caracalla.

---

421. In civitate Osienorum. — Bérard, *Bull. de corr. hellén.*, XVI (1892), p. 435, n. 68.

Αὐτοκράτορ[α Καί]|σαρα Πόπλιον | [Σεπτίμιον Γέταν...

---

422. Ariassi. — Bérard, *Bull. de corr. hellén.*, XVI (1892), p. 427, n. 58.

Ἀρχιερεὺς τῶν Σεβαστῶν Διότειμος | Σάμου ἄρχουσι τῆς κρατίστης Ἀριασσέ|ων πόλεως, τῆς γλυκυτάτης πατρίδος | μου, καὶ τῇ βουλῇ καὶ τῷ δήμῳ χαίρειν. ‖ Καὶ πρότερον μὲν τὴν προαίρεσιν τὴν ἐμήν, ἣν ἔχω πρὸς τὴν πατρίδα,

φανερὰν ἐποίησα | ἐξ ὧν ἐπὶ τῆς βουλῆς εἶπον, καὶ νῦν δὲ, | ὑπὲρ τοῦ μὴ ἀμάρ-
τυρόν τι ἢ ἄγραφον ε[ἶναι] | μοῦ τὴν ὑπόσχεσιν, διὰ τῆς ἐπιστολῆς ταύτ[ης] ‖
10 δηλῶ, ὅπως ἥ τε πᾶσα μου δωρεὰ καὶ ἡ αἵρ[εσ]ις, ἐφ' [ῆς] | δίδωμι, ἣν φυλαχθῆναι
διὰ παντὸς ἀξιῶ, φανερὰ τυνχ[άνη]. | Δίδημι δὴ καὶ χωρίζομαι τῇ γλυκυ-
τάτῃ πατρίδι μου | κτῆσιν μου [ἐ]νοῦσαν τόπῳ Παυνάλλοις, ἐν ὑπερ[ορί]|οις ¹,
15 ἐν τε ἀμπελικοῖς καὶ σειτοσπόροις, πεδε[ι]‖νοῖς τε καὶ ὀρεινοῖς, καὶ τοῖς ἐποι-
κίοις ², πᾶ|σαν, ὥς ἐστιν, μηδενὸς ὑφ[η]ρημένου ³. Τῆς κτή|σεως, ὡς καὶ τότε
ἐπὶ τῆς βουλῆς εἶπον, τὴν χρ[είαν] | καὶ τὴν καρπείαν ἔξω ἐγὼ παρὰ τὸν τῆς
20 ζωῆς χρό|νον · ὑπὲρ δὲ τοῦ μὴ δοκεῖν ἀπροσοδίαστον ‖ τὴν δωρεάν μου τῇ πόλει
καὶ παρὰ τὸν τῆς ζωῆς | μου χρόνον τυγχάνειν, τελέσω, οὐχ ὡς πρότε|ρον ἐπὶ
τῆς βουλῆς εἶπον, ἀπὸ τοῦ τρίτου τῆς | ἀρχιερωσύνης ἔτους ⁴ ἀλλὰ ἀπὸ τοῦ
25 ἔ[τους πρώ|τ]ου ⁵ καὶ αὐτοῦ ‖ χωρήσει εἰς ἐλεοθέσιον χρόνου οὗ ἐξαρκὲς....

1. Supplevit Haussoullier. — 2. Cf. donum ab Opramoa Pataris datum, quod infra
transcribemus. — 3. Totam, qualis est, ex qua nihil detrahatur. — 4. Nota hunc sacer-
dotem Augustorum tres annos jam functum esse sacerdotio; Attaleae quattuor annos
alii suo funguntur (cf. eumdem titulum). — 5. Ne populus queratur quod nullum fruc-
tum, dum vivet Diotimus, percepturus sit ex agri donatione, hic pollicetur se compen-
sationis loco, non tertio anno sacerdotii sui, ut prius in senatu dixerat, sed primo
statim suscepturum munera quaedam publica, quae infra enumerabat.

---

423. In via ab Attalea in septentrionem, versus Pajamadach, in sarcophagis. —
C. I. Gr., 4366 u.

a) *post 7 versus :* ἐπεὶ ἀποτείσε[ι] εἰς [τ]ὸ ἱερώτατο[ν] | ταμεῖον ἀρ[γυρίο]υ
[δηνάρια] ͵α ¹.

1. Omnino similia leguntur in titulo *b*, valde quidem mutilo, nisi quod pro ͵α est ͵βϡ'.

---

424. Termessi. — Lanckoronski, *Villes de Pamphylie et de Pisidie*, II, n. 75.

[Θεοῖς Σεβαστοῖ]ς καὶ [θεᾷ μεγάλῃ ¹ Ἀρτέμ]ειδι Αὐρηλία Ἀρμάστα ἡ καὶ
Πανκράτια, θυγάτηρ Μ. Αὐρ. Πανκράτους Τειμοκράτους, ἄρξαντος τὴν | ἐπώ-
νυμον ἀρχὴν καὶ ἀρχιερασαμένου, γυνὴ δὲ ἱερέως Μουσῶν [διὰ βίου] Μ. Αὐρ.
Τιβερίου Ὅπλητος, | τὸ ἄγαλμα καὶ τὸν νεὼ [ἐ]κ θεμελίων ἐκ τῶν ἰδίων κα[τ]α-
σκευάσασα διὰ τοῦ ἀνδρὸς ἀφιέρω|σεν ἀκολούθως εἰσαγγελίᾳ τοῦ πάππου Τειμο-
5 κράτους, γενομένῃ πρ(οβούλου) [Π]ο[π]λίου ² Αἰλίου Ἑρ(μαίου) · ‖ τὸν δὲ λοιπὸν

κόσμον καὶ τὴν σκούτλωσιν ³ τοῦ [νεὼ] καὶ τῶν ἀργυρῶν εἰκόνων [τὴν] ἀνάθεσιν Αὐρ. Παδαμουριανὴ Νανῆλις Ὁπλητος ἀρχιερασαμένη, μήτηρ τῆς Παν|κρατείας, ἀκολούθως εἰσαγγελία [ἐ]ποιήσατο καὶ αὐτὴ συνκαθιέρωσιν ⁴.

1. ΟΕΛΛΡΣΕΛΝ. Corrige aut Θεᾷ μεγάλη aut potius Θεᾷ Ἀρτέμ. — 2. Πρόβουλος, praeses enatus; cf. n. 356. — 3. Crustas e marmore, ut interpretatur Petersen, apud Lanckoronski, op. cit., ad n. 200. — 4. Nisi fuit potius in lapide καὶ αὐτὴ συνκαθιέρωσεν, latine : ademque dedicavit.

---

425. Termessi. — Lanckoronski, *Villes de Pamphylie et de Pisidie*, II, n. 98.

Αὐτοκράτορι Καίσαρι Τίτῳ Αἰλίῳ Ἀδριανῷ Ἀντωνείνῳ | Σεβαστῷ Εὐσεβεῖ αὶ θεοῖς.

---

426. Termessi. — Lanckoronski, *Villes de Pamphylie et de Pisidie*, II, n. 60.

Αὐτοκράτορα Καίσαρα Σεβαστὸν | Θεοῦ υἱὸν | ὁ δῆμος ὁ Τερμησ[σέων | ἐ]τίμη- εν [σωτῆρα] ‖ καὶ εὐεργέτην.

---

427. Termessi. — Lanckoronski, *Villes de Pamphylie et de Pisidie*, II, n. 50.

Αὐτοκράτορα | Καίσαρα Τραιανὸν | Σ[εβαστὸν].....

---

428. Termessi. — Lanckoronski, *Villes de Pamphylie et de Pisidie*, II, n. 45.

.[Αὐτοκρά]τορα | ...... Τραιανὸν ¹ | .....α Σεβαστὸν | ..... υἱὸν ‖ .....ιον.

1. Trajanus aut Hadrianus.

---

429. Termessi. — Lanckoronski, *Villes de Pamphylie et de Pisidie*, II, n. 81.

[Αὐτοκρ]ά[τορα Τραιανὸν] | Ἀδριανὸν Καί[σαρα, Θεοῦ] | Τραιανοῦ υ[ἱὸν, εοῦ] | Νερούα υἱω[νὸν], ‖ Σεβα[στόν].

---

430. Termessi. — Lanckoronski, *Villes de Pamphylie et de Pisidie*, II, n. 2.

Αὐτοκράτορι Καίσαρι Θεοῦ Νέρου|α υἱωνῷ [Θεοῦ Τραιανοῦ υἱῷ] Τραιανῷ Ἀδριανῷ | [Σεβαστῷ πα]τρὶ πατρίδος Ὀλυμπίῳ [ὁ δῆ]μος.

431. Termessi. — Lanckoronski, *Villes de Pamphylie et de Pisidie*, II, n. 90.

[Αὐ]τοχράτορα Καίσαρα | ..... [.Σεβασ]τὸν Κόμοδον | [ἡ βουλὴ] καὶ ὁ δῆμος.

432. Termessi. — Lanckoronski, *Villes de Pamphylie et de Pisidie*, II, n. 63.

[Αὐτοκρ]άτορα Καίσαρα Λούκιον Σε|[πτείμιον Σευῆρον Εὐσεβῆ Περτίνα[κα |
Σεβα]στὸν Ἀραβικὸν Ἀδιαβηνι[κὸν | Παρθι]κὸν μέγιστον, δημαρ[χικῆς] ‖
5 ἐξου[σίας] ¹, αὐτοκράτ[ορα τὸ] | .... ².

1. Traditur \ΤΕΟΣ. — 2. Traditur ΛΒ///Η⌒.

433. Termessi. — Lanckoronski, *Villes de Pamphylie et de Pisidie*, II, n. 73.

Αὐτοκράτορα | Καίσαρα Μᾶρκο[ν] | Αὐρήλιον Σεο[υῆ]]ρον Αἴλιον ¹ Ἀντω-
5 νεῖνον ‖ Εὐτυχῆ Εὐσεβῆ | Σεβαστὸν σωτῆρα | τῆς οἰκουμένης | ἡ βουλὴ καὶ ὁ
δῆμος.

1. Praeter consuetudinem Caracalla Aelius appellatur. Traditur ΑΙ/ΙΟΝ.

434. Termessi. — Cousin, *Bull. de corr. hellén.*, XXIII (1899), p. 292, n. 6.

5 Τὸν διασημότα|τον ἡγεμόνα | Λυκίας Παμφιλί[ας Τερέντιον ‖ Μαρκιανὸν ¹ |
ἡ βουλὴ καὶ ὁ δῆ|μος τὸν πάτρω|να καὶ εὐεργέτην | τῆς πόλεως.

1. Supra n. 358 titulum inseruimus in quo memoratur Terentius quidam Africanus
legatus Lyciae et Pamphyliae. At de cognomine non constat inter eos qui lapidem vide-
runt. *Africanus* dedit Contoleon (*Bull. de corr. hellén.*, XI, 1887, p. 222), *Marcianus*
Ramsay (*ibid.*, VII, 1883, p. 268).

435. Termessi. — Lanckoronski, *Villes de Pamphylie et de Pisidie*, n. 107.

Τὸν ἐξοχώτατον | ὕπαρχον |ˉτοῦ ἱεροῦ πραιτωρί[ου] | Οὔλπιον Σιλουιανὸν σ ¹‖
5 ἡ | βουλὴ καὶ ὁ δῆμος | τὸν σωτῆρα καὶ | εὐεργέτην τῆς πόλεως.

1. Σ, nisi est interpunctio. Ulpius Silvianus, vir aliunde ignotus. Cf. *Prosop. imp.
rom.*, III, p. 463, n. 570. « Fortasse post Diocletianum demum vixit », Dessau.

436. Termessi. — Lanckoronski, *Villes de Pamphylie et de Pisidie*, II, n. 106.

Τὸν διασημότατον | δουκ(ηνάριον) ¹ Λ. Αὐρ. Μαρχιανὸν | ἡ βουλὴ καὶ ὁ δῆμος | τὸν πάτρωνα καὶ ‖ εὐεργέτην τῆς | πόλεως | καὶ εἰρήνης προστά|την ².

1. Ducenarius, procurator ad sestertium ducena millia. — 2. Non irenarcha (nam irenarchae ex primoribus civitatum eligi soliti erant et irenarchia inter municipalia munera annumeratur; cf. Hirschfeld, *Sitzungsber. der Acad. zu Berlin*, 1891, p. 25 et seq.), sed qui pacem civitati confirmaverat tanquam procurator.

---

437. Termessi. — Lanckoronski, *Villes de Pamphylie et de Pisidie*, II, n. 111.

Μ. Αὐρ. Ἑρμαῖος υἱὸς | Μ. Αὐρ. Μελησάν|δρου Ἑρ(μαίου), νειχήσας | θέμιν ἀνδρῶν πάλη ‖ ἀχθεῖσαν τὸ ια' ἐκ | φιλοτειμίας Σιμω|νίδου Ἀπολλωνίου, | φύσει Θό(αντος) Σιμωνίδου · | πρ(οβούλου), ἱ(ερέως) θεᾶς Ῥώμης καὶ ‖ Διονύσου διὰ βί|ου, Μ. Αὐρ. Πλατωνι|ανοῦ Ὀτάνου.

---

438. Termessi. — Lanckoronski, *Villes de Pamphylie et de Pisidie*, II, n. 49; Cousin, *Bull. de corr. hellén.*, XXII (1899), p. 298, n. 21.

Ἀρχιερασάμενον | τοῦ Σεβαστοῦ, | ἱερέα θεᾶς Ῥώμης | καὶ Διονύσου δι‖ὰ βίου, Μᾶρ. Αὐρήλιον | Πλατωνιανὸν | Ὀτάνην Μ. Αὐρ. | Θεόδοτος υἱὸς | Εὐελπίστου, τὸν ‖ ἑαυτοῦ φίλον | καὶ εὐεργέτην, | καὶ Αὐρ. Κάστωρ Εὐ|χιανοῦ ¹ τὸν ἑαυτοῦ πά|τρωνα.

1. An Εὐ[τυ]χιανοῦ?

---

439. Termessi. — Lanckoronski, *Villes de Pamphylie et de Pisidie*, II, n. 123.

Ἡ πατρὶς ἐκ τῶν δημοσίων | ἱερέα θεᾶς Ῥώμης | καὶ Διονύσου διὰ βίου | Μᾶρκον Αὐρήλιον Πλα‖τωνιανὸν Ὀτάνην, | ἄρξαντα ἐνδόξως | τὴν ἐπώνυμον ἀρχὴν | καὶ ἀρχιερασάμενον | φιλοτείμως καὶ ἱε‖ρώμενον μεγαλοπρε|πῶς, ἐπιδόντα δὲ | καὶ εἰς αἰώνιον νέμησιν | ἀργυρίου κεφαλαίου δηναρίων μυρι|άδας δεκαὲξ καὶ ‖ δηνάρια πεντακισχίλια | πεντακόσια.

---

440. Termessi. — Lanckoronski, *Villes de Pamphylie et de Pisidie*, II, n. 48.

Ἡ λαμπροτάτη | Σαγαλασσέων πόλις | ἱερέα θεᾶς Ῥώμης | Σεβαστῆς καὶ

5 Διὸς ‖ Σολυμέως ¹ διὰ βίου | Μᾶρ. Αὐρ. Μειδια|νὸν Πλατωνιανὸν | Οὐᾶρον, τὸν
10 ἴδιον | αὐτῆς λογιστὴν ‖ παρά τε ἑαυτῇ καὶ ἐν | τῇ πατρίδι Τερμησσῷ.

1. Jupiter Solymus, deus patrius Termessensium, qui memoratur et titulis et nummis
(Barclay V. Head, *Hist. num.*, p. 594; Babelon, *Inventaire sommaire de la collection Wad-
dington,* 4014-4016).

441. Termessi. — Lanckoronski, *Villes de Pamphylie et de Pisidie,* II, n. 104; Cousin,
Bull. de corr. hellén., XXII (1899), p. 297, n. 17.

5 Ἱερέα θεᾶς Ῥώ|μης Σεβαστῆς | διὰ βίου Μ. Αὐρ.·| Μειδιανὸν Πλα‖τωνιανὸν
Οὐᾶ|ρον οἱ ἴδιοι πρό|6ουλοι.

442. Termessi. — Lanckoronski, *Villes de Pamphylie et de Pisidie,* II, n. 93; Cousin,
Bull. de corr. hellén., XXII (1899), p. 297, n. 18.

5 Ἱερέα θεᾶς Ῥώ|μης Σεβαστῆς | καὶ Διὸς Σολυμέ|ως διὰ βίου Μᾶρ. ‖ Αὐρ. Μει-
10 διανὸν | Πλατωνιανὸν Οὐᾶρον οἱ κατὰ | πόλιν τεχνεῖται | σκυτεῖς τὸν ἴδι‖ον
αὐτῶν εὐεργέτην.

443. Termessi. — Lanckoronski, *Villes de Pamphylie et de Pisidie,* II, n. 137.

5 Ἱερεὺς θεᾶς Ῥώμης | διὰ [β]ίου Μ. Αὐρ. | Μειδιανὸς Πλα|τωνιανὸς Οὐᾶ‖ρος
10 νεικήσας | θέμιν ἀνδρῶν | πάλῃ ἀγῶνος | τοῦ καταλειφθέν|τος ἐκ φιλοτειμί|ας
Ὁπλέους Ὀβρι|μότου Ὀτάνειτος | πρεσβυτέρου ἀ|χθέντος τὸ α΄ · προ(6ούλου) |
Διοτείμου Πιατηράβιος.

444. Termessi. — Lanckoronski, *Villes de Pamphylie et de Pisidie,* II, n. 79.

Ἀρχιερέα καὶ ἱερέα Διὸς Σολ[υμέως] | γενόμενον Λαέρτην Να[νναμόου] | Λαέρ-
5 του, ἱέρεια θεᾶς Σεβ[αστῆς] | Δομετίας ¹ Ἀρτέμεις Να[ννῆλις?] ‖ Λαέρτου, τὸν
ἄνδρα αὐτῆ[ς εὐχαρισ]|τίας ἕνεκα καὶ μνήμη[ς].

1. Domitia Augusta, conjux Domitiani imperatoris.

445. Termessi. — Lanckoronski, *Villes de Pamphylie et de Pisidie,* II, n. 85, 86.

Ὁ δῆμος ἐτείμησεν τὸ ἕκτον | [ἀρ]χιερέα Αὐτοκράτορος Καίσαρος Σεβαστοῦ ¹ |,

[ἱερ]έα Διὸς Σολυμέως διὰ βίου, Λαέ[ρ]την | [Ναυναμό]ου φιλόπατριν καὶ ‖ πατέρα πόλεως. |
Ὁ δῆμος ἐτείμησεν τὸ τρίτον | ἀρχιέρειαν Σεβαστῆς Ἀρτέ[μειδα Ναυνῆλιν Λαέρτου ².......

1. Intellege Domitiani. — 2. De ea Artemide, conjuge Laertae, sacerdote Domitiae Aug., cf. n. 444.

---

446. Termessi. — Lanckoronski, *Villes de Pamphylie et de Pisidie*, II, n. 94.; Cousin, *Bull. de corr. hellén.*, XXII (1896), p. 294, n. 11.

Μειδίαν Πλά|τωνος Μειδίου | ἱερεὺς θεᾶς | Ῥώμης διὰ βί‖ου Μᾶρκος Αὐ|ρήλιος Μειδι|ανὸς Πλατω|νιανὸς Οὔαρος | τὸν πατέρα.

---

447. Termessi. — Lanckoronski, *Villes de Pamphylie et de Pisidie*, II, n. 172.

Ἀρχιερεὺς Θεοῦ | Αὐγούστου Ὅπλης τρὶς | Πιλλακόου Μανήσου | τὴν θήκην κατεσκεύ‖ασεν ἑαυτῷ συνχωρή|ματι δήμου.

---

448. Termessi. — Lanckoronski, *Villes de Pamphylie et de Pisidie*, II, n. 74.

Ὁ δῆμος | ἀρχιερέα τῶν | Σεβαστῶν καὶ | ἱερέα Διονύσου ‖ διὰ βίου Ὅπλη|τα Ὀβριμότου Ὀ|τάνειτος φιλό|πατριν, υἱὸν πό|λεως, εὐνοίας ‖ ἕνεκεν τῆς | εἰς αὐτόν.

---

449. Termessi. — Lanckoronski, *Villes de Pamphylie et de Pisidie*, II, n. 91.

Ἀρχιερέα τὸ δ[εύ]|τερον καὶ ἱερέα [Διο|νύσου διὰ βίου [Ὅ]|πλητα Ὀβριμότ[ου] ‖ Ὀτάνειτος, ἡγε[μό]|να ¹ τὸν ἐκπεμφθέντα | τῷ μεγίστῳ Αὐτο|κράτορι Καίσαρι Μάρ|κῳ Αὐρηλίῳ Ἀντωνεί‖νῳ Ἀρμενιακῷ Παρθικῷ | Μηδικῷ Δακικῷ ² Γερμα|νικῷ · τὸν δὲ ἀνδριάν|τα ἀνέστησαν Μόλης | Μάνειτος, Κόνων β´, Ἑρ‖μαῖος β´ Ἀσπανδάνιος, Πρόθυμος | Ἑρ(μαίου), Κορκοίνας Ἀπολλωνίου [τὸν] | αὐτῶν πάτρωνα κατὰ διαθήκην, εὐχαρισ[τίας] | χάριν.

1. Qui viam faceret (ὁδοποιεῖν). Cf. Arrian, I, 25, 9 (ξυμπέμπει αὐτῷ τῶν Περγείων τινὰς τὴν ὁδὸν ἡγησομένους) et 26, 1. — 2. Dele. Nunquam M. Aurelius cognomine Dacico usus est.

450. Termessi. — Hill, *Journ. of hellen. studies*, XV (1895), p. 129, n. 28.

5 Ὅσσας Ἐρ|μαίου πεν|τάκις εἰρη|ναρχήσας ‖ Θεῷ Σώζον|τι [1] εὐξάμε|νος.

1. Deus in Lycia et in **Phrygia** cultus, ut multis monumentis comprobatur.

---

451. Termessi. — *C. I. Gr.*, 4366.

5 Ἱερεὺς ['Αρ]τ[εμιδ]ος | [Τ]ειμόθεος ἑκα|τόνταρχος νει|κήσας ἵππῳ τε‖λείῳ ἐκ τοῦ κατα|λειφθέντος χωρί|ου ὑπὸ Τι. Κλ. Ἀ|γρίππου.

---

452. Termessi. — Lanckoronski, *Villes de Pamphylie et de Pisidie*, II, n. 73.

['Αρχ]ιερῆα ἄνακτος ἀγα|[κλ]έος ἡ πατρὶς ἐσ|θλὸν |

5 τείμησεν προγόνων ‖ [x]ῦδος ἐνεγκάμενον, |

Ζηνόδοτον, βουλαῖσι | κεκασμένον, ἀρχι|πρόβουλον |

10 ἀρχὴν εἰρήνης ἐκτε‖λέσαντα διπλῆν [1].

1. Id est irenarcha bis.

---

453. Termessi. — Lanckoronski, *Villes de Pamphylie et de Pisidie*, II, n. 105.

[Τερμ]ησ[σ]οῦ ν[α]ετ[α]ὶ [τάδ'] ἀγ[ά]λμ[ατα...] |

θῆκαν ἐκβολίοις, παιδί τε καὶ γενετῇ · |

οὗτοι γὰρ βασιλῆος ἀγακλέος ἐσθλὰ δίκαια |

5 μέζονα τῶν ἄλλων τῇδ' ἔλαβον πατρίδι [1] · ‖

καὶ τῷ μὲν φθιμένῳ λά[μπε]ι κλέος ἐσθλὸν ἐπ' ἔργοις,

παιδὶ δ' ἐνὶ ζωοῖς ταῦτα σαωσαμένῳ.

1. Pater et filius homonymi videntur M. Aurelio aut Commodo principe praeclara bello gessisse.

---

454. Termessi. — Hill, *Journ. of hellen. studies*, XV (1895), p. 128, n. 27.

5 ..... ἱερατεύσαντ]|ι θεᾶς Ἐλευθέρας [1] | Τι. Κλ. Ζηνοδο|τιανὸς Μολ‖λιανὸς υἱὸς | Τι. Κ(λαυδίου) Φλώρου, | εἰρήναρχος, τύχῃ | ἀγαθῇ.

1. Diana Eleuthera in nummis **Myreorum** et **Cyanitarum** saepius efficta est. Cf. Barclay

V. Head, *Hist. num.*, p. 577; Babelon, *Inventaire sommaire de la collection Waddington,* n. 3063, 3123 et seq.

---

455. Termessi. — Hill, *Journ. of hellen. studies,* XV (1895), p. 128, n. 26.

.... | εἰρήναρχος | Νεμέσει | Ἀδραστείᾳ.

---

456. Termessi. — Lanckoronski, *Villes de Pamphylie et de Pisidie,* II, n. 55.

Ἀρχιέρειαν τῶν Σεβασ‖[τ]ῶν Σ. Φλαυίαν Ναννῆλιν | Ὀσ[6]άρου θυγατέρα, |
5 γυναῖκα δὲ ἀρχιερέως‖ Τιβερίου Κλαυδίου Οὐ[ά]ρου | φιλοπάτριδος, υἱοῦ πόλεως, |
[Λά]λλη Χρυσέρω[τος] φύσει δὲ | Ἀπελλᾶ δὶς Σωκράτους | θυγάτηρ, γυ[ν]ὴ δὲ
10 Λουκρίωνος ‖ Ἑρμαίου καὶ Φρόντις καὶ Ἀρτέμε[ις | θυγατέρες αὐ]τῶν τὴν ἑαυτῶν
φίλην.

---

457. Termessi. — Cousin, *Bull. de corr. hellén.,* XXIII (1899), p. 300.

5 Ἡ βουλὴ καὶ ὁ δῆμος | ἐτείμησεν | Μόλητα Ἀπολλω|νίου Στράβωνος ‖ ἀρχιε-
10 ράσαμε|νον τοῦ οἴκου | τῶν Σεβαστῶν · | τὸν δὲ ἀνδριάν|τα ἀνέστησεν ‖ Ἀπολλώ-
νιος Στράβωνος.

---

458. Termessi. — Cousin, *Bull. de corr. hellén.,* XXIII (1899), p. 301.

5 Ἡ βουλὴ καὶ ὁ δῆμος | ἐτείμησεν | Λάλλαν Πλάτω|νος Περικλέους ‖ ἀρχιερα-
σαμέ|νην τοῦ οἴκου | τῶν Σεβαστῶν.

---

459. Termessi. — Hill, *Journ. of hellen. studies* (1895), p. 126, n. 21; cf. Cousin, *Bull. de corr. hellén.,* XXIII (1899), p. 165, n. 1.

Οὐαλέριος Πύρρος ὁ κράτιστος | κατέστησεν τὴν σωματοθήκην ἑαυτῷ καὶ τῇ
γυναικὶ αὐτοῦ | Δημοκλήτᾳ · ἑτέρῳ δὲ οὐδενὶ ἔξεσται ἐπιθάψαι τινά, ἐπεὶ
5 ἐκτείσει | ὑπὲρ τοῦ τολ‖μήματος τού|του ἱερωτά|τῳ ταμείῳ δη|νάρια δὶς μύρια ‖
10 καὶ ἐνσ(χ)εθή|σεται τῷ τῆς ἀσεβείας ἐνκλήματι. | Π(λ)ατωνικὸς φιλόσοφος ¹.

1. Haec verba extrema omisit Cousin.

460. Ex tot sepulcralibus titulis, Termessi repertis, nihil aliud excerpere placet, nisi multarum funeralium taxationes, quas infra collegimus :

τῷ φίσκῳ	»	͵ε·	Lanckoronski, *Villes de Pamphylie et de Pisidie*, n. 163.
τῷ ταμείῳ	»	͵ϛ	*Bull. de corr. hellén.*, XXIII (1899), p. 168, n. 6.
		͵ϛφ´	*Ibid.*, p. 280, n. 61.
τῷ κυριακῷ ταμείῳ	»	͵ε	*Ibid.*, p. 178, n. 32.
τῷ ἱερωτάτῳ ταμείῳ	»	φ´	*Journ. of hellen. studies*, XV (1895), p. 127, n. 23.
		͵α	*Bull. de corr. hellén.*, p. 166, n. 2. Lanckoronski, n. 164.
		͵ϛφ´	*Ibid.*, n. 166. *Bull. de corr. hellén.*, p. 174, n. 22.
		πενταχισχείλια	*Ibid.*, p. 175, n. 23; *Journ. of hellen. studies*, p. 128, n. 25.
		͵ε	Lanckoronski, n. 154, 169.
		͵η	*Bull. de corr. hellén.*, p. 188, n. 52.
		μύρια	*Ibid.*, p. 173, n. 19, p. 180, n. 35.
		μύρια πενταχισχείλια	*Ibid.*, p. 186, n. 47.
		μυριάδας δύο	*Ibid.*, p. 191, n. 59.
		δισμύρια	Lanckoronski, n. 148.
		͵μν´	*Journ. of hellen. studies*, p. 127, n. 24.
		͵μφ´	*Bull. de corr. hellén.*, p. 283, n. 64.

LYCIA

461. Bubone. — Heberdey et Kalinka, *Denkschr. der Akad. in Wien*, XLV (1897), p. 39, n. 55.

Ἐπὶ ἀγωνοθέτου τοῦ | ἀξιολογωτάτου γεγονό|τος Λυχιάρχου ¹ Μάρχου | Αὐρηλίου Τρωίλου Μάγαν‖τος τοῦ Τρωίλου Βουβω|νέος καὶ Καδυανδέος | Μᾶρ. Αὐρ. Ἑρμαῖος δὶς | Τρωίλου Θόαντος Βου|6ωνεὺς, νειχήσας ἀγῶ‖να θέμιδος τετραετηρι|χῆς ἀνδρῶν πάλην.

1. De Lyciarcha cf. Fougères, *De Lyciorum communi* (1898), p. 79, 103. Nota curam ludorum edendorum non modo Lyciarchis, sed etiam saepe iis qui Lyciarchae fuerant in perpetuum mandatam esse; cf. *ibid.*, p. 100.

---

462. Bubone. — Ex schedis Instituti archaeologici Vindobonensis.

Ἐπὶ ἀγωνοθέτου | τοῦ ἀξιολογωτάτο[υ] | γεγονότος Λυχιά[ρ]‖χου Μάρχου Αὐρη‖λίου Τρωίλου Μά|γαντος τοῦ Τρω|ίλου Βουβωνέος | καὶ Καδυανδέος | Μᾶρ. Αὐρ. ‖ Ἀρτέμων τρὶς | Μελεάγρου Βου|6ωνεὺς νειχήσας | ἀγῶνα θέμιδος τετρ(α)ετηριχῆς παίδων ‖ πανχράτιν.

---

463. Bubone. — Heberdey et Kalinka, *Denkschr. der Akad. in Wien*, XLV (1897), p. 40, n. 56.

Βουβωνέων ἡ βουλὴ | καὶ ὁ δῆμος ἐτείμησεν | ταῖς ἀξίαις τειμαῖς καὶ | ἀνδριάντος ἀναστά‖[σει] Μᾶρ. Αὐρ. Μάγαντα | Μάγαντος τρὶς τοῦ | Τρωίλου Βουβωνέα | νεαν[ί]αν ἔνδοξον, | ὑποφυλαχήσαντα ‖ καὶ ἀρχιφυλαχήσαντα ¹ τοῦ | [λαμ]-προτάτου Λυχίων | ἔθνους, τελευτήσαντ[α] | ὀχτὼ [κ]αὶ δέκα ἐτῶν, συ[ν]‖γενῆ συνχλητιχῶν καὶ ‖ [ὑπ]ατιχῶν, ἀπόγονον | πάντων Λυχιαρχῶν, πατ|δ[α] τῆ ὑπεροχῆ διαπρέ|[ψαντα.........

1. Archiphylax Lyciorum « pacem custodiendam curabat praesertim per dies festos, dum concilium communisque panegyris habebantur; Augustorum flamonio protinus

archiphylacia gradu subibat »; infra archiphylacem erat hypophylax. Fougères, *op. cit.*, p. 117, 119. Nota duo illa munera prius fuisse a Magante gesta quam annum duodevicesimum aetatis suae explevit.

---

464. Bubone. — Le Bas et Waddington, n. 1219.

Βουβωνέων ἡ βουλὴ καὶ ὁ δῆ|μος ἐτείμησεν Ἀρτέμιον | Τρ[ω]ΐλου Ὀρέστου
5 Βουβ[ω]νί[δ]α, | γυναῖκα εὐγενίδα τάξεως τῶ[ν] ‖ πρωτευό[ν]των τῆς πόλε[ως], |
πατρὸς καὶ συγγενῶν ἀρξά[ν]|των τῆς πατρίδος καὶ | τοῦ Λυκίων ἔθνους, σώ|φρονα,
10 φίλανδρον, πάσῃ ἀ‖ρετῇ κεκοσμημένην, ἱερα|σαμένη[ν] τῶν Θεῶν Σεβασ|τῶν μετὰ
15 καὶ τοῦ ἀνδρὸς αὑ|τῆς Νεάρχου τρὶς τοῦ Μο|[λ]λέσεος Βουβωνέ[ω]ς καὶ ‖ πολλὰ
καὶ μεγάλα ἀνα[λώ]|σασαν τῇ πατρίδι.

---

465. Balburis. — Le Bas et Waddington, n. 1226.

5 [Θεοῖς] Σεβαστοῖς καὶ | τ[ῷ] Βαλβουρέ[ων δή]|μῳ | Στέφανος δὶς [1] ....‖..... |
πόλεως.... ..... [2] τύχη.......

1. Flamen Augustorum municipalis, cf. n. 475, 476. — 2. Traditur ΛΙΟ|ΡΑΙΟΜ...|
ΙΑΙΙΟΟ.....

---

466. Balburis. — Le Bas et Waddington, n. 1225.

[Αὐτοκράτορι Καίσαρι Οὐεσπασιανῷ Σεβαστῷ | ἀρχιερεῖ μεγίστῳ, δημαρχικῆς
ἐξουσίας τὸ..., | αὐτοκράτορι τὸ..., ὑπάτῳ τὸ..., ἀποδεδειγμένῳ | τὸ..., πατρὶ
5 πατρίδος, τειμητῇ καὶ Αὐτοκράτορι ‖ Τίτῳ Καίσαρι Οὐεσπασιανῷ Σεβαστοῦ
υἱῷ, ἀρ[χ]ι[ερ]εῖ, δη[μαρχικ]ῆς ἐ[ξουσίας τὸ..., ὑπάτῳ τὸ...] | ἀποδεδειγμέ[ν]ῳ
τὸ [..., τειμητῇ καὶ Καίσαρι] | Σεβαστοῦ υἱῷ Δο[μιτιανῷ, ὑπάτῳ τὸ..., ἀποδε-
10 δειγμένῳ] | τὸ... τειμητῇ [1], Β[α]λβο[υρέων ἡ βουλὴ καὶ ὁ δῆμος κα]‖τεσ-
[κ]εύασεν τὸ ὑδ[ρ]αγω[γεῖον ἐκ τῶν ἰδίων χρημάτων,] | διὰ Λου[κ]ίου Λουσκίου
Ὀ[κρέα [2] πρεσβευτοῦ τῶν] | Σεβαστῶν καὶ ἀν[τ]ι[σ]τρα[τήγου [3] καὶ.......
Πομπηΐ]|ου Πλάντα [4] ἐπ[ιτ]ρόπο[υ].

1. Necesse est erravisse lapicidam; censor enim Domitianus factus est non vivo Vespasiano, sed anno demum 84 aut 85. — 2. De L. Luscio Ocrea vide *Prosop. imp. rom.*, II, p. 308, n. 320. — 3. Anno incerto sub Vespasiano. — 4. Trajani amicus qui libros historicos scripsit, de quo cf. *Prosop. imp. rom.*, III, p. 70, n. 483.

467. Balburis. — Heberdey et Kalinka, *Denkschr. der Akad. in Wien*, XLV (1897), p. 37, n. 49.

[Α]ὐτο[κρά]τω[ρ] Καῖσαρ [Θ]εοῦ | Ἀδρι[α]νοῦ υἱὸς Θεοῦ Τραιανοῦ | Παρθικ[οῦ υἱ]ωνὸς Θεοῦ Νέρουα | ἔγγονος Τ[ί]τος Αἴλιος Ἀδρια‖νὸς [Ἀ]ντ[ω]νεῖνος Σεβασ‑τὸ[ς] | ἀρχιερε[ὺς μ]έγιστος, δημ(αρχικῆς) ἐξ(ουσίας) | τὸ κα΄, αὐτοκράτ[ω]ρ τὸ β΄, ὕπατος | τὸ δ΄, π(ατὴρ) π(ατρίδος), Β[α]λβουρέ[ω]ν τοῖς | ἄρχουσι καὶ τῇ βουλῇ καὶ τῷ ‖ δήμῳ χαίρειν. | Τὴν φιλοτειμίαν, ἣν ἐπιδέδει|κτ[α]ι περ[ὶ ὑμ]ᾶς Μελέαγρος | Κάστορο[ς]..... | ... ος μουσικὸν ‖ ὃν ἀνέσ[τησε τῇ] πόλει ἐς τὸ λ[οιπὸν] | ....κύρια τὰ ἐπὶ τη |.... ὁρισθέν¹|τ[α], ἐπεὶ καὶ ὑπὸ τοῦ Θεοῦ πατρός | μου Τερμησσεῦσι ² συνεχωρή‖θη τοῦτο ἐ[φ΄] ὁμοίας ὑποσχέ|σεος, ἣν καὶ ὑμεῖς τῷ ψηφίσ|ματι ἐ[νεγ]ράψατε. | [Εὐτ]υχεῖτε.

Epistola Antonini, a. 158 ad Balbureos scripta de Meleagro, Castoris filio, qui videtur cum agone musico rem habuisse.

1. v. 13 et seq. Traditur : ΚΑΣΤΟΡΟ....ΞΙΣΛΗ... | ..Ε......ΟΞ ΜΟΥΣΙΚΟΝ | ΟΝΛΝΕΣ....ΠΟΛΕΙ ΕΣΤΟΛ..|.ΙΦΟ.....ΙΚΥΡΙΑ ΤΑ ΕΠΙ Ἡ|ΞΙΙ......Ο.ΟΡΙΣΘΕΝ. Supplementa v. 15 nobis suppeditavit Haussoullier. — 2. Profecto Termessus minor ad Oenoanda Lyciae, non Termessus major Pisidiae.

468. Balburis. — Heberdey et Kalinka, *Denkschr. der Akad. in Wien*, XLV (1897), p. 38, n. 51.

[Γῆ]ς καὶ θαλάσ(σ)ης δεσπόταις Αὐτοκράτορσι Κα[ίσαρσι] Λουκίῳ Σεπτιμίῳ Σεουήρῳ Εὐσεβε[ῖ Περ]τίνακι Σεβαστῷ καὶ Μάρκῳ Αὐρηλίῳ Ἀντων[είνῳ......] Βαλβουρέων ἡ πόλις καθιέρωσεν τὸ τρίπυλον κατασκευασθὲν ἀπὸ χρημάτων τῶν | καταλειφθέντων κατὰ δ[ιαθήκην Π]ολυδεύκους Θόαντος Μηνοφίλου ¹ [καὶ σ]υντελεσθὲν ὑπὸ τῆς κληρονόμου αὐτοῦ τῆς [......] Παυλείνης, λογιστεύοντος ² Ἀνδροβίου τοῦ καὶ Εἰρηναίου Ἀνδροβίου πεντάκι Τλωέως.

1. Notus ex titulo n. 473. — 2. Λογιστὴς aut ἐπιμελητὴς, municipalis curator operis. Cf. Liebenam, *Städteverw.*, p. 385.

469. Balburis. — Le Bas et Waddington, n. 1230.

[Αὐτοκράτορα Καίσαρα]......ν ἀ|[ρχ]ιερ[έα] ? | μέγιστο[ν] | Σεβαστόν.

470. Balburis. — Heberdey et Kalinka, *Denkschr. der Akad. in Wien*, XLV (1897), p. 38, n. 52.

[Λ]ούχιον Ἰούλιον Φαβίᾳ Μαρ[εῖνον | Κ]αιχίλιον Σίνπλιχα ¹ τεσσάρων
5 ἀ[ν]|δρῶν ὁδῶν ἐπιμελητὴν ², χειλί[αρ]|χον πλατύσημον στρατιωτῶ[ν ‖ λ]εγιῶνος
δ' Σχυθιχῆς, ταμίαν | χαὶ ἀντιστράτηγον ἐπαρχείας | Μαχεδονίας, ἀγορανόμον ³,
στρα|τηγὸν ⁴.....

1. Cos. suff. anno 101 aut 102. *Prosop. imp. rom.*, II, p. 200, n. 274. — 2. Quattuor
vir viarum curandarum. — 3. Aedilis (plebis). — 4. De ceteris honoribus ejusdem viri
cf. *Prosop.*, *loc. cit.* Hic autem titulus scriptus est Trajano principe, quum Marinus Lyciae
et Pamphyliae praeesset, annis 97-101.

---

471. Balburis. — Ex schedis Instituti archaeologici Vindobonensis.

5 [Τ]ι[6]έρ[ι]ον | Κλαύδιον | Παυσανίαν | τὸν λαμ[πρ]ότατον ἀνθ[ύ]‖πατον ¹.

1. Post annum 135, quo Lycia senatui data est regenda. De illo viro nihil notum est.

---

472. Balburis. — Heberdey et Kalinka, *Denkschr. der Akad. in Wien*, XLV (1897), p. 39, n. 53.

5 [Β]αλδουρέων | ἡ βουλὴ χα[ὶ] | ὁ δῆμος ἐ[τεί]|μ[η]σεν Τ. Μ[άρ]‖χιον
10 Κουιρ[εί]|νᾳ Δειοταρι|ανὸν χειλία[ρ]|χον λεγιῶνο[ς. | χ]β' Πρειμιγενε[ί]‖ας ¹, υἱὸν
15 Μαρχί|ου Τιτιανοῦ, ἐ|πάρχου σπειρῶν, | χειλιάρχου λε|γιώνων β' πρει‖μιπείλου ², |
χτίστου | τῆς πόλεως.

1. Legio XXII Primigenia tendebat Mogontiaci, ubi titulus inventus est quo facta
erat mentio virorum Lyciorum in legione militantium; cf. Domaszewski, *Korrespon-
denzblatt der Westd. Zeitschr.*, XVIII (1899), col. 97. — 2. Statuit Domaszewski, *loc. cit.*,
col. 98, haec scripta esse Severo principe quia usque ad aetatem Severi primipili omnes
Italia oriundi fuerint — argumentum autem refellunt quae sequuntur — et legio Primi-
genia hic cognomine imperatorio careat. At hic titulus antiquior esse videtur; nam
Marcius Titianus idem profecto est atque Marcius Titianus Lyciarcha, socer Licinnii
Longi, qui Lyciarchiam ipse gessit anno 127. (Cf. infra n. 493, III, v. 24-31.)

---

473. Balburis. — Le Bas et Waddington, n. 1221; cf. Petersen et Luschan, *Reisen in
Lykien*, n. 235.

[Λυχίων τὸ χοινὸν ἐτείμησε Τρ|ώιλον τ]ὸν χαὶ Να[ιούιον Βαλδουρέ|α, ἱερ]έα
5 πατρῴου [θεοῦ Ἀπόλ|λων]ος ¹, ψηφίσματι [τῷ ὑπογεγ‖ραμ]μένῳ. Εἰσηγησα[μέ-

νου μὲν | Φιλ]ολάου δὶς τοῦ Ἀρτεμᾶ Τ[ελ(μισσέως), ἐπιψ|ηφι]σαμένου δὲ Ἑρμαίου
τοῦ....|...α Τλωέως, ἔδοξε Λυκίω[ν τῷ κοι|νῷ] · ἐπεὶ Τρώιλος Θόαντος Μην[ο-
10 φίλου ὁ ‖ x]αὶ Ναιούιος Βαλβουρεὺς ν[εανίας | κα]λὸς καὶ ἀγαθὸς καὶ δι[ὰ] τὰ
ἤ[θη σε|μν]ὸς καὶ χωρὶς φιλοτειμιῶν π[αντὸς ἄ|ξι]ος ἐπαίνου διὰ τὴν τοῦ βίου
15 [σεμ]‖νότητα, ὑπάρχων δὲ καὶ ἐκ [π]ρογ‖όνων φιλότειμος τῷ τε Λυκίων ἔ|θνει
καὶ τῇ ἑαυτοῦ πατρίδι, ἱερα|σάμενός τε ἐν τῷ ἐξιόντι ἔτει Λυκί|ων [τ]οῦ κοινοῦ
20 θεοῦ πατρῴου Ἀπόλ|λωνος τά τε πρὸς εὐσέβειαν τ[ῶ]ν ‖ Σεβαστῶν καὶ τοῦ θεοῦ
ἐ|πλήρωσεν, καὶ τὰ πρὸς φιλοτει|μίαν τοῦ ἔθνους ἐκτε[ν]ῶς | ἀπήρτισεν, δίκαιον
25 δέ ἐστιν [τ]οῖ[ς | τ]οιούτοις τὰς πρε[π]ούσας ἀπ[ο‖δ]ίδοσθαι τιμάς · Τύχη ἀγαθῇ,
[δε]‖δόχθαι Λυκίων [τ]ῷ κοινῷ τετιμῆσ|θαι τὸν Ναιούιον [τ]αῖς ὑπογε[γρ]αμμέ|-
ναις [τ]ειμαῖς · Λυκίων [τ]ὸ κοινὸν ἐτείμη|σεν [τ]αῖς πρώταις τιμαῖς, ε[ἰκόνι] ‖
30 ἐπιχρύσῳ καὶ ἀνδριάν[τ]ο[ς ἀναστάσει, | Τρ]ώιλον Θόαντος Μηνο[φίλου τὸν κα|ὶ
Ν]αιούιον Βαλ(βουρέα), νεανία[ν καλὸν κα|ὶ ἀγ]αθὸν διὰ [π]ρογόνων, [υἱὸν ἐθνικοῦ |
35 ἄρχ]οντος Θόαντος Μηνο[φίλου, ‖ ἀδελ]φὸν ἐθνικῶν ἀρχόν[τ]ων [Κάστ|ορος?]
Θόαντος καὶ Πολυδεύκου Θόαν[τ]ος, | συνγενῆ ἐθνικῶν καὶ αὐτῶν ἀρχόν[τ]ων, |
40 καὶ αὐτὸν δὲ ἐθνικὸν ἄρχον[τ]α, ἱερασά|μενον Λυκίω[ν] τοῦ κοινοῦ θεοῦ πατ[ρ]ῴ|ου
Ἀπόλλωνος καὶ πάν[τ]α τὰ [πρ]ὸς εὐ|σέβεια[ν] τῶν Σεβαστ[ῶ]ν καὶ τοῦ θεοῦ |
πλ[η]ρώσαντα, δόντα δὲ καὶ τοῖς συνε[λ]‖θοῦσιν Λυκίων ἀρχοστάταις [2] | καὶ
45 βουλευταῖς καὶ κοινοῖς ἄρχου‖σιν διανομῆς ἀνὰ δηνάρια β′ ἐκ τῶν ἰδίων, | δόντα
δὲ καὶ τὰ ὡρισμένα τῷ ἔθνει | ἄλλα δηνάρια ιϛφ′, καὶ αὐτὰ ἐκ τῶν ἰδίων, καὶ |
[δ]ιχ[αία] τοῦ βίου ἀναστροφεῖ σεμνῶς καὶ | πασῇ ἀρετῇ κεκοσμημένον.

1. Sacerdotem Patroi Apollinis in communi Lyciorum infra Augustorum flaminem
locum obtinuisse ostendit Fougères, *op. cit.*, p. 114. In annum electus, numerabatur
inter ἐθνικοὺς ἄρχοντας (v. 33, 34-37). — 2. Magistratuum Lyciorum creatores, a singulis
civitatibus electi, prae senatoribus et ipsis magistratibus Lyciis memorantur. Cf. n. 474,
not. 1; Fougères, *op. cit.*, p. 56.

---

474. Balburis. — Le Bas et Waddington, n. 1224; cf. Petersen et Luschan, *Reisen
in Lykien*, p. 184, n. 236.

[Εἰ]ση[γη]σαμέ[ν]ου Μάρκου Αὐρηλίου Τρωίλου Μά[σ]|αντος τοῦ Τρωίλου,
Βουβωνέως καὶ Καδυαν|δέος, [π]ολ[ει]τευομένου δὲ καὶ ἐν ταῖς κατὰ Λυ|κίαν
5 πόλεσιν πάσαις, ἐπιψηφισαμένου Αὐρηλίου ‖ Μάσαντος δὶς, τοῦ Τρωίλου Βουβω-
νέος γεγονό|τος ἀρχιφύλακος, ἔδοξεν τῇ κοινῇ τοῦ Λυκίων | ἔθνους ἀρχ[αι]ρεσιακ[ῇ]
ἐκλ[η]σίᾳ [1] · ἐπε[ὶ] Μᾶρκος | [Αὐρή]λιος Θοαντιανός, υ]ἱὸς Αὐρηλίου Θοαντ[[ιανοῦ

10 δὶς Με]λεάγρου [Κ]άστορος, Βαλδουρε[ὐ]ς καὶ ‖ ['Ατταλεὐς ², ιε]ρεύ[ς εὐσεδή]ς
καὶ κόσ[μι]ος καὶ [ἤ]θει | [σεμνότα]τος, διαπρέπων ἐν τῇ ἐ[π]α[ρ]χείᾳ, | [γένους
συν]κλητικοῦ καὶ ὑπατικοῦ καὶ Λυ[x]ιαρχικ[ο[ῦ] καὶ Πα[μ]φυλιαρχῶν ³ καὶ πρει-
15 μοπειλαρί|ων καὶ ἱππικῶν, ἐ[x]πάππου Κάστορο[ς] ὑποφυ‖λ[άξ]αντος Λ[υ]κίων,
Προπάππου Μελεά[γ]ρου [ὑ]|ποφυλά[ξ]αντος καὶ ἀρχιφυλακήσαντος [Λυ]|κίων
καὶ τειμηθέντος ἐπὶ τῇ ἀρχιφυλακίᾳ, πά|ππου Θοαντιανοῦ ὑποφυλάξαντος καὶ
20 αὐ|τοῦ Λυκίων, πατρὸς Θοαντιανοῦ ἱερασαμένου ‖ Λυκίων Θεᾶς Ῥώμης καὶ τειμη-
θέντος, ἱεράτευ|σεν καὶ αὐτὸς τοῦ κοινοῦ Λυκίων ἔθνους Τιδε|ρίου Καίσαρος ⁴ εὐσε-
6[ῶ]ς, καὶ φιλοτίμως παντα|χοῦ τὴν αὐτοῦ π[ρ]οθυμίαν καὶ γνώμην ἐπιδ[εί]|κνυται
25 ἐν τοῖς ἀρίστοις οὐ μόνον εἰς τὸ ἔθν[ος] ‖ ἡμῶν ἀλλὰ καὶ ἐν τῇ ἑτέρᾳ πατρίδι
αὐτοῦ | τῇ λαμπροτάτῃ 'Ατταλέων πόλει, ὡς μ[ε]|μαρτυρῆσθαι ⁵ αὐτῷ καὶ ὑπὸ
τοῦ κρατίστου ὑ|πατικοῦ Μάρκου Οὐλπίου Τερτυλλιανοῦ 'Ακύ|λα ⁶ λογιστεύσαν-
30 τος ⁷ καὶ τῶν 'Ατταλέων, ἐ‖ρ' αἷς ἐξετέλεσεν καὶ παρὰ τοῖς 'Ατταλεῦ|σιν φιλοτεί-
μως καὶ εὐσεβῶς ἀρχαῖς · διὰ ταῦτα δεδόχθαι Λυκίων τῷ κοινῷ τετειμῆσ|θαι τὸν
35 Θοαντιανὸν εἰκόνι χαλκῇ καὶ εἰκό|νι γραπτῇ, ἐπιγραφῆναι δὲ τῷ ἀνδριάν‖τι καὶ
τῇ εἰκόνι τὰς προγεγραμμένας τειμὰ[ς] | καὶ μαρτυρίας.

1. Comitia quibus eligebantur communis magistratus. Cf. n. 473, not. 2; Fougères,
op. cit., p. 57. — 2. Civis Attaleae, urbis Pamphyliae. Cf. v. 26, 29, 30. — 3. Nam Pam-
phyliae, quanquam in unam et eamdem provinciam cum Lycia concesserat, ab eodem
praeside rectam, suus tamen fuit Pamphyliarcha, suum concilium. — 4. « Tiberii Cae-
saris cultum jam ante Lyciam provinciam factam exstitisse arbitror, atque sejunctim
superfuisse, etiam postquam Augustorum cultus in provincia inauguratus fuit. » Fou-
gères, *op. cit.*, 105. Idem constat de cultu deae Romae communis, cui suum mansisse
videmus apud Lycios sacerdotem, quum jamdudum esset suus Augustis flamen. *Ibid.*,
p. 18 et 104. — 5. De illis testimoniis quae per litteras mittebant praesides aut procu-
ratores, cf. Fougères, *op. cit.*, p. 123-124. — 6. Fortasse leg. pr. pr. Moesiae Inferioris
sub Gordiano, non ante annum 241. Cf. *Prosop. imp. rom.*, III, p. 463, n. 572; cf. p. 306,
n. 89. — 7. Curator civitati Attaleae ab imperatore datus.

---

475. Balburis. — Petersen et Luschan, *Reisen in Lykien*, p. 185, n. 240.

'Αμμίαν Ἑρμαίου 'Αν|τωνίου τὴν καὶ | Τερτίαν Βαλδουρί[δ]α | Στέφανος δὶς ¹ ‖
5 τὴν ἑαυτοῦ γυναῖ|κα συνιερασαμέ|νην αὐτῷ τῶν Σε|δαστῶν εὐσεβῶς | καὶ φιλοτί-
10 μως, ‖ σωφροσύνῃ, ἀρετῇ, | φιλανδρίᾳ [δι]απρέ|πουσαν.

1. Cf. n. 465, 476.

476. Balburis. — Petersen et Luschan, *Reisen in Lykien*, p. 186, n. 241.

[Στέφανον δὶς] ¹ .... [ἡ|γ]εμόνων τ.......|.... εἰς τὴν πατρίδ[α] εὐποιίαις.... | [πρυτ]ανεύσαντα ἐνδ[όξως..?.. καὶ ‖ φιλ]οτείμως καὶ μαρτυρη- θέντα ², | [ἱερ]ασάμενον τῶν θεῶν Σεβαστῶν | [με]τὰ καὶ γυναικὸς αὐ[τοῦ 'Αμμίας | Τερ]τίας Ἑρμαίου ['Αντωνίου] | υ....‖:......|να.....|χ........| ακο- νειπου ³, ἑστιά[σαντα πᾶσαν] | τὴν πόλιν β' καὶ δόντα [πολείταις] ‖ πᾶσι ἀνὰ δηνάρια τρία ἥμισυ [διανομὴν,] | μαρτυρηθέντα δὲ καὶ ὑπὸ τῆς κρα|τίστης Οἰνοανδέων πόλεως διά | τε ψηφίσματος καὶ ἐπιστολῶν | ....

1. Cf. v. 6, 7 et n. 465, 475. — 2. Ut communi, ita singulis civitatibus licebat honoris causa decretum, quo testabantur civem aliquem bene de se meritum esse, ad praesi- dem provinciae mittere. Rescribebat autem praeses, qua epistula honores propositos aut improbabat aut sanciebat et novo etiam augebat testimonio. Cf. n. 474, n. 5; Fou- gères, *op. cit.*, p. 124. — 3. Sic qui ediderunt.

---

477. Ala-Fahraddin. — Petersen et Luschan, *Reisen in Lykien*, p. 168, n. 205.

... Αὐρ. Κε...... | ἔτους [δ]ὶς ¹ | κατεσ[κεύασεν τὸ μνημεῖον ἑαυτῷ] | καὶ [τ]ῇ [γυναικὶ καὶ τοῖς τέκνοις, ἄλλῳ δὲ οὐ]δενὶ ἐξὸν ‖ ἔσται ἐ[π]ισ[φέρειν? ἕτερον πτῶμα, ἐπεὶ ἔνοχος ἔ]σται ὁ ἐπι[σφέρω]ν | τῷ ἔργῳ το[ύτῳ τυμβωρυχίᾳ καὶ ἐκτείσει τῷ μ]ὲ[ν] ἱερω[τ]άτῳ | ταμείῳ δηνάρια βφ', [τῇ δὲ γερουσίᾳ? δηνάρια] φ', καὶ τῷ [χ]ατ[ὰ | νόμ]ον μισθωτῇ | [το]ῦ χωρίου ² δηνάρια φ' · ‖ [ε]ἰ δέ τι βουλεύ[σω], | ἔτι ζῶν ἐπιγράψ[ω].

1. Traditur εις; mendam agnovit Haussoullier. — 2. Is qui locum publicum conduxit. Cf. Petersen et Luschan, *loc. cit.*, not. 2.

---

478. Prope Manaï. — Heberdey et Kalinka, *Denkschr. der Akad. in Wien*, XLV (1897), p. 8, n. 22.

Θόας Ἑρμαίου | 'Ακέτου ἀνέσ|τησεν αὐτῷ καὶ | τῇ γυνεκὶ Ἐνά‖δι καὶ τὺς τέκνυς | Ἑρμαίῳ καὶ 'Αρτι|μάδι μνήμης | χάριν. Ἐάν τις ἐπιχιρήσει ἢ τῷ χίονι ἢ τῇ ὐκίᾳ ¹ | τῶν συνγενέων ἐκβάλη ² ‖ ἢ 'Ακέτας ἢ ἄλλος | τις, τῆσι ³ κατὰ τόπον | μισ[θ]ωτῇ δηνάρια ⁴ φ' καὶ τῷ | [Κα]ίσα[ρο]ς [φ]|ίσ[κῳ δηνάρια....

In parte sinistra :

καὶ τῷ ἀδι‖κήσαντι | μηδὲ γῆ καρ|πὸν μηδ[ὲ] θ|άλασα τέ[κ]να | τέκνυς.

1. οἰκίᾳ. — 2. ἐκβαλεῖν. — 3. τείσει. — 4. Cf. n. 477, not. 1.

479. Kosagatch. — Heberdey et Kalinka, *Denkschr. der Akad. in Wien*, XLV (1897), p. 10, n. 30.

Αὐρ. Κορνοῦς Ἑρμαί|ου Κάρμωνος, στρα|τευόμενος ἐν λε|γεῶνι Πρειμοπ[αρ]||-
5 θικῇ ¹, ἀνέστησα ἐ[α]υ|τὸν καὶ τὴν μητέ|ρα αὐτοῦ Αὐρ. [Γ]ῆν | Κάρμωνος,
10 Βαλ|βουρεὺς τῆς κο||λωνία(ς) γειτοσύ|νης Πύρου ποτα|μοῦ ².

1. Legio Prima Parthica, a Septimio Severo creata, in Mesopotamia tendebat. Cagnat, *Legio*, ap. Daremberg et Saglio, *Dict. des antiq.*, s. v. — 2. De Pyro flumine nihil notum est. Utrum Balbura, urbs Lyciae notissima (supra n. 165 et seq.) hic designentur, an Balbura alia, vix liquet.

---

480. Kosagatch. — Heberdey et Kalinka, *Denskschr. der Akad. in Wien*, XLV (1897), p. 9, n. 28.

Οὐάουας Ὀρέστου κατ' ἀρὰς ἀνέστησεν | τὸν κίονα καὶ τὰ ἐπικείμενα ἀγάλ-
ματα, | Ἡρακλέων Τροκόνδου καὶ υἱὸν Ἀρτείμαν | ἀνέστησεν μνήμης χάριν ·
5 ἐὰν δέ τις || ἐπιβουλεύσῃ τῷ κίονι καὶ τοῖς ἐ(πι)κειμέ|νοις, θήσει τῷ φίσκῳ
δηνάρια αφ'.

---

481. Termessi ad Oenoanda. — Holleaux et Paris, *Bull. de corr. hellén.*, X (1886), p. 226, n. 8.

Οὐαλέριον Στατεί|λιον Κᾶστον, τὸν | κράτιστον σύμμα|χον τῶν Σεβαστῶν ¹ ||
5 πραιπόσιτον βίξιλα|τιώνων ², | Τερμησσέων τῶν πρὸς | Οἰνοάνδοις ἡ βουλὴ | καὶ ὁ
10 δῆμος καὶ ἡ γερου||σία τὸν εὐεργέτην, προ|νοησάμενον τῆς εἰρή|νης κατὰ θάλασσαν
15 καὶ | κατὰ γῆν, ἐπιδημήσαν|τα τῇ λαμπρᾷ ἡμῶν πό||λει μετὰ πάσης εὐκοσ|μίας
ἡμερῶν ιβ', ἀγαγόν|τα δὲ καὶ ἰνπέριον ³ φιλο|τείμως ἐν τῷ λουσωρίῳ | ⁴ τῇ πρὸ ε'
20 εἰδ(ῶν) νοεμβρίω[ν ⁵] ἐν ᾗ [ἡ]||μέρᾳ ἐκομίσθη [ε]ἰκὼν ἱερὰ | τοῦ κυρίου ἡμῶν
Οὐαλερι|ανοῦ νέου Σεβαστοῦ ⁶.

1. Rex aliquis barbarorum, romano nomine nuncupatus; *Prosop. imp. rom.*, III, p. 378, n. 137. — 2. Praepositus vexillationum, in quibus militabant auxiliarii; Marquardt, *Organis. milit.*, p. 187. — 3. Qui « egit imperium ». — 4. « Lusorium » editores idem significare putant quod « lusoria navis » (Veget. V fin.; Amm. Marcell., XVII, 2; *Vita Bonos.* 15; *Cod. Theod.*, VII, 17) et Valerium illa nave vectum pugnavisse feliciter cum piratis qui infesta habebant illo etiam tempore Lyciae littora; unde dicatur « προνοησάμενος τῆς εἰρήνης κατὰ θάλασσαν. » — 5. Ante diem V idus = die 9 novembris. — 6. Valerianus appellatus fuerat Augustus mense Augusto anni 253.

482. Oenoandis. — Petersen et Luschan, *Reisen in Lykien*, p. 180, n. 230.

Μόλης Διογένους τοῦ Μόλη|τος ¹, ὁ Ξάνθου ἐπιστατή|σας τοῦ Καίσαρος ναοῦ |
[χ]αὶ τῶν ἐν τῶι περιβόλωι ‖ πάντων σὺν τῷ πε[ριϐ]όλ[ῳ], | καὶ ἱερατεύσας
Καίσαρος ², [τ]|ῶι Καίσαρι καὶ δήμωι.

1. Aliqua propinquitate fortasse conjunctus cum Simonide Diogenis III Moletis, marito
Flavillae Lyciae ex gente Licinniae Flavillae (n. 500, col. IV, 5, 8). — 2. Brutus Xanthum
post atrocem obsidionem civibus suis fere exhaustum ceperat, anno 43 ante C. n.
(Appian., *Bell. civ.*, IV, 76-80). Itaque templum Caesari postea a Xanthiis dedicatum
esse facile intelligitur. Minus liquet quam ob causam illius templi sacerdos venerit
Oenoandis, ex urbe Xanthiis infestissima, quae Bruti partes tenuerat (Appian., *l. c.* 79).
Cf. O. Treuber, *Geschichte der Lykier* (1887), p. 189-203.

---

483. Oenoandis. — Ex schedis Instituti archaeologici Vindobonensis.

[Αὐτοκράτορα Καίσαρα Θεοῦ Ἀδριανοῦ υἱὸν], | Θεοῦ Τραιανοῦ υἱωνὸν, Θεοῦ
Νέρουα | ἔκγονον, Τίτον Αἴλιον Ἀδριανὸν | Ἀντωνεῖνον [Σεβαστὸ]ν σωτῆρ[α] ‖
καὶ εὐεργέτην το[ῦ χ]ό[σμου, | Οἰνοα]νδέ[ων ἡ] π[όλις].

---

484. Oenoandis. — Heberdey et Kalinka, *Denkschr. der Akad. in Wien*, XLV (1897),
p. 51, n. 70.

Αὐτοκράτορι Καίσαρι Λουκίῳ Σεπτεμίῳ Σευήρ[ῳ Εὐσεβεῖ Περτίνακι Σεβαστῷ
Διό]γνης Μάρκου Μάρκου δὶς τοῦ καὶ Σωσικοῦ κατεσ|κεύασεν τὸ βουκονιστήριον ¹
ἐκ τῶν ἰδίων ἀναλωμάτων καὶ ἀντὶ ἀρχῆς ἐλε|οθεσία[ς].

1. Verbo hoc ignoto significari potuit arena (Vitruv. V, 11, 2) apta taurorum certami-
nibus edendis.

---

485. Oenoandis. — Petersen et Luschan, *Reisen in Lykien*, p. 180, n. 233.

.. [Σεϐασ]τῷ Ἀρ[αϐικῷ] ¹.....

1. Septimius Severus aut Caracalla.

---

486. Oenoandis. — Holleaux et Paris, *Bull. de corr. hellén.* (1886), p. 217, n. 2.

[Γάι]ον Λικίνιον Μουκι|αν]ὸν πρεσϐευτὴν [Νέρωνος] | Κλαυδίου Καίσαρος

5 Σεβαστο[ῦ] | Γερμανικοῦ ἀντι<σ>στρά‖τηγον ¹ | Ἕρμαιος Σιλλέου, φύσει | δὲ Διογένους, τὸν ἐαυτο[ῦ] | εὐεργέτην.

1. Legatus Lyciae sub Nerone, anno incerto, postea consulatum ter adeptus; vir ceteroquin notissimus, qui libros de historia naturali scripserat, a Plinio Majore adhibitos. *Prosopogr. imp. rom.*, II, p. 280, n. 147; Teuffel, *Gesch. der röm. Litterat.* (ed. V, 1890), § 314, 1.

---

487. Oenoandis. — Heberdey et Kalinka, *Denkschr. der Akad. in Wien*, XLV (1897), p. 47, n. 62.

[Γ. Ἰούλιον Δημοσθένη] ¹, ... | ...., | χειλίαρχον λεγεῶνος Σιδηρᾶς ², |
5 ἔπαρχον εἴλης ἑβδόμης Φρυγῶν ³, ‖ ἐπίτροπον Αὐτοκράτορος Καίσαρος Νέρουα | Τραιανοῦ Σεβαστοῦ Γερμανικοῦ Δα]|κικοῦ ⁴ ἐπα[ρχεία]ς Σικε[λίας] | καὶ τῶν
10 ἄλλων τῶν Σι[κελία] | συντελουσῶν νήσ<σ>ω[ν ⁵, γενό]‖μενον ἀρχιερέα τῶν [Σεβασ]τῶν καὶ γραμματέα Λυ[κίων] | τοῦ κοινοῦ ⁶ καὶ ἀγωνοθέ[την] | τῶν πεν-
15 ταετηρικῶν μ[εγά]|λων ἰσολυμπίων Οὐεσ[πα]|σιανε[ίων], ‖ Μόλης δὶς Τουλου-βάσιο[ς] | τὸν ἐαυτοῦ ἐξάδελφον ⁷ | καὶ εὐεργέτην.

1. Restitutum ex *Genealogia Licinniae Flavillae* (n. 500, col. II, 56, 60). Demosthenis filius, Julius Antoninus Lyciarcha uxorem duxit Licinniam Maximam. — 2. Tribunus legionis (VI) Ferratae, quae tum temporis in Syria tendebat. — 3. Praefectus alae VII Phrygum. — 4. Post annum 102. — 5. Procurator Aug. provinciae Siciliae et insularum Siciliae sociarum, intellige Aeolias, Aegatas, Gaulon, Melitam, Cossuram. — 6. Saepe evenit ut flamen provinciae eodem tempore scribae etiam munere fungeretur; Fougères, *op. cit.*, p. 112. Hoc notatione dignissimum est, in *Genealogia Flavillae* (n. 500, l. c.), cum taceat de flamonio Demosthenis, continuo post procuratelam Siciliae addi καὶ μετὰ τοῦτο Λυκιάρχης (v. 59-60); unde jure colligi potest, quod in *Genealogia* Lyciarchia appellatur, id ipsum appellari in hoc titulo flamonium. Qua de quaestione cf. Fougères, *op. cit.*, p. 86 et totum illius caput VII (p. 79); Lyciarchiam et flamonium unum et idem esse disputavit Mommsen *Jahreshefte der Oesterr. arch. Inst.*, III (1900), p. 7, quocum, mutata sententia, facit nunc ipse Fougères : *Encore le Lyciarque et l'archiereus des Augustes (Mélanges Perrot)*. — 7. Putant editores erravisse lapicidam, quum scribere deberet τοῦ [Μολεβου]λουβάσιος. Cf. n. 494, 496, 500, II, 15. Molebulubasis enim genuit Marciam Gen, amitam magnam Licinniae Maximae. Sed tamen quomodo Moles consobrinus fuerit Demosthenis ignoratur.

---

488. Oenoandis. — Holleaux et Paris, *Bull. de corr. hellén.*, X (1886), p. 224, n. 7.

Ἀπολλωνίου δίς. | Λυκίων τὸ κοινὸν ἐτείμη|σεν χρυσῷ στεφάνῳ καὶ εἰ|κόνι

5 γραπτῇ καὶ εἰκόνι χαλκῇ ‖ Μᾶρκον Αὐρήλιον Ἀπολλώ|νιον Ἀπολλωνίου τοῦ
καὶ | Φιλώτου, Ἀπολλωνίου Ὀρθα|γόρου, Οἰνοανδέα, γενόμε|νον πρότερον μὲν
10 ἱερέα ‖ θεοῦ πατρῴου Ἀπόλλωνος | Λυκίων τοῦ κοινοῦ, μετὰ ταῦ|τα δὲ ἀρχιφυ-
λακήσαντα ἐν | τῇ πρὸς τῷ Κράγῳ συντελ[είᾳ] ¹ | καὶ μετὰ πάσης εἰρήνης κ[αὶ] ‖
15 εὐσεβείας τὴν ἀρχὴν ἐκτε|λέσαντα, πληρώσαντα καὶ [εἰς] | τὸ ἱερώτατον ταμεῖον
20 τοὺς | ἱεροὺς φόρους καὶ τὴν πρᾶξιν | ποιησάμενον ἐπεικῶς καὶ ‖ τειμητικῶς ².

1. In ipso Lyciorum communi minorem inter se societatem (συντελείαν) conjunxerant
ad pecuniam communiter cudendam urbes Crago monti vicinae, Tlos, Xanthus, Patara,
Aperlae, Myra, Trabala. Illi societati suus erat archiphylax, inferior archiphylace totius
communis, qui dicebatur « magnus »; Fougères, p. 41-44; 118. — 2. « Archiphylaces
fisco pro communi vectigalium rationem debebant pecuniasque a communi debitas ipsi
ex suis opibus in antecessum fisco dabant posteaque eas ab urbibus repetendas cura-
bant. » (Fougères, op. cit., p. 63.) Apollonius ille pecuniam, fisco numeratam de suo, ex
urbibus Lyciis temperanter exegit.

---

489. Oenoandis. — Holleaux et Paris, *Bull. de corr. hellén.*, X (1886), p. 219, n. 3.

Τερμησσέων τῶν π[ρὸς Οἰ]|νοάνδοις ¹ ἡ βουλὴ [καὶ ὁ] | δῆμος καὶ ἡ γερουσί[α
5 ἐτεί]|μησεν ταῖς πρεπούσα[ις τει]‖μαῖς καὶ ἀνδριάντος ἀνασ[τάσει] | τὸν ἀξιολο-
γώτατον Μᾶρκ[ον | Α]ὐρήλιον Ἀρτέμωνα δὶς Ἀπ[ο|λ]λωνίου τοῦ Ἀρτέμωνος
10 [Ἀπ|ο]λλωνίου δὶς Ὀρθαγόρου γέ[νει] ‖ διαπρέποντα, ἄρξαντα πᾶσ[αν] | ἀρχὴν
καὶ λειτουργίαν ἐπιφα[νῶς] | καὶ μεγαλοφρόνως, παρεσχόμ[ε|ν]ον τε καὶ ἐν τῇ
15 σειτοδείᾳ ἑξῆς τ[ὰ | π]άντα τῶν ἐπιτηδίων τοῖς πολ[εί]‖ταις εἰς εὐετηρίαν, καὶ
ἐν τῷ ἔθν[ει] | ἡμῶν τελέσαντα ὑποφυλακία[ν] | καὶ ἀρχιφυλακίαν καὶ τὸν καθ'
20 [ἅπα]|ντα εὐποιοῦντα, ἄνδρα φιλόπατριν, | χαρισάμενον σὺν τῇ γυναικὶ αὐ‖τοῦ
καὶ συστησάμενον εἰς πάντα | τὸν αἰῶνα πανήγυριν ἀγώνων | θυμελικοῦ καὶ
γυμνικοῦ ἐκ πάν|των Λυκίων, καλέσαντα καὶ τὰς | λαμπρὰς πόλεις Τερμησσὸν ‖
25 τῆς Παμφυλίας τὴν ἀνέκαθεν | συνγενίδα ² καὶ τὴν Καισαρέων | Κιβυρατῶν τῆς
Ἀσίας πόλιν ³, | ἐπὶ ἀνδριᾶσιν καὶ θέμασιν κατα|λελοιπότα καὶ νομὰς τοῖς
0 πο‖λείταις ἐν τῷ χρόνῳ τῆς πανηγύ|ρεως, ἀ[γωνο]θέτην διὰ βίου, | [εὐν]οίας
ἕνεκεν.

1. Termessus minor ad Oenoanda, urbs Lyciae, de cujus situ cf. Petersen et Luschan,
Reisen in Lykien, p. 178. — 2. Praeter urbes Lyciae omnes invitavit ad ludos etiam
Termessum majorem, Pisidiae urbem, unde Termessus Lyciae originem ducebat. —
3. Cibyra anno a. C. 84 fuerat Asiae adjuncta; antea pars erat Tetrapolis Cibyraticae cum
Oenoandis.

490. Oenoandis. — Holleaux et Paris, *Bull. de corr. hellén.*, X (1886), p. 222, n. 5.

Τερμησσέων τῶν πρὸς | Οἰνοάνδοις ἡ βουλὴ καὶ | ὁ δῆμος καὶ ἡ γερουσία |
5 ἐτείμησεν καὶ ἀνδριάν‖τος ἀναστάσει Μᾶρκον | Αὐρ. Ὀνησιφόρον τὸν καὶ |
Ἕρμαιον νεανίαν φιλόπα|τριν καὶ φιλότειμον καὶ | μεγαλόφρονα ἐν πάσαις ἀρχαῖς
10 καὶ λειτουργίαις, ‖ ἄρξαντα καὶ Λυκίων τοῦ | κοινοῦ ἱερωσύνην θεᾶς Ῥώ|μης [1], τὸν
ἀξιολογώτατον | ἀρχιφύλακα Λυκίων.

1. Cf. n. 474, n. 4.

---

491. Oenoandis. — Holleaux et Paris, *Bull. de corr. hellén.*, X (1886), p. 222, n. 4.

Εὐτυχῆ, ὑπερέχι [1]. | Τερμησσέων τῶν πρὸς Οἰ|νοάνδοις ἡ βουλὴ καὶ ὁ δῆ|μος
5 καὶ ἡ γερουσία ἐτεί‖μησεν ἀνδριάντος ἀνα|στάσει τὸν ἀξιολογώτατ|ον Λυκιάρχην,
λογιστὴν [2] | καὶ τῆς ἡμετέρας πόλεως, | Τιβέριον Κλαύδιον [Εὐτυχῆ].

1. Vince! — 2. Curator civitatis.

---

492. Oenoandis. — Heberdey et Kalinka, *Denkschr. der Akad. in Wien*, XLV (1897),
p. 46, n. 61.

[Λικίννιον Λόγγον Λικιννίου Μουσαίου υἱὸν]......|...........δόντα .....τῷ
λαμ|[πρ]οτάτῳ Λυκίων ἔθνει ἀργ[υ]ρίου | μύ(ρια) ἕνδεκα, ὧν ὁ τόκος χωρεῖ εἰς
5 δι‖άδοσιν ἀρχοστατῶν [1], καὶ τῇ λαμ|προτάτῃ Μυρέων μητροπόλει δηνάρια μ΄, |
καὶ τῇ λαμπροτάτῃ Τλωέων μη|τροπόλει δηνάρια μ(ύρι)α ε΄, καὶ τῇ λαμπροτά|τῃ
10 Οἰνοανδέων πόλει, πατρίδι ἡμῶν, ‖ ἀγαγόντα κυνηγέσια καὶ μονο|μαχίας ἡμερῶν
δυὸ ἀρχιερέος | Σακέρδωτος [2] πρὸ τῆς Λυκιαρχίας | [x]αὶ καταλείψαντα τοῖς μὲν
15 φ΄ [3] ἑκά|[σ]τῳ ἐτησίους σείτου μοδίους δ΄ ‖ [καὶ] ἀργυρίου ἐτήσια δηνάρια β΄
καὶ παισὶν | [καὶ παρ]θένοις [4] ὀνόμασιν σν΄ καὶ.....

Fragmentum illius ipsius decreti, quod senatus Oenoandeus tulit sub sacerdote
L. Viberino, anno 127, die 16 mensis Xanthici (= Junii). Cf. n. 500, III, 24, 42.

1. Ἀρχοστάται a singulis civitatibus eligebantur ut ipsi communis magistratibus crean-
dis suffragium darent. Cf. Fougères, *op. cit.*, p. 56-57. — 2. Claudius Sacerdos flamonium
Augusti gessit anno 126; Heberdey, *Opramoas* (1897), p. 69. — 3. Quingentis senatoribus
Oenoandeis. — 4. Filii, ut videtur, senatorum supra mémoratorum.

493. Oenoandis. — Heberdey et Kalinka, *Denkschr. der Akad. in Wien*, XLV (1897), p. 48, n. 63.

[Γά]ιον Λικίννιον, Γαίου Λικιννίο[υ Μου|σα]ίου υἱὸν Σεργίᾳ Μάρκιον Θοαν-
τ[ιανὸν | Φ]ρόντωνα ¹, Ῥωμαῖον καὶ Οἰνοανδέα, | γραμματεύσαντα Λυκίων τοῦ
5 κοιν[οῦ], ‖ γραμματεύσαντα τῆς πατρίδος φιλο[τεί]|μως καὶ γυμνασιαρχήσαντα
καὶ σ[ειτο]|μετρήσαντα δηνάρια.. ² καὶ ἱερασάμενον τῶν [Σεβασ]|τῶν μετὰ τῆς
10 κρατίστης αὐτοῦ γυναι[κὸς] | Λικιννίας Φλαβίλλης ³ εὐσεβῶς καὶ με[γα]‖λοφρόνως
καὶ σειτομετρήσαντα πάλιν | τοὺς πολείτας ἔκ τε τοῦ δημοσίου πυρο[ῦ] | καὶ οὗ ἐκ
τῶν ἰδίων ἐπέδωκεν ἐν δυσ|χρηστοτάτῳ καιρῷ, ἐπιδεδωκότα δὲ καὶ | ἀργυρικὴ(ν)
15 διάδοσιν καθ' ἕκαστον τῶν πο‖λειτῶν ἀνὰ δηνάρια δέκα, ὡς μετασχεῖν | τῆς
χάριτος ταύτης πάντας τοὺς τὴν πό|λιν κατοικοῦντας, καὶ ἐν πάσῃ ἀρχῇ φιλο|τει-
μηθέντα, πρεσβεύσαντα προῖκα ὑπὲρ | τοῦ Λυκίων ἔθνους πρὸς τὸν θεῖον Αὐτο|κρά-
τορα Νέρουα Τραιανὸν καὶ ἐν πάντι καιρῷ | συνωφεληκότα ἀεὶ τὸν δῆμον δι' ἧς
ἔχει | πρὸς αὐτὸν εὐνοίας, ἀρχιφύλακα Λυκίων | τοῦ κοινοῦ, ἔγγονον Γαίου
Λικιννίου Μο[υ]|σαίου ⁴, ἀρχιερέως τῶν Σεβαστ[ῶν, τοῦ] ‖ δὲ αὐτοῦ καὶ γ[ραμ-
μα]τ[εύσαντος Λυκίων τοῦ | κοινοῦ, τ........

1. Avus Licinniae Flavillae minoris (n. 500, col. II, 33-34, III, 56-57), aequalis Trajani (v. 18-20). — 2. Numerus profecto excidit, quanquam vacuum spatium editores non indicant. Σειτομέτρης nullo publico munere fungebatur, sed sponte civibus frumentum largiebatur de suo, aut certe publico frumento suum addebat; cf. v. 10-13 (Liebenam, *Städteverw.*, p. 368, not. 1). — 3. Licinnia Flavilla major (n. 500, col. II, 40, III, 50, VI, 7). — 4. C. Licinnius Musaeus I, flamen Augustorum, genuit Licinnium Musaeum II, patrem Frontonis (n. 500, col. II, 3, 11, 26). Flamonium gessit, ut par est, sub Claudio aut Nerone.

---

494. Oenoandis. — Petersen et Luschan, *Reisen in Lykien*, p. 179, n. 228. — Heberdey et Kalinka, *Denkschr. der Akad. in Wien*, XLV (1897), p. 46.

Γάιον Λικίνιον Λικινίου Θόαντος υἱὸν Σερ|γίᾳ Μάξιμον ¹, Ῥωμαῖον καὶ
Ͻἰνοανδέα, δύ|ο ἀρχιερέων Λικινίου τε Μουσαίου καὶ Μαρχίου [Θό]|αντος ἔγγονον
:αὶ Μαρχίας [Γῆς] ἀρχιερεία[ς ἔ‖γγ]ονον, τετειμημένον ὑπὸ τοῦ | ἔθνους, Μαρχί|[α,
Ͻολε]βουλουβάσιος θυγάτηρ, Γῆ, Ῥωμαί[α | καὶ] Οἰνοανδὶς, τὸν ἑαυτῆς ἔγγονον
ɔι[λοσ]τοργίας καὶ μνήμης ἕνεκε[ν].

1. Cf. n. 500, col. II, 24-25, 46. Vixit temporibus Hadriani.

495. Oenoandis. — Petersen et Luschan, *Reisen in Lykien,* p. 179, n. 226; Heberdey
et Kalinka, *Denkschr. der Akad. in Wien,* XLV (1897), p. 48.

[Τερμησ]σέ[ων] τ[ῶν] πρὸς Οἰν[οάν|δοις¹ ἡ] βουλὴ καὶ ὁ δῆμος ἐτ[είμη|σ]εν
5 Γάιον Λικίννιον Γαίου Λικιννʹ[ίου] | υἱὸν Σεργ[ίᾳ Θοαντι]ανὸν² Οἰνοανδ[έ]‖α,
τῆς μὲν [π]ατ[ρί]δος γενόμε|νο[ν π]ρ[ῶ]τον, οὐδενὸς δὲ τῶν ἐν | τῇ ἐ[π]αρχείᾳ
δεύτερον, ἀπόγονον | [ν]αυάρχων καὶ ἱππάρ[χ]ων καὶ ὑπὸ βασι[λέ|ω]ν³ [καὶ]
10 δόγματι συνκλήτου τετειμη‖μένων, ἔγγονον Γαίου Λικιννίου Θόα[ν|τ]ος, υἱοῦ
πόλεως⁴, καὶ [σ]τ[ρα]τη[γ]ῶν καὶ [ἀ]ρ[χι]φυλάκων καὶ γραμματέ[ων] τοῦ
ἔθνους | χ[α]ὶ Λυχιαρχῶν πρ[ωτ]ευσάντων τοῦ ἔ|θνους⁵, πολλὰ καὶ μεγάλα τῇ τε
15 πόλει ‖ <π>ἰδί[ᾳ] καὶ τῇ ἐπαρχ[εί]ᾳ παρεσχημένον, | [δ]ι' δ[ν] κ[αὶ σ]ειτη-
ρ[έσ]ια καὶ γυμνασιαρχίαι καὶ | διανομαὶ οὐ μόνον ἐν τῇ πόλει ἀλλὰ | καὶ ἐν τῷ
20 ἔθνει συνεστᾶσιν, ὑπερ[β]αλ[λ]ό<υ>|μενον τῶν προγόνων οὐ μόνον τὴν ἐν‖ ταῖς
ἀδιαλείπτοις εὐεργεσίαις λαμ|πρότητα ἀλλὰ καὶ τὴν τῶν ἠθῶν ἀρετήν, | ἐν πάντι
καιρῷ τὴν πατρίδα εὐεργετή|σαντα, ἀνεψιὸν καὶ θεῖον συνκλητικῶν | καὶ ὑπα-
25 τικῶν⁶, ξένον καὶ φίλον ἡγεμέ‖νων καὶ ἀνθυπάτων⁷ καὶ ἐπιτρόπων, ἄν|δρα
μεγαλόφρονα καὶ ἐκπρεπέστα|τον καὶ διασημότατον ἔν τε λόγων καὶ | ἠθῶν
30 ἀρετῇ κεκοσμημένον, τὸν τρο|φέα καὶ εὐεργέτην καὶ κτίστην ‖ ἀρετῆς καὶ εὐνοίας
ἕνεκεν.

1. **Termessus (minor) ad Oenoanda.** — 2. Pater Licinniae Flavillae; cf. n. 500, col. III,
60; VI, 9. Vixit sub Hadriano et Antonino. — 3. Augustus, Tiberius, Caius, Claudius. —
4. Cf. n. 87. — 5. Licinnii Musaei I et II, Licinnius Fronto; cf. n. 493, 494, 496. —
6. Claudius Titianus senator, Claudius Longus consularis et eorum progenies (n. 500,
col. II, 63-73, III, 15-18). — 7. Lyciam provinciam ante annum 135 rexerunt legati
Aug. pr. pr., postea praetores pro consule (ἀνθύπατοι), Marquardt, *Organis. de l'empire
rom.,* II, p. 305.

---

496. Oenoandis. — Petersen et Luschan, *Reisen in Lykien,* p. 179, n. 227; Heberdey
et Kalinka, *Denkschr. der Akad. in Wien,* XLV (1897), p. 46.

Λικινίαν, Μαρκίου Θόαντος θυγατέ|ρα, Τάτιον¹, Ῥωμαίαν καὶ Οἰνοανδίδα,
γυ|ναῖκα δὲ Λι[χ]ινίου Θόαντος, θυγατέ‖[ρ]α ἀρχιερέως καὶ ἀρχιερείας, ἀνεψιὰν
5 δὲ ‖ ἀρχιερέως Λιχινίου Μουσαίου, τὴν ἑαυτῆς θυ|[γ]ατέρα, Μαρχία Μολεβουλου-
6άσιος θυγά|[τηρ Γῇ], Ῥωμαία καὶ Ο[ἰν]οανδὶς, φιλοστοργί[ας καὶ μνή]μης
ἕνεκεν.

1. Cf. n. 500, col. II, 18-45. Trajani aequalis fuit, mater Licinnii Maximi.

497. Oenoandis. — Le Bas et Waddington, n. 1233; Kaibel, *Epigr. gr.*, n. 944.

Ἀγωνοθετοῦντος Ἰου|λίου Λουχίου Πε[τ]ιλίου Εὐ|αρέστου, παν[η]γύρεως
ε΄ [ἀγώνων] Εὐαρεστεί‖ων, ἧς αὐτὸς συνεστήσα|το ἐξ οἰκ[ε]ίων χρημάτων, |
Πόπλιος Σθένιος Φρόν|των Οἰνοανδεὺς, υἱὸς Πο|πλίου Σθενίου Λικιννια‖νοῦ,
στεφθεὶς ἀνδρῶν | πα[νχράτιον] κοινὰ | Λυχίων ¹. |

   Παίδων μὲν τὰ πρῶτα πάλην | ἔστεψε με πάτρη ‖
   χαὶ χύδηνε χλυτῇ εἰχόνι χαλ|χελάτῳ ·
   πανχράτιον δ᾽ ἀνδρῶν χοινὸν | Λυχίων μετέπειτα |
   ἀράμενος πάτρη θῆχ᾽ ἐρατὸν | ξόανον.

1. Titulum alium simillimum sed valde mutilum invenies in *C. I. Gr.*, 4380 n.; cf. Petersen et Luschan, *Reisen in Lykien*, p. 183, not. 3.

---

498. Oenoandis. — Holleaux et Paris, *Bull. de corr. hellén.*, X (1886), p. 229-234.

Titulos quinque, pertinentes ad ludos Σευήρεια [Ἀλεξάνδρεια] Εὐαρέστεια, hic non referemus. Satis erit monere duos titulos πανηγύρεως πρώτης mentionem facere, tres δευτέρας. Sequuntur nomina eorum qui vicerunt.

---

499. Oenoandis. — Heberdey et Kalinka, *Denkschr. der Akad. in Wien*, XLV (1897), p. 50, n. 66.

Μ(ολ)έσιος β΄. | Ἐπὶ ἀγωνοθέτου πα|νηγύρεος ια΄ θέμιδος | ζ΄ Σευηρίων Ἀντω-
ν[ει]‖νίων ἐπιτελουμένων ἀπὸ οὐσίας Με[λ]εάγρι|δος ὑπὸ Ἐρπίου δὶς Θόαν|τος
Ἀλεξάνδρου Μόλε|σιν β΄ Καταγράφου.

---

500. Oenoandis. — Heberdey et Kalinka, *Denkschr. der Akad. in Wien*, XLV (1897), p. 41; cf. Wilhelm, *Arch. epigr. Mittheil.*, XX (1897), p. 77; Dessau, *Zeitschr. für Numismatik*, XXII (1899), p. 199.

Genealogia Licinniae Flavillae, scripta in fronte monumenti funebris, in quo cineres parentum et avorum suorum condendos curaverat, ut apparet ex hoc titulo qui supra januam legitur :

Λιχ. Γ. Λιχ. Θοαντιανοῦ θυγάτηρ Φλάβιλλα Οἰνοανδὶς | κατεσχέ(υ)ασε[ν] τὸ
ἡρῶον, ἐν ᾧ κατέστησεν σωματοθή|κας τῶν γονέων αὐτῆς καὶ τῶν προγόνων ·

5 οὐδεὶς δὲ ἐξου|σίαν ἕξει ἀλλότριον πτῶμα ἐπισενενκεῖν τῷ ἡρώῳ, ἢ ἀπο‖τείσει τῷ ἱερωτάτῳ ταμείῳ δηνάρια μύρια, ἔσται | δὲ ἐπάρατος θεοῖς καὶ θεαῖς.

Ipsi autem Genealogiae haec praescripta sunt altioribus litteris :

[Γενεαλ]ογία ἡ ἐπιχώ[ριος Λικινν}ίας Φλαβίλλης καὶ Διογένους τοῦ συγγενοῦς αὐτ[ῆς Οἰνοανδέων.]

Sequitur Genealogia, in septem aut octo columnas olim divisa, quarum sex majore ex parte supersunt. Si quis clarius perspicere volet quibus propinquitatis vinculis inter se juncti fuerint avi omnes Licinniae et ordinem totius gentis plane intelligere, oportebit ut adeat stemma quod a se confectum ediderunt Heberdey et Kalinka, *loc. cit.*, p. 46. Mendas multas lapicidae, in lapide ipso correctas, illi notaverunt, quas hic omittemus.

I. Ἡ ἀπὸ Φλαυίας [Πλατωνίδος Κιβυ]|ρατικῆς τῆς γα[μηθείσης Λικιννίῳ] | Θόαντι γενεαλ[ογία ἀπὸ Κλεάνδρου] | τοῦ πεμφθέντος [ὑπὸ τοῦ Ἀμύκλα εἰς τὴν] ‖

5 Καισαρέων Κιβυ[ρατῶν πόλιν μέχρι Ἀν]|τιχάρους δὶς †ο[ῦ...... μηνὸς....]|ου χζ΄ ἔχουσα οὕ[τως. Ἄρχει δὲ τὸ] | γένος ἀπό τε Κλε[άνδρου καὶ Ἀμύκλα] |

10 Λακεδαιμονί[ων..........]‖ων, τοῦ μὲν ἐκπέμψαντος τὴν [ἀποι]|κίαν, τοῦ Ἀμύκλα, Κλεάνδρου δ[ὲ ἀγα]|γόντος καὶ οἰκίσαντος τὴν τ[ῶν Κι]|βυρατῶν πόλιν κατὰ τὸν [χρησμόν].

II. Τροχόνδας τρὶς ἔσχεν υἱ|ὸν Θόαντα. Τοῦ Θόαντος υἱ|οὶ Μουσαῖος καὶ Θόας,

5 ὧν ὁ | μὲν ἐχρημάτισεν Λικίν‖νι[ος] Μουσαῖος, ὁ δὲ ἕτ[ε]|ρος Μάρκιος Θό[α]ς, ἀμφότε|ροι δ[ὲ] ἐλυκιάρχησαν. Ἀπὸ | τοῦ Μ[ο]υσαίου καὶ Ἀμμίας | Κροίσου

10 γείνονται υἱ‖οὶ μὲ[ν] Λικίννιος Θόας | καὶ Λικίννιος Μουσαῖος, | ὁμώνυμος τῷ πατρί,

15 καὶ θυ[γά]τηρ Τάτιον. Ἀπὸ τοῦ Μαρ|[κίου Θό]αντος καὶ Μαρκίας ‖ [Γῆς, θ]υγατρὸς Μαρκίου Μο|[λε]βουλουβάσιος, υἱὸς Μάρ|[κιο]ς Φλαυιανὸς Θόας καὶ θυ|[γά]-

20 τηρ Τάτιον. Ὁ τοῦ Μαρκί|[ου] | Θόαντος υἱὸς Φλαυιανὸς ‖ [Θό]ας ἄτεκνος τελευτᾷ, ἡ δὲ | [θυ]γάτηρ Τάτιον γαμεῖται | [Λι]κιννίῳ Θόαντι τῷ τοῦ Λι|[κι]ννίου Μου-

25 [σ]αίου υἱῷ καὶ | [γε]ίνεται ἐξ αὐτῶν υἱὸς Λι‖[κί]ννιος Μάξιμος. Ὁ δὲ δεύ[τε]ρος Λικίννιος Μουσαῖος | [γα]μεῖ Λικινν[ί]αν Κνεῖλα. | ..ραν θυγατέρα Λ[ικιν]ν[ί]?|ου

30 Ἀλεξίππου Χωμ[ατέ]ο[ς] ‖ καὶ γείνονται ἐξ [α]ὐ[τῶν] | παῖδε[ς] Λικίννι[ο]ς [Λ]ό[ν]-γος] | ὁ λυκιαρχήσας κα[ὶ Λικιννί]|α Μαξίμα καὶ Λικί[ν]ν[ι]ος | Φρόντων. Ἀπὸ

35 τοῦ Λ[ι]κιννίου ‖ [Θ]όαντος καὶ δευτέρ[α]ς γυ[ναι]|κὸς Φλαυίας Πλατω[νί]δος, | θυγατρὸς Φλαυίου [Ἀ]ρ[ιστο]|κλέους Κιβυράτου, [γείνονται] | παῖδες Μουκιανὸ[ς

40 καὶ Φλαυ]‖ιανὸς καὶ Φλάβιλλα. [Ἡ] το[ῦ] | δευτέρου Λικινν[ίου Μου]|σαίου

45 θυγάτηρ [Λικιννί]|α [Μαξίμα γα]με[ῖτα]ι τῷ ἐ|ξαδέλφ[ῳ τῷ] τοῦ Λ[ι]κιννί‖ου Θόαντ[ος] καὶ τῆς Τατίου | υἱῷ Μαξίμῳ καὶ ἐπιγαμεῖται | [Ἰ]ουλίῳ Ἀντωνείνῳ,

50 τῷ γενο|μένῳ ἐπάρχῳ σπείρης πρώ|της Σ[π]ανῶν καὶ [σ]πείρης πρώ‖της Κελ-
τιβήρων, χειλιάρχῳ | λεγεῶνος τετά[ρ]τη[ς Σ]κυθι|κ[ῆς], υ[ἱ]ῷ Γαΐου ['Ιου]λίου
55 Δημο|σθένους, ὃς ἐγένετο χειλί|αρχος λεγεῶνος Σιδη(ρᾶς) καὶ ἔ‖παρχος εἴλης
ἑβδόμης Φρυ|γῶν, ἐπίτροπος αὐτοκράτο|ρος Τραιανοῦ ἐπαρχείας Σι|κελίας καὶ
60 τῶν συντελου|σῶν νή<σ>σων καὶ μετὰ τοῦτο ‖ Λυκιάρχης. 'Απὸ τοῦ 'Ιουλίου |
'Α[ν]τωνείνου καὶ τῆς Λικιν|νίας Μαξίμας θυγάτηρ 'Ιου|λία Λυσιμάχη, ἣν γαμεῖ
65 Κλαύ|διος Δρυαντιανὸς Παταρ‖εὺς ὁ λυκιαρχήσας, πατὴρ ὑ|πατικοῦ καὶ πενθερὸς
καὶ | πάππος [κ]αὶ ἐπί[παππος συν]|κλητικῶν κ[α]ὶ ὑπα[τικῆς γενε|ᾶ]ς. ['Απὸ] τοῦ
70 [Κ]λαυ[δίο]υ Δρυ[αν]‖τια[ν]ο[ῦ] καὶ [τῆ]ς 'Ιου[λ]ίας Λυ|σιμάχ[ης] Κλα[ύ]διος
'Αγριπ|πεῖν[ος....]λ. νος καὶ Κλαυ|δί[α 'Ε]λέ[ν]η. 'Απὸ τοῦ Κλαυδίου | 'Αγ[ρ]ιπ-
75 πείνου καὶ Αἰλίας ‖ Πλατων[ίδ]ος Τιβέριος Κλαύ|διος [Δρυ]αντιανὸς 'Αντωνεῖ|νος
καὶ Κλαυδία 'Αμμιανὴ | Δρυά[ν]τιλλα. 'Απὸ τοῦ Δρυαν|τιανοῦ 'Αντωνείνου
80 Κλαύδιος ‖ Κά[σ]σιος 'Αργιππεῖνος |

III καὶ Κ[λα]υδία Ο[ὐετ]τία 'Αγριπ|πεῖνα καὶ Μα[ι]χιανὴ 'Αλε|ξάν<ν>δρα
5 καὶ Κλαυδία Δρυάν|τιλλα Πλατωνὶς ὑπατική. ‖ 'Απὸ τῆς Κλαυδίας 'Αμμιανῆς |
Δρυαντίλλης καὶ Σουλπικί|ου Πωλλίωνος συνκλητικοῦ | Σου[λ]πίκιος 'Ιοῦστος ὁ
10 ἀνθυ|πατεύσας Λυκίας καὶ Παμφυ‖λίας καὶ Σουλπίκιος Πωλλί|ων ὁ πρεσβεύσας
σὺν | τῷ ἀδελφῷ καὶ Σουλπικία | 'Αγριππεῖνα ἡ γαμηθεῖσα | [Σ]οσσίῳ Φάλκω[ν]ι
15 ὑπατικ[ῷ.] ‖ 'Απὸ τῆς Κλαυδία[ς] 'Ελένης | τῆς θυγατρὸς Κλ[α]υδίου [Δ]ρυ|αν-
τιανοῦ καὶ ἀπ[ὸ] Κλαυδ[ί]ου | Τιτιανοῦ συνκλ[η]τικοῦ θυ|[γ]ατέρες Κλαυδί[α]
20 Τιτια[ν]ὴ ‖ καὶ Κλαυδία 'Ιου[λ]ία Πρό|κλα ἡ γαμηθεῖσα Γαΐῳ Κλαυ|δίῳ Κλήμεντι
25 Λικιννι[α]νῷ | ὑπατικῷ. 'Εξ ὧν υἱὸ[ς Γάιο]ς | Κλαύδιος Κλήμης. 'Ο Λι[κί]ν|νιος
Λόγγος, ὁ τοῦ δευτέρου | <υ> Λικιννίου Μουσαίου υἱὸς, γα[μ]εῖ Μαρχίαν
30 Λυκί[α]ν Μαρχίου Τιτιανοῦ θυ|γατέρα, τοῦ γενομένου ‖ πρειμοπειλαρίου καὶ
με|τὰ τοῦτο Λυκιάρχου, μεθ' ἣ[ς] | πρὸ τῆς Λυκιαρχίας ἱερα<τ>|τεύσας τῶν
35 Σεβαστῶν ἐν | τῇ πατρίδι ἐπὶ ἀρχιερέ|ος Κλαυδίου [Σ]ακέρδωτος | [μη]νὸς Λώου
40 ἐπιτελεῖ κυ|νηγέσια καὶ θηριομα[χίας] | καὶ μονομαχίας, καθὼς δεί|κνυ[τα]ι ἐκ
τοῦ γενομένου ‖ [ψ]η[φίσ]ματος εἰσοδόσεως τει[μῆς] | ἐπὶ ἀ[ρχ]ιερέος Λουκίου
[Οὐ]|ι[δη]ρε[ίν]ου, μηνὸς Ξανδικο͂υ ις'. | Γείνον[τ]αι δὲ τῷ [Λ]όνγῳ παῖ|δες ἀπὸ
45 μὲν τῆς γυ[να]ικὸς Λυ‖κίας Λικίννιος [Μο]υσαῖος | καὶ Λικιννία Π[λατωνὶ]ς καὶ |
Λικιννία Γῆ ἡ καὶ Λυκ[ί]α καὶ | Λικιννία Μαξίμα, ἡ γενομέ|νη μήτηρ Λικιννίας
50 Φ[λαβ]ίλ‖λης, καὶ ἀπὸ δευτ[έ]ρας γυναι|κ[ὸ]ς Αἰ[λ]ίας Λικι[ν]νίας Λον|γίλλης τῆς
55 καὶ 'Αρσασίδος, | ἥτις ἦν μήτηρ Αἰλίου 'Αρισ|τοδήμου τοῦ ἀνδρὸς Λικιν‖νίας Φλα-
βίλλης, υἱὸς Λόν|γος. 'Απὸ τοῦ Λικιννίου Φρόν|τωνος, τοῦ ἀδελφοῦ Λόνγου, | καὶ

60 Λικιννίας Λικιννίου | Θ[ό]αντος θυγατρὸς Φλαβί[λ]|λης υἱὸς Λικίννιος Θοαντι|ανὸς,
ὁ πατὴρ Λικιν|ν[ί]ας Φλαβίλλης. Ἀπὸ τῶν τοῦ | <[Λ]ό[ν]γου> Λόγου π[α]ίδων

65 Λι[[x]ι[νν]ί[α Μαξίμ]α, ὡς προγέ‖[γ]ραπται, γα[μεῖ]ται τῷ τοῦ ἀ|δελφοῦ (τοῦ
πατρὸς) [υ]ἱῷ Θο[αντι]ανῷ καὶ | γείνετ[α]ι ἡ Φλ[άβι]λλα, ἡ γα|μηθεῖσα [τ]ῷ

70 Ἀ[ριστο]δήμῳ, καὶ | γείνονται παῖδες Φρόντων ‖ καὶ Φλαβιλλιανός. Ἡ Γῆ ἡ καὶ |
Λυκία, ἡ καὶ αὐτὴ τοῦ Λόν|γου θυγάτηρ, προτέρῳ μὲν γα|μεῖται Τίτῳ Φλαυίῳ

75 Κλαυ|διανῷ Καπίτωνι Πιναρεῖ καὶ ‖ γεννᾷ υἱὸν Τίτον Φλάυιον | Τιτιανὸν Καπί-
τωνα, δευτέ|ρῳ δὲ Μάρκῳ Κλαυδίῳ Φλαβια|νῷ Κανδυανδεῖ καὶ γεννᾷ υἱὸν |

80 Κλαύδιον Λόγγον. ‖ Ἀπὸ τοῦ Φλαυί-|

IV ου Τιτιανοῦ Καπίτωνος καὶ Βαιβίας | Ἀνάσσης Παταρίδος, θυγατρὸς
Βαι|βίου Ἰταλικοῦ, Φλάυιος Καπίτων ὁ καὶ | Ἰταλικὸς καὶ Φλάυιος Τιτιανὸς ὁ

5 καὶ ‖ Ἀλκιμέδων καὶ Φλαυία Λυκία. Ἀπὸ τοῦ | Φλαυίου Τιτιανοῦ τοῦ καὶ
Ἀλκιμέδον|τος υἱὸς Φλάυιος Λόγγος καὶ θυγάτηρ | Φλαυία Ἄνασσα. Τὴν

10 Φλαυίαν Λυκίαν γα|μεῖ Σιμωνίδης Διογένους τρὶς τοῦ Μό‖λητος Οἰνοανδεὺς καὶ
γείνεται υἱὸς | Φλαυιανὸς Διογένης ὁ λυκιαρχήσα[ς. | Ὁ] Φλαυιανὸς Διογένης
ἔχει ἐκ μὲν | γυναικὸς Κλαυδίας Ἀνδ[ροβιανῆς] | υἱὸν Φλαυιανὸν Διογεν[ια-

15 νόν,] ‖ ἀπὸ δὲ δευτέρας γυναικ[ὸς] .... | λας τῆς καὶ Θεανοῦς υἱὸ[ν Φλα-|

V β]ιλ[λ]ιανὸν, ὃς ἀσκήσας παν|κράτιον ἱερούς [ἀ]γῶνας | ἐστεφανώσατο.

5 [Τ]οῦ Φλαυί[ου] Τιτιανοῦ Κα[πίτ]ωνος ἀ‖δελφὸς Λόγγος γ[ήμ]ας Μετ|τίαν Κλεω-
νίδα Ξα[ν]θίαν, θυ|γατέρα Μεττίου [Εἰ]ρη|ναίου Λυκιάρχο[υ], ἀδελ|φὴν Μεττίου

10 Ἀνδροβίου‖ Λυκιάρχου κα[ὶ Μ]εττί[α]ς | [Πτο]λεμαίδος [ὑπα?]τι[κῆς, ἔχει υἱὸν
15 Κλαύδι[[ον] .... Ὁ Κλαύδιος | .... [γ]ήμας Μεττί‖[αν Ἀνδροβι]ανὴν,
θυγατέ[ρα Μεττί]ου Ἀνδροβί[ου, ἔχει θυγ]ατέρα Κλαυ-|

VI δίαν Ἀνδροβιανὴν τὴν καὶ Λυ|κίαν, ἣν γαμεῖ ὁ Φλαυιανὸς Δι|ογένης, ἐξ
5 ἧς υἱὸς Διογενια|νὸς Εἰρηναῖος. Ἀπὸ δὲ τῶν παί‖δων τοῦ Λικιννίου Θόαντος καὶ |
[Φ]λαυίας Πλατωνίδος ἡ θυγά|[τ]ηρ Φλάβιλλα, ὡς προγέγραπται, | [γα]μεῖται
10 Λικιννίῳ Φρόντωνι | [καὶ] γεννᾶται ὁ Λικίννιος Θοαν‖[τια]νὸς, ὁ πατὴρ τῆς
15 Λικιννί[[ας Φλα]βίλλης. Τὴν τοῦ Λυκιάρ‖χου Λόγγου θυγατέρ[α Λικιν]|νίαν
20 Μαξίμαν γαμεῖ [Λικίννι]ος Θοαντιανὸς καὶ γ[είνονται] ‖ παῖδες ἥ τε Φλάβιλλ[α
καὶ ὁ ὁμώ]|νυμος τῷ πάππῳ Λυκι[άρχῃ Λόν]|γος καὶ Λικίννιος Φρό[ντων. Ἀπὸ] |
τοῦ Λικιννίου Φλαυια[νοῦ]| . . . .

In tituli fronte. — Ἐπιχώ[ριος], supplevit Wilhelm. Indigena enim pars familiae sola
inducitur, omissis affinium majoribus, qui in aliis regionibus vixerant (cf. col. I). [Fla-
vianus] Diogenes, propinquus Flavillae, Lyciarcha memoratur col. IV, 11.

Col. I, v. 1, 2, 3, 5, 7, 8, 9, 10, 13, supplevit Wilhelm. Cibyra ejusdem tetrapoleos fuerat cujus Oenoanda ante annum 84, quo Murena Cibyram Asiae provinciae, Oenoanda Lyciae adjunxit (Fougères, *op. cit.*, p. 37, not. 5). Flavia Platonis, filia Flavii Aristoclis Cibyratae (col. II, v. 36), nupsit Licinnio Thoanti Oenoandeo. Illa femina, ex qua ortus erat Diogenes (cf. tituli frontem) pertinuit ad gentem nobilem, quae perpetua auctoritate floruit (v. 7) postquam Cleander Lacedaemonius ab Amycla missus est ad condendam Cibyram, usque ad tempora Anticharis (v. 5-6), quem novimus anno 151 flamonio Augusti apud Lycios functum esse (Heberdey, *Opramoas*, p. 71). Ita Wilhelm. Sed haec intelligenda sunt de Platonidis tantum posteris, quorum ultimus profecto decessit anno 151, die 27 mensis....... (v. 6-7); is memorabatur in columna VI desinente, aut in columnis VII-VIII, quae perierunt. Alii autem Licinnii, ex quibus Flavilla, multo post annum 151 duraverunt, ut constat ex col. II, v. 75-80; III, v. 3-12 (cf. commentarium), neque ante Caracallam titulus scriptus est, fortasse etiam recentius: nam quae continerentur fine tituli mutila nescimus.

Col. II, 4-7. Licinnius Musaeus et Marcius Thoas Lyciarchiam ambo gesserunt sub Claudio aut Nerone. Cf. n. 494, 496. In toto hoc documento Lyciarchia, utpote omnium dignitatum in communi amplissima, usque relata est, flamonium Augustorum nusquam. De quaestione quae inde oritur cf. ea quae monuimus ad n. 487.

10. Licinnius Thoas, cf. n. 494.

14-15. Marcia Ge flaminica Augusti cum marito Marcio Thoante flamine, n. 496.

18. [Licinnia] Tation, n. 496.

24-25. Licinnius Maximus, n. 494.

31. Licinnius Longus primipilaris, sacerdos municipalis Augustorum anno 126, Lyciarcha anno 127; cf. hujus tituli col. III, v. 24-42 et titulum n. 492; Heberdey, *Opramoas*, p. 69.

36-38. De Flavio Aristocle et de filia ejus Flavia Platonide Cibyratis cf. quae commentati sumus in col. I.

47-52. Cohors I Hispanorum quae fuerit et qua regione tetenderit, cum desint alia nomina, male decernitur; cf. Cichorius, *Cohors* ap. Pauly-Wissowa, col. 293-299; Cohors I Celtiberorum numerabatur inter auxilia Hispaniae Tarraconensis; *ibid.*, col. 267-268. Legio IV Scythica in Syria castra sua habuit; Cagnat, *Legio*, ap. Saglio, *Dict. des antiq.*

52-60. De C. Julio Demosthene et de ejus honoribus cf. n. 487. Procurator fuit sub Trajano post annum 102.

63. Pater viri consularis, nempe Claudii Agrippini, qui memoratur, v. 71-72.

66-69. Socer Claudii Tatiani senatoris (col. III, v. 17-18). Ex Agrippino et ex Tatiano orti sunt alii senatores infra enumerati.

71-72. Claudius Agrippinus, vir consularis (v. 63-76) notus pluribus titulis Lyciis, *Opramoas*, XVII, A 7, XVIII, D 12; *Prosop. imp. rom.*, I, p. 348, n. 634.

74-75. Aeliae Platonidis quum avunculus fuerit Opramoas (*Opram.*, XVII A 6), eam necesse est vixisse circa tempora M. Aurelii et Commodi imperantium.

75-77. Ti. Claudius Dryantianus Antoninus videtur duxisse filiam illius Avidii Cassii qui contra M. Aurelium imperatorem anno 175 rebellavit (*Prosop. imp. rom.*, I, p. 186, n. 1165); quod conjecit Hirschfeld, *ibid.*, correctis *Vitis M. Antonin.*, 26, 12 et *Avid. Cass.*, 9. 3.

80. Κάίσιος, Heberdey et Kalinka. Correxit Dessau; convenit Cassius nomen viro quem pepererat filia Avidii Cassii (cf. v. 75-77) si rectum de patre vidit Hirschfeld. Conjectura ex eo etiam videtur probanda, quod ipsius matris nomen hic insolenter omissum est ; Dryantiani autem uxor vocabatur [Avidia] Alexandria (*Vit. M. Anton.*, et *Avid. Cass.*, *loc. cit.*) : sic patescit causa cur altera filia hic vocetur Alexandria (col. III, 2-3).

Col. III, 1. Ὀ[ρεσ]τία, Heberdey et Kalinka; Ο[ὐετ]τία, Dessau.

2. Μα[ρ]κιανή, Heberdey et Kalinka; Μα[ι]κιανή, Dessau.

3-4. Claudia Dryantilla Platonis fuit inter CX matronas quae Junoni publice supplicaverunt in secunda die Ludorum saecularium Romae editorum anno 204 (*CIL.*, VI, Add. 32329). Nondum tamen illo anno eam nupsisse viro consulari (ὑπατική, v. 4) opinatur Dessau, quod illarum matronarum mariti fere omnes ad ordinem equestrem pertinuerint ; potuit Dryantilla post annum 204 ad alterum matrimonium migrare cum consulari, cujus nomen ignoramus.

5-7. Claudiae Ammianae Dryantillae (cf. col. II, 76-78) utrum maritus, C. Sulpicius Pollio senator, an filius ejusdem nominis (V, 10-11) pertinuerit ad collegium fratrum Arvalium annis 213-214 (*Prosop. imp. rom.*, III, p. 287, n. 730) ambigi potest.

8-10. Sulpicius Justus procos. Lyciae et Pamphyliae fere sub Severis principibus.

10-12. Pollio fuit legatus fratris sui in regenda provincia. Dessau probabiliter contendit Sulpiciis, sive Justo, sive Pollioni, quos pepererat Ammiana Dryantilla, fuisse filiam aut neptem Sulpiciam Dryantillam, uxorem Regaliani, qui, in Moesia imperator contra Gallienum factus, periit anno 260. *Prosop. imp. rom.*, I, p. 244, n. 2; III, p. 290, n. 741. De eadem quaestione scripserunt Groag et Kubitschek, *Jahreshefte der Oesterr. arch. Instit.*, II (1899), p. 206 et 210.

12-14. Sosius Falco ex illustri stirpe natus inter majores suos numeravit consulem anni 193, cui imperium contulerant praetoriani temporibus Pertinacis, *Prosop. imp. rom.*, III, p. 254, n. 557, 558; cf. p. 66, n. 439, illius gentis stemma.

24-25. Licinnius Longus Lyciarcha anno 127; cf. col. II, v. 31.

28-31. Marcius Titianus Lyciarcha fuit, ut videtur, ante generum suum, ergo sub Trajano aut primo Hadriani decennio. Ejus filium vide in titulo n. 472.

31-38. Cum conjuge Marcia Lycia Licinnius Longus sacerdos Augustorum Oenoandis sub flamine provinciali Claudio Sacerdote anno 126, mense octobri, ludos edidit protinus post comitia quibus, ut posuit Fougères, *op. cit.*, p. 84, ad Lyciarchiam designatus erat.

38-42. Ipsum decretum ab Oenoandeis factum in honorem Licinnii sub flamine Lucio Viberino (anno 127), die 16 mensis Junii, habes in titulo n. 492. De annis Sacerdotis et Viberini flaminum v. Heberdey, *Opramoas*, p. 69.

49. Illa ipsa Licinnia Flavilla, filia Licinniae Maximae [et Licinnii Thoantiani], quae redit v. 54, 61, 67, col. V, 10, 13, monumentum inscribendum curavit (cf. tituli initium).

56. Licinnius Fronto, legatus ad Trajanum, archiphylax et scriba communis Lyciorum ; cf. n. 493.

60. De Licinnii Thoantiani origine et beneficiis cf. n. 495.

64. Ut supra scriptum est, v. 48-50.

Col. IV, 2-3. Baebius Italicus videtur filius fuisse illius P. Baebii Italici, qui Lyciam rexit inter annos 84/86, quod ex titulis Tloeis didicimus; v. infra.

9. Diogenes Moletis, n. 490.

11. Flavianus Diogenes Lyciarcha cum Licinnia Flavilla propinqua sua hoc monumentum fieri jussit, ut docemur in fronte tituli. Cf. col. VI, 2.

16. Flavillianum athletam alium, quanquam fortasse ejusdem gentis, memorat alius titulus; Heberdey et Kalinka, *Denkschr. der Akad. in Wien*, XLV (1897), p. 89, n. 64.

Col. V, 7. Mettius Irenaeus Lyciarchiam gerere sub Hadriano potuit.

9. Mettius Androbius flamen Augusti anno 150; Heberdey, *Opramoas*, XII, B 2 et 3; Fougères, *op. cit.*, p. 85.

7. Ut supra scriptum est col. II, v. 34-40.

11. Licinnius Longus Lyciarcha anno 127, col. II, v. 31 ; III, 24-42.

---

501. Oenoandis. — Ex schedis Instituti archaeologici Vindobonensis.

Post 8 versus :

10   οὐδενὶ δὲ ἔξεσται ‖ ἐπισενενχεῖν ἕτε|ρον πτῶμα, ἐὰν μὴ ὁ | Κρήσχης συνχω-
15   ρήσῃ, | ἐπεὶ ἐχτείσει τῷ ἱερω|τάτῳ ταμίῳ χείλια ‖ πενταχόσια χαὶ ἔσ|ται ἐπά-
ρατος.

---

502. Oenoandis. — *C. I. Gr.*, 4380 u.

Post versus decem :

οὐδε[νὶ δ]ὲ [ἔξεσται ἀνοῖξαι, ἢ ἀποτείσει] τῷ φ[ί]σχῳ δηνάρια ͵α.

---

503. Sourt-Keui. — *C. I. Gr.*, 4381 b.

Ἰούλιος Οὐαλέριος | στρατιώτης ἱππεὺς | σινγλᾶρις [1] Αὐρή[λι]ον | Οὐαλέριον,
στρατιώ‖την πρινκιπᾶ[λιν [2]], τὸν πατέρα χαὶ.....

1. Militans inter equites singulares. — 2. « Hi sunt milites principales, qui privilegiis muniuntur. » (Veget. II, 7.)

---

504. Araxis. — Bérard, *Bull. de corr. hellén.*, XV (1891), p. 551, n. 24.

[Αὐτ]οχράτορα Καίσ[αρα | Τίτον Α]ἴλιον Ἀδριανὸν | [Ἀντων]εῖνον Σεϐαστὸν, |
[τὸν σωτ]ῆρα τοῦ χόσμου, ‖ [Ἀραξέων] ἡ βουλὴ χαὶ | [ὁ δῆμος].

T. III

505. Araxis, in parte inferiore lapidis miliarii. — Bérard, *Bull. de corr. hellén.*, XV (1891), p. 532, n. 25.

5   ... καὶ Φλαυίῳ | Οὐαλερίῳ | Κονσταντίῳ | ἐπιφανεστά‖τῳ Καίσαρι [1] | Ἀραξέων | ἡ πόλις.

1. A. 292/305 p. C.

---

506. Araxis. — Le Bas et Waddington, n. 1236; inter schedas Instituti archaeologici Vindobonensis.

.... [ἀ]φιεροῦντος Γναίου Αὐιδ[ίου] Κέλερος Φισκιλλι [1] | ...... [τὸ] ἔργον καὶ συντελει[ώσαντος]..... | Ἀραξέων ἡ βουλὴ καὶ ὁ δῆμ[ος].

1. [Πρ]ισκιλλι[ανοῦ] conjecit Waddington. De eo viro cf. *Prosop. imp. rom.*, I, p. 187, n. 1166 : « Legatum Lyciae fuisse Waddington probabiliter inde conjecit quod praeses provinciae templa quae erant in provincia aedificata dedicare solebat. »

---

507. Cadyandis. — Benndorf et Niemann, *Reisen in Lykien*, p. 143, n. 122.

Αὐτοκράτωρ Καῖσαρ Φλάουιος Οὐασπασιανὸς Σεβαστὸς | κατεσκεύασεν τὸ βαλανεῖον ἐκ τῶν ἀνασοθέντων [1] χρημάτων ὑπ' αὐτοῦ | τῇ πόλει [2].

1. Ita lapis. — 2. Primus Vespasianus Lyciam, cui Claudius libertatem anno 43 ademerat, in provinciae formam vere redegit anno 74 (Suet., *Vespas.*, 8. Marquardt, *Organis. de l'emp. rom.*, II, p. 305, n. 3).

---

508. Cadyandis. — Cousin et Diehl, *Bull. de corr. hellén.*, X (1886), p. 45.

[Αὐτοκράτωρ Καῖσαρ Φ]λάουιος Οὐασπασιανὸ[ς Σεβαστός......

---

509. Cadyandis. — Benndorf et Niemann, *Reisen in Lykien*, p. 144, n. 123.

[Αὐ]τοκράτορσι [Καῖσαρ|σ]ι Λουκίῳ Σεπτι[μίῳ Σε]|ουήρῳ [Εὐσε]βεῖ Περ||τί-
5 να]χι [καὶ Μάρκῳ Αὐ]ρηλίῳ ['Αν]‖τ[ωνείνῳ Σεβασ]τοῖς Παρ|[θικοῖς Μεγίστοις] Ἀδια||[βηνικοῖς Ἀραβικοῖς [1].....

Miliarium viae quae per Lyciam ducebat Caunum, in urbem Cariae.

1. Caracallae cognomina Adiabenicus Arabicus non ante mortuum patrem in titulis dari solita sunt.

510. Cadyandis. — Benndorf et Niemann, *Reisen in Lykien*, p. 144, n. 124.

Αὐτοκρά[τορα Καίσαρα] | Μᾶρκον Α[ὐρήλιον] | Ἀντωνεῖνο[ν Σεβαστὸν] |
5 Γερβανικὸν ¹ [Παρθικὸν] ‖ Μέγιστον.....

1. Ita lapis.

---

511. Cadyandis. — Cousin et Diehl, *Bull. de corr. hellén.*, X (1886), p. 47, n. 7.

Γάιον Καριστάνιον Παυλῆῖνον υὸν Καρ‖[ιστανίου ¹.....

1. Fortasse filius C. Caristanii Frontonis, leg. Aug. Lyciae et Pamphyliae. Cf. titulum
n. 512. *Prosop. imp. rom.*, I, p. 304, n. 359.

---

512. Cadyandis. — Cousin et Diehl, *Bull. de corr. hellén.*, X (1886), p. 46, n. 6.

[Γά]ιον Καριστάνιον | [Φ]ρόντωνα πρεσβευ|τὴν Αὐτοκράτορος ¹.

1. Domitiani, ut videtur. *Prosop. imp. rom.*, I, p. 304, n. 358.

---

513. Cadyandis. — Cousin et Diehl, *Bull. de corr. hellén.*, X (1886), p. 48, n. 8.

.... Κ[οίντον | Οὐείλι]ον Κοίντου Οὐει[λίου] | υἱὸν Οὐελλείνᾳ Τιτιανὸ[ν] |
5 Παταρέα ¹, πολειτευόμενο[ν ἐν] ‖ ταῖς κατὰ Λυκίαν πόλεσι [πά|σαις], μεγαλό-
φρονα, πρωτε[ύ|οντα τοῦ] ἔθνους, ξένον [Δ. | Ῥου]πιλίου Σευήρου ² καὶ φίλον |
10 [κ.]αὶ ξένον ἡγεμόνων καὶ ἐπι‖[τ]ρόπων, ἄνδρα σεμνὸν καὶ | μεγαλόφρονα καὶ πάσῃ
ἀρε|τῇ λόγων καὶ ἠθῶν διαφέρον|τα, τετειμημένον καὶ ὑπὸ | [Λυ]κίων τοῦ κοινοῦ
5 καὶ τῶν ‖ [π]λείστων πόλεων, προγό|[ν]ων καὶ γονέων ἐνδόξων | καὶ ἀρχιερέων,
9 καὶ πολλὰ | [καὶ] μεγάλα τῷ ἔθνει καὶ τῇ πό|λει καὶ τοῖς καθ' ἕνα παρεσ‖[χ]ημένον.
Ἀπελλᾶς Ἑλ|[λη]νος Καδυανδεὺς καὶ | [Ἑλλ]ην καὶ Ἀπελλᾶς οἱ Ἀ|[πελλᾶ].

1. De eo cf. *C. I. G.*, 4283. — 2. [Λ. Κα]πιλίου, editores. Melius haec referuntur ad
D. Rupilium Severum, leg. Aug. Lyciae et Pamphyliae anno 151. *Prosop. imp. rom.*, III,
p. 146, n. 151.

---

514. Cadyandis. — Cousin et Diehl, *Bull. de corr. hellén.*, X (1886), p. 59, n. 12.

Καδυανδέων ἡ βουλὴ | καὶ ὁ δῆμος ἐτείμη|σεν Γάιον Ἰούλιον Νει|κίου υἱὸν

5 Φαβίᾳ Καλλι‖ράνην Ῥωμαῖον καὶ Κα|[δυ]ανδέα, ἄνδρα καλὸν | [καὶ] ἀγαθὸν
9 καὶ με[γα|λόφρ]ονα, προγόνων ἐ[π|ισ]ήμων, ἀγορανομή‖[σ]αντα καὶ πρυταν[εύ|-
σ]αντα καὶ ἱερατεύσ[αν|τ]α τῶν Σεβαστῶν μετὰ γ[υναι|κ]ὸς [1] ἀξιοπρεπῶς καὶ
15 δαπα[νηρ]‖ῶς καὶ φιλοδόξως καὶ ἐν πᾱ‖[σ]ιν ὑπὲρ τῆς πόλεως φρόν[ιμον].

1. Ut provincialis sic municipalis flaminis uxor saepius erat flamonii particeps et fla-
minica vocabatur. Marquardt, *Organis. de l'emp. rom.*, I, p. 244-245.

---

515. Cadyandis. — Cousin et Diehl, *Bull. de corr. hellén.*, X (1886), p. 51.

Λυκίων τὸ κοινὸν ἐτεί|μησεν χρυσῷ στεφά|νῳ καὶ εἰκόνι χαλκῇ καὶ | εἰκόνι
5 γραπτῇ ἐπιγρύ‖σῳ Μελέαγρον δ' Κα|δυανδέα, τὸν ἐξιόν|τα ὑπογραμματέα [1] |
Λυκίων τοῦ κοινοῦ.

1. Scribae communis munere fungebatur ipse flamen Augusti, cui aderat subscriba.
Cf. Fougères, *op. cit.*, p. 112.

---

516. Cadyandis. — Cousin et Diehl, *Bull. de corr. hellén.*, X (1886), p. 53, n. 10.

Καδυανδέων ἡ βουλὴ | καὶ ὁ δῆμος ἐτείμησεν | κατ' εὐεργεσίαν καὶ ταῖς |
5 τρίταις τειμαῖς [1] Ὑπερή‖νορα Κλεοβούλου Καδυ|ανδέα φυλῆς Ἀπολλω|νιάδος,
10 ἄνδρα καλὸν | καὶ ἀγαθὸν καὶ διὰ προ|γόνων πάσῃ ἀρετῇ ‖ διαφέροντα, ἱερασάμε|-
νον τῶν Σεβαστῶν κα[ὶ] | πρυτανεύσαντα καὶ τα|μιεύσαντα δήμου, γραμ|ματεύ-
15 σαντα βουλῆς, τα‖μιεύσαντα γερουσίας, | ἱερασάμενον Σαράπι|δος, γυμνασιαρ-
χήσαν|τα, παραφυλακήσαντα [2] | δὶς, σειτομετρήσαντα, | ὑποφυλακήσαντα τοῦ ‖
20 Λυκίων ἔθνους [3], εἰκοσα|πρωτεύοντα [4], καὶ τὰς λοι|πὰς ἀρχὰς καὶ λειτουρ|γίας
τελέσαντα εὐα|ρέστως.

1. De primis, secundis et tertiis honoribus apud Lycios cf. Fougères, *op. cit.*, p. 121.
— 2. Paraphylax paci custodiendae praeerat in sua civitate. Illos magistratus, quotquot
in titulis Asiaticis memorantur, recensuit Liebenam *Städteverw.*, p. 357, n. 6 et XIV.
— 3. Hypophylax communis aderat archiphylaci in pace per dies festos custodienda.
Cf. Fougères, *op. cit.*, p. 119. — 4. De viginti primis cf. Marquardt, *Organis. de l'emp.
rom.*, I, p. 314 et 315, not. 5. Ex senatu civitatis suae, ut in aliis decem primi, elige-
bantur, qui periculo suo celebrarent exactiones solemnium, quod « munus patrimonii »
vocabatur.

---

517. Cadyandis. — Ex schedis Instituti archaeologici Vindobonensis.

['Ἐπ' ἀγωνοθέτου | διὰ βίου τοῦ ἀξιο|λογωτά]του Λυκιάρχο[υ | Ἰ]ουλίου

Μεττίου [Αὐ⫲ρ]ηλίου Φιλώτου [τοῦ] | Ἀττάλου Καδυα[νδέ]|ος Δημήτρ[ιος
Θεό|σ]αμος......... [Καδυανδεὺς νεικήσας........

---

518. Cadyandis. — Benndorf et Niemann, *Reisen in Lykien*, p. 143, nr. 121.

Ἐπὶ ἀγωνοθέτο[υ | δ]ιὰ [β]ίου τοῦ ἀ[ξιο|λογωτάτου [Λυκι]|άρχου Ἰουλίο[υ
Με⫲ττί]ου Α[ὐρη]λίου [Φι]|λώτου τοῦ Ἀτ[τά]|λου Καδυαν[δέως] | Ἱππίας τρὶς
[Καδυ]|ανδεὺς νεικ[ήσας.....

---

519. Cadyandis. — Benndorf et Niemann, *Reisen in Lykien*, p. 143, n. 118.

Κλέοβουλ[ος Σαρπη]δό[νος]. | Ἐπὶ ἀγωνοθέτου διὰ β[ί]|ου τοῦ ἀξιολογωτά|του
Λυκιάρχου Ἰο[υ]⫲λίου Μεττίου Αὐρη|λίου Φιλώτου τοῦ Ἀτ|τάλου Καδυανδέος |
Χλεόβουλος Σαρπη|δόνος τοῦ καὶ Δημ[η]⫲τρίου Ἱππολύτου το[ῦ] | Σαρπηδόνος
Χαδυαν|δεὺς νεικήσας παί|δων πάλην πέμπτης | ἀγομένης θέμιδος ⫲ ἧς κατέλιπεν
Φανια|νὴ ἡ καὶ Ἀμμία Φανίου | τοῦ καὶ Φιλώτα Καδυ|ανδὶς τῇ γλυκυτάτῃ |
ατρίδι.

---

520. Lydis. — Hicks, *Journ. of hellen. studies*, X (1889), p. 74, n. 26.

Γάιον Ἄντιον Αὖλον | Ἰούλιον Κουαδρᾶτο[ν] | τὸν σωτῆρα καὶ εὐε[ρ|γέ]την
αὶ τῆς ἡμετέ⫲[ρας π]όλεως [κα]ὶ κοιν[ῇ | καὶ κ]ατ' ἰδίαν πάντων Λυ|[δατ]ῶν ἡ
ουλὴ καὶ ὁ δ[ῆ|μος ε]ὐχαριστίας | ἕνεκεν.

1. A Julius Quadratus Pergamenus, plurimis titulis notus, fuit cos. suff. mense Julio
nni 93, ordinarius anno 105. Ab eo rectas esse Lyciam et Pamphyliam circa annum 90
idetur veri simillimum; *Prosop. imp. rom.*, II, p. 209, n. 338.

---

521. Lydis. — Ex schedis Instituti archaeologici Vindobonensis.

[Πό]πλιον Αὐί[λιον, Ποπλίου? υἱὸν ....] | Φίρμον πρε[σβ]ε[υτὴν ἀντι]-
τρά|τηγον Αὐτοκράτο[ρ]ος [Καίσαρος] ¹ | Οὐεσπασιανοῦ Σεβ[ασ]τοῦ ² ...... ⫲
.... ³ | ....ν.... |..... ⁴

1. Potius quam Τίτου Καίσαρος, spatio deficiente. — 2. P. Avilius Firmus, leg. Lyciae
espasiani aut Titi, etiam in lapide Myreo perquam mutilo memoratur. — 3. ΛΙΟΦΕ-
OYΚΑΙΑΥ..... traditur. — 4. .....ΙΙΡ/Ο.

522. Lydis. — Hicks, *Journ. of hellen. studies*, X (1889), p. 73, n. 25.

Σέξστον Μάρκιον | Πρεῖσκον, πρεσβευ[τὴ]ν Αὐτοκράτορος Καίσαρος | Οὐεσ-
5 πασιανοῦ Σεβα|στοῦ ¹ καὶ ² πάντων ‖ Αὐτοκρατόρων ἀπὸ [Τι]|βερίου Καίσαρος, |
τὸν δικαιοδότην ³ | Λυδατῶν ὁ δῆμος.

1. *Prosop. imp. rom.*, II, p. 338, n. 174. — 2. Nemo crediderit eum ab anno 37
omnium imperatorum legatum usque ad tempora Vespasiani in Lycia mansisse ; Smith
ap. Hicks censuit verbum aliquod excidisse ; Hirschfeld (*Prosop.*, *loc. cit.*) pro και scri-
bendum και(Βιτον); Dessau (*ibid.*) erratum esse in nomine imperatoris. — 3. Qui jus
dicebat tanquam legatus pro praetore.

---

523. Lydis. — Hicks, *Journ. of hellen. studies*, X (1889), p. 74, n. 27.

..[Τρ]εβώνι[ον Πρό]|κλον Μέττιον [Μό]|δεστον ¹, τὸν σω[τῆ]|ρα καὶ εὐεργέτην ‖
5 καὶ τῆς ἡμετέρας | πόλε[ως] καὶ κοινῇ | καὶ κατ᾽ ἰδίαν π<ι>άν|των Λυδατῶν, |
10 ἡ βουλὴ καὶ ὁ δῆμος ‖ εὐχαριστίας | ἕνεκεν.

1. Relegatus a Domitiano impietatis erga principem reus, postea revocatus, consulatum
Trajano principe, ut videtur, obtinuit. Legatum Lyciae eum fuisse anno 100 vel 101
Waddington ap. Hicks contendit, Dessau sub Domitiano (cf. Plin., *Epist.*, I, 5). De eo
vide *Prosop. imp. rom.*, II, p. 373, n. 404.

---

524. Lydis. — Hicks, *Journ. of hellen. studies*, X (1889), p. 68, n. 20.

[Γ. Ἰ]ούλιον Γ. Ἰουλίου Διοφάντου | [υ]ἱὸν Διόφαντον ¹ Λυδάτην, πολι|τευ-
5 σάμενον ἐν ταῖς κατὰ Λυκίαν | πόλεσι πάσαις, ἀρχιερατεύ‖σαντα τῶν Σεβαστῶν
καὶ γραμματεύ|σαντα Λυκίων τοῦ ἔθνους, προγό|νων ἱππάρχων ναυάρχων
10 Λυκι|αρχῶν ², πατέρα συγκλητικοῦ ³, κα|ταλιπόντα καὶ τῇ πατρίδι εἰς ‖ τὸ
διηνεκὲς δωρεὰς εἰς θέσιν | ἐλαίου, Λυδατῶν ἡ βουλὴ καὶ ὁ δῆ|μος τὸν ἴδιον
πολίτην καὶ εὐερ|γέτην · τὸν δὲ ἀνδριάντα κατέστη|σαν ἐκ τῶν ἰδίων οἱ υἱοὶ
15 αὐτο[ῦ] ‖ Γ. Ἰούλιος Μαξιμιανὸς Διόφαντος | ....

1. Illum fuisse fratrem C. Julii Heliodori (n. 526, 527) Hicks conjecit. — 2. Ante
annum 43, quo Claudius « Lyciis libertatem ademit » (Suet., *Claud.*, 25), sub Lyciarcha
militabant praefectus equitum et praefectus classis. Cf. Fougères, *op. cit.*, p. 29 et 48.
— 3. C. Julius Maximianus Diophantus, infra memoratus v. 15, de quo cf. n. 525.

525. Lydis. — Hicks, *Journ. of hellen. studies*, X (1889), p. 70, n. 21.

Γ. Ἰούλιον Γ. Ἰουλίου Διο|φάντου υἱὸν Βουλτινίᾳ | Μαξιμιανὸν Διόφαντον[1] | Λυδάτην, τὸν κράτιστον ‖ συγκλητικὸν, Λυδατῶν | ἡ βουλὴ καὶ ὁ δῆμος τὸν | ἴδιον πολίτην καὶ | εὐεργέτην.

1. *Prosop. imp. rom.*, II, p. 200, n. 280. Cf. n. 524.

---

526. Lydis. — Hicks, *Journ. of hellen. studies*, X (1889), p. 64, n. 17; Davies, *ibid.*, XV (1895), p. 101.

[Γ]άιον Ἰούλιον Διοφάντου τ[οῦ] | Ἡλιοδώρου τοῦ Ἡλιοδώρου τοῦ | Διοφάντου υἱὸν Βουλτινίᾳ Ἡλιό|δωρον[1], Ῥωμαῖον καὶ Λυδάτην, ‖ [δ]ήμῳ Ἀρυμάξων[2], τετειμημέ|νον δὲ καὶ ἄλλαις πολειτείαις | πόλεων πλείστων, πάσας ἀρ|χὰς τῇ πατρίδι τετελεχότα, καὶ | ἀρχιερεύσαντα Λυκίων[3], [πρεσ]‖βεύσαντα[4] πολλάκις ὑπὲρ τῆς πα|τρίδος καὶ τοῦ Λυκίων ἔθνους | δωρεὰν, πανηγύρεων ἐπίδοσ[ιν] | ποιησάμενον τῇ πατρίδι [καὶ] ταῖς πόλεσιν καὶ τῷ κοινῷ Λυκί‖ων ἔθνει, καὶ τετειμημένον | πολλάκις ὑπὸ Λυκίων τοῦ κοι|νοῦ [καὶ τῆς ἰδίας] π[όλεω]ς καὶ ἄλλων πόλεων πλείστων, πάσῃ | ἀρετῇ κοσμοῦντα τὴν ἐκ προγό‖νων αὐτοῦ ἀξίαν.

1. Virum illum aliis titulis (n. 527-533, 536) novimus apud Lydates summa laude floruisse; generis, unde ortus erat, stemma restituit Hicks, p. 58. — 2. Arymaxa, vicus Lydatidis. — 3. A mense Octobri a. 140 p. C. ad mensem Octobrem a. 141 p. C. Cf. Heberdey, *Opramoas*, p. 70. — 4. Romam, ut videtur, ad imperatorem.

---

527. Lydis. — Hicks, *Journal of hellen. studies*, X (1889), p. 66, n. 18.

In fronte basis quadratae :

[Γ. Ἰούλιον Δι]οφάντου [τ]οῦ Ἡλιο[δω]ρου τοῦ Ἡλιοδ]ώρου τοῦ Διοφάντου | [υἱὸν Βουλτ]ινίᾳ Ἡλιόδωρον[1] Ῥω|[μαῖον καὶ] Λυδάτην, πολιτευό‖[μενον κα]ὶ ἐν ταῖς κατὰ Λυκίαν πόλεσι | [πάσαι]ς, ἠρχιερατευκότα τῶν Σεβασ|[τῶν ἐ]ν τῷ Λυκίων ἔθνει, καὶ γεγραμ|[ματε]υκότα καὶ ἠρχιφυλακηχότα | [Λυκίων] τοῦ κοινοῦ πρῶτον ἐκ τῆς ‖ [φιλοσεβάστ]ου πατρίδος τῆς Λυδατῶ[ν[2], | μεγάλας δὲ κ]αὶ ἐπιδόσεις πεποιημέ|[νον εἰς τὴν πόλ]ιν πολλάκις ἐκ τῶν ἰ|[δίων, δόντα δὲ κ]αὶ εἰς ἔργα ἐθνικὰ καὶ | [εἰς ἀγῶνας καὶ] μονομαχίας καὶ κυ‖[νηγεσίας .....]τα πολλάκις καὶ ἐν | ....ιν καὶ πολυτελῶς | ....υ τῇ τε ἰδίᾳ αὐτοῦ | .... [ἀ]ο̣γὰς καὶ λειτουρ|[γίας.........]μένον ἐνίας ‖ [....... ... σε]β....σ̣βευ-

χό‖[τα.........] δωρεὰν | [........ ὑπὲρ τοῦ Λυκίω]ν ἔθνου[ς | ....] εὐσ[ε]-
6ῶς.........]

In uno laterum :

25   ..... τετειμημένον ὑπ[ὸ Λυ‖κίων τοῦ κοινοῦ καὶ [κα]‖τὰ πόλιν, καὶ μεμαρτ[υ-
30 ρη]‖μένον ἐπὶ τῷ καλλίστ[ῳ] | καὶ ὑπὸ ἡγεμόνων, | Τρύφαινα Μηνοφά‖νους κατὰ
διαθήκην π[α]‖τρὸς αὐτῆς Μηνοφά|νους τρὶς τοῦ Πανκρά|τους Λυδάτου.

1. De eo cf. n. 526. — 2. Lydae a Strabone (XIV, 3) non numerantur inter viginti
tres civitates ex quibus constabat Lyciorum commune. Dicitur Heliodorus primus ex
patria sua ad illius honores accessisse ; anno autem 140 sacerdotium Augustorum gessit.
Cf. n. 526. Inde patet Lydas jam altero saeculo incipiente ad commune aggregatas
fuisse. Arymaxa cum Lydis societatem fecerant sive conciliabulum (συμπολιτείαν, συντέ-
λειαν), quod uno et eodem fruebatur suffragio. Cf. Fougères, *op. cit.*, p. 40 et 142. Flamen
provinciae scribae etiam officio aliquando fungebatur. Archiphylax pacem custodiendam
curabat. Cf. Fougères, *ibid.*, p. 112 et 117.

---

528. Lydis. — Hicks, *Journ. of hellen. studies*, X (1889), p. 63, n. 16.

[T]ὸ μνημεῖον ζῶν κατεσκεύασεν ἐκ θεμελίων σὺν ταῖς πε|ρικειμέναις κρηπεῖσιν
καὶ βάσεσιν μονολίθοις εἰς ἀνδριάντας | τέσσαρες [1] ἐκ τῶν ἰδίων ἀνηλωμάτων Γάιος
Ἰούλιος Διοφάν|του τοῦ Ἡλιοδώρου τοῦ Ἡλιοδώρου τοῦ Διοφάντου υἱὸς Βουλ-
5 τινίᾳ ‖ Ἡλιόδωρος [2] Ῥωμαῖος καὶ Λυδάτης δήμου Ἀρυμάξων, τετειμημέ|νος δὲ
καὶ ἄλλαις πολειτείαις πόλεων πλείστων, ἐν οἷς | αὐτὸς ἔκτηται ἀγροῖς ἐν τῷ
Ἀρυμαξέων δήμῳ τῆς | Λυδατίδος ἐπὶ δικαίοις πᾶσιν οἷς αὐτὸς διὰ τῶν ἐν Λύ|δαις
ἀρχείων δεδήλωκεν [3].

1. Ita lapis. — 2. De eo cf. n. 526. — 3. Sepultus est Heliodorus prope Arymaxa in
agris quos ab eo emptos esse testabantur acta in tabulas publicas Lydarum relata.

---

529. Lydis. — Hicks, *Journ. of hellen. studies*, X (1889), p. 62, n. 15.

Γάιον Ἰούλιον Διο|φάντου υἱὸν Βουλτι|νίᾳ Ἡλιόδωρον [1] [ο]ἱ ἔγ|γονοι αὐτοῦ
5 Γ. Ἰούλι[ος] ‖ Τληπολεμιανὸς Ἡλι|όδωρος καὶ Ἡλιοδωρί[σ]|κ[ο]ς Τληπόλ[εμος] [2]
10 τὸν | γλυκύτατον κ[α]ὶ [εὐεργέ]|την πάππον, εὐσε[β]ὶ|ας ναὶ μνήμης χάριν.

1. De eo cf. n. 526. — 2. Memoratur in titulo Cyanitarum, qui scriptus est anno 149
p. C., quidam C. Julius Tlepolemus, summus sacerdos Augustorum, idem fortasse quem
hic memoratum habemus.

530. Lydis. — Hicks, *Journ. of hellen. studies*, X (1889), p. 61, n. 14.

[Γ]άιον Ἰούλιον [Γαίου Ἰουλίου] | Ἡλιοδώρου υἱ[ὸν Βουλτινί]|ᾳ Ἡλιόδωρον,
5 Ῥωμαῖον καὶ | Λυδάτην, ζήσαντα ἐνδ‖όξως ἔτη τριάκοντα τέσσα|ρα καὶ μῆνας
ὄκτω, ῥήτωρα ἔ|[ξ]οχον καὶ ἄνδρα ἀγαθὸν | καὶ ἔνδοξον καὶ πάσῃ ἀρε|τῇ διενέν-
10 καντα καὶ κοσ‖μήσαντα τούς τε γονεῖς αὐτοῦ καὶ ὅλον τὸ γένος, Γάιος Ἰούλι|ος
Διοφάντου υἱὸς | Βουλτινίᾳ Ἡλιόδωρος, [1] | Ῥωμαῖος καὶ Λυδάτης, | τὸν ἑαυτοῦ
υἱόν.

1. De eo cf. n. 526.

---

531. Lydis. — Hicks, *Journ. of hellen. studies*, X (1889), p. 59, n. 12; Davies, *ibid.*, XV
(1895), p. 101.

Σωφρονίδα Θηρωνίδου τοῦ | Θηρωνίδου τοῦ Λυκίσκου Λυ|δᾶτ[ι]ν ζήσα[σαν]
5 ἔτη πεντή|κοντα ἑπτὰ σεμνῶς καὶ φιλα‖γάθως |.
Διόφαντον Ἡλιοδώρο[υ] τοῦ [Ἡλι]|οδώρου τοῦ Διοφάντου Λυδά|την ζήσαντα
10 ἔτη πεντήκον|τα ἑπτὰ σεμνῶς καὶ φιλαγά‖θως |.
Γάιος Ἰού[λ]ιος Διοφάντου υἱὸς [Β]ου[λ]τινίᾳ Ἡλιόδωρος Ῥ[ω]μ[αῖ]|ος καὶ
Λυδάτης καὶ ἄλλων πόλεων..... πολείτης [1], τοὺς | ἑαυτοῦ γονεῖς.

1. De eo cf. n. 526. Errores quosdam ejus qui descripsit correxit editor : v. 3 :
ΔΑΤΗΝ ΖΗϹΑΝΤΑ; v. 6 : ΗΛΙΟΔΟΡΟΝ; v. 11 : ΙΟΥΝΙΟϹ, ΙΟΥϹΤΙΝΙΑ, ΡΗΜΝΟϹ.

---

532. Lydis. — Hicks, *Journ. of hellen. studies*, X (1889), p. 60, n. 13; Davies, *ibid.*, XV
(1895), p. 101.

Δημητρίαν Διοφάν|του Λυδᾶτιν καὶ Τελ|μησσίδα, ζήσασαν ἔτη | τεσσεράκοντα
σεμνῶς καὶ ‖ φιλαγάθως, | Γάιος Ἰούλιος Διοφάντου υἱὸς Βουλτινίᾳ Ἡλιό-
δωρος [1] | Ῥωμαῖος καὶ Λυδάτης καὶ | ἄλλων πόλεων... πο‖λείτης, τὴν ἑαυτοῦ
ἀδελφήν.

1. De eo cf. n. 526.

---

533. Lydis. — Hicks, *Journ. of hellen. studies*, X (1889), p. 68, n. 1.

[Μ]εῖν [1] Μενεδήμου | Πιναρίδα καὶ Λυδᾶτιν | ζήσασαν ἔτη τριάκοντα | σεμνῶς

5 καὶ φιλαγάθως ‖ Γάιος Ἰούλιος Διοφάντου | υἱὸς Βουλτινίᾳ Ἡλιόδω|ρος ²
10 Ῥωμαῖος καὶ Λυδάτης | καὶ ἄλλων πόλεων | πολείτης τὴν γενο‖μένην αὐτοῦ
γυναῖκα.

1. Supplevit Hicks collato *C. I. G.*, 4242 et Suid. s. v.; cf. n. 536. — 2. Cf. n. 526.

---

534. Lydis. — Hicks, *Journ. of hellen. studies*, X (1889), p. 72, n. 24.

Ἀμεινίαν τὸν καὶ Ἀριστόβου|λον Ἀριστοβούλου τοῦ Ἀμεινίου | τοῦ Ἀρισ-
5 τοβούλου Λυδάτην, γε|νόμενον ἰατρὸν τέλειον καὶ ‖ φιλόλογον, γονέων καὶ
προ|γόνων ἐνδόξων, πᾶσαν ἀρ|χὴν καὶ λειτουργίαν τῇ πόλει | φιλοτείμως τετε-
10 λεχότων | καὶ πρεσβείας μέχρι Ῥώμη[ς δω]‖ρεὰν καὶ ὑπὲρ τοῦ ἔθνο[υς, ἐ]ξ
ἰδίας δὲ καὶ ἔργα τῇ πό[λει] | πεποιημένων, τετειμη[μέ]|νων ὑπὸ τῆς πόλεως
15 καὶ ε[ἴ]|κοσιν, ζήσαντα ἔτη μθ΄ καὶ ‖ μῆνας ἕξ, Ἀριστόβουλος Ἀ|μεινίου καὶ
Κλεάργασις Θήρω|νος οἱ γονεῖς αὐτοῦ καὶ ἀδελ|φοὶ αὐτοῦ Ἀριστόβουλος καὶ
Θήρω[ν].

---

535. Lydis. — Hicks, *Journ. of hellen. studies*, X (1889), p. 71, n. 22.

5 Αἰλίαν Ἡγεμο|νίδα Λυδᾶτιν, | τὴν κρατίστην | μητέρα καὶ μάμ‖μην συν-
κλητι|κῶν ¹, τὴν εὐεργέ|τιν, διαπαρέστ[η|σ]εν Λυδατῶν | ἡ βουλὴ καὶ ὁ
10 δῆ‖μος.

1. Eam fuisse matrem C. Julii Maximiani Diophanti (n. 525), quod Hicks arbitratus est,
nihil palam facit.

---

536. Arymaxis. — Davies, *Journ. of hellen. studies*, XV (1895), p. 100, n. 2.

Ἰουλίαν [..... Ἡλιο]|δώρου θυγατέρα [....... Ῥω]|μαίαν καὶ Λυδᾶτιν καὶ
5 Καλυ[ν]|δίαν μητρὸς Μειδὸς τῆ[ς] ‖ Μενεδήμου τοῦ Ἑρμαπίο[υ] | Πιναρίδος καὶ
Λυδατίδος [ζή|σ]ασαν ἔτη τριάκοντα [καὶ | μῆνα]ς ἐννέα σεμνῶς κ[αὶ] σ[ω]|φρ[ό-
10 νως] Γάιος Ἰούλιο[ς Δι]‖οφάντο[υ] υἱὸς Βουλτιν[ίᾳ] | Ἡλιόδ[ωρος] ¹ Ῥωμαῖος
[καὶ Λυ]|δάτης τὴν [ἑαυτοῦ | θυγατέρα.]

1. Cf. n. 526.

537. Telmessi. — Bérard, *Bull. de corr. hellén.*, XIV (1890), p. 173, n. 9.

.... | πάππον καὶ πρόπαππον συν|κλητικῶν ἐτείμησεν καὶ ἀνδριάντι | Τελ-
μησσέων ἡ βουλὴ καὶ ὁ δῆμος, ‖ κατασκευάσαντα ἐκ τῶν ἰδίων | τὰς δύο στολ;
σὺν τῷ περὶ αὐτὰς | κόσμῳ.

538. Telmessi. — *C. I. Gr.*, 4198.

Μᾶρκος Αὐρή(λιος) Ἑρμαγόρας ὁ | καὶ Ζώσιμος υἱὸς Μάρκ. Αὐρ. | Ἑρμα-
γόρα δὶς Μάρων[ο]ς τοῦ Διοφάνους Τελμησσεὺς, ‖ νει[κή]σας τὸν ἀ[γῶ]να τῶν |
Προκληιανείων ἀ[γ]ενείων | πανκράτιον τὴν τετάρτην θέ|μιν, ἀγωνοθετοῦντος
διὰ [β]ίου | τοῦ ἀξιολογωτ]άτο]υ Λυκιάρχου ‖ Μάρ. Δομ(ιτίου) Φιλίππου Τελ-
μησ|σέως.

539. Telmessi. — Bérard, *Bull. de corr. hellén.*, XIV (1890), p. 169, n. 3.

[Λυκίων τ]ὸ κοινὸν ἐτείμησεν [ταῖς τρίταις] τειμαῖς [1] | [Φίλιππο]ν Κλεάρχου τοῦ
Τλ[ηπολέμου] τοῦ Φιλώ|[του Τελμ]ησσέα, πολιτευόμενον δὲ καὶ ἐν ταῖς | [κα]τὰ
Λυκίαν πόλεσι πάσαις, ἀρχιερέα τῶν Σε‖[βασ]τῶν, τὸν δὲ αὐτὸν καὶ γραμματέα
Λυκίων τοῦ | [κοι]νοῦ [2], δι᾽ ἃς ἐτέλεσεν μεγαλοψύχως μονομαχί|[ας] καὶ θηριο-
μαχίας καὶ ἀργυρικὰς ἐπιδόσεις καὶ τὰς | ...... [π]αρεσχημένον καὶ τῆι πατρίδι |
[γυ]μνασίου χαρισάμενον [3], καὶ ἀριθμ[ήσαν]τα λε[πτοῦ ‖ ἀργυ]ρίου μυριάδ[α]ς
πέντε καὶ ἑξακισχειλίας | [πεν]τήκοντα ὀκτὼ δραχμάς.

Λυκίων τὸ κοινὸν ἐτε[ίμησεν ταῖ]ς | τρίταις τειμαῖς Ἀρτέμιον, τὴν καὶ Τάταν |
Μεγασύστου, Τελμησσίδα, τὴν ἀρχι|έρειαν τῶν Σεβαστῶν, γυναῖκα ‖ Φιλίππου
τοῦ Κλεάρχου τοῦ Τλη|πολέμου τοῦ Φιλώτου Τελμησσέως, | [πολι]τευομένου δὲ
καὶ ἐν ταῖς κα|τὰ Λυκίαν πόλεσι πάσαις, κεκοσμη|μένην πάσηι ἀρετῆι καὶ
σωφροσύνηι.

1. Cf. n. 516, not. 1. — 2. Cf. n. 515. — 3. Gymnasium publicum sua pecunia Telmessi
exstruendum curavit.

540. Telmessi. — Bérard, *Bull. de corr. hellén.*, XIV (1890), p. 173, n. 10.

Λυκία Ἡροδότου Τελ|μησσὶς, ἡ ἱέρεια [διὰ] | βίου θεᾶς Σεβαστῆς, | Λυκίαν

5 Κλέωνος ‖ Τελμησσίδα καὶ | Ξανθίαν, τὴν θυγα|τέρα τῆς θυγατρὸς | αὐτῆς Λυκίας τῆς | Σωπάτρου, φιλοστοργίας ἕνεκεν.

---

541. Telmessi. — Benndorf et Niemann, *Reisen in Lykien*, p. 41, fig. 30.

Imago retiarii :

5-10   Ἑρμεῖ | Παιτ|ραείτη|ς ¹ με‖τὰ τῶ|ν συν|κελ|λαρί|ων ² ‖ μνήμης χάριν.

1. *Tetraiten* nomen gladiatores saepe usurpabant; cf. *C. I. L.*, III, 6014, 1; XII, 5696, 32; Petron., *Sat.*, 52; *Petraites* nomen etiam deo Men inditum fuit; Le Bas et Waddington, n. 668, 678. Cf. Perdrizet, *Bull. de corr. hellén.*, XX (1896), p. 87. — 2. Concellarii gladiatores. De cellis in quibus habitabant gladiatores cf. G. Lafaye apud Saglio, *Dict. des Ant.*, s. v. *Gladiator.*

---

542. Telmessi. — *C. I. Gr.*, 4212 et add.; inter schedas Instituti archaeologici Vindobonensis.

Post 14 versus :

15-20   ‖ ἑτέρῳ δὲ οὐδε|νὶ ἐξέσται | [τεθ]ῆναι, ἐπεὶ ἀ|[ποτ]είσει τῷ [ἱερ]|ωτάτῳ τα‖με[ί]ῳ δηνάρια ͵αφ'.

---

543. Telmessi. — Ex schedis Instituti archaeologici Vindobonensis.

Post 4 versus :

5   ἐπεὶ ἀποτείσει ‖ τῇ Τελμησσέων πόλει δήναρια φ' καὶ τῷ φίσκῳ δηνά-ρια ͵α[φ'].

---

544. Telmessi. — Ex schedis Instituti archaeologici Vindobonensis.

Post 5 versus :

[ἀποτείσει] | τῷ ἱερωτάτῳ ταμείῳ δηνάρια ͵βφ'.

---

545. Telmessi. — Ex schedis Instituti archaeologici Vindobonensis.

Post 6 versus :

[ἀποτείσει | τῷ ἱερωτ]άτῳ ταμείῳ δηνάρια ͵βφ', ἐξ ὧν ὁ ἀπο[δείξας λήνψεται] | τὸ πέμπτον.

546. Tlo. — *C. I. Gr.*, 4238.

Τλωέων [ο]ἱ ν[έ]οι κα[ὶ ἡ γε]ρου[σ]ία [Κ]αίσα[ρα] | θεὸν Σεβαστὸν ¹, τὸν [χ]τίσ[την καὶ σωτῆρα | τοῦ δή]μου.

1. Augustus.

---

547. Tlo. — Le Bas et Waddington, n. 1245.

......[Τι]βερίῳ Καίσαρι συν|[ι]σταμένη ¹ δὲ καὶ Σεβαστῶν | γένος κατὰ διαδο-
5 χὴν ἱερωτά|την θεῶν ἐπιφανῶν οἶκον ‖ ἄφθαρτον καὶ ἀθάνατον εἰς | τὸν ἀεὶ χρό-
νον, Λύκιοι δὲ [εὐ]|σεβοῦντες εἰς τὴν θεὸ[ν κε]|κρίκασιν ἐπιτελεῖσθα[ι ἐν Τλῷ |
10 πομπὰς καὶ θυσίας καὶ [ἑορτὰς] ‖ εἰς τὸν ἀεὶ χρόνον, [ἡγη|σ]άμενοι πάλιν ἱε[ρὰν
εἶναι] | τὴν Τλωέων, ἀγ[αθῶν ἀνδρῶν] | γένος ἔχουσαν [καὶ ἐν παντὶ] | καιρῷ
15 ἠριστευ[χυῖαν, γενομ]‖ένην ἐγ μὲν........ | καὶ πίστει...... | πρὸς τη........

1. « Subjectum v. 2 videtur Τύχη esse » Franz, *C. I. Gr.*, 4240 *d*, qui addit p. 1122 :
« Nisi est Τύχη, est Προνοία. »

---

548. Tlo. — Ex schedis Instituti archaeologici Vindobonensis.

[Αὐτοκράτορι Καίσαρι Δομετιανῷ Σεβαστῷ Γερμανικῷ δη]μαρ[χικῆς | ἐξου]-
5 σίας τὸ δ', | [αὐτοκράτο]ρι τὸ θ', | [πατρὶ πατρί]δος, ὑπά‖[τῳ τὸ ια', | διὰ
Π. Βαιβίου Ἰ]ταλικοῦ πρεσβευτοῦ καὶ ἀν[τιστρατήγου] ¹ | Λυκίων τὸ κοινόν.

1. Anno 85; cf. Ritterling, *Korrespondenzblatt der Westdeutsch. Zeitschr.*, XVI (1897),
col. 63. Cf. n. 551.

---

549. Tlo. — Ex schedis Instituti archaeologici Vindobonensis.

... [πατέρα] πατρίδος, τὸν σωτῆρα τῆς | οἰκουμένης·

---

550. Tlo. — *C. I. Gr.*, 4238 *d*.

Γάιον Ἄντιον Αὖλον | Αὔλου υἱὸν Οὐελτινίᾳ | Ἰούλιον Κουαδρᾶτον, | πρεσβευ-
5 τὴν ἀντι‖στράτηγον Πόντου | καὶ Βειθυνίας, πρεσ|βευτὴν [ἀντι]στράτηγον |
[Ἀ]σί[α]ς, πρεσβευ|[τὴν Σεβαστοῦ καὶ ἀντιστράτηγον Λυκίας καὶ Παμφυλίας ¹...

1. Circa annum 90. Cf. *Prosop. imp. rom.*, II, p. 209, n. 338. Cf. titulum n. 520.

551. Tlo. — Ritterling, *Korrespondenzblatt der Westdeutsch. Zeitschr.*, XVI (1897), col. 60; cf. *Amer. journal of archaeol.*, 1897, p. 417.

Ποπλίῳ Βαιβίῳ Ποπλίου | υἱῷ Ὠφεντείνᾳ Ἰταλικῷ, | ταμίᾳ Κύπρου,
5 δημάρχῳ, | πρεσβευτῇ Γαλλίας Νάρ‖βων[ος ¹, σ]τρατηγῷ, πρεσ[6|ευτῇ λε]γεῶ-
νος ιδ´ Διδύ|[μης Ἀρέ]ας Νεικητικῆς ², | [τετειμ]ημένῳ ἐν τῷ | [κατὰ Γερ]μανίαν
10 πολέμῳ ³‖ [ὑπὸ τοῦ Σ]εβαστοῦ στεφά|[νῳ χρυσ]ῷ καὶ πυργωτῷ | [καὶ οὐαλ]λαρίῳ
καὶ δόρα|[σι καθα]ροῖς γ´ ⁴ καὶ σημε|[ίοις γ´ ⁵, πρ]εσβευτῇ Αὐτοκρά|[τορος Κ]αί-
15 σαρος Δομετι‖[ανοῦ Σε]βαστοῦ Γερμανι|[κοῦ καὶ] ἀντιστρατήγῳ Λυ|[κίας
20 κα]ὶ Παμφυλίας ⁶, τῷ | [εὐεργέ]τῃ καὶ κτίστῃ καὶ |[δικαιο]δότῃ ἀγνῷ ‖ [Τλω]έων
ὁ δῆμος.

1. Legatus proconsulis Galliae Narbonensis, Vespasiano principe, postea, Tito aut Domitiano principe, praetor. — 2. Legatus legionis XIIII geminae Martiae Victricis, quae ab anno 70 Mogontiaci castra sua habebat; Cagnat, *Legio* ap. Saglio. *Dict. des Antiq.*, p. 1087. — 3. Bellum cum Cattis anno 83 gestum. Gsell, *Essai sur le règne de l'empereur Domitien*, p. 184. — 4. Donatus ab imperatore corona aurea et murali et vallari èt hastis puris III. — 5. Aut β'. Vexillis [III]. — 6. Leg. pro pr. Lyciae et Pamphyliae anno 83. Cf. alterum titulum Tloeum n. 548.

---

552. Tlo. — Ex schedis Instituti archaeologici Vindobonensis.

[Ποπλίῳ Βαιβίῳ Ποπλίου υἱῷ Ὠφεντείνᾳ Ἰταλικῷ......... πρεσβευτῇ λεγεῶ-
5 νως ιδ´ Διδύμης] Ἀρηΐου Νε‖[ικητικῆς, τε]τειμημένῳ | [ὑπὸ Αὐτ]οκράτορος |
Καίσαρος | [Δομετιανοῦ Σεβαστοῦ Γερμανικοῦ | ἐν τῷ τῆς] Γερμανίας ‖
10 [πολέμῳ ¹..........

1. Cetera vide in n. 551; cf. etiam Ritterling, *Korrespondenzblatt der Westdeutsch. Zeitschr.*, XVI (1897), col. 62.

---

553. Tlo. — *C. I. Gr.*, 4238 *b*.

Τλωέων ὁ δῆμος | Ἔπριον Μάρχελλον ¹.

1. T. Clodius Eprius Marcellus, vir Taciti praecipue testimoniis notissimus; leg. Lyciae anno 56, ex provincia repetundarum postulatus est, sed « eo usque ambitio praevaluit, ut quidam accusatorum ejus exilio multarentur. » (Tac., *Ann.*, XIII, 33). Cos. I suff. circa annum 60; II suff. anno 74. Cf. *Prosop. imp. rom.*, I, p. 415, n. 915.

554. Tlo. — *C. I. Gr.*, 4238 c.

Λούκιον Ἰούλιον Φαβίᾳ | Μαρεῖνον Καικίλιον Σίμ|πλικα ¹ τεσσάρων ἀνδρῶν |
5 ὁδῶν ἐπιμελητὴν ², χειλί‖αρχον [πλ]ατύσημ[ο]ν στρα|τ[ιώτων λεγεῶ]νος δ᾽
[Σκ]υθι|κῆς [ταμίαν καὶ ἀν]τιστρά|τη[γον ἐπα]ρχείας [Μ]ακε[δονίας...

1. Legatus Lyciae, cos. suff. anno 101 aut 102 : *Prosop. imp. rom.*, II, p. 200, n. 274.
— 2. Quattuor vir viarum curandarum.

---

555. Tlo. — *C. I. Gr.*, 4252 e.

... [Καρι]στάνιον | [Φρόντων]α πρεσβευ[τὴν καὶ ἀντιστράτηγον Λυκίας καὶ
Παμφυλίας ¹....

1. Domitiano principe, *Prosop. imp. rom.*, I, p. 304, n. 358. Cf. titulum n. 512.

---

556. Tlo. — Stein, *Arch. epigr. Mittheil. aus Oesterreich*, XIX (1896), p. 149, n. 2.

Τὸν λαμπρότατον | Τιβ. Πωλλήνιον Ἀ[ρμέ]|νιον Περεγρεῖνο[ν] | τὸν εὐγενέσ-
5 τατον ‖ ὠρδινάριον ὕπατον | καὶ ὑγιέστατον ἀνθ(ύπατον) ¹ | τῷ κοινῷ δόγματι τοῦ
10 λαμπροτάτου τῶν Λυ|κίων ἔθνους Μ. Αὐρ. | Διονύσιος ὁ Λυκιάρ‖χης καθ᾽ ἅ ἐν
τῷ κο[ι]|νοβουλίῳ ὑπέσχ[ε]‖το.

1. *Prosop. imp. Rom.*, I, p. 135, n. 869. Lyciam provinciam post annum 135 senatui
attributam administrabat praetor pro consule. Pollenius autem fuit cos. ordinarius
anno 244. Unde probabiliter conficitur ab eo Lyciam administratam esse anno 243;
hunc vero titulum, quum e provincia jam decessisset et Romae gereret consulatum,
dedicavit Lyciarcha, quod antea promiserat.

---

557. Tlo. — Ex schedis Instituti archaeologici Vindobonensis.

.... [πρεσβευτὴν καὶ ἀντιστράτηγον] | Τρα[ια]νοῦ [Κ]αίσαρος | Σεβ[ασ]τοῦ Γερ-
μανικοῦ | Δακ[ικ]οῦ ¹ ἐπαρχειῶν ‖ Λυκ[ία]ς καὶ Παμφυλίας | ἀγν[ὸ]ν δικαι[ο]δό-
την | Τλ[ω]έων ἡ βουλὴ | κα[ὶ ἡ] γερουσία καὶ | [ὁ δῆ]μος τ[ῆ] τοῦ Λυ‖[κίων]
ἔθν[ους γνώμη].

1. Post annum 102, quo labente Trajanus cognomen Dacicum accepit.

558. Tlo. — *C. I. Gr.*, 4240.

..... δήμαρ[χ]ο[ν, ἐπιμε]|λητὴν ὁδῶν, ἡγεμόνα λ[εγ(εῶνος)] | ἑκκαιδεκάτης
5 Φλαυίας Φίρ|[μης¹ καὶ] ἕκτης Σιδηρᾶς², ἐπ[ὶ] εὐ[θ]η[νίας τοῦ] ‖ στρατιωτικοῦ³,
πρεσβευτὴ[ν καὶ ἀντι]|στράτηγον Αὐτοκράτορος Λυκ[ίας] | καὶ Πα[μ]φυ[λ]ίας,
ἀ[γ]ν[ὸν] δικαιοδότ[ην] | Τλωέων ἡ βουλὴ καὶ ἡ γερουσία | καὶ ὁ δ[ῆ]μο[ς].

1. Legio XVI Flavia, a Vespasiano creata, nonnisi sub Trajano Firma cognominata esse
videtur, quo tempore cum Parthis pugnavit. — 2. Legio VI Ferrata in Syria agebat. —
3. Praefectus annonae militaris.

559. Tlo. — *C. I. Gr.*, 4236.

.... [χειλίαρχον λεγ(εῶνος) ις´] Φλαυίας Φίρμης, υἱὸν Δομι|τίου Ἀπολλει-
ναρίου τοῦ | δικαιοδότου¹, Τλωέων ἡ βουλὴ καὶ ἡ γερου|σία καὶ ὁ δῆμος.

1. L. Domitius Apollinaris, amicus Martialis et Plinii minoris, leg. Lyciae Domitiano, ut
videtur, principe, cos. designatus anno 97. Cf. *Prosop. imp. rom.*, II, p. 19, n. 114.

560. Tlo. — *C. I. Gr.*, 4252.

5 ..... ἀ]ντιστ[ράτηγον | Καίσ]αρος | [Λυ]κίας κα[ὶ | Παμφυλίας] ‖ ..... |
Ῥωμαίων.

561. Tlo. — Ex schedis Instituti archaeologici Vindobonensis.

..... εὐσεβῶ[ς .... πρεσβευ]|τὴν καὶ ἀντιστράτηγον [Αὐ]|τοκράτο[ρος]
5 .... | ἐπαρχει[ῶν Λυκίας καὶ Παμ]‖φυλίας Τλωέων [ἡ βουλὴ] | καὶ ἡ
γερ[ουσία καὶ ὁ δῆμος].

562. Tlo. — *C. I. Gr.*, 4237.

Ἰουλίαν Τερτύλλαν, | γυναῖκα Ἰουλίου Μαρεί|νου τοῦ δικαιοδότου¹ | Τλωέων
5 ἡ βουλὴ καὶ ἡ γε|ρουσία | καὶ ὁ δῆμος.

1. L. Julius Marinus Caecilius Simplex. Cf. titulum n. 554.

563. Tlo. — Ex schedis Instituti archaeologici Vindobonensis.

.... ον διὰ προγόνων ὑπάρχοντα, | Λυχιαρχήσαντα τοῦ ἔθνους | τὰς τρῖς συνα-
5 γωγὰς τοῦ κοι|νοῦ ¹ καθαρῶς καὶ ἐνδόξως καὶ ‖ ἐπὶ συμφέροντι τοῦ ἔθνους | καὶ
πρεσβεύσαντα ἐπιτυχῶς | ὑπὲρ τῆς ἐλευθερίας καὶ | τῶν νόμων ² καὶ ἱερατεύσαν|τα
10 Ῥώμης Λυκίων τοῦ κοι‖νοῦ ³ κατὰ πενταετηρίδα ⁴ φιλο|δόξως καὶ μεγαλομέρως |
καὶ ταμιεύσαντα τοῦ κοινοῦ ⁵ | καθαρῶς καὶ ἐπισ<σ>τατήσαν|τα μεταπέμπτων
15 δικασ‖τηρίων ⁶ καὶ προστάντα τῆς δω|σιδικίας ἴσως καὶ δικαίως | [κ]αὶ ἐν τῇ
λοιπῇ τοῦ βίου πολει|[τε]ία πολλὰ καὶ μεγάλα ἀν[α|λ]ώσαντα εἴς τε τὸν τῆς
π[ό]λεως σιτισμόν..........:....

1. Illo anno commune Lyciorum concilium ter actum est, mense Septembri, ut ferebat
mos, aut Octobri; cf. Fougères, *op. cit.*. p. 27, 58, 59. — 2. Ante annum 43, ut per se
patet, Romam ille legatus fuerat ad libertatem Lyciorum defendendam, sed paulo ante,
quum jam in eo esset ut tolleretur. — 3. Jam primo ante Christum saeculo deam Romam
cultam fuisse in libera Lyciorum republica noveramus. Cf. exempla quae congessit Fou-
gères, *ibid.*, p. 18, 104. — 4. In honorem Apollinis Patroi patriorumque deorum ludos
quinquennales Xanthi potissimum tum temporis celebratos esse crediderimus. Cf. Fou-
gères, *ibid.*, p. 26, 114. — 5. Aerario communis Lyciorum suum fuisse curatorem hoc
titulo jam facti sumus certiores. Fougères, *ibid.*, p. 30, 119. — 6. Tribunalia communis
memoravit Strabo, XIV, 3, 3; Fougères, *ibid.*, p. 31.

---

564. Tlo. — Benndorf et Niemann, *Reisen in Lykien*, p. 140, n. 111.

..... | καὶ εὐνοίας καὶ δικαιοσύ[νης ἕνεκα, ἧς εἶχεν εἰς τὴν] | πόλιν ἡμῶν καὶ
τὸ κοινὸν τὸ [Λυκίων]. |

　　　Σύνχαιρ', ὦ Λυκία, πάθε' Ἰ[απετοῖο παθόντι] ‖
5　　　Ἱππολόχῳ, στέψασ' ἀθα[νάτῳ στεφάνῳ].

---

565. Tlo. — Ex schedis Instituti archaeologici Vindobonensis.

..... [κτ]ίστου χ.... ¹ ...|.. καὶ ἑστιάσαντα τὴν πό|λιν κατὰ πᾶσαν ἀρχὴν
5 [τετει|μῆ]σθαι μὲν ὑπὸ τῆς πόλεως ‖ [διὰ] ψηφισμάτων, μεμαρτυρῆ|[σθαι] δὲ ὑπὸ
τῶν ἡγεμόνων δ[ιὰ | ἐπισ]τολῶν καὶ διαταγμάτων | [μ]ετὰ πάσας τὰς ἀρχὰς... |
....]ργία[ς.........

1. KPUI traditur; forsitan κυρίου, ut monet Haussoullier.

　T. III

566. Tlo. — Hill, *Journ. of hellen. studies*, XV (1895), p. 122, n. 10.

Οἵδε [ε]ὐσεβῶς διακείμενοι πρὸς τοὺς Σεβασ[τοὺς] | καὶ φιλοδόξ[ω]ς πρὸς τὸν
δῆμον ἐπηνγίλ[αντο] | εἰς τὴν κατασκευὴν τοῦ θεάτρου · | Ἀριστείδης Ἀντ[ι]-
5 γ[έ]νους τοῦ Ἀριστείδο[υ] ‖ ὁ ἱερεὺς Διονύσου διὰ βίου καὶ ἀρχιερ[ε]ὺς | [τῶν]
θεῶν μεγάλων Καβίρων δραχμὰς ¹ [τ]ρισχ[ιλίας], | Βρύων Μενελάου, φύσι δὲ
Βρύ[ω]νος, δραχμὰς ͵α.......

Truncus index eorum qui ad exstruendum theatrum pecuniam contulerant.

1. Signo ⟨ quod hic traditur non denarii, ut vult Hill, sed drachmae indicantur. Cf.
Sal. Reinach, *Traité d'épigr. gr.*, p. 549.

---

567. Tlo. — *C. I. Gr.*, 4248.

....ου Ἀνδρο[6]ίου, Ἀλεξάνδρῳ ...... καὶ [Β]ι[6]ουλείν[ῳ]? | Ἀλεξάνδρ[ῳ]
πατ[ρ]ὸς ἀδή[λ]ου [καὶ Σ]τατί[ῳ Ἀλεξά]νδρῳ β΄ τοῦ | Στεφάνου, Δαι[δ]άλῳ τῷ
καὶ Εἰφίτῳ, Καλοκαίρῳ Ἀγρι[ππ]είνου | τοῦ κα[ὶ] Στασιθέμιδος, Ἀρτείμᾳ
5 Ἀρτείμου, Εὐτυχιανῇ ‖ Εὐτυχέους [κ(αὶ)] Κλαυ(δίας) [Ο]ὐειλίας Πρόκλης ¹,
Εὐτύχει Κλαυ(δίας) Οὐειλ[ί]ας | Πρόκ[λ]ης, ᾧ Εὐτύχει συνεχωρήθη δοῦναι ἐξω-
τικοῖς συνχώ|ρημα μόνοις ὀνόμασιν ἕξ, οἷς ἂν βούληται, μὴ ἑπομένης | μήτε
αὐτῷ μήτ[ε] οἷς συν[χ]ωρεῖ γενεᾶς · μηδέν[α] δὲ ἔχειν [ἕτερον ἐξουσίαν].....

1. Claudia Vilia Procula eadem videtur fuisse atque mulier Patarea (n. 663, 664, 666),
filia Q. Vilii Proculi, procos. Cypri, quae anno 147 Patareis proscaenium dedicavit : *Pro-
sop. imp. rom.*, III, p. 434, n. 436.

---

568. Tlo. — *C. I. Gr.*, 4247.

Post 22 versus :

25   ἡ δὲ ἐπι|γραφὴ αὔ‖τη καὶ ἡ ἀσ|φάλεια ἀνα|γέγραπται | διὰ τῶν δημο|σίων
30-35 γραμμα‖τοφυλακί|ων ἐπὶ ἀρχιε|ρέ[ω]ς τῶν | Σεβαστῶν | Γαίου Ἰουλί‖ου Ἡλιο-
δώ‖[ρ]ου τοῦ καὶ | Διοφάντο[υ] ¹.

1. De eo cf. n. 526 et seq.

---

569. Tlo. — Ex schedis Instituti archaeologici Vindobonensis.

Post 15 versus :

ἐὰν δέ τις παρὰ ταῦτα | ἐνχειρήσῃ τι, ἀποτείσει τῷ τοῦ Καίσ[αρος] | ταμείῳ δηνάρια ,ζφ', ὧν ὁ ἐλέγξας λήμψε[ται.... ·] | τὸ πρῶτον ὑποσόριον ἔστω δούλων μο[υ] ‖ ...ν καὶ ἀπελευθέρων καὶ οἷς | [γράψ]ω [ἐπι]στολήν [1].

1. Supplementa nobis suppeditavit Haussoullier.

---

570. Tlo. — *C. I. Gr.*, 4245.

Post 3 versus :

ἐὰν δέ τις ϑίχα τοῦ συνχω‖ρῆσαι τὸν κατεσκευακότα Ζώσιμον θ[άψ]η | τινὰ, ὀφειλήσει τῷ ἱερωτάτῳ ταμεί|ῳ ἐπιτειμίου δηνάρια ,αφ'.

---

571. Non longe ab Oenoandis. — Petersen et Luschan, *Reisen in Lykien*, p. 159, n. 187.

Post 7 versus :

ἐπεὶ ἀποτ[εί]σει τῷ μὲν ἱε|ρωτάτῳ ταμείῳ δηνάρια ,β........

---

572. Combis. — Ex schedis Instituti archaeologici Vindobonensis.

Αὐτοκράτο[ρα] | Καίσαρα Κορνήλ[ι]|ον [Ο]ὐαλεριανὸ[ν] | ἐπιφανέστατο[ν] ‖ Καίσαρα Εὐσ[εϐῆ] | Εὐτυχῆ Σεϐασ[τὸν] [1] | [Κ]ομϐέων ἡ β[ου]|λὴ καὶ ὁ δῆμ[ος].

1. Nobilissimus Caesar in multis monumentis vocatur post annum, ut fertur, 256; *Prosop. imp. rom.*, II, p. 273, n. 124.

---

573. Pinaris. — Heberdey et Kalinka, *Denkschr. der Akad. in Wien*, XLV (1897), p. 20, n. 4.

Ἰουλ[ίαν] Σεϐασ|[τ]ὴν, θυγατέρα | Θεοῦ [Τ]ίτου [1], | [Π]ιναρέων ἡ βου‖λὴ καὶ ὁ δῆμος. |
Δομετίαν Σε|ϐαστὴν [2] Πιναρέ|ων ἡ βουλὴ καὶ | ὁ δῆμος.

1. Flavia Julia, Titi imperatoris filia, inde ab anno 81 Augusta appellata, decessit anno 91 : *Prosop. imp. rom.*, II, p. 82, n. 281. — 2. Domitia Longina, Domitiani uxor, inde ab anno 81 Augusta appellata est. *Ibid.*, II, p. 26, n. 156.

574. Pinaris. — Heberdey et Kalinka, *Denkschr. der Akad. in Wien*, XLV (1897), p. 20, n. 3.

[Α]ὐτοκράτορ[α] Νέρουαν | Τραιανὸν [Κα]ίσαρα [Σε]6[ασ]τὸν | Γερμανιχὸν [Δαχιχὸν?] ' | ἡ βουλὴ καὶ ὁ [δῆμος].

1. Post annum 102, si hoc cognomen recte suppletum est.

575. Pinaris. — Heberdey et Kalinka, *Denkschr. der Akad. in Wien*, XLV (1897), p. 21, n. 5.

[Αὐ]τ[ο]κράτορα Καίσαρα Τίτον Α[ἴλι]ον | ['Α]δριανὸν 'Αντωνεῖνον Σεβαστὸν |
5 [Εὐ]σεβῆ, [πατ]έρα πατρίδος, | Πιναρέων ‖ ἡ βουλὴ καὶ ὁ δῆμος.

576. Pinaris. — Ex schedis Instituti archaeologici Vindobonensis.

Λιχίννιον Μουσ[αῖ]ον, | Λιχιννίου Λόνγου | καὶ Μαρχίας [Λ]υχίας [υ]ἰὸν ', |
5 ἔγγονον Μαρχίου Τιτι‖ανοῦ, χειλιάρχου καὶ δὶς | πρειμοπειλαρίου ², Ζώσιμος
['Επι]τυνχάνοντος ἐχ[φο]ρια[σ]τὴς ³ | τὸν κτήτορα τῶ[ν] χωρίων, μνήμ[ης]
10 χάριν, ‖ ἥρωα.

1. Licinnius Longus Lyciarchä fuit anno 127; cf. n. 500, col. III, v. 24-43. — 2. Licinnii Musaei matrem Marciam Lyciam genuerat Marcius Titianus, tribunus militum et bis primipilus, de quo cf. n. 500, col. III, 28. — 3. Ita restituit Benndorf. Vox inaudita.

577. Sidymis, in epistylio Augustei. — Benndorf et Niemann, *Reisen in Lykien*, p. 62, fig. 43.

Θεοῖς σωτῆρσι Σεβαστοῖς ἐπὶ Κο[ίντου Οὐηραν]ίου πρεσβευτοῦ | Τιβερίου Κλαυδίου Καίσαρ[ος Σεβαστο]ῦ ἀντιστρατήγου '.

1. Q. Veranius, cos. a. 49, Lyciam sub Claudio rexit, fortasse primus quum provincia facta est, anno 43 : *Prosop. imp. rom.*, III, p. 399, n. 266.

578. Sidymis. — Benndorf et Niemann, *Reisen in Lykien*, p. 63, n. 30.

Τιβερίῳ Κλαυδίῳ Αὐτοκράτορι Καίσαρι Σεβαστῷ Γε[ρμανιχῷ καὶ.... 'Αρ]τέμιδ[ι... τὴν στ]οὰν κα[τε]σκεύ[ασαν | καὶ καθιέ]ρωσαν Τιβέριος Κλαύδιος

Σεβ[αστοῦ ἀπ]ελεύθερος Ἐπάγαθος, ἰατρὸς, ἀκκῆσσος ' τοῦ ἰδίου [πάτρωνος καὶ Τιβέριος Κλαύδιος Τιβερίου υἱὸς Κυρείνᾳ Λειουιανὸς?..] [2].

1. Medicus, accensus patroni; cf. de Ruggiero, *Diz. epigr.*, I, p. 20 et seq. — 2. Restitutum ex alio titulo Sidymeo; cf. n. 579.

---

579. Sidymis. — Benndorf et Niemann, *Reisen in Lykien*, p. 64, n. 32.

[Τιβέριον Κλαύδι]|ον Αὐτοκράτορα | Καίσαρα Σεβαστὸν | Γερμανικὸν Ἐπά|-
γαθος ἀπελεύθε|ρος, ἰατρὸς ἀκ[κῆ]σ|σος ' τοῦ ἰδίου πά|τρωνος, καὶ Τιβέριος |
Κλαύδιος Τιβερίο[υ] ‖ υἱὸς Κυρείνᾳ Λειούι|ανὸς [2] τὸν ἑαυτῶν | [εὐεργέτην].

1. Cf. n. 578. — 2. Fortasse pater aut avus illius Liviani, equitis romani, qui praefectus praetorio fuit Trajano principe : *Prosop. imp. rom.*, I, p. 384, n. 734, 735.

---

580. Sidymis. — Benndorf et Niemann, *Reisen in Lykien*, p. 64, n. 33.

[Θεὰν Π]λωτείνην | [Σεβαστὴν, γυν]αῖκα Αὐτοκράτορο[ς | Νέρουα Τραιαν]οῦ
Σεβαστοῦ Καίσα[ρος | Γερμανικοῦ Δα]κικοῦ ', ‖ [Σιδυ]μέων ἡ βου[λὴ] καὶ ὁ
δῆ[μος].

1. Post annum 102. Pompeia Plotina, Trajani uxor, obiit anno 122.

---

581. Sidymis. — Benndorf et Niemann, *Reisen in Lykien*, p. 67, n. 41. 42; *Nachträge*, p. 157.

In parte dextra :

Τιβ. Κλαύ[διον] Τηλέμαχον ' Ξάν[θ]ιον καὶ Σι|δυμέα, τὸν λαμπρότατον ὑπα-
τικὸν [2], | ἐν πολλοῖς ἀνδραγαθήσαντα [πρ]ότερον, | γενόμενον δὲ καὶ ταμίαν
['Α]χαί[α]ς, ‖ σεμνότατον πρεσβ[ευτ]ὴν Ἀ[σ]ίας, καὶ τὸν | οἰκιστὴν Λαοδικέω[ν]
Ἱεραπολειτῶν [3], | λογιστὴν Κ[αλλ]ατιαν[ῶ]ν πόλεως Μυσ[ί]ας [4] | ....
[πατέρα τοῦ] | συνκλητικοῦ Τιβ. Κλ. Στασιθέμιδο[ς] [5] ‖ καὶ τῆς κρατίστης Κλ.
Ἀρσινόης [6], | πάππον τοῦ κρα(τίστου) συνκλητικοῦ Τιβ. Κλ. | Αὐρ. Τηλε-
μάχου [7], Σιδυμέων | ἡ βουλὴ καὶ ὁ δῆμος κρίσει τὸν αὐτῆς | πολείτην καὶ
εὐεργέτην.

In parte sinistra :

‖ Τι[β.] Κλ. Ἄρσασιν [8] Ξανθίαν | καὶ Πιναρίδα τὴν κρατίσ|την ὑπατικὴν,

γενομένην | γυναῖκα τοῦ λαμπροτάτου | ὑπατικοῦ Τιϐ. Κλ. Τηλεμάχ[ου],
20 μητέρα τοῦ κρατίστου συν‖[κ]λητικοῦ Τιϐ. Κλ. Στασιθέμι[δος] .... ⁹ |νευτὸν
Σιδυμέων | ἡ βουλὴ καὶ ὁ δῆμος.

1. *Prosop. imp. rom.*, I, p. 402, n. 825. — 2. Cos. suff. sub finem saeculi II. —
3. Leg. Asiae instauravit Laodiceam ad Lycum et Hierapolin, urbes Phrygiae, fortasse
sub Antonino, postquam terrae motu conciderunt (Ael. Aristid., *Or.* 43; *Vit. Antonin.*
9, 1; Pausan., VIII, 43, 4; Philostr., *Vit. soph.*, II, p. 49, 26, ed. Kayser; Dio, LXX, 4;
Orac. Sibyll., III, 471). — 4. Curator Callatianorum civitatis Moesiae. — 5. *Prosop. imp.
rom.*, I, p. 400, n. 817. — 6. *Ibid.*, p. 403, n. 832. — 7. *Ibid.*, p. 360, n. 660. — 8. *Ibid.*,
p. 403, n. 831. — 9. ἀνδριάντα χω supplent editores.

---

582. Sidymis. — Benndorf et Niemann, *Reisen in Lykien*, p. 71, n. 50 et *Nachträge*,
p. 157.

Ἐπὶ ἀρχιερέος τ[ῶν Σεϐα]στῶν Διογέν[ους] γ΄ τοῦ Μητροδώρου, Δείου β΄ ¹,
εἰσηγησαμένου τοῦ γραμ|ματέως τῆς βο[υλῆς Δη]μοσθένους το[ῦ Ἀν]δροϐίου,
ἐπιψηφισαμένου δὲ τοῦ ἱερέος τῶν Σεϐαστῶν Ἀλεξάν|δρου τοῦ Λύσω[νος]. Ἐπεὶ
διὰ τοὺς [εὐ]τυχεστάτους καιροὺς τοῦ θειοτάτου Αὐτοκράτορος Καίσαρος |
5 .... Σεϐαστοῦ Εὐσεϐοῦς Εὐτυχοῦς ², καὶ διὰ τὴν τοῦ κρατίστου‖ ἀνθυπά-
του Γαίου Πομπωνίου Βάσσου Τερεντιανοῦ ³ περὶ τὰς πόλεις αὔξησιν, καὶ ἡ ἡμε-
τέρα | πόλις ἐψηφίσατο σύστημα γεροντικὸν ⁴ κατὰ τὸν νόμον, ἐννόμου βουλῆς καὶ
ἐκλησίας ἀγομέ|νης, ἔδοξεν γραφῆναι ψήφισμα τῷ κρατίστῳ ἀνθυπάτῳ δι᾽ οὖ
παρακληθῆναι καὶ αὐτὸν συνεπικυρῶσαι | τὴν τῆς βουλῆς καὶ τοῦ δήμου κρίσιν
Χ ⁵ δι᾽ ἅ ⁶ τύχῃ ἀγαθῇ δεδόχθαι Σιδυμέων τῇι βουλῇ καὶ τῷ δήμῳ | συνγεγράφθαι
τόδε τὸ [ψ]ήφισμα ὃ καὶ ἀναδοθῆναι αὐτῷ ὑπὸ τοῦ ἀξιολογωτάτου Λυκιάρχου,
10 πολε‖του ἡμῶν, Τι. Κλ. Τηλεμάχου ⁷ Ξαν[θ]ίου καὶ Σιδυμέως. Πομπώ-
(νιος) Βάσσος ἀνθύ(πατος) Σιδυμέων | ἄρχουσι βουλῇ δήμῳ χαίρειν · τὰ καλῶς
γεινόμενα ἐπαινεῖσθαι μᾶλλον προσ|ήκει ἢ κυροῦσθαι, ἔχει γὰρ τὸ βέϐαιο[ν]
ἀφ᾽ ἑαυτῶν · ἐρρῶσθαι ὑμᾶς εὔχομαι. Ἐκομίσθη ἐπὶ τοῦ αὐτοῦ Λυκιάρχου
Ἀπελλαίου κγ΄ ⁸, ἐνεγράφη ὑπὸ Εὐέλθοντος τοῦ καὶ Εὐτυχέους Τελεσίου Σιδυ-
μέος....... ⁹ γυμνασιαρχήσαντος τῆς γερουσίας [π]ρώτου.

1. Die II mensis Januarii. — 2. Nomina erasa sunt Μάρκου Αὐρηλίου Κομμόδου Ἀντωνείνου
potius quam Elagabali aut Severi Alexandri, quorum uterque *Pius Felix Aug.*, non *Aug.*
Pius Felix dicatur. Καιροὶ εὐτυχέστατοι illius Caesaris putantur esse *saeculum aureum
Commodianum* (Dio, LXXII, 15, 6). Huc accedunt ea quae praesumuntur de aetate Ti.
Claudii Telemachi Lyciarchae (v. 9-10), de quo cf. *Prosop. imp. rom.*, I, p. 402, n. 823,

Itaque haec scripta esse videntur inter annum 185, quo Felix Commodus audiit, et
192, quo periit. — 3. *Prosop. imp. rom.*, III, p. 76, n. 531. Regit provinciam procos.,
non leg. Aug. pr. pr.; Lyciam enim et Pamphyliam Hadrianus anno 135 senatui tradi-
derat administrandas (Dio, LXIX, 14). — 4. Cf. n. 583. Γερουσίαν in civitate sua insti-
tuendam quum senatus populusque Sidymeorum decrevisset, decretum retulit Lyciarcha
ad proconsulem, qui ratum id a se factum esse epistola ad Sidymeos missa respondit.
— 5. Interpunctio (Le Bas et Waddington, 595, 1621). — 6. Ut διὸ (ibid., 82, 1611). —
7. Ti. Claudii Telemachi nomina in rasura rescripta sunt. — 8. Die XXIII mensis
Februarii, eodem anno. Ab illa demum die « proconsularis sanctio valebat, Sidymeorum-
que propositum ratum firmumque fiebat » (Fougères, *De Lyciorum communi*, p. 80.) —
9. Post nomina Evelthontis erasus est lapis, ut in alio titulo Sidymeo (*Reisen, loc. cit.*,
n. 52, v. 54), profecto quia de Commodo mentio aliqua huc incidebat.

---

583. Sidymis. — Benndorf et Niemann, *Reisen in Lykien*, p. 69, n. 45.

In parte dextra :

M. Αὐρ. Εὔκαρπο[ς Ἱεροκλέους ¹] | M. Αὐρήλιον Εὔκαρπον | Ἱεροκλέους
5 τοῦ καὶ Εὐκάρ|που Σιδυμέα, τὸν ἀξιο‖λογώτατον ἱερέα καὶ | προφήτην διὰ
βίου | τῶν προηγετῶν θεῶν | Ἀρτέμιδος καὶ Ἀπόλλω|νος, πατέρα τοῦ ἀξιο-
10 λο‖γωτάτου M. Αὐρ. Εὐκάρπου | τρὶς γενομένου νεοκόρου | τῆς ἐπιφανεστάτης
15 θεοῦ | Ἑκάτης, ἄνδρα τῆς ἀξιολο|γωτάτης Λυκιαρχίσσης ‖ M. Αὐρ. Χρυσί[ο]υ
τῆς καὶ | Νεμεσὼ Διονυσίου Ἀλκίμου δὶς | Παταρίδος καὶ Σιδυμίδος ², | πρωτεύ-
20 σαντα, πολειτευ|σάμενον τὰ ἄριστα, καὶ ἐφ᾽ ᾧ ‖ κατέλιπεν τῷ ἱερῷ συστέ|ματι
τῶν τριάκοντα χωρίῳ | Ἰσπάδοις ³, Σιδυμέων | ἡ βουλὴ καὶ ὁ δῆμος.

In parte sinistra :

5 .... | Μαρκίαν Αὐρηλίαν Νεμεσοῦν τὴν καὶ ‖ Χρυσίον Διονυσίου Ἀλκί-
μου δὶς Παταρίδα | καὶ Σιδυμίδα, τὴν ἀξιολογωτάτην γυναῖκα | τοῦ ἀξιολο-
γωτάτου Μάρκου Αὐρηλίου Εὐκάρπου | Ἱεροκλέους τοῦ καὶ Εὐκάρπου Σιδυμέως,
) καὶ | ἡ ἐνταῦθ[α πα]τρὶς ἀμειβομένη τὴν ‖ μεγαλόφρονα αὐτῆς πολειτείαν,
βουλῆς | καὶ δήμου κρίσει.

1. Cf. n. 584. — 2. Cf. n. 584. Animadverte Chrysii Lyciarchissae maritum Eucarpum
nunquam Lyciarcham fuisse ; unde apparet eam prius alteri viro nupsisse qui gesserat
Lyciarchiam, quo etiam mortuo illa suum honorem retinuit. Fougères, *op. cit.*, p. 102.
— 3. In loco Sidymorum Ispadis, ceterum ignoto, quem legaverat sacro corpori xxx viro-
rum ; hi autem nihil aliud videntur fuisse nisi σύστημα γεροντικὸν (cf. n. 582, v. 6), sive
γερουσία, in qua eum quoque πρωτεῦσαι opinantur editores, quanquam de hac dignitate
aliter alii sentiunt. Cf. Liebenam *Städteverwalt.*, p. 295,

584. Sidymis. — Benndorf et Niemann, *Reisen in Lykien*, p. 68, n. 43, 44.

In parte dextra :

Τὸν ἀξιολογώτατον καὶ πρῶ|τον τῆς πόλεως γεγονότα | Μ. Αὐρ. Εὔκαρπον
5 Ἱεροκλέους ¹, | ἄνδρα μεγαλόφρονα, σώφρον[α], ‖ δίκαιον, ἱκανὸν εὐεργέτην, |
συνγενῆ ἀρχιφυλάκ[ω]ν, | Λυκιάρχων, γεγο[νότ]α ἱερέα | [τῶν προηγετῶν | θεῶν
10 Ἀρτέμιδος καὶ Ἀπόλλωνος ² πατέρα] ‖ δὲ τοῦ ἀξιολογωτάτου υἱοῦ | αὐτοῦ Μ.
Αὐρ. Εὐκάρπου τρὶς, | πρὸ τῆς ἐπιφανοῦς νεοκο|ρείας ³ τελέσαντα ὑποφυ|λακίαν
15 τῷ ἔθνει, τὴν ἀκόλου‖θον τειμὴν ἡ πατρὶς εἴλατο | βουλῆς καὶ δήμου κρίσει.

In parte sinistra :

Τὴν ἀξιολογωτάτην καὶ σεμνοτάτην φιλόπολιν καὶ φι|λάγαθον Λυκιάρχισσαν
Μ. Αὐρ. Χρυσίον τὴν καὶ Νεμε|σοῦν Διονυσίου Ἀλκίμου δὶς Παταρίδα καὶ Σιδυ|-
20 μίδα, γυναῖκα γεγονυῖαν τοῦ ἀειμνήστου θείου ‖ αὐτῆς Μ. Αὐρ. Εὐκάρπου,
μητέρα τοῦ ἀξιο|λογωτάτου Μ. Αὐρ. Εὐκάρπου τρὶς, γενομένου | ὑποφύλακος τοῦ
ἔθνους καὶ νεοκόρου τῆς προ|καθηγέτιδος θεοῦ Ἑκάτης, τε[λ]έσασαν | τῇ πατρίδει
25 ἱερωσύνην Σεβαστῶν, καὶ τὰς [δ]ύο ‖ τῶν νέων γυμνασιαρχίας καὶ τὰ[ς] λού-
σεις [καὶ τὰ ἐλαιοθέσια? παρασχοῦσαν....... | .... ξέ]|νοις καὶ πολείταις, καὶ
[π]α[ραυτίκα παραδοθ]σαν | τῇ πόλει καὶ τὴν τοῦ υἱο[ῦ ἀείμνηστον δωρεὰν] τῶν |
30 χωρίων ⁴, καὶ ἀφορίσασαν [πάντας τοὺς ἀγρ]οὺς εἰς νο‖μὰς τῶν πολειτῶν ⁵,
πολειτευομένην ἐπὶ πᾶσιν σωτηρίως καὶ συνφερόντως, ἀναλόγως τῷ | καθ᾽ αὐτὴν
ἀξιώματι, Σιδυμέων | ἡ βουλὴ καὶ ὁ δῆμος | τὴν εὐεργέτην (?) βουλῆς καὶ δήμου ‖
35 κρίσει.

1. Cf. n. 583. — 2. Cf. n. 583, v. 5. — 3. Hecates profecto. Cf. n. 583, v. 11, quod
de filio memoratur. — 4. Statim civitatem in possessione omnium locorum constituit,
sub monte Crago sitorum, quos filius Sidymeis legaverat liberalitate nunquam intermo-
ritura. Cf. n. 583. Usum enim fructumque matri suae, quoad viveret, reliquerat; quem
illa abnuit. — 5. Reditus omnium agrorum suorum destinavit ad divisiones civibus
faciendas.

---

585. Sidymis. — Benndorf et Niemann, *Reisen in Lykien*, p. 70, n. 46.

[Μ. Αὐρ. Εὔκαρπον τρὶς γενόμενον ὑποφύλακα | τοῦ ἔθνους καὶ νεωκόρον τῆς
προκαθηγέτιδος] | θε[οῦ Ἑκ]άτης, υἱὸν τῶν ἀξιολογω|τάτων Μ. Αὐρ. Εὐκάρπου
5 Ἱεροκλέου[ς] ‖ καὶ Χρυσίου τῆς καὶ Νεμεσὼ | Διονυσίου Ἀλκίμου δὶς ¹, ἀπὸ |
Λυκιαρχίας, συνγενῆ ἀρχιφυλά|κων καὶ Λυκιάρχων, καταλιπόντα | τῇ πόλει

πάντα τὰ περὶ τὸν Κρά‖γον ² γεγονότα αὐτοῦ χωρία δι' ὧν | ἔθετο διαθηκῶν, τὴν ἀεί|μνηστον δωρεὰν χαλκῇ | εἰκόνι ἠμείψατο ἡ πατ[ρὶς] | βουλῆς καὶ δήμου [κρίσει].

1. De patre et matre ejus, cf. n. 583, 584. — 2. Mons Sidymis vicinus; cf. supra, n. 488.

---

586. Sidymis. — Benndorf et Niemann, *Reisen in Lykien*, p. 63, n. 37.

[Τιβέριον Κλαύδιον Καισιανὸν] | Ἀγρίππαν ¹ Ἑλένη ἡ καὶ Ἄφφι|ον Ἰάσονος τοῦ Διογέν[ους] | Τελμησσὶς, [κ]αθὼς διετά‖ξατο ὁ υἱὸς αὐτῆς Ἀπολ|λωνίδης τετράκις. |

... [ἀρχιερέα] | τῶν Σεβαστῶν καὶ γραμμα|τέα [Λ]υκίων τοῦ κοινοῦ, πα‖τέρα Τιβερίου [Κ]λαυδίου | Καισιανοῦ Ἀ[γρ]ίππου ἀρχιερέ|ως τῶν Σεβαστῶν καὶ γραμ|ματέως [Λυκίω]ν τοῦ κοινοῦ, | τετειμημένον ὑπό τε τῆς ‖ πόλεως καὶ τοῦ ἔθνους, | [Τ]ιβέριος Κλαύδιος Καισιανὸς | [Ἀγρί]ππας τὸν [ἑαυτοῦ πα]τέρα.

Vestigia litterarum in tertia columna supersunt.

1. Cf. n. 587, 588.

---

587. Sidymis. — Benndorf et Niemann, *Reisen in Lykien*, p. 65, n. 36.

Τιβέριον Κλαύδιον | Καισιανὸν Ἀγρίππαν ¹ | [Ἑλέν]η ἡ καὶ Ἄφφιον | Ἰάσονος τοῦ Διογένους ‖ Τελμησσὶς, καθὼς διε|τάξατο ὁ υἱὸς αὐτῆς | Ἀπολλωνίδης τετράκις.

Cf. n. 586, 588.

---

588. Sidymis. — Benndorf et Niemann, *Reisen in Lykien*, p. 66, n. 38.

Ἀγαθῇ τύχῃ. | Ἐξ ὧν κατέλι|πεν τῇ Σιδυ|μέων πόλει ‖ χρημάτων | Τιβέριος Κλ. | Καισιανὸς | Ἀγρίππας ¹ ἀ|πὸ τῶν τόκων ‖ κατεσκευά|σθη ἡ στέγη | τοῦ τετραστό|ου.

1. Cf. n. 586, 587.

---

589. Sidymis. — Benndorf et Niemann, *Reisen in Lykien*, p. 65, n. 35.

[Κοίντον Οὐηράνι]ον Κοίντου Οὐηρανίου Πτολεμαίου ¹ | υἱὸν Κυρείνα Ἰάσ]ονα,

ἀρχιερεύσαντα τῶν Σεβαστ[ῶν | καὶ γραμματεύσ]αντα καὶ ἱερατεύσαντα καὶ
5 ἀρ[χιφυλακ|ήσαντα τῷ ἔθνει κ]αὶ πρεσβεύσαντα πρὸς τοὺς Σεβαστ‖[οὺς εἰς
Ῥώμην δωρ]εὰν, τελέσαντα δὲ καὶ τῇ πατρίδ[ι | τὰς λειτουργίας πάσ]ας, τει-
μηθέντα ὑπὸ τῆς πόλεως......

1. Videtur Ptolemaeus, aut aliquis ex ejus majoribus civitatem accepisse a Q. Veranio,
leg. Aug. pr. pr. Lyciae sub Claudio. Cf. n. 577. Testantur editores titulum Hadriano
principe vix recentiorem esse.

---

590. Sidymis. — Benndorf et Niemann, *Reisen in Lykien*, p. 70, n. 49.

.... [1] | [ἀρχιερατεύσ]αντα τῶν Σεβαστῶν, καὶ δὶς πρυτανεύσαντα |
[καλῶς καὶ δαπανηρῶς, κ]αὶ πρεσβεύσαντα εἰς Ῥώμην πρὸς τοὺς Σεβαστο[ὺς |
5 πλειονάκις ὑπὲρ τῆς] πατρίδος εὐτυχῶς καὶ ὑποφυλακήσαντα Λυκίων ‖ ...
[ἀρ]γύριον, καὶ δεκαπρωτεύσαντα καὶ πάσας τὰς ἀρχὰς τε‖[λέσαντα τῇ πατρίδι,
ποι]ησάμενον δὲ καὶ ἐπιδόσεις ἀργυρικὰς [κα]ὶ ἑ[σ]τιάσει[ς | πολλὰς, διαφέροντα
τῇ] ἀναστροφῇ, [ζ]ήσαντα κοσμίως καὶ μεγαλοφρόνως, ἐπιδόντα | [δὲ καὶ ὑπὲρ
τοῦ υἱοῦ αὐ]τοῦ Δημοσθένου [τῇ] πόλει δωρεάν..., ὥστε [ἐ]κ τῶν καθε[σ]τώτων
τόκων ὑπάρχειν ἐ]πίδοσιν τοῖς πολείταις ἐν τοῖς καθε[στῶσ]ι ἀρ[χ]αιρεσί[οις, ‖
10 εὐ]νοίας καὶ [εὐε]ργεσίας ἕνεκεν.

1. Traditur : A.M...TA.ΑΛΩΝ ΚΑΙ ...Λ.ΟΝΩΤΑΤ...ΟΝΩΝ.

---

591. Sidymis. — *C. I. Gr.*, 4264; Benndorf et Niemann, *Reisen in Lykien*, p. 82, n. 70.

In sepulcro Epagathi cujusdam inscriptus erat annus :

ἐπὶ ἀρχιε[ρέως] .....ίντου, Ἀπελλαίου....... [1].

1. Februarii mensis die incerta.

---

592. Sidymis. — Benndorf et Niemann, *Reisen in Lykien*, p. 78, n. 54.

Φλάυιος Φαρ[ν]άχης | Φλαυίαν Νάν[υ]ην | τὴν θυγατέρα, | ἀρχιερατεύσασαν ‖
5 [τ]ῶν Σεβαστῶν [1], καὶ τειμηθεῖσαν | ταῖς πρώταις τειμαῖς | ὑπὸ τοῦ ἔθνους καὶ
10 τῆς | πόλεως, καὶ ὑπ[ὸ τοῦ ἔθνους] ‖ καὶ ταῖς δε[υτέραις τειμαῖς] [2], | ζήσασαν
σ[εμνῶς] | καὶ ἐνδόξω[ς].

1. Cum flamine marito; Fougères, *op. cit.*, p. 110. — 2. Cf. supra n. 516.

593. Sidymis. — Benndorf et Niemann, *Reisen in Lykien*, p. 70, n. 48.

... ἀρχιφύλαχος Λυχίων | ..... ἀρχι[φ]υλαχείας τῆς μεγάλης | .... ἡ πατρὶς βουλῆς χαὶ | δήμου ‖ δόγματι.

---

594. Sidymis. — Benndorf et Niemann, *Reisen in Lykien*, p. 70, n. 47.

[Τὴν ἀξιολογω]τάτην νεωχόρον Μαρχίαν | Αὐ[ρ]ηλίαν Ἀριστοτέλειαν τὴν χαὶ Ἀνδρο|6ιανὴν, θυγατέρα. τοῦ ἀξιολογωτάτου | Μ. Αὐρ. Ἀντιπατριανοῦ Δημοσθένους ‖ τοῦ χαὶ Ἀνδροβίου Σιδυμέως χαὶ Ξανθίου, | γενομένου ὑποφύλαχος Λυχίων, | πρυτάνεως Ξανθίων μητροπόλεως | τοῦ Λυχίων ἔθνους [1], τῆς δὲ πα|τρίδος ταύτης γραμματέως, γυμνα‖σιάρχου, ἱερέως Σεβαστῶν, κατὰ τὸ | ....

1. Lyciae metropoles quinque novimus, Xanthum, Patara, Tlon, Telmessum, Myra. Fougères, *op. cit.*, p. 57.

---

595. Sidymis. — *C. I. Gr.*, 4266 *b*.

Οἱ ν[έ]ο[ι] Μᾶρχον Αὐ[ρ]ή[λ]ιο[ν | ..... Νει]|χόλαον Ἱπποχράτους, | Πιναρέ[α χα]ὶ Σιδυμέ[α], υἱ||ὸν [μ]ὲν τῆς Δημητρία[ς], | ἐ[ξ]άδελφον Δημητρία[ς] | Πτολεμαίου, ἱερατεύ|σαντα θεᾶς Ῥώ[μ]ης, Λυ|χίων τοῦ ἔθνους ε[ὐ]ερ[γέτην]..........

---

596. Sidymis. — Benndordf et Niemann, *Reisen in Lykien*, p. 66, n. 39.

Διομήδην Λύσωνος Σιδυμέ[α] | Λύσων Διομήδου τὸν ἑαυτοῦ πατέρα τειμη|θέντα ταῖς ὑπογεγραμμέναις τειμαῖς. | Σ[ι]δυ[μ]έων ὁ δῆμος ἐτείμησεν ταῖς πρώταις ‖ χαὶ [δευ]τέ[ρ]αις χαὶ τρίταις τειμαῖς [1] Διομή|δην Λύσωνος, πρυτανεύσαντα δὶς δαπανη|ρ[ῶς χα]ὶ ἱερατεύσαντα τῶν Σεβα[σ]τ[ῶ]ν ἐν|δόξως χαὶ γυμνασιαρχήσαντα φιλοδόξως χαὶ | τελέσαντα πάσας τὰς ἀρχὰς καὶ ἑστιάσαντα τὸν ‖ δῆμον τρὶς, καὶ πρεσβεύσαντα πρὸς τοὺς Σεβασ|τοὺς, καὶ πολειτευσάμενον πρὸς ὠφελίαν τῆς | πόλεως καὶ πίστει καὶ διχαιοσύνῃ καὶ ἀρετῇ διενέ|χαντα.

1. Cf. n. 516.

597. Sidymis. — Benndorf et Niemann, *Reisen in Lykien*, p. 73, n. 51.

Ἀγαθῇ τύχῃ · | οἱ πρώτως κατα|ταγέντες ἰς τὴν γερουσίαν βουλευταί.

Sequuntur nomina XLIX virorum, ex quibus tres tria nomina romano more habent. Titulus scriptus est aetate Commodi ut n. 598.

---

598. Sidymis. — Benndorf et Niemann, *Reisen in Lykien*, p. 74, n. 52.

Δημόται. Sequuntur nomina virorum L, ex quibus septem tria nomina habent.

In fine :

[Ἐνεγρ]άφησαν | [ὑπὸ] Εὐέλθοντος | [τοῦ] καὶ Εὐτυχέους | [Τελ]εσίου Σιδυ-
5 μέος, ‖ γυμνασιαρχήσαντος | τῆς γερουσίας πρώτ[ου].

Ejusdem aetatis est ac n. 597.

---

599. Sidymis. — Benndorf et Niemann, *Reisen in Lykien*, p. 78, n. 55.

[Τὴν σ]ωματοθήκην κατεσκεύασα Μ. Αὐρ. Πτολεμαῖος [ὁ καὶ | Ἀριστ]όδημος
Ἀριστοδήμου τοῦ καὶ Λύσωνος Ἀρισ...... | Σιδυμεύς, ἀρχιατρὸς τετειμη|μένος
5 ὑπὸ τῶν Σεβαστῶν [κ]αὶ τῆ[ς] ‖ πατρίδος ἀλιτουργίᾳ¹, ἑαυτῶι | καὶ γυνα[ι]κί
μου Μ. [Α]ὐρ. Λάλλᾳ | Πτολεμαίου Διον[υσ]ίου Σι[δ]υ[μ]|έως · ἐξουσίαν δὲ
10 ἔξουσιν κ|[αὶ] τὰ γλυκύτατα τέκνα ἡμῶν ‖ [Ἀριστ]όδημος καὶ Πτολεμαῖ[ος, |
ἐὰν β]ουλη[θῶ]σιν, καὶ αὐτοὶ [καὶ | τὰ τέκνα αὐτῶν] · ἄλλῳ δὲ μηδενὶ |
15 ἐξέστω θάψαι τινά, ἤ ἀσεβὴ[ς] | ἔσται καὶ ἱερόσυλος, καὶ ἀπο‖[τεισ]άτω τῷ
ἱερωτάτῳ τα|[μιείῳ]².......

1. Quomodo Caesares faverint archiatris popularibus v. ap. Liebenam, *Städteverw.*, p. 100 et 103, n. 5. — 2. In titulis Sidymeis hae etiam indicuntur multae funerales : Benndorf et Niemann, *op. cit.*, p. 79, n. 57 : ἀπο|τεισάτω φίσκῳ δηνάρια ε; *Ibid.*, p. 80, n. 63 : ἀποτ[είσει τῷ ἱερω]τάτῳ ταμ[ιείῳ | δηνάρια] α.

---

600. In Letoo, inter Xanthum et Pydnas. — Benndorf et Niemann, *Reisen in Lykien*, p. 122, n. 92.

Αὐ[τοκρ]άτορα Νέρουα Τραιανὸν | Καίσαρα Σεβαστὸν Γερ[μ]ανι[κ]ὸν |
[Δ]α[κικὸν¹ Ξανθίων] ἡ πόλις, ἡ τοῦ Λυκίων | [ἔθνους] μητρόπολις.

1. Post annum 102.

601. In Letoo. — Benndorf et Niemann, *Reisen in Lykien*, p. 123, n. 94.

[Αὐτοχράτορα Καί]σαρα | [Τραιανὸ]ν | ['Αδριανὸν Σεб]αστὸν | ['Ολύμπιο]ν.

Supplementa admodum incerta sunt.

---

602. In Letoo. — Benndorf et Niemann, *Reisen in Lykien*, p. 123, n. 95.

['A]ννίαν | [Φαυσ]τεῖναν | [Σεбασ]τήν.

Annia Faustina minor, ut videtur, uxor M. Aurelii, quae anno 146 Augusta appellata est, decessit anno 176 : *Prosop. imp. rom.*, I, p. 77, n. 533.

---

603. In Letoo. — Benndorf et Niemann, *Reisen in Lykien*, p. 122, n. 93; *Nachträge*, p. 157.

Ξανθίων ἡ βουλὴ καὶ ὁ [δῆμος] | ἐτείμησεν χρυσῷ στε[φάνῳ] | καὶ εἰκόνι
5 χαλκῇ Τιбέριον [Κλαύ]|διον Τιбερίου Κλαυδίου Ἰά[σο]ǁνος υἱὸν Κυρείνᾳ Ἀγριπ-
πεῖ[νον ¹, | Ῥ]ωμαῖον καὶ Παταρέα καὶ Ξάνθ[ιον] | καὶ Μυρέα, πολειτευόμενον δὲ
καὶ ἐν ταῖς κατὰ [Λυ]|κίαν πό[λ]εσι πάσαις, τὸν ἀρχιερέα τῶν Σεбαστ[ῶν καὶ |
10 γ]ραμματέα Λυκίων τοῦ κοινοῦ, ἀρχιερατεύσα[ντα δὲ] ǁ τῶν Σεбαστῶν καὶ ἀγωνο-
θετήσαντα ἐν τῇ ἡγμ[ένη | π]ανηγύρει ἐν τῷ παρ' ἡμεῖν ἀγιωτάτῳ ἱερῷ τῆς
Λη|[τ]οῦς εὐσεбῶς καὶ φιλ[οδό]ξως, ποιησάμενον δὲ καὶ [ἀ|ρ]γυρικὰς τῇ πό[λ]ει
καὶ τῷ [ἔ]θνει ἐπιδόσεις, τετειμη[μ]|ένον καὶ ὑπὸ [Λυκίων τ]οῦ κοινοῦ ταῖς πρώ-
15 ταις [κα|ὶ δ]ευτέραις καὶ τρίταις τειμαῖς ², καὶ ὑπὸ τοῦ κο[ιν|ο]ῦ τῶν ἐπὶ τῆς
Ἀσίας Ἑλλήνων καὶ ὑπὸ τῶν ἐ[ν Π|α]μφυλίᾳ πόλεων, προγόνων ὑπ[άρ]χοντα |
[στ]ρατηγῶν καὶ ναυάρχων ³, ἄ[ν]δρα [μ]|εγαλόφρονα, χρηστόν, λό[γ]ῳ [κ]αὶ
20 [πί|στει κ]αὶ δικαιοσύνη διαφέρον[τα | ἀρετ]ῆς ἕνεκεν.

1. Idem fortasse etiam vir clarissimus fuit : *Prosop. imp. rom.*, I, p. 348, n. 634. —
2. Cf. n. 516, 592, 596. — 3. Ante annum 43, cum sua Lyciis erat libertas, στρατηγός
dicebatur ipse Lyciarcha, quod etiam postea aliquando duravit, quum « hoc vocabulum
omni publica auctoritate jam exutum esset » (Fougères, *op. cit.*, p. 28). Ναύαρχοι autem,
Lyciarchis parentes, nulli fuere post sublatam libertatem. Cf. n. 607.

---

604. In Letoo. — Benndorf et Niemann, *Reisen in Lykien*, p. 123, n. 97.

Λυκίων τὸ κοινὸν | Σέ[ξ]τον Κλ. Κλημεντια|νὸν Κτησικλέα, καθὼς | ἐψηφίσατο

5 τὸ ἔθνος, ‖ Λυκιαρχοῦντος τοῦ | ἀξιολογωτάτου Μάρ. Αὐρ. | Κυρείνᾳ Λαίτου τοῦ
καὶ | Παίτου.

---

605. In Letoo. — Benndorf et Niemann, *Reisen in Lykien*, p. 123, n. 96.

....είδην τρὶς τοῦ Ἀπολλωνίου | Ξάνθιον, ἄνδρα ἔνδοξον ἐκ προγό|νων, βου-
5 λευτὴν, ἄρξαντα τῇ πατρίδι | ἀγορανομίαν πόλεως, πρυτα[ν]εύσα[ν]‖τα β΄ καὶ
ἐν ἐθ[νικ]ῇ πανηγύρει γυμνασι|αρχήσαντα τῶν νεῶν β΄, ἀγωνοθετή|σαντα β΄ τῶν
πατρώ[ω]ν θεῶν [1] μεγίστην | καὶ ἐπώνυμον ἀρχὴν [2], τειμηθέντα καὶ ὑπὸ | τῶν
10 ἱερῶν ξυστικῆς τε καὶ θυμελικῆς συν‖όδων εἰκόνι τε γραπτῇ καὶ ἀνδριάντος |
ἀναστάσει, ἱερατεύσαντα καὶ ταμιεύσαν|τα τῶν πατρώων θεῶν [3], ταμείαν πόλε|ως,
15 ἐργεπισ|τατήσαντα τοῦ ἐν πόλει γυ‖μνασίου, καὶ βωμοῦ χαλκέου τῶν πατρώ|ων
θεῶν, τελέσαντα δὲ καὶ τὰς λοιπὰς λει|τουργίας καὶ ὑπὲρ τῶν ἐγγόνων, | Ξαν-
20 θίων, τῆς μητροπόλεως τοῦ Λυ|κίων ἔθνους, ἡ βουλὴ καὶ ὁ δῆμος ἐτεί‖μησεν τῷ
ἀνδριάντι ἐπὶ τῇ τοῦ βίου......

1. Apollo, Diana, Latona, qui in Letoo colebantur. — 2. Hoc munus Benndorf idem
esse existimat atque ἀρχιέρειαν communis, Xanthiorum autem proprium esse Fougères,
op. cit., p. 32, n. 1, quod dicatur ille vir ἐπώνυμος ἀγωνοθέτης, non ἀρχιερεύς; cf. p. 114.
— 3. Haec profecto intelligenda sunt de templi curatore (Fougères, *op. cit.*, p. 119, n. 4),
quanquam curatorem communis aerarii Lyciorum jam novimus; cf. n. 563, not. 5.

---

606. Inter Pydnas et Xanthum in miliario. — Petersen et Luschan, *Reisen in Lykien*,
p. 62, n. 121 a.

5 Αὐτοκράτορ|σιν Κ[α]ίσαρσιν | Γαίῳ [Οὐ]αλ(ερίῳ) | Διοκλ[ητιανῷ] ‖ καὶ
Μάρ. Αὐρ. | Οὐαλ(ερίῳ) Μ[α]ξιμιανῷ | Εὐ[σε]6[έσιν] Εὐτυ|χέσιν Σε6(αστοῖς) | καὶ
10 Φλα. Οὐαλ(ερίῳ) ‖ Κωνσταντίῳ | καὶ Γαλ[ερίῳ] | Μαξι[μι]ανῷ | ἐπιφ(ανεστάτοις)
15 Καίσ(αρσιν) [1] | Ξανθίων ‖ ἡ μητρόπολ[ις].

1. Inter diem I mensis martii 292, qua Constantius I et Galerius Caesares vocati sunt,
et annum 305, quo Augusti.

---

607. Xanthi super portam. — A, ex schedis Instituti archaeologici Vindobonensis;
B, Le Bas et Waddington, III, n. 1251.

A. *Meridiem versus :*

Αἴχμων Ἀπολλοδότου | [Σαρπ]ηδόν(ι)ος [1] αἱρεθεὶς [2] ὑπὸ | [Λυκ]ίων ἐπὶ τοῦ

ἐπαναχθέντος στρατοπέδου | x[α]ὶ ἐπὶ τῶν τὰ ἐναντία ταξάντων τῷ ἔθνει ‖ καὶ
[π]ροσ[κα]ρτηρήσας πά[ν]τα τὸν στρατείας | χρόνον φιλοπόνως, καὶ φιλοκινδύνως |
καταγωνισάμενος τοὺς ὑπεναντίους, Ἄρῃ [3] χαριστήριον |.

B. *Septentrionem versus :*

Αἴχμων Ἀ[π]ολλοδότου Σαρπηδόνιος | ναυαρχήσας [4] κατὰ πόλεμον ἐκ πάν-
των [5] Λυκίων ‖ καὶ καταναυμαχήσας περὶ Χελιδονίας [6] τοὺς ὑπεναντίους | καὶ
ἀποβὰς εἰς τὴν χώραν αὐτῶν καὶ καταφθείρας | καὶ τρὶς παραταξάμενος | καὶ
νικήσας πάσαις ταῖς μάχαις, | Σαρπηδόνι καὶ Γλαύκῳ ἥρωσι [7] χαριστήριον.

1. Ex vico aliquo Xanthiorum ; cf. v. 8. — 2. Ut στρατηγός; Fougères, *op. cit.*, p. 29. —
3. More romano, ut opinatur Benndorf, Marti victor monumentum dedicat. — 4. Navar-
cha Lyciis post libertatem a Claudio ademptam nullus jam fuit. Antea bellum intulerunt
piratis Pamphyliis et Cilicibus anno 103 ante C. n. M. Antonius, annis 78-74 P. Servilius
Isauricus, anno 67 Pompeius. Alicui illorum adfuisse terra (A) marique (B) videtur
Aechmon. Fougères, *op. cit.*, p. 29, not. 5. — 5. [ἀ]πάντ[ω]ν Wadd. — 6. Insulae sitae
contra littus Gagarum, Lyciae civitatis. — 7. Lycii heroes.

---

608. Xanthi. — *C. I. Gr.*, 4267.

[Π]οσ[ει]|δῶνι | εὐχὴ | Μαυσώ‖λου ἀλα|βάρχου [1].

1. Ἀλαβάρχης, cujus nomen quid significet etiam nunc ignoratur, videtur aetate impera-
toria fuisse procurator certis vectigalibus exigendis praepositus, qui pecunias ingentes
tractaret. Alius alabarcha in Euboea (*Bull. de corr. hellén.*, XVI, 1892, p. 119), plerique
autem Alexandriae hactenus innotuerunt; cf. Marquardt, *Organis. de l'emp. rom.*, II, p. 410.

---

609. Xanthi. — Le Bas et Waddington, III, n. 1253.

[Αὐτ]οκράτορα Καίσ[α]ρα | Οὐεσπασιανὸν Σεβαστὸν τὸν σω|τῆρα καὶ εὐεργέτην
τοῦ κόσμου | Ξανθίων ἡ βουλὴ καὶ ὁ δῆμος, ‖ διὰ Σέξτου Μαρκίου Πρείσκου |
πρεσβευτοῦ αὐτοῦ ἀντιστρατήγου [1].

1. Leg. pr. pr. Lyciae sub Vespasiano anno incerto ; *Prosopogr. imp. rom.*, II, p. 338,
n. 174.

---

610. Xanthi. — Le Bas et Waddington, III, 1254; Benndorf et Niemann, *Reisen in
Lykien*, p. 91, n. 74. Inter schedas Instituti archaeologici Vindobonensis.

[Αὐτ]οκράτορι Καίσαρι | Οὐεσπασιανῷ Σεβαστῷ τῷ σω|τῆρι καὶ εὐεργέτῃ τοῦ

5 κόσμου | Ξανθίων ἡ βουλὴ καὶ ὁ δῆμος, ‖ διὰ Σέξτου Μαρκίου Πρείσκου πρ|εσ-
βευτοῦ αὐ[τοῦ ἀντιστρατήγου ¹, τοῦ] τελειώσαντος τὸ ἔργον.

1. Cf. n. 522 Lapis videtur olim super portam urbis fuisse collocatus. Alia opera
publica in urbibus Lyciis Vespasiano principe exstructa vide n. 466, 507, 509.

---

611. Xanthi. — Ex schedis Instituti archaeologici Vindobonensis.

.... [δη]|μαρχικ[ῆς ἐξουσίας τὸ..], | αὐτοκρά[τορα τὸ..], | ὕπατον [τὸ..],|
πατέρα π[ατρίδος].

---

612. Xanthi. — Le Bas et Waddington, III, n. 1230.

[Βα]σιλέα Πτολεμαῖ[ον, | βασι]λέως Ἰόβα [υἱὸν ¹, Λυκίων] | τὸ κοινόν.

1. Ptolemaeus, Jubae filius, rex Mauretaniae (annis 23-40 p. C.), C. Caesaris conso-
brinus, socius atque amicus populi Romani; *Prosop. imp. rom.*, III, p. 103, n. 764.

---

613. Xanthi. — Ex schedis Instituti archaeologici Vindobonensis.

Τιβ. Κλ. Ἄτταλον | συνκλητικὸν, | Τιβ. Κλ. Στασιθέ|μιδος υἱὸν, Κλ. ‖
5 Τηλέμαχος | ὁ θεῖος ¹, βουλῆς | καὶ δήμου ψηφίσ|ματι.

1. Stasithemis (*Prosop. imp. rom.*, I, p. 400, n. 817) et Telemachus minor filii fuerunt
Telemachi majoris (cf. n. 614). Attalus igitur vixit altero saeculo exeunte aut tertio
ineunte ; idem fortasse citatur in *Prosop. imp. rom.*, I, p. 351, n. 652.

---

614. Xanthi. — Ex schedis Instituti archaeologici Vindobonensis.

[Τι]β[έρι]ον Κλαύδιον Τηλέμαχο[ν] ¹, | τὸν ἀρίστης μνήμης λαμπρ[ό]|τατον
ὑπα[τικὸ]ν, γενόμενο[ν ἀνθ]ύπατο[ν Ἀφ]ρικῆς, Τιβέρι[ος Κλαύδιος | .... ὑπ᾽
5 αὐτοῦ] ἀπηλε[υθερω|μένος....]χητον.

1. *Prosop. imp. rom.*, I, p. 402, n. 825. Gessit Lyciarchiam paulo post annum 124 ;
Heberdey, *Opram.*, p. 69. Hic primum accipimus eum fuisse proconsulem Africae ; quo
anno fasces obtinuerit incertum est.

615. Xanthi. — Benndorf et Niemann, *Reisen in Lykien*, p. 92, n. 76; cf. p. 137.

...ος Κλαυδιανὸς ¹ | ...ος τὰς ἐν ἱππικῇ [τάξει ἀρχὰς | διελθὼ]ν μέχρι ἐπιτρο-
πι[χῶν ², τοῦ γέ|νους] πρῶτος συνκλητιχὸς [γενόμενος τοῦ ‖ δή]μου Ῥωμαίων ³
χαὶ πρεσβε[υτὴς ἀντιστράτηγος | ἐπ]αρχειῶν Ἀχαίας χαὶ Ἀσί[ας χαὶ ⁴ λεγεῶν]|ος
δευτέρας Τραιανῆς [Ἰσχυρᾶς χαὶ ἀ]|νθύπατος Μαχεδ[ονίας] | τῇ πατρίδι τῇ
μητροπ[όλει].

1. *Prosop. imp. rom.*, I, p. 346, n. 621. — 2. Munera equestris ordinis persecutus
usque ad procuratoria. — 3. [Gentis suae] primus senator factus populi Romani. —
4. Ἀσί[ας, ἔπαρχος λεγεῶν]ος Mommsen, *Reisen, loc. cit.*, quod legioni II Trajanae Forti,
quae in Aegypto tendebat, praeesset praefectus ordinis equestris. Respondit Klebs cur-
sum honorum non posse adeo turbatum esse ut munus equestre in mediis honoribus
senatoriis insertum fuerit; quare idem ponit aut legionem II per aliquantum temporis
extra Aegyptum castra habuisse, aut titulum pertinere ad aetatem quae Elagabalum fere
secuta est, quum minus servarentur leges, quae jubebant sua esse equitibus munera,
suos senatoribus honores.

---

616. Xanthi. — Le Bas et Waddington, III, n. 1256.

Γάιον Ἰούλιον Σατουρ|νῖνον ὑπατιχὸν, ἡγεμό|να χαὶ τῆς ἡμετέρας | ἐπαρχείας
γενόμενον ¹, ‖ ἄριστον χατὰ πᾶσαν ἀρετὴν, | Ξανθίων τῆς | μητροπόλεως τοῦ
Λυ|χίων ἔθνους ἡ βουλὴ χαὶ | ὁ δῆμος.

1. Anno incerto; *Prosop. imp. rom.*, II, p. 212, n. 359.

---

617. Xanthi. — Ex schedis Instituti archaeologici Vindobonensis.

..... ἀφιερ]ώσαντος [Π]λανχίου (?) ¹ Κλωδια[νοῦ ² πρεσβευτοῦ | χαὶ ἀντιστρα]-
τήγου τοῦ Σεβαστοῦ ².........

1. Σιλανχίου schedae. — 2. Fortasse Claudianus ille, alio titulo Xanthio notus (n. 615),
qui fuit leg. Aug. pr. pr. Achaiae et Asiae (*Prosop. imp. rom.*, I, p. 346, n. 621), quan-
quam hic Lyciam quoque videtur rexisse, quoniam monumentum ipse consecravit.

---

618. Xanthi. — Stein, *Arch. epigr. Mittheil. aus Oesterr.*, XIX (1896), p. 147, n. 1.

.... ε|..... μι........ ανιατ|... [Πολληνία]ν Ὀνωρᾶταν, ἐχγόνη[ν] | Φλ. Λατρω-
νιανοῦ ¹ ὑπατιχοῦ, ‖ ποντίφιχος, ἐπάρχου Ῥώμης, | [χα]ὶ Αὔσπιχος ² ὑπατιχοῦ

Βρι|ταννίας, Μυσίας, Δακίας, Σπα|νίας, ἐν χώρᾳ Σεβασ[τ]οῦ δικά|σαντος ³,
10 προεχγόνην Αὔσπι|κος ⁴ ὑπατικοῦ, ἀνθυπάτου | Ἀφρικῆς, ἐπάρχου ἀλειμέν|των
Ἀππίας καὶ Φλαμιν[ί]ας | τρὶς, κυινδεκεμουίρου ⁵, ἐν | χώρᾳ Σεβαστῶν ⁶ δια-
5 γνόντος, ὑπατικοῦ Δαλματίας, ‖ θυγατέρα Τιβ. Πο[λληνίου] | Ἀρμ[ενίου Περε-
γρείνου ⁷...........

1. Vir ignotus, avus maternus Honoratae. — 2. [Ti.? Pollenius] Auspex, avus paternus
Honoratae. — 3. Magistratus qui dicebatur *vice sacra judicans* aut *cognoscens* (διαγιγνώ-
σκων v. 14), sive *judex sacrarum cognitionum*, inter consulares electus, vice imperatoris
causas judicabat de quibus provinciales a praeside imperatorem appellaverant;
Mommsen, *Droit public*, V, p. 276-277. — 4. [A.? Pollenius] Auspex, proavus paternus
Honoratae; *Prosop. imp. rom.*, III, p. 60, n. 410. — 5. Ut xv vir sacris faciundis prae-
fuerat ludis saecularibus celebratis anno 204 p. C. n. Legatus autem fuerat Moesiae
inferioris circa annum 196; *Prosop.*, *loc. cit.* — 6. Septimius Severus et Caracalla. —
7. Cos. ordinarius anno 244; *Prosop. imp. rom.*, I, p. 135, n. 869; Lyciam rexit circa
annum 243 (cf. titulum n. 556).

---

619. Xanthi. — Le Bas et Waddington, III, n. 1258.

Ξανθίων ἡ πόλις | ἡ τοῦ Λυκίων ἔθνους | μητρόπολις Οὐλ|πίαν Φίλαν γενο-
5 μέ|νην γυναῖκα τοῦ | κρατίστου Αὐρηλίου | Λαρίχου ¹.

1. Romanus magistratus aliquis; *Prosop. imp. rom.*, I, p. 210, n. 1272; III, p. 466,
n. 585.

---

620. Xanthi. — Le Bas et Waddington, n. 1252.

[Ο]ἱ στρατευσάμε[ν]οι | [κ]ατὰ πόλεμον ἐν τῷ | [ν]αυτικῷ Αἴχμ[ων]ι | [Ἀ]πολ-
5 λοδότο‖[υ] Ξανθίῳ, ναυάρχῳ | Λυκίων ¹, ἡρῷον.

1. Cf. n. 607, not. 4.

---

621. Xanthi. — Benndorf et Niemann, *Reisen in Lykien*, p. 93, n. 77.

Μ. Αὐρ. Εὔελθοντα Ἀλε|ξάνδρου β΄ Ξάνθιον Λυ|κίων τὸ κοινὸν ἐτείμησεν |
5 χρυσῷ στεφάνῳ καὶ εἰκόνι ‖ χαλκῇ ἀρχιφυλακήσαντα | ἐπεικῶς, ἱερασάμενον | τῷ
10 ἔθνει καὶ τῶν Σεβα|στῶν ¹ μετὰ ἐπιδόσεω[ν] ², | γραμματεύσαντα, γ[υ]‖μνασιαρ-
χήσαντα γ΄, τ[ει]|μηθέντα ἐν τῷ ἔθν[ει], | ἀγωνοθετήσαντα | [μετὰ] τῶν υἱῶν

¹⁵ ἀρχιφυ....|... ὑποφυλακίαν..‖... ατείας δύο, πρ...|... β, ἱεραιωσυν...|... ων
²⁰ ἀγωνοθεσ...|....η δύο πρεσβε...|...ικαῖς Ῥωμ....‖....ατον αυ....|....ηον γυ..|.

1. Provincialis sacerdos Augustorum sub flamine (Fougères, *op. cit.*, p. 106, n. 4). —
2. Cum donativis.

---

622. Xanthi. — Ex schedis Instituti archaeologici Vindobonensis.

Ἑρμογένην [Φιλώ]του τοῦ | Ἀλεξάνδρου Ξάνθιον, ἀγωνισάμενον | παίδων
⁵ πάλην ἐτῶν ιζ′ καὶ μ(ηνῶν) δ′ | ἐν τῷ ἐπιτελεσθέντι ἀγῶνι ‖ πρώτῳ θέμιδος ἐκ
διαθήκης | Τιβ. Κλ: Καισιανοῦ Ἀγρίππα ¹, νει|κήσαντα καὶ ἐκβιβάσαντα κλή|-
¹⁰ ρους ἐξ ² ἄπτωτον, ἀγωνοθε|τοῦντος τῆς θέμιδος διὰ βί‖ου τοῦ ἀξιολογωτάτου
φι|λοπάτριδος Λυκιάρχου Τιβ. | Κλ. Τηλεμάχου ³, Ξανθίων ἡ | τοῦ Λυκίων
¹⁵ ἔθνους μη|τρόπολις, καθὼς ὁ δια‖θέμενος διεστείλατο.

1. Cf. n. 623-626. — 2. Cf. n. 626. — 3. Cf. n. 623-626.

---

623. Xanthi. — Ex schedis Instituti archaeologici Vindobonensis.

Πάγκαλον Μουκιανοῦ | τοῦ Παγκάλου Ξάνθιον, | υἱὸν ἀνδρὸς ἐπισήμου |
⁵ βουλευτοῦ τελέσαντος ‖ ἀρχάς, δημοτικὴν μὲν | μίαν, βουλευτικὰς δὲ | πάσας,
⁰ ἀγωνισάμενον | ἀνδρῶν πάλην ἐν τῷ | ἐπιτελεσθέντι ἀγῶνι ‖ πρώτῳ θέμιδος ἐκ
δια|θήκης Τιβ. Κλ. Καισιανοῦ | Ἀγρίππα ¹, νεικήσαντα καὶ ἐκβιβάσαντα κλή-
⁵ ρους | ἐννέα ² ἄπτωτον, ἀγω|νοθετοῦντος τῆς ‖ θέμιδος διὰ βίου τοῦ | ἀξιολο-
γωτάτου φιλο|πάτριδος Λυκιάρχου | Τιβ. Κλ. Τηλεμάχου ³, Ξαν|θίων ἡ τοῦ
⁰ Λυκίων ‖ ἔθνους μητρόπολις, καθὼς ὁ διαθέμενος | διεστείλατο.

1. Cf. 622, 624-626. — 2. Cf. n. 626. — 3. Cf. n. 622, 624-626.

---

624. Xanthi. — Ex schedis Instituti archaeologici Vindobonensis.

Φιλοκλῆς ὁ Λυ|κιακὸς Θεοκλέ|ους τοῦ καὶ Πο|πλίου, Ξάνθιος ‖ καὶ Σιδυμεύς, |
ἀγωνισάμενος | ἀνδρῶν πάλην | ἐτῶν εἴκοσι | θέμιδος τῆς ἐπι‖τελεσθείσης | ἀπὸ
δωρεᾶς Τιβ. | Κλ. Ἀγρίππα ¹, | ἀγωνοθετοῦν|τος διὰ βίου τοῦ ‖ ἀξιολογω-
τάτου | Λυκιάρχου Τιβ. | Κλ. Τηλεμά|χου ², Ξανθίων | [ἡ τοῦ Λυκίων ἔθνους ‖
μητρόπολις, καθὼς | ὁ διαθέμενος | διεστείλατο].

1. Cf. n. 622, 623, 625, 626. — 2. Cf. n. 622, 623, 626.

625. Xanthi. — Petersen et Luschan, *Reisen in Lykien*, p. 5, n, 12.

Τ. Ποππώνιον | Ἀρποχρᾶν Ξάνθιον | καὶ Παταρέα, υἱὸν ἀνδρὸς | ἐπισήμου
5 βουλευτοῦ, ‖ ἀγωνισάμενον ἀνδρῶν | πάλην ἐν τῷ ἐπιτελεσθέ|ντι ἀγῶνι θέμιδος
10 ἐκ δια|θήκης Τιβ. Κλ. Καισιανοῦ | Ἀγρίππα¹, νεικήσαντα καὶ ‖ [ἐκ]βιβάσαντα
κλήρους η΄ ² | [ἄ]πτωτον, ἀγωνοθετοῦ|ντος......

1. Cf. n. 622-624, 626. — 2. Cf. n. 626.

626. Xanthi. — Le Bas et Waddington, III, n. 1257.

Κοίντον Ἀπολλωνίου | δὶς τοῦ Σαλ[β]άσου Ξάν|θιον, πατρὸς καὶ προγό|νων
5 βουλευτῶν, ἀγωνι‖σάμενον ἀνδρῶν πάλην | ἐν τῷ ἐπιτελεσθέντι ἀγῶ|νι θέμιδος
10 γ΄ ἐκ διαθήκης | Τιβ. Κλ. Κασιανοῦ ¹ Ἀγρίππα, | νεικήσαντα καὶ ἐκβιβάσαν‖τα
κλήρους δ΄ ², ἀγωνοθε|τοῦντος τῆς θέμιδος διὰ | βίου τοῦ ἀξιολογωτάτου | φιλο-
15 πάτριδος Λυκιάρχου | Τιβ. Κλ. Τηλεμάχου ³, Ξαν‖θίων ἡ τοῦ Λυκίων ἔθνους |
μητρόπολις, καθὼς ὁ δι|αθέμενος διεστείλατο.

1. Corrige : Καισιανοῦ cf. n. 623 et 625. — 2. « Removit sortes IV », ut in ludis aiebant cum paria athletarum sortibus componebantur; quatuor athletas vicit secum compositos. — 3. Lyciarcha circa annum 125, ut possumus conjicere; Heberdey, *Opram.*, p. 69. Cf. supra n. 614.

627. Xanthi. — Benndorf et Niemann, *Reisen in Lykien*, p. 92, n. 74. Inter schedas Instituti archaeologici Vindobonensis.

.....[τῶν Σ]εβαστῶν Σέξτον Οὔ[λπιον..... ...τῆς μητροπ]]όλεος τοῦ Λυκίων
ἔθν[ους Ξάνθου, τῆς κρατίστης πό]]λεος ἡμῶν, Κλαυδία Τι[τιανὴ ἐκ τῶν κατὰ] |
5 διαθήκην ἀπολειφθέν[των αὐτῇ ὑπὸ Κλα‖υδιανοῦ τοῦ εὐεργέ[του].

628. Xanthi. — Ex schedis Instituti archaeologici Vindobonensis.

[Ξ]ανθίων ἡ βουλὴ καὶ ὁ δῆμος ἐτείμησεν χρυσῷ στεφάν[ῳ | χ]αὶ εἰκόνι χαλκῇ,
ταῖς πρώταις καὶ δευτέραις τειμαῖς | [χ]αὶ τῇ διὰ βίου προεδρίᾳ Κοίντον Οὐηρά-
5 νιον Κοίντου | Οὐηρανίου Εὐδήμου ¹ υἱὸν Κλοστομείνᾳ Τληπόλε‖μον, Ῥωμαῖον
καὶ Ξάνθιον, πολειτευόμενον δὲ καὶ | ἐν ταῖς κατὰ Λυκίαν πόλεσι πάσαις, ἄνδρα
καλὸν | [καὶ ἀ]γαθὸν καὶ φιλόδοξον καὶ φιλόπατριν καὶ μεγαλό|[φρ]ονα καὶ

ἤθεσιν καὶ λόγοις καὶ σωφροσύνῃ κεκοσμη‖[μέ]νον, Κοίντου Οὐηρανίου Εὐδήμου
υἱοῦ Κλοσ[το‖μείνᾳ] Εὐδήμου, Ῥωμαίου καὶ Ξανθίου, ἠρχιερατευκό‖[το]ς [τῶν
Σεβ]αστῶν καὶ γεγραμματευκότος ἐν τῷ ἔ[θ|ν]ει [2] [καὶ πολλὰ καὶ] κατ' ἰδίαν τῇ
πόλει καὶ κοινῇ τῷ ἔθνε[ι | ἀνη]λωκότος, προγόνων δὲ ἐπιφανῶν καὶ πολλὰ τῇ
π[ατ|ρί]δι παρεσ[χ]ημένων, ἀρχιερατεύσαντα τῶν Σεβασ[τ]‖ῶν [3] τῷ ἔθνει φιλο-
δόξως καὶ πλεῖστα ἀναλώσαντ‖[α], τετειμημένον ὑπὸ Λυκίων, πρεσβεύσαντα
πολλά[κ|ι]ς πρὸς τοὺς αὐτοκράτορας, δόντα τῇ πόλει καὶ ἀργυρ[ίου δηνάρια......

1. Patris ipsius majores nomen suum profecto duxerant a Q. Veranio, leg. Aug. pr. pr.
Lyciae inter annos 43 et 49; cf. n. 577. — 2. Anno incerto Hadriani, ut videtur, impe-
rantis. — 3. Anno 149 p. C. n.; Heberdey, *Opram.*, p. 71.

---

629. Xanthi. — Ex schedis Instituti archaeologici Vindobonensis.

.... ἐν τέχναισι σημαίνει τινὸς |
.... ἀλλὰ [1] τοῖς οὐκ εἰδόσιν |
.... φράζει γραμμάτων σαφὴς τύπος |
.........ος οὗτός ἐστιν Λυκιάρχου πατρὸς ‖
.........φον μητρὸς εὐτεχνωτάτης |
.... [ἀν]έστησέν τε καὶ ἀφειδρύσατο. |
Τηλεμάχου πάππο[υ] |....
Τηλέμαχον τὸν εοντ....

1. .....ΝΝΑΛΛΛΑ traditur.

---

630. Xanthi. — Hill, *Journ. of hellen. studies*, XV (1895), p. 123, n. 12.

Εὐτυχέα Ἀπ|πελλείδου | τοῦ Εὐτυχέ|ους βουλευ‖τὴν παντάρ|χοντα [1] | μνή|μης
ἅριν | οἱ συν[έ]φηβοι.

1. Fortasse unus ex senatoribus κοινοβουλίου Lyciorum, ne putetur esse ex urbis sena-
ribus.

---

631. Xanthi. — Ex schedis Instituti archaeologici Vindobonensis.

Φίλιππον δὶς τοῦ Ἑστιαίου, Τλω|έα καὶ Ξάνθιον, ἄνδρα καλὸν καὶ | ἀγαθὸν

ὑπάρχοντα διὰ προγό|νων καὶ κοινῇ ἐν τῷ ἔθνει καὶ κατὰ ▌ πόλιν δείγματα τῆς
καλοκἀγαθίας | δεδωκότα, τειμῆς καὶ ἀποδο|χῆς καὶ παρὰ τοῖς δικαιοδόταις [1]
ἠ|ξιωμένον, ἱερατεύσαντα τῶν Σε|βαστῶν καὶ πλεῖστα εἰς τὴν [ἱερ]οσ[ύ]▌νην ἀνη-
λωκότα εἴς τε ἐπιδόσεις | καὶ ἣν ἐτέλεσεν πανήγυριν δαπα|νηρῶς καὶ ἐπιτυχῶς,
δόντ[α δὲ καὶ] | ἐν τῷ ἱερῷ τῆς Λητοῦς προκυνηγίας [2] | καὶ ταυρομαχίαν καὶ
15 θηρομαχίας (ὡς?) διη▌μιλλῆσθαι ταῖς τῶν τοῦ ἔθνους ἀρχι|ερέων φιλοδοξίαις,
καὶ πάσῃ ἀρετῇ | διαφέροντα.

1. Romani provinciarum praesides saepe juridici vocantur. — 2. Vox nova. Sine dubio
genus aliquod prolusionis, quod ante edebatur quam venationes incipiebant.

---

632. Xanthi. — Benndorf et Niemann, *Reisen in Lykien*, p. 94, n. 86.

Αὐρ. Πρυτανιχοῦ διδασ|κάλου τὸ ἡρῶι|ον.

---

633. Xanthi. — Hill, *Journ. of hellen. studies*, XV (1895), p. 123, n. 11.

Γάιος Λιχίννιος Λ[ιχιν]|νίου Κρατίππου υ[ἱὸς] | Σεργίᾳ Φλαβιανὸς Ἰά[σων] |
5 Γάιον Λιχίννιον Ἰάσο[να] ▌ τ[ὸ]ν πάππον μνήμης ἕ[νεχεν].

---

634. Xanthi. — Ex schedis Instituti archaeologici Vindobonensis.

Σέξστον Μάρχιον | Ἀπολλωνίδου υἱὸν Κυρείνᾳ | Ἀπολλωνίδην [Ῥ]ωμαῖον καὶ |
5 Ξάνθιον, τετε[ι]μημένον ▌ ὑπὸ τῆς [β]ουλῆς καὶ τοῦ δήμο[υ], | οἱ ἀνειμένοι τοῦ
ἐνχυκλίου | τοπιχοῦ τέλους [1] ἀνέστησαν | ἐκ τοῦ ἰδίου κατὰ τὴν διαθήκην | ἀπο-
10 λιπόντος αὐ[τοῦ] εἰς τὸν ▌ τῆς ἀτελείας λόγον [2] ἀργυρίου | δηνάρια τρισμύρια.

1. Qui immunes erant ab universis illius loci muneribus. — 2. Pro immunitate, ut ex
illa pecunia civitati pensaretur eorum immunitas.

---

635. Xanthi. — Kirchhoff, *Monatsber. der preuss. Akad.* (1865), p. 611-614.

.....ησαν ἀπὸ.....|...αι....ται στεφαν[οῖ ὁ δῆμος ὁ Ξανθίων |... χ]ατὰ τὰ
[πάτρια] Στασίθεμ[ιν] Σι[δυμέα?, | πολι]τευόμενον [δ]ὲ καὶ ἐν ταῖς [ἄλλαις]
5 πόλεσι πάσαις, χρυσῷ στεφάν[ῳ γραπτ]|ῷ, ἄνδρα ἀγαθὸν διὰ προγόνων [γενό-

μεν]|ον καὶ π[ροσ]τα[τή]σ[α]ντα ταῖς [ἑορ]τ[αῖς τῶν θ|υ]σιῶν καὶ ἀγωνοθετή-
σαντα κ[αὶ πρεσ|6]εύσαντα εἰς 'Ρώμην καὶ ἐν πάσ[η τῇ πολ]|ειτείᾳ ἀρετῇ διε-
νέγκαντα [καὶ τιμ]|ηθέντα ὑπὸ τοῦ κοινοῦ τοῦ Λ[υκίων τετ]|ράκις καὶ δόντα
χρήματα δω[ρεὰν τῷ κ]|οινῷ εἰς τὰς θυσί[α]ς καὶ τοὺς [ἀγῶνας καὶ] | ἄλλα τὰ
ἀναλισκόμενα διὰ [τὰς ἑστιά]|σεις, τὰς κατὰ πενταετηρίδα [γενομένας], | ἀρετῆς
ἕν[εκεν] τῆς εἰς ἑατὸν · ἐὰν δέ τις τού|των οἷς ἕκαστα προστέτα[κ]ται...[ἢ |
π]αραβῇ τ[ὰ ἐπ]εσταλμένα, [ἢ] ἐξ...|τάτη καθ' ὀνδ[ή]ποτε τρόπον, ‖ ὁ ἀγω-
νοθέτης....

V. 15 et seq. Supplementa addidit Haussoullier.

---

686. Xanthi. — *C. I. Gr.*, 4277.

Post 5 versus :

ἐὰν δέ τις ἕτερον θάψῃ, | ἀποδοῦναι αὐ[τ]ὸν τῷ ἱερω|τάτῳ ταμείῳ δηνά-
ρια ,βφ'.

---

637. Xanthi. — Petersen et Luschan, *Reisen in Lykien,* p. 4, n. 9.

Post 7 versus :

[ἐ]ὰν δέ τις παρὰ τοῦτο ποιήσῃ, | ὑποκείσεται αὐτοῦ τὰ ὑπάρ‖χοντα τῷ
ἱερωτάτῳ ταμείῳ | καὶ τῇ πρὸς τοὺς κατοιχομένους ἀρᾷ.

---

638. Xanthi. — *C. I. Gr.*, 4268.

In sepulcro, quod sibi paravit Zozimus Epaphroditi, post 3 versus legitur :

ἐ[ν] τῇ ἑβδόμῃ τοῦ ['Α]πε[λλ]αίου μηνὸς ¹ [ἐπὶ] ἀρχιερέ[ως] Ταυρείνου.

Ex titulis Xanthiis hanc etiam multae funeralis taxationem excerpsimus : *Journ. of
hellen. studies,* XV (1895), p. 106, n. 13. Τῷ ἱερωτάτῳ ταμείῳ δηνάρια [,β]φ'.

1. Die VII mensis Februarii.

---

639. Arneis. — Hula, *Jahreshefte des Oesterr. arch. Inst.,* V (1902). p. 200.

Αὐτοκράτορι Ν[έρ]ουᾳ Τ[ρα]ιανῷ Καίσαρ[ι] Σεβ[α]σ|τῷ Γερμανικῷ Δ[α]κικῷ

τὸ ἕκτον ¹ Διότειμος Οὐ|άσσου τοῦ Διοτείμου καὶ Λάλλα Τειμάρχου | τοῦ Διο-
5 τείμου, ἡ γυνὴ αὐτοῦ, ἐπεσ<σ>κεύασαν τὸ ‖ παρόχιον ² καὶ τὰ ἐν αὐτῷ, ταχεῖον
[γ]ενόμενον | γυμνάσιον, ἀναλώσαντες ἐκ τῶν ἰδίων εἰς | τὴν ἐπισ<σ>κευὴν
α[ὐ]τοῦ δηνάρια τρισχείλια.

1. (Consul) VI — nam cognomen Dacicus obstat quin suppleamus : trib. pot. — inter
annos 112/117 p. C. n. — 2. Mansio qua publicum hospitium iis praebebatur qui rei
publicae causa peregre ibant. Cf. Liebenam, *Städteverw.*, p. 90. Arneis illi mansioni
Diotimus et Lalla non a fundamentis novam domum exstrui, sed veterem jusserant
accommodari, quae prius (ταχεῖον) fuerat gymnasium; vide Hula, *loc. cit.*, not. 7.

---

640. Arneis. — Hula, *Jahreshefte des Oesterr. arch. Inst.*, V (1902), p. 198.

[Δημήτριον Ἑρμαπίου.......... Ἀρνεάτην] ἀπὸ Κοροῶν ¹, [ἄν]δρα ἐκ τῶ[ν] |
πρ]ωτευόντων ἐν τῷ ἔθνει, | γένει δὲ μεγαλόφρονα, | δεκαπρωτεύσαντα ἀπὸ ἐτῶν
5 ι[η΄], ‖ ἐξ οὗ δὲ κατεστάθησαν εἰκοσά|πρωτοι εἰκοσαπρωτεύοντα, ὄντα | [ἐπὶ]
ἀρχιερέως τῶν Σεβαστῶν Τειμάρ[[χου] ἐτῶν πς΄ ², Νόστιμος Δημητρί[ου] |
10 Ἀρνεάτης ἀπὸ Κοροῶν τὸν ἴδι[ον αὐ]‖τοῦ εὐεργέτην, ἀμοιβῆς χάριν | [τῶν] εἴς
τε ἑαυτὸν καὶ τέκνα αὐτοῦ εὐε[ρ]γεσιῶν, τετειμημένον ταῖς ὑπογε|γραμμέναις
15 τειμαῖς.   Ἀρνεατῶν ὁ δῆ|μος μετὰ τῶν συνπολειτυομένων πάν‖των ³ ἐτείμη-
σαν ταῖς πρώταις τειμαῖς ‖ καὶ προεδρίᾳ, χρυσῷ στεφάνῳ καὶ εἰ|κόνι χαλκῇ
Δημήτριον Ἑρμαπίου | τοῦ Ἑρμαπίου τοῦ Ἑρμαδάτου τοῦ Ἑρ|μαπίου τοῦ
20 Ἑρμαδάτου τοῦ Νεικάρ‖χου τοῦ Στασιθέμιδος φύσει Δημ[η]|τρίου, ἄνδρα καλὸν
καὶ ἀγαθὸν καὶ μεγαλό|φρονα ὑπάρχον[τα] διὰ προγόνων, πρυταν|εύσαντα καὶ
25 γυμνασιαρχήσαντα καὶ παραφυ|λακήσαντα καὶ δεκαπρωτεύοντα καὶ πάσας ‖ τὰς
ἀρχὰς καὶ λειτουργίας τετελεκότα | καὶ πάσῃ δόξῃ καὶ κοσμότη[τ]ι διαφέ-
ρον[τα]ς | ἀν[α]λογούντως τοῖς ἑαυτοῦ προγόνοις.

1. Civis Coroarum (?), quae fuerunt vicus Arnearum. — 2. Demetrius continuo ab
anno aetatis suae duodevicesimo fuit inter decemprimos, deinde inter vigintiprimos
(post quam instituti sunt), usque ad annum aetatis suae sextum et octogesimum, quem
agebat flamine Timarcho. Statuit Hula Demetrium obiisse fere Hadriano principe et
pro decemprimis vigintiprimos in Lycia paulo ante institutos esse. Cf. n. 649, v. 6 et 12.
— 3. Cum quibus civitatibus Arneae societatem fecissent ignoratur; fortasse ad Cyanas
se adjuuxerant, quarum sympolitia proxima fuit. Fougères, *op. cit.*, p. 142.

---

641. Arneis. — *C. I. Gr.*, 4303, *h⁹*, add.

Ἀμύντας [Φ]ιλίππο[υ Μυρ]|ρεὺς καὶ Ἀρνεάτης Φιλιπ|πον Ἀμύντου Μυρέα καὶ

Ἀρ|νεάτην τὸν πατέρα, πρυτα‖νεύσαντα Μυρέων τῆς πό|λεως καὶ ἱερατεύσαν~: |
τῶν Σεβαστῶν Κυανει|τῶν τῆς πόλεως, ζήσαν|τα σωφρόνως καὶ κοσμ[ί]‖ως [⌐.᾿]
ἀ[ξ]ίως τοῦ γένους [αὐ]|τοῦ μνήμης ἕνεκεν, | καὶ αὐτὸς ἱερατεύσας τῶν | Σεϐ~-
στῶν τῆς Κυανειτῶν | πόλεως καὶ πρυτανε[ύ]σας ‖ τῆς Μυρέων πόλεως : ᾿
[πρυ|τα]νεύσ[ας] τῆς Ἀρνεάτ[ω]ν πόλ|[εως].

---

642. Arneis. — Ex schedis Instituti archaeologici Vindobonensis.

[Ἀ]ρνεάτων καὶ τῶν συνπολειτευ|[ο]μένων οἱ δῆμοι ' Λάλλαν Τειμάρχου |
[τ]οῦ Διοτείμου, τὴν ἑαυτῶν πολει[τῖ]ν, γυναῖκα Διοτείμου τοῦ Ὀάσσου, | [ἱερα]-
σαμένην τῶν Σεβαστῶν καὶ ‖ [γε]γυμνασιαρχηκυῖαν δωρεάν, | [τε]τειμημένην
πεντάκις, | [σώ]φρονα καὶ ἀστὴν καὶ φιλά[γα|θ]ον καὶ πᾶσαν δι' ὑπερβεϐ[λη|μ]έ-
νην πανάρετον δόξαν, | [κ]εκοσμηκυῖαν καὶ τὰς τῶν ‖ [πρ]ςγόνων ἀρετὰς τοῖς
ἰδί|[οι]ς τῶν τρόπων ὑποδείγμα|[σιν], ἀρετῆς καὶ εὐνοίας ἕνεκεν.

1. Cf. n. 640.

---

643. Arycandis. — Ex schedis Instituti archaeologici Vindobonensis.

[Ἀγαθῇ τύχῃ. Αὐτοκράτωρ Καῖσαρ | Πούβλιος Λικίννιος] | Οὐα[λεριανὸς]
Εὐσε[βὴς Εὐτυχὴς Σεβαστὸς], | ἀρχ[ιερεὺς μέ]γιστος, [Γερμανικὸς], ‖ δη[μ]αρ-
[χικῆς] ἐξουσίας τὸ [ς', ὕπατος τὸ δ'], | π(ατή)ρ πατρίδος, ἀνθύπ(ατος) καὶ [Αὐτο-
κράτωρ Καῖ]σαρ Πούϐ. Λιχ(ίννιος) Γαλλιηνὸς Εὐ[τυχὴς Σεβαστὸς], | ἀρχιερεὺς
μέγ(ιστος), Γερμανικὸς [Δακιχὸς, δημαρχικῆς ἐξου]|σίας τὸ ς' ', ὕπατος τὸ γ',
π(ατὴρ) π(ατρίδος), ἀν[θύπατος καὶ] | Οὐαλεριανὸς ἐπιφανέστα[τος Καῖσαρ] ‖
Ἀρυκανδέων τοῖς ἄρχ(ουσι) κ[αὶ τῇ βουλῇ] | καὶ τῷ δήμῳ. | Ὑμεῖς.......

1. Anno 258 p. C. n.

---

644. Idebessi. — Le Bas et Waddington, III, n. 1332; inter schedas Instituti archaeo-
logici Vindobonensis.

Θεὸν Κόμμοδον, Θεὸν Μᾶρχον Αὐρήλιον Ἀν[τ]ωνεῖ|νον Σεβαστὸν, τὸν σω|τῆρα
καὶ εὐεργέτην τῆς | [οἰκο]υμένης ', ‖ Ἰδεϐησσέων ἡ λανπρὰ καὶ ἐν[δοξος πόλις].

1. Commodus praeter consuetudinem ante M. Aurelium honoratur.

645. Idebessi. — Heberdey et Kalinka, *Denkschr. der Akad. in Wien*, XLV (1897), p. 13, n. 40.

Αὐτοκράτορα Καίσαρα | Μᾶρκον Αὐρήλιον Σευ|ῆρον Ἀντω[ν]εῖνον | Εὐσεβῆ
5 Εὐτυχῆ Σεβασ‖τὸν | Ἰδεβησσέων ἡ πό|λις.

---

646. Idebessi. — Heberdey et Kalinka, *Denkschr. der Akad. in Wien*, XLV (1897), p. 12, n. 36.

Μᾶρκον Ἀντώνιον | Γορδιανὸν, τὸν σω|τῆρα τῆς οἰκουμέ|νης, Ἰδεβησσέων ‖
5 ὁ δῆμος συνπο|λειτευόμενος | Ἀκαλισσεῦσι καὶ | Κορμεῦσι ¹.

1. De illa sympolitia cf. Fougères, *op. cit.*, p. 142.

---

647. Idebessi. — Ex schedis Instituti archaeologici Vindobonensis.

Τρεβῆμος Τρεβήμου Ἰδ[ε]βησσεὺς | ἀνδριάντα ἑαυτοῦ ἀνέστησεν · | Ἀκαλισ-
5 σέων καὶ Ἰδ[ε]βησσέ|ων καὶ Κορμέων οἱ δῆ‖μοι ¹ ἐτείμησαν | Τρεβῆμον Ἰδ[ε]-
βησσέα ἀρ|[χι]ερατεύσαντα Λυκίων τοῦ κοι|νοῦ καὶ δαπανήσαντα εἰς | εὐσ[έ]βεια[ν]
10 τῶν Σεβαστῶν ὑπὲρ τοῦ δή‖[μο]υ.

1. Cf. n. 646.

---

648. Idebessi. — Ex schedis Instituti archaeologici Vindobonensis.

Κτησικλῆς ὁ καὶ Κτασάδας ¹ δὶς, | γραμματεύσας καὶ πρυτανεύσας καὶ |
5 ταμιεύσας δὶς καὶ γυμνασιαρχήσας | καὶ ἐπιμελετεύσας ἔργων δημοσίων ‖ καὶ
ἱερατεύσας τῶν Σεβαστῶν μετὰ | καὶ τῆς γυναικὸς αὐτοῦ Πόττειτος | τῆς Χαρει-
σίου καὶ ἀγορανομήσας | καὶ εἰκοσαπρωτεύσας ἀπὸ νέας ἡλικίας | ὡς πολλάκις
10 τετειμῆσθαι καὶ μεμαρ‖τυρῆσθαι ὑπὸ τῆς πατρίδος καὶ ὑπο|φυλακεύσας Λυκίων
καὶ ὑπὲρ τῶν υἱῶν | Κτασάδου καὶ Τρεβήμου καὶ Κτησικλέ|ους καὶ Χαρεισίου,
15 ὑπὲρ δὲ Κτησικλέους | καὶ ἀγελαρχιανοῦ καὶ νεικήσαντος ‖ ἐν τῇ ἀγελαρχίᾳ ² καὶ
τειμηθέντος | τοῦ Κτησικλέους ἐν τῇ ἀγελαρχίᾳ ὑπὸ | Λυκίων τοῦ κοινοῦ, τὸ
μνημεῖον καὶ τὸ | ἐξέδριον κατεσκεύασεν ἑαυτῷ καὶ | τῇ γυναικὶ αὐτοῦ Πόττει[τι]
20 Χαρεισίου ‖ ἑαυτοῖς μόνον, ἄλλῳ δὲ οὐδενί · ἐὰν δέ | τις ἐπεισενένκῃ ἕτερον

πτῶμα, ἀμαρ|τωλὸς ἔστω θεοῖς πᾶσιν καὶ ὀφειλέσει Ἰδε|6ησσεῦσιν δηνάρια ‚αρ´,
ἡ δὲ πρᾶξις ἔστω | παντὶ τῷ βουλομένῳ ἐπὶ τῷ ἡμίσει.

1. Vixit temporibus Hadriani; cf. n. 649. — 2. Ἀγέλαι apud Cretenses dicebantur
collegia quaedam juvenum, quibus ephebi post annum decimum exercendi adscribe-
bantur (Dareste, Haussoullier, Reinach, *Rec. d'inscr. jurid.*, I, p. 407). Ἀγελαρχία ergo
nihil aliud est quam ἐφηβαρχία; ἀγέλαρχος idem valet atque ἐφήβαρχος (qui juvenibus
praeest).

---

649. Idebessi. — Hill, *Journ. of hellen. studies*, XV (1895), p. 117, n. 1. Cf. Hula,
Jahreshefte des Oesterr. arch. Inst. V (1902), p. 198, not. 3 et p. 206.

Ἐπ' ἀρχιερέως τῶν Σεβαστῶν Πιγρέους τοῦ Κιλλόρτου [1], μηνὸς Ξανδικοῦ κ´ [2],
[ἀ]|[ρ]χαιρε|σιακῆς ἐκ[χλ]ησίας ὑπαρχούσης [3], ἔδοξεν Ἀκαλισσέων τῇ βουλῇ καὶ
τῷ δήμῳ · ἐ[πεὶ Κτησικλῆς] | ὁ καὶ Κτασ[ά]δας, πολείτης ἡμῶν, ἀνὴρ γένει καὶ
ἀξίᾳ πρῶτο[ς] τῆς πόλε[ω]ς, <ἐπίσημος δὲ καὶ ἐν τῷ | ἔθνει, γένους λαμπροῦ
5 καὶ πρώτου τῆς πόλεως ἡμῶν,> ἐπίσημος δὲ καὶ ἐν τῷ ἔθνει, ‖ γένους λαμπροῦ
καὶ ἐπισήμου καὶ πρώτου τῆς πόλεως ἡμῶν, πρώτων [καὶ] λαμπρῶν καὶ ἐπιση-
μ[ω]ν, | καὶ πολλὰ καὶ μεγάλα παρεσχ[η]μένων τῇ πόλει, ἔν τε αἷς ἐτέλεσαν
ἀρχαῖς, πρυτανείαις, γραμματείαις, ἱε|ροσύναις Σεβαστῶν, γυμν<ι>ασιαρχίαις,
ταμίαις, παραφυλακίαις, ἐπιμελετείαις, δεκαπρωτείαις καὶ αἷς | ἐποιήσαντο ἀνα-
δόσεσιν καὶ ἐπιδόσεσιν καὶ ἀν[α]θέμασ<εσ>ιν ναῶν τε καὶ ἀνδριάντων προσκε-
κοσμηκ[ό]των | τὴν πόλιν, καὶ ἐν τοῖς λοιποῖς οἷς ἐπολιτεύσαντο<το> ἐπὶ
10 συνφέροντι τῆς πόλεως ὡς τ[ῶ]ν καλλίστ[ω]ν ‖ ἐπαίνων καὶ τειμῶν καὶ μαρτυριῶν
τετευχέναι, αὐτὸς δὲ ὁ Κτησικλῆς ἐκ τοιούτων σωμάτων ὑπάρχ[ω]ν [κ]|αὶ
ὑπερβεβλῆσ[θ]αι καὶ προσ[χεχοσ]μηχέν[αι] τὰς προγονικὰς ἀρετὰς καὶ δόξας,
ἔν τε [α]ἷς [τε]τέλεχεν ἀρχαῖς | <ε ἀρχαῖς>, καὶ ἐγ δευτέρου πολλὰ καὶ μεγάλα
ἀναλώματα ποιησάμενος εἰκοσαπρ[ω]τεύων [4] ἐπειχῶ[ς] καὶ | [δ]ὴ καὶ ἀσύνκριτα
ἀναλώματα, καὶ διὰ τὴν [λ]οιπὴν τοῦ βίου αὐτοῦ πρὸς πάντας καλὴν καὶ ἀγαθὴν
καὶ πα[νάρετον ἀναστ]ροφὴν, τῶν προσηκόντων τειμῶν καὶ ἐπαίνων καὶ μαρ-
τυριῶν ὑπὸ τῆς πόλεως τετ<ελ>ευχέναι ἤδη [κ]|αὶ φιλα[γ]άθως κα[θ' ἡ]ν?
τετέλ[ε]χεν ὑπὲρ τοῦ υἱοῦ αὐτοῦ ἀγελαρχίαν [5] ἐπισήμως καὶ φιλαγάθως ὡς
5 διὰ ταῦτα πᾶσι κεχοσμῆσθαι ‖ καὶ διὰ τὰς ἐπαλλήλους τελουμένας ἀρχὰς ὑπὲρ
τῶν τέχνων Κτασά<ι>δου καὶ Τρεβήμου καὶ Κτησιχλ[έ]ους | καὶ Χαιρεσίου τῇ
πόλει φιλοτείμως, ἐν δὲ τῷ ἔθνει ἤδη ὑποφυλακίας [6] Κτασάδου καὶ Τρεβήμου, |
Κτησιχλέους δὲ ἀγελαρχίαν, καὶ διὰ τὴν λοιπὴν [αὐτοῦ]? καὶ τῶν προδηλου-

μένων υἱῶν αὐτοῦ [τροφὴν]? πρὸς | πάντων μετὰ πάσης προθυμίας καὶ εὐφημίας γραφῆναι.....

1. Idem ille Κιλλόρτας videtur fuisse flamen anni 135 p. C. n.; *Opram.*, VI C H. — 2. Die XX mensis Xanthici (Junii). — 3. Singularum urbium comitia ad legatos eligendos (ἐκκλησίαι ἀρχαιρεσιακαί) quotannis mense Junio habebantur; totius autem communis, mense Septembri desinente; Fougères, *op. cit.*, p. 58, 59. — 4. Clesiclis majores fuerant decemprimi (v. 6), ipse est inter vigintiprimos; cf. n. 640 et Hula, *loc. cit.* — 5. Cf. n. 648 not. 1. — 6. Ὑποφύλαξ. Cf. supra n. 463, not. 1.

---

650. Idebessi. — Ex schedis Instituti archaeologici Vindobonensis.

Ἀνέστησεν τὸν ἀνδρίαντα Ὄρειος Ἀριστοκράτους | Ἀκα[λισσεὺς] ἑαυτοῦ, γραμματεύσας καὶ ἱερασάμενος τῶν | Σεβαστῶν μετὰ καὶ τῆς γυναικὸς αὐτοῦ
5 Ἀριδέσας, | πρυτανεύσας, ἐπιμελητεύσας δημοσίων ἔργων, πα‖ραφυλάξας [1], ταμιεύσας, ὑποφυλάξας Λυκίων | τοῦ κοινοῦ ἐπιεικῶς καὶ πιστῶς ὡς καὶ διὰ ψηφισμάτων | τετειμῆσθαι ὑπὸ τῶν [εὖ] πεπραγμένων ὑπ' αὐτοῦ πόλεων Ἀρυκανδῶν καὶ Κυανειτῶν καὶ Κορυδαλλέων | τῶν δήμων καὶ δι' ἃ ἐποιήσατο ἀνα-
10 λώματα φιλοτει‖μη[σ]άμενος τῇ πατρίδι πολλάκις καὶ ὑπ' αὐτῆς τετει|μῆσθαι καὶ μεμαρτυρῆσθαι.

1. Παραφύλαξ securitatis custos in urbe Idebesso; Liebenam, *Städteverw.*, p. 357, n. 6.

---

651. Idebessi. — Ex schedis Instituti archaeologici Vindobonensis.

Κλέων δὶς τοῦ Καλλικλέους ἱερατεύσας Σε|βαστῶν μετὰ καὶ τῆς γυναικὸς αὐτοῦ Ἐρ|μαδέσσας τῆς Λυσανίου καὶ γυμνασιαρ|χήσα[ς καὶ] ταμιεύσας καὶ
5 πρυτανεύ‖σας δὶς καὶ τετειμημένος κατεσκεύα|σεν τὸ ἐξέδριον καὶ τὸ ἀγγεῖον ἑαυ|τῷ καὶ τῇ γυναικὶ αὐτοῦ Ἑρμαδέσσᾳ καὶ | τοῖς τέκνοις καὶ τῷ ἀδελφῷ
10 Καλλικρά|τῃ Κλέωνος καὶ τῇ τούτου γυναικὶ Λυκίᾳ [Ἑρ]μακότ[ου].

---

652. Idebessi. — Ex schedis Institutiar chaeologici Vindobonensis.

Κονδίων ὁ καὶ Ἄτταλος | Ἀπφαίου, ἱερατεύσας [1] ἐνδόξ[ως] | μετὰ καὶ τῆς
5 γυναικὸς αὐ[τ]οῦ | Ἀπφίας, πρυτανεύσας, ταμι‖[εύ]σας δὶς, εἰκοσαπρωτεύσας |

κατεσκεύασεν τὸ ἀγγεῖον | ἑαυτῷ, γυναικὶ, τέκνοις..... ² | γα[μ]6ροῖς, ἐκγόνο:ς, ἄλλῳ δ[ὲ | οὐδε]νὶ · ἢ ὁ ἐπιβιασάμενος εἰσ[οί]σει θεοῖς Διοσκούροις δηνάρια [φ'].

1. Σε6αστῶν; nam solebat flamen municipalis Augustorum cum conjuge sua fungi sacerdotio. Cf. n. 648 et seq. — 2. ΠΛ. IIA traditur. Forsitan legendum πᾶ[σ]ι[ν].

---

653. Idebessi. — Heberdey et Kalinka, *Denkschr. der Akad. in Wien*, XLV (1897), p. 12, n. 38.

Κονδόσας καὶ Πίγρης. οἱ Πίγρητος τὸν πατέρα | πρυτανεύσαντα καὶ παραφυλάξαντα καὶ [ἱ]ερασ|άμενον τῶν Σεβαστῶν μετὰ καὶ τῆς γυναικὸς | αὐτοῦ Μελίν-
5 νης τῆς καὶ Τοάδνης εὐσε6ῶς καὶ || φιλοτείμως καὶ ἐπιμελητεύσαντα ἔργων δη|[μοσί]ων καὶ γυμνασιαρχήσαντα φιλοτείμως ὡς | [καὶ πλεονάκις (?) τετει]-μῆσθαι ὑπ[ὸ τῆ]ς πατρί[δο]ς καὶ [..τει]μαῖς | ....ς.
10 Τοάδνην Ἑρμ[αί]|ου Ἀκα(λισσίδα) ¹ ἀπὸ Ἰδε6η[σ]||σοῦ Πίγρης β' τὴν | μητέρα.

1. Acalissus caput fuit ejus sympolitiae, ad quam pertinebat Idebessus. Cf. n. 646, 647.

---

654. Idebessi. — Hula, *Jahreshefte des Oesterr. arch. Inst.*, V (1902), p. 201.

Κατεσκεύασεν τὸ ἀν|γεῖον Τερτία Τρε6ήμιος | ἑαυτῇ · τὴν δὲ ἐπιγραφὴν |
5 ἐποιήσατο Συνέγδημος || Τρε6ήμιος ἀδελφὸς αὐ|τῆς κατὰ συνχώρημα | Κασίου Ἀπρωνιανοῦ ἀνθυ|πάτου ¹.

1. Pater Cassii Dionis Cocceiani, historici nobilis, Lyciam rexit Marco Aurelio principe, ut simile veri est. *Prosop. imp. rom.*, I, p. 312, n. 413.

---

655. Idebessi. — Ex schedis Instituti archaeologici Vindobonensis.

Post 4 versus :

ἑτέρῳ δὲ οὐδενὶ ἔξε[σ]αι ἢ ὑποκείσεται τῷ φίσκῳ δηνάρια φ'.

---

656. Acalissi. — Heberdey et Kalinka, *Denkschr. der Akad. in Wien*, XLV (1897), p. 12, n. 37.

Αὐτοκράτορα Καίσαρα Μᾶρκον Αὐρήλιον [Κόμμοδον] ¹ | Εὐσε6ῆ Εὐτ[υχῆ

Σ]εβα(στὸν), τὸν σωτῆρα τῆς οἰκου|μένη[ς, Ἀκαλισσέων ἡ βουλὴ] καὶ ὁ δῆμο
τῆς νεωκόρου.

1. Nomen erasum.

---

657. Acalissi. — Hill, *Journ. of hellen. studies*, XV (1895), p. 118, n. 2.

Post 3 versus :

5 ἄλλῳ δὲ οὐδενὶ ἔξεσται θάψαι ἢ ἐπει[σεν]‖ενκεῖν πτ[ῶ]μα [ἢ] ὀφειλήσει
ἐπι|χειρήσας τῷ φίσκῳ δηναρία ,γ´,....

---

658. Cormi. — Heberdey et Kalinka, *Denkschr. der Akad. in Wien*, XLV (1897), p. 11
n. 35.

[Παρπολ]ίνγις καὶ Ὄρειος οἱ Κονδόσου | [Κονδό]σαν Παρπολίνγιος τὸν ἑαυ|
5 [τῶν πα]τέρα κατὰ τὴν διαθήκην, | [πρυτανε]ύσαντα καὶ ταμιεύσα[ντα ‖ κα
γυμνα]σιαρχήσαντα καὶ ὑποφυλα|[κήσαντα Λ]υκίων¹ καὶ ἱερατεύσαν|[τα Διὸ
Ὀλ]υμπίου καὶ ἱερατεύσαν|[τα τῶν Σεβ]αστῶν καὶ δεκαπρωτεύ|[σαντα λαμπρ]ῶ
10 καὶ τὰς λοιπὰς ἀρχὰς ‖ [ἄρξαντα ἀπ]άσας καὶ τειμηθέντα | [κατὰ τὰς? π]ολει-
τείας κατὰ τὰς | [συνειθισμ]ένας τειμάς.

1. De hypophylace cf. n. 463, not. 1.

---

659. Pataris. — Le Bas et Waddington, III, n. 1265; Hicks, *Journ. of. hellen. studies*
X (1889), p. 82, n. 36.

Αὐτοκράτωρ Καῖσαρ Φλάο[υι]ος¹ Οὐεσπασι[ανὸς] | Σεβαστὸς τὸ βαλανεῖο
κατεσκεύασεν | [ἐκ] θεμελίων σὺν τοῖς ἐν αὐτῷ προσκοσμήμασιν καὶ ταῖς | κολυμ
5 βήθραις διὰ Σέξτου Μαρκίου Πρείσχου πρεσβευτοῦ ‖ [τ]οῦ ἀντιστρατήγου², [ἐ]
[τ]ῶν συν[τ]η[ρ]ηθέντων χρημάτων κ[οι|νῶν] [τ]οῦ ἔθνους δηναρίων... καὶ τῷ
ἀπὸ τῆς Παταρέων πόλεως | συντελειώσαντος καὶ ἀφιερώσαντος τὰ ἔργα.

1. Φλαουιανὸς, Hicks, errore sine dubio : **ΦΛΑΟΜΟΣ**, Falkener apud Le Bas et Wa
dington, *loc. cit.* — 2. Leg. Aug. pr. pr. Lyciae sub Vespasiano anno incerto, *Prosop
imp. rom.*, II, p. 338, n. 174.

660. Pataris. — Ex schedis Instituti archaeologici Vindobonensis.

Αὐτοκράτορα Καίσαρα | Τραιανὸν Ἀδριανόν.

---

661. Pataris. — Hicks, *Journ. of hellen. studies*, X (1889), p. 77, n. 29.

5   Αὐτοκράτορι | Καίσαρι Τραιανῷ | Ἀδριανῷ | Σεβαστῷ σωτῆρι ‖ καὶ κτίστῃ | Ὀλυμπίῳ ¹.

1. Hadrianus iter fecit per Lyciam vere anni 129. Olympium autem nomen, in Oriente ei inditum postquam Olympicion Atheniense dedicavit, monumentis non videtur inscriptum esse ante annum 131. Cf. von Rohden apud Pauly et Wissowa, *Realencyclopädie*, I, col. 500, 5; 509, 27, 67.

---

662. Pataris. — Benndorf et Niemann, *Reisen in Lykien*, p. 117, n. 90.

Αὐτοκράτ[ορι] | Καίσαρι | Ἀδριανῶι | Ὀλυνπίωι.

---

663. Pataris. — Hicks, *Journ. of hell. studies*, X (1889), p. 78, n. 30.

Σαβείνη | Σεβαστῇ | νέᾳ Ἥρᾳ ¹.

1. Uxor Hadriani, νέα Δημήτηρ *C. I. Gr.*, 1073; Augusta appellata est fere anno 128, decessit anno 136 : *Prosop. imp. rom.*, III, p. 429, n. 414.

---

664. Pataris. — *C. I. Gr.*, 4283; cf. Diamantides, *Constant. hellen. philol. syllog.*, XVII (1886), *parart.* p. 179, n. 62.

Αὐτοκράτορι Καίσαρι Θεοῦ Ἀδριανοῦ υἱῷ, Θεοῦ Τραιανοῦ | Παρθικοῦ υἱωνῷ, Θεοῦ Νέρουα ἐγγόνῳ, Τίτῳ Αἰλίῳ Ἀδριανῷ | Ἀντωνείνῳ Σεβαστῷ Εὐσεβεῖ, ἀρχιερεῖ μεγίστῳ, δημαρχικῆς | ἐξουσίας τὸ δ΄, ὑπάτῳ τὸ δ΄ ¹, πατρὶ πατρίδος, 5 καὶ θεοῖς ‖ Σεβαστοῖς καὶ τοῖς πατρῴοις θεοῖς καὶ τῇ γλυκυτάτῃ | πατρίδι, τῇ Παταρέων πόλει τῇ μητροπόλει τοῦ | Λυκίων ἔθνους, Οὐειλία Κο(ίντου) Οὐειλίου Τιτιανοῦ θυγάτηρ | Πρόκλα Παταρὶς ² ἀνέθηκεν | καὶ καθιέρωσεν τό τε προσκήνιον, 10 ὃ κατεσκεύασεν ‖ ἐκ θεμελίων ὁ πατὴρ αὐτῆς Κο(ίντος) Οὐείλιος Τιτιανὸς | καὶ τὸν ἐν αὐτῷ κόσμον καὶ τὰ περὶ αὐτὸ καὶ τὴν τῶν | ἀνδριάντων καὶ ἀγαλμάτων ἀνάστασιν | καὶ τὴν τοῦ λογείου κατασκευὴν καὶ | πλάκωσι[ν], ἃ ἐποίησεν αὐτή ·

15 τὸ δὲ [ἐν]δέκατον ‖ [τοῦ δευτέρ]ου διαζώματος βάθρον καὶ τὰ βῆλα [3] | τοῦ θεάτρου κατασκευασθέντα ὑπό τε τοῦ | πατρὸς αὐτῆς καὶ ὑπ᾽ αὐτῆς | προανετέθη καὶ παρεδόθη [4] κατὰ τὰ ὑπὸ τῆς κρατίστης | βουλῆς ἐψηφισμένα.

1. Anno p. C. n. 147. — 2. Cf. n. 664, 666. — 3. Undecimum secundae praecinctionis gradum et vela. — 4. Intellige παρεδόθη τῇ πόλει.

---

665. Pataris. — Hicks, *Journ. of hellen. studies*, X (1889), p. 78, n. 31.

[Αὐτοκρ(άτορος)] Καίσαρος Μάρ|[κου Αὐρ]ηλίου Ἀντονεί|[νου Σε]βαστοῦ
5 γυναῖκα | [Φαυστεῖν]αν εὐεργέτην ‖ .... καὶ Κλ. Οὐ(ιλία) Πρόκλα [1]. |

Αὐτοκράτορα Καίσαρα | Μᾶρκον Αὐρήλιον) | Ἀντωνεῖνον Σεβαστὸν, | τὸν
10 σωτῆρα καὶ εὐεργέτην‖ παντὸς γένους καὶ οἴκου | τοῦ ἑαυτοῦ, Τιβέριος | Κλ. Φλαουιανὸς Τιτιανός. |

15 [Αὐτοκράτορα Καίσαρα | Λούκιον Αὐρήλιον Οὔηρον] ‖ Σεβαστὸν, τὸν σωτῆρα καὶ εὐεργέτην παντὸς | γένους καὶ οἴκου τοῦ | ἑαυτοῦ, Τιβέριος | Κλ. Φ[λ]αουιανὸς Τιτιανός.

In basibus trium statuarum, quarum media M. Aurelii erat, sinistra Faustinae, dextra L. Veri.

1. Filia Ti. Claudii Flaviani Titiani, procos. Cypri, qui infra nominatur (v. 11). *Prosop. imp. rom.*, I, p. 372, n. 696, III, p. 434, n. 436. Cf. titulum n. 666. Eadem fortasse Patareis proscaenium dedicavit anno 147 (n. 663).

---

666. — *C. I. Gr.*, 4283 *b*.

Αὐτοκράτορι | Καίσαρι Λουκίῳ | Αὐρηλίῳ Οὐήρῳ | Σεβαστῷ σωτῆρι.

---

667. Pataris. — Kalinka, *Eranos Vindobonensis* (1893), p. 90, not. 2.

[Τι]β. Κλ. Φλαουιανὸν Τιτιανὸν Κόιντον Οὐίλιον Πρόκλον Λούκιον Μάρκιον Κέλερα Μᾶρκον Καλπούρνιον Λόγγον [1], δέκα ἀνδρῶν πρώτ[ω]ν [2]?, χειλίαρχον πλατύσημον λεγεῶνος πέμπτης Μακεδονικῆς [3], ταμίαν Κύπρου, δήμαρχον [x]α[ὶ] στ[ρα]τηγὸν δήμου Ῥωμαίων, πρεσβευτὴν Πόντου καὶ Βειθυνίας, ἔπαρ[χο]ν σειτομετρίου [4] δήμου Ῥωμαίων, ἀνθύπατον Κύπρου, ἐπιμελετὴ[ν ὁδ]οῦ Κλωδίας

Κασσίας 'Αννί[ας Κιμ]ιν[ί]ας ἔτι δὲ καὶ Φλαμινίας, Οὐιλία Πρόκλα⁵ τὸν φίλτα-
τον πατέρα.

Versuum divisio non indicatur.

1. Alicui fortasse ex illius majoribus alius titulus positus est anno 180. *Prosop. imp.
rom.*, I, p. 372, n. 695, 696. — 2. Decemvir (stlitibus judicandis). — 3. Tertio saeculo
legio V Macedonica Tordae in Dacia tendebat, donec eam Aurelianus in Moesia inferiore
locavit. — 4. Praefectus frumenti dandi. — 5. Cf. supra n. 664, 665.

---

668. Pataris. — *C. I. Gr.*, 4279.

[Μέττι]ον Ροῦφον | [τὸν] πατέρα Μεττίο[υ] | Μοδέστου ἡγε|μόνος¹ Λυκίων |
τὸ κοινόν.

1. Legatus Lyciae sub Domitiano, ut vult Dessau (*Prosop. imp. rom.*, III, p. 373,
n. 404), aut sub Trajano circa annum 100 (Waddington, *Journ. of hellen. studies*, X (1889),
p. 74, ad n. 27).

---

669. Pataris. — *C. I. Gr.*, 4280.

Μέτ[τι]ο[ν] Ρο[ῦφ]ον τὸν | πατ[έ]ρα Μετ[τί]ου Μο[δ]έ[σ]του | Παταρέ[ω]ν
5 [τῆς] μ[η]τροπό[λεω]ς [τ]|οῦ Λυκίων ἔ[θ]νο[υ]ς [ὁ δῆμος ‖ διὰ] Μεττίου Μο[δέσ-
του τ]οῦ κρατ[ίστου..... ¹.

1. Cf. n. 668.

---

670. Pataris. — Ex schedis Instituti archaeologici Vindobonensis.

Τιβέριον Κλαύδιον Κλαυδ[ί]|ου Ἰάσωνος υἱὸν Κυρείνᾳ | Ἀγριππεῖνον ¹,
5 Παταρέα κα[ὶ] | Μυρέα, πολιτευόμενον ‖ δὲ καὶ ἐν ταῖς κατὰ Λυκίαν πό|λεσι
πάσαις, ἔπαρχον τε|χνειτῶν, χειλίαρχον λε|γεῶνος τρίτης Γαλλικῆς, χει|-
10 [λί]αρχον λεγεῶνος πρώτης ‖ [Ἰτα]λικῆς, ἔπαρχον εἴλης | [Φρυ]γῶν², ἀρχιερέα
τῶν Σε|[βασ]τῶν καὶ γραμματέα τ[οῦ] | Λυκίων] κοινοῦ, τετειμημέ[νον | ὑπὸ]
15 τοῦ Λυκίων ἔθνους [πλεο‖νάκις, ἄνδ]ρα σεμνὸν.......

1. Vir ordinis equestris, forsitan idem ac Claudius Agrippinus συνκλητικός, memoratus
in titulo mausolei Rhodiapolitani (*Prosop. imp. rom.*, I, p. 348, n. 634). — 2. Legio III
Gallica et ala Phrygum in Syria tendebant, legio I Italica in Moesia.

T. III   16

671. Pataris. — Ex schedis Instituti archaeologici Vindobonensis.

[Τιβέριον Κλαύδιον Ἀγριππεῖνον ¹.... χειλίαρχον λε|γ]εῶνος πρώτης Ἰταλικῆς,
ἔπαρχον εἴλης Φρυγῶν, ἀρ|χιερέα τῶν Σεβαστῶν καὶ | γραμματέα Λυκίων τοῦ
5 κοι|νοῦ, τετειμημένον ὑπὸ τοῦ Λυκίων ἔθνους πλεονάκις, | τετειμημένον δὲ καὶ
ὑπὸ | τοῦ κοινοῦ τῶν ἐπὶ τῆς Ἀσίας | Ἑλλήνων, ἄνδρα σεμνὸν καὶ μεγαλόφρονα
10 ἀπὸ προγόνων | λόγῳ καὶ ἤθει καὶ πάσῃ ἀρετῇ ‖ διαφέροντα, | Τιβέριος Κλαύδιος
Εὔδη[μος].

1. Cf. titulos n. 670, 672, 673.

672. Pataris. — Ex schedis instituti archaeologici Vindobonensis.

[Τιβέριον Κλαύδιον Ἀγριππεῖνον..... ἀρ]χιερέα [τ]ῶν Σε[βαστῶν | κ]αὶ
5 γραμματέα Λυ[κίων, | τ]ετειμημένον κα[ὶ ὑπὸ] | τοῦ Λυκ[ίων ἔ]θνους [πολ]‖λάκις,
[ἔπαρχον] τεχ[νει]|τῶν, χει[λίαρχον λ]εγ[εῶνος] | τρίτης Γα[λλι]κῆς, χ[ει-
10 λίαρ]‖χον λεγεῶνος πρώτ[ης Ἰτα]|λικῆς, ἔπαρχον εἴλη[ς Φρυ]‖γῶν ¹, ἐπὶ τῇ πρὸς
τ[οὺς...

1. Cf. titulos n. 670, 671, 673.

673. Pataris. — Benndorf et Niemann, *Reisen in Lykien*, p. 117, n. 89.

Σιδητῶν ¹ [ἡ] βουλὴ καὶ ὁ δῆμος | [ἐ]τείμησ[ε]ν Τ[ιβ]έριον Κλα[ύ]δι|[ον]
5 Κλαυ[δ]ίο[υ Ἰάσ]ονος υἱὸν Κυ|[ρεί]ν[α] Ἀ[γρ]ι[ππεῖ]νον ², ἀρχιερέα ‖ Σεβασ-
τῶ[ν καὶ γραμμα]τέ[α το]ῦ | [Λυκίων ἔθνους.....]

1. Side, urbs Pamphyliae; cf. infra. — 2. Cf. n. 670-672.

674. Pataris. — Ex schedis Instituti archaeologici Vindobonensis.

Τιβέριος Κλαύ[διος]...... Ἀ[γριπ]|πείνου ¹ ὑπάτου..... | δραστη γλυκυτατ......

1. Cf. n. 670-673.

675. Pataris. — *C. I. L.*, III, 14179.

[D. M.] | T. Aelio Aug. lib. Carpo, | proc. prouinc. Lyciae [1], Aelia | Cale marito optimo ac ‖ pientissimo monumentum | et statuam de suo fecit. |

Θεοῖς Δαίμοσιν. | Τίτ. Αἴλιον Σεβ(αστοῦ) ἀπελ(εύθερον) Κάρπον, | ἐπίτροπον ἐπαρχίας Λυκίας, ‖ Αἰλία Κάλη ἀνδρὶ ἀγαθωτ[άτῳ] καὶ [ε]ὐσε|βεστάτῳ μνήμης χάριν τὸ ἡρῷον | σὺν τῷ ἀνδριάντι ἐκ τῶν ἰδίων | κατεσκεύασα.

1. « Ipsius provinciae procurationem libertino mandatam esse quum parum credibile sit, Carpus videtur fuisse praediorum dominicorum procurator, sed additamentum id honoris augendi causa praeteriisse ». *C. I. L.*, *loc. cit.*

---

676. Pataris. — *C. I. L.*, III, 14180.

[D. M. T. Aelio Aug. l. | Vitali, uice procuratoris | xx hereditatium] | reg. Lyciacae, heres [1] ‖ eius cura agente | cum lib. eius Aelio | Sosia et Aelio Epa-ga|tho.

Θ(εοῖς) Δ(αίμοσιν). | Τ. Αἰλίῳ Σεβ(αστοῦ) ἀπελευ‖θ(έρῳ) Οὐειταλίῳ, ἀντε-πιτρόπῳ εἰκοστῆς κλη|ρονομιῶν ἐπαρχε|[ίας Λ]υκίας, κληρο[νό|μου αὐ]τοῦ ἐ[πι-μελοῦντος | μετὰ ἑτέ]ρων? ἀπ[ελευθέρων] ‖ αὐτοῦ Αἰλί[ου Σωσ]|ία καὶ Αἰλίο[υ Ἐπαγ]άθου.

1. Corrige : herede.

---

677. Pataris. — Ex schedis Instituti archaeologici Vindobonensis.

Γνάιος Φιλοπάτο|ρος Κλαυδιοπολεί|της Βειθυνὸς, στρα|τιώτης σπείρης πρώ-της ‖ Μουσουλαμίων [1] | .. Ῥούφου Κορνηλιανο[ῦ] [2], βενεφικιάρις [3] ἡγεμόνος, | [ἐ]τῶν η΄, ἐστρατεύσατο | ἔτη ιη΄.

1. Cohors I (Flavia) Musulamiorum in Mauretania tendebat; Cagnat, *Armée d'Afrique*, p. 303. — 2. I. e., ut videtur : [centuria] Rufi Corneliani. — 3. Beneficiarius.

---

678. Pataris. — *C. I. L.*, III, 14181.

Marciae Egloge, | u. ann. IIII mens. X d. XII, | Paederos pater, a manu [1] | Sex. Marci Prisci leg. pro ‖ pr. Lyciae, et Marcia Libera[lis] | mater. |

Μαρχία Ἐγλογῇ, ἔζη | ἔτη δ' μη(νὰς) ι' ἡμ(έρας) ιϛ', | Π[α]ιδέρως πατὴρ
ἀπὸ ‖ χερὸς ¹ Σεξ. Μαρχίου Πρείσχ[ου] | πρεσβευτοῦ ἀντιστρατήγ[ου ², χαὶ]
Μαρχία Λιβερᾶλις μήτηρ.

1. Erant legato, ut ceteris magistratibus, sui *librarii ad manum, a manu, amanuenses*
saepius inter servos publicos delecti, qui libellos et epistulas legerent scriberentque
Marquardt, *Organ. de l'Empire*, II, p. 553, et *Vie privée*, I, p. 177, not. 4. — 2. Leg. Aug
pr. pr. Lyciae sub Vespasiano, *Prosop. imp. rom.*, II, p. 338, n. 174. Cf. titulum n. 659

---

679. Pataris. — Le Bas et Waddington, III, 1266.

[Τλ]ωέων τῆς μητρο[πόλεως | τοῦ] Λυχίων ἔθνους ἡ βου[λὴ | χαὶ] ὁ δῆμο
χαὶ ἡ γερου[σία]..... |

5 Ὀπραμόαν Ἀπολλωνί[ου] ‖ δὶς τοῦ Καλλιάδου ¹ Τλ[ωέα] | χαὶ Ῥοδιαπολείτην,
πο[λει]|τευόμενον δὲ χαὶ ἐν τ[αῖς] | χατὰ Λυχίαν πόλεσ[ιν πά]|σαις, τὸν ἀρχιερέα
10 τ[ῶν] ‖ Σεβαστῶν χαὶ [γ]ραμματέα] | Λυχίων τοῦ χοινοῦ ², [δι' ὁ πα]|ρέσχεν χα
5 τῇ ἡμετέ[ρᾳ πό]|λει, χαρισάμενον χαὶ [ἀργυ]|ρίου δηναρίου μυριάδα[ς.....] ‖ εἰ
τὴν τοῦ θεάτρου χα[τα]|σχευὴν χαὶ ἐξέδρας [τρεῖς] | ἐν τῷ βαλανείῳ, ἄνδρα
20 μ[εγα]|λόφρονα χαὶ φιλότειμο[ν χαὶ] | φιλάγαθον χαί πάσῃ ἀ[ρετῇ] ‖ χεχοσμη-
μένον, ἐπ[ιτ]η[δεύσαντα?] | εἰς τὴν ἡμετέραν πό[λιν] | ὑπερβαλλούσῃ με[γα-
25 λο]|φροσύ[ν]ῃ, | δωρησάμενον χαὶ χατὰ δια[θή]|χην ἀγρὸν ἐν τῇ Κορυδαλλ[ι]|χῆ
ἐν τόπῳ Χάδραις χαὶ Παι[δα]|γωγῷ, φέροντα ἐτήσι[α] δηνάρια ͵ασν' εἰς
30 πανήγυριν πενταετηριχὴν, χαὶ δια[νο]|μὴν ἀνδρ[ά]σιν σειτομετρούμενον ‖ ἀνὰ
δηνάριον α'.

1. Civis Rhodiapolitanus notissimus de quo infra fusius dicetur. — 2. Eodem anno 13(
fuit flamen Augusti et, ut ferebat mos Lycius, simul scriba communis. Heberdey
Opramoas, p. 70.

---

680. Pataris. — Hicks, *Journ. of hellen. studies*, X (1889), p. 76, n. 28. Inter schedas
Instituti archaeologici Vindobonensis.

Παταρέων ὁ δῆμος Πολυπέρχοντα Πολυπέρχοντος τοῦ Δημητρίου | Παταρέα
τὸν ἀρχιερέα διὰ βίου θεῶν ἐπιφανῶν Γερμανιχοῦ χαὶ [Δρού]σ[ου? ¹ | χ]αὶ τοῦ
σύμπαντος αὐτῶν οἴχου, χαὶ προφήτην τοῦ Πατρώου Ἀπόλλωνος ², ἱ|ερατεύσαντα
5 τοῦ θεοῦ, χαὶ πρυτανεύσαντα χαὶ γραμματεύσαντα [μόν]ον ³ χατ[ὰ χ]|λῆσιν ⁴ χα
τὰς τρεῖς ἀρχὰς ⁵ ἄρξ[α]ντα ἐν ἑνὶ ἐνιαυτῷ φιλοδόξως, τειμηθέντα χα[τ'] εὐερ-

γεσίαν τα[ῖς π]|ρώταις καὶ δευτέραις τειμαῖς ὑπὸ τῆς πόλεως καὶ ὑπὸ τοῦ
κοινοῦ τῶν Λυκίων [6], καὶ νομογρα|φήσαντα Λυκίοις [7], καὶ ὑποιππαρχήσαντα [8],
καὶ ἐπισ<σ>τατήσαντα τῶν μεταπέμπτων δικαστηρίων [9] | ἴσως, πεπολειτευ-
μένον δὲ καὶ τὴν πανήγυριν τὴν ἐπὶ Καίσαρι Γε[ρ]μανικῷ καὶ τὴν ἐπὶ κατα-
σκευὴν τοῦ θε|οῦ, καὶ πολλῶν ἔργων τῶν τῆς πόλεως, εἰς ἃ καὶ ἐπαγγειλάμενος
ἐκ τῆς ἰδίας οὐσίας ἔδωκεν, ‖ χρήσα[ν]τα πάσῃ ἀρετῇ καὶ εὐσεβείᾳ καὶ δικαιο-
σύνῃ διαφέροντα.

1. Vel καὶ [Σεβα]σ[τοῦ] Hicks dubitans; Καί[σ]α[ρος] Inst. Vind. Germanicus Antiochiae
obiit anno 19, Drusus autem anno 23. In nummis Drusus et Germanicus appellantur νέοι
θεοὶ φιλάδελφοι; cf. *C. I. Gr.*, 318. Domum Tiberii θεοὺς ἐπιφανεῖς vocat titulus Tlo repertus:
C. I. Gr., 4240 *d*. Haec scripta sunt ante annum 43, quo sua Lyciis adempta est libertas.
— 2. Propheta oracula interpretabatur Apollinis Patroi, quem Patarei colebant: n. 739,
XIII, C. 7; Fougères, *op. cit.*, p. 100 et 116. — 3. Λυκίων, Inst. Vind. Sed Patareorum,
non concilii, scriba, ut πρύτανις, hic memoratur; cf. v. 5; nam πρυτάνεις in concilio nulli
fuerunt. — 4. Ex jussu. κα[ιροῖς | δ]υσίν Hicks. Cf. γραμματεύσαντα κατ' [ἐκκ]λησίαν (*C. I. Att.*,
752, 1030). — 5. Fuit ἱερεὺς, πρύτανις, γραμματεύς. — 6. De primis et secundis honoribus
urbium cf. supra n. 516. — 7. Communis jurisconsulti leges curabant praeparandas scri-
bendasque. De eorum muneribus cf. quae de nomographis Aetolorum tradita sunt;
C. I. Gr., 3046; Polyb., XIII, 1. — 8. Subpraefectus equitum; Fougères, *op. cit.*, p. 29.
— 9. Cf. supra, n. 563, not. 6.

---

681. Pataris. — Heberdey et Kalinka, *Denkschr. der Akad. in Wien*, XLV (1897),
p. 21, n. 7.

..... δόν[τ]α [.......κ]υνήγια [1] καὶ προκυνήγια [2] καὶ τάς....... | καὶ ἀργυρικὴν
ἐπίδοσιν....... καὶ τετειμ[ημένον,] | δόντα Τελμησσεῦσιν κυνήγια μ[ηνὸς?] |
Δύσ[τρ]ο[υ [3] κα]ὶ ἀργυρικὴν ἐπίδοσι[ν..... κα]ὶ τε[τ]ειμη[μένον, ‖ τε]τειμ[η]μένον
δὲ π[ρὶ]ν καὶ ὑπὸ Σιδυμέων καὶ Βαλ[6]ουρέ[ων καὶ? Λυ|δα]τῶν καὶ Καλυνδίων
καὶ ὑπὸ τῆς Καρίας, πρ..... ισω.... | μυριάδας [ἀ]τόκους λ', πρεσβεύσαντα τρὶς
[ὑπὲ]ρ?...... | τοῖς μὲν τῶν ξενοκριτῶν [4] [συνελθοῦ]σιν [5] ἀνὰ ιε', π[ᾶσι δὲ βου]]-
λευταῖς καὶ ἀργοστάταις [6] καὶ τοῖς τὰς κοινὰς τετελε[κόσιν ἀρ[χ]ά]ς, δεξάμενον
ἀόκνως τὰς διενγυήσεις τῶν ἐπικ[λήτων [7]... | ...]κείας, διοικήσαντα καθαρῶς
καὶ ἀδωροδοκήτως [τὴν τοῦ σε]|μνοτάτου δικαιοδότου [8] καὶ τὴν τῶν ξενοκριτῶν
[....., ἄνδρα.....] |. ε. ιν καὶ δίκαιον, μεγαλόψυχον ἐν τοῖς ἐ.....

1. Venationes. — 2. Cf. supra n. 631. — 3. Mense Maio. — 4. Judices peregrini a
praeside provinciae designabantur qui peregrinos in conventibus judicarent; Humbert,

Conventus ap. Daremberg et Saglio, *Dict. des Antiq.* — 5. Restituit Fougères, *op. cit.*, p.119, n. 3. — 6. Cf. n. 492, not. 1. — 7. Restituit Fougères, *loc. cit.* — 8. Praeses provinciae.

---

682. Pataris. — *C. I. Gr.*, 4282.

...τοῦ Διὸς Φίλεια καὶ Αὐτ[ο]κρατόρια εἰς τὸν [λ]α[ὸ]ν | τῆς Λυκίας.

---

683. Pataris. — *C. I. Gr.*, 4294.

Κοίντο[ς] Λικίννιο[ς] Ἐλεύ|θερος Ῥωμαῖ[ος] Ζώσιμο[ν] Ἀτ|τάλου Παταρέ[α]
5 τ[ὸ]ν πατέ|ρα μου καὶ Λικίν[νι]ο[ν Ζ]ώ‖σιμον τὸν ἀδελφό[ν] μ[ο]υ | καὶ Διαβού-
λι[ον] μητ[έρα] μνήμ[η]ς ἕνεκεν.

---

684. Pataris. — Hicks, *Journ. of hellen. studies*, X (1889), p. 82, n. 35.

Τὴν χελώνην [1] κατεσκεύασεν | Πόλλα Ἰάσονος τοῦ Ἀρχελάου Πατ[α]|ρὶς ἐπὶ
τῷ αὐτὴν μόνην εἰς αὐτὴν ταφῆνα[ι], | ἕτερον δὲ μηδένα ἔχειν ἐξουσίαν ἀνοῖξα[ι] ‖
5 ἢ θάψαι τινά, ἢ τὸν παρὰ ταῦτα ποιήσαντα ὀ[φεί]|λειν τῷ ἱερωτάτῳ φίσκῳ
δηνάρια ϛ´ καὶ εἶναι ἁμαρτ[ω]|λὸν καὶ τυμβωρύχον, ἔχοντος παντὸς τοῦ βο[υ]|-
λομένου ἐξουσίαν προσαγγέλλειν τὸν τοιοῦ[τό] | τι ποιήσαντα ἐπὶ τῷ τὸ τρίτον
10 τοῦ τειμήμα[τος] ‖ αὐτὸν λαβεῖν, περὶ ὧν καὶ διὰ τῆς κεχρημα[τισ]|μένης ὑπὸ
τῆς Πόλλας οἰκονομίας [2], | ἐπὶ ἀρχιερέος τῶν Σεβαστῶν Γαίου Λικ[ιν]|νίου Φρόν-
τωνος τοῦ Φιλείνου, Περειτί[ου] | θ´ [3], δηλοῦται.

1. Χελώνη « sepulcrum fornicatum » significans non nisi in hoc titulo usurpatur. —
2. Perfecto a Polla instrumento, quod in tabulas publicas relatum est. — 3. Die IX men-
sis Peritii (Aprilis).

---

685. Pataris. — *C. I. L.*, III, 14183.

Hauete uiatores. | Χαίρετε παροδεῖτ[α]ι.

---

686. Saïret. — Ex schedis Instituti archaeologici Vindobonensis.

Post 4 versus :

ἐτέ|ρῳ δὲ [μ]ηδενὶ ἐξὸν εἶναι ἐνκηδεῦσαί τινα | ἢ ἀποτείσει τῷ ἱερω|τάτῳ
ταμείῳ δηνάρια ͵βφ´.

687. Tchoukour-Dagh. — Ex schedis Instituti archaeologici Vindobonensis.

Ἀρσινόη Ἀριστοδήμου ἀστὴ [1] | Μενεκλῆν Μενεκλέους τοῦ | Σκύμνου Νομα-
δίτην, | τὸν ἑαυτῆς ἄνδρα, ‖ γενόμενον ἱερέα Ῥώμης | πόλεως? θεοῖς.

1. Civis illius civitatis. Cf. Benndorf et Niemann, *Reisen in Lykien*, n. 79, 82; P. Paris, *Quatenus feminae... res publicas attigerint*, p. 37.

---

688. Antiphelli. — Le Bas et Waddington, III, 1281.

Post 4 versus :

καὶ εἰσοίσει προστείμου ἱερωτά[τῳ] τα|μείῳ δηνάρια ‚αφ' [1].....

1. Multam denariorum ‚αφ' habes in duobus aliis titulis Antiphelli repertis (Le Bas et Waddington, III, 1275; *C. I. Gr.*, 4300 k).

---

689. Megistae. — Diamantaras, *Bull. de corr. hellén.*, XVIII (1894), p. 333, n. 32.

... Κα|ίσαρα Θεο[ῦ..... | .... Σεβα]στῶν υἱ[ὸν] |..... ασσης τ....|.....ατου
συ.....‖...ν ὁ δῆμ[ος].

Fieri potest ut lapis Megistam aliunde allatus sit. Cf. *Bull. de corr. hellén.*, *loc. cit.*

---

690. Prope Aperlas. — Le Bas et Waddington, III, 1292; Petersen et Luschan, *Reisen in Lykien*, p. 49, not. 6.

[Αὐτο]κράτορι Τίτῳ Θεοῦ Οὐεσπασιανοῦ υἱῷ Καίσαρι | [Οὐεσ]πασιανῷ Σεβαστῷ
ἀρχιερεῖ μεγίστῳ, δημαρχικῆς | [ἐξου]σίας τὸ ι', αὐτοκράτορι τὸ [ι]ε', ὑπάτῳ τὸ
η', πατρὶ πατρίδος, | τειμητῇ [1], ‖ ἐπὶ Τίτου Αὐρηλίου Κυήτου [2] πρεσβευτοῦ καὶ
ἀντιστρα|[τήγο]υ τοῦ Σεβαστοῦ καὶ Γαίου Βιην[ί]ου [3] Λόγγου ἐπιτρόπου | [τοῦ]
Σεβαστοῦ, Ἀπερλειτῶν καὶ τῶν συνπολιτευομένων | ἡ βουλὴ καὶ ὁ δῆμος τὸ
βαλανεῖον καὶ τὸ πρόστοον κατε|σκεύασεν ἐκ θεμελίων.

1. Anno p. C. n. 80. Censuram Titus susceperat una cum patre anno 73; Suet. *Tit.* 6;
Prosop. imp. rom., II, p. 79, n. 264. Cf. titulum n. 133. — 2. Ἀουίτου Le Bas et Wadd.
Correxerunt Petersen et Luschan. T. Aurelius Quietus cos. suff. fuit anno 82. *Prosop.
imp. rom.*, I, p. 214, n. 1292. — 3. Μηνίου, Le Bas et Wadd. Correxerunt Petersen et
Luschan. Βιήνου mallet Klebs, *Prosop. imp. rom.*, I, p. 237, n. 107.

691. Aperlis. — Le Bas et Waddington, III, 1293.

Αὐτοκράτορσιν Κέσαρσιν | Γαίῳ Αὐρηλίῳ Διοκλητιανῷ | καὶ Μάρκῳ Αὐρηλίῳ
5 Οὐα[λερίῳ | Μαξιμι]ανῷ Εὐσεβέσιν ‖ Εὐτυχέσιν Σεβασ[τοῖς] | καὶ Φλαυίῳ Οὐα-
λε[ρίῳ] | Κωνσταντίῳ καὶ Γ[αλερίῳ] | Οὐαλερίῳ Μαξι[μιανῷ] | τοῖς ἐπιφανεσ[τά-
10 τοις] ‖ Κέσαρσ[ιν] ¹ | Ἀπ[ε]ρ[λ]ειτῶν [ἡ] πό[λις].

1. Inter diem I mensis Martii anni 292 et diem fere I Maii anni 305.

---

692. Aperlis. — Le Bas et Waddington, III, 1290.

Ἐτείμησαν Ἀπερλειτῶν ὁ | δῆμος καὶ οἱ συνπολιτευόμενοι | αὐτῷ Σιμηνέων
5 καὶ Ἀπολλωνειτῶν | καὶ Ἰσινδέων δῆμοι ¹ Ἱππόλοχον Ἀ‖πελλέους [Μ]υ[ρέα] καὶ
Ἀπερλείτην | ἀπὸ Σιμήνων χρυσῷ στεφάνῳ καὶ | εἰκόνι χαλκῇ, ἄνδρα καλὸν καὶ
10 ἀγα|θὸν ὑπάρχοντα διὰ προγόνων, ἱερα|τεύσαντα [Τιβερίου] Κλαυδίου Καί‖σαρος
Σεβαστοῦ καὶ πρυτανεύσαν|τα γ΄ καὶ ἱερατεύσαντα Ῥώμης καὶ Δι|[ὸς] καὶ Ἀπόλ-
λωνος καὶ τα[μι]εύσαντα | [καὶ γυμνασι]αρχήσαντα καὶ τὰς ἄλ[λας | λειτουργί]ας
15 τελέσαντα πάσας σε[μνῶς καὶ φιλ]οδόξως πάσῃ ἀρετῇ ‖ [διαφ]έροντα.

1. Συμπολιτεῖαι vocabantur societates minorum vicorum cum urbe praestantiore, cujus
sub nomine, ut opinatur Fougères, *op. cit.*, p. 40, in partem suffragii veniebant : sic
adjunctae erant Aperlis proximi vici Simena, Apollonia, Isinda (*ibid.*, p. 142), quam ob
causam Hippolochus dicitur Aperlita ex Simenis (v. 5-6).

---

693. Aperlis. — Le Bas et Waddington, III, 1297.

Ἑρπιδασῆ ἡ καὶ Σαρπηδονὶς | Λυσάνδρου Ἀπερλεῖτις, γεγο|νυῖα ἀρχιέρεια ἐν
5 τῷ ἔθνει ¹, Λύ|σανδρον δὶς φύσει Ὀσείου Ἀπερλείτην ἀπὸ Ἀπολλωνί‖ας, ἄνδρα
ἐκ τῶν πρωτευσάν|των, ἐκ προγόνων ἀρξάν|των καὶ ἐν τῷ Λυκίων ἔθνει ² | καὶ τῇ
10 πατρίδι πάσας τὰς ἀρ|χὰς τελέσαντα καὶ δεκαπρω‖τεύσαντα, τειμηθέντα πολ|-
λάκις ἐφ᾽ οἷς εὖ ἐποίησεν, ἰα|τρὸν ἄριστον γενόμενον, | μαρτυρηθέντα ἐπὶ πάσῃ
15 τῇ | τοῦ βίου καλοκἀγαθίᾳ, τὸν ‖ ἑαυτῆς πρόπαππον μνή|μης χάριν.

1. Flaminica Augusti in communi Lyciorum. — 2. Qui communis gesserunt magistra-
tus, ex quibus fortasse summum, Lyciarchiam.

694. Apolloniae. — Heberdey et Kalinka, *Denkschr. der Akad. in Wien*, XLV (1897), p. 18, n. 57.

In parte dextra :

[Αὐ]τοκράτορ[α | Καίσαρα Σεβα|σ]τὸ[ν], Θεοῦ υἱὸν, | Ἀ[π]ολλωνιατῶν ‖ [ὁ] δῆμος. |

In parte sinistra :

Τιβέριον Κλ[α]ύδιον | Καίσαρα, τὸν τοῦ Θεοῦ | Αὐτοκράτορος υἱὸν, | Ἀπολλωνιατῶν ὁ δῆμος.

---

695. Apolloniae. — Ex schedis Instituti archaeologici Vindobonensis.

Ὁ δῆμος ἐτείμησ[εν] .....|..... πολε[ιτευόμενον..... ἐν] | ταῖς κατὰ Λυκία[ν] πόλεσι πάσ[αις εἰκό]νι χαλκῇ καὶ χρ[υσῷ στεφάνῳ...] | προεδρίᾳ ἐν τοῖς ἀγ[ῶσι...]‖μῳ ἄνδρα ἀγαθὸ]ν γεγενημένον...] | καὶ εὐεργέτην τοῦ δήμο[υ.....] | εὐνοίας καὶ φιλαγαθίας ἧς ἔχων διατετέ|λεχεν εἰς τὸν δῆμον κα[ὶ] τὸ κοινὸν | τὸ Λυκίων.

---

696. Apolloniae. — Ex schedis Instituti archaeologici Vindobonensis.

Post 6 versus :

ἄλλῳ δὲ οὐδενὶ ἐξεῖναι ἐνκηδεῦσαί τινα, | ἢ ἁμαρτωλὸς ἤτω θεοῖς χθονίοις, καὶ ἐκτείσει | τῷ Καίσαρος φίσκῳ δηνάρια λϛ'.

---

697. Simenis. — Heberdey et Kalinka, *Denkschr. der Akad. in Wien*, XLV (1897), p. 17, n. 55.

Θεῶι | Καίσαρι.

---

698. Timiusis. — Heberdey et Kalinka, *Denkschr. der Akad. in Wien*, XLV (1897), p. 18, n. 59.

In sepulcro quod sibi paravit Semonis Hecatodori legitur (v. 4) .

ἐπὶ ἀρχιερέως Πραξίωνος Ἀρτεμισίου ιγ' [1].

1. Mensis Julii die XIII. Ejusdem sacerdotis nomen invenies in altero sepulcro (Petersen et Luschan, *Reisen in Lykien*, p. 58, n. 114).

699. Tyberisi. — Ex schedis Instituti archaeologici Vindobonensis.

Post 8 versus :

ἐὰν δέ τις ἕτερον κηδεύ|σῃ, ὀφειλέσει τῷ φίσκῳ δηνάρια φ', ὧν ὁ ἐλέν|ξας λήνψεται τὸ τρίτον.

---

700. Cyanis. — Le Bas et Waddington, III, 1286.

Θεῷ μεγάλῳ Ἄρει καὶ Ἐλευθερ[ί]ᾳ | ἀρχηγέτιδι ἐπιφανεῖ θεᾷ ¹ καὶ Διί. |
5 Αὐτοκράτορι Καίσαρι Τίτῳ Αἰλίῳ Ἁ|δριανῷ Ἀντ[ω]νείνῳ Σεβαστῷ Εὐ‖σεβεῖ, π(ατρὶ) π(ατρίδος), Κυανειτῶν ἡ βουλὴ καὶ |·ὁ δῆμος τὸ βαλανεῖον ἀφιέρω|σεν ἐπὶ Γναίου Ἀρρίου Κορνηλί|ου Πρόκλου πρεσβευτοῦ κ[αὶ] | ἀντισ[τ]ρατήγου ².

1. Ex qua nomen suum duxit urbs Lyciae Eleutheraï. Cf. n. 454, 704 II A, 714. — 2. Cn. Arrius Cornelius Proculus leg. pr. pr. Lyciae circa annos 140-142; *Prosop. imp. rom.*, I, p. 141, n. 901.

---

701. Cyanis. — Le Bas et Waddington, III, 1283.

Αὐτοκράτορα Καίσαρα Τίτον Αἴλιον Ἁδριανὸν | Ἀντωνεῖνον Σεβαστὸν Εὐσεβῆ πατέρα πατρίδος, | Κυανειτῶν ἡ βουλὴ καὶ ὁ δῆμος τὸν εὐεργέτην ¹.

1. Antoninus aliquot urbes Lycias, quae terrae motu laboraverant, instaurandas curavit. Cf. n. 581, not. 3.

---

702. Cyanis. — Ex schedis Instituti archaeologici Vindobonensis.

... [τῷ Λυκίων ἔ]θνει θεῖα γρά[μμα|τ]ά ἐστιν [χ]αθὼς ὑπογέγ[ρα|π]ται. |
5 [Α]ὐτοκράτωρ Καῖσαρ Θεο[ῦ | Ἁδρια]νοῦ υἱὸς Θεοῦ Τραια‖[νοῦ] Παρθικοῦ υἱωνὸς Θε|[οῦ Ν]έρουα ἔγγονος Τίτος | [Αἴλι]ος Ἁδριανὸς Ἀντωνεῖνος | [Σεβ]αστὸς
10 ἀρχιερεὺς [μέγισ]το[ς], | δημαρχικῆς ἐξουσίας τὸ., ‖ αὐτοκράτωρ τὸ β', ὕπατος τὸ., | πατὴρ πατρίδος, τῷ κο[ιν]ῷ τ[ῶν | Λυκίων χαίρειν......

Epistula ab Antonino ad commune Lyciorum missa post annum 143, quo imperator II salutatus est.

---

703. Cyanis. — Ex schedis Instituti archaeologici Vindobonensis.

Κόιντον Οὐηράνιον Κοίντου | υἱὸν ¹, τριῶν ἀνδρῶν ἐπιχα|ράξεως νομίσματος ², χειλί|αρχον λεγιῶνος τετάρτης ‖ Σκυθικῆς ³, ταμίαν Τιβερίου καὶ | Γα[ί]ο[υ] Σεβαστοῦ, [δήμ]αρχ[ον] ⁴.....

1. Cos. ord. anno 49. — 2. Triumvir monetalis. — 3. Tribunus militum legionis IV Scythicae, cujus castra, Tiberio principe, in Moesia fuerunt. — 4. Tribunus plebis anno 41, legatus Lyciae anno 43 aut paulo post. *Prosop. imp. rom.*, III, p. 399, n. 266.

---

704. Cyanis. — Heberdey et Kalinka, in *Sertis Hartelianis* (1896), p. 1.

I Χρόνοι ψηφισμάτων τειμητικῶν καὶ ἐπι[στολ]ῶν γραφισῶν ¹ | ἡγεμόσι καὶ ἀντιγραφῶν περὶ Ἰάσονος τοῦ Νειχοστράτου Λυκιάρχου | εἰσὶν καθὼς ὑπογέγραπται ·|

Κυανειτῶν ². ‖ Ἐπὶ ἀρχιερέως τῶν Σεβαστῶν Φλαυίου Ἀττάλου, μηνὸς Ἀρτεμεισίου ια΄ ³, | Εὐδήμου τοῦ Ἀρτοπάτου γραματέως Καλεστρίῳ Τείρωνι ἡγεμόνι ⁴ | καὶ ἀντιγραφὴ Τείρωνος ⁵ · μ[ηνὸς Ἀ]ρτ[εμ]εισίου η΄ ⁶ Μυλητῶν ⁷ · Λώου λ΄ ⁸ | Χωματειτῶν · Γορπιαί[ου...] ⁹ Μυρέων. Ἐπὶ ἀρχιερέ(ως) τῶν Σεβαστῶν Ἰουλίου | Τιτιανοῦ Φ[α]ν[ί]ου, μηνὸς Δείου ϛ΄ Κανδυβέων, ιε΄ ¹⁰ Λιμυρέων · Ἀπελλαίου λ΄ ¹¹ ‖ Κορυδαλλέων, Φελλειτῶν · Ἀρτεμεισίου ε΄ [Τ]ρεβενδατῶν · ιη΄ ¹² Ποδαλιωτῶ[ν]. | Ἐπὶ ἀρχιερέως τῶν Σεβαστῶν Φλαυίου Σώσου, μηνὸς Δύστρου .. ¹³ Ἀντιφελλειτ[ῶν] · | Ἀρτεμεισίου β΄ Γαγατῶν, Ὀλυνπηνῶν · γ΄ Ἀρυχανδέων · ιθ΄ ¹⁴ Φασειλειτῶ[ν], | Ἰουλίου Παίτου ἡγεμόνος ¹⁵ ἐπιστολὴ περὶ λογιστείας Ἀρυχανδέων ¹⁶. | Ἐπὶ ἀρχιερέως τῶν Σεβαστῶν Οὐηρανίου Π[ρ]εισκιανοῦ, μηνὸς Δείου κ΄ (?) ¹⁷ ‖ ἐπιστολὴ Μολέους τοῦ καὶ Ἀλκίμου Ἰουνίῳ Παίτῳ ¹⁸ · Ἀπελλαίου β΄ (?) | ἀντιγραφὴ Παίτου ¹⁹ · Ἀρτεμεισίου γ΄ ἐκλησίας ἀπόλογος ²⁰ · Δαισίου κα΄ | ἐπιστολὴ Μολέους τοῦ καὶ Ἀλκίμου Ἰουνίῳ Παίτῳ ²¹ · Ὑπερβερεταίου ιη΄ | ἀντιγραφὴ Παίτου ²². Ἐπὶ ἀρχιερέως τῶν Σεβαστῶν Λικιννίου Στασιθέμιδος, | Ξανδιχοῦ γ΄ Τα[νδά]σε[ος?] τοῦ Δημητρίου πρυτάνεως εἰσγραφαὶ τει‖μῶν ²³ · Ἀρτεμισίου α΄ ἀπόλογος βουλῆς ²⁴ · γ΄ ψήφισμα Μαυσώλῳ | Ἰάσονος ²⁵, Δημητρίου β΄ τοῦ Μεγίστου γ΄ εἰσγραφαὶ τειμῶν Μαυσώλου τοῦ | [Ἰάσονος ²⁶ · Λώου ιγ΄

II Α [ψήφ]ισμα [Μυρέ]ων ¹ · | Ἔδοξε Μυρέων τῆς μητροπόλεος | τοῦ Λυκίων ἔθνους τῇ βουλῇ καὶ τῷ δ[ήμ]ῳ · | ἐπ(ε)ὶ Ἰάσων Νειχοστράτου, πολείτης ἡμῶ[ν], ‖ ἀνὴρ ἀξιόλογος, πρ[ω]τεύων ἔν τε τῷ ἔθνει | καὶ τῆς πόλε[ω]ς ἡμῶν, γεγον[ὼ]ς ἀρχιερεὺς [τῶν] | Σ[εβ]αστῶν καὶ γραμματεὺς Λυκίων, ἐ[ξ] ἀρχῆς ἀγαθὴν | δ[ιάθ]ε[σ]ι[ν] ἔχει πρὸς [τὴ]ν πόλιν ἡμῶν [καὶ] ἡγ[ω]νοθέτησεν |

10 τῆς πανηγύρεος τῆς ἀρχηγέτιδος [θ]εᾶς Ἐλευθέρας² φιλο‖τείμως κ[α]ὶ με[γα]-
λο‹συ›ψύχως, δωρεάς τε μεγαλοπρεπεῖς | πεποίηται εἴς τε κατασκευὴ[ν] στοᾶ
πρὸ τοῦ κατα|σκευασμένου βαλανείου [πρ]ὸς τῇ [π]λ[α]τείᾳ δηνάρια μύρια | μετὰ
καὶ τῆς θ[υ]γατρὸς αὐτοῦ Λυ[κί]ας, κ[αὶ] ἐν πᾶσιν συν|λα[μβάν]ετα[ι]² τῇ πόλε

15 ἡμῶν καὶ τὰ νῦν πάλιν ὑπέσχηται‖ μεγαλοψύχως ἰς τὴν τοῦ θεάτρου κατασκευὴ
δηνάρια μύρια | μετὰ [χ]α[ὶ τ]οῦ πεν[θερ]οῦ αὐτοῦ Πολυχάρμου τρὶς τοῦ | κα
Ἰάσονο[ς]⁴, ὥ[ς ἐπ]ὶ τοῦτο[ις] τὴ[ν β]ουλὴν καὶ τὸν δῆ|μον τ[ε]ι[μῆσαι] αὐτὸ
πανοικ[ίᾳ], τύχῃ ἀγαθῇ δεδό|χθαι Μυρέων τ[ῆ]ς μητροπόλε[ω]ς τοῦ Λυκίων
20 ἔθνους τῇ βουλῇ καὶ τῷ δήμῳ τετειμῆσθαι | καὶ διὰ τοῦδε τοῦ ψηφίσματος τὸ
κράτιστον | Λυκιάρχην ['Ιά]σονα Νεικοστράτου ἐφ' ᾗ πεποίηται | καὶ τὰ νῦ
ὑποσγέσει ἰς τὴ[ν τ]ο[ῦ] θεάτρο[υ] κατασκευήν.

25 II B Ψή[φ]ισμα Παταρέων · | Ἔδοξε Παταρέων‖ τῆς μητροπόλεως τοῦ
Λυκίων ἔθνους τῇ βουλῇ | καὶ τῷ δήμῳ καὶ τῇ γερουσίᾳ · | ἐπεὶ Ἰάσων Νεικο-
30 στράτου, | ὁ ἀξιολογώτατος πολείτης‖ ἡμῶν, οὐ μόνον ἐν τῷ λα(μ)προ|τάτῳ
Λυκίων ἔθνει τὴν ἑαυτοῦ | μεγαλοφροσύνην, δι' ἧς ἐτέλε|σεν Λυκιαρχείας, ἐπε
35 δείξατο, | ἀλλὰ καὶ τὴν ἡμετέραν πόλιν‖ διαφερόντως ταῖς τῆς ἀρχῆς | φιλο
[τ]ειμίαις ἐκόσμησεν, | ὧν μέγιστον μέρος καὶ ἡ | πρὸς τὸν πατρῷον ἡμῶν | θεὸ
40 Ἀπό[λλ]ωνα εὐσέβεια‖αὐτοῦ, κοσμήσαντος καὶ δι' | ἀναθημάτων ἐπισήμων | τ
ἱερὸν, δι' ὧν φαίνεται διη|νεκὴς ἥ τε πρὸς τὸν θεὸν | εὐσέβεια καὶ ἡ πρὸς τὴ
45 πόλιν‖ τειμή · ἐπὶ δὲ τούτοις ἄπασιν | ἡ πόλις ἡμῶν ἡ μητρόπολις τοῦ
Λυκίων ἔθνους ἔν τε τῇ ἀρ|χερεσιαχῇ ἐκλησίᾳ ἐτείμησεν

III A Ἰάσ[ονα Νεικοστράτου Κυανεί]τη[ν καὶ] Πα[τ]α[ρέ]α, πολειτευόμενο
δὲ καὶ ἐν ταῖς κατὰ Λ[υκί]αν πόλεσι | πάσ[αις........................
....................................|...............
.........................¹.|

5 III B [Ψ]ήφισμ[α κοινοῦ. Τύχῃ ἀγα]θῇ · Προβουλευσ..... ......‖.....
[.........¹ γ]ενέσθαι ψήφισμ[α] | ε[ὐ]χαρισ[τ]η[τι]κὸ[ν] τῷ με[γί]σ[τῳ] Αὐτοκρά-
τορι Καίσ[αρι | Τί]τῳ Αἰλίῳ Ἀδριανῷ Ἀν[τωνεί]νῳ Σεβαστῷ Εὐσεβεῖ | πατρ
πατρίδος... διό[τι]² ἐφύλα[ξ]ε καὶ αὐτὸ[ς]³ τὴν [τ]ο[ῦ] ἔ|θνους γνώμην περὶ ὧ
10 ἐψηφίσατο [τ]ει[μ]ῶν Ἰάσονι Νεικοσ‖τράτου, γεγονότι Λυκιάρχῃ, καὶ ἔδοξ[εν
συνγραφῆναι τὸ ψήφισμα ὃ καὶ ἀνα[δ]ο[θῆ]ναι⁴ τῷ μεγίστῳ α[ὐτ]οκ[ρά]τορ
ὑπὸ Γαΐου | [Λι]κ(ιννίου) Φρόντωνος · εἰσηγησαμένου Γ. Λ(ικιννίου) Φρόντωνο
υἱοῦ Σε[κο|υν]δείνου⁵, ἐπιψηφισαμένου δὲ Ὀπραμόου [το]ῦ Ἀπολλωνίου⁶,
15 ἔδοξε τῇ κοινῇ τοῦ Λυκίων ἔθνους ἐννόμῳ βουλῇ · ἐπεὶ ὁ μέ‖[γ]ιστο[ς κα
ἐ]νφα[νέστ]ατο[ς] θεῶν Αὐτο[κ]ράτωρ Καῖσαρ Τίτος | Αἴλιος Ἀδρ[ιανὸς Ἀν]τω

νεῖνος Σεβαστὸς Εὐσεβῆς πατήρ | πατρίδο[ς, πάσας ε]ὐ[ερ]γε[τ]ῶν τὰς ἐπαρχείας,
παρέχει [δ]ικαιοσύνην ε...το....σια... [πᾶσι]ν ἀνθρώπ[οι]ς, ἐν δὲ τῇ ἀχθ[είσῃ] |
ἐπ' αὐτὸν [κατ]ηγ[ορίᾳ] ὑ[π]ὸ Μολέους . εν . α . ι ἐπιγν[οὺ]ς [συκ]ο|φαντού-
με[νο]ν ['Ι]άσονα Νεικοσ<σ>τράτου, τὸν ἀξιολογώ[τα]‖τον Λυκιάρχην κα[ὶ
γέ]νους ἕνεκεν κα[ὶ ἰδ]ίᾳ οὐδενὸς [τ]ῶν ἐν τῇ ἐπαρχείᾳ δεύτερο[ν], ἐτή[ρ]ησεν
[μὲν τ]ὴν τοῦ ἔθνους γν[ώ]‖μην, συνεφύλα[ξ]εν δὲ καὶ ἐπεκόσμησ[ε]ν τὴν τοῦ
ἀνδρὸς [τειμ]ὴν ⁷, | ὡς διὰ τὴν ἱερὰν αὐτο[ῦ κ]αὶ ἀσύνκριτον κρίσιν ἀνεστάλθ[αι]
μὲν | τὴν τοῦ Μόλ[η]τος προαίρεσιν, ἀποδεδόσθαι δὲ τῷ ['Ιάσονι .... |

III C πάσας] τὰς καὶ τοῖς ‖ [ἄλ]λοις Λυκιάρ[χα]ις | [δεδ]ομένας τειμάς · |
Τύχῃ ἀγαθῇ, δεδόχθαι | τῇ κοινῇ τοῦ Λυκίων | ἔθνους ἐννόμῳ βουλῇ ‖ [εὐ]χ[α]-
ριστηθῆναι καὶ ἐπὶ | το[ύ]τοις τὸν μέγιστον | καὶ θεῶν ἐνφαν[έ]στατον | Αὐτο-
κράτορα [Κα]ίσαρα | Τ[ί]τ. Αἴλιον ['Αδρ]ιανὸν ‖ 'Αντωνεῖ[νον] Σεβαστὸν |
Εὐσ[εβῆ π]ατέρα πατρίδος | [ἐπειδὴ] καὶ ἐν τούτοις | [ἐκόσμ]ησεν ἡμῶν τὴν
[Λυκ]ιαρχείαν. |

III D Αὐτοκράτωρ Καῖσαρ Θεο[ῦ] ‖ 'Αδριανοῦ υἱὸς Θεοῦ Τραιανοῦ | Παρθικοῦ
υἱωνὸς Θεοῦ Νέρουα | ἔγγονος Τίτος Αἴλιος 'Αδριανὸς | 'Αντωνεῖνος Σεβαστὸς
[ἀρχ]ιερεὺς | μέγιστος, δημαρχικῆς ἐξουσίας ‖ τὸ η΄ ¹, αὐτοκράτωρ τὸ β΄, ὕπατος
τὸ [β΄], | πατ[ὴρ] πατρίδος τῷ [χ]οινῷ τῷ Λ[υ]χ[ίων] | χαίρειν. | ....
.... ² | 'Ιάσονος τοῦ Λυκιάρ[χου]. ο...... ‖ εἰς ὅσον ·............ ³ |
τεχμηρίοις τοῖς [ἐπεσταλμέ]νο[ις] | ὑφ' ὑμῶν [π]ρὸ[ς] ἡμ[ᾶ]ς. | 'Επρέσβευεν
Λιχίννιος Φρόντων ⁴. | Εὐτυχεῖτε. Πρὸ....... ‖ Σεπτεμβρ(ίων) ⁵ ἀπὸ [......]ης ⁶.

Acta quibus honoratur Jaso Nicostrati Cyanita, Lyciarcha anno 143 aut 144. Quem,
quum dignum esse honoribus senatus communis ob Lyciarchiam bene gestam cen-
suisset, accusavit Moles quidam apud praesidem initio anni 145, ut illos honores impe-
rator prohiberet. Legatione autem Romam a senatu Lyciorum missa, rescripsit Anto-
ninus injustam sibi visam esse accusationem; qua de re senatus Lyciorum gratias egit
imperatori mense Octobri anni 146. Continentur hujus tituli columna I tempora quibus
facta sunt de Jasone decreta urbium Lyciarum, epistulae ad praesides et rescripta inter
annos 137 et 146; columna II A decretum a Myreis datum die XIII mensis Octobris
anni 146; columnis II B III A decretum eadem die datum a Patareis; columnis III B,
III C decretum quo commune gratias agit Antonino, mense Octobri anni 146; columna
III D epistula qua Antoninus honores Jasonis confirmaverat mense Septembri anni 145.
De omni illo negotio cf. Fougères, op. cit., p. 76 et 126, B.

I. 1. γραφ(ε)ισῶν. — 2. Ante alia populorum nomina quae sequuntur nihil suppleri
potest nisi ψήφισμα τειμητικόν (v. 1). De nomine Κυανειτῶν, separatim scripto prae ceteris,
secus se res habet : nam honores, quos Jasoni sui cives noaum post annum contulerunt,
memorantur suo ordine v. 19-20. Itaque hoc verbo significatur totam tabulam esse

civitatis Cyanarum, unde Jaso originem traxerat. — 3. Anno 137, die XI Julii. De annis illorum flaminum cf. Heberdey et Kalinka, *Opramoas*, p. 70-71. Ante Εὐδήμου excidit ἐπιστολή. — 4. Calestrius Tiro videtur fuisse filius illius proconsulis Baeticae (circa annum 106-107), quo Plinius junior familiariter usus est (*Prosop. imp. rom.*, I, p. 271, n. 176). Eum putant editores in Lycia non proconsulem fuisse, sed procuratorem Augusti, quod anno 137 Lyciam rexerit quidam Seneca (*Opram., loc. cit.*). At, quum Tiro ad senatorium ordinem pertinuerit potius quam ad equestrem, rectius conjecerimus illum Senecam post mensem Julium magistratum suum capessivisse. Scriba Cyanitarum Tironi miserat decretum quo Jaso honorabatur. — 5. Tempus omissum est quo rescripsit Tiro. — 6. Die Julii VIII. Turbatus est ordo temporum, nisi scribendum fuerit [I]H. — 7. Myla aut Mela (Basil. *Notitia*, XVIII, 36; *Nova tactica*, XX, 31). Praeter hoc omnia urbium Lyciarum nomina quae sequuntur aliis monumentis nota sunt. — 8. Die XXX Octobris. — 9. Die... Novembris. — 10. Anno 142, diebus VI et XV Januarii. — 11. Die XXX Februarii. — 12. Diebus V et VIII Julii. — 13. Anno 143, mense Maio. Dies excidit. — 14. Diebus II, III et XIX Julii. — 15. Julius (v. 15, 17 Junius) Paetus procurator Augusti fuit, non proconsul; nam Lyciam rexit Q. Voconius Saxa ab anno 142 usque ad annum 147 (*Opram., loc. cit.*). — 16. Apte convenit procuratorem scripsisse de rationibus. Videtur Jaso, cum curator civitati Arycandis datus esset, jam accusationem subiisse, quam procurator, rationibus ejus inspectis, in epistula ad Arycandeos missa diluit sub finem anni 143, quanquam tempus non notatum est. — 17. Anno 145, die XX Januarii. — 18. Epistula qua Moles apud procuratorem accusat Jasonem Lyciarchia functum. — 19. Die II Februarii rescribit sane procurator rem ad imperatorem a se delatam esse. — 20. Die III Julii concilium Lyciorum *apologum* reddit, qui videtur fuisse defensio tum scripta quum honores decernendos aliquis interpellaverat, ita ut prior sententia confirmaretur. Fougères, *op. cit.*, p. 125. Sessio illa fuit extraordinaria, nam concilium autumno agebatur. *Ibid.*, p. 58. — 21. Die XXI Augusti iterum scribit Moles procuratori, ut apologo contradicat. — 22. Die XVIII Decembris Junius Paetus Moletem per litteras certiorem facit de sententia quam Antoninus imperator, legatione Lyciorum audita, mense Septembri tulerat (cf. col. III B-D). — 23. Anno 146 die III Junii, honores Jasoni senatus Cyanitarum decernit. Prytanes aetatis imperatoriae recensuit Liebenam, *Städteverw.*, p. 534; cf. p. 291. — 24. Die I Julii apologum idem senatus conscribit, fortasse quia honores, die III Junii decretos, inimicus aliquis in ipsa civitate etiamtum interpellaverat. — 25. Die III Julii decreto honoratur Mausolus, filius Jasonis, qui flamen ipse fuit post annum 152. Cf. titulum n. 706; Fougères, *op. cit.*, p. 128. — 26. Eadem die, rogante Demetrio Megisti filio, honores Mausoli inscribuntur. Nota in toto illo *Temporum indice,* quanquam mensium nomina Sidonia sunt, annum quemque calendis Januariis, more romano, incipere, non prima die Octobris, more Lycio. Cf. Fougères, *op. cit.*, p. 58-59.

II A. 1. Die XIII Octobris decretum Myreorum. Nullo sententiarum intervallo separantur columnae I et II A, II B et III A, III B et III C. — 2. Dea etiam in aliis Lyciorum urbibus culta. Cf. n. 454, 700, 714. — 3. Auxiliatur; ΛΑ... **ETA** editores. — 4. Idem Polycharmus fortasse fuit flamen Augusti anno 140; Heberdey, *Opram.*, p. 70.

III A. 1. Traditur : ΣΙΝΣΤΟ.Ν ΚΑΙ ΤΟ.Σ..ΑΙ.Α.Ε...ΟΝ..Σ.ΑΙ ΤΟΙΣ.ΗΠΟΣΙΟ.ΕΚΙ

....ΘΕΑΣ | ΕΠΕΣ........ΙΑΛΕ..ΕΤΩΔΙΟ....Σ..Λ..ΝΚΛΙΤΑ ΛΑΦΕΡΟΝ.ΝΑΔΙΟΖΟ.ΤΩ Γ. ΝΕΙ.

III B. 1. Traditur : **ΠΡΟΒΟΥΛΕΥΣΒΣ..Α|Δ.Η..ΕΑ.** — 2. **ΛΟ**... editores. — 3. Quod jam fecerat Junius Paetus procurator aut facturus erat quum Moles honores interpellavit. **ΚΛΙΑΥΓΟ.** editores. Restituit Fougères, *op. cit.*, p. 127. — 4. Fougères, *loc. cit.*, 3°. — 5. Fougères, *op. cit.*, p. 55, n. 2. Licinnios Frontones duos, qui memorantur in Genealogia Licinniae Flavillae (n. 500, col. II, 33-34; III, 56-57; VI, 8, 22. Cf. n. 493), quanquam alio patre natos, vix credibile est non necessitudinem aliquam cum hoc habuisse. — 6. Ipse ille, ni fallimur, Opramoas notissimus civis Rhodiapolitanus, Lyciarcha anno 137. — 7. IN lapis.

III D. 1. Anno p. C. n. 145. — 2. Traditur : **ΟΙΣΗΦΡΟΝΙΣΑΥ..ΑΙ.ΟΙΝ..ΗΝΠ**... — 3. Traditur : **ΕΣΘΗΘ.....ΕΛΩ**... — 4. Quem ad se commune legaverat (III B v. 8-9) hac subscriptione testatur Antoninus legatione functum esse. — 5. Inter dies XIV mensis Augusti et XIII Septembris. — 6. Ῥώμης vel tale aliquid.

---

705. Cyanis. — Kalinka, *Eranos Vindobonensis* (1893), p. 83 ; Heberdey, *Opramoas*, p. 63.

['Επὶ ὑπάτων Οὐαλερίου Λάργου καὶ Οὐαλερίου Μεσσαλείνου], ἐπὶ ἀρχιερ[έος τῶν Σεβαστῶν] | Γαίου Ἰουλί[ο]υ Τληπολέμου, | μηνὸς Δύστρου [θ']¹, ὑποταγὴ ²
5 ἐπιστολῆς Κλαυδίου | Ἀντιμάχου ³ Οὐωκωνίῳ Σάξα ⁴ ‖ περὶ τειμῶν καὶ ἀντι- γραφὴ Σά|ξα ⁵ καὶ ἰσγραφαὶ καὶ τειμαὶ ὑπὸ | τοῦ ἔθνους ⁶ Ἰάσονι Πανοικίῳ ⁷. |
Ἐπὶ ὑπάτων Σαλβιδηνοῦ Σκι|πίωνος Ὀρφίτου καὶ Σοσσίου ‖ Πρείσκου, | ἐπὶ ἀρχιερέος τῶν Σεβαστῶν | Οὐηρανίου Τληπολέμου, μηνὸς Δείου γ' ⁸, ὑποταγαὶ ψηφισμάτων Μυρέων | καὶ ἐπιστολῆς ⁹ Ἰουλίῳ Αὐείτῳ ¹⁰ | καὶ ἀντιγραφῆς
5 Αὐείτου ¹¹ ‖ καὶ ψηφισμάτων Παταρέων, | Ἀπερλειτῶν, Γαγατῶν. |
Ἐπὶ ὑπάτων Μάρκου Κονίου ¹² | Σιλβανοῦ καὶ Σερρίου Αὐγουρείνου, | ἐπὶ ἀρχιερέος τῶν Σεβαστῶν ‖ Ἀρχεπόλεος τοῦ Τειμάρχου, | μηνὸς Ἀρτεμεισίου κζ' ¹³, | Παταρέων ¹⁴.

Commentarius actorum, quae relata fuerant in publicas tabulas communis Lycii (Löwy ap. Kalinka), potius quam Cyanarum (Fougères, *op. cit.*, p. 74-75).
1. Anno p. C. n. 147, die IX Maii. Annum Tlepolemi definivit Heberdey, p. 63, 71. — 2. I. e. exemplar. — 3. Is profecto fuit Lyciarcha, ut opinatur Fougères (*op. cit.*, p. 75), tempore quo ad Saxam scribebat de postulatis Jasoni honoribus, autumno anni 146, quum justum concilium agebatur. — 4. Q. Voconius Saxa Fidus praeses Lyciae ab anno 144, fortasse etiam ab anno 142, usque ad finem anni 147. *Prosop. imp. rom.*, III, p. 471, n. 612. — 5. Rescriptum praesidis, honores Jasoni postulatos probantis. — 6. Honores, a praeside probati, rato decreto inscribuntur in tabulis publicis et Jasoni tribuuntur. — 7. Jasonem Panoecium, ut videtur, genuit Jaso Nicostrati Cya-

nita, de quo cf. n. 704. Panoecii frater esse potuit Mausolus, n. 706. — 8. Anno 149, die III Januarii. — 9. Scripta a magistratibus Myreorum ut municipales honores eidem Jasoni postulati sancirentur. Decreta Myrorum, ut aliarum civitatum, Fougères (*op. cit.*, p. 75-76) existimat facta fuisse mense Julio anni 148, quod « illo mense municipales ecclesiae haberi solitae sint ». — 10. Qua propinquitate contigerit avum Elagabali (*Prosop. imp. rom.*, II, p. 169, n. 122) non liquet. Lyciam ut procurator Augusti administravit : nam anno 149 provinciae praeerat D. Rupilius Severus (Kalinka, p. 83 ; Heberdey, p. 71). — 11. Honores a Myreis postulatos probavit. — 12. Ceionius. — 13. Anno 156, die XXVII Julii. — 14. (Decretum) Patareorum in honorem Jasonis Panoecii.

---

706. Cyanis. — Kalinka, *Eranos Vindobonensis* (1893), p. 85.

['Επὶ ἀρχιερέος τῶν Σε|βαστῶ]ν Μαυσ[ώλου] τοῦ | ['Ι]άσονος ¹, Λώου ι[η' ²,
5 Μαυ|σ]ώλου Ναγουλλίου Πο|λυχάρμου ἰσγραφαὶ τειμῶ[ν] | ἰς τὸ ἔθνος Μαυσώλου | τοῦ Ἰάσονος ³ καὶ ἀπόλογος ⁴ | τοῦ Λυκίων ἔθνους καὶ | ἐπιστολὴ
10 Λικιννίου Στασι|θέμιδος ⁵ Λυκιάρχου ‖ Φλαυίῳ Ἄπρῳ ⁶ ἡγεμόνι καὶ | ἀντιγραφὴ Ἄπρου ⁷.

'Επὶ ἀρχιερέος τῶν Σεβαστῶν Λικιν|νίου Λόνγου ⁸, μηνὸς Ξανδικοῦ [λ'] ⁹, ψήφισ|μα Μυρέων Ἰάσονι. |
15 'Επὶ ἀρχιερέος τῶν Σεβαστῶν Μάρκου ‖ Ἰουλίου Ἡλιοδώρου, μηνὸς Δείου κζ' ¹⁰, | Παταρέων, Ξανθίων, Ῥοδιαπολειτῶν ¹¹.

1. Idem, ut videtur, Mausolus honoratur a Cyanitis anno 146 cum patre Jasone, filio Nicostrati, in titulo n. 704, col. I, v. 21. Quo anno flamonium gesserit nescimus ; gessit tamen post annum 152 ; Heberdey, *Opram.*, p. 71. Itaque in hoc commentario inversus est ordo temporum ; nam postea (v. 13 et 16) enumerantur honores patri decreti annis 133 et 141. Quod ideo factum est quia filio honores a communi decreti sunt, patri a singulis urbibus. — 2. Die XVII Octobris mensis, quo solemne concilium quotannis agebatur. Cf. n. 704, I, not. 20. — 3. Rogante Mausolo Nagullio Polycharmo, commune Lyciorum censuit inscribendos esse honores Mausoli Jasonis. Nota honorari ipsum illius anni flaminem (v. 1). — 4. De illis defensionibus, quae a communi scribebantur cf. n. 704, I, not. 20. Hinc sequitur interpellatos esse honores Mausoli. — 5. De eo vide titulum 704, I, v. 17 et Heberdey, *Opram.*, p. 71 ; cf. p. 66. — 6. Fortasse filius consulis anni 130 (*Prosop. imp. rom.*, II, p. 63, n. 144). — 7. Lyciarchae, a quo decretum communis acceperat, rescribit legatus Augusti se honores Mausoli probare. — 8. Anno 133 ; Heberdey, *Opram.*, p. 69. Ille Licinnius Longus fuit patruus magnus Licinniae Flavillae Oenoandeae ; vide titulum n. 500, II, v. 31 ; III, v. 24, 42 ; cf. titulum n. 492. — 9. Die XXX Junii. — 10. Anno 141 (Heberdey, *Opram.*, p. 70), die XXVII Januarii. — 11. Intellige ψηφίσματα Ἰάσονι.

707. Cyanis. — Davies, *Journ. of hellen. studies*, XV (1895), p. 110, n. 20.

.. [γραμ]ματεύσαντα [χαὶ ....]|τα τῶν [1] γεραίων [2] χη[...τοῦ] | Λυχίων ἔθνους
δέχα... | μεχρὶ τελευτῆς τειμ[ηθέντα ὑπὸ τῆς] ‖ πατρίδος.

1. Supplet Davies [τῶν ἱερω]τάτων. — 2. Nempe γερουσίας, de qua cf. 710.

---

708. Cyanis. — Ex schedis Instituti archaeologici Vindobonensis.

Post 8 versus :

ἢ ὀφειλέσει τῷ ἱερωτά‖τῳ φίσκῳ δηνάρια ͵α [1], ὧν ὁ ἐλένξας λήν|ψεται τὸ
τρίτον μέρος.

1. Multas similes habes in duobus aliis titulis, ab Instituto archaeologico Vindobo-
nensi nobiscum benigne communicatis (φίσκῳ δτ,νάρια ͵α, ἱερωτάτῳ ταμείῳ δτ,νάρια ͵α).

---

709. Trysis. — Petersen et Luschan, *Reisen in Lykien*, p. 11, 19.

Mutilum decretum senatus populique Tryseorum, editum primo, ut videtur, p. C.
saeculo in honorem Hegelochi cujusdam, quem sua civitas ad imperatorem (fragm.
K. v. 4), [πρὸ]ς βασιλέα, legaverat.

---

710. Inter Trysa et Cyanas. — Petersen et Luschan, *Reisen in Lykien*, p. 9, n. 16.

... ἀμαρτωλὸς [ἔστω] χ[α]τ[α]χθονί[οις χαὶ οὐραν]ίοις [θε]|οῖς χὴ ὀφειλέτω
Κυανειτ[ῶ]ν τῇ γερουσίᾳ εὔθυναν |..... ἐξουσίας οὔσης πα[ν]τ[ὶ τ]ῷ β[ου]|λο-
μένῳ ἐλένχειν ἐπὶ τῷ ἡμίσε[ι] · ἡ ἐπι‖γραφὴ ἀνεγράφη διὰ τῶν ἀρχίων ἐπὶ
ἀρχιε|[ρ]έως Κλ. Καλλισ[τρά]του Ἀλεξάνδρου ιϛ´...

---

711. Suris. — Petersen et Luschan, *Reisen in Lykien*, p. 45, n. 83.

Ἀγαθῇ τύχῃ. | Ἀπόλλωνι Σουρίῳ, | ἀρχιερέως τοῦ μετὰ Μᾶρχον....., | ὑπα-
τείας Περπετούα χαὶ Κορνηλιαν[οῦ] [1], ‖ ἱερωμένου διὰ βίου Πτωλεμαίου τοῦ χαὶ |
Ζωσίμου, γραμματεύοντος Σεβασ|τῆς πλατείας [2] Ἰουλ. Αὐρ. Ἄνθου, ἱεροχηρυ-
χοῦντος Μαρχίου [Ξ]άνθου, | προστάται · |

Sequuntur nomina 21, Myreorum omnia ut videtur, ex quibus romana quatuor.

1. [Mario] Perpetuo, [L. Mummio Felice] Corneliano coss., anno 237 p. C. — 2. Hic

titulus repertus est in templo Apollinis Surii, cujus oraculum sic descripsit Plinius, *Hist. nat.*, XXXII, 17 : « In fonte Apollinis quem Surium appellant [pisces] ter fistula evocati veniunt ad augurium. Diripere eos carnes objectas laetum est consultantibus ; caudis abigere, dirum. » Petersen et Luschan, *op. cit.*, p. 46, n. 1. Oracula ἱεροκῆρυξ, sive propheta, interpretabatur, scriba tabulis mandabat. Cf. n. 712, 713. Σεβαστὴ πλατεία pro collegio habent Ziebarth *Das griech. Vereinswesen*, p. 106 et Waltzing, *Étude sur les corporations professionnelles*, III, p. 25, collatis titulis quibusdam Apameae repertis ubi memorantur οἱ ἐν τῇ Σκυτικῇ πλατείᾳ τεχνεῖται et οἱ ἐν τῇ Θερμαίᾳ πλατείᾳ ἐργασταί.

---

712. Suris. — Petersen et Luschan, *Reisen in Lykien*, p. 46, n. 84.

Ἀγαθῇ τύχῃ. | Ἀπόλλωνι Σουρίῳ, ἀρχιερέος | Ἀντιχάρου τοῦ καὶ Διονυ-
5 σίου, | ἱερ[ω]μένου διὰ βίου Ἀντιγόνου β´ ‖ τοῦ καὶ Λυσιμάχου¹, γραμματεύον-
τος | Σεβαστῆς πλατείας Συμφόρου β´ τοῦ | κ[α]ὶ Σωτῆρος, ἱεροκηρυκοῦντος
Μαρκ[ίου] | Ξάνθου, προστάται ·

Sequuntur nomina 21, ex quibus romanum nullum.

1. De eo cf. n. 714.

---

713. Suris. — Heberdey et Kalinka, *Denkschr. der Akad. in Wien*, XLV (1897), p. 15, n. 48, 49, 50.

Tribus titulis, Apollini Surio dedicatis, inscripta sunt nomina eorum qui uno quoque anno fuere προστάται Σεβαστῆς πλατείας. Annus autem quisque nomine flaminis provincialis notatus est :

N. 48, v. 3. ἐπὶ ἀρχι(ερέος) [Ἡ]ρ[ακ]λ[ι]αν[οῦ] γ´ [τ]ο[ῦ] | καὶ Ἀριστα[ι]-
ν[έ]του.

N. 49, v. 3. ἐπὶ ἀρχι(ερέος) Αἰλ(ίου) Τηλεμάχου τοῦ καὶ Δικαιάρχου.

N. 50, v. 2. Ἀρχιερέος Ἰουλίου Δημητρίου.

---

714. Suris. — Petersen et Luschan, *Reisen in Lykien*, p. 45, n. 82.

Ἐπιφανεστάτῳ θεῷ Σουρίῳ | Ἀπόλλωνι Μυρέων, τῆς μητροπό|λεως τοῦ
Λυκίων ἔθνους, ἡ βουλὴ καὶ | ὁ δῆμος ἐτείμησε πάλιν καὶ ἀνδριάντι Ἀντίγονον
δὶς τὸν καὶ Λυσιμα‖χον Μυρέα, ἱερέα διὰ βίου τοῦ ἐπιφανεσ|τάτου θεοῦ Σουρίου
Ἀπόλλωνος, σεμνῶς | τὴν ἱερατεί[α]ν τοῦ [θ]εοῦ ἔ[τι] ἄγοντα, ἀρξά|μενον τῆς
ἱερατείας ἀπὸ ἐτῶν λ´ καὶ ἄγον|τα ἤδη ἔτη εἰς τὴν ἱερωσύνην κδ´ ἕως ‖ Ἀρχεμ-

6ρό[τ]ου τοῦ Μακεδόνος, γένεος | καὶ πάππων καὶ προπ[ά]ππων εὐγενεστά|των,
τετε(λ)εκότων τὰς ἀρχὰς πάσας καὶ | ἐγ δευτέρου, αὐτ[ὸν ὡ]ς ἀγωνοθετήσαντα |
15 πανηγύρεος τῆς ἀρχηγέτιδος θεοῦ Ἐλευ‖θέρας ¹, καὶ ταμιεύσαντα καὶ γραμμα-
τεύ|σαντα τῆς βουλῆς καὶ τοῦ δήμου, ὑποδε|ξάμενον [δὲ] τοὺς κυριακοὺς ² ὡς
μαρτυ|ρηθῆναι τὴν πόλιν ὑπὸ τῶν ἐπάρχων ³, | καὶ γυμνασιαρχήσαντα τῆς σεμ-
20 νο[τ]άτης ‖ γερουσίας [καὶ] πρυτανεύσαντα καὶ ταμ|ιεύσαντα τῶν Σεβαστ[ῶ]ν ⁴
ὑπὲρ τῆς εὐγε[νέ]ος γυναικὸς αὐτοῦ Πλατωνίδος τῆς καὶ | Λυκίας [Μ]ουσέρ[ω]τος
Μυρίσσης ⁵. Τὸν δ’ ἔτι | λοιπὸν χρόνον τῆς ἱερατείας ἐπιγράψει | αὐτὸς ἢ τὰ τέκνα
καὶ ἔγγον[α α]ὐτοῦ ⁶.

1. Dea Eleuthera, in aliquot urbibus Lyciorum cum Apolline culta ut *Imperatrix*
(ἀρχηγέτις), cf. n. 454, 700, 704 II A. — 2. Milites aut comitatus principum per illam civi-
tatem transeuntes hospitio exceperat, qua de re cf. Liebenam, *Städteverw.*, p. 90-93. —
3. Quomodo honoraria testimonia a provinciarum rectoribus redderentur fuse ostendit
Fougères, *op. cit.*, p. 123-128. — 4. Quaestor templi Augustorum. — 5. Feminas, quas
novimus fuisse in Asia Minore prytanes, enumeravit P. Paris, *Quatenus feminae..... res
publicas attigerint*, p. 71. — 6. Intellige : quamdiu vivet Antigonus, ei licebit actis et
monumentis inscribere nomen suum aut filiorum aut nepotum, tanquam sacerdotio
fungentium.

715. Andriacae. — Ex schedis Instituti archaeologici Vindobonensis.

Γερμανικὸν Καίσαρα, | τὸν Τιβερίου θεοῦ | Σεβαστοῦ Καίσαρος υἱὸν, |
5 [Μυ]ρέ[ων ὁ] δῆμος τὸν ἑα(υ)το[ῦ] ‖ σ[ω]τῆρα καὶ εὐεργέτην.

716. Andriacae. — Ex schedis Instituti archaeologici Vindobonensis.

Ἀγριπ[π]ε[ῖ]ναν [θ]υγατριδῆν | θεοῦ Σε[6αστ]οῦ Καίσαρος, | [γ]υναῖκα δ[ὲ
Γ]ε[ρ]μαν[ικ]οῦ | [Κ]αίσαρος ¹, Μυρέων [ὁ δ]ῆμο[ς].

1. Vipsania Agrippina, M. Agrippae et Juliae filia, maritum Germanicum Caesarem in
Orientem comitata est anno 18. *Prosop. imp. rom.*, III, p. 443, n. 463.

717. Andriacae. — Ex schedis Instituti archaeologici Vindobonensis.

Νέρωνα Κλαύδιον | Δροῦσον | [τ]ὸν πάτρωνα καὶ εὐ|(ε)ργέτη[ν] Μυρέων ‖
5 δ δῆμος.

718. Megistae nunc, sed allatus, ut videtur, Andriaca; Petersen et Luschan, *Reisen in Lykien*, p. 43; Diamantaras, *Bull. de corr. hellén.*, XXIII (1899), p. 336, n. 10.

 ... Σε[βαστὸν, αὐτοκράτορα] | γῆς καὶ θαλ[άσσης, τὸν εὐεργέτην | κ]αὶ
5 σωτῆ[ρα τοῦ σύμπαντος κόσ|μου], Μυρέ[ων ‖ ὁ δῆμος].

---

719. In Granariis Hadriani. — Petersen et Luschan, *Reisen in Lykien*, p. 43, n. 78-79.

 Θεὸν Σεβαστὸν, Θεοῦ υἱὸ[ν], | Καίσαρα αὐτοκράτορα γῆς | καὶ θαλάσ(σ)ης,
5 τὸν εὐεργέτ[ην] | καὶ σωτῆρα τοῦ σύνπαντο[ς] ‖ κόσμου, Μυρέων ὁ δῆμος. |
 [Μᾶρχ]ον Ἀγρίππαν, | τὸν εὐεργέτην | καὶ σωτῆρα τοῦ ἔθνους, | Μυρέων
ὁ δῆμος.

---

720. In Granariis Hadriani. — Ex schedis Instituti archaeologici Vindobonensis.

 Ἰουλίαν θεὰν Σεβαστὴν, | γυναῖκα Θεοῦ Σεβαστοῦ | Καίσαρος, μητέρα δὲ
5 Τιβερίου | θεοῦ Σεβαστοῦ Κ[αί]σαρος ¹, ‖ Μυρέων ὁ δ[ῆμο]ς.

 1. Livia Drusilla Augusti mariti testamento dicta est Julia Augusta anno 14. *Prosop. imp. rom.*, II, p. 291, n. 210.

---

721. In Granariis Hadriani. — Ex schedis Instituti archaeologici Vindobonensis.

 Τιβέριον Καίσαρα θεὸν Σεβαστὸν, | θεῶν Σεβαστῶν υἱὸν, αὐτοχ[ρ]άτορα | γῆς
5 καὶ θαλάσσης, τὸν εὐεργέτην | καὶ σωτῆρα τοῦ σύνπαντος [κ]όσμου, ‖ Μυρέων
ὁ δῆμος.

---

722. Myris. — Ex schedis Instituti archaeologici Vindobonensis.

 Θεῷ Καίσαρ[ι] | Σεβαστῷ.

---

723. Myris. — Petersen et Luschan, *Reisen in Lykien*, p. 37, n. 63.

 [Τ]ίτον Φλάυιον Οὐ[εσ|πα]σιανὸν αὐτοκρά[τορα, | Θεοῦ] Οὐεσπασιανο[ῦ υἱόν].

724. Myris. — Petersen et Luschan, *Reisen in Lykien*, p. 37, n. 64.

..... | ..... [Θεοῦ Οὐ]εσπασιανο[ῦ | Σεβαστοῦ] καὶ Αὐτοκράτ[ορ|ος Τίτου
Καί]σαρος Σεβασ[τοῦ, | Θεοῦ υἱοῦ], στρατηγὸν, πρεσβευτὴ]ν καὶ ἀντιστρ[ά‖τηγον
Λυκίας κ]αὶ Παμφυλία[ς], Μυρέων ἡ βο]υλὴ καὶ ὁ δῆμ|[ος εὐεργέτ]ην καὶ
κτίστ|[ην ἡ]μῶν.

725. Myris. — Petersen et Luschan, *Reisen in Lykien*, p. 37, n. 58.

..... β′ Μυρε[ὺς] | ..... τὰ ἐν τῷ γε..... | .....ιλίου Φίρμου [1] ..... | .....
Οὐ<ο>αλερίο[υ?].

1. Forsitan Avillius Firmus legatus sub Vespasiano. Cf. n. 521.

726. Myris. — Petersen et Luschan, *Reisen in Lykien*, p. 37, n. 66.

['Οπραμόας 'Απολλωνίου | δὶς τ]οῦ Καλ[λιάδου [1], | 'Ροδ]ιαπολεί[της καὶ |
Μυ]ρεὺς, πο]λειτευσ|άμ]ενος δὲ [καὶ ἐν ταῖς ‖ κα]τὰ Λυ[κίαν πόλε|σι π]άσαι[ς,
γεγονὼς | ἀρχιε]ρ[εὺς τῶν Σεβαστῶν].

1. Cf. titulum mausolei Rhodiapolitani infra relatum n. 739.

727. Loco dicto Fineka. — *C. I. Gr.*, 4303.

Post 20 versus :

εἰ δέ τις | τολμήσῃ βιάσασθαι καὶ κηδεύσῃ | τινὰ, δώσει τῷ ἱερωτάτῳ φίσκῳ |
δηνάρια ε′.....

728. Limyris. — Diamantaras, *Bull. de corr. hellén.*, XVIII (1894), p. 328, n. 16.

Διοσκούρο[ις] | σωτήρεσι [καὶ | ἐ]πιφανέσι [θε]|οῖς Νεικ[ός]‖τρατος Κα[ίσα]|ρος
ἀπε[λ]ε[ύθε]|ρος καὶ [υἱοὶ] | αὐτοῦ ἀνέ[θη]|καν εὐξά‖[με]νοι.

729. Limyris. — Le Bas et Waddington, III, n. 1317.

Αὐτοκράτορι Κ[αίσαρι ......|...... Σεβαστῷ ἀρχιερεῖ μεγίστῳ] | δημαρχικῆς
[ἐξουσίας τὸ ... αὐτοκράτορι τὸ ...] | ὑπάτῳ τὸ [..., πατρὶ πατρίδος, τειμητῇ,
5 σωτῆρι] ‖ τοῦ κ[ό]σμο[υ, ...] | Λιμυρέων ἡ [βουλὴ καὶ ὁ δῆμος τὴν στοὰν] |
καὶ τὰ ὑπ' αὐτ[ῇ .....] | ἀνέστ[η]σε[ν ἐκ τῶν ἀποκατασταθεισῶν προσόδων] | διὰ
10 Γαίου [Κα]ρισ[τανίου ¹ Φροντῶνος πρεσβευτοῦ καὶ ἀντι‖στρατήγο[υ τοῦ Σεβασ-
τοῦ, καὶ........] | ἐπιτρόπου.

1. [Κ]αρισ[ίου]? Waddington, qui titulum ad aetatem Flaviorum refert. C. autem Cari-
sium nemo hactenus novit. Apte convenit C. Caristanius Fronto praeses Lyciae principe,
ut videtur, Domitiano, cujus nomen hic fortasse erasum est. Cf. n. 512 et *Prosop. imp.
rom.*, I, p. 304, n. 358.

---

730. Prope Limyra, in miliario juxta ripam fluminis Arycandi reperto. — Petersen et
Luschan, *Reisen in Lykien*, p. 75, n. 158.

[Αὐτοκράτορσι | Κ]αίσαρ[σ]ιν Λ[ουκίῳ | Σ]ε[πτ]ιμίῳ Σευήρῳ | [Ε]ὐσεβεῖ Περ-
5 τίν[α]χι ‖ [κ]αὶ Μάρκῳ Αὐρηλίωι | ['Α]ντωνείνῳ Σεβαστοῖς | [Π]αρθικοῖς 'Αρα-
βικοῖς | ['Α]διαβηνικ[οῖς] Μεγίστο[ις] ¹ |........

1. Titulus exaratus est post mensem Maium anni 198, quo Caracalla Augustus factus
est, et ante diem ignotum anni 199, quo Severus non jam *Parthicus Arabicus* sed *Par-
thicus maximus* vocatus est.

---

731. Rhodiapoli. — Petersen et Luschan, *Reisen in Lykien*, p. 134, n. 163.

['Απόλλων]ι Πατ[ρώῳ? 'Οπραμόας 'Απολλωνίου δὶς τοῦ Καλλιά]δου ['Ροδια-
πολείτης καὶ Μυρεὺς, πολειτευόμενος] δὲ καὶ [ἐν ταῖς κατὰ Λυ]κίαν [πόλεσι]
πά[σαις, ὁ γεγονὼς ἀρ]χιερεὺς τῶν Σεβαστῶν ¹.....]

1. Cf. titulos n. 738 et 739.

---

732. Rhodiapoli. — Ex schedis Instituti archaeologici Vindobonensis.

['Ασκληπιῷ κ]αὶ 'Υγεία καὶ Σεβαστοῖς καὶ τῇ πατρίδι [τὸν ναὸν] | καὶ τὰ
ἀγάλματα ἀνέθηκεν καὶ τὸν [ἀγῶνα] | [τὸν 'Ασκληπ]ίων 'Ηράκλειτος 'Ηρακλείτου
'Ορείου 'Ροδια‖[πολείτης ἰ]ατρὸς, ὁ διὰ βίου ἱερεύς.

Supplementa addidit Haussoullier.

733. Rhodiapoli. — Le Bas et Waddington, III, n. 1336; cf. *C. I. Gr.*, p. 1148.

Ἀσκληπιῷ καὶ Ὑγίᾳ .| Ῥοδιαπολειτῶν ἡ βουλὴ καὶ ὁ δῆμος | καὶ ἡ γερουσία
ἐτείμησαν ταῖς διηνε|κέσιν κατ' ἔτος τειμαῖς ¹ Ἡράκλειτο[ν] || Ἡρακλείτου
Ὀρείου τὸν πολείτην καὶ ['Ρόδιον, φιλόπατριν, ἱερέα Ἀσκληπιοῦ | καὶ Ὑγίας,
[ε]ἰκόνι ἐπιχρύσῳ καὶ τῷ τῆ[ς] | παιδείας ἀνδριάντι, ὃν ἐτείμησαν ὁμ[οί]|ως
Ἀλεξανδρεῖς, Ῥόδιοι, Ἀθηναῖοι καὶ [ἡ] || ἱερωτάτη Ἀρεοπαγειτῶν βουλὴ καὶ οἱ |
Ἀθήνησιν Ἐπικούρειοι φιλόσοφοι ² καὶ ἡ | ἱερὰ θυμελικὴ σύνσδος ³, πρῶτον ἀπ'
αἰ|ῶνος ἰατρὸν καὶ συνγραφέα καὶ ποιη|τὴν ἔργων ἰατρικῆς καὶ φιλοσοφίας, || ὃν
ἀνέγραψαν ἰατρικῶν ποιημάτων | Ὅμηρον εἶναι, ἀλιτου[ργ]ησίᾳ τιμηθέντα ⁴, |
ἰατρεύσαντα προῖκα, ναὸν κατασκευ|άσαντα καὶ ἀγάλματα ἀναθέντα Ἀσκλη|πιοῦ
καὶ Ὑγείας καὶ τὰ συνγράμματα αὑ||τοῦ καὶ ποιήματα τῇ πατρίδι, Ἀλεξαν|δρεῦσι,
Ῥοδίοις, Ἀθηναίοις, χαρισά|μενον τῇ πατρίδι εἰς διαμονὰς καὶ | ἀ[γ]ῶνας
Ἀσκληπίων καὶ ἀργυρίο[υ] | δηνάρια μύρια καὶ πεντακισχίλια, ὃν ἐτε[ί]||μησεν ἡ
πατρὶς καὶ προεδρίᾳ.

1. Honores quotannis novo decreto renovandi, quo facultas per magistratus dabatur viro honorato ut statuas sibi sua pecunia dedicandas provideret. Fougères, *op. cit.*, p. 123. — 2. Sectam Epicureorum sub imperio romano Athenis floruisse notum est. Cf. Dareste, *Nouvelles études d'histoire du droit*, 1902, p. 129. — 3. Collegium artificum scenicorum, qua de re fusius egit Foucart, *De collegiis scenicorum artificum*, p. 92. — 4. De immunitate medicis ab imperatoribus collata cf. Liebenam, *Städteverw.*, p. 103 et 429.

734. Rhodiapoli. — Ex schedis Instituti archaeologici Vindobonensis.

Αὐτοκράτορα Καίσαρα | Τίτον Αἴλιον Ἀδριανὸν | Ἀντωνεῖνον Σεβαστὸν
Εὐσεβῆ | Ῥοδιαπολειτῶν ἡ βουλὴ καὶ ὁ δῆ[μος].

735. Rhodiapoli. — Petersen et Luschan, *Reisen in Lykien*, p. 135, n. 165.

Ὀπραμόας Ἀπολλωνίου δὶς τοῦ Καλλιάδου Ἀγλαίδα | τὴν καὶ ['Α]ριστόκιλαν
Ἑρμαίου Ῥοδιαπολεῖτιν καὶ Κορυδα|λίδα, γυναῖκα σεμνὴν καὶ ἐνάρετον, προγό-
νων ἱππάρχων | καὶ στρατηγῶν ¹, τετειμημένην ὑπὸ μὲν τῶν πατρίδων πλεο|νάκις
καὶ ὑπὸ τοῦ Λυκίων ἔθνους, μητέρα Ὀπραμόου | καὶ Ἑρμαίου καὶ Ἀπολλωνίου
στρατηγῶν κα[ὶ ...... ²], | προμάμμην συνκλητικῶν.

1. Στρατηγὸς ipse Lyciarcha vocabatur, quod etiam post annum 43 mansit (cf. v. 6 et supra n. 603). Hipparcham autem, sublata Lyciorum republica, sublatum esse monuit

Fougères (op. cit., p. 28). — 2. κα[ὶ ναυάρχων?] editores. At navarcham Lyciis fuisse post ademptam libertatem nullo exemplo comprobatur. Cf. n. 603. Forsitan ἀρχιφυλάκων.

---

736. Rhodiapoli. — Petersen et Luschan, *Reisen in Lykien*, p. 134, n. 164.

['Οπραμ]όας 'Απολλωνίου δὶς τοῦ Κα[λλιάδου | 'Απολλ]ώνιον δὶς τοῦ Καλ-
λιάδου τὸ[ν πατέρα, ἄνδρα | καλὸν] καὶ ἀγαθὸν, τετελεκ[ό]τα τῇ μ[ὲν πατρίδι τὰς |
5 ἀρχὰς] πάσας φιλοτείμως [καὶ ἐνδόξως? καὶ ?πρυ‖τανεύσ]αντα πολλάκις, ἐν δὲ
τῷ Λυκίω[ν ἔθνει ?ἱερατεύ|σαντα] καὶ ἐπιστατήσαντα τῶν μεταπέ[μτων δικαστη-
ρίων ¹ καὶ ὑπο|φυλα]κήσαντα ὑπέρ τε ἑαυτοῦ καὶ ὑπὲρ [τῶν τέκνων ², | τετει]μη-
μένον ὑπὸ μὲν τῆς πατρίδος πλ[εονάκις καὶ | ὑπὸ τῶν] πλείστων πόλεων, ὑπὸ δὲ
10 τοῦ Λυκί[ων κοινοῦ ‖ καὶ] ταῖς ἕκταις τειμαῖς καὶ προεδρίᾳ διη[νεκεῖ ³, μεμαρ|-
τυρη]μένον ὑπὸ ἡγεμόνων καὶ ἐπιτρόπων [τῶν Σεβασ[τῶν ⁴, πα]τέρα Λυκιαρχῶν
'Οπραμ[ό]ου ⁵ καὶ 'Απ[ολλωνίου, | ἀπόπαππ]ον συνκλητικ[ῶ]ν.

1. Cf. supra n. 563. — 2. De magistratibus suffectis in Lyciorum communi cf. Fou-
gères, op. cit., p. 129. — 3. Jus praesidendi in spectaculis ludisque dum viveret. —
4. Testimonia honoraria mittebat praeses provinciae aut, vice praesidis, procurator
Augusti. Fougères, op. cit., p. 123. — 5. Opramoas Lyciarcha fuit anno 137; Heberdey,
Opramoas, p. 70. Cf. n. 739.

---

737. Rhodiapoli. — Petersen et Luschan, *Reisen in Lykien*, p. 136, n. 169; ex schedis
Instituti archaeologici Vindobonensis.

Αὐρηλιανὴν Πλισ|ταυχίδα Φλάβιλλαν, | τὴν ἀξιολογωτάτην | θυγατέρα τοῦ
5 φιλο‖πάτριδος καὶ πρώτο[υ] | τῆς πόλεως ἡμῶν | καὶ τοῦ Λυκίων ἔθνους ¹ |
Αὐρηλιανοῦ Μενάνδρου | ἡ πατρίς.

1. Πρῶτος τοῦ ἔθνους, honoris causa ille dicebatur qui magna contulerat in populum
beneficia, ut primus civitatis qui in suam civitatem.

---

738. Rhodiapoli. — Petersen et Luschan, *Reisen in Lykien*, p. 134, n. 162.

'Οπραμόας 'Απολλωνίου δὶς τοῦ Καλλιάδου ['Ροδιαπολείτης καὶ Μυρεὺς,
πολειτευόμενος δὲ καὶ ἐν ταῖς κατὰ Λυκίαν] | πόλεσι πάσαις, [ὁ γεγο]ν[ὼς
ἀρχιερε]ὺ[ς] τῶν Σεβα[στῶν ¹ καὶ γραμματεὺς Λυκίων τοῦ κοινοῦ?.......

1. Anno 136. Heberdey, *Opramoas*, p. 70. Cf. titulum n. 739.

739. Rhodiapoli. — Löwy apud Petersen et Luschan, *Reisen in Lykien* (1889), p. 76-133; Heberdey, *Opramoas Inschriften vom Heroon zu Rhodiapolis*, Wien, 1897.

Decreta communis Lyciorum, epistulae romanorum praesidum et imperatoris, quibus honoratus erat inter annos 124/153 Opramoas, Apollonii filius, Rhodiapolitanus, Lyciarcha. Illa inscripta sunt in parte exteriore trium parietum sepulchri quod Opramoas vivus sibi faciendum curaverat, ita ut tota inscriptio in columnas viginti dividatur. Columnas numeris crassioribus signavimus. Tempora documentorum singulorum in commentario ea accepimus quae definita sunt ab Heberdey, p. 69.

In pariete occidentali.

I ['Επὶ ἀρχιερ]έος Κλαυδί|[ου Τη]λεμάχου, | [Λώο]υ.. Πομπήιος | Φ[άλ]κων   Cap. 1
5 'Ροδιαπολει‖τ[ῶν] ἄρχουσι, βουλῇ, | δ[ήμ]ῳ χαίρειν · εὖ [ποι]|εῖ[τε] τοὺς
10 φιλοτειμ[ου]|μ[έν]ους εἰς ὑμ[ᾶς ἀντι|τειμῶντες (?)].....‖ 10 versus desunt.
10 ..... [α]ντω.......|...[? τε]ιμαῖς σ.....|......ις εὖ ποι[εῖτε | 7 versus desunt Cap. 2.
10 ‖........... 'Οπ|ραμόᾳ] 'Απ[ολλωνίου | δὶς το]ῦ Καλ[λιάδου ἀν|δρὶ] ὄντι
15 ἀ[γαθῷ καὶ? | οὕ]τως ἐκτ[ενῶς ὑφ' ὑ?‖μῶν μ]αρτυρο[υμένῳ συν|ήδομαι?
10 ..]σει[.......|...............|.......δὲ εἰ......|.....α. εον καὶ ἐ.... ‖ [ἔμ]α[θ]ον
καὶ ἂν [τ]...|..α τῇ μαρτυρί[ᾳ ὑμῶν]. | 'Ερρῶσθαι ὑμᾶ[ς | ε]ὔχομαι.
5 ....ινο....‖..........[Νε]ικοπολέ[μῳ Πι|γρέ?]ους ἱερεῖ Σεβαστῶ[ν | Cap. 3.
'Ροδ]ιαπολειτῶν πόλε[ως | χα]ίρειν · γενόμενος ἐν | [τῇ π]όλει καὶ ἐπιγνοὺς ‖
10 [τὴν τ]οῦ δήμου γνώμη[ν | ....ας τειμὰς αμ[.. 'Α|πολλω]νίου καὶ 'Οπρ[αμό]‖
15 ....| ‖..............| ....φειας ....|........
'Ερρῶσ[θαι ὑ|μᾶς βού]λομα[ι].
10 ['Επὶ ἀρχιερ]έο[ς]....‖..δ.............| [Τ]ιβ.... ['Ιούλιος Φρούγι, | πρ]εσβ[ευ- Cap. 4.
15 τ]ὴς καὶ [ἀντι|στ]ράτηγος Σεβαστ[οῦ, | 'Ρο]διαπολειτῶν τῇ β[ου‖λῇ] χαίρειν.
'Οπραμόα[ν | 'Απ]ολλωνίου δὶς τοῦ | [Καλ]λιάδου μαρτυρο[ύ|μενο]ν ὑφ' ὑμῶν
10 ὡς πε[φιλο|τείμητ]αι μεγαλοπρε[πῶς ‖ ? περὶ ὑμ]ῶν ἀρχιφυ[λακ] | ......αντ
15 ....ο. | ....ον | ....τω | ....['Ερ]ρ[ῶ]σ‖[θαι
ὑμᾶς εὔχο]μαι.
II 5 versus desunt. ....σο ....|...... [προγόν]ων ἀν[δρῶν ἐπὶ φιλο- Cap. 5.
10 τειμίαι?]ς κ[αὶ μεγ]αλοφ[ροσύνη δια|φερόντων?, Λυχ[ιαρ]χῶν καὶ [πρωτευ‖σάν-
των] ἐν τῷ ἔθνει καὶ τ[ειμηθέν|των οὐ μ]όνο[ν ὑπ]ὸ τῶν πα[τρίδων πλε|ονάκι]ς
ἀ[λλὰ] καὶ ὑπὸ Λυκ[ίων τοῦ | κοινοῦ] ἐφ' [αἷς ἐπ]οιήσαντο φ[ιλοτειμί|αις
15 ....]ιεντ...........‖...................|...........[πατρὸς 'Απολλων]ίου [δὶς]
τοῦ | Καλ[λιάδου οὐ μόνον? ἐν τ]ῇ [πα]τρίδι πρώ|του ἀ[λ]λὰ [καὶ ἐν τῷ ἔθ]νε:

20 ἐπισ[ή]μου<ς> καὶ | διαπρεποῦς, [ἐν μὲν τῇ] πατρίδι πάσα[ς τὰς] ‖ ἀρχὰς τετε-
λ[εκότ]ος λαμπρῶς καὶ ἀσυν|κρίτως, ὡς πλεο[νάκι]ς ὑπ' αὐτῶν τετειμῆσ|θαι ἐπί
τε αἷς ἐ[ποιή]σατο ἀργυρικαῖς δια|δόσεσι καὶ ἐπι|δόσεσι] χρημάτων, ἐν δὲ τῷ
25 Λυ|κίων ἔθ[νει ἱερατεύσ]αντος τοῦ κοινοῦ ‖ θεοῦ [Πατρώου Ἀπόλλων]ος εὐσεβῶς
καὶ φιλο|τείμως [καὶ ἐφ'οἷς ἐποιήσ]ατο ἀναλώμασιν | στεφανω[θέντος ὑπὸ τοῦ
ἔ]θνους, μαρτυ|[ρηθέντος καὶ ὑπὸ τοῦ κρατίστου] ἡγεμόνος | ['Ιουλίου Φρούγι ?,
30 ἀρχιφυλακήσαν]τος Λυκί‖[ων τοῦ κοινοῦ φιλοτείμως καὶ ἀσ]υνκρί|[τως ὑπέρ τε
40 αὐτοῦ καὶ ὑπὲρ τοῦ υἱ]ο[ῦ ? 7 versus desunt νος............. ‖ χος ἐ.............|
[α]τ................. | αυ................. | 3 versus desunt καὶ φι[λα]νθρώπ[ως, ὡς
ἐφ' ἑκάστῃ ἀρ]|χῇ στεφανωθῆν[αι ὑπό τε Λυκίων] | τοῦ κοινοῦ ἐπ[ὶ]............. |
50 ..ή[γ]ε[μ]όνο[ς ?............. ‖ ....[π]άλαι πεφιλοτε[ί]|μ[ηται ἐν
α]ῖς [τετετέλεχεν ἀ]ρχαῖς καὶ ἐν αἷς [π]ε|ποίη[τ]αι ἐπιδό[σεσιν ἀργυρικ]αῖς καὶ
ταῖς λοι|παῖς δαπ[άν]αις [σεμνῶς κ]αὶ ἀσυνκρίτως, | ὡς ἐπ' αὐταῖς πλεον|άκις
55 τ]ετειμῆσθαι, ἐν δὲ ‖ τῷ Λυκίων ἔθνει ἐ[π]άξι[ος ἀ]ρχιφύλαξ Λυκίων | τὴν μὲν
ἀρχὴν ἐπεικῶς [καὶ σ]εμνῶς τελεῖ τῆς | τε εἰρήνης καὶ τῆς εὐθη[νία]ς μετὰ
πάσης φρον|τίδος προνοούμενο[ς, τ]ὰ δὲ ἀναλώματ[α] | μεγαλοψύχως ὑφίσ-
60 τα[ται] τὴν πρὸς τὸν φί[σ]‖κον ὑπὲρ τοῦ ἔθνους ε[ὐ]σέβειαν ἐκπληρ[ῶ]ν | ἐν
οἷς ποιεῖται προσ[ε]ισοδ[ι]ασμοῖς ἐκ τῶν [ἰ]δί|ων, τῇ δὲ ἀναπράξει με[τ]ὰ πάσης
φιλανθρω|πί[ας] [σ]υ[ν]αρχόμενος [π]ροσέρχεσθαι, ἐφ' [ο]ἷς | [πᾶσιν τε]τ[είμηται
65 μὲν ὑ]πὸ τῶν πλείσ[τ]ων ‖ [πόλεων ἐπαξίοις γράμμα]σιν, τετείμ[η]ται δὲ καὶ ὑπὸ
τοῦ κοινοῦ το]ῦ Λυκίων | .... | .... | δοξο............. ‖
70 εἰσιοντ[........... τὸ ἔθνος ἐπιβε]|βόηται [τειμῆσαι αὐτόν, συνκατέθετο δ]ὲ
[ὁ] | κράτιστ[ος τοῦ ἔθνους ἡγεμὼν Ἰούλιος] | Φρούγι [δι' ἧς γέγραφεν ἐπισ-
75 τολῆς · τ]ύχ[ῃ] ἀγαθῇ, | δεδόχθ[αι τετειμῆσθαι αὐτ]ὸν ταῖς ὑπογε‖γραμμ[έναις
τειμαῖς · Λυκί]ων τὸ κοινὸν ἐτεί|μησεν [ταῖς πρώταις τε]ιμαῖς, εἰκόνι χαλκῇ
καὶ | εἰκόν[ι γραπτῇ ἐπιχρύ]σῳ Ὀπραμόαν Ἀπολ|λω[νίου δὶς τοῦ Καλλ]ιάδου
80 Ῥοδιαπολεί[την, τὸν γενόμενον ἀρχ]ιφύλακα Λυκίων, ἄν‖[δρα φιλότειμον ?
καὶ μ]εγαλόφρον[α], ἐν μὲν | [τῇ πατρίδι πρῶτον, ἐν δὲ τῷ] ἔθνει ἐ[κ τ]ῶν |
[πρωτευσάντων, τελέσαντα τ]ὴν ἀρ[χὴ]ν [σ]ε[[μνῶς καὶ φιλοτείμως, προγό]ν[ων
85 λαμπρ[ῶν κ]αὶ κ......... [Τὰ δὲ εἰς τ]ὸν ἀν[δ]ριάν‖τα καὶ εἰς [τὴν] εἰ[κόνα]
ἀναλώματα ἐ[πε]δέ[ξ]α|το Ὀπραμόας Ἀπο[λλ]ωνίου ἐκ τῶν ἰδ[ίω]ν.

Τρέβιος Μάξιμος, πρ[ε]σβευ[τ]ὴς καὶ ἀντι[σ[τρ]ά[τηγ]ος Σεβαστο[ῦ], Μυρέων Cap.
90 βουλῇ, δή|μῳ χαίρειν. Ὀπραμόα Ἀπ[ολ]λων[ίου] δὶς ‖ τοῦ Καλλιάδο[υ], τῷ
γεγεν[ημέν]ῳ ἀρχιφ[ύ]]λακι, ἀνδρὶ ἐκ προ[γ]όνων εὐ[σχή]μονι ὑφ'[ὑ]|μῶν
οὕτως μαρτυρουμέν[ῳ συν]ήδο[μ]αι | εἴς τε τὴν ὑμετέραν τειμὴν [μᾶλλ]ον

αὐ|τὸν ἀγαπήσειν ὁμολογῶ. Ἐρ[ρῶσθ]αι ὑ‖μᾶς βούλομαι. Ἀν[αγέγρα]πται
ἐ[π]ὶ ἀρχι|ερέος Σακέρδωτος...... ου.

III Τρέβιος Μάξιμος, πρεσβευτὴς καὶ ἀντι|στράτηγος Σεβαστοῦ, Κορυδαλ- Cap. 7.
λέων ¹ | βουλῇ, δήμῳ χαίρειν · Ὀπραμόαν Ἀπολλωνίου δὶς τοῦ Καλλιάδου,
γεγενημένον ἀρ‖χιφύλακα, ἄνδρα ἐκ προγόνων εὐσχήμονα | καὶ αὐτὸς ἀποδέχομαι
τῇ περὶ τὸ σεμνότα|τον ἔθνος φιλοτειμίᾳ αὐτοῦ ὑμῶν μαρτυ|ρούντω[ν. Ἐ]ρρῶ-
σθαι ὑμᾶς βούλομαι. Ἀναγέ|γραπται [ἐπ]ὶ Σακέρδωτος Γορπιαίου. ‖

Καίλιος Φλῶρος, ἐπίτροπος τοῦ Σεβαστοῦ, Μυ|ρέων τῇ βουλῇ χαίρειν · Cap. 8.
Ὀπραμόᾳ Ἀπολλωνί|ου δὶς τοῦ Καλλιάδου συνήδομαι μὴ μόνον | ὑπὸ τῶν αὐτοῦ
πολειτῶν ἀξιουμένῳ μαρτυ|ρίας ἐκτενοῦς, ἀλλὰ καὶ ὑμῶν αὐτῶν πληρέσ‖τατα
μαρτυρούντων δὶ ὧν ἐπεστάλκετε κ[αὶ | ἐμοὶ ψηφισμάτων?..............|.........
.... Ἀναγέγραπται ἐπὶ ἀρχιερέος Λουκίου] ‖ Ὀυιβηρε[ίνου]...

Καίλιος Φ[λῶρος, ἐπίτροπος τοῦ Σεβαστ]οῦ, | Χωματέ[ων βουλῇ, δήμῳ χαί- Cap. 9.
ρειν · καὶ α]ὐτὸς | ἠπιστάμ[ην Ὀπραμόαν Ἀπολλωνίου δὶς τ]οῦ | Καλλιάδ[ου,
γεγενημένον ἀρχιφύ]λα<ι>‖κα, ἄνδρά..............ο παρ' ὑ|μεῖν ὑπε.........
.... [δ]ιὰ | τῶν γραμ[μάτων ὑμῶν οἷς? πληρέστ]α|τα αὐτῷ [μαρτυ-
ρεῖτε, ὡς].........|τω ὄντι...............‖ξη π...|.........|.........|

Τρέβιος Μάξιμος, πρεσβευτὴ]ς καὶ [ἀντι‖στράτηγος Σεβαστοῦ, Ῥοδιαπολε]ι- Cap. 10.
τῶν [βου|λῇ, δήμῳ χαίρειν · τοὺς φιλ]οτει[μουμέ|νους εἰς ὑμᾶς, ὥσπερ Ὀπρα-
μόαν Ἀ]πολλ[ωνίου | δὶς τοῦ Καλλιάδου εὖ ποιεῖτε? π]ροτρ[εψάμε|νοι εἰς......
.... καὶ εὔν]οια[ν? ..] ‖ 5 versus desunt.

8 versus desunt. | [Ἐρρῶσθαι ὑμᾶς] βούλο[μαι.] ‖ Cap. 11.

[Ἐπὶ ἀρχιερέως Λουκίου] Ὀυειβηρείν[ου | .... Ἔδοξε τῇ κοινῇ το]ῦ Λυκίων Cap. 12.
ἔθν[ους | ἀρχαιρεσιακῇ ἐκλησίᾳ · ἐπεὶ Ὀπρα]μόας Ἀπο[λ]|λωνίου δὶς τοῦ Καλ-
λι]άδου Ῥοδιαπολείτης], | ὁ προεξιὼν ἀρχιφύλαξ Λυκίω[ν, ἀνὴρ καὶ γ]ένει ‖ καὶ
ἀξίᾳ καὶ φρονήματι καὶ μετρ[ιότητι βίου κοσ|μούμενος, προγόνων Λυκια[ρχῶν
καὶ ἐ]ν μὲν | ταῖς πατρίσιν πρωτευόντων, [ἐν δὲ τῷ ἔθν]ει ἐ|πισήμων καὶ λαμ-
πρῶν καὶ καθ' ἑ[κάστην] ἀρχ[ὴν] | πολειτικήν τε καὶ ἐθνικὴν ἀσυν[κρίτω]ς φιλο-
τει‖μησαμένων καὶ τειμηθέντων, π[ολει|τευσαμέ|νων δὲ καὶ ἐν ταῖς κατὰ Λυκίαν
π[όλε]σι πάσαις, πα|τρός τε Ἀπολλωνίου δὶς τοῦ Κ[αλλ]ιάδου, ἀνδρὸς | ἀγαθοῦ
καὶ μεγαλόφρονος καὶ π[άσῃ] ἀρετῇ κεκοσ|μημένου, τετελεχότος τῇ τε π[ατρ]ίδι
πάσας τὰς ‖ ἀρχὰς καὶ ἐπ' αὐταῖς πολλάκι[ς τετει]μημένου ἐ|πί τε ταῖς λοιπαῖς
[φιλ]οτειμί[αις καὶ αἷ]ς ἐποιήσατο | [ἐ]πι[δ]όσεσ[ιν ἀργυρικαῖς καὶ ἐφ' ᾗ ἐτέλε-

1. ΚΟΡΥΔΑΛΛΕΩΝ in rasura, supra ΜΥΡΕΩΝ ΒΟΥΛΗ.

σεν? τ]ῷ ἔθνει φιλο|[τείμως καὶ σεμνῶς ἀρχιφυλακίᾳ διαφέρο?]ντος, ἱερατε[υ]-
75 σαντος θεοῦ Πατρώου Ἀπόλλωνος] ὑπὲρ ‖ [αὐτοῦ καὶ τῶν υἱῶν μεγα]λοψύχως
καὶ ἐπεικῶς | καὶ σπουδαίως μετὰ ἀναλωμάτων πλείστων, | ὡς ἐστεφανῶσθαι
μὲν πλεονάκις, τετειμῆσθαι δὲ | ταῖς πρώταις καὶ δευτέραις καὶ τρίταις τειμαῖς,
80 με|μαρτυρῆσθαι δὲ συνεχῶς καὶ ὑπὸ ἡγεμόνων ἐπὶ ‖ τε τοῖς ἀναλώμασιν καὶ τῇ
τοῦ βίου δικαιοσύνῃ | καὶ σεμνότητι, αὐτός τε Ὀπραμόας ἀπὸ πρώτης | ἡλικίας
κοσμούμενος ἐναρέτῳ καὶ σώφρονι βίῳ | πεφιλοτείμηται μὲν ἤδη πλεονάκις τῇ
85 πατρίδι | λαμπρῶς, ὡς τετειμῆσθαι ταῖς πρώταις καὶ δευ‖τέραις καὶ τρίταις
τειμαῖς, μαρτυρηθεὶς καὶ κα|τ᾽ ἔτος, ἀναδεξάμενος δὲ καὶ ἐν τῷ ἔθνει τὴν ἀρ|χι-
φυλακίαν πάντα σεμνῶς καὶ φιλαγάθως καὶ | φιλοτείμως δι᾽ ὅλης τῆς ἀρχῆς
90 ἐτέλεσεν τούς τε | φόρους ὑπερεισοδιάσας κομίζεται μεχρὶ τοῦ | ‖ πε[ριόντος (?)..]
κ. ε...........αν.ε.. τ[ῆ]ς ἀρ|χῆς π[άσης]ς καὶ τὰς ἐνχε[ιρισθεί]σας αὐτῷ χρίσεις
δι|οίκησεν ἐπιμελῶς καὶ δ[εξί]ως, ὡς διὰ ταῦτα τε|τειμῆσθαι μὲν αὐτὸν καὶ
95 αὐτενιαυτοῖς ὑπὸ τοῦ | ἔθνους τειμαῖς, τετειμῆσθαι δὲ καὶ κατὰ πόλιν ‖ ἐκτε-
νέστατ[α], μεμα[ρτ]υρῆσ[θ]αι δὲ ὑπό τε ἡγεμόνων | καὶ ἐπιτρόπων, [τ]ὰ δὲ [ν]ῦν
πάλιν ἐπιβεβοημένης | τῆς κοινῆς τοῦ ἔθνους ἀρχαιρεσιακῆς [ἐ]κλησίας | τετει-
μῆσθα[ι] αὐτὸν συνκατέ[θ]ετο καὶ ὁ κράτισ|τος ἡγεμὼν Τρέβιος Μάξιμος δι᾽ ἧς
100 γέγραφφεν ἐ‖[π]ιστολῆς · ἀγαθῇ τύχῃ δεδόχθαι τετειμῆσθαι | αὐτὸν ταῖς ὑπο-
γεγραμμέναις τειμαῖς · Λυκίων | τὸ κοινὸν ἐτείμησεν Ὀπραμόαν Ἀπολλωνίου δὶς |
τοῦ Καλλιάδου [Ρο]διαπολείτην, τὸν προεξιόν|τα ἀρχιφύλακα Λυκίων, ἄνδρα
105 καλὸν καὶ ἀγαθὸν, ‖ προγόνων λαμπρῶν καὶ [ἐ]ν[α]ρέτων.

IV Καίλιος Φλῶρος Ὀπραμό[α] Ἀπολλων[ίου, ἀνδρὶ] | τειμιωτάτῳ, χαίρειν · c
καὶ δημοσίᾳ [πρὸς τὴν] | πόλιν ὑμῶν ἐπέσταλκα, ὡς τ[ὰ] ἀνανκ[α]ιό|τατα εἰς τὴν
5 εὐτυχεστάτην τοῦ [κ]υρίου ἡ‖μῶν ἐπάνοδον ἑτοιμάσασθαι, ἀλλὰ οὐκ [ἀ]|γνοῶν καὶ
ἣν ἰδίᾳ πρὸς ἐμὲ ἔχεις διάθεσιν, | κοινοποιοῦμαι πρός σε οὕτως ἀνανκαία[ν] |
φροντίδα καὶ ὑπομιμνήσκω, ὥστε ἐπιγνῶ|ναί σε τὴν ὀφειλομένην τῷ πράγματι
10 κ[αὶ? ‖ δ]ι᾽ ἐ[μὲ καὶ δὴ?] διὰ τὴν πατρίδα σου εὐσέβε[ιαν] | ....με ἀμε-
ριμνω... τῆς τῶν......... | ..... [κατα?]σκευῆς π..................... |
.... [Ἐρρ]ῶσ[θαί σε βούλομαι. Ἀναγέ|γραπται ἐπὶ ἀρ]χιε[ρέος]..........‖
15 ου Καλ.......|......

[Π]ομπών[ιος Ἀ]ν[τ]ισ[τιανὸς Φουνισουλανὸ]ς [Οὐ]|εττωνιανὸς, πρεσβε[υτὴς c
καὶ] ἀντι[στράτ]ηγος, τῇ κοινῇ τοῦ ἔθνους ἀρχαιρεσιακῇ ἐκκλησίᾳ χαίρειν · τὸ
20 τειμᾶν τοὺς ἀγαθοὺς ‖ ἄνδρας καλόν ἐστιν · μάλ[ι]στα ἐξαιρέτ[ως] | ἀναφαίνετε ·
ὥσπερ καὶ ν[ῦ]ν Ἀπολλω|νίῳ δὶς τοῦ Καλλιάδου, ὅ[ς] ὑμεῖν ἀρχιερέα | τὸν υἱὸν
ἐθελόντ[ω]ς παρ[έσχ]ηται, καὶ αὐ|τὸς παραγενόμενος φιλο[τειμο]υμένῳ καὶ ‖

5 ἀνιέντι ὑμεῖν τὸν ἑαυτ[οῦ πλοῦτο]ν, εἰς κόσ|μον τῆς τοῦ ἔθνους ἀξί[ας μαρ]τυρῶ |
τ[α]ῖς τειμαῖς ·ταῖς εἰς αὐτὸ[ν ὑφ' ὑμῶν] δο|θησομέναις τήν τε προεδ[ρίαν ἐπι-
0 τρέ]πω | κυρωθῆναι αὐτῷ τόν τ[ε εἰσιόντα? ἀρχιε]ρέα ‖ υἱὸν [αὐ]τοῦ 'Απολλώ-
νι[ον.........|......τερα καὶ εἰς προ..................|..................τει|
5 ....ε]ὑερ|γεσι.....................]ου ‖ ....
...............διπ?

['Επὶ ἀρχιερέως...........]ου Καλ|............... Ἔδοξε | [τῇ κοινῇ τοῦ ἔθνους   Cap. 15.
0 ἀρχαιρεσιακῇ ἐκ]λησίᾳ · | [ἐπεὶ 'Οπραμόας 'Απολλωνίου δὶς] τοῦ Καλ‖[λιάδου
'Ροδιαπολείτης, ἀνὴρ] γένους | [πρώτου καὶ τῇ τοῦ βίου σεμνότ]ητι καὶ τοῖς | [εἰς
τὴν πατρίδα καὶ τὸ ἔθνος? ἀ]ναλώμα]σιν διαφέρων?, προγόνων Λ]υχιαρ[χῶν
5 καὶ στρατηγῶν καὶ ἱππάρχων? ‖ καὶ ἐν μὲν ταῖς π]ατ[ρίσι] πρώτων, ἐν δὲ | [τῷ
ἔθνει ἐπισήμ]ων καὶ λαμπ[ρ]ῶν, πολει|[τευσαμένων δὲ κ]αὶ ἐν ταῖς κατὰ Λυκίαν
0 πό|[λεσι πάσαις, πα]τρὸς 'Απολλωνίου δὶς ‖ τοῦ Κα]λλι[άδο]υ, ἀνδρὸς σεμνοῦ
καὶ με|[γαλό]φρονο[ς κα]ὶ πάσῃ ἀρετῇ κεκοσμημέ|νου καὶ ἐφ' [αἷς] τ[ῇ] τε πατρίδι
καὶ τῷ ἔθνει | πεπλήρω[κ]εν ἀρχαῖς καὶ ὑπὲρ αὐτοῦ καὶ | ὑπὲρ τῶν τέχνων
5 τετειμημένου τετάρ‖ταις τε[ι]μαῖς [κ]αὶ προεδρίᾳ, ἀδελφοῦ 'Α|πολλωνίου [τ]ρὶς
τοῦ Καλλιάδου, τοῦ | εἰς τὸν εἰσιόντα ἐνιαυτὸν ἀρχιερέως τῶν | [Σε]6[αστ]ῶν, τοῦ
δὲ αὐτοῦ καὶ γραμματέος | [Λυκίων το]ῦ κο[ι]νοῦ, αὐτός τε ὁ 'Οπραμόας ‖
0 [ἀπὸ πρώτης ἡλικίας τὴν μεγαλοφ]ρ[οσύνην] καὶ παιδείαν καὶ πᾶσαν ἀρετὴν
ἀσ]κήσας [τοῖς | προγ]ονικοῖ[ς αὐτοῦ? ἀγαθ]οῖς ἀμιλ[λᾶ|ται καὶ] τ[ῇ μ]ὲ[ν
πατρίδι π]ολλὰς καὶ διηνεκε[ῖς | εὐεργεσίας ἐπιδέ]δεικται καὶ δαπάναις κ[αὶ ‖
5 πολειτεύμασιν], τῷ δὲ κοινῷ τῷ Λυκίων ἀρ[χι|φυλα]κίαν [τετέλ]εκεν καὶ τοῖς
ἀναλώμασιν | [ἀσυν]κρίτ[ως καὶ] τῇ περὶ τὴν εἰρήνην ἐπιμελείᾳ | δ[ια]φερόντως
0 κ]αὶ ἐν αἷς ἐπιστεύθη παρὰ | τοῦ τότ[ε ἡγεμ]όνος ['Ι]ουλίου Φρούγι πίστε|σιν καὶ
διοικήσεσιν πᾶσαν ἁγνείαν καὶ σπο[υ]|δὴν εἰσενεγκάμενος, ὡς ἐπὶ πᾶσι τούτοις |
καὶ καθ' ἑ[κ]άστην πόλιν τετειμῆσθαι καὶ ὑπ[ὸ] | τοῦ [ἔ]θν[ου]ς καὶ [πρότ]ερον
5 [ταῖς] α' καὶ β' | [τειμαῖς καὶ ὑπὸ ἡγεμόνων καὶ ἐπ]ιτρόπ[ων] ‖ μεμ[αρτυρῆσ-
θαι, ἐν δὲ τῇ ἀξιολογω]|τάτῃ Πα[ταρέων πόλει τετειμῆ]σθα[ι καὶ πο]|λειτείᾳ,
τὸ δὲ ἔθνος ἐπιβεβ[όη]τα[ι] π[άλιν τει]|μηθῆναι αὐτὸν καὶ ἐν τῷ ἐν[ε]στῶτι
0 ἔ[τει ταῖς | τρίταις τειμαῖς καὶ πρεσβευσαμένων | ‖ τῶν ἀρχιερέων ὁ κράτιστος
ἡγε|μὼν συνκατέθετο · τύχῃ ἀγαθῇ, δε|δόχθαι τετειμῆσθαι αὐτὸν καὶ ἐν τ[ῷ] |
ἐνεστῶτι ἔτει ταῖς ὑπογεγραμμέν[αις] | τειμαῖς · Λυκίων τὸ κοινὸν ἐτεί[μησεν] ‖
5 ταῖς α' καὶ β' καὶ γ' τειμα[ῖς, χρυ]|σῷ στεφάνῳ καὶ εἰκόνι χαλκῇ καὶ εἰκό[νι] |
γραπτῇ ἐπιχρύσῳ, 'Οπραμό[α]ν 'Απολ[λω]|νίου δὶς τοῦ Καλλιάδου 'Ρο[δια]-
0 πολ[είτην,] ἄνδρα καλὸν καὶ ἀγαθὸν [καὶ] γέν‖[ει] κα[ὶ] με[γαλοφροσύνῃ καὶ

γνώμῃ καὶ ἀρε]|τῇ πάσῃ διαφέρο[ντ]α, ἐν μ[ὲν τῇ πατρίδι] | πρῶτον, ἐν δὲ τῷ
ἔ[θν]ει ἐκ τ[ῶν πρωτευόν]|των, μεμαρτυρημ[έν]ον πλεονάκις καὶ κοι|νῇ καὶ κατὰ
95 πόλιν [καὶ ὑ]πὸ ἡγεμόνων καὶ ‖ ὑπὸ ἐπιτρόπων.

Οὐαλήριος Σεουῆρ[ος, π]ρεσβευτὴς Σεβαστοῦ | Ῥοδιαπολειτῶν [ἄρ]χουσι, c.
βουλῇ, δήμῳ | χαίρειν · ὡς ἀξιοῦ[τε], Ὀπραμόᾳ Ἀ[π]ολλωνί[ου δὶς τοῦ
100 Καλλ[ιάδο]υ, ὄντι καλῷ καὶ ἀ|γαθῷ πολείτῃ κα[ὶ οὐ] μόνον τῆς ἀ|φ᾿ ὑμῶν
μαρτυρί[ας, ἀλ]λὰ καὶ τῆς ἀπὸ | τοῦ ἔθνους ἐπι[βοήσεως τυχόντι τειμὰς] | ὑμᾶς
105 ψηφίζεσ[θαι ἡδέως ἐπιτρέπω. Ἐρρῶσθαι ὑμ]ᾶς εὔχομαι. Ἀ[νεγρ]άφ[η] ‖ ἐπὶ
ἀρχι(ερέως) Ἀττάλου τοῦ Φανίου, Δείου α΄.

V [Ἐπὶ ἀρχιερέως] Κλαυδίου Μαρκιανοῦ μη||[νὸς.........]η΄. Ἔδοξε Λυκίων c.
τῇ κοινῇ | [ἀρχαιρεσιακ]ῇ ἐ[κ]λησίᾳ · ἐπ(ε)ὶ Ὀπραμόας Ἀ||[πολλωνίου] δὶς τοῦ
5 Καλλιάδου Ῥοδιαπο||[λείτης, ἀνὴρ ε]ὐφανέστατος καὶ μεγαλό||[φρων καὶ πάσ]ῃ
[ἀ]ρετῇ κεκοσμημένος, προ||[γόνων Λυκιαρ]χῶν καὶ πρωτευσάντων | [ἐν τῷ ἔθνει
10 κ]αὶ τειμηθέντων οὐ μόνον ὑ||[πὸ τῶν πατρίδων] πλεονάκις, ἀλλὰ καὶ ὑ‖πὸ
Λυκίων τοῦ κ]οινοῦ ἐφ᾿ αἷς ἐποιήσαντο | [δωρεαῖς, καὶ πολ]ειτευσαμένων ἐν
ταῖς | [κατὰ Λυκίαν πό]λεσι πάσαις, στρατηγῶν | [καὶ ἱππάρχω]ν, πατρὸς
15 Ἀπολλωνίου | [δὶς τοῦ Καλ]λιάδου, ἀνδρὸς σεμνοῦ καὶ ‖ [μεγαλόφρο]νο[ς
κ]αὶ<ς> ἐφ᾿ αἷς τῇ [τε πατρίδι] | καὶ τῷ ἔθνει πεπλήρωκεν [ἀρχαῖ]ς κα[ὶ ὑ]|πὲρ
αὐτοῦ καὶ ὑπὲρ τῶν [τέκνω]ν τετ[ει]||μημένου καὶ ταῖς πέμπται[ς] τειμαῖς κ[αὶ] |
20 προεδρίᾳ, αὐτός τε Ὀπρα[μό]ας ἐκ πρώ‖της ἡλικίας ζηλωτὴς τῶν [καλ]λίστων |
ἐπιτηδευμάτων γενόμεν[ος] καὶ σωφρο|σύνην καὶ παιδείαν καὶ πᾶσαν [ἀ]ρετὴν |
ἀσκήσας τοῖς προγονικοῖς ἀγα[θοῖς] ἁ|μιλλᾶται καὶ τῇ μὲν πατρίδι πο[λλ]ὰς ‖
25 καὶ διηνεκεῖς εὐεργεσίας ἐπιδέδ[εικ]τα[ι] | καὶ ἀρχαῖς καὶ δαπάναις καὶ πολει-
τ[ε]ύ|μασιν, τῷ δὲ κοινῷ τῷ Λυκίων ἀρχιφ[υλ]α|κίαν τετέλεκεν καὶ τοῖς
30 ἀναλώμασ[ιν ἀ]|συνκρίτως καὶ τῇ περὶ τὴν εἰρήνην ἐ[πιμε]‖λεί[ᾳ δ]ιαφερόντως
[κ]αὶ ἐν αἷς ἐπιστ[εύθη] | παρ[ὰ το]ῦ τότε ἡ[γεμό]νος Ἰουλίο[υ Φρούγ]|ει πίστεσιν
καὶ διοικήσεσιν [π]ᾶσαν ἁ[γνεί]|αν καὶ σπουδὴν εἰσενενκάμενος, ὡς ἐπὶ | πᾶσιν
35 τούτοις καὶ καθ᾿ ἑκάστην πόλιν ‖ τετειμῆσθαι καὶ ὑπὸ τοῦ ἔθνους καὶ πρό|τερον
ταῖς πρώταις καὶ δευτέραις καὶ τρί|ταις τειμαῖς, ὑπὸ δὲ τῶν πόλεων τετει|μῆσθαι
40 καὶ πολειτείᾳ, τὸ δὲ ἔθνος ἐπιβε|βόηται πάλιν τειμηθῆναι αὐτὸν καὶ ἐν ‖ τῷ
ἐνεστῶτι ἔτει ταῖς τετάρταις τειμαῖς | καὶ πρεσβευσαμένων ἀρχιερέων ὁ | κρά-
τιστος ἡγεμὼν συνκατέθετο · τύχῃ | ἀγαθῇ, δεδόχθαι τετειμῆσθαι αὐτὸν καὶ |
45 ἐν τῷ ἐνεστῶτι ἔτει ταῖς ὑπογεγραμμέναις ‖ τειμαῖς · Λυκίων τὸ κοινὸν ἐτεί-
μησεν ταῖς | [α΄ καὶ β΄ καὶ γ΄ καὶ δ΄ τειμαῖς, χρυσῷ | στεφάνῳ καὶ εἰκόνι χαλκῇ
καὶ εἰκόνι | γραπτῇ, ἐπιχρύσῳ, Ὀπραμόαν Ἀπ]ολλ[ω]νίου δὶς τοῦ Καλλιάδου

50 Ῥοδι]απολεί[την, ‖ καλὸν καὶ ἀγα]θὸν [πολείτην κα]ὶ εὐγεν[ῆ καὶ | μεγαλόφρο]να
κα[ὶ γνώμη κ]αὶ ἀρ[ετῇ | πάσῃ διαφ]έροντα, ἐν μὲν [τῇ] πατρίδ[ι πρῶ|τον ἐν
55 δὲ τ]ῷ ἔθνει ἐκ τῶν [πρωτευόντων, | μεμαρτυρημένον] πλεονάκις [καὶ κοι|νῇ
καὶ κατὰ πόλιν καὶ ὑπὸ] ἡγεμ[όνων καὶ | ὑπὸ ἐπιτρόπων.]

[Ἐπὶ] ἀρχιερέο[ς Κλαυδίου Μαρκιανοῦ | ....Σου]φ[ήνα Οὐῆ]ρ[ος]   Cap. 18.
60 Ἰο....... | [Λυκ]ιάρχῃ χαίρειν. Ὀπραμόαν Ἀπο[λλω]‖νίου δὶς τοῦ Καλλιάδου
καὶ αὐτὸς ἀ[πο]|δέχομαι ἐπὶ τῇ φιλοτειμίᾳ, ἣν πρὸς τὸ λα[μ]‖πρότατον ἔθνος
ὑμῶν ἐπεδείξατο, δω|ρησάμενος αὐτῷ δηνάρια πεντάκις μύ|ρια πρὸς οἷς πέρυσι
65 ὑπέσχητο εἰς τὴν κα‖ταλλαγὴν τοῦ νομίσματος δηναρίοις | πεντάκις χειλίοις.
Τὴν οὖν προδηλουμέ|νην αὐτοῦ δωρεὰν βεβαιῶ ἐπί τε τῷ ἀσάλευ|τον καὶ ἀμετά-
70 θετον εἰς τὸν ἀεὶ χρόνον εἶ|ναι καὶ ἐπὶ ταῖς ἄλλαις αἱρέσεσιν, αἷς ἐπην‖[γειλ]ατο.
Ἐρρῶσθαί σε εὔχομαι. Ἐδόθη | πρὸ [. .] εἰδῶν Ὀκτωνβρίων.

Ἐ]πὶ ἀρχ[ι]ερέος [Ἰάσ?]ονος τοῦ Ἐμ[βρ]όμου, | ....Σουφή[ν]α Οὐῆρος   Cap. 19.
75 Μα|[ρκιανῷ?] Λυκιάρχῃ χαίρειν. Ὀπραμόαν ‖ [Ἀπολλω]νίου δὶς τοῦ Καλλιάδου
καὶ τὰ | [πλε]ῖ[στα? ἐ]παίνου ἄξιον ὑπάρχοντα καὶ | [φ]ιλο[τ]ε[ιμεῖ]σθαι πρὸς
τὸ σεμνότατον ὑμῶν | ἔθν[ο]ς ἐσπο[υ]δακότα ὀρθῶς ἐποίησεν ἡ κοινὴ | β[ουλ]ὴ
80 ἀξ[ιώ]σασα πορφύρα καὶ προεδρίᾳ καὶ ‖ [ταῖς κ]ατὰ [ἔ]τος αὐτὸν τειμῆσαι τει-
μαῖς, ὁ|[ρῶ δὲ αὐτ]ὸς προθύμως τὰ δεδογμένα τῇ | [βουλῇ]. Ἐρρῶσθαί σε
εὔχομαι.

Ἔδοξε | [Λυκίων τῷ κ]οινῷ, ἀρχαιρεσιακῆς ἐκλησίας | [γενομένης · ἐπε]ὶ   Cap. 20.
85 Ὀπραμόας Ἀπολλωνίου δὶς τοῦ ‖ [Καλλιάδο]υ Ῥοδιαπολείτης καὶ Κορυδαλ|-
[λ]εὺς, [ἀνὴρ] εὐγενὴς καὶ μεγαλόφρων καὶ προ|[γ]όνων πολλὰ καὶ μεγάλα
καὶ κατὰ πόλεις | κ[αὶ] πρὸ[ς τὸ κοι]νὸν τὸ [Λυ]κ[ίων] π[ε]φ[ιλοτει|μημένων,
90 πατρὸς Ἀ]πολλων[ί]ου δὶς τ[οῦ Καλ‖λιάδου, ἀνδρὸς ἀρ]ετῇ καὶ δόξῃ διενέν-
χ[αντος, | ἐν δὲ τῷ ἔθνει καθ' ἅ]ς μὲν ἀρχιφυλακίας ὑ[πὲρ | αὐτοῦ καὶ ὑπὲρ
τ]ῶν υἱῶν μεγα[λοπ]ρεπῶς | [τετέλεχεν ἐ]φ' ἑκάστῃ τ[ειμη]θέντος π[λε]|ο-
95 νάκις........ τ.. υτου .... ὑπὲρ ἑνὸς ‖ [τῶν υἱῶν, ἀρχιερατεύσαντος δὲ] τῶν
Σεβασ|τ[ῶν] καὶ γραμ[ματεύσαντος το]ῦ κοινοῦ [ὑ]|π[ὲρ] ἄλλου υἱοῦ [καὶ ἐπὶ
τούτοις] τει[μηθέν]|τ[ος] καὶ τὸ ἕκτον ὑ[πὸ τοῦ ἔθνους καὶ προ]ε[δ]ρίᾳ,
100 τειμηθέντο[ς δὲ καὶ πλεονάκις ἐφ' αἷς ‖ παρέσ]χεν μεγα[λοφροσύνως φιλοτει-
μίαις | ἑκάστῃ] τε τ[ῶν πόλεων ἰδίᾳ καὶ τῷ ἔ|θνει κοινῇ, αὐτός τε ὁ Ὀπραμόας
ἀνυ|περ]βλ[ή]τους ἐπιδέδεικται φιλοτειμίας ἐν | ταῖς πατρίσιν καὶ ταῖς ἀξιο-
105 λογωτάταις ‖ τῶν ἄλλων πόλεων, οὐ διαλείπει δὲ πολ|λὰ καὶ ποικίλα εἰς τὸ
ἔθνος φιλοτειμού|μενος, ἀρχιφυλακήσας τε μεγαλοψύχως | καὶ ἐπιδοὺς τῷ ἔθνει
110 ἀργυρίου δηνάρια | πεντάκις μύρια καὶ πεντάκις χείλια, ὥστε ‖ τὸν κατ'

ἔτος τόκον αὐτῶν χωρεῖν εἰς δια|νομὴν τοῖς συνιοῦσιν εἰς τὰ κοινὰ τοῦ ἔ|θνους
ἀρχαιρέσια ἀρχοστάταις καὶ βου|λευταῖς καὶ κοινοῖς ἄρχουσι καὶ τοῖς λοι|ποῖς
τοῖς ἐξ ἔθους λαμβάνουσιν, τὸ δὲ [ἤμ]'|ⅥέτερΟν [ἔθνος ἐτείμησε]ν αὐ[τὸν κ]αὶ
πρό[τ]ε|ρον καὶ τα[ῖς] τετ[άρτ]αις τε[ιμαῖ]ς, μεμαρτυ|ρημέν[ο]ν [κα]ὶ ὑ[πὸ
5 ἡγεμ]όν[ων κα]ὶ ἐπιτρό|πων καὶ κε[κ]οσ[μημένον ἐπα]ξίοις γράμ‖μασιν καὶ
[ψηφίσμασι καὶ πολειτ]είαις ἐν | ταῖς πρωτ[ευούσαις] πό[λεσιν, ἐπιβε]βόηται |
δὲ καὶ ἐν τῷ [ἐνεστῶτι] ἔ[τει αὐτῷ τ]ὸ ἔθνος | προεδρίαν [διηνεκῆ καὶ πορφύραν
10 διὰ βίο]υ | καὶ τειμὰς [τὰς κατὰ ἔτος, παραιτουμένου?] ‖ δὲ αὐτοῦ λ[έγοντος
ἀρχεῖσθαι ἡ ἀρχαι?]|ρεσιακὴ ἐ[κλησία ἐπέμεινε κυρωθῆ?]|ναι τὴν [τοῦ ἔθνους
γνώμην καὶ πρεσ?]|βευσ[αμένων ἀρχιερέων ὁ κράτιστος ἡγε|μὼν συνκατέ-
15 θετο δι' ἧς γέγραφεν ἐπιστο‖λῆς].....................|νος κα... νων...
αὐτὸς τ..αι[......... · τύ]|χῃ ἀγα[θῇ], δεδόχ[θ]αι Λυκίων τῷ κοι[νῷ τετει-]‖
μῆσθαι αὐτὸν, ὡς ὑπογέγραπται · Λυ[κίων] | τὸ κοινὸν ἐτείμησεν Ὀπραμόαν
20 Ἀπο[λλω]‖νίου δὶς τοῦ Καλλιάδου Ῥοδιαπολε[ίτην] | καὶ Κορυδαλλέα, ἄνδρα
καλὸν καὶ ἀγαθὸ[ν] | καὶ εὐγενῆ καὶ μεγαλόφρονα, πορφύρᾳ διὰ | βίου καὶ
προεδρίᾳ καὶ ταῖς κατ' ἔτος τειμα[ῖς], | ἠρχιφυλακηκότα Λυκίων μεγαλοπρεπῶς ‖
25 καὶ κεχαρισμένον τῷ ἔθνει (δηνάρια) πεντάκ[ις] | μύρια καὶ πεντάκις χείλια,
ὥστε τὸν τόκο[ν] | χωρεῖν εἰς διανομὴν τοῖς ἀρχοστάταις [κ]αὶ | τοῖς λοιποῖς
30 τοῖς ἐξ ἔθους λαμβάνο[υσι]ν, | τετειμημένον δὲ καὶ πρότερον ὑπὸ [τοῦ] ‖ κοινοῦ
καὶ ταῖς τετάρταις τειμαῖς, ἐ... | .... | .... |
με................. | [καὶ τῇ ὑπὲρ τοῦ ἔθνους εὐ]σεβε[ίᾳ] [2]. ‖
35 Ἐπὶ ἀρ[χιερέως Λιχιννίου] Λόγγου, | Λώο[υ.. Ἔδοξε τῇ κοι]νῇ τοῦ Λυκ[ίων] | c
ἔθνο[υς ἀρχαιρεσιακῇ ἐκ]λησίᾳ καὶ βο[υλῇ ·] | ἐπ(ε)ὶ Ὀ[πραμόας Ἀπολλωνί]ου
40 δὶς τοῦ Κ[αλ]|λιάδ[ου, Ῥοδιαπολείτης κ]αὶ Κορυδαλλε[ὺ]ς, ‖ ἀνὴ[ρ ἐπὶ ἀρετῇ καὶ
μεγαλοφ]ροσύνῃ διαφέ|ρων [καὶ ἐν μὲν τῇ πατρίδι π]ρ[ῶ]τος, ἐν δὲ | τῷ ἔθνει
ἐπίσημος?..................]εν εἰς | τὰ .... [ε]ἰς |
14 versus desunt.................. [δωρε]ὰν ἀθά]νατον ἀρχαίου δ[η]ναρίων
60 [πεντά‖κις μυρίων] καὶ πεντάκις χειλίων, ὥστε τὸν τό|[κον κατ' ἔτ]ος ἐν τῷ κοι-
νοβουλίῳ διανέμεσ|[θαι τοῖ]ς ἀρχοστάταις καὶ κοινοῖς ἄρχουσι κ[αὶ | τοῖ]ς λοιποῖς
65 ἐξ ἔθους λαμβάνουσιν, ἐφ' ο[ἷς | τὸ] ἔθνος ἐτείμησεν αὐτὸν δικαίως πορφύρᾳ ‖ καὶ
προεδρίᾳ καὶ ἐψηφίσατο κατ' ἔτος τειμᾶσ|θαι καὶ ὁ κράτιστος ἡγεμὼν Σουφήνα
Οὐῆρος | ἐπεκύρωσε τὴν τοῦ ἔθνους προέρεσιν · τύ|χῃ ἀγαθῇ, δεδόχθαι τετειμῆσθαι
70 αὐτὸν καὶ | ἐν τῷ ἐνεστῶτι ἔτει τειμαῖς ταῖς ὑπογεγραμ‖μέναις · Λυκίων τὸ κοινὸν

---

1. HM in lapide omisit lapicida. — 2. Cf. II, 60.

καὶ ἡ βουλὴ ἐτείμη|σεν Ὀπραμόαν Ἀπολλωνίου δὶς τοῦ Καλλι|άδου, Ῥοδιαπο-
λείτην καὶ Κορυδαλλέα, ἄν|δρα καλὸν καὶ ἀγαθὸν καὶ εὐγενῆ καὶ μεγαλό|-
75 φρ[ο]να, πορφύρᾳ διὰ βίου καὶ προεδρίᾳ καὶ ‖ ταῖς κατ' ἔτος τε(ι)μ[αῖ]ς,
ἡ[ρχ]ιφυλ[ακηκότα Λυκί]|ων μεγαλοπρεπῶς [κ]αὶ κεχαρισμένο[ν τῷ ἔ]|θνει
(δηνάρια) πεντακισμύρι:. καὶ πεντακισχε[ίλια,]] ὥστε τὸν τόκον χωρεῖν εἰς
80 διανομὴν τοῖς | ἀρχοστάταις καὶ τοῖς λοιποῖς τοῖς ἐξ ἔθνους ‖ λαμβάνουσι, τετει-
μημένον δὲ καὶ πρότε|ρον ὑπὸ τοῦ κοινοῦ ταῖς α' καὶ β' καὶ γ' | καὶ δ' τειμαῖς
καὶ πολειτείαις ἐν ταῖς πρωτευ|ούσαις πόλεσιν καὶ μεμαρτυρημένον καὶ | ὑπὸ
85 ἡγεμόνων καὶ ἐπιτρόπων τοῦ Σεβασ‖τοῦ. |

Ἐπὶ ἀρχιερέος Δημητρ[ί]ου τοῦ Ἐμβρόμου, | Λώου ιϛ'. Ἔδοξε τῇ κοινῇ τοῦ Cap. 22.
Λυκίων ἔ|θνους ἀρχαιρεσια[κ]ῇ ἐκλησίᾳ καὶ βουλῇ · | ἐπεὶ Ὀπραμόας ['Απο]λλω-
90 νίου δὶς τοῦ Καλ|λιάδου, ἀνὴ]ρ ἐκ [τ]ῶ[ν πρωτευόντ]ω[ν ἐν τῇ] ‖ ἐπαρχείᾳ, μετὰ
τῆς λοι[πῆς τῆς] εἰς τὸ ἔθνος εὐνοίας καὶ ὦν προεχο[π]ίασεν ἐν αἷς | ἐτέλεσεν
ἀρχαῖς ἐξαιρέτ[ω]ς τὴν μεγαλοφρο|σύνην ἐπεδείξατο ἐν ᾗ ἐποι[ή]σατο ἀργυρικῇ
95 δωρεᾷ, τύχῃ ἀγαθῇ δεδόχθαι τετει‖μῆσθαι α[ὐ]τὸν καὶ ἐν τῷ ἐνεστῶτι ἔτει καὶ
συν|γεγράφθαι τόδε [τὸ] ψήφισμα. |

Ἐπὶ ἀρχιερέος Κιλλόρτου τοῦ Πιγρέους, | Λώου κ[γ'(?)]. Ἔδοξε τῇ κοινῇ τοῦ Cap. 23.
100 Λυκίων ἔ|θνους ἀρχαιρεσιακῇ ἐκλησίᾳ καὶ ἐννόμῳ ‖ βο]υλῇ · ἐπεὶ Ὀπρ[α]μόας
Ἀπολλωνίου δὶς | [τοῦ] Κ[α]λλιά[δου, ἀν]ὴ]ρ ἐκ] τῶν πρωτευόν|των ἐν τῇ
ἐπαρ[χείᾳ, μετὰ τῆς λοιπῆς τῆς εἰς] | τὸ ἔθνος εὐνοίας [καὶ] ὦν [πρ]οεχο[πί]ασε[ν
105 ἐ]|ν αἷς ἐτέλεσεν ἀρχαῖς ἐ[ξ]αιρέτως τὴ[ν με]‖γαλοφροσύνην ἐνεδείξατο ἐν ᾗ
ἐποιήσ[α]|το ἀργυρικῇ δωρεᾷ, τύχῃ ἀγαθῇ δε|δόχθαι τετειμῆσθαι αὐτὸν καὶ ἐν
τ[ῷ ἐνε]σ]τῶτι ἔτει, καθὼς τὸ ἔθνος ἐψήφιστ[αι κ]αὶ | συνγεγράφθαι τόδε τὸ
ψήφισμ[α]. |

VII Ἐπὶ [ἀρχιερέως Φ]λα[υίου Ἀττάλου, | Λώ[ου . . . . ο]ς Cap. 24.
Σενεχ[ᾶς Φλαυίῳ Ἀττ]άλῳ | ἀρχ[ιερεῖ Σεβα]στῶν καὶ [γραμματεῖ] Λυκίων
5 χ[αίρειν · ἔμ]αθον διὰ τῶν [γραμμ]άτων ‖ σο[ῦ, ὅτι ἐξ]αιρέτῳ τειμῇ Ὀπ[ραμ]όαν
Ἀ]|[πολλωνί]ου τὸν ὑποστάν[τα] τὴν Λυ|[χιαρχίαν τ]ειμηθῆναι ἠξίωσεν. τὸ κοινὸν |
[τοῦ ἔθνο]υς · οἶμαι δέ, ὅτι κα[ὶ] ἐν οἷς ἂν | [εὐνοεῖν] τοῖς ἀνδράσιν καὶ κοσμεῖν ‖
10 [αὐτοὺς ἐ]θέλῃ, πάντα κατὰ [τ]ὴν συνή||[θειαν γενέ]σθαι βούλεται. Ἐρ[ρ]ῶσθαί
σε | [β]ούλομαι. |

[Ἔδοξε τῇ κοινῇ] τοῦ Λυκίων ἔθνους ἐννό|[μῳ βουλῇ · ἐπε]ὶ Ὀπραμόας Ἀπολ- Cap. 25.
15 λωνίου ‖ [δὶς τοῦ Καλλι]άδου, ἀν[ὴ]ρ ἐκ τ[ῶ]ν | [πρωτε]υόντω[ν ἐ]ν τῇ ἐπαρ-
χείᾳ, μετὰ τῆς | [λοιπῆς] τῆς ε[ἰς τ]ὸ ἔθνος εὐνοίας καὶ ὦν | [προεκοπίασεν ἐ]ν αἷς
20 ἐτέλεσεν ἀρχαῖς | [ἐξαιρέτως τὴν μ]εγαλοφροσύνην ἐπε‖[δείξατο ἐν ᾗ ἐποι]ήσατο

ἀργυρικῇ δωρεᾷ, | [τύχῃ ἀγαθῇ δεδ]όχθαι τετειμῆσθαι | [αὐτὸν καὶ ἐν τῷ ἐν]εσ-
τῶτι ἔτει, καθὼς | [τὸ ἔθνος ἐψήφιστ]αι καὶ συνγεγράφθαι | [τόδε τὸ] ψήφισμα. ‖
25 ['Επὶ ἀρχιερέως Σαρ]πηδόνος τοῦ Πανται|[νέτου ....] Ἔδοξε τῇ Cap
    κοινῇ τοῦ | [Λυκίων ἔθνους] ἐννόμῳ βουλῇ · | ἐπεὶ ['Οπραμόας 'Απολ]λωνίου δὶς
30 τοῦ Καλ|λι[ά]δου, ἀνὴρ εὐγε]νέστατος καὶ Λυ‖κιά[ρχης, ἐκ τῶν πρ]ωτευόντων
    παρ' ἡ|μεῖ[ν καὶ ἐκ προγόν]ων ἐνδόξων καὶ | .... |......
35 .... |.................... ‖............................ς
    κ............... |................... φιλαγάθω[ς..... ἀρχι|ερ]ωσύνης αὐτοῦ,
    τε[τειμημένος ὑπὸ | τ]οῦ ἔθνους πολλ[άκις ἐν ᾗ ἐτέλε]|σεν ἀρχιφυλακίᾳ καὶ
40 [ἐφ' ᾗ ἐποιήσατο ἐ]‖κ τῶν ἰδίων δωρεᾷ δην[αρίων πεντα]|κισμυρίων καὶ πεντακισ-
    χ[ειλίων οἷς τε(?)] | ἰδίᾳ ταῖς πόλεσιν παρέσ[χεν, ὡς διὰ τοῦ]|το καὶ πρὸ τῆς
45 ἀρχιερωσύ[νη]ς [ἐψηφίσ]|θαι αὐτῷ τὰς κατ' ἔτος τει[μ]ὰς [τή]ν τε ‖ ἀρχιερωσύνην
    [β]ουληθέντος τοῦ ἔ[[θ]ν[ους τειμᾶν, ἐν ᾗ(?) ἐπ]λήρωσεν πάντα | τὰ [εἰς τὴν
    εὐσέβει]αν τῶν αὐτοκρ[α]|τόρω[ν ἡμῶν(?) ἀναλώμα]τα τῷ κοινῷ τῶν | Λυκίων
50 [κ]α[ὶ ἐν τῷ νῦν ἔ]τει ὀφείλοντος ‖ αὐτοῦ τὰς σ[υ]ν[ήθεις] τοῖς λυκιαρχήσα|σιν
    τειμὰς ἀπολ[αύειν] καὶ τοῦ ἔθνους ἀ|μειβομένου καὶ δ[ιὰ] τούτων τῶν τειμῶν |
    τὴν τοῦ ἀνδρὸς δ[ι]άθεσιν ἐπίκλησις ἐπε|δόθη ἐπὶ τὸν κύριον αὐτοκράτορα τῷ
53 ἐ‖νόματι τοῦ Ξανθίων δήμου · δεδόχθαι | τῷ κοινῷ τῶν Λυκίων φανερὰν γενέσθαι |
    τῷ μεγίστῳ αὐτοκράτορι Τίτῳ Αἰλίῳ 'Αδρι|ανῷ 'Αντωνείνῳ Σεβαστῷ Εὐσεβεῖ
60 διὰ | τοῦδε τοῦ ψηφίσματος τὴν τοῦ ἔθνους ‖ [γν]ώ[μ]ην, [ὅτι μα]ρτυρεῖ [αὐτῷ
    περὶ τῆ]ς [ἀρ|χῆ]ς, ἠρῆ[σθαι δὲ] καὶ πρέσ[βεις τοὺς ἀ]ν[αδώ]|σοντας τὸ [ψήφρι]σμα
    τοῦ[το καὶ δι]δά[ξον]|τας τὸν κύριον αὐτοκράτορα Καῖσα[ρα Τί]|τον Αἴλιον
65 'Αδριανὸν 'Αντωνεῖνον Σ[εβασ]‖τὸν Εὐσεβῆ περὶ τῆς τοῦ 'Οπραμόου [Λυκι]|αρχίας
    καὶ τῆς ἀπὸ τοῦ ἔθνους πρὸ[ς αὐ]|τὸν εὐνοίας καὶ περὶ ὧν ἐπικέκληται [Ξαν]|-
    θίοι(ς) [1] · τύχῃ ἀγαθῇ δεδόχθαι Λυκίων τ[ῷ κοι|νῷ] συνγεγράφθαι τόδε τὸ
70 ψήφισμα [καὶ ἀνα]‖[β]λο]θῆναι τῷ μεγίστῳ αὐτοκράτορι Κα[ίσαρι] | Τίτῳ Αἰλίῳ
    'Αδριανῷ 'Αντωνείνῳ Σεβα[στῷ] | Εὐσεβεῖ διὰ τῶν ἠρημένων πρέσβεων [Γαίου(?)]|
    'Ιουλίου 'Αντωνείνου Κορυδαλλέος [καὶ] | Βραωγέλιος τοῦ Φιλαργύρου 'Ολυ-
75 [μπη]‖νοῦ, ἀνδρῶν ἐκ τῶν ἐν τῷ ἔθνει προτ[ειμω]|μένων. |
    Ἔδοξε τῇ κοινῇ τοῦ Λυκί[ων ἔ|θνους ἐννόμῳ βουλῇ · ἐπεὶ 'Ο[πραμόας] | Cap
80 'Απ[ολλωνίου δὶς τοῦ Καλ]λιά[δου, ἀν]ὴρ ‖ Λυκι[άρ]χης ἐκ [τῶν πρ]ω[τε]υόντων
    ἐν τῇ ἐ|παρχείᾳ, μετὰ τῆ[ς] λοιπῆς τῆς εἰς τὸ ἔθνος εὐνοίας καὶ ὧν προεκοπίασεν
    ἐν αἷς | ἐτέλεσεν ἀρχαῖς ἐξαιρέτως τὴν μεγαλο|φροσύνην ἐνεδείξατο ἐν πᾶσιν, δοὺς

---

1. [Ξάν]|ΘΙΟΙ lapis; fortasse corrigendum est ἐπικέκλη(ν)ται Ξάνθιοι.

85 καὶ ‖ ἀργυρίου μυριάδας πέντε καὶ δηνάρια | πεντάκις χείλια · τύχῃ ἀγαθῇ
δεδό|χθαι τετειμῆσθαι [α]ὐτὸν ἐν τῷ ἐνεστῶτι | ἔτει, καθὼς τὸ ἔθνο[ς] ἐψήφισται
καὶ συνγε|γράφθ[αι] τόδε τὸ ψήφισμα. ‖

90 Ἐπὶ ἀρχιερέος Ἰάσον[ος τ]οῦ Νεικοστράτου, | Πανήμο[υ] κα΄. [Κορνήλ]ιος   Cap. 28.
Πρόκλος, | πρεσβευτὴς ἀντισ[τράτηγος α]ὐτοκρά|τορος, τῷ κοιν[ῷ Λυκίων χαί-
95 ρει]ν · καὶ | παρὼν ἔ[γνωκα, ὅτι ἅς μετὰ πλείστης(?)] ‖ σπουδῆ[ς πρ]ὸς Ὀπραμόαν
[Ἀπολλ]ωνίου | δὶς το[ῦ] Καλλιάδου καὶ ὅ[τε ἀντέτ]αττον | τειμὰς ἐψηφίσασθε,
ταύτας νῦν καὶ ἡνίκα | ἔξεστιν ἀποδοῦναι βούλεσθε, τοῦτο συν|χωρήσαντος τοῦ
100 μεγίστου πάντων αὐτο‖κράτορος, ὃς Ξανθίοις ἀνῆκε τὴν ἐπίκλησιν | τὴν ἀντι-
κρὺς τούτων γενομένην. Καὶ ἐμοὶ | δὲ δοκεῖ Ὀπραμόας πάντων ἕνεκεν ἄ|ξιος
ἐπαινεῖσθαι καὶ τειμᾶσθαι πρὸς ὑμῶν, | καὶ φιλότειμος ὢν καὶ περὶ πᾶσαν πόλιν
105 ὡς ‖ πατρίδα ἐσπουδακὼς καὶ τοῖς ἰδίοις ὡς κοι|νοῖς χρώμενος · ἐπαινῶ δὲ καὶ
ὑμᾶς αὐ|τοὺς τοὺς τὰς τειμὰς διδόντας, ὅτι ασ|........................|
110 ....‖...................................|
...................|.....................|τα[....(?) καὶ διὰ το]ῦτο ὀφ[είλοντος,
115 καθῆκο(?)]|ν ἡγ[οῦμαι τοῦ κοιν]οῦ τὰς [ψηφισθείσας αὐτῷ(?)] ‖ τε[ιμὰς παρέ]χειν .
Ἐρρῶσθαι [ὑμᾶς βο]ύλο|[μαι. Ἐδό]θη πρὸ ια΄ κα(λανδῶν) Ὀ[κτω]νβρ[ίων] | ἐν
Πατάροις. |

VIII Κο[ρν]ή[λι]ος Πρόκλος, πρεσβευτὴ[ς καὶ] ἀντι|στράτηγος αὐτοκράτορος,   Cap. 29.
τῷ κ[ο]ινῷ Λυ|κίων χαίρειν · τοὺς ἀρίστους ἄνδ[ρ]ας καὶ | καλοὺς καὶ ἀγαθοὺς καὶ
5 οἷς ὑμ[εῖ]ς μαρ‖τυρεῖτε πολλάκις, τούτους κ[αὶ] αὐτὸς | ἀσμένως ὁρῶ καὶ διὰ
τοῦτο, ἐπε[ὶ κ]αὶ πάλι | τειμὰς Ὀπραμόα Ἀπολλωνίου [δὶ]ς τοῦ | Καλλιάδου
10 ἐψηφίσασθε καὶ ταύτας κα|τὰ πόλιν κατὰ ἔτος.βούλεσθε δι[δ]όναι ‖ καὶ ἀξιοῦτέ με
συνκαταθέσθαι, διὸ ἀμ|φότερα συναινῶ, ὅτι καὶ αὐτὸν [ἄ]ξιον ἡ|γοῦμαι τοῦ λαβεῖν
καὶ ὑμεῖς ὀρθ[ῶ]ς μοι | δοκεῖτε ποιεῖν ἀντιτειμῶντες τ[ο]ὺς εὐ|νοοῦντας ὑμεῖν.
15 Ἐρρῶσθαι ὑ[μᾶς] βούλο‖[μαι]. Ἐδόθη ἐν Πατάρ[οις.....] Ὀκτων(βρίων). |

Ἔδοξ[ε] τῇ κο(ι)νῇ τοῦ Λυκίων ἔθνους ἀ[ρ]χαι|ρεσιακῇ ἐκλησίᾳ · ἐπεὶ Ὀπρα-   Cap. 30.
μόας Ἀ|πολλωνίου δὶς τοῦ Καλλιάδου, Ῥοδια|πολείτης καὶ Κορυδαλλεὺς καὶ
20 Μυρεὺς ‖ καὶ Παταρεύς, πολειτευόμενος δὲ καὶ | ἐν ταῖς κατὰ Λυκίαν πόλεσι
πάσαις, ὁ γε|γονὼς ἀρχιερεὺς τῶν Σεβαστῶν, ὁ δὲ | αὐτὸς καὶ γραμματεὺς Λυκίων
25 τοῦ κοι|νοῦ, ἀνὴρ καλὸς καὶ ἀγαθὸς καὶ μεγαλό‖φρων καὶ πάσαις ταῖς τοῦ βίου
ἀρεταῖς | κοσμούμενος καὶ παντὸς ἄξιος ἐπαί|νου, προγόνων ἐπὶ ἀρετῇ διενεικάν|-
των καὶ πρωτευσάντων ἐν ταῖς πατρί|σιν, ἐνδόξων δὲ καὶ ἐπισήμων καὶ ἐν τῷ‖
30 Λυκίων ἔθνει, στρατηγῶν καὶ ἱππάρχων | καὶ ἐπὶ μεγαλοφροσύνῃ κα[ὶ] φ[ιλο]τει|-
[μίᾳ]...............................|............... πατρὸς δὲ Ἀπολλωνίου δὶς |

35 τοῦ Καλλιάδου, ἀνδρὸς................... ‖ ....[α]ις κα[ὶ τειμηθέντος
ἐν | ταῖς πλείστ(?)]αις πόλεσιν, [μαρτυρη]θέντος | [δὲ πολλάκις ὑ]π[ὸ ἡγε]μόνων
[καὶ ἐ]πιτρόπω[ν, ἐν | δὲ τῷ Λυκίων ἔθνει ἀρχιφυλακήσαν]τος Λυκ[ίων | τοῦ
40 κοινοῦ ὑπὲρ αὑτοῦ καὶ ὑπὲρ τῶ]ν τ[έχνων] ‖ 5 versus desunt | .ω...............
45 .... ‖ ὑπὸ το[ῦ ἔθνους καὶ ταῖς ἑχταις τειμαῖς] | καὶ προεδ[ρίᾳ
χαὶ πορφύρᾳ διὰ βίου, μη]τρὸς δὲ(?)] Αἰ[λίας....... Ἀρτε]μ[ισί]ου, | [Κορυ-
δ]αλλίδος χαὶ Ῥοδ[ιαπολεί]τιδος, | [γ]υνα[ι]χὸς ἐναρέτου χαὶ ἐ[πὶ σωφρο]σύνῃ ‖
50 διενηνοχυίας, προγόνων [λαμπρ]ῶν χαὶ | ἐνδόξων καὶ πο[λ]λὰ ταῖς [πα]τρίσιν
καὶ τῷ | ἔθνει παρεσχημένων, τετειμημένης ὑ|πό τε τῶν πατρίδων πλε[ο]νάχις
55 καὶ ὑπὸ | τοῦ Λυκίων ἔθνους, αὐτ[ὸς] δὲ Ὀπραμόας ‖ ἁμιλλώμενος τῇ τῶν
πρ[ογόνω]ν ἀρετῇ | ἀπὸ πρώτης ἡλιχίας ἔπειτ[ά τε(?)] δίχαιον | καὶ φιλότειμον
ζηλώσας βί[ο]ν τοῖς μὲν | κατὰ πόλιν ἀναλώμ[α]σ[ιν ὑπ]ερβέβληκεν | πάντας,
60 ὥστε καὶ τ[ὰς πλείστα]ς ἐν τῷ ‖ ἔθνει πόλεις, τὴ[ν τε Παταρέων καὶ τ]ὴν Τλω|-
[έων καὶ τὴν Τελμ]ησσέων [καὶ] πολλὰς χ[αὶ ἄλλας πόλεις(?)] πολε]ίτην αὐτὸν
ποιῆ[[σαι ἐπὶ τῇ τοῦ βίου] ἀναστροφῇ καὶ ἐφ᾽ οἷς | [παρέσχηκε καὶ παρ]έχει καὶ
65 φιλοτειμεῖται ‖ [ἀεὶ καὶ τῷ ἡμ]ετ[έρ]ῳ ἔθνει, ἀρχιφυλακήσας | [λαμπρῶς καὶ
ἐ]πιμελῶς καὶ φιλοτείμως καὶ | [κεχοσμημένος] ψηφίσ[μα]σιν κατὰ πόλιν καὶ
τει[[μηθεὶ]ς ταῖς α᾽ χα[ὶ β᾽] τειμαῖς ὑπὸ τοῦ ἔ[[θν]ους καὶ πάλιν τα[ῖς γ᾽] καὶ
70 δ᾽ καὶ ἐπαι[[νεθ]εὶς πολλάχις ὑ[πὸ ἡ]γεμόνων καὶ ἐπιτρό|[πων τ]ῶν Σεβαστῶν,
[οὐκ] ἀρχεσθεὶς ἐπὶ τού|[τοις, ἀ]ναλογῶν δὲ [τῷ ἑ]αυτοῦ φρονήματι | [καὶ τ]ῆς εἰς
ἅπαντα [τὸν] χρόνον εὐνοίας | [καὶ με]γαλοφροσύν[ης ἐ]πίδειξιν ἐποιήσατο ‖
75 [χαρισά]μενος τῷ κοι[ν]ῷ [δω]ρεὰν ἀργυρίου (δηναρίων) | [πεντακισ]μυρίων καὶ
πεντα[κι]σχειλίων, ἐξ ἧς | [δίδοται εἰς] τὸ διηνεχὲς [τοῖς τῆς διανο|]μῆς μεταλαμ-
80 βάνου[σι]ν [.......μετ]ὰ [δ]ὲ | τοσαῦτα καὶ τοιαῦτα ἀναλώματα [ἀ][[ναλ[α]βὼν καὶ
τὸν τῆς ἀρχιερ[ωσύ]νης | στέφανον ἅπαντα ἐ[τέλεσεν σεμν]ῶς [καὶ] | ἀξιοπρεπῶς
85 καὶ μεγαλοφρ[όνως τήν] | τε περὶ τῶν κοινῶν φροντίδα καὶ διο[ίχησιν] ‖ πιστῶς
ἀπαρτίσας καὶ ταῖς φιλοτειμ[ί]α[ις] | οὕτως ἐναχμάσας, ὡς μηδὲ ἑνὸς | αὐτῶν πρὸ
τῆς ἀρχιερωσύνης ἀνηλ[ω]μέ|νου, τοῦ δὲ ἔθνους θαυμάζοντος [μ]ὲν | ἀεὶ καὶ ἐπαι-
90 νοῦντος τὴν μεγαλοφρ[ο]σύνην αὐτοῦ, ὡς καὶ πρὸ τῆς ἀρχιερωσ[ύν]ης ἐψηφίσ-
θαι τειμὰς κατ᾽ ἔτος αὐτῷ χ[αὶ] προ|εδρίαν καὶ πορφύραν διηνεχῆ, ἐξαιρ[έτ]ως | δὲ
πάλιν βεβουλημένου τειμᾶν α[ὐτὸν] | καὶ ἐπὶ τῆς ἀρχιερωσύνης [ἀ]ναλ[ώμα]σιν καὶ
95 ἐφ᾽ αἷς μετὰ τὴν ἀρχιερω[σύ]νην ‖ [ταῖς πλείσταις το]ῦ ἔθνους [πόλεσιν ἐπε|]δείξατο
φιλοτ]ειμίαις, αἷς μὲν ἀγωνοθε|[τήσα]ς [λ]αμπρῶς καὶ μεγαλοψύχως, αἷς δὲ |
[καὶ ἔ]ργω[ν] κατασκευὰς ὑπεσχημένος, | [αἷ]ς δὲ χα[ὶ] δωρεὰς ἀργυρίων, καὶ τοῦ
100 μὲν ‖ [Ὀπ]ραμόου παραιτουμένου καὶ λέγοντος | [ἀρ]χεῖσθαι [τ]αῖς παρ᾽ ἕκαστα

δεδομέναις | [καὶ ἐ]ψηφισμ[έ]ναις αὐτῷ τειμαῖς, τοῦ δὲ ἔ|θν[ο]υς παντ[ὸς] ἐν τῇ
105 ἀρχαιρεσιακῇ ἐκλη|[σ]ίᾳ ἐπιμείναν[το]ς [σ]που[δ]ῇ κ[α]ὶ ἐπ[ι]βοησα‖μένο[υ π]ρο-
θύμως, παρόντος καὶ τοῦ σε‖[μ.]νοτά[τ]ου ἡγεμόνος Κορν[ηλί]ου Πρόκλ[ο]υ, |
[(?) εἰπόν]τ[ο]ς γεγ[ράφθαι] ὑπὲρ τῆς Λυκι[αρχί]ας| .... |
110 .... καὶ .. ο[.........τοῦ] δὲ ἔ‖[θνους καὶ πάλιν ἐ]πιβοησαμένου [τ]ειμῆ[σαι
αὐτὸν ἐπὶ ταῖς φιλοτε]ιμίαις καὶ τ[αῖς εἰς | τὸ ἔθνος εὐεργεσίαι]ς κ[α]ὶ [τοῦ ἡγε-
μόνος | εἰς ἁ........... ε]ν αὐτῷ ὑπὸ τ[οῦ ἀρχι|ε]ρέος ἀντιγε[γ]ραφφότος ἀκολού-
115 θ[ως τῇ τοῦ ‖ Ὀπραμόου πι]στότητι καὶ τῇ τοῦ ἔθν[ους | γνώμῃ · τύ]χ[η]
ἀ[γ]α[θῇ] δ[εδόχθαι τετειμῆσ|θαι π]άλιν καὶ ἐν τῷ ἐν[εστῶτι] ἔ[τει Ὀπρα|μόαν]
Ἀπολλωνίου δὶς [τ]οῦ Καλ[λιάδου, | τὸν γε]γονότ[α] ἀρχ[ι]ερέα τῶν Σε[βασ-
120 τῶν, ‖ τὸν δὲ αὐτὸν κα]ὶ γραμματέα Λυ[κίων]‖IXτοῦ κοινοῦ ταῖς ὑπογεγραμ|-
μέναις τειμ[α]ῖς · Λυκίων τὸ κοι|νὸν ἐτείμησ[ε]ν πάλιν καὶ ἐν τῷ | ἐνεστῶτι ἔτει
5 χρυσῷ στεφάνῳ ‖ καὶ εἰκόσι γρα[π]τα[ῖ]ς ἐπιχρύσ[οις] | καὶ ἀνδριᾶσι [χαλκο]ῖς
ὑπὲρ τῆς | ἀρχιερωσύνη[ς(?), τειμαῖ]ς καὶ ταῖς | κατὰ πόλιν κα[ὶ κατ᾽ ἔτος,
10 Ὀπραμ]όαν | Ἀπολλωνίου [δὶς τοῦ Καλλιάδ]ου, ‖ Ῥοδιαπολείτ[ην καὶ Κορυ-
δαλλέα] καὶ | Μυρέα καὶ Πα[ταρέα, πολειτευσάμεν]ον | δὲ καὶ ἐν ταῖς [κατὰ
Λυκίαν πόλεσι πά]‖σαις, τὸν γε[νόμενον ἀρχιερέα τῶν Σε]|βαστῶν, [τὸν δὲ αὐτὸν
15 καὶ γραμματέα] ‖ Λυκίων [τοῦ κοινοῦ]............. |τει................. |
τ................. |ν............. τῷ ἔθ[νει]....... ἀρχι|-
20 φ[υλ]ακήσ[αν]τα λαμπ[ρῶς καὶ φιλο]τεί‖μ[ως] καὶ τειμηθέντα τάχ[ει πολλῷ(?)]
μὲν ταῖς | α΄ καὶ β΄ καὶ γ΄ καὶ δ΄ [τειμ]αῖς καὶ πά|λιν προεδρίᾳ διηνεκεῖ κα[ὶ
πο]ρφύρα διὰ | βίου καὶ ταῖς κατ᾽ ἔτος τειμ[α]ῖς, κεχαρισ|μένον τῷ ἔθνει (δηνάρια)
25 πεντακι[σ]μύρια καὶ ‖ πεντακισχείλια, ὥστε τὸν τ[ό]κον χω|ρεῖν εἰς διανομὴν
τοῖς ἀρχοστάταις | καὶ τοῖς λοιποῖς τοῖς ἐξ ἔθ[ο]υς λαμ|βάνουσιν, ἀγωνοθέτην
30 Μ[υ]ρέων καὶ | Παταρέων καὶ πεντάκις τ[ῆς] Ῥοδιαπο‖λ[ει]τῶν πόλεος, τελέσαντα
τὰς ἀρ[χ]ὰς] ἐν μὲν τῇ Ῥοδιαπολειτῶν πόλει | π[άσας] μεγαλοφρόνως, ὡς διὰ
τοῦ|τ[ο τετειμῆσθα]ι αὐ[τὸν κ]αὶ ὑ[π᾽ αὐ]τῆς πλεον]άκις καὶ ταῖς κατ᾽ ἔτος τει‖-
35 [μαῖς, γυμν]ασιαρχήσαντα Κορυδαλ‖[λέων τῶν τ]ε νέων καὶ τῆς γερουσίας | [τρὶς
ἐν τ]ῷ αὐτῷ ἔτει δωρεᾷ, ὡς διὰ | [ταῦτα τετ]ειμῆσθαι αὐτὸν καὶ ὑπ᾽ αὐ‖[τῆς
40 πλεον]άκις καὶ ταῖς κατ᾽ ἔτος τει‖[μαῖς, πεποι]ημένον δὲ καὶ ὑποσχέσεις | [καὶ
ἀρ]γυρίων ἐπιδόσεις εἴς τε δι|[ανομὰς καὶ π]ανηγύρεις ἔν τισιν τῶν | [πρωτευου]-
45 σῶν πόλεων, ἐπηγνημένον | [καὶ ὑπὸ ἡγε]μόνων πλεονάκις καὶ ἐπι‖[τρόπων τῶ]ν
Σεβαστῶν καὶ τετειμη|[μένον ψηφί]σμασιν κατὰ πόλιν καὶ πο|[λειτείαις ἐ]ν ταῖς
πρ[ω]τευούσαις πό|[λεσιν, μεμ]αρτυρημένον δὲ ὑπὸ | μὲν Πα[ταρέων ἐπὶ Θ]εοῦ
50 Ἀδριανοῦ, ‖ ὑπὸ δὲ [Μυρέων ἐπὶ] τοῦ κυρίου αὐτο|κράτορ[ος Τίτου Αἰλίο]υ

Ἀδριανοῦ Ἀντω|νείνου [Σεβαστοῦ Εὐ]σεβοῦς. Τὰς δὲ † τῶν ἐ[ψηφισμέν]ων
55 ἀνδριάντων ἀ|ναστά[σεις ὀ]φειλούσας γενέσθαι ἐ‖ν αἷς ἃ[ν προ]αιρῆται πόλε-
σιν, ἐπηνγεί|λατο ὁ [τ]ειμώμενος Ὀπραμόας ἐ|κ τῶν ἰδίων ποιήσασθαι, μηδὲ ἐν
τού|τῳ βουλόμενος βαρεῖν τὸ ἔθνος, | τὰς δ[ὲ] τῶν κατὰ πόλιν καὶ κατ᾽ ἔτος τει‖-
60 μῶν [αὐ]τοῦ εἰσγραφὰς γείνεσθαι ὑπὸ | τ[ῶ]ν [κα]τὰ ἔτος ἀρχόντων εἰς τ[ὰ] κατ᾽
ἔ]|τ[ος ἀρχ]αιρέσια. Πανή[μου]....... |

Caput totum deest (14 versus). | Ca|

Ἐ[πὶ ἀρχιερέως Πολυχάρμου]...... | ...... Ἔδοξε τῇ κοινῇ τοῦ Λυκίων | Ca|
80 ἔθνους ἀρχαιρεσιακῇ ἐκλησίᾳ καὶ ἐν‖νόμῳ βουλῇ · ἐπεὶ Ὀπραμόας Ἀπολ|λω-
νίου δὶς τοῦ Καλλιάδου, Ῥοδιαπολεί|της καὶ Κορυδαλλεὺς] κ[αὶ Μυρεὺς | καὶ
Παταρεὺς πολειτευ]όμενος δὲ [καὶ | ἐν ταῖς κατὰ Λυκί]αν πόλεσι πάσαις, καὶ ‖
85 [γ]έ[ν]ε[ι κ]αὶ ἀξιώματι διαφέρων παρ᾽ ἡμεῖν, | βίῳ μὲν ἐπεὶ καὶ μετρίῳ κέχρη-
ται<ι>, εἰσφέ|ρεται δὲ πᾶσαν εὔνοιαν καὶ σπουδήν, | προνοούμενος καὶ τῶν
90 πόλεων ἰδί[ᾳ] | καὶ τοῦ ἔθνους κοινῇ, ταῖς μὲν πατρίσιν ‖ αὐτοῦ πολλὰ καὶ
μεγάλα παρεσχηκὼς | καὶ παρέχων, πλείσταις δὲ καὶ ἄλ[λαι]ς ἀ|ξιολόγοις καὶ
πρωτευούσαις [πόλεσ]ιν | [ἐ]κ τοῦ ἔθνους αἷς μὲν ἔργω[ν κατασκευ]|ὰ[ς] ποι[ού-
95 μ]ε[νος καὶ] ἀγωνο[θεσίας,] ‖ αἷς δὲ δωρεὰ[ς χρ]ημάτων ἐπιδ[εδ]ωκὼ[ς,] |
ἐξ ὧν ἡ κα[τ᾽ ἔ]τος [πρ]όσοδος ἐν ταῖς [ἐπι]|σ[ή]μοις κ[α]ὶ σεβα[σ]μίοις ἡμέραις
διανέ|μεται, κοινῇ τε [τ]ῷ ἔθνει ἀ[ί]διον δω|ρεὰν κεχάριστ[α]ι ε[ἰ]ς ὁμοίαν δια-
100 νομήν, ‖ τὴν δὲ ἀρχιερ[ω]σύνην τῶν Σεβαστῶν | εὐσεβῶς καὶ μ[εγα]λοφρόνως
ἐκπε|πλήρωκεν, ἐφ᾽ ο[ἷς π]ᾶσιν ἀμειβόμενον | τὸ ἔθνος αὐτὸ[ν δί]καιον ἥγηται
105 καὶ τῷ | πάντων ἀεὶ τ[ῶν (?) ὑπ]αρχόντων ἡμεῖν [ἀ]‖γαθ[ῶ]ν ¹ αὐτο[κράτο]ρι
Καίσαρ[ι] Τ[ίτῳ Αἰ]λίῳ Ἀδριαν[ῷ Ἀντωνε]ίν[ῳ Σεβαστῷ Εὐ|σεβεῖ]..........
.................................|...........................σ |
110 .... [(?) σεμνότ]ητι καὶ φι‖[λοτειμίᾳ (?)]........... εὐσεβείᾳ |
.... [τ]ύχῃ ἀγαθῇ δε|[δόχθ]α[ι συγγεγρ]άφ[θ]αι τόδε τὸ ψήφισ[μα
κα]ὶ δια[π]ενφθῆ[ν]αι αὐτῷ διὰ τοῦ | [κρατίσ]το[υ] ἡγεμ[ό]νος Γναίου Κορ‖-
115 [νη]λ[ίου Πρό]κλου. |

X Ἔδοξε τῇ κοινῇ τοῦ Λ[υ]|κίων ἔθνους ἐννόμ[ῳ] | βουλῇ · ἐπεὶ Ὀπραμ[ό]|ας Ca|
5 Ἀπολλωνίου δ[ὶς] ‖ τοῦ Καλλιάδου, ἀ|νὴρ Λυκιάρχης ἐκ τῶ[ν] | πρωτευόντων
10 ἐν τ[ῇ] | ἐπαρχείᾳ, μετὰ τῆς | λοιπῆς τῆς εἰς τὸ ἔ‖θνος εὐνοίας καὶ ὢν | προεχο-
15 πίασεν ἐν αἷς | ἐτέλεσεν ἀρχαῖς, ἐ|ξαιρέτως τὴν μεγα|λοφροσύνην ἐνεδεί‖ξατο
ἐν πᾶσιν, δοὺς | καὶ ἀργυρίου δηναρί|ου μυριάδας πέντε | καὶ δηνάρια πεντα|κισ-

---

1. Videtur verbum unum a lapicida omissum esse, ex quo pendeat genitivus ἀγαθῶν.

20 χείλια · τύχῃ ἀ‖γαθῇ δεδόχθαι τε|τειμῆσθαι αὐτὸν | καὶ τὰ νῦν ἐν τῷ ἐ|νεστῶτι
25 ἔτει, καθὼς | τὸ ἔθνος ἐψήφισται, ‖ καὶ συνγεγράφθαι | τόδε τὸ ψήφισμα. |
30 Κορνήλιος Πρόκλος, | πρεσβευτὴς ἀντι|στράτηγος αὐ[τοκρά]‖το[ρος], Ἰουλίῳ Cap. 34.
Κα[πετω(?)]|λείνῳ [Μ]υρέων γραμμα|τεῖ χαίρειν · [ο]ἷς ἡ βουλὴ καὶ ὁ δῆμος
35 ὀνόμα|σιν ἐτε|ίμησεν Ὀπραμέ‖αν Ἀπολλωνίου δὶς | τοῦ Καλλιάδου, τούτοις
40 κἀγὼ τοῦτον | προσαγορεύεσθαι | συνχωρῶ, εἰ μὴ τοῦτ' ἐ[σ]‖τὶν ὑπεναντίον ἢ
τοῖς | νόμοις ἢ τοῖς ἔθεσ[ι]ν | [τοῖς πα]ρ' ὑμε[ῖ]ν. [Ἐρρῶσ]‖θαί σε εὔχομαι.
45 Ἀναγέ|γραπται ἐπὶ ἀρχι(ερέως) ‖ [Πολ]υχάρμ[ου.] |
[Γάιος (?)] Ἰούλιος Ἀκυ[λεῖνος (?), | πρ]εσβευτὴς Σε[βαστοῦ καὶ | ἀν]τ[ι]- Cap. 35.
στρ[ά]τ[ηγος] .... | ....‖
50 .... χαί[ρ]ει[ν · καὶ (?) | [(?) ἐξ ἧς ὑπὸ] | σοῦ μοι γ[έγρα(?)|πται ἐπισ]τολῆς
ἔ[μαθον | ὅτι] .... | 22 versus desunt | .... [Ἐρρῶσθαί
σε | εὔχομαι. Ἀναγέγρα|πται] ἐπὶ ἀρχ[ι(ερέως) Ἰουλίου] | Ἡλιοδώρου. ‖
80 Οὐοκώνιος Σάξας [Μυ]|ρέων ἄρχουσι, βουλῇ, δ[ή]‖μῳ χαίρειν · Ὀπραμό|αν Cap. 36.
85 Ἀπολλωνίου καὶ αὐ|τὸς ἐπαινῶ οὐ μόνον ἐ‖[φ' ο]ἷς ἀεί φατε πρὸς τὴν | [πό]λιν
ὑμῶν αὐτὸν φι|λοτειμεῖσθαι, ἀλλὰ ἔ|τι μᾶλλον ὅτι πολλὴ[ν | ἐπι]μέλειαν καὶ πρό-
90 νο‖[ιαν ἐδ]ήλ[ωσεν] (?) ..... | .... | .... αε ὡς ἐν | ....
95 Ἐρρῶσθαι | [ὑμᾶς εὔχο]μαι. Ἀναγ[έ]‖γραπται ἐπὶ ἀρχι(ερέως) | Κλαυ. Ἀντι-
μάχου. | Ἀπελλαίου .ε'. |

In pariete meridionali.

a) In epistylio :

Αὐτοκράτωρ Καῖσαρ Θεοῦ [Ἀδριανοῦ υἱὸς Θεοῦ Τραιανοῦ Παρθικοῦ υἱω- Cap. 37.
νὸ]ς Θεοῦ Ν[έρου]α [ἔ]γγονος Τίτος Αἴλιος Ἀδ[ρι]|ανὸς Ἀντωνεῖνος Σεβαστ[ὸς,
ἀρχιερεὺς μέγιστος, δημαρχικῆς ἐξο]υσίας τὸ β', [ὕ]πατος [τὸ β', πα]τὴρ
πα|τρίδος, Μυ[ρέ]ων τοῖς ἄρχου[σι καὶ τῇ βουλῇ καὶ τῷ δήμῳ χαί-
ρειν.......]ὸη ...εγν... ναιμ... [Ὀπραμό]ου τοῦ | [Ἀ]πο[λ]λωνίου, ὡς φιλό-
τειμος .... [ἔ]μαθον ἐ[ξ ὦ]ν ἐψηφίσ[ατε] ἐπρέσβευε[ν] ‖
5 Κλαύδιος Π[........ Εὐτυχεῖτε .... ἀπὸ Ῥώμης. Ἀνα]γέγραπ[ται ἐ]πὶ
ἀρχ[ι(ερέως) Ἰά]σονος τοῦ | [Νεικοστράτου]....... |

[Αὐτοκρά]τωρ Καῖσαρ Θεοῦ Ἀδριαν[οῦ] υἱὸς Θεοῦ Τρα[ιανοῦ Παρ]θικοῦ Cap. 38.
υ[ἱ]ωνὸς Θεοῦ Νέρουα ἔγγον[ος | Τίτος Αἴλιος Ἀδ[ρ]ι[α]νὸς Ἀντωνεῖνο[ς]
Σεβαστὸ[ς], ἀρ[χιερεὺς μέ]γιστος, δημαρχικῆς ἐξουσίας τὸ γ', [ὕπα|τος τὸ]
γ', πατὴρ πατρίδ[ο]ς, Τλω[έ]ων τοῖς ἄ[ρχουσι καὶ τῇ] βουλῇ καὶ τῷ δήμῳ

χαίρειν · οὐκ ἀπε[θαύ]μασα ὑμ]ᾶς Ὁπραμόᾳ μαρτυρεῖν ἐπιδόντι π[έντε μ]υριά-
10 δας τῇ πόλει · ἔτι καὶ διὰ τοῦτο προθυμοτέ[ρους ‖ ἡγεῖσ]θε τοὺς πολεί[τ]ας
ὑμῶν ἔσεσθαι τ[ῶ]ν [καλῶν (?) τοῦ] ἐ[π]αίνου χάριν. Ἐπρέσβευεν Λικίννιος
Ποπέλλ[ιος. (?)] Εὐτυ]χεῖτε. Πρὸ ζ΄ [κ]αλ(ανδῶν) Δ[ε]κενβ(ρίων) ἀ[π]ὸ Ῥώμης.
Ἀνα[γέγραπται ἐπὶ ἀρχιε(ρέως) Ἰουλίου Ἡλιοδώρου Παν]ήμου... |

Caput totum deest (6 versus).

b) In muro :

XI [Αὐτο]κράτωρ Καῖσαρ Θε[ε]οῦ Ἀ]δριανοῦ υἱὸς Θε][οῦ Τ]ραιανοῦ Παρθι-
5 κοῦ | [υ]ιωνὸς Θεοῦ Νέρουα ‖ ἔγγονος Τίτος Αἴλιος | Ἀδριανὸς Ἀντωνεῖ|νος
10 Σεβαστὸς, ἀρχιε|ρεὺς μέγιστος, δημαρ|χικῆς ἐξουσίας τὸ ς΄, ‖ αὐτοκράτωρ τὸ
β΄, ὕ|πατος τὸ γ΄, πατὴρ | πατρίδος, τῷ κοινῷ | τῷ Λυκίων χαίρειν. | Ὁπραμόας
15 Ἀπολλω‖νίου εἰ πρὸς μίαν πό|λιν ἢν πεφ[ιλοτειμη]|μένος, εἰκότως ἐτύν[χα]|νεν·
20 μαρτυρίας πα[ρ᾽ ἐ]|κείνης μόνης · ἐπεὶ δ[ὲ] ‖ πολλαῖς πόλεσιν, ὡ[ς] | ἐπιστέλλετε,
25 συν[6έ]|6ληταί τι εἰς ἐπανό[ρ]|θωσιν τῶν ὑπὸ τοῦ | σεισμοῦ πεπονηκό‖των, προσ-
ῆκον ἦν τὸ ἔθνος αὐτῷ μαρτυρ[ῆ]|σαι. Ἐπρέ<υ>σβευεν Εὐπόλεμος Εὐ|πολέ-
30 μο[υ.] | Εὐτυχεῖτε. Πρὸ ι΄ ‖ [καλανδῶν] Ὀκτω[ν|6ρίων ἀπὸ Ῥώμης. Ἀνα|γέ-
γραπται ἐπὶ ἀρχι(ερέως)] | .... | .... ‖

35 Αὐτ[οκράτωρ Καῖσαρ Θε[οῦ Ἀδρι[ανοῦ υἱὸς Θε[οῦ Τραια[νοῦ Παρθικοῦ] |
40 υἱωνὸς Θε[οῦ Νέρουα] | ἔγγονος Τί[τος Αἴλιος ‖ Ἀδριαν[ὸς Ἀντωνεῖ]|νος
Σε6αστὸς, ἀρχιε]|ρεὺς μέγ[ιστος, δημαρ[χ]ικῆς ἐ[ξουσίας τὸ ζ΄ ?, | αὐτοκράτωρ
45-60 τὸ β΄, ὕ‖πατος τὸ γ΄, πατὴρ | πατρίδος......] | 13 versus desunt ‖ [ἀπὸ Ῥώμης.
Ἀν]α[γέγρα]|πται ἐπὶ ἀρχι(ερέως) Κ]λαυ. | [Ἀντιμάχου, Παν]ήμου... |

65 [Αὐτοκράτωρ Καῖσαρ Θε[οῦ Ἀδριανοῦ υἱὸς Θε‖οῦ Τραιανοῦ Παρθικοῦ | υἱωνὸς
Θεοῦ Νέρουα | ἔγγονος Τίτος Αἴλιος | Ἀδριανὸς Ἀντωνεῖ|νος Σεβαστός, ἀρχιε‖-
70 ρεὺς μέγιστος, δημαρ|χικῆς ἐξουσίας τὸ θ΄, | αὐτοκράτωρ τὸ β΄, ὕ|πατος τὸ δ΄,
75 πατὴρ πα|τρίδος], τῷ κ[οι]νῷ [τ]ῷ [Λυ|κ]ίων [χ]αίρειν · μέμ[νη]|μαι ὧν καὶ
πρότερον [ἐ]|πεστείλατε Ὁπραμ[όᾳ] | τῷ Λυκιάρχ[η] μαρτυ|ροῦντες ὡς [κα]ὶ τὰ
80 ἄλ‖λα προθυμουμένῳ | περὶ τὸ ἔθνος καὶ ταῖ[ς] | ὑπὸ τοῦ σεισμοῦ πε[πο]|νημέναις
85 πόλε[σι]ν [ἐκ]|τε[νῶ]ς [πεφιλοτειμημέ]‖ν[ω..................... |
.... | .... | Τὸ ψήφισμα ἔπεμ]|ψεν Οὐοκώνιος
90 Σ[άξας] | ὁ κράτιστος. [Εὐτυχεῖ]‖τε. Πρὸ [......... Φε]|6ραρίω[ν ἀπὸ Ῥώμης.
Ἀνα]‖γέγρ[απται ἐπὶ ἀρχι(ερέως) Λι]|κιν[νίου Στασιθέμιδος].....

XII [Ῥο]υπίλιος Σεουῆρος τῷ κοιν[ῷ] χαίρε[ιν · καὶ τῶν ψηφισμάτων (?)] |
καὶ τῶν ἐπιβοήσεων ὑμῶν ἃς [μοι ε]ἰς τὴν [μεγί]στην [ἐπεστείλατε(?)] | τειμὴν

Ὀπραμόου μνημονεύ[ων, ὅ]σα ὑ[πογύ]ως [ζητ(?)]εῖτε [αὐ(?)]|τῷ μαρτυρεῖν προῃ-
5 ρημένοι κ[υρωθῆνα]ι, τούτοις ἥδομ[αι ὁρῶν πολ]‖λοὺς ἐξ ἔτους τῆς παρ' ὑμ[ῶν
τειμῆ]ς ἀξίους. Ἐρρῶσ[θαι ὑμᾶς] | εὔχομαι. Ἀναγέγραπται ἐ[πὶ ἀρχ]ι(ερέως)
Οὐηρα(νίου) Τληπολ[έμου,] | Πανήμου...

Αὐτοκράτωρ Καῖσαρ Θεοῦ Ἀδρι[ανο]ῦ υἱ[ὸ]ς Θεοῦ Τραιανοῦ [Παρθικοῦ] | Cap. 44.
10 υἱωνὸς Θεοῦ Νέρουα ἔγγονος [Τίτο]ς Αἴλιος Ἀδριανὸς Ἀν[τωνεῖ]‖νος Σεβαστὸς,
ἀρχιερεὺς μέγ[ιστος], δημαρχικῆς ἐξουσία[ς] | τὸ ιγ', αὐτοκράτωρ τὸ β', [ὕπα]-
τος τὸ δ', πατὴρ π[ατρίδος], | τῷ κοινῷ τῷ Λυκίων χαίρειν. [Ἔμαθον] καὶ πρὸς
ὅσας πόλεις [ἐπο]‖λειτεύσατο καὶ ἐν καιρο[ῖ]ς τί[σιν Ὀπραμ]όας Ἀπολλωνίου
15 δ...... | .ο..... [κοιν]ῇ τε πεποί[ηται. Τὸ ψ]ήφισμα ἔπεμψε Ῥου[πί‖λιος
Σεουῆρος, ὁ] κράτιστ[ος τοῦ ἔθνους ἡ]γεμ[ώ]ν. [Εὐτυχ]ε[ῖτε. | Π]ρὸ.........
Ἀ[πριλί]ων [ἀπ]ὸ Ῥ[ώμης. Ἀναγ]έγραπται | [ἐ]πὶ ἀρχι(ερέως) Μ[εττ]ίου [Ἀ]ν-
[δ]ροβίο[υ......] κα'.

Ῥουπίλιος Σεουῆ[ρ]ος Ἀν[δ]ροβίῳ Λυκιάρχῃ χαίρε[ιν. Ἐπε]ὶ ἡ κρα|τίστ[η] Cap. 45.
20 τοῦ ἔθνους βουλὴ ἐπεβόησατο τὸ ψήφισμα δι[αγ]ρα‖φῆναι ὑπὲρ Ὀπραμόα Ἀπολ-
λωνίου πρὸς τὸν μέγιστον αὐ[τ]ο|κράτορα, δύνασαι ποιεῖν ὃ βούλονται. Ἐρρῶσθαί
σε εὔχομ[αι.]

Αὐτοκράτωρ Καῖσαρ Θεοῦ Ἀδριανοῦ υἱὸς Θεοῦ Τραιανοῦ Παρθικοῦ | υἱωνὸς Cap. 46.
Θεοῦ Νέρουα ἐγγο[νος] Τίτος Αἴλιος Ἀδριανὸς Ἀντωνεῖνος | Σεβαστὸς, ἀρχιε-
25 [ρ]εὺς μέγιστος, δημαρχικῆς ἐξουσίας τὸ ιδ', ‖ αὐτοκράτωρ [τὸ β'], ὕπατος τὸ δ',
πατὴρ πατρίδος, Λι!μυρεῦσι τοῖς ἄ[ρχου]σι καὶ τ[ῇ] βουλῇ καὶ τῷ δήμῳ χαί-
ρειν. | Ὀπραμ[όαν Ἀπολ]λ[ω]νίου φιλο[τ]είμ[ως] κεχρῆσθαι ταῖς πόλεσιν | ὑπὸ
τον.........νι.αν τῷ σει[σμῷ πε]πονημέ[ν.] παλ....εστα. | .....οτ.....
30 ....λιο.........α. . ον... ‖ και. .υς λ.............
..........ος ἐνχειρίσαντος αὐτῷ | Ῥο[υπι]λ[ίου Σεουήρου τοῦ κ]ρατίστ[ο]υ
πρεσβευτοῦ μου δεξιῶς | ἐξ ἰ[δί]ας κ[αὶ ἐξ ὧν ὑμεῖς ν]ῦν ἐπεστείλατε. Τὸ
ψήφισμα ἔπεμ|ψε Ῥ[ο]υπίλ[ιος Σεουῆρο]ς ὁ κράτιστος τοῦ ἔθνους ἡγεμών. Εὐτυ|-
35 χεῖ[τ]ε. [Πρὸ......]ν Φεβρ(αρίων) ἀπὸ Ῥώμης. Ὑποτέτακται ‖ ἐπὶ ἀρχι(ερέως)]
Ἀντιγάρου δίς, Περειτίου κθ'. |

Αὐτοκ[ράτωρ Καῖσαρ Θεοῦ] Ἀδριανοῦ υἱὸς [Θ]εοῦ Τραιανοῦ Παρθικοῦ | υἱω- Cap. 47.
[νὸς Θεοῦ Νέρουα ἔγ]γονος Τίτος Α[ἴ]λιος Ἀδριανὸς Ἀντωνεῖνος | Σεβ[αστὸς,
ἀρχιερεὺς μέ]γιστος, δημαρ[χ]ικῆς ἐξουσίας τὸ ιδ', | αὐ[τοκράτωρ τὸ β', ὕπ]ατος
40 τὸ [δ'], πατὴρ πατρίδος, Κορυ‖δα[λλέων τοῖς ἄρχουσι καὶ] τῇ βουλῇ κα[ὶ τ]ῷ
δήμῳ χαίρειν · τίν[α | τρόπον καὶ πάλιν(?) Ὀπραμόα]ς Ἀπολλωνίου φιλοτει[μεῖ-
τ]αι [π]ερ[ὶ ὑ[μᾶς, | ἔμαθον ἐξ ὧν ὑμεῖς μοι ἐπε]στείλατε · ὡς δὲ καὶ πρὸς τὰς

ἄλλας ἐφι‖λοτείμησε πόλεις τὰς τῷ] σεισμῷ πεπονηκυίας, μ[εμ]αθήκειν ἐκ τῶν |
45 [ὑπ' ἐκείνων ἐψηφισμένων. Τ]ὸ ψήφισμα ἔπεμψε Ῥο[υ]πίλιος Σεουῆ‖[ρος ὁ κρά-
τιστος τοῦ ἔθνου]ς ἡγεμών. Εὐτυχεῖτε. Πρὸ α' [ε]ἰ‖[δῶν Φεβρ(αρίων)(?) ἀπὸ
Ῥώμης. Ὑποτέτ]ακται ἐπὶ ἀρχι(ερέως) Ἀντι[χ]άρους δὶς, | Ξα]νδικοῦ ς'. |

[Αὐτοκράτωρ Καῖσαρ Θεοῦ Ἁδρι]ανοῦ υἱὸς Θεοῦ Τραιανοῦ Παρθικοῦ | [υἱωνὸς   Car
50 Θεοῦ Νέρουα ἔγγονος] Τίτος Αἴλιος Ἁδριανὸς Ἀντωνεῖνος ‖ [Σεβαστὸς, ἀρχιερεὺς
μέγιστ]ος, δημαρχικῆς ἐξουσ[ί]ας τὸ ιδ', | [αὐτοκράτωρ τὸ β', ὕπατ]ος τὸ δ',
πατὴρ πα[τρ]ίδος, Νεισέων | [τοῖς ἄρχουσι καὶ τῇ βουλῇ καὶ] τῷ δήμῳ χαίρειν.
[Ὡς κ]αὶ πρὸς τὴν | [ὑμετέραν πόλιν Ὀπραμόας Ἀ]πολλωνίου φιλό[τειμος] |
γέγον[εν κ]αὶ π[ρ]ὸς ἄλ[λ]ας [πολλὰς πόλεις], ἐμάνθανον ἔκ τε ὧν [ἐ]κεῖναι ‖
55 αἱ πόλεις ἐπέστειλάν μοι καὶ ἐξ [ὧ]ν ὑμεῖς γεγράφατε. Τὸ ψήφισμα | ἔπεμψε
Ῥουπίλιος Σεουῆρος ὁ κράτιστος τοῦ ἔθνους ἡγεμών. Εὐ|τυχεῖτε. Πρὸ | α' εἰδῶν
Φεβρ(αρίων) ἀπὸ Ῥώμης. Ὑποτέτακται ἐπὶ | ἀρχι(ερέως) Ἀντι[χά]ρου δίς,
Ξανδικοῦ κη'. |

60 Αὐτοκράτωρ Καῖσαρ Θεοῦ Ἁδριανοῦ υἱὸς Θεοῦ Τραιανοῦ Παρθι‖κοῦ υἱωνὸς   Car
Θεοῦ Νέρουα ἔγ[γ]ονος Τίτος Αἴλιος Ἁδριανὸς Ἀντω|νεῖνος Σεβαστὸς, ἀρχιερεὺς
μ[έγ]ιστος, δημαρχικῆς ἐξουσίας τὸ ιδ', | αὐτοκράτωρ τὸ β', ὕπατος [τ]ὸ δ',
πατὴρ πατρίδος, τῷ [κ]οινῷ | τῶν Λυκίων χαίρειν · καὶ ἐ[ξ ὧν πρότ]ερόν μοι
ἐπεστείλατε [Ὀπ]ρα|μόᾳ Ἀπολ[λω]νί[ου] μαρτυρο[ῦντες τὰ εὖ] πεπολειτευμένα
65 α[ὑτῷ περὶ] ‖ ὑμᾶς ἠπισ[τάμ]ην. Τὸ ψ[ήφισμα ἔπεμ]ψε Ῥουπίλιος Σεο[υ]ῆρος ὁ
κρά[τι]στος το[ῦ ἔθ]νου[ς ἡγεμών. Εὐτυχεῖτε.] Πρὸ ις' κ[αλ(ανδῶν) .... | ἀπὸ
Ῥώμης.] Ἀν[αγ]έγρα[πτ]αι ἐπὶ [ἀρχι(ερέως) Ἀντιχάρου δίς], | Πανήμου.. |

70 Αὐτοκρά[τωρ] Καῖσαρ [Θ]εοῦ Ἁδριανοῦ υἱὸς [Θεοῦ Τραια]νοῦ ‖ Παρθικ[οῦ   Car
υἱωνὸς Θεοῦ Νέρουα ἔγγονος Τίτος Αἰλ[ιος Ἁδρι]ανὸς | Ἀντων[εῖ]νος Σεβασ-
τὸς, ἀρχιερεὺς μέγιστος, δημα[ρχικῆς ἐ]ξου[σίας [τὸ] ιδ', αὐτοκράτωρ τὸ β',
ὕπατος τὸ [β', πα]τὴρ | πατρί[δος], Γαγατῶν τοῖς ἄρχουσι καὶ τῇ βουλῇ καὶ
τῷ δ[ήμῳ] χαίρειν. | Εἰκότ[ως Ὀπ]ραμόᾳ Ἀπολλωνίου μαρτυρεῖτε βαλανεῖ[ον
75 ὑ]μεῖν κα‖τασκ[ευά]ζοντι ἐντελὲς καὶ ταῦτα πρὸς πολλοῖς οἷς [καὶ ἄλλα]ις |
πόλε[σιν φ]αίνεται πεποιηκώς. Τὸ ψήφισμα ἔπεμψε Ῥουπίλιος Σεου]ῆρος [ὁ
κρ]άτιστος τοῦ ἔθνους ἡγεμών. Εὐτυχεῖτε. [Προ... | εἰδ[ῶν] Φεβρ(αρίων) ἀπὸ
Ῥώμης. Ὑποτέτακται ἐπὶ ἀρχι(ερέως) [Ἀριστάνδρου | δ]ὶς Δύστρου κζ'. ‖

80 [Α]ὐτοκράτωρ] Καῖ[σα]ρ [Θεοῦ Ἁδριανοῦ υἱὸς] Θεο[ῦ] Τραιανο[ῦ Παρθικοῦ   Car
υἱ]ω[ν]ὸς Θεοῦ [Νέρουα ἔγγονος Τίτος Αἴλιος Ἁδριανὸς Ἀντωνεῖ]νος Σεβασ-
τὸς, ἀρ[χιερεὺς μέγιστος, δημαρχικῆς ἐξουσίας τὸ.., | αὐτοκράτωρ τὸ [β',
ὕπατος τὸ δ', πατὴρ πατρίδος, τῷ] | κοινῷ τῶν Λυκίων [χαίρειν............

85 ....] ‖ ἐδήλου πολλάκι]ς..........................] |

πόλεις πεπολειτ[ευ.............................,...............] |

κἀκεῖνον περὶ ὑμ[ᾶς.................................... τὸ ψή] |

φισμα ἔπεμψεν [....... ὁ κράτιστος τοῦ ἔθνους ἡγεμών.] Εὐτυχεῖτε. Πρ[ὸ.......

90 ἀπὸ...... Ἀναγέγραπται ἐπὶ ἀρχι(ερέως)] ‖......................

     XIII [Ἐπὶ ἀρχιερέως Ἰουλίου Ἡλιοδώρου............. Ἔδοξε τῇ κοι|νῇ τοῦ   Cap. 52.
Λυκίων ἔθνους ἐννόμῳ βουλῇ · ἐπεὶ Ὀπραμόας Ἀπολλω|νίου δὶς τοῦ Καλλιά-
δου, ἀνὴρ Λυκιάρχης καὶ ἐκ τῶν πρωτευ|όντων ἐν τῇ ἐπαρχείᾳ μετὰ τῆς λοιπῆς
5 τῆς εἰς τὸ ἔθνος εὐ‖νοίας καὶ ὧν προεκοπίασεν ἐν αἷς ἐτέλεσ]ε[ν ἀρχαῖς, ἐξαι|-
ρέτως τὴν μεγαλοφροσύνην ἐπεδείξ]ατο [ἐν π]ᾶσι[ν, δοὺς καὶ | ἀργυρίου δηνα-
ρίου μυριάδας πέντ]ε καὶ δηνάρια π[εντακισχείλια · τύχῃ ἀγαθῇ δεδόχθαι]
τετειμῆσθαι αὐτ[ὸν καὶ ἐν τῷ | ἐνεστῶτι ἔτει, καθὼς τὸ] ἔθνος ἐψήφισται, καὶ
10 συνγε‖γράφθαι τόδε τὸ ψ]ήφισμα.

     [Ἐπὶ ἀρχιερέως.....ο]υ, Γορπιαίου ζ΄. Ἔδ[οξε τῇ κοινῇ τοῦ Λυκίων | ἔθνους   Cap. 53.
ἐννόμῳ βουλῇ · ἐπεὶ σ]υμφέρον ἐστίν·ἀπα[μείβεσθαι..... | ....
ἀνδρὶ (?) ἐπι]τηδείῳ καὶ φιλο[τείμῳ............. | .... ιαν
15 ὧν εὖ πράσσ[ει...................... ‖...................... τοὺς δὲ
ἐξαιρέτ[ως............... | .... φ]ιλοτειμίας μεγ[αλοφρόνως (?)]...... |
.... | ....
.... πολλ]ὰ (?) | κοινῇ τε [τ]ῷ [ἔθνει...........................
20 .... (?) τ]αῦ‖τα ὡς τὰ ἀξιο[λογώτατα ἀποκρίνασθαι τὸν μέγιστον καὶ θεῶν
ἐν]φα|νέστατον α[ὐτοκράτορα Καίσαρα Τίτον Αἴλιον Ἀδριανὸ]ν Ἀντ[ω]νεῖ|νον
Σεβαστὸ[ν Εὐσεβῆ, πατέρα πατρίδος · τύχῃ ἀγαθῇ συν]γεγράφθαι | τόδε τὸ
ψήφισμα χ[αὶ δι' αὐτοῦ τῷ Ὀπραμόᾳ τὴν δικα]ίαν μαρτ[υ]ρίαν | ἀποδοῦναι
25 ἐπὶ τοῦ [κυρίου αὐτοκράτορος, ὡς ὢν γένους] ἀπάνωθεν [ἀ]ρχαί‖ου [χ]αὶ
ἐνδόξου καὶ [πρωτεύοντος ἐν τῇ ἐπαρχείᾳ καὶ π]ολλὰ ταῖς [τε] πατρί|σιν καὶ
τῷ ἔθνει παρε[σχημένου καὶ ἀρχιφυλακίαις Λυκι]αρχίαις τε κ[εχο]σμημέ|νου
καὶ πᾶσιν οἷς τ[ειμᾷ τὸ ἔθνος τετειμημένου, ζηλῶν] μὲν τὴν τ[ῶν π]ρογό|νων
μεγαλειότητ[α καὶ φιλοτειμίαν, ἀρξάμενος δὲ ἀ]πὸ πρώτη[ς ἡλικί]ας | καὶ
30 μέχρι νῦν, ἐν τ[ῇ μὲν Ῥοδιαπολειτῶν πόλει τῇ] ἑαυτοῦ [πατρίδι μ]ετὰ ‖ τὸ
πάσας τὰς ἀ[ρχὰς πεντάκις τετελεχέναι.....] ο [..... δύο ναο]ὺς | [ἐπισήμων
θεῶν]................................ τῇ δὲ [Κορυδαλλέων (?)] πό[λ]ει | πανή-
γ]υ[ριν)................................ ωαλε [....... ἐν δὲ | τῷ] Λυκίων
ἔθνει πληρώσ[ας πρῶτον μὲν τὴν ἀρχιφυλακ]ίαν καὶ πολλὰ εἰς [αὐτὴν ἀνηλω|κὼς]
μετὰ ταῦτα δεδώρηται ἀ[ργυρίου δηνάρια πεντα]κισμύρια καὶ πεντακισχείλια,

35 ἐλ‖[θὼν] δὲ ἐπὶ τὸ τέλειον καὶ πρωτ[οφανὲς (?) ἀναλαβ]ὼ[ν] τὴν Λυκιαρχίαν καὶ
τὴν τῶν Σε‖[βασ]τῶν ἀρχιερωσύνην οὕτως ἐν[δόξως καὶ ἐν τοῖς ἀ]ναλώμασιν
μεγαλοφρόνως ὡς μη‖[δέ]πω μήτε πόλει μήτε τῷ ἔθ[νει μηδεὶς ἕτερ]ος, παυόμενος
δὲ τῆς ἀρχιερωσύνης | [ἐκ] τῶν ἀναλωμάτων ὧν εἴς τε τὰς [πόλεις καὶ τ]ὸ ἔ[θ]νος
ἐξεπλήρωσεν, εὐθέως ταῖς | [ἀξ]ιολογωτάταις ἐν τῷ ἔθνει πόλεσ[ιν ἀγωνοθετ]ῶν
40 ἀ[γ]ωνοθεσίας ἐποιήσατο, ὥστε μ‖[α]ν ἑκάστην ἀγωνοθεσίαν προσενε[νκεῖν τοῖς
τῆ]ς ἀρ[χ]ιερωσύνης ἀναλώμασιν, ἀγωνο‖[θ]ετήσας τῇ μὲν Μυρέων πόλει πανή-
[γυριν θεᾶς Ἐ]λευ[θέ]ρας καὶ τοῦ κυρίου αὐτοκράτο|ρος, τῇ δὲ Παταρέων πανή-
γυριν θεο[ῦ πατρῴ]ου Ἀπ[όλλ]ωνος καὶ τοῦ κυρίου αὐτοκρά|το[ρ]ος, ἄλλην
δὲ ἄλλως πόλιν εὖ πο[ιεῖν προη]ρημέν[ος τ]ῇ μὲν Τλωέων πόλει δεδώ‖[ρητα]ι
δηνάρια ἑξακισμύρια εἰς ἔργων [κατασ]κευάς, [Πατα]ρεῦσιν δὲ ἄλλα δηνάρια
45 δισ‖[μύρια] εἴς τε τὴν τῶν Σεβαστῶν εὐσέ[βειαν] καὶ ἐπὶ [τὸ ἀ]ρχαῖον αὐτῶν
καὶ ἀψευδὲς | [μαντεῖ]ον .... νετελειο....... |
[ἀγω]νο[θ]ε[σίας (?) Ὀ]λυμπηνῶν δὲ τῇ π[ό]λ[ει εἰς πανήγυριν θεοῦ Ἡ]φαίστου
[καὶ | τοῦ] κ[υ]ρίου [αὐτ]οκράτορος δηνάρια μύρια καὶ δ[ισχείλια · τοῦ δὲ πέρυσι (?)
γεγ]ονότος κοσ‖[μιχ]οῦ σεισμοῦ πολλὰς πόλ[εις] τοῦ ἔθνου[ς λοιμηναμένου ἐνκαί-
50 ρ]ιον καὶ ἔνδοξον καὶ ἀνα[ν‖κ]αῖον ἀποδέδεικται τὴ[ν αὐ]τοῦ μεγαλο[φρ]οσύνην,
καὶ Μυρεῦσιν μὲν ὑπεισχνεῖτο εἰς ἐ‖[πα]νόρθωσιν τῶν ἠχρειωμένων τῆς πόλεος
[ἔ]ργων δηναρίου μυριάδας δέκα, Μυρέων δὲ | [λο]γισαμένων πλείονα ἀναλω-
θήσεσθαι εἰς ἃ ἐπηνγείλατο ἐπανορθῶσαι ἔργα καὶ ἀξι[ω]σάντων αὐτὸν ὑπομεῖναι
μετὰ τοῦ ἀναλώματος τὴν πρόνοιαν ἀσμένως αὐτῶν τ[ῇ] | βουλήσει συνκατα-
55 τέθειται καὶ αὐτὸς ἐγείρει τὰ ἔργα, τῇ δὲ Πιναρέων πόλει δεδώρητα[ι ‖ εἰ]ς
ἐπανόρθωσιν τῶν δημοσίων αὐτῆς ἔρ[γ]ων δηνάρια πεντακισχείλια, τῇ δὲ Καδυαν|-
[δέω]ν πό[λ]ε[ι] δηνάρια μύρια, τῇ δὲ Τελμησ[σέ]ων πόλει δηνάρια τρισμύρια,
καὶ ἄλλαις δὲ | [πόλ]εσιν [ε]ἴ[ς] τε τὴν [ἀπ]ὸ τοῦ σεισμοῦ ἀνά[κτισι]ν καὶ εἰς
ἑτέρας χρείας δέδωκεν ἀργύριον | .... ουπον ἡγεῖτ [........ (?)
ἐ]νδεῖν μήτε τῷ ἔθνει μήτε ταῖς πόλεσιν ὡς [ἐ|πὶ πᾶσιν τούτοις καὶ πρότερον
60 τὸ ἔθνος ἀεὶ (?)] τειμᾶν τε αὐτὸν καὶ θαυμάζειν καὶ ἐπαι‖[νεῖν]..................
65 .... | .... Κλαυδ[ιο].................................... | 4 versus desunt ‖ ...τε.............................- η
...... | .... Κλαυδ[ιο]..ς τεπ...... |
[(?) κα]ὶ τοὺς συν............................. [(?) ὧν δὲ δεδώ]ρηται
φ[ιλοτειμι|ῶν] πρός τε τὸ ἔθνος κοιν[ῇ καὶ πρὸς τὰς πόλεις ἰδίᾳ πλείστων (?) οὐδὲ
μετὰ τοῦτ]ο παύε[ται ἡμ]ε[ῖν | ἀλ]λὰ τὰς μὲν ἐπικοσμεῖ τ[ῶν πόλεων τοῖς ἰδίοις
70 ἀναλώμασιν, τὰς δὲ] καὶ πε[π]ονηκυίας ‖ [διὰ] τὸν γενόμενον σεισμὸ[ν ἀνεκτή-
σατο, τὸ ἔθνος δίκαιον ἡγ]ούμε[νο]ν ἀξίαν | [γενή]σεσθαι τῷ ἀνδρὶ ἀμ[οιβὴν

..........]ίαν τ[ό]ν τε κράτισ|[τον] ἡγεμόνα Κύιντον [Οὐοκώνιον Σάξαν].....
ιω ἡρ[ώτ]ησεν γρά|[φον? π]ερὶ αὐτοῦ [τῷ μεγίστῳ αὐτοκράτορι Τίτῳ Αἰλίῳ
Ἀδριανῷ Ἀντωνε]ίνῳ Σ[εβασ]τῷ Εὐσ[ε|6εῖ...........................ους]
75 διὰ τ[αῦτα (?)........ α]ντιλα .α. δει....... ‖ ....ιδα........... [(?) ἑκάστ]ην ἴδιον
ποιεῖν πολείτην, [ὥστε τὴ(?)]ν εὔλογον καὶ ἀνανκα[ίαν βούλ]η||[σιν (?) πρ]ο[ήρ]η[τ]ο
Λ[υκίων τ]ὸ ἔθνος μαρτυρῆσαι αὐτ[ῷ ἐπὶ τοῦ] κυρίου αὐτοκράτορος Τί[του]
Αἰ|[λί]ου Ἀδριανοῦ [Ἀντω]νείνου Σεβαστοῦ Εὐσεβοῦς [πατρ]ὸς πατρίδος, ὥστε
καὶ τὸν [κύ]ριον | [α]ὐτοκράτορα μ[αθεῖν] περὶ ὧν Ὀπραμόας παρέχει καὶ
[πα]ρέσχηκεν τῷ ἔθνει, ἀξίας [τῷ] Ὀπρα|[μ]όᾳ γενησομένη[ς ἀ]μοιβῆς, ἐὰν ὁ
80 κύριος ἐπιγνῷ [τ]ὴν τοῦ ἀνδρὸς εἰς τὸ ἔθνος με[γα]λο‖[φροσ]ύνην · πρεσ[6ε]υτὴς
δὲ ἡρέθη ὁ ἀναδώσ[ω]ν τὸ ψήφισμα Εὐπόλεμος ὁ κ[α]ὶ Ἀρ|....... Εὐπολέμου,
ἀν[ὴ]ρ ἐκ τῶν ἐν τῷ ἔθνει π[ρ]οτειμωμένων. |

[Ἔδοξε] τῇ κοινῇ το[ῦ Λυκίω]ν ἔθνους βουλῇ · ἐπεὶ Ὀ[πρ]αμόας Ἀπολλωνίου Cap. 54.
δὶ[ς τ]οῦ | [Κα]λλιάδο[υ, ἀνὴρ Λυ]χιάρχ[ης] ἐκ τῶν πρωτευόντ[ων] ἐν τῇ ἐπαρ-
χείᾳ μετὰ τ[ῆς λ]οι|[πῆς τῆ]ς [εἰ]ς [τὸ ἔθνος εὐ]νοίας [κα]ὶ [ὧ]ν προ[εχοπίασεν
85 ἐν] αἷς ἐτέλεσεν ἀρχαῖς [ἐξα]ιρέ‖[τως τὴν μεγαλοφροσύ]νην ἐ[πεδείξατο ἐν πᾶσιν,
δοὺς] καὶ ἀργυρίου δηνα[ρίου μ]υρι[άδ]ας πέντε καὶ δηνάρ]ια [πεντακισχείλια
τύχῃ ἀγαθῇ δ]εδό[χ]θαι τε[τειμῆσθαι α]ὐ|[τὸν καὶ ἐν τῷ ἐνεστῶτι ἔτει, καθὼς
τὸ ἔθνος ἐψήφισται κ]αὶ σ[υνγεγράφθαι | τόδε τὸ ψήφισμα.]‖

14 versus desunt. | Cap. 55.

XIV..............| .... [τό]δε τὸ [ψήφι|σμα] σ[υνγ[ράψαι, |
5 ἵνα καὶ διὰ τούτο[υ]‖ ὁ κύριος ἐπιγνῷ [τὴν] | γνώμην τοῦ ἔθνου[ς.] | τύχῃ τοίνυν
10 ἀγαθ[ῇ] | συνγεγράφθαι τό|δε τὸ ψήφισμα χα[ὶ]‖ μεμαρτυρῆσθα[ι] | τὸν Ὀπρα-
μόα[ν ἐπὶ] | τοῦ αὐτοκράτ[ορος,] | ὃς καὶ πρό[τερον] | 12 versus desunt .... [τῇ |
30 μὲν Μυρέων πόλει] | [θεᾶς Ἐλευ]θέρα[ς, | τῇ δὲ Πατ]αρέω[ν] | ‖ 10 versus desunt ‖
40 .... [σ]αντο|.........[α]ν καὶ φιλο|[τείμως περ]ί τε τὴν εὐ|[σέβειαν
45 χα]ὶ τὰ ἀνα|[λώματα, δω]ρησάμε‖νος ὑ[φ᾽ ἕνα κ]αιρὸν πά|λιν ἀρ[ξαμέ]νου μετὰ |
50 πολὺν σι[ωπ]ῆς χρό|νον θεσπ[ίζει]ν το[ῦ] θε[ε]οῦ τάχα κα[ὶ διὰ] τὴν ‖ εὐσέβειαν
[τοῦ ἀ]ν[δ]ρὸς ἡδομ[ένου τ]ῷ | χαιρῷ ἐπέδ[ωκεν τ]ῇ | Παταρέων [πόλει εἰς τὸ] |
55 μαντεῖ[ον]............ ‖τριχ................|..................|
..........................| .ιχ............ [δη]‖|νάρι[α δισ(?)]χ[είλια, ‖
60 Ὀλυμπηνῶ[ν δὲ τῇ πό]|λ[ε]ι εἰς [π]ανή[γυριν θε]οῦ Ἡφαίστ[ου καὶ τοῦ] | κυρίου
65 αὐ[τοκράτο]|ρος δηνά[ρια μύρια]‖ καὶ δισχεί[λια, τῇ δὲ | πα]τρίδι [αὐτοῦ Ῥοδι|α]-
70 πο[λειτῶν πόλει ! με]τ[ὰ τὸ πάσας τὰς | ἀρχὰς πεντάκις τε‖τελεχέναι ἐγείρει]
οὐ[ὸ ναοὺς ἐπιστήμων,] | οὐ[κ ἐπελ]ήσ[ατο | δὲ τῆς πρὸς μητ[ρὸς] | πόλεος τῆς

75 Κο[ρυ‖βαλλέων, ἀλ[λὰ] | καὶ ἐν ἐκείνῃ ἐν ἐ|νὶ ἐνιαυτῷ τριῶν γυ[μνα]‖σιαρχῶν
80 ἀρχὰς [ἀνε]‖δέξατο τὰ μὲν ἐ[χ τῶν]‖ δημοσίων πόρ[ων προ]|χείμενα χαρι[σάμε]|νος,
85 ἐγ δὲ τῷ[ν ἰδίων] | πάντα τὰ [ἀναλώμα]|τα πο[ρισάμενος(?)] ‖ 6 versus desunt | .ένου
τε ἀ[π]ω..... | [ἀ]λλὰ ἐπιπεσό[ντος | τοῦ] σεισμοῦ **XV** [καὶ] λοιμηναμένου πολ|-
5 [λ ὰς καὶ τῆς ἡμετέρας [ἐ|π]αρχείας πόλεις οἱ μὲν | παρόντες, εἰδότες αὐ‖τοῦ τὴν
εἰς τὸν Σεβασ|τὸν εὐσέβειαν καὶ τὴν | εἰς τὸ ἔθνος εὔνοιαν | ἐν ἀνανκαίῳ καιρῷ, |
10 πρὸς αὐτὸν παρεγέ‖[ν]οντο χρημάτων συν|[τέ]λειαν αἰτοῦντες | [εἰς ἐπ]ανόρθωσιν
15 τῶν | [πεπονη]κότων, ὁ δὲ | [πάσ]αις ταῖς πόλ[εσιν ‖ παρ]έσχεν κατὰ λ[όγον, | τῇ]
μὲν Μυρέων [εἰς τὰ | τη]λικαῦτα ἔργα ἐ[πανορ|θῶ]ν<ι>, ἀνθ' ὧν οὐκ ἠθέ[λη]-
20 σα]ν ὑπεισχνούμενο[υ ‖ μυ]ριάδας ἀργυρίου δέ|[κα] λαβεῖν, ἀλλὰ καὶ τὴν | [πρ]ό-
23 νοιαν τῆς κατασκευ|ῆς τῶν ἔργων μετὰ τῶν | [ἀναλωμά]των ἀναδέ‖[γεται,] τῇ δὲ
Τε[λ]μησσέων πόλει δηνάρια | τρισμύρια,] ..... | Κα............. |
30 δὶς............ ‖ ..χ.......... | εἰλ........... | 7 versus desunt |
40 [.......... ἡγού‖μενος καὶ ταῦτ[α τὰ ἀ]|ναλώματα εἰς τὴν [εὐσέ]|βειαν
45 τοῦ χυρίου αὐ[το]|χράτορος συντελεῖσ|θαι αὐτῷ κτιζο[μέ]νων ‖ καὶ κοσμουμέ[νω]ν
τῶν | πόλεων · τὸ δὲ [ψή]φισμα | [διαπ]ενφθῆν[αι] τῷ χυρ[ί]|ῳ αὐτοχράτορι ὑπὸ
50 το[ῦ | κ]ρατίστου ἡγεμόνος ‖ [Κ]υίντου Οὐοχωνίου | Σάξα. |
['Επ]εὶ 'Οπραμόας 'Απολλω|[ν]ίου δὶς τοῦ Καλλιά|[δο]υ, [ἀ]ν[ὴρ Λ]υχιάρχης ‖
55 [ἐχ τῶν πρωτευόν]των | [ἐν τῇ ἐπαρ]χεί[ᾳ, μετὰ τῆς | λοιπῆς τ]ῆς εἰς [τὸ ἔθνος |
60 εὔνοια]ς χαὶ ὧν [προεχο|πί]ασεν ἐ]ν αἷς ἐτ[έλεσεν ‖ ἀρχαῖς ἐ]ξαιρέτ[ως τὴν | μεγα-
λοφροσύνην ἐνε|δείξατο ἐν πᾶσιν, δοὺς | καὶ ἀργυρίου δηνάρια | πεντακισμύρια
65 καὶ πεν‖τακισχείλια · τύχῃ ἀγαθῇ δε|δόχθαι τετ]ε[ιμῆσθαι καὶ | ἐν τῷ ἐνε]σ-
70 τῶ[τι ἔτει, χα]θὼς τὸ ἔθν]ος ἐψήφ[ισται, | 'Οπραμόα]ν 'Απολλω[νίου ‖ τὸν μεγα-
λ]όφρονα Λυχι[άρχην].

In pariete orientali :

XVI Ἐπὶ ἀρχιερέος Κλαυδίου | 'Αντιμάχου, Πανήμου | κα΄. Ἔδοξε τῇ κοινῇ
5 τοῦ | Λυχίων ἔθνους ἐννό‖μῳ βουλῇ · ἐπεὶ 'Οπραμό|ας 'Απολλωνίου δὶς τοῦ |
10 Καλλίαδου, ἀνὴρ Λυχι|άρχης ἐχ τῶν πρωτευόν|των ἐν τῇ ἐπαρχείᾳ ‖ μετὰ τῆς
λοιπῆς τῆς εἰς | τὸ ἔθνος εὐνοίας καὶ | [ὧν προεχοπίασ]εν ἐ[ν αἷς | ἐτέλεσεν] ἀρχαῖς
15 ἐξαι|[ρέτως τὴν] μεγαλοφροσύ‖[νην ἐπεδ]είξατο ἐν πᾶσιν, | [δοὺς χα]ὶ ἀργυρίου
δηνα|[ρίου μυ]ριάδας πέντε | [καὶ] δηνάρια πεντακις|χείλια · τύχῃ ἀγαθῇ δε‖-
20 δόχθαι τετειμῆσθαι αὐ|τὸν καὶ τὰ νῦν ἐν τῷ ἐ|νεστῶτι ἔτει, καθὼς τὸ | ἔθνος ἐψή-
25 φισται, χα[ὶ σ]υν|[γεγράφθαι τόδε τὸ ψή‖φισμα.] |

11 versus desunt | .... [διὰ τὸ πλῆθος φιλο|τειμιῶν ὧν παρέσ]χηκεν καὶ | Cap. 58.

40 [παρέχει κοινῇ] τε τῷ ἔθνει ‖ [καὶ ἑκάστῃ τ]ῶν πόλεων ἀ|[νακτίζων π]ολλὰ καὶ
με|[γάλα ἔργα ἐξ] ὧν ἐπιδέδω|[κεν χρημ]άτων, ὡς ὑπὸ πα|[σῶν τ]ῶν πόλεων ταῖς
45 πρ[ο]|σηκούσαις μαρτυρεῖσθαι | τειμαῖς, τειμᾶσθαι δὲ κα|τ᾽ ἔτος ἐψήφισται ἔν τε τῷ |
50 ἔθνει καὶ ταῖς πόλεσιν δι|ὰ τὸ πλῆθος τῶν μεγαλ[ο]‖φροσύνως ὑπ᾽ αὐτοῦ [εἰς] |
τ[ε] τὰς πόλε[ις καὶ τὸ ἔ|θνος δεδωρημένων..|...

65 11 versus desunt | ἐπεὶ πολλάκις ἤδη τὸ ἔ‖θνος μεμαρτύρηται καὶ δι|ὰ ψηφισ]-   Cap. 59.
μάτων ἐπὶ τοῦ | [μεγ]ίστου καὶ θεῶν ἐνφ[α|ν]εστάτου αὐτ[ο]κράτ[ο]|ρος Κ]αίσαρος
70 Τίτου Αἰλί[ου ‖ Ἀ]δριανοῦ Ἀντωνείνου [Σε]|XVIIβαστοῦ, πατ[ρὸς πατρίδος,] |
Ὀπραμόα Ἀπολ[λωνίου δὶς] | τοῦ Καλλιάδου, [ἀνδρὶ] εὐ|γενεστάτω καὶ [μεγα-
5 λό]φρονι, ‖ Λυκιάρχῃ καὶ Λυκι[άρχο]υ ἀδελ|φῷ, θείῳ Αἰλίας Π[λατ]ωνίδος, |
γυναικὸς Κλαυδ[ίου Ἀγ]ριππείνου συνκλητικο[ῦ, ζῶν]τι ἐπει|κῶς καὶ καλῶς,
10 ἀρχ[ιφυλα]κήσαν‖τι μεγαλοψύχως κ[αὶ ἐν]δόξως, | λυκιαρχήσαντι φιλ[οτεί]μως,
δόν|τι κυνηγ[ίας κα]ὶ | μονομ[αχ]ίας καὶ θεωρί[ας, ἀγω]νοθετή[σαν]τι ὑφ᾽ ἕ|[να
15 καιρὸν τα]ῖς ἐπισ[ημοτάταις] ‖ πόλεσιν, τῇ Μ[υ]ρέω[ν καὶ τῇ Πα|τ[αρέων] |
ἐν αἷς ἄγουσιν παν[ηγύρεσιν ἐ]πι[σή]|μοις θεῶν καὶ τοῦ κυ[ρίου αὐτ]οκρ[άτο]|-
ρος καὶ δόντι πάλ[ι]ν [κυνηγίας καὶ μο]|νομαχίας καὶ θεωρί[ας ἐν σεβασ-
20 μίοις(?)] ‖ ἡμέραις, ἐφ᾽ οἷς αἱ πόλ[εις ἐμαρτύρη]|σαν αὐτῷ ἐπὶ Θεοῦ Ἀδρια[νοῦ,
ὁ δὲ θε]ὸς Ἀδριανὸς ἀντέγραψεν · κ[αὶ ἐπὶ] | τῷ κεχαρίσθαι τῷ ἔθνει ἀργ[υρίου
25 δηνάρια] | πεντακισμύρια καὶ πεντα[κισχείλια ·] | ἐν δὲ τῷ γενομένῳ σεισμ[ῷ
ταῖς πονη]|θείσαις πόλεσιν ἐπιδέδω[κεν ἀργύ]|ριον εἰς ἐπανόρθωσιν τῶ[ν ἠχρειω-
μέ]|νων ἔργων · Τελμησσεῦ[σιν δηνάρια τρισ|μύρια καὶ πεντακισχείλια(?)], ‖
30 Ξανθίοις [δηνάρια τρισμύρια, ...] | δηνάρια πεντακισ[χείλια(?), ...] |
δηνάρια ἑπτακισχεί[λια............, Κα]|λυνδίοις δηνάρια [ἐννακισχείλια(?),
35 Βουβωνεῦ]|σιν δηνάρια δισχ[είλια, Βαλ]‖βουρεῦσιν [δηνάρια ἑξακισχείλια,] |
Κρυεῦσιν [δηνάρια........, Συνβρεῦσιν δηνάρια].... | χείλια, Χ[ωματεῦσιν(?)
δηνάρια] | δεκακισ[μύρια? εἰς στοὰν καὶ ἐ]|τέ[ρας χρείας(?)].....................
40 ..... ‖ .... 16 versus desunt | σεισμοῦ [....... πεπονη]|μέναις δὲ............... |
30 νων ἔργων............. | καὶ εἰς πανή[γυριν.........]‖ καὶ κεχάρισται[ι ἀργυρίου
δηνάρια.....] | μύρια, Λιμυρ[εῦσιν] δηνάρια μύρια, Ἀ[ρυ]|κανδεῦσιν δηνάρια
[μύρια], Γαγάταις δηνάρια [ὀ]κτακισχείλια, [Ὀλυ]μπηνοῖς δηνάρια μύ[ρια] |
5 δισχείλια, Ἀ[χαλισ]σεῦσιν δηνάρια τρισχε[ί]‖λια, Παταρεῦ[σιν εἰ]ς μὲν λόγον
θεοῦ | Πατρώου Ἀπό[λλ]ωνος, ἐπεὶ χρόν[ῳ] σ[ι]|γῆσαν τὸ μαντε[ῖον α]ὐτ[οῦ
πάλιν ἤρ[ξ]ατο θεσπίζειν, δηνάρια [δισμύρια, ὑπέσχη]το δὲ καὶ ἄλλα [εἰς κατα-
40 σκευὴν τῆς] ‖ πρὸς τῷ λιμένι στοᾶς αὐτῶν, Πατα[ρέ]ων δὲ ἀξιωσάντων καὶ πᾶν

τὸ ἀνά[λ]ω|μα αὐτὸν ὑπομεῖναι καὶ εἰς τοῦτο αὐ|τοῖς συνκατατέθειται · καὶ τῇ
75 Ῥοδιαπολει|τῶν πόλει μετὰ τῶν λοιπῶν ὧν παρέσχη|κεν δύο ναοὺς ἐπισήμων
ἀπαρτίζει, πρό|θυμος δέ ἐστιν καὶ ταῖς λοιπαῖς πόλεσιν | ταῖς βουλομέναις χαρί-
ζεσθαι καὶ μηδεμί|αν πόλιν τῆς Λυκίας ἄμοιρον τῆς μεγα|λοψυχίας αὐτοῦ καταλι-
80 πεῖν, περὶ ὧν καὶ ‖ αὐτῶν πάντων γεινομένων εἰς κόσμον | καὶ αὔξησιν τῶν πόλεων
προσῆκον ἥγητ[ο] | τ[ὸ Λ]υκίων ἔθνος Ὁ[πρα]μόᾳ μέν πάλιν | δι[ὰ το]ῦδε τοῦ
85 [ψηφίσματο]ς τ[ὴ]ν δικ[αίαν | ἀπ]οδοῦν[αι μαρτυρίαν, ἐπανγέλλειν(?)] ‖ δὲ τῷ
πάντων [μεγίστῳ κυρί]ῳ | αὐτοκράτορι, ὅτ[ι τὸ]ν Ὀπρ[αμόαν ἀπ]οδε[ξάμενος
ὑπὲρ τῆς προαιρέ[σεως] προθυμό|τερον ταῖς πόλεσιν πεποίηκ[ε · τ]ὸ δὲ ψήφισ|μα
90 διαπενφθῆναι τῷ κυρί[ῳ] αὐτοκράτο‖ρι ὑπὸ τοῦ κρατίστου ἡγεμόνος Κυ|ίντου
Οὐσκωνίου Σάξα. |

XVIII Ἐπὶ ἀρχιερέος Λικινν(ί)ου [Στασιθέμιδος, Παν]ήμου κ[α΄]. | Ἔδοξε C
τῇ κοινῇ τοῦ Λυκίω[ν ἔθνους ἐν]νόμ[ῳ] | βουλῇ · ἐπ(ε)ὶ Ὀπραμόας Ἀπ[ολλω-
5 νίου ὁ]ὶς τοῦ | Καλλιάδου, ὁ διασημότατος [Λυκιάρ]χης, ἀ‖νὴρ ἐκ τῶν πρωτευόν-
των ἐν τῇ [ἐπαρχ]είᾳ διὰ | τε γένους παρησίαν καὶ πλῆθος φι[λο]τειμ[ι]ῶν | ὧν
παρέσχηκεν καὶ παρέχει κοινῇ τε τῷ [ἔθν]ει καὶ | ἑκάστῃ τῶν πόλεων, ἀνακτί[ζ]ων
10 πολλ[ὰ καὶ μ]εγά|λα ἔργα ἐξ ὧν ἐπιδέδωκεν χρημάτων, ὡ[ς ὑπὸ π]α‖σῶν τῶν
πόλεων ταῖς προσηκούσαις κ[εκοσμῆ]σ|θαι τειμαῖς, τειμᾶσθαι δὲ κατ' ἔτος ἐψή[φ]ι-
[σται] ἕν | τε τῷ ἔθνει καὶ ταῖς πόλεσιν διὰ τὸ πλῆ[θ]ος τῶν | μεγαλοφροσύνως
ὑπ' αὐτοῦ εἴς τε τὰς π[όλε]ις καὶ | τὸ ἔθνος δεδωρημένων καὶ διὰ τὴν τ[οῦ ‖
15 ἤθους] ἐ[π]είκειαν · τύχῃ ἀγαθῇ δεδόχθαι τε|[τ]ειμ[ῆσθαι] καὶ ἐν τῷ ἐνεστῶτι
ἔτει, καθὼς τὸ ἔθνος | ἐψήφισται, Ὀπραμόαν Ἀπολλωνίου τὸν μεγαλό|φρονα
Λυκιάρχην. |

20 Ἐπὶ ἀρχιερέος Ἰουλίου Τληπολέμου, Γορπιαίου ις΄. ‖ Ἔδοξε τῇ κοινῇ τοῦ C
Λυκίων ἔθνους ἐννόμῳ βουλῇ · | ἐπεὶ Ὀπραμόας Ἀπολλωνίου δὶς τοῦ Καλλιά-
δου, | διασημότατος Λυκιάρχης καὶ ἐκ τοῦ πρωτεύον|τος ἐν τῇ ἐπαρχείᾳ γένους
25 ὤν, πλῆθος φιλοτειμι|ῶν παρέσχηκεν καὶ παρέχει ἑκάστῃ τε τῶν πόλε‖ων καὶ
κοινῇ τῷ ἔθνει πολλὰ καὶ μεγάλα κτίζων ἔρ|γα καὶ ἐξ ὧν ἐπιδέδωκεν χρημάτων,
ὡς ὑπὸ πάν|των τῶν πόλεων εὐχαριστεῖσθαι καὶ τειμᾶσθαι | κατ' ἔτος διά τε ταῦτα
30 καὶ διὰ τὴν τοῦ ἤθους ἐπείʼ‖κειαν, τύχῃ ἀγαθῇ δε|δόχθαι τετειμῆσθαι αὐ‖τὸν
χ]αὶ ἐν [τῷ ἐνεστῶτι ἔ]τει, καθὼς τὸ ἔθνος ἐψή|[φιστ]αι. |

- [Ἐπ]ὶ ἀρχιερέος Μα[.......ο]υ Νειχαγόρου, Πανήμου | κς΄. Ἔδοξε τῇ κοιν[ῇ C
τοῦ Λυχ]ίων ἔθνους ἐννόμῳ βου|[λ]ῇ · ἐπεὶ Ὀπραμ[όας Ἀπολλ]ωνίου δὶς τοῦ
35 Καλλιάδου ‖ [δια]σημότατο[ς Λυκιάρχ]ης καὶ ἐκ τοῦ πρωτεύον|[τος ἐν] τῇ ἐπαρ-
χείᾳ [γένο]υς ὤν, πλῆθος φιλοτει|[μιῶν παρέσ]χηκεν κα[ὶ παρ]έχει ἑκάστῃ τε τῶν

πό|[λεων καὶ κοινῇ] τῷ ἔ[θνει π]ολλὰ καὶ μεγάλα κτίζων | [ἔργα καὶ ἐξ ὧν] ἐπιδέ-
40 [δωκε]ν χρημάτων, ὡς ὑπὸ πάν‖[των τῶν πόλε]ων ε[ὐχαρ]ιστεῖσθαι καὶ τειμᾶσθαι |
[κατ' ἔτος διά τε ταῦτ]α καὶ διὰ τὴν τοῦ ἤθους | [ἐπείκεια]ν · τύχῃ ἀγαθῇ δεδόχθαι
τε[τει|μῆσθαι αὐ]τὸν καὶ ἐν τῷ ἐνεστῶτι ἔτει, καθὼς [τ]ὸ ἔ|[θ]νος ἐψήφισται. ‖

45 [Ἐπὶ ἀρχ]ιερέος Οὐηρανίου Τληπολέμου, Πανήμου] .. [Ἔ]δοξε τῇ κοινῇ   Cap. 63.
τοῦ Λυκίων ἔθνους ἐννόμῳ | [βουλ]ῇ · ἐπεὶ Ὀπραμόας Ἀπολλωνίου δὶς τοῦ
Καλ|[λιάδο]υ, Ῥοδιαπολείτης καὶ Μυρεύς, πολειτευό|[μενος] δὲ καὶ ἐν ταῖς
50 κατὰ Λυκίαν πόλεσι πάσαις, ‖ [ἀνὴρ ἀ]ξιόλογος καὶ πρωτεύων οὐ μόνον ἐν
ταῖς | [αὐτοῦ] πατρίσιν, ἀλλὰ καὶ ἐν τῷ ἔθνει προγόνων | [λαμπρ]ῶν καὶ
πολλὰ καὶ μεγάλα τῷ ἔθνει παρεσ|[χημέν]ων, θεῖος τῆς γυναικὸς τῆς Κλαυδίου |
55 [Ἀγριππε]ίνου συνκλητικοῦ, ἀδιάλειπτον ἔχει τὴν ‖ [πρὸς τὸ κο]ινὸν τὸ Λυκίων
εὔνοιαν ἐν παντὶ καιρ[ῷ], | [(?)ἀναλαμ]βανόμενος [.............. π]όλεσιν .ρε |
.........οις καθ' ἕνα, ὡς διὰ τα[ῦτα] κατ' ἔτος αὐ|[τὸν τειμ]ᾶσθαι ὑπό τε τοῦ
60 ἔθνους καὶ κατὰ [π]ό|[λεις ἐπ]ὶ διηνεκεῖ φιλοτειμίᾳ καὶ τοῖς ἤ[θ]εσιν, ‖ [καὶ
τὰ]ς μὲν ἐπ<ε>ικοσμεῖ τῶν πόλεων [τοῖς ἰ]δί|[οις ἀναλώ]μασιν, τὰς δὲ διὰ
τὸν γεν[όμενο]ν | [σεισμὸν ἀνεκτήσατο καὶ νῦν συν ....ι πε|...... ψήφισμα
τῷ μεγίστῳ αὐ[τοκράτορι] Καί‖[σαρι Τίτῳ] Αἰλίῳ Ἀδριανῷ Ἀντων[είνῳ
65 Σεβασ]τῷ ‖ [Εὐσεβεῖ π]ατρὶ πατρίδος εἰς τὸ συνε[ιδέναι τ]ὸν | [κύριον αὐ]το-
κράτορα ἥν [τ]ε ὁ Ὀπραμ[όας ἔχ]ει πρὸς | [τὴν ἐπαρχεί(?)]αν ἀγαθὴν [π]ροαί-
ρεσιν χ...... τὸ λυ|....... [(?)αὐτοκράτο]ρα τειμὴν · [τύ]χῃ ἀ|[γαθῇ συνγε-
70 γράφθαι τόδε τὸ] ψ[ήφισμα καὶ μ]αρ‖[τυρ]ηθῆνα[ι αὐτῷ ἐπὶ τοῦ κυρίου αὐτο-
κρά|[τ]ορος, ὡς κ[αὶ πρότ]ερο[ν(?).........χοι(?)]|νῇ μὲν τῷ ἔθνει στ..τη
[.........μεγα]|λοφρόνως καὶ ἀρχιερα[τεύσας τῶν Σεβασ]|τῶν εὐσεβῶς καὶ
75 δαπα[νηρῶς, δωρησάμενος] ‖ πρὸ τῆς Λυκιαρχίας ἀ[ργυρίου δηνάρια πεντα-
κισμύ|ρι]α καὶ πεντακισχείλι[α, ἀγωνοθετή|σ]ας ὑφ' ἕνα καιρὸν με[τὰ ἀναλω-
μάτων πλείσ|των] τῇ Μυρέων πόλει θε[ᾶς Ἐλευθέρας, τῇ δὲ | Πα]ταρέων
80 θεοῦ Πατρ[ώου Ἀπόλλωνος καὶ τοῦ ‖ κυρί]ου αὐτοκράτορο[ς]................... |
.... καὶ φιλοτειμ.................. | ....ιαν καὶ τὰ .... |
.........ς κα[ὶ ταῖς ὑπὸ τοῦ μεγάλου σει|σμοῦ πεπονημέν]αις [πόλ]εσιν κα[τὰ
85 λόγον, τῇ μὲν ‖ Π]αταρ[έ]ων πόλει πρότερον μὲν ἀργυ[ρίου δηνάρια | δισμύρια,
πάλιν δὲ ἄλλα εἰς κατασκευ[υὴ]ν | στοᾶς διπλῆς τῆς πρὸς τῷ λιμένι ἤδη
δηνάρια [μ]ύ|ρια ὠκτακισχείλια ὑποσχόμενος καὶ ὅλον | τὸ ἀνάλωμα πλη-
90 ρώσειν, Τλωεῦσι δὲ τῇ πό‖λει εἰς κατασκευὴν ἔργων δηνάρια ἑξακισμύρια, |
Ὀλυμπηνῶν δὲ τῇ πόλει εἰς πανήγυριν θεοῦ | XIX Ἡφαίστου κ[αὶ τοῦ
κυρίου αὐτοκρ]άτο|ρος δηνάρια μύρια δ[ι]σχείλι[α, Ῥο]διαπολει|τῶν δὲ τῇ

πόλει με[τ]ὰ [πᾶσ]αν ἀρχὴν | καὶ φιλοτειμίαν δύο να[οὺς Τ]ύχης καὶ
5 Νε‖μέσεος, τῇ δὲ Κορυδ[αλλ]έων πόλει, τῇ | πρὸς μητρὸς πατρίδι αὐτο[ῦ
κα]θ᾽ ἃς ἐτέ|λεσεν τρεῖς γυμνασιαρχία[ς σ]υστησάμενος | καὶ σειτομέτριον καὶ
δοὺ[ς ἀργ]υρίου δηνάρια ἑξα|κισμύρια, τῇ δὲ Μυρέων [πόλ]ει βαρηθείσῃ ‖
10 καὶ αὐτῇ ὑπὸ τοῦ γενομέ[νου] σεισμοῦ τό τε ἱ|ερὸν τῆς Ἐλευθέρας ἐγείρ[ει,
τ]ῶν ἐν Λυκίᾳ ἔρ|[γων τὸ] κάλλιστ[ο]ν κ[αὶ] μέγιστ[ο]ν καὶ τὴν ἐν τῷ γυ[μ|-
νασίῳ ὑπάρχουσα(?)]ν κατὰ τῆς στοᾶς ἐξέδραν, | [δοὺς καὶ εἰς σκο]ύτ[λωσ]ιν)
15 τῆς προδηλου‖μένη[ς ἐξ]έδ[ρα]ς ἄλ[λα δηνάρια .....καὶ εἰς τὴν τοῦ] | θεάτρου
κατα[σκ]ε[υὴν].................. | κα[ὶ εἰ]ς ἐνθήκην ἐλεώναις δηνάρια μύρια
δισχείλια, | ἀνέστησεν δὲ καὶ ἄγαλμα Τυχοπόλεος κε|χρυσωμένον ἀναλώσας
20 ὑπὲρ δηνάρια μύρια, τῆς ‖ [θ]εοῦ καὶ τοῦ μεγίστου αὐτοκράτορος συ|νεστήσατο
δὲ καὶ πανήγυριν, τῇ δὲ Τελμησ|σέων πόλει εἰς κατασκευὴν βαλανείου καὶ
ἐ|ξέδρας δηνάρια τρισμύρια καὶ δηνάρια πεντακις|χείλια καὶ τῇ Καδυαν-
25 δέων δηνάρια μύρια πεντα‖[κι]σχείλια καὶ τῇ Πιναρέων δηνάρια πεντακισχεί|-
[λ]ια καὶ τῇ Ξανθίων εἰς κα[τα]σκευὴν θεάτρου | [δηνάρια] τρισμύρια καὶ τῇ
Οἰνοαν[δέ]ων εἰς κατασκευ|[ὴν] βαλανείου δηνάρια μύρια κ[αὶ τῇ Καλ]υν[δί]ων
30 δηνάρια [.θ] | καὶ τῇ Βουβων[έων δηνάρια δισχείλια καὶ τ]ῇ Βαλ‖βουρέων δηνάρια
.ζ [καὶ] τῇ Κρ[υέων δηνάρια.] καὶ τῇ | Συνβρέων δηνάρια . [κ]αὶ τῇ Ἀρν[εατῶν]
δηνάρια .ς | καὶ τῇ Χωματέων εἰς στοὰν [καὶ Σεβα]στεῖον | δηνάρια .ζ καὶ
τῇ Π[ο]δαλιωτῶν δηνάρια . [καὶ] τῇ Ἀρυ|κανδέων δηνάρια μύρια καὶ τ[ῇ
35 Λιμυ]ρέων εἰς ‖ κατασκευὴν θεάτρου δηνάρια [...ις(?) μ]ύρια | καὶ τῇ Φελλειτῶν
δηνάρια πεν[τακισ]χείλια | [καὶ] τῇ Ἀντιφελλειτῶν δηνάρια [πεντ(?)]ακισχεί|-
[λια] καὶ τῇ Φασηλειτῶν [δηνάρια μύρι]α καὶ | [τῇ Κ]υανειτῶν δηνάρια μύρια
40 πεν[τακισ]χείλια ‖ [καὶ] τῇ Ἀπερλειτῶν δηνάρια .λ κα[ὶ τῇ Νε]ισέων | δηνάρια .
[καὶ τῇ......... δηνάρια . κ]αὶ τῇ Σιδυμέων | δηνάρια . [καὶ τῇ Γαγ]ατῶν εἰς
κατασκευὴν βαλανείου | κα[ὶ ......]νδου καὶ τῶν λοιπῶν χρηστηρίων | ἤ[δη
45 δηνάρια] ὠκτακισχείλια ὑποσχόμενος ‖ π[ληρώσειν καὶ] πᾶν τὸ ἀνάλωμα καὶ
τῇ Ἀχαλισ|σέ[ων δηνάρια., ἡγο]ύμενος καὶ ταῦτα τὰ ἀναλώματα | εἰς [τὴν εὐσέ-
βει]αν τοῦ κυρίου αὐτοκράτορος [συν]|τε[λεῖσθαι αὐτ]ῷ κτιζομένων καὶ κοσμου-
50 μέν[ων τῶν] | πό[λεων · τὸ δὲ ψ]ήφισμα διαπενφθῆναι τῷ κυ[ρίῳ αὐ] ‖ το[κράτορι
ὑπὸ] τοῦ κρατίστου ἡγεμό(νο)ς Δέκμ[ου | Ῥου]πιλίου Σεουήρου. |

Ἔδο[ξε τῇ κοινῇ το]ῦ Λυκίων ἔθνους ἐννόμῳ β[ουλῇ · | ἐ]π[εὶ Ὀπραμόας   Ca
Ἀπολλωνίου δ]ὶς τοῦ Καλλιά[δου | διασημότατος Λυκιάρχης καὶ ἐκ τῶν]
55 πρωτε[υόντων] ‖ ἐν τῇ ἐπαρχείᾳ [γένους ὤν, πλῆθ]ος φιλοτειμιῶ[ν] | παρέσγηκεν
καὶ [παρέχει ἑκάστῃ] τε τῶν πόλεων | καὶ κοινῇ τ[ῷ ἔ]θνει πολλὰ [καὶ με]γάλα

κτίζων ἔργα | καὶ ἐξ ὧν ἐπιδέδωκεν χρημά[των], ὡς ὑπὸ πάντων | τῶν πόλεων
60 εὐχαριστεῖσ[θαι] καὶ τειμᾶσθαι κα‖τ᾽ ἔτος διά τε ταῦτα καὶ δι[ὰ τὴν] τοῦ ἤθους
ἐπεί|χειαν · τύχῃ ἀγαθῇ δεδ[όχθ]αι τετειμῆσθαι αὐ|τὸν καὶ ἐν τῷ ἐνεστῶτι ἔτει,
καθὼς τὸ ἔθνος | ἐψήφισται.

65 Ἔδοξε τῇ κοινῇ τοῦ Λυκίων ἔθνους ἐννόμῳ βου‖λῇ · ἐπεὶ Ὀπραμόας Ἀπολ- Cap. 65.
λ[ω]νίου δὶς τοῦ Καλλι|άδου, διασημότατος Λυκι[άρχ]ης καὶ ἐκ τοῦ πρω|τεύον-
τος ἐν τῇ ἐπαρχείᾳ [γέ]νους ὢν, πλῆθος | φιλοτειμιῶν παρέσχη[κεν καὶ] παρέχει
70 ἑκάστῃ τῶν | πόλεων καὶ κοινῇ τ[ῷ ἔθνει πολ]λὰ καὶ μεγάλα ‖ [κτίζων ἔργα
καὶ ἐξ ὧν ἐπιδέδωκεν χρημάτων, ὡς | ὑπὸ πασῶν τῶν πόλε]ων ε[ὐχαριστεῖσθαι
καὶ τειμᾶσθαι κατ᾽ ἔτος διά] τε τα[ῦτα κα]ὶ [διὰ τὴν τοῦ ἤ|θους ἐπείχειαν ·
τύχῃ ἀγαθῇ] δεδόχθα[ι] τετε[ι|μῆσθαι αὐτὸν καὶ ἐν τῷ ἐνεστῶ]τι ἔτει, καθὼς
75 τὸ ‖ [ἔθνος ἐψήφισται.]

Ἔδοξε τῇ κοινῇ τοῦ Λυκίων ἔθν[ου]ς ἐννόμῳ βουλῇ · [ἐπεὶ Ὀπραμόας Ἀπολ- Cap. 66.
λωνίο[υ δὶς τοῦ Καλλιά|δου Ῥοδιαπολείτης καὶ Μυ]ρεύς, πολειτευό|[μενος δὲ
80 καὶ ἐν ταῖς κατὰ Λυ]κίαν πόλεσι πάσαις, ‖ [ὁ γεγονὼς ἀρχιερεὺς τῶν Σεβ]αστῶν
καὶ γραμμ|[ατεὺς Λυκίων τοῦ κοινοῦ, ἀνὴρ] καὶ δόξῃ καὶ γέ|[νει καὶ γνώμῃ
διαφέρων (?), πολλά]κις ἐκομ[ί]σατ[ο] | ....|............
85 [τὰς ε]ὐεργεσίας ἀεὶ, τοῦ δὲ αὐ‖τοκράτορος [εὐμε]νῶς τῆς προαιρέσεος αὐτὸν |
ἀποδεχομένου καὶ δι᾽ ὧν ἀντεπιστέλλει τοὺς | μὲν λοιποὺς ἄ[ρχ]οντας εἰς τὴν
ὁμοίαν ἐπαγομέ|νου προθυμίαν, τὸν ἄνδρα δὲ προτρέποντος | ἐπιδιδόναι τι τῇ
90 τῆς ἀρετῆς ἐπιθυμίᾳ — τοῦτο ‖ γὰρ ἔπαινος μεγάλου δύναται βασιλέος, ὃς
ἐπε[ίγ]ει | μὲν τὰ φρονήματα τῶν ἐπὶ δόξαν ἀρίστην | XX ὡ[ρμ]ημένων, παρέχει
δὲ ταῖς πόλεσιν ἀφθονί|αν ἀνδρῶν ἀγαθῶν —, ἐπεὶ γ᾽ οὖν ταῖς θειοτάταις |
Ὀπραμόας ἀντιγραφαῖς αὐτοῦ σεμνυνόμενος | πᾶν ὅσον ἔνεστιν μεγαλοφροσύνης
5 ἐπιδείκνυται ‖ καὶ προστίθησιν [ἔ]τι κατ᾽ ἔτος ταῖς δωρεαῖς, προσ|αύξων τὰ<ι>ς
πόλεις ταῖς τῶν ἔργων κατασκευ|αῖς, πάλιν δὴ ἀνθ᾽ [ὧν] νῦν παρέχει τε καὶ
παρέσ|[χ]ηκεν κοσμῶν πᾶσα[ν ἐπιμε]λῶς πόλιν τὸ ἔ||[θ]νος δίκαιον ἡγήσα[το
10 τὰς προσ]ηκούσας αὐτῷ ‖ [μ]αρτυρίας ἀπο[δ]οῦνα[ι ἐν τῷ] νῦν κοινοβου|[λί]ῳ
ἐπὶ τοῦ κυρίου αὐτοκ[ράτ]ορος Καίσαρος Τί|[το]υ Αἰλίου Ἀδριανοῦ Ἀντωνείνου
Σεβαστοῦ | Ε[ὐ]σεβοῦς ὑπὲρ τοῦ γενέσθαι φανερὸν, ἔτι μηδὲ | 3 versus desunt |
.............λ.........ω.........|...........σ......ἐπέρρωται
15 γρα[φαῖς (?)]..... | .... α καὶ πλείονα παρέχων δια[τελεῖ · τύχῃ ἀ‖γαθ]ῇ
δεδόχθαι συνγεγράφθαι ὑπὲρ α[ὐτο]ῦ | [τόδ]ε τὸ ψήφισμα καὶ διαπενφθῆνα[ι
τ]ῷ κυ|[ρίῳ α]ὐτοκράτορι ὑπὸ τοῦ κρατίστου ἡγεμόνος | Δέκμου Ῥουπιλίου
Σεουήρου. |

25 Ἔδ[οξ]ε τῇ κοινῇ τοῦ Λυκίων ἔθνους ἐννόμῳ ‖ β[ου]λῇ · ἐπεὶ Ὀπραμόας ⟨
Ἀπολλωνίου δὶς τοῦ Κ[αλ|λιά]δου, διασημότατος Λυκιάρχης καὶ ἐκ τ[οῦ | πρω]-
τεύοντος ἐν τῇ ἐπαρχείᾳ γένου[ς | ὢ]ν, πλῆθ[ο]ς φιλοτειμιῶν παρέσχηκεν καὶ |
30 παρέχει ἑκάστῃ τε τῶν πόλεων καὶ κοινῇ τῷ ἔ‖θνει πολλὰ καὶ μεγάλα κτίζων
ἔργα καὶ ἐξ ὧν ἐ|πιδέδωκεν χρημάτων, ὡς ὑπὸ πασῶν τῶν πό|λεων εὐχαρισ-
τεῖσθαι καὶ τειμᾶσθαι κατ' ἔτος | διά τε ταῦτα καὶ διὰ τὴν τοῦ ἤθους ἐπείκειαν · |
35 τύχῃ ἀγαθῇ δεδόχθαι τετειμῆσθαι αὐτὸν καὶ ‖ ἐν τῷ ἐνεστῶτι ἔτει, καθὼς τὸ
ἔθνος ἐψήφισται. |

Ἐπὶ ἀρχιερέος Ἀριστάνδρου δὶς τοῦ Κλέωνος, | Πανήμου.. Ἔδ[ο]ξε τῇ κοινῇ
τοῦ Λυκίων ἔθνους | ἐννόμῳ βο[υ]λῇ · ἐπεὶ ὁ θειότατος αὐτοκρά|[τ]ωρ [Καῖ]σα[ρ
40 Τί]τος Α[ἴλιος Ἀδριανὸς Ἀ]ντ[ωνεῖνος] ‖ Σεβαστὸς Εὐσεβὴς [πατὴρ πατρίδος]
ἀγα[θὰ πολλὰ] | παρέχει τῇ ἰδίᾳ οἰκου[μένῃ καὶ αὐτὸς(?) ἐ]νία[ς τῶν πό]|λεων
ἐπεγείρει καὶ πρ[οτρέπει(?) τοὺς].... οτα....... | νῶς καὶ εὐεργετ[ήσαντας(?)].......
45 .... τη........ | ἐν τῷ τὰ[ς ἀποσταλείσας(?) αὐτῷ μ]αρ[τυρίας ‖ εὐμενῶ[ς]
καὶ φιλανθρώ[πως ἀποδ]έ[χ]εσθαι κ[αὶ τὰς] | καλλίστας ὑπὲρ αὐτῶν πέμπειν ἀπο-
κρίσεις,] | τοῦτο μάλιστα εὖ τύχ[οι] καὶ τῷ ἡμετέρ[ῳ] ἔθνει · | ἐπεὶ γὰρ ἐμαρτύ-
ρησεν καὶ διὰ ψηφισμάτων [π]ολλά|κις Ὀπραμόᾳ Ἀπολλωνίου δὶς τοῦ Κα[λλ]ιά-
50 δου ‖ Ῥοδιαπολείτῃ καὶ Μυρεῖ, πολειτευομένῳ δ[ὲ κ]αὶ ἐν | τ[αῖς κα]τὰ Λυκίαν
πόλεσι πάσαις, ἀν[δ]ρὶ κα[ὶ γένε]ι καὶ | [γνώμῃ(?) καὶ] εὐεργεσ[ίαι]ς λαμπρότα-
τος(?)].. οα..... | ....ολ................... | ...ε..........
55 ετησ................ ‖ ....
[με(?)]τὰ τὴν | ἐ[πι]σημοτάτην ἀ[ρ]χιερωσύνην καὶ [τὰς ἀγ]ωνοθεσί[α[ς α]ὐτοῦ ὁ
θειότατος αὐτοκράτω[ρ ἀπ]εκρίθη δι' | ὧ[ν ἐπ]εμψε θείων ἀντιγραφῶν ἀποδεχό-
60 μενος | π[ολ]λάκις τὸν ἄνδρα, ἐξ ὧν ὁ Ὀπραμ[ό]ας πολλῷ ‖ μ[ᾶλλ]ον ἔτι προθυ-
μότερος καὶ φιλό[τε]ιμότερος | [ἐπ]ειράθη γενέσθαι καὶ διατελεῖ τοι[ο]ῦτος ὤν, |
[ὡς] μηδεμίαν εἶναι πόλιν τὴν οὐκ ἀπολάουσαν | τῶν δωρεῶν καὶ τῆς μεγαλο-
65 φροσύ[ν]ης αὐτοῦ · | τύχῃ ἀγαθῇ δεδόχθαι καὶ τὰ νῦν σ[υ]νγεγράφθαι ‖ ὑπὲρ
αὐτοῦ τόδε τὸ ψήφισμα καὶ π[ε]μφθῆναι τῷ | μεγίστῳ αὐτοκράτορι διὰ τοῦ κρα-
τίστου [ἡγεμό|ν]ο[ς Αἰλί(?)]ου Προ[....ίν]α, ὥσπ[ερ] ὁ Ὀπ[ρ]αμ[όας] | οὐ παύε-
ται ἧς ἔχ[ει δι]αθέσεος ἀγαθῆς περὶ τὸ ἔ|θνος καὶ τὰς πόλεις, οὕτως καὶ τῆς
70 δικαί[α]ς μαρτυρίας διηνεκῶς ἐπὶ τοῦ κυρί[ο]υ τυγχάνῃ.

Ἔδοξε τῇ κοινῇ τοῦ Λυκίων ἔθνους ἐννόμῳ βουλῇ · | ἐπεὶ Ὀπραμόας Ἀπολλω- ⟨
75 νίου δὶς τοῦ Καλλιάδου, | Ῥοδιαπολείτης καὶ Μυρεύς, πολειτευόμενος δὲ ‖ καὶ ἐν
ταῖς κατὰ Λυκίαν πόλεσι πάσαις, γεγονὼς | ἀρχιερεὺς Σεβαστῶν καὶ γραμματεὺς
Λυκίων τοῦ ⌞κοινοῦ, ἀνὴρ καὶ γένει καὶ γνώμῃ καὶ εὐεργεσίᾳ λαμ|πρότατος, πολ-

λάκις ἤδη ὑπὸ τοῦ ἔθνους μεμαρ|τύρηται, ὡς καὶ τὰς εὐεργεσίας αὐτοῦ μεμη-
80 νῦσθαι ‖ τῷ κυρίῳ αὐτοκράτορι κἀκεῖνον μετὰ πάσης φιλαν|[θρωπίας]...........
....

I. Cap. 1. Flamine Claudio Telemacho (cf. *Prosop. imp. rom.*, I, p. 402, n. 825), circa annos 123-124, mense Octobri, [Q. Roscius] Pompeius Falco, leg. Lyciae (*Prosop. imp. rom.*, III, p. 134, n. 68) scribit Rhodiapolitanis.

Cap. 2. Hanc epistulam ad commune misit Ti. Julius Frugi, leg. Lyciae (*Prosop. imp. rom.*, II, p. 193, n. 220), anno 125, ut primos honores Opramoae postulatos concederet; nam memoratur communis decretis (cap. 5, 15, 18) illa ipsa epistula, quae ab hoc monumento abfuisse non potest.

Cap. 3. Epistula a Julio Frugi, ut videtur, missa ad Nicopolemum Rhodiapolitanum.

Cap. 4. Epistula a Julio Frugi missa ad Rhodiapolitanos. Archiphylax fuit eodem anno Opramoas.

II. Cap. 5. Communis decretum, quo Opramoae archiphylaci primi honores decernuntur, anno 125.

Vers. 59-62. « Opramoas, dum archiphylaciam explebat pro communi ex propriis opibus pecuniam promutuam fisco commodavit; in qua pecunia recuperanda benignissimum sese deinde ostendit. » Fougères, *De Lyciorum communi*, p. 118. Cf. col. III, vers. 86-90.

Cap. 6. Trebius Maximus, leg. Lyciae (*Prosop. imp. rom.*, III, p. 335, n. 242), scribit Myreis, flamine [Claudio] Sacerdote, anno 126.

III. Cap. 7. Trebius Maximus scribit Corydalleis anno 126, mense Novembri (v. 9).

Cap. 8. Caelius Florus, procurator Augusti (*Prosop. imp. rom.*, I, p. 261, n. 105), scribit Myreis, flamine L. Viberino, anno 127.

Cap. 9. Caelius Florus Chomateis scribit eodem anno.

Cap. 10. Trebius Maximus Rhodiapolitanis scribit eodem anno.

Cap. 11. Trebius Maximus communi Lyciorum eodem anno scribit epistulam, quae memoratur infra (cap. 12), ut sanciat secundos honores Opramoae postulatos.

Cap. 12. Decretum factum eodem anno comitiis (ἀρχαιρεσιακῇ ἐκλησίᾳ), quibus communis magistratus eligebantur. Eo decreto secundi honores decernuntur Opramoae.

Vers. 96. Ἐπιδόησις, non modo a concilio, sed etiam a senatu communis aliquando facta, videtur fuisse « postulatio, quae ad praesidem romanum sancienda referretur. » Fougères, *op. cit.*, p. 61.

IV. Cap. 13. Caelius Florus monet Opramoam ut omnia diligenter paret ad excipiendum Hadrianum imperatorem, qui mox Rhodiapolim venturus erat; qua de re ipsam civitatem Caelius fecit certiorem, anno 128, si rectum vidit Heberdey, p. 55, 58 et 69.

Vers. 15. ....ος Καλ...... flamen ignotus anni 128.

Cap. 14. [P]ompon[ius V]ettonianus, ut putant editores, vocari etiam potuit Antistianus Funisulanus et cum aliis viris ejusdem nominis, quos novimus, sanguine conjunctus esse : *Prosop. imp. rom.*, III, p. 413, n. 348; cf. II, p. 99, n. 396, p. 326, n. 92, 93. Ille legatus Lyciae anno 128 communi profecto scribebat se tertios honores Opramoae postulatos permittere (cf. cap. 15); sed periit epistulae exemplum.

Vers. 22-23. Ἀχιερέα τὸν υἱὸν παρέσχηται. Apollonius II, pater Opramoae, alterum filium

Apollonium III suffragiis communis praebuit; qui quum flamonium in annum insequentem (129) peteret, pater se ipsum muneris impensis subventurum promisit. Candidatum procurator commendat concilio.

Cap. 15. Decretum communis quo decernuntur Opramoae tertii honores, anno 128.

Vers. 43-44. Λυκιαρ[χῶν καὶ στρατηγῶν]. Saepius στρατηγὸς communis fuit ipse Lyciarcha; referuntur tamen titulis στρατηγοὶ Lyciarchis parentes; Fougères, *op. cit.*, p. 29. Sed restituere etiam possis Λυχιαρ[χῶν καὶ ἱππάρχων καὶ ναυάρχων]. Cf. supra nn. 603 et 735.

Vers. 79-80. Πρεσβευσαμένων τῶν ἀρχιερέων. Ad procuratorem legati sunt *flaminales*, sanctionem ejus rogaturi; Fougères, *op. cit.*, p. 110.

Cap. 16. [C.] Valerius Severus, leg. Lyciae (*Prosop. imp. rom.*, III, p. 377, n. 134) Rhodiapolitanis scribit sancire se honores quos Opramoae decreverunt, die I mensis Januarii, flamine Attalo Phanii, anno 130.

V. Cap. 17. Commune quartos honores decernit Opramoae, flamine Claudio Marciano, anno 131, mense [....... die] VIII.

Cap. 18. Eodem anno, ante diem..idus Octobres (inter dies VII et XIV), Sufenas Verus, leg. Lyciae (cf. col. VI, vers. 66; *Prosop. imp. rom.*, III, p. 279, n. 697) scribit Lyciarchae sancire se data communi ab Opramoa quinquaginta milia denariorum, quorum reditus quotannis dividendus sit ἀρχοστάταις, senatoribus, magistratibus ceterisque legatis (cf. vers. 110-114), item quinque milia denariorum, quae anno superiore promiserat in mutandam pecuniam, εἰς καταλλαγὴν τοῦ νομίσματος. Hanc autem summam minorem, superiore anno promissam, Opramoas postea voluit in alium usum impendi et majori addidit ut totum caput constaret ex quinquaginta et quinque milibus denariorum (vers. 108-109). Cf. Heberdey, p. 57.

Cap. 19. Flamine [Jasone?] Embromi, anno 132, Sufenas Verus scribit Ma[rciano?] Lyciarchae permittere se ut Lycius senatus honores annuos Opramoae primum decernat (cap. 20); Fougères, *op. cit.*, p. 122.

V-VI. Cap. 20. Commune Lyciorum primum decernit Opramoae honores annuos.

VI. Cap. 21. Flamine [Licinnio] Longo, anno 133, mense Octobri, concilium et senatus iterum decernit Opramoae honores annuos.

Cap. 22. Flamine Demetrio Embromi, anno 134, die XII mensis Octobris, concilium et senatus tertium decernit Opramoae honores annuos.

Cap. 23. Flamine Cillorta Pigris, anno 135, die XX[III] mensis Octobris, concilium et senatus quartum decernit Opramoae honores annuos.

VII. Cap. 24. Flamini Flavio Attalo, anno 137, mense Octobri, rescribit praeses.......us Seneca (*Prosop. imp. rom.*, III, p. 197, n. 283), ne insoliti honores, quos commune poposcerat, decernantur Opramoae Lyciarchae; Fougères, *op. cit.*, p. 87, 93.

Cap. 25. Senatus quintum decernit Opramoae annuos honores, ut decrevit populus.

Cap. 26. Flamine Sarpedone Pantaeneti, anno 138, quum Xanthii a Seneca ad imperatorem de honoribus Opramoae insolitis appellassent, senatus populusque Lyciorum legatos Romam mittendos decernit, qui testimonio suo causam Opramoae defendant apud Antoninum, imperatorem factum eodem anno, die X mensis Julii.

Cap. 27. Senatus sextum decernit Opramoae annuos honores, ut decrevit populus.

Cap. 28. Flamine Jasone Nicostrati, anno 139, die XXI mensis Septembris, ante diem xi kalendas Octobres (v. 116), [Cn. Arrius] Cornelius Proculus, leg. Lyciae (*Prosop. imp. rom.*, I, p. 141, n. 901), scribit communi insolitos honores, permittente imperatore, posse Opramoae decerni. Epistula ex Pataris missa est, in quibus videntur romani praesides suam sedem habuisse (cf. col. VIII, v. 15); Fougères, *op. cit.*, p. 60, n. 2.

VIII. Cap. 29. Eodem fortasse die Cornelius Proculus scribit communi honores annuos, in singulis urbibus Opramoae conferendos, ut commune postulaverat, a se probari.

VIII-IX. Cap. 30. Sub finem Septembris (v. 62) commune Opramoae decernit annuos honores in singulis urbibus conferendos et annuos honores septimum.

[In capite 31, quod totum deest, putat Heberdey, p. 61, scriptum fuisse alterum decretum communis de annuis honoribus septimum conferendis. Res in incerto manet.]

Cap. 32. Flamine Polycharmo, anno 140, commune decretum, quo testatur bene de Lyciis meritum esse Opramoam, primum statuit mittendum Antonino imperatori per Cornelium Proculum (I).

X. Cap. 33. Senatus Opramoae decernit annuos honores octavum.

Cap. 34. Eodem anno Cornelius Proculus scribae Myreorum rescribit honores, quos Opramoae postulaverant, a se concedi.

Cap. 35. Flamine Julio Heliodoro, anno 141, [C.] Julius Aqu[ilinus?], leg. Lyciae, rescribit viro alicui cujus nomen periit.

Cap. 36. Flamine Claudio Antimacho, anno 144, die v mensis Februarii, C. Voconius Saxa Fidus, leg. Lyciae (*Prosop. imp. rom.*, III, p. 471, n. 612), Myreis rescribit de honoribus Opramoae.

Cap. 37. Incipiunt epistulae imperatoris. Anno 139, Antoninus Roma rescribit Myreis, qui ad eum miserant legatum quemdam Claudium P....... ut Opramoam laudarent. Rescriptum imperatoris relatum est in tabulas communis flamine Jasone Nicostrati, eodem anno. Solita sunt in communis tabulis ἀναγραφεῖσθαι rescripta, in urbium tabulis ὑποτάττεσθαι; Löwy ap. Petersen et Luschan, p. 124.

Cap. 38. Anno 140, ante diem vii kalendas Decembres (die xxv Novembris), Antoninus imperator Roma rescribit Tloeis, qui ad eum legaverant Licinnium Popillium, ut testarentur quinquaginta milia denariorum ab Opramoa civitati suae data esse. Rescriptum imperatoris relatum est in tabulas communis flamine Julio Heliodoro, anno 141, mense Septembri.

[In lacuna necesse est inscriptam fuisse epistulam Antonini (cap. 39), datam anno 141, qua communi rescriberet se accepisse decretum I anni 140, missum per Cornelium Proculum (cap. 32). Heberdey, p. 63.]

XI. Cap. 40. Anno 143, ante diem x kalendas Octobres (die xxii Septembris); Antoninus imperator Roma rescribit communi Lyciorum, quod ad eum legaverat Eupolemum Eupolemi, ut testaretur decreto suo II pecuniam ab Opramoa collatam esse multis Lyciorum urbibus terrae motu labefactis (cap. 53). Rescriptum imperatoris relatum est in tabulas communis anno eodem aut insequente.

Cap. 41. Anno 144 incipiente, Antoninus imperator Roma rescribit communis decreto III, misso per Voconium Saxam (cap. 55). Rescriptum ejus relatum est in tabulas communis anno 144, flamine Claudio Antimacho, mense Septembri.

Cap. 42. Anno 146, ante diem....... Februarias, Antoninus imperator Roma rescribit communi, quod ad eum miserat per Voconium Saxam, legatum Lyciae, decretum suum IV in honorem Opramoae factum (cap. 59). Rescriptum imperatoris relatum est in tabulas communis flamine Licinnio Stasithemidis, anno 146.

XII. **Cap. 43.** Anno 149, D. Rupilius Severus, leg. Lyciae (*Prosop. imp. rom.*, III, p. 146, n. 151), communi rescribit se sancire testimonia quibus honoratus erat Opramoas (cap. 63). Rescriptum Rupilii relatum est in tabulas communis flamine Veranio Tlepolemi, anno 149, mense Septembri.

Cap. 44. Anno 150, Antoninus imperator Roma rescribit communi, quod ad eum miserat per Rupilium Severum, legatum Lyciae, decretum suum V in honorem Opramoae factum (cap. 63). Rescriptum imperatoris relatum est in tabulas communis flamine Mettio Androbio, anno 150, die xxi mensis....... Quare non potuit Roma mitti, quod volunt editores, π]ρὸ...... Δ[εκεμβρί(?)]ων, mense Novembri aut Decembri ejusdem anni; oportet restituere Ἀ[πριλίων] aut Α[ὐγουστεί]ων.

Cap. 45. Anno 151 Rupilius Severus Androbio Lyciarchae concedit ut decretum VI senatus Lycii, in honorem Opramoae factum (cap. 66), mittatur imperatori.

Cap. 46. Eodem anno, ante diem........ Februarias, Antoninus Roma rescribit Limyreis se accepisse ex Rupilio Severo decretum, quo honoraverant Opramoam ob sua post terrae motum bene facta. Rescriptum imperatoris relatum est in tabulas Limyreorum (Löwy, p. 125), flamine Antichare II, anno 151, die xxix mensis Aprilis.

Cap. 47. Eodem anno pridie idus Februarias (die xii Februarii) Antoninus Roma rescribit Corydalleis se accepisse ex Rupilio Severo decretum quo honoraverant Opramoam easdem ob causas. Rescriptum imperatoris relatum est in tabulas Corydalleorum eodem anno, die vi mensis Junii.

Cap. 48. Eodem anno, eadem die, Antoninus Roma rescribit Niseis de eadem re. Rescriptum ejus relatum est in tabulas Niseorum eodem anno, die xxviii mensis Junii.

Cap. 49. Eodem anno, ante diem xvi kalendas mensis........., Antoninus Roma rescribit communi Lyciorum se accepisse ex Rupilio Severo decretum ejus VI de eadem re (cap. 66). Rescriptum imperatoris relatum est in tabulas communis eodem anno, mense Septembri.

Cap. 50. Eodem anno, ante diem.........idus Februarias, Antoninus Roma rescribit Gagatis se accepisse ex Rupilio Severo decretum eorum, quo testabantur balneum sibi ab Opramoa exstructum esse. Rescriptum imperatoris relatum est in tabulas Gagatarum flamine Aristandro, anno 152, die xxvii mensis Maii.

Cap. 51. [Anno 153] Antoninus rescribit communi Lyciorum se accepisse ex praeside provinciae decretum ejus VII, factum mense Septembri anni 152 (cap. 68). Rescriptum relatum est in tabulas communis certe anno 153.

Expliciunt epistulae imperatoris.

XIII. **Cap. 52.** Senatus Lyciorum Opramoae decernit annuos honores nonum, ut decrevit populus; quod nonnisi anno 141 accidere potuit, flamine Julio Heliodoro (cf. cap. 35 et 38).

Cap. 53. Anno 142, die vii mensis Novembris, senatui Lyciorum placet ab Eupolemo ad Antoninum imperatorem ferri decretum suum, quo iterum testatur (II) multa Lyciis ab Opramoa bene facta esse; de iis bene factis cf. quae adnotavimus ad caput 63,

ubi omnia cum aliis etiam repetuntur, quanquam summae singulis urbibus post sep-
tem annos saepe auctae sunt. Pleraque dona sua Opramoas contulit urbibus terrae
motu labefactis, quem Heberdey (p. 68-69) probavit anno 141 accidisse. Cf. Löwy,
p. 131-132.

Vers. 42. Pataris Apollo Patrous, Lyciorum deus, delubro municipali colebatur quod
« quondam opibus et oraculi fide Delphico simile » fuit (Pompon. Mel., I, 82). Löwy,
p. 118, n. 7. Prope illum Apollinem semper fuerunt sua Augustis altaria. Cf. Fougères,
op. cit., p. 114-116.

Vers. 50-51. Myreis promisit Opramoas, ut aedificia sua terrae motu diruta instau-
rarent, se daturum 100,000 denariorum ; cujus pecuniae singuli usus postea qui fuerint
videmus documento anni 149 (cap. 63) ex parte mutilo.

Cap. 54. Eodem anno commune Lyciorum decernit Opramoae annuos honores deci-
mum.

XIV-XV. Cap. 55. Anno 143 commune Lyciorum per Voconium Saxam praesidem ad
Antoninum imperatorem mittit decretum suum, quo tertium testatur multa Lyciis ab
Opramoa bene facta esse (III).

Cap. 56. Eodem anno senatus Lyciorum decernit Opramoae, ut populus decrevit,
annuos honores undecimum.

XVI. Cap. 57. Flamine Claudio Antimacho, anno 144, die xxi mensis Septembris,
senatus Lyciorum decernit Opramoae, ut populus decrevit, annuos honores duodeci-
mum.

Cap. 58. Anno 145 a communi decernuntur Opramoae annui honores tertium deci-
mum.

XVI-XVII. Cap. 59. Eodem anno commune Lyciorum per Voconium Saxam praesidem
ad Antoninum imperatorem mittit decretum suum, quo quartum testatur multa Lyciis
ab Opramoa bene facta esse (IV).

Vers. 5-6. Λυχιάρχου ἀδελφῷ, Apollonius III, frater Opramoae, qui flamen fuerat anno 129
(cf. titulum n. 736, v. 12). De Aelia Platonide et de marito ejus Claudio Agrippino sena-
tore, sobrino Licinniae Flavillae, cf. titulum n. 500, II, v. 71-73. Fratri autem matris
Opramoae, quae Aelia videtur vocata esse (cap. 30), neptis esse potuit Aelia Platonis, ita
ut Opramoas fuerit illius Platonidis avunculus.

XVIII. Cap. 60. Flamine Licinnio Stasithemide, anno 146, die xx? mensis Septembris
senatus Lyciorum decernit Opramoae, ut populus decrevit, annuos honores quartum
decimum.

Cap. 61. Flamine Julio Tlepolemo, anno 147, die xvi mensis Novembris, senatus Lycio-
rum decernit Opramoae, ut populus decrevit, annuos honores quintum decimum.

Cap. 62. Flamine Ma.........o Nicagora, anno 148, die xxvi mensis Septembris,
senatus Lyciorum decernit Opramoae, ut populus decrevit, annuos honores sextum
decimum.

XVIII-XIX. Cap. 63. Flamine Veranio Tlepolemo, anno 149, mense Septembri, senatus
Lyciorum per Rupilium Severum praesidem ad Antoninum imperatorem mittit decretum
suum, quo quintum testatur multa Lyciis ab Opramoa bene facta esse (V). Dedit autem
Opramoas :

Lyciis, anno 137, ob Lyciarchiam	55.000 denariorum
Patareis aliis annis	20.000
— ad instaurandam porticum duplicem	18.000
Tloeis ad opera publica	60.000
Olympenis ad pompam Vulcani et imperatoris	12.000
Rhodiapolitanis templa duo Fortunae et Nemesis	......
Corydalleis frumentationes et	60.000
Myreis restituit templum Eleutherae et exedram in gymnasio, cui exedrae marmoribus incrustandae dedit	......
Myreis ad instaurandum theatrum	......
— ad emendum oleum	12.000
— ad statuam inauratam Tychopoleos restituendam	10.000
Telmesseis ad instauranda balneum et exedram	35.000
Cadyandeis	15.000
Pinareis	5.000
Xanthiis ad instaurandum theatrum	30.000
Oenoandeis ad instaurandum balneum	10.000
Calyndeis	9.000
Buboneis	2.000
Balbureis	7.000
Cryeis	......
Symbreis	......
Arneatis	6.000
Chomateis ad porticum et Augusteum	7.000
Podaliotis	......
Arycandeis	10.000
Limyreis ad instaurandum theatrum plus quam	20.000
Phellitis	5.000
Antiphellitis	? 5.000
Phaselitis	10.000
Cyanitis	15.000
Aperlitis	30.000
Niseis	......
Sidymeis	......
Gagatis ad instaurandum balneum	8.000
Acalisseis	......

De illis donis cf. Löwy, p. 117-119. Quorum summa explevit plus quam 350,000 denariorum.

XVIII, vers. 91 — XIX, vers. 1. « Vulcano urbem proximam (Chimaeram) Lycii dicaverunt, quam de vocabulo nominis sui Hephaestiam vocant. Olympus quoque inter alia ibi oppidum fuit nobile. » Solin., p. 183, 6, ed. Mommsen. Vulcanus etiam in nummis Olympenorum effictus est; Löwy, p. 117, n. 3.

XIX, vers. 2-5. Rhodiapolitana templa Fortunae et Nemesis vocantur in capite 53, vers. 30-31, ναοὶ ἐπισήμων θεῶν; Nemesis eadem videtur fuisse ac Diana. Löwy, p. 119, n. 2.

Vers. 9-12. Non Myris tantum, sed etiam Cyaneis et Suris nomine Eleuthera θεὰ ἀρχη-γέτις colebatur Diana; supra, nn. 700, 704 II A et 714.

Vers. 14. [Σκο]ύτ[λωσ]ιν, cf. supra titulum n. 342.

Vers. 18. « *Tychepolis* », Fortuna urbis Myrorum, titulo inscripto appellatur statua marmorea, cornu copiae tenens, quam in ipso theatro reppererunt Petersen et Luschan, p. 29, fig. 21.

Vers. 43. Τῶν λοιπῶν χρηστηρίων de oraculo interpretatur Löwy, p. 119. Aptius intelligeres cetera balnei utensilia.

Cap. 64. Eodem anno 149 senatus Lyciorum decernit Opramoae, ut decrevit populus, annuos honores septimum decimum.

Cap. 65. Anno 150 senatus Lyciorum decernit Opramoae, ut decrevit populus, annuos honores octavum decimum.

XIX-XX. Cap. 66. Eodem anno senatus Lyciorum per D. Rupilium Severum praesidem ad Antoninum imperatorem mittit decretum suum, quo sextum testatur bene meruisse de Lyciis Opramoam (VI).

Vers. 83-84. Traditur ..EXE.|BOMOYMENO......

Cap. 67. Anno 151 senatus Lyciorum decernit Opramoae, ut decrevit populus, annuos honores undevicesimum.

Cap. 68. Flamine Aristandro II Cleonis nepote, anno 152, mense Septembri, senatus Lyciorum per Aelium (?) Pro........ praesidem ad Antoninum imperatorem mittit decretum suum, quo septimum testatur bene meruisse de Lyciis Opramoam (VII).

Vers. 55. Traditur ..ΩΝ ΕΠ....ΕΣΙΝ.ΕΙΤΩΝ Κ......

Cap. 69. Eodem anno senatus Lyciorum decernit Opramoae, ut videtur, annuos honores vicesimum.

Desinente anno 152, aut incipiente 153, Opramoas decessit; nam lapis post completam columnam XX litteris vacat. Heberdey, p. 68.

---

740. Rhodiapoli. — Petersen et Luschan, *Reisen in Lykien*, p. 135, n. 166.

... τὸν ἑαυτῆς ἄ[νδρα] | φιλοστοργίας καὶ μνήμης [ἕνε]|κεν θεοῖς · τετειμημένον
5 ὑπὸ | τῶν πατρίδων καὶ τοῦ Λυκίων ἔ||θνους πλεονάκις καὶ ταῖς κα|τ᾽ ἔτος καὶ κατὰ πόλιν τειμαῖς [1].

1. Annui honores in singulis urbibus tribuebantur decreto concilii quotannis renovato (Fougères, *op. cit.*, p. 122-123. Cf. n. 739); illos nemo obtinebat nisi viri de populo optime meriti, et raro quidem.

---

741. Rhodiapoli. — Ex schedis Instituti archaeologici Vindobonensis.

..... καὶ ἐκ|γόνοις, ἄλλῳ δὲ μηδενὶ] ἐξέσ|[τω κηδεῦσαι ἕτερον πτῶ]μα ἢ

5 ὀφει|[λήσει Ῥοδιαπολειτῶν] τῷ δήμῳ ‖ [δηνάρια .....]σ[α]μένου το|....... [ἡ δὲ
ἐ]πιγραφὴ ἐνετάγ[η | κ]αὶ δ[ιὰ τῶν ἀρχε]ίων, | ἐπὶ ἀρχιερέος | τῶ[ν Σεβασ]τ[ῶν]
10 Ἀριστάνδρου ‖ δὶς τ[οῦ Κλ]έω[ν]ος, μηνὸς Δαισίου [1].

1. Anno 152 p. C. n., mense Augusto.

---

742. Rhodiapoli. — Hill, *Journ. of hellen. studies,* XV (1895), p. 122, n. 9.

Αὐρ. Νεικόστρατος ὁ καὶ | [Ξ]άνθιππος Ἑρπίου Ῥο(διαπολείτης) | τὸ μνη-
5 μεῖον ἑαυτῷ | καὶ γυνεκὶ Δρακοντίδι Ἐ‖αρινοῦ Ῥο(διαπολειτίδι) καὶ τέκνοις
καὶ | ἐγγόνοις, ἄλλῳ δὲ οὐδενί, | εἰ μή τινι συνχωρήσω, ἢ ὁ κη|δεύσας τινὰ
ὀφειλ[ή]σ[ε]ι ἱερᾷ θεᾷ | Ἀρτέμιδι ... [καὶ τῷ]ἱερῷ [τα]μι[είῳ] δηνάρια φ′.

---

743. Corydallis. — Le Bas et Waddington, III, n. 1337.

Αὐτοκράτορ[α] Καίσαρ[α] Μᾶρ|χον Αὐρήλιον Ἀντωνεῖνον | Σεβαστὸν Κορυ-
δαλλέ|ων ἡ βουλὴ καὶ ὁ δῆμος.

---

744. Corydallis. — Ex schedis Instituti archaeologici Vindobonensis.

[Αὐτ]ο[χρά]τορα Καίσαρ[α] Λούχιο[ν] | Σεπτίμιον Σεουῆρον Περτίνακα |
Σεβαστὸν Παρθιχὸν Ἀραβιχὸν | Ἀδιαβηνιχὸν Βρεττανιχό[ν] [1].

1. Ergo annis 210-211 p. C. n.

---

745. Corydallis. — Ex schedis Instituti archaeologici Vindobonensis.

.... εὐθύ?]νους ἀρχιφυλαχ[ίαν τελεσ]ά|[μενος εὐσχή]μονα καὶ ἀγαθῆς
προαιρέσ‖[εως ......] αὐτός τε ἀποδέχομαι χα|[τὰ ......] βουλομένοις αὐτὸν
3 _.ε. υ‖.....ἡδέως ἐπιτρέπω. Ἐρρῶ||[σθαι ὑμᾶς εὔχομαι.] Ἔδοξεν Λυχίων τῷ
χοινῷ · ἐπ|[ειδὴ ......]χράτης Ἀρίστωνος τοῦ πᾶσι........

Epistula praesidis, honores probantis, quibus ornatus erat quidam ......crates Aris-
tonis archipḫylacia functus. Sequebatur decretum communis Lyciorum.

746. Gagis. — Le Bas et Waddington, III, n. 1338.

......|συνο[ν] γραμ[ματεύσαντα Λυκίων] | τῷ ἔθνει, [ἀγωνοθετήσαντα τῶν
5 Ἀσκληπίω]|ν μεγαλοφρ[ό]νως......, [ὑπὸ] ‖ δὲ τῆς πατρίδος [τειμηθέντα.....] |
σίῳ? ἀνδριάντι [καὶ ἀξίως τῆς τῶν προγό]|νων εὐγενίας [πράξαντα · ὃν καὶ ὁ
δῆ]|μος ἐτείμησεν [ταῖς πρώταις τειμαῖς, ἀνδριάντι ἐπι]|χρύσῳ, εἰκόνι χαλ[κῇ
10 καὶ προεδρίᾳ ἐν τοῖ|ς ἀγῶσιν [.......... τῆς] | πόλε[ω]ς Γαγατὴν [........ ἀπὸ] |
προγόνων γραμ[ματέα..........

---

747. Olympi. — Le Bas et Waddington, III, n. 1343.

5 Αὐτοκράτορα Καί|σαρα Μᾶρχον Αὐρή|λιον Ἀντωνεῖνον | Σεβαστὸν Ἀρμενί|αχὸν
Μηδιχὸν Παρ|θιχὸν Γερμανιχὸν [1] | Ὀλυνπηνῶν ἡ βου|λὴ καὶ ὁ δῆμος | ἐγ δωρεᾶς
10 Παν|ταγάθου δίς.

1. Post annum 172, ante 175, quo M. Aurelius Sarmaticus etiam vocatus est.

---

748. Olympi. — Heberdey et Kalinka. *Denkschr. der Akad. in Wien*, XLV (1897),
p. 34, n. 43.

Θεοδώρα Νουμεριανοῦ Συέδρισσα [1] | κατέστησεν τῷ γλυκυτάτῳ μου | ἀνδρὶ
5 Αἰλίῳ Τηλέφῳ Ἰσαυρῷ | βενεφιχιαρίῳ ἔχοντι στατιώναν ‖ ἐν Ὀλύμπῳ [2], ὃν
πολλῷ χρόνῳ νοσή|σαντα καὶ τελευτήσαντα [κατεθ]έ|μην ἐνθάδε · μηδένα δὲ ἐξὸν
βλη|θῆναι [ἰ]ς τὸ ἀνγεῖον, εἰ μὴ ἐμὲ τὴν | σύνβιον αὐτοῦ · ἐάν τις δὲ βιάσηται ‖
10 καὶ ἀνύξῃ καὶ βάλῃ [ἕτερο]ν π[τῶ]μα, [ὑ]π[ο]|κείσεται τῷ ἱερωτάτῳ ταμείῳ
δηνάρια γφ΄, | ὁ δὲ ἐλένξας λήμψεται [τὸ τρίτον]. | Χαίρετε οἱ παράγοντες καὶ
μνήσ[κ]ε|σθέ μου οἱ φίλοι καὶ οἱ συγγενεῖς.

1. Syedra, urbs Ciliciae. — 2. Stationarius Olympi. De stationibus beneficiariorum in
parte imperii occidentali fuse disseruit Domaszewski, *Wesd. Zeitschr.*, XXI, ii, p. 158
et seq.

---

749. Olympi. — Heberdey et Kalinka, *Denkschr. der Akad. in Wien*, XLV (1897),
p. 34, n. 44.

Βείθυνος τὸ γένος · πατρίς μ΄ ἐπεδέξατ᾽ Ὄλυμπος · |
σύνβιον ἐστήριξεν ἐμοὶ ἄλοχόν τ᾽ ἐπὶ παισὶν |

φαιδρύνουσα Φίλωνι φίλα, μέχρι τοι νόμος ἔλθοι |
νὺξ, ἀναπαυσαμένοις βιότου τέλος ἔνθεν. ‖
Εἴτις δ' οὖν γνώμης ἀπ' ἐμῆς νέκυν ἐνθάδε θάψῃ, |
χρυσοῦς εἰσοίσει φίσκῳ δέκα καὶ δέκ' ἐλένχῳ. |

Tituli sepulcrales aetatis romanae, qui Olympi in necropoli juxta fluvium sita inventi sunt, iisdem ferme formulis omnes constant nec quidquam ad res romanas plerumque pertinent. Viginti quinque tamen inter octoginta octo, quos publici juris fecit V. Bérard in *Bull. de corr. hellén.*, XVI (1892), p. 213-226, multas fisco imperatoris destinatas enuntiant (in aliis rei publicae civitatis aut dei Aesculapii templo multae sepulcrales inferendae sunt); quorum duos exempli gratia elegimus; reliquos in notis citare satis erit.

750. Olympi. — Bérard, *Bull. de corr. hellén.*, XVI (1892), p. 223, n. 66.

Σεμπρόνιος Νικήτου γ' Ὀλυμπηνὸς ἑαυτῷ | καὶ θυγατρὶ, γαμβρῷ, ἐγγόνοις καὶ οἷς ἂν ἐγὼ | ἢ θυγάτηρ μου ἐγγράφως ἐπιτρέψῃ · | ὁ δὲ παρὰ ταῦτα θάψας ἐκτίσει τῷ φίσκῳ [1] δηνάρια φ' · λήμψεται ὁ μηνύσας τὸ τρίτον.

1. Eadem formula occurrit etiam in decem et octo aliis titulis Berardianis : 13, 17, 18, 24, 37 (δηνάρια φ'); 59 (δηνάρια χ'); 6, 41, 75, 81, 85 (δηνάρια ͵α'); 2, 68 (δηνάρια ͵αφ'). Cf. etiam Le Bas et Waddington, III, n. 1345 (δηνάρια φ'), 1346 (δηνάρια ͵ε), 1349 (δηνάρια ͵αφ').

751. Olympi. — Bérard, *Bull. de corr. hellén.*, XVI (1892), p. 224, n. 69.

Ἰούλιος Σόλων Βηρμαίου θρ|επτῷ εὐσεβείας ἕνεκεν μόνῳ, μηδενὶ δὲ ἑτέρῳ ἔξεσται καταθέσται σῶμα | ἐν τῷ κενοταφίῳ τούτῳ ἢ εἰσοίσει | τῷ ἱερωτάτῳ ταμείῳ [1] δηνάρια ͵αφ'.

1. *Fiscus imperatoris.* Eadem formula occurrit in titulis Berardianis : 52, 56 (δηνάρια φ'); 83 (δηνάρια χ'); 71 (͵α'); 27, 30, 67 (͵αφ').

752. Chimaerae. — Le Bas et Waddington, III, n. 1342; Petersen et Luschan, *Reisen in Lykien*, p. 142, not. 2. Est etiam inter schedas Instituti archaeologici Vindobonensis.

Αὐτοκράτορι Καίσ[α]|ρι Τραιανῷ Ἀδρ[ι]|ανῷ Σεβαστ[ῷ]‖, πατρὶ πατ[ρί]‖δος, σω[τῆ]|ρι τοῦ κό[σμου] | Ὀλυμπη[νῶν] | ἡ βουλὴ | καὶ ὁ δῆμ[ος].

753. Prope Chimaeram. — Petersen et Luschan, *Reisen in Lykien*, p. 142, n. 174.

Τὸν στρατιᾶς κοσμοῦν|τα θεηγενέος βασιλῆος, |
    τὸν πάσης ἀρετῆς ἄξιον ἐκ | προγόνων,
5   ἡ πατρὶς Οὔλυμπος [σ]τῆσεν βου‖λαῖς Ἀκυλεῖνον |
    κοιναῖς [στ]εψα[μέ]νη, βα[ι]ὰ χα|ριζομένη.

Epitaphium veterani alicujus.

---

754. Phaselide. — *C. I. Gr.*, 4333.

Αὐτοκράτωρ Καῖσαρ Οὐεσπασιανὸς Σεβαστὸς, ἀ|ρχ[ι]ερεὺς [μ]έ[γι]στος,
δη[μαρχικ]ῆς ἐξουσίας | [τ]ὸ., αὐτο[κρ]ά[τω]ρ τὸ ι., [ὕπατ]ος τὸ., [τειμητ]ὴς ¹, |
[π]ατὴρ [π]ατ[ρίδ]ος.....

1. Post kalendas Julias anni 73.

---

755. Phaselide. — Bérard, *Bull. de corr. hellén.*, XVI (1892), p. 440, n. 89 ; Petersen
et Luschan, *Reisen in Lykien*, p. 142, n. 175.

Αὐτοκράτωρ Καῖσαρ Θεοῦ Οὐεσπασιανοῦ υἱὸς [Τ. Φλ. | Δομιτιανὸς],
ἀρχιερεὺς μέγιστος, δημαρχικῆς ἐξουσίας | τὸ ιγ′ ¹, αὐτοκράτωρ τὸ κϛ′, ὕπατος
τὸ ι[ϛ′] ², τειμητὴς διηνεκής ³, | πατὴρ πατρίδος.

1. Inter diem XIII Septembris anni 93 et diem XIII Septembris anni 94. — 2. IE tradi-
tur. Corrigendum est IⳭ; consulatum enim XVI inierat Domitianus anno 92. — 3. Censor
perpetuus.

---

756. Phaselide. — *C. I. Gr.*, 4336; Bérard, cf. *Bull. de corr. hellén.*, XVI (1892), p. 442.

Αὐτοκράτορι Κ|αίσαρι Τραιανῷ | Ἀδριανῷ Σεβαστῷ, | πατρὶ πατρίδος, ‖
5 Ὀλυμπίῳ, σωτῆρ[ι] | τοῦ κόσμου, [ὑπὲρ] | τῆς ἐπιβάσεως | αὐτοῦ ¹, Ἀχ[αλ]ι-
σέω[ν] ² | ἡ βουλὴ καὶ ὁ δῆμος.

1. Hadrianus Phaselida appulit vere anni 129 (von Rohden ap. Pauly et Wissowa,
Realencyclopädie, I, col. 509-510). — 2. [Λι]μυ[ρ]έ[ων] Franz.

---

757. Phaselide. — Bérard, *Bull. de corr. hellén.*, XVI (1892), p. 442, n. 91.

Αὐτοκράτορι Καίσαρι | Τραιανῷ Ἀδριανῷ | Σεβαστῷ, πατρὶ πατρί|[δ]ος,

5 Ὀλυ[μπίῳ, ‖ σ]ωτῆρι το[ῦ κόσ|μ]ου, ὑπὲρ [τῆς ἐπι|βάσεως αὐτοῦ ¹, | [Κορυ]-δαλλέων ἡ [βου|λ]ὴ καὶ ὁ δῆμος.

1. Cf. n. 756.

---

758. Phaselide. — Ex schedis Instituti archaeologici Vindobonensis.

[Αὐτοκράτορα Καίσαρα | Θ]εοῦ Τραιαν[οῦ] | Παρθικοῦ υἱὸ[ν] | Θεοῦ Νέρουα ‖
5 υἱωνὸν Τραιανὸν | Ἀδριανὸν Σεβασ|τὸν Ὀλύμπιον ¹, | σωτῆρα τῆς | οἰκουμένης, ‖
10 Τυνδαρὶς Διο|τείμου τοῦ φύσει | Λικιννίου [Μ]άρχο[υ | .....] Ῥουφείνου.

1. Post annum 129.

---

759. Phaselide. — *C. I. Gr.*, 4335.

[Αὐτοκράτορι Καίσαρι] Θεοῦ Τραιανοῦ Παρ[θικ]οῦ υἱῷ Θεοῦ Νέρουα υἱωνῷ |
Τραιανῷ Ἀδριανῷ Σε[6]ασ[τῷ], ἀρχιερ[εῖ μεγί]στῳ, | δημαρχικῆς ἐξουσί[ας τὸ]
ιε ¹, ὑπάτ[ῳ] τὸ [γ´, πατρὶ π]ατρί[δ]ος, | Ὀλυμπί[ῳ], σ[ω]τῆρ[ι τοῦ σ]ύμπαντος
5 κόσ[μ]ου ‖ καὶ [τῆς π]ατρίδο[ς] τῆ[ς] Φασηλι[τ]ῶν, | Τυνδαρὶς Διοτείμ[ου], γυνὴ
δ]ὲ [Γνα]ίου Λυχινίου, | Μαρχίου υἱοῦ, Ῥουφ[ίνου] Πετ[ρωνια]νο[ῦ], ἀγορα-
ν[ομοῦντος...

1. Anno p. C. n. 131.

---

760. Phaselide. — *C. I. Gr.*, 4334 et add.; cf. Benndorf et Niemann, *Reisen in Lykien*, p. 117, not. 3.

[Αὐτοκράτορι Καίσαρι Θεοῦ] | Τραιανοῦ Π[αρθικοῦ υἱῷ Θεοῦ] | Νέρουα
υἱωνῷ Τραιανῷ [Ἀδριανῷ Σεβαστῷ, ἀρχιερεῖ] | μεγίστῳ, δη[μαρχικῆς ἐξουσίας
5 τὸ] ‖ ιε ¹, ὑπά[τ]ῳ τὸ γ´, πατρὶ πατ[ρίδος, Ὀλυμπίῳ, σωτῆρι τοῦ | [σύμ]-
π[αν]το[ς κόσμου καὶ πατρίδος τῆς] Φασηλιτῶν.....

1. Anno p. C. n. 131.

---

761. Phaselide. — Ex schedis Instituti archaeologici Vindobonensis.

Αὐ[τοκρ]άτορα Καίσαρα | Τίτον Αἴλιον Ἀδριανὸν | Ἀντωνεῖνον | Σεβαστὸν ‖
5 Εὐσεβῆ.....

762. Phaselide. — Ex schedis Instituti archaeologici Vindobonensis.

5 Αὐτοκράτορα | Καίσαρα | Μᾶρκον Αὐρήλι|ον Σευῆρον ‖ ᾿Αντωνῖνον | Εὐσεβῆ
Εὐτυ|χῆ Σεβαστὸν | ἡ βουλὴ καὶ | ὁ δῆμος.

763. Phaselide. — Bérard, *Bull. de corr. hellén.*, XIV (1890), p. 643.

a) Κ. Οὐοκώνιον.... [υἱὸν Αἰμι]|λίᾳ Σάξαν Φεῖδον ¹ ὕπατον ἀποδεδε[ιγμέ]|νον,
πρεσβευτὴν καὶ ἀντιστράτηγον τοῦ | Σεβαστοῦ ἐπαρχειῶν Λυκίας καὶ Παμ-
5 φυλί‖ας ², ἀνθύπατον Πόντου καὶ Βιθυνίας, | πρεσβευτὴν Σεβ(αστοῦ) λεγεῶνος
δ᾿ Σκυ|θικῆς, ἐπιμελητὴν ὁδοῦ Οὐαλερίας | Τ[ει]βουρτείνης καὶ ἐν τοῖς ἄλλοις |
10 τόποις στρατολογήσαντα ³, στρα‖τηγὸν, δήμαρχον, ταμίαν καὶ ἀν|τιστράτηγον
ἐπαρχείας Μακε|δονίας, χειλίαρχον πλατύσημον | λεγεῶνος γ᾿ Κυρηναικῆς
καὶ λε‖[γεῶνος]..........

5 *b*) Κ. Οὐοκώνιον | Σάξαν ᾿Αμυντια|νὸν ⁴, υἱὸν Κ. Οὐο|κωνίου Σάξα ‖ Φεῖδου,
10 πρεσ|βευτοῦ καὶ ἀν|τιστρατήγου | τοῦ Σεβαστοῦ | ἐπαρχειῶν Λυ‖κίας καὶ
Παμφυ‖[λίας].......

1. Q. Voconius Saxa Fidus; *Prosop. imp. rom.*, III, p. 472, n. 612. — 2. Ab anno 144
ad annum minime 147. Cf. supra n. 705, not. 4. Consulatum, quoniam fuit sub finem
administrationis Lyciae designatus, gessit circa annum 148 aut 149. Unde sequitur hunc
titulum fere anno 147 scriptum esse. — 3. (Simul) et in aliis locis dilectum militum
habuit. De dilectatoribus cf. Mommsen, *Droit public romain*, V, p. 398. — 4. *Prosop. imp.
rom.*, III, p. 471, n. 611; filius illius qui supra honoratur.

764. Phaselide. — *C. I. Gr.*, 4332.

Φασηλειτῶν ἡ βουλὴ καὶ ὁ δῆμος | [ἐτείμησαν Πτολ]εμα[τ]ον δὶς τοῦ [Πτ]ο-
λ[εμ]αί[ου | Φασ]η[λεί]την ἄνδρα καλ[ὸν] | καὶ ἀγαθὸ|ν γενόμενον καὶ [τοῦ ‖
5 πρ]ώτου [τ]ά[γ]μα[τ]ος τῆς πό[λ]εο[ς], | εἰκοσαπρωτεύσαν[τα..... | ἐπ]ὶ τοῦ
τῆς ζωῆς χρόνο[υ, ἱερα]|τε[ύσ]αντα [τῆ]ς προκαθ[ηγ]έ[τι]δος τῆς πόλεος θεᾶς
10 ᾿Αθηνᾶς ‖ [Πολ]ιάδος καὶ τῶ[ν θ]εῶν Σε[β]αα[σ]|τῶν, [πρυ]τανεύσαντα φιλο-
τεί|μως, ὑποφυλάξαντα τοῦ Λυκίω[ν] | ἔ[θ]νους, ὡς καθ᾿ ἑκάστην ἀρχὴν |
15 τετειμῆσθ[αι α]ὐτὸν ὑπὸ τῆς ‖ πόλεος, πολ[λ]ὰ καὶ με[γά]|λα παρ[ει]σχημένον
τῆ πατρίδ[ι] | ἐν τῷ τῆς ζωῆς αὐτοῦ χρόν[ῳ] | καὶ μετὰ τὴν τελευ[τὴ]ν δὲ |
20 αἰωνίους δωρεὰς κα[ταλελοι]‖πότα τῆ πατρίδι εἴς τε ἀναθήμ[ατα] | καὶ θ]εωρίας

καὶ δι[α]νομὰς, ἀρετῆς | [ἕν]εκεν τῆς εἰς αὐτο[ὺ]ς, τὴν δὲ τοῦ | ἀνδριάντος ἀνάσ-
25 τασιν ἐποιήσατο | Μέννησσα ἡ καὶ Τερτία Ἐνϐρόμο[υ]? ‖ Φασ[η]λεῖτις, ἡ [θ]εία
καὶ κ[λη]ρονόμος αὐτοῦ, κα[θὼς | ὁ] Πτολεμαῖος διετάξατο.

---

765. Phaselide. — Bérard, *Bull. de corr. hellén.*, XVI (1892), p. 446, n. 97.

Αὐρ. Τροχόνδας τὴν | σορὸν ἑαυτῷ [κατεσκεύασεν · εἰ δέ] | τις ἑτε[ρος ἐκκη-
δεύσει] τείσῃ [τῷ ἱε]ροτά[τῳ ταμείῳ] δηνάρια φ'.

---

766. Saradjik. — Petersen et Luschan, *Reisen in Lykien*, p. 153, n. 1826.

Post 1 versum :

......ἢ ἀποτείσει ὁ τ]οῦτο ποήσας τῷ τοῦ κυρίου Καίσαρος ταμείῳ δηνάρια
,μϐφ' [1]......

1. Ita traditur.

---

767. Trebennae. — Lanckoronski, *Villes de Pamphylie et Pisidie*, II, n. 183.

Μ. Αὐρ. [Σ]ό[λω]ν[α] Δημητρι[αν]οῦ | ἀπὸ Λυχιαρχίας γενόμενον | καὶ κοινὸν
5 ἄρχοντα τοῦ λαμ|προτάτου Λυκίων ἔθνους [1] ‖ καὶ ἀρχιφύλακα | ἡ πατρὶς ἡ λαμπρὰ
Τρεϐενατῶν | πόλις.

1. Sive ἐθνικὸς ἄρχων, quod idem valet ac Λυκιάρχης; cf. Fougères, *De Lyciorum communi*,
p. 97.

PAMPHYLIA

768. Attaleae in miliario. — *C. I. L.*, III, 6737.

[T]i. Claudius Drus[i f.] Cae|sar Au[g. G]erm[an]i|cus, pontif. maxim[u]s, |
5 trib. po[t.] X, imp. XVIII, p(ater) p(atriae), cos. de||si[g]. V ¹, [p]er M. Ar[ru]n-
tium | Aqu[il]am ² procur(atorem) su[um] ³ | uias refecit. |

10 [T]ι[βέ]ρι[ος] Κλαύδιος | Δρούσ[ου] υἱὸς Καῖσαρ || Σεβαστὸς Γερμανι|κὸς,
ἀρχιερεὺ[ς μ]έ|γιστος, δημα[ρ]χι|κῆς ἐξουσίας [τ]ὸ | ι′, αὐτοκράτω[ρ τὸ ιη′], ||
15 πατὴρ πατρίδ[ο]ς, [ὕπατος | ἀποδεδειγμένος τὸ ε′, | διὰ Μ. Ἀρρούντιον Ἀκουί-
λαν | τὸν ἐπίτροπον ἑαυτοῦ | ὁδοὺς ἀποκατέστησε.

1. Anno 50 p. C. n. — 2. *Prosop. imp. rom.*, I, p. 145, n. 935. Potuit esse pater illius
Arruntii qui consulatum gessit Vespasiano imperante (ibid., n. 934). — 3. Hinc didicimus
suum procuratorem etiamtum anno 50 fuisse Pamphyliae, quae jam anno 25 in pro-
vinciae formam redacta erat, quanquam narravit (Dio LX, 17), unam provinciam factam
esse anno 43 ex Lycia et Pamphylia.

---

769. Attaleae. — Lanckoronski, *Villes de Pamphylie et Pisidie*, I, n. 1.

.......ν ¹ Αὐτο|κράτορ]α Σεβα[σ|τὸν Γ]ε[ρ]μανι|[κὸν ὁ] δῆμος.

1. Nomina erasa aut Claudii aut Neronis.

---

770. Attaleae. — Le Bas et Waddington, III, n. 1359.

5 Αὐτοκράτορα | Καίσαρα Θεοῦ | Τραιανοῦ Παρθι|κοῦ υἱὸν Θεοῦ || Νέρουα
10 υἱωνὸν | Τραιανὸν | Ἀδριανὸν | Σεβαστὸν Ὀλύμ|πιον, πατέρα πατρί|δος, σωτῆρα
τῆς οἰ|κουμένης, ἡ βουλὴ | καὶ ὁ δῆμος ¹.

1. Hadrianus iter fecit per Pamphyliam vere anni 129. Cf. n. 756, 757.

771. Attaleae. — Le Bas et Waddington, III, n. 1359 *bis.*

[Αὐτοκράτορι Καίσ]αρι Θεοῦ Τραιανοῦ Παρθιχοῦ υἱῷ [Θεοῦ Νέρουα υἱωνῷ
Τραιανῷ | Ἀδριανῷ Σεβα]στῷ Ὀλυμπίῳ, ἀρχι[ερε]ῖ μεγίστῳ, δημαρχιχῆς
[ἐξουσίας τὸ..., ὑπάτῳ τὸ....., πατρὶ πατρίδος], | σωτῆρι τῆς οἰχουμένης ἡ
βουλὴ καὶ [ὁ δῆμος] [1].

1. Cf. n. 770.

---

772. Attaleae, litteris ex aere auratis, quae in fronte portae Hadrianeae fixae erant.
— Lanckoronski, *Villes de Pamphylie et Pisidie,* I, n. 5.

Αὐτοκράτορι Καίσαρι Τραιανῷ Ἀδριανῷ | .... | ....

---

773. Attaleae. — Le Bas et Waddington, III, n. 1360.

Σεβαστοῦ ἀδελ|φὴν Παυλείναν [1] Ἰουλία | Σάνχτα.

1. Domitia Paulina, soror Hadriani, nupta L. Julio Urso Serviano. *Prosop. imp. rom.,*
II, p. 28, n. 161.

---

774. Attaleae. — Radet et Paris, *Bull. de corr. hellén.,* X (1886), p. 155, n. 2.

5   Αὐτοκράτορι | Καίσαρι | Θεοῦ Ἀδριανοῦ | υἱῷ Θεοῦ Τραιανοῦ ‖ Παρθιχοῦ
υἱωνῷ | Θεοῦ Νερούα ἐγγό|νῳ Τίτῳ Αἰλίῳ | Ἀδριανῷ Ἀντωνεί[νῳ] | Σεβαστῷ
10   Εὐ[σ]εβ[εῖ], ἀ[χιε]‖ρεῖ μεγίστῳ, δημαρχιχ[ῆς] | ἐξουσίας [1], ἡ βου|λὴ καὶ ὁ
δῆμος.

1. Anno 138 p. C. n.

---

775. Attaleae. — Collignon, *Bull. de corr. hellén.,* III (1879), p. 345, n. 27.

.... Καῖσαρ ..|... [αὐτ]οκράτωρ... | δημαρχιχῆς ἐξου[σίας, ... | ....
5 [....δημαρχιχῆς ....‖........... | ἐξου]σίας, πα[τὴρ πατρίδος].......

776. Attaleae. — Radet et Paris, *Bull. de corr. hellén.*, IX (1885), p. 436.

Ἡ βουλὴ καὶ ὁ δ[ῆμος] | Π. Αἴλιον Βρούττ[ιον] | Λουκιανὸν ¹ τὸν [λαμπ]ρό-
5 τατον ἀνθύπ[ατον] ² ‖ [ἐπαρχεί]ας Λυκ[ίας ³ καὶ Παμφυλίας.....

1. De eo nihil rescivimus; *Prosop. imp. rom.*, I, p. 14, n. 117. — 2. Lycia Pamphylia ab
Hadriano demum anno p. C. n. 135 senatui data est (Dio., LXIX, 14). — 3. [Παμφυλί]ας
Λυκ[ίας] editores.

---

777. Attaleae. — Lanckoronski, *Villes de Pamphylie et Pisidie*, I, n. 9.

..[Κρεπερήιον........ ......γυμνασιαρχήσαντα] καὶ νέων καὶ παίδων, ἔπαρχον
σπε[ίρας] | Βρεττανvικῆς ¹, χειλιάρχον λεγιῶ[νος ιε΄] | Ἀπολλιναρίας, ἔπαρχον
5 εἴλης πρ[ώτης] | Δαρδάνων ², ἔπαρχον ἔθνους Δρομ... ³, ‖ γένους συνκλητικοῦ ⁴,
φίλον καὶ ἐ[π]ί[τρο]|πον γενόμενον τῶν Σεβαστῶν, | Τ. Κρεπερήιος Φρόντων τὸν
ἑα[υτοῦ | πατέρα.

1. Aliqua ex cohortibus dictis Britannicis. — 2. Ala I Vespasiana Dardanorum Moe-
siae Inferioris. — 3. Praefectus gentis ignotae. De praefectis illis qui non semel titulis
in Africa repertis memorantur cf. R. Cagnat, *Armée romaine d'Afrique*, p. 327 et suiv. —
4. Ipse eques Romanus senatores genuit. Crepereios ordinis senatorii novimus Proculum
et Rogatum, *Prosop. imp. rom.*, I, p. 480, n. 1286, 1287. Alios vide : *ibid.*, n. 1283-1285.

---

778. Attaleae. — Radet et Paris, *Bull. de corr. hellén.*, X (1886), p. 148, n. 1.

Μ. Γάουιον, Λ. υ(ἰὸν), Γαλλικὸ[ν] ¹ | ἱερέα διὰ βίου Σεβασ|τῆς Νείκης,
5 ἀρχιερέα | τῶν τριῶν πενταετηρ[ι]‖κῶν ² ἐκ τῶν ἰδίων, τετει|μημένον ὑπὸ τοῦ
Σεβασ|τοῦ ἵππῳ δημοσίῳ ³ ἐν Ῥώ|μῃ, ἐπίλεκτον κριτὴν ἐκ | τῶν ἐν Ῥώμῃ δεκου-
10 ριῶν ⁴, ‖ συνήγορον καὶ προήγορον ⁵ | τῆς πατρίδος διηνεκῆ, | τετειμημένον πολει-
15 τ[ε]ί|αις καὶ ἀνδριᾶσιν καὶ προ|εδρίαις ὑπό τε τῶν ἐν ‖ Παμφυλίᾳ πόλεων καὶ
τῶν | ἐν Λυκίᾳ καὶ τῶν ἐν Ἀσίᾳ, | ἐπί τε συνηγορίαις καὶ σε|μνότητι, ὑπό τε
20 κολωνε[ι]ῶν καὶ δήμων ἐλευθέρων ⁶, ‖ πολλοὺς ὑπὲρ τῆς πατρί|δος καὶ πόλεων
πλείστων | ἀγῶνας εἰρηκότα ἐπί τε | τῶν Σεβαστῶν καὶ τῶν ἡγε||[μόν]ων,
25 ἔπαρχον τεχνει‖τῶν ⁷, Μ. Γάουιος Εἰρη|ναῖος τὸν ἑαυτοῦ πάτρω|να καὶ εὐεργέτην.

1. Ad eamdem fortasse gentem pertinuerunt M. Gavii Squillae Gallicani, pater et filius,
qui consulatum adepti sunt alter anno 127, alter anno 150; *Prosop. imp. rom.*, II, p. 113,
n. 66, 67. — 2. Illi ludi quinquennales videntur fuisse celebrati ab illo, qui tum Augusti

flamonio fungebatur, majore apparatu quam annui. Cf. n. 781. Quinquennales ludos ter celebraverat Gavius pecunia sua. — 3. Donatus equo publico ab imperatore. — 4. Selectus judex ex decuriis. — 5. Συνήγορος, ut conjicitur, dicebatur vir ad imperatorem aut praesidem delegatus, qui civitatem in certis negotiis defenderet; προήγορος autem patronus per quem in ipsa civitate magistratus cum imperatore aut praeside agebat; ita ut συνήγορος idem esset qui σύνδικος, προήγορος idem qui ἔκδικος. Cf. supra n. 64. — 6. Civitates liberae. — 7. Praefectus fabrum.

---

779. Attaleae. — Lanckoronski, *Villes de Pamphylie et Pisidie*, I, n. 6.

Ῥοῦφον, νεανίαν κόσμι|ον καὶ σώφρονα, ἔπαρ|χον τεχνειτῶν, υἱὸν | Γαίου
5 Λικιννίου Φλάμ|μα, ἐπάρχου τεχνει|τῶν καὶ ἱερέως διὰ βίου | Διὸς Τροπαιούχου,
10 ζή|σαντα καλῶς, ἀρετῆς ἕνεκα · | τὸ δαπάνημα ἐποιήσατο ‖ ὁ πατὴρ μνήμης χάριν. |

........¹ χ[α]ὶ ἔνδ[οξο]ν, κόσμιον καὶ σώ[φ]|ρονα, ἔπαρχον τεχνει|[τ]ῶν, υἱὸν
15 Γαίου Λικιν[νίου] | Φλάμμα, τοῦ .....‖..... ἐπ[ά]ρχου | τεχνειτῶν καὶ ἱερέως |
20 διὰ βίου Διὸς Τροπαιού|χου, ζήσαντα καλῶς, | ἀρετῆς ἕνεκα. ‖ Τὸ δαπάνημα
ἐποιήσατο | ὁ πατὴρ μνήμης χάριν.

1. Traditur : ΙΙΩ..ΝΙΙΡΩΝ.

---

780. Attaleae. — Ramsay, *Bull. de corr. hellén.*, VII (1883), p. 263, n. 5. Est inter schedas Instituti archaeologici Vindobonensis.

[Ἡ βουλὴ καὶ ὁ δῆμος ἐτείμησεν ἀρχιερέα τῶν Σεβα]στῶν¹ κα[ὶ φι]|λόδοξ[ο]ν²
5 ἐκ τῶν ἰδίων | Καλπούρνιον Κοδράτου | υἱὸν Διόδωρον, υἱὸν βουλῆ[ς] ‖ δήμου
γερουσίας, φιλοκαίσα[ρα] | καὶ φιλόπατριν, ἱερέα διὰ | βίου Ἀπόλλωνος ἀρχηγέ-
10 του | καὶ θεοῦ μεγάλου Διονύσου | καὶ θεοῦ Ἄρεως, καὶ θεᾶς Ἀρτ[έ]‖μιδος Ἐλα-
φη[6]όλου πρῶτον | καὶ ἱερέα διὰ βίου θεᾶς Λητο[ῦς] | τῆς Περγαίων πόλεως³,
15 ἀρχι[ε]|ρασάμενον τετραετίαν καὶ | ἐπιτελέσαντα κυνηγεσία[ς] ‖ καὶ μονομαχίας
μεγαλοπρ[ε]|πῶς καὶ ἀγωνοθετήσαντα | τοὺς μεγάλους πενταετη|ρικοὺς ἀγῶνας
καὶ τοὺς λο[ι]|ποὺς πάντας ἐν τῇ τετραετίᾳ⁴.

1. [Τὸ συνέδριον τῶν νέων φιλοσεβά]στων, Ramsay. — 2. φι]λοδόξ[ω]ν, Ramsay. — 3. Superiora sacerdotia fuerunt Attaleorum. — 4. Flamen Augusti in unum annum eligebatur, cui nomen suum imponebat: ludi etiam provinciales quotannis celebrantur. Sed ille **Calpurnius** suo anno ludis praefuerat quinquennalibus, qui post lapsos quatuor annos

(τετραετίαν) majore apparatu agitabantur quam annui. Cf. n. 778. In nummis Attaleorum memorata est, ut videtur, illa ipsa panegyris : *Greek coins in the British Museum, Lycia*, p. 114, n. 27, pl. XXIII, 10.

---

781. Attaleae. — Ramsay, *Bull. de corr. hellén.*, VII (1883), p. 265, n. 6.

Οἱ γέρ[οντες ἐτ]είμησαν ἐ[x] τοῦ | [ἰ]δίου Μ. Πετρώνιον Φίρμον | [Κ]α[λπο]ύ[ρ]-
5 νιον? Σαιχλάριον ἱε[ρ|έα] διὰ βίου θεοῦ ᾿Απόλλωνος‖ [᾿Α]ρχηγέτου, ἀρχιερέα τῶν
Σεβασ|τῶν, καὶ ἀγωνοθέτην τῶν.....

---

782. Attaleae. — Radet et Paris, *Bull. de corr. hellén.*, X (1886), p. 156, n. 3. Est inter schedas Instituti archaeologici Vindobonensis.

Μ. Πλάνχιον Μ. υ(ἱὸν) Πλάτω[να Καλπουρ]|νιανὸν [1] Πρόκλον ἄνδρα x[α|λ]ὸν
5 καὶ ἀγαθὸν, γένους ἱερα[τι|x]οῦ γυμνασιαρχιχοῦ ἀρχι[ερατι]‖xοῦ [2], [ἄρ]ξαντα τῆς
πόλ[εως] | [x]αὶ εἰ[ρηναρ]χήσαντα, [τόν|δ]ε ἀνδριάντα ἀνέστησα[αν] Μ. Πλάν-
χιος Πλάτων xα[ὶ] Λ(ουχία) Τιβ(ερίου) [θ]υ(γατὴρ) Καλπουρνιανή.

1. [Μεμ]μιανόν, Radet et Paris. — 2. Cf. Heller, *de Cariae Lydiaeque sacerdotibus, Jahrb. für class. Philologie*, XVIII (1892), Suppl. Band, p. 222.

---

783. Attaleae. — Lanckoronski, *Villes de Pamphylie et Pisidie*, I, n. 8.

... γυ]μνασι[αρχήσαντα καὶ νέων | x]αὶ γεραιῶν καὶ παίδων καὶ ἀγω|[ν]ο-
5 θετήσαντα τοὺς μεγάλους | [ἱερ]οὺς ἀγῶνας τῶν Σεβασ‖[τείων κοσμίω]ς καὶ
ἐνδόξως | [εὐεργεσίας] ἕνεκα.

---

784. In vico Evdir-Khan prope Attaleam. — Kaibel, *Epigr. gr.*, n. 808.

Αὐρ(ήλιος) Θομου?..... |
['Ορ]θαγόρας εἰρήν[ης] | ἄρξας στῆσα|το βωμοὺς ‖
5 Φοίβῳ καὶ κού|ρῃ ᾿Αρτέμιδ[ι] εἵ|νεχεν εὐχῆς, |
μέτρον [στ]ή[σα]ς | π[λ]η[σθ]είσα[ι]ς πηγαῖς‖ ὑπὸ νυμφῶν, |
10 ἄμφω ὅπως πο|ταμὸς λαγόνων | ῥεί[θ]ροι[ς ὑπ]ογεύοι [1].

1. « Utramque aram posuit, ut jam fluvius superstagnantes fontium undas suis aquis subfunderet. » Kaibel.

785. Attaleae. — Ramsay, *Bull. de corr. hellén.*, VII (1883), p. 260, n. 2.

Ἄρχετ(αι) ἡ πανή[γ]υρις | τοῦ Ζιζύφου (?) κατὰ τὸ | θεῖον θέσπισμα [1] ἀπὸ
5 τῆς | πρὸ α' εἰδῶν Μ[α]ίων ἕως ‖ τῆς πρὸ ι' καλ(ενδῶν) Ἰουνίων [2], κατὰ |
Παμφυλ(ίους) μη(νὶ) η', κϛ' ἕως λα' [3], ἔχουσα ἀγέ[λ]ιον [4] (?) τῶν ι' ἡμερῶ[ν] [5] · |
ἡ λαμ(προτάτη) Ἀτταλέων κολω[νία].

1. Ex imperatoris rescripto, qui ludos Zizypho (?) condendos probavit. — 2. Ex pridie
idus Maias (die XIV mensis Maii) in ante diem X kalendas Junias (XXIII Maii). — 3. Ex
mensis octavi (Dystri) die XXII in diem XXXI. Unde sequitur apud Pamphylios quoque,
more Lyciorum Sidonio kalendario usos, annum mense Octobri (Loo) incepisse. Cf. Fou-
gères, *De Lyciorum communi*, p. 58-59. — 4. ΑΠΕ.ΙΟΝ traditur, quod ferri vix potest.
Intellige coetum, conventum. — 5. Qui ludi decem dies tenent.

---

786. Attaleae. — Radet et Paris, *Bull. de corr. hellén.*, X (1886), p. 157, n. 5.

5 ..... Μόδε|στος σοφιστὴ[ς], | εἷς μετὰ τῶν] ἑπτὰ σοφῶν, ‖ μὴ γεμίσας |
εἴκοσι πέν|τε ἔτη. |
10 Μετὰ τὸ κήδε[υμα] | Γναί(ου) Οὐαλεριαν(οῦ)..... | ..... καὶ ..... ‖ Φλ.
Μοδέστο[υ] εἰς τὸν ἄνω τάφον μηδένα ἄλ[λον] | ἐξὸν εἶναι κηδε[ύειν. Ἄν δέ
τις τινὰ κηδεύ]|ση, ἔστω ὑπεύθυνος εἰς τ[ὸν] | φίσκον δηναρίοις ͵βφ'..... [εἰς] ‖
15 δὲ τὸν κάτω τάφον τοῦ.....

---

787. Attaleae. — Ramsay, *Bull. de corr. hellén.*, VII (1883), p. 266, n. 8.

Post 5 versus :

... ἐὰν | δέ τις ἐπιϐάλι, δώσι τῷ φίσκῳ δην(άρια) ͵βφ' [1].

1. Cf. alias multas funerales in titulis duobus Attaleae repertis : Lanckoronski, *Villes
de Pamphylie et Pisidie*, I, n. 19 : δηνάρια ͵βφ' ; *Denschr. der Akad. in Wien*, 1896, p. 132,
n. 220 : δηνάρια α.

---

788. Pergae. — Lanckoronski, *Villes de Pamphylie et Pisidie*, I, n. 30[1].

Ὁ δῆμος [ὁ] Περγαίων Τιϐέ[ριον] Κλαύδιον Καίσαρα Σεϐαστὸν | πατέρα
πατρίδος.

789. Pergae. — *C. I. L.*, III, 6734.

a) Claudio Caesari German[ico Augusto Neroni] | C. Julius Cornutus cum uxo[re et liberis] |......

b)..... ¹ Σεβαστῷ Νέ[ρωνι Γ. Ἰούλιος Κορν]οῦτος καὶ ἡ γυνὴ αὐτοῦ | καὶ τὰ τέχνα... καὶ ἀνέθηκαν.

1. « Plures versus videntur erasi » *C. I. L.* — 2. « Nomina imperatoris contra usum sollemnem ordinata sunt; sed quum latini tituli principium supersit, graeci autem extrema duo imperatoris vocabula, supplementa alia non videntur posse admitti. *Augustus Nero* conferri potest cum *Augusto Caesare* arcus Polensis (*C. I. L.*, V, 18). » *Ibid.*

---

790. Pergae. — Lanckoronski, *Villes de Pamphylie et Pisidie*, I, n. 36.

[Θεοῦ Νέρουα υἱῷ | Αὐτοκράτορι Νέρου]|ᾳ Τραιανῷ Καίσαρ[ι | Σε]βαστῷ
5 Γερμανικῷ ‖ [Δα]κικῷ ¹ καὶ Ἀρτέμιδι | [Π]εργαίᾳ καὶ τῷ δήμῳ | [Ἀ]πολλώνιος
(δὶς) φύσει δὲ | Τροχόνδου καὶ Χρυσώ, | ἡ γυνὴ αὐτοῦ, καὶ τὰ τέ|χνα αὐτοῦ
10 ἐκ τῶν ἰδ[ί]|ων ἀνέθηκαν καὶ | καθιέρωσαν.

1. Post annum 102, ante 116, quo Parthicus etiam cognominatus est.

---

791. Pergae. — Lanckoronski, *Villes de Pamphylie et Pisidie*, I, n. 37, 38.

5 *a*) Ἀυτοκράτορ[α] | Καίσαρα | Μ. Ἀντώνιον | Γορδιανὸν ‖ Σεμπρωνιανὸν ¹ |
Ῥωμανὸν Ἀφρι|κανὸν πατέρα, ...

5 *b*) Αὐτοκράτορα | Καίσαρα | Μ. Ἀντώνιον | Γορδιανὸν Σεμπρωνιανὸν ‖ [Ῥ]ωμα-
νὸν Ἀφρι[κ]|ανὸν υἱὸν | [Ε]ὐσεβῆ Εὐτυχῆ | Σεβαστὸν σ[ωτῆρα] | τῆς οἰκου-
10 μέν[ης] ‖ ἡ γερουσία.

1. His titulis tandem quaestio dirempta est, quae inter homines doctos pendebat, utrum *Sempronius* an *Semnus* cognomen Gordianis esset; jam didicimus eos *Semproniano* cognomine usos esse. Hoc cognomen plenum exstat etiam in titulo latino quem nuper edidit R. Cagnat in *Festschrift Otto Hirschfelds*, p. 169.

---

792. Pergae. — *C. I. Gr.*, 4342 *b²*, p. 1160.

5 Ἀυτοκράτορα | Καίσαρα | Μ. Ἀντώνιον | Γορδιανὸν ‖ Εὐσεβῆ Εὐτυχῆ | Σεβασ-
τὸν | σωτῆρα τῆς | οἰκουμένης ¹ | ἡ γερουσία.

1. Videtur hic titulus Gordiano III positus esse, ut tituli n. 791 Gordianis I et II, post annum 242, dum ille cum Persis decertabat. *Prosop. imp. rom.*, I, p. 99, n. 666.

793. Pergae. — Lanckoronski, *Villes de Pamphylie et Pisidie*, I, n. 34.

['Η] βουλὴ καὶ ὁ δῆμος | τῆς ἱερᾶς καὶ λαμπρᾶς | καὶ ἐνδόξου καὶ νε|ωκόρου
5 Περγαίων ❙ πόλεως | Π. Ἰούλ. Αἰμίλιον | Ἀκύλαν | τὸν κράτιστον | ἡγε-
μόνα ¹......

1. Anno ignoto. *Prosop. imp. rom.*, II, p. 160, n. 78.

---

794. Pergae. — Le Bas et Waddington, III, n. 1371.

a. Ὁ δῆμος ὁ Περγαίων........ |

b. ...[διὰ τὴν εἰς τὴν ἐπα]ρχείαν εὐεργεσίαν |

h, i, c, k. δημιου[ργ]ὸς καὶ γυμ[νασίαρχος] Κοκκηία Τ........ | ....[ἀργυ-
ρί]ου? μ(υριάδας) δ΄ |

d, f, g, e. [Πλ]ανχία Μα..... | Πλανχίου Οὐάρ|ου¹ καὶ | [τῆς] πόλεως θυγατήρ.

1. Fortasse M. Plancius Varus proconsul Bithyniae circa annum 70, Asiae circa annos
78/79 : *Prosop. imp. rom.*, III, p. 42, n. 334.

---

795. Pergae. — Le Bas et Waddington, III, 3174.

...ἐπιμε]λητὴν Ἀππία[ς? ...|.....]κι ἐπὶ τῶν κα.....|.... [κ]αὶ τῇ τῶν
Ἑλλή[νων .....|... ἐ]ν διακονίᾳ καὶ..........

---

796. Pergae. — Lanckoronski, *Villes de Pamphylie et Pisidie*, I, n. 33; Wilhelm,
Arch. epigr. Mittheil., XX (1897), p. 65-66.

['Ἱε]ρέα τῆς Ἀρτέμιδος | καὶ δημιουργὸν τὸ πέ[μ|π]τον, ἀρχιερέα τῶν
5 Σ[ε]|βαστῶν καὶ ἱερέα Σεβα[σ]❙τῆς Ὁμονοίας, Τιβέριο[ν] | Κλαύδιον Ἀπολλωνίου
υ[ἱ]ὸν Κυρείνᾳ Ἀπολλώνιον | Ἐλαιβάβ[η]ν, φιλοκαίσαρα | καὶ φιλόπατριν,
10 υἱὸν τῆς π[ό]❙λεως, ἔπαρχον γενόμενον | ἐν Ῥώμῃ τε[χν]ε[ιτῶ]ν, ἀρ[χι.]|ερα-
σάμενον τρὶς καὶ ἀγω|νοθετ[ή]σαντα τ[ρι]ῶν ἀγ[ώ|ν]ων Σεβαστῶν, τρὶς
15 π[ρ]ε[σβεύ|❙σαντα δω[ρ]εὰ[ν] εἰς Ῥώμην χα[ὶ] | κατ[ορ]θ[ω]σάμενον [τῇ Περ|]γαία
Ἀ[ρ]τέμιδι τῆ[ν ἀσυλί]|αν (?) ¹ καὶ τῷ δήμῳ τὰ μέγιστα | [κ]αὶ συνφέροντα, [ἔν]
20 τε ταῖς ❙κατασχούσαις σειτο[δεί|α]ις προχρήσεις δόντα ἀρ|[γ]υρίων εἰς ἀγορασμὸν
23 π[υ|ρῶ]ν, πολλάκις τε δόντα | [ἑστιάσ]εις πανδήμους το[ῖς ❙ κατ[ο]ικοῦσι τὴν

πόλιν καὶ τ[οῖς | ἐπ]ιδη[μήσασ]ιν ξένοις, [ἐ|πι]σκευάσαντά τε τὸ βο[υ]|λευτήριον ἐκ τῶν ἰδίων.

1. [στό]αν Lanckoronski, [ασυλῖ]αν? Wilhelm, *loc. cit.* Cf. *Bull. de corr. hellén.*, X (1886), p. 159.

---

797. Pergae. — Lanckoronski, *Villes de Pamphylie et Pisidie*, I, n. 39.

Ἱέρειαν τῆς προε[σ]τώσης τῆς | πόλεως ἡμῶν θεᾶς Ἀρτέμιδος ἀσύλου ¹ | καὶ ἱέρειαν Ἀθηνᾶ[ς δι]ὰ βίου, Κλ. Παυ|λ[ε]ίν[αν] Ἀρτεμεισία[ν, θυ]γατέρ[α Κλ.
5 Ἀπε]λ|Πλείν[ου καὶ] Οὐλπ. Ἀρτεμεισίας ἀρχιερέων, | Μ. Κλ. Ῥοτεῖλιος Οὐᾶρος ², ἔπαρχος ἱππέων | εἴλης α΄ Κολωνῶν ³, καὶ Λ. Κλ. Προπινκι|ανὸς ⁴ Ἀπελλῖνος, χειλ(ίαρχος) λεγ(εῶνος) [β΄] Τραιανῆς ⁵, | τὴν μάμμην οἱ ἔγγονοι.

1. Hoc verbum etiam in nummis prope templum Dianae Pergeae legitur : Barclay V. Head, *Hist. num.*, p. 585. Cf. titulum n. 796, not. 1. — 2. Fortasse ejusdem familiae fuit T. Rutilius Varus, *Prosop. imp. rom.*, III, p. 150, n. 181, ubi hic quoque Marcus citatur. — 3. Ala I Augusta gemina colonorum in Asia semper habuisse castra sua videtur. Cichorius ap. Pauly-Wissowa, *Realencyclopädie*, I, col. 1238, 52. — 4. Propinquianus. — 5. Legio II Trajana, a Trajano primum conscripta, Alexandriae tendebat.

---

798. Pergae. — Lanckoronski, *Villes de Pamphylie et Pisidie*, I, n. 35.

.......ἐτείμ[ησεν | τὸν] ἱερέα τῶν Σε[βασ]|τῶν, ἀποδειχθ[έντα] | δὲ καὶ ἀγωνο-
5 θέ[την] ‖ τῶν μεγάλων [Οὐ|α]ρείων πενταετηρ[ικῶν] | ἀγώνων, Γάιον Ἰο[ύλιον] | Κορνοῦτον Βρυων[ιανέν].

---

799. Pergae. — *C. I. L.*, III, 6735.

C. Iulius Plo|camus ui|uos sibi et | suis. ‖
5 Γάιος Ἰούλιος | Πλόκαμος | ζῶν ἑαυτῶι | καὶ τοῖς ἰδίοις.

---

800. Syllii. — Lanckoronski, *Villes de Pamphylie et Pisidie*, 1, n. 58; cf. P. Paris, *Quatenus feminae res publicas..... attigerint* (1891), p. 141.

[Ἡ βουλὴ καὶ ὁ δῆμος ἐ]τείμη[σεν] | Μεγακλέα Μεγακλέους, | φύσει Ἀπολ-
5 λωνίου τρὶς | Μεγακλέους, δημιουργὸν ¹ καὶ ‖ γυμνασίαρχον, ἐπιδόντα δι|ὰ τῆς

μητρὸς Μηνοδώρας ἐν | τῷ ἔτει τῆς δημιουργίδος αὐ|τοῦ διανομῆς ἐκάστῳ
10 βου|λευτῇ δηνάρια κ´, γεραίῳ δὲ καὶ ἐ[κ]‖κλησιαστῇ ἀνὰ δηνάρια ιη´, πολεί[τῃ] |
δὲ ἀνὰ δηνάρια β´, ἀ[πε]λευθέροις δὲ καὶ | παροίκοις ἀνὰ δηνάρια α´, ἔτι ἐπιδόντα
δ[ι]‖ὰ τῆς μητρὸς καὶ εἰς τροφὰς παίδων ² | ἀργυρίου μυ(ριάδας) λ´ · ἥτις
15 κατεσκεύασε ‖ τόν τε ναὸν καὶ τὰ ἐν τῷ ναῷ ιε[ρὰ] ³, | τά τε ἀργύρεα τρία
ἀπὸ μυ:ριάδων) λ´ καὶ δηνάρια ιδ´, | καὶ τὸ τῆς Τύχης ἱερὸν ἀχρελε|ράντινον ⁴
20 ἐπίχρυσον σὺν τοῖς | παρέργοις περὶ τὴν βάσιν κα[ὶ] ‖ τὴν ἀργύρεον τράπεζαν
καὶ τὰ | πλινθεῖα ⁵ καὶ τὰς στοὰς καὶ τὸν | ἀνδριάντα, | πάντα εἰς μνήμην
καὶ τειμὴν | τοῦ υἱοῦ αὐτῆς.

1. Cf. n. 796 et 801, not. 3. — 2. Cf. n. 801, not. 4. — 3. Videlicet deorum signa. —
4. Cujus extremi artus et caput erant eburnea. — 5. Tectorum lacunaria.

---

801. Syllii. — Lanckoronski, *Villes de Pamphylie et Pisidie*, I, n. 59; cf. P. Paris,
Quatenus feminae res publicas..... attigerint, p. 139.

['Η γ]ερουσία καὶ ὁ δῆμος ἐτ[είμη|σεν] ἱέρειαν θεῶν πάντων καὶ [ιε|ρο]φάντιν
5 διὰ βίου ¹ καὶ δεκά[πρωτον] ² | Μηνοδώραν Μεγαχλέους, [δημι]‖ουργὸν ³ καὶ
γυμνασίαρχον [ἐλαί]|ου θέσει, θυγατέρα δημιουρ[γοῦ καὶ] | δεκαπρώτου καὶ
γυμνασιά[ρχου] | ἐλαίου θέσει, ἐπιδοῦσαν ὑ[πὲρ] | τοῦ υἱοῦ Μεγαχλέους τῇ
10 π[ατρί]‖δι εἰς παίδων τροφὰς ⁴ ἀργυρ[ίου] | μυριάδας τριάκοντα, ἔτι ἐ[πιδοῦ]|σαν ἐν
τε τῇ ἰδίᾳ γυμνασια[ρχίᾳ] | καὶ τῇ τοῦ υἱοῦ δημιουργί[δι καὶ] | τῇ ἰδίᾳ δημιουργίδι
15 καὶ τῇ [τῆς] ‖ θυγατρὸς γυμνασιαρχίᾳ [βου|λ]ευτῇ μὲν ἑκάστῳ δηνάρια πε´,
γε[ραιῷ] ⁵ | δὲ ἑκάστῳ δηνάρια π´, ἐκκλεσιαστ[ῇ] | δὲ ἑκάστῳ δηνάρια οζ´, γυναιξὶ
20 δὲ το[ύ]‖των ἑκάστῃ δηνάρια γ´, πολείτῃ δὲ ἐ[κά]‖στῳ δηνάρια θ´, οὐινδικταρίοις ⁶
δὲ κ[αὶ] | ἀπελευθέροις καὶ παροίκοις ⁷ [ἀ]|νὰ δηνάρια γ´ · τόνδε ἀνδριάντα
ἀν[έ]‖στησεν φυλὴ ι´ Μεαλειτίδων ⁸.

1. Cereris profecto; v. titulum n. 802. — 2. Nota feminam decemprimatus munere
functam; nulla alia hactenus innotuit; cf. Paris, *op. cit.*, p. 74. — 3. Δημιουργοὶ in
Pamphylia et Cilicia maxime inveniuntur; unum annum gerebant honorem suum; quis
autem fuerit ambigitur; Liebenam, *Städteverw*, p. 292. Alias feminas demiurgia functas
recensuit P. Paris, *op. cit.*, p. 73. — 4. Puerorum alimenta; cf. Liebenam, *Städteverw.*,
p. 107. — 5. In quemque seniorem τῆς γερουσίας. — 6. *Vindictarius* dicebatur libertus
qui libertate donatus fuerat per vindictam, non per testamentum. — 7. Πάροικοι, ut
Atheniensium μέτοικοι, ut *incolae* municipiorum, non plena civitate fruebantur. — 8. Syl-
lium igitur non minus decem tribubus habuit. Unde tribus Μεαλειτίδων nomen suum
traxerit, non constat.

802. Syllii. — Lanckoronski, *Villes de Pamphylie et Pisidie*, I, n. 60; cf. P. Paris, *Quatenus feminae respublicas..... attigerint*, p. 140.

['Η β]ου[λὴ καὶ | ὁ δῆμος] ἐτείμησεν | ἀρχιέρειαν τῶν Σεβασ|τῶν, ἱέρειαν
5 Δήμητρος ‖ καὶ θεῶν πάντων καὶ ἱερο|φάντιν τῶν πατρίων θεῶ[ν] | καὶ κτισ-
τρίαν ¹ καὶ δημιουργ[ὸν] | καὶ γυμνασίαρχον ἐλαί[ου θέ|σει Μ]ηνοδώραν Μεγα-
10 κλέους ² τ[ε|λεσαμ]ένην δεκαπρωτίαν, θυγα[τέ|ρα καὶ] ἐγγόνην καὶ ἀπόγονον |
[ἀρχιερέ]ων καὶ δημιουργῶν [καὶ | γυμνασ]ιάρχων ἐλαίου θέσει καὶ | δεκαπρώτων,
15 ἐπιδοῦσαν ἔν τε τ[ῇ] ‖ δημιουργίδι καὶ τῇ γυμνασιαρχ[ίᾳ] | καὶ τῇ ἀρχιερωσύνη
καὶ ταῖς ἱε|ρωσύναις καὶ ἐν τῇ τοῦ υἱοῦ δ[ημι]|ουργίδι καὶ ἐν τῇ τῆς θυγατρὸς
20 [γυ]|μνασιαρχίᾳ ἑκάστῳ βουλευτ[ῇ] ‖ ἀνὰ δηνάρια πη' καὶ σείτου μό(διον) α', |
γεραιῷ δὲ ἑκάστῳ δηνάρια πα' καὶ | [σ]είτου μό(διον) α', ἐκκλησιαστῇ δὲ |
[ἑ]κάστῳ δηνάρια οη', καὶ σείτου μό(διον) α', γυναιξὶ δὲ τούτων ἑκάστῃ δηνάρια
25 γ', ‖ [οὐι]νδικταρίοις δὲ καὶ ἀπελευθέροις | [ἑκ]άστῳ δηνάρια δ', ἔτι ἐπιδοῦσαν
ὑπὲρ τοῦ | [υἱο]ῦ αὐτῆς Μεγακλέους τῇ πατρίδι [εἰς | παί]δων τροφὰς ἀργυρίου
μυ(ριάδας) λ'.

1. Conditrix. — 2. Cf. n. 801. — 3. Ad eamdem feminam pertinet etiam tertius titulus mutilus : Lanckoronski, *op. cit.*, n. 61.

---

803. Aspendi supra portas theatri. — *C. I. L.*, III, 231.

Dis patris et domu Aug(ustae) | ex testamento A. Curti Crispini A. Curtius Crispinus Arrun|tianus ¹ et A. Curtius Auspicatus T[iti]nnianus fecerunt | .

5 Θεοῖς [π]ατρίοις κα[ὶ τ]ῷ [οἴκῳ τῶ]ν Σεβαστ[ῶ]ν ² ‖ [ἐκ] διαθήκης Α. Κουρ-
τίου Κρισπείνο[υ] Α. [Κ]ούρτιος Κρισ|[πεῖνο]ς Ἀρρουντιανὸς καὶ Α. Κούρτιος
Αὐσπικᾶτος Τιτιννιαν|[ὸς] ἐποίησαν.

1. Memoratur in titulo quodam, Hadriani imperio posteriore : *C. I. L.*, XIV, 3030; cf. 2695. — 2. M. Aurelius et L. Verus, ut conjicitur.

---

804. Aspendi. — Radet et Paris, *Bull. de corr. hellén.*, X (1886), p. 160, n. 8.

Τιβ. Κλ. Κυρείνᾳ Ἐρυμν[έ]|α, δεκάπρωτον, γυμνασ[ι]|αρχήσαντα ἀλείμμασι[ν] |
5 ἑλκυστοῖς ¹, υἱὸν Τιβ. Κλ. | Ἰταλικοῦ, δεκαπρώτου, ‖ ἀρχιερέως, δημιουργοῦ, |
γυμνασιάρχου καὶ ἀ|γωνοθέτου τῶν μεγά|[λ]ων πενταετηρικῶν | Καισαρήων ἀγώ-
10 νων, ‖ [ἐ]πιδόντος εἰς τ[ὴν | τ]οῦ ὕδατος εἰσαγ[ω]γ[ὴν] ² | ἀργυρίου δηνάρια

μυριάδας σ´ | καὶ πρεσβεύσαντο[ς] | πρεσβείας τρεῖς π[ρὸς] τοὺς αὐτοκράτ[ορας] ‖
15 προῖκα.

1. Oleum praestiterat, quod athletae, quantum vellent, haurirent ex doliis; cf. γυμνα-σιαρχήσαντος ἐλκυστῷ ἐλαίῳ : *C. I. Gr.*, 2719, Le Bas et Waddington, n⁰ˢ 517, 1602, 1602 *a*.
— 2. Ad exstruendum Aspendi aequaeductum, inter eos omnes qui exstant maximum, pecuniam contulerat.

---

805. Sidae. — *C. I. Gr.*, 4344.

[Αὐτοκράτ]ορα Καίσαρα | [Μᾶρκον] Αὐρήλλιον | ['Αντωνεῖν]ον Εὐσεβ[ῆ
Σεβαστόν].....

---

806. Sidae. — *C. I. Gr.*, 4343 ; cf. add.

Ἰουλίαν [Δόμναν Σεβαστὴν], | μη[τέρ]α τοῦ κυρίου [ἡμῶν] | Αὐτοκράτορο[ς
5 Μ. | Αὐρηλίου 'Αντωνείνου] ‖ καὶ τῶν ἱερῶν κάσ[τρων], | ἡ βουλὴ καὶ ὁ δῆμος.

---

807. Sidae. — *C. I. Gr.*, 4360 ; cf. add., p. 1169.

Ἐπὶ ἀνθυπάτου ¹ | Τιβερίου Κλαυδίου | Βι[θ]υνικοῦ ².

1. Post annum 135, quo τῇ βουλῇ καὶ τῷ κλήρῳ ἡ Παμφυλία ἀντὶ τῆς Βιθυνίας ἐδόθη : Dio., LXIX, 14. — 2. Vir ignotus aliunde ; cf. *Prosop. imp. rom.*, I, p. 361, n. 664.

---

808. Sidae. — *C. I. Gr.*, 4351.

Κοίν[τ]ον [Τινέιον | Ῥ]οῦφον ¹ πα..... | ποντίφιχα, | Κοίντου [Τινείου] ‖
5 Σαχέρ[δωτος | ὑπατ]ικοῦ π.|..... ποντίφιχ[ος | υἱὸν.....

1. Q. Tineius Rufus, filius Q. Tinei Sacerdotis, consulis anno 158, ut vult Borghesi, *Œuvres*, VIII, p. 189. Cf. *Prosop. imp. rom.*, III, p. 322, n. 169.

---

809. Sidae. — *C. I. Gr.*, 4348.

..... τὸν κράτιστον ἐπίτροπον] τοῦ Σεβασ|[τοῦ Ο]ὔλπιον | ..... Θέωνα ¹.

1. Supplementa incerta, vir ignotus. Cf. *Prosop. imp. rom.*, III, p. 463, n. 573.

810. Sidae. — Le Bas et Waddington, III, n. 1385.

Κυρεινίαν [1] Πάτραν, τὴν κρα|τίστην γυναῖκα Βρυωνιανοῦ | Λολλιανοῦ τοῦ
5 κρατ(ίστου) δουκηνα|ρίου, ἀπὸ ἐπιτρόπων, πριμιπι|λαρίου [2], κτίστου καὶ φιλο-
πά|τριδος, ἐν πᾶσιν εὐεργέτου | τῆς πατρίδος [3], θυγατέρα καὶ ἐγγόνην ὑπατικῶν,
10 ἡ γερουσία τοῦ με|γάλου συνεργίου τὴν φιλόπατριν. ‖ Εὐτύχει, Πηγασί [4].

1. Quirinia. — 2. Ducenarius, ex procuratore, ex primipilo. De viro cf. titulum sequen-
tem. — 3. Cf. n. 811. — 4. Pegasius signum Quiriniae inditum erat, ut aliis feminis
Florentius (*C. I. L.*, VI, 12853), Leontius (23344), Paregorius (29339), etc.; de quibus
signis muliebribus cf. Mommsen, *Hermes*, XXXVII (1902), p. 450.

---

811. Sidae. — Lanckoronski, *Villes de Pamphylie et Pisidie*, I, n. 107.

Βρυωνιανὸν Λολλιανὸν [1] τ[ὸν κρ(άτιστον)] | δουκηνάριον, πρειμιπειλά[ριον, |
ἀπὸ] ἐπιτρόπων [2], συγγενῆ ὑπατι[κῶν], | κτίστην καὶ φιλόπατριν, [ἡ φυλὴ] ‖
5 Μεγαλοπυλειτῶν. |

     Νηοῦ Νυμφάων σε παράσχεδον ἐστήσα[ντο] |
       ἡγεμόνες πυλέων, κτίστιε, τῶν [μεγάλων,] |
       τερπόμενον ῥείθροισι διειπετέος π[οταμοῖο] |
       θεσπεσίη τ᾽ ἠχῇ ὕδατος ἀενάου · ‖
10   ὑψηλῇ κραδίῃ γὰρ ἐδείμαο σοῖσι τέλεσσ[ι] |
       αὐτῶν ἐκ πηγῶν ὁλκὸν ἀπ[ε]ιρέσιον. |
          Εὐτύχι κτίστι.

1. *Prosop. imp. rom.*, I, p. 242, n. 147. — 2. Cf. n° 810, not. 2.

CILICIA

CILICIA

---

812. Artanadae. — Sitlington Sterrett, *The Wolfe expedition*, p. 53, n. 73.

⁵ Ἀρτανάδα τῆς | Ποταμίας ¹ ἐτεί|μησεν Γ. Ἰούλι|ον Οὐάλεντα ‖ β΄ στα-
¹⁰ τιωνάρι|ον ², Ἰουλίου Οὐ|άλεντος ἑκατον|τάρχου υἱὸν, ἀ|γνῶς ἀναστραφέν|τα,
μαρτυρίας χά|ριν.

1. Artanada sita est in valle depressa, quam alluit flumen Calycadnus, ut monet
Sterrett, p. 50. — 2. Cf. supra, n. 242.

---

813. Artanadae. — Sitlington Sterrett, *The Wolfe expedition*, p. 61, n. 90.

Αὐρ. Νέστωρ Παπίου σημ(αιοφόρος) ¹ | ἐπέστησεν στήλην Τάτα Σερου|[ει-
λί]ου? μητρὶ αὐτοῦ φιλάνδρῳ | .. ² μ(νήμης) χ(άριν).

1. Signifer. — 2. TK traditur.

---

814. Artanadae. — Sitlington Sterrett, *The Wolfe expedition*, p. 76, n. 131.

[......... στρ]ατιώτης λε|[γεῶνος .....]ης Παρθικῆς ¹ ἐπ‖[έστησεν στή]λην |
[τῷ υἱ]ῷ αὐτοῦ.

1. Legio I aut III; ambo in Mesopotamia tendebant.

---

815. Artanadae. — Sitlington Sterrett, *The Wolfe expedition*, p. 57, n. 81.

Λεωνίδης Σο[ύλ]λιο[ς] ἀνέστ[η]‖σεν Ἰμαν Λ..ουδριϐέ[μ]ιος καὶ | Κάστορα
Σούλλιος στ[ρ]ατιώτην μνή|μη(ς) χάριν.

816. Sinabich. — Headlam, *Journ. of hellen. studies, Suppl. pap.*, II (1892), p. 29, n. 23.

Γάιος Ἰούλιος Κέλερ | οὐετρανὸς ἑαυτῷ | καὶ Ὀκταουίᾳ τῇ γυ|ναικὶ κὲ τ[οῖς]
5 τ[έκ]νοις ‖ μνή[μης χάριν · ἄλλῳ] δ' | [οὐδενὶ ἐξόν ἐστιν τεθῆν|αι] · ἐτέθη δὲ
ἄλλος [1].

1. Tria ultima verba vivo Celere addita sunt, quum aliquem de prohibitione jussisset
excipi.

817. Sinabich. — Headlam, *Journ. of hellen. studies, Suppl. pap.*, II (1892), p. 29, n. 27.

Ἔτους οβ´ τῆς ἐπαρ|χείας [1], Σίλα[ς N]ενη|σίος ὁ καὶ Κλεό|νεικος καὶ Νενησ[ὶς] ‖
5 Ἰαμβίου ἡ καὶ Τάτας | ἐποίησαν ἑαυτοῖς | μνήμης χάριν.

1. Anno 72 provinciae. Cf. n. 818.

818. Sinabich. — Headlam, *Journ. of hellen. studies, Suppl. pap.*, II (1892), p. 28, n. 21.

5   [Ἔτου]ς οη´ | τῆς ἐπαρχείας [1] | Γ. Πομπώνιος Ἰο|υλιανὸς καὶ Νᾶς Βίλ‖λιος
ἐποίησαν ἑαυ|τοῖς καὶ τοῖς τέχνο|ις μνήμης χάριν · ὁρ|κίζω τὴν σελήνην [2].

1. Anno 78 provinciae. Aera provinciae Ciliciae quando inceperit ignoratur. Kubitschek
ap. Pauly-Wissowa, *Realencyclopädie*, s. v. *Aera*, col. 646, v. 33. Cf. titulum n. 817. —
2. De illa exsecrandi formula vide titulum Cilicium apud Hicks, *Journ. of hellen. studies*,
XII (1891), p. 231, n. 11 ; *C. I. Gr.*, 4380 t.

819. Sinabich. — Wilhelm, *Denkschr. der Akad. in Wien*, XLIV (1896), p. 126, n. 210.

....[ἑαυτοῖς καὶ τέ]|χνοις [μέχρι]ς ἐγγόνων | ὁμωνύμων [1] αὐτῶν · ἐ|ὰν δέ τις
5 ἐπενβάλει, ‖ δώσι τῷ φίσκῳ δηνάρια ͵γ καὶ | τῇ πόλει ὁμοίως.

1. Cautio latina « *ne de nomine exeat* » (F. Wamser, *De jure sepulcrali Romanorum
quid tituli doceant*, Darmstadt, 1887, p. 4 et sq.) hic primum graece expressa apparet.

· **820.** Sinabich. — Wilhelm, *Denkschr. der Akad. in Wien*, XLIV (1896), p. 126, n. 211.

Ἀμελῆς, Νέων λέγι τοῖς φίλοις [1], ἕως ζῇς μεταλάμβανε πάντων. | Μ. Αὐρ.

5 Νέων Νέωνος | τὴν θήκην ἐποίησ[εν] | ἑαυτῷ μέχρι ἐγγόνο[υ]ς · ‖ ἄλλῳ δὲ μὴ
ἐξὸν εἴ[ν]ε · | ἐὰν δέ τις ἐπενβάλῃ, ἀπο|δώσι τῷ φίσκῳ δηνάρια φ'.

1. Cf. *C. I. Gr.*, 3827, 5 (Kaibel, 362) : ταῦτα τοῖς φίλοις λέγω; et Heberdey et Kalinka,
Denkschr. der Akad. in Wien, XLV (1897), p. 40, n. 58.

Aliis titulis ibidem repertis hae multae funerales indicantur : Wilhelm, *loc. cit.*,
nn. 190 et 193 : τῷ φίσκῳ δηνάρια χίλια; 193, τῷ φίσκῳ δηνάρια αφ' καὶ τῇ πόλει δηνάρια αφ';
194, τῷ φίσκῳ δηνάρια βφ'; Headlam, *Journ. of hellen. studies, Suppl. papers*, II (1892),
p. 26, n. 12 : τῷ φίσκῳ δηνάρια χίλια; 14, τῷ φίσκῳ δηνάρια πεντακόσια; 16, τ[ῷ τα]μείῳ δηνάρια
βφ' καὶ τῇ πόλι δηνάρια βφ'; 32, τῷ φίσκῳ δηνάρια δισχίλια πεντακόσια.

---

821. Claudiopoli. — Sitlington Sterrett, *The Wolfe expedition*, p. 9, n. 3.

.... π[ρεσβευτὴν | Αὐτοκρά]τορος Καίσαρο[ς T. | Α]ἰλίου Ἀδριανοῦ
5 Ἀντωνείν[ου | Σε]β(αστοῦ) Εὐσεβ(οῦς), π(ατρὸς) π(ατρίδος), ‖ καὶ ἀντιστράτη[γον |
καὶ...] τὸν [ἀγνότατον καὶ......]

---

822. Claudiopoli. — Sitlington Sterrett, *The Wolfe expedition*, p. 8, n. 4.

..... Λ. Σεπτιμίου Σε]β(ήρου) Περτίναχος Σεβ(αστοῦ) καὶ Μάρχου [Αὐρηλίου
Ἀντωνείνου .....|............ κατ]εσκευάσθη καὶ τὸ τρίστοον τοῦ Μο......., |
[ἐπιμεληθέντος .....] κ..ρίου [1] ἡγεμόνος......

1. Traditur Κ.ΨΡΙΟΥ. Forsitan χυρίου, nisi latet cognomen praesidis.

---

823. Claudiopoli. — Headlam, *Journ. of hellen. studies, Suppl. pap.*, II (1892),
p. 24, n. 5.

Αὐρηλία Ἐμμίση μή|τηρ ἑαυτῇ<ς> καὶ | τοῖς τέχνοις αὐτ[ῆς] | καὶ μη[δ]ενὶ
5 ἑτέρῳ ‖ ἐξὸν εἶναι ἐπεμβα|λεῖν · εἰ δὲ μὴ, δώσι | τῷ ταμείῳ δηνάρια βφ' καὶ | τῇ
πόλει τὰ αὐτά [1].

1. Adde titulos sequentes ibidem repertos : Wilhelm, *op. cit.*, p. 119, n. 188 : τῷ ταμίῳ
δηνάρια βφ'; Duchesne, *Bull. de corr. hellén.*, IV (1880), p. 204, n. 24 : Καίσαρος φίσκῳ
δη|νάρια δι[α]|κύσια.

824. Esvend. — Wilhelm, *Denkschr. der Akad. in Wien*, XLIV (1896), VI, p. 129, n. 217.

Οὐαλέριος Φρόντων | οὐ[ετ]ρανὸς καὶ .....οὐ|που κατεσ[κεύασαν ἐ]|αυτοῖς.

---

825. Feriske. — Sitlington Sterrett, *The Wolfe expedition*, p. 81, n. 136.

.....χαῖρε καὶ..... γένοιτο..... | Μάρχου υ[ἱ]ὸς Κολλείνᾳ 'Ακύλας καὶ Μάρχος Οὐαλέρ|[ιος......] τὸ μνῆμα | ....ζῶν ἑαυτοῖς ἐποίησαν.

---

826. Hamaxiae in miliario. — Ex schedis Instituti archaeologici Vindobonensis.

5 Αὐτο[κράτορσιν] | Καίσαρσιν | Λουκίῳ Σεπτιμίῳ | Σεουήρῳ ▮ Εὐσεβεῖ Περτίνακι | καὶ Μάρχῳ Αὐρηλίῳ | 'Αντωνείνῳ, | Σεβαστοῖς 'Αραβικοῖς | 'Αδια-
10 βηνικοῖς ▮ Παρθικοῖς Μεγίστοις | [καὶ Λουκίῳ Σεπτιμίῳ | Γέτα Καίσαρι υἱῷ
15 καὶ ἀδελφῷ] | τῶν κυρίων ἡμῶν... | ἐπὶ τὸν [.........]ο▮τάτων καὶ ἀηττήτων | αὐτοκρατόρων | καὶ τοῦ .... '.

1. Traditur Λ.....ΑΙ...ΝΙΣ|......... Α.

---

827. Hamaxiae. — Wilhelm, *Denkschr. der Akad. in Wien*, XLIV (1896), VI, p. 138, n. 228-233.

Index mutilus 63 sacerdotum Mercurii, inter quos tres nominibus romanis signantur.

---

828. Coracesii. — Wilhelm, *Denkschr. der Akad. in Wien*, XLIV (1896), VI, p. 137, n. 223.

Ἴνγαμιν Τροχοάρεως | τὸν φιλοτειμησάμενον | τὸ ἔργον τοῦ μαχέλλου | Αὐρ.
5 Ἰνγαμιανὴ Θεοδώρα ▮ ἡ θυγάτηρ καὶ κληρονόμ[ος] | ἐξ ὧν ὀφεῖλεν τοῦ ληγάτου | τῆς πόλεως κατὰ τὴν τελευ|ταίαν γνώμην καὶ σημίω|σιν τοῦ πατρός.

---

829. Syedris. — Wilhelm, *Denkschr. der Akad. in Wien*, XLIV (1896), VI, p. 145, n. 245.

Αὐρήλιος Τυδιανὸς | Θεόδωρος νεικήσας | παίδων πάλην θέ|μιδος [Μ]ουσωνίου
5 λ' ▮ [ἐκ] φιλοτειμίας | Κ. Τινείου Σακέρδω|τος ' καὶ Οὐολλαυσσίας | Λαδίχης ',

10 τῶν λαμ|προτάτων ὑπατι‖κῶν, ἀγωνοθετοῦν|[τ]ος Αὐρ. Καλλικλια|νοῦ Ῥουφει-
νιανοῦ | Ποτείτου | τοῦ ἀξιολογωτάτου.

1. Sive Q. Tineius Sacerdos Clemens, cos. anno 158 p. C. n. (*Prosop. imp. rom.*, III,
p. 323, n. 172), sive potius Q. Tineius Sacerdos, filius ejus, qui fasces obtinuit primum
sub ultimos annos Commodi principis, secundum anno 219 (*Prosop. imp. rom.*, *ibid.*,
n. 171). — 2. Volusia Laodice, fortasse illius uxor.

---

830. Syedris. — Wilhelm, *Denkschr. der Akad. in Wien* (1896), VI, p. 146, n. 249.

5 Ἡ βουλὴ καὶ | ὁ δῆμος | ἐτείμησ[α]ν ¹ | Ἱερώνυμον ‖ Ἱερωνύμου | νέον τὸν |
εἰρήναρχον.

1. ἐτείμησον lapis.

---

831. Iotapae. — Wilhelm, *Denkschr. der Akad. in Wien*, XLIV (1896), VI, p. 148, n. 250.

Αὐτοκράτορι Νέρουᾳ Τραιανῷ | Καίσαρι Ἀρίστῳ Σεβαστῷ Γερμα|νικῷ Δακικῷ
5 Παρθικῷ ¹ καὶ τῇ Ἰωτα|πειτῶν πόλει Τούης Ἰρδαουέξου ‖ φιλόπατρις ἀρχιερα-
σάμενος τῶν | [Σ]εβαστῶν τὸ τρίτον καὶ δημιουρ|[γ]ήσας τὸ β΄ καὶ γυμνα-
σιαρχήσας | τὸ β΄ καὶ δι᾽ αἰῶνος γυμνασίαρχος ² | καὶ τὰς λοιπὰς φιλοτειμίας
10 πάσας ‖ ἀποπληρώσας τόν τε ναὸν καὶ | τὸ ἐν αὐτῷ ἄγαλμα ἐκ τῶν ἰδίων |
κατεσκεύασεν.

1. Titulus positus est inter annos 115-117 in templo Trajani, cujus rudera exstant,
fortasse quum Trajanus ipse in Cilicia versaretur. — 2. Perpetuum gymnasiarcham
Wilhelm (p. 153) putat eum honoris causa dictum esse, qui ludos data pecunia condi-
derat in perpetuum celebrandos.

---

832. Iotapae. — *C. I. Gr.*, 4416.

[Αὐτοκράτορα Καίσαρα | Θεοῦ Ἀδριανοῦ υἱὸν | Θεοῦ Τραιανοῦ Παρθικοῦ
5 υἱωνὸν | Θεοῦ Νέρουα ἔγγονον ‖ Τί]τον [Αἴλιον Ἀδριανὸν] | Ἀντωνεῖνο[ν
Σεβαστὸν] | Εὐσεβῆ [τὸν κύριον] | τῆς οἰκουμένης | ἡ βουλὴ καὶ ὁ δῆμος.

---

833. Iotapae. — *C. I. Gr.*, 4411.

a. [Ἡ βουλὴ καὶ ὁ δῆμος ἐτ]εί[μ]ησαν Κένδ[εο]|ν Ἀ[π]α[τ]ουρ[ί]ου, ἄ[νδρα

εὐσχη]μ[ονέστατον, τάγματ]ος [βουλευτικοῦ, πατέρα] | Κενδέου Φ[ιλοπάτριδος],
5 ἀν[δρὸς πολλὰ πε]|φιλοτειμ[ημένου περὶ τὴν πατρίδα, στρατηγήσαντ]ο[ς?.‖......
ἀρχιερασαμέν]ου | τῶν Σεβα[στῶν, δημιουργήσαντος φιλοτεί]|μως, π[ρ]υ[τανεύ-
σαντος ἀγνῶς, ἀγορα]|νο[μήσαντος ε]ὐσχ[ημόν]ω[ς, σειτωνή]σαν|τος.[ἀδια]λεί[π]-
10 τως ἐ[π]ὶ τ[ῶν ἐ]ν Κύπ[ρ]ῳ?.......‖.... φορῶν? πιστῶς..... [ὃς να]ὸν θεοῦ |
[Π]οσειδῶνος μ[ετὰ κ]αὶ τοῦ ἐν [αὐτῷ ἀγάλματος καὶ τῶν ἀνακ]ε[ι]|μένω[ν]
ἀνδριάντ[ων πάντων? οἴκο]θε[ν τῇ πα]|τρίδι κατεσκεύασεν, ἐ[πι]δοὺς καὶ εἰς
15 [τὸ κοι]|νὸν βαλανεῖον κατασκευα[ζ]όμενο[ν οἴ‖κ]οθεν δηνάρια ‚αχε΄, καὶ ἄλλας
δὲ μείζονας φιλο|τει[μ]ίας πεπο[ιη]μένος, δοὺς [καὶ] εἰς τὸ [γυμν]ά|σιον ἅμα Μᾷ
Μόψου τῇ γυνα[ικὶ] αὐτο[ῦ] ἀρ|γυρίου δηνάρια μ(ύρια καὶ) ‚ε, εἴς τε διανομὰς τῶν
20 βουλε[υ]τῶν | καὶ οἰνοδοσίας καὶ γ[υ]μνασιαρχίας τῶν πολε[ι]‖τῶν · καὶ [α]ὐτὴ δὲ
ἡ Μᾶς ἀ[ρχ]ιερασαμένη θεᾶς [Σ]ε|[β]αστῆς Φ[αυ]στείνης¹ ἔτι καὶ ναὸν θεᾶς
Μοίρας μετ[ὰ] | καὶ τοῦ ἀγάλματος οἴκοθεν τ[ῇ] πατρίδι κατεσκεύασεν.

b. ['Η βουλὴ καὶ ὁ δῆμος] ἐτείμησαν Ναννοῦν | [......γυ]ναῖκα Κενδέ|[ου,
5 ἀνδρὸ]ς εὐσχ[η]μο[νε|στ]ά[του], βουλευτι̣[κ]ο[ῦ τάγματ]ος, μ[η]τέρα..... | Κεν-
[δ]έου Φ[ιλ]οπάτριδος, [ἀνδ]ρὸ[ς πολλὰ πε]|φιλοτειμ[ημένου περὶ τὴν πατρίδα |
10 ...... ‖ ἀρχιερασαμένου] | τῶν Σεβαστῶ[ν], | δ[ημι]ουρ[γ]ήσαντ[ος] | φιλο]οτείμως
15 καὶ τὰς λο[ιπὰ]|ς δὲ ἀ[ρ]χὰς κα[ὶ φ]ιλο[τει]μί[α]‖ς ἀποπ[λη]ρώσα[ντος συμφε-
ρόντως] | τῇ π[α]τρίδι [εὐνοίας | ἕνεκεν τῆς εἰς αὐτούς.] | Το[ὺς] δὲ ἀνδριάντας |
20 ἀνέστησεν Τόμψος ‖ Κενδέου Φιλόπατρις.

c. Ὁ δῆμος ἐτείμησεν | Ἱερών[υ]μον Νέωνο[ς] | γυμνασ[ιαρ]χ[ήσ]αν[τα] |
5 κ[αὶ π]ολλὰ περ[ὶ τ]ὴν [πα]‖τρίδα πεφιλοτειμη[μέ]|νον ἀρετῆ[ς ἕν]εκεν | καὶ
εὐνοίας τῆ[ς εἰς] | αὐτόν.

1. Annia Galeria Faustina, Marci Aurelii̇ uxor : *Prosop. imp. rom.*, I, p. 77, n. 553.
Quae, Avidio Cassio oppresso, anno 175 p. C. n. maritum in Orientem comitata, anno 176
in radicibus montis Tauri in vico Halalae subito mortua est.

834. Iotapae. — *C. I. Gr.*, 4413.

a. Ὁ δῆμος ἐτείμησεν Νίνειν | Κο[τέ]ους? τοῦ Νίνει, ἄνδρα ἀ|γαθὸν, ἀρχιερα-
5 σάμενον τῶν | Σεβαστῶν καὶ πολλὰ περὶ τὴν ‖ πατ[ρ]ίδα ἐκ προγόνων πεφιλο|τει-
μημέ[νον, ἀρετῆς] ἕνεκα καὶ | εὐνοίας τῆς εἰς αὐτόν.

b. Ὁ δῆμος ἐτείμησεν Μό|ψον Νίνεπος, ἄνδρα | ἀγαθὸν ἐκ προγόνων | πεφιλο-
5 τειμημένον, ‖ ἀρετῆς ἕνεκα καὶ εὐ|νοίας τῆς εἰς αὐτόν.

c. Ὁ δῆμος ἐτείμησεν | Κόνωνα Νίνε[ι] νέον, νεανίαν | ἀ[γ]αθὸν, προγόνων
5 παναρέτων | καὶ δεκαπρώτων, πατρὸς δη‖μιουρ[γή]σαντος συνφερόντως | τῇ πόλει
καὶ παραφυλάξαντος | πιστῶς καὶ σειτωνήσαντος, | ἀρετῆς ἕνεκεν καὶ εὐνοίας |
10 τῆς εἰς αὐτὸν · τὸν δὲ ἀνδρι‖άντ[α ἀ]νέστησεν Νάνας Ἀπα|τουρίου ἡ μήτηρ
αὐτοῦ. |..........

d. Ὁ δῆμος ἐτείμησεν Ἰνδουνούα[ν]? |...... έου, ἄνδρα ἀγαθὸν καὶ φ[ι]|λό-
5 [τ]ειμον, γονέων ἀ[γ]α[θ]ῶν κα[ὶ] | διασή[μ]ων, ἀρχιε[ρατ]εύσαντα ‖ τοῦ Σεβαστοῦ
καὶ γυμνασιαρ|γήσαντα πολυτελῶς, ἀρετῆς | ἕνεκεν καὶ εὐνοίας τῆς εἰς αὐ|τόν.

---

835. Iotapae. — *C. I. Gr.*, 4414.

a. Ὁ δῆμος ἐτείμησεν.... | Νέωνος, [ἄνδρα] ἀγ[α]θὸν, [ἀρ]χιε|ρατε[ύ]σ[αντα
5 τοῦ Σεβαστοῦ | κ]αὶ πο[λλὰ περὶ τ]ὴν [π]α[τρίδα] ‖ πεφιλοτ[ειμημένον, ἀρε]|τῆς
ἕνε[κεν καὶ] εὐνο[ίας | τῆς εἰς αὐτόν].

b. Ὁ δῆμος ἐτείμησεν|..... Νίνεπος, νεανίαν ἀγαθὸ[ν ἀρχιερα|τεύσαντα τοῦ
Σεβ]αστοῦ, [πολλὰ] ἐκ προ[γό]νων | [περὶ τὴν] πατρίδα πεφιλο[τ]ειμ[ημέ]νο]ν, ‖
5 ἀρ]ετῆς ἕνεκ[εν καὶ εὐνοίας τῆς εἰς αὐτόν.

---

836. Antiocheae. — Wilhelm, *Denkschr. der Akad. in Wien*, XLIV (1896), VI, p. 154,
n. 261.

Ῥούφου κεντυ|ρίωνος ὁρ[ᾷ]ς | γαμετὴν Διοδώραν, |
5   ἣν τέκε Λουνυ... ‖ σὺν πατρὶ | Τειμοκράτει.

---

837. Antiocheae. — Wilhelm, *Denkschr. der Akad. in Wien*, XLIV (1896), VI, p. 151,
n. 256.

Κοινὸς τάφος · | Ἰνδους Νέωνος φουνδα ¹, | Ταῖς Ἰνδου χαλκεὺς, | Νέων
5 λαγη ², ‖ Ὡης Νέωνος τοῦ Μωτᾶ, | Μωτᾶς Νήσιος μονομάχος, | Ἀζαρβόλλας
Νέωνος (Σ)ούρβιος, | Μόνγης Μωτᾶ Σούρβιος, | Τετῆς Νέωνος Κασία.

1. φουνδά(τωρ?), Wilhelm. — 2. λαγη(νάριος?) Wilhelm.

---

838. Charadri. — De Catelin, *Bull. de corr. hellén.*, XXIII (1899), p. 589.

5 Αὐτοκράτορα | Καίσαρα | Σεπτίμιον | Σεουῆρον Εὐσεβ[ῆ] ‖ Περτίνακα

Σεβ(αστὸν) | Ἀραβικὸν Ἀδιαβ[η]|νικὸν Παρθικὸν | Μέγιστον ' π(ατέρα) π(ατρίδος),
5 τὸν | κύριον τῆς οἰκου‖μένης, οἱ κατοι|κοῦντες Χάραδρον ἐ[πί]|ν(ε)ιον Λαμωτῶν ²,
10 καθιε|ρώσαντος Ἀντωνίου | Βάλβου ³ λαμπροτά‖του στρατηγοῦ.

1. Post annum 199 quo Parthici Maximi, ante annum 210 quo Britannici nomen Severus
accepit. — 2. Ergo Lamiotae Charadro urbe tanquam portu utebantur. Inde docemur
urbem Lamum in valle Charadri fluvii sitam esse. Cf. quae commentatus est Homolle
(*Bull. de corr. hellén.*, *l. c.*, p. 590). — 3. De eo viro, qui patronus coloniae Canusii fuit
anno 223, cf. *Prosop. imp. rom.*, I, p. 94, n. 649.

---

839. Prope Anemurium. — Wilhelm, *Denkschr. der Akad. in Wien*, XLIV (1896), VI,
p. 157, n. 264.

Ἡ βουλὴ καὶ ὁ δῆμ[ος] | ἐτείμησεν Ταριανὸ[ν Μου]|σαίου τὸν φιλόπατριν |
5 καὶ υἱὸν Αὐρηλίας Λου‖τατίας Μᾶς τῆς ἱερείας | διὰ βίου Διὸς, Ἥρας, Ἀθηνᾶς ¹.

1. Dii Capitolini.

---

840. Seleuceae. — Spathari, Μουσεῖον τῆς εὐαγγελικῆς σχολῆς, I (1875), p. 100, n. 101.

Αὐτοκράτωρ Καῖσαρ Οὐεσπασιανὸς | Σεβαστὸς, πατὴρ πατρίδος, ὕπατος τὸ
η' ¹, | Αὐτοκράτωρ Τίτος Καῖσαρ, Σεβαστοῦ υἱὸς, | ὕπατος τὸ [ς'] ², τειμηταὶ, ‖
5 [τ]ὴν γέφυραν ² κατεσκεύασαν ἐκ δημοσίων, διὰ | Λ. Ὀκταουίου Μέμορος ⁴, πρεσ-
βευτοῦ καὶ ἀντιστρατήγου | ὑπάτου ἀποδεδειγμένου.

1. Anno 77 aut 78 p. C. n. — 2. ε editor littera minutiore. At numerus consulatuum
aut Vespasiani aut Titi corruptus est; nam anno 77 Titus consulatum iniit VI, non V.
Videtur hic corrigendum esse Ϛ. — 3. Pons in flumine Calycadno. — 4. *Prosop. imp.
rom.*, II, p. 427, n. 32.

---

841. Seleuceae. — Le Bas et Waddington, III, n. 1389.

Ἀθανασίο[υ] τοῦ ἀρχιερέως.

---

842. Seleuceae. — Le Bas et Waddington, III, n. 1391.

Post 2 versus :

εἰ δέ τις ἕτερος ἐπεντεθῇ, δώσε[ι τ]ῷ | φίσκῳ |.... δηνάρια ͵α.

843. Mara, prope fontem Lami. — Hicks, *Journ. of hellen. studies*, XII (1890), p. 261, n. 41.

5 Απλιος Βιάνω|ρ οὐετρανὲ[ς] | ἅμα Αἰλι[ανῇ] | τῇ συ[μβίῳ] ‖ ἐποίησε.

844. Olbae. — Hicks, *Journ. of hellen. studies*, XII (1891), p. 265, n. 53.

5 [Διονύ]σῳ | [πολυκ]άρπῳ | ['Αππι]ανὸς | ['Αντων]ετνος ‖ [δ]ὶς | [δημι]ουργός ¹.

1. Magistratus qui vocantur δημιουργοί in Cilicia saepe memorantur; Δημιουργός · παρὰ τοῖς Δωριεῦσιν οἱ ἄρχοντες τὰ δημόσια πράττοντες (Hesychius, s. v.); cf. Liebenam, *Städteverw.*, p. 292, et p. 533. Cf. n. 851.

845. Olbae. — Wilhelm, *Denkschr. der Akad. in Wien*, XLIV (1896), VI, p. 84, n. 160.

Αὐτοκράτορα Καίσ[α]|ρα Τιβέριον Θεοῦ υἱ[ὸν] | τὸν κτίστην καὶ | σωτῆρα.

846. Olbae. — Hicks, *Journ. of hellen. studies*, XII (1891), p. 264, n. 51.

[Αὐτοκράτορα Καίσαρα, Θεοῦ Τρα]ιανοῦ Παρθι[κοῦ | υἱὸν, Θεοῦ Νέρουα υἱωνὸν, Τρ]αιανὸν 'Αδρι[ανόν.........

847. Olbae. — Hicks, *Journ. of hellen. studies*, XII (1891), p. 264, n. 52. — Est inter schedas Instituti archaeologici Vindobonensis.

[Αὐτοκράτορι Καίσαρι Μ. Αὐρ. 'Αντω]νείνῳ Σεβ(αστῷ) 'Αρμενιαχῷ, | ['Αὐτο- κράτορι Καίσαρι Λ. Αὐρ. Βήρῳ Σε]β(αστῷ) 'Αρμενιαχῷ ¹ | ....ς κα[θ]ιε- [ρώσαν]τος ²......

1. M. Aurelius et L. Verus cognominati sunt Armeniaci anno 164 p. C. n. — 2. Hunc versum 3 non dedit Hicks.

848. Olbae. — Wilhelm, *Denkschr. der Akad. in Wien*, XLIV (1896), VI, p. 90, n. 169.

Αὐ[τοκράτορι Καί]σαρι Λ. Σεπτ[ιμίῳ] Σεουήρῳ Εὐσε[βεῖ] | Περτ[ί]ναχι [Σεβ(αστῷ)] 'Αραβιχῷ 'Αδιαβηνιχῷ Παρθιχῷ Μεγίστῳ | χαὶ [Αὐτο]χράτορι Καί- σαρι Μ. Αὐρηλίῳ 'Αντωνείν[ῳ Σ]εβ(αστῷ) Εὐσε[βεῖ | χαὶ Λ. Σεπτιμίῳ Γέτα

5 Καίσαρι] καὶ Ἰουλίᾳ [Σεβαστῇ] ‖ [μ]η[τρὶ] κάστρων Ὀλβέων ἡ πόλις ἐ[κ
τῆς ...]|ης τοῦ ὕδατος καὶ ἀπο χρ[ημάτω]ν [τῶ]ν | [κα]ταλ[ειφ]θέντων [ὑπ]ὸ
Ἡρακλείδο[υ, ἐπὶ] ὑπά[των? | ... Γά]λλο[υ κ]αὶ Οὐ[........ Σατορνείνου?] ', |
10 ἀριε[ρώσαντος Ἀ]ντωνίο[υ.........]λίου [πρε]σβ[ευτοῦ] ‖ ἀντι[στρατήγου τοῦ]
λα[μπ]ροτάτο[υ ἡγεμόνος?]

1. Anno 198 p. C. n.

---

849. Olbae in castelli munimento. — Hicks, *Journ. of hellen. studies*, XII (1891), p. 263,
n. 46-48.

a. Ἐπὶ Πετρωνίου Φαυ[στ]είνου τοῦ λαμπροτάτου ὑπατικοῦ καὶ κτίστου.

b. Λο[γ]ιστεύοντος | Παπία Καπετωλεί|νου τοῦ κρατίστου.

c. Ἐργεπόπτου Ἀν|τωνείνου Σεχούν|δου τοῦ κρατίσ|του.

---

850. Olbae. — Hicks, *Journ. of hellen. studies*, XII (1891), p. 265, n. 54.

.... Ἀμύντα | [τὸν ἡγε]μόνα καὶ | [κτίστην] ἀρε[τῆς | ἕνεκα].

Supplementa proposuit Hicks; ea omnino incerta esse per se liquet.

---

851. Olbae. — Hicks, *Journ. of hellen. studies*, XII (1891), p. 263, n. 53.

5 Ἡ πόλις | Πο. Αἴλιον Τιβέρι|ον Κιντυλλιαν[ὸν] | Ἀππιανὸν Ἀντ[ω]‖νεῖνον '
τ[ὸν δὶς] | δημιουρ[γόν].

1. Cf. supra, n. 844.

---

852. Olbae. — Hicks, *Journ. of hellen. studies*, XII (1891), p. 263, n. 49.

Ξά[νθι]ον αἰθαλόεντι πυρὶ [πρήσας πτολίεθρον] ', |
γρύσεον ἀχράντωι θῆκα [θεᾶι στέφανον] |
Μώγγιδρις Τεύκροιο · σὺ δ' ὦ [πτολίπορθος Ἀθάνα], |
ὅπλιζ' εἰς [αἰε]ὶ τοῦ δεκάταν σ[ὺ δέχει].

1. Hicks opinatur haec scripta esse ab aliquo viro apud Cilices nobili, qui Bruto

adfuerit, quum Xanthum, Lyciorum urbem, incendit, anno 43 a. C. n. Res admodum incerta est.

---

853. Olbae. — Wilhelm, *Denkschr. der Akad. in Wien*, XLIV (1896), VI, p. 84, n. 161.

Μ. Αὐρήλιον Μένανδρον | Μενάνδρου | τὸν ἀρχίατρον οἱ | ἔγγονοι Μένανδρος ‖
5 καὶ Τατιανός.

---

854. Coryci. — *C. I. Gr.*, 4433. Cf. Gardner, *Journ. of hellen. studies*, VI (1885), p. 362, n. 181 b.

[Αὐτοκράτορα Καίσαρα Θεοῦ | Τραιανοῦ Παρθικοῦ υἱὸν | Θεοῦ Νέρ]ουα
5 υἱω[νὸν] | Τραιανὸν Ἀδ[ρια]‖νὸν Σεβαστ[ὸν] | π(ατέρα) π(ατρίδος), [Ὀλύμ?][1]|πιον
τὸν ἀ[π]ά[ντων] | κύριον εχ.......

1. Traditur ΠΠΛΙΛΕΠΙΚ.

---

855. Coryci. — Wilhelm, *Denkschr. der Akad. in Wien*, XLIV (1896), VI, p. 68, n. 144.

[Αὐτοκράτορι Καίσαρι Λ. Σεπτιμίῳ Σεουήρῳ [Εὐσ]εϐεῖ Περτίνακι [Σεϐαστῷ]....

---

856. Coryci. — Duchesne, *Bull. de corr. hellén.*, VII (1883), p. 232, n. 1.

Ἰουλία[ν] Δόμνα[ν] | Σεϐαστὴν νέαν [Ἥρα|ν] [1] μητέρα κάστρων | ...... [2].

1. Cf. *C. I. Gr.*, 3956 *b*, add. — 2. ..ΚΥ.ΑΣΔΡΟΥ.... traditur.

---

857. Coryci. — *C. I. Gr.*, 4431.

... καὶ πολ[λάκις πρ]εσϐ[εύσ]αντ[α πρὸς τὸν αὐτοκράτορα?

---

858. Coryci. — Wilhelm, *Denkschr. der Akad. in Wien*, XLIV (1896), VI, p. 68, n. 145.

Ἐνθάδε κεῖται Ἀλέξανδρος Ἀνεμουριεὺς [1] | Ἰουδαῖος σὺν τῇ συνϐίῳ αὐτοῦ.
Ἐὰν οὖν τις | παρενοχλήσει ἡμεῖν, δώσει τῷ ἱερωτάτῳ | ταμείῳ δηνάρια ͵βφʹ.

1. Anemurium, urbs Ciliciae, in promontorio Selinunti vicino.

859. Prope specum Corycium, in templo Jovis. — Hicks, *Journ. of hellen. studies,* XII (1891), p. 238, n. 30.

[Z]ευ Κωρύκιε | Τ.... | Τρα[ι]ανός [1]....

1. Hicks monet Trajanum anno 117 p. C. n. mortuum esse Selinunte in littore Cilicio.

---

860. Prope specum Corycium, in templo Jovis. — Hicks, *Journ. of hellen. studies,* XII (1891), p. 242, n. 26.

5 Διὶ Κωρυκίῳ | Ἐπινεικίῳ | Τροπαιούχῳ | Ἐπικαρπίῳ ‖ ὑπὲρ εὐτεχνίας | χ[αὶ] ριλαδελρίας | τῶν | Σεβαστῶν [1].

1. Caracalla et Geta. Anno 211 p. C. n. Versus 6 erasus est anno 212, postquam Caracalla Getam occisum jussit hostem publicum declarari.

---

861. Prope specum Corycium, in templo Jovis. — Wilhelm, *Denkschr. der Akad. in Wien,* XLIV (1896), VI, p. 77.

Index mutilus nominum, cujus in parte recentiore (BC) servata sunt fere triginta romana. Haec fuisse sacerdotum Jovis Corycii probabiliter conjecit Wilhelm.

---

862. Elaeussae Sebastes. — Wilhelm, *Denskchr. der Akad. in Wien,* XLIV (1896), VI, p. 63, n. 137.

Post 6 versus :

ἐ[ὰν] δέ τις | θήσει τινὰ, δώσει τῷ φίσκῳ δηνάρια [τρ]ιακόσια | καὶ τῇ πόλει ριακόσια [1].

1. *Ibid.,* n. 138, v. 3 : τῷ | φίσκῳ δηνάρια φ'; n. 142, v. 4 : τῷ μὲν φίσκῳ δηνάρια ͵α καὶ τῇ πόλει δηνάρια ͵αφ'.

---

863. Prope Elaeussam Sebasten. — Heberdey, *Denkschr. der Akad. in Wien,* XLIV (1896), VI, p. 46, n. 114.

5 ..... οὐδενὶ ἐξέσται] | τεθῆ|ναι · ἐὰν δέ τις | [θεῖν]αι ἐνχειρή‖ση, ἀποδώσει | τῷ φίσκῳ δηνάρια χείλια πεν|τακόσια καὶ τῷ Σεβαστηνῶν δήμῳ | τὰ ἴσα.

864. Prope Canytelides, in muro anteriore templi Mercurii. — Hicks, *Journ. of hellen. studies*, XII (1891), p. 232, n. 12.

5 Ἔδοξεν . Ἐάν τις | εὑρεθῇ Κιλικίῳ μέ|τρῳ μετρῶν, ἀπ|οδώσει ἰς τὸν φίσκ|ον δηνάρια εἴκοσι | πέντε · μετρεῖν δὲ | μέτροις [1] οἷς ἡ πόλ|ις νομιτεύετε [2].

1. Mensuris Romanis, quae solae tum temporis legitimae erant. Mommsen, *Droit public*, VI, 2, p. 398. — 2. νομιστεύεται.

---

865. Canytelidibus. — Wilhelm, *Denkschr. der Akad. in Wien*, XLIV (1896), VI, p. 531, n. 123.

Ὧδε κῖτε Ἕλουιος [1] Κό|νων οὐετρανὸς στρα|τευσάμενος λεγε|ῶνος Ἀλβα-
5 νῶν [2] · ‖ τὴν δὲ σορὸν κατεσ|κεύασεν Ἐλουία Τύ|χη ἡ σύμβιος αὐτοῦ.

1. Profecto ex nomine P. Helvii Pertinacis Aug. ita nominatus. — 2. Leg. II Parthica Severi castra habebat prope Romam in Albano monte, sed post Caracallam in Asia non semel militavit. Cagnat ap. Saglio, *Dictionn. des Antiquités*, s. v. *Legio*.

---

866. Canytelidibus. — Wilhelm, *Denkschr. der Akad. in Wien*, XLIV (1896), VI, p. 55, n. 124.

Post 2 versus :

ὁ δὲ παρὰ ταῦτα τολμήσας ἢ ποιήσας <ας> ἀπο|δώσει τῷ ταμείῳ δηνάρια
5 χείλια χ[α]ὶ τῷ Κανυτηλι‖δέων δήμῳ δηνάρια χείλια καὶ ἔσ[τ]ω ἠσεβηκὼς ἰς τοὺς | καταχθονίους δαίμονας [χ]α[ὶ] ὅς ἂν ἐ[πιτρέ]ψῃ, ὑπ[ο]κείσ[θ]ω | τῷ π[ρο]-στεί[μ]ῳ χα[ὶ ἀ]ρα[ῖς] ταῖ[ς ἰ]δίαις.

Canytelidibus hae etiam multae funerales inventae sunt : Hicks, *Journ. of hellen. studies*, XII (1891), p. 229, n. 7 : ἀπο|δότω ἰς τὸν Καί[σαρος φίσκον] | δραχμὰς δισ|χειλίας. Wilhelm, *Denkschr. der Akad. in Wien*, XLIV (1896), VI, p. 54, n. 123 : v. 11 : ἀποδότω τῷ | ταμείῳ τοῦ κυρίου Καίσαρος δηνάρια μύ(ρια) καὶ τῇ Σεβαστην[ῶ]ν | πόλει δηνάρια ,η καὶ τῷ δήμῳ Κανυττ,λδέων δηνάρια ,βφ'; p. 56, n. 128, v. 3 : ἀποτεισάτω ταῖς θεαῖς | δηνάρια χείλια καὶ τῷ φίσκῳ χείλια | καὶ τῇ πόλει δηνάρια χείλια; n. 129, v. 2 : ἀποδώσει τῷ φίσκῳ δηνάρια χ[είλια καὶ τῇ] | Σεβαστηνῶν πόλει δηνάρι[α] χείλια.

---

867. Prope Canytelides, in propylaeo antri Mercurio sacri. — Hicks, *Journ. of hellen. studies*, XII (1891), p. 237, n. 19.

ἐπὶ ἱερέως ....σαν δαπ|άνη φίσκου.

868. Prope Canytelides, eodem loco. — Hicks, *Journ. of hellen. studies*, XII (1891), p. 237, n. 20.

Ἐπὶ ἱερέως Λουκίου Μαιτεννίου Τίτου υἱοῦ Κολλείνᾳ Λονγείνου, Ἀγοσία Τερτία, Μάρχου θυγάτηρ γυνὴ δὲ Τίτου Μαιτεννίου, Ἑρμεῖ καὶ τῷ δήμῳ τὸ προπύλαιον ἐκ τῶν ἰδίων.

---

869. Solis Pompeiopoli. — Doublet, *Bull. de corr. hellén.*, XII (1888), p. 427; cf. Hicks, *Journ. of hellen. studies*, XI (1890), p. 243.

5 [Γνάιον Πομπήιον | Γναίου υἱὸν | Μέγαν] | τρὶς αὐτοχρά[τορα ‖ ¹ Πομπηιοπολι-
τῶν | τῆς ἱερᾶς καὶ ἀσύλου | καὶ ἐλευθέρας | καὶ αὐτονόμου | ὁ δῆμος τὸν κτίσ-
10 την ‖ καὶ πάτρωνα τῆς | πόλεως.

1. Post annum 67 a. C. n.

---

870. Solis Pompeiopoli. — Heberdey, *Denkschr. der Akad. in Wien*, XLIV (1896), VI, p. 44, n. 103.

[Αὐτοχρά]τορα | [Καίσαρα Θε]οῦ υἱὸν | ὁ δῆμος.

---

871. Solis Pompeiopoli. — Hicks, *Journ. of hellen. studies*, XI (1890), p. 242, n. 13.

Λευκίῳ Καίσαρι Σεβαστοῦ | καὶ πατρὸς τῆς πατρίδος | υἱῷ Θεοῦ υἱων[ῷ] ¹,
5 νέων ἡγε|μόνι ², εὐεργέτῃ ἐκ προγόνων, ‖ Πομπηιοπολιτῶν | ὁ δῆμος.

1. L. Caesar, C. frater, Agrippae et Juliae filius, mortuus est die xx mensis Augusti anno 2 p. C. n. — 2. Princeps juventutis kal. Jan. anno 2 p. C. n. Itaque titulus exaratus est illo ipso anno ante diem xx mensis Augusti.

---

872. Solis Pompeiopoli. — Beaudouin et Pottier, *Bull. de corr. hellén.*, IV (1880), p. 76.

.... Αὐτοχράτορα | Καίσαρα Ἁδριανὸν [Σεβασ]τόν...

---

873. Solis Pompeiopoli. — Duchesne, *Bull. de corr. hellén.*, V (1881), p. 317, n. 2.

..... | .... αὐτοχράτορα | .... Κόμμοδον.

874. Solis Pompeiopoli. — Duchesne, *Bull. de corr. hellén.*, V (1881), p. 317, n. 3.

..... | ..... | Ἀρμένιον Περεγρεῖνον | τὸν λαμπρότατον [1].

1. *Prosop. imp. rom.*, I, p. 135, n. 871. Cognomines novimus praetorem anni 213 p. C. n., consulem anni 244. *Ibid.*, n. 868, 869.

---

875. Solis Pompeiopoli. — Duchesne, *Bull. de corr. hellén.*, V (1881), p. 317, n. 4.

... τὸν λα[μ]πρότα|τον ὑπατικὸν τὸν ἀ[λ]ηθῶς ἁγνὸν | κα[ὶ δ]ίκαιον ἡ βουλὴ
5 καὶ ὁ | δ[ῆμ]ος διὰ πάσης ἀρετῆς ‖... [κε]κοσμημένον.

---

876. Tarsi. — Le Bas et Waddington, III, n. 1476.

[Αὐτοκράτορα Καί]σαρα Θεοῦ υἱὸν Σεβαστὸν | [ὁ δῆμ]ος ὁ Ταρσέων.

---

877. Tarsi. — Ex schedis Instituti archaeologici Vindobonensis.

Αὐτοκράτορα [Καί]σαρα Θεοῦ | Τραιανοῦ Παρθικοῦ υἱόν.....

---

878. Tarsi. — Waddington, *Bull. de corr. hellén.*, VII (1883), p. 291, n. 4.

Φαυστεῖναν | Σεβαστὴν [1] | ὁ δῆμος Ἀδριανῆς | [Τάρσου].

1. Faustina minor, ut videtur, uxor M. Aurelii. Cf. n. 833, not. 1.

---

879. Tarsi. — Waddington, *Bull. de corr. hellén.*, VII (1883), p. 281, n. 1.

[Αὐτοκράτορα Καίσαρα Μ. Αὐρήλιον Σεουῆρον] | Ἀλέ[ξανδρον] Σ[εβαστ]ὸν
5 Ε[ὐσεβῆ | Εὐτυχῆ Ἀλεξανδριανὴ Ἀντωνει]|νιανὴ Σεουηριανὴ Ἀδριανὴ ‖ Τάρσος,
ἡ πρ[ώ]τη καὶ | μεγίστη καὶ καλλίστη | μητρόπολις τῶν γ´ ἐπ[αρχειῶν] |
10 Κιλικίας Ἰσαυρίας Λυκα[ονίας [1]] | [π]ροκαθε[ζ]ομένη [2], καὶ [β´ νεω]‖κόρος [3],
[καὶ] τετειμημένη | μόνη δημιουργίαις τ[ε καὶ] | Κι[λ]ικιαρχίαις ἐπαρχικ[ῶ]ν [4],
15 ἐ[λ]ευθέρ[ῳ] κοινο[6]ουλ[ίῳ [5]] | καὶ ἑτέραις πλ[εί]σται[ς καὶ] ‖ μεγίσταις καὶ
ἐ[ξ]αι[ρέτοις] | δωρεαῖς [6] .... | [ἀφιερώ]σαντος .. Ὀστορ[ίου [7]] | [.... τοῦ
λαμπ]ροτάτου [ὑπ]ατ[ικοῦ [8]] |.........

1. De his nominibus Tarsi nos etiam nummi faciunt certiores; Barclay V. Head, *Hist.*

T. III   22

numm., p. 617; Babelon, *Inventaire de la collection Waddington*, n. 4601-4693. Isauriam et Lycaoniam, quae prius ad Galatiam pertinebant, cum Cilicia conjunxit Septimius Severus (Marquardt, *Organis. de l'Emp. rom.*, II, p. 323). Cf. titulum n. 880. Jam Augusto principe Tarso inditum fuerat nomen μητρόπολις (Strab., XIV, 5, 13, cf. Dio, *Or.*, 34, p. 36, ed. Reiske); unde dicta est πρώτη, μητρόπολις provinciae. — 2. « Quae praesidet, caput est. » — 3. Neocorum II Tarsum fuisse principe Commodo nummi testantur. — 4. De magistratibus qui vocantur δημιουργοί cf. supra, n. 844, 851. Vix liquet qui fuerint ἐπαρχικοί, quos inscriptos esse in uno nummo Tarsensium monuit Waddington (Babelon, *op. cit.*, n. 4661). Gloriabantur Tarsenses quod sola in civitate sua demiurgi et Cilicarchae fuerint ex praefectis; qua autem de praefectura agatur incertum est. — 5. Communis Cilicum senatus; Babelon, *op. cit.*, n. 4640-4647. — 6. Datum Tarsensibus a Caracalla et a Severo Alexandro frumentum nummi etiam commemorant (Babelon, *op. cit.*, nn. 4641, 4656). — 7. ... Ostorius....... *Prosop. imp. rom.*, II, p. 440, n. 109. — 8. Septimius Severus Ciliciam, quae antea praesides praetorios habuerat, consularibus tradidit administrandam, eodem videlicet tempore quo provinciam auxit additis Isauria et Lycaonia.

---

880. Tarsi. — Waddington, *Bull. de corr. hellén.*, VII (1883), p. 282, n. 2.

.... | [ὑπὲρ σωτηρίας τοῦ κυρίου Αὐτ]ο|κράτορος [Μ. Αὐρη-
5 λίου] | Σεου[ήρου Ἀλεξάνδρου] ‖ Εὐσεβοῦς Εὐτυ[χοῦς] | Ἀλεξανδριανὴ [Σεουη-
ρια]νὴ | Ἀντωνεινιανὴ [Ἀδριανὴ] | Τάρσος, ἡ πρώτη κ[αὶ μεγίστη] | καὶ
10 καλλίστη μ[ητρόπολις] ‖ τῶν γ´ ἐπαρχειῶν [Κιλικίας] | Ἰσαυρίας Λυκαονία[ς
προκα]|θεζομένη, καὶ β´ νεωκόρ[ος], | μόνη τετειμημένη δημι|ουργίαις τε καὶ
15 Κιλιχαρχί[αις] ‖ ἐπαρχικῶν καὶ ἐλευθέρῳ κ[οι]|νοβουλίῳ καὶ ἑτέραις πλε[ί]σταις
καὶ μεγίσταις καὶ ἐξαι|ρέτοις δωρεαῖς¹.

1. Cf. n. 879.

---

881. Tarsi. — Waddington, *Bull. de corr. hellén.*, VII (1883), p. 291, n. 3.

[Ὑπὲρ σωτηρίας τοῦ τῶν | κυρίων] γέν[ο]υς εἰς τὸν αἰῶνα | .....ο Σ[ε]ουηρείου
5 [Ἀ]ντωνει|νιανοῦ.... [οἰ]κουμενικοῦ ἀγῶνος ‖ .....

---

882. Tarsi, in miliario. — Le Bas et Waddington, III, n. 1479.

.....[Σεβα]στὸν....|. Ἀλεξανδ[ρ]ιανὴ Ἀντωνεινια[νὴ Σεουηριανὴ | Ἀδρι]ανὴ
Τάρσος ἡ μητροπ[όλις]. | — Θ´.

883. Tarsi. — Ramsay, *Bull. de corr. hellén.*, VII (1883), p. 325, n. 54.

Εὐτύχι, Ἡμέρ[ι] [1].

Ῥωμαίων ὕπατον [2] μέγ[αν] ἔξο|[χ]ον ἐν Κιλίκεσσιν,
5   εἵνεχα | καὶ παιδὸς πανυπέρτατον ἐν ‖ πολιήταις —
τούτῳ γὰρ βασιλῆς [3] | δῶκαν γέρας ὄφρα οἱ υἱὸς
συνκλή|του βουλῆς μετέχοι πολυκηδέα | τειμὴν —
τρεῖς στεφάνους [4] ἑξῆς | ἀναδησάμενον παναρίστους ‖
10   δημιουργὸν κα[τέ]ειν [5], Κιλικάρχην, | [γ]υμνασίαρχον,
σύνδικον ἀγνότα|τον, βουλῆς [6] στέφος, εὐγενὲς αἷμα, |
Δήμητρος θεράποντες ἀγακλέα τόνδ' ἀνέ|θηκαν.

15 Ἐπὶ [γ]ραμματέων τῶν περὶ Νέω‖να τὸ β΄ καὶ Λούκιον τὸ β΄ καὶ Ἀλέξανδρον |
τὸ β΄ καὶ Μυραγένην τὸ β΄ οἱ αὐτοὶ γραμμα|τεῖς τὴν στατιῶνα ἐκ τῶν ἰδίων [τ]ῷ
ἱερῷ συνεργίῳ [7].

1. I. e. Εὐτύχει, Ἡμέριε. Hemerius signum est viri. Cf. Wilhelm in *Wiener Studien*
(*Bormannheft*, p. 1 et seq.). Vide etiam supra n. 810 : Εὐτύχει, Πηγασί; 811 : Εὐτύχι, Κτίστι
(non κτίστι, ut male dedimus). — 2. Vir ille, cujus nomen ignoratur, consul fuit; filius
ejus (v. 5-6) senator romanus. — 3. Septimius Severus et Caracalla, ut putat Ramsay.
— 4. Quia fuit idem demiurgus, Cilicarcha, gymnasiarcha (v. 10). — 5. « ut incedat »
Ramsay vix recte. ΠΑΠΕΙΝ lapis. — 6. Senatus Tarsensis. — 7. Stationem, locum, ut
exstrueretur monumentum, sua pecunia dederunt sacro Cereris collegio.

---

884. Tarsi. — *C. I. L.*, III, 222.

Iulio Seuero ⊃ leg. | V Maced. dulcissimo | marito | Iulia Hermione Ytale [1] ‖
5 matrona memoriae | cauza. |

Ἰουλίῳ Σευήρῳ ἑκατοντάρχῳ λε[γ](εῶνος) | πέμπτης Μακεδ(ονιχῆς) | μαρί-
10 τῳ<ν> [2] γλυκυτάτ(ῳ) συνβίῳ ‖ Ἰουλία Ἑρμιόνη Ἰτάλη ματρώνα | μνήμης
[χάριν].

1. « *Ytale* interpres graecissans » Mommsen. — 2. « Miro errore interpres *marito* primum
vertit recte, deinde, tanquam officium aliquod esset, ipsum Graecis inseruit » Mommsen.

---

885. Tarsi. — Heberdey, *Denkschr. der Akad. in Wien*, XLIV (1896), VI, p. 4, n. 11.

Post 7 versus :

10 δώσει | τῷ ἱερωτά|τῳ τα‖μείῳ | δηνάρια δισχίλια πεντακόσια | καὶ τῷ μηνύ-
[σα]ντι τὰ αὐτά.

886. Prope Tarsum. — Waddington, *Bull. de corr. hellén.*, VII (1883), p. 292, n. 5. Cf. Heberdey, *Denkschr. der Akad. in Wien*, XLIV (1896), p. 63.

Post 7 versus :

δώση τῷ ταμ(ί)ῳ δηνάρια ‚β καὶ τῷ [κ]ωμάρ|χι δηνάρια ‚α.

---

887. Adanis. — Kaibel, *Epigr. gr.* (1878), n. 1078.

Ὄντως σῆς ἀρετῆς, Αὐξέντιε, καὶ τόδε θαῦμα |
δείμασθαι ποταμοῦ χειμερίοισι δρόμοις |
ἀρρηκτὸν κρηπῖδα σιδηροδέτοισι θεμείλοις, |
ὧν ὑπὲρ εὐρείην ἐξετάνυσσας ὁδόν, ‖
5 ἣν πολλοὶ καὶ πρόσθεν ἀπειρείῃσι νόοιο |
Κυδναίων ῥείθρων τεῦξαν ἀφαυροτέρην · |
σοὶ δ' ὑπὲρ ἀψίδων αἰώνιος ἐρρίζωται, |
(καὶ ποταμὸς πλήθων πρηΰτερος τελέθει) |
αὐτὸς τήνδε γέφυραν ἀνασχόμενος τελέσασθαι ‖
10 ἡγεμόνος πιθοῖ τοῦ διασημοτάτου, |
ὄφρα σε καὶ μετόπισθεν ἔχοι κλέος ἶσον ἐκείνοις, |
οἳ Νείλου προχοὰς ζεῦξαν ἀπειρεσίους.

« Auxentius, jussu praefecti, cujus nomen tacetur (v. 10), Cydnum flumen ponte junxit firmiore ; qui antea facti erant impetum fluminis sustinere non potuerant » (Kaibel).

---

888. Adanis. — Heberdey, *Denkschr. der Akad. in Wien*, XLIV (1896), VI, p. 8, n. 20.

....] Οὐαλέριον Μάρκου υἱὸν | .... | [Μαλλω]τῶν [1] ὁ δῆμος τὸν εὐερ-
[γέτην | καὶ σωτ]ῆρα κα[ὶ] π[ά]τρων[α] τῆς [π]ό[λεως].

1. Urbs Mallus in Pyramo flumine sita.

---

889. Adanis. — Heberdey, *Denkschr. der Akad. in Wien*, XLIV (1896), VI, p. 9.

[Γάιον Ἰού]λιον, Γαίου υἱὸν |... αουιανὸν τεσσά|[ρων ἀν]δρῶν [1], χειλίαρχον

5 πλα[τύση]μον λεγεῶνος ιβ' Κεραυ[νοφ]όρου καὶ λεγεῶνος δ' | [Σκυ]θικῆς ² ο[ἱ
ἱερεῖς τῆς Ἀθηνᾶς | [τῆς] Μαγα[ρσίας ³ τὸ]ν ἑαυτῶν πολείτην.

1. IIII vir (viarum curandarum, ὁδῶν ἐπιμελητής). — 2. Legiones XII Fulminata et IV
Scythica in Syria tendebant. — 3. Magarsus urbs Cilicum, sita in ore fluminis Pyrami.

---

890. Adanis. — Contoleon, *Athen. Mittheil.*, XII (1887), p. 257, n. 29.

5 Ἔτους αζ' ¹ | .. Ἰ[ο]υλίῳ | Αἰλιανῷ. | Γέρας πατρός μοι [τ]οῦτ[ο]? ‖ ἄφθιτον
κλέος. | Κοῦφον ἔ|χε τὴν γῆν ².

1. Numerum corrupit aut qui sculpsit aut qui descripsit. — 2. Sit tibi terra levis.

---

891. Adanis. — *C. I. Gr.*, 4441.

Post 6 versus :

10 εἰ δέ τις ἄλλος | ἐπιχειρήσῃ, δώσει τῷ | φίσκῳ δηνάρια ,β καὶ λέγον ‖ ὑφέ-
ξεται τῇ ἐξουσίᾳ.

Ibid., Le Bas et Waddington, III, n. 1510.

τῷ [φ]ί[σ]κῳ | δηνάρια χίλια καὶ τῷ δήμῳ δηνάρια | χίλια.

---

892. Ad Pylas Cilicias. — *C. I. L.*, III, 12118.

Imp. Ca[es]. Marcus Au|reliu[s Antoninus Pius] | Felix Inu[ictus] Aug(ustus) |
5 ..... ‖ uiam....... |
Ὅρο[ι Κι]λί|κων.

---

893. Ad Pylas Cilicias. — *C. I. L.*, III, 12119.

....s uiam | et [ponte]s a Pylis | usq[ue ad] Alexa[n]dream | ex in[te]gro res-
tituit. ‖
5 Αὐτοκράτορος? | οἱ ὅροι ¹.

1. Traditur : ΝΚΤΡΑΤΛΟΡΑϹ | ΟΝΟΡΟΙ.

894. Kars-bazar. — Hicks, *Journ. of hellen. studies*, XI (1890), p. 237, n. 3.

5 Ἀγαθῇ τύχῃ · | Αὐτοκράτορι Καίσαρι | Κομμόδῳ ¹ θεῷ | Σεβαστῷ‖ Ἰουλιανὸς Ἀσκληπιάδου | γ´ τοῦ Δημητρίου, ἱερεὺς | τοῦ αὐτοκράτορος.

1. Commodi nomen erasum in litura repositum est, ut saepius evenit.

---

895. Anazarbi. — Hicks, *Journ. of hellen. studies*, XI (1890), p. 242, n. 11.

Δροῦ[σον] Καίσαρα | Τιβερίου [Σεβα]στοῦ υἱ|ὸν, [Θεοῦ Σεβ]αστοῦ υἱ|ωνὸν ¹,
5 Ἕλενος βασ[ι]‖λέως Φιλοπάτορος ² | ἀπελεύθερος.

1. Drusus, Tiberii filius, mortuus est anno 23 p. C. n. — 2. Philopator II, Tarcondimoti filius, Cilicum rex, mortuus est anno 17 p. C. n. : *Prosop. imp. rom.*, III, p. 35, n. 282.

---

896. Anazarbi. — Hicks, *Journ. of hellen. studies*, XI (1890), p. 240, n. 8.

Αὐτοκράτορα Καίσαρα Θ[εοῦ] Τρα[ι]ανοῦ Παρθικοῦ υἱ[ὸν] | Θεοῦ Νέρουα
5 υἱωνὸν | Τρ[α]ιανὸν Ἀδριανὸν [Σε]‖βαστὸν, ἀρχιερέα μέγισ[τον], ‖ δημαρχικῆς
ἐξουσία[ς τὸ] | εἰκοστὸν ¹, αὐτοκράτ[ορα] | τὸ δεύτερον, ὕπατ[ον] τὸ τρίτον,
π(ατέρα) π(ατρίδος), τὸν [εὐερ]|γέτην τῆς οἰκουμέ[νης] | συντεχνία λινουργῶ[ν].

1. Anno 136 p. C. n.

---

897. Heberdey, *Denkschr. der Akad. zu Wien*, XLIV (1896), VI, p. 36, n. 89.

Post 7 versus :

5 εἰ δέ τις ἐπιτηδεύσῃ, [δ]ώ|σει προστείμου ‖ τῷ φίσκῳ δηνάρια ‚β καὶ | τῷ
μηνυτῇ δηνάρια.....

Ibid., n. 90 : τῷ ταμείῳ δη(νάρια) χ‚α; Hicks, *Journ. of hellen. studies* (XI), 1890, p. 241 ;
n. 10 : τῶ φίσκῳ δηνάρια δισχείλια; Schedae Instituti archaeologici Vindobonensis :
τῷ | ἱερω|τάτῳ | ταμε|ίῳ δηνάρια χε|ίλια.

---

898. Prope Anazarbum in miliario. — Ramsay, *Journ. of philology*, XI (1882),
p. 157, n. 18.

Ἀπὸ Ἀναζάρβου | [τ]ῆ[ς] μητροπόλεως | τῶν γ´ ἐπαρχειῶν προ|καθεζομένης ¹
5 καὶ ‖ β´ νεωκόρου. | — Α ².

1, Anazarbus in nummis quoque, tertio saeculo, dicitur μητρόπολις; Barclay V. Head,

Hist. num., p. 598; Babelon, *Invent. de la collection Waddington*, n. 4120 et sq. Cf. hanc nostram syllogen (I, 72) : τῆς λ(αμπροτάτης) μ(ητροπόλεως) 'Αναζαρβέων. Tres provinciae sunt Cilicia, Isauria, Lycaonia. Iisdem titulis gloriabatur urbs Tarsus; cf. supra n. 879, 880. — 2. Miliarium primum in via quae ducebat in meridiem, fortasse Mopsuestiam.

---

899. Castabalis Hieropoli. — Heberdey, *Denkschr. der Akad. in Wien*, XLIV (1896), VI, p. 27, n. 60 *ab*.

Θεοῖς Σεβαστοῖς.

---

900. Castabalis Hieropoli. — Hicks, *Journ. of hellen. studies*, XI (1890), p. 247, n. 18.

['Ο δῆμος ὁ Ἱεροπολιτῶν.....] Διογένους τὸν | .... δικος τοῦ κτίστου |
[τῆς πόλεως......]ου Καίσαρος υἱοῦ, καὶ | [.......τὸν υ]ἱὸν αὐτοῦ, τειμῆς χάριν · ‖
5 [.......]ς κατὰ παιδοποιίαν δὲ | [....... τοὺς] ἀνδριάντας σὺν τῇ βάσι | [κατὰ
τὴν γεγραμμένην] ὑπὸ το[ῦ] Διογένους διαθήκην.

---

901. Castabalis Hieropoli. — Heberdey, *Denkschr. der Akad. in Wien*, XLIV (1896), VI, p. 28.

n. 63. Ὁ δῆμος ὁ Ἱεροπολιτῶν τῶ[ν] | πρὸς τῶι Πυράμωι τῆς ἱερᾶς κα[ὶ] |
5 ἀσύλου Ταρχονδίμωτον Στράτω[νος] | υἱὸν τοπάρχην, τὸν εὐεργέτη[ν] ‖ καὶ
κηδεμόνα τοῦ δήμου. |
64. Μᾶρκος Κερχήνιος Τήρης | Στύρακα, τὸν πατέρα τῶν | βασιλέων. |
10 65. Λάιον Ταρχο(ν)διμότου ‖ [Φιλοπάτωρ καὶ] | Ἰουλί[α] οἱ Ταρχονδιμότου |
[ο]ἱ ἀδελφοὶ | κατὰ διαθήκην. |
15 66. Ὁ δῆμος ὁ Ἱεροπολιτῶν ‖ Ἰσίδωρον Νικίου τὸν δημιουργὸν | καὶ τῶ[ν]
πρώτω[ν καὶ] προ[τ]ιμωμένω[ν φ]ίλων | τοῦ [β]ασιλέως, [τὸ]ν στρ[ατ]ηγ[ὸν]
τῆς πόλεως | καὶ φυλακά[ρχην τῆ]ς Κασταβ[α]λίδος, | τεταγμένον δὲ [καὶ]
20 ἀρχυπηρέτην ‖ τῶν κατὰ τὴν β[α]σιλείαν δυνάμεων, | [ἄ]νδρ[α] ἀγ[α]θὸν
γεγε[νημένο]ν.

De Tarcondimoto, Cilicum regulo, et de ejus gente cf. Marquardt, *Organis. de l'emp. rom.*, II, p. 320. Tarcondimotus, Stratonis filius, regnavit annis 64-31 a. C. n. (Cic. *ad fam.*, XV, 1; Strab., XIV, p. 676; Dio XLI, 63, XLVII, 26, L, 14; Plut., *Anton.*, 61). Ex eo nati sunt Laius, Philopator I, Julia et Tarcondimotus II (Dio LI, 2 et 7, LIV, 9; *Prosop.*

imp. rom., III, p. 293, n. 12), qui filium habuit Philopatorem II ; cf. titulum n. 893, supra. Huic fortasse successit anno 17 p. C. n. (Tac., *Ann.*, II, 42, 78, 80) Styrax eo quod Juliam duxerit uxorem. Quos reges (βασιλεῖς v. 8) genuerit Styrax ignoratur ; Babelon, *Inventaire de la coll. Waddington*, n. 4714, 4713. Gentis illius urbs regia fuit Castabala Hierapolis, caput regionis Κασταβαλίδος (v. 18), ad Pyramum (v. 2) flumen sita, dicta etiam in nummis ἱερὰ καὶ ἄσυλος (Barclay V. Head, *Hist. num.*, p. 603).

902. Castabalis Hieropoli. — *C. I. L.*, III, 12117.

Q. Roscio Sex. f. Qui. Coelio Po[m|p]eio Falconi ¹, decemuiro stli[ti|bu]s iudicandis, trib. mil. leg. X F[ret]. ², | [qu]aestori, trib. pleb., pr. inter ciu[es ‖
5 et] peregrinos, leg. Aug. leg. V Maced. ³, | [le]g. Aug. pr. pr. prouin. Lyciae et Pam|[ph]yliae, leg. Aug. leg. X Fret. et leg. pr. pr. | [pr]ouinciae Iudaeae ⁴ consularis ⁵, | XV uiro sacris faciundis, curator[i] ‖ uiae Traianae, leg. Aug.
10 pr. pr. prou. Moes. inf. ⁶. |

Πομπεῖον Φάλκωνα | Αὖλος Λαβέριος Καμερῖνος καὶ | Λαβέριος Καμερῖνος,
15 υἱὸς αὐτοῦ, | ἑκατοντάρχης λεγ(εῶνος) ε΄ Μακεδονικῆς ⁷, ‖ τὸν ἴδιον φίλον καὶ εὐεργέτην ἐκ τοῦ | ἰδίου τειμῆς ἕνεκεν.

1. Q. Roscius Eurycles Pompeius Falco, amicus Plinii minoris ; *Prosop. imp. rom.*, III, p. 134, n. 68. — 2. Trib. mil. designatus fuerat anno 97 p. C. n. — 3. Annis 101/103. — 4. Circa annos 107/109. — 5. *Consularis* « quum vix jungi possit cum legati vocabulo, male solvisse videtur faber Graecus compendium *cos.* pro *consuli*. Obtinuit igitur aut in legatione Judaïca, aut mox post depositam eam, fasces duodecim, certe ante hunc titulum dedicatum ; nam Moesiae inferiori praeesse non potuit in praetoria dignitate constitutus. » Mommsen. — 6. Annis 116/117. — 7. Laberius Camerinus filius centurio fuit illius ipsius legionis quintae, cui ut leg. Aug. praefuerat Pompeius Falco in Moesia. « Titulum centurio exercitus Moesiaci videtur dedicasse in patria non sua, sed honorati, quem Graecum hominem fuisse et tribus aliquo modo significat et quod est inter vocabula ejus Eurycles. » Mommsen.

903. Castabalis Hieropoli. — *C. I. L.*, III, 12116.

.....cius T. f. Cl. Dexter Augus[tanus | Alpin]us Bellicius Sollers Metilius
5 ..|..us Rutilianus, X uir stlit[ibus | iudican]dis, trib. mil. leg. III Aug. ....‖....
...p. VII uir epulon., sodalis..... | [quaest]or, trib. plebis, praetor fidei co[mmis-sarius, | leg. le]g. IIII Scythicae, leg. Aug. pr. pr. pro[uin|ciae] Ciliciae ¹. |
10 [Εἴτε Σ]εληναίην εἴτ᾽ Ἄρτεμι[ν ‖ εἴτε σ]ὲ, δαῖμον, πυρφόρον [ἐν τρι]όδῳ τὴν σεβόμεσθ᾽, Ἑκ[άτη]ν |

εἴτε [Κ]ύπριν Θήϐης λα[ὸς] | θυέεσσι γεραίρει
[ἢ] Δηὼ [Κού]|ρας μητέρα Φερσεφόνης ²,

15   κλῦϐι, καὶ ἡγεμονῆα τεὸν σῶόν τε | φύλασσε
καὶ κλείνην ὕπατον | πέμψον ἐς Εἰταλίην.

Λεύκιος εἰητὴ[ρ] | τόδε σοὶ βρέτας οὗ ἑτάροιο

20   Δέξ|τρου ³ καὶ τούτους ὀκτὼ ἔδωκε ‖ τύπους ⁴.

1. Illum virum, legatum Ciliciae anno incerto (*Prosop. imp. rom.*, II, p. 9, n. 56)
Mommsen putat non alium fuisse atque Rutilianum « consularem Lyciae » (*Cod. Just.*,
IX, 43, 1), sive, ut est in codicum optimo, « Ciliciae », ad quem rescripsit Caracalla
anno 215. « Certe consularis quod dicitur venit a Triboniano neque impedit quominus
hunc virum, quem consulem factum iri carmen subditum significat, pro eodem legato
habeamus. » Mommsen. Pro salute ejus, de provincia decedentis ut Italiam repeteret,
vota Dianae facit Lucius quidam medicus versibus graecis qui sequuntur. — 2. Dea
Hieropolitana « proprie Artemis (Strab., XII, 2, 7, p. 537), hic item est Selene, Hecate,
Aphrodite, Demeter. V. 3 significantur Cilices apud Homerum degentes Thebis:
cf. Strab., XIV, 5, 21, p. 676. » Mommsen. — 3. Statua praesidis, cujus in basi insculp-
tum erat hoc ipsum epigramma. — 4. « Hos octo dedit versus. » Figuras in clypeis
effictas Hicks male, ut videtur, intellexerat; *Journ. of hellen. studies*, XI (1890),
p. 251, n. 27.

---

904. Castabalis Hieropoli. — Hicks, *Journ. of hellen. studies*, XI (1890), p. 246, n. 16.

M. Δομίτιον Οὐαλεριαν[ὸν] | πρεσϐ(ευτὴν) Σεϐ(αστοῦ) ἀντιστρά(τηγον ¹), τὸν |
5   κτίστην καὶ εὐεργέτη[ν] | τῆς πόλεως, ἡ βουλὴ ‖ καὶ ὁ δῆμος ἀπὸ τῶν | τῆς
Θεοῦ Περασίας ² | προσόδων · | διὰ πρυτάνεων τῶν | περὶ Κ. Ἰ(ούλιον) Φού-
10 λουιον Ὀπ‖πιανὸν Ἰουλιανὸν, | Μ. Αὐρ. Ἀσκληπιάδου [τοῦ | Ἀ]σκληπιάδου
Κρίσπο[υ] | τοῦ ἱερομνήμονος.

1. M. Domitius Valerianus leg. Aug. pr. pr. Ciliciae anno incerto; *Prosop. imp. rom.*,
II, p. 24, n. 144. — 2. Dianae Perasiae templum Hieropolitanum memoravit Strabo:
XII, 537.

---

905. Castabalis Hieropoli. — Hicks, *Journ. of hellen. studies*, XI (1890), p. 245, n. 15.
Est inter schedas Instituti archaeologici Vindobonensis.

Ὁ δῆμος ὁ Ἱεροπολιτῶν | Νουμέριον Λούσιον Νουμειρίου υἱὸν Κορνηλίᾳ

5 Νωμεντα|νὸν ¹, ἔπαρχον τεχνειτῶν, εὐσε‖6ῆ καὶ φιλότειμον πρὸς τὴν Ἀθη|[νᾶν?] καὶ τὰ ἀναθήματα..... | ....ου ἀπὸ το[ῦ δ]ήμο[υ ².....

1. Vir ignotus. — 2. πρός τε τὰ θεῖα | [κα]ὶ σεβαστὰ ἀναθήματα καὶ πρὸς | .....μου ἀπὸ τοῦ [δ]τ,μοσίο[υ....... Schedae Vindobonenses.

---

906. Castabalis Hieropoli. — Hicks, *Journ. of hellen. studies*, XI (1890), p. 248, n. 19.

Καθ᾽ ἅ τῇ βουλῇ ἔδοξ[εν], | Νέωνα Κινεταύρου, | τὸν γενόμενον ἀρ|χιερέα
5 τῶν Σεβαστῶν ‖ καὶ δημιουργὸν, | Εὐγένεια Δημητρίου | τὸν γενόμενον αὐ|τῆς
ἄνδρα, μνήμης | χάριν.

---

907. Castabalis Hieropoli. — Heberdey, *Denkschr. der Akad. in Wien*, XLIV (1896), VI, p. 31, n. 72.

5 Ἰουλ. Λογγείνῳ | οὐετρανῶι | Γ. Ἰούλ(ιος) Φίρμος | οὐετρανὸς τῶι ‖ φίλωι | μνήμης χάριν.

---

908. Prope Hieropolim. — Heberdey, *Denkschr. der Akad. in Wien*, XLIV (1896), VI, p. 32, n. 76.

Θεοῖς | Σεβαστ[οῖς ¹] καὶ | Καίσαρσιν.

1. ω lapis in rasura supra ΟΙC.

---

909. Prope Hieropolim. — Heberdey, *Denkschr. der Akad. in Wien*, XLIV (1896), VI, p. 32, n. 74.

[Θ]εοῖς Ὀλυμπί(οι)ς | .... [Και]χίνα Προχληιανὸς ὁ δη[μιουργὸς] | καὶ ἱερεὺς
τῶν αὐτοκρατόρων.

---

910. Prope Hieropolim. — Heberdey, *Denkschr. der Akad. in Wien*, XLIV (1896), VI, p. 32, n. 78.

Ἀγαθῇ τύχῃ · | Διεὶ Σωτῆρι καὶ | θεοῖς Σεβαστοῖς | Μ. Αὐρ. Λουκρήτιος ‖
5 Στρατόνεικος | ὁ δημιουργὸς καὶ ἱερεύς.

911. Prope Hieropolim. — Heberdey, *Denkschr. der Akad. in Wien*, XLIV (1896), VI, p. 34, n. 84.

Ἀγαθῇ τύχῃ · | Διὶ Σωτῆρι καὶ | θεοῖς Ὀλυμπίοις | Μ. Αὐρήλιος Φῆλιξ ‖
5 Μοντανὸς ὁ ἱερεὺς | τοῦ κυρίου καὶ δημιουργός.

---

912. Prope Hieropolim. — Heberdey, *Denkschr. der Akad. in Wien*, XLIV (1896), VI, p. 32, n. 77.

[Διὶ Σωτῆρι καὶ θεο]ῖς | Ὀλυμπίοις Δομ(έτιος) Φῆλ(ιξ) | Κρονίδης ἀπὸ Κιλικαρχείας.

---

913. Prope Hieropolim. — Heberdey, *Denkschr. der Akad. in Wien*, XLIV (1896), VI, p. 33, n. 80.

[Αἰλ]ίῳ Ὀκταουίῳ | [Φρ]όντωνι ἑκατον|[τ]άρχει λεγιοναρί|ῳ ὡρδιναρίῳ [1]
5 Ὀκτά‖[ο]υιος Φρόντων ὁ υ|[ἱὸς μ]νήμης | [χά]ριν.

1. Centuriones *ordinarii* dicebantur qui et « *primi ordines* », primi inter centuriones. De iis disseruit Mommsen, *Ephem. epigr.*, IV, p. 239.

---

914. Mopsuestiae. — *C. I. Gr.*, add., 4443 c.

[Αὐτοκράτορα] Νέρουαν Τραιανὸν Καίσαρα | [Σεβαστὸν ἄριστο]ν Γερμανικὸν, υἱὸν Θεοῦ [Νέ|ρουα Σε]βαστοῦ, ἡ πόλις. Ἔτει γ' [1].

1. Anno 3 Trajani imperantis = 99 p. C. n.

---

915. Mopsuestiae. — Le Bas et Waddington, III, n. 1494.

[Αὐτοκράτορα Καίσαρα Θεοῦ Ἀδριανοῦ υἱὸν Θ]εοῦ | [Τ]ραιανοῦ Παρθικοῦ
5 υἱωνὸν | Θεοῦ Νέρουα ἔκγονον Τίτον | Αἴλιον Ἀδριανὸν Ἀντωνεῖνον ‖ Σεβαστὸν Εὐσεβῆ, πατέρα | πατρίδος, ὁ δῆμος | Ἀδριανῶν Μοψεατῶν [1] τῆς | ἱερᾶς καὶ
10 ἐλευθέρας καὶ ἀσύ|λου καὶ αὐτονόμου [2], φίλης ‖ καὶ συμμάχου Ῥωμαίων.

1. Cf. supra (I, n. 121) titulum Romae positum, anno 140 p. C. n., a Mopseatis in honorem Antonini, quod divina sua juris dictione antiqua civitatis jura servavisset. — 2. Illa eadem nomina in nummis etiam inscripta sunt; Barclay V. Head, *Hist. num.*, p. 608.

916. Mopsuestiae. — Heberdey, *Denkschr. der Akad. in Wien*, XLIV (1896), VI, p. 12, n. 28.

['Η βουλή] καὶ ὁ δῆμος | Μαρίονα? Διοσκουρίδ[ου] τὸν | καὶ Πάππον, τὸν
5 ἱερέα ἐπὶ φιλοδοξίας τῶν κυρίων | ἐν τῷ σκς' ἔτει [1] καὶ πανηγυριάρχην ‖ κατὰ τὸ
ἰν.... καὶ ἱερέα διὰ βίου τοῦ Καλλικάρπου | Διονύσου [2], τὸν φιλοκέσαρα καὶ
φιλόπατριν καὶ υἱὸν | τῆς ἀγαθῆς τύχης τῆς πόλεως καὶ πανάρετον.

1. Anno 226 aerae illius urbis, quae incipit anno 68 a. C. n. = 138 p. C. n.
Cf. Kubitschek, s. v. *Aera* ap. Pauly-Wissowa, *Realencyclopädie*, col. 645, v. 62. —
2. Etiam Aegaeis, in urbe Cilicum, eodem nomine cultus. Cf. n. 923, 924.

---

917. Mopsuestiae. — Le Bas et Waddington, III, n. 1492.

Γ. Ἰούλιος Λεωνίδης Ἀθηναῖος, στρα|τιώτης λεγεῶνος | ις' Φλ(αβίας) Φίρμης,
5 θεοῖς κα|ταχθονίοις καὶ τοῖς γονεῦ|σιν.

---

918. Mopsuestiae. — Yorke, *Journ. of hellen. studies*, XVIII (1898), p. 308, n. 4.

....[ἀν]|έθεν δῖον πολέμοις στρατιώταν [1]. |
Δημήτριος Ἀσχ[λη|πι]ά[δ]ου? Γαίω | Πετρωνίω [Μ]ενιππ[ω] [2] τῷ ἀδελφῷ καὶ
τοῖς γονεῦσι μνήμης χάριν.

1. Explicit metricum epitaphium veterani alicujus. — 2. Λενιππου lapis.

---

919. Mopsuestiae. — Le Bas et Waddington, III, n. 1498.

....εων καὶ τὸ πύθιον? ο.....|.. [Ἰου]λίου υἱ[ὸς] Φαλέρνα.......

---

920. Mopsuestiae. — Heberdey, *Denkschr. der Akad. in Wien*, XLIV (1896), VI, p. 12, n. 33.

Δομετία Λέπιδα [1] | Πρόκλω τῷ υἱῷ | καὶ τοῖς γονεῦσι | μνήμης χάριν.

1. Eadem fuerunt nomina amitae Neronis; *Prosop. imp. rom.*, II, p. 26, n. 155.

921. Prope Aegaeas. — *C. I. Gr.*, 4443 et add., p. 1171. Cf. Wilhelm, *Arch. epigr. Mittheil.*, XX (1897), p. 61.

Θεῷ Σεβαστῷ Καίσαρι καὶ | Ποσειδῶνι Ἀσφαλείῳ καὶ | Ἀφροδίτῃ Εὐπλοίᾳ.

« Conjecit Cavedonius titulum positum esse anno U. c. 734 vel 735 (19/18 a. C. n.), postquam Augustus mare feliciter emensus est ex Oriente Romam repetens. » Franz.

---

922. Aegaeis. — Ex schedis Instituti archaeologici Vindobonensis.

[Αὐτοκρά]τορσιν Καίσαρσιν | [Λ. Σεπτι]μίῳ Σευήρῳ [Εὐ]σεβ(εῖ).....

---

923. Aegaeis. — Heberdey, *Denkschr. der Akad. in Wien*, XLIV (1896), VI, p. 16, n. 44.

5 Διονύσῳ | Καλλικάρπῳ [1] | καὶ Δήμητρι | Κ[α]ρποφόρῳ ‖ καὶ τοῖς | Σεβαστοῖς [2].

1. Cf. nn. 916 et 924 et Wilhelm, *Arch. epigr. Mittheil.*, XX (1897), p. 60. — 2. καὶ τοῖς Σεβαστοῖς altera manu scriptum in postica facie.

---

924. Aegaeis. — Wilhelm, *Arch. epigr. Mitth.*, XX (1897), p. 60.

a. Διονύσῳ Καλλι|κάρπῳ καὶ Δήμη|τρι Καρποφόρῳ [1]. |
5 *b. Altera manu :* Αὐ[τοκράτορ]....... ‖ εὐτυχ..... | μητ[ρο.....

1. Cf. nn. 916 et 923.

---

925. Aegaeis. — Heberdey, *Denkschr. der Akad. in Wien*, XLIV (1896), VI, p. 14, n. 39.

[Αἰγαιέων?] ἡ βουλὴ καὶ ὁ δῆμ[ος ἐτείμησεν | .....Μητερ?]εἰνην Μουσ[α]ίου |
5 [μητέρα γενομένη]ν Φιλίππου τοῦ |..... ου ‖ .....καὶ | Φίλιππον δὶς ἱερασάμ[ενον |
τοῦ] Διὸς καὶ τῆς Ἥρας κ[αὶ τῆς] | Ἀ[θ]ηνᾶς [1] κ[αὶ] Θεοῦ Σεβασ[τοῦ] | Κ[α]ί-
10 σαρος καὶ κατασκευάσ[αντα ‖ ἐκ τῶν ἰ[δ]ίων ἀνδριάντα Αἰ[γαίας] | Ἀρτέ[μιδο]ς
σὺν τῇ παρ[ε]σ[τηκυίᾳ | ἐλάφῳ?].....

1. Dii Capitolini. Cf. n. 839.

926. In insula contra Aegaeas. — Heberdey, *Denkschr. der Akad. in Wien*, XLIV (1896), VI, p. 15, n. 43.

['Η]λιοπολείτῃ | βωμὸν | ἀφθίτῳ Διὶ ¹ |
'Ἁπτος ἀνέθηκεν ‖ [εὐ]σεϐῶν ἰς τὸν θεόν.

1. Jupiter aeternus Heliopolitanus.

---

927. Prope Alexandream. — Heberdey, *Denkschr. der Akad. in Wien*, XLIV (1896), VI, p. 19, n. 48.

[Α]ὐτοκράτορα Καίσαρα Λ. | Σεπτίμιον Σ[ε]ουῆρο[ν].........

---

928. Arsi. — Heberdey, *Denkschr. der Akad. in Wien*, XLIV (1896), VI, p. 20.

Πόπλιον Ποστούμιον 'Αχειλιανὸν ¹, | ἐπίτροπον ² Αὐτοκράτορος Καίσα[ρο]ς |
Νέρουα Τραιαν[οῦ Σ]εϐαστοῦ | Γερ[μ]ανικοῦ ³, Μηνόδωρ[ο]ς ‖ Διονυσίου τὸν
ἑαυτοῦ εὐεργέτην.

1. *Prosop. imp. rom.*, III, p. 90, n. 658. — 2. Procurator, ut videtur, Ciliciae. Idem ille vir Achaiae procurator posterius fuit. — 3. Post mensem Octobrem aut Novembrem anni 97, ante finem anni 102, quo Dacicus etiam audivit.

CYPRUS

CYPRUS

---

929. Solis. — Oberhummer, *Sitzungsber. der Akad. zu München*, 1888, p. 317.

Αὐτοκράτορα Κα[ίσ(αρα)] | Μ. Αὐρήλιον Ἀντ[ωνεῖ]|νον Σεβαστὸν [οἱ ταμ]ίαι ἄρξαντες [Πτο]|λεμαῖος Ὀν...

---

930. Solis. — Cesnola, *Cyprus* (1877), p. 424, n. 29.

Ἀπολλώνιος τῷ πατρὶ..... | καὶ τῇ μητρὶ Ἀρ..... | τὸν περίβολον καὶ..... |
5 υμων αὐτῶν ἐντολὰς εα..... ‖ ἑαυτοῦ τῆς Σολίων πόλεως... | ἱεραρχήσας Παν-
ματείρας [1], [ἐπιμελητὴς] | βιβλιοφυλακίου [2] γενόμενος... [Δημαρχ]|εξουσίου κε΄ [3],
10 τιμητεύσας τὴν βουλὴν [4] .....|λήσας τῶν ἐπὶ Παύλου [ἀνθ]‖υπάτου [5].

1. Terra omnium mater. — 2. Profecto [curator] bibliothecae publicae in illa civitate.
V. Liebenam, *Städteverw.*, p. 81, 278, 353. — 3. Mensis illius Cypriorum die xxv = men-
sis Maii die xvii. — 4. Ut censor senatum civitatis legit; Liebenam, *Städteverw.*, p. 230,
259. — 5. Dubium est an hic fuerit ille L. Sergius Paullus, qui Cyprum administrabat
inter annos 45 et 50 p. C. n., quum Paulus apostolus eo appulit. *Prosop. imp. rom.*,
III, p. 221, n. 376.

---

931. Chandria. — Le Bas et Waddington, III, n. 2836 a.

['Υ]πὲρ σωτηρίας] | Αὐτοκράτορος Ἀντωνείνου | ..... Φι|λοκράτους νεώτερος
5 [ἱερ]εὺ[ς] ‖ θεῶν οὐρανίων καὶ Διὸς Λαρ[νακίου [1] | κατεσκεύασ]εν [τ]ὰς στοὰς
εὐξάμενος.

1. Restituit Waddington collato titulo suo n. 2779, ubi memoratur Neptunus « Lar-
nacius », qui colebatur prope Lapethunta in vico vocato nunc Larnaka Lapethou.

932. Lapethunte. — Le Bas et Waddington, III, n. 2772.

Σεβαστοῦ θεοῦ Καίσαρος.

---

933. Lapethunte. — Le Bas et Waddington, III, n. 2773. Cf. Cesnola, *Cyprus* (1877), p. 419, n. 15.

Τιβερίῳ Καίσαρι Σεβαστῷ θεῷ ¹ Θεοῦ Σεβαστοῦ υἱῷ | αὐτοκράτορι, ἀρχιερεῖ
μεγίστῳ, δημαρχικῆς ἐξουσίας | τὸ λα´ ², ἐπὶ Λευκίου Ἀξίου Νάσονος ἀνθυπάτου ³
καὶ Μάρκου | Ἐτρειλίου Λουπέρκου πρεσβευτοῦ ⁴ καὶ Γαίου Φλαβίου Φίγλου
5 ταμία ⁵, ‖ Ἄδραστος Ἀδράστου φιλόκαισαρ, ὁ ἐγγενικὸς ἱερεὺς τοῦ | ἐν τῷ
γυμνασίῳ κατεσκευασμένου ὑπὸ αὐτοῦ ἐκ τοῦ ἰδίου | Τιβερίου Καίσαρος Σεβαστοῦ
ναοῦ καὶ ἀγάλματος ὁ Φιλόπατρις | καὶ Πανάρετος, καὶ δωρεὰν καὶ αὐθαίρετος
10 γυμνασίαρχος καὶ | ἱερεὺς τῶν ἐν γυμνασίῳ θεῶν κατεσκεύασεν τὸν ναὸν καὶ ‖ τὸ
ἄγαλμα ἰδίοις ἀναλώμασιν τῷ α(ὐ)τοῦ ⁶ θεῷ, ἐφηβαρχοῦντος | Διονυσίου τοῦ
Διονυσίου τοῦ καὶ Ἀπολλοδότου φιλοκαίσαρος. | Ἄδραστος Ἀδράστου φιλόκαι-
σαρ καθιέρωσεν συγκαθιεροῦντος | καὶ τοῦ υἱοῦ αὐτοῦ Ἀδράστου φιλοκαίσαρος,
τοῦ καὶ αὐτοῦ δωρεὰν | καὶ αὐθαιρέτου γυμνασιάρχου τῶν παίδων, τῇ γενεσίῳ ‖
15 Τιβερίου, | ἔτους ις´ ⁷, Ἀπογονικοῦ κδ´ ⁸.

1. Θεὸς vivus Tiberius hic dicitur. Cf. Tac.; *Ann.*, IV, 37; Suet., *Tib.*, 26; Dio, LVII, 9.
— 2. Trib. pot. xxxi = anno 29 p. C. n. — 3. L. Axius Naso proconsul Cypri; *Prosop.
imp. rom.*, I, p. 222, n. 1357. Ἀελίου Cesnola. — 4. M. Etrilius Lupercus, legatus pro-
consulis Cypri; *Prosop. imp. rom.*, II, p. 41, n. 74. — 5. C. Flavius Figulus, quaestor
provinciae Cypri; *Prosop. imp. rom.*, II, p. 68, n. 181. Φύλου, Cesnola. — 6. αὐτῷ Ces-
nola. — 7. Anno xvi Tiberii imperantis = anno 29 p. C. n. — 8. Mensis Apogonici
Cypriorum die xxiv = mensis Novembris die xvi, qui est dies Tiberii natalis (xvi kalen-
das Decembres).

---

934. Lapethunte. — Perdrizet, *Bull. de corr. hellén.*, XX (1896), p. 347, n. 1.

Αὐτοκράτορα Καίσαρα, Θεο[ῦ] Τραι[ανοῦ] | Παρθικοῦ υἱὸν, Θεοῦ Νέρο[υα]
υἱωνὸν, Τραιανὸν Ἀδριανὸν Ἄριστο[ν Σ]εβαστὸν | Γερμανικὸν Δακικὸν Παρ[θι-
κὸν ¹, τὸ[ν] σωτῆρα καὶ εὐεργέτην [τῆς πόλεως], | Λαπηθίων ἡ βουλὴ καὶ ὁ
δ[ῆμος].

1. Hadrianus potuit Lapethunte consistere anno 129, quum Ciliciam et Syriam vise-

ret. V. Rohden ap. Pauly-Wissowa, *Realencylopädie*, I, col. 510, v. 3. Nota cognomina Optimum, Germanicum, Dacicum, Parthicum Hadriano indita, quae Trajani propria sunt.

935. Chytris. — Cesnola, *Cyprus* (1877), p. 417, n. 11.

.....ουσιν τὸ λασ..... | [θ]υσίας μετέχειν πάντας..... | ἀνιερωσάντων τῇ θεῷ
5 [ὥ]στε..... | καὶ τῶν ἀνιερωμένων τῆς τοῦ ἐν..... ‖ μοκράτους τοῦ καὶ Μενεσ-
τρά[του]....... | νδρίου τοῦ ἐφηβάρχου ἀργύριο[ν ...... | ..]σθῆναι τῇ θεῷ
ποτήρια ἐφ' ὧν ἐ...|σίου Καίσαρος Σεβαστοῦ καὶ..... [Κ]ουίντου Σερ¹.....

1. Fortasse proconsul Cypri.

936. Inter Hagios Epiktetos et Bellapaise, in miliario xxxv viae Salamine Lapethunta.
— *C. I. L.*, III, 12111.

...... | .... | .... | Aug(ustum) [pontificem maximum] ‖
5 ..... | ..... Σεβα[σ]τὸν ἀ]ρχιερέα | [μέγιστον]. — ΛΕ.

937. Paphi. — Le Bas et Waddington, III, n. 2785.

[Ὑπὲρ σωτηρίας Αὐτοκράτορος | Καίσαρος Λ. Σεπτιμίου Σεουήρου | Ε]ὐτυ-
5 χοῦς Περ[τίνακος Εὐσεβοῦς | Σ]εβαστοῦ Ἀραβι[κοῦ Παρθικοῦ ‖ Σε]β(αστῆ)
Κλ(αυδία) Φλ(αουία) Πάφος [ἡ ἱερὰ μητρό|πο]λις τῶν κατὰ Κύ[προν πόλεων¹ |
δι]ὰ τῶν τὸ ἕκτον..... |των.

1. De his nominibus Paphi cf. nn. 939, 941, 942, 944, 947, 963, 967.

938. Paphi. — *C. I. Gr.*, 2628.

[Ἡ πόλις] Παφίων Ἡρ[ώ]δην.....

« Herodes Judaeus, aut Magnus, aut Magni filius Antipas, aut alius ex ea familia. »
Böckh. Multo probabilius suppleveris [Ἀττικόν] et titulum rettuleris ad Ti. Claudium
Atticum Herodem, cos. anno 143, summum oratorem temporis sui, cujus nomina plu-
rimis lapidibus, quum Athenis, tum in aliis Graeciae urbibus, inscripta sunt; *Prosop.*
imp. rom., I, p. 353, n. 655. Cf. hanc nostram syllogen, t. I, n. 193 et seq.

939. Palaepaphi. — C. I. Gr., 2629.

Μαρχίᾳ Φιλίππου θυγατρὶ, ἀνεψιᾷ | Καίσαρος θεοῦ Σεβαστοῦ [1], γυναικὶ | Παύλου Φαβίου Μαξίμου [2], Σεβαστῆς | Πάφου ἡ βουλὴ καὶ ὁ δῆμος.

1. Marcia, filia L. Marcii Philippi, consobrina Caesaris Augusti; *Prosop. imp. rom.*, II, p. 340, n. 184. — 2. Paullus Fabius Maximus, amicus, ut videtur, Horatii et Ovidii, cos. ordinarius anno 11 ante C. n. Eum proconsulem Cypri fuisse ex hoc titulo colligi potest, ut putat Dessau, *Prosop. imp. rom.*, II, p. 48, n. 38.

---

940. Palaepaphi, in templo Veneris. — Gardner, Hogarth et James, *Journ. of hellen. studies*, IX (1888), p. 243, n. 69.

Ἰ[ου]λίαν θεὰν Σεβαστὴ[ν], | θυγατέρα Αὐτοκράτορο[ς] | Καίσαρος, Θεοῦ υἱοῦ, θεο[ῦ] | Σεβαστοῦ, γυναῖκα δὲ Ἀγ[ρίππα [1]].

Titulus rescriptus loco alterius tituli aetatis Ptolemaei Philometoris.

1. Julia, Augusti filia; *Prosop. imp. rom.*, II, p. 222, n. 420.

---

941. Palaepaphi, in templo Veneris. — Gardner et Hogarth, *Journ. of hellen. studies*, IX (1888), p. 227, n. 6.

Ἀφροδίτῃ Παφίᾳ | Τιβέριον Καίσαρα Θεοῦ Σεβαστοῦ υἱὸν | Σεβαστὸν αὐτοκρά-
5 τορα, ἀρχιερέα μέγιστον, | Σεβαστῆς [1] Πάφου ἡ βουλὴ καὶ ὁ δῆμος ‖ τὸν ἑαυτῶν σωτῆρα καὶ εὐεργέ[τ]ην, | Τιβεριείου Σεβαστοῦ α΄ [2].

1. Augusta vocata est Paphus anno 15 a. C. n. (Dio, LIV, 23). — 2. Quum jus asyli templo Veneris Paphiae Tiberius tribuerit (Tac., *Ann.*, III, 62), putant editores annum primum numeratum esse non ex quo Tiberius obtinuerit imperium, sed ex quo jus illud legatis Cypriis concesserit (22 p. C. n.). Res incerta videtur.

---

942. Palaepaphi, in templo Veneris. — Gardner et Hogarth, *Journ. of hellen. studies*, IX (1888), p. 227, n. 7.

[Ἀφ]ρο[δίτῃ] Π[α]φίᾳ | Τιβέριον Καίσαρα Θεοῦ Σεβαστ[οῦ υἱὸν | Σ]εβαστὸν αὐτοκράτορα, ἀρχι[ερέα μέγιστον, | Σε]βαστῆς Πάφου ἡ βουλὴ καὶ ὁ δῆμος.

943. Palaepaphi, in templo Veneris. — Gardner et Hogarth, *Journ. of hellen. studies*, IX (1888), p. 253, n. 116.

Τιβέριον.. | Νέρωνος Κλ[αύδιον καὶ]..|..... τὴν τούτο[υ γυναῖκα].

---

944. Palaepaphi, in templo Veneris. — Gardner et Hogarth, *Journ. of hellen. studies*, IX (1888), p. 250, n. 107.

Ἀφρ[ο]δείτη Παφίᾳ | [Αὐτοκράτορα Καί]σαρα Θεοῦ Σεβαστοῦ υἱὸν | [Δομε-
τιανὸ]ν Σεβαστὸν ἀρχιερέα μέγιστον | ...ίου Κοίντου υἱοῦ Κοίντου Ὀρτην-
5 σίου ¹ ‖ ...ισίνου ἀνθυπάτου.... | [Σεβα]στὴ Πάφος.

Titulus rescriptus loco alterius tituli aetatis Ptolemaei Epiphanis.

1. Supplementa correxit et addidit Dessau, *Prosop. imp. rom.*, II, p. 148, n. 149.

---

945. Palaepaphi, in templo Veneris. — Gardner et Hogarth, *Journ. of hellen. studies*, IX (1888), p. 253, n. 115.

a. Ἀφροδείτη Παφίᾳ |? Δο[μετι]α[νὸ]ς Σεβαστό[ς]. |
b. Ἀφροδείτη [Παφίᾳ] | ....ος Σεβαστό[ς].

---

946. Palaepaphi, in templo Veneris. — Gardner et Hogarth, *Journ. of hellen. studies*, IX (1888), p. 233, n. 22.

.... | ..... Σαρματ[ικῷ] ¹ .... | ...αρδάνους ..... | . [εὐ]τυχεσ-
5 τάτ[ῳ] .... ‖ [Καί]σαρι Σεβαστ[ῷ] | .. τῷ αὐτοῦ εὐ[εργέτη] | .... μήματα.

1. M. Aurelius aut Commodus post annum 175.

---

947. Palaepaphi, in templo Veneris. — Gardner et Hogarth, *Journ. of hellen. studies*, IX (1888), p. 252, n. 111.

.........|.....ον πατο..... | [ἀρχιερέα μ]έγιστον δημαρχ[ικῆς ἐξουσ]ίας...|....
5 Κλαυδία Φλαυία Πά[φ]ος ἡ ἱερὰ μητρό[πολις ‖ τῶν κατὰ τὴν Κύπρο]ν πόλεων
ἐκ τῶν ἰ[δί]ω[ν καὶ] τῆς προσό[δου] | ...ου Τ. Καισερνίου Στατίο[υ.........]

.ανοῦ ¹ ... | Γαίου Ἰουλίου Ἡλιανο[ῦ] ² | ......ου, δι᾽ ἐπιμελητοῦ......... | [τοῦ ἀρχιερ]έως Παφίας Ἀφρο[δίτης].

1. Forlasse [Κοϊνκτι]ανοῦ, qui potuit esse procos. Cypri, *Prosop. imp. rom.*, I, p. 266, n. 143 a. Cf. n. 144. — 2. Fortasse legatus provinciae, *Prosop. imp. rom.*, I, p. 195, n. 235.

948. Palaepaphi, in templo Veneris. — Gardner et Hogarth, *Journ. of hellen. studies*, IX (1888), p. 260, n. 14.

... Σεβαστ[ῷ] | ... ἡ ἀρχιέρε[ια | πα]τρὶ Τ[ι]βήριον?

949. Palaepaphi, in templo Veneris. — Gardner et Hogarth, *Journ. of hellen. studies*, IX (1888), p. 243, n. 66.

..... α.... | Σεβα[στ... | ἀρχιερ...] μεγισ[τ]... | .....

950. Palaepaphi. — Oberhummer, *Sitzungsber. der Akad. zu München* (1888), p. 336, n. 17.

Ἀφροδίτῃ Παφίᾳ | Γάιον Οὐμμίδιον Τηρητίνᾳ Κουαδρᾶτον, | τὸν ἀρχιερέα |
5 τὸν καὶ Πανταυχιανὸν Γαίου ‖ Τηρητίνᾳ | Οὐμμιδίου Πανταύχο[υ ¹] υἱὸν, | τοῦ
ἀρχιερέως καὶ γυμνασιαρ|χήσαντος, Κλαυδία Ἀπφάριον, | Τεύκρου θυγάτηρ,
10 ἡ ἀρχιέρ(ε)ια τῶν ‖ κατὰ Κύπρον Δήμητρος ἱερῶν, | τὸν ἑαυτῆς υἱωνὸν εὐνοίας |
χάριν, ἔτους η´ ².

1. Pantauchus videtur civitatem accepisse a C. Ummidio Quadrato, qui fuit procos. Cypri imperante Tiberio ; *Prosop. imp. rom.*, III, p. 468, n. 600. — 2. Anno VIII imperantis Claudii, aut Neronis aut Vespasiani, nisi aera Paphi aliqua indicatur.

951. Palaepaphi, in templo Veneris. — Gardner et Hogarth, *Journ. of hellen. studies*, IX (1888), p. 237, n. 41.

Ἀφροδίτῃ Παφίᾳ | Γάιον Οὐμμίδιον Πάνταυ|χον Κουαδρατιανὸν ἀρχιε|ρέα
5 Γάιος Οὐμμίδιος Κουαδρᾶτος ¹ ‖ καὶ Κλαυδία Ῥοδοκλέ|α ἀρχιέρεια | τὸν υἱόν.

1. Iidem homines, vel certe eorum propinqui, memorantur in titulo n. 950.

952. Palaepaphi, in templo Veneris. — Gardner et Hogarth, *Journ. of hellen. studies,* IX (1888), p. 240, n. 49.

['Αφροδί]τη Παφία | ... [Ού]άριον 'Ροῦφον τὸν ἀνθύ|[πατον ¹ ἡ βουλὴ καὶ ὁ δῆ]μος ὁ Παφίων τὸν ἑαυ|[τῶν εὐεργέτην καὶ σωτῆρ]α δικαιοσύνης χάριν.

1. *Prosop. imp. rom.,* III, p. 386, n. 193. Quis fuerit ignoratur. Possis etiam cogitare de [L. T]ario Rufo, cos. suff. anno 15 a. C. n. *Ibid.,* p. 295, n. 14.

---

953. Palaepaphi in templo Veneris. — Gardner et Hogarth, *Journ. of hellen. studies,* IX (1888), p. 243, n. 68.

'Αφροδίτη Παφία | ἡ πόλις ἡ Παφίων Λεύκιον Κοίλιον | Τάρφινον ¹ τὸν ἀνθύπατον καὶ | στρατηγόν.

1. Aut Γαρίφινον aut Τάμφιλον. Lectio cognominis incerta est. *Prosop. imp. rom.,* I, p. 433, n. 999.

---

954. Palaepaphi in templo Veneris. — Gardner et Hogarth, *Journ. of hellen. studies,* IX (1888), p. 248, n. 97.

['Αφροδίτη Π]αφία | [Δ. Πλαύτιον Φή]λεικα Ἰ|[ουλια]νὸν ¹ | [τὸν ἀνθύπατον] ὁ δῆμος.

1. *Prosop. imp. rom.,* III, p. 45, n. 352. Cf. titulos, nn. 955, 956. Proconsul Cypri anno incerto.

---

955. Palaepaphi in templo Veneris. — Gardner et Hogarth, *Journ. of hellen. studies,* IX (1888), p. 253, n. 114.

'Αφροδείτη Π[αφία] | Δ. Πλαύτιον Φή[λεικα Ἰ]|ουλιανὸν τὸν ἄρ[ιστον ¹] | ἀνθ(ύπατον ²) ἡ βουλὴ καὶ ὁ [δῆμος].

1. 'Αρ[χιερέα καὶ] editores; Al lapis. — 2. Cf. n. 954, 956.

---

956. Palaepaphi, in templo Veneris. — Gardner et Hogarth, *Journ. of hellen. studies,* IX (1888), p. 249, n. 104.

'Αφροδείτη Παφία | Πλαυτίαν 'Ελπίδα | Πλαυτίου Φήλεικος | 'Ιουλιανοῦ ἀνθυπάτου ¹.

1. Cf. n. 954, 955.

957. Palaepaphi, in templo Veneris. — Gardner et Hogarth, *Journ. of hellen. studies*, IX (1888), p. 247, n. 91.

... ¹ [ἀν]θυπάτου.....

1. ΛΑΝΙΟΝΙ traditur.

---

958. Palaepaphi, in templo Veneris. — Gardner et Hogarth, *Journ. of hellen. studies*, IX (1888), p. 246, n. 86.

Ἀφροδείτῃ Παφίᾳ. |
Νέστορα τῇ Παφίῃ τὸν ἀοίδιμον ἡ φιλόμουσ[ος] |
Ῥηγῖνα σθεναρῶν ἐξ ὑπάτων ὑπάτη ¹.

1. Regina consularis femina; *Prosop. imp. rom.*, III, p. 126, n. 27. Cf. titulum n. 959.

---

959. Palaepaphi, in templo Veneris. — Gardner et Hogarth, *Journ. of hellen. studies*, IX (1888), p. 253, n. 113.

5 Ἀφροδείτῃ Παφί[ᾳ] | ......|..... ¹ Ῥηγεῖ|[ναν τὴν] ὑπατικὴν ² ....‖.... ³
εὐεργ[εσίας].

1. ΑΙΛΙΑ...Ν traditur. — 2. Cf. n. 958. — 3. ᴾPO HN traditur.

---

960. Palaepaphi, in templo Veneris. — Gardner et Hogarth, *Journ. of hellen. studies*, IX (1888), p. 241, n. 56.

[Λ]ούκιον Σέργιον Κα... ¹ | Ἀρριανὸν ² συνκλητικὸν τρι|βοῦνον Σεργία Δημη-
τρία | τὸν ἀδελφόν.

1. Vel κλ..... Traditur Κ/. — 2. *Prosop. imp. rom.*, III, p. 221, n. 372.

---

961. Palaepaphi. — Oberhummer, *Sitzungsber. der Akad. zu München* (1888), p. 340, n. 22.

Τὸ κοινὸν Κυπρίων ¹ | Κειωνίαν ² Καλλιστὼ Ἀττικὴν, | γυναῖκα Φλαυίου
5 Φ[......, ἀρχ]ιε[ρα|σ]αμένου [τῶ]ν Σε[βασ]τ[ῶν...] ‖ ἀγαθοῦ χ.....

1. De communi Cypri cf. n. 962, 980, 993. — 2. Ceionia, nomen gentis romanae.

962. Palaepaphi, in templo Veneris. — Gardner et Hogarth, *Journ. of hellen. studies*, IX (1888), p. 237, n. 40.

Ἀφ[ροδίτ]ῃ Παφίᾳ | κοινὸν Κυπρίων | Ἀπολλωνίαν Κρατέρου καὶ τὸν ταύτης
5 ἄνδρα | Πατροκλέα Πατροκλέους τοὺς κτίστας τοῦ ‖ Τυχαίου καὶ ἀρχιερεῖς διὰ
βίου τῆς Τύχης | τῆς μητροπόλεως Πάφου ὑπὲρ τῆς ἰς τὴν | ἐπαρχείαν φιλοτει-
μίας καὶ τῆς πρὸς τὴν | πατρίδα εὐνοίας χάριν.

---

963. Palaepaphi. — Oberhummer, *Sitzungsber. der Akad. zu München*, 1888, p. 324,
n. 13.

..... [Σ]εβαστῆ[ς Πάφου] ἡ ἀρχιέρει[α ¹ .... ἐπ]ὶ Τιβερίου [Καίσαρος].

1. Fortasse ἀρχιέρεια τῶν κατὰ Κύπρον Δημήτρος ἱερῶν (cf. n. 950); aut sacerdos maxima
τῆς Τύχης τῆς πόλεως (Πάφου), cf. n. 962; aut uxor ἀρχιερέως τῆς νήσου cf. nn. 981, 994, 995.

---

964. Palaepaphi, in templo Veneris. — Gardner et Hogarth, *Journ. of hellen. studies*,
IX (1888), p. 247, n. 90.

Ἀφροδίτῃ Παφίᾳ | ὁ δῆμος ὁ Παφίων Γάιον Ῥουτιλήιον | Γαίου υἱὸν Ὑελίνᾳ
Ῥοῦφον χιλί|αρχον εὐνοίας χάριν.

---

965. Palaepaphi. — *C. I. L.*, III, 12101.

[Veneri Paphiae | qui Pa]phi negotiantur. |
[Ἀφροδίτῃ] Παφίᾳ | [οἱ ἐν] Πάφωι Ῥωμαῖοι.

---

966. Palaepaphi, in templo Veneris. — Gardner et Hogarth, *Journ. of hellen. studies*,
IX (1888), p. 245, n. 84.

Ἀφροδίτῃ [Παφίᾳ] | Κο[ρνη]λίαν Νίκην οἱ [ἀπελ]εύ|θεροι τὴν ἑαυτῶν |
πατρώνισσαν.

---

967. Inter vicos Pissuri et Kukla. In miliario XV viae romanae Curio Paphum. —
C. I. L., III, 218.

[Imp. Caes. Di]ui Antoni[ni Pii Germanici Sarmatici filio] | [Di]ui Commodi

fratri M. Antonini Pii [nepoti Diui Hadriani | pronepoti] Diui Traiani Parthici et Diui Ner[uae ab]nepoti | [L. Septimio] Seuero Pio Pertinaci Augusto Adia-
5 benico maximo, pontifici maximo, ‖ tribouniciai po(t.) to VI. patri patriai, et Imperator. Caisar. L. Septimiou Seuerou [P]ii Pertinacis Par|t. Aug. maximi f. M. Antonini Pii Germanici Sarmatici | nepoti Diui Antonini nepoti Diui Adriani et Diui Traiani et Diui | Nerouae M. Aurelio Antonino Augusto tribounicia p[otes-
10 tate], ‖ et L. Sep[timio Getae Caesari], milia erexit Seb(aste) Pap(h)os | sacra m[etropolis] cibitatioum Cypri per Audioum Bassoum pro|cos. prouinc[iae] Cypri, an[n]i VII. |

Αὐτοκράτορι Καίσαρι Θεοῦ Μάρκου Ἀντωνίνου Εὐσεβοῦς Γερμανιχοῦ | Σαρ-
15 ματιχοῦ υἱῷ Θεοῦ Κομμόδου ἀδελφῷ Θεοῦ Ἀντωνίνου Εὐσεβοῦς ‖ υἱω[νῷ] Θεοῦ Ἀδριανοῦ ἐκγόνῳ καὶ Θεοῦ Νέρουα ἀπογόνῳ Λ. Σεπτιμίῳ | Σευήρῳ Εὐσεβ(ε)ῖ Περτίναχι Σεβαστῷ Ἀραβιχῷ Ἀδιαβηνιχῷ Παρθιχῷ, | ἀρχιερ(ε)ῖ μεγίστῳ, δημαρχιχῆς ἐξουσίας τὸ ϛ΄[1], αὐτοκράτορι τὸ ια΄, ὑπάτῳ | τὸ β΄, πατρὶ πατρίδος, ἀνθυπάτῳ, καὶ Αὐτοκράτορι Καίσαρι Λ. Σεπτι|μίου Σεουήρου Εὐσε-
20 βοῦς Περτίναχος Σεβαστοῦ Ἀραβιχοῦ Ἀδιαβηνιχοῦ ‖ Παρθιχοῦ μεγίστου υἱῷ [Θεοῦ] Μάρχ. Ἀντωνίνου Εὐσεβοῦς Γερμανιχοῦ | Σαρματιχοῦ [υἱωνῷ] Θεοῦ Ἀντωνίνου Εὐσεβοῦς ἐκγόνῳ Θεοῦ Ἀδριανοῦ | [καὶ] Θεοῦ Τραιανοῦ Παρθιχοῦ καὶ Θεοῦ Νέρουα ἀπογόνῳ [Μάρχῳ] | Αὐ. Ἀντωνίνῳ Σεβαστῷ, δημαρχιχῆς ἐξουσίας, ἀνθυπάτῳ, [καὶ Λ. Σε|πτιμίῳ Γέτα Καίσαρι], τὰ μείλι(α) ἀνέσ-
25 τησεν Σε(βαστῇ) Κλ(αυδία) ‖ Φλ(αβία) [Πά]φος, ἡ ἱερὰ [μ]ητρόπολις τῶν κατὰ Κύπρον πόλεων, [διὰ] | Ὀδίου Βάσσου ἀνθυπάτου[2], ἔτους ζ΄. — ΙΕ.

1. « Annus VII imperatoris Severi secundum rationem Alexandrinam coepit die XXIX mensis Augusti anni 198; itaque recte respondet notae tribuniciae potestatis VI. » Mommsen. — 2. Audius Bassus proconsul Cypri ; Prosop. imp. rom., I, 182, n. 1144.

---

968. In miliario VII viae Romanae Curio Paphum. — C. I. L., III, 219.

a. — Αὐτοκρ[άτορα] | Καίσαρα Λο[ύκιον] | Δομίτιον [Αὐρηλιανὸν] | Εὐσ[εβῆ
5 Εὐτυχῆ ‖ ἀνίκη]τον Σεβ[αστὸν, | ἀρχιερέα] μέγιστον..|... [Γ]ερμανικὸν [μέγισ-
10 -τον, | Γοτθικὸν] μέγιστον, | [δημαρχικῆς ἐξ]ουσίας [τὸ.. ‖ αὐτοκρ]άτορα [τὸ.....], | πατέρα [πατρίδος], ὕπα[τ]ον[1].

5 h. — .. Valeri... | ... Valeri ... | ...is | ... isi‖st..a | .. Const... | ..uic.. | ...
10 uiio.. | ..f. Odemi. ‖ c...du | .. — VII[2].

5   *c.* — ...βυ .|.ειχητης ..|.ετους ...|..μ πατριδ..‖...και ..ετους | LᴬLᴬ.

5   *d.* — D. n. | Fl. Iouiani | maximi uictoris | ac triumfatoris ‖ semper Augusti ².

1. Annis p. C. n. 271/273. — 2. Annis p. C. n. 292-303. — 3. Anno p. C. n. 564.

---

969. In templo Apollinis Hylatis. — Le Bas et Waddington, III, n. 2810.

Αὐτοκ[ράτωρ Καῖσαρ] | Τραιανὸς Σεβαστὸς Γ[ερμανικὸς]......|.....ραι απ.....|
...τον Τραιανόν.....

---

970. In templo Apollinis Hylatis. — Le Bas et Waddington, III, n. 2814. Cf. Cesnola,
Cyprus (1877), p. 427, n. 33.

....νη. ουλπ..... | Κοίντον Κοίλιον Ὀνωρᾶτον ¹ ἔπαρχον | σειτουδόσεως ²
5 δήμου Ῥωμαίων, | πρεσβευτὴν Σικελίας, πρεσβευτὴν ‖ Πόντου καὶ Βειθυνίας,
ἀνθύπατον | Κύπρου ³, διὰ προνοητοῦ Διονυσίου | τοῦ Τρύφωνος τοῦ Κράτητος |
ἄρχοντος.

1. *Prosop. imp. rom.*, I, p. 432, n. 993. — 2. Praefectus frumenti dandi. — 3. Procon-
sul Cypri anno ignoto circa Trajani principatum, ut inspecto monumento judicavit
Waddington.

---

971. Curii. — *C. I. Gr.*, 2632.

Κλαυδίῳ Καίσαρι Σεβαστῷ | Γερμανικῷ, ἀρχιερεῖ μεγίστῳ, | δημαρχικῆς
5 ἐξουσίας, αὐτοκράτορι, | πατρὶ πατρίδος, Κουριέων ἡ πόλις ‖ ἀπὸ τῶν προχε-
χ[ρ]ιμένω[ν ὑ]πὸ Ἰουλίου | Κόρδου ἀνθυπάτου ¹ Λούκιος Ἄννιος Βάσ[σος ἀνθ]|ύ-
πατος ² καθιέρωσεν ἔτους ιβ΄ ³.

1. Cf. n. 978. — 2. L. Annius Bassus cos. suff. anno 70; *Prosop. imp. rom.*, I, p. 63,
n. 476. — 3. Anno xii Claudii imperantis = 52 p. C. n.

---

972. Curii. — Le Bas et Waddington, III, n. 2816.

...απιε..... | .∴. [Γερ]μανικὸς..... | ..... Καίσαρος υἱ[ός?] |..... το.....

973. Amathunte. — Beaudouin et Pottier, *Bull. de corr. hellén.*, III (1879), p. 168, n. 13.

Αὐτο[κ]ράτορι | Καίσαρι, [Θ]εοῦ υἱῶι, | θεῶι σεβασ<σ>τῶι.......

---

974. Amathunte. — Perdrizet, *Bull. de corr. hellén.*, XX (1896), p. 351, n. 1.

Ἔτους ι′ Κλαυδίου Καίσαρος [1] | ἐπὶ ἱερέων Ποπλίου | καὶ Ἀπολλω-
νίου παρ[α]|νυμφευσάντων [2] || [Ἀ]ρίστωνος, Κοττ[α|λ]ου (?) καὶ Ῥώδωνο[ς] |
Κτησίωνος.......

1. Anno x Claudii imperantis = 51 p. C. n. — 2. Paranymphi videntur quotannis
Junoni, quum Jovi nuberet, in pompa solemni adfuisse.

---

975. Amathunte. — Le Bas et Waddington, III, n. 2824.

5 Λούκιος Οὐιτέλ|λιος Καλλίνικος [1] | τὴν ἀνάβασιν ταύ|την σὺν τῇ ἀψεῖδι || ἐκ
τοῦ ἰδίου κατεσκεύ|ασεν.

1. Cliens aliquis, ut putat Waddington, L. Vitellii, legati Syriae (*Prosop. imp. rom.*, III,
p. 451, n. 500), cujus filius imperium adeptus est. Cf. *Journ. of hellen. studies*, IX (1888),
p. 234 : Λούκιον Οὐιτέλλιον Κρισπεῖνον.

---

976. Citii. — Oberhummer, *Sitzungsber. der Akad. zu München* (1888), p. 309.

Αὐτοκράτορα Νέρουαν Καίσαρα Σεβαστὸν ἀρχιερέα μέγισ|τον δημαρχικῆς
ἐξουσίας [1], πατέρα πατρίδος, ὕπατον τὸ τρίτον, ἡ Κιτίων πόλις | τὸν ἴδιον κτίστην.

1. Annis 96/97 p. C. n.

---

977. Citii. — Le Bas et Waddington, III, n. 2728.

[Ἰ]ουλίαν Δόμν]αν Σεβαστὴν, μητέρα | [στρατοπέδων, ἐ]πὶ Σέξτου Κλωδίου
5 .....νιανοῦ ἀνθυπάτου [1] | [καὶ.....]ου Ἀππιανοῦ λογιστοῦ [2], || [ἡ βουλὴ? ἐκ τῶν
ἰ]δίων προσόδων.

1. Procos. Cypri anno incerto sub Septimio Severo vel filiis ejus : *Prosop. imp. rom.*,
I, p. 414, n. 905. — 2. Curator civitatis.

978. Citii. — *C. I. Gr.*, 2631.

Ἡ πόλις | Κοίντον Ἰούλιον Κόρδον ἀνθύπατον [1], | ἁγνείας (ἕνεκεν).

1. Q. Julius Cordus procos. Cypri sub Claudio, cf. n. 971. *Prosop. imp. rom.*, II, p. 188, n. 186.

---

979. Citii. — Le Bas et Waddington, III, n. 2726.

Τι. Κλαύδιος Ἰουνκος | ἀνθύπατος [1] λέγει · | Φιλοδώρου τὴν εἰς τὴν πα|τρίδα
5 φιλοτειμίαν καὶ δι' ‖ ὧν ἐκ πάλαι αὐτὴν εὐεργε[τεῖ].........

1. Procos. Cypri anno ignoto : *Prosop. imp. rom.*, I, p. 383, n. 729.

---

980. Citii. — Le Bas et Waddington, III, n. 2734.

Τὸ κοινὸν τὸ Κυπρίω[ν] | Ἡρακλείδην Ἑρμο|δάμαντος τὸν | γυμνασίαρχον
5 καὶ | ἀγωνοθέτην καὶ ‖ προῖκα πρεσβεύ|σαντα πρὸς τὸ[ν] | Σεβαστὸν ὑπ[ὲρ] | τῆς
νήσου.

---

981. Citii. — *C. I. Gr.*, 2633.

Ἡ βουλὴ | Τιβέριον Κλαύδιον | Ὑλ[λ]ον? Ἰοῦστον τὸν | ἀρχιερέα τῆς νήσου.

---

982. Citii. — Le Bas et Waddington, III, n. 2737.

Τιβέριον Κλαύδιον Τιβερίου Κλαυδίου | Ἰσιδώρου υἰὸν Κυρείνᾳ Ἰσίδωρον
ἄρξαντ[α] | τῆς πόλεως καὶ πρεσβεύσαντα πρὸς | τοὺς Σεβαστοὺς πολλάκις προῖκα
5 καὶ ‖ γυμνασιαρχήσαντα ἐκ τῶν ἰ[δίων] | Πρό[κλ]α? Γεγανία Λουκιφέρα τὸν
ἑαυ[τῆς] | ἄνδρα εὐνοίας χάριν.

---

983. Citii. — *C. I. L.*, III, 6731.

Iu[l]ia O[l]um|pi [l(iberta)] Donata | h(ic) s(ita) est. |
5 Ἰουλία Ὀλύμπου ἀπε‖λευθέρα Δωνᾶτα. | Χρηστὴ, χαῖρε.

984. Salamine. — Tubbs, *Journ. of hellen. studies*, XII (1891), p. 176, n. 5.

Διὶ Ὀλυμπίῳ | Λιβίαν τὴν γυναῖκα τοῦ | [Αὐ]τοκράτορος Καίσαρος | [Σ]εϐ[α]στοῦ ¹.......

1. Livia Drusilla, Augusti uxor, quo demum mortuo dicta est Julia Augusta, anno 14 p. C. n.; *Prosop. imp. rom.*, II, p. 291, n. 210.

985. Salamine. — Tubbs, *Journ. of hellen. studies*, XII (1891), p. 172.

.... δημ]αρ[χικῆς ἐξουσίας | τ]ὸ ἕκτ[ο]ν, ὕ[πατ]ον ἀπο[δ]εδειγ[[μένο]ν τὸ τέταρτον ¹, ὁ δῆμος | [τῶν Σαλ]αμινίων τὸν ἑαυτοῦ π[ατέρα].

1. Nero, ut videtur, anno 59 p. C. n.

986. Salamine. — Tubbs, *Journ. of hellen. studies*, XII (1891), p. 184, n. 22.

[Αὐτοκράτορι Νέρωνι Κλαυδίῳ | Καίσαρι Σεϐ]αστῷ Γε[ρμανικῷ δημαρχικῆς | ἐξουσίας τ]ὸ ζ´, αὐτοκράτορι τὸ ζ´, ὑπά[τῳ τὸ δ´ ¹, | Κυπρίων ἡ νῆ]σος τῷ ἰδίῳ θεῷ καὶ σωτῆρι ἐκ τοῦ [ἰδίου].

1. Anno 60 p. C. n.

987. Salamine. — Oberhummer, *Sitzungsber. der Akad. zu München* (1888), p. 340, n. 23.

[Αὐτοκράτορ]α Νέρουαν Τραιανὸν Καίσαρα | [Σεϐαστὸ]ν Γερμανικὸν, υἱὸν Θεοῦ | [Νέρουα Σε]ϐαστοῦ, ἡ πόλις, ἔτους γ´ ¹.

1. Anno III Trajani imperantis = 99 p. C. n.

988. Salamine. — Cesnola, *Salaminia* (1882), p. 105.

Αὐτοκράτορι | Νέρουᾳ Τραιανῶι Καίσαρι | Σεϐαστῶι Γερμανικῶι | Δακικῶι.

989. Salamine. — Tubbs, *Journ. of hellen. studies*, XII (1891), p. 180, n. 15.

[Αὐτοκράτορι Καίσ]αρι Θεοῦ Τραιανοῦ | [Γερμανικοῦ Δακι]κοῦ Παρθικοῦ

υἱῷ | [Θεοῦ Νέρουα υἱω]νῷ Τραιανῷ Ἀδριανῷ | [ἡ πόλις τῶν Σαλα]μειν(ίων),
5 ἡ Κύπρου ‖ [μητρόπολις?, τὸν] σωτῆρα.

---

990. Salamine. — Tubbs, *Journ. of hellen. studies*, XII (1891), p. 190, n. 41.

Αὐτοκράτ[ορι Καίσαρι ....] | ἀρχιερ[εῖ μεγίστῳ.....

---

991. Salamine. — *C. I. Gr.*, 2638.

.... [Καλπούρνιον?] | Κυρείνα Φλάκχον [ὕπατον ¹ ... πρεσβευτὴν] | καὶ
ἀντιστράτηγον Ἀὐτοκ[ράτορος Καίσαρος Τραιανοῦ Ἀδρ]|ιανοῦ Σεβαστοῦ ἐπαρ-
5 χείας Λου[σιτανίας, ἡγεμόνα λεγ(εῶνος) . Σε‖ϐ]αστῆς, ἐπιμελητὴν ὁδῶν Αὐρη-
λίας κα[ὶ Τριουμφάλης, στρατηγὸν, δή|μαρ]χον, ταμίαν Ῥωμαίων, χιλίαρχον
[λεγ(εῶνος)....., ἀρχὴν ἄρξαντα] | τῶν δ' ἀνδρῶν ὁδῶν ἐπιμελητὴ[ν..... ...ἡ
βουλὴ καὶ ὁ δῆμος | Σα]λ[α]μινίων τιμῆς χάριν.

Supplementa correxerunt Marini et Borghesi, *Œuvres*, III, p. 386.

1. Suffectus anno incerto Hadriani imperantis : *Prosop. imp. rom.*, I, p. 277, n. 209.
« Post ὕπατον sacerdotium nescio quod periisse videtur. » Klebs.

---

992. Salamine. — Tubbs, *Journ. of hellen. studies*, XII (1891), p. 178, n. 8.

.... | [ἀ]νθύπατον ἡ βουλὴ ἐκ το[ῦ ἰδίου | ἀ]γνείας καὶ δικαιοσύνης χά[ριν.] |
Ἔτους ιδ' ¹.

1. Veri videtur simile annum xiv computatum esse post provinciam ab Augusto
constitutam. Intellege igitur : anno 8 a. C. n. Cf. nn. 993, 994.

---

993. Salamine. — Tubbs, *Journ. of hellen. studies*, XII (1891), p. 190, n. 44.

Διὶ Ὀλυμπίῳ | Κυπρίων τὸ κοινὸν Ἔμπυλον | Ἐμπύλου τοῦ Χαρία γυμνα-
σιαρχή|σαντα τὸ θ' ἔτος ¹ ἐκ τοῦ ἰδίου προῖκα.

1. Anno nono post annum 22, quo Augustus refectam provinciam senatui tradidit =
13 a. C. n. Marquardt, *Organis. de l'emp. rom.*, II, p. 328.

994. Salamine. — Tubbs, *Journ. of hellen. studies*, XII (1891), p. 195, n. 53.

Ἡ πόλις | Ὕλλον Ὕλλου γυμνασιαρ|χήσαντα προῖκα ἔτους λγ' ¹ καὶ |
⁵ ἀρχιερευσάμενον τῆς ‖ Κύπρου τοῦ Σεβαστοῦ | θεοῦ Καίσαρος.

1. Anno xxxiii post provinciam ab Augusto constitutam, = 11 p. C. n. Cf. nn. 992, 993.

---

995. Salamine. — Le Bas et Waddington, III, n. 2759.

Σέρουιον Σουλπίκιον | Παγκλέα Οὐηρανιανὸν | Ζήνων Ὀνησάνδρου ¹ | ἀρχιε-
ρασάμενος.

1. Onesandrum quemdam novimus scriptorem graecum, cujus opus de arte militari
scriptum est ad Q. Veranium, cos. anno 49 p. C. n. *Prosop. imp. rom.*, III, p. 399, n. 266.
Ejusdem fortasse Onesandri filius fuit Zeno, cujus patronus Veranianus potuit ipse ad
gentem Veranii consulis pertinere.

---

996. Salamine. — *C. I. L.*, III, 12110.

[C. Iul]ium Nidam C. Iulius C[hius] | ..... dnianus et Iulia Lampyris Chii |
[u]xor et liberta honoris caussa. |
⁵ [Γάιον] Ἰούλιον Νίδαν Γάιος Ἰούλιος Χεῖος ‖ [...δνι]ανὸς καὶ Ἰουλία
Λαμπυρὶς γυνὴ Χε[ίου | κα]ὶ ἀπελευθέρα τειμῆς χάρ[ιν].

---

997. Prope Salaminem. — *C. I. Gr.*, 2630.

.....|..... [ἀρχιερέως] | διὰ βίου, αὐτοῦ [τε καὶ τῶν] | διδύμων υἱῶν Δ[ρού-
⁵ σου Καίσαρος], ‖ Τιβερίου καὶ Γερμανικοῦ ¹, γυμνασιάρχων τῶ[ν]... |......

1. Ex Druso Julio Caesare, Tiberii imperatoris filio (*Prosop. imp. rom.*, II, p. 176, n. 144),
duo gemelli nati sunt anno 19 p. C. n. Tiberius Julius Caesar, qui occisus est anno 37, et
Germanicus Julius Caesar, qui obiit anno 23 quadriennis (*Prosop. loc. cit.*, n. 152 et 147).

SYRIA

SYRIA

---

998. Germaniciae. — Humann et Puchstein, *Reisen in Kleinasien und Nordsyrien* (1890), p. 399.

['Υπὲρ σωτηρίας τοῦ κυρί]ου Αὐτοκράτ[ορος] Καίσαρ[ος] Μάρ[κου] 'Αντωνε[ί-νου Σεβ(αστοῦ)] [1].......

1. M. Aurelius, vel potius Caracalla.

---

999. Nemroud-dagh, Gerger et Selik. — Dittenberger, *Orientis graeci inscriptiones selectae*, I (1903), p. 591.

Unius titulorum, quibus Antiochus I, rex Commagenorum (annis 69-38 ante C. n.), memorat sacra in honorem majorum suorum a se instituta, anno fere 50 ante C. n., initium satis erit hic referre :

[Βασιλεὺς μέ]γας 'Αντίοχος θεὸς | δίκαιος [ἐπιφ]αν[ὴς] φιλορώμαιος καὶ |
5 φιλέ[λλ]ην [1], ὁ ἐκ βασιλέως Μιθραδά|του Καλλινίκου καὶ βασιλίσσης Λαο∥δ[ί-
x]ης θεᾶς φιλαδέλφου [2], τῆς ἐκ βασι|λέω[ς] 'Αντιόχου ἐπιφανοῦς φιλο|μήτορος
Καλλινίκου [3], ἐπὶ καθω|σιωμένων βάσεων ἀσύλοις | γράμμασιν ἔργα χάριτος ἰδίας
10 εἰς ∥ χρόνον ἀνέγραψεν αἰώνιον.

1. Antiochus, quum Lucullus et Pompeius in possidendo regno suo eum confirmavissent, anno 51 senatui Romano et Ciceroni, proconsuli Ciliciae, detexit Parthorum minas, qui duce Pacoro, regis Orodis filio, parabant Syriam invadere. Cf. Th. Reinach, *Rev. des ét. gr.*, III (1890), p. 375. — 2. Mithradates I rex erat Commagenorum jam anno 96 ante C. n. De eo et de Laodica uxore vide Mommsen, *Die Dynastie von Kommagene; Athen. Mittheil.*, I (1876), p. 27. — 3. Antiochus VIII Grypus, rex Syrorum, natus anno 141, mortuus anno 96 ante C. n. Cf. Wilcken s. v. ap. Pauly-Wissowa, *Realency-clopädie*, col. 2480, 49.

1000. Samosatae. — Yorke, *Journ. of hellen. studies*, XVIII (1898), p. 314, n. 15.

....ου πρ[ε]σб(ευτοῦ) Σεб(αστοῦ) ἀντιστρ[ατήγου].....

1001. Nicopoli. — Perdrizet, *Bull. de corr. hellén.*, XXI (1897), p. 165.

Νέρουαν Τραιανὸν | Ἄριστον Καίσαρα.......

1002. Dolichae. — Chapot, *Bull. de corr. hellén.*, XXVI (1902), p. 208, n. 62. Cf. Clermont-Ganneau, *Rec. d'archéol. orient.*, V (1903), p. 386.

...... |ις [ὁσιωτ]άτοις βασιλεῦσιν Διοκλητιαν[ῷ] | κὲ Μαξιμιανῷ Σε<б>бασ-
5 τοῖς κὲ Κονσταν[τίῳ] | κὲ Μαξιμιανῷ τοῖς ‖ ἐπιφανεστάτοις Καίσαρσιν ¹ Ἀρδού-
λων ² | .. ³ | τοὺς ὅρους.

1. Annis 292/303 p. C. n. — 2. Vicus ignotus, cujus in situ exstructus esse videtur
Ardil prope Dolicham. — 3. ϞA lapis.

In lapidis parte aversa inscriptus est titulus terminalis, hujus omnino similis nisi
quod pro Ἀρδούλων legitur ЄΛΛΑΚΑΓΙ ΛΑϹ. De illa agrorum metatione, quae sub Dio-
cletiano in Syria facta est, testes habemus et alios titulos qui infra edentur.

1003. Baiis. — Heberdey, *Denkschr. der Akad. in Wien*, XLIV (1896), VI, p. 19, n. 48.

[Α]ὐτοκράτορα Καίσαρα Λ[ούκιον] | Σεπτίμιον Σ[ε]ουῆρο[ν].....

1004. Cyrrhi. — Chapot, *Bull. de corr. hellén.*, XXVI (1902), p. 185, n. 29.

Μ. Λικίνιον | [Πρ]όκλον ἑκατόνταρχον λεγ(εῶνος) | [γ'] Γαλλ(ικῆς) Ἰουλία |
5 Γαίου θυγάτηρ ‖ Σεουήρα τὸ[ν] | ἴδιον ἄνδρα.

1005. Seleuciae in cuniculo, qui exstat. — Waddington, *Inscr. de Syrie*, 2714.

5   Ἐπὶ Καισίου | Π[ρί]σκου | ἑκατοντάρχου | λεγεῶνος ‖ τετάρ[τη]ς, | ὅθεν
ἀρχ[ή] ¹.

1. Titulus inscriptus est in eo cuniculi loco ubi milites, imperante suo centurione, defo-
dere coeperunt. Cf. n. 1006.

1006. Seleuciae in cuniculo, qui exstat. — Waddington, 2715.

Ἐπ[ὶ ..|...]ίου | Γερμανοῦ | [να]υάρχου ¹, ‖ ὅ[θ]εν ἀρ[χὴ ², | δ]ιὰ Μάρχου | Λ[ουκιλ]λίου.

1. Navarchus classis Syriacae, quae Seleuciae stabat. — 2. Cf. n. 1005.

1007. Beroeae. — *C. I. L.*, III, 191.

T. Flauius Iulianus ueteranus | leg. VIII Aug. dedicauit monumentum suum in | sempiternum Diis Manibus suis et Fl. Titiae uxoris suae | inferisque et here-
5 dibus suis posterisque eorum ut ‖ ne liceret ulli eorum abalienare ullo modo id monu|mentum. |

T. Φλάουιος Ἰουλιανὸς οὐετρανὸς λεγεῶνος η΄ | Σεβαστῆς ἀφιέρωσεν μνημεῖον
10 αὐτοῦ διηνεκὲς | θεοῖς καταχθονίοις καὶ δαίμοσι αὐτοῦ τε καὶ ‖ τῆς γυναικὸς αὐτοῦ κληρονόμοις αὐτοῦ καὶ τοῖς ἐγγό|νοις αὐτῶν, ὅπως μηδενὶ ἐξὸν ᾖ ἀπαλλοτριῶσαι κατ᾽ οὐ|δένα τρόπον τὸ αὐτοῦ μνημεῖον. | Καὶ σύ.

1008. Khatoura prope Beroeam. — Waddington, 2700.

[Τὸ μνημεῖον] ἀφιέρωτε | Αἰμιλλίῳ Ῥηγείνῳ, τῷ | ἐξ Οὐλπίας Ῥηγίλλης
5 καὶ | Αἰμιλλίου Πτολεμαίου, σπρα‖τευσαμένῳ ἔτη ε΄ βοηθῷ κορνικου|λαρίων ὑπατικοῦ ¹, ζήσαντι ἔτη κα΄, μῆνες δ΄, | μέχρι Πανήμου κ΄ τοῦ γμσ΄ ἔτους².

1. Adjutor officii cornicularorum consularis, legati Syriae. — 2. Die xx mensis Julii, anno 243 aerae Antiochenorum = 195 p. C. n.

1009. Kefr-Nebo. — Chapot, *Bull. de corr. hellén.*, XXVI (1902), p. 182, n. 26.

Σειμίῳ καὶ Συμβετύλῳ καὶ Λέοντι ¹ θεοῖς πατρῴοις τὸ | ἐλαιο[τ]ρόπιον ² σὺν κατασκευῇ πάσῃ ἐκ τῶν τῶν θεῶν προ[σ]|όδων διὰ Νομερίου καὶ Βερίωνος καὶ Δαρείου καὶ Κλαυδίου τοῦ ἑβοκάτ[ου] | ³ ἐπιμελητῶν, καὶ Ἀντωνίου καὶ Σωπά-
5 τρου λευκουργ<ι>ῶν ⁴, ‖ — Δομετιανὸς τέκτων ⁵ (ἐ)μνήσθη — | καὶ Γαίου καὶ Σελεύκου τεκτόνων, ἔτους βος΄ μηνὸς | Περιτίου ει΄ ⁶ συνετελέσθη καὶ ἀφιερώθη. | Ὁ γράψας Θεότεχνος.

1. Dii ignoti. — 2. Trapetum olearium. — 3. Miles evocatus, ut vidit Chapot. —

4. Marmorarii, opifices operis albarii. — 5. Faber tignarius. — 6. Die xv mensis Aprilis, anno 272 aerae Antiochenorum = 124 p. C. n.

1010. Kara-Meghara. – Chapot, *Bull. de corr. hellén.*, XXVI (1902), p. 189, n. 936. Supra ostium speluncac.

Post 12 versus :

...ἐὰν | δέ.τις ἐπιχειρή[σῃ] ἢ διὰ βιβλειδίου πωλήσῃ ἢ ἐν|..... ἀπολλοτριώ-
15 σαι ἢ ὀστᾶ μετενένκῃ ἔνθε[ν?]..... ‖ δ[ώσει εἰς τὸν] φίσκον δηνάρια μύρια..... |

Hic titulus pertinet ad annum 137 p. C. n.

1011. Laodiceae. — Dittenberger, *Orientis graeci inscriptiones selectae*, I (1903), p. 422, n. 263.

Ἰουλίαν Τίτου θυγατ[έ]ρα | Βερενίκην ¹, τὴν ἀπὸ | βασιλέως Σελεύκου ¹ | Νικά-
5 τορος ², ἱερ[α]σαμέν[η]ν ‖ τῷ δξρ´ ἔτει ³ τῆς κυρία[ς] Ἀρτέμιδος, | Κασσία
Λε[π]ίδα ἡ μήτηρ.

1. Julia Berenice mulier ignota. — 2. Seleucus I rex Syriae annis 306-280 ante C. n. — 3. Anno 164 aerae Laodicenorum = 116-117 p. C. n.

1012. Laodiceae. — Waddington, n. 1839.

Αὐρήλιος Σεπτίμιος Εὐτύχ[ου] | υἱὸς Εἰρήναιος, κολων[ὸς] Λαοδ[ι]κεὺς Μητρο-
πολείτης κα[ὶ] | ἄλλων πόλεων πολείτης, μόνος ἐγὼ ἐκ τῆς ἑαυτοῦ πατρίδ[ος] |
5 ἀπὸ πάσης κρίσεως ἀγωνισάμε‖νος καὶ νεικήσας τοὺς ὑποτε|ταγμένους ἀγῶνας · |
Ἐν Αὐγούστῃ Καισαρείᾳ Σεουήρειον οἰκουμενικὸν Πυθικὸν | πυγμήν · Αὐγούσ-
του Ἄκτια ἐν Νεικοπόλει τῆς περιόδου | παίδων πυγμήν · ἐν Καισαρείᾳ ἰσάκτιον
10 παίδων πυγμήν · ‖ ἐν Τύρῳ Ἡράκλεια Κομμόδεια παίδων πυγμήν · | ἐν Τάρσῳ
ἰσολύμπιον οἰκουμενικὸν Κομμόδειον ἀγενείων πυγμήν · | ἐν Λαοδικείᾳ τῇ
πατρίδι μου, Πυθιάδι πρώτῃ ἀχθείσῃ, | οἰκουμενικὸν Ἀντωνεινιανὸν ἀνδρῶν
15 πυγμήν · καὶ | ἡγωνισάμην ἐπὶ τὸν στέφανον ἀνδρῶν πυγμὴν τῆς ἀρ‖χαίας
περιόδου Σεβάσμια Νέμια, τῇ πρὸ τριῶν Καλανδῶν | Ἰανουαρίων, ἐπὶ τῆς
πενταετηρίδος, Μεσσάλᾳ καὶ Σαβ[ε]ί|νῳ ὑπάτοις. |

Ταλαντιαῖοι · Ἀσκάλω(να), Σκυτόπολιν, Σειδ[ῶ]να τρίς · Τρίπο|λιν δίς ·
Λευκάδα γ´ πυγμήν, δρόμον · Ἱερὰν πόλιν τρὶς πυγμὴν, ‖ πάλην, πανκράτιον ·
Βέροιαν δίς · Ζεῦγμα δίς · Ἀπάμειαν τρίς · Χαλκίδα | πυγμὴν, δρόμον ·
Σαλαμεῖνα τρίς · Κίτι[ο]ν πυγμὴν, πανκράτιον · Μάζακα β´ · | Εἰκόνι[ον] πυγμὴν,
δρόμον · Ἀντιόχειαν, Πάτρας πυγμὴν, δρόμον · Τάραντον πυγμήν · | Αἰγαίας
β´ · Ἄδανα β´ · Μάμψαστον β´. Ἔτους ηξσ´, μηνὸς Ξαν|δικοῦ, ὑπάτων Οὐετ[τ]ίου
Γράτου καὶ Οὐιτ[ελ]λίου Σελεύκου [1].

In his ludis praemia tulit Aurelius Septimius Irenaeus : 1° ἀγῶνες στεφανῖται (vers. 9-19)
Caesareae Augustae (Palaestinae), certamen Severeium oecumenicum Pythicum ; Nicopoli
(Seleucidis), Actia Augusti ; Paneade Caesarea (Syriae) Isactium ; Tyri Heraclea Commo-
dia ; Tarsi (Ciliciae) Isolympium oecumenicum Commodium ; Laodiceae oecumenicum
Antonianum (Pythicum), Pythiade prima ; Nemeae, quae prius (τῆς ἀρχαίας περιόδου)
Nemaea vocabantur, nunc Augustea. Illa autem ultima victoria relata est ludis quinquen-
nalibus ante diem III kalendas Januarias (die xxx Decembris) anni 214 p. C. n. 2° ἀγῶνες
ταλαντιαῖοι (vers. 20-26) : Ascalone, Scythopoli (Palaestinae), Sidone, Tripoli (Syriae), Leu-
cade (Achaiae) ; Hierapoli (Cyrrhestidis) ; Beroeae, Zeugmate, Apamea, Chalcide (Syriae) ;
Salamine, Citii (Cypri) ; Mazacae (Cappadociae) ; Iconii (Lycaoniae) ; Antiocheae (Syriae) ;
Patris (Achaiae) ; Tarenti (Italiae) ; Aegaeis, Adanis ; Mampsasti, sive Mopsuestiae
(Ciliciae). Quarum victoriarum ultima relata est anno 268 aerae Laodicenorum = 221
p. C. n., mense Aprili. — 1. Οὐετ[τ]λίου Waddington. De consule M. Flavio Vitellio Seleuco
vide Prosop. imp. rom., II, p. 80, n. 269.

1013. Balanaeae. — Mordtmann, Athen. Mittheil., X (1883), p. 170.

[Τὸν ὑπὸ] τῆς βουλῆς | [ψηφισθέ]ντ[α] ἀνδρι(ά)ν[τα....|.....]δώρῳ Ἀντιό[χου |
τοῦ] Δημητρίου, ‖ [στρατη]γήσαντι, ἄρ[ξαντι, | π]ρεσβεύσαντι [παρὰ | τὸ]ν
θειότατον | [αὐτοκρ]άτορα, σειτω|[νήσαντ]ι ἐξ ἰδίων... ‖ ...εύσαντι, ἀγο|[ρανομή]-
σαντι, δεκα|[πρωτεύ]σαντι, φιλο|[τειμησ]αμένῳ ἀεί......| [τιμ]ηθέντι ὑπὸ ‖ τῆς
πόλ[εως .... | αὐ]τοκράτορι.....|......ετοῦντι ...|... ἐξ ἰδίων...|.. [ὑ]πὸ
τῆς ἱερᾶς ...‖... χριτης [1].

1. ΓΧΡΙΤΗΟ traditur.

1014. Aradi. — Renan, Mission de Phénicie, p. 30.

Θεὸν | Κόμμοδον | ἡ πόλις.

1015. Aradi. — Mommsen, *Hermes*, XIX (1884), p. 644.

['Αραδίων] ἡ βουλ[ὴ καὶ ὁ δῆμος | .....]ίνιον Σεχοῦν[δον | ' ἔπαρ]χον σπείρης
5 [Θ]ρᾳ[κῶν | πρ]ώτης, ἔπαρχον [εἴλης]... ‖ ...ων, ἀντεπίτρο[πον Τιβε|ρίο]υ Ἰου-
λίου Ἀλ[ε]ξ[άνδρου | ἐπ]άρχου [τ]οῦ Ἰουδαι[κοῦ στρατοῦ ², | ἐπίτ]ροπον Συρ[ίας,
10 ἔπαρχον ἐν | Αἰγύπτ]ῳ λεγεῶνος ε[ἰκοστῆς ‖ δευτέρας].

1. Hunc titulum ad C. Plinium majorem, scriptorem *Historiae naturalis*, rettulit
Mommsen, qui supplementa addidit. Refragantur autem Hirschfeld, *Röm. Mittheil.*, II
(1887), p. 132, et Münzer, *Bonn. Jahrb.*, 1899, p. 103. Res pro dubia habenda est. Cf. *Pro-
sop. imp. rom.*, III, p. 51, n. 373. — 2. De Ti. Julio Alexandro, cf. *Prosop. imp. rom.*,
II, p. 164, n. 92.

1016. Aradi. — *C. I. L.*, III, 186; cf. *Additam.*, p. 972.

M. Septimio M. f. Fab. Magno, centurioni | leg(ionis) <u>III Gal(licae)</u> ' iter. et
leg(ionis) IIII Scy(thicae) et | leg(ionis) XX V(aleriae) V(ictricis) iter. et leg(io-
nis) I Miner(uiae) et leg(ionis) X Fr(etensis) II | L. Septimius Marcellus fratri
optimo. ‖
5 Μάρχωι Σεπτιμίωι Μάρχου υἰῶι Φαβ(ίᾳ) Μάγνωι ἑκατοντάρχωι ² | λεγεῶνος γ'
<u>Γαλατικῆς</u> τὸ β' καὶ λεγ(εῶνος) δ' Σκυθικῆς καὶ | λεγ(εῶνος) κ' Οὐαλερίας
Νεικηφόρου τὸ β', καὶ λεγ(εῶνος) α' Μινερ|ουίας καὶ λεγ(εῶνος) ι' Φρετηνσίας τὸ
β' | Λούκιος Σεπτίμιος Μάρκελλος ἀδελφῶι ἀγαθῶι.

1. Nomen legionis III Gallicae erasum est fortasse postquam sub Elagabalo illius lega-
tus imperatorium locum appetivit; Dio, LXXIX, 7. Cf. Mommsen ad *C. I. L.*, III, 206. —
2. I𝔈 lapis. Fuit aut K aut P, id est, κ(εντυρίων) aut ἑκατόνταρχος.

1017. Aradi. — Fröhner, *Inscr. grecques* (1865), p. 217, n. 116.

Ἡ β[ουλὴ καὶ] | ὁ δῆ[μος ὁ Ἀραδίων] | Μᾶρκον [Σεπτίμιον] | Μάρχου υἰὸ
5 Φαβίᾳ ‖ Μάγνον ἑκατοντάρχην | λεγεῶνος δ' Σκυ[θ]ικῆς ' | τὸν ἑαυτῶν πολίτην
εὐνοίας καὶ τιμῆς χάριν.

1. Cf. n. 1016.

1018. Aradi. — Waddington, 1841.

5   Ὁ δῆμος | Δέχμον Λαίλιον | Δέχμου υἱὸν | ἔπαρχον στόλου, ‖ εὐνοίας ἕνεχεν.

D. Laelium Pompeius navibus suis in Asia praefecit (Caes., *Bell. civ.*, III, 5) anno 48 ante C. n. Is autem « classis praefectus » videtur alius fuisse. *Prosop. imp. rom.*, II, p. 260, n. 26.

1019. Aradi. — Renan, *Mission de Phénicie*, p. 31.

Ἀρίστωνα Ἀσκληπιάδου, | ἱερέα Καίσαρος Σεβαστοῦ ¹, | πρόβουλον τῶν ναυαρχη|σάντων ², Λούκιος υἱός.

1. Vivo Augusto suos fuisse in provinciis sacerdotes notum est. — 2. Ille praesidebat collegio eorum qui navibus Aradiorum praefecti fuerant. Cf. Renan, *l. c.*

1020. Baetocaecae. — *C. I. L.*, III, 184 et *Additam.*, p. 972 ; Wilcken, *Philologus*, LIII (1894), p. 103 ; Dittenberger, *Orientis graeci inscriptiones selectae*, I (1903), p. 423, n. 262.

5   Imp. Caesar | Publius Licin|nius Valerianus | Pius Felix Aug. et Imp. ‖ Caesar Publius Licinius | Gallienus Pius Fel. Aug. et Licin|nius Cornelius Saloninus | Valerianus nobilissimus Caesar ¹ | Aurelio Mareae [e]t aliis ². ‖

10   Regum antiqua be[n]eficia, consuetudine [e]tiam inse[c]uti temporis adpro|bata, is qui prouinciam regit, remota uiolentia part[i]s ad[u]ersae, incolu|mia uobis manere curabit. |

Ἐπιστολὴ Ἀντιόχου βασιλέως ³. |

15   Βασιλεὺς Ἀντίοχος Εὐφήμῳ ⁴ χαίρειν. Ἐδόθη ὁ κατακεχωρισ‖μένος ⁵ ὑπομνηματισμός ⁶ · γενέσθω οὖν καθότι δεδήλωται περὶ ὧν δεῖ διὰ σοῦ | συντελεσθῆναι ⁷.

Προσενεχθέντος μοι περὶ τῆς ἐνεργείας θεοῦ Διὸς Βαιτοκαίκης, | ἐκρίθη συνχωρηθῆναι αὐτῷ εἰς ἅπαντα τὸν χρόνον, ὅθεν καὶ ἡ δύναμις τοῦ | θεοῦ κατάρχεται, κώμην τὴν Βαιτοκαι[κή]νην ⁸, ἣν πρότερον ἔσχεν Δημήτριος | Δημητρίου τοῦ

20   Μνασαίου ⁹ ἐντουριῶνα ¹⁰ τῆς περὶ Ἀπάμιαν σατραπείας, σὺν τοῖς ‖ συνκύρουσι ¹¹ καὶ καθήκουσι πᾶσι κατὰ τοὺς προυπάρχοντας περιορισμοὺς | καὶ σὺν τοῖς τοῦ ἐνεστῶτος ἔτους γενήμασιν, ὅπως ἡ ἀπὸ ταύτης πρόσοδος | ἀναλίσκηται εἰς τὰς κατὰ μῆνας συντελουμένας θυσίας καὶ τἆλλα τὰ πρὸς αὔξη|σιν τοῦ ἱεροῦ συντείνοντα ὑπὸ τοῦ καθεσταμένου ὑπὸ τοῦ θεοῦ ἱέρεως, ὡς εἴ|θισται, ἄγωνται δὲ καὶ

25   κατὰ μῆνα πανηγύρεις ἀτελεῖς ¹² τῇ πεντεκαιδεκάτῃ καὶ ‖ τριακάδι · καὶ εἶναι τὸ

μὲν ἱερὸν ἄσυλον, τὴν δὲ κώμην ἀνεπίσ[τ]α[θ]μον [13] μηδεμίας | ἀπορρήσεως προσενεχθείσης, τὸν δὲ ἐναντιωθησόμενόν τισι τῶν προγε|γραμμένων ἔνοχον εἶναι ἀσεβείᾳ · ἀναγραφῆναί τε καὶ τὰ ἀντίγραφα ἐν | στήλῃ λιθίνῃ καὶ τεθῆναι ἐν τῷ αὐτῷ ἱερῷ. Δεήσει οὖν γραφῆναι οἷς εἴ|θισται [14], ἵνα γένηται ἀκολούθως τοῖς δηλουμένοις. ‖

30 Ψήφισμα τῆς πόλεως [15] πεμφθὲν Θεῷ Αὐγούστῳ · |

Ἐπάναγκες δὲ ἀνέρχεσθαι πάντα τὰ ὤνεια διὰ τῶν ἐνταῦθα καὶ ἐπὶ χώρας | ἀγορητῶν [16], πραθησόμενα καθ᾽ ἑ(κ)άστην ἱερομηνίαν πρὸς τὸ ἀδιάλε(ι)π[τα] ὑπάρχ(ε)ιν | πᾶσι τοῖς ἀνιοῦσ[ι] προσκυνηταῖς, ἐπιμελομένου τοῦ τῆς πόλεως

35 ἀγο|ρητοῦ μηδὲ ἐπιχειροῦντος ἢ ὀχλοῦντος προφάσει παροχῆς [17] καὶ τέλους ‖ καὶ ἐπηρείας τινὸς ἢ ἀπαιτήσαιως · ἀνδράποδα δὲ καὶ τετράποδα | καὶ λοιπὰ ζῷα ὁμοίως πωλείσθω ἐν τῷ τόπῳ χωρὶς τέλους ἢ ἐπη|ρείας τινὸς ἢ ἀπαιτήσαιως.

Οἱ κάτοχοι [18] ἁγίου οὐρανίου Διὸς τῆς ὑπὸ τῶν Σε|βαστῶν εἴς τε τὸν θεὸν εὐσεβείας καὶ τὸν τόπον ἐλευθε|ρέας τὴν θείαν ἀντιγραφὴν [19] ὑπὸ πάντων προσκυ-

40 νουμένην ‖ προέταξαν.

Epistulae et decreta quibus instituta sunt et confirmata privilegia templi Jovis Baetocaeceni. Cumont ap. Pauly-Wissowa, *Realencyclopädie*, col. 2779, 27, opinatur illum deum eumdem fuisse atque Belum Apamensem (Dio, LXXVIII, 8; *C. I. L.*, XII, 1277).

1. Inter annos 253 et 259 p. C. n. — 2. Ii qui de re ad imperatorem libellum miserant. — 3. Quis Antiochus, Syriae rex, hanc epistulam scripserit, incertum est. Antiochus I Soter regnare coepit anno 280, Antiochus XIII desiit anno 64 ante C. n. — 4. Praeses (στρατηγός, σατράπης) provinciae Apamensis. — 5. Eodem sensu atque ὑποτεταγμένος; cf. Joseph., *Ant. Jud.*, XII, 262. — 6. Decretum regium, quod sequitur. — 7. Explicit, ut intellexit Wilcken, epistula Antiochi, ex qua praecisa est clausula ἔρρωσθε; incipit decretum. — 8. « Locum unde vis dei proficiscitur, vicum Baetocaecenum. » — 9. Emendavit Dittenberger scribens Μνασέου, quod ea aetate, qua data est epistula, etiam tum diligenter distinguerentur αι et ε; nobis potius visum est eas formas retinere, quae in usu erant quum tota inscriptio lapidi incisa est; cf. vers. 23, 25, ἀπαιτήσαιως. — 10. Vox, ut videtur, barbara; quam alii pro nominativo habent, magistratum designante, Dittenberger autem pro accusativo, significante jus et conditionem aliquam vici. Lectio forsitan emendanda, auctore Clermont-Ganneau, ita ut fuerit in lapide : ἐ[κ φρ]ουρίων [δ']. — 11. συνκύρειν forma pro συνκυρεῖν usitata. Dittenberger, *ibid.*, n. 52, 2; 63, 5; 92, 5. — 12. « Per quas mercatum haberi licebit sine vectigalibus. » — 13. ΑΝΕΠΙϹΘΑΜΟΝ lapis. Immunis hospitio publico (ἐπιστάθμια). — 14. Nempe magistratibus, inter quos principem locum tenet Euphemus, praeses provinciae Apamensis; cf. vers. 14. — 15. Civitas ignota (fortasse Apamea), cujus vicus erat Baetocaeca. — 16. Agoranomi (Franz ad *C. I. Gr.*, 4474) aut probabilius praecones publici (Waddington ad n. suum 2720 a; Dittenberger). — 17. Munus hospitii publici. — 18. Cultores Jovis; noti sunt κάτοχοι Serapidis et aliorum. — 19. Rescriptum imperatorum Valeriani et Gallieni, supra incisum.

1021. Bordj-cl-Kâê. — Perdrizet et Fossey, *Bull. de corr. hellén.*, XXI (1897), p. 70, n. 11.

Ἔτους ηϟ´ ¹ τῇ κυρίᾳ Σημέ[ᾳ] ² | Μαρτιᾶλις ἐπιμελητὴς, Φείλιππος, | Πρίσκος; Κύρυλλος, Ἀνίνας, Βάραθη(ς), οἱ ἕξ, τὸ|ν ναὸν ἐπο(ί)ησαν διὰ τοῦ προγεγραμ-(μ)ένου ἐπιμελητοῦ.

1. Anno 508 Seleucidarum = 196-197 p. C. n. — 2. Dea Simea sive Sima, apud Syros culta et Junoni aequata; de qua cf. Perdrizet, *Rev. arch.*, 1898 (XXXII), p. 39 et Ronzevalle, *ibid.*, 1903 (II), p. 31. Traditur ΣΗΜΕΔ.

1022. In vico Samanin. — Perdrizet et Fossey, *Bull. de corr. hellén.*, XXI (1897), p. 69.

5   Οὐαλεριανὸς | δουπλιχ[ά]ρι(ο)ς ¹ | οὐετρανὸς | εὐξάμενο|ς ἔστησεν | ἐξ ἰδίων.

1. Traditur ΔΟΥΠΛΙΚΙΡΙϹ. Milites « duplicarii dicti, quibus ob virtutem duplicia cibaria ut darentur institutum. » (Varr., *De l. l.*, V, 90).

1023. Emesae. — Waddington, 2567; Kalinka, *Jahreshefte des arch. Inst. in Wien*, III, (1900), *Beiblatt*, p. 26, n. 13.

5   Γάιος Ἰούλιος Φαβίᾳ Σαμ|σιγέ|ραμος ¹ ὁ ‖ καὶ Σείλας, Γαίο|υ Ἰουλίου Ἀλεξί|ωνος υἱὸς, ζῶν | ἐποίησεν ἑαυ|τῷ καὶ τοῖς ἰ[δί]οις, ἔτους ϟτ´ ².

1. Samsigeramus fortasse ex regum stirpe, quorum primus ab annis 59 et 43 ante C. n. (Cic., *ad Attic.*, II, 16; Strab., XVI, 2, 10), alter autem ab anno 44 post C. n. (Joseph. *Ant. Jud.*, XIX, 8, 1) Emesam rexit; *Prosop. imp. rom.*, III, p. 171, n. 124. — 2. Anno 390 aerae Seleucidarum = 78-79 p. C. n.

1024. Emesae. — Lammens, *Musée belge*, V (1901), p. 283, n. 54.

5   Ἔτους μυ´ | μη(νὸς) Ἀπελ|λέου ηι´ ¹, | Λούκι(ο)ς Λι‖κίνι(ο)ς Κολ|λίνᾳ ² Ἀντ|[ώ]νι(ο)ς · ἄωρε | χαῖρε.

1. Anno 440 Seleucidarum = 128 p. C. n., die XVI mensis Decembris. — 2. Ejusdem tribus erant Gadarenses : *C. I. L.*, III, 6697.

1025. Emesae. — Lammens, *Musée belge*, V (1901), p. 287, n. 61.

5 Ἔτους | θιυ΄ μη|νὸς Γο|ρπιαίου ‖ ιθ΄ ¹, Τίτ|ος Φλ. Κ|υρείνᾳ Σ|αμσιγέρα|μος · ² ἄωρε χαῖρε.

1. Anno 419 Seleucidarum = 108 p. C. n., die xix mensis Septembris. — 2. T. Flavium Samsigeramum verisimile est donatum esse civitate a Flaviis imperatoribus et ideo tribui Quirinae adscriptum.

1026. Palmyrae. — Euting, *Sitzungsber. der Akad. zu Berlin*, 1887, p. 418, n. 119.

...... Ἀγλιβώλου καὶ Μαλ]αχβήλου θεῶν | [πατρῴων] ....ντα αὐτῷ
5 κῆπον | .... τους κάθετος | .... ὑπὲρ νείκης τοῦ ‖ [μεγίστου αὐτοκρά-
τορος] Καίσαρος Τραιαν[οῦ | .... ἀνέθη]κεν τὴν ἀργυ[ρᾶν | ....

1027. Palmyrae. — *C. I. Gr.*, 4503 b.

[Αὐτοκράτορι Καίσαρι | Μ. Αὐρ. Κλαυδίῳ, | ἀρχιερεῖ μεγίστ]ῳ, [ὑ]π[άτῳ], |
5 ἀνθυπάτ[ῳ πατρὶ πατρίδος] ‖ ἀνεικήτῳ Σεβαστῷ ¹, | καὶ Σεπτιμίᾳ Ζηνοβίᾳ |
Σεβαστῇ, μητρὶ τοῦ [δεσπό]|του ἀηττήτου ἡμῶν Αὐτο]|κράτορος Οὐαβαλλά[θου] ‖
10 Ἀθηνοδώρου ².

1. Imperator Claudius II, annis 268-270 p. C. n. — 2. Julius Aurelius Septimius Vaballathus Athenodorus, cujus sub nomine Zenobia mater imperium Palmyrae tenuit annis 267-271 p. C. n. Cf. *Prosop. imp. rom.*, III, p. 215, n. 347.

1028. In miliario viae Palmyra Emesam. — Waddington, 2628; Kalinka, *Jahreshefte des arch. Inst. in Wien*, III (1900), *Beiblatt*, p. 24, n. 10.

[Ὑπὲρ νείκης καὶ σω]|τηρίας Σεπτιμίας Ζηνο|βίας τῆς λαμπροτάτης | βασι-
5 λίσσης, μητρὸς [τοῦ ‖ β]ασιλέως Σεπτι[μίου] | Ἀθην[οδώρου ¹].

1. Cf. n. 1027.

1029. In via Palmyra Emesam. — Kalinka, *Jahreshefte des arch. Inst. in Wien*, III (1900), *Beiblatt*, p. 25, n. 11.

[Ὑπὲρ σωτηρίας Ζηνοβίας] | βασιλίσσης, [μ]ητρὸς τοῦ | βασιλέως [Σεπτι?]-
μ[ίου] Ἀντ[ι]ό[χου ¹].

1. Antiochus, qui postea, Zenobia devicta, a Palmyrenis imperator appellatus, ab Aureliano captus est. Cf. *Prosop. imp. rom.*, I, p. 83, n. 580.

1030. Palmyrae. — Waddington, 2611.

Σεπτιμίαν Ζηνοβίαν τὴν λαμ|προτάτην εὐσεβῆ βασίλισσαν | Σεπτίμιοι Ζάβδας
5 ὁ μέγας στρα|τηλάτης ¹ καὶ Ζαββαῖος ὁ ἐνθάδε ‖ στρατηλάτης ², οἱ κράτιστοι ³,
τὴν | δέσποιναν, ἔτους βπφ΄, μηνεὶ Λώῳ ⁴.

1. Magnus dux exercitus Palmyrenorum. — 2. Collega minor Septimii Zabdae. —
3. Viri egregii. De Zabda et de Zabbaeo, qui Palmyrenis copiis ambo praeerant, cf. *Prosop. imp. rom.*, III, p. 217, nn. 351, 352. — 4. Anno 582 Seleucidarum = 271 p. C. n.,
mense Augusto.

1031. Palmyrae. — Waddington, 2602; cf. de Vogué, *Inscr. palmyr.*, n. 23.

Σεπ[τίμιον Ὀδαίναθον ¹], | τὸν λαμπ[ρότατον ὑπατικ]ὸν ² | συντέ[λεια τῶν
5 χρυσοχ]όων | καὶ ἀργ[υροκόπων τ]ὸν δεσπότην ³ ‖ τειμῆς χάριν, [ἔτ]ους θξφ΄ |
μηνεὶ Ξανδικῷ ⁴.

1. Odaenathus II, conjux Zenobiae, reginae Palmyrenorum; *Prosop. imp. rom.*, III,
p. 210, n. 339. — 2. Suppletum ex versione palmyrena. Videtur Odaenathus ornamentis consularibus ab imperatore honoratus fuisse. — 3. Princeps civitatis, ut ἔξαρχος.
Cf. n. 1034, not. 3. — 4. Anno 569 Seleucidarum = 258 p. C. n., mense Aprili.

1032. Palmyrae. — Chabot, *Journ. asiat.*, 1898, p. 81, n. 28.

[Βασ]ιλεῖ βασιλέων . . . . | . . . . ¹ Σεπτιμίῳ Ἡρωδ[ια]νῷ
5 Ἰούλιος Αὐρήλιος | . . . . ² | . . . . [σεμν]³οτάτης . . . . . ‖ . . . . . ⁴

1. ΙΙϹϹ..ΟΝ Η.. ΑΥΟΙΟ..... ΟΙΝΚΛΙΑ..... | .ΟΝ. ϹΙΚΗΝΑΝΔΗϹΑΜΕΝΩ traditur. —
2. ...ΙΟΟ.....Ω....... traditur. — 3. ΗΕϹΕΝΤΙΙΙΛ.....Ω...ΟΙϹΤ... Ι..... ΙΗ traditur. —
4. ..... ϹΛϹ traditur.
Septimium *Herodianum* suspicatur Clermont-Ganneau (*Rec. d'arch. orient.*, III, p. 194)
eum *Herennianum* esse, fratrem minorem Vaballathi, quem memorat *Vita trig. tyr.*, 14.
In fine potuit memorari Zenobia [ἡ σεμν]οτάτη vel [λαμπρ]οτάτη.

1033. Palmyrae. — Waddington, 2398; cf. Mordtmann, *Sitzungsber. der Akad. zu
München*, II (1875), *Suppl. Heft*, III, p. 18.

Ἡ βουλὴ καὶ ὁ δῆμος | Ἰούλιον Αὐρήλιον Ζηνόβιον ¹ | τὸν καὶ Ζαβδίλαν δὶς

5 Μάλ|χου τοῦ Νασσούμου, στρατη|ἥήσαντα ἐν ἐπιδημίᾳ Θεοῦ | Ἀλεξάνδρου ² καὶ
ὑπηρετή|σαντα παρουσίᾳ διηνεκεῖ | Ῥουτιλλίου Κρισπείνου τοῦ | ἡγησαμένου
10 καὶ ταῖς ἐπιδη‖μησάσαις οὐηξιλλατίοσιν ³, ἀ|γορανομήσαντά τε καὶ οὐκ ὀλί|γων
ἀφειδήσαντα χρημάτων | καὶ καλῶς πολειτευσάμενον, | ὡς διὰ ταῦτα μαρτυ-
15 ρηθῆναι ‖ ὑπὸ Θεοῦ Ἰαριβώλου ⁴ καὶ ὑπὸ Ἰου|λίου [Φιλίππου] τοῦ ἐξοχωτά|του
ἐπάρχου τοῦ ἱεροῦ πραιτω|ρίου ⁵ καὶ τῆς πατρίδος, τὸν φιλό|πατριν, τειμῆς χάριν,
ἔτους δνφ΄ ⁶.

1. Pater, ut videtur, Zenobiae, reginae Palmyrenorum; *Prosop. imp. rom.*, III, p. 217,
n. 355. — 2. Severus Alexander Palmyram adiit anno 229 p. C. n., bellum Persis inla-
turus. — 3. Rutilius Crispinus praepositus vexillationibus Palmyrae degentibus; *Prosop.
imp. rom.*, III, p. 147, n. 166. — 4. Hiaribolus sive Sol Hierobolus, deus maximus
Palmyrenorum, cf. n. 1045, not. 7. — 5. M. Julius Philippus pater, factus hoc ipso anno
praefectus praetorio, postea imperator, in Oriente cum Gordiano versabatur : *Prosop.
imp. rom.*, II, p. 204, n. 307. — 6. Anno 554 Seleucidarum = 242-243 p. C. n.

1034. Palmyrae. — Waddington, 2621.

Τὸ μνημῖον τοῦ ταφεῶνος ἔκτισεν ἐξ ἰδίων Σεπτίμιος Ὀδαίναθος ὁ λαμπρότατος
συνκλητ[ικὸς] ¹ | Αἱράνου Οὐαβαλλάθου τοῦ Νασώρου αὐτῷ τε καὶ υἱοῖς αὐτοῦ
καὶ υἱωνοῖς εἰς τὸ παντελὲς, αἰώνιον τειμήν.

1. Odaenathus I, clarissimus senator romanus, pater Odaenathi II, conjugis Zenobiae
reginae; *Prosop. imp. rom.*, III, p. 209, n. 338.

1035. Palmyrae. — Waddington, 2600. Cf. de Vogüé, n. 22.

Σεπτίμιον Αἱράνην Ὀ|δαινάθου ¹ τὸν λαμπρό|τατον συνκλητικὸν ², | ἔξα[ρχον
5 Παλμυ]ρηνῶν ³, ‖ Αὐρήλι[ος Φιλῖνο]ς [Μα]ρ[ίου] Ἡλι|οδώρου..... ⁴ στρατιώ|της
λεγ[εῶνος γ΄ Κυρηνα]ικῆς ⁵, τὸν | πάτρωνα τειμῆς καὶ εὐχα|ριστίας χάριν,
ἔτους γξφ΄ ⁶.

1. Septimius Haeranes videtur fuisse frater, sive, ut voluit Mommsen, pater Odaenathi II,
qui Zenobiam uxorem duxit, Palmyrenorum reginam ; *Prosop. imp. rom.*, III, p. 208,
n. 329. — 2. Clarissimus senator romanus. — 3. Princeps civitatis Palmyrenorum. —
4. Legitur in titulo Palmyrena lingua juxta graecum scripto : Aurelius Philinus, filius
Marii Philini Raac filii Phelka. — 5. Supplevit Waddington e versione palmyrena, quan-
quam legio in ea dicitur non Cyrenaica, sed « Bosrae tendens ». — 6. Anno 563 Seleu-
cidarum = 251 p. C. n. (mense Octobri, ut addit titulus palmyrenus).

1036. Palmyrae. — Waddington, 2604.

Αὐρήλιον Οὐορώδην | ἱππικὸν [1] καὶ βουλευτὴν | Παλμυρηνὸν Βηλά|καβος ᾿Αρσᾶ τὸν φί|[λον τ]ειμῆς χάριν, | ἔτους οφ΄ [2].

1. Vir egregius. — 2. Anno 570 Seleucidarum = 258-259 p. C. n.

1037. Palmyrae. — Waddington, 2580.

᾿Ιούλιος ᾿Ιουλιανὸς [1] εὐσεβὴς καὶ φιλόπατρις | καὶ τετειμημένος ὑπὸ τῶν θει[ο]- τάτων α[ὐ]|τοκρατόρων τετάρτης [σ]τρατείας [2], ἔπαρχ[ο]]|ς εἴλης... [μιλι]αρέας [3], τειμῆς ‖ [ἐν]εκεν, ἔτους.....

1. Idem fortasse, quem praefectum legionis I Parthicae fuisse principe Philippo Bostrensis titulus demonstrat (Waddington, 1951); cf. *Prosop. imp. rom.*, II, p. 197, nn. 242 et 243. — 2. Gestis tribus militiis equestribus, et quartam obtinuit, quae fuit praefectura alae cujusdam. — 3. Aut [καταφρακτ]αρίας.

1038. Palmyrae. — Waddington, 2605. Cf. de Vogüé, n. 18.

῾Η βου[λὴ καὶ ὁ δῆ]μος | Σ[έ]λ[ευκον ᾿Αζίζου τοῦ | [᾿Αζίζου τοῦ Σεειλᾶ] | .... [ἱππέα ῾Ρ]ωμαίων [1] ‖ ον...... [καὶ τει]μῆς | χάριν, [ἔτους οφ΄ μ]ηνεὶ | [Ξανδικῷ [2].]

1. Eques romanus. Restituit Waddington, quamquam in versione palmyrena etiam hic versus deest. Cf. infra, n. 1046. — 2. Anno 570 Seleucidarum = 259 p. C. n., mense Aprili, ut addit titulus palmyrenus.

1039. Palmyrae. — Waddington, 2584. Cf. Sitlington-Sterrett, *The Wolfe exped.*, p. 443, n. 642; Clermont-Ganneau, *Rec. d'archéol. orient.*, V (1902), p. 98.

Τ. [Σ]ηδάτιον Οὐελλήιον | Πρεῖσκον Μακρεῖνον τὸν | ἁγνὸν καὶ δίκαιον σωτῆρα, | Μάννος ὁ καὶ Μεζαββάνα[ς] ‖ Θαιμῆ τὸν εὐεργέτην.

1. Velleius Macrinus fuit leg. Bithyniae anno 269 p. C. n. Aut idem hic fuit, aut ex eadem gente. *Prosop. imp. rom.*, III, p. 190, n. 233 et 394, n. 235.

1040. Palmyrae. — Waddington, 2607.

Σεπτί[μιον Ουορώδην τὸ]ν κράτιστον | ἐπίτροπ[ον Σεβαστοῦ δ]ουκηνάριον [1]
5 Ἰούλιος Αὐρή|λιος Νεβ]άβαλος Σοά|δου τοῦ Αἰ[ρᾶ], στρατηγὸς τῆς λαμπροτά‖της
χολωνείας [2] [τ]ὸν ἑαυτοῦ φίλον, | τειμῆς ἕνεκεν, ἔτους δοφ', μηνεὶ | Ἀπελλαίῳ [3].

1. Procurator Augusti ad sestertium CC milia. De eo viro cf. *Prosop. imp. rom.*, III,
p. 216, n. 350 et titulos sequentes. — 2. Cf. n. 1044, not. 3. — 3. Anno 574 Seleucidarum = 262 p. C. n., mense Decembri.

1041. Palmyrae. — Waddington, 2606. Cf. de Vogüé, n. 25.

Ἡ βουλὴ καὶ ὁ δῆμος Σεπτίμιον | [Ο]υορώδην τὸν κράτιστον ἐπί|[τρ]οπον
5 [Σεβ]αστο[ῦ τοῦ κυρίου] | δουκη[νάριον [1] .....τειμῆς ‖ χ]άριν, [ἔτους δοφ', μηνὶ |
Ξ]αν[δικῷ] [2].

1. Cf. n. 1040. — 2. Anno 574 Seleucidarum = 263 p. C. n., mense Aprili. Restitutum
ex versione palmyrena.

1042. Palmyrae. — Waddington, 2608. Mordtmann, *Sitzungsber. der Akad. zu München,*
II (1875), *Suppl. Heft,* III, p. 33. Cf. de Vogüé, n. 27.

Σεπτίμ[ιον Ουορώδην] | τὸν κρά[τιστον ἐπίτρο]|πον Σεβα[στοῦ δουκη]]|νάριον [1]
5 καὶ [ἀγαπέ]την [2] ‖ Ἰούλιος Αὐρήλιος Σε|πτίμιος Μά[λ]χος Μαλω|χᾶ Νασσούμου
10 ὁ κράτι|στος [3] τὸν φίλον καὶ προ|στάτην, τειμῆς ἕνεκεν, ‖ ἔτους ςοφ', μηνεὶ
Ξανδικῷ [4].

1. Cf. n. 1040. — 2. Castelli praefectus, ut annotat de Vogüé ad versionem palmyrenam
ejusdem tituli. Cf. infra nn. 1043, 1044. — 3. Vir egregius. — 4. Anno 576 Seleucidarum = 265 p. C. n., mense Aprili.

1043. Palmyrae. — Waddington, 2609.

Σεπτίμιον Ουορώδην | τὸν κράτιστον ἐπίτρο|πον Σεβαστοῦ δουκη|νάριον καὶ
5 ἀργαπέτην [1] ‖ Ἰούλιος Αὐρήλιος Σάλμης | Κασσιανοῦ τοῦ Μαιναίου | ἱππεὺς
Ῥωμαίων τὸν φίλον | καὶ προστάτην, ἔτους ηοφ', | μηνεὶ Ξανδικῷ [2].

1. Cf. nn. 1042, 1044. — 2. Anno 578 Seleucidarum = 267 p. C. n., mense Aprili.

1044. Palmyrae. — Waddington, 2610.

Σεπτίμιο[ν] Ουορώδην | τὸν κράτιστον ἐπίτρο|πον Σεβαστοῦ δουκη|νάριον καὶ
5 ἀργαπέτην ¹, ‖ Ἰούλιος Αὐρήλιος | Σεπτίμιος Ἰάδης ἱπ|πικὸς, Σεπτιμίου Ἀλε|ξάν-
10 δρου τοῦ Ἡρώδου | ἀπὸ στρατιῶν ², τὸν φί‖λον καὶ προστάτην, | τειμῆς ἕνεκεν,
ἔτους | ηορ', μηνεὶ Ξανδικῷ ³.

1. Cf. nn. 1042, 1043. — 2. A militiis equestribus. — 3. Anno 578 Seleucidarum = 267
p. C. n., mense Aprili.

1045. Palmyrae. — Waddington, 2606 a. Cf. Clermont-Ganneau, *Études d'archéol.
orient.*, II (1897), p. 106.

Ἡ βου[λὴ καὶ ὁ δῆ]μος | Σεπτίμ[ιον Ουορώδην] ¹ τὸν κρά|τιστον ἐ[πίτροπον]
5 Σεβαστοῦ | δουκην[άριον, δι]κεοδότην ² ‖ τῆς μητ[ροκολω]νείας ³, καὶ ἀ|νακομί-
σαν[τα τ]ὰς συνοδίας | ἐξ ἰδίων ⁴, καὶ μαρτυρηθέντα | ὑπὸ τῶν ἀρχεμπόρων ⁵, καὶ |
10 λαμπρῶς στρατηγήσαντα ⁶, καὶ ‖ ἀγορανομήσαντα τῆς αὐτῆς | μητροκολωνείας,
καὶ πλεῖστα | οἴκοθεν ἀναλώσαντα, καὶ ἀρέσαν|τα τῇ τε αὐτῇ βουλῇ καὶ τῷ
15 δήμῳ, | καὶ νυνεὶ λαμπρῶς συμποσίαρ‖χον τῶν το[ῦ θεοῦ] Διὸς Βήλου ⁷ ἱε|ρέων,
ἁ[γνείας καὶ] τειμῆς ἕνε|κεν, ἔτ[ους .οφ' μη]νεὶ Ξανδικῷ ⁸.

1. Quanquam deficit hoc loco versio palmyrena, dubitari non potest quin recte nomen
restitutum sit. Cf. n. 1040-1044. — 2. Juridicus unius civitatis nemo alius innotuit, nisi
Alexandriae; Marquardt, *Organis. de l'emp. rom.*, II, p. 423. — 3. Civitatis quae quum
metropolis tum colonia romana erat. Cf. n. 1040. — 4. De mercatorum comitatibus
cf. n. 1050 et seqq. — 5. Qui praeerant mercatoribus; cf. n. 1050 et seqq. — 6. Fuit
duumvir coloniae. Cf. n. 1047. — 7. Jupiter Belus (Baal), maximus deus Palmyrenorum,
qui et Hiaribolus dicitur (n. 1033). — 8. Inter annos 574 et 579 Seleucidarum = inter
annos 262 et 268 p. C. n., principe Gallieno, ut in ceteris titulis, quibus idem ille vir
memoratur; cf. n. 1040 et seqq. Mense Aprili.

1046. Palmyrae. — Waddington, 2597.

Ἡ βουλὴ καὶ ὁ δῆμος | Πομπώνιον Δαρεῖον, ἑκατόνταρχον | λεγε[ῶνο]ς
5 Σεουηριανῆς ¹, | ἁγνὸν καὶ δίκαιον, ‖ τειμῆς ἕνεκεν, | στρατηγούντων Ἰουλ.
Αὐρη(λίου) | Ἐειβᾶ ² [Ἀ]θηακάβου καὶ Τιτιανο[ῦ] | Ἀθηνοδώρου, ἔτους ϛλφ' ³.

1. Traditur ϹΕΟΥΗΡΙΑΝΗϹΠΙ. Π(αρθικῆς) Waddington proponit dubitans. — 2. For-
T. III

25

tasse ['I]ɛɛιϭᾶ : Clermont-Ganneau, *Rec. d'archéol. orient.*, V (1902), p. 178. — 3. Anno 536 Seleucidarum = 224-225 p. C. n.

1047. Palmyrae. — Waddington, 2601. Cf. de Vogüé, n. 17.

Ἡ β[ουλὴ καὶ ὁ δῆμος Ἰ]ούλιον | Αὐρή[λιον Ὄγγαν τὸν καὶ] Σέλευ|κον [δὶς
5 τοῦ Ἀζίζο]υ τοῦ Σεειλᾶ ¹, | δυα[νδρικὸν ², φιλοτεί]μως ▌ στρατ[ηγήσαντα κ]αὶ
μαρτυ|ρηθέν[τα καὶ φιλ]οτειμη|σάμεν[ον τῇ αὐτῇ] κρατίστῃ | βουλῇ Ἀτ[τικὰς]
10 μυρίας, | τειμῆς ἕνεκεν, ἔτους ▌ ϛξφ' Ὑπερβερεταίῳ ³.

1. Vir idem nominatur etiam n. 1038. Lacunae expletae sunt ex titulo palmyreno. — 2. Duumviralis; videtur enim Palmyra jure italico et coloniae nomine ornata esse a Septimio Severo. — 3. Anno 566 Seleucidarum = 254 p. C. n., mense Octobri.

1048. Palmyrae. — Sitlington-Sterrett, *The Wolfe expedition,*-p. 439, n. 638; Clermont-Ganneau, *Rec. d'archéol. orient.*, V (1902), p. 92.

Φλ. Διογένης | Οὐρανίου, ἐν τῇ ἑαυτοῦ λογιστίᾳ ¹, | τὴν πᾶσαν στέγην
5 μητρῷ[α]ν ² | τῆσδε τῆς στοᾶς, ἐκ παλεῶν ▌ χρόνων φθαρῖσαν, σὺν παντὶ | κόσμῳ
ἐπισκευάσας κατέστη|σεν, μηνὶ Γορπ(ι)αίῳ τοῦ θλχ' | ἔτους ³.

1. Quum esset curator urbis. — 2. Traditur ΜΗΤΡѠΝΗ. Sensus obscurus. — 3. Mense Septembri anni 639 Seleucidarum = 328 p. C. n. Sed dubitat Clermont-Ganneau num bene descriptus sit numerus et titulum multo antiquiorem existimat. Fortasse ΘΛΥ (439 = 128 p. C. n.).

1049. Palmyrae. — Waddington, n. 2382.

Σεπτ(ίμιον) Ἀψαῖον ¹ τὸν πολείτην | καὶ προστάτην ἡ πόλις.

1. De Apsaeo, quo auctore Palmyra contra Aurelianum rebellavit, cf. Zosim., I, 60; *Vita Aureliani*, 31; *Prosop. imp. rom.*, I, p. 121, n. 791. Rectene ad eum referatur hic titulus, dubitari potest.

1050. Palmyrae. — Waddington, n. 2396; cf. Sitlington-Sterrett, *The Wolfe expedition,* p. 440, n. 639.

Τὸν ἀνδρ[ιάντα ἀν]έστησαν Θαι[μαρ]|σᾶ Θαιμῆ το[ῦ Μοχίμ]ου το[ῦ Γ]α[ρϭᾶ
συν|ιοδιάρχῃ ⁴ οἱ σὺν [αὐτῷ] ἀναϭάντε[ς ἀπὸ] | Σπασίνου Χάρ[ακος ² ἀφειδήσαν]τι

5 αὐτο(ῖ)ς χρυσᾶ παλαιὰ δηνά<ι>ρ[ια] ‖ τριακόσια ἀ[ναλωμά]τω[ν, καὶ ἀρέ]|σαντι
αὐτοῖς, εἰς τειμὴν α[ὐτοῦ] | καὶ Ἰαδδαίου καὶ Ζαβδιβώλου υἱῶν | αὐτοῦ,
ἔτους δφ΄, Ξανδικοῦ [3].

1. Qui collegio praeerat mercatorum trans solitudines iter facientium. Cf. nn. 1051-
1053. — 2. Ispasina-Karak, oppidum Parthorum, situm in ripa Tigris, prope sinum Per-
sicum, cujus de mercaturis cf. Marquardt, *Organis. de l'emp. rom.*, II, p. 360. — 3. Anno
504 aerae Seleucidarum = 193 p. C. n., mense Aprili.

1051. Palmyrae. — Chabot, *Journ. asiat.*, 1898, p. 82, n. 29. Cf. Sitlington-Sterrett, *The
Wolfe expedition*, p. 441, n. 641.

Ἰαδδαῖον Θαιμ[αρσᾶ Θαίμη τοῦ] | ·Μοχίμου τοῦ [Γαρβᾶ συνοδιάρχην] | τῶν
5 ἐμπόρων καὶ [συνοδεύσαντα] | αὐτοῖς πανταχο[ῦ ἀπὸ Φοράθου] ‖ καὶ Οὐολο-
[γα]ι[σ]ι[άδο]ς [1] [καὶ ἀεὶ] | αὐτοὺς κουφίσα[ντα ἡ] | κατέλθουσ[α] συν[οδία,
τειμῆς] | χάριν, ἔτους β[κφ]΄ [2] μενὶ...ο..

1. In urbem Vologesiadem, sitam prope flumen Tigrim, saepe iter faciebant mer-
catores Palmyreni. Cf. n. 1032. Sed lectio pro incerta habenda est; nam traditur
ΟΥΟΛΟΙΛΙΝΛΝΗC. De Phorato cf. infra. — 2. Annus (restitutus ex versione palmyrena,
ab eodem ibidem edita) 522 Seleucidarum respondet anno 210-211 p. C. n.

1052. Palmyrae. — Waddington, n. 2589.

Νεσῆ Ἀλᾶ τοῦ Νεσ[ῆ τοῦ Ἀλᾶ τοῦ Ῥεφέλου]. |
Νεσῆ Ἀλᾶ τοῦ Νεσῆ τοῦ Ἀλᾶ τοῦ Ῥεφέλου | τοῦ Ἀ[β]ισσέου συνοδιάρχην
5 οἱ συναναβάν|τες μετ' αὐτοῦ ἔμποροι ἀπὸ Φοράθου [1] χὲ ‖ Ὀλαγασιάδος, τειμῆς
καὶ εὐχαριστείας ἕνεκεν, ἔτους γνυ΄, μηνὸς Ξανδ[ικοῦ [2]].

1. Phorathus civitas Characenae, duodecim milibus distans a Charace. — 2. Anno 453
Seleucidarum = 142 p. C. n., mense Aprili.

1053. Palmyrae. — Waddington, n. 2590.

...... ἡ ἀπὸ Σπασί|νου] Χάρακος [1] συνοδία βο[ηθή]|σαντα αὐτῇ παντὶ τρόπῳ
5 διὰ | Ζαβδεάθους Ζαβδελᾶ τοῦ ‖ Ἰα[δδαίου] συνοδιάρχου, | ἔτους ϛξυ΄, μηνὸς
Λώου [2].

1. Cf. n. 1050. — 2. Anno 466 Seleucidarum = anno 155 p. C. n., mense Augusto.

1054. Palmyrae. — Waddington, n. 2383. Sitlington-Sterrett, *The Wolfe expedition,*
p. 438, n. 637; Clermont-Ganneau, *Études d'archéol. orient.*, II (1897), p. 103, V (1902),
p. 91. Cf. de Vogüé, n. 16.

['Η βουλὴ καὶ] ὁ δῆ[μος] | Μαλῆν τὸν καὶ 'Αγρίππα[ν] | 'Ιαραίου τοῦ 'Ρααίου
5 γραμμ[α]||τέα γενόμενον τὸ δεύτε||ρον ἐπιδημίᾳ Θεοῦ 'Αδρ[ι]||ανοῦ ¹, ἄλιμμα
παρασχό[ν]||τα ξένοις τε καὶ πολείτα[ις], | ἐν πᾶ[σ]ιν ὑπηρετήσαντα | τῇ [τε τῶν]
10 στρατευμάτ[ω]ν || ὑπο[δοχ]ῇ καὶ τὸν ναὸν | τὸν [τοῦ] Διὸς σ[ὺ]ν τῷ [προ|ν]αί[ῳ
καὶ τ]αῖς ἄλλα[ις σ]το[αῖς ἐκ τῶν] | ἰδ[ίων κατασκευάσαντα].......

1. Titulus palmyrena lingua prope graecum scriptus pertinet ad annum 130 p. C. n.
Sequitur Hadrianum aut hoc anno aut anno 129 Palmyram venisse. Hinc vocata fuit ali-
quando Hadrianopolis (Steph. Byz., p. 498) aut Hadriana Palmyra. Cf. n. 1036.

1055. Palmyrae. — Clermont-Ganneau, *Rec. d'archéol. orient.*, I (1888), p. 300.

5 Μᾶρχος | 'Ιούλιος | Μάξιμος | 'Αριστείδης, ‖ χολῶν | Βηρύτιος ¹, | πατὴρ
Λου|κίλλης, γυ|ναικὸς Περ|τίναχος.

1. Colonus ex Beryto.

Lex portus a senatu Palmyrenorum lata.

1056. Palmyrae. — Lex portus, reperta anno 1881, cujus versiones graeca et palmyrena in eodem lapide inscriptae sunt. Foucart, *Bull. de corr. hellén.*, VI (1882), p. 439; De Vogüé, *Journ. asiat.*, 8ᵉ sér., I (1883), p. 231, II, p. 149; Sachau, *Zeitschr. der deutsch. Morgenländ. Gesellsch.*, 1883, p. 562; Cagnat, *Rev. de philol.*, 1884, p. 135; Lasarew, *Palmyra*, 1884; Dessau, *Hermes*, XIX (1884), p. 486; cf. 533; Schröder, *Sitzungsber. der Akad. zu Berlin.*, 1884, p. 417; Reckendorf, *Zeitschr. der deutsch. Morgenländ. Gesellsch.*, 1888, p. 370; Lidzbarski, *Handbuch der nordsemit. Epigraphik* (1898), p. 463.

Lapis dudum allatus in museum Petroburgense, dictum « de l'Ermitage », in quattuor paginas (I-IV) divisus est, quarum primam (I) a sinistra implet decretum senatus Palmyreni utraque lingua scriptum; secundam (II) lex palmyrena in tres columnas (a. b. c.) divisa; tertiam et quartam (III, IV) lex graeca, ita ut III columnis tribus (a. b. c.) constet, IV autem duabus (a. b.). Vide totius lapidis schema apud Reckendorf, p. 373; Lidzbarski, p. 463.

Partem lingua palmyrena scriptam ediderunt et commentati sunt de Vogüé, Sachau, Schröder, Reckendorf, quem secutus est Lidzbarski; verterunt in gallicam linguam de Vogüé, in germanicam Reckendorf. Nos ejusdem illius partis versionem latinam posuimus contra graecam legem, curante J.-B. Chabot, qui latina verba cum palmyrenis singula contulit.

[Ἐπὶ Αὐτοκράτορος Καίσαρος Θεοῦ Τραιανοῦ Παρθι]κοῦ υἱο[ῦ Θε]οῦ [Νέρουα υἱωνοῦ Τραιανοῦ Ἀδριανοῦ Σεβαστοῦ, | δημαρχικῆς ἐξουσίας τὸ κα', αὐτοκράτορος τὸ β', ὑπ]άτου τὸ γ', πατρὸς πατρίδος, ὑπάτω[ν Λ. Αἰλίου Καίσαρος τὸ β', Π. Κοιλίου Βαλβίνου] ¹...

---

1. Haec, ut voluit Dessau, videntur prae caeteris, super quattuor paginas scripta esse, potius quam in fronte unius paginae II post decretum senatus et versionem ejus palmyrenam. Fuerintne in linguam palmyrenam translata parum liquet.

I. Ἔτους ημυ´ μηνὸς Ξανδικοῦ ιη´ δόγμα βουλῆς. | Ἐπὶ Βωννέους Βωννέους τοῦ
Αἰράνου προέδρου, Ἀλεξάνδρου τοῦ Ἀλεξάνδρου τοῦ | Φιλοπάτορος γραμματέως
βουλῆς καὶ δήμου, Μαλίχου Ὀλαιοῦς καὶ Ζεβείδου Νεσᾶ ἀρχόν|των, βουλῆς νομί-
5 μου ἀγομένης, ἐψηφίσθη τὰ ὑποτεταγμένα. Ἐπειδὴ ἐ[ν τ]οῖς πάλαι χρόνοις ‖ ἐν
τῷ τελωνικῷ νόμῳ πλεῖστα τῶν ὑποτελῶν οὐκ ἀνελήμφθη, ἐπράσ[σετ]ο δὲ ἐκ
συνηθείας, ἐν|γραφομένου τῇ μισθώσει τὸν τελωνοῦντα τὴν πρᾶξιν ποιεῖσθαι ἀκο-
λούθως τῷ νόμῳ καὶ τῇ | συνηθείᾳ, συνέβαινεν δὲ πλειστάκις περὶ τούτου ζητήσεις
γείνεσθ[αι με]ταξὺ τῶν ἐνπόρων | πρὸς τοὺς τελώνας · δεδόχθαι τοὺς ἐνεστῶτας
ἄρχοντας καὶ δεκαπρώτους διακρείνοντας | τὰ μὴ ἀνειλημμένα τῷ νόμῳ ἐνγράψαι
10 τῇ ἔγγιστα μισθώσει καὶ ὑποτάξαι ἑκάστῳ εἴδει τὸ ‖ ἐκ συνηθείας τέλος, καὶ
ἐπειδὰν κυρωθῇ τῷ μισθουμένῳ, ἐνγραφῆναι μετὰ τοῦ πρώτου νό|μου στήλῃ
λιθίνῃ τῇ οὔσῃ ἀντικρὺς [ἱ]ερ[οῦ] λεγομένου Ῥαβασείρη, ἐ[πι]μελεῖσθαι δὲ τοὺς
τυγγά|νοντας κατὰ καιρὸν ἄρχοντας καὶ δεκαπρώτους καὶ συνδίκ[ους τοῦ] μηδὲν
παραπράσσειν | τὸν μισθούμενον. |

Sequitur decretum palmyrena lingua scriptum.

25 Γόμος καρρικὸς παντὸς γένους · τεσσάρων γόμων καμηλικῶν τέ|λος ἐπράχθη. |

. . . . ¹

IIIa. Παρὰ τῶ[ν παῖδας εἰσαγόντων εἰς Πάλμυρα] | ἢ εἰς τὰ ὅ[ρια .....ἑκάστου
σώματος   δηνάρια κβ´]. |
ἀγόντω[ν]. . . . .
5 Παρ᾽ οὗ ἅ[ν]. . . . . ‖ μ. . . . . .ουσ. . . . . . . [δηνάρια ιβ´]. |
Παρ᾽ οὗ. . . . . οὐετεραν[ὸς? ² . . . . ι´]. |
Κἂν τὰ σώμ[ατα]. . . . οτο. . . . . [ἐξ]|άγηται ἑκάστου
σώμ[ατος   δηνάρια ιβ´]. |

1. Fueritne titulus in fronte graecae, ut palmyrenae, versionis, dubium est; certe eva-
nuit omne illius vestigium. His verbis restitui possit : Νόμος τελωνικὸς λιμένος Παλμύρων
καὶ πηγῶν ὑδάτων Καίσαρος. — 2. ου ἕτεραι de Vogüé.

•   Senatus decretum. Mense Nisan, die xvɪɪɪ, anno 448, sub proedria Bonnis, filii ‖
5 Bonnis, Hairani nepotis; scriba Alexandro, Alexandri filio, Philopatoris nepote,
scriba senatus et populi; archontibus | Malicho, Olaeis filio, Mocimi nepote,
et Zebida, Nesae filio, senatus legitime congregatus sanxit | quod infra scriptum
est. Quum superioribus temporibus in lege portus res aliquot vectigales | non
enumeratae sint, sed ex consuetudine taxarentur, ut in stipulatione cum | publi-
cano scriptum erat, et is tum lege, tum consuetudine pecunias exigeret, ideoque
10 saepius de iis rebus ‖ inter mercatores et publicanos ortae sint controversiae,
placuit senatui ut supra dicti archontes et decaproti | definirent quae in (priore)
lege non enumerata sunt et ea in nova stipulatione scriberentur et adnotaretur
cuique | (mercium) generi vectigal consuetum. Postquam autem (stipulatio) fuerit
a publicano comprobata, eaque inscripta fuerit cum priore lege in lapide | qui est
contra templum Rabasirae, curare debebunt illo tempore archontes et decaproti |
15 et syndici ne publicanus nimium ab ullo exigat. ‖

Sequitur versus 25 graecae scripturae. Vide contra.

Pro onere unius carri cujuscumque generis tantum quantum pro quattuor came-
     lorum oneribus | vectigal exigetur.
• Lex vectigalis portus Hadrianae Palmyrae et fontium aquae Caesar[is]. |
• Ab eis qui mancipia invehunt Palmyram | vel in fines ejus [publicanus exiget]
     pro singulis hominibus denarios xxɪɪ. |

Pro mancipio quod [dudum in urbe venumdatur?] denarios xɪɪ. ‖
5 Pro mancipio veterano quod venumdatur denarios x, |
     et si emptor .... dabit pro singulis hominibus denarios xɪɪ. |

10   Ὁ αὐτὸς δημοσιώνη[ς ξηροφόρτου]? ‖ πράξει ἑκάστου γόμο[υ καμηλικοῦ] |
       εἰσκομισ[θέ]ντος   [δηνάρια γ']. |
       Ἐκκομισθ[έντ]ος [γόμου καμηλικοῦ] | ἑκάστου   [δηνάρια γ']. |
15   Γόμου ὀνικ[οῦ ἑκάστο]υ εἰ[σκομισθέντος ἢ] ‖ ἐκκομισθέν[τος   δηνάρια β']. |
       Πορφύρας μηλωτῆ[ς] ἑκά[στου δέρμα]|τος εἰσκομισθέν[τ]ος   [ἀσσάρια η']. |
       Ἐκκομισθ[έντο]ς   [ἀσσάρια η']. |
20   Γόμου χ[αμηλικοῦ] μύρου [τοῦ ἐν ἀλαβάσ]‖τροις   ε[ἰσκομισθέντος
       πράξει   δηνάρια κε']. |
       Καὶ τὸ ¹ .... | ἐκ[κομισθέντος   δηνάρια ιγ']. |
       Γ[όμου καμηλικοῦ μύρου τοῦ ἐν ἀσκοῖς] | αἰγείοις   [εἰσκομισθέντος
       πράξει   δηνάρια ιγ']. ‖
25   [Ἐκκομισθέντος   δηνάριὰ ζ']. |
       [Γόμου ὀνικοῦ μύρου]   τοῦ ἐ[ν ἀλαβάσ]|τροις   εἰσκομισ[θέν[τος
       πράξει   δηνάρια ιγ']. |
       [Ἐκκομισ]θέν[τος]   δηνάρια ζ']. |
30   Γόμου ὀνικοῦ μ[ύρου τοῦ ἐν ἀσκοῖς] ‖ αἰγείοις   εἰσκομ[ισθέντο]ς
       πρ[άξει   δηνάρια ζ']. |
       Ἐκκομισθέντος π[ρ]άξ[ει   δηνάρια δ']. |
       Γόμου ἐλεηροῦ το[ῦ ἐν ἀσκο]ῖς [τέσσαρ]|σι αἰγείοις ἐπὶ κα[μ]ήλ[ου εἰσκομισ-
       θέν]|τος   [δηνάρια ιγ']. ‖
35   Ἐκκομισθέντο[ς   δηνάρια ιγ']. |
       Γόμου ἐλαιηροῦ τοῦ ἐ[ν ἀσκο]ῖς δυ[σὶ αἰ]|γείοις ἐπὶ χαμήλ[ου εἰσκομισθέντος] |
       πράξει   [δηνάρια ζ']. |
       Ἐκκομισθέντος   [δηνάρια ζ']. ‖
40   Γόμου ἐλε[ηροῦ τοῦ ἐπ' ὄνο]υ ε[ἰσκομισθέν]|τος [πράξει   δηνάρια ζ']. |
       Ἐκ[κομισθέντος   δηνάρια ζ']. |
       Γόμ[ου χ........ τοῦ ἐν ἀσκοῖς τ]έσσ[αρσι] | αἰγείοις [ἐπὶ χαμήλου εἰσκομι-
       σθέντος πρά]ξει   δηνάρια ιγ'. ‖
45   Ἐκκομισθέντος   δηνάρια ιγ'. |
       Γόμου χ...... [τοῦ ἐν] ἀ[σ]κοῖς δυσὶ αἰγείοις | ἐπὶ χ[αμήλου εἰσ]κομισθέντος
       πράξει   δηνάρια ζ'. |
III b. [Ἐκκομι]σθέντος   [δηνάρια ζ'. |

---

1. Κάπο, Dessau.

Item publicanus exiget pro uno onere camelino siccatarum rerum, | pro uno onere camelino invecto denarios [III]. |

Pro [uno onere camelino] e[vecto] denarios III. ▌

10 Pro uno asinino [onere] invecto [et evecto denarios II]. |

Pro lana purpurea, pro uno quoque v[ellere invecto] | et evecto asses VIII. |

Pro uno onere camelino myri, [quod] | in alabastris invehitur, denarios XXV, ▌

15 et pro quo...................... | evehitur........ [c]amel... pro onere [denarios] XIII. |

Pro uno onere myri camelino, quod [invehitur] | in caprinis utribus, pro invecto denarios XIII et pro evecto [denarios VII]. |

20 Pro uno onere myri [asinino], quod invehitur ▌ in alabastris, [pro invecto denarios] XIII et pro evecto denarios VII. |

Pro uno onere myri asinino quod | in utribus [caprinis] invehitur, [pro invecto denarios VII], pro evecto denarios IV. |

Pro uno onere olei in quattuor utribus | caprinis, pro invecto uno onere came-
25 lino denarios XIII ▌ et pro evecto denarios XIII. |

Pro uno onere olei in duobus caprinis utribus, | pro invecto uno onere camelino denarios [VII] et pro evecto denarios [VII]. |

Pro uno onere olei asinino invecto denarios VII et evecto [denarios VII]. |

30 Pro uno onere adipis in quattuor caprinis utribus, ▌ pro uno onere camelino invecto denarios XIII et evecto denarios XIII. |

Pro uno onere adipis in duobus caprinis utribus, | pro uno onere camelino invecto denarios VII et e[vecto denarios VII]. |

Γόμου ὁ]ν[ιχοῦ x..... εἰσχομισθέντος πράξει   δηνάρια ζ']. |

['Εχx]ο[μισθέντος   δηνάρια ζ']. |

[Γόμου χαμηλιχοῦ ....]ς εἰ[σχομισθέντος πράξει   δηνάρια ι'] ¹. ‖

5 ['Εχχομισθέντος   δηνάρια]. |

Desunt 13 versus :

.........λλης ‖

20 ....μηλου το.....σ....ης .... | [θ]ρέμματος η εσ......ο............. |

....δ..................θ | ...εαδ......εου..................ε |

25 Ὁ αὐτὸς δ[ημ]οσιώνης ἑχασ........... ‖ παρ' ἑχ[άστο]υ τῶ[ν τὸ] ἔλαιον κατα-

.... | ......πον ..... [πωλούν]των........... |

Ὁ αὐτ[ὸς δημοσιώνης] πρά[ξει...........] λει|...........οσ...................|

30 ..[λαμβά]νουσιν π...........‖......ἀσσάρια ὀχτὼ....................ιη |

.... [ἀσ]σάρια ἑξ ἐν ² ...... χαστ...   ασσ. ς'. |

['Ὁ αὐτὸς δημ]οσιώνης π[ράξ]ει ἐργαστηρίων · |

35 [Παρὰ τῶν] παντοπωλ[εί]ων σκυτικῶν |..... ἐχ συνηθείας ἑχάστου μηνὸς ‖ χαὶ

ἐργαστηρίου ἑχάστου   δηνάριον α'. |

Παρὰ τῶν δέρματα εἰσχομιζόντ[ων ἢ πω]‖λούντων ἑχάστου δέρματος ἀσσά[ρια

δύο]..... |

Ὁμοίως ἱματιοπῶλαι μεταβόλοι πωλ[οῦν]‖τες ἐν τῇ πόλει τῷ δημοσιώνῃ τὸ

ἱχανὸν τ[έλ]ος ³. ‖

40 Χρήσεος πηγῶν β' ἑχάστου ἔτους   δηνάρια ω'. |

---

1. Versus III b, 1-4 restituit probabiliter de Vogüé, collatis palmyrenis verbis, quanquam Dessau ait ne unam quidem graecam litteram hoc loco legi posse. — 2. Vel ον. — 3. ΠΕϹ vel ΓΕϹ lapis (Dessau).

Pro uno onere adipis asinino invecto [denarios vii et evecto] denarios vii. |

35 Pro uno onere salsorum piscium, pro uno onere [camelino ‖ inveeto denarios] x
et evecto...... | .... uno onere camelino ......pu[blicano den]arios... |
.... pro uno onere asinino invecto | ....[et evec]to exiget publicanus dena-
rios iii. |

.... denarios x et ‖

40 .... | .... asses duos | ..... ovibus in[vectis]..... pro una
quaque assem unum, | pro uno onere camelino .....ii | .... as[ses ii]ii ‖
45 pro............... denarios... | ... . ex eo qui myrum vendit |

as[ses...] Item exiget publicanus ab una quaque muliere, ab | ea quae denarium
unum aut plus capit, denarium unum in mulierem | et ab ea, quae asses octo
b   capit, ‖ exiget asses octo ; |
et ab ea, quae asses sex capit, | exiget asses [sex]. | Item exiget [publicanus ex
5   officinis et] tabernis | [coriariorum] ....., secundum consuetudinem, ‖ [in sin-
gulos] menses, in tabernam denarium unum. |

Pro pellibus, quae invectae erunt aut venumdabuntur, pro pellibus singulis
asses ii. |
Vestiariorum mercatorum, qui per urbem circumeunt, manet vectigal incertum. |

[Pro] usu duorum fontium urbis denarios dccc. |

Ὁ αὐτὸς πρά[ξ]ει γόμου πυρικοῦ οἰνικοῦ ἀχυ|ρῶν καὶ τοιούτου γένους ἑκάστου
γόμου | καμηλικοῦ καθ' ὁδὸν ἑκάστην   δηνάριον α'. |
Καμήλου ὁς κενὸς εἰσαχθῇ πράξει   δηνάριον α', |
καθὼς Κίλιξ Καίσαρος ἀπελεύθερος ἔπραξεν. ▌

Desunt fere 20 versus.

...... νέτω |
Ὃς ἂν ἄλ[ας]? ...η ἐν Παλμύροις .¹.... | Παλμυρηνῶν παραμετρησάτω [τῷ
25   δημο]|σιώνῃ ε[ἰς ἕκ]αστον μόδιον ἀσσά[ριον α'], ▌ ὃς δ' ἂν οὐ..... παραμε-
τρη[σάτω]..... |ον ² ἔχων το....... δημο[σιών].. |
Παρ' οὗ ἂν ὁ δη[μοσι]ώνης............ ³ [ἐνέ]|χυρα λά[6η]...................... |
30   ἀποδο.......σινο....... α6ρει ▌ δημο[σιών]ῃ τοῦ δι[πλοῦ] τὸ ἱκανὸν λαμ-
6α|νέτω περὶ τ[ο]ύτου πρὸς τὸν δημοσιώνη[ν] | τοῦ διπλοῦ ε[ἰσαγέ]σθω. |
Περὶ οὗ ἂν ὁ δημ[ο]σιώνης τινὰ ἀπαιτῇ περί τε | οὗ ἂν ὁ δημοσιώ[νης ἀ]πό
35   ˙τινος ἀπαιτῆται π[ε]ρὶ ▌ τούτου δικαιοδο[τείσ]θω παρὰ τῷ ἐν Παλμύ|ροις
τεταγμένῳ.... |
Τῷ δημοσιώνῃ κύριο[ν] ἔ[σ]τω παρὰ τῶν μὴ ἀπ[ο]|γρα[φομένων ἐν]έχυρα
[λ]α[μ6άνει]ν... δι' ἑαυτοῦ ἢ [διὰ | τῶν ὑπη]ρ[ετῶν ⁴ καὶ τα]ῦτα τὰ [ἐνέ]χυρα
40   ἡμέρα[ις ▌ .....⁵ ἐξέστω τῷ δημ]οσιώνῃ πωλεῖν | ....⁶ [ἐν τόπῳ δημ]ο-
σίῳ χ[ω]ρὶς | δόλου πο................⁷ ἐπράθη | ἢ δοθῆναι ἔδει π..σειν
τῷ δε...... καθὼς | καὶ ......στιν...... τοῦ νόμου ....τω. ▌
45 Λιμένος π........ [πη]γῶν ὑδάτων Καίσαρος | τῷ μισθωτῇ..... εντος...
παρασχέσ[θαι]. |
IV a. Ἄλλῳ μηδενὶ πράσσειν διδό[ν]αι λαμ[6άνειν] | ἐξέστω μήτε τι......ωφο
ἀνθρ... [μή]|τε τίνι [ὀν]όματι το.σ.......... π... | τοῦτο..... ποιήσῃ..
5   η. ε............ ▌ ...... δ[ι]πλοῦν............... |
Desunt 4 versus. ▌

---

1. | lapis. — 2. ON de Vogüé, CH Dessau. — 3. [τὸ τέλος πράξας] suppleri posse exis-
timat Dareste. — 4. .....|... lapis. Conjecit Dessau. — 5. [τρίσιν] Dareste. — 6. [τοιαῦτα
ἐνέχυρα] Dareste. — 7. πέ[ντε καὶ δέκα ἡμέραις ἀφ' οὗ] Dareste.

10   Publicanus exiget pro uno onere frumenti, vini, paleae ‖ et omnium rerum simi-
lium, pro uno quoque camelo et pro uno itinere denarium ı. |

Pro uno camelo, quum introducetur vacuus, exiget denarium ı, | ut exegit Cilix,
libertus Caesaris. |

.... Palmyrae et fontium aquae | et ...... urbe et finibus ejus secundum ‖

15   [vectiga]lia quae locavit antea Marinus praeses. |

... [pro] uno onere camelino denarios ıııı, et pro evecto denarios ıııı. |

A..... lana ovili, pro uno quoque vellere invecto denarios ıııı, et pro evecto
denarios ııı. |

[Item] exiget publicanus pro omni genere rerum, ut supra scriptum est. | .....
assem unum pro uno modio costi ‖

20   decem et [sex] .... flagitabitur, dabit eis utendum. | ..... novem pro singulis
modiis ex hac lege sestertios ıın. |

Qui sal habet Palmyrae?......| [Palmyren.] id pendatur..... asse uno | ....

25   praeses ‖ ..... aestimatio vectigalium?... Palmyreni..... | [Germani?]cus
maxi[mus] Cae[sar] |
sine fraude esto...... vas. |

30   Alcimus..... lex solvet vectigal | se consocians....... debebit ‖ solvere publi-
cano, qui mancipia Palmyram invehit | [aut] in fines ejus et evehit, pro
singulis mancipiis.... | .... qui evehit solvet p[ublicano denarios] xıı | .....

35   ma[ncipio] veterano denarios vıı ¹ | .... ‖ ... invecto ....
denarios x et evecto [denarios] vıı. |

.....qui evehit mancipium veteranum | ..... aestimatio... scriptum in lege est |

40   ...... solvet denarios ıx | ..... nihil scriptum est quia ‖ quidquid non........
.... | haud simile.................... | et invecto.......... | et pro lana
.....qui evehit denarios ııı? |

___

1. Aut vııı.

10 Γαίο[υ].................... | ἀντι................... |

Μετα[ξ]ὺ Παλ[μυρηνῶν?] ....|νους ἔστι................... |

15 γείνεσθαι.. χα[ὶ]. ο. ι............ ‖ εσ... σατο μ.................. | ....

οσα.. δὲ... ἐξ.............. | ..... ω................... | ....

20 αεισπ.......... | το....... α....... ωνη........... ‖ τῷ τελών[η]........

θω............. | .. οἱ δ᾿ ἂν ε............. [ἐ]ξαγ | .... | ....

σ.............. ας........ |

Καθ᾿ ἣν ἀνα. ογ ¹................... ‖

25 Τοῦ δὲ ἐξαγο................. αι|αδωσε.................. |

Ἐρίων .... | θαρ................ |

30 π............. ειλ............. ‖ γ....... διαγ............. | ....

οροι...... ματου μὲν....... ορι | .... αγωγις... δηνάρια ς᾿ τοῦ δὲ θ........ |

ἀξιοῦντος το.......νου εἰ καὶ μὴ σ....... | [ἰτ]αλιχῶν ² ἐξαγ[όντω]ν πράσ-

35 σειν, ὕστ[ερον ὡς συν]‖εφωνήθη μὴ [ὑπ]ὸ τῶν ἐξαγό[ντων ..... δί]|δοσθαι. |

Μύρου τοῦ ἐν ἀσχ[οῖς αἰγεί]οις πρά[ξει ὁ τελώνης] | κατὰ τὸν νόμον...........

40 οὔτε [ἁμάρ]|τημα ³ γέγονεν τῷ προτε. ε.... ειχ...., [καθὼς ἐν τῷ] ‖ ἐσφρα-

γισμ[έ]νῳ νόμῳ τέτακται.

Τὸ τοῦ σφάχτρου τέλος εἰς δηνάριον ὀφείλει λ[ογεύεσθαι] | καὶ Γερμανιχοῦ

Καίσαρος διὰ τῆς πρὸς Στατείλι[ον ἐπισ]|τολῆς διασαφήσαντος ὅτι δεῖ πρὸς

ἀσσάριον ἰτα[λι|χὸν] τὰ τέλη λογεύεσθαι, τὸ δὲ ἐντὸς δηναρίου τέλο[ς] ‖

45 συνηθείᾳ ὁ τελώνης πρὸς κέρμα πράξει, τῶ[ν δὲ] | διὰ τὸ νεχριμαῖα εἶναι

ῥειπτουμένων τὸ τέλο[ς οὐκ ὀφείλεται.] |

Τῶν βρωτῶν τὸ κα[τὰ] τὸν νόμον τοῦ γόμου δην[άριον] | εἴστημι πράσσεσθαι,

ὅταν ἔξωθεν τῶν ὅρων εἰσ[άγηται] | ἢ ἐξάγηται. Τοὺς δὲ εἰς χωρία ἢ ἀπὸ

50 τῶν [χω]‖ρίων κατακομίζοντας ἀτελεῖς εἶναι, ὡς καὶ συνεφώ|νησεν αὐτοῖς.

Κώνου καὶ τῶν ὁμοίων ἔδ[ο]|ξεν ὅσα εἰς ἐμπορείαν φέρεται τὸ τέλος εἰς τὸ

ξη|ρόφορτον ἀνάγεσθαι, ὡς καὶ ἐν ταῖς λοιπαῖς γείνεται πόλεσι. |

55 Καμήλων, ἐάν τε κεναὶ ἐάν τε ἔνγομοι εἰσάγωνται ἔξωθεν ‖ τῶν ὅρων, ὀφείλεται

δηνάριον ἑκάστης κατὰ τὸν | νόμον, ὡς καὶ Κουρβούλων ὁ κράτιστος ἐσημι|ώ-

σατο ἐν τῇ πρὸς Βάρβαρον ἐπιστολῇ. |

---

1. ἀνα[λ]ογ[ίαν]? — **2.** [μοδίων | ἰτ]αλιχῶν, ut videtur; [ὁ]αλιχῶν Lasarew. — **3.** [ἁμάρ]|τημα
conjecimus ex verbis palmyrenis.

45 Palmyra..... vectigal... debebit solvere. Lana ‖ ..... vectigal, postea evehere, |
ut convenerunt,.... italicus modius | debet solvere..... evehentibus. |

c Pro myro in caprinis utribus debet publicanus | ..... quia in mendis | scripturae,
quae commisit publicanus, | ....in lege [statutum fuit?] denarios x[v] [1]. |

Lanienae vectigal ad denarium debet | computari, quemadmodum etiam Germa-
5   nicus Caesar ‖ in epistola, scripta ad Statilium, explicuit | debere vectigalia ad
italicum assem | exigi; quoties autem debita summa minor erit uno denario,
publicanus secundum | consuetudinem exiget (ut solvatur) aere minuto. ‖
10 Cadavera quae projiciuntur nullo vectigali tenentur. |

De alimentis in lege pro uno onere statui | denarium unum exigendum esse,
quum ex finibus invectum est aut evectum; | qui autem in vicos evehit aut ex
vicis invehit | nullo vectigali tenetur, ut concessum est. ‖

15 Quod attinet ad pineas nuces et similia, placuit | ut pro iis omnibus, quae com-
mercii causa introducuntur, idem vectigal | atque pro siccarum mercium
onere exigatur, ut accidit etiam in civitatibus | aliis. ‖
20 Pro camelis, sive onustae, sive vacuae | ex finibus inducentur, in singulas |
denarius unus solvatur, sicut in lege (scriptum est) et sicut sanxit | egregius
Corbulo in epistola quam scripsit ad Barbarum. |

1. Aut x[n].

b. .ο...... ιο....... οξ .... | γεγ..... γ..... ονοστ......... | ...οσ............ |

5 .... ‖ .... [ἐ]ταιρῶ[ν αἱ δηνάριον ἢ πλέον λ]αμ6[άνουσι... |

 .... ἐ]κάστης .... αν..... | ..... του ....ναι αι.... | .... οω. ....

10 ...σεσμ....... | .... με...ν..... ‖ .... οτος...... ¹.

Desunt 20 versus.

...τας συνφων............. | τελώνην γείνεσθαι......... [τὸ ἐκ τοῦ] | νόμο[υ]
τέλος πρὸς δηνά[ρ]ιον φ[ημὶ? λογεύεσθαι ²]. |

35 Ἐννόμιον συνεφωνήθη μὴ δεῖν πράσσε[ιν].... ‖ σε... [τ]ῶν δὲ ἐπὶ νομὴν μετα-
γομένων........ .[τῶ]ν θρεμμάτων ὀφείλεσθαι χα|ρίσασθαι τὰ θρέμματα, ἐὰν
θέλῃ ὁ δη[μοσιώνης], | ἐξέστω.

---

1. Versus IV b 1-10 ita descripsit de Vogüé; alii se nihil nisi TAIPⲰ (vers. 5) legere
potuisse profitentur. — 2. Restituit Dessau.

N. B. In hoc commentario uncis [ ] inclusimus quaecumque spectant ad partem
inscriptionis palmyrena lingua scriptam.

Scriptum sub Hadriano, trib. pot. XXI, L. Aelio Caesare II, P. Coelio Balbino coss.,
anno Seleucidarum 448 (cf. I, 1), id est anno 137 p. C. n.

I. 1. Mensis Aprilis die xviii.

2-3. Unius scribae graecum nomen est, pater et avus sunt graecis nominibus nuncupati.

3. 4. ἄρχοντες, iidem magistratus qui in aliis titulis Palmyrenis στρατηγοί appel-
lantur. Cf. n. 1033, 1039, 1043, 1046, 1047.

4. *Legitimum senatum* mense Aprili quotannis haberi moris erat; nam illo plerumque
mense honores viris bene de civitate meritis ab eo decernebantur. Cf. n. 1038, 1041,
1043. Waddington ad n. suum 2571 b.

6. μίσθωσις; stipulatione inter se tenebantur senatus et publicanus, qui vectigalia
conducebat, ὁ τελωνῶν, sive, ut in hoc monumento saepe etiam vocatur, ὁ τελώνης, μισθού-
μενος, μισθωτής, δημοσιώνης.

πρᾶξιν ποιεῖσθαι = πράττειν, pecuniam exigere. Publicanus vectigalia exigebat tum secun-
dum legem (pro iis rebus quae fuerant in priore lege enumeratae), tum secundum
consuetudinem (pro ceteris). Quum autem consuetudinem sequebatur, saepe inter eum et
mercatores oriebantur controversiae, quia asperiorem se praebebat. Quae ut desinerent,
haec priori legi addidit senatus.

Quod ad camelinas pelles attinet, nullum vectigal | exigendum est. Quod ad her-
25 bas, ...placuit eas ‖ esse vectigales, quia promercales sunt. |
Vectigal puellarum, ut ego in lege distincte decrevi : | Publicanus ex[iget vec-
tig]al a puellis quae denarium capiunt unum | plusve, in singulas mu[lieres
denarium unum], et, si minus capiunt, | [exiget] quantum capiunt. Pro aereis
30 imaginibus, statuis ‖ placuit ut idem quod pro aere exigatur et pendent ima-
gines singulae | dimidium..... et imagines .....onus. Quod ad sal attinet, |
placuit ut in platea publica | veneat, ubi populus congregatur, et quicumque
a m[ercatoribus] | sibi ipse emit solvat in singulos modios assem italicum
35 unum, ‖ sicut in lege (scriptum est); item publicanus sal quod | est Palmyrae
secundum....... ad assem | exigatur et ad modium? veneat ex consuetudine. |
..... vectigal pro purpura, quia..... | ..... quattuor et dimidium......... ‖
40 ...... reges ....|........., qui est | ..٪.... exigatur | vectigal quemadmodum lex
...... supra. Ab eo qui inducit pelles | asses II.....

Versus 45-50, paucis litteris exceptis, legi non potuerunt. Infra :

.... vectigal non exigendum est, sed ..... qui introducet .... Palmyram, si velit,
vectigal esto.

---

10. ἐπειδὰν κυρωθῇ τῷ μισθουμένῳ = ὑπὸ τοῦ μισθουμένου.

11. *Rabasira*, palmyrenum verbum, cujus ignoratur sensus; *palatium* (de Vogüé), *Rab Osiri* (Schröder).

12. συνδίκους. Actores civitatum, qui negotia publica cum praeside et imperatore trac-
tabant, in Oriente saepe memorantur; Liebenam, *Städteverw.*, p. 303.

25. Quum in lege quae sequitur vectigal quodque in unum onus camelinum exigatur
(cf. Plin., *H. N.*, XII, 65; Fronto, *Princip. hist.*, p. 209, ed. Naber), semel ab initio jubetur
unum onus camelinum tanti aestimari quanti quadrans oneris carrici, quod nunquam,
brevitatis causa, infra citatur; carros autem in viis Palmyrenis vulgo adhibitos fuisse hoc
ipsum testatur, et eos quidem mensurae fere constantis, quoniam de ea tacetur. Onus
asininum taxatur ut dimidium oneris camelini. Cf. infra ad III b 44.

II. *Hadriana* Palmyra vocabatur ab anno 129, quo Hadrianus eam adierat. Cf. n. 1033.
Plura de illa Palmyrenorum aetate vide apud Reckendorf, p. 391.

III a. 1. — παῖδας, pueros, servos.

6. ουετεραν[ός?] « Quotiens quis mancipia invecta professus non fuerit, sive venalia, sive
usualia, poena commissi est, si tamen novicia mancipia fuerint, non etiam veterana;
sunt autem veterana, quae anno continuo in urbe servierint; novicia autem mancipia
intelliguntur quae annum nondum servierint. » *Dig.*, XXXIX, 4, 16, 3.

9. ξηροφόρτου ex versione Palmyrena restitui possit, auctore Reckendorf p. 404. Cf. IV a, 52, 53. Intellige siccatos fructus, nuces pineas, etc.

19. 31. Pro eo myro, quod in utribus vehitur, dimidio minus exigitur quam pro eo, quod in alabastris, quia deterius erat.

46. κ....... quod verbum hic lateat, ut in v. 43 et III b. 2, ignoratur, certe adipis genus aliquod.

III b 4 et seq. de piscibus salsis agebatur (τάριχος?).

24. Incipit secunda series vectigalium. Postquam enumeratae sunt merces quae invehebantur et evehebantur, jam mentio fit de quibusdam artificiis, quae ut exercerentur solvendum erat statis temporibus vectigal.

ὁ αὐτὸς δημοσιώνης. Unus enim et idem publicanus publicos reditus omnis generis poterat conducere; qui quales essent oportebat singillatim designare. Cf. Dessau, p. 515.

25. Bajuli qui oleum vehunt et institores qui vendunt.

27. 31. Vectigal meretricium (τέλος πορνικόν), de quo vide Cagnat, *Rev. de philol.*, 1884, p. 137. Idem vectigal memorabatur etiam infra IV b 5. Quo tempore a quaque meretrice solvi deberet, utrum quoque mense, quod probabilius videtur, an quoque anno, ne palmyrena quidem versio indicat.

32. Vectigal officinarum : 33, sutores omnis generis; 36, coriarii; 38, vestiarii mercatores circulatores.

39. τὸ ἱκανὸν τέλος, quod satis est, justum vectigal. Item fere in versione palmyrena; nempe quia quaestus ille erat omnium vilissimus.

40. γρήσεος πηγῶν β'; « Palmyra urbs nobilis situ, divitiis soli et aquis amoenis. » (Plin., *H. N.*, V, 88). Curator fontis quidam Palmyrenus citatur in titulo Waddington, 2571 c. Cf. Clermont-Ganneau, *Rec. d'archéol. orient.*, II, p. 1. Ob id ipsum in florentissimas opes creverat Palmyra, quod aquam optimam praebebat viatoribus per solitudines iter facturis (cf. Plin., *H. N.*, XII, 65). Iidem fontes duo fortasse vocantur infra, III c. 45, fontes aquarum Caesaris. Nota grande vectigal, 800 denarios in unum quemque annum. Cf. Dessau, p. 521; Reckendorf, p. 409.

41-43. Quum vacatio a vectigalibus dari solita esset pro iis rebus, quas viatores secum « suo usu » auferebant (*Dig.*, XXXIX, 4, 4, 1; L, 16, 203) et jus illud fortasse apud magistratus Palmyrenos saepe evocatum esset, his verbis statuitur vectigal tamen earum rerum exigi posse, ut frumenti, vini, paleae, quibus in itinere (καθ' ὁδόν) utebantur viatores ut se ipsi et bestias suas alerent; sed minimo onerantur vectigali, denario uno.

44. καμήλου.....; camelus, qui ab externis regionibus trans fines inducitur, ut distinctius explicatur infra IV a, 34. Idem fuisse vectigal asini vacui demonstravit Dessau, p. 514 : inde fit ut, quum onus camelinum aestimetur tanquam duplum asinini, exigantur pro onere asinino denarii 13 (12 + 1), pro camelino 25 (24 + 1); II a 12 et 19.

45. Κάλιξ, Aug. libertus ignotus, profecto fuit sub procuratore Syriae praepositus alicujus stationis portus in finibus imperii romani; quam Dessau opinatur fuisse Zeugma, urbem in ripa Euphratis sitam. Quanquam tota lex ad urbis Palmyrae, non ad populi romani portorium pertinet, laudatur non semel usus auctoritate Romanorum confirmatus. Cf. II b, 26; IV a, 42, 53-56. Dessau. p. 526-533.

[II b, 13. *Marinus*, legatus aut procurator Syriae aliquis ignotus.]

[II b, 19. *Costus* (κόστος), « radix Indis in maxumo pretio, gustu fervens, odore eximia, frutice alias inutili ; primo statim introitu amnis Indi in Patale insula, duo ejus genera, nigrum, et, quod melius, candicans. Pretium in libras denarii v. » Plin., *H. N.*, XII, 41. Cf. Dioscor., I, 15. Reckendorf, p. 410.]

III c, 22-26, ad sal pertinebat; de eo iterum tractatur infra II c, 31-37, unde apparet sal aversione nonnisi a publicano venire potuisse ; nam lex jubet id vendere « in platea publica, ubi populus congregatur » ; emptor autem dare debebat pro modio assem italicum, si minorem modum ipse sibi suum in usum a mercatoribus emeret. Versibus III, c. 25-26, videtur poena constituta esse in eos qui legem praesertim in metiendo (παραμετρεῖν) neglexerint. Dessau, p. 518 ; Reckendorf, p. 411.

27-42 et IV, 1-11. Definiuntur officia et jura publicanorum. Si quis vectigalia non solverit, ab eo pignora (ἐνέχυρα) capere publicano licebit ; aut, si certae causae inciderint, dupli eum postulare.

33. Si cui de vectigali controversia fuerit cum publicano, judex erit magistratus Palmyrae constitutus; cujus nomen deest, sed eum fuisse Romanum ex his ipsis verbis satis liquet. Dessau, p. 524.

37. Si quis non professus fuerit (μὴ ἀπογραφομένων) res suas vectigales, ab eo pignora capiet publicanus ipse per se aut per ministros suos.

39-42. Si quis, intermisso certo dierum numero, monitus non solverit, publicano licebit pignora ejus vendere in loco publico.

[Haec in versione Palmyrena, quanquam non omissa (II b, 27), certe multo paucioribus verbis expressa erant (II b, 24-30), sive quod, ut arbitratus est Dessau, p. 498, rejecta fuerant in finem (II, c. 40-49), ubi videtur versio palmyrena fuisse uberior quam graeca ; sive fortasse quod lectorem remiserat ad prius edictum aliquod; et id quidem testari videtur nomen [? Germani]ci Caesaris, ut infra (IV a, 42), sic in hoc ipso loco (II b, 26) laudatum.]

[II b, 28. *Alcimus*, aut libertus Aug. aliquis portorio praepositus, aut homo Palmyrenus, quo scriba aut praeside lex prior (νόμος, III, c. 44) lata fuerat.]

[II b, 29. *Se consocians.* Haec intellexit de Vogüé, p. 176, de societatibus mercatorum, quibus, ut jus haberent coeundi, vectigal impositum esset.]

IV a, 1-5. Nemini exigere, dare, capere licito nisi publicano, qui cum civitate de vectigalibus pactus erit. Si quis contra fecerit, videtur in eum dupli poena esse constituta.

10. Γαίο[υ], Romani alicujus hominis hic quoque auctoritas laudabatur.

12-26. De mancipiis invectis et evectis iterum (cf. III a, 1-8) agebatur, inter quae designantur veterana (II b, 33, 36). Hinc incipere videtur series nova capitum, aut appendix quaedam de certis vectigalibus, quae neque in lege priore [II b, 37, 39], neque in ipso decreto, quod supra scriptum est, videbantur satis dilucide praefinita : quas autem ob causas, saepe dijudicari non potest.

27. ἐρίων. De lana cf. III a, 16-18; haec fortasse ad netam aut textam pertinebant.

34. [μοδίων ἰτ]αλικῶν. Dessau conjecit. De modio cf. III, c. 24 et [II b, 46.]

34-35. ὕστερον συνεφωνήθη, posterius convenit inter archontas et decaprotos, a quibus senatus Palmyrenus jusserat legem priorem retractari. Cf. 51, IV b, 31, 34.

36. μύρου. Cf. III a, 19-31.

40. ἐσφραγισμένῳ νόμῳ; obsignata lex, lex prior, quam signo suo fortasse confirmaverat Romanus magistratus; Dessau, p. 532. Haec videntur addita esse quia post latam illam legem mendum scripturae, ἁμάρτημα [II b, 49, c. 1], in stipulationibus publicanorum propagatum, mercatorum incommodo detrimentoque conditiones vitiaverat.

41. σφάκτρου τέλος, lanienae vectigal in sacris et publicis aedibus exigebatur; Poll., X, 97; haec autem ad privatas etiam spectant; nam statuitur non teneri projecta cadavera bestiarum, quae senio aut morbo confectae fuerint (45-47).

εἰς δηνάριον ὀφείλει λογεύεσθαι. Quum denarii unius fuerit aestimatum lanienae vectigal, non aliter solvetur nisi denario, pecunia romana; quum infra denarium unum, solvetur aere minuto Palmyrenorum proprio, πρὸς κέρμα (45); in Syria enim minima moneta tum temporis manebat, quae *peruta* vocabatur, octavae parti assis aequalis. In laniena tantum permittitur (cf. tamen IV, b, 33), quia erat vectigal ejus saepe vilissimum. Dessau, p. 519.

42. Γερμανικοῦ Καίσαρος. Germanicus in Oriente versatus est annis 18-19 p. C. n., mortuus est Antiocheae ante diem VI idus Octobres anni 19. Cf. II b, 26. Quum missus esset in transmarinas provincias cum potestate extraordinaria (*Prosop. imp. rom.*, II, p. 178, n. 146), consentaneum est eum attendisse ad vectigalia populi romani in illis regionibus constituenda. Sumuntur in exemplum quae decreverat. Cf. ea quae monuimus ad III b, 45.

τῆς πρὸς Στατείλιον ἐπιστολῆς. Statilius, procurator Augusti, ut videtur, in Syria; *Prosop. imp. rom.*, III, p. 238, n. 588.

43. πρὸς ἀσσάριον Ἰταλικὸν, ad assem italicum, eodem sensu quo supra (41) ad denarium = ad pecuniam romanam computare; quae totius imperii lex erat et norma : Dio Cass., LII, 30.

48. εἴστημι. Loquitur is qui priorem legem scripserat hic laudatam [cf. II c, 10 et 32]; quis autem fuerit prorsus incertum est.

47. 51. Quum priore lege denarius unus exigeretur pro onere (camelino), trans fines agri Palmyreni invecto aut evecto, jam jubetur aut potius repetitur immunes esse eos qui vehunt intra eosdem fines Palmyra in vicos (χωρία), aut ex vicis Palmyram.

50. ὡς καὶ συνεφώνησεν αὐτοῖς, ut (lex prior) concessit eis (qui vehunt.) Cf. IV a, 34-35, b 31-34.

51. κῶνος, στρόβιλος, nux pinea, ut veteres (Fournier, *Cibaria* ap. Saglio, *Dict. des antiq.*, p. 1155), sic recentiores populos, non modo in Oriente, sed etiam in Italia et Narbonensi etiam nunc delectat.

καὶ τῶν ὁμοίων, nuces, amygdalae.......

52. ὅσα εἰς ἐμπορείαν φέρεται, quaecumque in mercatum feruntur a magnariis, nempe quia immunia erant quae domum quisque in usum suum ex agris ferebat.

ξηρόφορτον, quod siccum vehitur (ξηρὸς φόρτος). Illorum fructuum vectigal idem est recentium ac siccorum, quanquam multo majoris sunt ponderis recentes, ne fiant controversiae et doli in onere aestimando.

54. καμήλων ἐάν τε κεναί. Feminino genere κάμηλος hic usurpatur, masculino III b 44. Eadem in utroque loco imperantur; sed tamen ut omnis tollatur dubitatio hic additur ἐάν τε ἔγγομοι et ἔξωθεν τῶν ὅρων (cf. IV a, 48-51); quae, quamvis scripta in lege priore (κατὰ τὸν νόμον), fuerant aut oblitterata, aut neglegentia praepositorum saepius imminuta.

56. Κουρβούλων, Cn. Domitius Corbulo, sub Nerone dux romanarum copiarum clarissimus, qui multa adversus Parthos egregie gessit, legatus Syriae anno 62 p. C. n.; *Prosop. imp. rom.*, II, p. 20, n. 123.

57. Βάρβαρος, Barbarus, procurator aliquis aut stationis praepositus. Ad eum scripserat Corbulo de romanis vectigalibus. Similia exempla ex auctoritate romanorum petita vide [II b 26-28], III b 45; IV a 10, 42.

IV b, 1-4 [II c, 23-25. De pellibus camelinis et de herbis. Immunes declarantur pelles camelinae, quibus mos erat merces in itineribus tegere; vectigales autem herbae, ut videtur, medicinales; Reckendorf, p. 414].

5. 10 [II c, 26-29]. De vectigali meretricio iterum (cf. III b, 27-31). Eadem repetuntur, nisi quod, ut ex versione Palmyrena conjicere est, prius de mulieribus liberis agebatur, quae pro se quaeque corpore merebant, hic potius de « puellis » servis, quae sub lenone. Dessau, p. 517-518; Reckendorf, p. 407 et 415.

[II c, 29-31. De aereis statuis (ἀνδριάντες); graecum verbum in ipsa versione Palmyrena exstat integrum litteris aramaeis.]

[II c, 31-37. De sale iterum; cf. III c, 22-26 = II b, 22.]

[II c, 38. De purpura; de lana purpurea, cf. III a, 16 = II a 10; hic profecto ipsum taxabatur medicamentum.]

IV b 34. ἐννόμιον, vectigal pecorum in pascuis publicis pascendorum, « scriptura ». Datur immunitas; quibus autem conditionibus, incertum est. Deinde quid, si non daretur, solvendum esset, lex statuebat.

1057. Tayibeh. — Waddington, 2631.

Διὶ μεγίστῳ κεραυ|νίῳ ὑπὲρ σωτηρί|ας Τρα(ιανοῦ) Ἀδριανοῦ Σεβ(αστοῦ) | τοῦ
5 κυρίου Ἀγαθάνγε|λος Ἀβιληνὸς τῆς Δεκα|πόλεος ¹ τὴν καμέραν ᾠκο|δόμησεν
καὶ τὴν κλίνη[ν] | ἐξ ἰδίων ἀνέθηκεν, | ἔτους εμυ΄, μηνὸς Λώου ².

1. Abila Leucas Decapoleos (Abil) non eadem est atque Abila Lysaniae (Souk-Barada) prope Damascum sita. — 2. Anno 445 Seleucidarum = 134 p. C. n., mense Augusto.

1058. Deir-es-Salam. — Lammens, *Musée belge*, IV (1900), p. 300, n. 35. Cf. Cumont, *ibid.*, V (1901), p. 149.

Ἔτους..... [μηνὸ]ς Ἀπριλίου.

1059. Maad. — Renan, *Mission de Phénicie*, p. 241; Clermont-Ganneau, *Rec. d'archéol. orient.*, II, p. 297.

5 Ἔτους κγ΄ ν|ίκης Καίσαρος | Σεβαστοῦ | Ἀκτιακῆς ¹ Θαμὸ|ς Ἀβδουσίρου ἀ|νέθηκεν Σατράπ|η θεῷ ² ἐκ τῶν | ἰδίων.

1. Anno 23 aerae Actiacae = 8 ante C. n. — 2. Deus Phoenicum, quem Renan existimabat eumdem fuisse atque Adonem. Memoratur apud Pausaniam, VI, 25, 6; cf. Clermont-Ganneau, *le dieu Satrape et les Phéniciens dans le Péloponnèse.*

1060. Abedat. — Renan, *Mission de Phénicie*, p. 234.

Ἀγαθῇ τύχῃ. | Ἔτους ιζ΄ Καίσαρος Ἀντωνείνου τοῦ κυρίου | μηνὸς Λώου ¹, Διὶ οὐρανίῳ ὑψίστῳ Σααρναίῳ ² ἐπηκόῳ | Γ. Φλάουιος [Γλ]άφυρος ἐκ τῶν ἰδίων τὸν βωμὸν ἀνέθηκα.

1. Anno 17 Antonini imperantis = 154 p. C. n., mense Augusto. — 2. Nomen, ut putat Renan, ductum ex nomine illius vici antiquo, quod ignoratur.

1061. Laodiceae ad Libanum. — Perdrizet et Fossey, *Bull. de corr. hellén.*, XXI (1897), p. 66.

5 .....ιννι.. | Φι[λ]ιππικὸ[ν] | ἰατρὸν Σεβ(αστοῦ) | Σακέρδως ‖ Ἐμισηνὸς τὸν | [α]ὐτοῦ φ[ί]λον.

1062. Bybli. — *C. I. L.*, III, 182. Lapidem contulit L. Jalabert.

C. Venerius | Campter | hic sepultus | est.

5 Γάιος Οὐεν‖ιέριος Κάμπτηρ | ἐνθάδε κεῖται.

1063. Belat. — Renan, *Mission de Phénicie*, p. 224.

Ἔτους ιβ΄ τῆς ἡγεμον[ίας Σεβαστοῦ ¹ Διὶ μεγίστῳ Ἀσπάσιος Διονυσίου τοῦ] | καὶ Διονυσίου, τοῦ καὶ [Διονυσίου ², ἀνέθηκεν].

1. Anno 12 aerae Actiacae = 19 ante C. n. Cf. n. 1059. — 2. Restitutum ex aliis titulis ibidem repertis. Haec interpretatur Renan ut Διονυσίου γ΄.

1064. Belat. — Renan, *Mission de Phénicie*, p. 224.

Ἔτους ιϛ΄ τῆς ἡγεμονίας] Καίσαρος Σεβαστοῦ Διὶ | [μεγίστῳ Ἀσπάσιος Δι]ο-
νυσίου ἀνέθηκεν.

Cf. n. 1063.

1065. Prope Byblum, in miliario non longe a ponte fluminis Ouadi-Fadar. — Wad-
dington, n. 2611. Cf. Wilcken, *Numism. Zeitschr.*, XV (1887), p. 333.

[Αὐτοκράτορι Καίσαρι Μ. Αὐρ. | Κλαυδίῳ¹ ἀρχιερεῖ μεγίστ]ῳ [ὑ]π[άτῳ], |
ἀνθυπάτ[ῳ, πατρὶ πατρίδος], | ἀνεικήτῳ Σεβαστῷ ‖ καὶ Σεπτιμίᾳ Ζηνοβίᾳ |
Σεβαστῇ ², μητρὶ τοῦ [δεσπό]]του ἀηττήτου ἡ[μῶν Αὐτο]]κράτορος Οὐαβαλλά-
[θου] | Ἀθηνοδώρου ³.

1. Claudii II verisimilius quam Aureliani nomen restituitur quia vix uno anno post
principem factum Aurelianum rebellavit Zenobia. — 2. Septimia Zenobia Augusta, regina
Palmyrenorum, *Prosop. imp. rom.*, III, p. 217, n. 355. — 3. Julius Aurelius Septimius
Vaballathus Athenodorus, *Prosop. imp. rom.*, III, p. 215, n. 347. Titulus scriptus est inter
annos 268 et 271, quum neque Zenobia ab Aureliano defecerat, neque Augusti nomen
inditum erat Vaballatho.

1066. Fatka. — Renan, *Mission de Phénicie*, p. 326.

Ἔτους ιδ΄ Νέρουα Τραιανοῦ | Καίσαρος Σεβαστοῦ | Γερμανικοῦ υἱοῦ | Σεβα-
στοῦ ¹, Διογένης ‖ Ἀσπασίου τοῦ Διογένους | ἐποίησεν τὸ περίβολον | τοῦ ἱεροῦ
καὶ τὸ μολιβοῦν ² | τοῦ δώματος εὐσεβίας | χάριν.

1. Anno Trajani 14 = 110 p. C. n. — 2. μολυβδοῦν, tabellae plumbeae ad tegendum
aedificii culmen.

1067. Fatka. — Renan, *Mission de Phénicie*, p. 327.

[Ἔτους α΄ Καισάρων Σεβαστῶν Μ.] Ἀντωνείνου [καὶ Γέτα] τῶν κυρίων ¹ |
[τὸν ναὸν καὶ τοὺς βωμοὺς] τοὺς προθυρέους ² ὑπὲρ Ἡραΐδος | [θυγατρὸς καὶ
τοῦ αὐτῆς] παντὸς οἴκου ἀνέθηκα.

1. Anno 1 Caracallae et Getae = 211-212, p. C. n. — 2. προθυραίους.

1068. Heliupoli. — Puchstein et Schulz, *Jahrb. des deutsch. archaeol. Instit.*, XVII (1902), p. 89.

5 Διὶ Ἡλ[ι]οπο|λίτῃ ὑπὲρ | τῆς σ[ωτ]ηρί|ας Κα[ίσαρ]ος Ἀ∥δρια[νοῦ Κα]ίσα∥[ρος Τραιανοῦ | υἱοῦ]..........

1069. Heliupoli. — Puchstein et Schulz, *Jahrb. des deutsch. archaeol. Instit.*, XVII (1902), p. 89.

5 Θεῷ μεγίστῳ | Ἡλιουπολίτῃ | δεσπότῃ | [Κ]άσσιος Οὖῆρος ∥ ἅμα Χαρείνῃ | [σ]υμδίῳ τῇ ἀξιο|[λογ]ωτάτῃ καὶ....|.............

1070. Heliupoli. — *C. I. L.*, III, 139.

Κεντυρία πρῖμα [1].

1. Sive collegii, sive legionis.

1071. Heliupoli. — Perdrizet, *Rev. arch.*, XXXV (1899), p. 50; Clermont-Ganneau, *Et. d'arch. orient.*, II, p. 146.

Τοὺς δύο συνκρείνων, Διονύσιον ἤ σε, θανόντας, |
κἀκεῖνον ζητῶ, καί σε ποθῶ, Λίβανε · |
ἀμφότεροι πιστοί, φιλοκύριοι · ἀλλ' ἀνανκαῖος |
λιβράριος [1] συ μὲν ᾖς, κουρεὺς δ' ἦν ὁ τάλας. |

1. Illum « necessarium librarium » fuisse ex officialibus praesidis opinatur Perdrizet, collato Cicerone *ad Q. fr.*, I, 1, 12 : « quos ex necessariis apparitionibus tecum esse voluisti ».

1072. Heliupoli. — *C. I. L.*, III, p. 2328[75] ad. n. 14165[2].

T. Vibul|lius T. f(ilius), T. | n(epos), M. p(ro)n(epos), Fab. | Cornutus? Pius 5 cond(uct|or)?........ [1] s. pec. fec.

Ἔτους | θχυ′ [2].

1. ...ΟΙΙSIଥ · T · lapis. Versus 4 et 5 non incisi sunt sed nigro colore picti. « Videtur quadratarius destitisse ab incidendis litteris quas non intelligebat, corruptis iis a pictore fortasse linguae Latinae ignaro ». — 2. Anno 429 aerae Seleucidarum = 117/118 p. C. n.

1073. Prope Heliupolim. — Renan, *Mission de Phénicie*, p. 310.

Ἔτους δπσ´ ¹ | Γάϊος Ἰούλιος Με|νάνδρου υἱὸς Φαβίᾳ [? ζήσας ἔ|τη

5 ....μῆνας] ²...‖.....|.........

1. Anno 284 aerae Seleucidarum = 28 a. C. n. — 2. ΔZINC///// | THC/////////IAE//////
lapis. Ἀζηνείτης Renan dubitans.

1074. Prope Chamonem. — *C. I. L.*, III, 14162²; cf. p. 2328⁷⁴.

Μερκουρίῳ Δωμίνῳ | κώμης Χάμωνος, ἔτους δπυ´ ¹. Τίτος ἱερεὺς Ἰαύδα ²,
ἱεροτομίοι ³ Βάσ(σ)|ος Σααρίτα κὲ Οὐβεσ(ος). | Ἡ κώμη ἐπο(ί)ησεν κὲ τὴν δαπάνην
5 τῆς κώμης Βηλιάβος Σ‖αφαρᾶ ⁴ [ἔ]γραψ[ε]ν. Φλάκ|χος ὁ τεχνίτης.

1. Anno Seleucidarum 484 = 172/173 p. C. n. — 2. Titus (filius) Iaudae, sacerdos. —
3. Ἱεροταμίαι interpretatur Perdrizet, *Rev. des ét. anciennes*, III (1901), p. 258, not. 1,
fortasse recte. — 4. Nomen patris; alii autem legunt σαφάρα, id est, syriaca lingua,
« scribam ». Cf. Dussaud, *Rev. arch.*, 1903 (I), p. 145, not. 1 et Lidzbarski, *Ephem. für
sem. Epigr.*, I, p. 336.

1075. Kalaat-Djendal. — Fossey, *Bull. de corr. hellén.*, XIX (1895), p. 303; Clermont-
Ganneau, *Rec. d'archéol. orient.*, II, p. 61 et 98.

Ὑπὲρ σωτηρίας Αὐτοκράτορος | Τραιανοῦ Νέρουα Σεβαστοῦ | υἱο[ῦ] Σεβαστο[ῦ]
5 Γερμανικοῦ | Δακικο[ῦ] ¹ Μεννέας Βεελιάβου ‖ τοῦ Βεελιάβου πατρὸς Νε|τείρου,
τοῦ ἀποθεωθέντος ² | ἐν τῷ λέβητι δι᾽ οὗ (ἑ)ορταὶ ἄγ[ο]ν|ται ³, ἐπίσκοπος πάντων
10 τῶν ἐν|θάδε γεγονότων ἔργων ⁴, κατ᾽ εὐ‖σεβείας ἀνέθηκεν θεᾷ Λευκο|θέᾳ
Σεγειρῶν (?) ⁵.

1. ΣΕΒΑCΤΟC, ΔΑΚΙΚΟC, lapis. — Annis 103-116, p. C. n. — 2. Fossey id verbum
intelligit eodem sensu, quo usurpatur in Asia ἀφηρωισμένος, *sepultum* (*C. I. Gr.*, 2831,
2832, III, Add. 2850 c). — 3. ΟΡΤΑΙ ΑΓΩΝΤΑΙ lapis. Sepulti in lebete quo feriae
aguntur. Sensus omnino obscurus. — 4. Ἐπίσκοποι in Asia vocabantur ii « qui prae-
sunt pani et ceteris venalibus rebus » (*Dig.*, I, 4, 18, 7); in Syria eo nomine designa-
bant viros qui opera publica inspiciebant (Liebenam, *Städteverw.*, p. 384, not. 2). —
5. Segeira, nomen fortasse civitatis quae eo loco sita erat qui hodie Kalaat-Djendal
dicitur.

1076. Beryli. — Colonna-Ceccaldi, *Rev. arch.*, XXIII (1872), p. 253. Cf. Rendel-Harris, *Some interesting Syrian and Palestin. inscriptions* (1891), p. 28.

In antica :

Κρόνου | Ἡλίου ¹ | βωμός.

In parte aversa :

5 Μερχούρις ² | ὑπὲρ σωτη∥ρίας νίκης | ἀνέθηκεν | αὐτοκρατόρων.

1. Sol Saturnus = Bel, Phoenicum deus. Cf. Max. Mayer, *Kronos* ap. Roscher, *Lexik. der gr. und röm. Mytholog.*, col. 1498, 48 et Toutain, *De Saturni dei in Africa romana cultu.* — 2. Mercurius, hominis nomen.

1077. Berytum ex loco incerto allatus lapis. — Beaudouin et Pottier, *Bull. de corr. hellén.*, III (1879), p. 257.

[Ἡ βουλὴ κα]ὶ ὁ δῆμος | ......ιμονι, ἐπιτρόπῳ | [Αὐτοκράτορος Κ]αίσαρος
5 Τραιανοῦ | [Ἀδριανοῦ Σεβασ]τοῦ ἐπὶ διοικήσεως ‖ [Ἀλεξανδρείας, ἐπ]ιτρόπῳ
βι[6]λιοθηκῶ[ν | ῥωμαικῶν τε καὶ ἑλ]ληνικῶν, ἐπὶ ἐπιστολῶν | ἑλληνικῶν,
ἐπ]ιτρόπῳ ἐπαργειῶν | [Λυκίας Παμφυ]λίας, Γαλατίας, [Πισιδίας, Πόντου,
10 Παφλα]γονίας, Λυκα[ο]νία[ς, | ἐπιτρόπῳ κλη]ρονομιῶν [καὶ ἐπιτρόπῳ ‖ ἐπαρχείας
Ἀσ|ίας, ἐπιτρ[όπῳ Συρίας, | ἐπιτρόπῳ ἐπαρχε]ίας?..... |... ἐπιτ[ρόπῳ]..... |.....

Procurator Hadriani ignotus, qui memoratur etiam titulis latinis (*C. I. L.*, III, 431, 7116, 13674); cogitabat Borghesi de L. Julio Vestino (cf. titulum nostrum, t. I, n. 136, et *Prosop. imp. rom.*, II, p. 220, n. 409). Hirschfeld autem apud Friedländer, *Sittengeschichte*, I (ed. VI), p. 257, initio v. 2, [Εὐδα]ίμονι supplevit et titulum rettulit ad Eudaemonem, amicum Hadriani, de quo vide *Prosop. imp. rom.*, II, p. 41, n. 79.

1078. Deir-el-Kalaa. — Kaibel, *Epigr. gr.*, 835. Cf. Mordtmann, *Athen. Mittheil.*, X (1885), p. 167.

..... Μ. Ὀκτάουιος Ἱλαρο[ς] εὐξάμενος ἀνέθηκα ὑπὲρ σωτηρίας | Κ...ου
Εὐτύχους καὶ τέχνων. |

Εἰλαθί μοι, Βαλμαρκώ[θ] ¹, κοίρανε κώμων ², |
καὶ κλύε [μ]ου, δέσποτα, νῦν Ἱλάρου. ‖
5 Σοὶ γὰρ.................ρων ἀνέθηκα |
[τ]ηλόθεν ἐκ νήσοιο Ῥόδου τέχνασμα ποθινόν, |

Ἄμμωνος κεραοῦ χάλκεον ἀντίτυπον, |

[εἰς ὑγίην], προχέοντα βρότοις ἱερόδρομον ὕδωρ ³.

1. Ba'al Markod Phoenicum deus qui in aliis titulis Jupiter Optimus Maximus Balmarcodes appellatur. Cumont s. v. ap. Pauly-Wissowa, *Realencyclopädie*, col. 2834, 63. Ejus templum situm erat loco dicto Deir-el-Kalaa, unde Romam usque migravit; *C. I. L.*, VI, 403. — 2. Dominus chororum = phoenice Ba'al Markod; Clermont-Ganneau, *Rec. d'archéol. orientale*, I (1888), p. 103. Sacris enim choris ille deus colebatur. — 3. Effigies aerea Ammonis, quae aquam fontis profundebat; qua de re vide Perdrizet, *Ammon et les fontaines*, *Rev. biblique*, 1900, p. 436 et suiv.

1079. Deir-el-Kalaa. — Ronzevalle, *Rev. archéol.*, II (1903), p. 30. Idem ectypum nobis dedit.

I(oui) O(ptimo) M(aximo) B(almarcodi ¹) e(t) I(unoni) R(eginae) e(t) I(unoni) S(imae ²) e(t) C(aelesti) S(oaemiae) Q. A(ncharenus) E(utyches) | u(otum) l(ibente) a(nimo) soluit). |

5 Θεῷ ἀγίῳ Βαλ(μαρχῶδι) ³ | καὶ θεᾷ Ἥρᾳ καὶ θε[ᾷ] ‖ Σίμᾳ καὶ νεωτέρᾳ Ἥρᾳ Κ. Ἀνχαρη|νὸς Εὐτυχὴς χαλ|κουρ[γ]ὸς ⁴ καὶ ομ...|ι...ης παυ.....

1. Potius quam Bal; cf. Clermont-Ganneau, *ibid.*, p. 223. — 2. Cf. *C. I. L.*, III, 139, 6669 et supra n. 1021. — 3. Ita Ronzevalle. Julia Soaemias Bassiana Augusta, mater Helagabali. Sed supplementa incerta sunt. — 3. Ξανκούριος nomen ethnicum, Ronzevalle. Correxit Clermont-Ganneau, *loc. cit.* ΧΑΛΚΟΥΡΙΟϹ est in ectypo.

1080. Deir-el-Kalaa. — Perdrizet, *Bull. de la Soc. des Antiquaires de France*, 1901, p. 109.

5 Λούκιος Γ|άιος Σό|λων, πα|τὴρ κοί|νου τῆς | τριακά|δος ¹, ἀνέ|θηκεν.

1. « Commune tricensimae », collegium, forsitan Berytensium, vectigali alicui accipiendo praepositum, memoratur etiam in titulo *C. I. L.*, III, 6671. Illi collegio ut *pater* praeerat Solon.

1081. Deir-el-Kalaa. — Mordtmann, *Athen. Mittheil.*, X (1885), p. 169. Clermont-Ganneau, *Rec. d'archéol. orient.*, I, p. 94.

5 [Κ]υρίῳ [Γ]ε[ν]|ναίῳ Βαλ|μαρχῶδι ¹ | τῷ καὶ Μη‖γρὶν ² κατὰ | κέλευσιν | θεοῦ
10 Ἀ|ρεμθηι|νοῦ ³ Μά‖ξιμος | εὐχαριστ|ῶν ἀνέ|θηκα.

1. *C. I. L.*, III, 6673 : « Gennaeo domino Balmarcodi. » — 2. Balmarcodis dei

(cf. nn. 1078, 1079) cognomen hactenus obscurum; cf. *C. I. L.*, III, 158; 6668. — 3. Ἀρέμθα videtur locus fuisse Syriae hodie dictus Aramta non longe a Sidone (Clermont-Ganneau, *Rec. d'archéol. orient.*, V, p. 211). Cf. titulum Puteolis repertum (supra vol. I, n. 420).

1082. Deir-el-Kalaa. — Waddington, 1857.

Θεῷ Βαλμαρχῶδι [1] καὶ..... [Ἅ]ρπασος καὶ Μοῦνδος Δ... [κ]αὶ Μοῦνδος υἱός.

1. Cf. nn. 1078, 1079, 1081.

1083. Kalaat-Fakra. — *C. I. Gr.*, 4526.

Αὐτοκράτορι Τιβερίῳ Κλαυδί[ῳ] Καίσαρι | Σεβαστῷ καὶ..... [1] | ἐπὶ..... [2].

1. E... ΑΓΤѠΙ traditur. — 2. ΑΙΗΥΙ traditur.

1084. Ghazieh. — Renan, *Mission de Phénicie*, p. 522.

[Ἔτους..... Καίσαρος Σεβαστοῦ, μηνὸς Ξα]νδικοῦ [1] | [... θεῷ..... τὸν ναὸν ᾠκοδόμησα] καὶ τὸν βωμόν, | [ὑπὲρ τῆς σωτηρίας... καὶ τοῦ παντὸς αὐτοῦ οἴκ]ου.

1. Mense Aprili.

1085. Abilae. — Renan, *Mém. de l'Acad. des inscr.*, XXVI (1870), p. 75.

.............ου γυν[ὴ, Λυσανίου?] θυγάτηρ, Ζηνοδώρῳ Λυσ[ανίου τ]ετράρχου καὶ Λυσ[ανίᾳ Λυσανίου? καὶ τ]οῖς υἱοῖς | [καὶ] Λυσαν[ίᾳ ..... καὶ τοῖ]ς υἱοῖς μν[ήμη]ς χάριν [εὐσεβῶ]ς ἀνέθηκεν.

Zenodorus tetrarcha, Lysaniae I filius (cf. n. 1086), regnavit in Abilena inter annos 32 et 19 ante C. n. Exstant illius nummi : Barclay V. Head. *Hist. num.*, p. 663. Hic titulus videtur sepulcro Lysaniae et gentis ejus inscriptus esse. Quorum stemma sic restituit Renan :

Mennaeus regnavit annis fere 85/70 ante C. n.
|
Ptolemaeus annis 70/40
|
Lysanias I annis 40/34

? filia   Zenodorus annis 32/19   Lysanias?

Lysanias?   ? filius

Certe illorum tetrarcharum gens extincta est inter annos 28 et 41 post C. n.

1086. Abilae. — Renan, *Mém. de l'Acad. des inscr.*, XXVI (1870), p. 66.

Ὑπὲρ [τ]ῆ[ς] τῶν κυρίων Σε[βαστῶν] [1] | σωτηρίας καὶ τοῦ σύμ[παντος] | αὐτῶν οἴκου Νυμφαῖος..... | Λυσανίου τετράρχου [2] ἀπελε[ύθερος], ‖ τὴν ὁδὸν κτίσας ἄστ[ρωτον οὖσαν καὶ] | τὸν ναὸν οἰκο[δομ]ή[σας, τὰς περὶ αὐτὸν] | φυτείας πάσας ἐφύ[τευσεν | ἐκ τ]ῶν ἰδίων ἀναλ[ωμάτων] ‖ Κρόνῳ κυρίῳ κ.......... | εὐσεβίας χάριν.

1. Tiberius imperator et mater ejus Livia. Inter annos 14 p. C. n., quo demum vocata est Augusta, et 29, quo obiit. — 2. Non Lysanias I, Ptolemaei filius, qui regnavit in Abilena inter annos 40 et 34 ante C. n., sed illius Lysaniae aut filius, aut nepos, de quo tacent et historici et nummi. Cf. n. 1085. Marquardt, *Organis. de l'emp. rom.*, II, p. 343.

1087. Abilae. — Porter, *Palestine explor. fund*, 1898, p. 31; Clermont-Ganneau, *Rec. d'archéol. orient.*, II, p. 397.

Ἔτους ηξυ′ Δύστρου λ′ [1] Διὶ [Μεγί]στῳ Ἡλιοπολείτῃ τῷ κυρίῳ | ὑπὲρ σωτηρίας κυρίου | Καίσαρος Λυσίας καὶ Σπού[ρ]ιος καὶ Ἀνείνας, υἱοὶ Λυσ[ίου], ‖ ἐκ τῶν ἰδίων τὸν βωμὸ[ν] | ἀνέθηκαν καὶ παρ᾽ ὁμολο[γ]ίαν ἐπο(ί)ησαν.

1. Anno 468 Seleucidarum = 157 p. C. n.; die xxx mensis Martii.

1088. Abilae. — Waddington, 1876.

Ἔτους | το′ Ὑπερ|βερεταί|ου κη′ [1] Ἀντωνία [Ἐ]λα ‖ ..... [γυ]νὴ Κοίντου | Ἀντ[ω]νίου Γαίου | < Γαίου > υἱοῦ Φαβίᾳ Γε|μίνου Κλαυδιανοῦ.

1. Anno 370 Seleucidarum = 59 p. C. n., die xxviii Octobris.

1089. Helbone. — Dittenberger, *Orientis graeci inscriptiones selectae*, p. 631, n. 420.

Ἐπὶ βασιλέος μεγάλου Μάρκο|[υ Ἰουλίου Ἀγρίππα [1] φιλο]καίσαρος καὶ φιλορωμαί[ου [2]....... ἐκ τῶν] | ἰδίων ἀνέθηκαν διὰ ἐπιμελητοῦ το[ῦ].........

1. Utrum de Agrippa I agatur, an de ejus filio, Agrippa II, vix decernitur; melius tamen haec rettuleris ad filium. Cf. n. 1090. — 2. φλορωμαίων lapis, errore lapicidae. Cf. Dittenberger, *ibid.*, n. 379, not. 12.

1090. Helbone. — Waddington, 2553.

['Επὶ βασιλέως μεγάλου 'Αγρίππα ¹ φιλοκαίσαρος, τ]οῦ ἐγ με|[γάλου βασι-
λέως 'Αγρίππα φιλοκαίσαρος καὶ] φιλορω|[μαίου].........

1. M. Julius Agrippa II, rex Judaeorum. De quo cf. *Prosop. imp. rom.*, II, p. 163, n. 89.

1091. Damasci. — Fossey, *Bull. de corr. hellén.*, XXI (1897), p. 58, n. 62.

5   Φλ. Οὐλ[πι]|ανὸς ο[ὐ]|ετρανὸ[ς] | καλῶς ‖ [ζ]ήσας ἐ[τῶν] | οε΄.

1092. El-Khirbi. — Waddington, 2562, f.

[Μ]η[ν]ὸς Λώου ε΄ ¹, Αὐρήλιος...... δουπλικιά[ριος] καὶ κανδιδᾶτος ².... τὸ
μνημῖον τοῦτο<ν> ἐποίησεν ἔτ[ους].....

1. Mensis Augusti die v. — 2. Miles principalis, quem legatus provinciae proponebat
imperatori ut centurio crearetur.

1093. Admederae. — Waddington, 2562, g.

Ὑπὲρ σωτηρίας τῶν κυρίων | ἡμῶν Αὐτοκρατόρων Καισ|άρων Μάρκων Ἰου-
5 λίων | [Φιλίππων Σεβα]στῶ[ν] ἀφιερώ‖θη καὶ συνετελέσθη ναὸς 'Αειχά|λας ¹,
ἐπὶ τῶν περὶ Μᾶρχον Αὐρήλι|ον "Ανεον Γαώρου καὶ Γά[ω]ρον 'Ο[α]σ[αί]|θου
10 βουλευτοῦ ἱεροταμιῶν, | ἐκ τῶν τοῦ ‖ θεοῦ, ἔτους | ζνφ΄ Ὑπερβερε|ταίου ιε΄ ².

1. Nomen dei arabici, idem valens quod *Maximus* (de Vogüé). — 2. Anno Seleucidarum
557 = 245 p. C. n., die xv Octobris.

1094. Admederae. — Brünnow, *Mittheil. des deutsch. Palaest. Vereins*, 1899, p. 91,
n. 68.

Ὑπὲρ σωτηρίας τῶν κυρίων αὐτοκρατόρων Σ...ος ¹ 'Αννιανὸς [σ]τράτωρ ἐπάρ-
χου | εἴλης Οὐοχοντίων ² Θελσεηνος ³ ἐπ[εσκεύασε] ⁴ τὸ ἐπισ[τύλιον] ἐκ τῶν ἰδίων
κατ᾽ εὐχὴν αὐτοῦ καὶ τέχνων | ἔτ[ο]υ[ς] υς΄ ⁵.

1. C///ΛΟC traditur. — 2. Ala Vocontiorum sua castra in Aegypto habebat; Cichorius

s. v. ap. Pauly-Wissowa, *Realencyclopädie*, col. 1269, 59. — 3. Hic latet fortasse nomen civitatis unde Annianus oriundus erat. — 4. Traditur ЄΠ///Ω///Ω. — 5. Traditur ЄΤ///Υ////Υ5. Annus 406 Seleucidarum = 94/95 p. C. n. At lectionem totius tituli non satis certam esse liquet.

1095. Admederae. — *C. I. Gr.*, 4517.

Φλα..... | παν[ηγυριαρχήσας].... | καὶ φυλα[ρ]χ[ήσας?] εὐχ[αριστήρι]|ον? τὸν........... θεῶν ‖ καὶ τ[ῶ]ν ὁσί[ω]ν [κυρίων ἡμῶ]ν ὑπὲ[ρ] | σωτηρίας αὐ[τῶν καὶ τῶν] ἐνδόξ(ων) αὐτ[ῶν] | τέκν[ω]ν [ἐκ τῶν ἰδίω]ν ἔκτισεν.

Supplementa prorsus incerta.

1096. Hinè, in ruderibus templi. — Fossey, *Bull. de corr. hellén.*, XXI (1897), p. 62, n. 70.

a. Ἐπιμελητ[αὶ]..... ναοῦ... ¹ | [δ]υτικοῦ ὀπίσω....... [Π]ερ[τίν]αξ[ος] ² τοῦ τότε ἡγησ[α]μένου [ὑ]πα[τι]κοῦ ³ [χ]α[ὶ κελε]ύσαντ[ος ὁ]ἰκο[δ]ομηθῆν[αι] | [τ]ὸ[ν] περί[6]ολον [τ]οῦ ν[αο]ῦ οἱ αὐτοὶ ἐπ[ι]με[λ]ητ[α]ὶ ἁγνῶ[ς χ]αὶ εὐσεβῶς ἐκ τῶν [ἱερ]α[τικῶ]ν π[ροσό]δ[ων] ἐποί[ησ]αν. |

b. .... ⁴ ‖ Ἀραχάου καὶ Χλιέου Ζε6[έ]δου ἐκ τῶν [εἰ]σ[ό]δων τοῦ θεοῦ ἐπ(οί)ησαν |.....

c. Ἔτους δ4φ' ⁵ | Διὶ μεγίστῳ Ἰούλ[ιος] | Ἀδριανὸς [Ἰαμοῦ] ⁶ | ἱερ(ε)ὺς ‖ ἄμα Ἀθην[ο]δώρᾳ συ(μ)6ίῳ καὶ τέ|κνοις εὐσεβοῦντες | ἐξ ἰδίων τὴν κόν[χην ἐποίησαν].

1. Traditur ΝΑΟΥΝΕΗ///. — 2. Traditur ..Α..C...ОЄ. | Є ΝΙ..Ѡ. — 3. De illo Pertinace consulari praeside provinciae nihil traditum est. — 4. Traditur ΚΑΙ ΠΑΡΙΟΥΓΑΗ. — 5. Anno 594 Seleucidarum = 282/283 p. C. n. — 6. Traditur ΥΑΥΝΟΥ. Corrigendum forsitan Μάγνου opinatur Clermont-Ganneau.

1097. Sidone. — De Saulcy, *Comptes rendus de la Soc. franç. de numismatique*, 1872, p. 161.

.....Ζ]ωίλου ¹ στρατηγὸς | [ᾠκοδόμη]σεν.

1. Memoratur Zoilus quidam qui, auctore Josepho (*Ant. Jud.*, XIII, 12) tyrannidem in urbibus Turre Stratonis et Dora anno 105 ante C. n. usurpavit. An hic de eo agatur omnino incertum esse vix opus est quod moneamus.

1098. Sidone. — Kontoléon, Ἀνέκδοτοι Μικρασιαναὶ ἐπιγραφαί, I (1890), p. 45, n. 86; cf. *Palestine expl. fund*, I (1869-1870), p. 325. Contulit L. Jalabert.

Αὐτοκράτορι Καίσαρι Θεοῦ | Ἀδριανοῦ υἱῷ Θεοῦ | Τραιανοῦ | υἱωνῷ Θεοῦ
5 Νέρουα ἐγγόνῳ ‖ Τίτῳ Αἰλίῳ Ἀδριανῶ Ἀντωνείνῳ | Σεβαστῷ τῷ κυρίῳ | ἡ
βουλὴ καὶ ὁ δῆμος. |

1099. Sidone — De Saulcy, *Comptes rendus de la Soc. de numismatique*, 1873, p. 138.

Ἐνθάδε τὸν πάσης | ἀρετῆς (ἡγ)ήτορα | Ἀντίπατρον
5 πάν|των ἀνθρώπων ‖ τειμῖ[1] αἴοντα[2] φί|λον
τὸν μόνον | ἐκ πολέμου Μαύ|ρων[3] .... |
10 ἔματει[4] καὶ ψυ‖χῇ πατρίδα ρυ|σάμενον.
Χρησ|τὸς καὶ ἄλυπος | ζήσας ἔτη.....

1. Id est τιμῇ. — 2. ἔοντα. — 3. Nihil deest in lapide; versus remansit imperfectus. Eos Mauros de Saulcy vult auxiliares quosdam esse, quos Pescennius Niger devictus a Severo contra Tyrum anno 193 miserit (Herod., III, 3 : Μαυρουσίους τε ἀκοντιστὰς οὓς εἶχε). — 4. αἵματι.

1100. Sidone. — *C. I. L.*, III, 6667.

5 Ἔτους θϙσ'[1] | μηνὸς Ὑπερ(βερεταίου) κς'[2] | Ἀντωνία | Μαμετῖνα[3] ‖ χαῖρε,
ζήσασα | ἐνιαυτὸν, μ(ῆνας) δύο. |
10 D. M. | Antoniam | Mamertinam ‖ quae uixit an|num et menses | duos.

1. « Fröhner (*Mél. d'épigr. et d'arch.*, XI-XXV, 1875, p. 74) cogitavit primum de aera Antiochena, quae ducit ad annum p. C. 230, deinde de Sidoniorum imperatoria (Eckhel, III, 367), qua pervenimus ad annum 188. Cum hac interpretatione litteratura tituli optime convenit » Mommsen. — 2. Die XXVI Octobris. — 3. Ita in lapide.

1101. Tyri. — *C. I. L.*, III, 12094.

..... | [T. Φλ]άουιος Σαλ[λούστιος | Παιλιγ]νιανὸς[1] Ἰουλι..|....λάουιος
ἐκ.....|.....οις το ἐφο........ ‖
5 ...cos. VI..... | ..... uiris... | .....es de..... | .... si..... | ....

1. Fortasse T. Flavius Sallustius Paelignianus, consul ordinarius anno 231, p. C. n. ; *Prosop. imp. rom.*, II, p. 74, n. 235.

1102. Tyri. — Renan, *Mission de Phénicie*, p. 533.

Ἡ βουλὴ καὶ ὁ δῆμος | Μᾶρκον Αἰμύλιον Μάρκου υἱὸν | Σκαῦρον ἀντιταμίαν
5 ἀντι|στράτηγον τὸν ἑαυτῶν ‖ πάτρωνα εὐνοίας ἕνεκε[ν] ¹.

1. M. Aemilium Scaurum Pompeius vix subactae Syriae praefecit, qui eam ut quaestor pro praetore administravit annis 63-61 ante C. n. (Appian. *Syr.*, 51; Joseph. *Ant.*, XIV, 79; *Bell.* I, 7, 7). De eo vide Klebs apud Pauly-Wissowa, *Realencyclopädie*, s. v. Aemilius, col. 588, n. 141.

1103. Tyri, nisi titulus Aegypto recens in Syriam allatus est. — Héron de Villefosse, *Bull. de la Soc. des Antiquaires de France*, 1901, p. 228 et 322; de Ricci, *Archiv für Papyrusforschung*, 1903, p. 571, n. 151.

T. Φουρίωι | Οὐικτωρείνωι, | ἐπάρχωι Αἰγύπτου, | ἐπάρχωι πραιτωρίου ¹, ‖
5 Φορτουνᾶτος, Σεβαστοῦ | ἀπελ(εύθερος), ἀρχιταβλάριος | Αἰγύπτου καὶ | ἐπί-
τροπος | προσόδων Ἀλεξανδρ[είας] ².

1. Furius Victorinus praefectus praetorio fuit sub M. Aurelio et L. Vero; obiit anno 167, initio belli Marcomanici (*Vita Marci*, 14) : *Prosop. imp. rom.*, II, p. 102, n. 409. Ex hoc titulo didicimus ejus praenomen. Statuit Héron de Villefosse eum fuisse praefectum praetorio inde ab anno 159; praefecturam Aegypti gerere non potuit nisi anno 158 159 aut 163/164. Cf. de Ricci, *Proceed. of the soc. of bibl. arch.*, 1900, p. 374 et suiv. — 2. Architabularius Aegypti, munus novum, quo Fortunatus, ut videtur, sub idiologo, summo rationum curatore, fungebatur. Simul procurabat reditus Alexandriae, ad patrimonium vel fiscum imperatoris pertinentes. Cf. *C. I. L.*, XIV, 204 : procurator Alexandriae ad rationes patrimonii (Augg. lib.); *Ibid.*, III, 53 : procurator usiacus (Augg. lib.).

1104. Tyri. — Dussaud et Macler, *Mission en Syrie*, p. 242, n. 9.

[M]άλχος οὐε[τρανὸς] | εὐσεβείας χάριν.

1105. Tyri, in statua mutila artis aegyptiacae. — *C. I. L.*, III, 14165³.

Ab una parte :

Sacerdos Osirim | ferens. Προφή[της] | Ὄσειριν κ[ο]μ[ί]|ζ[ων].

Ab altera parte inscriptus est titulus hieroglyphicus.

T. III

1106. Kasyoum, in ruinis synagogae cujusdam. — Renan, *Mission de Phénicie*, p. 774.

Ὑπὲρ σωτηρίας τῶν κ[υρί]|ων ἡμῶν Αὐτοκρατόρω[ν] | Καισάρων Λ. Σεπτ.
5 Σεουή[ρου] | Εὐσεб(οῦς) Περτ(ίνακος) Σεб(αστοῦ) καὶ Μ. Αὐρ. Ἀ[ντωνε]|ίνου
[καὶ Λ. Σεπτ. Γ]έτα, υἱῶν αὐ[τοῦ ¹, καὶ πρὸς] | εὐχῆς Ἰουδαίων ². |

In latere dextro :

10   καὶ | Ἰουλίας | Δόμνης ‖ Σεβ.

1. Scriptum anno 197 p. C. n., ut putat L. Renier (*ibid.*, p. 776), postquam Severus,
victo Albino, in Orientem redux, Judaeos rebelles profligavit et Parthis bellum intulit.
— 2. Vel προσευχῆς, id est synagogae, vel, ut mavult Renan, ἐξ εὐχῆς, ex voto.

1107. Doueir. — Renan, *Mission de Phénicie*, p. 676.

[Θε]ῷ Ἀπόλλωνι Ἰουσενρματος (?) Σελαμάνους οἰχονόμου | .... [Ἡρ]α-
χλείτου ἡγεμόνος λεγ(ιῶνος) ς' ¹ τὸν οὐδὸν εὐξάμενος ὑπὲρ σωτηρίας τῶν υἱῶ[ν] |
5 ἀνέθηχεν. | Ἐτ[ο]υ(ς) αχτ' ‖ μη(νὸς) Πανήμ|ου ις' ².

1. Legio VI Ferrata in Palaestina tum castra sua habebat. — 2. Anno 321 aerae
Tyriae = 196 p. C. n. (aut anno 321 aerae Antiochenorum = 273 p. C. n.) Die xvi
mensis Julii.

1108. Paneade, sub imagine Antinoï. — Beaudouin et Pottier, *Bull. de corr. hellén.*,
III (1879), p. 259.

Ἀντινόῳ ἥρωι ¹ | Μ. Λούκκιος Φλάκκος.

1. Antinous, deliciae Hadriani, periit anno 130 p. C. n. : *Prosop. imp. rom.*, 1, p. 81,
n. 574.

1109. Paneade in antro Panis. — Waddington, 1893; cf. Brünnow, *Mittheil. des Palest.
Vereins*, 1898, p. 85, n. 7.

Ὑπὲρ σωτηρίας τῶν χυρίων | αὐτοκρατόρων | Οὐαλέριος [Τιτι]ανὸς ¹ ἱερεὺς
5 θεοῦ Πανὸς ², τὴν | χυρία[ν Νέμ]εσιν καὶ τὸν [σ]ὺν τῇ ὑπ' αὐτοῦ κοιλαν‖θείσῃ

πέ[τ]ρᾳ [τ]ελεσιουρ[γηθέ]ντα ναὸν αὐτῆς, | [σὺν κ]ανκέλλῳ σιδηρῷ ³, | [ἔτους] .π′ ⁴, Ἀπε[λλαίου] ⁵...

1. ΑϹΠΑΝΟϹ aut ΙϹΠΑΝΟϹ Brünnow. — 2. Deum Panem Paneas Caesarea praecipuo cultu venerabatur, ut ostendunt nummi sub M. Aurelio et aliis cusi ; Barclay V. Head, *Hist. num.*, p. 663; qui videtur fuisse Syrum numen aliquod graeco nomine nuncupatum. Cf. Wernicke apud Roscher, *Lexik der gr. und röm. Mythologie*, s. v. *Pan*, col. 1371. — 3. Cancellum ferreum. — 4. ΙΠ traditur, fortasse ΡΠ, anno 180 aerae Paneadis = 177 p. C. n., principibus M. Aurelio et Commodo. — 5. Mense Decembri.

1110. Aphecae. — Michon, *Bull. de la Soc. des Antiquaires de France*, 1902, p. 127 ; cf. *Échos d'Orient*, 1901, p. 11.

Οὐαλ(έριος) Μᾶρκος | οὐετρ[ανὸς] ἀπὸ ἱππικ(οῦ) | λεγιῶνος ς′ ¹, οδ′ [ἐτῶν].

1. Legio VI Ferrata in Syria semper tetendit.

1111. Acrabae. — Waddington, n. 2413 b; cf. Ewing, *Palestine explor. fund*, 1895, p. 49.

Ἔτους ιη′ βασιλέως Ἀγρίππα κυρίου ¹, Ἀουετδο|ς Μαλειχάθου ἐποί|ησεν τὰ
5 θυρώματ‖α σὺν κόζμ[ῳ] καὶ τ|ὸν βωμὸν ἐκ τ|ῶν ἰδίων [ε]ὐσεβείας [ἕν|ε]κα Διὶ
κυρίῳ.

1. Annus 18 Agrippae II regnantis. Scripturam ΙΗ firmant Dussaud et Macler, *Mission de Syrie*, p. 299. Annus est 79 p. C. n., si computatus est numerus ab anno 61 p. C. n.; *Prosop. imp. rom.*, II, p. 163, n. 89.

1112. Acrabae. — Dussaud et Macler, *Mission de Syrie*, p. 298, n. 175.

5 Δεσπόται ἡμῶν | Διοκλητιανὸς | Μαξιμιανὸς | Σεβαστοὶ καὶ ‖ Κωνστάντειος |
10 καὶ Μαξιμιανὸς | Καίσαρες ¹ | λίθον διορίζον|τα ὅρους ² μητρ‖οκωμίας Ἀκ|ράβης
15 καὶ Ἀσί|χων ³ στηριχθ|ῆναι ἐκέλευσα|ν, φροντίδι ‖ Λουκίου Καιά[μου] |
χηνσίτορ[ο]ς.

1. Annis 292-306 p. C. n. — 2. Cf. lapides terminales alios, quorum unus (n. 1002),

positus erat Dolichae, alter (n. 1252) in finibus vicorum Namr et Djasim (Clermont-Ganneau, *Rec.*, I, p. 3-5, n. 1; *Arch. epigr. Mitth.*, VIII, p. 180), tertius (n. 1278), sub iisdem principibus exaratus, in finibus vicorum Athelani et Dionysiadis; unde concludi posse videtur omnes agros illius regionis fuisse sub Diocletiano metatos, ut *jugum*, sive *caput* per censitorem stabiliretur. — 3. Hodie Oum-Osidj, ut opinantur editores. Cf. Ἀσηχανὸς in altero titulo : H. Lucas, *Mittheil. des Palestinavereins*, 1901, p. 47.

1113. Phaenae. — Waddington, 2325.

Ὑπὲρ σωτηρίας καὶ νίκης τῶν κυρίων αὐτοκρατόρων Μ. Αὐρηλίου Ἀντω-νείνου καὶ | Λ. Αὐρηλίου Οὐήρου Σεβ(αστῶν) Φαινήσιοι ἀφιέρωσαν ἐπὶ Ἀουιδίου Κασσίου πρεσβ(ευτοῦ) Σεβ(αστῶν) ἀντ(ιστρατήγου), | ἐφεστῶτος Ἐγνατίου Φούσκου ἑκατοντάρχου λεγ(ιῶνος) γ' Γαλλικῆς [1].

1. Cognomen legionis, postquam erasum erat rescriptum est. Nomina Avidii Cassii, quanquam erasa, facile leguntur. Cf. n. 1114. Egnatius Fuscus iterum nominatur n. 1120. Titulus positus est inter annos fere 164, quo Avidius Cassius in Syriam ut legatus pr. pr. missus est, et 169, quo obiit L. Verus.

1114. Phaenae. — Waddington, 2328.

[Ὑπὲρ σωτηρίας καὶ νείκης Αὐτοκράτορος Μ. Αὐρηλίου Ἀντω]νείνου Σεβ(ασ-τοῦ) Ἀρμενιακοῦ Παρθικοῦ Μη|[δ]ικοῦ μεγίστου, ἐπὶ Ἀουιδίου Κασσίου πρεσ-β(ευτοῦ) Σεβ(αστοῦ) ἀντιστρατήγου, ἐφεστῶτος Αὐρηλίου] Κυριναλίου ἑκατον-τάρχου λεγ(ιῶνος) γ' Γαλλ(ικῆς [1]).

1. Anno 169, p. C. n. idem ille centurio pro salute M. Aurelii monumentum Aeritae erexit (n. 1180). Iisdem fere temporibus haec scripta sunt; nam anno 166 princeps audivit Parthicus Maximus, anno autem 175 Avidius Cassius ab eo defecit. Cf. n. 1113.

1115. Phaenae. — Waddington, 2529.

....σης Αὐτοκράτορα | [Καί]σαρα Λ. Σεπτίμι[ον] | Σεουῆρον | [Πε]ρτίνακα Σεβ(αστόν).

1116. Phaenae. — Waddington, n. 2528 ª.

Ὑπὲρ σωτηρίας καὶ νείκ(ης) Αὐτοκράτ(ορος) | Καίσαρος Μ. Αὐρηλίου
Κομμόδου] | Ἀντωνείνου Σεβ. Εὐ[σ]εβ(οῦς) Εὐτυχοῦς ', | Γ΄. Ἐλούιος
Μαριανὸς ² [ἑκατόνταρχος] λεγ(ιῶνος) γ΄ [Γαλλικῆς] τὸν ναὸν καὶ τὸ ἄγαλμα
5 ἐκ ‖ τῶν ἰδίων ἀνέθηκεν.

1. Inter annos 185 et 192 p. C. n. — 2. Vir notus etiam titulo latino, qui ibidem
repertus est (C. I. L., III, 126).

1117. Phaenae. — Waddington, 2526.

Ὑπὲρ σωτηρίας καὶ νείκης [τῶν] κυρίων αὐτοκ[ρατόρων] Λ. Αὐρήλιος
Μάξιμος ἑκατόνταρχος λεγ(ιῶνος) ις΄ Φλ(αβίας) Φίρ(μης) ') | τὴν Εἰρήνην ἀνέθηκεν.

1. Legio XVI Flavia Firma post Trajanum in Syria tendebat. Cf. n. 1118.

1118. Phaenae. — Waddington, 2527.

[Ὑπὲρ σω]τηρ[ίας καὶ νεί]κης τῶν κυρίων αὐτοκρατόρων Λ. Αὐρήλιος Μάξιμος
ἑκατόνταρχος λεγ(ιῶνος) ις΄ [Φλ(αβίας) Φίρ(μης) ')] | τὴν Εἶσιν ἀνέθηκεν.

1. Cf. n. 1117.

1119. Phaenae. — Waddington, 2524.

5 Ἰούλιος Σα|τουρνῖνο|ς Φαινησίοις μητρο‖κωμίᾳ τοῦ | Τράχωνος | χαίρειν '. |
10 Ἐάν τις ὑμῖν | ἐπιδημήσῃ ‖ βιαίως στρα|τιώτης ἢ | καὶ ἰδιώτης, | ἐπιστείλαν|τές
20 μοι ἐκ‖δικηθήσεσ|θαι ² · οὔτε | γὰρ συνεισ|φορὰν τι|να ὀφείλε‖τε τοῖς ξέ|νοις, καὶ
25 ξε|νῶνα ἔχον|τες οὐ δύ|νασθε ἀνα‖νκασθῆ|ναι δέξασ|θαι ταῖς οἰ|κίαις τοὺς | ξένους.
30 Ταῦ|τά μου τὰ ‖ γράμματα | ἐν προδήλῳ | τῆς μη|τροκωμί|ας ὑμῶν χ‖ωρίῳ
πρόθ|ετε, μή τις | ὡς ἀγνοή|σας ἀπολο|γήσηται.

1. Julii Saturnini, legati Syriae principe Commodo aut Alexandro (*Prosopogr. imp. rom.*,
II, p. 212, n. 356), epistola ad incolas Phaenae, μητροκωμίας, sive pagi Trachonitidis.
Quum hospitium publicum (ξενῶνα) pagus paraverit militibus et viatoribus, vetat legatus
ne quis cogatur eos privatim suam in domum accipere. — 2. ἐκδικηθήσεσθε.

1120. Phaenae. — Waddington, 2330.

Γ. Ἐγνάτιον Φοῦσκον ¹ ἑκατόνταρχον λεγ(ιῶνος) γ΄ Γαλλικ(ῆς) | Φαινήσι[οι] | ἀγνείας χάρ[ιν.]

1. Cf. n. 1113.

1121. Phaenae. — Waddington, 2331.

Πετούσιον | Εὔδημον | ἑκατόνταρχον λε(γιῶνος) ις΄ Φλ(αβίας) | Φίρ(μης) ¹
5 Φαινήσι|οι.

1. Principibus M. Aurelio et Commodo, cf. nn. 1117, 1118.

1122. Phaenae. — Waddington, 2332.

Πετούσιον Εὔδη|μον ἑκατόνταρχον λεγ(ιῶνος) ις΄ | Φλα(βίας) Φίρ(μης) ¹ | Ῥου-
5 στικὸς ‖ Σωπάτρου | Φαινήσιος | τὸν φίλον καὶ εὐεργέτην.

1. Cf. n. 1121.

1123. Phaenae. — Waddington, 2333.

Σεουῆρος Ἀσκαίωνος χει|λίαρχος τῇ πατρίδι ἐφιλο|τειμήσατο.

1124. Borechath Sabaeorum. — Waddington, 2414; Kaibel, *Epigr. gr.*, n. 896.

Ἄμφω ἀριστότοκος καὶ ἀγλαόπαίς ἐστιν |
Τιβέριος, ὃς Μαρκελλῖνον τέκετ᾽ ἔξοχ[ον] ἀνδρῶν · |
οὗτος καὶ πατρίδ᾽ ἑὴν ἔσωσεν παρ᾽ ἄνακτος ¹ · |
εἴθε νῦν καὶ χρυσέοισιν ἀγάλμασιν ὧδε δυναίμην ‖
5 ἀναστήσειν, Μαρκελλῖνε, πεποθημένον ² πατρίδι κῦδος ³, |
ὃς τόδε σῆμα ποιήσας ἀρετῆς μνήμην ἀνέγιρας |
αὐτῷ καὶ γενετῆρι καὶ υἱ[έ]σι ⁴ κυδαλίμοισιν.

1. Videtur aliqua legatione pro civitate sua apud Caesarem feliciter functus esse. —
2. Vitiatam clausulam Kaibel existimat a poeta allatam esse archetypo meliori, qui fere-

bat Ἑλλάδι. — 3. Iidem fere duo versus leguntur in lapide altero reperto in vico Amra
(Waddington, 2082). — 4. υἱόσι lapis. « Statua posita est prope hereditarium monumen-
tum, quod sibi suisque condiderat Marcellinus. » Kaibel. Cf. infra n. 1141.

1125. Chaâra. — Waddington, 2520.

Ὑπὲρ σωτηρίας Αὐτοκράτορος | Μ. Αὐρηλίου Ἀντωνείνου καὶ | Λ. Αὐρηλίου
5 Οὐήρου Πρόκλος | Γερμανοῦ καὶ Σαῖος Ζοβαίδου ‖ καὶ Ἄλειος Ἀβάβου στρατη-
γοὶ | ἀνέθηκαν.

1126. Kefr-Chems. — Ewing, *Palestine explor. fund*, 1895, p. 54, n. 34.

5 Μάξ[ιμ]]ος Μα[ξί]]μου ἱ[π]]πεὺς ‖ ἔτη | λγʹ.

1127. Aerae. — Dittenberger, *Orientis graeci inscriptiones selectae*, n. 426.

Ἔτους λζʹ τοῦ καὶ λβʹ | βασιλέως Ἀγρίππα κυ|ρί[ου] ¹... Μ]αββογαῖος Φίλω|-
5 [νος καὶ οἱ] υἱοὶ ᾠκοδόμησαν ² ‖ [τὴν θύ]ραν σὺν νεικαδίοις ³ κα|[ὶ λεοντ]αρίοις ⁴
καὶ τὰ θυρώμα|[τ]α ἔστησαν Διὶ κυρίῳ ἐκ τῶν | ἰδίων, εὐσεβείας χάριν.

1. Anno 37, aut, si numerus aliter computatur, anno 32 regis Agrippae II (*Prosop. imp.
rom.*, II, p. 163, n. 89) = anno 92 p. C. n. — 2. Hoc verbum in titulis Syriae augmento
temporali plerumque caret. Vide exempla quae congessit Dittenberger, *l. c.* — 3. Parva
Victoriae simulacra. Cf. *C. I. Gr.*, 4558, 2. — 4. Cf. *C. I. Gr.*, 4558, 3, 4.

1128. Aerae. — Waddington, 2413 f. Cf. Ewing, *Palest. explor. fund*, 1895, p. 279,
n. 158 A.

Ὑπὲρ σωτηρίας καὶ νείκης τοῦ κυρίου αὐτοκράτορος [Μ. Α ὑ ρ(η λ ί ο υ)
Κ ο μ μ ό δ ο υ] Σεβ(αστοῦ) Εὐσεβ(οῦς) Εὐτυχοῦ[ς], | Ἰούλιος Γερμανὸς, ἑκατόν-
ταρχος [λ ε γ(ι ῶ ν ο ς) γʹ Γ α λ λ ι κ ῆ ς] ¹, εὐεργέτης Αἰρησίων καὶ κτίστης, τὸν
σηκὸν ἀπὸ τῆς ἐπι|γραφῆς ² συνετέλεσεν καὶ τὸ Τύχαιον ἀφιέρωσεν, ἔτους ιςʹ ³.

1. Nullius legionis nisi III Gallicae nomen in monumentis publicis Syriae erasum est;
cf. supra nn. 1016, 1113 et 1116. — 2. Ab ea parte quae post titulum incipiebat (?) —
3. Anno 16 Commodi, 27 nov. 191/192 p. C. n., si numerus annorum est imperatoris, non
aerae alicujus in hac regione usitatae.

1129. Aerae. — Ewing, *Palest. explor. fund*, 1893, p. 59, n. 47 b; Brünnow, *Mittheil. des Palaestinavereins*, 1896, p. 21.

...ἐπίτ]ροπον [τοῦ Σεβαστοῦ] |... οβ? τὸ κοινὸ[ν] |..... ἀγνῶς ἐπιτ[ροπεύ|-σ]αντα τειμῆς [καὶ εὐσεβείας] χάριν.

1130. Aerae. — Waddington, 2413 k; Ewing, *Palestine explor. fund*, 1893, p. 55, n. 37.

5 Ἄμερος Μαθείου | καὶ Ὄναινος ἀδε|λφὸς ἐποίησα[ν] τὸ|ν βωμὸν Θεοῦ Δι|ὸς ἐκ τῶν ἰδίων, | ἔτ[ους] δεκάτου Ἀδρι|ανοῦ Καίσαρος [1].

1. Anno 126/127 p. C. n.

1131. Khulkhula. — Waddington, 2537 e.

Θεόμνηστος Αἰλάμ|ου ὁ καὶ Θαῖμος βο|υλ(ευτὴς) καὶ Γαῦτος ἀδελφ|ὸς ὀπτίον [1]
5 λεγ(ιῶνος) ἐποί|ησαν τὸ ἡρῷον.

1. Optio.

1132. Zebireh. — Waddington, 2312. Cf. Ewing, *Palest. explor. fund.* 1893, p. 134, n. 56.

Ὑπὲρ σωτηρίας κ(αὶ) αἰωνί|ου διαμονᾶς τοῦ κυρίου αὐτο|κράτορος Μ(ά)ρ(κου)
5 Σεουήρου Ἀντω|νίνου Καίσαρος Βριτανικοῦ [1] τ|ὰ Τύχεα [2] οἰκοδόμησαν Ἀρισ|ηνοὶ καὶ Ἰαχριρηνοὶ [3] οἱ ἀπὸ ἐποι|κίου Ἀβιβηνῶν [4] καὶ Βάσσος, ὑπ[ατε]ίας | Σεουήρου τὸ δ᾽ καὶ [Β]αλβίνου β᾽ [5].

1. Caracalla. — 2. Tychaeum, sacellum Fortunae dicatum. — 3. Gentes Arabum, ut conjicit Waddington. — 4. Qui greges pascebant incolarum Habibae. Cf. n. 1133, 1134. — 5. Anno 213 p. C. n.

1133. Habibae. — Ewing, *Palest. explor. fund*, 1895, p. 135, n. 59.

Ἔτους ς᾽ Κο|μόδου | Κα(ί)σαρος [1].

1. Anno 181 p. C. n.

1134. Habibae. — Ewing, *Palest. explor. fund*, 1895, p. 132, n. 52.

Ὑπατίας | Διοκλητιανοῦ τὸ η΄ καὶ | Μαξιμιανοῦ τὸ ζ΄ Σεβ[αστῶν] [1] | Αὐρ.
5 Οὗρος Ἀουίδου [2] βου[λευτὴς] ‖ τὸ Τουχ(ε)ῖον [3] ἐξ εἰδίων ἐ|ποίησεν.

1. Anno 303 p. C. n. — 2. Aoueida, nomen Arabicum. — 3. Cf. supra n. 1132.

1135. El-Kseifé. — Waddington, 2539.

Αὐρ. Μάιορ, οὐει|τρανὸς ἀπὸ λ|εγ(εῶνος) γ΄ Κυ(ρηναικῆς) ἐκοδ[ό]μησεν [1].

1. ἐκοδώμησεν lapis.

1136. Eithae. — Dittenberger, *Orientis graeci inscriptiones selectae*, n. 421.

Ἐπὶ βασιλέω[ς μεγάλου Μάρχου Ἰου]|[λίου Ἀγρίππα [1], [ἔτους..........]‖
Χάρητος [2] ἔπα[ρχος......]‖ σπείρης Αὐ[γούστης [3] καὶ στρατηγ]ὸς Νομάδων [4].....‖
5 ης καὶ χαλ [5].......

1. Agrippa II potius quam I : *Prosop. imp. rom.*, II, p. 163, n. 89. — 2. Cf. n. 1137.
— 3. Cohors Augusta profecto I, quae illis temporibus videtur in Palaestina tetendisse;
Cichorius s. v. apud Pauly-Wissowa, *Realencyclopädie*, col. 248, 38. — 4. Praefectus gen-
tibus Arabum, qui vagabantur circa Syriae solitudines. Cf. Waddington, 2196, 2203. —
5. Supplementa hujus verbi nonnisi incerta allata sunt.

1137. Eithae. — Waddington, 2114.

Ἔτους ιε΄ [1] χυρίου ἡ|μῶν Σεουήρου Ἀλεξάνδρου | Εὐτυχ(οῦς) Σεβ(αστοῦ),
5 Οὗρος Νοαίρου | καὶ Οὔαρος Χάρητος Χελιδό|νος ἱεροταμίαι [........ θεᾶ]ς |
τὴν οἰκοδομὴν ἀνήγιραν | ἐξ ἱερατικῶν ἐπὶ Ἡρα|κλίτου Χάρητος στρατηγοῦ.

1. Numerus ΙΕ, quem erasum et incertum esse testatur Waddington, non admitti
potest; Severus enim Alexander ineunte quarto decimo anno principatus sui decessit.

1138. Eithae. — Waddington, 2113.

Αἴλιος Μάξιμος ἔπαρχος [1] | τῇ πατρίδι ἔκτισεν διὰ Ἡρώδου | Ἡρώδου ἰδίου
5 καὶ διὰ | Φιλίππου Μάλχου καὶ ‖ Ἄδδου Ἀκραβάνου | ἐπιμελητῶν |.

1. Utrum cohorti alicui an regioni praefectus fuerit non discernitur.

1139. Eithae. — Waddington, 2120.

[Μνῆμα Πρ]ηξιλάου, τοῦ εἰς Μοισία[ν πεμφθέντος καὶ ἄρξαντος | σπείρης Ἰ]τουραίων ' καὶ στρατη[γήσαντος]...

1. Ituraei, Syria gens, alas et cohortes auxiliarias Romanis suppeditabant. Cf. Cichorius s. v. ap. Pauly-Wissowa, *Realencyclopädie*, col. 305 et seq.

1140. Eithae. — Waddington, 2121.

5 ....νετο|ς καὶ φιλόπ|ατρις, ἀπὸ Γε|ρμανίας ἀν‖ελθὼν καὶ | ἐν εἴλῃ Ἀγρι|π-
10 πιανῇ ' ἀπο|θανὼν, εἰς | τὰ ἴδια με‖θηνέχθη ².

1. Ala II Flavia Agrippiana, quum saeculo I p. C. n. castra sua habuisset in ripa Rheni fluminis, in Parthos a Trajano immissa est. Hunc ergo titulum paulo post bellum Trajani Parthicum scriptum esse verisimile est. — 2. Sic lapis.

1141. Eithae. — Séjourné, *Rev. biblique*, VII (1898), p. 103. Cf. Clermont-Ganneau, *Rec. d'archéol. orient.*, I (1888), p. 20.

Ἱππέα κύδιστον Διομήδε|α δέρκεο, ξεῖνε,
τάγμα τε Κυρ|ήνης στρατίην τε ἀσκοῦντ' ἐπί|τιμον ',
5 ὃς θέτο ....φρ... ἀρε‖τῆς μνήμην ², ἀνεγείρας
αὐτῷ καὶ | τέχνοις κῦδος τόδ' ὁρώμενον ἐσθλόν.

1. Eques legionis III Cyrenaicae. — 2. Memorat Clermont-Ganneau titulum alterum similem (Waddington, n. 2414 — supra n. 1124) : ὃς τόδε σῆμα ποιήσας ἀρετῆς μνήμην ἀνεγείρας αὐτῷ καὶ γενετῆρι καὶ υἱόσι κυδαλίμοισιν.

1142. Eithae. — Waddington, 2113; Kaibel, *Epigr. gr.*, n. 1039.

.....................| .... |
ἵδρυσε φαιδρὸν ¹ | δῆμος Ἐειθηνῶν Καισαρή|ων ‖
5 ἐκ φιλοτιμίης ξυνῆς, κλέος ἄφθι|τον α[ὐτῷ].

1. Necesse est aliquod aedificium designatum esse in primo versu, qui periit.

1143. Saurae. — Ewing, *Palest. explor. fund*, 1893, p. 136, n. 61. Cf. Clermont-Ganneau, *Études d'archéol. orient.*, II (1897), p. 33.

Ἔτους ιε΄ Μ. Αὐρηλίου Ἀντονίν|ου Σεβ(αστοῦ) [1] Σαυρῶν τὸ κοινὸν οἰκοδό|μα-
5 σαν μετὰ τῶν θρησκευόντω|ν θεῷ Μαλειχάθου [2], ἐφεστώτω‖ν Γ. Ἰουλ. Τερεντια-
νοῦ Αὔσου κα(ὶ) | Μαλειχάθου Μαίορος καὶ Σεμπρ|ωνίου Ἀδριανοῦ Μαξίμου καὶ
Ἀ|σλάμου Ἀβείβου.

1. Anno 15 M. Aurelii = 161/162 p. C. n. — 2. Deo quem colit Maleichathus. De illo
usu genetivi apud Syros cf. Clermont-Ganneau, *l. c.*

1144. Saurae. — Dittenberger, *Orientis graeci inscriptiones selectae*, n. 425.

Ἡρώδη Αὔμου, στρατοπεδαρχήσαντι [1] ἱππέων | Κολωνειτῶν [2] καὶ στρατιωτῶν
καὶ στρατηγήσας [3] | βασιλεῖ μεγάλῳ Ἀγρίππᾳ κυρίῳ, Ἀγρίππας υἱὸς ἐποίησεν.
Ἔτους κ΄ [4].

1. Praefectus castrorum. — 2. Ala I Augusta gemina Colonorum. — 3. Pro στρατη-
γήσαντι, « anacoluthia gravi quidem, sed neutiquam inaudita » (Dittenberger). —
4. Anno 20 regnantis M. Julii Agrippae II (*Prosop. imp. rom.*, II, p. 163, n. 89) = anno 75
aut 80 p. C. n.

1145. Saurae. — Ewing, *Palest. explor. fund*, 1895, p. 137, n. 64.

In parte sinistra lapidis :

[Ζ]ῶν καὶ φρονῶν. |

In parte dextra :

Χαῖρε παροδῖτα. |

In media :

Αὐρ. Μάρκελλος Σά[δ]ου πραγματεύτη[ς] γ[ε]νόμενος ἔτη λ΄ ἐπὶ ξένης κὲ
5 ἐξεφάνης [1] διὰ | τὸν βασιλέα Γαμάραυτον [2] τελευτήσας · [ἤ]νε(γ)κα ‖ τὸ πτῶμα
ἐγὼ Μάρκελλο[ς ἐ]ξάδελφος αὐτοῦ | καὶ ἐποίησα τ[ὴ]ν [3] αὐτοῦ μνήμην ἔ[μ]προσ-
θεν τ[ῆ]ς αὐλῆς ἡμ[ῶ]ν.

V. 3. γινόμενος; v. 4. ἔνεκα; v. 6. ἔνπροσθεν, ἡμῖιν lapis.

1. ἐξαίφνης? — 2. Rex Gamarautus, aliunde ignotus, si vere de rege tali agitur. —
3. Traditur ΕΠΟΙΗΣΑΜΗΝ. Correxit Clermont-Ganneau.

1146. Agraenae. — Waddington, 2455; cf. Ewing, *Palestine explor. fund*, 1893, p. 140, n. 70.

Ἔτους ια´ κυρίου Μ. Αὐρ. Αντ[ωνεί]ν[ου Σεβ. ¹] | τὸ κοινὸν Ἀγραίνης ἐποίησεν Θ(ε)ῷ Αὔμου ² διὰ Αὐρ. | Πλάτωνος Βαρβάρου καὶ Ἀβούνου Χαιράνο[υ] ³ | ἱεροταμεῶν.

1. Anno 11 Caracallae = 208 p. C. n. — 2. Deus quem colit Aumus; cf. n. 1143. — 3. Iidem viri nominantur in titulo insequenti, exarato anno 233 p. C. n.

1147. Agraenae. — Waddington, 2456. Cf. Ewing, *Palest. explor. fund*, 1893, p. 139, n. 69.

Ἔτους ιξ´ κυρίου Καίσαρος | Ἀλε[ξ]άνδ[ρο]υ ¹ τὸ κυνὸν ² Ἀγραίνης ἐπό|ησεν Θεῷ Αὔμου ³ δι(ὰ) Πλάτωνος | καὶ Ἀβούνου ⁴.

1. Anno 12 Severi Alexandri = 233 p. C. n. — 2. Id est κοινὸν. — 3. Cf. n. 1146. — 4. Cf. n. 1144.

1148. In vico aliquo regionis El Ledjà. — Ewing, *Palest. explor. fund*, 1893, p. 353, n. 184.

Ἰούλιος Μάξι|μος στρατιώτ[ης] | [λεγ(ιῶνος) γ´ Γαλ(λικῆς)] κα[ὶ Ἰού-
5 λιος] | Ῥοῦφος ἀδελφὸ||ς ἀνέκτισαν Διὶ πα|τρώῳ θεῷ εὐσε|βείας χάριν | .... ¹

1. Traditur ΑΓΟΥΗ | ΗΝΟC.

1149. Harran. — Waddington, 2460; cf. Wetzstein, *Abhandl. der Akad. zu Berlin*, 1863, p. 296, n. 109.

Ὑπὲρ σωτηρίας τῶν κυρίων Λ. | Σεπ(τιμίου) Σεουήρου καὶ Ἀντωνείνου | κ[αὶ Γέτα] υἱῶν αὐτοῦ καὶ Ἰου(λίας) Δό[μ]|ν[ης] Σεβ(αστῆς), ἔτους ιζ´ ¹, [ἐπὶ
5 Αὐρ]η[λ]ιανοῦ ² || [πρεσβ(ευτοῦ)] Σεβ(αστῶν) [ἀν]τ[ιστρ(ατήγου), ἡ κώμη | ἀν]έσ-
[τη]σεν διὰ [Αὔ]σου Λαν.......

1. Anno 17 Septimii Severi = 209 p. C. n. — 2. [...]ητιανοῦ Wetzstein, quem sequitur Waddington. Melius de Mario Maximo Perpetuo Aureliano cogites, qui incepit illo ipso anno Syriam regere; *Prosop. imp. rom.*, II, p. 346, n. 233.

1150. Harran. — Ewing, *Palest. explor. fund.*, 1895, p. 149, n. 87.

[Οἰκ]οδόμησεν Μέωρ ¹ καὶ | [ἐξ] ἰδίων καμάτων, τά|[ξας χω]ρὶς αὐτοῦ συνκα-
5 τατί[θε|σθαι μηδέ]ν[α] ἐν τῷδε τῷ μνημ[ίῳ.] ‖ Θάρσ[ι, Οὐαλέριε, οὐδὶς ἀθά[να-
το]ς · | ἂν δέ τις ἀντιπ[ράσσῃ]? δώσ[ει | ταμείῳ? χρυσί]ου οὐνκίας τρῖς.

1. Μάωρ, Major.

1151. Chaqra. — Waddington, 2508.

[Ὑπὲρ σω]τηρίας κ[αὶ | νείκης] τοῦ κυ[ρίου | ἡμῶ]ν Σεπ(τιμίου) [Σεουήρου |
5 ἐφιλοτεί]μησαν [Αὐρ(ήλιος)] ‖ .....σας Αἰα...

1152. Chaqra. — Waddington, 2506.

Ὑπὲρ σω[τηρίας καὶ ν]είκης [κυρίου] | αὐτοκράτορος ἐφιλοτείμησεν .....|νος
5 Σομαίου βουλευτὴς, αὐγου[στάλιος?] | Φιλιπποπολείτης [πλη]‖σίον τῶν
Τυχαίων ¹ | τὸ....... ² [καὶ τὰ] | ἀγ[άλματ]α στρατη[γούντων?] | ἐν τῇ πόλει....

1. Prope aedes Fortunae; cf. nn. 1132, 1134. — 2. **ΤΟΙΙΖΟΜΕΙⳞΙΑΤΟΝΩ** traditur.

1153. Chaqra. — Waddington, 2507.

Ὑπὲρ σωτηρίας τῶν κυρί[ων αὐτοκρατόρων].....

1154. Zoravae. — Waddington, 2479.

5　Ὑπὲρ σωτ|ηρίας καὶ ν|είκης κυρ|ίου ἡμῶν ‖ αὐτοκρά|τορος Μ. Αὐρ(ηλίου]
10-15 Ἀντ|ωνείνο|υ ¹ Ζοραο|υηνῶν ‖ γεωργ|οὶ ἀν|έθηκ|αν τὴ|ν Νείκη‖ν ἰδίαις |
δαπά|ναις.

1. M. Aurelius aut Caracalla.

1155. Zoravae. — Waddington, 2480.

Ἀγαθῇ Τύχῃ. | Ὑπὲρ σωτηρίας καὶ νείκης τοῦ κυρίου ἡμῶν Αὐτοκ[ράτορος

Καίσαρος Μάρχου] | Αὐρηλίου Σεουήρου Ἀλ[εξάνδρο]υ Εὐσεβοῦς Εὐτυχ[οῦς
Σεβαστοῦ, οἱ ἀπὸ μητρο]|κωμίας Ζοραουηνῶν ἔκτισαν τὸ βαλανεῖον ἰ[δίαις
δαπάναις.]

1156. Zoravae. — Waddington, 2481.

Θεανδρ[ίτη] ¹, | ὑπὲρ σωτηρίας καὶ νείκης τῶν κυρίων οἰκο|δόμησαν οἰκίαν
Σααμηνοὶ ² οἱ ἀπὸ Ζοραουηνῶν.

1. Arabum deus, de quo vide Waddington ad n. suum 2046. — 2. Tribus Zorave-
norum.

1157. Zoravae. — Waddington, 2486; Mordtmann, *Rhein. Museum*, 1872 (XXVII),
p. 146.

.... | πρίνκιπος ¹ λεγ(ιῶνος) γ′ Γαλλιχῆς ² | οἰκοδόμησα τοῖς ἐ[μ]οῖς |
5 τέχνοις [Ζ]ηνοδώ[ρῳ] καὶ ‖ Διομήδῃ καὶ Δρά[χ]ον[τ]ι καὶ | Κλαυδιανῷ καὶ
Γε[ρμαν]ῷ...

1. Princeps legionis. — 2. Nomen legionis III non erasum est; titulus ergo post resti-
tutam legionem exaratus videtur.

1158. Zoravae. — Waddington, 2488.

Κ[λ]. Σ[α]6εῖνος Βερρίου στρ[ατιώτης λεγιῶνος...] | καὶ Ῥεειφάθη γυνὴ
αὐτοῦ ἐ[χ τῶν ἰδίων ἐποίησαν].

1159. Zoravae. — Waddington, n. 2487; cf. *C. I. L.*, III, 125.

Κλ. Κλαυδι|ανὸς οὐετ(ρανὸς) | Θεοφάνου | leg(ionis) I P(arthicae) ex leg(ione) III ‖
5 K(yrenaica) ¹ | ἐποίησεν | τὴν στήλην | ἰδίαις αὐτοῦ | δαπάναις.

1. Claudius Claudianus ex legione III Cyrenaica translatus est in legionem I Parthi-
cam, unde missus est.

1160. Zoravae. — Kaibel, *Epigr. gr.*, n. 448.

[Α]ύ[τῷ x[αὶ τ]ε[xέ]εσ(σ)ιν ἐδείματο [σ]ῆμα | φαεινὸν |
Αἰνείας [βρ]ιαρῆς xῦδος ἔχων στρα|τιῆς, ‖
[πρ]ὸς δὲ πελ[ε]ία[ι]σιν δό[μο]ν ἄρθιτον, | οὗ τινος [αὐ]τῷ |
αὐτοκασιγνήτων χεῖρας ὀρεξα[μέ]|νο[υ.] |
Τοὔνεκα ο[ἵ γε] μὲν ἐσθλὰ πόροι ‖ θεὸς · εἰ δέ τις αἰνῆς |
[xλεπτ]ο[σύν]η[ς] μετέχει, [ἄ]λγεα [τῷδε] δότω.

1161. Loco dicto Raïfa. — Fossey, *Bull. de corr. hellén.*, XXI (1897), p. 55, n. 55.

Ὑπὲρ σωτηρίας xαὶ νίxης τοῦ xυρίου |..... [Σεουήρου]?.

1162. Tell-el-Achari. — Adam Smith, *Palestine explor. fund*, 1901, p. 353 et suiv.
Cf. Clermont-Ganneau, *Rec. d'arch. orient.*, V, p. 22.

['Υπὲρ τῆς Αὐτοκράτορ]ος Τίτου Φλαουί[ου Οὐε]σπ(α)‖[σιανοῦ Σεβαστοῦ
σω](τ)ηρίας 'Απολλ(οφά)ν[ης Δι]ογένους πατὴρ πόλε]ως Διὶ μεγίστῳ [ε]ὐ[σεβε]ίας
χάριν ἐx τῶν ἰδί]ων τὸν βωμ[ὸν ἀνέστησεν.

1163. Tell-el-Achari. — Clermont-Ganneau, *Rec. d'arch. orient.*, V, p. 24; Adam Smith,
Palestine explor. fund, 1901, p. 354.

Ὑπὲρ σωτηρίας xαὶ διαμονῆς | Τίτου Αἰλίου 'Αδριανοῦ | 'Αντωνείνου Σεβαστοῦ
Εὐσε|6οῦς xαὶ τοῦ σύνπαντος αὐ‖τοῦ οἴxου, | Πάμφιλος Ἐρ[εν]νίου | βουλ(ε)υ-
τῆς 'Αρτέμιδι τῇ | xυρίᾳ τὸν βωμὸν ἐx τῶν ἰδίων xατ' εὐ[χ]ὴν ἀνέγειρεν.

1164. Tafas, prope Tell-el-Achari. — Fossey, *Bull. de corr. hellén.*, XXI (1897), p. 47,
n. 29 ; Clermont-Ganneau, *Rec. d'arch. orient.*, V, p. 23.

Ἔτους βλρ' [1] ὑπὲρ τῆς Αὐτοκρά[τορος Σεβα]|στοῦ Μάρxου Ὄθωνος σωτη-
[ρίας, 'Απολ]|λοφ[άν]ης Διογένους, πατὴρ π[όλεως [2] τὴν] | στοὰν σὺν [τ]αῖς
δυσὶ ψαλίσι οἰx[οδόμησεν] ‖ ἐx [τῶν ἰδίων, εὐσε]6(ε)ίας χάριν, τ.....

1. Anno 132 aerae Pompeianae = 69 p. C. n. — 2. Cf. supra n. 1162.

1165. Zeizoun. — Fossey, *Bull. de corr. hellén.*, XXI (1897), p. 44; cf. Schumacher, *Across the Jordan*, p. 240.

5 .... ¹ | ἔτου(ς) πτ′ | μη(νὸς) Ὑπερ|6ερετέου [ε′] ². ‖ [Α]ὔξι Ζιζί|ους ³. |
10 [Οἰ]κοδ|ομὴ Μ(α)|λίχου | μανγα‖|ν]αρίου ⁴ | ἐπὶ ἀρχῆ|ς Ἀντονί|νου Ἀνουνέ|ου χὲ Ἀνί(ν)α.

1. ΕΡΑΤΟΟ | ΤΟΜΑΤΟΥCΙΓΩΡΕΟ traditur. — 2. Anno 380 aerae Bostrensis = 274 p. C. n., mensis Octobris die V. — 3. ΔΥΞΙΖΙΖΙ | ΟΥC traditur. Id est, ut interpretatur Clermont-Ganneau, valeat, crescat civitas dicta hodie Zeizoun. De ea acclamatione cf. *Rec. d'arch. orient.*, IV, p. 119, not. 1 et V, p. 368. — 4. Μαγγανάριος, machinarum bellicarum artifex (Du Cange).

1166. Deir-Eyoub. — Fossey, *Bull. de corr. hellén.*, XXI (1897), p. 39, n. 2.

.....ὑπὲρ σω[τηρίας] |.... χυρίου Μά[ρχου]....|....ιους τὴν θύρ[αν]......

1167. El-Mzerib. — Fossey, *Bull. de corr. hellén.*, XXI (1897), p. 43, n. 17. Cf. Schumacher, *Across the Jordan*, p. 239.

Σατορν[ῖν]ος Εὐν|όμου βουλευτὴς | καὶ στρατιώ[τη]ς [λεγεῶνος] | Κυρ(η-
ναιχῆς) · θάρσι.

1168. Tell-ech-Chehab. — Fossey, *Bull. de corr. hellén.*, XXI (1897), p. 45, n. 22.

5 Γάιος | Οὐαλ|έριο|ς Μά[ξ]‖ιμος | στρα[τ](ιώτης) | χώρτ(ης) μιλι(αρίας) | στρ(ατευσάμενος ἐτῶν...).

1169. Tell-ech-Chehab. — Fossey, *Bull. de corr. hellén.*, XXI (1897), p. 44, n. 20.

Θάρσι, ὦ Σα[σ]τ|νε, σ[τ]ρ|α(τιώτης) λ(εγεῶνος) γ′ Κ(υρηναιχῆς) | ἐτ(ῶν) χε .

1170. Djedoudeh. — Fossey, *Bull. de corr. hellén.*, XXI (1897), p. 46, n. 25.

5 ..[Ἰο]ύλι(ο)ς | Οὐάλης | οὐετρ[ανὸς], | χ[α]λῶς ‖ [β]ιώ[σ]α[ς].

1171. Nedjran. — Dussaud et Macler, *Mission en Syrie*, p. 243, n. 11.

Ἔτους ι΄ Αὐρηλίου Ἀν[τωνείνου] [1] | οἱ ἀπὸ φυλῆς Ὀγνεδην[ῶν] [2].....

1. Anno 10 M. Aurelii aut Caracallae. — 2. Rectene hoc nomen descripserint ipsi dubitant editores; qui addunt etiam legi posse ΟΓΛΙΕΛΗΝ[ῶν] vel ΟϹΛΙΕΛΗΝ[ῶν]; cf. infra n. 1180 : φ(υ)λ(ῆς) Ὀσαινην[ῶν].

1172. Nedjran. — Ewing, *Palestine explor. fund*, 1895, p. 159, n. 114.

Ἔτους..... Κ[ομόδου Ἀντω]νε[ί]|νου? | οἰκοδόμησαν Μανεινη|νοὶ [1] πατρικῷ θεῷ Ἡρακλεῖ.

1. Arabum tribus; de qua cf. ibid., n. 111.

1173. Nedjran. — Waddington, 2433. Cf. Ewing, *Palestine explor. fund*, 1895, p. 157, n. 110.

[Ἰούλ.] Γερμανὸς [1] ο[ὐετ|ραν]ὸς λεγ(ιῶνος) γ΄ Κυρ(ηναικῆς) οἰ[κο|δό]μησεν τὸ μνῆμ[α | ἐκ] τῶν εἰδίων.

1. Μάνλ[ιος] Ewing.

1174. Nedjran. — Kaibel, *Epigr. gr.*, n. 444. Cf. Dussaud et Macler, *Mission de Syrie*, p. 243.

Τόνδε νέον οἱ τύμβον ἀνὴρ ὥριστος [1] ἔδειμε, |
Τίρωνος ἀρτιεπὴς υἱωνὸς, φίλος ὄλβιός τε, |
ὃς ποθ᾽ ἡγεμόνος βενεφιχιάριος κατὰ ἔθνος |
ἔπλετο Φοινίκων [2], Δαλμάτιος, ἄντα δόμοιο ‖
5   αὐλῆς τε προπάροιθεν ἐνεύδειν οἷος ἀπ᾽ ἄλλων, |
ὁππόταν αἶσα ἔλθῃσιν ὁμοίου θανάτοιο, |
ὄφρα νέχυς τ᾽ ἀνδρέσσιν ἀειζώοισιν ἐνείη.

1. ⲰΜΑϹΤΟϹ lapis. Corr. Waddington, 2432. « At nomine opus, nisi forte, quod Tiro avus est, defunctum eodem nomine usum esse credas ». Kaibel. — 2. Tironis nepos fuerat beneficiarius legati provinciae Syriae Phoenices.

    T. III

1175. Nedjran. — Ewing, *Palestine explor. fund*, 1895, p. 160, n. 115.

....δώρου.....|... [ἐξ] εἰ[δ]ίων οἰκοδόμη|[σεν μ]νήμης χάριν τέχνων | [τε]σσά-
5 [ρ]ων στερηθὶς Λαννίου ‖......υλιανοῦ [1] καὶ Μαί[ορος] | ἀμείλιχον ἐν φοσσάτῳ [2] |
ἀνηρημένων, τοὺς χαρακτῆ|ρας ἔγραψεν · μὴ ἐξόν τινα με|τὰ τὸν θά(να)τόν
10 μου τὴν σορ[ὸν] ‖ ἀνῦξε · δώσι ταμίῳ δισχίλια π(ε)ν|[τακόσια δηνάρια.]

1. ...ΑΥΛΙΑΝΟΥ traditur. — 2. In fossato, in vallo.

1176. Aeritae. — Ewing, *Palestine explor. fund*, 1895, p. 157, n. 109.

Ἔτους α΄ κυρίου Αὐτοχράτορ|ος Νέρουα Καίσαρ[ο]ς [1] | Γάφλος Μοαιέρου
Πεπ......ο|ἰκοδομιησεν ἀπὸ θε[μ]ελίων μέχ[ρι τέλους].

1. Anno 96 p. C. n.

1177. Aeritae. — Mordtmann, *Arch. epigr. Mittheil.*, VIII (1884), p. 184, n. 7. Cf. Clermont-Ganneau, *Rec. d'archéol. orient.*, I, p. 11, n. 8. Repetivit Ewing, *Palestine explor. fund*, 1895, p. 150, n. 89.

Ἔτους ε΄ Ἀδριανοῦ [1].

1. Anno 121 p. C. n.

1178. Aeritae. — Waddington, 2437. Cf. Ewing, *Palestine explor. fund*, 1895, p. 151, n. 94.

5 Ἔτους γ΄ Ἀντων|είνου Σεβαστοῦ [1] | Ἄννηλος Κελλεο|δάνου τοῦ Ναεδάθ‖ου
ἐκ τῶν ἰδίων | ἀνέθηκεν εὐσε|[βείας χάριν].

1. Anno 140 p. C. n.

1179. Aeritae. — Waddington, n. 2438. Cf. Ewing, *Palestine explor. fund*, 1895, p. 155, n. 104.

Ἔτους θ΄, ὑπὲρ σωτηρίας καὶ νείχης Αὐτοχράτορος Μ. | Αὐρηλίου Ἀντωνείνου

Σεβ(αστοῦ) 'Αρμενιακοῦ Παρθικοῦ Μη|δικοῦ μεγίστου ¹, ἐπὶ 'Αουιδίου Κασσίου τοῦ λαμπροτά|του ὑπατικοῦ ², ἐφεστῶτος Τ. Αὐρηλίου Κυριναλίου ³ ‖ [ἑκατοντάρχου] λεγ(ιῶνος) γ΄ Γαλλικῆς ⁴, Τ. Κλ. Μάγνος οὐετρανὸς 'Αεριτηνὸς | ἀνέγειρεν τὴν πύλην ἐκ τῶν ἰδίων ἀπὸ θεμελίων μέχρι τέλους.

1. Anno 9 M. Aurelii = 169 p. C. n. — 2. Cf. supra nn. 1113 et 1114. — 3. Cf. supra n. 1114. — 4. Nomina legionis III, ut solet, erasa sunt.

1180. Aeritae. — Waddington, 2439. Cf. Ewing, *Palestine explor. fund*, 1895, p. 151, n. 93.

['Έτους ...Α]ὐτοκράτορος Κο[μ]όδου | ['Αντωνείνου] κυρίου Καίσαρος, Κ[λ]. Πρεισ[χ|ιανὸς ? ......]άθου φ(υ)λ(ῆς) 'Οσαινηνῶν ¹ [θε|ῷ ....ἐκ] τῶν ἰ[δί]ων εὐσεβ(είας) [χάρι]ν.

1. Arabum tribus ceterum ignota.

1181. Aeritae. — Ewing, *Palestine explor. fund*, 1895, p. 153, n. 105.

['Έτους ....Αὐτοκράτορ]ο[ς] Κομόδ[ου κυ]ρ[ίου] ?....

1182. Aeritae. — Waddington, 2444.

....ιος ¹ Σεου[ῆρος]......|.... των.. ι....|'....ος διατάγ[ματος]....|....
...τοὺς στρα[τηγοὺς]....‖....ι αἰτία... ².

1. ['Ιούλ]ιος aut [Σεπτίμ]ιος. — 2. Fortasse fragmentum decreti alicujus dati sive ab imperatore sive ab legato Augusti.

1183. Aeritae. — Waddington, 2445. Cf. Ewing, *Palestine explor. fund*, 1895, p. 153, n. 98.

Οὔλ[πιος] 'Αλέξανδρος | οὐετρανὸς λεγ(ιῶνος) γ΄ [Γαλλικῆς] | ἀπὸ ὀπτίονος | καὶ Οὐλ(πία) Φασαιέλη σύ‖νβιος ἐποίησαν.

1184. Oumm-ez-Zitoun. — Waddington, 2543.

Ἔτους ς΄, ἀγαθ[ῇ τύχῃ τοῦ κυρίου αὐτοκράτορος] | Σεουήρου Ἀλε[ξ]άν[δρο]υ [1]
.... | Ἰουλί[ο]υ, Ἄξως Κασιανοῦ, Μαλίχαθος Ἀρχελάου | [καὶ] Δομιτι[ανὸς]
υἱός......

1. Anno 6 Severi Alexandri = 227 p. C. n.

1185. Oumm-ez-Zitoun. — Waddington, 2544.

Ἀγαθῇ τύχῃ. Ἔτ(ους) β΄ τοῦ κυρίου ἡμῶν Τρα|ιανοῦ [Δεκίου] [1], Δόμθηχος
Χασέτου | κὴ Παυσανίας Μονίμου ἱεροταμίαι θε|οῦ Κρόνου ἐκ τ[ῶ]ν [2] τοῦ θεοῦ
ᾠκοδόμησαν.

1. Nullius Trajani nomen eradi potuit nisi Decii, christianis invisi. Anno 2 Trajani
Decii = 249 p. C. n. — 2. ΤΟΝ lapis.

1186. Oumm-ez-Zitoum. — Waddington, 2545.

Ἀγαθῇ τύχῃ. Ὑπὲρ σωτηρίας καὶ νείκης | τοῦ κυρίου ἡμῶν Μ. Αὐρη(λίου) |
5 Πρόβου Σεβ(αστοῦ), ἔτ(ους) ζ΄ [1], ἐκτίσθη | ἡ ἱερὰ καλυβὴ [2] ὑπὸ κοινοῦ ‖ τῆς
κώμης εὐτυχῶς.

1. Anno 7 Probi = 282 p. C. n. — 2. Tholus qui etiam nunc exstat.

1187. Oumm-ez-Zitoun. — Waddington, 2546.

Ἀγαθῇ τύχῃ. | Τὸ κοινὸν τῆς κώμης καὶ | τοῦ θεοῦ τὴν ἱερὰν καλυβ|ὴν
5 ἔκτεισεν διὰ Οὐλπίου ‖ Κασσιανοῦ οὐιτρανικοῦ [1] | καὶ Γαδούου Σαούρου βο|υ-
λευτοῦ Νιγρείνου Μα|ρρίνου οὐιτρανικοῦ προνο|ητῶν [2].

1. Utrum hoc verbum significet οὐετρανὸν an potius filium veterani, parum liquet. —
2. Ejusdem aetatis cujus n. 1186.

1188. Amra. — Waddington, 2085.

Σιλουανὸς οὐετρανὸς | εὐτυχῶς ζήσας ἑαυτῷ | καὶ τέκνοις ἔκτεισεν.

1189. Saccaeae. — Kaibel, *Epigr. gr.*, n. 908.

.................[διϰ]ασπόλου ἠδέ τε ἁγνοῦ |
.................[ἀνδρ]ὸς ἀριπρεπέος ϰατὰ ϰόσμο(ν) |
.................[ϰῦ]δος δέ οἱ ἄφθιτον αἰεί · |
.................μάλα ϰαὶ πόλεις ἄλλας ‖
5   ....[τει]μῆς χάριν ὑπατείης τε |
.................ιου. Ἐυτυχίτω ἡ ϰολωνία.

1190. Saccaeae. — Waddington, 2144.

Διονύσιος Ἀλ|εξάνδρου δεϰάδαρχος[1] ϰαλῶς | βιώσας ἐϰ τῶν ἰδί|ων ἐποίησεν.

1. Quadratarius per compendium scripsit : χ, id est decurio.

1191. Saccaeae. — Waddington, 2143.

Ἀλέξανδρον Ἀϰραβάνου | ἀρχιερέα ἐυσεβῆν φι|λόπατριν, ἐρμηνέα ἐπι|τρό-
5 πων[1], Ναμήλη [γ]υ[νὴ] α[ὐ]‖τοῦ Πετραία ϰαὶ Ῥοῦφος υἱὸ|ς ἐν ἰδίοις ϰατέθεντο.

1. Interpres procuratorum. Interpretes a magistratibus Romanis inter homines in ipsa provincia natos legebantur. Mommsen, *Droit public*, I, p. 417. Hic Alexander, graeco nomine ornatus, patrem habuit Acrabanum, sine dubio Syrum.

1192. Saccaeae. — Waddington, 2138.

Πρὸ ζ΄ ἰδῶν Μαρ(τίων) πέπτωϰεν τοῦτο τὸ ἐπιστοίλιον ϰαὶ ὄχλου γενομένου τῆς ϰώμης ἐν τῷ θεάτρῳ|.....

1193. Saccaeae. — Burton et Drake, *Unexplored Syria* (1872), II, p. 388, n. 165; cf. pl. 7, 164.

Μ. Αὐρ. Σέντιος Μαίωρ[1] | Ζηνόδωρος Ζηνοδώρ|ου Μαίορος διδασϰάλων
5 ἐυσεβῶν υἱός, οὐετραν[ὸς] | ἀπ(ὸ) λεγ(εῶνος) γ΄ Κυρηναιϰῆς, τὸ μ‖νῆμα ἐπὶ
Μαρϰέλλῳ Παχ..... | ..... [2] χάριν.

1. Major. — 2. Traditur YIM. Forsitan [τ]ιμ(ῆς).

1194. Deir-es-Chair. — Dittenberger, *Orientis graeci inscriptiones selectae,* n. 422.

Δ(ι)ομήδης [Χ]άρη[τ]ος ¹ | ἔπαρχος ² βασιλέως | μεγάλου Ἀγρίππα ³ ἀπ|ὸ θεμελίων ἀνήγειρεν ⁴.

1. ΛΑΡΗΙΟϹ lapis. — 2. Praefectus Bataneae a rege datus. — 3. Agrippa I aut potius II; *Prosop.,* II, p. 162, 163, nn. 88-89. — 4. Aedificium, cujus supra portam hic titulus exstat, videtur esse turris praesidio apta.

1195. Philippopoli. — Waddington, 2071. Cf. Ewing, *Palestine explor. fund* (1895), p. 354, n. 185.

Ὑπὲρ σωτηρίας καὶ νίκης τῶν κυρίων αὐ|τοκρατόρων Μ. Αὐρηλίου Ἀντωνείνου | καὶ Λ. Αὐρηλίου [Κομμόδου] υἱοῦ αὐτοῦ, Σεβ[α]σ|τῶν, ἐπὶ Μαρτίου
5 Οὐήρου πρεσβ(ευτοῦ) Σεβ(αστῶν) ἀντιστρ(ατήγου) ¹), ‖ ἐφεστῶτος Πετουσίου Εὐδή-
μου ἑκατοντάρχου λεγι(ῶνος) ις΄ Φλ(αβίας) Φίρ(μης) ²), | ἐπὶ Αἰλάμου Λαβάνου στρατηγοῦ ³. .Αἴλαμος Λαβάνου στρα(τηγός).

1. P. Martius Verus est inter notissimos M. Aurelii duces. Legatus fuit Syriae ab anno 175 ad annum 177 aut 178; *Prosop. imp. rom.,* II, p. 350, n. 261. — 2. Legio XVI Flavia Firma tendebat in Syria principe M. Aurelio. Cf. nn. 1117, 1118, 1121. — 3. Στρα-τηγοί, magistratus municipales, in civitatibus Syriae, ut aliarum provinciarum, memorantur; Liebenam, *Städteverwalt.,* p. 286 et 558.

1196. Philippopoli. — Waddington, 2072.

Ὑπὲρ σωτηρίας τῶν κυρί|ων Μ. Ἰουλίων Φιλίππων Σεβ(αστῶν) ¹, | ἐπ(ι)μελο[υ]μένων Ἰουλίου Σεντίου | Μάλχου καὶ Ἀμωνί[ου] κὲ Ἀλεξάνδρου βουλ(ευ-
5 τῶν), προεδρίᾳ Μαρρί|νου, ἔτους πρώτου τῆς πόλεως.

1. Augustus nomen Philippo filio inditum est anno p. C. n. 247; periit autem cum patre sub autumnum anni 249; inter ea incidit annus I Philippopolis coloniae : « M. Julius Philippus Arabs Trachonites, sumpto in consortium Philippo filio, rebus ad Orientem compositis, conditoque apud Arabiam Philippopoli oppido, Romam venit. » (Aurel. Vict., 28).

1197. Philippopoli. — Waddington, 2074.

[Τοὺς δεσπ]ότας τῆς οἰκουμέν]ης | Μ. Ἰουλίου]ς Φιλίππους Σεβ(αστοὺς ¹) | ....
Αὐρήλ. Ἀντωνεῖνος | Πελαγίσι ².

1. Annis 247-249 p. C. n. Cf. n. 1196. — 2. Nymphis Oceanidibus (?), nisi potius legendum est Πελάγι(ος).

1198. Philippopoli. — Waddington, 2073.

[Αὐτοκράτ]ορα Κέσαρα | [Μ. Ἰ]ούλιον Φίλιπ[πον Εὐσεβῆ Εὐ|τυχῆ Σεβ(αστὸν) |
[Σ]αχχαιῶται ¹.

1. Saccaea urbs Bataneae, nunc Chakka. Cf. n. 1189-1193.

1199. Philippopoli. — Waddington, 2075.

[Μ. Ἰούλι]ον Μαρῖ[νον] | θεὸν, πατέρα [τοῦ Σεβαστοῦ] ¹, | ... Αὐρήλ.
Ἀντω[νεῖνος] | δουχηνάριο[ς] ².

1. De Marino, patre Philippi Augusti, in deos relato, cf. *Prosop. imp. rom.*, II, p. 199,
n. 272. — 2. Ducenarius (procurator).

1200. Philippopoli. — Waddington, 2076.

a. Θεῷ | Μαρείνῳ | .....τος ὑπα[τικός] | ¹.
b. [Θ]εῷ ‖ [Μαρε]ίνῳ ²·......

1. Legati Syriae jam secundo saeculo consulares vocabantur. — 2. Tituli nn. 1199 et 1200
olim templo inscripti erant, exstructo in honorem Marini, quod etiam nunc superest.

1201. Philippopoli. — Waddington, 2077.

...|. [Ἰουλ]ίου Πρείσ|[χου, τ]οῦ ἐξοχωτά|[του] ἐπάρχου Μεσο‖[πο]ταμίας ¹,
υἱὸν ἄ|[ω]ρον ἡ πόλις, διὰ Ἰουλίου Μάλ|χου βουλ(ευτοῦ), | συνδίκου ² καὶ ἐπι-
μελητοῦ, | μ(νήμης) χ(άριν).

1. De Julio Prisco, praefecto Mesopotamiae, cf. *Prosop. imp. rom.*, II, p. 208, n. 329.
An is idem fuerit ac frater Philippi Augusti ambigitur. — 2. Actor civitatis : « Defen-
sores, quos Graeci syndicos appellant, ad certam causam agendam vel defendendam
eliguntur. » (*Dig.*, IV, 18, 13). Liebenam, *Städteverw.*, p. 301.

1202. Philippopoli. — Waddington, 2078.

..... [Ἰουλί]ου Πρείσχου τ]οῦ ἐξο[χωτ]άτου | ἐπάρχου Μεσοπο|ταμίας ¹ υἱὸν
Κάσσι|ος Τειμόθεος ἀπ‖ὸ β(ενε)φ(ικιαρίου) πετεῖτορ ² τὸ|ν ἄωρον μ(νήμης) χ(άριν).

1. Cf. n. 1201. — 2. Petitor (militiae equestris). Marquardt, *Organis. milit.*, p. 78.

INSTRUMENTUM

1203. Antiocheae. — Babelon et Blanchet, *Bronzes antiques de la Biblioth. Nat.* (1895), n. 2249.

In pondere plumbeo :

⁵ Ἔτους γιτ΄, μη|νὸς Ξανδικ|οῦ ¹, ἐπὶ Μάρχο|υ Αὐρηλίου Ἱέ|ραχος χειλιά|ρ-χου ², ἐσηχώ|θη ³ ἡμιλίτρι(ο)ν | ὀνχιῶν Ι< ⁴.

1. Anno 313 Antiochenorum = 265 p. C. n., mense Aprili. — 2. Tribunus militum; unde colligitur hoc pondus ad usum militum romanorum, qui Antiocheae tendebant, confectum esse. — 3. Exactum est. — 5. Unciarum quindecim.

PALAESTINA

PALAESTINA

1204. Tiberiade. — Oliphant, *Palestine explor. fund*, 1886, p. 79; Schumacher, *ibid.*, 1887, p. 90. Nunc Beryti. Contulit lapidem Jalabert.

Αὐρ. Μαρχελλείνῳ | ἑκατοντάρχῳ λεγ(εῶνος) ι′ Φρετ(ένσις) βιώσαντι ἔτη | ο′ [1]
5 μηνὲς ε′ ἡμέρας ιε′. | Αὐρ. Βᾶσσα συμβιος ‖ καὶ κληρονόμος τῷ ἀσυνκρίτῳ μν|ήμης χάριν.

1. Vel π′.

1205. Neapoli. — Clermont-Ganneau, *Archaeological researches in Palestine*, II, p. 319.

5 Αὐτοκράτορι | Ἀδριανῷ Ἀντω|νείν[ῳ] Καίσαρι | Σεβαστῷ Εὐσε‖6(ε)τ....|.......

V. 5-6. ΚΙΡΙΟΜΟΥ ΦΙ|ΛΙΑΣ traditur. Fortasse κυρίῳ μοῦ φι|λίας..... [ἕνεκα].

1206. Hierosolymis. — Waddington, 1903.

Φλωριανὸς ἄστα[τ]ος [1].

1. Hastatus legionis quae Hierosolymis tendebat. At de lectione non constat. Cf. Clermont-Ganneau, *Archaeol. researches in Palest.*, I, p. 356.

1207. Beit-Nettif. — Savignac, *Rev. biblique*, XII (1903), p. 433.

Τίτος Φλ. Οὐάλ[ης] ἀπὸ δεκαδάρχων Ο(ὐαλεντείνη) [1] Ἰ(ουλίᾳ) γ(υναικὶ) ε(ὐσεβεστάτῃ).

1. Φ(λαουίᾳ) Savignac. Cf. n. 1208.

1208. Beit-Nettif. — Savignac, *Rev. biblique*, XII (1903), p. 291 et 431.

Τί. [1] Φλ. Οὐάλης Φιλη..... | ἀπὸ δεκαδάρχων [2] σπείρης ἐπόησ(ε) | ἐν τοῖς
5 ἰδίοις ἑαυτῷ | καὶ Ἰουλίᾳ Οὐαλεντεί⫽νη εὐσεβεστάτη γυναιχὶ αὐτ[οῦ].

1. Τί(τος). Cf. n. 1207. — 2. Ex decurione cohortis.

1209. Joppe. — *C. I. Gr.*, 4697 b = 4529 et addit., p. 1175; Lepsius, *Denkmäler*, XII,
pl. C, n. 389.

Ἡ βουλὴ καὶ ὁ δῆμος | Λούχιον Ποπίλλιον Βᾶλβον [1] | πρεσβευτὴν Τιβερίου |
5 Κλαυδίου Καίσαρος ‖ Σεβαστοῦ Γερμανιχοῦ | τὸν πάτρωνα τῆς πόλεως.

1. De eo viro cf. *Prosop. imp. rom.*, III, p. 83, n. 622.

1210. Ascalone. — Euting, *Sitzungsber. der Akad. zu Berlin* (1885), p. 686, n. 81.

[Ἔ]τους ιϛ΄ Αὐτοχ[ράτορος | Κ]αίσαρος Κομμ[όδου | Ἀ]ντωνείν[ου [1] .ν..... |
5 ...ας τούτου κ..... ‖ [ἑ]ξαμήνου.....|. χοδόττου τὸ ....|.τιάδου ἐγερσ........|.
προέδρου.

1. Anno 177/178 p. C. n.

1211. Gazae. — Euting, *Sitzungsber. der Akad. zu Berlin*, 1885, p. 685, n. 76.

... πρεσβ(ευτὴς) χ(αὶ) ἀ[ντιστράτηγος] | ....ς χ(αὶ) πρεσ(βευτὴς)].....

INSTRUMENTUM

1212. Gazae. — Babelon et Blanchet, *Bronzes antiques de la Biblioth. Nat.* (1895); n. 2255.

In pondere plumbeo :

5 Κολωνί|ας Γάζης ¹, | ἐπὶ Ἡρώ|δου Διο‖φάντου.

In latere additum est :

Ιε' ².

1. Colonia profecto fuit Gaza; nam II viros habuit : Marquardt, *Organis. de l'Emp. romain*, II, p. 382, not. 9. — 2. His litteris annum 15 aerae Gazensis = 46 a. C. n. significari opinatur Babelon. At eo tempore Gazam coloniae jure usam esse vix credas. Forsitan anno 15 aerae Hadrianae, qua usi sunt Gazenses in nummis.

ARABIA

ARABIA

1213. Kefr-Laha. — Waddington, 2399.

Ὑπὲρ σωτηρίας καὶ νείκης καὶ αἰωνίου διαμονῆς [τῶν κυρίων] ἡμῶν |
[Αὐτοκρατόρων Καισάρων Γ. Ἰουλ. Μαξιμείνου καὶ Γ. Ἰουλ.
Μαξίμου τοῦ ¹] | υἱοῦ αὐτοῦ Σεβ., ἐπὶ Πομπωνίου Ἰουλιανοῦ πρεσβ(ευτοῦ)
Σεβ. ἀντιστρ(ατήγου) ², ὑπατείας [Μαξιμείνου] καὶ | Ἀφρικανοῦ ³, οἱ κωμῆται
5 ἔκτισαν ἐξ ἰδίων τῷ κοινῷ καὶ ἐκ ‖ φιλοτιμίας τῶν ὑποτεταγμένων ὀνομάτων, |
στρατηγείας ⁴ Οὐλ(πίου) Σκαυριανοῦ. Ἰούν(ιος) Βάσσος οὐετρ(ανὸς) δηνάρια τ΄ ·
Φλαυ|ίου Οὐλπίου οὐετρ(ανοῦ) υἱοὶ δηνάρια υ΄ · Οὐλπ(ιος) Ῥουφεῖνος οὐε[τ]ρ(ανὸς)
δηνάρια λ΄.

1. Nomina Maximini et Maximi consilio deleta fuisse videntur. — 2. Pomponius
Julianus leg. provinciae Syriae, vel potius Arabiae; *Prosop. imp. rom.*, III, p. 77, n. 543.
— 3. Coss. C. Julio Maximino Aug. et M. Pupienio Africano (*Prosop. imp. rom.*, III,
p. 109, n. 804) = anno 236 p. C. n. — 4. Στρατηγὸς κώμης.

1214. Migdalae. — Dussaud et Macler, *Mission en Syrie*, p. 243, n. 12.

[Ἔ]τους ε΄ Ἀντωνίν[ου] Καί[σαρος] ¹ | Ὀνάιος Κλάρου ἐπόησεν.

1. Antoninus Caesar dici potuerunt Antoninus Pius, vel M. Aurelius, vel Caracalla.

1215. Migdalae in conclavi ubi tres erant sarcophagi. — Kaibel, *Epigr. gr.*, n. 445.

Ἡ σορὸς ἡ μεσάτη λέχος ἀνέρος Ἀντιόχοιο |
ὅς ποτ' ἐνὶ στρατιῇ κλέος εἵλετο · τὰ[ς] δ' ἑκάτε[ρ]θε |
Μά[ξ]ι[μ]ος Εὐδαίμων καὶ Γαιανὸς δύο παῖδες |

T. III   29

ἔκτισαν Ἀντιόχοιο, καὶ ἀ[ψ]ί[δ]α τήν[δ'] ἐπὶ πάσαις ‖
5 ἵστασαν, ὄφρα πέλοιντο φίλῳ παρὰ πατρὶ [θα]ν[όντες].

1216. Migdalae. — Waddington, 2404.

Αὐρ. Σαβῖνος οὐετρα|νὸς, ἅμα Βερνιχια|νῷ καὶ Ζάβδῳ καὶ | Μαξίμῳ, υἱοῖς
5 αὐτοῦ, ‖ μνημῖον ἔκτη|σεν ἐξ ἰδίων καμά|των τῷδ' ἐνὶ χώρῳ.

1217. Migdalae. — Kaibel, *Epigr. gr.*, n. 442.

Ῥητορικῆς πόνος οὗτος ὃν ἤνυσεν | πολλὰ μογήσας
Γαυδέντιο|ς πινυτὸς ἄκρον ἔχων σοφίης · |
[ἐν]θάδε πατρὸς ἑοῖο καὶ μητέρος ὀστέα θῆκεν,
5 τῷ μὲ[ν] ‖ θρεπτὰ διδοὺς, τῇ δὲ τόκου χ[ά]ριτας · |
.... [1] μνημεῖον ἐτέλεσ(σ)εν
αὐτῷ | καὶ γενέταις κτῆμα συνηγορίης.

1. V. 5. OCOCOIOCMN traditur.

1218. Merdochae. — Ewing, *Palest. explor. fund*, 1895, p. 270, n. 131.

Ἰούλ. Μ[ά]ξιμος | οὐετρανὸ[ς ο]ἰκο|[δό]μη[σ]ε [ἐτῶν] μ'.

1219. Selaemae. — Dussaud et Macler, *Mission en Syrie*, p. 243, n. 13.

Οὐαλέριος Φλαουίου ἀ[πὸ..... καὶ Β]ίαρος Βίρου ἀπ[ὸ] .. [1] [καὶ] Θαῖμ[ος καὶ] |
Ἰουλιανὸς Κάιχας [καὶ] Ἀνέος..... |στος υἱοὶ Ἀνέου ἑκατοντάρχου [καὶ] Ἥλου
ἀπ[ὸ] ἑκατοντάρχου.

1. XΠ lapis ; ὀγδοηκοντάρχου interpretantur editores vix recte.

1220. Selaemae. — Waddington, 2380.

[Μνησί]θεος Θ[αί|μ]ου ἐπίλεκτ[ος] [1] | καὶ ἱερεὺς τῶν [θεῶν] | κυρίων Ἀντω-
5 νε[ίνου] ‖ καὶ [Κομμόδο]υ ἐκ τῶ[ν ἰ]|ιδίων τὸ ἄγαλμα | ἀνέθηκεν εὐσε|[βῶν.]

1. Miles delectus, si verum vidit Waddington.

1221. Selaemae. — Waddington, 2384.

.... Λ]αρβα[ν]ὸς Ἑλλανίκου ἱππ[εύς].

1222. Selaemae. — Waddington, 2382.

5   Κγ'. ¹| Ἀλέξανδρε | Ἀλεξάνδρου, | στρατιῶτα, ‖ ἀπόδημε, | ἄωρε, χαῖρε, |
10 εὔθυμε. Κᾶ|ν τῷ θνητῷ | προεπερχό‖μεν[α]ι ² ὀδύ|ναι τοῖς γεν|νήσασι. Ἄμ|μων
ζήτω ³ |.....

1. Numerus annorum quos vixit Alexander. — 2. Προεπερχόμενοι lapis. — 3. Invocatur
Ammon deus; quamobrem, parum liquet.

1223. Canathae (Kanaouat). — Dittenberger, *Orientis graeci inscr. selectae*, n. 424.

[Βασιλεὺς Ἀγ]ρίππας φιλοκαῖσαρ [καὶ φιλορω]|μαῖος λέγει · |....... θηριώ-
5 δους καταστάσεω[ς]......|........ οὐκ οἶδ' ὅπως μέχρι νῦν λ[αθόντες καὶ ‖ ἐν
πολλοῖς τῆς χώ]ρας μέρεσιν ἐνφωλεύσ[αντες....|...... ε]ῖχεν ἢ μηδ' ὅλως ποτὲ
γ.....|........ο..τ......πτ....|.....

Edictum regis Agrippae I aut II incolas hortantis ut desinant speluncis, more ferarum,
habitare (Joseph., *Ant. Jud.*, XIV, 15, 5; XV, 10, 1; XVI, 9, 1; Strab., XVI, 2, 20) et
traducantur ad usum vitae mitiorem, ut opinatur Waddington (n. 2329). Haec tamen
Dittenberger arbitratur potius intelligenda de coercendis latronibus qui in speluncis
habitabant.

1224. Canathae. — Waddington, 2330. Cf. Ewing, *Palest. explor. fund*, 1895, p. 270,
n. 183.

Ὑπὲρ σωτηρίας Αὐτοκρ(άτορος) Τραιανοῦ | Ἀδριανοῦ Καίσ(αρος) Σεβ(αστοῦ)
τοῦ κυρίου, διὰ | Ἀσουαδάνου Ὀσαιέλου, Θαίμου Βαδά|ρου, Μοινίου Χλαμ-
5 μέους ¹, Σαμεάτου Γαύτου, ‖ Θαίμου Δοαίου......... ἔτους η' ², | ἀγορανομοῦντος
Μ. Οὐλπίου Φιλιππικοῦ.

1. Corrigendum fortasse et legendum Χααμμίους suspicatur Clermont-Ganneau. —
2. Anno 8 Hadriani = 124 p. C. n.

1225. Canathae. — Waddington, 2331 *a*.

Ὑπὲρ σωτη[ρίας τοῦ] κυρίου Κ[ομμόδου Κα]ίσαρος Καναθηνῶ[ν ἡ] π[όλ]ις
ἔκτισεν διὰ [....... βο]υλευτοῦ...

1226. Canathae. — Waddington, 2331.

Ὑπὲρ σω[τη]ρίας ʿ[Αὐτο]κρ(άτορος) Καίσ(αρος) Μ. Αὐρηλίου | Ἀντωνείνου
Σεβ(αστοῦ), ἔτ(ους) ι΄ [1] [ἐπὶ Ἀουιδίου Κασσίου] πρεσβ(ευτοῦ) Σεβ(αστοῦ)
[ἀντιστρατήγου] [2].

1. Anno 10 M. Aurelii = 170 p. C. n. — 2. Legatus Syriae, cui Canatha eo tempore
attributa erat. Nomina Avidii Cassii post ejus rebellionem erasa fuisse notum est.
Cf. nn. 1113, 1114, 1261, 1270.

**1227. Canathae. — Dussaud et Macler, *Mission en Syrie*, p. 245, n. 18; Waddington,
2359.**

Ἔτους ια΄ [1] κυρίου Σε[ουήρου]. | Αὔξονι μάκαρι [2].

1. Anno 11 Septimii Severi = 203 p. C. n. — 2. Verbum μάκαρ eodem sensu hic usur-
patum, quo ἥρως in sepulcris Asiae, opinatur Waddington. Mavult Clermont-Ganneau,
Αὔξονι == αὐξάνει Μακάρι!

1228. Canathae. — Waddington, 2332.

[Ὑπὲ]ρ σωτηρίας καὶ νεί[κης κυρίου] Αὐτοκρ(άτορος) Καίσ(αρος) Μ. [Αὐρ]η-
λίου [Ἀντωνείνου Σ]ε[βαστοῦ Εὐσεβοῦς Εὐτυχοῦς [1], | καὶ] κυρίας
τήθης τοῦ κυρίου [Ἰουλίας Μαίσης [2] Σεβ(αστῆς) καὶ σύμπαντος | αὐτ]οῦ
οἴκου τὸ ξόανον [ἡ πόλις ἀνέθηκεν].

1. Helagabalus. — 2. Julia Maesa, avia imperatoris. Inter annos 218 et 222 p. C. n.

1229. Canathae. — Waddington, 2350.

Κλαύδιος Ἡλιόδωρος | Πλάκου μάγιστρος πρε|τωρίου φ. φ. [1] Φοινίκης [2]
ἔκτι|σεν, κὲ εὐτυχίτω διὰ παντός.

1. Quid sit *magister praetorii* et quomodo explenda sint verba φ. φ. non liquet; quan-

quam in lapide scriptum esse πρετωρίου asseverat Waddington, ipse dubitat an lapicida debuerit scribere πορτωρίου. — 2. Syria Phoenice provincia constituta est anno fere 195 p. C. n.

1230. Canathae. — Brünnow, *Mittheil. des Palaestinavereins*, 1899, p. 84, n. 45. Cf. Clermont-Ganneau, *Rec. d'archéol. orient.*, IV, p. 119.

Γ. Πετρώνιον Γ. [υἱὸν ....] | Σεκοῦνδον Βρονδ[εστνον?] ¹ ἑκατόνταρχον λεγ(ιῶνος) | δ΄ Σκυθικῆς ² πρίνκιπα ...... | Ἰουλ(ίου) | Σατορνείνου [πρεσβ(ευ-
5 τοῦ) Σεβ(αστοῦ)] ‖ ἀντιστρ(ατήγου) ³ Σειηνοὶ ⁴ τ...... | τῆς ἱερᾶς πλατεία[ς ⁵, ἀγνείας] | χάριν.

1. Ut Βρενδεσῖνος, Brundisinus (supra vol. I, n. 466), Brundisio oriundus. — 2. Una ex Syriae legionibus, saepe in titulis hujus regionis memorata. — 3. Praeses Syriae principe Commodo aut Alexandro, anno 185 aut 231; *Prosop. imp. rom.*, II, p. 212, n. 356. — 4. Seia (hodie Si'a), urbs Bataneae; cf. nn. 1243, 1244. — 5. Idem videtur fuisse ἡ Σεβαστὴ πλατεία, nempe collegium mercatorum; cf. titulos repertos Suris et Apameae (hujus voluminis n. 711, not. 2; nn. 712, 713).

1231. Canathae. — Waddington, 2351.

Τιβέριος Κλαύδιος Νατάρηλος | στρατευσάμενος δεχο|υρίων τ[ῆς] β΄ ἄλας.....

1232. Canathae. — Waddington, 2352.

.... ἱππικοί.....

1233. Canathae. — Dussaud et Macler, *Mission en Syrie*, p. 245, n. 16.

Γαίου Πρ..|κίου Ῥο[ύφου] | ουετρ[ανοῦ].

1234. Canathae. — Waddington, 2356.

ְ...νος ουετράνὸς Μάνου | ....ος εὐσεβῶν ἐ[φι]λο|[τιμήσατο ἐκ τῶν ἰδίω]ν.

1235. Canathae. — Waddington, 2341.

Ἀγαθῇ τύχῃ. Μᾶρκος Οὔλπιος Λυσίας Ἰκαύρου πρόεδρος [1] ἐφιλο|τειμήσατο τῇ γλυκυτάτῃ πατρίδι [ἐκ] τῶν ἰδίων εἰς τ|ὸ κτίσμα τοῦ θεατροειδοῦς ὠδείου δ[ην]άρια μύρια [2], εὐτυχῶ|ς καὶ καλῶς.

1. Πρῶτος ἄρχων civitatis in Syria non semel memoratur; cf. Liebenam, *Städtewerwalt.*, p. 294, not. 3. — 2. Denariorum summa bis expressa est, primum verbis, secundum nota et numero (✻ M).

1236. Canathae. — Kaibel, *Epigr. gr.*, n. 1057.

Φλωρεντεῖνος [1] ἄριστος ἀνὴρ καὶ ὑπείροχος ἄλλων |
οἶκον ἐδείματο τόνδε μετ᾽ εὐκλείης σοφίης ται [2].

1. Nomen architecti, non, ut putabat Waddington (n. 2349), ...inii Sexti Florentini, qui provinciae Arabiae praefuit ante Antoninum principem; *Prosop. imp. rom.*, II, p. 84, n. 300. — 2. τι.

1237. Athilae. — Waddington, 2372.

Ὑπὲρ σωτηρίας κυρίου Καίσαρ|ος Ἀντωνείνου Σεβαστοῦ Εὐ|σεβοῦ(ς) Οὐάδ-
5 δηλος Μαθείου τοῦ Οὐ|α(δ)δήλου τὰς παραστάδας καὶ κιόν(ι)‖α καὶ τ[ὰ] ἐπάνω
αὐτῶν ἐπιστύλια καὶ | χαλι(ὰ)ς [1] ἐκ τῶν ἰδίων ἐπόησεν ἔτους | ιδ᾽ Ἀντωνείνου
Κ(αίσαρο)ς [2].

1. Zothecae collocandis statuis. — 2. Anno 14 Antonini Pii = 151 p. C. n.

1238. Athilae. — Waddington, 2374 a.

[Ὑπὲρ σωτηρίας τῶν] αὐτο[κρ]ατ(όρων) Μ. Αὐρηλίου Ἀντωνίνου καὶ Π.
Σεπτι[μί]ου. [Γέτα Καίσαρος] Σεβ(αστῶν) Εὐσεβ(ῶν)] [1] θεῷ Οὐ[α]σεάθου [2]
πατρῴῳ Θεανδρίῳ [3] Ἰούλιος Προκ.... ἐτε[λ]ίωσε [τ]ὴ[ν] πύλη[ν]......

1. Haec scripta sunt in honorem Caracallae et Getae vivorum, post mortem Septimii Severi, inter diem XIV Februarii anni 211 et Februarium anni 212 p. C. n. — 2. Deus quem adorat Ouaseathos. Cf. nn. 1143, 1146. — 3. Θεάνδριος sive Θεανδρίτης, deus qui Bostrae colebatur (Damascius, *Vita Isidori* apud Photium, p. 347, ed. Bekker). Cf. n. 1156 et Waddington ad n. suum 2046.

1239. Athilae. — Waddington, 2374 b.

Ὑπὲρ σωτηρίας κὲ νείκ[ης] τοῦ κυρίου ἡμῶν αὐτ[οκρ](άτορος) Μ. Αὐρ. Σεουήρου Ἀντωνείνου [1] τὸν βωμὸν οἰκ[οδόμησε Μ.] Αὐρ. Οὐλπι[ο]ς Σερρῆνος [σ]τρ(ατιώτης) λ(εγιῶνος) γ΄ Κυ(ρηναικῆς) Ἀντωνινιανῆς [ἐ]κ τῶν ἰδίων ἐξ ἐντολ[ῆς Σ]αβείνου πατρὸς αὐτοῦ.

1. Caracalla.

1240. Athilae. — Brünnow, *Mittheil. des Palaestinavereins*, 1899, p. 84, n. 44; cf. Allen, *Americ. journ. of philol.*, VI (1883), p. 212, n. 53-56.

[Ὑπερ νίκης καὶ σωτ]|ηρίας [τοῦ κυρίου] | ἡμῶν [Αὐτοκρά]|τορος Καίσαρος ‖
5 Μ. Αὐρ. Ἀντωνείνου | [Εὐσ(εβοῦς) Εὐτ]υχοῦς Σεβ|αστοῦ, [τοῦ κυρίου | ἡμ]ῶν
10 [Αὐτοκράτορο]|ς Καίσαρος [Λ. Σεπτ‖ιμίου Σεουήρου | υἱοῦ].....

1. Caracalla.

1241. Athilae. — *C. I. Gr.*, 4611 b.

[Ὑ]πὲρ σω[τ]η[ρί]ας τοῦ | κυρίου ἡ[μ]ῶν [Αὐ]|τοκράτορος Καίσαρος.....

1242. Rimet-Hazim. — Waddington, 2407.

[Ἡ]λίῳ θεῷ μεγίσ[τῳ.... | Ἰ]ουλιανὸς ἑκατόνταρχος λεγ(ιῶνος) δ΄ [Σκυθι-
κῆς] [1] | εὐχήν.

1. Legio IV Scythica tendebat in Syria septentrionali.

1243. Seiae. — Dittenberger, *Orientis graeci inscr. selectae*, n. 415.

[Βα]σιλεῖ Ἡρώδει κυρίῳ [1] Ὀβαίσατος Σαόδου | ἔθηκα τὸν ἀνδριάντα ταῖς ἐμαῖς δαπάναι[ς].

1. Herodes Magnus, rex Judaeorum annis 37-4 ante C. n.; *Prosop. imp. rom.*, II, p. 140, n. 106.

1244. Seiae. — Dittenberger, *Orientis graeci inscr. selectae*, n. 419.

Ἐπὶ βασιλέως μεγάλου Ἀγρίππα φιλοκαίσαρος εὐσεβοῦς καὶ φιλορωμα[ί]|ου [1],
τοῦ ἐκ βασιλέως μεγάλου Ἀγρίππα φιλοκαίσαρος εὐσεβοῦς καὶ [φι]|λορωμαίου,
Ἀφαρεὺς ἀπελεύθερος καὶ Ἀγρίππας υἱὸς ἀνέθηκαν.

1. Reguante M. Julio Agrippa II, post annum 56, aut post annum 61, prout anni computantur, ante annum fere 95; *Prosop. imp. rom.*, II, p. 163, n. 89. Cf. titulos nostros nn. 1089, 1090, 1111, 1127, 1136.

1245. Djeneim. — Waddington, 2186.

[Ἔτους] ιη΄ Αὐρηλίου Οὐήρου Καίσαρος [1] ἐθεμελ|[ιώθη] ἡ οἰκία ἐκ..... |
..... | .... [ὑπὲρ σωτη]ρίας τῶν κυρ(ί)ων [2].

1. Anno 18 M. Aurelii = 178 p. C. n. Extra ordinem est illum imperatorem etiam tum Verum nominari. — 2. M. Aurelius et Commodus.

1246. Radeim. — Waddington, 2192.

Φλ. Ἀ[λ]έξ[αν]δρος οὐετρανὸς τὸ μνημῖον ἐκ τῶν ἰδίων οἰκοδόμησεν.

1247. El-Malka. — Waddington, 2196.

Ἀδριανοῦ τοῦ καὶ Σοαίδου | Μαλέχου [1] ἐθνάρχου στρα|τηγοῦ Νομάδων τὸ |
5 μνημῖον, ἐτῶν λϛ΄. ‖ Ἄδδος ἀδελφὸς ἐτῶν κη΄.

1. Σοαίδος Μαλέχου nihil aliud est quam nomen arabicum Saïd ben Melek, graece scriptum. Vir ille, qui eadem aetate vixit qua Hadrianus aut Antoninus, Nomadibus Syriae imperavit : cf. infra n. 1254; στρατηγοὶ Νομάδων jam regnante Agrippa fuerunt : cf. n. 1136.

1248. Douma. — Dussaud et Macler, *Voyage au Safa*, p. 147, n. 6.

Ὑπὲρ [σ]ωτηρίας καὶ [νείκης] | τοῦ κυρίου | αὐτοκ[ράτ(ορος) Σεου|ή]ρου.......‖
5 κάσατο [1].......

1. Forsitan Κα[ί]σα[ρ]ο[ς], ut proposuit Clermont-Ganneau.

1249. Douma. — Waddington, 2200.

Φίλιππος ουετ(ρανὸς) ἀρχὰς ἦρ|ξατο, οἰκοδόμησεν ἑαυ|τῷ μνημῖ[ο]ν, ἐτελεύ-
5 τ|ησεν. Ἀγάρη Ἄγχου, γυν||ἡ αὐτοῦ, ἀ[π]ήρτ[ι]σεν, βο|ηθοῦντος Σοναί[ου]
ἀδε|λφ[οῦ] ¹.

1. MNHMIΩN, ΑΠΗΡΤΗΣΕΝ, ΣΟΝΑΙΩ, ΑΔΕΛΦΩ, lapis.

1250. Namarae (Nimr). — Waddington, 2172.

['Ἔτους... τοῦ κυρίου αὐτο]κ(ράτορος) Κομέδ[ου.. | ... τὸν] οἶκον ᾠκοδ[όμη-
5 σεν].... | .....ος γεγραμ(μ)ένος].....· | ...κφων · ἀπὸ ἔτους... || .. ['Ατερ]γάτι ¹
ποιηθῇ τὰ ξε..... | ... Νάταμος Ὀβαισά[θου]... | ... καὶ Ὀβαί[σα]θος ἀδελφ(ός) ·
10 Ἄμ[ερος] | ....α Νάταμος Ἀθέμο[υ].... | .... ἀπελευθέρα Ἀλ.... || .... Σάβαος
Ἀρο.... | ..... ιτα Μάσεχος ... | ... λισος Νατάμ[ου].... | .... εγα.....

1. Eadem dea quae Astarte vocabatur, et a Romanis etiam ut « Dea Syra » culta est.

1251. Namarae. — Dussaud et Macler, *Voyage au Safa*, p. 149, n. 13.

Ὑπὲρ σωτηρίας κ|αὶ νείκης Λουκίου | Αὐρηλίου Κομόδου | Καίσαρος δημαρ-
5 χ(ικῆς) ἐξ(ουσίας) || [τὸ..... ὑπάτου] τὸ.....

Commodus Lucii praenomine usus est usque ad annum p. C. n. 180, et post annum 191.

**1252. Namarae. — Clermont-Ganneau, *Rec. d'archéol. orient.*, I, p. 3; cf. Mordtmann,
Arch. epigr. Mittheil., VIII (1884), p. 180, n. 1.**

5 [Αὐτοκράτορες | Διοκλητιανὸς | καὶ Μαξιμιανὸς] | Σεβ[αστοὶ καὶ] || Κων[στάν-
τιος] | καὶ Μαξιμιανὸς | ἐπιφ(ανέστατοι) Καίσα[ρ]ε[ς] ¹ [τὸν] | λίθον διορίζοντα |
10 ὅρους ² κώμης Γα[σ]ι||μέας ³ καὶ Ναμα|ρ[ί]ων [σ]τηριχ|[θ]ῆναι ἐκέλευσ|αν, φρον-
15 τίδι | Μ. Ἀρρίου Φρά||ι[δ]ος ⁴? π(ρειμι)π(ειλαρίου) χην|σείτορος ⁵.

1. Annis 292/305 p. C. n. — 2. De illa agrorum Syriorum metatione cf. similes metas
nn. 1002, 1112, 1278, 1364. — 3. Hodie Djasim. — 4. IAOC lapis. — 5. Censitor ab impe-
ratore lectus ad census illius civitatis accipiendos. Primipilarem vero jussum ab impe-
ratore agros dimetiri vide apud Suet., *Calig.*, 21.

1253. Namarae. — Waddington, 2176; Kaibel, *Epigr. gr.*, n. 440.

Εἰ κλύες Ε[ὐσεβ]ίη[ς? τε καὶ ἐν π]ροτέροι[σι Φιλίππ]ου |
τῶν ἀπὸ Κ........ ¹ τῶν ποτ᾽ ἐγει[ρ]αμέν[ων] |
μίλιον ² ἠδὲ Τύχης ἱερὸν ἀνάθημ᾽ ἅμα θέντων, |
κείνων ἡ σορὸς ἥδ᾽, ἣν θέσαν ἐνναέται ‖
ἀντ᾽ εὐεργεσίης Ναμαρήσιοι ἄγχι πυλάων · |
ἀλλά μιν ³ ἐκ γαίης πολλὸν ἀπεκρέμασεν, |
λείψανά τ᾽ ἄλλοθεν ἄλλα πάλαι φθιμένων συναγείρας, |
θρεψαμένων θείων θῆκε παρὰ προγόνους |
οἴκου ὑπὲρ νεάτοιο ὑφ᾽ ἀψίδα τήνδ᾽ Ἰομήδης ⁴, ‖
Αὐσονίων μούσης ὑψινόου πρύτανις ⁵.

1. ΚΕΙΙΕΝΝΟΥ, traditur. « Fuit urbis nomen in ηνον desinens. » Kaibel. — 2. « Miliarium esse puto, quem Fortunae fano simul dedicato insigniverint. » Id. — 3. « Capulum
a civibus donatum, quem Iomedes, conlectis majorum ossibus, novo aedificato sepulcro
sub ejus arcu aliquo conlocavit. » Id. — 4. « Nomen satis mirum; vide ne lateat Diomedes, quod nomen ille leviter immutaverit in versus gratiam, simulque ut luderet in
littera aeque ad nomen et ad praenomen τήνδ᾽ pertinente. » Id. — 5. Latinus poeta.

1254. Tharbae. — Waddington, 2203.

..... [πρεσ]β(ευτὴν) Σεβ(αστοῦ) ἀντ|ιστρά(τηγον) οἱ ἀπ|ὸ ἔθνους Ν|ομάδων ¹,
ἀ|ηνείας | χάριν.

1. De Nomadibus Syriae cf. supra n. 1247.

1255. Namarae (Nemara). — Waddington, 2264.

Ἐπὶ Α(ὐτοκράτορος) Μ. Αὐρ(ηλίου) Ἀντωνεί|νου κοκω...

Supra portam castelli romani, ubi inscripta sunt multa nomina militum ex copiis quae
Bostrae consistebant. Titulus mansit imperfectus. Pro ΕΠΙ Α annon fuit in lapide ΕΤ ΙΑ
id est ἐτ(ους) ια´ ?

1256. Namarae. — Waddington, 2270.

Μνησθῇ | Οὖρος. | ..... | δεκάδαρχο[ς] ¹ Ναμά[ρας]... ‖ ..... | .....

1. Decurio praesidii; cf. Waddington, 2144.

1257. Namarae. — Waddington, 2271.

5   Μεσάμ|αρος? ἱπ|πεὺς Κυρ(ηναικῆς) ¹, | γένο[ς] ‖ Νάβας ².

1. Legio III Cyrenaica, quae Bostrae tendebat. — 2. Genere Nabathaeus.

1258. Namarae. — Waddington, 2276.

Εὔνομος | μίλης ¹.

1. Miles.

1259. Namarae. — Waddington, 2267; Dussaud, *Voyage au Safa*, p. 96, n. 264 et pl. XIII.

5   Θαῖμος | Σίδμου, | Γάδδ|ος δρομεδάρι(ο)ς ¹ ‖ ορμος αου ².

1. Fortasse miles. Memoratur ala Valeria dromedariorum in titulo latino qui in Syria repertus est (*C. I. L.*, III, 123). — 2. Non intelligitur.

1260. Nelae. — Waddington, 2211; Dittenberger, *Orientis graeci inscr. selectae*, n. 418.

Ὑπὲρ σωτηρίας χυρίου βασι|λέως 'Αγρίππα καὶ ἐπανόδου ¹, κα|τ' εὐχὴν Διὸς καὶ πατρι[χ]οῦ θ[εοῦ] .....ος.² ὁμονοίας ³ τὸν οἶκον ᾠκοδόμ[ησεν].....

1. Haec scripta esse opinatur Waddington postquam Agrippa I Romam se contulerat, Claudio suum imperium inchoante (anno 41 p. C. n.); idem censet Schürer, *Gesch. des Jüd. Volks*, I, p. 553 (ed. IV). — 2. Traditur ΠΑΤΡΙΙΟΥΟΝΝ\...ΟΛΟΣ. — 3. Ut ὁμονοίας (ἕνεκα). « Concordia, ni fallor, intelligitur quae inter regem et imperatorem populumque Romanum intercedit. » Dittenberger. At ea incerta esse per se patet.

1261. Nelae. — Waddington, 2212.

Ὑπὲρ σωτηρίας τοῦ χυρίου Αὐτοχράτο|ρος Καίσαρος Μ. Αὐρηλίου 'Αντωνείνου Σεβαστοῦ καὶ τοῦ σύνπαντος οἴ|χου καὶ νείχης, ἔτους ἐνδεχάτου ¹, ἐ[π]

5 Ἀουι‖δίου Κασσίου τοῦ λαμπροτάτου ὑπατι|κοῦ]² καὶ Κυριναλίου Γεμέλλου ἑκατοντάρχου.

1. Anno 11 M. Aurelii = 171 p. C. n. — 2. Verba erasa post rebellionem Cassii anno 175 p. C. n. Cf. nn. 1113, 1114, 1226, 1270. Erasa sunt tamen levissime ita ut nunc etiam facile legantur. Praesidem provinciae n ‧n leg. Aug. pr. pr. vocari, sed consularem, semper in Syria mos fuit. V. Waddington, *loc. cit.*

1262. Nelae. — Waddington, 2213.

Ὑπὲρ σωτηρίας καὶ νείχης χυρίου Κα[ίσα]|ρος Κομόδου, ἐπὶ Ἀσελλίου Αἰμιλλιαν[οῦ ὑ]|πατιχοῦ ¹, ἐφεστῶτος Ἀγιχίου. Ῥωμανοῦ ἑκατοντάρχου? | τὸ χοινὸν
5 Μανηνῶν ² ἔχτισεν τὸ ὑπε‖ρῷον, διὰ Τ(α)ννήλου Ἑβρικάνου καὶ Σα|μέθου Ῥαβέου .... ἔτους ι′ ³.

1. Asellius Aemilianus, legatus Syriae; *Prosop. imp. rom.*, I, p. 159, n. 998. — 2. Vicinus vicus, ut conjici potest. — 3. Anno 10 Commodi = 189 p. C. n.

1263. Nelae. — Waddington, 2215.

a. Ὑπατείας Κλαυδ[ίου] | Σεουήρου καὶ Κλα[υ]|δίου Κυιντιανοῦ ¹....... |
5 *b.* ..... καὶ ει..‖.....[σ]τράτορος ² οι...|..... [Α]ὑρ(ηλίου) Βερνειχια[νοῦ].

1. Anno 235 p. C. n. — 2. Strator?

1264. Nelae. — Waddington, 2225.

Φλ. Μάξιμος Σαβείνου, β(ενε)φ(ιχιάριος) καὶ ἀχο|μενταρήσιος ¹ καὶ χορνιχου|λάριος καὶ ἑκατόνταρχος γενόμενος τῆς | ἡγεμο(νίας) ², τὸ μνῆμα ἐχ τῶ(ν) ἰδίω(ν)
5 ᾠχο‖δόμησε(ν) σὺν Θομδέχῃ γυναιχί.

1. Miscuit lapicida *commentariensis* et *a commentariis.* — 2. Id est τῶν ἡγεμόνων, legatorum provinciae.

1265. Nelae. — Waddington, 2228; Dussaud, *Voyage au Safa*, p. 151 (not.).

Αἴλ. Μάξιμος οὐετρ(ανὸς) ἱπ|πεὺς λε(γιῶνος) γ′. Αὐρ(ηλία) Γαίη Ἀρα|βιανοῦ
5 τὸ μνημεῖον ἑαυτῇ ἐποίησε‖εν, τοῖς τέχν[οις καὶ τῷ ἀνδρί.]

1266. Nelae. — Waddington, 2227.

5 Αὐρ. Ἄννιος Διο|μήδους οὐετρ|ανικὸς χὲ Σεου|ῆρος ἀδελφὸς ἐ∥ποίησαν τὸ μνη|μῖον.

1267. Nelae. — Dussaud et Macler, *Mission de Syrie*, p. 264, n. 72.

Ἰούλιος Σαβῖνος οὐ(ε)τραν(ὸς) | καὶ Ὄββη ἀδελφὴ αὐτοῦ καὶ | Φασαιέλη γυνὴ αὐτοῦ ἐπόησ(α)ν.

1268. Rama. — Allen, *Americ. journ. of philol.*, VI (1885), p. 213, n. 58.

Ὑπατί[α] Τ. [Πο]υστουμίο[υ Τιτιανοῦ] | χὲ Οὐιρ[γινί]ου Νεποτια[νοῦ] [1] ... | ἐκ[τί]σθη.

1. Anno 301 p. C. n.

1269. Rama. — Burton et Drake, *Unexplored Syria*, II (1872), p. 387, n. 127.

...... ιστοῦ χυρίου Ἀντο....|...ου φύλης Χαυχαβ........|...τευσαν τῶν χιον ......ἡμερῶν οινον......

1270. Bosanae. — Waddington, 2237.

Ἔτους θ´ Αὐτοκρ(άτορος) Μ. Α|ὐρηλίου Ἀντωνείνο(υ) [1] | καὶ Αὐιδίου Κασίο(υ) 5 ὑπα(τικοῦ) [2] γα|.........∥.....[3] ἡ κώμη εὐχαριστεῖ.

1. Anno 9 M. Aurelii, = 169 p. C. n. — 2. De Avidio Cassio cf. nn. 1113, 1114, 1226, 1261. Versus 4 erasus est postquam rebellavit Avidius. — 3. Traditur ΑΓΚΤΙΣ; de lectione ΝΙΚΗΣ cogitavit Clermont-Ganneau.

1271. Sahné. — Waddington, 2253 b.

5 Σεουῆρος Μάξι|μος οὐετρανὸς | καλῶς στρατεύ|σας μετὰ Μάρ[θ]α[ς] ? [1] ∥ τῆ(ς) συμ[β]ίου ἐκ παρ|θεν[ί]ας καὶ ἐν[τ]εί|μως ἀπολυθείς.

1. Traditur ΜΑΡΕΑ.

1272. Sahné. — Kaibel, *Epigr. gr.*, n. 447.

Καίαμος ε[ὖ] φρονέων πολυλ[ή]ειος [1] ἐνθάδε κεῖται,
ἐ[ξ] ἰδίης στρατιῆς σῆμα πο[νη]σάμενος.

1. « Gaudens larga praeda » (Kaibel).

1273. Soadae in nymphaeo. — Waddington, 2305; cf. Dussaud et Macler, *Mission de Syrie*, p. 248, n. 23.

Αὐτοκράτορι Νέρουα Τραιανῷ Καίσαρι, Σεβ(αστοῦ) υἱῷ, Σεβαστῷ | Γερμανικῷ
Δακικῷ [1] τὸ τ[έμενος] καὶ τὸ νύμφαιον ἀφιέρωσεν ἡ πόλις, τὸν ἀγωγὸν τῶν
ὑδάτων [κατασκευάσασα], | ἐπὶ Α. Κ[ορνηλίου Πάλμα] πρεσβ(ευτοῦ) Σεβ(αστοῦ)
ἀντιστρ(ατήγου) [2], | [ἐπισκοπούσης] φυλῆς [Σομαιθηνῶν [3]].

1. Post annum 102 p. C. n. — 2. A. Cornelius Palma, legatus Syriae inde ab anno fere
104/105, Arabiam Petraeam anno 105/106 subjecit et in provinciae formam redegit;
Prosop. imp. rom., I, p. 459, n. 1153. Illius nomen hic probabiliter restituitur quia
titulo n. 1291 certiores facti sumus eum illa aetate providisse aquis ducendis. Cf. etiam
n. 1289. — 3. Aut [Βιταιηνῶν]; cf. nn. 1276, 1277.

1274. Soadae. — Waddington, 2306.

..... Δι]ὸ[ς μ]ε[γίστ]ου ω..|.... [Αὐτοκρ]άτορος Καίσαρος | [Τ. Αἰλίου Ἀδρια-
5 ν]οῦ Ἀντωνείνου Σε||[βαστοῦ, τοῦ ἡμῶν κ]υρίου, καὶ Αὐρηλίου ‖ [Οὐήρου Καί-
σαρος, υ]ἱοῦ αὐτοῦ, καὶ λοι|[πῶν αὐτοῦ τέκνω]ν καὶ σύνπαντος | [οἴκου Σεβαστοῦ
καὶ τῆ]ς ἱερωτάτης συνκλή|[του Ῥώμης καὶ τῆς ἡγ[εμονίας Ῥωμαίων, |
10 .... ἐπὶ] Ἀπικίου Ἰουλιανοῦ ‖ [ὑπατικοῦ [1], διὰ γραμμάτ]ων αὐτοῦ βουλῆς |
[συναχθείσης περὶ πόλε]ως τε καὶ χώρας κα||[.......]ούσης πόλεως ι? ||[........]υ
15 πρὸ ζʹ καλ(ανδῶν) Σεπ||[τεμβρίων [2]..... Ὀ]λυμπίου παροι ‖ ....υ ἐπὶ τω......

1. Apicium Julianum, aliunde ignotum, Waddington « legatum Syriae fuisse, et quidem
anno 149, conjecit. Res satis incerta ». Klebs, *Prosop. imp. rom.*, I, p. 111, n. 734. —
2. Ante diem VII kalendas Septembres = die XXVI Augusti.

1275. Soadae. — Waddington, 2307.

..... | ..... συλενεν συνεχώρησα | ... [Σ]οαδεη[ν]εις καὶ... | .... ‖ ......

10 βεβαι | .....νας χάριν τῶν παρη | .... | ...... εὐμενῶς | ....ησαμένων θε‖.....
Δωσιθέου | ..... [Τιμ]οθέου ἀλει |..... Κλαυδίου Κρίσ|[που] .....έ[μ]ενος καὶ ἐπὶ
ὑ|..... καὶ γράμματι ...|..... [δόγ]μα. ‖

15 ['Επὶ ὑπάτων Σερβίο]υ Σκειπίωνος Ὀρ|[φίτου καὶ Κοίντου Σ]οσσίου Πρείσ-
χου ', | ....ν τῶν ἐν Κανά|[θοις]... ἄρ(χουσι) βου[λῇ χαίρειν].

Epistola Caesaris, ut videtur, ad Soadenos et Canathenses.

1. Anno 149 p. C. n.

1276. Soadae in nymphaeo. — Waddington, 2308.

Ἔτους η' κυρίου | Καίσαρος Μ. [Κομόδου] 'Αντωνίνου ', ἐπὶ Δο|μιττίου
5 Δέξτρου ὑ|πατικοῦ ² ἡ πόλις τοὺς ‖ ἀπὸ τῶν πηγῶν ἀγω|γοὺς Ἄρρων, Και-
νά|θων, 'Αφετάθων, Ὀρ|σούων ³, ἐπεσκεύα|σεν καὶ κατεσκεύασεν, καὶ τὸν ναὸν ‖
10 τῇ 'Αθηνᾷ ἐν Ἄρ|ροις σὺν τοῖς ἀγάλ|μασιν ἀνέστησε, | ἐπισκοπούσης φυ|λῆς
Σομαιθηνῶν ⁴.

1. Anno 8 Commodi ═ 187 p. C. n., aut 183 si anni numerantur ab anno 176, quo
tribuniciae potestatis particeps factus est. — 2. C. Domitius Dexter, legatus Syriae;
Prosop. imp. rom., II, p. 21, n. 125. — 3. Caenatha, Aphetatha, vici hujus regionis ignoti;
Orsouam sitam fuisse existimat Waddington eodem loco quo nunc Resas. De Arra
cf. n. 1289. — 4. Beni-Samaïda, Arabum tribus.

1277. Soadae. — Waddington, 2309.

Ἔτους ι' [τοῦ ἡμῶν] κυρίου Αὐτοκράτορος [Μ. Αὐρηλίου Σεουήρου
'Αλεξάνδρου Σεβαστοῦ] ', ὑπατεύοντος ² 'Ιουλίου | Σατορνείνου, ἡ πόλις
τὸ κτίσμα σὺν ἐργαστηρίοις καὶ παντὶ κόσμῳ κα[τεσκεύασεν], | ἐπισκο-
πούντων βουλευτῶν φυλῆς Βιταιηνῶν ³, | προνοίᾳ κυρίου κτίστου Διονύσου ⁴.

1. Nomen erasum Alexandri potius quam Commodi, cujus nomina lacunam non im-
plent. Annus ergo decimus est 185 potius quam 231 p. C. n. — 2. Quum esset, non ὕπατος
consul, sed ὑπατικός, id est consularis leg. Aug. pr. pr. provinciae Syriae; *Prosop. imp.
rom.*, II, p. 212, n. 356. — 3. Arabum tribus; cf. Waddington, n. 2310. — 4. Bacchus
ipse ferebatur urbem Soadam condidisse, quae et Dionysias vocabatur. Cf. n. 1278.

1278. Soadae. — Dussaud et Macler, *Mission de Syrie*, p. 247, n. 23.

a. [Ὑπὲρ δεσπότων] | ἡ]μῶν Καισάρων] | Διοχ[|λητιανοῦ] | καὶ Μαξιμ[ιανοῦ] ‖
5 ὅροι Διον[υσιά]|δ[ος] ¹. |

b. [Ὑπὲρ δεσπότων | ἡμῶν Καισάρων | Διοχλητι]ανο[ῦ | καὶ Μαξι]μιανοῦ ‖
5 [ὅρ]οι Ἀθελεν[ῶ]ν ².

1. Hoc titulo confirmatum est Dionysiadem urbem eamdem esse quae et Soada voca-
batur, ut conjecerat Waddington; cf. n. 1277. — 2. ΑΘΕΛΕ|ΝΙΝ lapis. De vico Athela
prope Canatham sito (hodie Atil) cf. titulum nostrum, t. I, n. 25. Metas similes iisdem
principibus in Syria positas habes nn. 1002, 1112, 1252, 1364.

1279. Soadae. — Waddington, 2309 *a*.

[Σα]τ[ο]ρνείνου ὑπ[ατι]χοῦ ¹.

1. Cf. n. 1277.

1280. Soadae. — Waddington, 2316.

[Λ.] Ἄννιον Ὀνορᾶτον ¹ | ... [ἔ]παρχον εἴλης | ..... ἡ πόλις.

1. Parentela conjunctus videtur cum L. Annio Italico Honorato, qui Moesiae Inferiori
praefuit principe Severo Alexandro anno 224 p. C. n.; *Prosop. imp. rom.*, p. 67, n. 499.
Fortasse pater; *ibid.*, p. 66, n. 496.

1281. Soadae. — Waddington, 2316 *a*.

... Α]ἰ[λ(ίῳ) Ἰ]ουλιανῷ, α|ἰσχ? Ἀλεξανδρίῳ?, δε[χ]ά[νδ]|ρ[ῳ] ἀνδρῶν
5 πράγμα|τ_α δι_χ_αζόντ]ων ¹, χε[ι]λι]άρχῳ λεγιῶνος | τεσσαρεσκαιδεκά|της
Γεμίν[ης] ².....

1. Decemvir stlitibus judicandis, ut restituit Waddington.

1282. Soadae. — Allen, *Americ. journ. of philol.*, VI (1885), p. 210, n. 50; Clermont-
Ganneau, *Rec. d'archéol. orient.*, I (1888), p. 12; cf. Mordtmann, *Arch. epigr. Mittheil.*,
VIII (1884), p. 183, n. 11.

Μ. Κο[χ]χή[ιος Γε]ρ|μανὸς ¹ ὁ καὶ Ἀο[υε]|ῖδος ² στρ(ατιώτης) λεγ(εῶνος) γ´ |
5 Κυρ(ηναικῆς) τὰς τρ(ε)ῖς ψ(α)λίδα‖ς σὺν κυματίῳ | [ἐκ] τῶν ἰδίων.

1. ΙCΗ·ΙΡ|ΜΑΝΟC, lapis; .. [Φ]ιρ|μανὸς Allen. — 2. Ἀουεῖδος nomen, non ex latino
Avidus, sed ex nabataeo Aoueida ductum. Cf. n. 1134.

1283. Soadae. — Waddington, 2311.

5   Ὑπὲρ δηναρίων | ἑκατὸν | λήμψεται ὁ μισθωτὴς [1] | ὀβολὸν ∥ ἕνα ἀργυ|ρικόν [2].

1. Qui vectigalia illius urbis conduxit. — 2. Quid sit obolus argenteus non liquet. Dessau, *Hermes*, XIX (1884), p. 529 not. 2, haec intellexit partem fuisse legis vectigalis portus, qua jubebatur publicanus pro singulis mercibus invectis aut evectis, quae supra denarios centum aestimarentur, capere obolum unum argenteum. Cf. etiam Dussaud, *Rev. asiatique*, 1904, p. 222.

1284. Canatae (Kerak). — Waddington, 2412 *f*.

   Ἀγαθῇ τύχῃ. Ὑπὲ[ρ σ]ωτηρίας τῶν κυρί|ων [1], ἐπισκοπούντων Ἀνέ|μου Σαβί-
5 νου καὶ Βαυλά|νης Ὀδενίθου καὶ Πασ∥ρίλο[υ] [2] Καμασάνου, ἐκτί|σθη ὁ οἶκος ἐκ φιλοτιμίας | τῆς κώμης ἐξ ὧν ἔδωκεν | Ἰουλιανὸς Διονυ(σίου) δηναρίων ϟ'. [3] | Ἔτους ρμη' [4].

1. Trebonianus Gallus et Volusianus. — 2. Πασίφιλος lapis. — 3. Deest milium numerus. — 4. Anno 148 aerae Bostrensis = 252/253 p. C. n. Inde sequitur Canatam provinciae Arabiae tum adtinuisse.

1285. El-Mousaifiré. — Waddington, 2070 *c*. Cf. Dussaud et Macler, *Mission de Syrie*, p. 294, n. 165; Clermont-Ganneau, *Études d'arch. orientale*, II, p. 92.

   ..... [ἡ πό]λις ἐποίησεν τὸν | ......ουχίου Σεουήρου | ..... [1] | [διὰ] ἐπιμελη-
5 τ[ῶν ∥ .... ο]υ Ἀνάμου Νασ[α]ή[λ]ου | ......αίου Γαδίου Σοαίμου | ......ώθου Θ[ε]ιμοδου[σά]ρους ..]ου Ὀτάσου Μάνου.

1. [ἐπὶ Ἐρ]ουκίου Σεουήρου | [τοῦ λαμπρ(οτάτου) ἡγεμόνος] Waddington, qui titulum refert ad Erucium Severum legatum Arabiae, et eum putat scriptum esse principe M. Aurelio; *Prosop. imp. rom.*, II, p. 39, n. 70. Rem tutius est in incerto relinquere.

1286. Adraae. — Brünnow, *Mitth. des Palaestinavereins* (1897), p. 40; Clermont-Ganneau, *Rec. d'arch. orient.*, II, p. 243. Lapidem contulit L. Jalabert.

   Ὑπὲρ σωτηρίας τοῦ κυρίου ἡμῶν αὐτο|κράτορ(ος) Γαλλιηνοῦ Σεβ(αστοῦ) ἀφιερώθη ὁ πύρ|γος μετὰ τῆς δεκανίας [1], προνοίᾳ Ἰουνίου | Ὀλύμπου τοῦ διαση-

5 μοτάτου ἡγεμόνος ², ‖ ἐφεστῶτος Φλαουιανοῦ β(ενε)φ(ικιαρίου), προεδ(ρίᾳ) |
Μάγνου Βάσσου, ἔτ(ους) ρνζ' ³.

1. Sensus obscurus : forsitan opera decuriae, militum ex quibus decuria constabat. —
2. Legatus Arabiae ignotus. — 3. Anno 157 aerae Bostrensis = 261/262 p. C. n.

1287. Adraae. — Brünnow, *Mittheil. des Palaestinavereins* (1899), p. 58, n. 18; cf. Cler-
mont-Ganneau, *Études d'archéol. orient.*, II, p. 91.

5 Ἀγα|θῇ | τύχ|η. ‖ Ὑπὲρ σωτηρίας κὲ νίκης τοῦ κυρίου ἡμῶν αὐτοκράτορος |
Γαλλιηνοῦ Σεβ. ἐκτίσθη τὸ τ(ε)ῖχος ἐκ δωρεᾶς τοῦ Σεβ., προνοίᾳ Σ|τατιλίου
Ἀμμιανοῦ τοῦ κρατίστου διέποντος τὴν ἡγεμονίαν ¹, | ἐφεστῶτος Ἰου(λίου)
Ἰσιδώρου [στρ]άτορος ², ὑφηγ[ήσει] Οὐήρου ἀρχιτέ|κτονος, προεδ(ρίᾳ) Μάγνου
10 [Βάσσου, ἐπισκοπῇ Αἰλίου Βάσσ‖ου κὲ Ζηνοδώρου Ταυρίνου κὲ Σαβίνου Γερ-
μανοῦ, | ἔτ(ους) ρνη' ³.

1. Vir egregius, vices agens legati Arabiae, qui potuit esse Junius Olympus. Cf. n. 1286.
— 2. Strator legati provinciae. — 3. Anno 158 aerae Bostrensis = 262/263 p. C. n.
Cf. n. 1286.

1288. Adraae. — Waddington, 2070 *e.*

[Ὑπὲρ] σωτηρίας [καὶ νείκης τοῦ | κυ]ρίου ἡμῶν...... | [ἐ]κτίσθη ἡ πύλη......
5 [ἐπὶ] | .. Κοχ(κείου?) Ῥουφεί[νου τοῦ λαμ]‖προτάτου ἡ[γε]μό[νος ¹, ἐκ δω]|ρεᾶς
τοῦ αὐτ[οκράτορος, | ἐφεσ]τῶτος ² Κο....., | ὑφηγήσει Ὀ......, | [ἐ]πισκο-
10 πεύοντ[ος .... ‖ το]ῦ [Λέο]ντος ο......

1. ... Coc[ceius?] Rufinus, vir ignotus, legatus Arabiae anno incerto; *Prosop. imp.*
rom., I, p. 430, n. 977. — 2. ....τοῦντος Waddington. Cf. nn. 1286, 1287, quorum aetatis
vicinus videtur hic quoque titulus.

1289. Arrae. — Waddington, 2301.

5 Ὑπ(ὲ)ρ σω[τη]|ρίας καὶ [ὑ]|γείας Αὐτ|οκράτορος ‖ Νέρουα Τ|ραιανοῦ Κ|αίσαρος
10 Σε|βαστοῦ Γερ|μανικοῦ Δ‖ακικοῦ ¹, ἀγ|ωγὸς ὑδάτ|ων εἰσφε[ρο||μ]έν[ων] ε[ἰ]ς |...
....]ρον.....

1. Titulos hujus similes vide nn. 1273 et 1291, qui scripti sunt etiam aqua ducta in
alios vicos annis 104/108 p. C. n., A. Cornelio Palma leg. Aug. pr. pr.

1290. El-Kefr. — Ewing, *Palest. explor. fund* (1895), p. 275, n. 149.

Αὐτοκράτορσι Καίσ[αρσι Μ. Αὐρηλί]|ῳ Ἀντωνείνωι κ[αὶ Λ. Αὐρηλίῳ
Κομ|μόδῳ] Σεβ(αστῷ) τοῖς κυρίο[ις ἐπὶ Μαρτίου Οὐ]|ήρου πρεσβ(ευτ. ο)
5 Σεβ(αστῶν) ἀν[τιστρατήγου [1], ἐφεστῶτος] ‖ Πετουσίου Εὐδήμου.

1. P. Martius Verus, legatus Syriae ab anno 175 ad annum minime 177 p. C. n., ante
quem scribi hic titulus non potuit. Consul autem fuit Martius anno 179; *Prosop. imp.
rom.*, II, p. 350, n. 261. Cf. titulum nostrum n. 1195.

1291. El-Afineh. — Waddington, 2296, 2297.

5 Ὑπὲρ σωτη|ρίας καὶ ὑγε(ί)ας Αὐτοκρά|τορος Νέρου|α Τραιανοῦ Κ‖αίσαρος
10 Σεβα|στοῦ Γερμα|νικοῦ Δακικ|[ο]ῦ, ἀγωγὸς ὑ|δάτων εἰσ‖φερομένω|[ν] εἰς
15 Κάν[α]τα [1] | [ἐ]κ προνοίας | [Κ]ορνηλίου | Πάλμα πρε‖[σ]β(ευτοῦ) Σεβ(αστοῦ)
ἀντισ|τρ(ατήγου) [2].

1. Vicus Kerak in campo Haouran (cf. n. 1284), quem cave ne eundem esse putes ac
Κάναθα (Kanaouât); cf. n. 1223. — 2. A. Cornelius Palma legatus Syriae annis fere 104,
108 p. C. n. Cf. nn. 1273, 1289; *Prosop. imp. rom.*, I, p. 459, n. 1155.

1292. Hebran. — Dussaud et Macler, *Mission de Syrie*, p. 231, n. 28.

[Ἔ]τους ιε΄ Ἀδρια[νοῦ Ἀντωνείνου [1]..... Θ]έμου ἱερεύσ[αντ]|ας τοὺς υἱοὺς
δ΄ ἀνέθετο [καὶ τοὺς] ἑρμοῦς ὑπὲρ σ[ω]|τηρίας τοῦ Σεβαστοῦ [ἡμῶν κα]ὶ τῆς
τῶν τέκνων.....

1. Anno 15 Antonini = 152 p. C. n.

1293. Hebran. — Waddington, 2286. Cf. Ewing, *Palest. explor. fund*, 1895, p. 353,
n. 183.

Ὑπὲρ σωτηρίας κυρίου Καίσαρος Τίτου Αἰλίου Ἀδριανοῦ Ἀντωνείνου |
Σεβαστοῦ Εὐσεβοῦς, ὁ ναὸς ἐκ τῶν ἱερατικῶν ἐκτίσθη, ἔτους ὀκτωκαι|δεκά-
του Ἀντωνείνου Καίσαρος [1], προνοησαμένων Ἀριστείδου Θαίμου, Ὀαιθέλου |
Ἐμμέγνου, Ἐμμεγάνη Χαμένου ἐκδ[ί]κων [2], Θαίμ(ο)υ Ἀβχόρου, Ἔνου Μασέχου
Ἐμμεγάνη Νάρου ἱεροταμιῶν.

1. Anno 18 Antonini = 155 p. C. n. Quum annus aerae Bostrensis non fuerit inscriptus,

sequitur Hebran tum temporis ad provinciam Syriam pertinuisse. — 2. Legati urbium ad praesidem aut imperatorem, qui negotia civium suorum publica tractarent; Liebenam, *Städteverw.*, p. 303.

1294. Hebran. — Waddington, 2286 a. Cf. Ewing, *Palest. explor. fund,* 1895, p. 277, n. 154 et Clermont-Ganneau, *Rec. d'arch. orient.,* IV, p. 401.

[Ὑπὲρ σωτηρίας Αὐτο]κράτορος Ἀντω|[νείνου Σεβαστοῦ θε]ῷ Λυκούργῳ [1] |...
5 ... οὐετρανὸς, ἀπο|[λυθεὶς ἐντείμως, ἐκ τ]ῶν ἰδίων ἀνέ‖[θηκεν εὐσεβείας χάρ[ιν, ἔτους ιθ' [2].

1. Hunc Waddington habet pro Lycurgo Atheniensi, in numerum deorum relato, Clermont-Ganneau pro rege illo, Arabum fabulis noto, qui adversus Bacchum fertur decertavisse (Nonnos, *Dionys.,* 20, 21). — 2. Anno 19 Antonini = 156 p. C. n.

1295. Hebran. — Ewing, *Palest. explor. fund,* 1895, p. 278, n. 158.

Ὑπὲρ σωτηρίας Μαρ. Αὐρ. [Ἀντωνείνου] | Καίσαρος Ἀλεξάνδρου μονίμου αι... | εὐσεβίας ἕνεκεν αὐτοῦ... | ἔτους.....

1296. Hebran. — Ewing, *Palest. explor. fund,* 1895, p. 278, n. 156.

... Σείου ὑπατ[ικοῦ] ἐφεστῶτος | το... Στεφάνου τοῦ.....

1297. Hebran. — Waddington, 2290.

5 Διὶ κυρίῳ | [ε]ὐχὴν, ἱλασίας χάριν [1], | [Δέκ]μος Ἰού[λ|ι]ος Φα‖[6ι]ανὸς | [στρ]ατιώτη[ς | λεγεῶ]νος [2].....

1. Piaculi causa. Ἱλασία idem significat quod ἱλασμός, Ἱλασμα. — 2. Sequitur numerus pessime scriptus, qui legi non potest.

1298. Hebran. — Waddington, 2287.

5 Φυ(λὴ) Μοζαιεδην|ῶν [1] Αὐρ. Ἀντών|ιον Σαβεῖνον οὐε|τρανὸν τὸν πάτρ‖ωνα εὐχαριστί|ας χάριν, | ἔτ(ει) ρθ' [2].

1. Arabum tribus, quae etiam nunc nomine *Mezaïd* iisdem locis consistit. — 2. Anno 109 aerae Bostrensis = 213/214 p. C. n.

1299. Sahouet-el-Khudr. — Waddington, 1969.

Ὑπὲρ σωτηρίας Μ(ά)ρκ(ου) Αὐ(ρηλίου) Ἀν(τωνείνου) | Καίσ(αρος) ¹ Διὶ κυρίῳ, διὰ Οὐάδ[δ]ου Ἀσλάμου, Μολέμου | Ἀνάνου καὶ Ῥούφου οὐε|τρανοῦ ἱεροταμιῶν ἔτ(ους) ξς' ².

1. Nota Marco Aurelio non inditum esse nomen Augustum. — 2. Anno 66 aerae Bostrensis = 170/171 p. C. n.

1300. Sahouet-el-Khudr. — Waddington, 1978.

Μαξίμου Μο|λέμου ἀπὸ φρυ|μεν(ταρίου ¹) τὸ μνῆμα.

1. Ex frumentario.

1301. Sahouet-el-Khudr. — Waddington, 1974.

Ταυρεῖνος Αὐβα|θάνου οἰτρανὸς ¹ | λεγεωνάρ(ι)ος ἐπό|ησεν...

1. I. e. οὐετρανός.

1302. Sahouet-el-Khudr. — Waddington, 1973.

Οὐαλέριος Μάξιμος οὐετρανὸς ἐκ τῶν ἰδίων.

1303. Aïoun. — Allen, Americ. journ. of philol., VI (1883), p. 210, n. 49.

Ὑπὲρ σωτηρίας | Γορδιανοῦ Σεβ(αστοῦ) ¹ | [Θαῖμος Ἀμέρου | Ὀνόαθος
5 Ἀσλ[άμ]|ο[υ] Ὀ[ν]όαθος | Ἀβρ[άνου].....

1. Gordianus III, ut videtur (238-244 p. C. n.).

1304. Aïoun. — Waddington, 1985.

5 Βάσσος | Οὐίκτορο|ς στρατιώ|της ζή|σας ἔτ|η κ'.

1305. Aïoun. — Waddington, 1984 b.

Ἐπλακώ[θ]η τὸ ἱερὸν ἐπὶ Ἀλεξάνδ[ρ]ου Β[αθ]ούρου οὐετρ(ανοῦ) κὲ Γερ[μ]α-
νοῦ..... ἔτ(ους) ρξζ΄, Ὑπερβερετέου ΄...

1. Anno 167 aerae Bostrensis = 271 p. C. n., mense Octobri.

1306. Orman. — Waddington, 2017. Cf. Ewing, *Palest. explor. fund*, 1895, p. 280, n. 162.

Μνήμης εἵνεκά πο|τε ἐν ζωοῖ(ς) ἐσθλῶν ἀνδρῶν Ὀταίσου το|χῆος καὶ Οὐά-
5 λεν|τος κασιγνήτου, ‖ ἐκ λεγεόνος ἀνὴ[ρ] | ὀνόματι Ἰουλιανὸς | ..... αἵματι
τόνδ΄ ἐδείματο τύμβον ἔτει ρμς΄ ¹.

1. Anno 146 aerae Bostrensis = 230/231 p. C. n.

1307. Orman. — Kaibel, *Epigr. gr.*, n. 1033.

Εὐσεβίης ¹ τόπος οὖ|τος, ὃν ἔκτισεν ἐγγύ|θι λίμνης ²
5 ἔξοχος ἐν | στρατιῇ Ἀμμώνιος, ᾧπερ ἅ‖μ΄ [ἴ]σην
ἀθάνατοι φιλέοντ|ες εὐφροσύνην τε καὶ ὄλβον |
δοῖεν ἔχ(ε)ιν, στρατιῇ τε | φέρ(ε)ιν κλέος αἰὲν ἄριστον.

1. « Fuerit Pietatis sacellum » Kaibel. — 2. Lacus ille, quo excipiuntur aquae pluviae,
etiamnunc exstat, ut testatur Waddington, 2015.

1308. Orman. — Ewing, *Palest. explor. fund*, 1895, p. 347, n. 165.

5 Ἐνθάδε | κῖτε Μέ|σσεος | Ἀζίζου ‖ ἱππεύς ΄ | θάρσι, | οὐδὶς | ἀθάνα|τος ·
10 ἐτ(ῶν) ‖ με΄.

1309. Orman. — Ewing, *Palest. explor. fund*, 1895, p. 349, n. 171.

5 Σεουῆ|ρος Σο|λαίμου | οὐετρα|νὸς ἐτ|ῶν ξβ΄.

1310. Gaisama. — Dussaud et Macler, *Mission de Syrie*, p. 256, n. 43.

Φλ. Μάξιμος Σαμέ|θ[ου] οὐετραν(ὸς) ἐτ(ῶν) νε΄. | Αὐρ. Ἀντωνία Μαξίμου |

5 σύμ(6)ιος αὐτοῦ ὠκοδό‖μησεν [ἐκ τ]ῶν ἰδίων α|ὐτ[ῶ]ν καὶ τέκνοις αὐτῶ|ν. Ἀνήλωσα μυριάδας δ'.

1311. Melah-es-Sarrar. — Dussaud et Macler, *Mission de Syrie*, p. 258, n. 54.

[Ἰ]ούλιος Σεουῆ|[ρο]ς ἱπ(πεὺς) ἀπὸ λε|[γεῶνος]...

1312. Melah-es-Sarrar. — Dussaud et Macler, *Mission de Syrie*, p. 260, n. 59.

[Ἐνθ]άδε κεῖτ(αι) Αὐσ|ήιος? Μάξιμος οὐ|ε(τρανὸς) αὐτὸς Ἀχιλεύς [1] · | Ῥωμανὰ ἔκτισ(εν).

1. Ipse Achilles (virtute).

1313. Aouas. — Waddington, 2041.

Ἔτ(ους) ρδ' [1], ἐπὶ Μάγνου | καὶ Μάλχου οὐε|τρανῶν καὶ Σαρι|μάθου καὶ
5 Νασέρου ‖ [κα]ὶ Ἀμαθούου Γαλέσου.

1. Anno 190 aerae Bostrensis = 294/295, p. C. n.

1314. Salchae. — Dussaud et Macler, *Mission de Syrie*, p. 252, n. 30.

[Ἐπὶ σωτ]ηρίᾳ τοῦ [x]υρίου Αὐτο]κράτορος] | Μ. Αὐρ. Σεο[υ]ήρου Ἀντω-
[νείνου] [1] | ἐκ τῶν ἱερα[τικ]ῶν ἐκτίσθη... | ....εινου φ[ρ]οντ[ιστ]οῦ [2] καὶ
5 Ἄβγορος Σ..... ‖ Ἀσλάμου x[αὶ] Ἄβαος Ἀνάμου.

De nominibus dubitant editores.

1. Caracalla. — 2. Traditur ΦΒΟΝΤ//ΤΟΥ. Correxit Clermont-Ganneau.

1315. Salchae. — Waddington, 1992.

Ὑπὲρ σωτ]ηρίας τῶν κυρίων [αὐτοκρατόρων]....᷅

1816. Salchae. — Waddington, 1989.

Φάρεχον Σολέου βουλε[υτὴν], | 'Αλέξανδρον Οὐάλεντ[ος], | Σεουῆρον xὲ
5 Βάσσον | οὐιτρανοὶ ‖ ἐπίσχοποι ¹.

1. Pro οὐιτρανοὺς et ἐπισχόπους. Episcopi, de quibus saepe agitur in titulis Syriacis,
« praeerant pani et ceteris venalibus rebus, quae civitatum populis ad quotidianum
victum usui sunt »; (*Dig.*, L, 4, 18). Itaque videntur fere eodem munere functi esse quo
in urbibus Graecis ἀγορανομοι : Liebenam, *Städteverwalt.*, p. 370.

1817. Kréyé. — Waddington, 1963.

'Αγαθῇ τύχῃ. | 'Εκτίσθη ἡ λίμνη ἔτους ρζ' ¹ | ἐ(x) χοινῶν ἀναλωμάτων | τῆς
5 χώμης, (δηναρίων) ιε' μ(υριάδων), ἐx προνοίας ‖ Φλ(αβίου) Κορνηλιανοῦ π(ριμι)-
π(ιλαρίου).

1. Anno 190 aerae Bostrensis = 294/295 p. C. n.

1818. Kréyé. — Waddington, 1962.

'Ανηλώθησαν δηνάρια μύ[ρια], ἔτους λδ' ¹.

1. Anno 34 aerae Bostrensis = 138/139 p. C. n.

1319. Bostrae. — Brünnow, *Mittheil. des Palaestinavereins*, 1899, p. 82, n. 37.

.... τῇ[ς ν]έας Τραιαν[ῆς] Βόστρας ¹.

1. Trajanus, Arabia subacta et imperio Romano adjuncta, Bostrae coloniam constituit
ubi tendere jussit legionem ɪɪɪ Gallicam; jam ab anno 105 p. C. n. cepit aera Bostrensis
initium ; quas ob causas dicta est civitas etiam in nummis eo tempore cusis νέα Τραιανὴ
Βόστρα, et postea *Nova Traiana colonia Bostra*. Benzinger ap. Pauly-Wissowa, *Realency-
clopädie*, III, col. 789, 49.

1320. Bostrae. — *C. I. L.*, III, 14149³.

[Pro salute imp. Caes. T. A]eli Hadrian[i Antonini..... Aug. Pii] |.

['Υπὲρ σωτηρίας Αὐτοχράτορος Κ]αίσ(αρος) Τ. Αἰλ(ίου) 'Αδρ]ιανοῦ 'Αντω-
ν|ίνου Σεβ(αστοῦ) Εὐσ(εβοῦς)].

1321. Bostrae. — Mordtmann, *Arch. epigr. Mittheil.*, VIII (1884), p. 187, n. 21 ; Clermont-Ganneau, *Rev. d'arch. orient.*, I, p. 16, n. 22.

Αὐτοκράτορα Καίσαρα | Μ. Αὐρήλιον Ἀντων[εῖν]ον | [Σε]6(αστὸν) τὸν κύριον
5 ἐπὶ | ...ου Μοδέστου ὑπ[ατικοῦ...] ‖ ἡ Βοστρηνῶν πόλις, | [π]ροε[δ]ρ[ε]ύοντ(ος)
Ἰουλ(ίου) Μαρχιαν(οῦ).

Vers. 4 supplendum putat Dessau [Αἰαχί]ου, ita ut hic memoretur Aiacius Modestus, imperatorem vero fuisse Caracallam ; *Prosop.*, II, p. 384, n. 471.

1322. Bostrae. — Waddington, 1940.

[Ἰουλίας Δό]μνης? Σ[εβαστῆς?]

1323. Bostrae. — Waddington, 1908.

[Ὑπὲρ σωτηρίας καὶ νίκης καὶ αἰωνίου δι]αμονῆς Αὐτοκράτορος Καίσαρος |
[Μάρκου Ἀντωνίου Γορδιανοῦ Σεβαστοῦ Ε]ὐτυχοῦς π(ατρὸς) π(ατρίδος) ἡ
χολωνία, ἐπὶ Μάρκ(ου) | ..... [π]ρεσβ(ευτοῦ) Σεβ(αστοῦ) ἀντιστρατήγου ', |
[ἀνέστησεν τὸ ....., ἔτους τῆς ἐπαρχ]είας ἑκατοστοῦ τριακοστοῦ τετάρτου ².

1. Legatus Arabiae ignotus. — 2. Anno 134 aerae Bostrensis = 238/239 p. C. n.

1324. Bostrae in castello. — Waddington, 1909.

Ἐx προνοίας Μ(ά)ρ(xου) Πέτρου τοῦ διασ[ημ(οτάτου)] | ἡγεμ(όνος) ') ἐxτίσθη
τὸ τεῖχος ¹, ἔτ(ε)ι ρογ΄ ², ἐ[πὶ] | Ἰουλ(ίου) Κυρίλλου.

1. Legatus Arabiae ; *Prosop. imp. rom.*, III, p. 32, n. 244. — 2. Anno 173 aerae Bostrensis = 277-278 p. C. n.

1325. Bostrae. — Waddington, 1907.

[Ἐx προνοίας]..... | Φρό[ντ]ωνος ' τοῦ xυρίου ² ἡγεμόνος | ἡ πόλις Ἐπιxαρπίῳ
5 Διὶ ³ τὸν βωμὸν | ἱδρύσατο, ἐπὶ Σαβείνου Ἀμρειλίου ⁴ ‖ προέδρου τὸ β΄ xαὶ
συναρχόντων.

1. Legatus Arabiae incertus primis temporibus provinciae, nempe initio saeculi ɪɪ, ut

judicat editor propter formam litterarum; *Prosop. imp. rom.*, II, p. 88, n. 325. Cf. tamen miliaria nuper reperta a Germer-Durand (*Bull. arch. du Comité*, 1904, pp. 13 et seq., nn. 13, 37, 39, 41, 43) ubi leguntur nomina Fl(avii) Julii Frontonis, qui provinciam rexit anno 183, Commodo principe. — 2. Praeter consuetudinem legatus κύριος vocatur. — 3. Jupiter Frugifer in Graecia etiam et Occidente colebatur; Aristot., *de mundo* 7; Apul., *de mundo* 37; Hesych. s. v.; *C. I. L.*, XII, 336. — 4. Idem vir memoratur in altero Syriae titulo, Waddington, 1984 a. Idem nomen scriptum Ἀμβρίλιος vide *ibid.*, nn. 1999, 2485.

1326. Bostrae. — Waddington, 1911.

Γαλλωνιανὸς ὑπα|τικ(ὸς) ¹ ἔκτι[σ]εν · Ἀγρίπ|πας ἱππικ(ὸς) ἐπεσκόπ(ει). |
5 Χαρῆ ‖ Βόστρα ².

1. Consularem illum praefuisse Arabiae putat Waddington aut vergente tertio saeculo aut incipiente quarto. — 2. Gaudeat Bostra.

1327. Bostrae. — Waddington, 1929.

..... Φλ(άουιος) Αἰνεί|ας ἑκατόνταρχος ἔκτισα | τὸ μ(ν)ῆμα. | Ἐνθάδε κῆ[τ]ε
5 Ἐλπί[δ]ιος, ἐμὸς υἱός, ἐτ[ῶ]ν.....

1328. Bostrae. — *C. I. L.*, III, 103.

5 [Val]enti, alu|[m]no sim|[pli]cissim[o | Co]rn[elii] Egri‖[liani] centurionis l]eg[io- nis] III Cyr[enaicae ¹] | .

10 [Οὐ]άλεν|[τι, θ]ρεπτῷ | [ἀ]πλουσ|[τ]άτῳ Κορ‖[ν]ηλίου Ἐγι[ρι]λιανοῦ, |
[ἑκατοντάρχου λ]ε[γιῶνος] III Κυρ[ηναικῆς].

1. Idem fortasse qui principe Septimio Severo fuit praefectus leg. XIV Geminae; cf. *C. I. L.*, VIII, 1858, 1859.

1329. Bostrae. — Waddington, 1927.

5 Φλ. Μάξι|μος, στρ(ατιώτης) | λεγ(εῶνος) γ΄ Κ|υρ(ηναικῆς), στρα‖τευσά-
10 μ|ενος ἔτη κγ΄, ἀπο|θανὼν [ἐ]|ν τῇ Μεσοπ‖[οταμί]ᾳ, [ο]ὗ τὰ ὀ[σ]|τᾶ ἐν[θ]άδε
κ|[ῖτ]ε..... | ἔτ(ει)ι | ειρ΄ ¹.

1. ΕΠ ΕΙΕ traditur. Franz conjectura correxit ΕΙΡ. Annus 115 aerae Bostrensis idem est ac 219/220 p. C. n. Sed si quis putaverit, ut Waddington, posse etiam corrigi ΓΙΕ, erit annus 215 aerae Bostrensis = 319/320 p. C. n.

1330. Bostrae. — Waddington, 1933.

Κλαύδ[ι]|ος Οὐα[ρ]|άνης [στρ(ατιώτης)] | λεγ(εῶνος) [γ' Κυ(ρηναικῆς) █
5 ἐ]τ(ῶν) κ'.

1331. Bostrae. — Waddington, 1922.

Διὶ [Φρα]τρίῳ [1] καὶ | Ἥρᾳ θεοῖς πατρῴ|οις Γ. Ἰούλιος Μάξι|μος στρατ(ιώτης)
λεγ(εῶνος) γ' Κυ(ρηναικῆς).

1. Jupiter sodalitatum deus, si recte restituit Waddington.

1332. Bostrae. — Waddington, 1924.

5 Αὐρ(ήλιος) Μᾶρκος | Κρίσπος | ἀπὸ φλαμέ|νος [1] ἀστυνο‖μήσας τὸν δᾳ|δοῦχον [2] |
τῇ | κυρίᾳ πατρίδι.

1. Ex flamine coloniae. — 2. Postquam aedilis fuit, **candelabrum dedit.**

1333. Bostrae. — Brünnow, *Mittheil. des Palaestinavereins,* 1899, p. 83, n. 38.

... ἐκ προνοίας κὲ σπουδῆς | Κλαυδίου Ἀνδρομάχου ἀρχιατρο[ῦ].

1334. Bostrae. — Allen, *Amer. journ. of philol.,* VI (1885), p. 207, n. 41.

5 Αὐρηλία Ἀσχό|νη Καναυθην|ὴ [1] ἐνθάδε κε[ῖτ]αι | σώφρων καὶ [φ]ιλ|ανδρος [2]
10 χερσὶν κ|ηδευθεῖσα τέκν|ων τε καὶ ἀνδρ|ὸ[ς], ζήσασα ἔτη | μ'. Πρ[ὸ] δ' εἰδῶν
.ευ‖.α..ω [2].

1. Kanatha, sive Kanotha urbs Arabiae hodie Kanaouat. Cf. n. 1223. — 2. [Φ]ευ[ρ]α-
[ρ]ίων? == Februariarum.

1335. Anz. — Dussaud et Macler, *Mission de Syrie,* p. 277, n. 109.

Ἐποίησαν τῷ θεῷ Δ|ουσάρει [1] οἱ ἐκ κοιν[οῦ] | αὐτῶν ἱερεύσ[α]ντες [2] | ἔτους

5 δεκάτου Ἀντωνεί‖νου Καίσαρος ³, Αὖθος Μασ|άχου, Αὖ|θος Ἀνέμου, Αὖ|θος Θαίμου, | Ἄνναμος Κάδου [οἱ]χ‖ρδόμο[ς] ⁴.

1. Dusares, notissimus Arabum deus, cf. n. 1343. — 2. ΙΕΡΕΥϹΟΝΤΕϹ, lapis. — 3. Anno 147 p. C. n., si titulus ad Antoninum Pium referendus est. — 4. ΗΚΟΔΟΜΟΝ lapis.

1336. Sammet-el-Berdan. — Waddington, 2039.

5 Θάρσ(ε)ι | Ῥοῦφε Ἄ|θου οὐε|τρανός, ‖ ἐτ(ῶ)ν οε΄.

1337. Inachi. — Dussaud et Macler, *Voyage au Safa,* p. 176, n. 44.

5 .....| οιον υν χι...... | ἐχόσμησ[ε]ν..... | Βιάτορ π[ρ]ιμι[πιλάριος] ‖ στρατιῆς [ἐχτε]|λέσας μνημ[εῖον] | αὐτῷ.. μη..... | Πατερίου .... | .... ετινιη.

1338. Deir-el-Kahf, prope lacum qui etiam nunc exstat. — Dussaud et Macler, *Voyage au Safa,* p. 179, n. 49.

Ἐπὶ Ἀγρίππου ἐπάρχου ¹ ἐγένε[το] ὁ λάχχος καὶ ἀγωγός.

1. Praefectus (cohortis aut alae?), nisi potius verbum intelligendum est de praefecto Auranitidi a regibus Judaeorum dato ; cf. nn. 1138, 1194.

1339. Kalat-Ezraq in castello. — Dussaud et Macler, *Mission de Syrie,* p. 268, n. 85. Ectypum habuimus.

I(oui)? ¹ inuicto [Soli sac(rum)] | pro salute et uic[t(oria)] | I[m]p(eratorum duorum) et C(a)e(sarum) n(ostrorum) | Iouiorum et | Herculiorum ². ‖

5   Ἀντολίην ² σεο, Φοῖϐε, λιτάζομε ⁴ |
       ἱερῷ ἐπὶ βωμῷ τὸν εὐχνοναίζω ⁵ |
       ὅς ἱκέτης Ἡράχλιος ἐγὼ πρωτήχτωρ |
       διο. σφοι..... νρ..... δὲ Καισάρων |
       ἴφθιμ΄ ἐγένετο.... οριοανε χυδιμε ‖

10   .... ομετιται..........

1. De I dubitavimus; forsitan ad titulum non pertinet. — 2. Diocletianus (Jovius) et

Maximianus (Herculius) imperatores; Constantius et Galerius Caesares. Annis 292-306 p. C. n. — 3. Intellige ἀντολίηνδε, orientem versus. — 4. λιπάζομαι. — 5. Lectio non certa; εὐκ(α)νονίζω proponit Haussoullier.

1340. Medouar-Nôl. — Rohrer, *Mittheil. des Palaestinavereins*, 1901, p. 19.

5   Ἐνθά|δε κε(ῖ)τ<ι>ε | Αὐ. Φλ. Σε|ουῆρος ‖ οὐετρανὸ|ς ἔτων γ΄.

1341. Loco incerto Auranitidis prope Gerasam. — Clermont-Ganneau, *Études d'archéologie orientale*, I, p. 165.

.... [ἐάν τις εὑρεθῇ.......]ων ἀπὸ ἀλλοτρίων ἀ[μπελώνων..... | τοῦτον διδό-
ν(αι) δηνάρια....... ὁμ]οίως? ἄν τις εὑρεθῇ ἐγλέ[γων.. | ......]ου καὶ καταδεθῇ,
5 τοῦτον [διδόν(αι) δηνάρια.. | ...] ἀλλοτρίου ἀμπελῶν[ος ..‖... ἄν τις εὑρ]εθῇ
δρέφων [1] ἢ (ε)ἰσφέρω[ν.... | ..... τοῦ]τον διδόν(αι) [2] τὰ ἴσα δηνάρια κε΄ · [ἐὰν
δέ.... | ....]τα μέχρι τριακάδος [3] ὑπε[ρ... | .....]οις, τοῦτον διδό(ναι) δηνάρια ν΄.

Fragmentum edicti, quo poenae statuuntur in vinearum **praedatores**. Ambigitur an fuerit Probi imperatoris; is enim anno 281 p. C. n. leges priores **sustulit, a Domitiano** maxime auctas, quae vetabant ne in provinciis ultra certum modum vites sererentur. Marquardt, *Vie privée des Romains*, II, p. 72-74.

1. δρέπων. — 2. διδόνε lapis. — 3. Haec Foucart apud Clermont-Ganneau sic intelligi posse arbitratur : si quis post triginta dies multam non solverit, damnabitur dupli.

1342. In miliario primo viae Gerasa Pellam. — Germer Durand, *Rev. biblique*, 1899, p. 27.

.... γαῖαν ἑταῖρος |
εἴκοσι τοὺς πάντας μεθ᾽ ἑνὸς ζήσας ἐνιαυτούς, |
ὧν δύο ἐν στρατιᾷ, ἐλιπόμην φάος οὐδὲν ὀνήσας.

1343. Gerasae. — Clermont-Ganneau, *Rev. d'archéolog. orient.*, II, p. 14; cf. Perdrizet, *Rev. biblique*, 1900, **p. 435.**

Ἔτους βισ΄ Δαισίου | α΄ [1]. Ὑπὲρ τῆς τῶν | Σεβαστῶν σωτηρίας | θεῷ Ἀρα-

5 6ιχῷ ² ἐπηχόῳ ‖ Δημήτριος Ἀλχίου | τοῦ καὶ Νειχομάχου | τὸν βωμὸν ἀνέθη|χεν.

1. Die ι mensis Junii, anno 212 aut aerae Pompeianae = 149 p. C. n., principibus Antonino et M. Aelio Aurelio, aut etiam aerae Gerasenorum = 255 p. C. n., principibus Valeriano et Gallieno. — 2. Hic deus Arabicus, auctore Clermont-Ganneau, est Dusares; cf. Tertull., *Apolog.*, 24 : *unicuique provinciae... suus est deus, ut Syriae Astarte, Arabiae Dusares.*

1344. Gerasae. — Brünnow, *Mittheil. des Palaestinavereins,* 1899, p. 41, n. 6.

Ἀγαθῇ τύχῃ. Διὶ Ὀλυμπίῳ | ὑπὲρ τῆς τῶν Σεβαστῶν σω|τηρίας καὶ τῆς τοῦ 5 δήμου ὁμ|ονοίας Ζαβδίων Ἀριστομάχου, ‖ ἱερασάμενος Τιβερίου Καίσαρος | το(ῦ) ειτ´ ἔτους¹, ἐπέδωκεν ἐκ τῶν | ἰδίων εἰς τὴν οἰκοδομὴν τοῦ ἱερ|οῦ δραχμὰς χιλίας, εὐσεβείας | ἕνεκεν.

1. Si vere fuit in lapide ΕΙΤ, id est 315, aegre dici potest qua computatione utendum sit. Forsitan corrigendum ΕΠ = 85, quod si ad annum 63 ante C. n. referes, quo incipit aera Pompeiana, habebis annum p. C. n. 22, quo imperium tenebat Ti. Caesar; Augusti erunt Tiberius Caesar et mater ejus Livia Augusta.

1345. Gerasae. — Germer Durand, *Rev. biblique,* IV (1895), p. 376.

..... Σεβαστοῦ Γερμανικ[οῦ] ... | δημαρχικῆς [ἐξουσίας]... | Χρυσορόα ²... | ἔτους...

1. Rivus qui Gerasam alluit, unde civitas Seleucidis regnantibus duxerat nomen suum Ἀντιοχεία ἡ πρὸς Χρυσορόᾳ, ἡ πρότερον Γέρασα; haec enim in nummis leguntur et in titulis. Cf. nn. 1347, 1357.

1346. Gerasae. — Lucas, *Mittheil. des Palaestinavereins,* 1901, p. 68.

Αὐτοχράτορα Νέρουα | Τραιχνὸν Καίσαρα Σεβαστὸν Γερμανικὸν Δ[α]|χιχὸν ¹ ἀνιχητὸν Θεοῦ υἱὸν ἡ βουλὴ καὶ ὁ δῆ|μος.

1. Ergo inter annos 102 et 117.

1347. Gerasae. — Lucas, *Mittheil. des Palaestinavereins,* 1901, p. 68.

Αὐτοχράτορα Καίσαρα Θεοῦ Τραιανοῦ | Παρθιχοῦ υἱὸν Θεοῦ Νέρουα υἱωνὸν

Τραι[αν]ὸν | Ἀδριανὸν [Σεβαστὸ]ν ἀρχιερέα μέγιστ[ο]ν, | δημαρχικῆς ἐ[ξουσίας]
τὸ δι΄΄, ὕπατον τὸ γ΄, πατέρα ‖ πατρίδος τὸν ἀγ[αθὸ]ν κύριον ἡ πόλις Ἀν-
τιοχέων | τῶν πρὸς τῷ Χρυσ[ορό]ᾳ τῶν πρότερον Γερασηνῶ[ν] ² | ...... ³.

1. Anno 130 p. C. n. — 2. Cf. nn. 1343, 1357. — 3. ,... ΑΠΛ..... traditur.

1348. Gerasae. — Germer Durand, Rev. bibl., 1899, p. 20.

[Ὑπὲρ σωτηρίας..... Ἀντ]ωνείνου Εὐ[σεβοῦς.... | .... κ]υρίας πατ[ρίδος.... |
...]σων Μάλχο|ς.... | .... ἔθηκεν συ.... ‖ ..... Αἰμιλίου Κάρου ¹ πρεσβ[ευτοῦ]..

1. L. Aemilius Carus Arabiam rexit ineunte principatu Antonini ut videtur, Prosop.
imp. rom., I, p. 27, n. 219 ; Perdrizet, Rev. arch., 1899, [II], p. 42.

1349. Gerasae. — Rohrer, Mittheil. des Palaestinavereins, 1901, p. 18.

Ὑπὲρ σωτηρίας Ἀντωνίνου τοῦ κυρίου.

1350. Gerasae. — Schumacher, Mittheil. des Palaestinavereins, 1899, p. 4.

.... | ..... τοῦ Αὐτοκράτο|[ρο]ς Ἀντωνείνου |.. [Ε]ὐσεβοῦ]ς Σεβ[αστοῦ] ‖
ἡ πόλις.

1351. Gerasae. — Lucas, Mittheil. des Palaestinavereins, 1901, p. 33, cf. p. 53; Cler-
mont-Ganneau, Rec. d'archéol. orient., V (1902), p. 310.

Ἀγαθῇ τύχῃ. | Ὑπὲρ τῆς τοῦ Σεβαστοῦ σω[τ]η[ρί]ας | καὶ τοῦ σύνπαντος
οἴκου καὶ τῆς | τοῦ δήμου ὁμον[οίας Ἀ]θηνίων Ἀθη‖νίωνος τοῦ Λο[ύπ]ου
[γυ]μνασιαρχή|σας τὴν πρώτ[ην ἑξάμ]ηνον τοῦ ερ΄ | [ἔτους] ¹, πλε[ιστάκι]ς τῇ
πόλει ἀλείμμ[α]|τ[α ἔ]δω[κ]εν [καὶ εἰς τὴν οἰκ]οδομὴν το[ῦ] ἱε|[ροῦ Δι]ὸς
Ὀ[λυμπίου ἀνήλ]ω[σεν ἐξ ἰδίων ‖ ἀργυ]ρίου δρ[αχμ]ὰς πεντα|[κοσ]ία[ς ² εὐσε-
βεία]ς ἕνεκεν.

1. Anno 105 aerae Gerasenorum = 148 p. C. n., principe Antonino Pio. — 2. Vel
δρα[χμὰς χιλ[ί]ας πεντα[κοσίας], vel tale aliquid. Cf. nn. 1344, 1355.

1852. Gerasae. — Lucas, *Mittheil. des Palaestinavereins*, 1901, p. 75.

['Aγ]αθῇ τύχῃ · ἔτους ϛιϛ' .....ου βχ' [1]. | Ὑπὲρ τῆς τῶν Σεβαστῶν [2] σ|ωτη-
5 ρίας, ἐγ διαθήκης 'Αθηνί|ωνος Δημητρίου, Δημήτρ|ιος καὶ Μαλχαῖος (κ)αὶ [3]
Μάρσος, | ἐπίτροποι τέκνων Ζεαέδ|ου ἀδέλφου αὐτῶν, κληρον|όμου 'Αθηνίωνος,
τῇ πατρίδι ἀνέθηκαν.

1. Anno 216 aut aerae Pompeianae = 153 p. C. n., mensis incerti die 22, aut aerae
Gerasenorum = 259. — 2. Antoninus et M. Aurelius aut Valerianus et Gallienus. —
3. XAI lapis.

1853. Gerasae in propylaeis. — Schürer, *Mittheil. des Palaestinavereins*, 1900, p. 18 ;
Germer Durand, *Rev. biblique*, 1900, p. 94.

[Ὑπὲ]ρ τῆς Αὐτοκράτο[ρος Καίσαρος] T. Αἰλίου 'Αδριανοῦ | 'Αντωνεί[νου
Σεβ(αστοῦ) Εὐσεβ(οῦς)] π(ατρὸς) π(ατρίδος) καὶ Αὐρηλίου Καί[σαρος | τοῦ υἱοῦ
αὐ]τοῦ καὶ τῶν [τέκνων αὐτῶ]ν καὶ τοῦ σύνπαντο[ς οἴκου σω]τηρίας | καὶ κρα-
5 [τίσ]του καὶ ἱερᾶ[ς συνκλήτου κ]αὶ δήμου 'Ρωμαί[ων ἡ πό]λις ‖ τὸ προπύλ[αιον
καὶ τὴν] στοά(ν) ἀφιέρωσεν | ἐπ[ὶ] Αἰλ(ίου) 'Αττι[δ(ίου) Κ]ορνηλι[ανοῦ πρεσ-
6(ευτοῦ)] Σεβ(αστοῦ) ἀ[ν]τιστρ(ατήγου) ὑπάτ[ου ἀπο]δ[εδειγμένου] [1].

1. Attidius Cornelianus legatus Syriae annis 160-162 : *Prosop. imp. rom.*, I, p. 178,
n. 1116 ; adde *Jahreshefte des Oesterr. Inst.*, 1900, p. 21. Hic igitur titulus scriptus est
Antonino nondum mortuo, anno 160, aut initio anni 161 p. C. n. De aedificiis in Syria
exstructis principe Antonino cf. Pausan., VIII, 43, 4 ; Joann. Antioch., XI, p. 280,
(ed. Dindorf). Nota Gerasam tum ad Syriam provinciam pertinuisse ; circa annum 168
rursus erat Arabiae ; cf. n. 1369 ; Clermont-Ganneau, *Ét. d'arch. or.*, II, p. 88 ; Perdrizet,
Rev. archéol., 1899, II, p. 39.

1854. Gerasae. — Germer Durand, *Rev. biblique*, IV (1895), p. 375.

'Αγαθῇ τύ[χῃ. | Αὐ]τοκράτορα | [Καίσαρα] Μᾶρκον Αὐρ[ήλιον | 'Αντωνεῖνον |
5 Σεβ[αστὸν] καὶ Λού‖[κιον] Οὐῆρον Σεβαστοὺς | [ἡ πό]λις δι' ἐπιμελητοῦ |
Νέστορος.

1855. Gerasae. — Brünnow, *Mittheil. des Palaestinavereins*, 1899, p. 42, n. 7.

'Αγαθῇ τύχῃ. (Ἔτους) βλρ' [1] ὑπὲρ τῆς [τῶν Σεβαστῶν σωτηρίας [2]] | καὶ τῆς

τοῦ δήμου ὁμονοίας ἀργυρί[ου δραχμὰς] | χιλίας ἑκατὸν ἔδωκεν Θέων Δημη-
5 τρ[ίου, ἱερεὺς] | Διὸς Ὀλυμπίου, οὗ ἐστιν ἱκέτης ὑ[πὲρ τῶν τοῦ] ‖ Διὸς ἱερο-
δούλων, αὐτοῦ δὲ τοῦ [.....] | Ἀρτεμιδώρου καὶ Ἀρτεμισί[ας], πρὸ[ς δὲ τὴν
τοῦ ἱεροῦ] | οἰκοδο[μ]ὴν ἄλ[λ]ας δραχμὰς χιλία[ς]...

1. Anno 132 aerae Gerasenae = 175 p. C. n., si verum vidit Allen; cf. n. 1356. —
2. M. Aurelius et Commodus; cf. n. 1356.

1356. Gerasae. — Allen, *Americ. journ. of philol.*, VI (1885), p. 192.

[Ἔ]τους [ϛ]λρ′ [1] ὑ[πὲ]ρ τῆς τῶν Σ[εβαστῶν Αὐτοκρατόρων σωτηρίας] | .....ραι
ἀν[έ]στη[σ]αν πύλ[ην..... ἐκ | τῶν ἰ]δίων ἀν[έθ]ηκ[α]ν κα....... [Ἀντ|ωνεί]νου
Κομ[όδ]ου πρ.....

1. ΗΛΡ lapis. Anno 136 aerae quae nulla alia esse potest nisi Gerasenorum propria =
179 p. C. n., quo una imperabant M. Aurelius et Commodus. Anno autem Gerasenorum
138 (181 p. C. n.) jam mortuo patre solus Commodus summae rerum praeerat.

1357. Gerasae. — Germer Durand, *Rev. biblique*, 1899, p. 14; Puchstein, *Mittheil. des
Palaestinavereins*, 1901, p. 57, n. 17.

[Ὑπὲρ σωτηρίας Μ. Αὐρηλί]ο[υ Κομμόδου] Ἀντωνείν[ου] Σεβαστοῦ Γερμα-
νικ[ο]ῦ Σαρματικοῦ Βρεταν[νικο]ῦ [1] Εὐτυχοῦς [π(ατρὸς π(ατρίδος)?], δημαρχικῆς
[ἐξουσίας τὸ...], ὑπάτου [τὸ ..], κρατήσεος ἔτους....., | ἡ βουλὴ καὶ ὁ δῆμος
[Ἀν]τιοχ[έων τῶν πρὸς] Χρυσορόᾳ [2] [τ]ῶν [πρ]ότ[ερ]ον [Γερασ]ηνῶν, ἔτους δια-
κοσιοστοῦ..... [3].

1. Ergo post annum 184, ante annum 193. — 2. De hoc altero Gerasae nomine
cf. n. 1345 (quae pars esse potest hujus n. 1357), et n. 1347. — 3. Inter annos 247 et 256
aerae Pompeianae.

1358. Gerasae. — Lucas, *Mittheil. des Palaestinavereins*, 1901, p. 50.

Ἔτους ξρ′ Ἀρτεμισίου ακ′ | ὑπὲρ τῆς τῶν Σεβαστῶν [1] | σωτηρίας Διογένης
5 Λεω|νίδου Ἀρτέμιδι κυρίᾳ τὸν ‖ βωμὸν εὐσεβείας καὶ χρή|σμου ἕνεκεν Διογένης |
Λεωνίδου τοῦ Μάλχου.

1. Anno 160 aerae Gerasenorum (cf. nn. 1355, 1356) = 203 p. C. n., mensis Maii die xxi,
principibus Septimio Severo et Caracalla.

1359. Gerasae. — Germer Durand, *Rev. biblique*, 1899, p. 13; Puchstein, *Mittheil. des Palaestinavereins*, 1901, p. 59, n. 19.

Ἀγαθῇ τύχῃ. Ὑπὲρ σωτηρίας τοῦ κυρ[ίου]..... | ἐπὶ Ἐγνατίου Οὐίκτορος Μαρεινι[ανοῦ ¹].....

1. Egnatius Victor Marinianus, aliunde ignotus.

1360. Gerasae. — Germer Durand, *Rev. biblique*, IV (1895), p. 380, n. 18; Puchstein, *Mittheil. des Palaestinavereins*, 1901, p. 70, n. 57.

[Αὐτοκράτ]ορα Καίσαρα Μ. [Αὐρήλιον] Σεουῆρον ['Αλέξανδρον] | Εὐσε-6ῆ<ν> Σεβαστὸν ἡ πόλις δι' ἐπιμελητῶν Μάρκων Αὐρ. Ἀντω[νίου] | Μάρσου ἱππικοῦ, Κλαυδίου Νεικομάχου, Οὐ[ειψά]νου Αὔσου καὶ Λικίνν[ου Μάρσου] | Ἰούστου Ἀντωνίου, ἔτους δqσ ¹.

1. Anno 294 aerae Pompeianae = anno 231 p. C. n. Cf. n. 1361.

1361. Gerasae. — Germer Durand, *Rev. biblique*, IV (1895), p. 381, n. 19.

Ἀγα[θῇ τ]ύχῃ. Ἰουλί[αν Μαμαίαν] | Σεβαστὴν ἡ πόλις δι' ἐπιμελητῶν Μάρ[κων] Αὐρη[λίων ¹] | 'Αντωνίου Μάρσου ἱππικοῦ, Κλαυδίου Νεικομά[χου,] |
5 Οὐειψάνου Αὔσου, Λικίννου Μάρσου, Ἰούστου Ἀντω[νίου], ‖ ἔτους δqσ ².

1. Cf. n. 1360. — 2. Anno 294 aerae Pompeianae = anno 231 p. C. n.

1362. Gerasae. — Germer Durand, *Rev. biblique*, 1899, p. 7.

.....ας κώμης ὑπὲρ σωτη||ρίας τῶν κυρί]ων αὐτοκρατόρων Σεο|[υήρου καὶ
5 Ἀντωνείνου] Καίσαρος, βῆμα | ....ον Διὸς Κερασοῦ ¹ ‖.....

1. Jupiter Ammon, cujus de cultu apud Syros cf. Perdrizet, *Rev. biblique*, 1900, p. 436 et titulum nostrum n. 1222.

1363. Gerasae. — Germer Durand, *Rev. biblique*, IV (1895), p. 384, n. 25; Lucas, *Mittheil. des Palaestinavereins*, 1901, p. 52, n. 5.

Ἀγαθῇ τύχῃ. Ἔτους βμρ' ¹. | Ὑπὲρ τῆς τῶν Σεβαστῶν ² σω|τηρίας, Ἀρτέμιδι

5 κυρία ³ τὴν | στοὰν ἐποίησαν ἐκ τῶν ἰδίων ‖ οἱ σεβόμενοι καὶ τὸν λάκκον | ἐν τῷ βμρ' ⁴ ἔτει.

1. Anno 142 aerae Bostrensis (?) = 246 p. C. n. — 2. Philippi pater et filius. — 3. Diana in nummis etiam Gerasenorum efficta est; Barclay V. Head, *Hist. num.*, p. 665. — 4. ΒΛΡ, Lucas.

1364. Gerasae. — Germer Durand, *Rev. biblique*, 1899, p. 10; Lucas, *Mittheil. des Palaestinavereins*, 1901, p. 55, n. 12.

Ὑπὲρ σωτη[ρίας τοῦ ἡμῶ]ν Αὐτοκράτορος Καίσα[ρος Τ.] Αἰλίου ['Αδριανοῦ 'Αντ]ωνείνου Εὐ[σ]εβοῦς Σεβαστ[οῦ] | καὶ τέκνων [αὐτοῦ καὶ ὁ]μονοίας ¹, καὶ εὐδαιμον[ία]ς βουλῆς [καὶ δήμου τῆς κ]υρίας πατ[ρ]ίδος | Διὸς Ἡλίου μ[εγίστου Σαρ]άπιδος καὶ Ἴσιδος καὶ [ν]εωτέρας ......σων Μάλχος Δημητρίου | τοῦ Μάλχο[υ τῇ κυρίᾳ] πατρίδι ἐξ ἐπαγγελ[ί]ας αὐτοῦ τὸ?..... [ἀν]έθηκεν σὺ[ν]
5 κρηπειδώματ[ι] ‖ καὶ βάσεσιν αὐ[τοῦ? ἔτους..... Ξανθ]ικοῦ βχ' ² ἀφιερώθ[έ]ντα, ἱερω[μ]ένου πρώτως καὶ π..... [Λ.] Αἰμιλίου Κάρου πρεσβ(ευτοῦ) Σεβασ[τ(οῦ) ἀντ]ιστ[ρατή]γου ³.

1. Cf. n. 1355. — 2. Die xxii mensis Aprilis. — 3. L. Aemilius Carus, legatus Arabiae sub Pio; cf. *Prosop. imp. rom.*, I, p. 27, n. 219.

1365. Gerasae. — Germer Durand, *Rev. biblique*, 1899, p. 12 et 1900, p. 431; Lucas, *Mittheil. des Palaestinavereins*, 1901, p. 54, n. 13.

Λωχβωρ ¹. [Ὑπὲρ σ]ωτηρίας Σεβαστῶν | Διὶ Ποσειδῶνι ² | ἐνοσίχθονι ³ |
5 σωτῆρι ‖ 'Αντίοχος Γαίου | ἀνήγειρεν.

1. Quid hoc valeat nescimus. — 2. Intellige : « deo Neptuno ». Cf. Le Bas et Waddington, *Inscr. d'As. Min.*, III, n. 361. — 3. Homericum cognomen. E terrae motu incolumis superfuerat Antiochus. Antonino fortasse principe, annis 138/142, aut 151/152; Lacour-Gayet, *Antonin le Pieux*, p. 163.

1366. Gerasae. — Germer Durand, *Rev. biblique*, 1899, p. 13; cf. Perdrizet, *ibid.*, 1900, p. 433.

Ὑπὲρ τῆς..... Σεβασ[|τοῦ] σωτηρίας Φλάουιος Μαχὲρ |...ς ...ινου τοῦ
5 'Α... | ..... [τ]ὸν 'Απόλλωνα ‖ τῇ πατρίδι ἀνέθηκεν.

1367. Gerasae. — Rohrer, *Mittheil. des Palaestinavereins*, 1901, p. 19.

'[Υ]πὲρ τῆς τῶν Σεβαστῶν σωτηρίας... | [Β]ρετεννίᾳ ἐκατονθάρχης [1] ἐπα-
νελθ[ὼν] | ἐπέ[χτι]σεν ναὸν Διὸς Ἐπικαρπίου... | Ῥαγένης Μόλπωνος ὁ αὐτοῦ
πατὴρ ἄρ[χων].....

1. Sic lapis.

1368. Gerasae. — Germer Durand, *Rev. biblique*, 1899, p. 16; cf. Brünnow, *Mitth. des
Palaestinavereins*, 1899, p. 56, n. 8 et Lucas, *ibid.*, 1901, p. 72, n. 63.

5   Κρισπῖναν | σύμβιον Κ. Ἀντισ|τίου Ἀδουεντοῦ | ὑπάτου [1] ἡ πόλις ‖ διὰ
ἐπιμελητοῦ | Αἰλίου Εὐμένου[ς] | ὁ καὶ Βοήθου.

1. Q. Antistius Adventus Arabiam rexit M. Aurelio et L. Vero principibus, annis 166-168
p. C. n.; consulatum iniit hoc anno. Cf. inter alios : R. Cagnat, *Rec. de Constantine*,
XXVIII (1893), p. 81 et sq. Gerasa igitur Arabiae tum attributa erat.

1369. Gerasae. — Lucas, *Mittheil. des Palaestinavereins*, 1901, p. 70.

Λ. Ἀττί[δ]ιον [1] Κορνηλιανὸν | ὑπατικὸν [2] | Φλ. Κ[ρίσπο]ς | τιμῆ[ς ἔνεκε]ν.

1. ΑΤΤΙΛΙΟΝ traditur. — 2. L. Aelius Attidius Cornelianus legatus Syriae anno 160
p. C. n.; *Prosop. imp. rom.*, I, p. 178, n. 1116.

1370. Gerasae. — Germer Durand, *Rev. biblique*, IV (1895), p. 376.

.....ν[α]ῷ ἐπὶ Γεμινίου Μα[ρ]χιανοῦ [1] | ....[ὑπα]τοῦ ἀναδεδειγμένου | .....
[ἔτους ....] κζ'.

1. P. Julius Geminius Marcianus (*Prosop. imp. rom.*, II, p. 194, n. 227) legatus Arabiae
fuit anno 162 (*C. I. L.*, 14149 [23], [32], [41], 14173, 14175[2]). Consulatum adeptus est paulo post,
circa annum 165. Idem praeses memoratur in titulo Geraseno (*C. I. Gr.*, 4664 = Lucas,
Mittheil. des Palaestinavereins, 1901, p. 58, n. 18) :

[Υ]πὲρ τῆ[ς] τῶν Σεβ(αστῶν) σωτηρίας καὶ αἰ[ωνίου διαμονῆς Ἀ]ντωνίνου καὶ Οὐήρου [αὐτοκρα-
τ]όρων καὶ [σύνπαντος] οἴκου αὐτῶν ἀφιερώθη, ἐπ[ὶ Γ]ε[μινίου | Μαρχιανοῦ) πρεσβ(ευτοῦ) Σεβ(αστοῦ)
ἀντιστρ(ατήγου) ἔτους σκθ' Λώου ε'.... Annus 225 aerae Pompeianae = 162 p. C. n.

1371. Gerasae. — Buresch, *Zeitschrift des Palaestinavereins*, XVIII (1895), p. 143.
Cf. Clermont-Ganneau, *Etudes d'archéol. orient.*, II, p. 87 et 90 et Lazarew, *Gerasa*,
p. 30.

Ἀγαθῇ τύχῃ. | Ἀλφῆνον Ἀουειτιανὸν | πρεσβ(ευτὴν) Σεβ(αστοῦ) ἀντιστρά|-
5 τηγον ¹ M. Αὐρ. Ἀλκέτας ‖ Ἀντιοχεὺς Δάφνης Μητρο|πολείτης ² βου-
λευτὴς, | παράδοξος ξυστάρχης | διὰ βίου, ὑπὲρ τοῦ σύν|παντος ξυστοῦ τὸν ‖
10 εὐεργέτην.

1. L. *Alfenius* Avitianus fuit inter fratres Arvales annis 218-231 p. C. n. : *Prosop. imp.*
rom., I, p. 48, n. 374. Idemne vir hic *Alfenus* nuncupetur non liquet. — 2. Antiochea
ἡ ἐπὶ Δάφνῃ, caput Syriae, jam ante Syriam a Romanis subactam metropolis vocabatur.
Cf. Marquardt, *Organis. de l'emp. rom.*, II, p. 365.

1372. Gerasae. — Germer Durand, *Rev. biblique*, 1899, p. 21.

Αἰλίου | Γερμα|νοῦ πρ(ιμι)|πιλαρ(ίου).

1373. Gerasae. — Lucas et Nöldeke, *Mittheil. des Palaestinavereins*, 1901, p. 73 et 83 ;
Clermont-Ganneau, *Rec. d'archéol. orient.*, V, p. 307.

Χαίρετε.
[Κ]λ[η]μοφόρους [σ]ταδίο[υς καὶ] ἀέθλια (μ)ακρὰ τε(λ)έσσας |
ἐνθά(δ)ε (Γ)ερμανὸς, [σ]ῶ(μ)α λυθεὶς, ἐτέθην, |
ἑπτὰ κα[ὶ] ἑβ[δ]ο[μ]ήκοντα μεταλ[λά]ξας ἐνιαυτῷ, |
ἡ[γ]εμόνων ὑπάτων χρησάμενος φιλίαις. ‖
5 Οὐδενὶ δ' ἐξέσται ἄ[λ]λῳ τίνι τῇδε τεθῆναι, |
ἢ μονῇ Ἡδίστῃ συ[νβ]ίῳ ἀ[γ]νοτάτῃ.
Χαίρετε.

1374. Gerasae. — *C. I. L.*, III, 14159 ¹.

Val..... Eptace[nti] f. | [eq(ues)] alae | Thracum | Aug. ; Q. V[al. Cotelses] ‖
5 frater eius fecit. |
Τούτενες Ἐπτακέντου υἱὸς · | Κοτέλσης ¹ ἐπόησεν ὁ ἀδελ|φὸς αὐτοῦ.

Latina non satis certa sunt.

1. Toutenes (?), Eptacentus, Cotelses, nomina apud Thracas usitata.

1375. Gerasae. — Germer Durand, *Rev. biblique*, 1895, p. 386, n. 27; Lucas, *Mittheil. des Palaestinavereins*, 1901, p. 70, n. 61.

Μᾶρχον Αὐρήλιον | [Μ]άρωνα ᾽Αμύντου Δημ[η|τ]ρίου πρ[ῶ]τον τῆς πόλ[εως] |
5 ....σάμενον..‖...φιλοδοξήσ[αντα] | .....ων πρεσβε[ύσαντα εἰς τὴν | β]ασιλίδα
῾Ρώμη[ν ....|σ]αντα δὶς πέντε ἔ[τη ... κατ΄ | ἐ]νιαυ[τ]ὸν? ἀγο[ρανομήσαντα
10 καὶ] ‖ προεδρεύσ[αντα | καὶ ἄ]λλα πόλλα ἀμφι[πολ]|ησάμενον καὶ φοινε[ι]|κ]αρ-
15 χήσαντα ¹ καὶ πάσα[ς | τὰς τιμὰς ἀποπληρώσαντα ‖ ἡ Γερασηνῶν πόλις].

1. Φοινειχαρχήσαντα agnovit Perdrizet (*Rev. arch.*, 1899, II, p. 39). De communi Phoenices et de Phoenicarcha pauca admodum novimus. Quum Gerasenus, omnibus honoribus in sua civitate functus, ad commune Phoenices missus sit, oportet eo tempore, quo titulus exaratus est, Gerasa Syriae Phoenice adscripta fuerit, quod Perdrizet evenisse arbitratur anno 195 usque ad annum paulo posteriorem, quo Arabiae iterum conjuncta sit.

1376. Gerasae. — Germer Durand, *Rev. bibl.*, 1899, p. 5.

[᾽Αγαθῇ τύχῃ]. Ἔτο[υς] θκρ΄ | [ἀπὸ τῆ]ς σεβαστῆς εἰρήν[ης] ¹, | [ἐπὶ
5 τ]ῆς ἀρχῆς ᾽Απολλωνίο[υ | ᾽Αρισ]τίωνος? προέδρου καὶ ‖ .....ου Δημητρίου
δεκαπρ(ώτου) | [διὰ β]ίου πόλεως, καὶ ᾽Αντιόχ[ου | ...]ωνος ἀρχόντων, καὶ
Ξερ......αιρέου γραμματ[έως].

1. Anno 129 post pugnam Actiacam = 98 p. C. n.

1377. Gerasae. — Perdrizet, *Rev. biblique*, 1900, p. 432.

Τ. Φλ. Φλάκκ[ον] | Φλάκκου υἱὸν Κυρ[ίνᾳ] | Κερσίλοχον ¹ Δημήτριος | ὁ καὶ
5 Δίφιλος Δημητρίου ‖ εὐνοίας χάριν.

1. Is civitatem acceperat ab imperatoribus Flaviis. Ad eumdem illum virum pertinet alter titulus Gerasenus, *ibid.*, 1899, p. 9.

1378. Philadelphiae in templo acropoleos. — Germer Durand, *Rev. biblique*, IV (1895), p. 587. Cf. Allen, *Americ. journ. of philol.*, VI (1884), p. 190.

.. [Μάρχ]ου Αὐρηλίου ᾽Αντωνεί[ν]ου Λύγ[ούστ]ου μεθ᾽ ὧν ἐχαρίσατο | ....
...ν ἐπὶ Γεμιν[ίου Μαρκιάνου πρεσβευτοῦ τῶν Σεβαστῶ]ν ἀν[τιστρ]ατήγου ¹
...ε...|.....των κυρ[ίων] | ......υ τ[ὸ] ἱερ[ὸν].......

1. De P. Julio Geminio Marciano, legato Arabiae principibus M. Aurelio et L. Vero, cf. supra n. 1370.

1379. Philadelphiae. — Clermont-Ganneau, *Rec. d'archéol. orient.*, II, p. 25.

5 ....|....... ' [λ]εγ(εῶνος) | δεκάτης Φρ(ετησίας) | Γορδιανῆς ‖ Αὐρ. Οὐικτω[ρίνα?]

1. **OPIKTΩINONA**... traditur, fortasse Οὐικτωρῖ|νον vel, ut proponit Clermont-Ganneau, Οὐίκτω[ρι στρ]π[τ(ιώτη) λ]εγ(εῶνος), etc.

1380. Medabae. — Germer Durand, *Rev. biblique*, 1895, p. 590. Cf. Schumacher, *Zeitschr. des Palaestinavereins*, XVIII (1895), p. 123.

Γ. Δομίτιον | Ἀλέξανδρον | κεντυρίωνα λεγ(εῶνος) γ΄ Κυρ(ηναικῆς) ἡ πόλις |
5 εὐνοίας καὶ ‖ ἀγνείας | χάριν.

1381. Medabae. — Germer Durand, *Revue biblique*, 1895, p. 590; Clermont-Ganneau, *Rec. d'arch. orient.*, II, p. 12 et 401.

Ἀβδάλλας Ἀνά[μ]ου τὸ ταρεῖμα | τοῦτο ἐ[ποίη]σεν [ἐξ οὐσ[ιῶν ἰδίων, θε|.....
5 ἑκατέρω|θεν ἔκτισεν ἅμα καὶ [ἱε]ρὸν τέρμα ‖..... ἔτους.... ', μτ΄ κατα|στάσεως
...... ², Ἀντωνείν|[ου] Καίσαρος ἔτους ιθ΄ ³.

1. Anno fortasse Seleucidarum υξθ΄, 469. — 2. Anno 340 post conditam urbem, si suppleveris [πόλεως]; sed numerum bene descriptum esse dubium videtur. — 3. Anno 19 Antonini = 156 p. C. n. At lectionem tituli dubiam esse monendum est.

1382. Kerak (apud Moabitas), in castello. — Germer Durand, *Rev. biblique*, V (1896), p. 616.

[Ὑπ]ὲρ σωτηρίας καὶ αἰωνία[ς διαμονῆς | Ἀντωνε]ίνου Σεβαστοῦ........

1383. Petrae. — Kaibel, *Epigr. gr.*, n. 434.

Ἀρριανὸ[ς μέν μοῦστ' ὄ]νομα, ζαθέ[η δέ με Πέ]τρη |
    γαίης Ἀραβίη[ς] γε[ίνα]το μητ[ρ]ο[π]όλι[ς] ' |
Αὐσονίων δ'............................. ²
    θεσμῶν, καὶ γλυκερῆ[ς] κῦδος ἔ]γωγε πάτρης. ‖

5   Ἑϐδόματον [δέ μ' ἄγ]ον[τ]α καὶ εἰκ[οσ]τὸν [λυ]χ[ά]ϐαν[τ]α |
νοῦσος [πα]ν[δ]α[μάτε]ιρ' ἥρ[πα]σ[εν] εἰς Λί[δην]. |
Τοῦτο δ' ἐμὴν κρα[δί]ην μοῦ[νον δ]άκεν, οὕνεκα μ[ητ]ρὶ |
γηραίῃ θ[ρή]νου[ς] ἀε[νάους] λι[π]όμην.

1. « Titulus anno 105 recentior, quo anno Arabia Petraea Romanorum facta est. Petra urbs jam Hadrianea aetate metropolis vocatur. » Kaibel. — 2. ΛΟΥΗΙΜϾ....ΙΛΙΑΒΝΙΛ. ΜΟΡΥΝΗΝ traditur. « Θεσμοὶ Αὐσόνιοι sunt jus romanum, cujus ille peritiam aut jactat aut nancturum se speravisse ait ». Id.

1384. Ouad-el-Mouketteb, in rupe inter multa alia verba incisa. — *C. I. Gr.*, 4668 et Add.; Euting, *Sinaitische Inschriften*, 615.

[Οἱ Σύροι] | κακὸν γένος. Λοῦπος | στρατιώτης ἔγραψα τὸ | πᾶν ἐμῇ χ(ε)ιρί.

Ibidem legitur litteris infimi aevi, aetatis fortasse Byzantiae (*C. I. L.*, III, 86) :

Cessent Syri | ante Latinos | Romanos.

1385. Miliaria Syriae et Arabiae fere omnia (cf. nn. 1028, 1029) latine inscripta sunt. Sed in fine cujusque saepe post numerum milium latinum graecis etiam litteris inscriptus est idem numerus.

Vide *C. I. L.*, III, 205, 6728, 14150, 14151, 14169, 14172, 14175, 3, 14176, 2, 4, 8, 9.

In aliis additum est nomen urbis unde milia numerata sunt : μέχρι ὧδε μίλια.....
ἀπὸ κολωνίας Αἰλίας Καπιτωλίνης, *C. I. L.*, III, 12085, 12088, 13592, 13594, 13595, 13598.
ἀπὸ Σκυθοπόλεως, *Ibid.*, 14155, 21.
ἀπὸ Ἐλευθεροπόλεως, *Ibid.*, 14155, 16. 16.
ἀπὸ Φλαουίας Νέας Πόλεως, Michon, *Bull. de la Soc. des Antiquaires de France,* 1902, p. 125; Germer Durand, *Échos d'Orient,* 1901, p. 13.
ἀπὸ Ἐσϐοῦντος, *C. I. L.*, III, 14152, 14153, 14154, 1.
Adde *C. I. L.*, III, 14149, 11, ubi legitur ab una parte : Ὄρος, ab altera : ΛϾΜ. Πέτρα μέσα, quod vix intelligitur.

ADDENDA

ET CORRIGENDA

ADDENDA

ET CORRIGENDA

BITHYNIA ET PONTUS

1386 = **3.** In vico Hamidié. — Mendel, *Bull. de corr. hellén.*, XXV (1901), p. 90, n. 227.

1387. Nicomediae. — *Bull. de l'Inst. arch. russe de Constantinople*, II (1897), p. 140.

5 ... | M. Αὐρήλ(ιον)...|... ἱερέα πρῶτο[ν]..|.. Καπ[ίτ]ωνα ‖ [ἱεραρ]χήσαντα |
Καπίτωνος.. | [καὶ] Πρόκλ[α]ν [τὴν γυναῖκα αὐ]|τοῦ ἱερασα[μένην] | ἀσυγκρί-
10 τως...‖... Ἀντωνεί[νου] | ...... ¹.

1. ...... ΠΡΕΙΕΡ... | ...ᵓΣΙ traditur.

1388. Ada-Bazar. — Mendel, *Bull. de corr. hellén.*, XXVII (1903), p. 314, n. 1.

In fine tituli sepulcralis :

v. 7 : [ἂ]ν δέ | τις παρὰ τὰ προγεγραμμένα [ποιήσῃ, δώσει τῷ] φίσκῳ
δηνάρια ͵α.

1389 = **14.** — Mendel, *Bull. de corr. hellén.*, XXV (1901), p. 57, n. 202.

v. 7 : ποιήσῃ, Δησανῶν.

De lectione dubitari posse negat Mendel, qui addit omnia tituli verba integra esse.
Omnes igitur uncos dele.

1390. Bey-Keui. — Mendel, *Bull. de corr. hellén.*, XXVII (1903), p. 316, n. 4.

Π. Σειλίῳ Γεμέλλῳ ἑκατον|τάρχῃ Π. Σεῖλιος Ἀντωνῖνος | ἐποίησεν | τῷ πατρί.

1391 = 16. Paladari. — *C. I. L.*, III, 14188 ².

1392 = 19. In vico dicto Bazar-Keui. — Mendel, *Bull. de corr. hellén.*, XXIV (1900), p. 382, n. 28.

1393. Cii. — Mendel, *Bull. de corr. hellén.*, XXIV (1900), p. 376, n. 23.

Post 9 versus legitur :

10   ‖ εἰ δέ τις ἕτερον νέ|κυν ἐνθάδε θάψῃ, | δώσει προστείμου | τῷ φίσκῳ δύο καὶ [δ]|(ε)κα | μυριάδας.

1394. Besbyci. — Mendel, *Bull. de corr. hellén.*, XXIV (1900), p. 375, n. 15.

..... τέκνοις .....|... τοις · εἰ δέ τις [ἕτερον] ἐπεμβάλῃ σῶμα δώσῃ [προστίμου] | τῷ φίσκῳ δηνάρια φ|....υο..χων....

1395 = 28. Apameae Myrleanorum.

V. 5 : δ[η]πότατον. Ita corrigendum nos benigne monuit Bücheler.

1396. Prusae. — Mendel, *Bull. de corr. hellén.*, XXIV (1900), p. 369, n. 4.

5   ... | Νεικομήδει στρατι|ώτῃ σπείρης ἕχτης ¹ | στρατευσα[μ]ένῳ ‖ ἔτη αι', ζήσαντι ἔτη | κθ', [τὸ μ]νημεῖον | [κατεσ]κεύασεν | μνήμης χάριν. | Χαίρετε.

1. Cohors quaedam VI equestris in Bithynia sub Trajano tendebat (Plin., *Ep.*, X, 107).

1397. Keremed. — Mendel, *Bull. de corr. hellén.*, XXIV (1900), p. 385, n. 41.

Ἀγαθῇ [τύχῃ]. | Ἔτους δ΄ τῶν [κυρίων ἡ]|μ[ῶν] αὐτοκρατ[όρων Γαίου] | Οὐα-
5 [λ]ερί[ου Διοκλητια]|ν[οῦ καὶ Μ. Αὐρ. Οὐαλ. Μα]|ξιμιανοῦ Εὐ[σεβῶν Εὐτυ]|χῶν
10 Σεβαστ[ῶν [1] ......]|ς ὁ ὡρολογιά[ρχης [2] τῆς] | τετρακομίας [3] [ἀνέστη]|σεν Αὐρ.
Μαρχια[νὸν τὸν ἀπὸ ἐ]|γδίκου . βουδο..... [4], | οἰνοποσιάρχου [5], [Βει]|θυνιάρχου [6],
15 καὶ [εὐερ]|γετοῦντα τὸν δ[ῆμον] | σὺν τῇ γυνεκὶ α[ὐτοῦ Αὐ]|ρηλίᾳ Στεφάνῃ [καὶ
20 τῶν] | τέκν(ων) αὐτῶν, | ἐπιμελησαμέν[ων] | Χρήστου γραμ[μ]ατέως | τοῦ δήμου
καὶ Αὔ|λου προθύτο[υ] [7].

1. Anno 288/289 p. C. n. — 2. Magistratus aliquis praepositus curandis horologiis
publicis. Cf. Ardaillon, *Horologium*, apud Saglio, *Dict. des antiq.* — 3. Pagi quatuor ad
Nicaeam pertinentes. — 4. Collegium cultorum alicujus dei, ut interpretatur Mendel. —
5. Sacris conviviis hujus collegii praepositus. Cf. J. Zingerle, *Jahreshefte des Oester.
Institutes,* VI (1903), p. 122. — 6. Fuerat ille vir tantum Bithyniarcha; non Pontarchiam
simul gesserat. — 7. Sacerdos publicus civitatis potius quam collegii.

1398 = 41. Nicaeae.

V. 9-12 : Ἰστρίας, δουχηνάριον [3], λόγου.

Male scripti sunt adnotationum numeri.

1399 = 43. Nicaeae.

V. 10 « τρισχαιδέχατον legendum videtur. » Bücheler.

1400 = 45. Nicaeae. — *C. I. L.*, III, 12225.

1401 = 46. Nicaeae. — Mendel, *Bull. de corr. hellén.*, XXIV (1900), p. 393, n. 60;
p. 394, n. 61.

P. Clodio Antho f. | e[t] lib[e]ris [e]ius. |
5 Π. Κλω[δ]ίῳ Ἄ[ν]θωι [υἱ]ῶι | καὶ τοῖς τέκνοις. | Σκάφη α΄ [1]. |

Clodia[e] Callistae | c[um · P]rima ma[t]re. |

10   Κλωδί[ᾳ] ² Καλλίστη | σὺν Πρεί[μ]ᾳ τῇ μητρί. ‖ Σκάφη α΄.

1. Alveus, sepulcrum, sarcophagus unus. Cf. n. 1406 et titulum Nicaeensem alterum, *C. I. Gr.*, 3757. — 2. ΚΛΩΔΙΣ lapis. — 3. ΠΡΕΙΝΑ lapis.

1402. Nicaeae. — Mendel, *Bull. de corr. hellén.*, XXIV (1900), p. 390, n. 49.

5   ....us C. l....|.....nus leg....|....nes celebrar..|... praederis...|... urai..... | ¹.
... πρεσβευ[τ].......

1. Lectio admodum incerta.

1403. Nicaeae. — *C. I. L.*, III, 12224.

5   ..... | ....χ...|... δόμ[ῳ] Νει[καίᾳ?] | ... λεγιῶν[ος ..... ‖ ...η]ς ζήσας [ἔτη]....... |
..... [Bla]esus d[omo Nicaea?].

« Offendit in milite legionario graecus vel certe semigraecus titulus latino praepositus. »

1404. Nicaeae. — Mendel, *Bull. de corr. hellén.*, XXIV (1900), p. 390, n. 48.

.... [ἀ]ποδ[ώσει] | τῷ φίσκῳ δηνάρια · φ΄.

1405. Nicaeae. — Mendel, *Bull. de corr. hellén.*, XXIV (1900), p. 393, n. 59.

...ιω..... | [μετὰ] τὸ κατατεθῆναι | [ἕτ]ερον σκυλαιτήν · | [εἰ δέ τ]ι σκύλη,
5 δώσει ‖ [τῷ φίσκῳ δηνάρια] φ΄ καὶ τῇ πόλει δηνάρια β΄.

1406. Kiresi-Iaila-Mabjen. — *C. I. L.*, III, 14402 e.

Seruilio Quirina fil(ia) | cum uxore [et] natis eius. |
5   Σερουιλίῳ [Κουι]ρίνα | σὺν τῆι γυναικὶ καὶ τέκνοις. ‖ Σκάφαι ¹ δύο.

1. Cf. *C. I. Gr.*, 3757, et supra n. 1401.

1407. Kiresi-Iaila-Mabjen. — *C. I. L.*, III, 13650. In miliario primo a Nicaea, post titulum latinum.

['Απὸ] Νικαίας......

1408. Ieni-Keui. — Mendel, *Bull. de corr. hellén.*, XXIV (1900), p. 383, n. 33.

['Αγα]θῇ τύχῃ |..... Ζεὺς 'Α<σ>στραπαῖος [1]. | ['Ο] δῆμος ἐτείμησεν Κάσ|-
5 σιον Λυαῖον τὸν ἔκδι‖κον καὶ γραμματεύα | κατὰ ἐπαγγελίαν | Ἐπαξ[ί]ωνος
λιθου[ρ]‖γοῦ [2].

1. Cf. supra n. 17. — 2. V. 7-8. De lectione Mendel jure dubitare videtur; cf. tamen *Bull. de corr. hellén.*, XXVI (1902), p. 182.

1409 = 50. Gueul-Bazar. — Mendel, *Bull. de corr. hellén.*, XXIV (1900), p. 402, n. 78.

V. 9. ἔγδικον καὶ π...ο.. ‖

Conjecerat, melius fortasse, Bücheler : [εὐνο]‖ροῦντα διὰ παντός.

1410 = 51. — Mendel, *Bull. de corr. hellén.*, XXIV (1900), p. 398, n. 72.

V. 7. ἀν[έστησ]εν.

1411. Ak-hissar. — Mendel, *Bull. de corr. hellén.*, XXIV (1900), p. 395, n. 65.

Κλαύδιος Βάχχιος ὁ | [στρατιώ]της σπείρης [ἕκτης?] [1].

1. Cf. n. 1396.

1412. Kara-Alilar. — Mendel, *Bull. de corr. hellén.*, XXV (1901), p. 59, n. 205.

5 Ἐνθάδε κεῖτε | Γλύκων, σὺν Διο|νυσίῳ τῷ ἀδελ|φῷ ξ' ἔτη ζή[σας], ‖ σὺν
Μαρκίᾳ μ' ζ|ήσας ὁσίως, μη|δένα λυπήσας, | ἀννωναρχήσα[ς] | λεγιῶσι α' καὶ
10 β' [1] ‖ διόδοις [ἐπὶ] | Πέρσας. | Χαίρετ[ε].

1. Legiones I et II Parthicae, ut videtur, quae, Caracalla principe, cum Parthis pugnaturae per Bithyniam iter fecerant.

1413 = 54. Prusiade ad Hypium. — Mendel, *Bull. de corr. hellén.*, XXV (1901), p. 60, n. 206.

1414 = 56. Prusiade ad Hypium. — Mendel, *Bull. de corr. hellén.*, XXV (1901), p. 83, n. 214.

1415 = 57. Prusiade ad Hypium. — Mendel, *Bull. de corr. hellén.*, XXV (1901), p. 86, n. 216.

1416 = 58. Prusiade ad Hypium. — Mendel, *Bull. de corr. hellén.*, XXV (1901), p. 64, not. 1, contulit et correxit.

V. 2 : κρατίστης βουλῆς. — V. 3 : Οὐαλερίων lapis. — V. 6 : ἱππικῶν lapis. — V. 10 : Φαδίλλα lapis. — Praeterea inversus est ordo versuum; nam incipit titulus v. 5 : Τὸν κράτιστον.......

1417 = 62. Prusiade ad Hypium. — Mendel, *Bull. de corr. hellén.*, XXV (1901), p. 76, n. 209.

Sequebantur nomina phylarchorum per tribus digesta, ut in nn. 64, 65, 67, 68, 1421, 1422, 1423, quorum nonnulla supersunt.

1418 = 67. Prusiade ad Hypium. — Mendel, *Bull. de corr. hellén.*, XXV (1901), p. 72, not. 2, correxit : V. 27 : [φ]υλῆς [Σαβει]νια[νῆς]. Adde : V. 32 : φυλῆς [Προυσιάδος]. V. 35 : φυλ[ῆς Ἀδριανῆς].

1419 = 69. Prusiade ad Hypium. — Mendel, *Bull. de corr. hellén.*, XXV (1901), p. 64, not. 1, contulit et correxit. V. 8 : Τίτιον. — V. 16 : ἀπὸ τῶν λειψάνων. Inversus est ordo versuum; nam incipit titulus v. 7 : Τὸν ἐκ προγό[νω]ν.....

1420. Prusiade ad Hypium. — Mendel, *Bull. de corr. hellén.*, XXV (1901), p. 84, n. 215.

.....[ἐπίτροπον....] ρίας x[αι........] | καὶ Συρίας Παλαιστίνης, [ἔπαρχον ἐ]ν |

Πεωνίᾳ τῆς [1] α′ Θραχῶν Ἡρακλειανῆς, χει|λίαρχον λεγ(εῶνος) ις′ Φλ. Φίρμης [2],
5 ἔπαρχον ‖ σπείρης α′ Γερμανῶν [3] χειλιάνδρου, | Π. Οὔλπιος Παπιανὸς τὸν
φίλον | καὶ εὐσε[6.......

1. ΤΗΣ traditur. Annon est in lapide ΙΛΗΣ? Ala I Thracum, dicta Herculania ab urbe
Herculia Pannoniae, graece Παιονίας, sive Πεωνίας (Dio XLIX, 36). — 2. Legio XVI Flavia
post Trajanum vocata est Firma. — 3. Cohors I miliaria Germanorum miliaria in Oriente
militabat.

1421. Prusiade ad Hypium. — Mendel, *Bull. de corr. hellén.*, XXV (1901), p. 65, n. 208.

Τὸν ἀγαθὸν καὶ ἀπὸ προγόνων | φιλότειμον καὶ φιλόπατριν, | ἐπαινεθέντα
5 ὑπὸ τῆς πατρίδος | ἐπὶ πάσαις πολειτείαις, ‖ ἀγορανομήσαντα μεγαλοπρεπῶς, |
ταμίαν τῶν σειτονικῶν | χρημάτων, παραπέμψαντα | τὰ ἱερὰ στρατεύματα
10 πολλάκις [1], | πρεσβεύσαντα ὑπὲρ τῆς πατρίδος ‖ καὶ τὰς λοιπὰς δὲ ἐκτελέσαντα |
λειτουργίας ἀμέμπτως τῇ πατρίδι, | Πόπλιον Αἴλιον Ὀκταουιανὸν | Τύραννον, |
15 ἄρξαντα τὴν μεγίστην ἀρχὴν ‖ καὶ νῦν ἀποδεδειγμένον | πρῶτον ἄρχοντα καὶ
ἱερέα | καὶ ἀγωνοθέτην Διὸς Ὀλυμπίου, | οἱ τῆς ὁμονοίας εἰς τὴν ἀρχὴν |
20 αὐτοῦ ἀποδεδειγμένοι φύλαρχοι, ‖ ἀντὶ τῶν εἰς αὐτοὺς εὐποιιῶν.

Sequuntur nomina 24 virorum, quorum bini in quaque 12 tribuum phylarchi illo
anno fuerunt; 12 tribus Prusiacas vide n. 1422.

1. Deduxit exercitus Septimii Severi, adversus Pescennium Nigrum agentis, et
Caracallae (anno 215). Cf. n. 60.

1422. Prusiade ad Hypium. — Mendel, *Bull. de corr. hellén.*, XXV (1901), p. 61, n. 207.

Τὸν σεβαστόγνωστον καὶ πρῶτον τειμηθέντ[α] | ἄρχοντα ἐν τῇ πατρίδι τῷ τῆς
πορφύρας σχήματι [1] καὶ διὰ | [β]ίου, τῆς πατρίδος τειμηθείσης ὑπὸ τοῦ γῆς καὶ
5 θαλάσσης | δεσπότου Αὐτοκράτορος Μ. Αὐρηλίου ‖ [Ἀντωνείνου] Εὐσεβοῦς Εὐτυ-
χοῦς Σεβαστοῦ [2], | Μ. Αὐρήλιον Ἀσκληπιοδοτιανὸν | Ἀσκληπιάδην, | αἰτήσαντα
αὐτὸν τὴν πορφύραν καὶ λαβόντα, | δὶς ἄρχοντα καὶ πρῶτον ἄρχοντα καὶ ἱερέα ‖
10 καὶ ἀγωνοθέτην τῶν μεγάλων πενταετηρικῶν | Αὐγουστείων Ἀντωνινείων ἀγώνων,
ἀγορανομή|σαντα μεγαλοπρεπῶς, γραμματεύσαντα νομίμως, | ταμίαν καὶ λογισ-
τὴν τῶν σειτωνικῶν χρημάτων [3], | καὶ ἀληθῶς φιλόπολιν καὶ πολλάκις γυμνα-

15 σίαρχον ‖ καὶ τὰς λοιπὰς λειτουργίας καὶ φιλοτειμίας | πάσας ἀγνῶς καὶ ἀμέμπτως πολιτευσάμενον, | οἱ τοῦ ἔτους αὐτοῦ τῆς ἀρχῆς ἡρημένοι φύλαρχοι. |

20 Φυλῆς Σεβαστηνῆς · | Πεισωνιανὸς Καλλίστρατος, ‖ Κορνηλιανὸς Θεαγένης. | Φυλῆς Θηβαΐδος · | Μ. Αὐρήλ. Ἀττικιανὸς | Ἀλεξανδριανὸς Ὀλύμπιος, |

25 Μ. Αὐρηλ. Ταυριανὸς ‖ Ἡρακλείδης. | Φυλῆς Γερμανικῆς · | Ἀσκληπιόδοτος Φλαβ. | Δομιτιανοῦ Ἑρμοδώρου. |

30 Φυλῆς Σαβεινιανῆς · ‖ Αὐρήλ. Τειμοκράτ. Ῥοῦφος, | Αὐρήλιος Κλαυδιανὸς | Ἰουλιανός. |

35 Φυλῆς Φαυστινιανῆς · | Μ. Οὐαλέριος Ζωίλος, ‖ Αὐρήλιος Δυναστιανὸς | Νεικηφόρος. |

40 Φυλῆς Διονυσιάδος · | Δομίτιος Πρεῖσκος, | Αὐρήλ. Φιλιππιανὸς Φίλιππος. ‖ Φυλῆς Τιβεριανῆς · | Τ. Αἴλιος Ἀσκληπιόδοτος, | Αὐρ. Σωσικρατιανὸς Ὄνητος. |

45 Φυλῆς Προυσιάδος · | Μ. Αὐρ. Θεόμνηστος, ‖ Αὐρ. Χρυσιππιανὸς Ἰάσων. | Φυλῆς Ἀδριανῆς · | Μ. Αὐρηλ. Παπιανὸς Σώτας, | Μ. Αὐρηλ. Κρισπιανὸς | Ἀλέξανδρος, ὁ καὶ Κύριλλος. ‖

50 Φυλῆς Μεγαρίδος · | Μ. Αὐρήλιος Χρυσιανὸς | Χρήστου, | Μ. Αὐρ. Παπιανὸς Παπιανο[ῦ]. |

55 Φυλῆς Ἰουλιανῆς · ‖ Ἰουλιανὸς Εὐκράτης, | Προκλιανὸς Κλαυδιανὸς | Μαρείνου. |

60 Φυλῆς Ἀντωνιανῆς · | Μ. Αὐρ. Ἀντωνιανὸς ‖ Μάξιμος, | Μ. Αἴλιος Ἑβούριος | Σύμφορος.

1. Lato clavo exornatus. — 2. Caracalla Prusiadem adiit anno 214 p. C. n., post pridie nonas Apriles, quo die anniversarium suum Nicomediae celebravit (Dio, LXXVII, 18, 1). Prusiade Asclepiades, quum archon esset civitatis, latum clavum ab imperatore rogavit et impetravit. — 3. Quaestor pecuniae frumentariae, idem profecto qui Prusiade etiam agoranomus vocatur, frumentum saepe ministrabat de suo. Cf. Liebenam, *Städteverwaltung*, p. 362.

1423. Prusiade ad Hypium. — Mendel, *Bull. de corr. hellén.*, XXV (1901), p. 78, n. 210.

Μ[α]ρχ[ον Αὐρήλιον] Μενανδριανὸν | Μένανδρον | .....ου Δομιτίου, δὶς ἄρχοντα
5 καὶ πρῶτον | [ἄρχοντα καὶ ἱερέα καὶ ἀγωνοθέτην ‖ [Διὸς] Ὀλυμπίου καὶ ἀγω[νο-
6θέτην τῶν | [μεγ]άλω[ν] Αὐγου[στ]είων πεν[τ]α[ε]τηρι[κ]ῶν ἀγώνων, ἀγορα-
νομήσαντα ἐ[ν|δόξ]ω[ς]..... τὴν πρώτην τετράμηνον | ..... [ἐπι]μελ[ησά]μενον

10 ἐν τῇ σευ‖[τοδείᾳ, ἀρ]γυρο[τ]αμία[ν] τῶν ἐλ[αιο|νικῶν χρημάτων κ]αὶ τὰς
λοιπὰς λε[ιτουρ|γίας καὶ φιλοτειμίας πο]λειτευσαμ[έ]νο[ν] ἀ[μέμπτως | οἱ] τῆ[ς]
ἀρ[χῆ]ς αὐτοῦ [ἠρη]μένοι | [φ]ύ[λ]αρχοι.

Sequuntur nomina phylarchorum.

1424. Claudiopoli. — Mendel, *Bull. de corr. hellén.*, XXVII (1903), p. 316, n. 5.

Ἀγαθῆι τύχηι. | Αὐτοκράτορι Καίσαρι | Θεοῦ Τραιανοῦ Παρθικοῦ | υἱῷ Θεοῦ
5 Νέρουα υἱωνῷ Τρα‖ιανῷ Ἀδριανῶι Σεβαστῶι | ἀρχιερεῖ μεγίστῳ, δημαρχι|κῆς
10 ἐξουσίας τὸ ηι΄, ὑπα|τον ¹ τὸ γ΄, πατρὶ πατρίδος ², | φυλὴ Σεβαστὴ, ‖ ἀναθέντων
ἐκ τῶν ἰδίω[ν] | Τι. Κλαυδίου Δομιτιανοῦ Ε[ὐ]|ημέρου καὶ τῶν υἱῶν αὐτοῦ |
15 Κλαυδίου Δομιτιανοῦ Ἀκύλου, | καὶ Κλαυδίου Δομιτιανοῦ Πρέ‖κλου καὶ Κλαυ-
δίου Δομιτιανοῦ | Ποντικοῦ καὶ Γν. Κλαυδίου Δο|μιτιανοῦ Σεουήρου καὶ Γν. |
Κλαυδίου Δομιτιανοῦ.

1. Ita lapis. — 2. Anno 134 p. C. n.

1425 = 77. Prope Claudiopolim. — Mendel, *Bull. de corr. hellén.*, XXVII (1903),
p. 317, n. 6.

V. 5-6. θάψεν, ἠδ΄ ὁ<ς> συγγενής. V. 11-12. παῖδ[α] | καὶ ποθοῦσα [χ]ατ-
θανεῖν.

1426. Istifan. — Mendel, *Bull. de corr. hellén.*, XXVII (1903), p. 333, n. 51.

... μία Σεουήρα, γυνὴ Μ. Κέλε|[ρος] ἑκατοντάρχου λεγ[ε]ῶ|[νο]ς αι΄ Κλ. ¹,
5 γένει Ἰταλή, | [ζή]σασα ἔτη λε΄, κεῖται ‖ [ἐ]νθάδε. Χαίρετε.

1. Legio XI Claudia.

1427. Diae (Aktchi-Chéhir). — Mendel, *Bull. de corr. hellén.*, XXV (1901), p. 49, n. 196.

Μ. Αὐρήλιον Χρυσήνιον Δαμᾶ|τριον ὑπαρξάμενον Βειθυναρ|χίας καὶ Πονταρ-
5 χίας καὶ ἐπιστά|την τῆς πόλεως, τὸν χωρὶς τῆς τῶν ‖ καθενὰ βλάβης παραυξή-

σαντα | τὰς κοινὰς τοῦ ἐνπορίου ¹ προσόδ[ους] | καὶ ἐν τῇ τῶν ἔργων κατασκευῇ
10 [ἐκπο]|νήσαντα τῇ πόλει τὸ ἐνπόριον, | τῆς λογιστείας ἑαυτοῦ χ[άριν] || οἱ κατοι-
κοῦντες τὸ ἐνπόρι[ον] | ..... εἰς πρὸς ..... ².

1. Portus illius civitatis vicinus. — 2. [Προυσι]εῖς πρὸς ['Υπίῳ] Mendel dubitans.

1428. Kestendji-Keui. — Mendel, *Bull. de corr. hellén.*, XXV (1901), p. 47, n. 192.

[Αὐτοκράτορι Καίσαρι Μ. Αὐρηλίῳ | 'Αντωνείνῳ Σεβαστῷ δη]|μαρχικῆς ἐξου-
σίας τὸ κα', ὑπάτῳ τὸ γ' ¹, [ἀ πόλις διὰ?] | Λ. Οὐηδίου Λεπίδου τὰν ἐξέδραν
5 σὺν πᾶ[σι τοῖς ..... || ἀνέθηκε].

1. Anno 167 p. C. n.

1429 = 82. Bartin. — Mendel, *Bull. de corr. hellén.*, XXV (1901), p. 32, n. 177. V. 13
sq., scribe : [Γέτας Καῖσαρ] ἀπ[ο]κατέσ|[τη]σαν.

1430. Bartin. — Mendel, *Bull. de corr. hellén.*, XXV (1901), p. 34, n. 179.

Ὃς ἂν τὸ μνῆμα αὐτὸ | ἢ τὴν στήλην μετά|ρῃ, δώσει τῷ φίσκῳ | δηνάρια
5 ͵α.....||..... αινια.

1431 = 83. Non longe ab Amastri.

V. 4 : Pro φερόμενος nos benigne monuit Bücheler scribendum esse κατενηνεγμένος
vel κατηγγελμένος vel simile aliquid; at spatium in lapide deesse videtur.

1432. Amastri. — *C. I. L.*, III, 13648 et 14187 ².

.Sex. Vibio Gallo tre|cenario, primipila|ri, praef(ecto) kastro(rum) leg(ionis) |
5 XIII gem(inae), donis dona||to ab imperatoribus | honoris uirtutisq(ue) | causa
10 torquib(us), armil|lis, phaleris, coronis | muralibus III, uallar[i]|bus II, aurea I,
hastis | puris V, uexillis II, | Sex. Vibius Cocce|ianus patrono | bene merenti. ||
15 Σεξ. Οὐειβίῳ Γάλλῳ τρεκιναρίῳ, πρειμιπειλαρίῳ, | [σ]τρατοπ[ε]δάρχῃ

λεγ(εῶνος) ιγ', τειμαῖς τετειμη[μ]έ[ν]ῳ [ὑπὸ τῶν Σεβασ|τ]ῶν [ἀ]ρετῆς καὶ
ἀνδρείας χάριν στρεπτοῖς, [φα]λ[άραις,] | στεφάνοις πυργωτοῖς γ', τειχωτοῖς
β', χρυσῷ α', δόρ[ασι] | καθαροῖς ε', οὐηξίλλοις β', Σεξ. Οὐείβιος Κοκκειανὸς
τῷ π[ατρώνῳ]. ‖

In latere dextro effictis donis inscripta sunt verba :

20   [Οὐήξι]λλος. | Coronae murales. | Στέφανοι πυργωτο[ί]. |

Item in latere sinistro :

25   Hastae purae [quinque]. | Corona [aur]e[a]. ‖ Στέφαν[ος] | χρυσοῦς. |
Οὐήξιλλος. | Coronae uallares. Στέφανοι τειχωτο[ί].

1433. Amastri. — *C. I. L.*, III, 14187 [4-5].

Ioui Sarso Sex. Vibi|us Gallus trecinari|us, primipilaris, praef(ectus)
5 kas|tror(um) leg(ionis) XIII G(eminae), donis do‖natus ab imperatorib(us) ho|noris
uirtutisq(ue) causa | torquib(us), armillis, phale|ris, coronis muralib(us) III, |
10 uallarib(us) II, aurea I, has|tis puris V, uexillis II, ‖ d. s. p. f. |

[Διὶ Σάρ]σῳ [1] Σεξ. | [Οὐείβιος Γά]λλος [2] | τρεκινάριο]ς, πρειμιπει[λάριος,
15 στρατο]πεδάρ|[χης λεγ(εῶνος) ιγ' Γεμί]νης, τειμαῖς ‖ [τετειμημένος] ὑπὸ
Σεβασ[τῶν ἀρετῆς καὶ] ἀνδρείας | [χάριν, ...]ίοις καθηρι[... [3], | στεφάνοις]
20 πυργωτοῖς γ', | [τειχωτοῖς β', χ]ρυσῷ α', δό|[ρασι καθαροῖ]ς ε', οὐηξίλ‖[λοις
β', ἐ]ποίησεν | [ἐ]κ τῶν ἰδίων.

1. Jupiter Sarsus alibi non nominatur. — 2. Cf. n. 1432. — 3. Pro *torquibus, armillis,*
phaleris quid fuerit parum constat. Kalinka proposuit στρεπτοις καθηρίοις, provocans ad
vocabulum quod est κάθεμα vel καθετής, inde factum esse καθετήριον, hinc καθήριον.

1434. Cytori. — Mendel, *Bull. de corr. hellén.*, XXVI (1902), p. 287.

['Α]γαθῇ τύχῃ. Θεῷ [αἰ]ωνίῳ [1] εὐχὴ[ν] | Σέ[ξ]στου Οὐειβε[ί]|ου Γάλλου
5 πρειμο|πειλαρί[ο]υ [2] Εὐέλπ[ι]‖στος πραγματευτής, | [ἔ]τους θορ', μηνὸς
Δείο[υ] | νεομηνίᾳ [3].

1. Jupiter Optimus Maximus Aeternus, qui saepe non alius est nisi Sol aut Mithra. —
2. De Sex. Vibio Gallo cf. nn. 1432, 1433. — 3. Anno 179 aerae Pompeianae = anno 115
p. C. n., mensis Februarii die XXI.

1435 = 90. Meireh.

V. 11. 12 : Ἀντωνείνου, πάσαις ταῖς τῆς πολειτείας τειμαῖς διαπρέψας. Ita legendum esse nos monuit Bücheler.

1436. Amisi. — Cumont, Revue des ét. grecques, XVII (1904), p. 331.

.....[ἀπὸ προγόνων βασιλ]έων, τετραρχῶ[ν [1], | στεφα]νηφόρων, ἀγω[νο-
5 θετῶν, | ἀρ]χιερέων Μᾶρ[xον | .....]χιον Ἀντων[εῖνον] ‖ .....ορου xατ..... |
.... ουπ.........

1. Inter avos illius viri fuerunt reges Ponti aut Paphlagoniae et tetrarchae Galatarum. Cf. n. 173.

CAPPADOCIA

1437 = 99. In vico Aladjouk. — Cumont, Revue des ét. grecques, XV (1902), p. 322, n. 26.

V. 1. 2 : Π. Σ[c]υλπί|xιος.

1438. Amasiae. — Cumont, Festschrift zu Otto Hirschfeld (1903), p. 273.

5　Ἐνθάδε κεῖμαι | Πίννας ῥητιᾶρις [1] | πέντε [2] πυχτεύ|σας ἄλ[η]πτος [3]. ‖ Οὐκ
ἤμην, οὐκ ᾖ|δειν, ἐγενόμην, | οὐκ οἶδα, οὐκ εἰμί, | οὐ μέλει μοι [4]. | Δομνασ-
10 κίων [5] ‖ ἰδίων μνείας | χ[ά]ριν.

1. Retiarius gladiator. — 2. Ut πεντάκις. — 3. Nunquam deceptus, vulneratus. — 4. Hanc formulam saepius in titulis funeralibus sive graecis, sive latinis inveniri notum est. — 5. Familiae gladiatoriae, ut videtur, lanista.

1439. Amasiae. — Cumont, Festschrift zu Otto Kirchfeld (1903), p. 275.

Τρωίλος, ἐν σταδίοις | πάσας ἄρχ[τ]ους ὑποτάξας [1], |
νιχηθεὶς πυρετοῖς | πρὸς νέχυας κατέβη. ‖
5　Λαδίχη τῷ ἰδίῳ ἀνδρὶ μνήμης | χάριν.

1. Fictus est in lapide Troilus venator cum urso pugnans.

1440 = 106. — Comanis.

V. 3 : [πόλις, ἄρχοντ]ος αὐτῆ[ς].

Id vel simile aliquid supplendum censet Bücheler.

1441. Zelae. — Cumont, *Rev. des ét. grecques*, XV (1902), p. 334, n. 54.

D. M. Egide [1] lib. Ulp. Cari[st]us | c(enturio) l[eg. X]XX benemerenti f. c. |
5 Οὔλπιος Χάριστος ἑκατοντάρχης λεγ(ιῶνος) λ' | Ἤγιδα ἀπελευθέραν ἰδί‖αν τειμῆς χάριν.

1. Hoc traditur.

1442 = 117. Sebastopoli. — *C. I. L.*, III, 14184 [7].

Traditur v. 3 : VENVLEIAI RVF/Ϡ/. V. 4. AN VII/. V. 4. OYΕΝοΥΛΕΙΑ '/////ῑῑ.

1443. Kircheher. — Oberhummer et Zimmerer, *Durch Syrien und Kleinasien* (1898), p. 305.

5 Ἀσκληπιῷ | κὲ Ὑγίᾳ | Φάμαιν|ος β(ενεφικιάριος) ὑπα‖τικοῦ [1] θε|ραπευθὶς | ἀνέθη|[κεν].

1. Beneficiarius consularis.

1444. Wank, in rupe. — Lehmann, *Festschrift zu Otto Hirschfeld*, p. 391.

Ἐνθάδε κεῖται ἄνασσα Ἀθηναὶς, ἥν ποτ' ἔγωγε |
ἠγαγόμην εὔνουν πρὸς γάμον ἡμέτερον. |
Ταύτην ὃς παριὼν τ[ε]ίσ(ε)ι ῥόδῳ ἢ ἔτι ἄλλωι |
ἄνθει, ἔχοι [ε]ἵλεω(ι) πάντας ἐπουρανίους · ‖
5 εἴ δ' ἄλλος τις ἔλθοι ἀτάσθαλα μερμηρίζων, |
τοῦτον ἔχειν δύσνους πάντας ὑποχ[θ]ονίους. |
Ὁ γράψας Ἀειμαρίης πατρὸς ὁμώνυμος |
ζῶσαν ἐπιστέργων σύγγαμον ἡμ.[έ]ριον |

καὐτὴν πατρὸς ἐοῦσαν ὁμωνύμου πατρὸς ἐμεῖο ‖

10   μητρός τ´ Ἀντωνίης Λουχίου θυγατέρος.

Antonia Athenais, princeps femina, fortasse, ut editori placet, originem suam duxit a Polemone, qui Armeniam minorem ab Antonio triumviro, cujus neptem secum matrimonio junxerat, accepit regendam. L. Antonius, avus Athenaidis, potuit progenies esse Polemonis II, Neroni aequalis. Videtur Athenais altero p. C. n. saeculo vixisse. De marito ejus nihil constat.

ARMENIA MAJOR

1445 = 133. Harmozicae. — Cf. Latyschev, *Bull. de la commission arch. de Saint-Pétersbourg*, X (1904), pl. II cum imagine photographica.

GALATIA

1446. Pompeiopoli. — Mendel, *Bull. de corr. hellén.*, XXVII (1903), p. 326, n. 31.

Ἀγα[θῇ τύχῃ. | Ὑπὲρ Αὐ]τοκράτορος [Θεοῦ | Μ. Αὐρηλίο]υ Ἀντωνείν[ου |
5 υἱοῦ Λ. Αὐ]ρηλίου Κομ[μέ]δου καὶ] τοῦ σύνπαντ[ος αὐ|τοῦ οἴκου αἰ]ωνίου δια-
[μονῆς | οἱ ἐνκριθέν]τες ἐν τῇ κατ[αστα|θείσῃ ὑπὸ Γν. Κλ. Σεο]υήρου [1] το[ῦ
10 πάτρω|νος ἐφηβείᾳ ἐν τῇ] μητροπό[λει τῆς ‖ Παφλαγονίας Πομ]πηιοπόλει..... |
[οἱ σὺν.......]τῳ Κλ. [Θεοδώρῳ ἐφήβαρχοι [2]].....

1. Cf. n. 1448. — 2. Cf. titulum similem ibid., p. 327, n. 32.

1447 = 135. Pompeiopoli. — Mendel, *Bull. de corr. hellén.*, XXVII (1903), p. 334, n. 28.

V. 3-4 Mendel asseverat nihil aliud legi posse nisi δὶς | ὕπατον, quod scriptum est in *C. I. Gr.*, 4154. — V. 4-5 πον|τίφιχα, γαμβρόν.

Annus non is est quem proposuimus, ut viderunt Babelon et Reinach, *Monnaies grecques d'Asie Mineure*, I, p. 173, sed annus 173, quo iterum consul fuit Cn. Claudius Severus.

1448. Pompeiopoli. — Mendel, *Bull. de corr. hellén.*, XXVII (1903), p. 325, n. 29.

['Αγαθῇ] τύχῃ. | [Γν. Κλαύδιον Σεβῆρον] δὶς ὑπα∥[τον, ποντίφι]κα, γαμ∥[βρὸν
5 Αὐτο]κράτο∥[ρος Καίσαρο]ς Θε∥[οῦ ¹ Μ. Αὐρηλ]ίου | ['Αντωνείν]ου Σεβ[αστοῦ,
10 πάτρω]να καὶ | [κτίστην ἡ μητρ]όπολις | [τῆς Παφλαγ]ονίας ∥ [Πομπηϊό]-
πολις | ....

1. Nota hunc titulum non eodem anno scriptum esse ac titulum similem 135, quum
jam mortuus esset M. Aurelius. Tertium etiam edidit Mendel, *ibid.* n. 30.

1449 = 137. Neoclaudiopoli.

V. 4. ἐν Γάνγροις ἐν [x]ά[στροις].

Supplementum optimum nobis suppeditavit Bücheler; minus apte supplevit Ditten-
berger (*Orient. graec. inscr.*, II, p. 198) : ἐν [τ]ά[γοράι].

1450. Neoclaudiopoli. — Cumont, *Rev. des ét. grecques*, XV (1902), p. 316, n. 6.

In fine tituli sepulcralis :

5 V. 8. μετὰ τὸ ἐμὲ κ∣ατατεθῆνε ὁ∣ς ἂν ἐπανύξῃ, | δώσι ταμι∥ῳ δηνάρια βρʹ.

1451 = 146. — Safranboli.

Pro χόλπας lege χόλποις.

1452. Samaïl. — Mendel, *Bull. de corr. hellén.*, XXV (1901), p. 23, n. 160.

Σύνευνος ἦν μοι Χρυσέρως, Ῥώμη πατρίς, |
γαίης ἀπάσης βασιλὶς, ὄνομα δ᾽ ἦν Θέμις · |
τέσσαρα δὲ λείπω τέκεα, τὸν μὲν ἄρσενα |
ὁμώνυμον τῷ πατρὶ, παρθένους δὲ τρεῖς, ∥
5 Σεμέλην τε Βιδίαν τε, Κασίαν τρίτην. |
Ὀλίγη δὲ νοῦσος ὠκέως με ἐκοίμισεν.

1453 = 147. Tchukur-Keuï. — Mendel, *Bull. de corr. hellén.*, XXIV (1900), p. 426, n. 141.

V. 1-2 : Σεπτίμιον Σεου|ῆρον. — V. 2 : Σεβαστὸν |. V. 3 : Ἀδιαβηνικὸν | V. 4-5 : Βρυτα|νικὸν.

Anno 210/211 p. C. n.

1454 = 148. Hadrianopoli. — Mendel, *Bull. de corr. hellén.*, XXV (1901), p. 9, n. 144.

1455 = 149. *Ibid.*, n. 145.

1456 = 150. *Ibid.*, p. 10, n. 146.

1457 = 151. *Ibid.*, p. 11, n. 147.

1458. Hadrianopoli. — Mendel, *Bull. de corr. hellén.*, XXV (1901), p. 16, n. 148.

Ἀγαθῇ τύχῃ. | Αὐτοκράτορα Καίσαρα | Θεοῦ Ἀδριανοῦ υἱὸν | Θεοῦ Τραια-
5 νοῦ υἱω∥νὸν Θεοῦ Νέρουα ἔγγο|νον Τ. Αἴλιον Ἀδρια|νὸν Ἀντωνεῖνον Εὐσε|βῆ
10 Σεβαστὸν Τ. Κλ. Σε|ουῆρος [1] κατὰ τὴν ὑπόσχε∥σιν ἀνέστησεν ἐκ τῶν ἰδίων
εἰρηναρχῶν τῇ | πατρίδι.

1. Hujus viri propinquus fuisse videtur Cn. Claudius Severus, cos. a. 173 p. C. n. et gener M. Aurelii, qui a Pompeiopolitanis patronus et conditor vocatus est. Cf. n. 1446-1448.

1459 = 157. Rostowtsew, *Mélanges Boissier*, p. 429 et seq. ita supplet :

Γαλατῶν ο[ι | ιε]ρασάμενο[ι] θεῶι Σεβαστῶι | καὶ θεᾶι Ῥώμηι.

1460 = 159. Ancyrae.

De monumento Ancyrano etiam scripserunt : A. Allmer, *Les gestes du dieu Auguste,*

1889; Cantarelli, *Bullettino della commissione archeologica comunale di Roma*, XXVIII (1900), p. 139; E. Kornemann, *Beiträge zur alten Geschichte*, II (1902), p. 141; III (1903), p. 74; Sigwart, *ibid.*, III (1903), p. 548; Wilcken, *Hermes*, XXVIII (1903), p. 618; Ed. Wölfflin, *Archiv für latein. Lexikographie und Grammatik*, XIII (1902, 1903), p. 193.

1461 = 174. Ancyrae.

V. 1 Γ(άιον) Ι[ού(λιον)] Σεουῆρον correxit Dittenberger (*Orient. graec. inscr.*, II, p. 216, n. 543); V. 27. Lege : 'Αντωνείνου.

1462 = 180. Ancyrae.

Not. 1. Calpurnium Proculum memorat titulus quidam Bonnensis (*Prosop. imp. rom., l. c.*), cujus litterae, ut nos monuit benigne Bücheler, saeculum II produnt.

1463 = 190. Ancyrae.

V. 1. Pro Καραχυλαίαν proponit Dittenberger (*Orient. graec. inscr.*, II, p. 222, n. 545) : Κλ(αυδίαν) 'Αχυλ(λ)ίαν.

1464 = 209. Ancyrae.

V. 16. Pro ἅμα legendum ἀλλὰ (Bücheler).

1465 = 222. Sivri-Hissar.

V. 22. Pro ἀεί lege δεῖν aut fortasse δεῖ; « nam potuit omitti particula ὅτι ». (Bücheler).

1466 = 228. Pessinunte.

D. Lege : Αὐτοκράτωρ Καῖσαρ Νέρουας | [Τραιανὸς Σεβαστὸς Γερ]μανικὸς Δακικὸς Κλαυδ[ίῳ......... χαίρειν ·]

1467 = 237. Chedit-Eyuk.

Nomina Σαλωνεῖναν et Σεβ. Γαλλιηνοῦ in lapide erasa sunt.

1468. Pappae. — Cronin, Journ. of hellen. studies, XXII (1902), p. 101, n. 6.

5 Μαρχί|αν Ὠτα|χειλίαν | Σευῆραν ‖ Σε[6]αστὴν ¹ | Τι[6]ηριο|πολει[τῶν] | τ[ῶν]
10 [καὶ Π]απ||[πηνῶν βουλὴ ‖ δῆμος].....

1. Uxor Philippi imperatoris. Inter annos 244 et 249 p. C. n. Cf. *Prosop. imp. rom.*, II,
p. 342, n. 195.

1469. Pappae. — Cronin, Journ. of hellen. studies, XXII (1902), p. 101, n. 5.

.... πρεσβευ]τὴ[ν καὶ ἀν]|τιστράτηγον Αὐ[τοκρά]|τορος Νέρουα Τρ[αιανοῦ] |
5 Καίσαρος Σεβαστ[οῦ Γερ]‖μανιχοῦ Δακιχο[ῦ ¹, Τι]|6εριοπολειτῶν τῶ[ν καὶ] |
Παππηνῶν βουλὴ δ[ῆ]||μος τὸν ἑαυτῶν εὐ[ερ]||γέτην.

1. Inter annos 103 et 114 p. C. n.

1470 = 242. Caralliae. — Cronin, Journ. of hellen. studies, XXII (1902), p. 106, n. 16.

V. 1-2. [Ἰού]λιος Μάρχ[ελλ]ος στατιωνάριος | Λολλίᾳ Ματρώνῃ.

1471 = 260. Iconii. — C. I. L., III, 13638.

Ioui optimo m[axi]m[o | e]t Mineruae Zizim[mene]. | Ἀπελε(ύ)θερος Φῆλι[ξ Διὶ
μεγίστῳ | καὶ Ζι]ζιμμήνῃ καὶ Τύχῃ τ.........

1472 = 262. Iconii. — Cronin, Journ. of hellen. studies, XXII (1902), p. 119, n. 44.

[Κ]αῖσαρ Σεβαστὸς [αὐτοκρ|ά]τωρ ἐποίησεν τ[ὸ προ|σ]κήνιον τῇ πόλ[ει διὰ
Πο]υπίου πρεσβε[υτοῦ].

1473. Iconii. — Cronin, *Journ. of hellen. studies*, XXII (1902), p. 119, n. 45.

[Τι]|βερίου Καίσαρος Σεβαστοῦ | [ἀρ]χιερεὺς τὸ δεύτερον | Γάιος Ἰούλιος
5 Ὀάριος ‖ Πλούτωνι.

1474. Iconii. — Mendel, *Bull. de corr. hellén.*, XXVI (1902), p. 211, n. 2; Cronin, *Journ. of hellen. studies*, XXII (1902), p. 123, n. 55.

Κ. Ἐβούρηνος [Μάξι]|μος [1] ἀρχιερασάμενος [2] [Θεοῖς] | Σεβαστοῖς ἐν χολω-
νεί[ᾳ] | Κλαυδεικονιέων [3] μ[ετὰ τῶν ‖ υἱ]ῶ[ν] Μαξί[μ]ου τε καὶ.... | [τ]ὰς πρώτα[ς
σ]ελί[δας [4] | σὺν τῇ [εἰκό|ν]ι [5] ἐκ [τῶν ἰδίων ἀνέσ|τησεν].

1. De eo cf. Sterrett, *An epigr. journ.*, p. 189, n. 192. — 2. Sacerdos maximus Augustorum municipalis. — 3. Iconium, cujus nomen ab imperatore Claudio auctum fuerat, colonia facta est principe Hadriano. — 4. Primos ordines sedilium in theatro, si recte editores suppleverunt et interpretati sunt. — 5. [σπή λυγ]γι Cronin, ad locum post scenam situm referens (Poll., IV, 125, σπήλαιον), vix recte.

1475. Iconii. — Cronin, *Journ. of hellen. studies*, XXII (1902), p. 355, n. 103.

Εὔτυχος Παπᾶ ἠρχιερα|μένος καὶ Αὐρη(λία) Ματρῶνα ἡ | [γυνὴ τοῦ] Εὐτύχου
αὐτοῖς | ζῶντες ἀνεστ[ή]σαμεν μ(νήμης) χ(άριν).

1476. Iconii. — Cronin, *Journ. of hellen. studies*, XXII (1902), p. 356, n. 111.

P. Mestrius P. f. Maec[ianus], ueteranus [leg. vii], M. Lollio | M. f., ueterano
leg. septumae, amico [bene merenti ?] posuit. |
Πόπλιος Μέστριος Ποπλίου υἱὸς Μαιχια[νὸς], οὐετρανὸς | λεγεῶνος ἑβδόμης,
5 Μάρκῳ Λολίῳ Μάρκου υἱῷ, οὐετρανῷ ‖ λεγεῶνος ἑβδόμης, φιλοστοργίας
ἕνεκεν.

1477. Iconii. — Cronin, *Journ. of hellen. studies*, XXII (1902), p. 345, n. 77.

Τίτος Οὐῆρος οὐ[ετρα]|νὸς [ἑαυτῷ] καὶ Ἀνθεστ[ηρίᾳ τῇ] | ἑαυτοῦ | γυνεκί.

1478. Iconii. — Cronin, *Journ. of hellen. studies*, XXII (1902), p. 122, n. 51.

Ἡ Ἰκονέων κο[[λων]ία Λ. Ἀρρούν|[τιον] Λόγγον Οὐά|[λεντο]ς υἰὸν ἥρωα ‖
5 [ὁμοίως?] τε τῶν Λα|[οδικέων βουλή?]

Supplementa v. 5 prorsus incerta sunt.

1479. Iconii. — Sterrett, *American papers*, II, n. 246.

Κόιντος Σε|[χ]ου[νδ]ῆνος μ|[ε]τμος [1] | Νεμέσει σ‖......|......

1. De mimis in Asia Minore latinas fabulas agentibus cf. Perdrizet, *Bull. de corr. hellén.*,
XXIII (1899), p. 592; Cumont, *Festschrift zu Otto Hirschfeld* (1903), p. 277.

1480. Iconii. — Cronin, *Journ. of hellen. studies*, XXII (1903), p. 357, n. 115.

Λού(κιος) Π(όρκιος?) [1] [Φ]λάμμας | ζῶν ἑαυτῷ καὶ τέκνοις | Π(ορκίῳ)? Πάνσα
5 καὶ Π(ορκίῳ)? Μάρκῳ | Ἀνιανὸς Μίκκαλος ἀπε‖θέωσα τὴν λάρνακα · ὃς δὲ
ἂν ἐπισβιάσηται | ὑποκείσεται φίσκῳ | δηνάρια ͵α.

1. Nomen putat editor ductum esse ex P. Porcio Optato Flamma, qui circa annum
200 p. C. n. fuit legatus provinciae R[aetiae?] (*Prosop. imp. rom.*, III, p. 88, n. 640);
forsitan fuerit etiam Galatiae.

1481. Savatrae. — Cronin, *Journ. of hellen. studies*, XXII (1902), p. 371, n. 144.

5　Ἀνγαρήνην | Σακέρδωτος | ἀρχιέρειαν | Σεβαστῶν, ‖ γυναῖκα | Φλαίου
10 Μαρ|κέλλου, ἀρχι|ερέος Σεβασ|τῶν κ[αὶ] ἱερέ‖ως θεῶν · πα|τρ[ίων] Ἀρέως |
15 καὶ Ἀρείων, | τὴν πανάρε|[τον] Σ[α]ουατ‖[ρέων βουλὴ | δῆμος].

1482. Lystrae. — Cronin, *Journ. of hellen. studies*, XXIV (1904), p. 118, n. 167.

[Α]ὐρήλιος | Λονγεῖνος | στρατιώτης λεγ[εῶνος]......

1483. Lystrae. — Cronin, *Journ. of hellen. studies*, XXIV (1904), p. 113, n. 150.

5　Οὐλπίαν | Μάρκελλαν | αἱ φυλαὶ | τῆς κολω‖νείας | μ(νήμης) χ(άριν).

1484. Lystrae. — *C. I. L.*, III, 14400 *d.*

5 [Atinnia Cle|opatra sibi | uiua et Opi|o Cosmo] u‖iro eius m|em[oriae] c[a]ussa. |

10 Ἀτιννία Κλε|οπάτρα ἑαυ|τῇ ζῶσα καὶ ‖ Ὀπίῳ Κόσμῳ | ἀνδρὶ αὐτῆς | μνήμης | χάριν.

1485. Caralliae. — Cronin, *Journ. of hellen. studies*, XXII (1902), p. 107, n. 18.

5 ..ουρνουσιδίαν ¹ | Οὐαλέντιλλαν | τὴν ἀξιολογωτά|την ματρῶναν συν‖γενίδα συνκλητι|κῶν τὴν σεμνοτάτη[ν | καὶ] φιλότεκνον γυνα[ῖ]|κ[α] Κα[λ]πουρνίου |
10 Μαρκέλλου τοῦ κ[ρα]‖ἵστου.

1. [Καλπ]ουρν[ί]ου Σιλίαν Cronin dubitans. Nihil supra scriptum fuit.

1486 = 270 b. Zosta.

[σ]εμνὸν ἔχοντα βίον, pentametri clausula; μνήμης χάριν ἐστεφάν[ω]σ[ε]ν, hexametri clausula. « Propria nomina tantum exempta sunt metro. » Bücheler.

1487 = 278. Sidamariae. — Corrige : *Journal du Ministère de l'instruction publique en Russie.* Adde : Mendel, *Bull. de corr. hellén.*, XXVI (1902), p. 210, n. 1; Cronin, *Journ. of hellen. studies*, XXII (1902), p. 115, n. 34; Théod. Reinach, *Monum.* et *mém. publiés par l'Acad. des inscr. et belles-lettres (fondation Piot)*, t. IX (1903), p. 189.

1488 = 279. Ak-Kilisse.

V. 1 : Καλλιστώ correxit Bücheler.

1489 = 290. Isaurae.

Bücheler suspicatur Ἐγρείλιον ; quae nobilis gens erat Ostiis oriunda ; de Egriliis cf. *Prosop. imp. rom.*, II, p. 35, nn. 36, 37.

1490 = 301. Antiochiae.

Pro [λ]εγεωνάριον lege [ῥ]εγεωνάριον. Mommsen, *Strafrecht*, p. 312, n. 1.

LYCIA ET PAMPHYLIA

1491 = 411. Olbasae. — Jüthner, *Wiener Studien,* XXIV (1902), p. 288, n. 4.

V. 1 : Λικιννια[νόν]. De verbo constat.
V. 11. 12 : αρ.. ν. ο?.... σ|τρ[α?]νιο..... νο[ς].

1492 = 412. Olbasae. — Jüthner, *Wiener Studien,* XXIV (1902), p. 287, n. 2.

Dele adn. 2.

1493 = 413. Olbasae. — Jüthner, *Wiener Studien,* XXIV (1902), p. 285, n. 1.

Post v. 12 adde v. 13 : Εὐτύχει, Ἡραχλῖ. Cf. n. 810, v. 10, adn. 4.

1494 = 414. Olbasae. — Jüthner, *Wiener Studien,* XXIV (1902), p. 288, n. 3.

V. 9 : [Κα?]τρανίου Jüthner.

1495. Cretopoli. — Ramsay, *Bull. de corr. hellén.,* VII (1883), p. 267, 10.

Post 6 versus :

10 οὐδενὶ δὲ ἔξεσται ἐπ(ε)ι|σελθεῖν, ἐπεί | το..... εἰσοίσ(ε)ι ‖ εἰς τὸ ἱ[ερώτατον
ταμεῖ]ον ἀργυρίου δηνάρια βφ΄.

1496. Termessi. — Heberdey et Wilberg, *Jahreshefte des Oester. Institutes,* III (1900), p. 186.

[Ἀ]ρχιερέα Αὐτοκράτορος | Τραιανοῦ Ἀδριανοῦ | Καίσαρος Σεβαστοῦ |
5 Τιβέριον Κλαύδιον ‖ Κυρείνᾳ Οὔαρον φιλόπατριν | Λουκρίων Ἑρμαίου [1] τὸν |
[ἑαυτ]ο[ῦ] φίλον καὶ εὐεργέ|[την].

1. Cf. n. 456, ubi uxor et filiae Lucrionis feruntur honoravisse Vari uxorem, ἀρχιέρειαν τῶν Σεβαστῶν, Hadriano, ut jam patet, aequalem.

1497. Termessi. — Heberdey et Wilberg, *Jahreshefte des Oester. Institutes*, III (1900), p. 189.

Ἡ βουλὴ καὶ ὁ δῆμος | ἐτείμησαν ἀρχιέ|ρειαν τῆς Σεβαστῆς | Ἰουλίας Δόμνης,
5 μη‖τρὸς κάστρων, Νανῆ|λιν Ὁπλέους Ἑρμαίου | Ὀβριμότου θυγατέ|ρα,
10 γυναῖκα ἀρχιερέως | καὶ ἱερέως Πανκράτου ‖ Τειμοκράτους Τειμοθέ|ου.

1498. Termessi. — Heberdey et Wilberg, *Jahreshefte des Oester. Institutes*, III (1900). In sepulcris indictae sunt hae multae funerales :

P. 189 : [τῷ ἱερωτάτῳ] | ταμείῳ δηνάρια μύρια καὶ τῷ δήμῳ τῷ Τερμησέων δηνάρια μύρια.

P. 188-189 : τῷ τε δήμῳ τῷ Τερμησσέων καὶ τῷ ἱερω|τάτῳ ταμείῳ δηνάρια | μύρια πεντακισχείλια

P. 199 : τῷ ἱερωτάτῳ | [ταμείῳ δηνάρια δισ?]μύρια

P. 206 : τῷ ἱερω|τάτῳ ταμείῳ δηνάρ[ια δ]ισμύρια καὶ Διὶ Σολυμεῖ δηνάρια μύρια.

1499 = 472. Balburis. — Adn. 2 in fine haec lege : (cf. infra, n. 500).

1500 = 479. Kosagatsch. — Adn. 2. Pro 165 lege 465.

1501 = 481. Termessi ad Oenoanda. — Domaszewski, *Rheinisches Museum*, LVIII (1903), p. 389.

V. 2-3. σύμμαχον τῶν Σεβαστῶν = socius Augustorum.

V. 16-17. Ἀγαγόντα ἱνπέριον ἐν τῷ λουσωρίῳ. Domaszewski aptius haec rettulit ad munera quae edita fuerunt illo die in amphitheatro. De lusorio cf. schol. *ad Juven.*, IV, 100; *Vita Elagabali*, 25, 8; Lactant. *De mort. pers.*, 21, 5; Salvian. *De gub. Dei*, 6, 3, 15. Quibus in ludis fortasse jussi sunt pugnare inter se captivi latrones et piratae.

V. 19 lege πρὸ ς'.

1502. Tchaltillar. — Cousin, *Bull. de corr. hellén.*, XXIV (1900), p. 337.

Αὐρ. Ἀρτέμων Γιδλασίος Οἰνοανδεὺς.... | [ἐ]λθὼν? ἀπὸ καθολ(ικῶν) κυρια-

χῶν ¹ ρεγεῶνος ² | Οἰνο(ανδικῆς) ἐξ ὑπαρχόντ(ων) Προκλῆς θε[ο]ῖς ἐπη|κόοις εὐχα-
5 ριστήριον · τοῖς αὐτοῖς ἀνέ‖θηκα καὶ λύχνον κρεμαστόν.

1. Ex rationalibus Augusti. — 2. Regionis.

1503 = 500. Oenoandis. — In commentario, col. II, 71-72, pro XVII A 7 lege XVII
vers. 7-8; pro XVIII D 12 lege XVII vers. 53-54; 74-75 pro XVII A 6 lege XVII vers. 6.

1504. Oenoandis. — *Bull. de corr. hellén.*, XXIV (1900), p. 343, n. 8.

Αὐτοκράτορι Καίσαρι Τ. Αἰλ. Ἀδρι[ανῷ]....... | Οὐβάσιος θυγατρὸς Ἀμμίας
τῆς καὶ Πολυκλείας....

1505. Oenoandis. — Cousin, *Bull. de corr. hellén.*, XXIV (1900), p. 341, n. 3.

Τερμησσέων τῶν | πρὸς Οἰνοάνδοις ἡ βου|λὴ καὶ ὁ δῆμος καὶ ἡ γε|ρουσία ἐτεί-
5 μησεν ἀν‖δριάντος ἀ[ν]αστάσει τὴν κρατίστην συγκ|λητικὴν Γ. [Ἰο]υλ[ίαν]
Δε|...ιτιν Κα[τιδι]ανοῦ.

1506. Oenoandis. — Cousin, *Bull. de corr. hellén.*, XXIV (1900), p. 341, n. 2.

.... [ἀρ]χιερατεύσαντι [τῶν Σε|β]αστῶν ἐν τῷ ἔθνει καὶ [ἱε|ρ]ατεύσαντι Λυκίων
5 καὶ πά|σας ἐθνικάς τε καὶ πολειτι‖[κὰ]ς ἀρχὰς τετελεκότι, τῷ | [ἡγ]ήτορι τῶν
ἐνγαίων | ἥρωι.

1507. Oenoandis. — Cousin, *Bull. de corr. hellén.*, XXIV (1900), p. 343, n. 9.

Ὁ δῆμος ὁ Τερμησσέων [τῶν] | πρὸς Οἰνοάνδοις ἐτείμη[σεν] | κατὰ τὰ προεψη-
5 φισμένα [Αὐρ.?] | Πολύκλειαν Κροίσου τρὶς, ‖ γυναῖκα δὲ Τληπολέμου Κροί|σου,
ἱερασαμένην θεᾶς Σε|βαστῆς εὐσεβῶς καὶ φιλο|δόξως, εἰκόνι χαλκῇ καὶ χρυ|σῷ
10 στεφάνῳ ἀρετῆς καὶ [σω]‖φροσύνης ἕνεκεν.

De genealogia Polycleae cf. Petersen et Luschan, *Reisen*, II, p. 187, n. 233 a cum
stemmate juncto.

1508 = 503. Oenoandis. — Hic titulus jam editus est supra n. 394.

1509 = 521. Lydis. — Adn. 2 : in lapide Myreo. Cf. n. 725.

1510. Telmessi. — Benndorf, *Wiener Studien*, XXIV (1902), p. 249.

Τίτον Αὐρ[ήλιον]......... | υἱὸν, τὸν πα]τέρα Τίτου Αὐρη]λίου Κυήτ[ου ἀγνοῦ
5 δικαι]|οδότου¹ Τ[ελμησσέων] ‖ ὁ δῆμ[ος ἐτείμησεν].

1. Cf. n. 690.

1511. Tlo. — Benndorf, *Wiener Studien*, XXIV (1902), p. 250, adn. 1.

.... | [τοῦ] δικαιοδ[ότου Λου|κίου] Νερατί[ου Πρίσκου¹ | υἱὸν] Τλωέων ἡ
5 [βουλὴ καὶ ‖ ἡ γε]ρουσί[α καὶ ὁ δῆμος].

1. L. Neratius Priscus fuit legatus pr. pr. Pannoniae circa annos 98/99 (*Prosop. imp. rom.*, II, p. 402, n. 46), fortasse etiam Lyciae, si quidem de eodem viro agitur (cf. *ibid.*, nn. 45, 47, 48).

1512 = 559. Tlo.

V. 1. Supple. [Δομίτιον .... χειλίαρχον λεγ(εῶνος) ις´].

1513 = 567. Tlo.

Adn. 1. Corrige : mulier Patarea (nn. 664, 665, 667).

1514 = 581. Sidymis. — De Ti. Claudiis Telemachis vide : Add. n. 1517.

1515 = 582. Sidymis. — Adn. 2. Ti. Claudium Telemachum cave ne putes eumdem esse atque Lyciarcham anni 124 aut proconsulem Africae; cf. Pallu de Lessert in nostris Add. n. 1517. Nam aut errore aliquo nomina ejus in rasura (vers. 10, adn. 7) rescripta sunt, aut de altero Lyciarcha hic agitur, ex gente prioris orto.

1516 = 607. Xanthi. — Benndorf, *Festschrift zu Otto Hirschfeld* (1903), p. 75.

A. Omnes uncos dele. V. 3 lege : συναχθέντος. V. 4 : πραξάντων. V. 5 : προσκαρτερήσας, τὸν τῆς στρατείας.

Arbitratur Benndorf Aechmonem cum classe sua adfuisse P. Servilio Isaurico inter annos 78 et 74 ante C. n.

1517 = 614. Xanthi. — Pallu de Lessert, *Bull. de la Soc. des Antiquaires de France*, 1903, p. 278, recte docuit Ti. Claudium Telemachum, quaestorem Achaiae, legatum Asiae, consulem, proconsulem Africae, cujus progeniem etiam novimus (cf. nn. 581 et 613), non eumdem esse, ut vult *Prosop. imp. rom.*, I, p. 402, n. 825, atque Ti. Claudium Telemachum, Lyciarcham anno 124 (nn. 622-624 et 626). Consulem vero probabilius videtur fuisse Lyciarchae aut filium aut nepotem et vixisse exeunte saeculo II aut incipiente III.

1518 = 622-624 et 626. Cf. Add. n. 1517.

1519 = 641. Arneis.

V. 1. Corrige : Μ[υ]|ρεὺς.

1520 = 664. Pataris. Adn. 2.

Cf. nn. 665, 666.

1521 = 665. Pataris.

Corrige : V. 18 : Φ[λ]αουιανός.

Adn. 1. Cf. titulum n. 667......anno 147 (n. 664).

1522 = 673. Pataris.

V. 6. Corrige : [Λυκίων κοινοῦ...]

Cf. n. 670, v. 13; n. 671, v. 4-5.

1523 = 690. Dele : prope Aperlas. Corrige : Simenis in balneis. Benndorf, *Wiener Studien*, XXIV (1902), p. 248.

V. 4 post τειμητῇ in longa rasura scripta fuerant nomina Domitiani, qui illo anno cos. VII fuit. V. 5. 6. ἀντιστρα[τή|γο]υ, Βιήνου, [τοῦ] | Σεβαστοῦ.

Ad T. Aurelium Quietum Mommsen (*C. I. L.*, III, p. 1960) rettulit locum Ulpiani, *Dig.*, XVII, 1, 16; Benndorf autem ea quae leguntur apud Plut. *Quaest. conv.*, II, 1, 5, quae Klebs, *Prosop. imp. rom.*, I, p. 189, n. 1172, de T. Avidio Quieto intellexerat.

1524 = 739. Rhodiapoli. — Wilhelm correxit, *Jahreshefte des Oester. Institutes*, III (1900), p. 60.

     III. 92. Pro : δ[εξί]ως lege δ[ικαί]ως.

     VII. 46. Pro : [τειμᾶν, ἐν ᾗ?] lege [ἀναλαβών].

     VIII. 50. Pro : [πλείστας] lege [πρώτας].

     IX. 104. Pro : ἀεὶ τ[ῶν?] conjecit Wilhelm αἰτ[ίῳ].

     XII. 42.   43 : ἐφι|[λοτειμήσατο].

            75. Pro : [καὶ ἄλλα]ις lege [ἐν ἄλλαις].

     XIII. 70. Pro : [δίκαιον] lege [προσῆκον].

            71. Supple : ἀμ[οιβὴν καὶ δικαίαν μαρτυρ]ίαν.

            72. 73. Pro : γρά|[φον?] lege γρά|[ψαι].

     XVIII. 62. Supple : συν[γράψα]ι περ[ὶ αὐτοῦ].

            67. Sic fere supplendum conjicit Wilhelm : κ[αὶ εἰς] τὸ [ἀξίαν ἀπολαβεῖν
                        τὸν ἄνδ]ρα τειμήν.

     XX. 44. Pro :   [ἀποσταλείσας] potius ἐπιδοθείσας.

1525 = 789. Pergae.

V. 2. Lege : Iulius.

CILICIA

1526 = 880. Tarsi. — Lucas, *Griechische und lateinische Inschriften aus Syrien, Mesopotamien und Kleinasien* (1905), p. 64, n. XLI.

V. 10 : ἐνεφχη[μένη] legit editor pro β′ νεωκόρ[ος], nescimus an recte.

1527. Arsi. — Wilhelm in schedis Instituti archaeologici Vindobonensis.

[Αὐτο]κράτορος Καίσ[αρος.....|..... ....ι]χοῦ Μεγίστου.....|...ος Ἰγνατιανός.

CYPRUS

1528 = 947. Palaepaphi.

V. 4. Supple : | [Σεβαστὴ].

1529. Curii. — Audollent, *Defixionum tabellae* (1904), p. 46, n. 25.

[Δέμονες οἱ κ]ατὰ <..>γῆν κὲ δέμονες οἵτινές [ἐσ]τε κὲ | [πατέρες πατέρ]ων
κὲ μητέρες ἀντιένιριοι ¹ ἄνδριοι [ἦτε γύναιοι | δέμο]νες (οἵ)τινές ἐστε κὲ οἵτινες
ἐνθά[δε κῖσθε, βίον λιπόντες | πολυκηδ]έα, βιοθάνατοι ² εἴτε ξένοι, ἴτε ἐντόπιοι,
5 ἴ[τε ἄωροι ³, ἴτε ‖ ἄποροι ταφῆς] ⁴, ἴτε ἀπὸ τῆς ἄκρεας τῶν ἄστρων φέρεσθε, εἴτε
[ἐν | ἀέρι πο]υ πλάσ[εσθε ⁵, κὲ σὺ ὁ ὧδε κάτω κίμενος ⁶, παρα[λάβετε τὰς | φω]νὰς
τῶν ἀντιδίκων ἐμοῦ τοῦ Ἀλεξάνδρου το[ῦ κὲ | Μακεδ]ονίου οὗ ἔτεκεν Ματιδία
τὸν Θεόδωρον τὸ[ν ἡγεμόναν | κὲ] Τίμωναν τὸν ἔστεκεν Μαρχία Νιτευ..... ‖
10 .. μασωλαβεω μαμάξωμαξω ενκοπτ........ | ..ενευουμαρ ακνευ μηλωφθηλαρ
αρ ακν(ρω?) ⁷...... | .δέσποτα τῶν ὑπὸ χθόνα δεμόνων..... | .κὲ δὸς φιμὸν τῷ
Θεοδώρῳ τῷ ἡγε[μόνι.. · | ..τῆς Κ]ύπρου κὲ Τίμονι, ἵνα μὴ δύν[ωντε μηδενὶ ‖
15 πράγματι] ἐναντιωθῇ[ν]ε τῷ Ἀλεξάνδρῳ..... | τῷ κὲ Μακεδονίῳ · ἀλλὰ ὡς
[ὑμῖς ἄταφοι κὲ ἄφω]|νοι κὲ ἄλαλοι κὲ ἄγλωσσοι, ο[ὕ[τω....... | .κὲ ἀντίδικοι

ἤτωσαν ἄλαλοι ἀφ[ωνοι ἄγλωσσοι ·] | Θεόδωρος ὁ [ἡγεμ]ὼν κὲ [Τίμων]....... ‖

0 ..ον ἅπαν.............

Tabella defixionis plumbea. Alexander quidam, qui et Macedonius, diis mandat suos adversarios in jure Timonem et Theodorum ἡγεμόνα, praefectum fortasse militum.

1. ἀντιενίριοι = ἀντιάνειροι, viris infesti. — 2. βιοθάνατοι, homines violenta morte necati, qui mali daemones facti sunt. Cf. Audollent, p. LXVI. — 3. ἄωροι. Cf. n. 1543, adn. 20. — 4. ἄποροι ταφῆς insepulti. — 5. « Spiritus qui, ut Gnosticis post Pythagorios placuit, in aere vagantur sive ad sepulcrum sive per totum terrarum orbem. » Audollent. 6. συ, homo defunctus, qui in ipso sepulcro jacet ubi inventa est tabella. — 7. Litterae ephesiae.

SYRIA

1530. Semsidia in rupe. — Lehmann, *Festschrift zu Otto Hirschfeld* (1903), p. 402.

5 ['Α]υίδιον 'Αν|τίοχον 'Ιε|ρωνύμου κὲ | Λαοδίκης φι‖λομήτορα κὲ | [φ]ιλοπά-

0 τορα | ζήσαντα ἔτη | κγ′ οἱ γονεῖς | μνήμης χά‖ριν.

Avidium Antiochum putat editor genitum esse ex Antiochis regibus Commagenorum, qui sua potestate privati sunt anno 72 p. C. n. (*Prosop. imp. rom.*, II, p. 166, n. 99), aliqua autem necessitudine junctum esse cum Avidio Cassio, natione Syro et notissimo Syriae legato (anno 175).

1531. Antiochiae. — Perdrizet, *Bull. de corr. hellén.*, XXIV (1900), p. 290.

Περσέου · ἄλυπε χαῖρε. | Καταλείπω [1] Δαφνεί|ταις [2] τὰ κατὰ ἔθος | κιρκήσια [3]

5 γεινόμε‖να θεωρεῖν.

1. Testamento. — 2. Daphne, pagus Antiocheae vicinus, ubi ludi quinquennales celebrabantur ab anno 44 ante C. n. (Malalas, p. 224, ed. Dindorf). — 3. Circensia.

1532. Apameae ad Orontem. — Sachau, *Reise in Syrien*, p. 73.

Αὐτοκράτορα | Νέρουα Τραιανὸν | Καίσαρα Θε[οῦ Ν]έρουα | υἱὸν Σεβαστὸν

5 Γερ‖μανικὸν Δαχικὸν [1] | κληρο[ν]όμοι | 'Αππίου Ἥρκου ἀν|έθηκαν.

1. Ergo post annum 102.

1533. Palmyrae. — Sobernheim, *Mittheil. der vorderasiat. Gesellsch.*, X (1905), 2, p. 51.
— Titulus bilinguis graece et palmyrene conceptus.

Αὐτοκράτορα Καίσαρα Λ. Σεπτίμιον Σεουῆρον Εὐσεβῆ Περτίνακα Σεβαστὸν
Ἀραβικὸν Ἀδιαβηνικὸν Παρθικὸν μέγιστον | κα[ὶ Αὐ]τοκ[ράτορα Καίσαρα
Μᾶρκ]ον [Α]ὐρ[ή]λι[ον] Ἀντωνε[ῖν]ον Εὐσεβῆ Σεβαστὸν .... καὶ Ἰουλίαν
Δό|μν[ην] Σεβαστὴν μητέρα τῶν ἱερῶν στρατοπέδων καὶ [Αὐτοκράτορα
Καίσαρα Π. Σεπτίμιον Γέτα Σεβαστὸ]ν, δεσπότας γῆς καὶ θαλάσσης
καὶ | [παντὸς ἀνθρώπ]ων γέ[ν]ους Σ[άλμης Μα]λίχου [τοῦ Ἀγγα?] Ἰ[ά]δους
5 ἀρχιερεὺς καὶ συ[μποσία]ρχος ἱερέων μεγίστου θεοῦ Διὸς Βή||[λου] [1] .... ἐξ
ἰδίων ἀνέστησεν ἔτους [δι]φ´ μηνὸς Ξανδικοῦ [2].

1. Cf. n. 1045. — 2. Anno 514 Seleucidarum = 203 p. C. n.; mense Aprili. Restitutum
ex versione palmyrena.

1534. Palmyrae. — Sobernheim, *Mittheil. der vorderasiat. Gesellschaft*, X (1905), 2,
p. 26.

[Αὐτοκράτορα Κα]ίσ[αρα] Λούκ[ι]ον Σεπτίμιον Σεουῆρον Εὐσεβῆ Περτ[ίνακα
Σεβαστὸν καὶ Αὐτοκράτορα | Κα]ίσ[αρα Μᾶρκον Αὐ]ρήλιον [Ἀ]ντωνεῖνον
Σεβαστὸν Σεβαστοῦ [υ]ἱὸ[ν καὶ Ἰουλίαν Δόμνην Σεβαστὴν μητέρα | τῶ]ν
[ἱερῶν στρατοπέδων.....

1535 = 1029. Palmyrae. Cf. alterum titulum in quo ejusdem Septimii Antiochi
nomina leguntur apud Dittenberger, *Orient. graec. inscr.*, II, n. 631.

1536 = 1037. Palmyrae. — Sobernheim, *Mittheil. der vorderasiat. Gesellschaft*, X
(1905), 2, p. 10.

V. 4 : ειλης Ἡρακλιαν[ῆς μειλι]αρέας. Cf. supra, n. 1419, not. 1.

V. 5 : ἔτους [θ]ου´ μηνός...... Anno igitur 479 Seleucidarum = 167/168 p. C. n.,
principibus M. Aurelio et L. Vero (v. 2-3). Illum praefectum alae editor opinatur fuisse
L. Julium Vehilium Gratum Julianum, qui, postea quam adversus Parthos militavit
(annis 162-166 p. C. n.), praefuit praetorio; *Prosop. imp. rom.*, II, p. 218, n. 402.

1537 = 1052. Palmyrae. — Sobernheim, *Mittheil. der vorderasiat. Gesellschaft*, X
(1905), 2, p. 11, correxit v. 2 : Ρεφαίλου; v. 3 : Αδίσσου.

1538. Palmyrae. — Sobernheim, *Mittheil. der vorderasiat. Gesellschaft*, X (1903), **2,** p. 26. Titulus bilinguis.

Μᾶρκον Οὔλπιον Ἰαραῖον Αἰ|ράνου τοῦ Ἀβγάρου οἱ ἀναβά|ν[τε]ς [ἀπ]ὸ
5 [Ὑρχα]νῶν ¹ ἔνπ|οροι........‖.......... ἐτείμη‖[σαν ἔτους ηξυ΄ [μ]ηνὸ[ς |
Δύστρου] ².

1. Lectio vix certa. — 2. Anno 468 Seleucidarum = 157 p. C. n.; mense Martio.
Restitutum ex versione palmyrena.

1539. Palmyrae. — Sobernheim, *Mittheil. der vorderasiat. Gesellsch.*, X (1903),
2, p. 56.

[L. Sp]edius Chrysanthus | [uiu]os fecit sibi et suis. |
5 Λούκιος Σπέδιος Χρύσανθο[ς] | ζῶν ἐποίησεν ἑαυτῷ κα[ὶ τοῖς] ‖ ἰδ[ίοι]ς,
ἔτους εξτ΄ μηνὸς Πε[ριτίου] ¹.

1. Anno Seleucidarum 363 = 54 p. C. n. ; mense Februario.

1540. Beryti. — *C. I. Gr.*, 4329, 4697 *b* et Add. p. 1175.

Ἡ βουλὴ καὶ ὁ δῆμος | Λούκιον Ποπίλλιον Βάλβον | πρεσβευτὴν ¹ Τιβερίου |
5 Κλαυδίου Καίσαρος ‖ Σεβαστοῦ Γερμανικοῦ | τὸν πάτρωνα τῆς πόλεως.

1. Legatus Aug. inter annos 41 et 54 p. C. n., fortasse Syriae. *Prosop. imp. rom.*, III,
p. 83, n. 622.

1541. Ouadi-Barada. — Murray, *Palestine explor. fund.*, 1898, p. 31 ; Clermont-
Ganneau, *Rec. d'archéol. orient.*, II (1898), p. 397.

Ἔτους ηξυ΄, Δύστρου λ΄ ¹, Διὶ [Με|γίστῳ Ἡλιοπολείτῃ τῷ κυρίῳ | ὑπὲρ
σωτηρίας κυρίου Καίσαρος Λυσίας καὶ Σπού|ριος καὶ Ἀνείνας υἱοὶ Λυσ[ίου], ‖
5 ἐκ τῶν ἰδίων τὸν βῶμο[ν] | ἀνέθηκαν καὶ παρ᾽ ὁμολογίαν ἐπο(ί)ησαν.

1. Anno 468 Seleucidarum = 155 p. C. n. ; mensis Martii die xxx.

T. III   34

1542. Aphecae. — Germer Durand, *Rev. biblique*, 1899, p. 26.

5 [Δεσπόται ἡμῶν | Διοκλητια|νὸς καὶ Μαξι]|μιανὸς [Σε]|βαστο[ὶ] ¹ κα[ὶ] |
Κωνστάντ[ιος] | καὶ Μαξι][μιανὸς [Καί|σ]α[ρ]ε[ς ²].....

1. [Σε]βαστός editor. — 2. Annis 292/305 p. C. n. De agrorum metatione, quae in Syria
et in Arabia sub iisdem principibus facta est, cf. nn. 1002, 1112, 1252, 1278.

1543. Aphecae. — Audollent, *Defixionum tabellae* (1904), p. 21, n. 15.

. . . . πε . . . . . τοις . . . . |
. . . . .χυς αὐτ[ῶν] τὰς γλώσας. ρ....., τήν [φ]ωνήν, τὸ θη........ | ....
δην.. πε.. α .ε ἤ τις ¹ αὐτὸν ἐσυνέστησεν ² ἐπὶ οὐρανῷ ἢ ἐπὶ γῆς [ἡπάσης ³, ἢ
ἀπο|πομ]πὰς ⁴ ἤδει ⁵ ἀποτροπὰς ἐπ[οί]ησεν ὑπὲρ αὐτοῦ, λύσατε ἀναλύσατε πᾶσαν
5 βοήθιαν τε κα[ὶ.....] | ... Ὑπερέχου τοῦ ρεμμαχχου τοῦ μέρους τοῦ καλλαείνου
εἰ ὑπὲρ τοῦ δήμ[ου ⁶...] | ... ἐποιήθη ὑπὲρ αὐτοῦ, ἢ εἴ τις αὐτὸν ἐσυνέστησεν
ἢ ἐπὶ οὐρανῷ ἢ ἐπὴ γῆς ἡπάση[ς ἢ ἀπο|π]ομπὰς ἤδει ἀποτροπὰς ἐποίησεν
ὑπὲρ αὐτοῦ, λύσατε ἀναλύσατε πᾶσαν βοήθιαν ὑπὲρ Ὑπερεχίου τοῦ [ρεμμαχου]
.....|.....δολε ὑπὲρ τοῦ δήμου αὐτοῦ, ἤ τις τῶν λς′ δεκανῶν ⁷ ... το.ν πεκκρα-
τεριτωρ γουντων ἢ τῶν......... | [τῶ]ν ε′ πλανήτων ἢ τῶν β′ φοστήρων ⁸
10 βοήθια αὐτοῦ, λύσατε ἀναλύσατε πάσας βοείθια ανιγε.γραμεν....|......ενου τοῦ
ἀτε<ι>νιζομένου ἐν τῇ αὔριον ἐμέρᾳ καὶ ε[ἴ] τις οἰασδυσποτφρεν... χε σοὶ
φθεθεσητ... φηρ...|......ν ὑπὲρ αὐτοῦ εκ..... ν..ε....... .... τοῖς......... σθ.
αὐτῶν λύσατε..... | ....θ.ραη..ν γεγ.νε[....]νελαου βίαν γένεσθαι ὑπὲρ
Ὑπερεχίου τοῦ ἐμμόλλου ⁹... | .... εν π..φ..αρ....... μερφο. βοιτω.
αὐτὰς. τῇ αὐτη ἐπιχίρησεν ἦε βοή[θια?...] | .... ασκωνθιοι δὲ λίπετε ἄλλη
15 βοήθια ἐθρήσατω ὑπὲρ αὐτοῦ, λύσατε ἀναλύσατε... | ......ρα ἐπὶ τοῦ μὲν
λαοῦ τοῦ μέρους τοῦ καλαείνου κίονι ἀσάλευτος ἀκίνιτος... | .... το[ν] ρεμαχι
δέμονι μὴ κινούμενοι κὲ ἐχθρὸς αὐτοῦ καὶ ὁ δῆμος αὐτοῦ κα. οντε... | ....
αὐτῶν μένουσιν αὐτῶν πα.ερε φιλοῦντες αὐτο.. Ὑπερέχιν τῶν ὀμμάδων ¹⁰
τε...... | ...γεκα τουτου . νο. εσεγλῶσαν αθε... ηδην θλίψιν ¹¹ διὰ σανωρε . ιν
των τξε′ ¹² νελιουα.τι... | ...τρα..χε καταδήσατε αὐτοῦ τῶν τραχήλων τὰς χῖρας
20 τοὺς πόδας δήσατε συνδήσατε τὰς ει. τὰ νευρα τὰ πε...|....ας τὰ σφυρὰ τὴν
βά[στιν] τῶν ἀποσίων ἄλις θρενέτω εντος ..ρμ.. οι αὐτοῦ κομηδὴν ¹³ ..θ. εστηνε
αὐτῶ ε....|... αὐτοῦ πύμματα ¹⁴ τῶν δὲ λιψωμεν μορισατων πιθων καὶ ἀώρων..

τοὺς γαστρὰς τὸν νοῦν τὰς φρένα[ς] ...|.. σιν τὴν είλαρίαν περιβάλετε δὲ αὐτῷ
καὶ τοῖς δήμοις αὐτῶ καὶ χορὸς σὺν τῷ μέσῳ χωρῷ αὐτοῦ...|...εθην καβαδιαν
ἀκορίαν χάσμησην τέλιαν ἀστοχίαντε ἀράσχετε Ὑπερεχίῳ τῷ ὀρχιστῇ τε... |
...φιμώσατον δὲ τὰ στόματα πάντων τὸ[ν?] θεωρὸν ¹⁵ τὸν αὐτῶν καλποφορου
25 ὅπως τὴν φωνὴν σκε...|... κὲ χλῆσον ¹⁶ αὐτῶν τὰς γλώσας ....ντε οὖρον τοῦ
στόματος φράξον αὐτῶν τὰ γνάθους ἀπόφλ.........|.... ἐπάρα[τ]ον αὐτῶν
ταχτα.. ωρες αὐτῶν · νηθεε τερφθῆνε μήτε ἐπεν μετὰ [ρ]εμμαχεν... | ..... τὸν
χορὸν ἀλλὰ μήτε τοῦτον μήτε χορὸν αὐτοῦ πάντα τὼν δῆμον αὐτοῦ ἀλλὰ
μὴ χη... ρη.του....|......ε..πισε ὀρχιστῆσαι ὀμμαλος τῶν καλχ..ν...ν |
    α υ ω η ο ι ε ω α α ε ω η ε ω α ‖ ¹⁷
30 .   .   .   .
.... τὼν[? δῆ]μον και το ....χ............. | .... εως ἐκ
τῶν καταπ. ετ................... ην.... | .... [..ὑ]πὲρ αὐτῶν <ν>ήμπάση
εγλε..........ν.ρεβιω ἀλλὰ πε...α Ὑπερέχ... | ....λω βουλιμου ωρμαν-
35 δου ωρλου αχαχου δαραθωνα βε.ειδετασα...... ‖ ....α.. θουλαμ
Εὐλαμω... ¹⁸ ρε.....ενθ . χχονδισον δ[ιαχ?]όνησον και... | ......ορσ... γεδωρ
χουμενα χμερ.... τ. υς βαρσαβε θαθασερδαυ μεραβαρχα φρωνιγ καὶ κατὰ τοῦ
χαλαείνο[υ]... | ......η.. αργῆσης καὶ κατὰ τοῦ Εὐλαμω σημαρμυωθ χθετο-
σερβεθμερ παρακουθιω μεγαρα των.ο..νατε... | ε ευωαη καὶ τοῦ πωντ.ε.. τεσα-
μενα ἐν τῶ πε..α...ξα ἀπὼ πρότης ὥρας ἕ[ως] ἕχτης ιεα................... |
ω   αὐτῶν τε χρηθων εθιωεχαρη καὶ... ‖
40 α   τὴν σὴν πρως..ω..α δήσετε..α.α... | καὶ
ε   τῶν ἀμοιβεθων τερεχιντω ὀρχισ[τη?...] |
                     πάντας χνε..στρέψον καταστρέψον σ.νασ.
                     ..|... ἐπι τοῦ .... οαπερωθιος μέγας θεὸς

ραθωρ .... ε . ε   εαωαααα . . .   μη .. βοηθ[ια?] ..   στροφην . ρα ..   [ἀπὸ] ὥρας πρώτης ἕω[ς]   ......χω.. | χεαω χεω χωη χαρυχωχεω
θιαλεω   χαρχοχ Ὑπερέχιν.. ‖ την εσ.. νο δε ἀχί-
5   νιτον ἀσάλε[υτον] ομηβιαν... | ἀπὸ ὥρας
ηφθεσπχηρε   χα .. ω .   σα..ημα   ωρας πρώτης ἕω[ς]   πρώτης....... | τ.ιοντες δ......... κατὰ
ερ[χ]ιοι   θ.... ἂν με κατα ..   τῶν αλησ...αχ... | τε αὐτὸν [... ἀπο-
τ]ροπὰς .... |
φθη α]ραρα χαραρα   .αενχρο προχων................... ‖
50 ....γνη. αν τῶν ἀσεβῶν ¹⁹ σοχσοχαμ σομοχω............... | .... θρω
.α. ουρφθω βαλλο ωβλαωρ βολσεβοχ ρ..β............ | .... τοῦτον ἀγίω

καὶ δυνατοῦ σ[ο]ῦ καλέω δε.................. αὐτὴν... | ....ριων

νοῦν γδικπ .υ. ρ αὔριον .ω.... ἐξέπεμψεν τῶ[ν] ἀώρων [20] τῶν χθ[ονίων?].... |

ι.ως ....ς αὐτῶν...τος ἀπελθώντες ε..... αθήσετε Ὑπερεχίω τῶ ρεμμαχου

55   κε.. αὐτοῦ δυ...▌........ ἐμέρας τῆς αὔριον ἐν θεάτρῳ καὶ θωρυβήσ[α]τε αὐτῶν

εἴνα ἀπὸ τοῦ συνέχοντος αὐτοῦ ετερ..... | η..εχ.....μ. δυμηθωρχησαι. ἐμὴν

γραφὴν [21] ἐς τω. ὀρχιστῇ τῷ αὐτῷ βαλχαρεσων χρόνω ἤδη ταχὺ ταχ[έως?]..|..|

αε...υα...α.. <ε>πέμψον κίωνι ἀσάλευτος ἀκίνιτος ἐν τῇ αὔριον ἡμέρᾳ

ἀπὸ ὥρας πρώτης |

ω ε α η   ω α ε ω η ε   ω   α   ω   ι υ ε

Tabella plumbea in qua inscriptae sunt dirae in Hyperechium agitatorem factionis venetae. Margines dexter et sinister aeque mutili sunt. Tertio p. C. n. saeculo exaratam inscriptionem putat editor.

1. ἤ τις = εἴ τις. — 2. ἐσυνέστησεν = συνέστησεν. — 3. ἠπάσης = ἁπάσης. — 4. ἀποπομπαί et ἀποτροπαί significant φυλακτήρια sive artes quibus Hyperechius a defixione tutus fieri conatus fuerit. — 5. Ἠδεὶ pro ἠδὲ. — 6. τοῦ μέρους τοῦ χαλλαείνου, factionis venetae; δῆμος etiam de factione circi usurpatur. — 7. τὶς τῶν λς' δεκανῶν. Decanus vocabatur genius qui decem gradibus lineae eclipticae praeerat. — 8. τῶν β' φοστήρων, sol et luna designantur. — 9. ἐμμόλλου = aemuli. — 10. ὀμμάδων = ὀμμάτων. — 11. θλίψιν. Sperat qui defigit Hyperechium ὅτι ὁ δαίμων θλίψει αὐτοῦ τὸν δίφρον, premet ejus currum. — 12. τξε' numerus 365 Gnosticis sanctus erat. — 13. κομηδήν = κομιδήν? — 14. πύμματα = πύματα. — 15. τὸ[ν] θεωρόν = τῶν θεωρῶν. Defiguntur cum Hyperechio spectantes ne possint ei adclamare. — 16. χλῆσον = κλεῖσον. — 17. Litterae magicae. Voces etiam barbarae versibus immixtae sunt. — 18. Εὔλαμω daemon. — 19. τῶν ἀσεβῶν, impii daemones. — 20. τῶ[ν] ἀώρων, homines praematura morte abrepti, qui malevoli daemones facti sunt. Cf. supra n. 1529, not. 3. — 21. ἐμὴν γραφὴν, haec ipsa tabella.

Tabellam alteram eadem aetate scriptam ad eumdem Hyperechium defigendum omisimus ut valde mutilam et momenti levioris. Cf. Audollent, op. cit., p. 26, n. 16.

1544. Gerasae. — Lucas, *Mittheil. des Palaestinavereins*, 1901, p. 59, n. 20.

Ὑπὲρ [σωτηρίας αὐτοκρ]ατόρ[ων Μάρκου Αὐρηλίου Ἀντωνείνου Σεβ.] |

καὶ Λου[κίου Οὐήρου? Σεβ.] ......επο... [καὶ] | σύνπ[αντος οἴκου].ιου..α...

INDICES

Composuerunt G. Lafaye et V. Henry.

I

NOMINA VIRORVM ET MVLIERVM

N. B. Nomina perscripta litteris quadratis sunt virorum mulierumque ordinis senatorii.

Ἀγίκιος Ῥωμανός, 1262.

Ἀγοσία Τερτία, 868.

[? ΑΙΑΚΙ]ΟΣ ΜΟΔΕΣΤΟΣ, 1321.

Αἰλεία Κορνούτεια, 319.

Αἰλία, 12, 215, 535, 739, vɪɪɪ.

Αἰλία Ἀντωνεῖνα, 318.

Αἰλία Ἱεροκλείη, 11.

Αἰλία Κάλη, 675.

Π.? Αἰλία? Κορνηλία Νεικαρέτη, 28.

Αἰλία Λικιννία Λογγίλλη ἡ καὶ Ἀρσασίς, 500.

Αἰλία Πλατωνίς, 500, 739, xvɪɪ.

Αἰλία Συμφερούσῃ, 220.

Π. Αἴλιος......, 215.

Κ. Αἴλιος Ἀγησίλαος, 187.

Πόπλιος Αἴλιος Ἀντίοχος, 351.

Αἴλιος Ἀριστόδημος, 500.

Τ. Αἴλιος Ἀσκληπιόδοτος, 1422.

ΑΙΛΙΟΣ ΑΤΤΙΔΙΟΣ ΚΟΡΝΗΛΙΑΝΟΣ, 1353.

Αἴλιος Αὐκτιανός, 220.

Αἴλιος Αὐρήλιος Μαρκιανός, 85.

Αἴλιος Βᾶσσος, 1287.

Αἴλιος Βιάνωρ, 843.

Π. ΑΙΔΙΟΣ ΒΡΟΥΤΤΙΟΣ ΛΟΥΚΙΑΝΟΣ, 776.

Αἴλιος Γερμανός, 1372.

Μ. Αἴλιος Ἐβούριος Σύμφορος, 1422.

Αἴλιος Ἐπάγαθος, 676.

Πόπλιος Αἴλιος Ἑρμαῖος, 424.

Αἴλιος Εὐμένης ὁ καὶ Βόηθος, 1368.

ΑΙΔΙΟΣ ΙΟΥΛΙΑΝΟΣ, 1281.

Τίτ. Αἴλιος Κάρπος, 675.

Π. Αἴλ. Κουίντος Κλ. Φιλιππιανὸς Οὐᾶρος, 360.

Π. Αἴλιος Μακεδών, 184, 195.

Αἴλιος Μάξιμος, 208, 1138, 1265.

Π. Αἴλιος Νατάλης, 236.

Πόπλιος Αἴλιος Ὀκταουιανὸς Τύραννος, 1421.

Αἴλιος Ὀκτάουιος Φρόντων, 913.

Γ. Αἴλιος Οὐειτάλιος, 676.

ΑΙΔΙΟΣ ΠΡΟΚΛΟΣ, 106 et forsitan 739, xx.

Γάιος Αἴλιος Ῥηγεῖνος, 276.

1360, 1361.
Αὐρ. Ἀντώνιος Σαβεῖνος, 1298.
Αὐρήλιος Ἀπολλώνιος, 317, 318.
Μᾶρκος Αὐρήλιος Ἀπολλώνιος, 488.
Μ. Αὐρ. Ἀριστόδημος, 599.
Αὐρήλιος Ἀρτειμιανὸς Διλιτριανὸς
    Ἀρτειμᾶς, 407, 408.
Αὐρ. Ἀρτέμων, 1503.
Μᾶρ. Αὐρ. Ἀρτέμων, 462, 489.
Μ. Αὐρ. Ἀσκληπιάδης, 904.
Μ. Αὐρήλιος Ἀσκληπιοδοτιανὸς Ἀσ-
    κληπιάδης, 1422.
Αὐρ. Ἀσκλήπιος, 204.
Μ. Αὐρήλ. Ἀττικιανὸς Ἀλεξανδρια-
    νὸς Ὀλύμπιος, 1422.
Αὐρήλιος Βερνεικιανός, 1263.
Μ. Αὐρ. Γλυκωνιανός, 231.
Αὐρήλιος Διόδοτος, 18.
Αὐρ. Διομηδιανὸς Μακεδονιανὸς Ῥό-
    δων, 357.
Αὐρ. Διονύσιος, 301, 412.
Μ. Αὐρ. Διονύσιος, 556.
Αὐρήλιος Δυναστιανὸς Νεικηφόρος,
    1422.
Μᾶρκος Αὐρή. Ἑρμαγόρας, 538.
Μ. Αὐρ. Ἑρμαῖος, 437.
Μᾶρ. Αὐρ. Ἑρμαῖος, 461.
Αὐρήλιος Ἑρμογενιανὸς Ὅπλων, 371.
Μ. Αὐρ. Εὐέλθων, 621.
Μᾶρκος Αὐρήλιος Εὔκαρπος, 583, 584,
    585.
Αὐρ. Εὐτυχὴς Μερκουριανός, 154.
Αὐρ. Εὔφημος, 319.
Μ. Αὐρ. Θεόδοτος, 438.

Μ. Αὐρ. Θεόμνηστος, 1422.
Μᾶρκος Αὐρήλιος Θοαντιανός, 474.
Αὐρήλιος Ἡδύλος, 67.
Μᾶρκος Αὐρήλιος Ἱέραξ, 1203.
Αὐρ. Καλλικλιανὸς Ῥουφεινιανὸς Πο-
    τεῖτος, 829.
Αὐρ. Καλλισθένης, 213.
Π. Αὐρήλιος Καλπουρνιανὸς Ἀπολ-
    λωνίδης, 41.
Αὐρ. Κάστωρ, 438.
Αὐρ. Κε...... 477.
Αὐρήλιος Κλαυδιανὸς Ἰουλιανός, 1422.
Μᾶρκος Αὐρ. Κλαύδιος Νεικόμαχος,
    1360, 1361.
Αὐρ. Κορνοῦς, 479.
Μ. Αὐρήλ. Κρισπιανὸς Ἀλέξανδρος ὁ
    καὶ Κύριλλος, 1422.
Αὐρήλιος Μᾶρκος Κρίσπος, 1332.
ΤΙΤΟΣ ΑΥΡΗΛΙΟΣ ΚΥΗΤΟΣ, 690, 1511.
Τ. Αὐρήλιος Κυρινάλιος, 1114, 1179.
Μᾶρ. Αὐρ. Λαῖτος ὁ καὶ Παῖτος, 604.
Μ. Αὐρ. Λάλλα, 599.
Αὐρήλιος Λάριχος, 619.
Αὐρ. Λικιννιανός, 411.
Αὐρ. Λονγεῖνος, 408, 1482.
Αὐρ. Λούκιλλος, 412.
Μ. Αὐρ. Λουκρήτιος Στρατόνεικος,
    910.
Αὐρ. Μάιορ, 1135.
Λ. Αὐρήλιος Μάξιμος, 1117, 1118.
Μ. Αὐρήλιος Μαρ.... 54.
Αὐρ. Μαρκελλεῖνος, 1204.
Αὐρ. Μάρκελλος, 1145.
Αὐρ. Μαρκιανός, 1397.

Γάιος Ἰούνιος Ἰοῦστος, 334.
Ἰούνιος Ὄλυμπος, 1286.
Ἰούνιος Παῖτος, cf. Ἰούλιος.
ΜΑΡΚΟΣ ΙΡΡΙΟΣ ΦΡΟΝΤΩΝ ΝΕΡΑΤΙΟΣ
  ΠΑΝΣΑΣ, 125, 223.
ΑΥΛΟΣ ΙΡΤΙΟΣ, 159 cap. 1.

Γάιος Κ....... 323.
Κ.....ος Εὐτυχής, 1078.
Καικίλιος Ἑρμιανός, 179.
Καικίλιος Πρόκλος, 87.
Καικίνα Προκλητιανός, 909.
Πόπλιος Καίλιος Λουκιανός, 409.
Καίλιος Φλῶρος, 739, III, IV.
Καισέρνιος Στατιανός, 6.
Τ. ΚΛΙΣΕΡΝΙΟΣ ΣΤΑΤΙΟΣ....ΑΝΟΣ, 947.
Καίσιος Πρίσκος, 1005.
ΚΑΛΕΣΤΡΙΟΣ ΤΕΙΡΩΝ, 704 I.
ΓΑΙΟΣ ΚΑΛΟΥΙΣΙΟΣ, 159 cap. 16.
Λ. Καλουείσιος Πρόκλος, 252.
Καλπούρνιος, 36.
Πόπλιος Καλπούρνιος..... 249.
Καλπούρνιος Διόδωρος, 780.
Καλπούρνιος Μάρκελλος, 244 = 1485.
Λ. Καλπούρνιος Ὀρέστης, 264.
ΚΑΛΠΟΥΡΝΙΟΣ ΠΡΟΚΛΟΣ, 180.
Π. ΚΑΛΠΟΥΡΝΙΟΣ ΠΡΟΚΛΟΣ? ΚΟΡΝΗ-
  ΛΙΑΝΟΣ, 192.
ΚΑΛΠΟΥΡΝΙΟΣ ΡΗΓΙΝΙΑΝΟΣ, 299.
Λ. ΚΑΛΠΟΥΡΝΙΟΣ ΡΗΓΕΙΝΙΑΝΟΣ, 299.
ΚΑΛΠΟΥΡΝΙΟΣ ΦΛΑΚΚΟΣ, 991.
ΛΕΥΚΙΟΣ ΚΑΝΙΝΙΟΣ, 159 cap. 16.
ΚΑΡΙΣΤΑΝΙΟΣ...... 511.

ΓΑΙΟΣ ΚΑΡΙΣΤΑΝΙΟΣ ΠΑΥΛΗΙΝΟΣ, 511.
ΓΑΙΟΣ ΚΑΡΙΣΤΑΝΙΟΣ ΦΡΟΝΤΩΝ, 300,
  512, 555, 729.
Κασία, 1452.
Λ. Κασπέριος Αἰλιανός, 98.
Κασσία Λέπιδα, 1011.
Κάσσιος Ἀπολλεινάριος, 130.
Κάσιος Ἀπρωνιανός, 654.
Κάσσιος Λυαῖος, 1408.
Κάσσιος Οὐῆρος, 1069.
Κάσσιος Τειμόθεος, 1202.
Γ. Κάσσιος Χρῆστος, 37.
Κεῖος Σέλευκος, 158.
Κειωνία Καλλιστώ, 961.
Κεκιλλία Ἀμμία, 29.
Μᾶρκος Κερκήνιος Τήρης, 901.
Κλαυδία Ἀχυλλία? 1463.
ΚΛΑΥΔΙΑ ΑΜΜΙΑΝΗ ΔΡΥΑΝΤΙΛΛΑ, 500.
Κλαυδία Ἀνδροδιανή, 500.
Κλαυδία Ἀνδροδιανή ἡ καὶ Λυκία,
  500.
Κλαυδία Ἀπφάριον, 950.
ΤΙΒ. ΚΛ. ΑΡΣΑΣΙΣ, 581.
ΚΛ. Ἀρσινόη, 581.
ΚΛ. ΒΑΛΒΕΙΝΑ, 191.
ΚΛ. ΒΑΛΒΕΙΝΑ ΝΕΩΤΕΡΑ, 162.
ΚΛΑΥΔΙΑ ΔΡΥΑΝΤΙΛΛΑ ΠΛΑΤΩΝΙΣ, 500.
Κλαυδία Ἑλένη, 500.
ΚΛΑΥΔΙΑ ΙΟΥΛΙΑ ΠΡΟΚΛΑ, 500.
ΚΛΑΥΔΙΑ ΟΥΕΙΛΙΑ ΠΡΟΚΛΗ, 567.
Κλαυδία Οὐεττία Ἀγριππεῖνα, 500.
ΚΛ. Παυλεῖνα Ἀρτεμεισία, 797.
Κλαυδία Παύλη, 95.
Κλαυδία Ῥοδοκλέα, 951.

ΚΛΑΥΔΙΑ ΤΙΤΙΑΝΗ, 500.

Κλαυδία Τιτιανή, 627.

Κλαύδιος....., 95, 228, 500.

Τιβ. Κλαύδιος......, 269, 361, 614, 674.

Τι. Κλ. Ἀγρίππας, 451.

ΚΛΑΥΔΙΟΣ ΑΓΡΙΠΠΕΙΝΟΣ, 500, 739, XVII, XVIII.

ΤΙΒΕΡΙΟΣ ΚΛΑΥΔΙΟΣ ΑΓΡΙΠΠΕΙΝΟΣ, 603, 670, 671, 672, 673.

Κλ. Αἰμίλιος Φιλωνίδης, 198.

Κλ. Ἀκύλας, 208.

Κλαύδιος Ἀνδρόμαχος, 1333.

Κλαύδιος Ἀντίμαχος, 705, 739, x, xi, xvi.

Κλ. Ἀπελλεῖνος, 797.

Τιβέριος Κλαύδιος Ἀπολλώνιος Ἐλαιδάδης, 796.

Κλ. Ἀρριανός, 191.

ΤΙΒ. ΚΛ. ΑΤΤΑΛΟΣ, 613.

Τιβέριος Κλαύδιος Ἄττις Δηιόταρος, 225.

ΤΙΒ. ΚΛ. ΑΓΡ. ΤΗΛΕΜΑΧΟΣ, 581.

Κλαύδιος Βάγχιος, 1411.

Τιβέριος Κλαύδιος Βιθυνικός, 807.

Τι. Κλ. Βόχχος, 194.

Τ. Κλ. Γεντιλιανός, 200.

Κλαύδιος Δαρεῖος, 343, 361.

Τι. Κλ. Δαρεῖος, 345.

Μ. ΚΛΑΥΔΙΟΣ ΔΗΜΗΤΡΙΟΣ, 6.

ΚΛ. ΔΟΜΕΤΙΛΛΙΑΝΟΣ ΠΡΟΚΛΟΣ, 356.

Γν. Κλαύδιος Δομιτιανός, 1424.

Κλαύδιος Δομιτιανός Ἀκύλας, 1424.

Κλαύδιος Δρυαντιανός, 500.

Τι. Κλαύδιος Δομιτιανὸς Εὐήμερος, 1424.

Κλαύδιος Δομιτιανὸς Ποντικός, 1424.

Κλαύδιος Δομιτιανὸς Πρόκλος, 1424.

Γν. Κλαύδιος Δομιτιανὸς Σεουῆρος, 1424.

ΤΙΒΕΡΙΟΣ ΚΛΑΥΔΙΟΣ ΔΡΥΑΝΤΙΑΝΟΣ ΑΝΤΩΝΕΙΝΟΣ, 500.

Τιβέριος Κλαύδιος Ἐπάγαθος, 578, 579.

Τιβ. Κλ. Ἐρυμνεύς, 804.

Τιβέριος Κλαύδιος Εὔδημος, 671.

Τιβέριος Κλαύδιος Εὐτυχής, 491.

Τι. Κλ. Ζηνοδοτιανὸς Μολλιανός, 454.

Κλαύδιος Ἡλιόδωρος, 1229.

Τιβέριος Κλαύδιος Ἡρᾶς, 230, cf. 225.

Κλ. Θεόδωρος, 1446.

Κλαύδιος Ἰάσων, 670, 673.

Τιβέριος Κλαύδιος Ἰάσων, 603.

Τιβέριος Κλαύδιος Ἰουλιανός, 22.

Κλαύδιος Ἰουλιανός Ἀσκληπιόδοτος, 62.

ΤΙ. ΚΛΑΥΔΙΟΣ ΙΟΥΝΚΟΣ, 979.

Τιβέριος Κλαύδιος Ἰσίδωρος, 982.

Τιβ. Κλ. Ἰταλικός, 804.

Τιβέριος Κλαύδιος Καισιανὸς Ἀγρίππας, 586, 587, 588.

Τιβ. Κλ. Καισιανὸς Ἀγρίππας, 622, 623, 624, 625, 626.

Τιβέριος Κλαύδιος Καλλικλῆς, 343.

Κλ. Καλλίστρατος, 710.

Κλαύδιος Κάσσιος Ἀγριππεῖνος, 500.

Κλ. Κλαυδιανός, 1159.

Λ. Κορνήλιος Κασπεριανός, 102.
Λ. Κορνήλιος Κλύμενος, 102.
Κορνήλιος Νέπως, 282.
ΚΟΡΝΗΛΙΟΣ ΠΑΛΜΑΣ, 1273, 1291.
Κορνήλιος? Πρεῖσχος, 101.
ΚΟΡΝΠΛΙΟΣ ΠΡΟΚΛΟΣ, 342.
ΓΝΑΙΟΣ ΚΟΡΝΗΛΙΟΣ ΠΡΟΚΛΟΣ, 739,
    VII, VIII, IX.
Κουατέρνιος Μουννιηνός, 275.
Α. Κούρτιος Αὐσπικᾶτος Τιτιννιανός,
    803.
Α. Κούρτιος Κρισπεῖνος, 803.
Α. Κούρτιος Κρισπεῖνος Ἀρρουν-
    τιανός, 803.
Κρεπερήιος....., 777.
Τ. Κρεπερήιος Φρόντων, 777.
Κυρεινία Πάτρα, 810.

ΛΑΒΕΡΙΟΣ ΚΑΜΕΡΙΝΟΣ, 902.
ΑΥΛΟΣ ΛΑΒΕΡΙΟΣ ΚΑΜΕΡΙΝΟΣ, 902.
ΔΕΚΜΟΣ ΛΑΙΛΙΟΣ, 159, cap. 16, 1018.
Λαίλιος Λουκανός, 87.
Λατεινία Κλεοπάτρα, 208.
Λατείνιος Ἀλέξανδρος, 208.
Λιβινήιος Πομπώνιος, 189.
Λικιννία Γῆ ἡ καὶ Λυκία, 500.
Λικιννία Κνειλα...ρα, 500.
Λικιννία Μάξιμα, 500.
Λικιννία Πλατωνίς, 500.
Γαία Λικιννία Πρισκίλλη, 415.
Λικινία Τάτιον, 496.
Λικιννία Φλάβιλλα, 500.
Λικιννία Φλαβίλλη, 493.

Λικίννιος, 311.
Λικίννιος Μᾶρκος.... Ῥουφεῖνος, 758.
Γάιος Λικίννιος, 495.
Λικίννιος Ἀλέξιππος, 500.
Λούκιος Λικίνιος Ἀντώνιος, 1024.
Κόιντος Λικίννιος Ἐλεύθερος, 683.
Λικίννιος Ζώσιμος, 683.
Γάιος Λικίννιος Θοαντιανός, 495, 500.
Λικίνιος Θόας, 494, 496, 500.
Γάιος Λικίννιος Θόας, 495.
Μ. Λικίννιος Ἰουλιανός, 411.
Λικίννιος Κράτιππος, 633.
Λικίννιος Λόγγος, 492, 500, 576, 706,
    739, VI.
Λικίννιος Μάξιμος, 500.
Γάιος Λικίνιος Μάξιμος, 494.
Γάιος Λικίννιος Μάρχιος Θοαντιανὸς
    Φρόντων, 493.
Γάιος Λικίνιος Μουχιανός, 486.
Λικίννιος Μουσαῖος, 496.
Λικίννιος Μουσαῖος, 492, 500, 576.
Γάιος Λικίννιος Μουσαῖος, 493, 494.
Λικίννιος Νε.......ος? 311.
Λικίννιος Ποπέλλιος, 739, x.
Μ. Λικίνιος Πρόκλος, 1004.
Λικίννιος Στασίθεμις, 704, I, 706, 739,
    XI, XVIII.
Γάιος Λικίννιος Φλαβιανὸς Ἰάσων, 633.
Γάιος Λικίννιος Φλάμμας, 779.
Λικίννιος Φλαυιανός, 500.
Λικίννιος Φρόντων, 500.
Γάιος Λικίννιος Φρόντων, 684, 704,
    III, B, D.
Λίκιννος Μάρσος, 1360, 1361.

Ουᾶρος Λόγιος, 173.

Λολλία Ματρώνη, 1471.

Λολλία Ματρώνη ἡ καὶ Ἐλπίς, 242.

Λ. ΛΟΛΛΙΑΝΟΣ ᾿ΑΟΥΕΙΤΟΣ, 84.

Μᾶρκος Λόλιος, 1476.

Γ. Λουκηνὸς ᾿Αρχέλαος, 41.

Μᾶρκος Λουκίλλιος, 1006.

Μ. Λούκκιος Φλάκκος, 1108.

ΚΟΙΝΤΟΣ ΛΟΥΚΡΗΤΙΟΣ, 159 cap. 6, 11, 12.

Νουμέριος Λούσιος Νωμεντανός, 905.

Λούκιος Λούσκιος ᾿Οκρέας, 466.

Γνάιος Λυκίνιος ῾Ρουφῖνος Πετρωνιανός, 759.

Λ. Μάλιος Μάξιμος, 305.

Λ. Μάλιος Φλάκος, 305.

Μᾶρκος Μάγιος Νεικηφόρος, 225.

Λούκιος Μαιτέννιος Λονγεῖνος, 868.

Τίτος Μαιτέννιος, 868.

Μάριος ῾Ηλιόδωρος, 1035.

[ΜΑΡΙΟΣ] ΠΕΡΠΕΤΟΥΑΣ, 711.

Μ. Μάριος Πίος, 287.

Μ. Μάριος Φλαουιανὸς Πίος, 287.

Μαρκία, 1412, 1530.

Μαρκία Γῆ, 494, 496, 500.

Μαρκία ᾿Εγλογή, 678.

Μαρκία Λιβερᾶλις, 678.

Μαρκία Λυκία, 500, 576.

Σέξστος Μάρκιος ᾿Απολλωνίδης, 634.

Τ. Μάρχιος Δειοταριανός, 472.

Μάρχιος Θόας, 494, 496, 500.

Μάρκιος Μολεβουλούβασις, 500.

Μάρκιος Ξάνθος, 711, 712.

ΣΕΞΣΤΟΣ ΜΑΡΚΙΟΣ ΠΡΕΙΣΚΟΣ, 522, 609, 610, 659, 678

Μάρκιος Τιτιανός, 472, 500, 576.

Μάρκιος Φλαυιανὸς Θόας, 500.

ΜΑΡΤΙΟΣ ΟΥΗΡΟΣ, 1195, 1290.

ΜΕΜΜΙΟΣ ΑΛΒΕΙΝΟΣ, 368.

Πόπλιος Μέστριος Μαικιανός, 1476.

Μεττία ᾿Ανδροβιανή, 500.

Μεττία Κλεωνίς, 500.

Μεττία Πτολεμαΐς, 500.

Μέττιος ᾿Ανδρόβιος, 500, 739, XII.

Μέττιος Εἰρηναῖος, 500.

ΜΕΤΤΙΟΣ ΜΟΔΕΣΤΟΣ, 668-669.

ΜΕΤΤΙΟΣ ΡΟΥΦΟΣ, 668-669.

Μολλιχία ᾿Ολυμπιάς, 30.

Μᾶρκος Μολλίκιος, 30.

Κόιντος Μουνήτιος Εὐτυχής, 306.

Κόιντος Μουνήτιος Πωλίων, 306.

ΛΟΥΚΙΟΣ ΝΕΡΑΤΙΟΣ ΠΡΙΣΚΟΣ, 1511.

῟Οδιος Βάσσος, 967.

Μ. ᾿Οκτάουιος ῞Ιλαρος, 1078.

Λ. ΟΚΤΑΟΥΙΟΣ ΜΕΜΩΡ, 840.

ΟΚΤΑΟΥΙΟΣ ΡΟΥΦΟΣ, 182.

῟Οπιος Κόσμος, 1484.

ΚΟΙΝΤΟΣ ΟΡΤΗΝΣΙΟΣ...... ΙΣΙΝΟΣ, 944.

Γάιος ῾Οστίλλιος Πωλλίων, 51.

ΓΑΙΟΣ ΟΥΑΛΓΙΟΣ, 159, cap. 10.

... Οὐαλερι......, 208.

Φλάυιος Φ......., 961.

Α. ΦΟΥΛΟΓΙΟΣ ΡΟΥΣΤΙΚΟΣ ΛΙΜΙΛΙΑ-
ΝΟΣ, 186.

Τ. Φούριος Οὐικτωρεῖνος, 1103.

ΓΛΙΟΣ ΦΟΥΡΝΙΟΣ, 159, cap. 22.

....σελλία Μάξιμα ἡ καὶ ᾽Αμαζονίς,
116.

....ΟΥΚΙΟΣ ΣΕΟΥΗΡΟΣ, 1285.

....ΙΣ ΣΕΝΕΚΑΣ, 739, VII.

....ΙΛΙΟΣ ΦΙΡΜΟΣ, 725.

II

COGNOMINA VIRORVM ET MVLIERVM

N. B. Numeri qui uncis comprehenduntur significant eosdem homines in indice nominum praecedente comparere, qui extra uncos leguntur eos nomine carere aut nomen periisse.

Α......., [191].

Ἄβαβος, 1125.

Ἄβαος, 1314.

Ἄβας, [370].

Ἄβγαρος, 1538.

Ἀβδάλλας, 1381.

Ἀβδούσιρος, 1059.

Ἄβειβος, 1143.

Ἄβισσος, 1052 = 1537.

Ἄβουνος, 1146, 1147.

Ἄβρανος, 1303.

Ἄβγορος, 1293, 1314.

Ἀγαθάνγελος, 1057.

Ἀγαθόπους? 322.

Ἀγάρη, 1249.

Ἄγγας, 1534.

Ἀγησίλαος, [187, 204].

Ἀγλαΐς, 735.

Ἀγρίππας, [58, 159, cap. 8, 159,
cap. 22, 398, 451, 586, 587, 588,
622, 623, 624, 625, 626], 1054, 1144,
1244, 1326, 1338.

Μᾶρκος Ἀγρίππας, 159, cap. 8, 22;
719.

Ἀγριππεῖνα, [500].

Ἀγριππεῖνος, 567, [500, 603, 670, 671,
672, 673, 674, 739, XVII, XVIII].

Ἀγριππιανή, [58].

Ἄδδος, 1138, 1247.

Ἀδο......., (mulier) 342.

Ἀπολλωνίδης [41], 586, 587, 634.

Ἀπολλώνιος, 155, [317, 318], 437, 449, 457, 488, 489, 605, 626, 679, 704 III Β, 726, 731, 735, 736, 738, 739, I, II, III, IV, V, VI, VII, VIII, IX, X, XI, XII, XIII, XV, XVI, XVII, XVIII, XIX, XX, 790 [796], 800, 930, 974, 1376.

Ἀπολλωνίς, 326.

Ἄππα [125].

Ἀππιανός [257], [851], 977.

Αππιανός? Ἀντωνεῖνος, 844.

Ἄπρος, [706].

Ἀπρωνιανός, [654].

Ἄπτος, 926.

Ἀπραῖος, 652.

Ἀπφάριον, [950].

Ἀπφία, 652.

Ἀρ......, 739, XIII.

Ἀρ....... (mulier), 930.

Ἀραβιανός, [85], 1265.

Ἀράγαος, 1096.

Ἀργαῖος(?) 378.

Ἀρίδεσα, 650.

Ἀρισ........., 599.

Ἀρισταίνετος, 713.

Ἀρισταῖος, [75].

Ἀρίστανδρος, 739, XII, XX, 741.

Ἀριστείδης, 566, [1055], 1293.

Ἀριστιανός, [398].

Ἀριστίων, 1376.

Ἀριστόβουλος, 534.

Ἀριστόδημος, [500], 599, 687.

Ἀριστόκιλα, 735.

Ἀριστοκλῆς, [500].

Ἀριστοκράτης, 650.

Ἀριστόμαχος, 1344.

Ἄριστος, 60.

Ἀριστοτελέια, [594].

Ἀριστοτέλης, [67].

Ἀρίστων, 745, 974, 1019.

Ἀρμάστα, [424].

Ἀρμένιος, [556, 618].

Ἀρο....,.. 1250.

Ἀρούντιος, 411, 412.

Ἄρπασος, 1082.

Ἀρποκρᾶς, 625.

Ἀρριανή, 146.

Ἀρριανός, [111, 191], 960, 1383.

Ἀρρουντιανός, [803].

Ἀρσάς, 1036.

Ἀρσασίς, [500], 581.

Ἀρσινόη, [581], 687.

Ἀρτείμας, 480, 567.

Ἀρτεῖμος, 406, 407.

Ἀρτεμᾶς, 473.

Ἀρτέμεις, [407], 444, 445, 456.

Ἀρτεμίδωρος, 1355.

Ἀρτέμιος, 464, 539.

Ἀρτεμεισία, [797].

Ἀρτεμισία, 1355.

Ἀρτεμίσιος, 739, VIII.

Ἀρτέμων, 208, [462], 489, 1503.

Ἀρτιμάς, 478.

Ἀρτόπατος, 704, I.

Ἀρχέλαος, [41], 684, 1184.

Ἀρχέμβροτος, 714.

Ἀρχέπολις, 705.

Ἀσκαίων, 1123.

Ἀσκλη......, 67.

Ἀσκληπιάδης, [136], 200, 251, [376], 894, [904], 918, 1019, [1422].

Ἀσκληπιοδοτιανός, [1422].

Ἀσκληπιόδοτος, [62], 67, 68, [1422].

Ἀσκληπιόδωρος, 45.

Ἀσκληπιόδωτος, [127].

Ἀσκλήπιος [204].

Ἄσλαμος, 1143, 1299, 1303, 1314.

Ἀσουάδανος, 1224.

Ἀσπανδάνιος, 449.

Ἀσπάσιος, 1063, 1064, 1066.

Ἄσσα [381].

Ἀστήρ, 64.

Ἀσχόνη, 1334.

Ἀτεπόριξ, 157.

Ἄτοσσα [383].

Ἀτταλιανός [354].

Ἄτταλος, 222, 347, 361, 517, 518, 519, [613], 652, 683, [704, ι], 739, ιν, [739, νιι].

Ἀττανώιος, 403.

Ἄττης, 406.

Ἀττίδιος [1353].

Ἀττικιανός [1422].

Ἀττικὸς Δεῖος (?), 402.

Ἀττινᾶς, 35.

Ἄττις, 222, [225].

Αὐβάθανος, 1301.

Αὐγορεῖνος [135].

Αὐγουρεῖνος [705].

Αὐγούστη, 256.

Αὐεῖτος [705].

Αὖθος, 1335.

Αὐκτιανός [220].

Αὖλος, 1397.

Αὖμος, 1144, 1146.

Αὐξέντιος, 887.

Αὐρηλιανή, 737.

Αὐρηλιανός, 737, 1149.

Αὐρήλιος [1032, 1033, 1040, 1042, 1043, 1044, 1046, 1047].

Αὖσος [1143], 1149, [1360, 1361].

Αὖσπηξ, 618.

Αὐσπικᾶτος, [803].

Ἀφρικανός, 1213 [358].

Ἄφφιον, 586, 587.

Ἀχιλεύς, 1312.

Ἄγχος, 1249.

Ἀψαῖος [1049].

Βαϐῖ (mul. dat.), 265.

Βάδαρος, 1224.

Βάθουρος, 1305.

Βαιϐιανός [303].

Βαλϐεῖνα [162, 191].

Βαλϐεῖνος [135].

Βαλϐῖνος [1056].

Βάλϐος [838, 1209, 1540].

Βαράθης, 1021.

Βάρβαρος [74], 1056 [1146].

Βᾶρις, 34.

Βαλϐῖνος, 1132.

Βασιλεύς, 144.

Βάσσα [1204].

Βάσσος, 208 [582, 967, 971], 1074, 1132, [1213], 1286, 1287, 1304, 1316.
Βαυλάνη, 1284.
Βάγχιος [1411].
Βεελίαβος, 1075.
Βερενίκη, [1011].
Βερενιχιανός, 1216.
Βερίων, 1009.
Βερνειχιανός [1263].
Βέρριος, 1158.
Βηλάκαβος, 1036.
Βηλίαβος, 1074.
Βηρμαῖος, 751.
Βιάνωρ, 372, 373, 374, 375, [843].
Βίαρος, 1219.
Βιάτωρ, 1337.
Βιθυνικός [807].
Βίλλιος, 818.
Βίρος, 1219.
Βόηθος [1368].
Βόκχος [194].
Βραώγελις, 739, VII.
Βριγάτης, 173.
Βρούττιος [776].
Βρύων, 566.
Βρυωνιανός [798].
Βρυωνιανὸς Λολλιανός, 810-811.
Βωκόηξ, 208.
Βώννης, 1056.

Γ....., , 32.
Γάδδος, 1259.
Γάδιος, 1285.

Γάδουος, 1187.
Γαιανός [183, 204, 412, 413], 1215.
Γαίη [1265].
Γάιος, 60, 412, [417], 1009, 1365.
Γάλεσος, 1313.
Γαλλικός [778].
Γάλλος, 91, 848, [1432, 1433, 1434].
Γαλλωνιανός, 1326.
Γαουείνιος, [66].
Γαρβάς, 1050, 1051.
Γαυδέντιος, 1217.
Γαῦτος, 1131, 1224.
Γάφλος, 1176.
Γάωρος, 1093.
Γεγανία [982].
Γέμελλος [1261, 1390].
Γεμίνιος [1370], 1378.
Γέμινος [1088].
Γενεᾶλις, 25.
Γεντιλιανός [200].
Γερμανός [99, 219, 1006], 1125, 1157, 1287, 1305, 1373, [1128, 1173, 1282, 1372].
Γῆ [479, 496, 500].
Γιϋλάσις, 1502.
Γλάφυρος [1060].
Γλυκέρη, 146.
Γλύκων, 35, 1412.
Γλυκωνιανός [231].
Γνάιος, 677.
Γρᾶτος [1012].
Γρηγόριος, 275.

Ἡρώδης, 938, 1044, 1138, 1144, 1212.

Θαιμαρσάς, 1050, 1051.
Θαίμης, 1039, 1050, 1051.
Θαῖμος, 1131, 1219, 1220, 1224, 1259, 1293, 1303, 1335.
Θαλῆς [67].
Θάλλος, 43.
Θαμός, 1059.
Θάμυρις [76].
Θεαγένης [1422].
....λα ἥ καὶ Θεανώ, 500.
Θειμοδουσάρης, 1285.
Θέμις, 1452.
Θέμος, 1292.
Θεόδοτος [9], 226, [438].
Θεοδώρα, [748, 828].
Θεόδωρος, 77, 366, 829, 1446, 1529.
Θεοκλῆς ὁ καὶ Πόπλιος, 624.
Θεόμνηστος, 1131 (ὁ καὶ Θαῖμος), [1422].
Θεόσαμος, 517.
Θεότεκνος, 1009.
Θεόφανος, 1159.
Θεόφιλος, 243.
Θεσσαλονείκη, 215.
Θέων, 1355, [809].
Θήρων, 534.
Θηρωνίδης, 531.
Θησεύς, 247.
Θοαντιανός, [474, 493, 495, 500].
Θόας, 437, 468, 473, 478, [494, 495,

496], 499, [500].
Θομδέχη, 1264.
Θόμος, 782.

Ἰαδδαῖος, 1050, 1051, 1053.
Ἰάδης, 1534, [1044].
Ἰαίη, 377.
Ἰαίς, 374.
Ἰάμβιος, 817.
Ἰαμός, 1096.
.... Ἰανουάριος Λικινιανός, 231.
Ἰαπετός, 564.
Ἰαραῖος, 1054, [1538].
Ἰάσων, [60], 586, 587, [589, 603, 633, 670, 673], 684, 704, I, II A, B; III A, B, D, 705, 706, 739 v, 739 VII, 739 X, [1422].
Ἰαύδας, 1074.
Ἰγνατιανός, 1527.
Ἰέραξ, [1203].
Ἰεροκλείη, [11].
Ἰεροκλῆς, 583, 584, 585.
Ἰερώνυμος, 830, 833, 1530.
Ἴκαυρος, 1235.
Ἴλαρος, [1078].
Ἴμας, 815.
Ἰνγαμιανή, [828].
Ἴνγαμις, 828.
Ἰνγένουα, [269].
Ἰνδουνούας, 834.
Ἴνδους, 837.
Ἰο........, 739, v.
Ἰόβας, 612.

Ἰομήδης, 1253.
Ἰουκοῦνδα, 143.
Ἰουλάνιος? 26.
Ἰουλία, [500].
Ἰουλιανός, [2, 22], 26, [62, 97, 162, 168, 169, 170, 411, 818], 894, [904, 954, 955, 956, 1007, 1037, 1213], 1219, 1242, [1274, 1281], 1284, 1306, [1422].
Λ. Ἰουλιανὸς Ἀριστοτέλης, 67.
Ἰουλιανὸς Εὐκράτης, 1422.
Ἰουνκος, [979].
Ἰουσενρμαῖος? 1107.
Ἰουστεῖνος, 199.
Ἰοῦστος, 80, 199, [334, 500, 981].
Ἱππίας, 518.
Ἱπποκράτης, 595.
Ἱππόλοχος, 564, 692.
Ἱππόλυτος, 519.
Ἰρδαουέξης, 831.
Ἰσίδωρος, 901, [982, 1287].
Ἰτάλη, [884].
Ἰταλικός, [500, 548, 551, 552, 804].

Κα..... [960].
Κάβρων, 258.
Κάδος, 1335.
Καίαμος, [1112], 1272·
Λούκιος Καίαμος, 1112·
Καίκας, 1219.
Καικίλιος, [470].
Καισιανός, [586, 587, 588, 622, 623, 624, 625, 626].

Καλ....., 739, ιν.
Καλή, [675].
Καλλιάδας, 679, 726, 731, 735, 736, 738, 739, ι, ιι, ιιι, ιν, ν, νι, νιιι, ιχ, χ, χιιι, χν, χνι, χνιι, χνιιι, χιχ, χχ.
Καλλιγένης, 243.
Καλλικλεανὸς Καλλικλῆς, 61.
Καλλικλῆς, [61, 65, 343], 369, 651.
Καλλικλιανός, [829].
Καλλικράτης, 651.
Καλλίμαχος, 290·
Καλλίνικος, [975].
Καλλισθένης, [213].
Καλλίστη, [46, 1401].
Κάλλιστος, 279.
Καλλίστρατος, [1422, 710].
Καλλιστώ, [961].
Καλλιφάνης, [514].
Καλόκαιρος, 567.
Καλουεῖνος, 108, [141].
Καλπουρνία [192].
Καλπουρνιανή, 782.
Καλπουρνιανός, [41, 782].
Καλπούρνιος, [667, 781].
Καλυδών, 97.
Καμάσανος, 1284.
Καμερῖνος, [902].
Κάμπτηρ, [1062].
Καπετωλεῖνος, 849, [739, χ].
Καπιτολεῖνος, 849.
Καπίτων, [115], 128, [278, 500], 1387.
Καπρέολος, [120].
Καραχυλαία, 190.
Κάρμων, 479.

Λεύχιος, 903.
Λεωνίδας, 1358.
Λεωνίδης, 815, [917].
Λίβανος, 1071.
Λιβεράλις, [678].
Λιβιανός, [59].
Λικινιανός, [231].
Λικιννιανός, [411, 497].
Λογγεινιανός, 42.
Λογγεῖνος, [907].
Λόγγος, 67, [76, 690].
Λόγιος, [173].
Λολλιανός, [33, 810, 811].
Λονγεῖνα, [18].
Λονγεῖνος, 283, 272, 408, 868, [1482];
    cf. Λογγεῖνος.
Λονγίλλη [500].
Λόγγος, [140, 212, 279, 492, 500, 576,
    667, 706, 739, vi, 1478]; cf. Λόγγος.
Λουκανός, [87].
Λουκιανός, [409].
Λουκίλλη, 1055.
Λούκιλλος, [412].
Λούκιος, 50, 300, 883, 1019.
Λουκιανός, [776].
Λουκιφέρα, [982].
Λουκοῦλλα, [192].
Λουκρήτιος, [910].
Λουκρίων, 456, 1496.
Λουνυ...., 836.
Λούπερχος, [933].
Λοῦπος, [20], 1351, 1384.
Λουτατία, [839].
Λυαῖος, [1408].

Λυδιανός? [232].
Λυχία, [500], 540, 564, 576, 651, 704,
    II A, 714.
Λυκίσκος, 531.
Λύσανδρος, 693.
Λυσάνιος, 651.
Λυσίας, 1087, [1235], 1541.
Λυσιμάχη, [500].
Λυσίμαχος, 712, 714.
Λύσων, 582, 596, 599.
Λ.....ίμιος, 90.
Λ..ουδριβέμις, 815.

[Μα.....], 794.
[Μᾶ], 839.
Μαββογαῖος, 1127.
Μάγας, 461, 462, 463.
Μάγνος, [1016, 1017, 1179], 1286, 1287,
    1313.
Μαενάιος, 1043.
Μάθειος, 1130, 1237.
Μαιβούζανος, 121.
Μαιχιανή, [500].
Μαιχιανὴ Ἀλεξάν<ν>δρα, 500.
Μαιχιανός, [1476].
Μάιορ, [1135].
Μαίωρ, 1143, 1175, [1493].
Μακάριος, 1227.
Μακεδόνιος, 1530.
Μακεδών, 714, [184, 195].
Μακεδονιανός, [357].
Μάχερ, [1366].
Μαχρεῖνος, [1039].

Τυδιανός [829].
Τυνδαρίς, 758, 759.
Τύραννος, 226, [1421].
Τύχη [865].

Ὑετρανός, 219.
Ὑλεύς, 44.
Ὕλλος [981], 994.
Ὑπερέχιος, 1542.
Ὑπερήνωρ, 516.

[Φ.........], 961.
Φαβιανός [1297].
Φάδιλλα [58].
Φάλκων, [500, 739, ι, 902].
Φάμαινος, 1443.
Φανιανή, 519.
Φανίας, 519, 739, ιν.
Φάνιος [704, ι].
Φάρεκος, 1316.
Φαρνάκης, 89, [592]
Φασαιέλη [1183], 1267.
Φαυστεῖνος [849].
Φαῦστος [259].
Φεῖδος [763].
Φείλιππος, 1021.
Φήλειξ [954, 955, 956].
Φῆλιξ, 260, [911, 912], 1472.
Φίγλος [933].
Φίλα [619].
Φίλαιος, 239.
Φιλάργυρος, 739, νιι.

Φιλεῖνος, 684.
Φιλη......., 1208.
Φίλητος, 17.
Φιλῖνος [1035].
Φιλιππιανός [60, 360].
Φιλιππικός, 1061 [1224].
Φίλιππος, 67, [538], 539, 631, 641,
    925, 939, 1138, 1249, 1253.
Φιλίσκος [49].
Φιλόδοξος, 321.
Φιλόδωρος, 979.
Φιλοκλῆς, 624.
Φιλοκράτεια, 77.
Φιλοκράτης, 931.
Φιλόλαος, 473.
Φιλόπατρις, 833, 933.
Φιλοπάτωρ, 677, 895, 901, 1056.
Φιλόνεικος, 153.
Φίλων, 108, 740, 1127.
Φιλωνίδης [198], 208.
Φιλώτας, 488, [517, 518, 519, 539,
    622].
Φίρμος [181, 521, 781, 907].
Φισκιλλι..... [506].
Φλαβιανός [500, 633].
Φλάβιλλα, 500, 737.
Φλαβίλλη [493].
Φλαβιλλιανός, 500.
Φλάκκος [991, 1074, 1108, 1376].
Φλάκος [305].
Φλάμμας [779, 1480].
Φλαουιανὴ Σμαραγδίς, 197.
Φλαουιανός, 8, 500, 1286, [196, 197,
    287, 665, 667].

III

RES SACRA

1. Dii, deae, heroes.

Ἀγλίβωλος, 1026.

Ἀείχαλα, 1093.

Ἀθάνα, 852.

Ἀθηνᾶ, 159 cap. 19, app. 2; 260, 797, 839, 905, 925, 1276.

— Μαγαρσία, 889.

— πολιὰς ἡ προκαθηγέτις τῆς πόλεος (Phaselidis) θεά, 764.

Ἀΐδης, 1383.

Ἄμμων, 1222.

— κεραός, 1078.

Ἀντίνοος ἥρως, 1108.

Ἀπόλλων, 159 cap. 19, 21, 24, app. 2; 583, 584, 692, 1107, 1366.

— ἀρχηγέτης, 780, 781.

— Διδυμεύς, 98.

— ἐπήκοος, 110.

— Κλάριος, 342.

— θεὸς πατρῷος (Lyciae), 488, 680, 704, II B, 731, 739, II, III, XIII, XVII, XVIII.

— Σούριος, 711, 712, 714 (ἐπιφανέστατος θεός).

Ἀραβικὸς θεὸς ἐπήκοος, 1343.

Ἀρεμθινὸς θεός, 1081.

Ἄρης, 159 app. 2; 362, 383, 607, 780.

— θεὸς μέγας, 700.

— ἀμύντωρ, 159 cap. 21.

Ἄρης καὶ Ἀρεῖαι, 1481.

Ἄρτεμις, 297, 451, 578, 583, 584, 784, 796, 903.

— Αἰγαία, 925.

— ἐλαφηβόλος, 780.

— θεὰ μεγάλη, 424.

— ἱερὰ θεά, 742.

— ἡ κυρία, 1011, 1163, 1358, 1363.

— Περγαία, 790, 796.

— ἡ προεστῶσα τῆς πόλεως (Pergae) θεὰ ἄσυλος, 797.

Ἀσκληπιός, 285, 732, 733.

— σωτήρ, 120.

— θεὸς σωτήρ, 205.

Ἀτεργάτις, 1250.

Ἀφροδίτη, 365.

— εὐπλοία, 921.

— Παφία, 941, 942, 944, 945, 947, 950, 951, 952, 953, 954, 955, 956, 958, 959, 962, 964, 965, 966.

Βαλμαρχῶδ θεός, 1082.

— θεὸς ἅγιος, 1079.

Βαλμαρχώδης κύριος γενναῖος ὁ καὶ Μηγρίν, 1081.

Βαλμαρχώθ κοίρανος κώμων, 1078.

Βέστα, 248.

Γῆ, 137.

Γλαῦκος, 607.

Θεοὶ Δαίμονες (Dii Manes), 675, 678, 1007.

Δημήτηρ, 36, 802, 883, 950.

— καρποφόρος, 17, 923, 924.

Δηώ, 903.

Διόνυσος, 37, 209, 210, 211, 299, 356, 437, 438, 439, 448, 449, 566, 780.

— καλλίκαρπος, 916, 923, 924.

— κύριος κτίστης, 1277.

— πολύκαρπος, 844.

Διόσκοροι, 159, cap. 20.

Διόσκουροι θεοί, 652.

— οἱ σωτῆρες, 155.

— σωτῆρες καὶ ἐπιφανεῖς θεοί, 728.

Δουσάρης, 1335.

Εἰρήνη, 1117.

Εἶσις, 95, 1118.

Ἑκάτη, 583, 903.

— προκαθηγέτις, 584, 585.

Ἐλευθέρα θεά, 454, 739 XIII, XIV, XVIII, XIX.

— ἡ ἀρχηγέτις, 704, II, A, 714.

— ἀρχηγέτις ἐπιφανὴς θεά, 700.

Ἑρμῆς, 362, 868.

Ἑστία, 159, cap. 21.

Εὐσεβίη, 1307.

Ζεύς, 137, 682, 692, 700, 839, 925, 1054, 1130, 1260.

— ἅγιος οὐράνιος, 1020.

— ἀστραπαῖος, 1408.

— Βαιτοχαίχης, 1020.

— Βῆλος, 1045.

— μέγιστος θεὸς Βῆλος, 1533.

— θεὸς πατρῷος Βονιτηνός, 90.

— βροντήσιος, 159, cap. 19, app. 2.

— βροντῶν καὶ ἀστραπῶν, 245.

— Ἐγαίνετος, 407.

— ἐλευθέριος, 159 cap. 19, app. 2.

— ἐπινείκιος, 860.

— ἐπικάρπιος, 128, 860, 1325, 1367.

— εὐτυχής, 196, 197.

— Ἡλιοπολείτης, 926, 1068.

— Ἥλιος μέγιστος Σάραπις, 1364.

— Ἥλιος μέγας Σάραπις καὶ οἱ σύν-
ναοι θεοί, 155.
— Καπετώλιος, 415.
— κεραός, 1362.
— κύριος, 1111, 1127, 1297, 1299.
— Κωρύκιος, 859.
— Λαρνάκιος, 931.
— Μασφαλατηνός, 153.
— μέγιστος, 240, 261, 1063, 1064,
1096, 1162, 1274, 1471.
— μέγιστος Ἡλιοπολείτης ὁ κύριος,
1087, 1541.
— θεὸς μέγιστος Ἡλιουπολίτης δεσ-
πότης, 1069.
— μέγιστος κεραύνιος, 1057.
— μέγιστος Σάραπις, 364.
— Ὀλύμπιος, 260, 658, 984, 993,
1344, 1351, 1355, 1421.
— Ὀλύμπιος καὶ ἀστραπαῖος, 17.
— οὐράνιος ὕψιστος Σααρναῖος ἐπή-
κοος, 1060.
— πατρῷος θεός, 1148.
— Ποσειδῶν ἐνοσίχθων σωτήρ, 1365.
— Σάρσος, 1433.
— Σολυμεύς, 440, 442, 444, 445, 1498.
— στρατηγός, 89.
— σωτήρ, 49, 327, 910, 911, 912.
— τροπαιοῦχος, 779, 860.
— τροπαιοφόρος, 159, cap. 19, app. 2.
— φράτριος θεὸς πατρῷος, 1331.
Ζιζιμμήνη, 260 = 1471.
— μήτηρ, 246.

Ἥλιος, 137, 296, 345.
Ἥλιος θεὸς μέγιστος, 1242.
Ἡλιοσάραπις θεός, 93.
Ἥρα, 89, 260, 839, 925.
Ἥρα θεά, 1079.
— βασιλίς, 159, cap. 19, app. 2.
— θεὰ πατρῷα, 1331.
— Καπετωλία, 415.
Ἡρακλῆς, 43, 84.
— πατρικὸς θεός, 1172.
Ἥρωες (Lares), 159, cap. 19, app. 2.
Ἥρως, 1478, 1506.
Ἥφαιστος θεός, 739, XIII, XIV, XVIII-
XIX.

Θεά (incerta), 1137.
Θεάνδριος θεὸς πάτροος, 1238.
Θεανδρίτης, 1156.
Θεοὶ ἐνόριοι, 324.
Θεοὶ ἐπήκοοι, 1502.
Θεοὶ καταχθόνιοι, 917.
— καὶ δαίμονες, 1007.
— καὶ οὐράνιοι, 710.
Θεοὶ κατοικίδιοι, 159, cap. 19.
Θεοὶ Ὀλύμπιοι, 163, 909, 911, 912.
Θεοὶ οὐράνιοι, 931.
Θεοὶ πάντες, 801, 802.
Θεοὶ πάντες καὶ πᾶσαι, 137.
Θεοὶ πάτριοι, 156, 159 app. 2; 343,
348, 802, 803.
— καὶ προεστῶτες τῆς πόλεως
(Amastris), 89.
Θεοὶ πατρῷοι, 605, 664, 1009, 1026.

Σαρπηδών, 607.
Σατράπης θεός, 1059.
Θεὸς Σεβαστὸς καὶ θεὰ 'Ρώμη, 157.
Σείμιος, 1009.
Σεληναίη, 903.
Σημέα ἡ κυρία, 1021.
Σίμα θεά, 1079.
Συμβέτυλος, 1009.
Σώζων θεός, 450.
Τύχη, 298, 383, 739, xix, 800, 962, 1253, 1471.
— Σεβαστή, 260.

— Σεβαστῶν, 407.
— τῆς πόλεως (Selgae), 382.
Τυχόπολις, 739, xix.

Ὑγγία θεά, 285.
Ὑγεία, 732, 733.

Φερσεφόνη, 903.
Φοῖβος, 784, 1339.

2. Sacerdotia populi romani, provincialia, municipalia. Sacra varia.

'Αδελφὸς ἀρουᾶλις, 159 cap. 7.
'Απὸ φλαμένος, 1332.
Ἄρξας Λυκίων τοῦ κοινοῦ ἱερωσύνην θεᾶς 'Ρώμης, 490.
'Αρχιερασαμένη, 424.
'Αρχιερασαμένη θεᾶς Σεβαστῆς Φαυστείνης, 833.
'Αρχιερασαμένη τοῦ οἴκου τῶν Σεβαστῶν, 383, 458.
'Αρχιερασάμενος, 173, 249, 277, 287, 293, 417, 424, 439, 796, 995, 1474.
— διὰ βίου τῷ θειοτάτῳ αὐτοκράτορι 'Αδριανῶι μετὰ τῆς γυναικός, 115.
— τοῦ οἴκου τῶν Σεβαστῶν, 332, 457.
— τοῦ Σεβαστοῦ, 438.
— τῶν Σεβαστῶν, 351, 354, 417, 831, 833, 834, 961.

'Αρχιερατεία, 159 cap. 10.
'Αρχιερατεύσας Λυκίων τοῦ κοινοῦ, 647.
— τοῦ Σεβαστοῦ, 834, 835.
— τῶν Σεβαστῶν, 524, 589, 590, 603, 739, v, xviii.
— ἐν τῷ ἔθνει, 1506.
— τῷ ἔθνει, 628.
'Αρχιερατεύσασα τῶν Σεβαστῶν, 592.
'Αρχιερατικὸν γένος, 406.
'Αρχιέρεια, 116, 173, 190, 291, 364, 365, 375, 494, 496, 948, 951, 963.
— ἐν τῷ ἔθνει, 693.
— Σεβαστῶν, 1481.
— τῆς Σεβαστῆς, 1497.
— τῶν κατὰ Κύπρον Δήμητρος ἱερῶν, 950.

Ἀσυλία, 796.
Αὔγουρ, 159 cap. 7, cap. 16.

Δαδοῦχος, 1332.
Οἱ δεκαπέντε ἄνδρες οἱ ἱεροποιοί, 159, cap. 7, 22.

Ὁ Ξάνθου ἐπιστατήσας τοῦ Καίσαρος ναοῦ καὶ τῶν ἐν τῶι περιβόλωι πάντων σὺν τῷ περιβόλῳ, 482.
Οἱ ἑπτὰ ἄνδρες οἱ ἱεροποιοί, 159 cap. 7.
Ἑταῖρος Τίτιος, 159, cap. 7.

Ἠρχιεραμένος, 1475.
Ἠρχιερατευκὼς τῶν Σεβαστῶν, 527, 628.

Θεράποντες Δήμητρος, 883.
Θιασαρχήσας, 115.
Θυηκόος τῶν μυστηρίων, 73.

Ἱερὰ κατὰ Κύπρον Δήμητρος, 950.
Ἱεραρχήσας, 930, 1387.
Ἱερασαμένη, 1387.
— τῆς κυρίας Ἀρτέμιδος, 1011.
— θεᾶς Σεβαστῆς, 1507.
— τῶν θεῶν Σεβαστῶν μετὰ τοῦ ἀνδρός, 464.

— τῶν Σεβαστῶν, 642.
Ἱερασάμενος, 201.
— Διὸς Ἐγαινέτου, 407.
— τοῦ Διὸς καὶ τῆς Ἥρας καὶ τῆς Ἀθηνᾶς καὶ θεοῦ Σεβαστοῦ Καίσαρος, 925.
— Λυκίων θεᾶς Ῥώμης, 474.
— Σαράπιδος, 516.
— Τιβερίου Καίσαρος, 1344.
— Τύχης Σεβαστῶν, 407.
— τῷ ἔθνει καὶ τῶν Σεβαστῶν, 621.
— τῶν θεῶν Σεβαστῶν μετὰ τῆς γυναικός, 476.
— τῶν Σεβαστῶν, 516, 650.
— τῶν Σεβαστῶν μετὰ τῆς γυναικός, 493, 653.
Ἱερατεία, 714.
Ἱερατεύσας, 736.
— τῆς προκαθηγετίδος θεᾶς Ἀθηνᾶς Πολιάδος καὶ τῶν Σεβαστῶν, 764.
— Ἀπόλλωνος, 692, 739, ιι, ιιι, 680.
— Διός, 692.
— Διὸς Ὀλυμπίου, 658.
— θεᾶς Ἐλευθέρας, 454.
— Καίσαρος, 482.
— Λυκίων, 1506.
— Ῥώμης, 563, 595, 692.
— Σεβαστῶν μετὰ καὶ τῆς γυναικὸς αὐτοῦ, 651, 652.
— Τιβερίου Κλαυδίου Καίσαρος Σεβαστοῦ, 692.
— τοῦ κοινοῦ Λυκίων ἔθνους Τιβερίου Καίσαρος, 474.
— τῶν πατρῴων θεῶν, 605.

— τῶν Σεβαστῶν, 500, 596, 631, 641, 648, 658.

— τῶν Σεβαστῶν μετὰ γυναικός, 514.

Ἱέρεια, 326.

— Ἀθηνᾶς διὰ βίου, 797.

— θεᾶς Ἀρτέμιδος ἀσύλου, 797.

— Δήμητρος καὶ θεῶν πάντων, 802.

— διὰ βίου Διὸς, Ἥρας, Ἀθηνᾶς, 839.

— Διὸς Καπετωλίου καὶ Καπετωλίας Ἥρας, 415.

— διὰ βίου θεᾶς Σεβαστῆς, 540.

— θεᾶς Σεβαστῆς Δομετίας, 444, 445.

— θεᾶς Εἴσιδος, 95.

— θεῶν πάντων, 801.

— Τύχης καὶ Ἄρεως διὰ βίου, 383.

Ἱερεῖς (Romanorum), 159, cap. 9, 23.

Ἱερεῖς καὶ ἱέρειαι (Romanorum), 159, cap. 11, 12.

Ἱερεῖς μεγίστου θεοῦ Διὸς Βήλου, 1533.

Ἱερεύς, 60, 62, 64, 65, 66, 67, 68, 403 (διὰ βίου), 474, 732 (διὰ βίου), 867, 868, 910, 916, 974, 1074, 1096, 1109, 1387 (πρῶτος), 1497.

— Ἀδριανοῦ, 20.

— τῆς Ἀθηνᾶς τῆς Μαγαρσίας, 889.

— πατρῴου θεοῦ Ἀπόλλωνος, 473.

— διὰ βίου Ἀπόλλωνος ἀρχηγέτου, 781.

— διὰ βίου Ἀπόλλωνος ἀρχηγέτου καὶ Διονύσου καὶ Ἄρεως καὶ Ἀρτέμιδος ἐλαφηβόλου πρῶτον καὶ Λητοῦς τῆς Περγαίων πόλεως, 780.

— θεοῦ πατρῴου Ἀπόλλωνος Λυκίων τοῦ κοινοῦ, 488.

— διὰ βίου τοῦ Σουρίου Ἀπόλλωνος, 714.

— θεῶν πατρίων Ἀρέως καὶ Ἀρειῶν, 1481.

— Ἀρτέμιδος, 378, 451, 796.

— καὶ προφήτης διὰ βίου τῶν προηγετῶν θεῶν Ἀρτέμιδος καὶ Ἀπόλλωνος, 583, 584.

— διὰ βίου θεοῦ σωτῆρος Ἀσκληπιοῦ, 69, 205.

— Ἀσκληπιοῦ καὶ Ὑγίας, 733.

— Διονύσου, 356.

— Διονύσου διὰ βίου, 203, 448, 449, 566.

— διὰ βίου τοῦ καλλικάρπου Διονύσου, 916.

— Διὸς μεγίστου διὰ βίου, 261.

— Διὸς Ὀλυμπίου, 1421, 1422, 1423.

— Διὸς Σολυμέως, 444, 445 (διὰ βίου).

— διὰ βίου Διὸς τροπαιούχου, 779.

— Διὸς? καὶ Βέστης, 248.

— θεῶν οὐρανίων καὶ Διὸς Λαρναχίου, 931.

— Καίσαρος Σεβαστοῦ, 1019.

— διὰ βίου Μητρὸς θεῶν μεγάλης τῆς ἐν Πεσσινοῦντι καὶ Μειδαείῳ, 230.

— (Matris magnae) δέκατος μετὰ τὸν ἀρχιερέα, πέμπτος δὲ Γαλατῶν, 230.

— (Matris magnae) ἔνατος μετὰ τὸν ἀρχιερέα, τέταρτος δὲ Γαλατῶν, 225.

3. Magica.

IV

IMPERATORES EORVMQVE FAMILIA

Iulius Caesar.

Καῖσαρ, 482.
Θεός, 870, 871, 876, 940, 973.

Θεὸς Ἰούλιος, 139, cap. 19, 159, app. 2.
Θεὸς Καῖσαρ, 697.

Augustus [1].

Καῖσαρ Σεβαστός, 137, 935, 1019, 1059, 1064, 1084.
Αὐτοκράτωρ Καῖσαρ, 870, 973.
Αὐτοκράτωρ Καῖσαρ Σεβαστός......., 229, 694, 876, 984.
Καῖσαρ Σεβαστὸς αὐτοκράτωρ, 262 = 1472.
Αὐτοκράτωρ Καῖσαρ Σεβαστὸς Θεοῦ υἱός, 426.
Αὐτοκράτωρ Καῖσαρ Σεβαστὸς Θεοῦ υἱὸς αὐτοκράτωρ, 262.
Σεβαστὸς καὶ πατὴρ τῆς πατρίδος, 871.
Αὐτοκράτωρ Καῖσαρ Θεοῦ υἱὸς Σεβαστὸς ὑπατεύων τὸ δωδέκατον, 137.

Ἔτος ιϛ΄ τῆς ἡγεμονίας Καίσαρος Σεβαστοῦ, (19 a. C. n.) 1063, 1064.
Θεὸς Αὔγουστος, 447, 1020.
Θεὸς Σεβαστός, 159 tit., 312, 895.
Θεὸς Σεβαστὸς Καῖσαρ, 716, 720, 921, 925.
Θεὸς Καῖσαρ Σεβαστός, 722.
Καῖσαρ θεὸς Σεβαστός, 546, 939.
Αὐτοκράτωρ Καῖσαρ θεὸς Σεβαστός, 940.
Σεβαστὸς θεὸς Καῖσαρ, 932.
Ὁ Σεβαστὸς θεὸς Καῖσαρ, 994.
Θεὸς Σεβαστὸς Θεοῦ υἱὸς Καῖσαρ αὐτοκράτωρ γῆς καὶ θαλάσσης, 719.
Θεοὶ Σεβαστοί, (Iulius Caesar et Augustus), 721.

1. Quos in suo *Indice rerum gestarum* Augustus ipse memoravit honores hic non singillatim memorantur. Cf. nᵒ 159.

Marcellus.

Μάρχελλος, 159, cap. 21, app. 2. | — ὁ γαμβρὸς (Σεβαστοῦ), 159, cap. 21.

C. et L. Caesares.

Γάιος Καῖσαρ, 159, cap. 14, cap. 27, 312.

Λεύχιος Καῖσαρ, 159, cap. 14, 312, 871.

— Υἱοὶ (Σεβαστοῦ), 159, cap. 14, 20 et 22.

Οἱ υἱωνοὶ (Σεβαστοῦ), 159, cap. 22.

— κληρόνομοι Σεβαστοῦ, 159, cap. 20.

— ὕπατοι ἀποδεδειγμένοι, ἡγεμόνες νεότητος, 159, cap. 14.

Καίσαρες, 159, app. 2.

Liuia Aug.

Λιβία, 984.

Θεὰ Ἰουλία, 312.

Ἰουλία θεὰ Σεβαστή, 720.

Iulia Aug. f.

Ἰουλία θεὰ Σεβαστή, 940.

Marcia.

Μαρχία ἀνεψία Καίσαρος Θεοῦ Σεβαστοῦ, 939.

Tiberius.

Τιβέριος Νέρων πρόγονος (Σεβαστοῦ), 159, cap. 12, 16, 27, 30.

Τιβέριος Καῖσαρ, 159, cap. 8, 312, 474, 522, 547, 963, 1344.

Τιβέριος Σεβαστός, 703, 895.

Τιβέριος Καῖσαρ Σεβαστός, 1473.

Αὐτοκράτωρ Καῖσαρ Τιβέριος Θεοῦ υἱός, 845.

Τιβέριος θεὸς Σεβαστὸς Καῖσαρ, 715, 721.

Τιβέριος Καῖσαρ θεὸς Σεβαστὸς, αὐτοκράτωρ γῆς καὶ θαλάσσης, 721.

Τιβέριος Καῖσαρ Σεβαστὸς αὐτοκρά-
τωρ, ἀρχιερεὺς μέγιστος, 941, 942.
Τιβέριος Καῖσαρ Σεβαστὸς θεὸς αὐτο-
κράτωρ, ἀρχιερεὺς μέγιστος, δημαρ-

χικῆς ἐξουσίας τὸ λα΄ (29 p. C.
n.), 933.
Τιβερίου ἔτος ιϛ΄ (29 p. C. n.), 933.

Tiberius et Liuia.

Καῖσαρ Σεβαστὸς καὶ Ἰουλία Σε-
βαστή, 157.
Οἱ Σεβαστοί, 1344.

Οἱ θεοὶ Σεβαστοὶ καὶ οἱ παῖδες αὐτῶν,
312.
Οἱ κύριοι Σεβαστοὶ καὶ ὁ σύμπας
αὐτῶν οἶκος, 1086.

Drusus Caesar et filii.

Δροῦσος Καῖσαρ, 997.
— Τιβερίου Σεβαστοῦ υἱὸς Θεοῦ Σε-
βαστοῦ υἱωνός, 895.
Οἱ δίδυμοι υἱοὶ Δρούσου Καίσαρος Τι-

βέριος καὶ Γερμανικός, 997.
Σεβαστῶν γένος, ἱερωτάτη θεῶν ἐπιφα-
νῶν οἶκος, 547.

Drusus frater Tiberii.

Δροῦσος, 312, 680, 768.

Germanicus Caesar.

Γερμανικός, 312.
Γερμανικὸς Καῖσαρ, 715, 716, 1056.
Καῖσαρ Γερμανικός, 680.

Θεοὶ ἐπιφανεῖς Γερμανικὸς καὶ Δροῦσος
καὶ ὁ σύμπας αὐτῶν οἶκος, 680.

Agrippina Maior.

Ἀγριππεῖνα, 716.

Ἀγριππεῖνα Γερμανικοῦ Καίσαρος, 94.

C. Caesar.

Γάιος Σεβαστός, 703.

Claudius.

Nero.

Otho.

Αὐτοκράτωρ Σεβαστὸς Μᾶρκος Ὅθων, 1164.

Vespasianus.

Αὐτοκράτωρ Καῖσαρ Οὐεσπασιανὸς
    Σεβαστός, 521, 522, 609, 610.
Αὐτοκράτωρ Οὐεσπασιανὸς Καῖσαρ
    Σεβαστός, 4.
Αὐτοκράτωρ Καῖσαρ Φλάουιος Οὐασ-
    πασιανὸς Σεβαστός, 507, 508, 659.
Αὐτοκράτωρ Καῖσαρ Οὐεσπασιανὸς
    Σεβαστὸς ἀρχιερεὺς μέγιστος, δη-
    μαρχικῆς ἐξουσίας τὸ ζ΄, αὐτοκρά-
    τωρ τὸ ιδ΄, ὕπατος τὸ ζ΄, ἀποδε-
    δειγμένος τὸ ζ΄, πατὴρ πατρίδος,
    τειμητής, καὶ Αὐτοκράτωρ Τίτος
    Καῖσαρ Σεβαστοῦ υἱὸς, δημαρχικῆς
    ἐξουσίας τὸ ε΄, ὕπατος τὸ δ΄, ἀπο-
    δεδειγμένος τὸ ε΄, τειμητής, καὶ
    Δομιτιανὸς Καῖσαρ Σεβαστοῦ υἱὸς,
    ὕπατος τὸ γ΄, ἀποδεδειγμένος τὸ
    δ΄ (75 p. C. n.), 133.

— πατὴρ πατρίδος, ὕπατος τὸ η΄,
    τειμητής (77/78 p. C. n.), 840.
— ἀρχιερεὺς μέγιστος, δημαρχικῆς
    ἐξουσίας τὸ δέκατον, τειμητής, ὕπα-
    τος τὸ ἔνατον, ἀποδεδειγμένος τὸ
    δέκατον, πάτηρ πατρίδος (79 p. C.
    n.), 223.
— ἀρχιερεὺς μέγιστος, δημαρχικῆς
    ἐξουσίας τὸ.., αὐτοκράτωρ τὸ..,
    ὕπατος τὸ.., τειμητής, πατὴρ πα-
    τρίδος, 754.
— ἀρχιερεὺς μέγιστος, δημαρχικῆς
    ἐξουσίας τὸ.., αὐτοκράτωρ τὸ..,
    ὕπατος τὸ.., ἀποδεδειγμένος τὸ..,
    πατὴρ πατρίδος, τειμητής, 466.
Θεὸς Οὐεσπασιανός, 690, 723, 755.
Θεὸς Οὐεσπασιανὸς Σεβαστός, 724.
Θεὸς Σεβαστός, 944.

Titus.

Αὐτοκράτωρ Τίτος Καῖσαρ Σεβαστός,
    724.
Τίτος Φλάουιος Οὐεσπασιανὸς αὐτοκρά-
    τωρ, 723.
Αὐτοκράτωρ Τίτος Φλάουιος Οὐεσπα-
    σιανὸς Σεβαστός, 1162.

Αὐτοκράτωρ Τίτος Οὐεσπασιανὸς Σε-
    βαστός, 224.
Αὐτοκράτωρ Τίτος Καῖσαρ Σεβαστοῦ
    υἱὸς, ὕπατος τὸ ς΄, τειμητής (77 aut
    78 p. C. n.), 840.
Αὐτοκράτωρ Τίτος Οὐεσπασιανὸς Καῖ-

σαρ Σεβαστοῦ υἱὸς, ὕπατος τὸ
ἕβδομον, ἀποδεδειγμένος τὸ ὄγδοον,
(79 p. C. n.), 223.

Αὐτοκράτωρ Τίτος Καῖσαρ Οὐεσπασια-
νὸς Σεβαστὸς, ἀρχιερεὺς μέγιστος,
δημαρχικῆς ἐξουσίας τὸ ι΄, αὐτο-
κράτωρ τὸ ιε΄, ὕπατος τὸ η΄, πατὴρ

πατρίδος, τειμητής (80 p. C. n.), 690.

Αὐτοκράτωρ Τίτος Καῖσαρ Οὐεσπα-
σιανὸς Σεβαστοῦ υἱὸς, ἀρχιερεὺς,
δημαρχικῆς ἐξουσίας τὸ.., ὕπατος
τὸ.., ἀποδεδειγμένος τὸ.., τειμη-
τής, 466.

Θεὸς Τίτος, 573.

Iulia Titi.

Ἰουλία Σεβαστὴ, θυγατὴρ Θεοῦ Τίτου, 573.
Ὁ σεβαστὸς οἶκος τῶν αὐτοκρατόρων (Vespasiani et Titi?) 37.

Domitianus.

Καῖσαρ Σεβαστοῦ υἱὸς Δομιτιανὸς
ὕπατος τὸ.., ἀποδεδειγμένος τὸ..,
τειμητής, 466.

Δομετιανὸς Σεβαστός, 945.

Αὐτοκράτωρ Καῖσαρ Δομετιανὸς Σε-
βαστός, 300.

Αὐτοκράτωρ Καῖσαρ Δομετιανὸς Σε-
βαστὸς Γερμανικός, 551-552.

Αὐτοκράτωρ Καῖσαρ Δομετιανὸς Σε-
βαστὸς, ἀρχιερεὺς μέγιστος, 944.

Δομιτιανὸς Καῖσαρ Σεβαστοῦ υἱὸς,
ὕπατος τὸ πέμπτον, ἀποδεδειγμένος
τὸ ἕκτον (79 p. C. n.), 223.

Αὐτοκράτωρ Καῖσαρ Δομετιανὸς Σε-
βαστὸς Γερμανικός, δημαρχικῆς
ἐξουσίας τὸ δ΄, αὐτοκράτωρ τὸ θ΄,
πατὴρ πατρίδος, ὕπατος τὸ ια΄

(85 p. C. n.), 548.

Αὐτοκράτωρ Καῖσαρ Τ. Φλ. Δομιτια-
νὸς, ἀρχιερεὺς μέγιστος, δημαρχικῆς
ἐξουσίας τὸ ιγ΄, αὐτοκράτωρ τὸ κβ΄,
ὕπατος τὸ ις΄, τειμητὴς διηνεκὴς,
πατὴρ πατρίδος (93-94 p. C. n.),
755.

Αὐτοκράτωρ Καῖσαρ..... Σεβαστὸς,
ἀρχιερεὺς μέγιστος, δημαρχικῆς
ἐξουσίας τὸ.., αὐτοκράτωρ τὸ..,
ὕπατος τὸ.., πατὴρ πατρίδος, τει-
μητής, σωτὴρ τοῦ κόσμου.., 729.

Αὐτοκράτορος Δομιτιανοῦ Καίσαρος
Σεβαστοῦ Γερμανικοῦ ἔτος πρῶτον?
23.

Nomen erasum, 300, 551, 552, 729,
715, 944.

Domitia Domitiani.

Θεὰ Σεβαστὴ Δομετία, 444-445.
Οἱ κύριοι αὐτοκράτορες, 1094.

Δομετία Σεβαστή, 573.

Nerva.

Νέρουας Σεβαστός, 1075, 1273.
Αὐτοκράτωρ Νέρουας Καῖσαρ Σεβασ-
τός, ἀρχιερεὺς μέγιστος, δημαρχι-
κῆς ἐξουσίας, πατὴρ πατρίδος,
ὕπατος τὸ τρίτον (96/97 p. C. n.),
976.
Κυρίου Αὐτοκράτορος Νέρουα Καί-
σαρος ἔτος αʹ, 1176.

Θεὸς Νέρουας, 148, 273, 286, 311,
324, 379,-429-430, 467, 483, 739,
x, xi, xii, 759, 760, 770, 771, 774,
790, 832, 846, 854, 896, 915, 967,
989, 1056, 1098, 1346, 1347, 1424,
1458, 1532.
Θεὸς Νέρουας Σεβαστός, 914, 987,
Ὁ Θεὸς πατὴρ (Trajani), 228.

Traianus.

Καῖσαρ Τραιανός, 1068.
Αὐτοκράτωρ Τραιανός, 500.
Ὁ μέγιστος αὐτοκράτωρ Καῖσαρ Τρα-
ιανός, 1026.
Αὐτοκράτωρ Νέρουας Τραιανὸς Καῖ-
σαρ Σεβαστός, 160.
Αὐτοκράτωρ Καῖσαρ Τραιανὸς Σε-
βαστός, 346, 427.
Νέρουας Τραιανὸς Ἄριστος Καῖσαρ,
1001.
Νέρουας Τραιανὸς Καῖσαρ Σεβαστὸς
Γερμανικός, 1066.
Αὐτοκράτωρ Καῖσαρ Τραιανὸς Σεβασ-
τὸς Γερμανικός, 969.
Αὐτοκράτωρ Καῖσαρ Νέρουας Τραια-

νὸς Σεβαστὸς Γερμανικός, 928.
Αὐτοκράτωρ Νέρουας Τραιανὸς Καῖσαρ
Σεβαστὸς Γερμανικός, 987.
Αὐτοκράτωρ Νέρουας Τραιανὸς Καῖ-
σαρ Σεβαστὸς Ἄριστος Γερμανικός,
914.
Αὐτοκράτωρ Νέρουας Τραιανὸς Καῖ-
σαρ Σεβαστὸς Γερμανικὸς Δακικός,
38, 1075, 228, 313, 487, 557, 574,
580, 600, 790, 988, 1273, 1289, 1291,
228 = 1466, 1469, 1532.
Αὐτοκράτωρ Νέρουας Τραιανὸς Καῖ-
σαρ Σεβαστὸς Γερμανικὸς Δακικὸς
ἀνίκητός, 1346.
Αὐτοκράτωρ Νέρουας Τραιανὸς Καῖ-

σαρ Ἄριστος Σεβαστὸς Γερμανικὸς Δακικὸς Παρθικός, 831.

Αὐτοκράτωρ Νέρουας Τραιανὸς Καῖσαρ Σεβαστὸς Γερμανικὸς Δακικός, [ὕπατος] τὸ ἕκτον, 639.

...Σεβαστὸς Γερμανικὸς........, δημαρχικῆς ἐξουσίας....., 1345.

Αὐτοκράτορος Νέρουα Τραιανοῦ Καίσαρος Σεβαστοῦ Γερμανικοῦ Δακικοῦ ἔτος.., 50.

Νέρουα Τραιανοῦ Καίσαρος Σεβαστοῦ Γερμανικοῦ Δακικοῦ ἔτος θ΄ (105/106 p. C. n.), 128.

Αὐτοκράτορος Νέρουα Τραιανοῦ Καίσαρος Σεβαστοῦ Γερμανικοῦ Δακικοῦ ἔτος αι΄ (106/107 p. C. n.), 24.

Ὁ θεῖος αὐτοκράτωρ Νέρουας Τραιανός, 493.

Θεὸς Τραιανός, 273, 286, 429, 430, 483, 1098, 1458.

Θεὸς Τραιανὸς Παρθικός, 311, 324, 379, 467, 739, x, xi, xii, 759, 760, 770, 771, 774, 832, 846, 854, 877, 896, 915, 1056, 1347, 1424.

Θεὸς Τραιανὸς Γερμανικὸς Δακικὸς Παρθικός, 989.

Plotina.

Θεὰ Πλωτείνη Σεβαστή, 580.

Hadrianus.

Καῖσαρ Ἀδριανός, 1068.

Ἀδριανὸς Καῖσαρ, 1130.

Τραιανὸς Ἀδριανός, 21.

Αὐτοκράτωρ Καῖσαρ Θεοῦ Τραιανοῦ Παρθικοῦ υἱός, 877.

Αὐτοκράτωρ Καῖσαρ Ἀδριανὸς Σεβαστός, 872.

Αὐτοκράτωρ Καῖσαρ Τραιανὸς Ἀδριανός, 331, 660, 772, 846, 989.

Αὐτοκράτωρ..... Τραιανὸς..... Σεβαστός..... (Trajanus aut Hadrianus), 428.

..Τραιανὸς Ἀδριανὸς Σεβαστός, 121.

Αὐτοκράτωρ Τραιανὸς Ἀδριανὸς Καῖσαρ Σεβαστός, 429.

Αὐτοκράτωρ Καῖσαρ Τραιανὸς Ἀδριανὸς Σεβαστός, 20, 208, 273, 329, 347, 991, 1077, 1496.

Τραιανὸς Ἀδριανὸς Σεβαστὸς ὁ κύριος, 1057.

Αὐτοκράτωρ Καῖσαρ Τραιανὸς Ἀδριανὸς Σεβαστός, πατὴρ πατρίδος, σωτὴρ τοῦ κόσμου, 752.

Αὐτοκράτωρ Τραιανὸς Ἀδριανὸς Σεβαστὸς Καῖσαρ, νέος Διόνυσος, 209, 210, 211.

Ζεὺς Ὀλύμπιος καὶ κτίστης Αὐτοκράτωρ Τραιανὸς Ἀδριανὸς Καῖσαρ

Σεβαστός, 52.

Αὐτοκράτωρ Καῖσαρ Ἁδριανὸς Ὀλύμπιος, 662.

Αὐτοκράτωρ Καῖσαρ Τραιανὸς Ἁδριανὸς Ὀλύμπιος Σεβαστός, 403, 430, 601, 661.

Αὐτοκράτωρ Καῖσαρ Τραιανὸς Ἁδριανὸς Σεβαστός, πατὴρ πατρίδος, Ὀλύμπιος, ὁ ἁπάντων κύριος, 854.

Αὐτοκράτωρ Καῖσαρ Τραιανὸς Ἁδριανὸς Σεβαστὸς Ὀλύμπιος, πατὴρ πατρίδος, σωτὴρ τῆς οἰκουμένης, 770.

Αὐτοκράτωρ Καῖσαρ Τραιανὸς Ἁδριανὸς Σεβαστός, πατὴρ πατρίδος, Ὀλύμπιος, σωτὴρ τοῦ κόσμου, 756, 757.

Αὐτοκράτωρ Καῖσαρ Τραιανὸς Ἁδριανὸς Σεβαστὸς Ὀλύμπιος, σωτὴρ τῆς οἰκουμένης, 758.

Αὐτοκράτωρ Καῖσαρ Τραιανὸς Ἁδριανὸς Ἄριστος Σεβαστὸς Γερμανικὸς Δακικὸς Παρθικός, 934.

Αὐτοκράτωρ Τραιανὸς Ἁδριανὸς Σεβαστός, πατὴρ πατρίδος, ἀρχιερεὺς μέγιστος, 176, 177, 178.

Αὐτοκράτωρ Καῖσαρ Τραιανὸς Ἁδριανὸς Σεβαστὸς Ὀλύμπιος, ἀρχιερεὺς μέγιστος, δημαρχικῆς ἐξουσίας τὸ.., ὕπατος τὸ.., πατὴρ πατρίδος, σωτὴρ τῆς οἰκουμένης, 771.

Αὐτοκράτωρ Καῖσαρ Τραιανὸς Ἁδριανὸς Σεβαστός, ἀρχιερεὺς μέγιστος, δημαρχικῆς ἐξουσίας τὸ.., αὐτοκράτωρ τὸ.., ὕπατος, 112.

Αὐτοκράτωρ Καῖσαρ Θεοῦ Τραιανοῦ υἱὸς Θεοῦ Νέρουα υἱωνὸς Τραιανὸς Ἁδριανὸς Σεβαστός, ἀρχιερεὺς μέγιστος, δημαρχικῆς ἐξουσίας τὸ ς', ὕπατος τὸ γ' (122 p. C. n.), 138, 145.

Αὐτοκράτωρ Καῖσαρ Θεοῦ Τραιανοῦ Παρθικοῦ υἱὸς Θεοῦ Νέρουα υἱωνὸς Τραιανὸς Ἁδριανὸς Σεβαστός, δημαρχικῆς ἐξουσίας τὸ η' (124 p. C. n.), 37.

Αὐτοκράτωρ Καῖσαρ Θεοῦ Τραιανοῦ Παρθικοῦ υἱὸς Θεοῦ Νέρουα υἱωνὸς Τραιανὸς Ἁδριανὸς Σεβαστός, ἔτους ἐνάτου (125-126 p. C. n.), 3.

Αὐτοκράτωρ Καῖσαρ Τραιανὸς Ἁδριανὸς Σεβαστός, ἀρχιερεὺς μέγιστος, δημαρχικῆς ἐξουσίας τὸ δι', ὕπατος τὸ γ', πατὴρ πατρίδος, ὁ ἀγαθὸς κύριος (130 p. C. n.), 1347.

Αὐτοκράτωρ Καῖσαρ Θεοῦ Τραιανοῦ Παρθικοῦ υἱὸς Θεοῦ Νέρουα υἱωνὸς Τραιανὸς Ἁδριανὸς Σεβαστός, ἀρχιερεὺς μέγιστος, δημαρχικῆς ἐξουσίας τὸ ιε', ὕπατος τὸ γ', πατὴρ πατρίδος (131 p. C. n.), 71.

Αὐτοκράτωρ Καῖσαρ Τραιανὸς Ἁδριανὸς Σεβαστός, ἀρχιερεὺς μέγιστος, δημαρχικῆς ἐξουσίας τὸ ιε', ὕπατος τὸ γ', πατὴρ πατρίδος, Ὀλύμπιος, σωτὴρ τοῦ σύμπαντος κόσμου καὶ τῆς πατρίδος τῆς Φασηλιτῶν (131 p. C. n.), 759, 760.

Αὐτοκράτωρ Καῖσαρ Τραιανὸς Ἁδριανὸς Σεβαστὸς, ἀρχιερεὺς μέγιστος, δημαρχικῆς ἐξουσίας τὸ ηι', ὕπατος τὸ γ', πατὴρ πατρίδος (134 p. C. n.), 1424.

Αὐτοκράτωρ Καῖσαρ Θεοῦ Τραιανοῦ Παρθικοῦ υἱὸς Θεοῦ Νέρουα υἱωνὸς Τραιανὸς Ἀδριανὸς Σεβαστὸς, ἀρχιερεὺς μέγιστος, δημαρχικῆς ἐξουσίας τὸ ηι', ὕπατος τὸ γ', πατὴρ πατρίδος (134 p. C. n.), 72.

Αὐτοκράτωρ Καῖσαρ Τραιανὸς Ἀδριανὸς Σεβαστὸς, ἀρχιερεὺς μέγιστος, δημαρχικῆς ἐξουσίας τὸ ιθ', ὕπατος τὸ γ', πατὴρ πατρίδος, καὶ ὁ σύμπας οἶκος αὐτοῦ (135 p. C. n.), 324.

Αὐτοκράτωρ Καῖσαρ Τραιανὸς Ἀδριανὸς Σεβαστὸς ἀρχιερεὺς μέγιστος, δημαρχικῆς ἐξουσίας τὸ εἰκοστὸν, αὐτοκράτωρ τὸ δεύτερον, ὕπατος τὸ

τρίτον, πατὴρ πατρίδος, ὁ εὐεργέτης τῆς οἰκουμένης (136 p. C. n.), 896.

Αὐτοκράτωρ Καῖσαρ Τραιανὸς Ἀδριανὸς Σεβαστὸς, δημαρχικῆς ἐξουσίας τὸ κα', αὐτοκράτωρ τὸ β', ὕπατος τὸ γ', πατὴρ πατρίδος (137 p. C. n.), 1056.

Ἀδριανοῦ ἔτος ε' (121 p. C. n.), 1177.

Αὐτοκράτορος Τραιανοῦ Ἀδριανοῦ Καίσαρος Σεβαστοῦ τοῦ κυρίου ἔτος η' (124 p. C. n.), 1224.

Ὁ θειότατος αὐτοκράτωρ Ἀδριανός, 115.

Αὐτοκράτωρ Καῖσαρ Θεὸς Ἀδριανὸς Σεβαστός, 286.

Θεὸς Ἀδριανός, 311, 348, 467, 483, 739, ιχ, χ, χι, χιι, χνιι, 774, 832, 915, 967, 1054, 1098, 1458.

Hadrianus et Aelius Caesar.

Αὐτοκράτωρ Καῖσαρ Τραιανὸς Ἀδριανὸς Σεβαστός... καὶ Λ. Αἴλιος Καῖσαρ, (136/137 p. C. n.), 105.

Αὐτοκράτωρ Καῖσαρ Θεοῦ Τραιανοῦ Παρθικοῦ υἱὸς Θεοῦ Νέρουα υἱωνὸς Τραιανὸς Ἀδριανὸς Σεβαστὸς, ἀρχιερεὺς μέγιστος, δημαρχικῆς ἐξουσίας τὸ κα', αὐτοκράτωρ τὸ β', ὕπατος τὸ γ', πατὴρ πατρίδος, καὶ Αἴλιος Καῖσαρ, δημαρχικῆς ἐξου-

σίας (137 p. C. n.), 111.

Αὐτοκράτωρ Τραιανὸς Ἀδριανὸς Σεβαστὸς, πατὴρ πατρίδος, ἀρχιερεὺς μέγιστος, καὶ Αὐτοκράτωρ Τ. Αἴλ. Καῖσαρ Ἀντωνεῖνος Εὐσεβὴς Σεβαστὸς, ὕπατος ἀποδεδειγμένος (138 p. C. n.), 151.

Αὐτοκράτωρ Τραιανὸς Ἀδριανὸς Καῖσαρ Σεβαστὸς μετὰ τοῦ σύμπαντος αὐτοῦ οἴκου, 285.

Paulina.

Σεβαστοῦ ἀδελφὴ Παυλεῖνα, 773.

Sabina.

Σαβείνη Σεβαστὴ νέα Ἥρα, 663.

Antoninus Pius.

Ἀντωνῖνος Καῖσαρ, 1214.

Αὐτοκράτωρ Ἀντωνεῖνος, 931.

Ἀντωνῖνος ὁ κύριος, 1349.

Καῖσαρ Ἀντωνεῖνος ὁ κύριος, 1060.

Αὐτοκράτωρ Τραιανὸς Ἀδριανὸς Ἀντωνεῖνος, 78.

Αὐτοκράτωρ Τ. Αἴλιος Ἀντωνεῖνος Καῖσαρ Σεβαστός, 176, 177, 178, 702.

Αὐτοκράτωρ Καῖσαρ Τ. Αἴλ. Ἀδριανὸς [Ἀντωνεῖνος], 1504.

Αὐτοκράτωρ Καῖσαρ Τίτος Αἴλιος Ἀδριανὸς Ἀντωνεῖνος Σεβαστὸς ὁ κύριος, 1098.

Ὁ μέγιστος καὶ θεῶν ἐπιφανέστατος Αὐτοκράτωρ Καῖσαρ Τίτος Αἴλιος Ἀδριανὸς Ἀντωνεῖνος Σεβαστὸς πατὴρ πατρίδος, 739, cap. 59.

Αὐτοκράτωρ Καῖσαρ Τίτος Αἴλιος Ἀδριανὸς Ἀντωνεῖνος Σεβαστὸς ὁ σωτὴρ τοῦ κόσμου, 504.

Αὐτοκράτωρ Καῖσαρ Τίτος Αἴλιος

Ἀδριανὸς Ἀντωνεῖνος Σεβαστὸς σωτὴρ καὶ εὐεργέτης τοῦ κόσμου, 483.

... Ἀντωνεῖνος Εὐσεβής..., 1348.

Αὐτοκράτωρ Ἀντωνεῖνος ... Εὐσεβὴς Σεβαστός, 1350.

Κύριος Καῖσαρ Ἀντωνεῖνος Σεβαστὸς Εὐσεβής, 1237.

Αὐτοκράτωρ Ἀδριανὸς Ἀντωνεῖνος Καῖσαρ Σεβαστὸς Εὐσεβής, 1205.

Κύριος Καῖσαρ Τίτος Αἴλιος Ἀδριανὸς Ἀντωνεῖνος Σεβαστὸς Εὐσεβής, 1293.

Αὐτοκράτωρ Καῖσαρ Τίτος Αἴλιος Ἀδριανὸς Ἀντωνεῖνος Σεβαστὸς Εὐσεβής, 174, 175, 425, 743, 739 cap. 66, 761, 762, 774, 1320, 1458.

Αὐτοκράτωρ Καῖσαρ Τίτος Αἴλιος Ἀδριανὸς Ἀντωνεῖνος Εὐσεβής, πατὴρ πατρίδος, 290, 575, 700, 701, 704 III B, C; 739 cap. 53, 63, 68, 821, 915.

Αὐτοκράτωρ Καῖσαρ Τίτος Αἴλιος
Ἀδριανὸς Ἀντωνεῖνος Σεβαστὸς
Εὐσεβὴς ὁ κύριος τῆς οἰκουμένης,
832.
— σωτὴρ τῆς οἰκουμένης, 386.

Αὐτοκράτωρ Καῖσαρ Θεοῦ Ἀδριανοῦ
υἱὸς Θεοῦ Τραιανοῦ Παρθικοῦ
υἱωνὸς Θεοῦ Νέρουα ἔγγονος Τίτος
Αἴλιος Ἀδριανὸς Ἀντωνῖνος Σεβασ-
τὸς Εὐσεβὴς, ἀρχιερεὺς μέγιστος,
δημαρχικῆς ἐξουσίας (138 p. C. n.),
113, 774.

..... Σεβαστὸς ἀρχιερεὺς μέγιστος,
δημαρχικῆς ἐξουσίας, ὕπατος ἀπο-
δεδειγμένος τὸ δεύτερον..... (138 p.
C. n.), 161.

[Ἀντωνεῖν]ος Καῖσαρ Αὐτοκράτορος
Ἀδριανοῦ Σεβαστοῦ υἱὸς Θεοῦ
Τραιανοῦ υἱωνὸς Θεοῦ Νέρουα
ἔκγονος, δημαρχικῆς ἐξουσίας τὸ
β΄, ὕπατος τὸ β΄ (139 p. C. n.), 35.

Αὐτοκράτωρ Καῖσαρ Τίτος Αἴλιος
Ἀδριανὸς Ἀντωνεῖνος Σεβαστὸς,
ἀρχιερεὺς μέγιστος, δημαρχικῆς
ἐξουσίας τὸ β΄, ὕπατος τὸ β΄, πα-
τὴρ πατρίδος (139 p. C. n.), 739,
cap. 37.

Αὐτοκράτωρ Καῖσαρ Τίτος Αἴλιος
Ἀδριανὸς Ἀντωνεῖνος Σεβαστὸς,
ἀρχιερεὺς μέγιστος, δημαρχικῆς
ἐξουσίας τὸ γ΄, ὕπατος τὸ γ΄, πα-
τὴρ πατρίδος (140 p. C. n.), 739,
cap. 38.

Αὐτοκράτωρ Καῖσαρ Τίτος Αἴλιος

Ἀδριανὸς Ἀντωνεῖνος Σεβαστὸς
Εὐσεβὴς, ἀρχιερεὺς μέγιστος, δη-
μαρχικῆς ἐξουσίας τὸ γ΄, ὕπατος,
πατὴρ πατρίδος, εὐεργέτης τοῦ κόσ-
μου (140 p. C. n.), 311.

— ἀρχιερεὺς μέγιστος, δημαρχικῆς
ἐξουσίας τὸ δ΄, ὕπατος τὸ δ΄, πατὴρ
πατρίδος (141 p. C. n.), 664.

— ἀρχιερεὺς μέγιστος, δημαρχικῆς
ἐξουσίας τὸ ς΄, αὐτοκράτωρ τὸ β΄,
ὕπατος τὸ γ΄, πατὴρ πατρίδος
(143 p. C. n), 739, cap. 40.

— ἀρχιερεὺς μέγιστος, δημαρχικῆς
ἐξουσίας τὸ ζ΄?, αὐτοκράτωρ τὸ β΄,
ὕπατος τὸ γ΄, πατὴρ πατρίδος
(144 p. C. n.), 739, cap. 41.

— ἀρχιερεὺς μέγιστος, δημαρχικῆς
ἐξουσίας τὸ η΄, αὐτοκράτωρ τὸ β΄,
ὕπατος τὸ β΄, πατὴρ πατρίδος
(145 p. C. n.), 704 III D.

— ἀρχιερεὺς μέγιστος, δημαρχικῆς
ἐξουσίας τὸ θ΄, αὐτοκράτωρ τὸ β΄,
ὕπατος τὸ δ΄, πατὴρ πατρίδος
(146 p. C. n.), 739, cap. 42.

— ἀρχιερεὺς μέγιστος, δημαρχικῆς
ἐξουσίας τὸ ιγ΄, αὐτοκράτωρ τὸ β΄,
ὕπατος τὸ δ΄, πατὴρ πατρίδος
(150 p. C. n.), 739, cap. 44.

— ἀρχιερεὺς μέγιστος, δημαρχικῆς
ἐξουσίας τὸ ιδ΄, αὐτοκράτωρ τὸ β΄,
ὕπατος τὸ δ΄, πατὴρ πατρίδος
(151 p. C. n.), 739 cap., 46, 47, 48,
49, 50, 51.

— ἀρχιερεὺς μέγιστος, δημαρχικῆς

ἐξουσίας τὸ κα΄, αὐτοκράτωρ τὸ β΄,
ὕπατος τὸ δ΄, πατὴρ πατρίδος
(158 p. C. n.), 467.

Αὐτοκράτωρ Καῖσαρ Τ. Αἴλιος Ἀντω-
νῖνος Εὐσεβής, ἀρχιερεὺς μέγιστος,
δημαρχικῆς ἐξουσίας τὸ.., ὕπατος
τὸ δ΄, 162.

Αὐτοκράτωρ Καῖσαρ Τίτος Αἴλιος
Ἀδριανὸς Ἀντωνεῖνος Σεβαστὸς,
ἀρχιερεὺς μέγιστος, δημαρχικῆς
ἐξουσίας τὸ.., αὐτοκράτωρ τὸ β΄,
ὕπατος τὸ.., πατὴρ πατρίδος, 702.

Τίτου Ἀντωνείνου Καίσαρος ἔτος πρῶ-
τον (138 p. C. n.), 17.

Ἀντωνείνου Σεβαστοῦ ἔτος γ΄ (140 p.
C. n.), 1178.

Ἀντωνείνου Καίσαρος ἔτος δέκατον
(147 p. C. n.), 1335.

— ἔτος ιδ΄ (151 p. C. n.), 1237.

Ἀδριανοῦ Ἀντωνείνοῦ ἔτος ιε΄ (152 p.
C. n.), 1292.

Ἀντωνείνου Καίσαρος ἔτος ὀκτωκαι-
δέκατον (155 p. C. n.), 1293.

— ἔτος ιθ΄ (156 p. C. n.), 1294, 1381.

Θεὸς Ἀντωνῖνος, 90, 204.

Θεὸς Ἀντωνῖνος Εὐσεβής, 967.

Antoninus et domus ejus.

Ὁ Σεβαστὸς καὶ ὁ σύμπας οἶκος,
1351.

Σεβαστὸς ἡμῶν καὶ τὰ τέκνα... 1292.

Τίτος Αἴλιος Ἀδριανὸς Ἀντωνεῖνος
Σεβαστὸς Εὐσεβὴς καὶ ὁ σύμπας
αὐτοῦ οἶκος, 1163.

Ὁ ἡμῶν αὐτοκράτωρ Καῖσαρ Τ.
Αἴλιος Ἀδριανὸς Ἀντωνεῖνος Εὐ-
σεβὴς Σεβαστὸς καὶ τέκνα αὐτοῦ,
1364.

Αὐτοκράτωρ Καῖσαρ Τίτος Αἴλιος
Ἀδριανὸς Ἀντωνεῖνος Σεβαστὸς
Εὐσεβὴς καὶ ὁ σύνπας οἶκος, 348.

Ἀντωνῖνος καὶ Οὖρος αὐτοκράτορες
καὶ σύμπας οἶκος αὐτῶν, 1370.

Αὐτοκράτωρ Καῖσαρ Τ. Αἴλιος Ἀδρια-
νὸς Ἀντωνεῖνος Σεβαστὸς Εὐσεβὴς
πατὴρ πατρίδος καὶ Αὐρήλιος Καῖ-
σαρ ὁ υἱὸς αὐτοῦ καὶ τὰ τέκνα αὐτῶν
καὶ ὁ σύμπας οἶκος, 1358.

Αὐτοκράτωρ Καῖσαρ Τ. Αἴλιος Ἀδρια-
νὸς Ἀντωνεῖνος Σεβαστὸς ὁ ἡμῶν
κύριος καὶ Αὐρήλιος Οὖρος Καῖ-
σαρ υἱὸς αὐτοῦ καὶ λοιπὰ αὐτοῦ
τέκνα καὶ σύνπας οἶκος Σεβαστοῦ,
1274.

Αὐτοκράτωρ Καῖσαρ Ἀντωνεῖνος
Ἀδριανὸς Εὐσεβὴς Εὐτυχὴς Σεβασ-
τὸς καὶ Μᾶρκος Αἴλιος Καῖσαρ τέ-
ταρτον καὶ δεύτερον ὕπατοι (145 p.
C. n.), 154.

Σεβαστοί, 1365.

M. Aurelius.

M. Αἴλιος Αὐρήλιος Καῖσαρ, 349.

Αὐρήλιος Οὖῆρος Καῖσαρ, 1245.

Αὐτοκράτωρ M. Αὐρήλιος Ἀντωνεῖνος, 1255.

M. Αὐρήλιος Σεβαστὸς, σωτὴρ τῆς οἰκουμένης, 390, 391.

Μᾶρκος Αὐρήλιος Ἀντωνεῖνος Καῖσαρ, 1299.

M. Αὐρήλιος Ἀντονῖνος Σεβαστός, 1143.

Αὐτοκράτωρ Καῖσαρ Μᾶρκος Αὐρήλιος Ἀντωνεῖνος Σεβαστός, 363, 418, 743. 929.

Ὁ κύριος Αὐτοκράτωρ Καῖσαρ M. Αὐρήλιος Ἀντωνεῖνος Σεβαστὸς καὶ ὁ σύμπας οἶκος, 1261.

Μᾶρκος Αὐρήλιος Ἀντωνεῖνος Αὔγουστος, 1378.

Αὐτοκράτωρ Καῖσαρ Μᾶρκος Αὐρήλιος Ἀντωνεῖνος Σεβαστὸς σωτὴρ τῆς οἰκουμένης, 387.

Αὐτοκράτωρ M. Αὐρήλιος Ἀντωνεῖνος Σεβαστὸς Ἀρμενιακὸς Παρθικὸς Μηδικὸς μέγιστος, 1114, 1179.

Αὐτοκράτωρ Καῖσαρ M. Αὐρήλιος Ἀντωνεῖνος Σεβαστὸς Ἀρμενιακὸς Μηδικὸς Παρθικὸς, πατὴρ πατρίδος καὶ ὁ σύμπας αὐτοῦ οἶκος, 287.

Αὐτοκράτωρ Καῖσαρ Μᾶρκος Αὐρήλιος Ἀντωνεῖνος Σεβαστὸς Γερμανικὸς Σαρματικός, 288.

Ὁ μέγιστος αὐτοκράτωρ Καῖσαρ Μᾶρκος Αὐρήλιος Ἀντωνεῖνος Ἀρμενιακὸς Παρθικὸς Μηδικὸς <Δακικὸς> Γερμανικός, 449, 747 (omisso Δακικὸς recte).

Αὐτοκράτωρ Καῖσαρ M. Αὐρήλιος Ἀντωνεῖνος Σεβαστὸς ἀρχιερεὺς μέγιστος, δημαρχικῆς ἐξουσίας τὸ ζη', ὕπατος τὸ γ', Θεοῦ Ἀντωνείνου υἱὸς Θεοῦ Ἀδριανοῦ υἱωνὸς Θεοῦ Τραιανοῦ Παρθικοῦ ἔγγονος Θεοῦ Νέρουα ἀπόγονος....., κτίστης τῆς οἰκουμένης (164 p. C. n.), 114.

Αὐτοκράτωρ Καῖσαρ M. Αὐρήλιος Ἀντωνεῖνος Σεβαστὸς, δημαρχικῆς ἐξουσίας τὸ κα', ὕπατος τὸ γ' (167 p. C. n.), 1428.

M. Αὐρηλίου Ἀντωνίνου ἔτος ει' (161 p. C. n.), 36.

— ἔτος θ' (169 p. C. n.), 1179, 1270.

— ἔτος ι' (170 p. C. n.), 1171, 1226.

— ἔτος ἐνδέκατον (171 p. C. n.), 1171.

— ἔτος ιη' (178 p. C. n.), 1245.

Θεὸς M. Αὐρήλιος Ἀντωνεῖνος, 1446.

Αὐτοκράτωρ Καῖσαρ Θεὸς M. Αὐρήλιος Ἀντωνεῖνος Σεβαστός, 1448.

Θεὸς Μᾶρκος Ἀντωνῖνος Εὐσεβὴς Γερμανικὸς Σαρματικός, 967.

Ὁ σύμπας οἶκος τοῦ Σεβαστοῦ, 84, 287, 1261.

L. Verus.

Αὐτοκράτωρ Καῖσαρ Λούκιος Αὐρήλιος Οὐῆρος Σεβαστός, 665, 666.

M. Aurelius et L. Verus.

Αὐτοκράτωρ Μ. Αὐρήλιος Ἀντω-
νεῖνος καὶ Λ. Αὐρήλιος Οὐῆρος,
1125.

Αὐτοκράτωρ Καῖσαρ Μᾶρκος Αὐρή-
λιος Ἀντωνεῖνος καὶ Λούκιος Οὐῆ-
ρος Σεβαστοί, 1354.

Αὐτοκράτωρ Καῖσαρ Μ. Αὐρήλιος
Ἀντωνεῖνος Σεβαστὸς Ἀρμενιακὸς
καὶ Αὐτοκράτωρ Καῖσαρ Λούκιος
Αὐρήλιος Οὐῆρος Σεβαστὸς Ἀρμε-
νιακός, 332.

Αὐτοκράτωρ Καῖσαρ Μ. Αὐρ. Ἀντω-
νεῖνος Σεβαστὸς Ἀρμενιακὸς καὶ
Αὐτοκράτωρ Καῖσαρ Λ. Αὐρ. Βῆ-
ρος Σεβαστὸς Ἀρμενιακός, 847.

Οἱ Σεβαστοὶ Ἀντωνῖνος καὶ Οὐῆρος
αὐτοκράτορες καὶ σύμπας οἶκος

αὐτῶν, 1370.

Αὐτοκράτορες Μ. Αὐρ. Ἀντωνεῖνος
Σεβαστὸς Καῖσαρ καὶ Αὐρήλιος
Οὐῆρος Σεβαστὸς Καῖσαρ, 106.

Οἱ κύριοι Αὐτοκράτορες Μ. Αὐρήλιος
Ἀντωνεῖνος καὶ Λ. Αὐρήλιος Οὐῆ-
ρος Σεβαστοί, 1113.

Αὐτοκράτορες Μᾶρκος Αὐρήλιος Ἀν-
τωνεῖνος Σεβ. καὶ Λούκιος Οὐῆρος
Σεβ....... καὶ σύνπας οἶκος.....,
1544.

Οἱ κύριοι Αὐτοκράτορες Καίσαρες Μ.
Αὐρήλιος Ἀντωνεῖνος καὶ Λ. Αὐρή-
λιος Οὐῆρος Ἀρμενιακοὶ Παρθικοὶ
Μηδικοί, 165 p. C. n., 84.

Ὁ οἶκος τῶν Σεβαστῶν, 803.

Τὰ τέκνα (αὐτοκρατόρων), 84.

Faustina minor.

Φαυστεῖνα Σεβαστή, 878.

Ἀννία Φαυστεῖνα Σεβαστή, 602.

Θεὰ Σεβαστὴ Φαυστείνη, 833.

Cn. Claudius Severus.

Γν. Κλαύδιος Σεβῆρος δὶς ὕπατος,
γαμβρὸς Αὐτοκράτορος Καίσαρος

Μάρκου Αὐρηλίου Ἀντωνείνου
Σεβαστοῦ, 135 = 1447.

L. Aelius Caesar.

Λ. Αἴλιος Καῖσαρ, 1056.

M. Aurelius et Commodus.

Οἱ κύριοι, 1245.
Οἱ κύριοι αὐτοκράτορες, 1109, 1116, 1117. 1118.
Οἱ Σεβαστοί, 1355.
Οἱ Σεβαστοὶ αὐτοκράτορες, 1356.
Οἱ κύριοι αὐτοκράτορες Μ. Αὐρήλιος Ἀντωνεῖνος καὶ Λ. Αὐρήλιος Κόμμοδος υἱὸς αὐτοῦ Σεβαστοί, 1195.
Αὐτοκράτορες Καίσαρες Μ. Αὐρήλιος Ἀντωνεῖνος καὶ Λ. Αὐρήλιος Κόμμοδος Σεβαστὸς οἱ κύριοι, 1290.
Μ. Αὐρήλιος Ἀντωνεῖνος καὶ Μ. Αὐρήλιος Κόμμοδος καὶ ὁ σύμπας αὐτῶν οἶκος, 155.

Αὐτοκράτωρ Καῖσαρ Μ. Αὐρήλιος Ἀντωνεῖνος Σεβαστὸς Γερμανικὸς Σαρματικὸς, ἀρχιερεὺς μέγιστος, δημαρχικῆς ἐξουσίας τὸ λ΄, ὕπατος τὸ γ΄, καὶ Αὐτοκράτωρ Καῖσαρ Λ. Αὐρήλιος Κόμμοδος Σεβαστὸς Γερμανικὸς Σαρματικὸς, δημαρχικῆς ἐξουσίας τὸ..., ὕπατος (177/180 p. C. n.), 100.
Οἱ θεοὶ κύριοι Ἀντωνεῖνος καὶ Κόμμοδος, 1220.
Θεὸς Κόμμοδος, Θεὸς Μᾶρκος Αὐρήλιος Ἀντωνεινὸς Σεβαστός, 644.

Commodus.

Κόμοδος Καῖσαρ, 1133.
Ὁ κύριος Κόμμοδος Καῖσαρ, 1225.
Κόμοδος Ἀντωνεῖνος, 1172.
Ἀντωνεῖνος Κόμοδος, 1356.
Ὁ κύριος Αὐτοκράτωρ Κόμοδος, 1250.
.....αὐτοκράτωρ..... Κόμμοδος, 873.
Αὐτοκράτωρ Κόμοδος Ἀντωνεῖνος κύριος Καῖσαρ, 1180, 1181.
Αὐτοκράτωρ] Καῖσαρ....... Σεβαστὸς Κόμοδος, 431.

Μᾶρκος Αὐρήλιος Κόμμοδος ..... Ἀντωνεῖνος Σεβαστός, 350.
Αὐτοκράτωρ Λ. Αὐρήλιος Κόμμοδος καὶ ὁ σύνπας αὐτοῦ οἶκος, 1446.
Αὐτοκράτωρ Καῖσαρ Μᾶρκος Αὐρήλιος Κόμμοδος Ἀντωνεῖνος, 380.
Ὁ κύριος Αὐτοκράτωρ Καῖσαρ Μᾶρκος Αὐρήλιος Κόμμοδος Ἀντωνεῖνος, 351.
Αὐτοκράτωρ Καῖσαρ Μ. Αὐρήλιος

Septimius Severus.

Εὐσεβής Εὐτυχής, 91.

Αὐτοκράτωρ Καῖσαρ Λ. Σεπτίμιος Σεουῆρος Εὐτυχής Περτίναξ Εὐσεβής Σεβαστὸς Ἀραβικὸς Παρθικός, 937.

Λ. Σεπτίμιος Σευῆρος Περτίναξ Σεβαστὸς Ἀραβικὸς Ἀδιαβηνικός, 289.

Ὁ θειότατος Αὐτοκράτωρ Καῖσαρ Λούκιος Σεπτίμιος Σεουῆρος Εὐσεβής Περτίναξ Σεβαστὸς Ἀραβικὸς Παρθικὸς Μέγιστος, 352.

Ὁ Αὐτοκράτωρ Καῖσαρ Λούκιος Σεπτίμιος Σευῆρος Εὐσεβής Περτίναξ Σεβαστὸς Ἀραβικὸς Ἀδιαβηνικὸς Παρθικὸς Μέγιστος, 419.

Αὐτοκράτωρ Καῖσαρ Λούκιος Σεπτίμιος Σεουῆρος Γερμανικὸς Ἀδιαβηνικὸς Παρθικὸς Σεβαστὸς Μέγιστος, 149.

Αὐτοκράτωρ Καῖσαρ Λ. Σεπτίμιος Σεουῆρος Εὐσεβής Περτίναξ Σεβαστὸς Ἀραβικὸς Ἀδιαβηνικὸς Παρθικὸς Μέγιστος, 848.

Αὐτοκράτωρ Καῖσαρ Σεπτίμιος Σεουῆρος Εὐσεβής Περτίναξ Σεβαστὸς Ἀραβικὸς Ἀδιαβηνικὸς Παρθικὸς

Μέγιστος, πατὴρ πατρίδος, ὁ κύριος τῆς οἰκουμένης, 838.

Αὐτοκράτωρ Καῖσαρ Λούκιος Σεπτίμιος Σεουῆρος Περτίναξ Σεβαστὸς Παρθικὸς Ἀραβικὸς Ἀδιαβηνικὸς Βρεττανικός, 744.

Αὐτοκράτωρ Λ. Σεπτίμιος Σεουῆρος Εὐσεβής Περτίναξ Σεβαστὸς Ἀραβικὸς Ἀδιαβηνικὸς Παρθικὸς Βρυτανικὸς Μέγιστος, 147 = 1453.

Αὐτοκράτωρ Καῖσαρ Λούκιος Σεπτείμιος Σεουῆρος Εὐσεβής Περτίναξ Σεβαστὸς Ἀραβικὸς Ἀδιαβηνικὸς Παρθικὸς Μέγιστος, δημαρχικῆς ἐξουσίας, αὐτοκράτωρ τὸ.., 432.

Αὐτοκράτωρ Καῖσαρ Λ. Σεπτίμιος Σεουῆρος Εὐσεβής Περτίναξ Σεβαστὸς Ἀραβικὸς Ἀδιαβηνικὸς Παρθικός, ἀρχιερεὺς μέγιστος, δημαρχικῆς ἐξουσίας τὸ ς', αὐτοκράτωρ τὸ ια', ὕπατος τὸ β', πατὴρ πατρίδος, ἀνθύπατος (198 p. C. n.), 967.

Κυρίου Σεουήρου ἔτος ζ' (198 p. C. n.), 967.

— ἔτος ια' (203 p. C. n.), 1227.

— ἔτος ιζ' (209 p. C. n.).

Θεῖος Λ. Σεπτίμιος Σεουῆρος, 60.

Iulia Domna.

Ἰουλία Σεβαστὴ μήτηρ κάστρων, 848.

Ἰουλία Δόμνη Σεβαστή, 1106, 1149, 1322.

— μήτηρ κάστρων, 333, 337, 341,

404, 1497.

— μήτηρ τῶν ἱερῶν κάστρων, 806.

Ἰουλία Αὐγούστα Σεβαστὴ μήτηρ στρατοπέδων, 6.

Ἰουλία Δόμνη μήτηρ τῶν στρατοπέ-
δων, 405.
Ἰουλία Δόμνα Σεβαστὴ, μήτηρ στρα-

τοπέδων, 977.
Ἰουλία Δόμνα Σεβαστὴ νέα Ἥρα μή-
τηρ κάστρων, 856.

Caracalla.

Αὐτοκράτωρ Καῖσαρ Μᾶρκος Αὐρή-
λιος Ἀντωνεῖνος...., 420.

Μᾶρκος Αὐρήλιος Ἀντωνεῖνος, 822.

Μ. Ἀντωνῖνος θειότατος αὐτοκράτωρ
ὁ ἐκ θεῶν (Caracalla aut Elagaba-
lus), 165.

Ὁ κύριος Αὐτοκράτωρ Μ. Αὐρ. Σεουῆ-
ρος Ἀντωνεῖνος, 1314.

Ὁ κύριος ἡμῶν Αὐτοκράτωρ Μ. Αὐ-
ρήλιος Ἀντωνεῖνος, 806.

Ὁ κύριος ἡμῶν αὐτοκράτωρ Μ. Αὐ-
ρήλιος Ἀντωνεῖνος, 60.

Αὐτοκράτωρ Καῖσαρ Μ. Αὐρήλιος
Ἀντωνεῖνος Σεβαστός, 314, 353,
665.

Ὁ κύριος ἡμῶν αὐτοκράτωρ Μ. Αὐρ.
Σεουῆρος Ἀντωνεῖνος, 1239.

Αὐτοκράτωρ Καῖσαρ Μᾶρκος Αὐρή-
λιος Σευῆρος Ἀντωνεῖνος Σεβαστός,
397.

Μ. Αὐρήλιος Ἀντωνεῖνος Εὐσεβής....
62.

Αὐτοκράτωρ Καῖσαρ Μ. Αὐρήλιος
Ἀντωνεῖνος Σεβαστὸς Εὐσεβής,
385, 848.

Αὐτοκράτωρ Καῖσαρ Μᾶρκος Αὐρήλ-
λιος Ἀντωνεῖνος Εὐσεβὴς Σεβαστός,
805.

Αὐτοκράτωρ Καῖσαρ..... Σεβαστὸς
Εὐσεβὴς Εὐτυχής....., 164, 1240.

Ὁ κύριος ἡμῶν Αὐτοκράτωρ Καῖσαρ
Μ. Αὐρ. Ἀντωνεῖνος Εὐσεβὴς Εὐ-
τυχὴς Σεβαστός, 1240.

Αὐτοκράτωρ Καῖσαρ Μᾶρκος Αὐρήλιος
Ἀντωνεῖνος Εὐσεβὴς Εὐτυχὴς Σε-
βαστός, 19.

Αὐτοκράτωρ Καῖσαρ Μᾶρκος Αὐρή-
λιος Σευῆρος Ἀντωνεῖνος Εὐσεβὴς
Εὐτυχὴς Σεβαστός, 645.

Αὐτοκράτωρ Καῖσαρ Μᾶρκος Αὐρήλιος
Σεουῆρος Αἴλιος Ἀντωνεῖνος Εὐτυ-
χὴς Εὐσεβὴς Σεβαστὸς, σωτὴρ τῆς
οἰκουμένης, 433.

Ὁ γῆς καὶ θαλάσσης δεσπότης Αὐτο-
κράτωρ Μ. Αὐρήλιος Ἀντωνεῖνος
Εὐσεβὴς Εὐτυχὴς Σεβαστός, 1412.

Ὁ κύριος αὐτοκράτωρ Μᾶρκος Σεουῆ-
ρος Ἀντωνῖνος Καῖσαρ Βριτανικός,
1132.

Αὐτοκράτωρ Καῖσαρ Μᾶρκος Αὐρή-
λιος Ἀντωνεῖνος Σεβαστὸς Γερβα-
νικὸς Παρθικὸς Μέγιστος, 510.

..... Γερμανικὸς μέγιστος ἀρχιερεύς...
404.

Ὁ μέγιστος καὶ θειότατος αὐτοκράτωρ
Μᾶρκος Αὐρήλιος Ἀντωνεῖνος Εὐσε-

6ής, Παρθικὸς Μέγιστος, Βρεταννι-
κὸς Μέγιστος, Γερμανικὸς Μέγισ-
τος, Σεβαστός, 92.
Αὐτοκράτωρ Καῖσαρ Μ. Αὐ. Ἀντω-
νῖνος Σεβαστός, δημαρχικῆς ἐξου-
σίας, ἀνθύπατος, 967.
Αὐτοκράτωρ Καῖσαρ Μ. Αὐρήλιος
Ἀντωνεῖνος Αὔγουστος Εὐσεβὴς
Σεβαστός, δημαρχικῆς ἐξουσίας τὸ

α, ὕπατος τὸ γ΄, Αὐτοκράτορος
Καίσαρος Λ. Σεπτιμίου Σεουήρου
Εὐσεβοῦς Περτίνακος Παρθικοῦ
Ἀραβικοῦ Ἀδιαβηνικοῦ υἱός (208
p. C. n.), 5.
Θεὸς Σεβαστὸς Καῖσαρ Ἀντωνῖνος, 1.
Μ. Αὐρ. Ἀντωνείνου Σεβ. ἔτος ια΄
(208 p. C. n.), 1146.

Geta.

Λ. Σεπτίμιος Γέτας Καῖσαρ, 848, 967.
Π. Σεπτίμιος Γέτας υἱὸς καὶ ἀδελφὸς
τῶν μεγάλων βασιλέων, 333, 341.

Αὐτοκράτωρ Καῖσαρ Πόπλιος Σεπτί-
μιος Γέτας....., 421.
Nomen Getae erasum ubique.

Severus et Caracalla.

Αὐτοκράτορες... Σεβαστοί, 405.
Βασιλῆς, 883.
Οἱ Σεβαστοί, 1358.
Αὐτοκράτορες Καίσαρες Λ. Σεπτί-
μιος Σευῆρος Εὐσεβής......., 922.
Οἱ κύριοι Αὐτοκράτορες Σεουῆρος καὶ
Ἀντωνεῖνος Καῖσαρ, 1362.
Λ. Σεπτίμιος Σεουῆρος καὶ Μ. Αὐρή-
λιος, Ἀντωνεῖνος Εὐσεβής, 62.
Γῆς καὶ θαλάσσης δέσποται Αὐτοκρά-
τορες Καίσαρες Λούκιος Σεπτίμιος
Σεουῆρος Εὐσεβὴς Περτίναξ Σεβασ-
τὸς καὶ Μᾶρκος Αὐρήλιος Ἀντωνεῖ-
νος......., 468.
Αὐτοκράτωρ Καῖσαρ Λούκιος Σεπτί-

μιος Σεουῆρος Εὐσεβὴς Περτίναξ
καὶ Μᾶρκος Αὐρήλιος Ἀντωνεῖνος
Σεβαστοὶ Παρθικοὶ Μέγιστοι Ἀδια-
βηνικοὶ Ἀραβικοί..., 509.
Λούκιος Σεπτίμιος Σεουῆρος Εὐσεβὴς
Περτίναξ καὶ Μᾶρκος Αὐρήλιος
Ἀντωνεῖνος Σεβαστοὶ Μέγιστοι
Ἀραβικοὶ Ἀδιαβηνικοὶ Παρθικοί,
333, 341.
Αὐτοκράτορες Καίσαρες Λούκιος Σεπ-
τίμιος Σευῆρος Εὐσεβὴς Περτίναξ
καὶ Μᾶρκος Αὐρήλιος Ἀντωνεῖνος
Σεβαστοὶ Παρθικοὶ Ἀραβικοὶ Ἀδια-
βηνικοὶ Μέγιστοι, 730.
Αὐτοκράτωρ Καῖσαρ Λούκιος Σεπτί-

μιος Σεουῆρος Εὐσεβὴς Περτίναξ
Σεβαστὸς καὶ Αὐτοκράτωρ Καῖσαρ
Μᾶρχος Αὐρήλιος Ἀντωνεῖνος Σε-
βαστὸς Σεβαστοῦ υἱὸς καὶ Ἰουλία

Δόμνη Σεβαστὴ μήτηρ τῶν ἱερῶν
στρατοπέδων....., 1534.
Σεουήρου καὶ Ἀντωνείνου Σεβαστῶν
ἔτος θ´ (206-207 p. C. n.), 1.

Severus et filii.

Οἱ Σεβαστοὶ τρεῖς, 168, 169.
Εὐτεχνία καὶ φιλαδελφία τῶν Σεβασ-
τῶν, 860.
Οἱ κύριοι Λ. Σεπτίμιος Σεουῆρος καὶ
Ἀντωνεῖνος καὶ Γέτας υἱοὶ αὐτοῦ
καὶ Ἰουλία Δόμνη Σεβαστή, 1149.
Αὐτοκράτορες Καίσαρες Λούκιος Σεπ-
τίμιος Σεουῆρος Εὐσεβὴς Περτίναξ
καὶ Μᾶρκος Αὐρήλιος Ἀντωνεῖνος
Σεβαστοὶ Ἀραβικοὶ Ἀδιαβηνικοὶ
Παρθικοὶ Μέγιστοι καὶ Λούκιος
Σεπτίμιος Γέτας Καῖσαρ υἱὸς καὶ
ἀδελφὸς τῶν κυρίων ἡμῶν, 826.
Οἱ κύριοι ἡμῶν Αὐτοκράτορες Καίσα-
ρες Λ. Σεπτ. Σεουῆρος Εὐσεβὴς
Περτίναξ Σεβαστὸς καὶ Μ. Αὐρ.
Ἀντωνεῖνος καὶ Λ. Σεπτ. Γέτας
υἱοὶ αὐτοῦ, 1106.
Αὐτοκράτωρ Καῖσαρ Λ. Σεπτίμιος
Σεουῆρος Εὐσεβὴς Περτίναξ Σεβασ-
τὸς Ἀραβικὸς Ἀδιαβηνικὸς Παρθι-
κὸς Μέγιστος καὶ Αὐτοκράτωρ Καῖ-
σαρ Μᾶρκος Αὐρήλιος Ἀντωνεῖνος
Εὐσεβὴς Σεβαστὸς..... καὶ Ἰουλία

Δόμνη Σεβαστὴ μήτηρ τῶν ἱερῶν
στρατοπέδων καὶ Π. Σεπτίμιος
Γέτας Σεβαστὸς δέσποται γῆς καὶ
θαλάσσης καὶ παντὸς ἀνθρώπων
γένους, 1533.
Αὐτοκράτωρ Καῖσαρ Λ. Σεπτίμιος
Σεουῆρος Περτίναξ Σεβαστὸς Ἀρα-
βικὸς Ἀδιαβηνικὸς Παρθικὸς Μέγισ-
τος, ἀρχιερεὺς μέγιστος, δημαρχικῆς
ἐξουσίας τὸ ξ´, αὐτοκράτωρ τὸ αι´,
ὕπατος τὸ β´, πατὴρ πατρίδος, ἀνθύ-
πατος, καὶ Αὐτοκράτωρ Καῖσαρ Μ.
Αὐρήλιος Ἀντωνῖνος Σεβαστός,
δημαρχικῆς ἐξουσίας τὸ β´, καὶ Π.
Σεπτίμιος Γέτας Καῖσαρ (199 p. C.
n.), 82 = 1429.
Καίσαρες Σεβαστοὶ Μ. Ἀντωνεῖνος
καὶ Γέτας οἱ κύριοι, 1067.
Οἱ αὐτοκράτορες Μ. Αὐρήλιος Ἀντω-
νῖνος καὶ Π. Σεπτίμιος Γέτας Καῖ-
σαρ Σεβαστοὶ Εὐσεβεῖς, 1238.
Σεουῆρος Αὔγουστος Ἀντωνεῖνος αὐ-
τοκράτωρ καὶ Γέτας Καῖσαρ, 163.
Nomen Getae erasum, ubique.

T. III

39

Elagabalus.

Ὁ κύριος ἡμῶν αὐτοκράτωρ ὁ θεοφι-
λέστατος Μ. Αὐρήλιος Ἀντωνεῖνος,
62.
Κύριος Αὐτοκράτωρ Καῖσαρ Μ. Αὐρή-

λιος Ἀντωνεῖνος Σεβαστὸς Εὐσεβὴς
Εὐτυχὴς καὶ σύμπας αὐτοῦ οἶκος,
1228.
Nomen erasum, 62, 1228.

Iulia Soaemias.

Νεωτέρα Ἥρα, 1079 (?).

Iulia Maesa.

Κυρία τήθη τοῦ κυρίου Ἰουλία Μαίση Σεβαστή, 1228.
Nomen erasum, 1228.

Severus Alexander.

Μαρ. Αὐρ. Ἀντωνεῖνος Καῖσαρ Ἀλέ-
ξανδρος, 1295.
Αὐτοκράτωρ Καῖσαρ Μ. Ἀυρήλιος
Σεουῆρος Ἀλέξανδρος Εὐσεβὴς Σε-
βαστός, 1360.
Αὐτοκράτωρ Καῖσαρ Μ. Αὐρήλιος
Σεουῆρος Ἀλέξανδρος Εὐσεβὴς Σε-
βαστὸς καὶ ὁ σύμπας οἶκος αὐτοῦ,
354.
Κύριος ἡμῶν Σεουῆρος Ἀλέξανδρος
Εὐτυχὴς Σεβαστός, 1137.
Αὐτοκράτωρ Καῖσαρ Μ. Αὐρήλιος
Σεουῆρος Ἀλέξανδρος Σεβαστὸς
Εὐσεβὴς Εὐτυχής, 879.

Ὁ κύριος Αὐτοκράτωρ Μ. Αὐρήλιος
Σεουῆρος Ἀλέξανδρος Εὐσεβὴς Εὐ-
τυχής, 880.
Ὁ κύριος ἡμῶν Αὐτοκράτωρ Καῖσαρ
Μᾶρκος Αὐρήλιος Σεουῆρος Ἀλέ-
ξανδρος Εὐσεβὴς Εὐτυχὴς Σεβασ-
τός, 1155.
Ὁ γῆς καὶ θαλάσσης δεσπότης, ὁ ἀήτ-
τητος Αὐτοκράτωρ Καῖσαρ Θεοῦ
μεγάλου Ἀντωνίνου υἱὸς Θεοῦ
Σεουήρου ἔκγονος Μ. Αυρήλιος
Σεουῆρος Ἀλέξανδρος Εὐσεβὴς Εὐ-
τυχὴς Σεβαστός, 53.
Αὐτοκράτωρ Καῖσαρ Θεοῦ Ἀντωνί-

νου Εὐσεβοῦς Μεγάλου υἱὸς Θεοῦ
Σεουήρου ἔκγονος Μᾶρκος Αὐρήλιος
Σεουῆρος Ἀλέξανδρος Εὐσεβὴς Εὐ-
τυχὴς Σεβαστὸς, δημαρχικῆς ἐξου-
σίας, ὕπατος, πατὴρ πατρίδος, ἀν-
θύπατος, 54.
Κυρίου αὐτοκράτορος Σεουήρου Ἀλε-

ξάνδρου ἔτος ς᾽ (227 p. C. n.), 1184.
— ἔτος ι᾽ (231 p. C. n.), 1227.
— ἔτος ιβ᾽ (233 p. C. n.), 1147.
Θεὸς Ἀλέξανδρος, 1033.
Nomen erasum, 53?, 54, 354, 1137,
1155, 1277, 1295, 1360.

Iulia Mamaea.

Ἰουλία Μαμαία Σεβαστή, 1361.
Μαμαία Σεβαστὴ μήτηρ τοῦ Σεβασ-

τοῦ, 354.
Nomen erasum, 354, 1361.

Maximinus.

Οἱ κύριοι ἡμῶν Αὐτοκράτορες Καί-
σαρες Γ. Ἰούλ. Μαξιμεῖνος καὶ Γ.

Ἰούλ. Μάξιμος ὁ υἱὸς αὐτοῦ Σεβασ-
τοί, 1213.

Gordianus.

Μᾶρκος Ἀντώνιος Γορδιανός, 646.
Γορδιανὸς Σεβαστός, 1303.
Μ. Ἀντώνιος Γορδιανὸς ὁ θειότατος
αὐτοκράτωρ ὁ ἐκ θεῶν, 235.
Αὐτοκράτωρ Καῖσαρ Μ. Ἀντώνιος
Γορδιανὸς Σεμπρωνιανὸς Ῥωμανὸς
Ἀφρικανὸς πατήρ, 791.
Αὐτοκράτωρ Καῖσαρ Μ. Ἀντώνιος
Γορδιανὸς Σεμπρωνιανὸς Ῥωμανὸς

Ἀφρικανὸς υἱὸς Εὐσεβὴς Εὐτυχὴς
Σεβαστὸς σωτὴρ τῆς οἰκουμένης,
791.
Αὐτοκράτωρ Καῖσαρ Μᾶρκος Ἀντώ-
νιος Γορδιανὸς Σεβαστὸς Εὐτυχὴς
πατὴρ πατρίδος, 1323.
Αὐτοκράτωρ Καῖσαρ Μ. Ἀντώνιος
Γορδιανὸς Εὐσεβὴς Εὐτυχὴς Σεβασ-
τὸς σωτὴρ τῆς οἰκουμένης, 792.

Philippi pater et filius.

Ἰούλιος Φίλιππος, 1033.
Αὐτοκράτωρ Κέσαρ Μ. Ἰούλιος Φίλιπ-

πος Εὐσεβὴς Εὐτυχὴς Σεβαστός,
1198.

Οἱ Σεβαστοί, 1363.
Οἱ θειότατοι αὐτοκράτορες, 1037.
Οἱ κύριοι Μ. Ἰούλιοι Φίλιπποι Σεβαστοί, 1196.
Οἱ δέσποται τῆς οἰκουμένης Μ. Ἰούλιοι

Φίλιπποι Σεβαστοί, 1197.
Οἱ κύριοι ἡμῶν Αὐτοκράτορες Καίσαρες Μᾶρκοι Ἰούλιοι Φίλιπποι Σεβαστοί, 1093.
Nomen erasum, 1033, 1093.

Marinus.

Μ. Ἰούλιος Μαρῖνος θεὸς πατὴρ τοῦ Σεβαστοῦ, 1199.
Θεὸς Μαρεῖνος, 1200.

Traianus Decius.

Ὁ κύριος ἡμῶν Τραιανὸς Δέκιος, 1185. | — ἔτος β΄ (249 p. C. n.), 1185.

Valerianus.

Πούβλ. Λικίννιος Κορνήλιος Οὐαλεριανὸς ὁ ἐπιφανέστατος Καῖσαρ, 122.

Αὐτοκράτωρ Καῖσαρ Κορνήλιος Οὐαλεριανὸς ἐπιφανέστατος Καῖσαρ Εὐσεβὴς Εὐτυχὴς Σεβαστός, 572.

Gallienus.

Ὁ Σεβαστὸς Γαλλιηνός, 237.
Ὁ κύριος ἡμῶν Αὐτοκράτωρ Γαλλιηνὸς Σεβαστός, 1286, 1287.
Αὐτοκράτωρ Καῖσαρ Πούβλιος Λικίν-

νιος Γαλλιηνός, 355.
Αὐτοκράτωρ Καῖσαρ Πούπλ. Λικίννιος Γαλῆνος Εὐσεβὴς Εὐτυχὴς Μέγιστος, 123.

Valerianus et Gallienus.

Οἱ Σεβαστοί, 1020.
Αὐτοκράτωρ Καῖσαρ Πουβ. Λικίννιος Οὐαλεριανὸς Εὐσεβὴς Εὐτυχὴς Σεβαστὸς Γερμανικὸς καὶ Αὐτοκράτωρ

Καῖσαρ Πουβ. Λικίννιος Γαλλιηνὸς Εὐτυχὴς Σεβαστὸς Γερμανικὸς Δακικὸς καὶ Οὐαλεριανὸς ἐπιφανέστατος Καῖσαρ, 643.

Salonina.

Κορνηλία Σαλωνεῖνα Σεβαστὴ, μήτηρ κάστρων, γυνὴ τοῦ Σεβαστοῦ Γαλ-

λιηνοῦ, 237.
Σαλωνετ[να] vel [νος], 355.

Macrianus.

Ὀ γῆς καὶ θαλάσσης καὶ παντὸς ἀν-θρώπων γένους δεσπότης Αὐτοκρά-

τωρ Καῖσαρ Τ. Φούλβιος Ἰούνιος Μακριανὸς Σεβαστός, 27.

Vaballathus.

Ὀ δεσπότης ἀήττητος ἡμῶν Αὐτοκράτωρ Οὐαβάλλαθος Ἀθηνόδωρος, 1027, 1028, 1065.

Antiochus.

Σεπτίμιος Ἀντίοχος, 1029.

Claudius II.

Αὐτοκράτωρ Καῖσαρ Μ. Αὐρ. Κλαύ-διος ἀρχιερεὺς μέγιστος, ὕπατος, ἀνθύπατος, πατὴρ πατρίδος, ἀνεί-κητος Σεβαστός, 1027, 1065.
Αὐτοκράτωρ Καῖσαρ Μ. Αὐρ. Κλαύ-διος Εὐσεβὴς Εὐτυχὴς Σεβαστός, δημαρχικῆς ἐξουσίας τὸ δεύτερον,

ἀνθύπατος, πατὴρ πατρίδος, 40.
Αὐτοκράτωρ Καῖσαρ Μᾶρκος Αὐρ. Κλαύδιος Εὐσεβὴς Εὐτυχὴς Σεβασ-τὸς, ἀρχιερεὺς μέγιστος, δημαρχι-κῆς ἐξουσίας τὸ δεύτερον, ὕπατος, πατὴρ πατρίδος, ἀνθύπατος, 39.

Aurelianus.

Αὐτοκράτωρ Καῖσαρ Λούκιος Δομίτιος Αὐρηλιανὸς Εὐσεβὴς Εὐτυχὴς ἀνί-

κητος Σεβαστὸς ἀρχιερεὺς μέγισ-τος,... Γερμανικὸς μέγιστος, Γοτ-

θιχὸς μέγιστος, δημαρχικῆς ἐξου- | πατρίδος, ὕπατος, 968.
σίας τὸ.., αὐτοκράτωρ τὸ.., πατὴρ |

Probus.

Αὐτοκράτωρ Καῖσαρ Μ. Αὐρ. Πρόβος | Ὁ κύριος ἡμῶν Μ. Αὐρήλιος Πρόβος
Εὐσεβὴς Εὐτυχὴς Σεβαστὸς Μέγισ- | Σεβαστός, 1186.
τος, 124. | — ἔτους ζ΄ (282 p. C. n.) 1186.

Carinus.

Μ. Αὐρήλιος Καρεῖνος, ὁ ἐπιφανέστατος Καῖσαρ, παῖς τοῦ δεσπότου ἡμῶν
Κάρου, 139.

Diocletianus et collegae.

Διοκλητιανὸς καὶ Μαξιμιανὸς Σεβασ-
τοί, 1134.
Δέσποται ἡμῶν Καίσαρες Διοκλητιανὸς
καὶ Μαξιμιανός, 1278.
Οἱ κύριοι ἡμῶν αὐτοκράτορες Γάιος
Οὐαλέριος Διοκλητιανὸς καὶ Μ.
Αὐρ. Οὐαλ. Μαξιμιανὸς Εὐσεβεῖς
Εὐτυχεῖς Σεβαστοί, 1397.
Αὐτοκράτωρ Καῖσαρ Γ. Αὐρ. Οὐαλέ-
ριος Διοκλητιανὸς Εὐσεβὴς Εὐτυχὴς
Σεβαστὸς καὶ Αὐτοκράτωρ Καῖσαρ
Μ. Αὐρ. Οὐαλέριος Μαξιμιανὸς Εὐ-
σεβὴς Εὐτυχὴς Σεβαστός, 295.
Δέσποται ἡμῶν Διοκλητιανὸς καὶ Μαξι-
μιανὸς Σεβαστοὶ καὶ Κωνστάντιος
καὶ Μαξιμιανὸς Καίσαρες, 1112,
1542.
Αὐτοκράτορες Διοκλητιανὸς καὶ Μαξι-

μιανὸς Σεβαστοὶ καὶ Κωνστάντιος
καὶ Μαξιμιανὸς ἐπιφανέστατοι Καί-
σαρες, 1252.
Ὁσιώτατοι βασιλεῖς Διοκλητιανὸς κὲ
Μαξιμιανὸς Σεβαστοὶ κὲ Κονστάν-
τιος κὲ Μαξιμιανὸς οἱ ἐπιφανέστατοι
Καίσαρες, 1002.
Αὐτοκράτορες Καίσαρες Γάιος Οὐαλέ-
ριος Διοκλητιανὸς καὶ Μᾶρ. Αὐρ.
Οὐαλέριος Μαξιμιανὸς Εὐσεβεῖς Εὐ-
τυχεῖς Σεβαστοὶ καὶ Φλα. Οὐαλέ-
ριος Κωνστάντιος καὶ Γαλέριος
Μαξιμιανὸς ἐπιφανέστατοι Καίσα-
ρες, 606.
Αὐτοκράτορες Κέσαρες Γάιος Αὐρή-
λιος Διοκλητιανὸς καὶ Μᾶρκος Αὐ-
ρήλιος Οὐαλέριος Μαξιμιανὸς Εὐσε-
βεῖς Εὐτυχεῖς Σεβαστοὶ καὶ Φλάυιος

Οὐαλέριος Κωνστάντιος καὶ Γαλέριος Οὐαλέριος Μαξιμιανὸς οἱ ἐπιφανέστατοι Κέσαρες, 691.

Αὐτοκράτωρ Καῖσαρ Γάιος Αὐρ. Οὐαλέριος Διοκλητιανὸς Εὐσεβὴς Εὐτυχὴς Σεβαστὸς καὶ Μᾶρκος Αὐρήλιος Οὐαλέριος Μαξιμιανὸς Εὐσεβὴς Εὐτυχὴς Σεβαστὸς καὶ Φλά-

6ιος Οὐαλέριος Κωνστάντιος καὶ. Γαλέριος Κωνστάντιος ἐπιφανέστατοι Καίσαρες, 336.

Ὁ γῆς καὶ θαλάσσης δεσπότης Φλάουιος Οὐαλέριος Κωνστάντιος ὁ ἐπιφανέστατος Καῖσαρ, 150.

......Φλάυιος Οὐαλέριος Κονστάντιος ἐπιφανέστατος Καῖσαρ, 505.

Incerti.

Ἄναξ, 1124.
Βασιλεύς, 753.
Βασιλεῖς, 205.
Βασιλῆες, 362.
Καῖσαρ, 478, 972.
Καίσαρες, 908.
Αὐτοκράτωρ..., 156, 893.
Αὐτοκράτορες, 395.
Ὁ κύριος ἡμῶν ὁ αὐτοκράτωρ, 1288.
Κύριος αὐτοκράτωρ, 1153.
Ὁ κύριος ἡμῶν Αὐτοκράτωρ Καῖσαρ..., 1241.
Οἱ κύριοι, 1156.
Οἱ κύριοι αὐτοκράτορες, 1153, 1315.
Οἱ κύριοι ἡμῶν αὐτοκράτορες, 297.
Οἱ ὅσιοι κύριοι ἡμῶν, 1095.
... Σεβαστός..., 882, 948, 1366.
Ὁ Σεβαστός, 22.
... ος Σεβαστός, 945.
Σεβαστοί, 732.
Οἱ Σεβαστοί, 321, 473, 566, 599, 647, 923, 1343, 1352, 1367.

Καίσαρος υἱός, 900.
...Σεβαστ... ἀρχιερ... μέγιστ..., 949.
Σεβαστὸς, ἀρχιερεὺς μέγιστος, 936.
..Καῖσαρ Θεοῦ..... [καὶ..... Σεβα]στῶν υἱ[ός], 689.
..Καῖσαρ Σεβαστός..., 166.
....Σεβαστὸς αὐτοκράτωρ γῆς καὶ θαλάσσης ὁ εὐεργέτης καὶ σωτὴρ τοῦ σύμπαντος κόσμου, 718.
Αὐτοκράτωρ Καῖσαρ....., ἀρχιερεὺς μέγιστος, 990.
Αὐτοκράτωρ Καῖσαρ....., ἀρχιερεὺς μέγιστος, Σεβαστός, 469.
Αὐτοκράτωρ Καῖσαρ..... Εὐσεβὴς Σεβαστός... 339.
Αὐτοκράτωρ Καῖσαρ..... ικὸς Μέγιστος, 1527.
.....Γερμανικός..., 972.
.....Εὐσεβὴς Εὐτυχής, ὕπατος, πατὴρ πατρίδος, 32.
.....ἀρχιερεὺς μέγιστος, δημαρχικῆς ἐξουσίας, 947.

V

REGES EXTERNI

1. Reges et reginae.

Βασιλεῖς ἢ βασιλέων παῖδες ἐννέα, 159 cap. 4.

Abilene :
Λυσανίας τετράρχης, 1085.
Ζηνόδωρος, 1085.
Λυσανίας (filius), 1085, 1086.

Adiabene :
'Ἀρταξάρης, 159 cap. 32.

Albani :
Βασιλέες 'Ἀλβανῶν, 159 cap. 31.

Armenia :
Γένος 'Ἀρμένιον βασιλικόν, 159 cap. 27.

Βασιλεία, 159 cap. 27.

Βασιλεύς, 159 cap. 27.

Τιγράνης (ι), 159 cap. 27.

'Ἀρταουάσδης (ι), 159 cap. 27.

Τιγράνης (ιι), 159 cap. 27.

'Ἀριοβαρζάνης, 159 cap. 27.

'Ἀρταουάσδης (ιι), 159 cap. 27.

Britanni :
Δομνοελλαῦνος καὶ Τιμ....... βασιλεῖς Βριταννῶν, 159 cap. 32.

Cilicia :
Βασιλεία, 901.

Ταρκονδίμωτος (ι), 901.

Λάιος, 901.

Φιλοπάτωρ (ι), 901.

'Ἰουλία, 901.

Βασιλεὺς Φιλοπάτωρ (ιι), 895.

Στύραξ πατὴρ βασιλέων, 901.

Βασιλεὺς 'Ἀλέξανδρος, 173.

Commagene :
Βασιλεὺς μέγας 'Ἀντίοχος θεὸς δίκαιος ἐπιφανὴς φιλορώμαιος καὶ φιλέλλην, 999.

Βασιλεὺς Μιθραδάτης Καλλίνικος (ι), 999.

Βασίλισσα Λαοδίκη θεὰ φιλάδελφος, 999.

Palmyra :

Σεπτίμιος Ὀδαίναθος (ι), 1034.

Αἰράνης Οὐαβάλλαθος, 1034.

Σεπτίμιος Ἡρωδιανὸς βασιλεὺς βασιλέων, 1032.

Ἰούλιος Αὐρήλιος Ζηνόβιος ὁ καὶ Ζαβδίλας, 1033.

Σεπτιμία Ζηνοβία Σεβαστή, 1027.

— ἡ λαμπροτάτη βασίλισσα, 1028, 1029, 1032?

— εὐσεβής, 1030.

— μήτηρ τοῦ δεσπότου ἀηττήτου ἡμῶν, 1065.

Σεπτίμιος Αἰράνης, 1035.

Parthi :

Βασιλεῖς Πάρθων, 159 cap. 32, 33.

Ὡρώδης, 159 cap. 32.

Φραάτης (ι), 159 cap. 32.

Ὑἱοὶ υἱωνοί τε (Phraatis), 159 cap. 32.

Οὐονώνης, 159 cap. 33.

Τειριδάτης, 159 cap. 32.

Φραάτης (ιι), 159 cap. 32.

Pergamus :

Ἄτταλος βασιλεὺς Ἀσίας (ιι), 173.

Βασιλεὺς Ἄτταλος (ιι), 222.

Ἀθηναῖος (frater Attali), 222.

Pontus :

Βασιλεὺς Μιθραδάτης, 34.

Sarmatae :

Βασιλεῖς Σαρματῶν, 159 cap. 31.

Sugambri :

Βασιλεὺς Σουγάμβρων Μαίλων, 159 cap. 32.

Syria :

Βασιλεὺς Σέλευκος Νικάτωρ (ι), 1011.

Ἀντίοχος βασιλεύς, 1020.

Βασιλεὺς Ἀντίοχος ἐπιφανὴς φιλομήτωρ Καλλίνικος, 999.

Βασιλεὺς Γαμάραυτος (?), 1145.

Ἀδριανὸς ὁ καὶ Σαΐδος Μαλέχου ἔθναρχος στρατηγὸς Νομάδων, 1247.

2. Varia.

Ἀπελεύθερος βασιλέως, 895.

Ἀπελεύθερος τετράρχου, 1086.

Ἀρχυπηρέτης τῶν κατὰ τὴν βασιλείαν δυνάμεων, 901.

Ἔπαρχος βασιλέως, 1194.

Ἔξαρχος Παλμυρηνῶν, 1035.

Ὁμονοία (inter Agrippam I et Roma-

nos), 1260.

Πρεσβεία, 159 cap. 26, 31, 32.

Πρεσβεύς, 159 cap. 31, 33.

Ἡ περὶ Ἀπάμιαν σατραπεία, 1020.

Σύντροφος β[ασιλέων]? 205.

Τοπάρχης, 901.

Φίλοι βασιλέως, 901.

VI

RES PUBLICA ROMANORUM

1. Populus romanus, patricii, equites.

Δῆμος Ῥωμαίων, 38, 40.

Ὁ δῆμος ὁ Ῥωμαίων, 40, 59 app. 1.

— τῶν Ῥωμαίων, 159 cap. 35.

Ἡ ἡγεμονία Ῥωμαίων, 1274, 159 cap. 27, 30.

Ὄχλος πολειτικός (plebs urbana), 159 cap. 15.

Patricii :

Πατρίκιοι, 159 cap. 8.

Equites :

Ἱππεὺς ῥωμαῖος, 323.

Ἱππεὺς Ῥωμαίων, 201, 204, 205, 303, 1038, 1043.

Ἱππεῖς Ῥωμαίων, 159 cap. 14.

Ἱππικός, 1036, 1044, 1232, 1326, 1360, 1361.

Ἱππικοί, 474.

Ἀπὸ ἱππικοῦ, 1110.

Τὸ ἱππικὸν τάγμα, 159 cap. 35.

Ἱππικὴ τάξις, 615.

Ἵππῳ δημοσίῳ τιμηθείς, 172.

Τετειμημένος ὑπὸ τοῦ Σεβαστοῦ ἵππῳ δημοσίῳ, 778.

Iudices :

Δικαστὴς ἐν Ῥώμῃ, 63.

Ἐπίλεκτος κρίτης ἐκ τῶν ἐν Ῥώμῃ δεκουριῶν, 778.

2. Viri illustres, clarissimi, egregii, etc.

Διασημότατος, 358, 434, 436.

Ἐξοχώτατος, 435, 1033.

Κρατίστη, 95.

Κράτιστος, 6, 42, 55, 58, 73, 168, 169, 170, 179, 181, 183, 244, 264, 318, 356, 357, 459, 474, 481, 1030, 1040,

1041, 1042, 1043, 1044, 1045.

Λαμπροτάτη, 21.

Λαμπρότατος, 6, 7, 39, 40, 73, 85, 115, 238, 299, 367, 368, 471, 1034, 1035, 1261.

INDICES

3. Senatus.

4. Honores, munera publica civilia maiora.

Οἱ ὕπατοι, 159 cap. 22.

Ἡγεμόνες ὕπατοι, 1373.

Ὑπάτους ἀποδεικνύναι, 159 cap. 14.

Ὕπατος ἀποδεδειγμένος, 176, 177, 178, 763, 1353.

Ὑπατικὴ ἐξουσία, 159 cap. 8.

Ὑπατεία, 159 cap. 16, 711.

Ὑπατείη, 1189.

Ὑπατεία ἐνιαύσιος, 159 cap. 5.

Ὑπατεία διὰ βίου, 159 cap. 5.

Ὑπατικός, 6, 7, 32, 39, 40, 69, 73, 85, 110, 134, 159 cap. 25, 173, 180, 238, 299, 368, 474, 495, 500, 581, 614, 616, 618, 808, 810, 811, 829, 849, 875, 879, 1008, 1031, 1096, 1200, 1261, 1262, 1270, 1274, 1276, 1279, 1295, 1321, 1326, 1369, 1443.

Ὑπατικοί, 463.

Ὑπατική, 500, 581, 959.

Γένος ὑπατικόν, 383, 474.

Consules :

43 a. C. n. Γάιος Πάνσας, Αὖλος Ἵρτιος, 159 cap. 1.

22. Μᾶρκος Μάρκελλος καὶ Λεύκιος Ἀρρούντιος, 159 cap. 5.

19. Μᾶρκος Οὐινούκιος καὶ Κόιντος Λουκρήτιος, 159 cap. 6.

19. Κόιντος Λουκρήτιος καὶ Μᾶρκος Οὐινούκιος, 159 cap. 11.

19. Κόιντος Λουκρήτιος, 159 cap. 12.

18. Πόπλιος καὶ Ναῖος Λέντλοι, 159 cap. 6.

18. Ναῖος καὶ Πόπλιος Λέντλοι, 159 cap. 18.

17. Γάιος Φούρνιος καὶ Γάιος Σειλανές, 159 cap. 22.

14. Μᾶρκος Κρᾶσσος καὶ Ναῖος Λέντλος, 159 cap. 16.

13. Τιβέριος Νέρων καὶ Πόπλιος Κοιντίλιος, 159 cap. 12.

12. Πόπλιος Σουλπίκιος καὶ Γάιος Οὐάλγιος, 159 cap. 10.

11. Παῦλλος Φάβιος Μάξιμος καὶ Κόιντος Τουβέρων, 159 cap. 6.

8. Γάιος Κηνσώρινος καὶ Γάιος Ἀσίνιος, 159 cap. 8.

7. Τιβέριος Νέρων καὶ Ναῖος Πείσων, 159 cap. 16.

6. Γάιος Ἀνθέστιος καὶ Δέκμος Λαίλιος, 159 cap. 16.

4. Γάιος Καλουίσιος καὶ Λεύκιος Πασσιῆνος, 159 cap. 16.

3. Λεύκιος Λέντλος καὶ Μᾶρκος Μεσσάλας, 159 cap. 16.

2. Λεύκιος Κανίνιος καὶ Κόιντος Φαβρίκιος, 159 cap. 16.

6 p. C. n. Μᾶρκος Λέπιδος καὶ Λεύκιος Ἀρρούντιος, 159 cap. 17.

14. Σέξτος Πομπήιος καὶ Σέξτος Ἀππουλήιος, 159 cap. 8.

Anno incerto ante 45. Ὦλος Γαβείνιος Σεκοῦνδος, 83.

45. Ταῦρος Στατείλιος Κορουῖνος, 83.

130. Κυ. Φάβιος Κατυλλεῖνος, Μ. Φλάβιος Ἄπερ, 81.

137. Λ. Αἴλιος Καῖσαρ τὸ β΄, Π. Κοίλιος Βαλβῖνος, 1056.

149. Σέρβιος Σκειπίων Ὄρφιτος καὶ

Κόιντος Σόσσιος Πρεῖσκος, 1275.

165. Μ. Γάουιος Ὄρφιτος καὶ Γ. Ἄρριος Πούδενς, 220.

198. Γάλλος καὶ Οὐ.... Σατορνεῖνος, 848.

213. Σεουῆρος τὸ δ΄ καὶ Βαλεῖνος β΄, 1132.

214. Μεσσάλας καὶ Σαβεῖνος, 1012.

221. Οὐέττιος Γρᾶτος καὶ Οὐιτέλλιος Σέλευκος, 1012.

235. Κλαύδιος Σεουῆρος καὶ Κλαύδιος Κυιντιανός, 1263.

236. Μαξιμεῖνος καὶ Ἀφρικανός, 1213.

301. Τ. Πουστούμιος Τιτιανὸς κὲ Οὐιργίνιος Νεποτιανός, 1268.

Praetores :

Στρατηγεία, 1213.

Στρατηγός, 159 cap. 12, 176, 177, 178, 551, 724, 735, 763, 991.

Στρατηγὸς δήμου Ῥωμαίων, 238, 249, 667.

Στρατηγὸς Ῥώμης, 180.

Στρατηγὸς οὐρβανός, 172.

Στρατηγὸς ἀναρηθείς, 392.

Ἀντὶ στρατηγοῦ ὤν, 159 cap. 1.

Πραίτωρ, 395.

Πραίτωρ ἀποδεδειγμένος, 188.

Aedilis :

Αἰδίλης κουρούλης, 238.

Tribuni plebis :

Tribunicias potestates imperatorum vide in indice iv.

Δημαρχικὴ ἐξουσία, 159 cap. 6.

Δήμαρχος, 159 cap. 12, 176, 177, 178, 180, 551, 558, 667, 703, 763, 991.

Δήμαρχος δήμου Ῥωμαίων, 188, 249.

Δήμαρχος κανδίδατος, 172.

Καταταγεὶς εἰς τοὺς δημάρχους ὑπὸ Θεοῦ Ἀδριανοῦ, 174.

— εἰς τοὺς δημαρχικούς, 175.

Ταχθεὶς ἐν δημαρχικοῖς, 392.

Τριβοῦνος, 279, 960.

Quaestores :

Ταμίας Ῥωμαίων, 991.

Ταμίας ἀποδεδειγμένος, 195.

Ταμίας κανδίδατος, 172.

Ταμίας τοῦ Καίσαρος ἀποδεδειγμένος, 134.

Ταμίας Τιβερίου καὶ Γαΐου Σεβαστοῦ, 703.

Vigintiviri :

Δέκα ἄνδρες οἱ ἐπὶ τοῖς πράγμασι δικασθησομένοις, 249.

<Πεντεκαι>δέκανδρος τῶν ἐκδικαζόντων τὰ πράγματα, 172.

Δέκανδρος ἀνδρῶν πράγματα δικαζόντων, 1281.

Τῶν δέκα ἀνδρῶν ἐπὶ Ῥώμης, 134.

Τριῶν ἀνδρῶν ἐπὶ χαράξεως νομίσματος, 703.

Τῶν δ΄ ἀνδρῶν ὁδῶν ἐπιμελητής, 991.

Τεσσάρων ἀνδρῶν ὁδῶν ἐπιμελητής, 470, 554.

Τεσσάρων ἀνδρῶν, 889.

5. Magistratus publici reliqui.

— αὐτοκράτορος καὶ ἀντιστράτηγος, 821 (Ciliciae).

— Σεβαστοῦ ἀντιστράτηγος, 113 (Cappadociae), 184, 186 (Galatiae), 904 (Ciliciae), 1000 (Syriae), 1226, 1230, 1254, 1273, 1323, 1353, 1364, 1370, 1371, 1378 (Arabiae).

— καὶ ἀντιστράτηγος τοῦ Σεβαστοῦ, 39, 40 (Bithyniae), 111, 125 (Cappadociae), 151, 273 (Galatiae), 617, 690, 729, 739, I, II, III, IV, X, XII, 763 (Lyciae).

— Νέρωνος Κλαυδίου Καίσαρος Σεβαστοῦ Γερμανικοῦ ἀντι⟨σ⟩στράτηγος, 486 (Lyciae).

— τῶν Σεβαστῶν καὶ ἀντιστράτηγος, 466 (Lyciae).

— Σεβαστῶν ἀντιστράτηγος, 1113, 1114, 1149, 1195 (Syriae), 1213, 1290, 1291 (Arabiae).

— καὶ ἀντιστράτηγος τῶν Σεβαστῶν διέπων τὴν ἐπαρχείαν, 6 (Bithyniae).

— Σεβαστοῦ ἀντιστράτηγος Βειθυνίας καὶ Πόντου, 33.

— καὶ ἀντιστράτηγος ἐπαρχειῶν Πόντου καὶ Βειθυνίας, 249.

— καὶ ἀντιστράτηγος Βελγικῆς, 180.

Ἡγεμὼν πρεσβευτὴς αὐτοκράτορος Γερμανίας τῆς κάτω, 174, 175.

Πρεσβευτὴς ἀντιστράτηγος ἐπαρχειῶν Κιλικίας Ἰσαυρίας Λυκαονίας, 290.

Πρεσβευτὴς ἀντιστράτηγος Λυκίας καὶ Παμφυλίας, 300.

— καὶ ἀντιστράτηγος Λυκίας καὶ Παμφυλίας, 555.

— Σεβαστοῦ καὶ ἀντιστράτηγος Λυκίας καὶ Παμφυλίας, 550.

— αὐτοκράτορος καὶ ἀντιστράτηγος Λυκίας καὶ Παμφυλίας, 551.

— ἀντιστράτηγος Συρίας Παλαιστείνης, 172.

— καὶ ἀντιστράτηγος τοῦ Σεβαστοῦ Συρίας Παλαιστείνης, 85.

Στρατηγικὸς ἀποδειχθεὶς πρεσβευτὴς καὶ ἀντιστράτηγος, 392.

Στρατολογήσας, 763.

Ταμίας, 176, 581, 933. Cf. Κουαίστωρ.

— καὶ ἀντιστράτηγος, 763.

— ἐπαρχείας Βαιτικῆς, 177, 178.

— Κύπρου, 551, 667.

— ἐπαρχείας Μακεδονίας, 249, 470, 554.

Ὑπατεύων, 1277.

6. Officia civilia minora. Administrationis partes nonnullae.

Ἀχομενταρήσιος, 1264.
Ἀπελεύθερος Καίσαρος, 728, 1056.

Ἀπελεύθερος Σεβαστοῦ, 75, 250, 259, 578, 579, 675, 1103.

— Σεβαστῶν, 18, 168.

Ἀπὸ χερός, 678.

Ἀρχιταβλάριος Αἰγύπτου, 1103.

Δούλη τοῦ κυρίου, 256.

Δοῦλος Καίσαρος, 25, 265.

Οὐέρνας κυρίου Καίσαρος, 240.

Οὐέρνας τοῦ Σεβαστοῦ κανκελλάριος, 256.

Ἔπαρχος, 1138, 1338 (?)

Ἐπιμελητὴς κτηνῶν Καίσαρος, 2.

Ἐπὶ τοῦ κοιτῶνος, 75.

Ἐπίτροπος Σεβαστοῦ ἀπελεύθερος, 243.

Ἑρμηνεὺς ἐπιτρόπων, 1191.

Καθολικοὶ κυριακοί, 1502.

Κατὰ τὰ κρίματα τῶν αὐτοκρατόρων, 37.

Ἰατρὸς Σεβαστοῦ, 1061.

Μάγιστρος πρετωρίου φ. φ. Φοινίκης, 1229.

Οἰκόνομος (Καίσαρος) ἐπὶ τοῦ σείτου, 25.

Σειτομέτρησις, 159 cap. 15.

Σύνταξις ἀργυρική, 159 cap. 18.

— σειτική, 159 cap. 18.

Ταβουλάριος (procuratoris), 168.

Ταμεῖον, 823, 858, 866, 885, 886. Cf. infra : **Multae funerales.**

Τὸ ἱερώτατον ταμεῖον, 11, 488.

Ὕπαρξις (patrimonium), 159 cap. 15, 17, 18.

Φίλος τῶν Σεβαστῶν, 777.

Φίσκος, 786, 787, 819, 820, 842, 862, 863, 864, 867, 891, 897, 1010. Cf. infra : **Multae funerales.**

Οἱ ἱεροὶ φόροι, 487.

VII

RES MILITARIS

1. Legiones.

Λεγεὼν πρώτη Ἰταλική, 670, 671, 672.

Λεγεὼν πρώτη Μείνερβα, 80.

Λεγεὼν α΄ Μινερουία, 1016.

Λεγεὼν Πρειμοπαρθικά, 479.

Λεγεὼν....η Παρθικά, 814.

Λεγεὼν Ἀλβανῶν (II Parth.), 865.

Λεγιῶνες α΄ καὶ β΄ (Parth.), 1412.

Λεγεὼν β΄ Αὐγούστη ἐν Βρεταννίᾳ, 56.

Λεγεὼν β΄ Τραιανή, 797.

— Ἰσχυρά, 615.

Λεγιὼν γ΄, 1265.

Λεγιὼν γ΄ Γαλλική, 214, 670, 672, 1004, 1114, 1116, 1120, 1128, 1148, 1157, 1183.

— Nomen erasum, 1128, 1148, 1183.

Λεγεὼν γ΄ Γαλατική, 1016.

Λεγεὼν γ΄ Κυρηναική, 134, 763, 1035, 1135, 1169, 1173, 1193, 1282, 1329, 1330, 1331, 1380, 1239.

— Ἀντωνινιανή, 1239.

Χειλίαρχος.

Φρουμεντάρις Αὐγούστου.

Ἑκατόνταρχος.

Στρατιώτης.

—

Οὐετρανός.

Ἀννωναρχήσας.

Χειλιάρχης.

Χειλίαρχος.

Πρεσβευτὴς ἀντιστράτηγος.

Οὐετρανὸς ἱππεύς.

Ἑκατόνταρχος, 214, 1004, 1113, 1114, 1116, 1120, 1128, 1179.

Οὐετρανὸς ἀπὸ ὀπτίονος, 1183.

Πρίνκιψ, 1157.

Στρατιώτης, 1148.

Χειλίαρχος, 670, 672.

Ἑκατόνταρχος τὸ β.

Κεντυρίων, 1380.

Ἑκατόνταρχος, 1328.

Οὐετρανός, 1135, 1173, 1193.

Στρατιώτης, 1035, 1169, 1239, 1282, 1329, 1330, 1331.

— Κυρηναϊκή, 1167, 1257.

Λεγεὼν τετάρτη, 1005.

Λεγεὼν δ′ Σκυθική, 172, 554, 703, 763, 889, 1016, 1017, 1230, 1242.

Λεγεὼν ε′ Μακεδονική, 213, 667, 884, 902.

Λεγεὼν ς′, 1110.
Λεγεὼν ς′ Σιδηρά, 558.
Λεγεὼν ἑβδόμη, 1476.
Λεγεὼν η′ Σεβαστή, 1007.
Λεγεὼν ι′ Φρετηνσία, 1016.
— Φρετένσις, 1204.
— Φρετησία Γορδιανή, 1379.
Λεγεὼν αι′ Κλ., 1426.
Λεγεὼν ιβ′ Κεραυνοφόρος, 889.
Λεγεὼν ιγ′ Γεμίνη, 1432, 1433.

Λεγεὼν ιδ′ Διδύμη Ἀρέα Νεικητική, 551, 552.
Λεγεὼν ιγ′ Γεμίνη, 1281.
— ἐν Δακίᾳ, 180.

Λεγεὼν ιε′ Ἀπολλιναρία, 281, 777.

Λεγιὼν ις′, 559 = 1512.

Λεγιὼν ις′ Φλαυία Φίρμη, 558, 917, 1117, 1118, 1121, 1122, 1195, 1420.

Λεγεὼν κ′ Οὐαλερία Νεικηφόρος, 1016.
Λεγεὼν εἰκοστὴ δευτέρα, 1015.

{ Ἱππεύς, 1141, 1257.
{ Στρατιώτης, 1167.
| Ἑκατόνταρχος.
{ Ἑκατόνταρχος, 1016, 1017, 1230, 1242.
{ Πρεσβευτής, 763.
{ Χειλίαρχος, 172, 703.
{ Χειλίαρχος πλατύσημος, 554, 889.
{ Ἑκατόνταρχος, 884, 902.
{ Στρατιώτης, 213.
{ Χειλίαρχος πλατύσημος, 667.
| Οὐετρανὸς ἀπὸ ἱππικοῦ.
| Ἡγεμών.
| Οὐετρανός.

| —

| Ἑκατόνταρχος.

|
| Στρατιώτης.
| Ἑκατόνταρχος.
| Χειλίαρχος πλατύσημος.
| Τρεχινάριος, πρειμιπειλάριος, στρατοπεδάρχης.
| Πρεσβευτής.

{ Χειλίαρχος, 180, 1281.

{ Στρατιώτης, 281.
{ Χειλίαρχος, 777.

| —

{ Ἑκατόνταρχος, 1117, 1118, 1121, 1122.
{ Ἡγεμών, 558.
{ Στρατιώτης, 917.
{ Χειλίαρχος, 559, 1420.
| Ἑκατόνταρχος τὸ β′.
| Ἔπαρχος ἐν Αἰγύπτῳ.

Λεγιὼν λ´ Οὐλπία Νικηφόρος, 172.

Λεγιὼν λ´, 1441.

Λεγεών.... Σεβαστή, 991.

Λεγεὼν Σεουηριανή, 1046.

Legio incerta, 763, 991, 1158, 1297, 1306, 1307, 1311, 1403, 1482.

Πρεσβευτής.

Ἑκατοντάρχης.

Ἡγεμών.

Ἑκατόνταρχος.

Ἱππεύς, 1311.

Στρατιώτης, 1158, 1297, 1306, 1307, 1403, 1482.

2. Alae.

Εἴλη Ἀγριππιανή, 1140.

Ἄλη οὐετρανὴ Γαλατῶν, 86.

Εἴλη β´ Γαλλική, 272.

Εἴλη πρώτη Δαρδάνων, 777.

— α´ Θρᾳκῶν Ἡρακλειανή, 1420.

Εἴλη Ἡρακλιανὴ μειλιαρέα, 1037 = 1536.

Ἄλη τρίτη Θρᾳκῶν Αὐγούστη, 57.

Εἴλη α´ Κολωνῶν, 797.

Ἱππεῖς Κολωνεῖται καὶ στρατιῶται, 1144.

Εἴλη Οὐοχοντίων, 1094.

Εἴλη ἑβδόμη Φρυγῶν, 487, 500.

Εἴλη Φρυγῶν, 670, 671, 672.

Εἴλη.....ων, 1015.

Ἡ β´ ἄλα..., 1231.

Στρατιώτης?

Ἔπαρχος.

Ἱππεύς.

Ἔπαρχος.

—

—

Σημεαφόρος στρατευσάμενος ἐπισήμως.

Ἔπαρχος ἱππέων.

Στρατοπεδαρχήσας.

Στράτωρ ἐπάρχου.

Ἔπαρχος, 487, 500.

—

—

Στρατευσάμενος δεκουρίων.

3. Cohortes auxiliariae.

Χώρτη α´ Ἀχυιτανῶν, 396.

.....σπείρη Αὐγούστη, 1136.

Σπείρα Βρεττανική, 777.

Ἔπαρχος.

—

—

Σπείρη α΄ Γερμανῶν χειλίανδρος, 1420. | Ἔπαρχος.

Σπείρη Θρᾳκῶν πρώτη, 1015. | —

Σπείρη Ἰτουραίων, 230, 1139. | —

Σπείρη πρώτη Κελτιβήρων, 500. | —

Σπεῖρα ἕκτη Λουσιτανώρουμ, 56. | — ἐν Ῥαιτίᾳ, 56.

Σπείρη πρώτη Μουσουλαμίων, 677. | Στρατιώτης.

Σπείρη λγ΄ πολιτῶν Ῥωμαίων, 86. | Χειλίαρχος.

Σπείρη πρώτη Σπανῶν, 500. | Ἔπαρχος.

Σπεῖρα πρώτη Χουβερνώρουμ, 56. | —

Χώρτη πρώτη, 130. | Βενεφιχιάριος.

Σπείρη ἕκτη, 1396, 1411. | Στρατιώτης, 1396, 1411.

Σπείρη ἕκτη ἱππική, 2. | Στρατιῶται.

Χώρτη μιλιαρία, 1168. | Στρατιώτης.

Cohors incerta, 1208. | Ἀπὸ δεκαδάρχων.

4. Munera militaria.

Ἀννωναρχήσας λεγιῶσι α΄ καὶ β΄, 1412.

Ἀντεπίτροπος Τιβερίου Ἰουλίου Ἀλεξάνδρου, 1015.

Ἀργαπέτης, 1042, 1043, 1044.

Ἄστατος, 1206.

Αὐτοκράτωρ, 34.

— τρίς, 869.

Βενεφιχιάριος, 110, 748, 1264, 1286.

— ἡγεμόνος, 677, 1174.

— ὑπατικοῦ, 1443.

— χώρτης πρώτης ἐξ ὀφιχίου Κασσίου Ἀπολλειναρίου, 130.

Ἀπὸ βενεφιχιαρίου, 1202.

Δεκάδαρχος, 1190, 1256.

Ἀπὸ δεκαδάρχων σπείρης (incertae), 1208.

Δεκάρχης, 277.

Δεχουρίων, 1231.

Δουπλικάριος, 1022.

Δουπλικιάριός, 1092.

Δρομεδάριος, 1259.

Ἑβδόκατος, 1009.

Ἑκατονθάρχης, 1367.

Ἑκατοντάρχης, 280, 1390, 1426, 1441.

Ἑκατόνταρχος, 74, 120, 141, 214, 451, 884, 1004, 1005, 1016, 1017, 1046, 1113, 1114, 1116, 1117, 1118, 1120, 1121, 1122, 1128, 1179, 1195, 1204, 1219, 1230, 1242, 1261, 1262, 1264,

5. Bella, expeditiones.

Res gestas Augusti imperatoris vide ad n. 159.

Στρατεία (in piratas, annis a. C. n. 78/74), 607 = 1516.

Πόλεμος ἐκ πάντων Λυκίων (id.), 607 = 1516.

— ἐν τῷ ναυτικῷ (id.), 620.

Πολιορχία (Prusae, 72 a. C. n.), 34.

Βασιλέως Ἀγρίππα ἐπάνοδος, (41 p. C. n.), 1260.

Ἡ Σεβαστὴ εἰρήνη (49 p. C. n.), 83.

Ὁ Ἰουδαικὸς στρατός (70 p. C. n.), 1015.

Ὁ κατὰ Γερμανίαν πόλεμος (83 p. C. n.), 551, 552.

Ἀποδεξάμενος στρατεύματα τὰ παραχειμήσαντα ἐν τῇ πόλει (Ancyrae, 114-115 p. C. n.), 173.

Προπέμψας τὰ στρατεύματα παροδεύοντα ἐπὶ τὸν πρὸς Πάρθους πόλεμον (Ancyrae, 114-115 p. C. n.), 173.

Πάροδος καὶ στρατεύματα Ἀδριανοῦ (in Galatia, 124 p. C. n.), 208.

Τοῦ κυρίου ἐπάνοδος (in Lyciam, 128 p. C. n), 739, iv.

Ἐπίβασις (Hadriani Phaselida, 129 p. C. n.), 756, 767.

Ἐπιδημία Θεοῦ Ἀδριανοῦ (apud Palmyrenos, 129/130 p. C. n.), 1054.

Ἡ κίνησις ἡ Ἰουδαική (circa annum 132), 174, 175.

Πόλεμος Μαύρων (193 p. C. n.), 1099.

Παραπέμψας Μ. Αὐρήλιον Ἀντωνεῖνον καὶ Λ. Σεπτίμιον Σεουῆρον καὶ τὰ ἱερὰ αὐτῶν στρατεύματα ἐν τῷ τῆς ἀρχῆς καιρῷ ἐπὶ τὴν ἀνατολήν (215 p. C. n.), 60.

Παραπέμψας Μ. Αὐρήλιον [Ἀντωνεῖνον] καὶ τοὺς θειοτάτους προγόνους αὐτοῦ Λ. Σεπτίμιον Σεουῆρον καὶ Μ. Αὐρήλιον Ἀντωνεῖνον Εὐσεβῆ (218/219 p. C. n.), 62.

Ἐπιδημία Θεοῦ Ἀλεξάνδρου (apud Palmyrenos, 229 p. C. n.), 1033.

6. Varia.

Δεκανία, 1286.

Δωρεαί 159 cap. 17.

Κάστρα, 1449.

Καθήριον? (donum militare), 1433.

Κεντυρία πρίμα, 1070.

Θριαμβεύειν ἐπὶ κέλητος, ἐφ' ἅρματος, 159 cap. 4.

Λάφυρα (manibiae), 159 cap. 15, 21.

VIII

RES GEOGRAPHICA

1. Tribus romanae.

Αἰμιλία, 315, 763.

Κλοστομεῖνα, 628.

Κλουστουμεῖνα, 87.

Κολλεῖνα, 381, 825, 868.

Κολλῖνα, 1024.

Κορνηλία, 905.

Κουιρεῖνα, 472.

Κυρεῖνα, 361, 225, 230, 233, 578, 579, 589, 603, 670, 673, 796, 804, 982, 1025, 634.

Κυρῖνα, 1377.

Κυρρεῖνα, 46.

Οὐελλεῖνα, 513.

Ὑελῖνα, 964.

Οὐελτινία, 550.

Βουλτινία, 525, 526, 527, 528, 529, 530, 531, 532, 533, 536.

Παπειρία, 359.

Σαβατεῖνα, 263.

Σεργία, 115, 308, 493, 494, 495, 633.

Τηρητῖνα, 950.

Φαβία, 172, 271, 514, 554, 1016-1617, 1073.

Φαλέρνα, 919.

Ὠφεντεῖνα, 551, 552.

2. Nomina provinciarum, regionum, civitatum, etc.

Ἄβδηρα, 215.

Ἀβιβηνοί, 1132.

Ἀβιληνὸς τῆς Δεκαπόλεος, 1057.

Ἄγκυρα ἡ μητρόπολις, 155, 205, 208, 171, 186, 199, 203, 204.

— ἡ μητρόπολις β΄ νεωκόρος, 179.

— ἡ μητρόπολις τῆς Γαλατίας β΄ νεωκόρος, 237.

— ἡ μητρόπολις τῆς Γαλατίας Σεβαστὴ Τεκτοσάγων, 180.

IX

MUNERA PROVINCIALIA

N. B. Sacerdotes provinciales vide supra p. 575 et sqq.

Armenia minor.

Ἀρμενιάρχης, 132.

Ὁ πρῶτος τῶν Ἑλλήνων, 132.

Asia.

Τὸ κοινὸν τῶν ἐπὶ τῆς Ἀσίας Ἑλλήνων, 671.

Bithynia.

Βειθυναρχία, 1427.

Βιθυνιάρχης, 21, 63, 67, 69, 90, 1397.

Ἄρχων τῆς ἐπαρχείας, 63.

Ἄρξας τοῦ κοινοῦ τῶν ἐν Βειθυνίᾳ Ἑλλήνων, 60, 65, 67.

Ἑλλαδάρχης, 63.

Προήγορος τοῦ ἔθνους, 63.

Πρῶτος ἐπαρχείας δόγματι κοινοβουλίου, 63.

Galatia.

Τὸ κοινὸν Γαλατῶν, 157, 195, 204, 205, 225, 232.

Τὸ κοινὸν Σεβαστηνῶν Γαλατῶν, 230.

Γαλατάρχης, 179, 194, 195, 198, 201, 204, 231.

Δὶς Γαλατάρχης, 196, 197.

Ἑλλαδάρχης, 211.

Ἑλλαδαρχήσας, 202.

Πρῶτος τῆς ἐπαρχείου, 179.

Πρῶτος Ἑλλήνων, 173, 190.

Πρώτη τῆς ἐπαρχίας, 191.

Castabalis.

Φυλακάρχης τῆς Κασταβαλίδος, 901.

Cilicia.

Κιλικαρχία, 879, 880, 912.

Κιλικάρχης, 883.

Παραφυλάξας, 834.

Cyprus.

Κυπρίων τὸ κοινόν, 961, 962, 980, 993.

Lesbus.

Λεσβάρχης, 87.

Πρωτεύων τῆς ἐπαρχείας, 87.

Lycia.

Τὸ Λυκίων ἔθνος, 464, 473, 474, 493, 494, 516, 524, 526, 527, 556, 557, 586, 594, 595, 605, 607, 616, 622, 623, 624, 626, 628, 631, 659, 664,

669, 670, 671, 672, 693, 702, 704,
III B, 704, II B, 735, 736, 737, 739,
II, III, VIII, IX, X, XI, XIII, XVII, XX,
739, 740, II, V, VI, XIII, XV, XVIII,
XIX, XX, 764, 767.

Τὸ λαμπρότατον Λυκίων ἔθνος, 463, 492.

Τὸ κοινὸν Λυκίων ἔθνος, 526.

Τὸ κοινὸν τοῦ ἔθνους, 739, VII.

Λυκίων τὸ κοινόν, 473, 487, 488, 490,
493, 497, 513, 515, 526, 527, 539,
548, 563, 564, 586, 603, 604, 612,
621, 635, 647, 648, 650, 668, 669,
670, 671, 673 = 1522, 679, 695,
680, 702, 704, III D, 736, 738, 739,
II, III, IV, V, VI, VII, VIII, IX, XI, XII,
XVIII, 745.

Ἀπόλογος, 706.

Ἀρχαιρέσια, 590.

Κοινὴ τοῦ Λυκίων ἔθνους ἀρχαιρε-
σιακὴ ἐκκλησία, 474, 649, 704, II,
B, 739, III, IV, V, VI, VIII, IX.

Ἀρχιφυλακεία ἡ μεγάλη, 593.

Ἀρχιφυλακία, 489, 739, III, XIII, 739,
IV, V, VII, 745.

Ἀρχιφύλαξ, 474, 495, 584, 585, 593,
739, II, III, 767.

Ἀρχιφύλαξ Λυκίων τοῦ κοινοῦ, 490,
493, 621.

Ἀρχιφυλακήσας τῷ ἔθνει, 589.

Ἀρχιφυλακήσας Λυκίων, 463, 474,
739, II, V, VIII, IX, XVII.

Ἀρχιφυ[λα...], 621.

Ἀρχιφυλαχ....., 739, I.

Ἀρχιφυλακηκὼς Λυκίων, 527, 739, VI.

Ἀρχιφυλακήσας ἐν τῇ πρὸς τῷ Κράγῳ συντελείᾳ, 488.

Ἄρχοντες Λυκίων κοινοί, 473, 739, V, VI.

Ἄρξαντες τοῦ Λυκίων ἔθνους, 464.

Ἀρχοστάται Λυκίων, 473, 492, 681, 739, V, VI, IX.

Ἄρχων ἐθνικός, 473.

Ἄρχων κοινὸς τοῦ Λυκίων ἔθνους, 767.

Ἡ κοινὴ τοῦ Λυκίων ἔθνους ἔννομος
βουλή, 704, III B, C, 739, V, VI, VII,
IX, X, XII, XIII, XVI, XVIII, XIX, XX.

Κοινοβούλιον, 739, VI, XX.

Βουλευτὴς παντάρχων, 630.

Λυκίων βουλευταί, 473, 739, V.

Προβουλεύσ(ας), 704, III B.

Γραμματεὺς τοῦ ἔθνους, 495.

Γραμματεὺς Λυκίων τοῦ κοινοῦ, 487,
539, 586, 679, 603, 670, 671, 672,
673, 704, II A, 738, 739, IV, VII, VIII,
IX, XIX, XX.

Γραμματεύσας Λυκίων τοῦ ἔθνους, 524.

Γραμματεύσας, 621.

Γραμματεύσας Λυκίων τῷ ἔθνει, 589, 746.

Γραμματεύσας Λυκίων τοῦ κοινοῦ, 493, 739, V.

Γεγραμματευκὼς Λυκίων, 527.

Γεγραμματευκὼς ἐν τῷ ἔθνει, 628.

Δικαστήρια μετάπεμπτα, 680, 736.

Προστὰς τῆς δωσιδικίας, 563.

X

RES MUNICIPALIS

1. Populus.

2. Bulê, Gerousia, Ephebi.

Βουλή, passim.

Βουλὴ συναχθεῖσα, 1274.

Ἡ ἱερωτάτη Ἀρεοπαγειτῶν βουλή, 733.

Ἔννομος βουλή, 582.

Βουλὴ νόμιμος, 1056.

Βουλὴ σύνκλητος, 883.

Βουλευτικόν τάγμα, 833.

Κοινοβούλιον, 879, 880.

Οἱ φ´ (Oenoandis), 492.

Βουλευτής, 142, 357, 370, 409, 597, 605, 623, 625, 626, 681, 800, 801, 802, 833, 1036, 1093, 1131, 1134, 1152, 1163, 1167, 1187, 1196, 1201, 1225, 1277, 1316, 4371.

Προῖκα βουλευτής, 154.

Κοινόβουλος, 65, 69.

Κοινόβουλος διὰ βίου, 7, 60, 61, 64, 67.

Ἀπόλογος βουλῆς, 704, ι.

Ἀρχαὶ βουλευτικαί, 623.

Βουλογραφία, 206.

Βουλογραφήσας τὸ β´, 179.

Γραμματεὺς τῆς βουλῆς, 582, 1056.

Γραμματεύσας βουλῆς, 516, 714.

Πρόβουλος, 356, 424, 437, 441, 443.

Πρόβουλος τὸ δ´, 365, 369.

Πρόβουλος τὸ.., 366.

Ἀρχιπρόβουλος, 452.

Ταμιεύσας τῆς βουλῆς, 714.

Τιμητεύσας τὴν βουλήν, 930.

Δόγμα βουλῆς καὶ δήμου, 593.

Δόγμα κοινοβουλίου, 63.

Κρίμα τῆς βουλῆς καὶ τοῦ δήμου, 74.

Κρίσις βουλῆς καὶ δήμου, 583, 584, 585.

Ψήφισμα βουλῆς καὶ δήμου, 613.

Γερουσία, 546, 557, 558, 559, 561, 562, 582, 597, 598, 679, 704, ιι, Β, 710, 739, ιχ, 780, 791, 792, 801, 810, 1505.

Ἡ ἱερὰ γερουσία, 42, 65.

Οἱ γεραιοί, 707, 800, 801, 802.

Γέροντες, 781.

Σύστημα γεροντικόν, 582.

Τὸ πρεσβυτικόν, 95.

Τὸ ἱερὸν σύστεμα τῶν τριάκοντα, 583.

Ἄρχων τοῦ πρεσβυτικοῦ, 95.

Γυμνασιαρχήσας τῆς γερουσίας, 582, 598, 714, 739, ιχ, 783.

Γραμματεύσας τῶν γεραιῶν, 707.

Λογιστὴς τῆς ἱερᾶς γερουσίας, 65.

Ταμιεύσας γερουσίας, 516.

Ἐφηβεῖα, 1446.

Epheborum fasti, 24.

Νέοι, 546, 595, 739, ιχ.

Συνέφηβοι, 630.

Γυμνασιαρχία νέων, 584.

Γυμνασιαρχήσας τῶν νέων, 605, 739, ιχ, 777, 783.

Ἐφήβαρχος, 319, 935, 1446.

Ἐφηβαρχῶν, 933.

Ἡγεμὼν νέων, 871.

3. Munera municipalia.

Ἀγελαρχία, 648, 649.

Ἀγελαρχιανός, 648.

Ἀγορανομία, 605.

Ἀγοράνομος, 8, 89, 470.

Ἀγορανομῶν, 759, 1224.

Ἀγορανομήσας, 7, 60, 61, 62, 64, 65, 67, 68, 84, 115, 173, 226, 320, 514, 648, 833, 1013, 1033, 1045, 1375, 1420, 1422, 1423.

Ἀγορανομήσας ἐν σειτοδείᾳ, 69.

Ἀγορανομήσας ὑπὲρ τοῦ υἱοῦ μῆνας τρεῖς, 66.

Ἀγορητὸς τῆς πόλεως, 1020.

Ἀννωναρχήσας, 1412.

Ἀργυροταμίας. Cf. Ταμίας.

Ἄρχοντες, 54, 111, 119, 235, 422, 739, ix, xix, 1275, 1376.

Πρῶτος ἄρχων, 62, 64, 66, 67, 85, 90, 92, 135, 277, 1422, 1423.

— τειμηθεὶς ἐν τῇ πατρίδι τῷ τῆς πορφύρας σχήματι καὶ διὰ βίου, 1422.

Ἄρχων τὸν α΄ τόπον, 7.

Ἀποδεδειγμένος πρῶτος ἄρχων, 65, 68, 1421.

Τὸ β΄ πρῶτος ἄρχων, 91, 203.

Οἱ περὶ τὸν..... ἄρχοντες, 84.

Οἱ περὶ Π..... ἄρχοντα ἄρχοντες, 84.

Οἱ περὶ Γάλλον πρῶτον ἄρχοντα ἄρ-

χοντες, 91.

Οἱ περὶ Κλ. Μεσσαλεῖνον ἄρχοντες, 114.

Οἱ περὶ πρῶτον ἄρχοντα ἄρχοντες, 92.

Οἱ περὶ Φλάουιον ......ιον ἄρχοντες, 113.

Συνάρχοντες, 1325.

Ἄρχων, 60, 62, 64, 970, 1367, 1422 (δίς), 1423 (id.).

Ἄρξας, 66 (δίς), 115, 173, 195, 208, 226, 782, 982, 1013.

Ἄρξας τὴν ἐπώνυμον ἀρχήν, 407, 424, 439.

Ἄρξας τὴν μεγίστην ἀρχήν, 61, 68, 69, 90, 204 (δίς), 1421.

Ἀστυνομήσας, 1332.

Βασιλεία (archontis), 81.

Γραμματεία, 649.

Γραμματεύς, 704, i, 594, 746, 883, 1054, 1376, 1408.

Γραμματεύων, 24.

Γραμματεύσας, 64, 65, 67, 68, 69, 493, 648, 650, 1422.

Γραμματεύσας κατὰ κλῆσιν, 680.

Γυμνασιαρχία, 320, 495, 649, 739, xix, 801, 802, 833.

Γυμνασίαρχος, 95, 372, 373, 594, 739, 794 (femina), xiv, 800, 804, 883, 933, 980, 1422.

4. Honores, liturgiae.

Οἱ ἀνειμένοι τοῦ ἐνκυκλικοῦ τοπικοῦ τέλους, 634.

Γενεάρχης, 90.

Δημοσώστης, 67.

Δοὺς εἰς ἐπισκευὴν τῆς ἀγορᾶς ὑπὲρ τῆς ἱερεωσύνης, 66.

Δοὺς ὑπὲρ ἰδίας ἀγορανομίας ἀργύριον εἰς ἀνάληψιν τοῦ Δομιτείου βαλανείου, 66.

Δοὺς νομὴν πᾶσιν τοῖς ἐνκεκριμένοις καὶ τοῖς τὴν ἀγροικίαν κατοικοῦσιν, 69.

Δοὺς δυὸ νομὰς ἐκ τῶν ἰδίων πᾶσιν τοῖς ἐνκεκριμένοις καὶ τοῖς τὴν ἀγροικίαν παροικοῦσιν, 69.

Δοὺς τὴν ἐπὶ τῇ προόδῳ διάδοσιν εἰς κατασκευὴν τοῦ καινοῦ ὁλκοῦ, 66.

Ἐπιστάτης τῆς πόλεως, 22, 88, 89, 1427.

Θυγατὴρ πόλεως, 383, 794, 190.

Κτίστης, 23, 134, 135, 179, 199, 204, 205, 364, 365, 366, 369, 373, 377, 407, 472, 495, 810, 811, 976, 1448.

Κτίστης τῶν ἱερῶν τόπων, 90.

Κτιστρία, 802.

Ληγᾶτος τῆς πόλεως, 828. Cf. Πρεσβεία.

Μαρτυρία, 474.

Μαρτυρηθείς, 476.

Μεμαρτυρημένος, 474.

Μήτηρ τῆς μητροπόλεως, 191.

Οἰκιστὴς τῆς πατρίδος, 33.

Παραπέμψας τὸ δ΄ ἱερὰν ἀννῶναν (prosecutor annonae IV), 407.

Πατὴρ πόλεως, 1162, 1164.

Πάτρων, 49, 76, 80, 125, 127, 134, 135, 168, 169, 170, 179, 189, 197, 255, 369, 434, 436, 438, 449, 778, 869, 888, 1035, 1102, 1209, 1298, 1446, 1540.

Πατρώνισσα, 152, 966.

Πρεσβεία (πρὸς τὸν Σεβαστόν), 22, 704, III, D, 1124.

Πρεσβεῖαι, 292.

— (in Italiam), 34.

— μέχρι Ῥώμης, 534.

Πρεσβευτής, 322.

Συνπρεσβευταὶ εἰς τὴν Ἰταλίαν, 34.

Πρεσβεύσας, 409, 526, 563, 681.

— ὑπὲρ τῆς πατρίδος, 1421.

— πολλάκις ὑπὲρ τῆς πατρίδος, 66.

— εἰς Ῥώμην, 635.

— εἰς τὴν βασιλίδα Ῥώμην, 1375.

— δωρεὰν εἰς Ῥώμην, 796.

— πρὸς τὸν Σεβαστόν, 320, 980.

— πρὸς τὸν αὐτοκράτορα, 857.

— παρὰ τὸν θειότατον αὐτοκράτορα, 1013.

— πρὸς τοὺς αὐτοκράτορας, 628.

— πρεσβείας τρεῖς πρὸς τοὺς αὐτοκράτορας προῖκα, 804.

— πρὸς τοὺς Σεβαστούς, 596.

5. Notabilia.

XI

ARTES PRIVATAE, COLLEGIA ARTIFICUM

1. Artes liberales.

Ἀρχίατρος, 77, 599, 853, 1333.

Γραμματικῆς τέχνης ἐπιίστωρ, 118.

Διδάσκαλος, 632, 1193.

Εἰητήρ, 903.

Ἰατρός, 534, 578, 579, 693, 732, 733.

Ἰατρικὰ ποιήματα, 733.

Ἰατρικὴ ἐπιστήμη, 374, 376.

Νομικός, 16, 305.

Προύχων ἐν νομικῇ, 103.

Θεσμοὶ Αὐσόνιοι (jus romanum), 1383.

Παιδόνομος, 7.

Παιδοτρίβης, 276.

Poeta (Αὐσονίων μοῦσα), 1253.

Ῥήτωρ, 530.

Ῥητορικῆς πόνος, 1217.

Σοφιστής, 786.

Οἱ Ἀθήνησιν Ἐπικούρειοι φιλόσοφοι, 733.

Πλατωνικὸς φιλόσοφος, 459.

Συγγραφεὺς καὶ ποιητὴς ἔργων ἰατρικῆς καὶ φιλοσοφίας, 733.

2. Artes variae.

Ἀρχιτέκτων, 1287.

Δημοσιώνης, 1056.

Ἐκφοριαστής, 576.

Ἔμπορος, 1051, 1052.

Ἔνπορος, 1056.

Ἑταίρα, 1056.

Ἱματιοπῶλαι μεταβόλοι, 1056.

Κεραμεύς, 330.

Κολωνός, 1012.

Κουρεύς, 1071.

Λαγη(νάριος?), 837.

Λευκουργός, 1009.

Λιβράριος, 1071.

Λιθουργός, 1408.

Μεῖμος, 1479.

Μισθούμενος (conductor portorii), 1056.

Μισθωτής (vectigalium), 1283.
Ναύκληρος, 4.
Οἰκοδόμος, 1335.
Οἰκονόμος, 279, 1107.
Πραγματευτής, 306, 1145, 1434.
Τέκτων, 1009.
Τελώνης, 1056.

Τελώνων, 1056.
Τεχνίτης, 1074.
Φοράρις, 93.
Φουνδά(τωρ?), 837.
Χαλκεύς, 837.
Χαλκουργός, 1079.

3. Collegia artificum.

Ἀρχέμπορος, 1045.
Οἱ ἀναβάντες ἀπὸ Ὑρκανῶν ἔνποροι, 1538.
Κοινὸν τῆς τριακάδος, 1080.
Σεβαστὴ πλατεῖα, 711, 712, 713.
Ἡ ἱερὰ πλατεῖα, 1230.
Γραμματεύων Σεβαστῆς πλατείας, 711, 712.
Συνοδία, 1045, 1051, 1053.
Συνοδιάρχης, 1050, 1051, 1052, 1053.
Ἡ ἱερὰ θυμελικὴ σύνοδος, 209, 733.
Οἱ ἀπὸ τῆς οἰκουμένης περὶ τὸν Διόνυσον καὶ Αὐτοκράτορα Τραιανὸν Ἀδριανὸν τεχνεῖται, 209, 211.
Ἡ ἱερὰ μουσικὴ σύνοδος ἡ περὶ τὸν Διόνυσον καὶ Τραιανὸν Ἀδριανὸν τεχνειτῶν, 210.

Ἡ ἱερὰ μουσικὴ περιπολιστικὴ σύνοδος τῶν περὶ τὸν Διόνυσον τεχνειτῶν, 231.
Ἡ ἱερὰ Ἀδριανὴ Ἀντωνεινιανὴ περιπολιστικὴ θυμελικὴ μεγάλη νεοκόρος ἐπὶ Ῥώμη σύνοδος, 81.
Αἱ ἱεραὶ ξυστική τε καὶ θυμελικὴ σύνοδοι, 605.
Αἱ ἱεραὶ σύνοδοι οἰκουμενικαὶ περιπολιστικαί, ἥ τε ξυστικὴ καὶ ἡ θυμελική, 61.
Συντεχνία βαφέων, 360.
Συντεχνία λινουργῶν, 896.
Οἱ κατὰ πόλιν τεχνεῖται σκυτεῖς, 442.
Συντέλεια τῶν χρυσοχόων καὶ ἀργυροκόπων, 1031.

4. Varia.

Ἀλάβαστρον, 1056.
Ἅλες, 1056.
Ἀμπελών, 1341.
Ἀσκός, 1056.

Ἄγυρον, 1056.
Βρωτά, 1056.
Γόμος ἐλαιηρός, 1056.
Γόμος καμηλικός, 1056.

XII

LUDI, AGONISTICA

Ἀγών, 371.

Ἀγὼν γυμνικός, 159, cap. 22.

Ἀγὼν γυμνικὸς καὶ ἁρμάτων καὶ κελήτων, 157.

Ἀγῶνες ἱεροί, 500 (Oenoandis).

Ἀγῶνες ἱεροὶ ἰσελαστικοί, 370.

Ἀγῶνες πολειτικοί τε καὶ πενταετηρικός, 382.

Ἀγῶνες στεφανῖται, 1012, vers. 9-19 :

Syriae.

Paneade Caesarea.

Tyri.

Palaestinae.

Caesareae Augustae.

Seleucidis.

Nicopoli.

Ciliciae.

Tarsi.

Laodiceae.

Achaiae.

Nemeae.

Ἀγῶνες ταλαντιαῖοι, 1012, vers. 20-26 :

Syriae.

Antiocheae πυγμή, δρόμος.

Apameae.

Beroeae.

Chalcide πυγμὴ, δρόμος.

Sidone.

Tripoli.

Zeugmate.

Palaestinae.

Ascalone.

Scythopoli.

Cyrrhestidis.

Hierapoli πυγμὴ, πάλη, πανκράτιον.

Cappadociae.

Mazacae.

Ciliciae.

Aegaeis.

Adanis.

Mopsuestiae.

Cypri.

Cilii πυγμὴ, πανκράτιον.

Salamine.

Lycaoniae.

Iconii πυγμὴ, δρόμος.

Achaiae.

Leucade πυγμή, δρόμος.

Patris πυγμή, δρόμος.

Italiae.

Tarenti πυγμή.

Ἑορταί, 1075 (Kalaat-Djendal Syriae).

Θέαι, 157 (Ancyrae), 159, cap. 9 (Romae sub Augusto), cap. 22 (id.), app. 4 (id.).

Θέαι Ἄρεως, 159, cap. 22 (id.).

Θέαι σαιχλάρεις, 159, cap. 22 (id.).

Θεωρίαι, 739, xvii (in Lycia), 764 (Phaselide).

Θήρια, 159, cap. 22.

Θηρομαχία, 159, app. 4, 500, 539, 631.

Κιρκήσια, 1531.

Κυνήγιον, 157, 681, 739, xvii.

Κυνηγέσιον, 115, 382, 492, 500, 527, 780.

Μονομαχία, 115, 159, cap. 22, 382, 492, 500, 527, 539, 739, xvii, 780.

Ναυμαχία, 159, cap. 23, app. 4.

...... μαχία, 95.

Πανηγύρεις, 1020 (Baetocaecae), 739 ix (in civitatibus Lyciae primariis).

— θεῶν καὶ τοῦ αὐτοκράτορος (Myris et Pataris), 739, xvii.

Πανήγυρις, 157 (Ancyrae), 497, 499 (Oenoandis), 603 (in Letoo), 739, xiii (Corydallis).

— ἀγώνων θυμελιχοῦ καὶ γυμνιχοῦ ἐκ πάντων Λυχίων, 489 (Termessi minoris ad Oenoanda).

— ἐθνιχή, 605 (in Letoo).

— θεᾶς Ἐλευθέρας καὶ τοῦ αὐτοκράτορος, 739, xiii, xix (Myris).

— θεοῦ πατρώου Ἀπόλλωνος καὶ τοῦ αὐτοκράτορος (Pataris), 739, xiii.

— θεοῦ Ἡφαίστου καὶ τοῦ αὐτοκράτορος (Olympi) 739, xiii, xiv, xviii, xix.

— πενταετηρική, 679 (Pataris).

— τοῦ Ζιζύφου (Attaleae), 785.

Προκυνήγιον, 681.

Προκυνηγία, 631.

Ταυροκαθάψια, 95.

Ταυρομαχία, 157, 631.

1. Nomina ludorum.

Ἀδριάνεια ἐν Ἐφέσῳ, 370.

Ἀγὼν ἱερὸς ἰσελαστικὸς ἐν Αἰπι......? 370.

Αὐγούστου Ἄκτια (Nicopoli), 1012.

Οἰχουμενιχὸν Ἀντωνεινιανόν (Laodiceae), 1012.

Ἡ ἐξ Ἄργους ἀσπίς, 370.

Ἀρτεμείσια ἐν Ἐφέσῳ, 370.

Κοινὰ Ἀσίας ἐν Κυζίχῳ, 370.

Ἀσκλήπια (Gagis), 746.

Ἀγὼν Ἀσκληπίων (Rhodiapoli), 732, 733.

Οἱ ἱεροὶ ἀγῶνες τῶν μεγάλων Ἀσκληπιείων ἰσοπυθίων (Ancyrae), 204.

Αὐγουστάλια (Romae), 159, cap. 11.

Οἱ μεγάλοι πενταετηρικοὶ Αὐγουστεῖοι
'Αντωνίνιοι ἀγῶνες (Prusiade), 61,
67, 1422, 1423.

Αὐτοκρατόρια (?) (Pataris), 682.

Βαλβίλληα ἐν 'Εφέσῳ, 370.

'Επινείκια ἐν 'Εφέσῳ, 370.

'Αγῶνες Εὐαρεστεῖοι (Oenoandis), 497.

Εὐσέβεια ἐν Ποτιόλοις, 370.

'Ηράκλεια Κομμόδεια (Tyri), 1012.

'Ισάκτιον (Paneade Caesarea), 1012.

'Ισολύμπιον οἰκουμενικὸν Κομμόδειον,
(Tarsi), 1012.

Μεγάλοι πενταετηρικοὶ Καισαρῆοι
ἀγῶνες (Apolloniae), 319.

Οἱ μεγάλοι πενταετηρικοὶ Καισαρῆοι
ἀγῶνες (Aspendi), 804.

Καπιτώλια ἐν 'Ρώμῃ, 370.

Κλαρεῖα (Sagalassi), 361.

'Αγῶνες Κλαρεῖοι καὶ Οὐαρεῖοι, 360,
(Sagalassi). Cf. 798.

Κοινὸν Βειθυνίας ἐν Νεικομηδείᾳ, 370.

— Γαλατῶν (Ancyrae), 204. Cf., 157.

Θέμις Μουσωνίου (Syedris), 829.

Σεβάσμια Νέμια (Nemeae), 1012.

'Ολύμπεια..., 370.

Οἱ μεγάλοι Οὐαρεῖοι πενταετηρικοὶ

ἀγῶνες (Pergae), 798. Cf. 360.

Τὰ πενταετηρικὰ μεγάλα ἰσολύμπια
Οὐεσπασιανεῖα (Oenoandis), 487.

Πανελλήνεια ἐν 'Αθήναις, 370.

Πενταετηρικά (Attaleae), 778.

Μεγάλοι πενταετηρικοὶ ἀγῶνες (Atta-
leae), 780.

'Ο ἀγὼν τῶν Προκληιανείων ἀγενείων
(Telmessi), 538.

Σεβαστὰ ἐν Νεαπόλι, 370.

Τρεῖς ἀγῶνες Σεβαστοί (Pergae), 796.

Μεγάλοι ἱεροὶ ἀγῶνες τῶν Σεβαστείων
(Attaleae), 783.

Σευήρεια 'Αλεξάνδρεια Εὐαρέστεια
(Oenoandis), 498.

Σευήρια 'Αντωνείνια (Oenoandis), 499.

Σεουηρεῖος 'Αντωνεινιανὸς ....οἰκου-
μενικὸς ἀγών.... (Tarsi), 881.

'Αγὼν Σεουηρεῖος Αὐγουστεῖος Καπε-
τωλεῖος πενταετηρικὸς πολειτικός
(Olbasae), 411, 412, 413, 414.

Σεουηρεῖον οἰκουμενικὸν Πυθικόν (Cae-
sareae Augustae), 1012.

Διὸς Φίλεια? (Pataris), 682.

'Αγὼν ....ος ἐν τῇ Κλαυδιουπόλει
(?) 210.

........ἐν Λακεδαίμονι, 370.

2. Notabilia.

'Αγωνοθεσία, 621, 739, XIII, XX.

'Αγωνοθέτης, 60, 89, 194, 230, 232,
461, 462, 487, 499, 635, 739, IX,
XIII, 781, 980, 1422, 1423, 1436.

'Αγωνοθέτις, 383.

'Αγωνοθέτης διὰ βίου, 360, 382, 489,
517, 518, 519.

— καὶ ἐπὶ τῆς πατρίδος (Prusiade ad

XIII

AERAE, CALENDARIA

N. B. Annos imperatorum romanorum vide in indice IV.

1. Aerae.

Aera Seleucidarum.

Ἔτος εξτ΄ (365 = 54 p. C. n.), 1539.

Ἔτος ηξυ΄ (468 = 157 p. C. n.), 1538, 1541.

Ἔτος θου΄ (479 = 167-168 p. C. n.), 1037 = 1536.

Aera Pompeiana.

Ἔτος βλρ΄ (132 = 69 p. C. n.), 89, 1164.

Ἔτος θορ΄ (179 = 115 p. C. n.), 1434.

Ἔτος βισ΄ (212 = 149 p. C. n.), 1343.

Ἔτος ϛισ΄ (216 = 153 p. C. n.), 1352.

Ἔτος εχσ΄ (225 = 162 p. C. n.), 1370.

Τὸ θχσ΄ ἔτος (229 = 166 p. C. n.), 84.

Ἔτος διακοσιοστόν..... (247/256) = 184/193 p. C. n., 1357.

Τὸ δοσ΄ ἔτος (274 = 211 p. C. n.), 91.

Τὸ θοσ΄ ἔτος (279 = 216 p. C. n.), 90.

Ἔτος δqσ΄ (294 = 231 p. C. n.), 1360, 1361.

Ἔτος ειτ΄ (315 = 252 p. C. n.), [aut επ΄ (85 = 22 p. C. n.)], 1344.

Aera Actiaca.

Ἔτος κγ΄ νίκης Καίσαρος Σεβαστοῦ Ἀκτιακῆς, (23 = 8 ante C. n.), 1059.

Ἔτος θκρ΄ ἀπὸ τῆς σεβαστῆς εἰρήνης (129 = 98 p. C. n.), 1376.

Aera Hadriana (Gazensis).

Ιε΄ (15), 1212.

Aera Amasenorum.

Ἔτος ρξθ΄ (169 = 168, 167 aut 166 p. C. n.), 104.

Aera Amastrianorum.

Τὸ ξσ΄ ἔτος (260 = 196 p. C. n.), aut εσ΄ (205 = 141 p. C. n.), 85.

Aera Amisenorum.

Τὸ σμα΄ ἔτος (241 = 209 p. C. n.), 97.

Aera Antiochensium.

Ἔτος γιτ΄ (313 = 265 p. C. n.), 1203.

2. Calendarium graecum.

3. Calendarium romanum.

XIV

NOTABILIA

Ξυστός, 1371.

Οἶκος, 1284.

— ναυκληρικός, 4.

Ὀλκός, 66.

Παντοπολεῖον σκυτικόν, 1056.

Παροχή, 1020.

Παρόχιον, 639.

Πρόναιος, 1054.

Προσκήνιον, 262 = 1472, 664.

Πρόστοον, 690.

Πύλη, 37, 1179, 1238, 1253, 1288, 1356.

Πύργος, 1286.

Σεβαστῆον, 137, 157.

Σεβαστεῖον, 739, xix.

Σελίδες (in theatro), 1474.

Σηκός, 1128.

Στάδιον, 362, 1439.

Στοά, 112, 537, 578, 704, ʹɪɪ A, 729, 739, xvii, xviii, xix, 800, 931, 1054, 1048, 1164, 1353, 1363.

Σφάκτρον, 1056.

Τεῖχος, 39, 40, 133, 1287, 1324.

Τέμενος, 4, 1273.

Τετράστοον, 588.

Τιβεριεῖον Σεβαστόν, 941.

Τυχαῖον, 962, 1128, 1152.

Τυχέον, 1132.

Τουχεῖον, 1134.

Φυτεῖαι, 1086.

Ὠδεῖον θεατροειδές, 1235.

Aedificiorum partes variae.

Ἀνάβασις, 975.

Ἀψίς, 1215, 1253.

Ἀψείς, 975.

Βάσις, 900, 999, 1364.

Βῆμα, 1362.

Δῶμα, 1066.

Ἐπιστύλιον, 1094.

Ἐπιστοίλιον, 1192.

Κιόνια καὶ τὰ ἐπάνω αὐτῶν ἐπιστύλια, 1237.

Θύρα, 1127, 1166.

Θυρώματα, 1111, 1127.

Καλιά, 1237.

Καλυβή, 1186, 1187.

Καμέρα, 1057.

Κάνκελλος σιδηροῦς, 1109.

Κλίνη, 1057.

Κτίσμα, 1277.

Κρηπείδωμα, 1364.

Κυμάτιον, 1282.

Οὖδος, 1107.

Παραστάδες, 1237.

Πάρεργα περὶ τὴν βάσιν, 800.

Πλάκωσις, 664.

Περίβολος, 930, 1096.

Πλινθεῖον, 800.

Προπύλαιον, 868, 1353.

Σκούτλωσις, 342, 424, 739, xix.

Ὑπερῷον, 1262.

Χελώνη, 684.

Ψαλίδες, 1164, 1282.

Ψήφισμα communis Lyciorum, 704, III B, 739, cap. 5, 12, 15, 17, 20, 21, 22, 23, 25, 26, 27, 30, 31 (?), 32, 33, 52, 53, 54, 55, 56, 57, 58, 59, 60, 61, 62, 63, 64, 65, 66, 67, 68, 69, 745.

— urbium Lyciarum, 704, I, II A, II B, 705, 706, 739, III, IV, VI, VII, VIII, IX, X, XI, XII, XIII, XIV, XV, XVI, XVII, XVIII, XIX, XX.

— civitatis ad imperatorem, 1020.

Γενεαλογία (Licinniae Flavillae et Diogenis), 500.

Inscriptiones.
Ἐπιγράφη, 1128, 159, cap. 20, 34, 35.
Στήλη, 1430.
Στήλη λιθίνη, 1020, 1056.
Στήλη ἐν τῷ μεσοχομίῳ, 154.
Ἐνκεχαραγμέναι πράξεις Σεβαστοῦ Θεοῦ χαλκαῖς στήλαις δυσί, 159, tit.
Τίτλος, 162.

Loci et monumenta urbis Romae memorata in titulo Ancyrano, n. 159.
Ἀγορὰ Ἰουλία, 20.
— Σεβαστή, 21, 35, app. 2.
Ἀγωγοὶ ὑδάτων, 20, app. 3.
Αἰράριον, 17, app. 1.

— στρατιωτικόν, 17.
Ἄλσος Καισάρων, app. 2.
Ἅρμα Augusti cum inscriptione, 35.
Βασιλικὴ Ἰουλία, 20, app. 2.
Βουλευτήριον, 19, 34, 35, app. 2.
Βωμὸς Εἰρήνης Σεβαστῆς, 12.
— Τύχης σωτηρίου, 11.
Γεφύραι in via Flaminia, 20.
Θέατρον Μαρκέλλου, app. 2.
— Πομπηίου, 20, app. 3.
— πρὸς τῶι Ἀπόλλωνος ναῶι, 21.
Ἱεροί, 19.
Ἱππόδρομος Μέγας, 19.
— Φλαμίνιος, 19, app. 2.
Καπιτώλιον, 19, 21, app. 3.
Ναοὶ ἐν τῆι πόλει, 20, app. 3.
Ναὸς Ἀθηνᾶς, 19, app. 2.
— Ἀπόλλωνος, 21, 24, app. 2.
— Ἀπόλλωνος ἐν Παλατίωι σὺν στοαῖς, 19.
— Ἄρεως, 21, app. 2.
— Ἄρεως Ἀμύντορος, 21, 29.
— Διὸς Βροντησίου ἐν Καπιτωλίωι, 19, app. 2.
— Διὸς Ἐλευθερίου ἐν Ἀουεντίνωι, 19, app. 2.
— Διὸς Τροπαιοφόρου ἐν Καπιτωλίωι, 19, app. 2.
— Διοσκόρων, 20.
— Ἑστίας, 21.
— Ἥρας βασιλίδος, 19, app. 2.
— ἡρώων πρὸς τῆι ἱερᾶι ὁδῶι, 19, app. 2.
— Θεοῦ Ἰουλίου, 19, app. 2.

— θεῶν κατοικιδίων ἐν Οὐελίαι, 19.

— θεῶν πατρίων, app. 2.

— Ἰούλιος, 21.

— Κρόνου, 20.

— Κυρείνου, 19, app. 2.

— Μητρὸς θεῶν ἐν Παλατίωι, 19, app. 2.

— Νεότητος, 19, app. 2.

— πρὸς τῶι μεγάλωι ἱπποδρόμωι, 19.

Πέδιον Ἄρεως, 12.

Πρόπυλον τῆς οἰκίας (Σεβαστοῦ) in Palatio, 35.

Πύλη Ἐνυάλιος, 13.

— Καπήνη, 11.

Στοαί, 19.

Στοὰ ἐν ἱπποδρόμωι Φλαμινίωι, app. 2.

— Ὀκταουία, 19.

Στοαὶ ἐν Παλατίωι, app. 2.

Ὕδωρ Μάρκιον, 20.

Χαλκιδικόν, 19, app. 2.

Miliaria.

82, 131, 138, 145, 1253, 1385.

Mensurae.

Ἡμιλίτριον, 1203.

Μέτρον Κιλίκιον, 864.

Μόδιον, 802, 1056.

Ὀνκίαι, 1203.

Ποῦς, 159 cap. 23.

Monetae.

Ἀσσάριον ἰταλικόν, 1056.

Ἀττικαί, 1047.

Δηνάρια, 159 cap. 15, 298, 351, 407, 1056. Cf. Multae funerales.

Δραχμαί, 1344, 1351, 1355.

Καταλλαγὴ τοῦ νυμίσματος (in Lycia), 739 v (131 p. C. n.).

Κέρμα, 1056.

Ὀβολὸς ἀργυρικός, 1283.

Σηστέρτιοι, 109.

Motus terrae.

Σεβάσμιοι ἡμέραι, 739, ix, xvii.

Σεισμός, 739, xi, xii, xiii, xiv, xvii, xviii, xix. Anno 141 post C. n.

Sepulcra. — Nomina sepulcrorum.

Ἀγγεῖον, 651, 652, 653.

Ἡρῷον, 620, 632, 675.

Λάρναξ, 1480.

Μνῆμα, 1264, 1300, 1327, 1430.

Μνημεῖον, 648, 1092, 1246, 1247, 1249, 1265, 1266, 1396.

Σκάφη, 1401, 1406.

Σορός, 1253.

Ταφεῖμα, 1381.

Formulae sepulcrales.

Μέχρις ἐγγόνων ὁμωνύμων = ne de nomine exeat, 819.

Κοῦφον ἔχε τὴν γῆν = s. t. t. l.,
890.

Τοῖς κληρονόμοις οὐκ ἀκολουθήσει
= h. n. s., 338.

Multae funerales.

11, 14, 26, 29, 31, 47, 48, 104, 109,
144, 146, 218, 266, 267, 274, 310,
340, 393, 423, 459, 460, 477, 478,
480, 500, 501, 502, 542, 543, 544,
545, 569, 570, 571, 599, 636, 637,
638, 648, 652, 655, 657, 684, 686,
696, 699, 708, 710, 727, 741, 742,
748, 749, 750, 751, 765, 766, 786,
787, 819, 820, 823, 842, 858, 862,
863, 866, 885, 886, 891, 897,
1010, 1150, 1175, 1388, 1393,
1394, 1404, 1405, 1430, 1450,
1480, 1495, 1498.

Statuae, simulacra.

Ἄγαλμα, 664, 732, 733, 831, 833,
933, 1116, 1124, 1152, 1220, 1276.

Ἄγαλμα Τυχοπόλεος κεχρυσωμέ-
νον, 739, xix.

Ἀνδριάς, 9, 42, 61, 69, 81, 115,
649, 664, 675, 733, 739, ii, ix,
764, 778, 782, 800, 801, 833,
834, 900, 925, 1013, 1050, 1243,
1505.

Ἀνδριὰς ἐπιχρυσοῦς, 746.

— χαλκοῦς, 739, ix.

Ἀνδριάντες (Σεβαστοῦ).

— ἀργυροῖ.

— πεζοί.

— ἐφιπποί.

— ἐφ' ἅρμασιν, 159 cap. 24.

Ἀνδριάντες Καίσαρος Σεβαστοῦ καὶ
Ἰουλίας Σεβαστῆς, 157.

Εἰκών, 1474.

Εἰκὼν χαλκῇ, 739, ii, iv, v, 746,
1507.

Εἰκὼν γραπτὴ ἐπιχρυσοῦς, 739, ii,
iv, v, ix.

Εἰκὼν Σεβαστοῦ, 162.

Εἰκὼν ἱερὰ τοῦ κυρίου ἡμῶν Οὐα-
λεριανοῦ νέου Σεβαστοῦ, 481.

Αἱ θεῖαι εἰκόνες imperatorum, 371.

Ἔλαφος (in Dianae simulacro), 925.

Ἑρμῆς, 1292.

Ἱερά (deorum signa), 800.

Ἱερὸν τῆς Τύχης ἀκρελεφάντινον
ἐπίχρυσον, 800.

Λεοντή (Herculis), 84.

Λεοντάρια, 1127.

Λύχνος κρεμαστός, 1502.

Νεικάδια, 1127.

Ξόανον, 1228.

Ποτήρια, 935.

Στέφανος χρυσοῦς, 1507.

Τράπεζα ἀργύρεος, 800.

Termini.

Λίθος διορίζων ὅρους, 1112, 1252.

Meta agrorum, 335, 1002, 1278,
1542.

Ὅροι Διονυσιάδος, 1278.

Ὅροι Κιλίκων, 892, 893.

Ὅροι Ἀθελενῶν, 1278.

Ἱερὸν τέρμα, 1381.

Tribus.

Femina tribui adscripta, 46.

Viae; cf. *Miliaria.*

Ὁδός, 182, 768, 1086.

Ὁδὸν κατεφθαρμένην τῇ ἀρχαιότητι ἀποκαθέστησε καὶ κατασκευασθῆναι πάλιν προσέταξεν, 15.

Τὸν λόφον κόψας τὴν ὁδὸν καὶ τὸ βάθρον? ἐκ τῶν ἰδίων ὑπαρχόντων ἐποίησεν, 83.

Viae refectae in Cappadocia, 131.

XV

INDEX GRAMMATICUS

Auctore V. Henry.

I. Adsimulatio.

1. *In una eademque voce.*

ἔγδικον : 50, 9.

ἐγδίκου : 1397, 11.

ἐγλέγων : 1341, 3.

ἐγμαθεῖν : 374, 5.

ἐγμηνύσειν : 174, 21.

2. *Inter duas voces.*

ἐγ δὲ : 739, xiv, 82.

ἐγ δευτέρου : 649, 11 ; 714, 13.

ἐγ διαθήκης : 1352, 3.

ἐγ δωρεᾶς : 747, 9.

3. *Adsimulatio praeverbii praeter usum omissa* (cf. etiam sub XIV 1).

A) ante gutturalem.

ἀσύνκριτον : 67, 2.

ἀσυνκρίτως : 67, 8.

ἐνγαίων : 1506, 6.

ἔνγονον : 576, 4.

ἐνκατάθηται : 144, 8.

ἐνκατατεθῆναι : 144, 6.

ἐνκεκριμένοις : 69, 19 ; 69, 26.

ἐνκεχαραγμένας : 159 init.

ἐνκηδεῦσαι : 686, 2 ; 696, 1 ; cett.

ἐνκλήματι : 459, 11.

ἐνκρατὴς : 159, xvii, 19.

σύνγαμον : 1444, 8.

συνγείτονες : 21, 5.

συνγενέων : 478, 9.

συνγενῆ : 473, 37 ; cett.

συνγενίδα : 1485, 5-6.

συνγενῶν : 11, 3.

συνγνώμην : 159, i, 22.

συνκαθιέρωσιν : 424, 7.

συνκατελαβ... : 34, 17.

συνκεφαλαίωσις : 159, xviii, 17.

συνκλητικόν : 356, 4 ; cf. 63, 95, 383, 463, 1485, cett.

σύνκλητος : 159, i, 4 ; cf. 38, 40, 495, cett.

σύνχαιρε : 564, 4.

συνχωρήματι : 447, 5.

B) ante labialem.

ἐνπεριελήφθη : 159, v, 16.

ἔνπης : 215, 19.

ἐνπόριον, ἐνπορίου : 1427, 6, 8 et 10.

ἔνποροι : 1538, 3-4.

ἐνπυρισμοῖς : 159, xix, 8.

ἐνφανέστατος : 704, iii b, 15.

ἐνφυλίους : 159, xvii, 17.

ἐνφωλεύσαντες : 1223, 5.

συνβίῳ : 11, 4; 109, 1; cett.

συνμύσται : 225, 9.

σύνπαντες, σύνπαντος, σύνπας : 159, v, 14; 296, 2; 159, xviii, 10; 1446, 5; cett. (saepissume).

συνπολιτευομένων : 640, 14; 642, 1; cett.

συνπρεσβευτῶν : 34, 9.

συνπρόσταται : 95, 12.

συνφέροντα, συνφερόντως : 22, 6; 584, 31; cett.

C) ante liquidam.

συνλαμβάνεται : 704, ii A, 14.

II. Augmentum.

1. *Falso praepositum.*

ἀπεκατεστάθησαν : 82, 14.

ἐσυνέστησεν : 1543, 3 et 6.

2. *Omissum.*

A) syllabicum.

μεμαθήκειν : 739, xii, 43.

B) temporale.

ἐγερσ... (= ἤγειρε?) : 1210, 7.

οἰκοδόμησαν : 1127, 4; 1132, 5; cett.

(in titulis Syriacis saepissume).

3. *Versum vitians.*

ἐλιπόμην : 1342, 3.

III. Casus inter se permutati (cf. etiam sub X).

δύο (gen.) : 494, 3.

εἴλεωι (= ἵλεως acc. pl.) : 1444, 4.

εἰς ἄνδρας μυριάδων (= εἰς ἀνδρῶν μυριάδας) : 159, viii, 8.

μῆνες (= μῆνας) : 1204, 3.

τέσσαρες (= τέσσαρας) : 528, 3.

τεσσάρων ἀνδρῶν ὁδῶν ἐπιμελητὴν (= quattuorvir viarum curandarum) : 470, 2-3; 554, 3-4.

IV. Conjugatio.

1. *Modi.*

A) imperativus.

ἤτω (= ἔστω) : 696, 2.

B) infinitivus.

κατέειν (?) : 883, 10.

2. *Tempora.*

A) aoristum.

εἴλατο : 584, 15.

εἴσατο (?) : 326, 1.

-ελήμφθη : 1036, i, 5, et cf. infra sub B.

ἔσχοσαν : 222, 15.

-χεύσι (utrum tamen χέοι opt. pr., an χεύαι opt. aor. ?) : 784, 1.

B) futurum.

ἔξε[σ]αι (? = ἔξεσται) : 655.

λήμψεται : 569, 3; 1283, 3; cett.

C) perfectum.

ἀπήρτικαν : 275, 2.

D) plusquamperfectum.

εἰστήκεισαν : 159, XIII, 8.

3. *Verba contracta.*

σκυλλῇ (num ex σκυλᾷ et σκυλλῆ contaminatum?) : 47, 1; 218, 6.

V. CONSONAE (cf. etiam sub XIII, XIV et XVI).

1. *Geminae pro simplice.*

Αἰμιλλιανοῦ : 1262, 2.

Αἰμιλλίῳ : 1008, 2.

Ἀχυλλίαν, Ἀχυλλιανοῦ : 207, 1-2.

Ἀσστραπαῖος : 1408, 2.

γέγραφφεν : 739, III, 99; 739, VI, 14; cett.

γεγραφφότος : 739, VIII, 114.

Δομιττίου : 1276, 2.

ἐχθροὺς : 137, 13 et 23.

ἐμμόλλου (= aemuli) : 1543, 13.

ἐπισστάτησαντες : 680, 7.

Ζιζιμμηνῇ : 260, 2; 1471, 4.

Κυρρείνᾳ : 46, 9.

Λούχκιος : 1108, 2.

νήσσων : 487, 9; 500, II, 59; cett.

Οὐολλαυσσίας (= Volusiae) : 829, 7.

Πεσσιννοῦντι : 230, 7.

πύμματα : 1543, 21.

ῥεμμάχχου : 1543, 5.

σεδασστῶι : 973, 3.

Σεδδαστοῖς : 1002, 3.

Σερρῆνος : 1239.

Σησστυλλίας : 97, 5.

στήλλην : 218, 4.

Ὑγγίαι : 285, 5.

ψηφισσαμένης : 159, II, 11.

2. *Simplex pro geminis.*

ἀκομενταρήσιος : 1264, 1-2.

Ἀμωνίου : 1196, 3.

ἀναρηθέντι : 392, 7.

Ἀπόλωνι : 110, 1.

Ἀχιλεύς : 1312, 3.

Βριτανικὸν : 147, 2-3.

Γαλῆνον : 123, 3.

γενήμασιν : 1020, 21.

γλῶσας : 1543, 2 et 25.

γραμα̣τέως : 704, I, 6.

ἐκλησίας : 582, 7; 704, I, 16 (cf. 704, II B, 48); cett.

ἐκλησιασταῖς : 409, 5.

θάλασα : 478, 18.

Κασίαν (?) : 1452, 6.

Κασιανοῦ : 1184, 3.

Κασίου : 1270, 3.

κομενταρησίων : 275, 1.

Κομόδου : 1181, 1; 1262, 2; cett. (cf. 252, 431, cett.).

Λολίῳ : 1476, 4.

Μάρχελος : 299, 7.

Παπηνῶν : 309, 4.

προκατειλημένας : 159, XV, 17.

Πωλίωνος, 306, 3.

τεχέεσιν : 1160, 1.

Φλάχος : 305, 1.

VI. Declinatio.

1. *Vocabulorum in* -ης *exeuntium, sc.*

A) nominum.

a) accusativus in -ην.

Δημοσθένην : 50, 7.

Διογένην : 92, 10.

Διομήδην : 596, 1.

Ἑρμογένην : 622, 1.

Καλλιφάνην : 514, 5.

Μενεχλῆν : 687, 2.

Μηνογένην : 222, 4.

cett.

b) dativus in -η.

Ἄρη : 607, 7.

Σωχράτη : 276, 5.

c) genitivus in -ου.

Δημοσθένου : 590, 8.

Διομήδου : 596, 2.

Σουπέρστου (= Superstitis, propter nominat. Σουπέρστης) : 203, 16.

d) genitivus, ut videtur, juxta analogiam genitivi -χλέους deflexus.

Δαψιλέους (?) : 24, 5.

Εὐτυχέους : 582, 13; 598, 3; 630, 3.

Πιγρέους : 649, 1; cett. (cf. Πίγρητος, 653).

B) ceterorum accusativus in -ην.

εὐσεβέην (cf. supra A d) : 143, 12.

εὐσεβῆν : 1191, 2; 1360, 2.

χουρούλην (propter nominat. χουρού-λης, cf. Νατάλης) : 238, 7.

2. *Vocabulorum in* -εύς *exeuntium.*

A) accus. sing.

γραμματεύα : 1408, 5.

ἱππῆ : 205, 2.

B) genit. sing.

ἀρχιερέος : 712, 2; cett.

βασιλέος : 739, xix, 90; 1089, 1; cett.

γραμματέος : 739, iv, 58.

τοχῆος : 1306, 3.

C) dat. pluralis.

γονεῖσι : 256, 9.

D) cf. supra 1 A d.

Δαψιλέους (?) : 24, 5.

3. *Vocabulorum in* -ις *exeuntium.*

διαθέσεος : 739, xx, 68.

χρατήσεος : 1357, 2.

Νεμέσεος : 739, xix, 5.

πανηγύρεος : 714, 14.

πόλεος : 764, 2; cett.

προαιρέσεος : 739, xix, 85.

4. *Vocabulorum in* -ιος -ιον *exeuntium.*

A) accusativus.

λατόμιν : 80, 3.

πανχράτιν : 462, 15.

Ὑπερέχιν : 1453, 17 et 45.

B) nominativus.

Μερχούρις : 1076, 3.

φρουμεντάρις : 80, 6.

C) vocativus.

Γρηγόρι : 275, 4.

Ἡμέρι : 883, 1.

Κτίστι : 811, 12 (cf. Κτίστιε, ib. 2, et n° 883, n. 1).

Πηγασί : 810, 10.

     5. *Alia notabilia.*

       A) accus. sing.

νεώ = νεών : 424, 3.

ῥήτωρα : 530, 6.

στατιώναν (melius forsan στατιῶναν) :
748, 4.

       B) accus. plur.

Ἀλπῆς (= Alpes) : 159, xiv, 7.

γαστρὰς : 1543, 21.

ἑρμοῦς (pro ἑρμᾶς) : 1292, 2.

       C) dat. plur.

σωτήρεσι : 728, 2.

υἱόσι : 1124, 7.

       D) genit. sing.

Ἄπερος (pro Ἄπρου?) : 81, 5.

χερὸς : 678, 10.

χώρτης (= cohortis) : 130, 2; cett.

       E) genus insolitum.

κυδαλίμην : 143, 9.

σταδίους : 1373, 2.

VII. Dialecti, praeter homericas for-
mas, quas in carminibus infra reges-
tis usitatissimas invenies.

     1. *Dorismi.*

(N. B. Genitivus in -α nominum in
-ας exeuntium, utpote qui fere
constanter usurpetur, non notatur.)

ἁ βουλὰ : 79, 2.

αὐτ(ᾶ)ς : 78, 3.

Δαμάτριον : 1427, 1.

δεκάταν : 852, 4.

διαμονᾶς : 1132, 2.

Ἑλλανίκου : 1221.

ἐτείμασαν : 79, 3.

Νικάτορος : 1011, 4.

οἰκοδόμασαν (utrum hyperdor. an
mendum?) : 1143, 3.

Πανματείρας : 930, 6.

πολίων : 79, 3.

τὰν : 1428, 4.

     2. *Ionismi.*

εἵνεκεν : 278, 7; cett.

ἔμπης : 215, 19.

Ἱεροκλείη : 11, 5.

μέζονα : 453, 4.

Μουνητίου : 306, 3.

νηοῦ : 811, 1.

Πρηξιλάου (hybr.) : 1139, 1.

σπείρης : 2, 2; 86, 2; 230, 13; 1136, 4;
cett.

τεσσεράκοντα : 532, 4.

ὑγίην (hyperion. = ὑγίειαν) : 1078, 8.

ὑπατείης : 1189, 5.

VIII. Diphthongi inter se permu-
tatae (cf. etiam sub XIX).

     1. αυ *pro* ου.

Οὐολλαυσσίας (= Volusiae) : 829, 8.

     2. εε *pro* ει.

βασιλέες : 159, xvi, 22.

     3. ει *pro* ηι.

ἀναστροφεῖ : 473, 48.

ἑκατοντάρχει : 913, 3.

ἐπενδάλει : 819, 4.

ἐπιχιρήσει : 478, 8.

Ἑρμεῖ : 541, 1.

Ἡρώδει : 1243, 1.

θήσει : 862, 2.

παρενοχλήσει : 853, 3.

Πομπεῖον : 902, 1.

4. ευ pro ηυ.

ἐπεύξησα : 159, xiv, 4.

εὔξησα : 159, iv, 8.

5. ηι pro ει.

δώσῃ : 1394, 2.

6. οι pro ουε.

οἰτρανὸς : 1301, 2.

IX. Diphthongus vice vocalis functa.

1. αι pro ε.

αἱαυτῆς : 284, 7.

αἴοντα (= ἐόντα) : 1099, 5.

ἀπαιτήσαιως : 1020, 35 et 37.

ἐκδικηθήσεσθαι : 1119, 15.

Μνασαίου : 1020, 19.

Παιτραείτης : 541, 2.

ται : 1236, 2.

2. A) ει pro ε.

ἀτεινιζομένου : 1543, 10.

ἤδει (= ἠδὲ) : 1543, 4.

οὐειτρανὸς : 1135, 1.

B) ει pro η.

βοειθία : 1543, 9.

Οὐεινουλεία : 117, 4.

ταρεῖμα (= *τάφημα?) : 1181, 1.

3. A) ει pro ι brevi.

ἀκονιτεὶ : 370, 12.

ἀλειμέντων : 618, 11.

Ἀπολλειναρίου : 130, 5-7.

Ἀρτέμεις (melius Ἄρτεμεις) : 407, 25; 456, 10; cett.

Ἄττειν : 225, 1.

βιβλειδίον : 1010, 2.

γειγνώσκων (sc. ex γιγν. et γιν. contaminatum) : 215, 20.

Διεὶ : 910, 2.

εἰδίων : 1173, 4; 1175, 2.

εἰλαρίαν : 1543, 22.

εἶνα : 1543, 55.

Εἰονίου : 159, xiv, 8; 159, xv, 14.

εἴστημι : 1056, iv a, 48.

ἔκτεισεν : 1187, 4; 1188, 3.

ἔματει : 1099, 9.

ἐμπορείαν : 1056, iv a, 52.

ἐπαρχείας : 178, 10.

ἐπεικοσμεῖ : 739, xviii, 60.

ἐπειτάδε : 159, xvi, 11.

χαλαείνου, χαλλαείνου : 1543, 5 et 15, cett. ib.

Καπετωλείου : 414, 4.

κειόνων : 287, 9.

χολονείας, χολωνεία : 303, 1, 309, 3; cett.

Μεινέρβας : 80, 5.

μηνεὶ : 1030, 6; 1031, 6.

Ὀλύμπεια : 370, 15.

Οὐειβείου : 1434, 3.

πατρίδει : 584, 24.

πολυλήειος : 1272, 1.

προβωμεῖδι (?) : 327, 7.

ταμείαν : 605, 12.

ταχεῖον : 639, 5.

Τεῖτον : 69, 9.

Φεῖλιππος : 1021, 2.

φιλοπατρείδων : 406, 6.

Ὠταχειλίαν : 1468, 2-3.

B) ει pro ι longo, si non constanter,
certe multo saepius occurrit, quam
ut notari posse videatur; cujus scrip-
turae singula tantum exemplaria
excerpere libuit.

Ἀντωνεῖνον : 5, 3; cett. (plurimaque
nomina in -inus exeuntia).

Βειθυνίας : 6, 5; cett.

γεινόμενα, γείνονται : 582, 11; 500, ΙΙ,
9; 1531, 4-5; cett.

εἰδῶν (= iduum) : 154, 49; cett. (cons-
tanter).

εἴλαθι : 1078, 3.

εἴλεωι : 1444, 4.

Εἴσιδος, Εἶσιν : 95, 12; 1118, 2.

ἡμεῖν : 115, 24; 417, 10.

κείνησιν : 175, 7.

κρείνοντα : 409, 6.

κρηπεῖσιν : 528, 2.

λειτρῶν : 159, ΧΙ, 18.

μείμημα, μεῖμος : 159, v, 6; 1479, 3.

νείκην : 362, 8; cett. (plurimaque deri-
vata et composita).

παροδεῖτα : 43, 2.

πολεῖτα : 80, 8; cett. (plurimaque vo-
cabula, aut similia, aut ex πολίτης
per der. aut comp. orta).

σείτου : 25, 11; cett. (necnon derr. et
compp.).

τειμήν, τειμῆς : 83, 1; 371, 11 (nec-
non derr. et compp. plurima).

χείλια, χείλιοι : 460, 8; 159, v, 3;
cett.

4. ευ pro ε (ante v).

Σευουήρου : 314, 7-8.

5. ηι pro ι longo.

Παυληῖνον : 511, 1.

6. οι pro υ.

ἐπιστοίλιον, 1192, 1.

7. A) ου pro ο.

Οὐπτούριος (= Opstorius) : 398, 5-6.

Πουστούμιος, Πουστουμίου : 49, 2 et 5.

B) ου pro υ.

Κου[ζίκου] : 215, 15.

Τουχε(ῖ)ον : 1134, 5.

C) ου pro ι (i. e. lat. u pro i).

Σεπτούμιον : 384, 3.

X. Incongruentia.

1. Casuum.

Αὐτοκράτορα Λ. Σεπτιμίῳ Σεουήρῳ
cett. : 147, 1-2.

Αὐτοκράτορι Καίσαρι..... ὕπατον τὸ
γ΄ : 1424, 2-8.

Ἡρώδη...... στρατηγήσας : 1144, 1-2.

συμβίῳ.... εὐσεβοῦς : 217, 11-13.

Φάρεχον cett. οὐιτρανοὶ ἐπίσκοποι :
1316, 1-5.

φιλοκαίσαρι καὶ φιλορωμαίων : 133,
16.

2. Grammatici generis.

κοῦφον ἔχε τὴν γῆν : 890, 6-7.

προεπερχόμενοι ὀδύναι : 1222, 9-11.
τὰ γνάθους : 1453, 25.
τὴν ἀργύρεον τράπεζαν : 800, 20.
τῆς ἐπαρχείου (= ἐπαρχίας) : 179, 2.
τοὺς γαστράς : 1543, 21.

XI. Insolentissuma quaedam.

1. *Prorsus abnormia.*

ἀκομενταρήσιος : 1264, 1-2.
βασιλεῖς (= βασιλεὺς) : 159, xvii, 4.
ἐκειμένοις (= ἐπικειμένοις) : 393, 2.
ἐκοδώμησεν (= οἰκοδόμησεν pro ᾠκ.) :
  1135, 3.
ἐξεφάνης (= ἐξαίφνης?) : 1145, 3.
ἐπεσκευσα (= ἐπεσκεύασα) : 159, x, 18.
ἠκοδόμον (= οἰκοδόμος, et cf. ἐκοδώ-
  μησεν) : 1335, 9.

2. *Sensu carentia, praeter Ephesias litteras quas potissimum in titt. 1529 et 1543 invenies.*

ακονειπου : 476, 13.
ἐντουριώνα : 1020, 19.
ἐξεφάνης (cf. tamen sub 1 supra) :
  1145, 3.
εὐχνοναίζω : 1339, 6.
χάσατο : 1248, 5.
λωχϐωρ : 1365, 1.
ορμος αου : 1259, 5.
τέχ[ν]α τέχνυς (expectandum erat
  τέχνα τέχοι) : 478, 18-19.
φ. φ. : 1229, 3.

XII. Metathesis liquidarum.

Κάϐρων, Κάϐρωνι : 258.

XIII. Mutae (cf. etiam sub V).

1. *Inter se permutatae.*

A) dentales.

a) δ pro τ.

ὀμμάδων : 1543, 17.

b) θ pro τ.

ἐκατονθάρχης : 1367, 1.
μεθηνέχθη : 1140, 10.

c) τ pro θ.

καταθέσται : 451, 2.
Σκυτόπολιν : 1012, 18.
τήσι (= θήσει? cf. tamen sub XIX
  3 B) : 478, 11.

B) gutturales.

a) κ pro χ nunquam.

b) χ pro κ.

Βάχχιος : 1411, 1.
Νειχομάχου : 366, 1.
χαλαείνου : 1453, 36.
χε (= καὶ ?) : 1453, 10.
χίονι : 478, 8.
χλῆσον (= κλεῖσον) : 1453, 25.

C) labiales.

a) π pro φ nunquam.

b) πφ pro ππ.

Ἀπφαίου : 652, 2.
Ἀπφίας : 652, 4.

c) φ pro π.

ὀρέφων : 1341, 5.

d) φφ pro ππ.

Ἄφφιον : 586, 2; 587, 3.

Ὀφφιανοῦ : 153, 10.

2. *Alia notabilia.*

A) Muta in semivocalem evanescens.

ὀλίοι : 222, 10.

B) Muta pro nasali.

Γερβανιχὸν : 510, 4.

XIV. NASALES (cf. etiam sub V et XIII 2 B).

1. *Inter se permutatae (V. etiam sub I 2).*

A) ν pro γ nasali.

ἀναναχαίοτατα : 739, ιν, 3; cett.

ἀνγεῖον : 651, 6; 652, 6; 654, 1; cett.

Ἀνκύρας : 179, 7; 203, 9; 206, 10; cett.

Ἀνχαρήνην : 1481, 1.

Γάνγροις : 137, 4.

διενένκαντα : 530, 9; 596, 12; cett.

ἐλένξας : 699, 2; 708, 10.

ἐλένχειν : 710, 4.

ἔνγιστα : 159, ΧΙV, 23; 1056, ι, 9.

ἐνγὺς : 159, ιι, 2; cett.

- ενενκεῖν : 500, 4; 501, 10.

ἐπανγελίαν, ἐπανγελιῶν : 69, 5; 119, 4.

ἐπηνγίλαντο : 566, 2.

ἐπιτυνχάνοντος : 576, 6.

ἐτύνχανον : 159, ΧV, 22.

ἤνγισεν : 159, ΧVΙ, 8.

κανκελλάριος : 256, 3.

κατήνενκα : 159, ΙΧ, 13.

Λονγεῖναν, Λονγεῖνος, Λόνγος : 18, 7; 408, 9; 140, 2; 381, 2; 1482, 2;

1478, 3; cett.

Πάνκαλον, Πανκάλου : 623, 1-2.

πανκράτιν, πανκράτιον : 462, 15; 413, 3; 497, 16; cett.

Πανκράτου, Πανκράτους : 1497, 9; 424, 1; 527, 32.

Πλάνκιον : 417, 3 (cf. 4, 3).

πρίνκεψ : 264, 7.

πρινκιπᾶλιν : 394, 5.

Προπινκιανὸς : 797, 7.

προσανγέλλειν : 684, 8.

Σάνκτα : 773, 3.

Σανκτιανὸς : 67, 22.

σινγλᾶρις : 394, 3.

Στρονγυλίων : 104, 2.

σύνενγυς : 70, 6.

B) ν pro γν.

Ναίωι : 159, ιιι, 12; 159, νιιι, 20; 159, ιχ, 4; cett.

C) ν pro μ.

Δεκενβρίων : 739, χ, 11; cett.

διαπενφθῆναι : 739, ιχ, 113.

ἱνπέριον : 481, 17.

λανπρὰ : 336, 10; 644, 5.

λανπρότατον : 299, 2.

λήνψεται : 699, 3; 708, 10; cett.

Ὀλυνπηνῶν : 747, 7.

Ὀλυνπίωι : 662, 4.

Πονπηιανὸν : 202, 2.

Σενπρωνίου : 152, 8.

Σίνπλικα : 470, 2.

2. *Nasalis aut adjecta aut omissa.*

A) adjecta.

διη[νεγ]κ[έστιν : 205, 4.

Ὀκτωνϐρίων : 739, v, 71 ; cett.

τοῦτον (ntr.) : 1092.

B) ephelkysticum ν ante vocalem adjectum.

50, 7 ; 81, 1 ; 118, 1 (versum vitians); 159, iv, 2 ; 192, 19 ; 222, 14 ; 534, 14 ; 582, 7 ; 650, 1 ; 684, 1 ; 702, 2 ; 704, 3 ; 1217, 1 (versum vitians); cett. (saepissume).

C) ejecta.

a) ante sibilam.

ἀκκῆσσος : 578, 2 ; 579, 6.

Ζιζιμηνῆ : 246, 1 ; 260, 2.

Κλήμης : 500, iii, 24.

Κρήσκης : 501, 12.

Κωσταντίῳ : 336, 7-8.

Ναρϐωνησίᾳ : 181, 10.

Οὐάλης : 110, 3 ; 216 ; 1170, 2.

b) aliunde.

ἐκϐαλῆ (= ἐκϐαλεῖν) : 478, 9.

ἕνεχε (?) : 116, 2.

πάλι : 739, viii, 7.

XV. Semantica quaedam.

ἀμφ' (= ἐν) : 143, 18.

ἀπήρτικαν (perfectum aoristi vice functum, necnon aoristica desinentia conspicuum) : 275, 2 ; cf. etiam πεπόηκα, 159, xiv, 9, cett.

αὐτὸ (pro τοῦτο = τόδε?) : 1430, 1.

δεκανίας : 1286, 3.

δεκανῶν : 1453, 8.

διαφερούσας : 115, 15.

ἑαυτοῦ, ἑαυτῷ (Iae personae) : 9, 6 ; 26, 1 ; 1012, 4.

θεῷ (genitivum regens) : 1143, 4 ; 1146, 2 ; 1147, 3 ; 1238.

ἴσχυσα (= ἐδυνάμην) : 44, 4.

κατοίχεται (= κατοικεῖ ?) : 136, 5.

ὀλίγη (= βραχεῖα) : 1452, 6.

ὁμονοίας : 1260, 4.

ὁμωνύμων : 819, 3.

στρατηγείας : 1213, 7.

τὰ αὐτά (= τὰ ἴσα) : 885, 12.

φοστήρων : 1543, 9.

χελώνην (= sepulcrum fornicatum) : 684, 1.

XVI. Sibilae (cf. etiam sub V).

1. ζ et σ.

A) ζ pro σ.

ζϐέσαι : 159, xvii, 18.

Ζιζύφου (?) : 785, 2.

Ζμίνθιον : 367, 1.

Ζμυρναῖος : 276, 3.

κόζμῳ : 1111, 5.

B) σ ante ζ adjectum.

μείσζονος : 159, xv, 15.

πλάσζεσθε : 1529, 6.

2. ζ pro δ.

Ζιζιμμηνῆ (= Δινδυμήνη) : 246, 1 ; 260, 3 ; 1471.

3. ξ et σ.

A) σ post ξ adjectum.

Σέξστον, Σέξστου : 92, 9 ; 522, 1 ; 634, 1 ; 1434, 2.

B) σσ pro ξ.

Σησστυλλίας : 97, 5.

4. σ omissum.

Εὐμένη : 239, 6.

Οὐπτούριος : 398, 5.

XVII. Vocales inter se permutatae.

1. α pro ε ant η.

Λ) α pro ε.

οὐάρνα (?) : 126, 2.

Οὐασπασιανὸς : 507, 1 ; 508.

B) α pro η.

οἰκοδόμασαν : 1143, 2.

2. ε pro α.

ἀντιένιριοι : 1529, 2.

3. ε pro η.

ἐδοχάτου : 1009, 3.

ἐμέρᾳ : 1543, 10, et cf. 55.

ὀφειλέσει : 648, 22 ; 699, 2 ; 708, 9.

συστέματι : 583, 20.

4. ε pro ι.

Γενεᾶλις : 25, 10.

Δομετιανοῦ : 551, 14.

Δομετίας : 444, 4.

Δομετιλλιανὸν : 356, 1.

ἐλευθερέας : 1020, 39.

ἱεροταμεῶν : 1146, 4.

Καπετωλίου : 414, 3; 415, 1.

χυινδεχεμουίρου : 618, 13.

Σεπτεμίῳ : 484, 1.

Σεουηρεανοῦ : 49, 6.

φλαμένος : 1332, 3.

5. η pro α.

ἡπάσης (= ἀπάσης ? melius contractum ex ἡ ἀπάση nominat., tum quasi unum esset vocabulum declinatum, cf. etiam infra sub 6) : 1543, 6.

6. η pro ε.

ἡμπάση (= ἐν πάσῃ ? conjecit Audollent) : 1543, 33.

Σησστυλλίας : 97, 5.

Τιβήριον (?) : 948, 3.

Τιβηριοπολειτῶν : 1468, 6-7.

7. η pro ι.

ἀπήρτησεν : 1249, 5.

ἔχτησεν : 1216, 5.

ἐπὴ : 1543, 6.

ἤσχυσα : 44, 4.

χομηδὴν : 1543, 20.

Νατάλης : 236, 2.

πάτρωνη : 255, 1.

χασμήσην (= *χάσμησιν) : 1543, 23.

8. ι pro ε.

οὐιτρανιχοῦ : 1187, 5 et 8.

οὐιτρανοὶ : 1316, 4.

9. ι pro η.

ἀχίνιτος : 1453, 15 et 57.

βιξιλατιώνων : 481, 5.

ὀρχιστῆ : 1453, 23.

ὀρχιστῆσαι : 1453, 28.

10. ι pro υ.

Ζιζιμηνῇ (supra XVI, 2).

Παμφιλίας : 434, 3.

11. ο pro ω.

ἀνασοθέντων : 507, 2.

XVIII. Vocalis aut adjecta aut omissa.

1. α per contractionem evanescens.

ἠπάσης (cf. supra XVII 5).

Φράτου : 159, xvii, 1 et 14.

2. A) ε adjectum.

Ἐειθηνῶν : 1142, 4.

εὐσεβέην (metri causa, ut videtur) : 143, 13.

B) ε post semi-vocalem ejectum.

Οὐλοχασσείνου : 80, 9.

3. A) ι adjectum.

ἀντιένιριοι : 1529, 2.

οἰχοδομιησεν : 1176, 4.

Οὐενιέριος : 1062, 5.

B) ι falso adscriptum.

ἔχωι : 159, v, 18.

χειροτονηθῶι : 159, ιιι, 17.

ὦι : 159, v, 17.

C) ι insolenter elisum.

ἐπειχεῖαν : 159, xviii, 5; 739, xviii, 15; cett.

ἐπειχῶς : 621, 6; 649, 12; cett.

D) ι omissum (V. etiam sub XVII 12 A).

a) inter vocales.

ἐπόησα : 159, ιx, 1; 159, xι, 9; cett.

ἐπόησαν : 159, xιι, 15; 1021, 4; cett.

ἐπόησεν : 1147, 2.

πεπόηκα : 159, xιv, 9.

ποήσας : 766, 1.

ποήσω : 137, 27.

Ῥωμάοις : 159, vιι, 6.

σημέας : 159, xv, 22; 159, xvι, 3; cett.

ὑόν, ὑός, ὑῷ : 77, 5; 276, 6; 870, 2; cett.

b) inter consonam et vocalem.

Γαλῆνον : 123, 3.

Μεινέρβας (= Minerviae) : 80, 5.

χιόνα : 1237, 4.

τειμωτάτῳ : 243, 4.

ὑγγείας : 1289, 3.

ὑγε(ί)ας : 1291, 2.

Ὑπερέχου : 1543, 5.

c) inter consonas.

Δέχμου : 739, xιx, 50; cett. (sic constanter).

E) ι per contractionem evanescens.

Δὶ : 196, 11; 197, 12.

4. υ (vel ου) omissum inter vocales.

ἀπολάουσαν : 739, xx, 62.

Φλαίου : 1481, 6.

XIX. Vocalis vice diphthongi functa.

1. α pro αυ. (Cf. etiam sub XVIII 4.)

ἀτοῦ : 933, 10.

ἑατὸν : 635, 16.

2. ε aut η pro αι.

A) ε pro αι.

ἄκρεας (= ἀκραιᾶς?) : 1529, 5.

ἀνῦξε : 1175, 10.

ἀρχερεσιαχῇ : 704, ιι B, 48.

ἀφιέρωτε : 1008, 1.

γυνεχὶ : 478, 4; 742, 4; 1397, 15; 1477, 4.

γυνεχὸς : 29, 7.

δέμονες, δέμονι, δεμόνων : 1529, 1, 3 et 12; 1543, 16.

διδόνε : 1341, 6.

διχεοδότην : 1045, 4.

εἶνε : 820, 5.

ἐλεοθεσίας, ἐλεοθέσιον, ἐλεοθετήσαντα : 199, 11; 422, 23; 484, 3.

ἔματει : 1099, 9.

ἐμμόλλου : 1543, 12.

ἐναντιωθῆνε : 1529, 15.

ἐπιστραφήσεσθε : 222, 16.

ἑωνίου : 296, 2; 297, 5.

χατατεθῆνε : 11, 7; 1450, 2.

χὲ : 36, 5; 140, 3; 189, 2; 191, 4; 194, 8; 205, 6 et 11; 212, 3; 816, 4;

1002, 3-4; 1443, 2; 1529, 1 sqq.;
1530, 3; cett. (in litt. arabicis
constanter).

χεῖτε : 1412, 1.

Κεχιλλίαν : 29, 5.

Κέσαρα : 1198, 1.

Κέσαρσιν : 691, 1 et 10.

χῆτε : 1327, 4.

χῖτε : 865, 1; 1308, 2.

λήψετε : 104 (ιι), 4.

λιτάζομε : 1339, 5.

Μέωρ : 1150, 1.

παλεῶν : 1048, 4.

Πεωνία : 1420, 3.

πρετωρίου : 1229, 2.

προέρεσιν : 739, vi, 67.

προθυρέους : 1067, 2.

σημεαφόρος (= σημαιοφόρος ? aut cf.
supra sub XVIII 2 D a) : 57, 3.

τερρθῆνε : 1543, 26.

Ὑπερβερετέου : 1305.

φιλοκέσαρα : 916, 6.

B) η pro αι.

χῆ (= καὶ) : 1185, 3.

3. ε aut η pro ει.

A) ε pro ει.

ἀδιάλεπτα : 1020, 32.

ἐπεν (= εἰπεῖν ?) : 1543, 26.

B) η pro ει.

δουλήας : 159, ι, 3.

ἐκβαλῆ (sic scribendum pro ἐκβαλεῖν) :
478, 9.

Καισαρήων : 319, 6; 1142, 4.

χῆτε : 1327, 4.

κυριήαν (?) : 159. xvii, 22.

τήσι (utrum τείσει an θήσει ?) : 478,
11.

χλῆσον : 1543, 25.

4. ι pro ει aut ηι.

A) ι pro ει.

ἀλιτουργησία : 733, 16.

ἀλιτουργία : 599, 5.

ἄνδριοι : 1529, 2.

ἀνεγίρας : 1124, 6.

ἀνήγιραν : 1137, 6.

ἀντιένιριοι : 1529, 2.

ἀποσίων : 1543, 20.

ἀργίων : 710, 5.

αὔξονι (?) : 1227, 2.

βάσι : 900, 6.

βοήθιιν : 1543, 4, et cf. ib. 9, 14, cett.

γένι : 117, 10.

γραφισῶν : 704, ι, 1.

δῶσι : 26 (ιι), 1; 104 (ιι), 2; 109, 9;
787, 2; 1175, 10; 1450, 4; cett.

ἐκτίσει : 750, 4.

ἐπηγγίλαντο : 566, 2.

ἐπιεικίας : 301, 8.

ἐπισβιάσηται : 266, 3; 1480, 5.

ἐπισενενκεῖν : 500, 4; 501, 10.

ἐπισφέρων : 477, 5.

ἐπιτηδίων : 48, 14.

ἐπιχιρήσει, ἐπιχίρησεν : 478, 8; 1543,
13.

ἐτελίωσε : 1238, 3.

εὐγενίας : 746, 7.

Εὐσεβῖ : 336, 3.

εὐτύχι : 811, 13; 883, 1; cett.

Εὐτυχῖ : 336, 3.

Εὐτύχι : 196, 11; 197, 12.

εὐτυχίτω : 1189, 6; 1229, 4.

ἔχι : 59, 5.

Ἡρακλῖ : 1493, 13.

θάρσι : 1167, 4; 1169, 1; 1308, 6.

θεραπευθὶς : 1443, 6.

θήσι : 310, 2.

Ἰκονέων : 1478, 1.

ἰς : 597, 3; 704 II A, 15, 23, cett.; 864, 4; 866, 5; 926, 5; cett.

ἰσαγωγέα : 319, 2.

ἰσγραφαὶ : 705, 6; cett.

ἰσελαστικοὺς : 370, 6.

ἰσορᾷς : 44, 1.

ἶτε : 1529, 4 et 5.

κεκλῖσθαι : 159, VII, 5.

κίμενος : 1529, 6.

κῖσθε : 1529, 3.

κῖτε : 865, 1; 1308, 2; cett.

λέγι : 820, 1.

μνημῖον : 1034, 1; 1249, 3; cett.

οὐδὶς : 1150, 6; 1308, 8.

πιθοῖ : 887, 10.

Πλισταυχίδα : 737, 1.

πόλι : 26 (II), 3.

στερηθὶς : 1175, 4.

ταμίῳ : 109, 11; 501, 14; 1175, 10; 1450, 4; cett.

τελίαν : 1543, 23.

τήσι : 478, 11.

τρῖς : 1150, 9; cett.

Ὑγγίαι : 285, 5.

Ὑγία : 733, 1.

φθαρῖσαν : 1048, 5.

φύσι : 566, 7.

χῖρας : 1543, 19.

    B) ι pro ηι.

αὔξι (?) : 1165, 5.

ἐπιβάλι : 787, 2.

τειμῖ : 1099, 5.

ὑπερέχι (?) : 491, 1.

    5. ο et ω pro αυ.

      A) ο pro αυ.

φοστήρων : 1543, 9.

      B) ω pro αυ.

Ὤλου : 83, 9.

    6. ο pro ου (= lat. u et v).

      A) ο = lat. u.

Αὐγορείνου : 135, 12.

δηπότατον : 28, 5, et cf. 1395.

κορνοκλαρίου : 59, 3.

Πατρόεινον : 132, 1.

Ῥοβρίωι : 255, 1.

Σατορνεῖνον : 171, 4.

    Cett. permulta.

      B) ο = lat. v.

Ὀάριος : 1473, 4.

    7. υ pro οι.

ἀνῦξε : 1175, 10.

ἀνύξῃ : 748, 10.

ἐπανύξῃ : 1450, 3.

κυνὸν : 1147, 2.

τέχνυς : 478, 5 et 19.

τῦς : 478, 5.

ὑκία : 478, 8.

    8. υ pro ου (= lat. u).

κεντυρία : 1070.

κεντυρίωνα, κεντυρίωνος : 1380, 3 :
836, 1.
Ῥοῦφος : 2, 2.
Σευῆρος : 7, 8.
Σουλπίκιος : 219, 1.
φρουμενταρίου : 1300, 2.
Cett.
9. ω pro ου.
ἀδελφῷ : 1249, 7.
αὐτῷ : 1543, 20 et 22.
Δαψιλέους (? cf. ib. 5 Δαψιλέως) : 24,
4.
Σοναίω : 1249, 6.
τῷ : 1453, 54.

XX. Voces latinae (praeter nomina
propria), sive purae, sive juxta
graecam analogiam parce detortae.
αἰδίλην : 238, 6.
αἰράριον, αἰραρίου : 83, 9; 159, ιx,
15; 174, 20; cett.
ἀκκῆσσος : 578, 2; 579, 6.
ἀκομενταρήσιος : 1264, 2.
ἄλας : 1231.
ἀλειμέντων : 618, 11.
ἄλη, ἄλης : 57, 3; 263, 7; cett.
ἀννῶναν : 407, 23; 409, 8.
ἀννωναρχήσας : 1412, 8.
Ἀπριλίου, Ἀπριλίων : 1058; 739, xιι,
16; cett.
ἀρουᾶλις : 159, ιv, 7.
ἀρχιταβλάριος : 1103, 6.
ἀσσάριον : 1056, ιv a, 43.

ἄστατος : 1206.
αὔγουρ, αὔγουρι : 159, ιv, 9; 159, vιιι,
20.
Αὐγουστάλια : 159, vι, 14.
αὐγουστάλιος (?) : 1152, 3.
βενεφικιάριος, βενεφικίαρις, βενεφικια-
ρίῳ : 110, 3; 1174, 3; 677, 6;
748, 4; cett.
βιξιλατιώνων : 481, 5.
δεκανῶν : 1543, 8.
Δεκενβρίων : 739, x a, 11; cett.
δεκουρίων : 1231, 2.
δεκουριῶν : 778, 9.
δηνάρια : 14; 47; 159, vιιι, 2 sqq.;
439, 15; 1388; cett. (saepissume).
δηπότατον : 28, 5, et cf. 1395.
δουκηνάριον : 179, 8; 436, 2; 811, 2;
1040, 2; cett.
δουπλικάριος : 1022, 2.
δουπλικιάριος : 1092.
δρομεδάριος : 1259, 4.
ἐβοκάτου : 1009, 3.
εἰδῶν : 481, 19; cett.
ἐμμόλλου : 1543, 10.
Ἰανουαρίων : 1012, 16; cett.
ἰδῶν : 1192, 1.
ἰνπέριον : 481, 17.
Ἰουνίων : 785, 5.
καλανδῶν : 739, vιι, 116; 1012, 15;
cett.
καμέραν : 1057, 6.
κανδιδᾶτον, κανδιδᾶτος : 172, 11-13;
1012; cett.
κανκελλάριος : 256, 3.

ούετρανικὸς : 1266, 2; celt.

ούετρανὸς : 99, 5; 142, 2; 334, 3; 816, 2; 1476, 4; cett.

ούηξιλλάριος : 227, 2.

ούηξιλλατίοσιν : 1033, 10.

ούηξίλλοις, ούήξιλλος (!) : 1432, 18, 20 et 26.

ούινδικταρίοις : 801, 20; 802, 25.

ούνκίας : 1150, 7.

ούρβανικιανὸν : 28, 9.

ούρβανὸν : 172, 16.

ὀφικίου : 130, 4.

πάλον : 43, 3.

πατρικίων : 159, iv, 8.

πάτρονα : 135, 8.

πάτρωνα, πάτρωνι : 255, 1; 778, 26; 869, 10; cett.

πατρώνισσαν, πατρωνίσσῃ : 152, 5; 966, 4; cett.

πετεῖτορ : 1202, 5.

ποντίφικα, ποντίφιχος : 135, 4; 618, 5; 808, 3; cett.

πραιπόσιτον : 481, 5.

πραίτορα : 188, 2.

πραιτώριον, πραιτωρίου : 272, 3; 435, 3; 1033, 17.

πρειμιπειλάριν : 55, 5.

πρειμιπειλαρίου, πρειμιπειλαρίῳ : 811, 2; 1432, 14.

πρειμοπειλαρίων : 474, 13.

πρειμοπίλου : 102, 4.

πρειμωπειλάριον : 28, 6.

πρετωρίου : 1229, 2.

πρῖμα : 1070.

πριμιπιλαρίου : 810, 4.

πρίνκεψ, πρίνκιπα : 264, 7; 1230, 3; cf. 1157, 2.

πρινκιπᾶλιν : 394, 5.

πρωτήκτορος, πρωτήκτωρ : 10; 1339, 7.

ῥεγεωνάριον : 301, 5, et cf. 1490.

ῥεγεῶνος : 1502, 2.

ῥέμαχος, ῥέμμαχος, celt. (videtur vocabulum latino-graecum, quasi re-μαχος « adversarius ») : 1543, passim.

ῥητιάριν : 43, 3.

ῥητιάριον : 44, 2.

ῥητιᾶρις : 1438, 2.

σαικλάρεις : 159, xii, 11.

Σεπτεμβρίων : 704, iii D, 55; celt.

σηστερτίως (acc. pl.) : 109, 22.

σινγλᾶρις : 394, 3.

σκούτλωσιν : 342, 3; 424, 5.

σουμμαρούδης (declin.) : 215, 4-6 et 20.

στατιώναν : 748, 4.

στατιωνάριον, στατιωνάριος : 242, 1; 812, 5; 1470, 1.

στολᾶταν : 116, 10.

στράτορος, στράτωρ : 1094, 1; 1263, 5; 1287, 8.

συνκελλαρίων : 541, 6-9.

ταβουλάριος : 168, 11.

τίτλον : 162, 14.

τρεκιναρίῳ : 1432, 14.

τριβοῦνον, τριβούνου : 279, 1; 960, 3.

ύπερλιμιτανῆς (?) : 70, 4.

Vetranὸς : 219, 4.

φαμιλία : 97, 8; 372, 6.

Φεβραρίων : 739, xi, 90; cett.

φειβλατώρια : 228 Α, 7.

φητιᾶλις : 159, iv, 7.

φίσκον, φίσκῳ : 26, ii, 2; 48, 3; 340, 6; 393, 3; cett. (saepissume).

φλαμένος : 1332, 3.

φοράρις : 93, 5.

φοσσάτῳ : 1175, 6.

φουνδάτωρ (?) : 837, 2.

φρουμεντάρις : 80, 6.

φρυμενταρίου : 1300, 2.

χώρτης : 130, 2; 359, 14; 396, 3; cett.

ὠρδινάριον, ὠρδιναρίῳ : 556, 5; 913, 4.

-ωρ(ουμ) (desin. genit. pl.) : 56, 4 et 6.

-ως (desin. acc. pl.) : 109, 22.

XXI. Voces novae aut certe rariores (praeter nomenclationem magistratuum ludorum cett. in ceteris indicibus regestam).

ἀγελαρχίᾳ, ἀγελαρχίαν : 648, 15 et 16; 649, 14 et 17.

ἀγελαρχιανοῦ : 648, 14.

ἀγέλιον (?) : 785, 6.

ἄκρεας (num legendum ἀκραιᾶς pro ἄκρας « culminis » ?) : 1529, 5.

ἀκρελεφάντινον : 800, 17.

ἀποπομπὰς : 1543, 4 et 6.

ἀποτροπὰς : 1543, 4 et 6.

ἀπροσοδίαστον : 422, 19.

ἀράσχετε : 1543, 23.

ἀρχιφύλακα, ἀρχιφύλακος : 490, 13: 474, 7.

ἀρχιφυλακία : 474, 17.

βιοθάνατοι : 1529, 4.

διαπαρέστησεν : 535, 7.

ἐκβολίοις : 453, 2.

ἐλαιοθεσίας : 484, 3.

ἐλαιοθετήσαντα : 199, 11.

ἐλαιοτρόπιον : 1009, 2.

ἐπιμελετεύσας : 648, 4.

ἐπιμελητεύσας : 650, 4, et cf. 653, 5.

ἱλασίας : 1297, 2.

ἰσάκτιον : 1012, 9.

ἰσοπυθίων : 204, 9.

καθηρίοις (?) : 1433, 16.

καμέραν (graeco-latinum) : 1037, 6.

κληιμοφόρους : 1373, 2.

κτιστρίαν : 802, 7.

λεονταρίοις : 1127, 6.

λευκουργιῶν : 1009, 4.

λογιστίᾳ : 1048, 2.

μεσοκωμίῳ (traditur -κο-) : 154. 48.

νικαδίοις : 1127, 5.

ξυστάρχης : 1371, 7.

παντάρχοντα : 630, 6.

περιπολιστικῇ : 231, 13.

προεκοπίασεν : 739, vii, 82; cett.

προκαθηγετίδος : 584, 22.

προκυνήγια : 681, 1.

προκυνηγίας : 631, 13.

προσεισοδιασμοῖς : 739, ii, 60.

πρόσπου : 159, xiii, 4; 159, xiv, 1.

ῥέμαχος, cett. V. sub. XX.

σεβαστόγνωστον : 1422, 1.

σεβαστοδώρητον : 31, 9.

σημέας : 159, xv, 22; 159, xvi, 3; cett.

XVI

CARMINA

1. *Carmina seu fragmenta numero carentia* : 44, 2-3 ; 103, 8 ; 118 ; 143, 12 sqq. ; 215, 20 ; 270 b, et cf. 1486 ; 326 ; 784 ; 1071, 3-4 ; 1078 ; 1099, 3 ; 1124 ; 1142 ; 1174 ; 1339 ; 1444, 7 et 9-10 ; 1529, 1-4.

2. *Carminum initia.*

'Αχείλιον Θεόδω[ρον] : 77, 1.

Ἄμφω ἀριστότοχος : 1124, 1.

Ἀντολίην σεο, Φοῖβε : 1339, 4.

Ἀρριανὸ[ς μὲν μοῦστ' ὄ]νομα : 1383, 1.

['Αρχ]ιερῆα ἄναχτος : 452, 1.

Ἀττίου Λιβιανοῦ παῖδα : 59, 1.

[Α]ὐτῷ καὶ τεχέεσσιν : 1160, 1.

Βείθυνος τὸ γένος : 749, 1.

Γαῖά με τίχτεν ἄφωνον : 118, 1.

....γαῖαν ἑταῖρος : 1342, 1.

[Δέμονες οἱ χ]ατὰ γῆν : 1529, 1.

....[διχ]ασπόλου ἠδέ τε ἁγνοῦ : 1189, 1.

Εἰ χλύες Εὐσεβίη[ς ?] : 1253, 1.

Εἴλαθί μοι, Βαλμαρχώθ : 1078, 3.

[Εἴτε Σ]εληναίην εἴτ' Ἄρτεμιν : 903, 9.

Ἐνθάδε κεῖται ἄνασσα : 1444, 1.

Ἐνθάδε τὸν πάσης ἀρετῆς : 1099, 1.

....ἐν τέχναισι σημαίνει : 629, 1.

Εὐσεβίης τόπος οὗτος : 1307, 1.

['Η]λιοπολεῖτῃ : 926, 1.

Ἡ σορὸς ἡ μεσάτη : 1215, 1.

.... ἵδρυσε φαιδρὸν δῆμος : 1142, 3.

Ἱππέα χύδιστον Διομήδεα : 1141, 1.

Καίαμος εὖ φρονέων : 1272, 1.

Καὶ τόδ' ἄγαλμα θεᾶς : 326, 1.

[Κ]λ[η]μοφόρους [σ]ταδίους : 1373, 2.

Νέστορα τῇ Παφίῃ : 958, 2.

Νηοῦ Νυμφάων σε : 811, 6.

Ξά[νθι]ον αἰθαλόεντι : 852, 1.

Ὄντως σῆς ἀρετῆς : 887, 1.

['Ορ]θαγόρας εἰρήνης ἄρξας : 784, 2.

Οὐδὲν ἀφαυρότερος χρυσοῦ : 96, 1.

Παίδων μὲν τὰ πρῶτα πάλην : 497, 13.

Πάντη μὲν χῦδος : 362, 1.

Πέτ[ρ]ην [τ]ήνδ' ἐχόλαψε : 103, 1.

Ῥητορικῆς πόνος οὗτος : 1217, 1.

Ῥούφου κεντυρίωνος : 836, 1.

Ῥωμαίων ὕπατον : 883, 1.

Συγκλητοῖο γένους : 143, 1.

Σύνευνος ἦν μοι : 1451, 1.

Σύνγαιρ' ὦ Λυκία : 564, 4.

Ταύτην τὴν στήλην : 215, 18.

[Τερμ]ησσοῦ ναεταὶ : 453, 1.

Τὴν Ζηνός σε ἱέρειαν : 415, 7.

[Τόν βίον] οὐκ ἐδάην : 146, 1.

Τόνδε νέον οἱ τύμβον : 1174, 1.

Τόν θρασὺν ἐν σταδίοις ἐσορᾶς : 43, 1.

Τὸν θρασὺν ἐν σταδίοις ἰσορᾶς : 44, 1.

Τὸν στρατιὰς κοσμοῦντα : 753, 1.

Τοὺς δύο συνκρείνων : 1071, 1.

Τρώιλος ἐν σταδίοις : 1439, 1.

Φλωρεντεῖνος ἄριστος : 1236, 1.

3. Correptio attica.

ἀριθμὸν : 146, 11.

4. Elisio omissa.

A) graphice tantum.

δὲ οὐκ : 44, 5.

καὶ εὐσχήμονα : 77, 4.

με ἐκοίμισεν : 1452, 6.

με Ὑλεύς : 44, 4.

σε ἱέρειαν : 415, 7.

τε ἀγαθῶν : 362, 2.

τε ἀσκοῦντ' : 1141, 3.

τόδε ἔξ : 59, 4.

B) metrice.

ἄνασσα Ἀθηναὶς : 1444, 1.

δέκα ἆθλα : 43, 8.

Φιλοκρά[τεια] ἐν : 77, 9.

5. Syllabae.

A) asyllabicum ι metri causa.

Ἄττιον, Ἀττίου : 59, 3 et 1.

Γαυδέντιος : 1217, 3.

δημιουργὸν : 883, 10.

Λιβιανὸν, Λιβιανοῦ : 59, 3 et 1.

Τειτιανὴ : 96, 5.

B) brevis pro longa.

ἄλλος τις ἔλθοι : 1444, 5.

ἀριθμὸν ὃν : 146, 11.

ἐτέλεσεν : 1217, 6.

ἱερὸν ἀνάθημα : 1253, 4.

ἱεροφάντην : 143, 13.

Κασίαν (fortasse Κασσίαν?) : 1452, 5.

μνημεῖον ἐτέλε(σ)σεν : 1217, 6.

νέον οὗ (homerismus) : 1174, 1.

ὃν οὐκ : 44, 4.

πινυτὸς ἄκρον : 1217, 3.

τέσσαρα δὲ λείπω (homerismus) : 1452, 3.

τὸ τέλος : 43, 9.

C) longa pro brevi.

ἀψῖδα : 1215, 4; 1253, 9.

Βειθυνικῷ : 103, 4.

δεύτερον : 43, 3.

ἑβδομήκοντα : 1373, 3.

θήραις : 143, 15.

ἱέρειαν φίλη : 415, 7.

ἰσορᾶς : 43, 1.

πόλεις : 1189, 4.

Ταύρισκον : 143, 3.

Ὑλεύς : 44, 4.

φίλτατοι κεῖνται : 103, 7.

ERRATA

P. 65, v. 3. Pro *insuerunt* lege *inseruerunt*.

P. 98, v. 19. Lege Th. Reinach, *Rev. celtique*.

P. 100, v. 18-19. *Pro* Ἀντωνεῖνον lege Ἀντωνείνου.

P. 191, v. 34. Lege *Titiani* et *Titiano*.

P. 206, v. 8. [Δομετι]ανοῦ Σε]βαστοῦ [Γερμανι]κοῦ.

P. 226, n. 620. Benndorf, *Festschrift zu Otto Hirschfeld*, p. 80. Omnes uncos dele.

P. 232, v. 18. συνπολειτευομένων.

P. 363, v. 3. Anno p. C. n. 364 (pro 564).

P. 396, ante *Desunt fere 20 versus* adde III c.

P. 428, v. 1. Ἔτους ιϛ'.

P. 432, n. 1165. Dele. Titulus exaratus est anno 524 p. C. n.

P. 457, v. 28. Pro 1364 scribe 1542.

P. 478, n. 1347. Initio Ἀγαθῇ τύχῃ esse in lapide nos monuit Jalabert.

P. 480, v. 4. Μάρτος Ζεβέδου.

P. 480, n. 15. τὸ προπύλ[αιο]ν σὺν τῇ στοᾷ in lapide vidit Jalabert. — Pro χρα[τίσ]του scribe χρά[τ]ους αὐτοῦ. Cf. Brünnow, *Arabia*, II, p. 254, n. 5.

P. 483, v. 1. Pro ἐποίησαν lege ἐπύησαν (Jalabert); — v. 2. Pro βμρ' esse in lapide βλρ' testatur idem.

P. 510, n. 1481. Lege Ἀρειῶν, Minervae et Veneris.

P. 514, v. 7. Supple Ἀντωνείνῳ.

P. 521, n. 1540. Dele, est supra n. 1209; — v. postremo. Pro 155 scribe 157.

Le Puy-en-Velay. — Imprimerie R. Marchessou, Peyriller, Rouchon et Gamon, successeurs.